헌법판례 I

다수 위헌의견

김 종 세

publishing and culture
피앤씨미디어

헌법판례 I

다수 위헌의견

헌법판례를 출간하면서

법학을 전공하면서 기본적인 법의 논리에 대한 공부는 필수적이다. 이와 더불어 실제 일어난 사건의 법적 문제를 해결하는 능력을 배양하는 것도 중요한 학습과정이다. 이러한 학습과정에서 헌법재판소 판결은 중요한 학습의 내용으로 인정되어 왔다. 즉 판결에 대한 법적 이론 및 논리구성은 상당히 중요하다. 따라서 판례에 대한 법적 논리를 이해하고 비판하는 것은 상당히 의미가 있으며, 이와 함께 판결문의 구조를 파악하는 것도 매우 의미가 있다.

본 저서도 헌법을 전공하는 학생은 한번쯤 반드시 거쳐야 하는 학습내용이다. 특히 본 저서는 헌법적 쟁점을 다루는 것으로서 헌법재판소 9명의 재판관 중에서 5명의 위헌의견과 4명의 합헌의견의 판례를 모두 선별한 것이다. 오히려 다수의 헌법재판소 재판관들의 위헌적인 입장에서 헌법적 논리를 전개하면서 판시한 것을, 선고 이후 대상 법률이 현재에도 그대로 규범적 효력을 갖고 있는지, 아니면 위헌적이 요소를 해소하여 합헌적으로 입법개정이 이루어졌는지 현실적 규범적 내용을 다루고 있다. 이를 위해서는 헌법재판소 판례의 전문을 통하여 헌법적 평가를 하고자 한다.

헌법재판소 다수 재판관의 위헌의견을 선별하면서 헌법재판소 선고일을 기준으로 목차 순서로 배열하였다. 우리나라 헌정사 제9차 헌법개정에 의하여 본격적으로 헌법재판소가 운영하게 되었다. 즉 1988년 8월 5일 제정 및 1988년 9월 1일 시행된 헌법재판소법에 의하여 조직 및 운영을 시작하게 된 것이다. 그 이후 2016년 오늘에 이르기까지 시대적 배경이나 환경은 엄청난 변화를 겪어 왔다. 이러한 현실은 헌법적 가치와 본질은 변함이 없다고 하더라도, 구체적으로 실현하고자 하는 법의 목적이나 합리성은 사회적, 경제적, 정치적, 문화적 변화에 따라 조금씩 변하는 것 같다. 뿐만 아니라 사회 현실에 부합한 내용으로나 민주주의에 의한 합의 및 공감대 형성에 의하여 규범적 효력도 변화 또는 형성되곤 한다. 이러한 시대적 가치를 고민하고 헌법이 추구하는 가치와 본질에 대하여 다시 한번 더 생각하게 되는 것이다.

본 저서를 시작으로 하면서 더 많은 연구와 저서를 염두하고 있지만, 처음 시작하는 마음으로 천천히 꾸준히 부족한 학자의 길을 채워가고자 한다. 늘 웃음 가득하게 함께 해준 아내 김진숙, 큰아들 김태현, 둘째 아들 김태윤에게 항상 감사하는 마음을 전하고 싶다. 그리고 연구실 가까이에서 도와준 강혜경 박사, 임문혁 박사수료생, 박정선 박사과정생, 양문석 석사, 신정식 석사, 장준혁 석사과정생, 김정현 석사과정생, 조재현 석사과정생, 정호준 석사과정생에게도 감사의 인사를 전하고 싶다. 늘 함께 해주신 모든 분이 건강하시고 항상 많이 웃고 즐겁게 자신의 일에 매진했으면 좋겠다.

2016년 10월
캠퍼스가 아름다운 곳의 연구실에서

차 례

憲 / 法 / 判 / 例 / I

憲 / 法 / 判 / 例 / I

憲 / 法 / 判 / 例 / I

憲 / 法 / 判 / 例 / I

憲 / 法 / 判 / 例 / I

憲 / 法 / 判 / 例 / I

01 국토이용관리법 제21조의3 제1항, 제31조의2 토지거래허가제
(1989. 12. 22. 88헌가13)

Ⅰ. 판시 사항

1. 재산권 행사의 사회적 의무성과 토지재산권의 행사

2. 토지재산권의 본질적인 내용

3. 국토이용관리법 제21조의3 제1항의 위헌 여부

4. 같은 법률 제31조의2의 위헌 여부

5. 위헌결정 정족수 미달인 경우의 주문 표시방식

Ⅱ. 결정요지

1. 사유재산제도(私有財産制度)의 보장(保障)은 타인(他人)과 더불어 살아가야 하는 공동체생활(共同體生活)과의 조화(調和)와 균형(均衡)을 흐트러뜨리지 않는 범위(範圍) 내에서의 보장(保障)이다.

2. 토지재산권(土地財産權)의 본질적(本質的)인 내용(內容)이라는 것은 토지재산권(土地財産權)의 핵(核)이 되는 실질적(實質的) 요소(要素) 내지 근본요

소(根本要素)를 뜻한다.

3. 국토이용관리법(國土利用管理法) 제21조의3 제1항의 토지거래허가제(土地去來許可制)는 사유재산제도(私有財産制度)의 부정이 아니라 그 제한(制限)의 한 형태이고 토지(土地)의 투기적(投機的) 거래(去來)의 억제를 위하여 그 처분(處分)을 제한(制限)함은 부득이한 것이므로 재산권(財産權)의 본질적인 침해(侵害)가 아니며, 헌법상(憲法上)의 경제조항에도 위배(違背)되지 아니하고 현재의 상황에서 이러한 제한수단(制限手段)의 선택(選擇)이 헌법상(憲法上)의 비례(比例)의 원칙(原則)이나 과잉금지(過剩禁止)의 원칙(原則)에 위배(違背)된다고 할 수도 없다.

4. 같은 법률(法律) 제31조의2가 벌금형(罰金刑)과 선택적으로 징역형(懲役刑)을 정(定)함은 부득이한 것으로서 입법재량(立法裁量)의 문제(問題)이고 과잉금지(過剩禁止)의 원칙(原則)에 반(反)하지 않으며, 그 구성요건(構成要件)은 건전한 법관(法官)의 양식(良識)이나 조리(條理)에 따른 보충적인 해석으로 법문(法文)의 의미(意味)가 구체화될 수 있으므로 죄형법정주의(罪刑法定主義)의 명확성(明確性)의 원칙(原則)에도 위배(違背)되지 아니한다.

5. 위헌의견(違憲意見)이 종국심리(終局審理)에 관여한 재판관(裁判官)의 과반수(過半數)가 되지만 위헌결정(違憲決定)의 정족수(定足數)인 6인에 미달(未達)인 때에는 주문(主文)에 "헌법(憲法)에 위반(違反)된다고 선언(宣言)할 수 없다"라고 표시한다.

□ 재판관 이시윤의 보충의견 및 위헌의견

1. 국토이용관리법(國土利用管理法) 제21조의2 내지 4의 토지거래허가제(土地去來許可制)는 공공복리의 해당성이 있고 또 재산권(財産權)의 본질적(本質的) 내용(內容)의 침해금지원칙(侵害禁止原則)에 저촉(抵觸)되지 아니하여 헌법(憲法)에 위반(違反)되지 아니하고, 같은 법률(法律) 제21조의15는 헌법(憲

法) 제23조 제3항의 정당보상원리(正當補償原理)에 저촉(抵觸)되나 이 사건(事件) 재판(裁判)의 전제성(前提性)이 없어 주문(主文)에 밝힐 필요까지는 없고 보완입법(補完立法)을 촉구(促求)한다.

2. 같은 법률(法律) 제31조의2는 헌법(憲法) 제37조 제2항의 과잉금지(過剩禁止)의 원칙(原則)에 위반(違反)된다.

☐ 재판관 한병채, 최광률, 김문희의 위헌의견

국토이용관리법(國土利用管理法) 제21조의3 제1항과 같은 법률(法律) 제21조의2, 같은 조의 3 제3항, 제7항, 같은 조의 4, 5, 15는 불가분(不可分)의 관계(關係)에 있으므로 함께 심판(審判)의 대상이 되어야 하고, 위 제21조의15가 헌법(憲法) 제23조의 제1항 제3항에 위반(違反)되므로 위 법조(法條) 전체가 헌법(憲法)에 위반(違反)되나 즉시 실효(失效)에 따른 혼란을 피하기 위하여 위 제21조의15를 상당기간 내에 개정(改正)할 것을 촉구(促求)한다. 위헌(違憲)인 토지거래허가제(土地去來許可制)를 전제(前提)로 한 같은 법률(法律) 제31조의2는 당연히 헌법(憲法)에 위반(違反)되는 형사법규(刑事法規)이므로 즉시 위헌(違憲)임을 선언(宣言)하여야 한다.

☐ 재판관 김진우의 위헌의견

국토이용관리법(國土利用管理法) 제31조의2뿐만 아니라 같은 법률(法律) 제21조의3을 위헌(違憲)으로 선언(宣言)하여도 국가존립에 위해가 미칠 정도의 법(法)의 공백(空白)이나 사회적 혼란이 예상되는 것은 아니므로 입법촉구(立法促求)는 불필요(不必要)하다.

제 청 법 원 : 서울지방법원 남부지원(1988. 12. 26. 88초1360 위헌제청신청)

제청신청인 : 강○해 대리인 변호사 박재승

Ⅲ. 참조조문

헌법(憲法) 제10조, 제13조 제2항, 제23조, 제34조 제2항, 제35조 제1항, 제3항 제37조 제2항, 제113조, 제119조, 제121조, 제122조

국토이용관리법(國土利用管理法) 제21조의2(규제구역(規制區域)의 지정(指定))

① 건설부장관(建設部長官)은 토지(土地)의 투기적(投機的)인 거래(去來)가 성행(盛行)하거나 성행(盛行)할 우려가 있고, 지가(地價)가 급격(急激)히 상승(上昇)하거나 상승(上昇)할 우려가 있는 구역(區域)을 5년 내(年內)의 기간(期間)을 정하여 규제구역(規制區域)으로 지정(指定)할 수 있다.

② 건설부장관(建設部長官)이 제1항의 규제(規制)에 의하여 규제구역(規制區域)을 지정(指定)하고자 할 때에는 국토이용계획심의회(國土利用計劃審議會)의 심의(審議)를 거쳐야 한다.

③ 건설부장관(建設部長官)이 제1항의 규정(規定)에 의하여 규제구역(規制區域)을 지정(指定)한 때에는 지체 없이 대통령령(大統領令)이 정하는 바를 공고(公告)하고, 그 공고내용(公告內容)을 도지사(道知事)에게 통지하여야 한다.

④ 제3항의 규정(規定)에 의하여 통지를 받은 도지사(道知事)는 지체 없이 공고내용(公告內容)을 그 규제구역(規制區域)을 관할(管轄)하는 등기소(登記所)의 장(長)과 시장(市長)·군수(郡守) 또는 구청장(區廳長)에게 통지하여야 하며, 그 통지를 받은 시장(市長)·군수(郡守) 또는 구청장(區廳長)은 지체 없이 이를 일정기간(一定期間) 공시(公示)하고, 공고내용(公告內容)을 15일간(日間) 일반(一般)의 열람(閱覽)에 공(供)하여야 한다.

⑤ 규제구역(規制區域)의 지정(指定)은 제3항의 규정(規定)에 의한 공고

일(公告日)로부터 일정기간(一定期間) 경과 후 효력(效力)이 발생한다.

⑥ 건설부장관(建設部長官)은 규제구역(規制區域)의 지정사유(指定事由)가 없어졌다고 인정될 때에는 지체 없이 규제구역(規制區域)의 일부(一部)를 축소(縮小)하여야 한다.

⑦ 제2항 내지 제4항의 규정(規定)은 제6항의 규정(規定)에 의한 해제(解除) 또는 축소(縮小)의 경우에 이를 준용(準用)한다.

국토이용관리법(國土利用管理法) 제21조의3(토지(土地) 등의 거래계약(去來契約) 허가(許可)) ① 규제구역(規制區域) 내에 있는 토지(土地)에 관한 소유권(所有權) 또는 지상권(地上權) 기타 사용·수익(收益)을 목적(目的)으로 하는 권리(權利)(이러한 권리(權利)의 취득(取得)을 목적(目的)으로 하는 권리(權利)를 포함한다)로서 대통령령(大統領令)이 정하는 권리(權利)를 이전(移轉) 또는 설정(設定)(대가(對價)를 받고 이전(移轉) 또는 설정(設定)하는 경우에 한(限)한다)하는 계약(契約)(예약(豫約)을 포함한다. 이하 "토지(土地)등의 거래계약(去來契約)"이라 한다)을 체결(締結)하고자 하는 당사자(當事者)는 공동(共同)으로 대통령령(大統領令)이 정하는 바에 의하여 관할도지사(管轄道知事)의 허가(許可)를 받아야 한다. 허가(許可)받은 사항(事項)을 변경(變更)(계약예정금액(契約豫定金額)을 감액(減額)하는 경우를 제외한다)하고자 할 때에도 또한 같다.

② 일반경제(一般經濟) 및 지가(地價)의 동향(動向)과 거래단위면적(去來單位面積) 등을 종합적(綜合的)으로 고려(考慮)하여 대통령령(大統領令)이 정하는 용도별(用途別) 면적(面積) 이하의 토지(土地)에 대한 토지(土地) 등의 거래계약(去來契約)에 대하여는 당사자(當事者)가 그 계약(契約)을 체결(締結)한 후에 관할시장(管轄市長)·군수(郡守) 또는 구청장(區廳長)에게 신고(申告)하여야 한다.

③ 제1항의 규정(規定)에 의한 허가(許可)를 받고자 하는 자(者)는 그 허가신청서(許可申請書)에 대통령령(大統領令)이 정하는 권리(權利)의 종

류(種類)·면적(面積)·용도(用途)·계약예정금액(契約豫定金額) 등 계약내용(契約內容)과 그 토지(土地)의 이용계획(利用計劃) 등을 기재(記載)하여 관할시장(管轄市長)·군수(郡守) 또는 구청장(區廳長)을 거쳐 도지사(道知事)에게 제출하여야 한다.

④ 시장(市長)·군수(郡守) 또는 구청장(區廳長)은 제3항의 규정(規定)에 의한 허가신청서(許可申請書)를 받은 때에는 지체 없이 그 의견서(意見書)를 첨부하여 도지사(道知事)에게 송부(送付)하여야 한다.

⑤ 도지사(道知事)는 제3항의 규정(規定)에 의한 허가신청서(許可申請書)를 받은 때에는 그 허가신청서(許可申請書)를 받은 날로부터 25일(日) 내에 허가(許可) 또는 불허가(不許可)의 처분(處分)을 하고 그 신청인(申請人)에게 허가증(許可證)을 교부(交付)하거나 불허가처분(不許可處分) 사유(事由)를 서면(書面)으로 통지하여야 한다.

⑥ 제5항의 규정(規定)에 의한 기간(期間) 내에 허가증(許可證)의 교부(交付) 또는 불허가처분(不許可處分) 사유(事由)의 통지가 없을 때에는 당해 기간(期間)의 만료일(滿了日)의 익일(翌日)에 제1항의 규정(規定)에 의한 허가(許可)가 있은 것으로 보며 이 경우 도지사(道知事)는 지체 없이 신청인(申請人)에게 허가증(許可證)을 교부(交付)하여야 한다.

⑦ 제1항의 규정(規定)에 의한 허가(許可)를 받지 아니하고 체결(締結)한 토지(土地) 등의 거래계약(去來契約)은 그 효력(效力)을 발생하지 아니한다.

⑧ 제2항의 규정(規定)에 의한 토지(土地)의 면적산정방법(面積算定方法)에 관하여 필요한 사항(事項)은 대통령령(大統領令)으로 정한다.

국토이용관리법(國土利用管理法) 제21조의4(許可基準) ① 도지사(道知事)는 제21조의3 제1항의 규정(規定)에 의한 허가신청(許可申請)이 다음 각 호(各號)의 1에 해당하는 경우에는 허가(許可)를 하여서는 아니된다.

1. 토지소유권이전(土地所有權移轉)의 경우 그 계약예정금액(契約豫定

金額)이 표준지가(標準地價)[당해 토지(土地)에 적용(適用)되는 제29조의 규정(規定)에 의한 기준지가(基準地價)(이하 "기준지가(基準地價)"라 한다)를 기준(基準)으로 하여 기준지가(基準地價) 대상지역(對象地域) 공고일(公告日)로부터 허가신청일(許可申請日)까지의 도매물가상승률(都賣物價上昇率)·지가변동률(地價變動率)과 인근유사토지(隣近類似土地)의 정상거래가격(正常去來價格) 및 기타 사항(事項)을 충분(充分)히 참작(參酌)하여 평가(評價)한 액(額)을 말한다]에 대통령령(大統領令)이 정하는 적정률(適正率)을 곱한 금액(金額)과 당해 토지(土地)에 대하여 대통령령(大統領令)이 정하는 취득(取得)·관리(管理)에 소요(所要)된 비용액(費用額)의 원리금(元利金)을 합산(合算)한 금액(金額)을 초과한 경우

2. 토지(土地) 등의 거래(去來)로 취득(取得)한 토지(土地)의 이용목적(利用目的)이 다음 각호(各號)의 1에 해당되지 아니한 경우
   가. 자기(自己)의 거주용(居住用) 주택용지(住宅用地)에 공(供)하고자 하는 것인 때
   나. 규제구역(規制區域) 내에 거주(居住)하는 자(者)의 복지(福祉) 또는 편익(便益)을 위한 시설(施設)로서 관할시장(管轄市長)·군수(郡守) 또는 구청장(區廳長)이 확인한 시설(施設)의 설치용(設置用)에 공(供)하고자 하는 것인 때
   다. 규제구역(規制區域) 내에 거주(居住)하는 농(農)·어민(漁民)이 당해 규제구역(規制區域) 내에서 농업(農業)·축산업(畜産業)·임업(林業) 또는 어업(漁業)을 영위(營爲)하기 위하여 필요한 것인 때
   라. 토지수용법(土地收用法) 기타 법률(法律)에 의하여 토지(土地)를 수용(收用) 또는 사용할 수 있는 사업(事業)을 시행(施行)하는 자(者)가 그 사업(事業)의 용(用)에 공(供)하고자 하는 것인 때
   마. 규제구역(規制區域)을 포함한 지역(地域)의 건전(健全)한 발전을

위하여 필요하며 또한 당해 규제구역(規制區域)의 토지이용(土地利用)상 적절하다고 인정되는 사업(事業)을 시행(施行)하는 자(者) 또는 시행(施行)하고자 하는 자(者)가 그 사업(事業)의 용(用)에 공(供)하고자 하는 것인 때

바. 규제구역(規制區域)의 지정(指定) 당시 당해 구역(區域) 내에서 사업(事業)을 시행(施行)하고 있는 자(者)가 그 사업(事業)의 용(用)에 공(供)하고자 하는 것인 때 또는 그 자(者)의 사업(事業)과 밀접(密接)한 관련이 있는 사업(事業)을 행하는 자(者)가 그 사업(事業)의 용(用)에 공(供)하고자 하는 것인 때

사. 규제구역(規制區域) 내에 거주(居住)하고 있는 자(者)의 일상생활(日常生活) 및 통상적(通常的)인 경제활동(經濟活動)에 필요한 것으로서 대통령령(大統領令)이 정하는 용도(用途)에 공(供)하고자 하는 것인 때

3. 그 토지(土地)의 이용목적(利用目的)이 국토이용계획(國土利用計劃)·도시계획(都市計劃) 기타 토지(土地)의 이용에 관한 계획(計劃)에 적합하지 아니한 경우

4. 그 토지(土地)의 이용목적(利用目的)이 도로(道路)·광장(廣場)·하천(河川)·학교(學校) 등의 공공시설계획상(公共施設計劃上) 또는 주변(周邊)의 자연환경(自然環境) 보전상(保全上) 명백(明白)히 적합하지 아니한 경우

5. 그 면적(面積)이 그 토지(土地)의 이용(利用) 목적(目的)으로 보아 적합하지 아니하다고 인정되는 경우

② 도지사(道知事)는 토지(土地) 등의 거래계약허가신청(去來契約許可申請)이 제1항 제1호에 해당되어 불허가(不許可)의 처분(處分)을 하고자 할 때에는 미리 그 허가신청인(許可申請人)에게 계약예정금액(契約豫定金額)의 조정(調整)을 권고(勸告)할 수 있다.

국토이용관리법(國土利用管理法) 제21조의5(이의신청(異議申請)) ① 제21조의3의 규정(規定)에 의한 처분(處分)에 대한 이의(異議)가 있는 자(者)는 그 처분(處分)을 받은 날로부터 1월(月) 내에 토지이용심사위원회(土地利用審査委員會)에 이의(異議)를 신청(申請)할 수 있다.

② 제1항의 규정(規定)에 의한 이의신청(異議申請)을 받은 토지이용심사위원회(土地利用審査委員會)는 이에 대한 결정(決定)을 하여야 한다.

③ 제2항의 규정(規定)에 의한 결정(決定)을 받은 후가 아니면 제21조의3의 규정(規定)에 의한 처분(處分)의 취소(取消) 또는 변경(變更)을 구하는 소송(訴訟)을 제기(提起)할 수 없다. 다만, 제1항의 규정(規定)에 의한 이의(異議)를 신청(申請)한 날로부터 2월(月)이 경과되도록 제2항의 규정(規定)에 의한 처분(處分)이 없을 때에는 그러하지 아니하다.

④ 제2항의 규정(規定)에 의한 토지이용심사위원회(土地利用審査委員會)는 도(道)에 두며 그 구성(構成)과 운영(運營)에 관하여 필요한 사항(事項)은 대통령령(大統領令)으로 정한다.

국토이용관리법(國土利用管理法) 제21조의15(토지(土地) 등에 관한 매수청구(買收請求)) ① 제21조의3 제1항의 규정(規定)에 의한 허가신청(許可申請)을 한 경우에 있어서 불허가(不許可)의 처분(處分)을 받은 토지(土地) 등의 소유자(所有者)는 도지사(道知事)에 대하여 당해 토지(土地) 등에 관한 권리(權利)의 매수(買收)를 청구(請求)할 수 있다.

② 제1항의 규정에 의한 토지(土地) 등에 관한 권리(權利)의 매수청구(買收請求)를 받은 도지사(道知事)는 당해 토지(土地) 등에 대하여 국가(國家)·지방자치단체(地方自治團體)·한국토지개발공사(韓國土地開發公私) 기타 대통령(大統領)이 정하는 정부투자기관(政府投資機關) 및 공공단체(公共團體) 중에서 매수(買收)할 자(者)를 지정(指定)하여 당해 토지(土地)를 예산(豫算)과 제21조의4 제1항 제1호에 규정(規定)된 가격(價

格)의 범위 내에서 매수(買收)하게 하여야 한다.

국토이용관리법(國土利用管理法) 제31조의2(벌칙(罰則)) 다음 각호(各號)의 1에 해당하는 자(者)는 2년(年) 이하의 징역(懲役) 또는 500만(萬)원 이하의 벌금(罰金)에 처(處)한다. 다만, 제5호의 경우에는 3년(年) 이하의 징역(懲役) 또는 500만(萬)원 이하의 벌금(罰金)에 처(處)한다.

1. 제21조의3 제1항의 규정(規定)에 위반(違反)하여 허가(許可)없이 토지(土地) 등의 거래계약(去來契約)을 체결(締結)하거나 사위(詐僞) 기타 부정(不正)한 방법(方法)으로 토지(土地) 등의 거래계약허가(去來契約許可)를 받은 자(者)
2. 제29조의2 제2항의 규정(規定)에 의한 토지평가사(土地評價士)의 면허(免許)를 받지 아니하고 토지평가사(土地評價士)의 업무(業務)를 행한 자(者)
3. 사위(詐僞) 기타 부정(不正)한 방법(方法)으로 토지평가사(土地評價士)의 면허(免許)를 받은 자(者)
4. 제29조의5 제1항의 규정(規定)에 위반(違反)하여 허위(虛僞) 또는 부정(不正)한 평가(評價)를 한 자(者)
5. 제29조의5 제7항의 규정(規定)에 위반(違反)한 자(者)

헌법재판소법(憲法裁判所法) 제23조(심판정족수(審判定足數)) ① 생략

② 재판부(裁判部)는 종국심리(終局審理)에 관여한 재판관(裁判官)의 과반수(過半數)의 찬성(贊成)으로 사건(事件)에 관한 결정(決定)을 한다. 다만, 다음 각호(各號)의 1에 해당하는 경우에는 재판관(裁判官) 6인(人) 이상의 찬성(贊成)이 있어야 한다.

1. 법률(法律)의 위헌결정(違憲決定), 탄핵(彈劾)의 결정(決定), 정당해산(政黨解散)의 결정(決定) 또는 헌법소원(憲法訴願)에 관한 인용결정(認容決定)을 하는 경우

2. 생략

헌법재판소법(憲法裁判所法) 제45조(위헌결정(違憲決定)) 헌법재판소(憲法裁判所)는 제청(提請)된 법률(法律) 또는 법률조항(法律條項)의 위헌(違憲) 여부(與否)만을 결정(決定)한다. 다만, 법률조항(法律條項)의 위헌결정(違憲決定)으로 인하여 당해 법률(法律) 전부를 시행(施行)할 수 없다고 인정될 때에는 그 전부에 대하여 위헌(違憲)의 결정(決定)을 할 수 있다.

헌법재판소법(憲法裁判所法) 제47조(위헌결정(違憲決定)의 효력(效力)) ① 법률(法律)의 위헌결정(違憲決定)은 법원(法院) 기타 국가기관(國家機關) 및 지방자치단체(地方自治團體)를 기속(羈束)한다.

② 위헌(違憲)으로 결정(決定)된 법률(法律) 또는 법률(法律)의 조항(條項)은 그 결정(決定)이 있는 날로부터 효력(效力)을 상실(喪失)한다. 다만, 형벌(刑罰)에 관한 법률(法律) 또는 법률(法律)의 조항(條項)은 소급(遡及)하여 그 효력(效力)을 상실(喪失)한다.

③ 제2항 단서(但書)의 경우에 위헌(違憲)으로 결정(決定)된 법률(法律) 또는 법률(法律)의 조항(條項)에 근거한 유죄(有罪)의 확정판결(確定判決)에 대하여는 재심(再審)을 청구(請求)할 수 있다.

④ 제3항의 재심(再審)에 대하여는 형사소송법(刑事訴訟法)의 규정(規定)을 준용(準用)한다.

Ⅳ. 주 문

1. 국토이용관리법(1972. 12. 30. 법률 제2408호, 1978. 12. 5. 개정 법률 제3139호, 1982. 12. 31. 개정 법률 제3642호) 제21조의3 제1항은 헌법에 위반되지 아니한다.

2. 같은 법률(1989. 4. 1. 개정 법률 제4120호) 제31조의2는 헌법에 위반된다고 선언할 수 없다.

V. 이 유

1. 제청사건과 심판의 대상

가. 제청사건

이 사건은 서울지방법원 남부지원 88고단5205 국토이용관리법 위반사건의 피고인 강○해가 그의 대리인 변호사 박재승을 통하여 위 재판의 전제가 된 국토이용관리법 제21조의3 제1항, 제31조의2의 위헌여부심판을 제청신청함에 따라 1988. 12. 26. 위 지원이 헌법재판소에 위 법률의 조항들에 대한 위헌여부의 심판을 제청한 것이다.

위 강○해는 도지사의 허가 없이 1988. 3. 중순경부터 같은 해 5월 말경까지의 사이에 규제구역으로 고시된 충남 당진군 송악○ 영천리 17의3 소재 임야 2,000평 외 5건 도합 5,690평을 미등기 전매하여 2,275만원의 전매차익을 취득한 혐의 등으로 1988. 11. 3. 구속 기소되어 (같은 해 11. 8. 보석) 위 지원에서 심리, 같은 해 12. 5. 징역 1년의 구형을 받은 자이다.

나. 심판의 대상

(1) 위헌여부심판의 대상은 국토이용관리법 제21조의3 제1항의 규제구역 내에 있는 토지에 관한 소유권 또는 지상권 기타 사용·수익을 목적으로 하는 권리(이러한 권리의 취득을 목적으로 하는 권리를 포함한다)로서 대통령령이 정하는 권리를 이전 또는 설정(대가를 받고 이전 또는 설정하는 경우에 한한다)하는 계약(예약을 포함한다. 이하 '토지 등의 거래계약'이라 한다)을 체결하고자 하는 당사자는 공동으로 대통령령이 정하는 바에 의하여 관할도지사의 허가를

받아야 한다. 허가받은 사항을 변경(계약예정금액을 감액하는 경우를 제외한다) 하고자 할 때에도 또한 같다.

(2) 위 법률 제31조의2의 "제21조의3 제1항의 규정에 위반하여 허가 없이 토지 등의 거래계약을 체결하거나 사위 기타 부정한 방법으로 토지 등의 거래계약허가를 받은 자는 2년 이하의 징역 또는 500만원 이하의 벌금에 처한다"(이 조항은 1989. 4. 1. 법률 제4120호로 지가공시 및 토지 등의 평가에 관한 법률 부칙 제3조 제1항에 의하여 개정되었음)라는 벌칙규정이 각 헌법에 위반되는지의 여부에 관한 것이다.

2. 위헌여부심판제청의 이유와 관계인의 의견

가. 제청법원의 위헌여부심판제청의 이유

헌법 제23조는 사유재산권을 보장하고 있고, 헌법 제37조 제2항에 의하면 이러한 재산권은 법률로써 제한할 수 있으나, 그 경우에도 재산권의 본질적인 내용이 침해될 수 없는데, 국토이용관리법 제21조의3 제1항, 제31조의2는 재산권의 주된 내용인 처분의 자유를 제한(허가)내지 금지(불허가)하는 것이므로 헌법 제23조, 제37조 제2항에 위반되는 규정이라고 해석될 여지가 있으므로 위헌 여부의 심판을 제청한다.

나. 제청신청인 대리인의 의견

오늘날 소유권관념의 변천에 따라 소유권의 사회성을 인정하여야 하지만 소유권의 사회성을 강조한다고 하여 자본주의, 자유민주주의의 근본이념을 훼손하여서는 안된다.

법률에 의한 기본권의 제한은 헌법 제37조 제2항에 나타나 있는 최소제한의 원칙과 본질적 내용 침해금지의 원칙에 따라야 한다. 그런데 토지거래허가제는 토지의 처분과 취득을 금지하는 것이므로 이는 계약자유의 원칙을 완전히 부정하고 재산권의 본질적 내용을 침해하는 것인 동시에 토지거래규제에 있어서 가장 극단적인 방법에 해당되어 최소제한의 원칙도 부정하고 있는 것이다.

다. 법무부장관의 의견(서울지방검찰청 남부지청검사의 의견 포함)

(1) 헌법 제23조 제1항 후문 및 제122조에 의하면 사유재산권, 특히 토지소유권의 내용과 한계는 법률로 정하도록 되어 있다. 그런데 국토이용관리법 소정의 토지거래허가제는 투기적인 거래라고 인정되는 경우 일정한 기간 동안만 토지의 처분권을 제한하는 것이므로 헌법상의 재산권 법정주의(財産權法定主義)에 형식적으로나 실질적으로 합치되는 것이어서 위헌이라고 볼 수 없고, 오히려 토지의 정상적인 거래를 유도함으로써 헌법 제23조 제2항의 이념을 실현시키는 것이다.

(2) 재산권의 본질적인 내용의 침해라 함은 그 침해로 재산권이 그의 본래 목적을 달성할 수 없을 정도로 유명무실하게 되는 것을 말하는데, 토지거래허가제는 토지의 처분을 전면적으로 금지하는 것이 아니라 특정지역에 한해서 일정한 기간을 정하여 정상거래가 아닌 투기적 거래 등일 경우에만 제한하는 것이고, 또한 구제절차로서 토지소유자에게 불허가처분에 대한 이의신청권과 토지매수청구권을 부여하고 있으므로 사유재산권의 본질적인 내용을 침해하는 것이라 할 수 없다.

(3) 토지거래허가제는 선진 외국의 여러 나라에서도 이미 시행하고 있으며 특히 우리나라는 국토면적이 협소한데다 이용가능한 면적이 세계에서 유래가 없을 정도로 협소하여 그 한정된 국토의 효율적인 이용에 대한 노력이 더 많이 요구되고 있는 만큼 토지재산권에 대한 제한과 의무가 더 많이 따르게 된다. 따라서 토지거래허가제에 따른 제한은 국민 모두가 수인(受忍)하여야 할 토지재산권에 내재된 부담으로서 토지재산권의 본질적인 내용을 침해하는 것으로 볼 수 없다.

라. 건설부장관의 의견

건설부장관은 위 법무부장관과 같은 의견을 제출한 외에도 다음과 같은 의견을 제출하였다.

(1) 1989. 4. 25. 현재까지 토지거래허가제 실시를 위한 규제구역은 1985. 8월초 28평방킬로미터를 지정한 이래 1988. 2. 19. 653평방킬로미터, 1988. 9. 7. 8,638평방킬로미터(전 국토의 9.4%)를 지정한 바 있고, 그 지정기간은 각각 3년이었다. 1988년 한 해 동안 2회에 걸쳐 규제구역을 지정하게 된 것은 1987년부터 전국의 지가가 전년대비 23% 이상 급격히 상승하였고 1988년에는 전년대비 46% 이상 극심하게 상승하였기 때문이나.

우리나라의 국토는 9만 9천 2백 평방킬로미터인데 인구는 4천 2백만이나 되며 2,000년대에는 5천만 명을 넘을 전망이다. 전 국토 중 산림이 66%, 농경지 23%, 여타 11%인데 그중에서도 도로, 철도, 하천 등 공공시설과 산업용지를 제외하면 국민의 주거에 이용될 수 있는 토지는 4%에 불과한 것이다. 그런데 전국적으로 상위 소득계층 5%가 전체 사유지의 65.2%를, 상위 10%가 전체 사유지의 76.9%를, 상위 20%가 전체 사유지의 90.8%를 소유하고 있는 실정이다.

(2) 투기적 거래 및 지가의 급격한 상승을 억제하는 데는 토지거래신고제로서는 그 한계가 명백히 드러났고 조세적 방법도 실제 과표의 현실화율이 지나치게 낮고, 단기 전매시에 그 실효성이 적을 뿐 아니라 그 기능이 사후적 조치에 불과하여 사전방지의 효과를 기대할 수 없었기 때문에 토지거래허가제를 실시하였다.

또한 실제로 규제구역을 지정함에 있어서는 투기우심지역을 엄선하고 구역범위를 최소화하여 시범적으로 실시함으로써 투기의 외연확산을 방지한다는 기본방침하에 투기적 거래 및 지가의 급격한 상승지역을 대상으로 집중조사를 실시한 후 토지거래허가제의 실시가 불가피하다고 인정되는 지역을 극히 제한적으로 선정하였다.

(3) 토지거래허가제의 실효성을 확보하기 위하여는 위법한 무허가거래계약행위를 무효화시키는 외에 행정형벌에 의한 제재가 불가피하고, 투기적 거래에 따르는 고액의 불로소득 및 부동산범죄의 계속적인 증가추세 등을 감안하건대 벌금형 이외에 자유형을 통한 제재는 필요하고도 적정하다.

3. 판 단

가. 헌법상의 재산권 보장

(1) 기본이념

헌법은 제23조 제1항에서 "모든 국민의 재산권은 보장된다"고 하는 재산권 보장에 대한 일반적인 원칙규정을 두고 있으며, 아울러 제13조 제2항은 소급입법에 의한 재산권의 박탈을 금지하고, 제119조 제1항은 "대한민국의 경제질서는 개인과 기업의 경제상의 자유와 창의를 존중함을 기본으로 한다"고 규정하고 있다.

즉, 우리 헌법은 사유재산제도와 경제활동에 대한 사적자치의 원칙을 기초로 하는 자본주의 시장경제질서를 기본으로 하고 있음을 선언하고 있는 것이다. 이는 국민 개개인에게 자유스러운 경제활동을 통하여 생활의 기본적 수요를 스스로 충족시킬 수 있도록 하고 사유재산과 그 처분 및 상속을 보장해주는 것이 인간의 자유와 창의를 보장하는 지름길이고 궁극에는 인간의 존엄과 가치를 증대시키는 최선의 방법이라는 이상을 배경으로 하고 있는 것이다.

(2) 재산권 관념의 역사적 변천

토지소유권이 그 핵심인 재산권이라는 관념은 그것이 생겨난 이후 오늘에 이르기까지 끊임없이 변천되어 온 역사에 기초를 두고 있으므로 헌법에 규정된 재산권보장의 성격을 명백히 파악하기 위하여서는 토지소유권

관념에 대한 역사적 이해가 필요하다.

역사적으로 볼 때 고대사회에서 토지에 대한 소유권개념은 부락 주민 전체의 총유(總有)라는 관념으로 인식되었다. 그러나 중세봉건제도의 확립과 함께 토지소유권의 개념은 토지에 대한 관리처분권(영유권)과 그 이용권으로 구분하는 분할소유권(分割所有權)의 관념이 형성되어 관리처분권은 봉건 영주에게 귀속되고 그 이용권은 지세나 소작료를 부담하는 조건으로 예속 영민에게 귀속되는 것으로 변천되었다.

봉건 영주는 토지영유권을 토대로 하여 예속 영민에 대하여 병역동원이나 노무차출 등으로 신분구속적(身分拘束的)인 지배를 할 수 있었고 예속 영민은 토지를 경작할 수 있게 해준 영수의 은사(恩赦)에 대한 보답으로 각종의 의무와 부담을 감내하고 있었던 것이다.

봉건사회가 붕괴되고 난 후 성립한 근대시민사회는 근대초기의 계몽사상 및 자연법사상과 로마법의 영향으로 모든 사람을 평등한 인격자로 관념하고 그의 이윤추구 욕구를 바탕으로 한 자유스러운 사회활동(계약자유)과 여러 가지 제약이나 부담이 따르지 않는 소유권, 즉 절대적인 소유권의 보장을 요구하였고, 그것을 배경으로 개인주의·자유주의 및 자본주의의 급속한 발달과 함께 생산과 부의 비약적인 증대와 경제번영을 이룩하였던 것이다. 그리하여 근대 초기자본주의하에서의 토지소유권의 개념은 개인적 재산권으로서 타의 제약을 받지 않는 절대적 사권(絕對的 私權)으로서 존중되게 되었으며, 토지소유권의 불가침성, 자유성, 우월성을 의미하는 토지소유권의 절대성은 1789. 8. 27. 프랑스 인권선언 제17조의 「소유권은 신성불가침」이라는 규정으로 극명하게 표현되었던 것이다.

그러나 위와 같은 개인주의·자유주의에 바탕을 둔 자본주의도 초창기의 기대, 즉 모든 사람을 평등한 인격자로 보고 그 자유로운 계약활동과 소유권의 절대성만 보장해주면 개인적으로나 사회적으로 무궁한 발전을 기약할 수 있다는 이상(理想)이 노동을 상품으로 팔 수밖에 없는 도시노동자나 소작민에게는 아무런 의미가 없고, 계약자유의 미명 아래 '있는 자, 가진 자'로부터 착취당하여 결국에는 빈부의 격차가 현격해지고, 사회계층 간의 분화와 대립갈등이 첨예화하는 사태에 이르게 됨에 따라 대폭 수정되기에 이르렀으니, 모든 사람들에게 인간으로서의 생존권을 보장해 주기 위하여서는 토지소유권은 이제 더 이상 절대적인 것일 수가 없었고 공공의 이익 내지 공공복리의 증진을 위하여 의무를 부담하거나 제약을 수반하는 것으로 변화되었으며, 토지소유권은 신성불가침의 것이 아니고 실정법상의 여러 의무와 제약을 감내하지 않으면 안되는 것으로 되었으니 이것이 이른바, '토지공개념(土地公槪念) 이론'인 것이다.

그리하여 대부분의 현대국가에서는 재산권의 내용과 한계를 법률로 정할 수 있도록 하고 있고, 의무를 수반하는 상대적 권리(相對的權利)로 규정하고 있는 것이다.

재산권의 사회적 제약 내지 사회기속성을 강조하는 것은 재산권의 절대적 보장에서 배태되는 사회적 폐단을 최소화함과 아울러 사유재산제도의 기본이념을 보호하려는 것으로서 사유재산제도의 유지존속을 위한 사유재산제도의 최소한의 자기희생 내지 양보인 것이다.

1919년에 제정된 독일의 바이마르(Weimar)헌법 제153조가 「소유권은 헌법에 의해서 보장된다. 그 내용과 한계는 법률로 정한다」, 「소유권은 의무를 진다. 소유권의 행사는 동시에 공공의 복리에 대한 봉사이어야 한다」고 규정한 것은 위와 같은 소유권의 개념변화를 잘 표현하고 있는 것이다.

우리나라의 경우 일제의 식민지지배에서 해방되어 미군정기간을 거쳐 1948. 7. 12. 제헌헌법이 제정되었는바, 이 헌법 제15조에서 위와 같은 재산권 관념의 변천에 상응하여 재산권의 상대성, 재산권 행사의 공공복리 적합의무를 명시하고 있으며, 그 후 제정된 우리 민법(1958. 2. 22. 법률 제471호)에서도 소유권의 내용을 규정함에 있어서 "소유자는 법률의 범위 내에서 그 소유물을 사용, 수익, 처분할 권리가 있다"(민법 제211조), "토지의 소유권은 정당한 이익 있는 범위 내에서 토지의 상하에 미친다"(민법 제212조)라고 규정하고 있으며 '절대 무제한으로 목적물을 이용하고 처분할 권리'라든가 '하고 싶은 대로 이용하는 권리'라는 내용으로 규정하고 있지 않은 것이다. 제3공화국이 출범하면서 공업입국의 기치 아래 산업사회의 고도의 발달, 국민소득의 증가를 이룩하였으나 급속한 산업화·도시화와 함께 인구의 폭발적인 증가로 도시지역을 선두로 전국의 토지가격이 급등하여 토지가 투기의 대상이 되는 현상이 생겨나게 되고 아울러 공해문제에 따른 환경보전의 필요성이 절실하여지게 되었다.

오늘날 이러한 상황은 비단 우리나라에만 한정되는 것이 아니어서 국제적으로도 토지규제의 필요성이 크게 강조되고 있는 터인데, 1976년에 개최된 국제연합인간거주회의(HABITAT)에서 이미 채택된 국내행동권고에서는 토지문제에 대해 토지는 인간거주에 있어서 극히 중요한 역할을 담당하고 있으며 시장에 방치되는 보통의 자산으로 취급할 수 없으므로 국가 전체이익을 위한 규제하에 있어야 한다. 토지의 소유, 이용, 개발을 공적으로 규제하는 것은 환경보전·주거수준의 향상을 위하여 불가결한 것이다라는 논거로 토지소유권의 규제 내지 제한을 권고하고 있는 것이다.

나. 재산권의 제한

위와 같은 추세에 따라 우리 헌법도 재산권은 보장하되 "그 내용과 한계는 법률로 정한다"(헌법 제23조 제1항 후문)라고 하여 법률로 재산권을 규제할 수 있음을 명백히 하고 있을 뿐만 아니라 "재산권의 행사는 공공복리에 적합하도록 하여야 한다"(헌법 제23조 제2항)라고 하여 재산권행사의 사회적 의무성도 강조하고 있는 것이다.

재산권행사의 공공복리 적합의무는 헌법상의 의무로써 입법형성권의 행사에 의해 현실적인 의무로 구체화되고 있는데, 이 사건 국토이용관리법 외에도 국토건설종합계획법, 도시계획법, 건축법, 주택건설촉진법, 토지수용법, 지방공업개발법, 낙농진흥법, 농촌근대화촉진법, 농업기본법, 농지개혁법, 산림법, 환경보전법(구 공해방지법) 기타 여러 법률에서 토지소유자에게 여러 가지 의무와 부담을 과하고 있는 것이다.

재산권행사의 사회적 의무성을 헌법 자체에서 명문화하고 있는 것은 사유재산제도의 보장이 타인과 더불어 살아가야 하는 공동체생활과의 조화와 균형을 흐트러뜨리지 않는 범위 내에서의 보장임을 천명한 것으로서 재산권의 악용 또는 남용으로 인한 사회공동체의 균열과 파괴를 방지하고 실질적인 사회정의를 구현하겠다는 국민적 합의의 표현이라고 할 수 있으며 사법(私法)영역에서도 신의성실의 원칙이라든가 권리남용금지의 원칙, 소유권의 상린관계 등의 형태로 그 정신이 투영되어 있는 것이다. 재산권행사의 사회적 의무성은 헌법 또는 법률에 의하여 일정한 행위를 제한하거나 금지하는 형태로 구체화될 이치이나 이는 (토지)재산의 종류, 성질, 형태, 조건, 상황, 위치 등에 따라 달라질 것이다.

그런데 토지의 수요가 늘어난다고 해서 공급을 늘릴 수 없기 때문에 시장경제의 원리를 그대로 적용할 수 없고, 고정성, 인접성, 본원적 생산성, 환경성, 상린성, 사회성, 공공성, 영토성 등 여러 가지 특징을 지닌 것으로서 자손만대로 향유하고 함께 살아가야 할 생활터전이기 때문에 그 이용을 자유로운 힘에 맡겨서도 아니되며, 개인의 자의에 맡기는 것도 적당하지 않은 것이다.

토지의 자의적인 사용이나 처분은 국토의 효율적이고 균형 있는 발전을 저해하고 특히 도시와 농촌의 택지와 경지, 녹지 등의 합리적인 배치나 개발을 어렵게 하기 때문에 올바른 법과 조화 있는 공동체질서를 추구하는 사회는 토지에 대하여 다른 재산권의 경우보다 더욱 강하게 사회공동체 전체의 이익을 관철할 것을 요구하는 것이다.

그래서 토지에 대하여서는 헌법이 명문으로 "국가는 국민 모두의 생산 및 생활의 기반이 되는 국토의 효율적이고 균형 있는 이용·개발과 보전을 위하여 법률이 정하는 바에 의하여 그에 관한 필요한 제한과 의무를 과할 수 있다"라고 하여 일반 재산권규정(헌법 제23조)과는 별도로 규정하고 있고(헌법 제122조), 그중에서도 식량생산의 기초인 농지에 대하여서는 제121조 등에서 소작제도금지 등 특별한 규제를 하고 있다. 우리 국민의 토지에 대한 강한 소유욕은 전통적으로 내려 온 가족주의적 농업사회에서 비롯된 것인데, 농업사회에 있어서는 토지가 생계의 절대수단이고 가족중심적 가치관은 토지를 후대에 상속시켜 안전한 생활을 보장해주려는 의식을 낳게 하였던 것이다. 이러한 관념은 고도의 산업사회가 된 오늘날에 와서도 그대로 이어져 기업가나 개인이나 생산과 주거에 필요한 면적 이상의 토지를 보유하여 토지가격의 등귀를 치부의 수단으로 하려는 경향이 있는 것이다.

그렇기 때문에 토지재산권에 대하여서는 입법부가 다른 재산권보다 더 엄격하게 규제를 할 필요가 있다고 하겠는데 이에 관한 입법부의 입법재량의 여지는 다른 정신적 기본권에 비하여 넓다고 봐야 하는 것이다.

다. 재산권 제한의 한계

입법부라고 할지라도 수권의 범위를 넘어 자의적인 입법을 할 수 있는 것은 아니며 사유재산권의 본질적인 내용을 침해하는 입법을 할 수 없음은 물론이다(헌법 제37조 제2항 후단).

토지재산권의 본질적인 내용이라는 것은 토지재산권의 핵이 되는 실질적 요소 내지 근본요소를 뜻하며, 따라서 재산권의 본질적인 내용을 침해하는 경우라고 하는 것은 그 침해로 사유재산권이 유명무실해지고 사유재산제도가 형해화(形骸化)되어 헌법이 재산권을 보장하는 궁극적인 목적을 달성할 수 없게 되는 지경에 이르는 경우라고 할 것이다.

사유재산제도의 전면적인 부정, 재산권의 무상몰수, 소급입법에 의한 재산권박탈 등이 본질적인 침해가 된다는데 대하여서는 이론의 여지가 없으나 본건 심판대상인 토지거래허가제는 헌법의 해석이나 국가, 사회공동체에 대한 철학과 가치관의 여하에 따라 결론이 달라질 수 있는 것이다. 그리고 헌법의 기본정신(헌법 제37조 제2항)에 비추어 볼 때 기본권의 본질적인 내용의 침해가 설사 없다고 하더라도 과잉금지의 원칙에 위반되면 역시 위헌임을 면하지 못한다고 할 것이다. 과잉금지의 원칙은 국가작용의 한계를 명시하는 것인데 목적의 정당성, 방법의 적정성, 피해의 최소성, 법익의 균형성(보호하려는 공익이 침해되는 사익보다 더 커야 한다는 것으로서 그래야만 수인(受忍)의 기대가능성이 있다는 것)을 의미하는 것으로서 그 어느 하나에라도 저촉되면 위헌이 된다는 헌법상의 원칙이다. 이하 항목을 세분하여 따져보기로 한다.

(1) 토지거래허가제는 사유재산제도의 본질적인 내용을 침해하는 제도인가

헌법 제37조 제2항의 규정이 기본권 제한 입법의 수권규정(授權規定)인 성질과 아울러 기본권 제한 입법의 한계규정(限界規定)의 성질을 갖고 있음을 감안하건대 사유재산제도하에서 재산권의 핵심적인 요소라고 할 수 있는 처분권을 제한 또는 금지하고 있는 토지거래허가제는 소유권을 허유권(虛有權)으로 전락시키는 것으로서 그 본질적인 내용을 침해하는 것이며 따라서 부수적인 다른 조치를 아무리 잘 보완하여도 위헌임을 면하기 어렵다는 견해에 대하여 살펴본다.

헌법상 국가는 개인이 가지는 불가침의 기본권 인권을 확인하고 이를 보장할 의무를 지고(헌법 제10조 후문), 사회보장·사회복지의 증진에 노력할 의무를 지며(헌법 제34조 제2항), 환경보전과 주택개발 등을 통하여 국민의 쾌적한 주거생활을 보장하도록 노력하여야 할 의무를 지고 있고(헌법 제35조 제1항, 제3항), 아울러 국토의 효율적이고 균형 있는 이용·개발·보전을 위하여 그에 필요한 제한과 의무를 과할 권한을 가지고 있으므로(헌법 제122조) 토지거래허가제는 위에 적시한 국가의 헌법상의 권한과 의무를 실현하거나 이행하기 위하여 마련된 것이라 할 수 있는 것이다. 그런데 토지거래허가제는 그 주된 목적이 토지의 투기적 거래 억제에 있는바, 토지투기는 엄청난 불로소득을 가져와 불건전한 소비풍토나 퇴폐향락성향의 과소비와 연결되기 쉽고, 일반 근로자는 봉급이나 임금으로는 평생 저축을 하여도 주거를 마련하기 힘들고, 생산공장부지의 가격등귀는 생산품가격의 인상요인이 됨과 아울러 다른 물가도 함께 상승시키는 결과가 되어 결국에는 경제의 발달을 저해하고 국민의 건전한 근로 의욕을 저해하며 계층 간의 불화와 갈등을 심화시키는 것이다.

위와 같은 사정하에서 국토이용관리법(법률 제2408호)이 제정되었으니 국토는 모든 국민의 복리증진을 위한 유한한 자원이며 공통기반임에 비추어 그 이용에 있어서는 공공복리를 우선시키고 자연환경을 보호함과 아울러 지역적 여러 조건을 충분히 고려하여 토지가 합리적으로 이용되고 적정하게 거래되도록 함으로써 양호한 생활환경의 확보와 국토의 균형 있는 발전을 도모함을 그 기본이념으로 한 것이다.

1978. 12. 5. 법률 제3139호로 제21조의2, 3이 추가되어 토지거래허가제가 신설되고 그 위반에 대한 벌칙이 마련된 것이다(국토이용관리법 제31조의2).

토지거래허가제는 거래목적, 거래면적, 거래가격 등을 통제하기 위한 제도이나 실제에 있어서는 토지의 거래가격을 허가기준가격의 범위 내로 억제하는 것이 주목적이라 할 수 있어 어떤 의미에서는 토지거래의 상한가격을 통제하는 제도라 할 수 있고 이러한 의미의 물가통제는 시장경제원리를 채택하고 있는 자유민주주의국가에서도 흔히 볼 수 있는 것이며 우리나라에만 있는 것은 아닌 것이다.

자유민주주의국가에서 시장경제원리를 중시하는 것은 그것이 개인의 자유와 창의를 보장하고 재화를 효율적으로 배분하는 데 가장 알맞는 원리이기 때문인데 투기가 성행하는 경우에는 이러한 시장의 정상적인 기능이 마비되고 사회적으로 여러 가지 폐단과 모순을 노정하게 되므로 이를 그대로 방치해 둘 수는 없으며 어떤 형태의 규제가 불가피한 것이다.

그런데 국토이용관리법이 규제하고자 하는 것은 모든 사유지가 아니고 투기우심지역 또는 지가폭등지역의 토지에 한정하고 있다는 점과 규제기간이 5년 이내인 점, 설사 규제되더라도 거래목적, 거래면적, 거래가격 등에 있어서 기준에 위배되지 않는 한 당연히 당국의 거래허가를 받을 수 있어 처분권이 완전히 금지되는 것은 아닌 점 및 당국의 거래불허가처분에 대하여서는 불복방법이 마련되어 있는 점 등을 종합해볼 때 토지거래허가제는(토지 등의 거래계약이 허가되었을 경우에는 제한의 해제로서 별 문제될 것이 없고 토지 등의 거래계약이 불허가되었을 경우에도) 사유재산제도의 부정이라 보기는 어렵고 다만 그 제한의 한 형태라고 봐야 할 것이다. 생산이 자유롭지 않은 토지에 대하여 처분의 자유를 인정하지 않고 이를 제한할 수밖에 없음은 실로 부득이한 것이며 토지거래허가제는 헌법이 명문으로 인정하고 있는(헌법 제122조) 재산권의 제한의 한 형태로서 재산권의 본질적인 침해라고는 할 수 없는 것이다.

(2) 토지거래허가제와 사적자치의 원칙 내지 보충의 원리위배 여부

우리 헌법 제23조 제1항, 제119조 제1항에서 추구하고 있는 경제질서는 개인과 기업의 경제상의 자유와 창의를 최대한도로 존중·보장하는 자본주의에 바탕을 둔 시장경제질서이므로 국가적인 규제와 통제를 가하는 것도 보충의 원칙에 입각하여 어디까지나 자본주의 내지 시장경제질서의 기초라고 할 수 있는 사유재산제도와 아울러 경제행위에 대한 사적자치의 원칙이 존중되는 범위 내에서만 허용될 뿐이라 할 것인데, 토지거래허가제는 위 기본원칙, 특히 그중에서도 사적자치(私的自治)의 원칙에 대한 중대한 침해이므로 위헌이라는 견해에 대하여 살펴본다.

통제는 자승법칙(自乘法則)에 의하여 더 많은 통제를 요구하며 관료주의, 획일주의, 형식주의에 치우쳐 비능률, 낭비, 빈곤, 무기력, 몰인정을 배태한다는 사실을 전체주의국가의 통제경제실태에서 우리는 보고 있는 것이

다. 그런데 자유민주주의국가에서는 각 개인의 인격을 존중하고 그 자유와 창의를 최대한으로 존중해 주는 것을 그 이상으로 하고 있는 만큼 기본권주체의 활동은 일차적으로 그들의 자결권과 자율성에 입각하여 보장되어야 하고 국가는 예외적으로 꼭 필요한 경우에 한하여 이를 보충하는 정도로만 개입할 수 있고, 이러한 헌법상의 보충의 원리가 국민의 경제생활영역에도 적용됨은 물론이므로 사적자치의 존중이 자유민주주의국가에서 극히 존중되어야 할 대원칙임은 부인할 수 없다. 그러나 그것은 어디까지나 타개인이나 사회공동체와 조화와 균형을 유지하면서 공존공영하는 데 있어서 그것이 유익하거나 적어도 유해하지 않는 범위 내에서 용인된다는 것이지 무조건 무제한으로 존중된다는 뜻은 아닌 것이다. 외형상 유무해관계가 확연히 식별되지 않는 행위라 할지라도 개인의 자의(恣意)에 맡겨 두면 결과적으로 타인에게 해를 끼칠 우려가 있는 행위도 사적자치의 원칙이 제한받는 분야라고 할 것인데 하물며 토지투기와 같이 외견상 사회공동체에 유해한 경우 사적자치가 인정될 수 없음은 췌언을 요치 않는다.

그래서 헌법은 제119조 제2항에서 "국가는 균형 있는 국민경제의 성장 및 안정과 적정한 소득의 분배를 유지하고, 시장의 지배와 경제력의 남용을 방지하며, 경제주체간의 조화를 통한 경제의 민주화를 위하여 경제에 관한 규제와 조정을 할 수 있다"라고 명시하고 있는데 이는 헌법이 이미 많은 문제점과 모순을 노정한 자유방임적 시장경제를 지향(指向)하지 않고 아울러 전체주의국가의 계획통제경제도 지양(止揚)하면서 국민 모두가 호혜공영(互惠共榮)하는 실질적인 사회정의가 보장되는 국가, 환언하면 자본주의적 생산양식이라든가 시장메커니즘의 자동조절기능이라는 골격은 유지하면서 근로대중의 최소한의 인간다운 생활을 보장하기 위하여 소득의 재분배, 투자의 유도·조정, 실업자 구제 내지 완전고용, 광범한 사회보장을 책임있게 시행하는 국가, 즉 민주복지국가(民主福祉國家)의 이상을 추구하고 있음을 의미하는 것이다.

그런데 국민의 건전한 양식과 양심에 따른 자율적 규제로 토지투기가 억제되기 어렵다는 것은 수많은 토지투기의 사례와 지가폭등의 현실이 이를 잘 보여 주고 있는 것이며, 그에 대한 정부의 규제는 불가피한 것이라고 아니할 수 없는 것이다.

그렇다면 토지거래허가제는 헌법이 정하고 있는 경제질서와도 아무런 충돌이 없다고 할 것이므로 이를 사적자치의 원칙이나 헌법상의 보충의 원리에 위배된다고 할 수 없을 것이다.

(3) 토지거래허가제와 헌법상 과잉금지의 원칙의 위배 여부

토지거래허가제가 재산권의 본질적인 내용을 침해하는 것이 아니라고 하더라도 토지의 투기적 거래 및 지가상승을 억제하기 위하여서는 토지거래신고제나 조세제도 등의 개선으로 충분히 그 목적을 달성할 수 있는데도 토지거래허가제라는 과도한 방법을 선택하고 있는 것은 위 목적달성에만 급급한 과잉조치이므로 위헌이라는 견해에 대하여 살펴본다.

무릇 국가가 입법, 행정 등 국가작용을 함에 있어서는 합리적인 판단에 입각하여 추구하고자 하는 사안의 목적에 적합한 조치를 취하여야 하고, 그때 선택하는 수단은 목적을 달성함에 있어서 필요하고 효과적이며 상대방에게는 최소한의 피해를 줄 때에 한해서 그 국가작용은 정당성을 가지게 되고 상대방은 그 침해를 감수하게 되는 것이다.

그런데 국가작용에 있어서 취해진 어떠한 조치나 선택된 수단은 그것이 달성하려는 사안의 목적에 적합하여야 함은 당연하지만 그 조치나 수단이 목적달성을 위하여 유일무이한 것일 필요는 없는 것이다.

국가가 어떠한 목적을 달성함에 있어서는 어떠한 조치나 수단 하나만으로서 가능하다고 판단할 경우도 있고 다른 여러 가지의 조치나 수단을 병과하여야 가능하다고 판단하는 경우도 있을 수 있으므로 과잉금지의 원칙이라는 것이 목적달성에 필요한 유일의 수단선택을 요건으로 하는 것이라

고 할 수는 없는 것이다. 물론 여러 가지의 조치나 수단을 병행하는 경우에도 그 모두가 목적에 적합하고 필요한 정도 내의 것이어야 함은 말할 필요조차 없다. 그렇다면 토지의 투기적 거래 억제라는 목적달성을 위하여서도 한 가지 또는 여러 가지의 조치나 수단을 취할 수 있다고 할 것이고, 그 방법의 선택은 현실의 토지의 상태, 투기적 거래의 상황, 정도 등 여러 요인들에 의해서 결정될 성질의 것이며, 이는 입법권자의 입법재량의 범위에 속하는 문제라고 할 것이다. 토지의 투기적 거래를 억제하는 조치나 수단으로서는 등기제도, 조세제도, 행정지도, 개발이익환수제, 토지거래신고제, 토지거래실명제 등의 활용 또는 제도개선으로 충분하다는 견해도 있으나 위 제도만으로 투기억제에 미흡함은 건설부의 소상한 설명을 들을 필요도 없이 토지거래의 현실에서 국민 대다수의 체험으로 확인되고 있는 것이다. 따라서 국가가 토지거래허가제라는 보다 강한 규제수단을 선택한 것은 결국 그 당시 토지의 투기적 거래의 상황과 정도에 비추어 불가피했던 것으로 상황과 정도의 변화에 따라 새로운 정책이 입안되고 그에 따라서 새로운 조치나 수단이 취해지거나 기존제도의 내용이 변경될 수도 있는 것이다. 그렇다면 결국 토지거래허가제가 과잉금지의 원칙에 위반되느냐는 이미 살펴본 토지소유권의 상대성, 토지소유권 행사의 사회적 의무성, 우리나라의 토지문제와 그와 밀접히 결부된 산업·경제상의 애로, 주택문제의 심각성, 토지의 거래실태, 투기적 거래의 정도 등을 종합하여 판단하지 않을 수 없고, 또 현재 그것이 전혀 목적에 적합하지 아니하다거나 따로 최소침해의 요구를 충족시켜 줄 수 있는 최선의 방법이 제시되어 있다거나 아니면 쉽게 찾을 수 있다거나 함과 같은 사정이 없는 상황에서는 토지거래허가제를 비례의 원칙 내지 과잉금지의 원칙에 어긋난다고 할 수는 없다고 할 것이다.

(4) 벌칙규정과 과잉금지의 원칙 위반 여부

토지거래허가제가 합헌이라고 할지라도 그 행위의 법률적 효력을 부인하였으면 벌칙은 벌금형 정도로 족하다고 할 것인데도 자유형까지 규정하고 있는 것은 과잉금지의 원칙에 위배되는 전형적인 사례라 할 것이라는 견해에 대하여 살펴본다.

생각건대, 우리나라처럼 물권변동에 있어서 형식주의를 취하고 있는 나라에서는 등기가 효력요건으로서 당사자 간에 어떠한 형태의 거래를 하였을지라도 등기 없이는 물권변동의 효과는 발생하지 않는 것인데, 국토이용관리법은 무허가의 토지거래계약을 무효로 하고 있고(국토이용관리법 제21조의3 제7항), 관할등기소에서는 무허가거래의 등기접수를 거부하고 있으므로(부동산등기법 제40조 제1항 제4호), 물권적 변동을 가져오는 무허가거래라는 것은 당초부터 있을 수가 없는 것이다.

따라서 물권변동이 뒤따르지 않는 거래행위에 대하여 자유형까지 규정하고 있는 국토이용관리법 제31조의2의 벌칙규정은 지나친 것이라는 견해가 있을 수도 있는 것이다.

토지의 투기적 거래가 국민경제에 미치는 악영향이라든가 건전한 근로의욕의 침해 등 국민의 건전한 정신과 생활을 오염시키는 면이 크다는 점은 이미 살펴본 바이다.

또 투기에서 얻어지는 이득은 막대하여 벌금형으로서는 그 범죄에의 유혹을 차단하기 어렵고 따라서 벌칙의 일반 예방적 기능을 기대하기 어렵기 때문에 벌금형으로 투기적 거래를 억제하는 데는 스스로 한계가 있다고 할 것이다. 그리고 우리나라에서는 중간생략의 등기와 명의신탁제도가 오랜 판례법으로 인정되고 있는 실정이기 때문에 등기가 뒤따르지 않는 사실상의 토지거래가 얼마든지 행하여질 수 있을 것이라는 것도 쉽게 예상할 수 있다. 따라서 위와 같은 사정을 고려하지 않고 단순한 법률행위의 효력부인이나 벌금형만으로 토지의 투기적 거래를 규제할 수 있다는 주장은 사태의 진상을 꿰뚫어 보지 못한 것이라고 하지 아니할 수 없다. 국가가 행정의 실효성을 보장하기 위하여 통상의 가벼운 수단으로 그 목적을 달성할 수 없는 경우에는 자유형으로 처벌할 수 있고, 이러한 법리는 행정벌의 이론과 제도에 의해 뒷받침되고 있고 실제로도 그 예가 허다한 것이다. 토지투기 억제를 위하여 벌금형으로 미흡하다고 판단될 경우 자유형으로 규제하는 것은 부득이하다고 할 것이고 따라서 벌금형과 선택적으로 징역형을 규정한 것은 입법재량의 문제이며 과잉금지의 원칙에 위반된다고 할 수 없는 것이다.

(5) 벌칙규정과 명확성의 원칙 위배 여부

국민의 기본권을 제한하려면 반드시 법률에 의하여야 하고 그 법률은 일반성과 명확성을 갖추어야 하는데 국토이용관리법의 벌칙규정은 규제대상, 행위유형이 명료하게 규정되어 있지 않아 헌법상의 법치주의원리에서 요구되는 죄형법정주의 및 명확성의 원칙에 위배된다는 견해가 있으므로 그에 대하여 살펴본다.

우선 국토이용관리법 제21조의3 제1항과 같은 법률 제31조의2 내용을 살펴보면 「… 토지 등의 거래계약을 체결 …」이라고 규정하고 있고, 위 법률의 시행령 제24조 제1항에 보면 허가신청서의 기재사항의 하나로 제4호에 「이전 또는 설정하고자 하는 권리의 종류」, 제5호에 「계약예정금액」이라고 규정하고 있어 위 법률과 시행령을 비교해보면 당국의 허가를 받기 이전의 당사자 간의 거래계약을 금하거나 적어도 바람직하지 않게 여기고 있음을 알 수 있는 것이다.

국토이용관리법이 제21조의3 제7항에서 허가 없는 거래계약에 대하여 채권적 효력까지 부인하면서 다시 제31조의2에서 허가 없이 토지 등의 거래계약을 체결한 자에게 벌칙규정을 두고 있는 것은 농지개혁법 제19조 제2항의 규정에 따른 농지매매에 있어서 농지소재지 관서의 매매증명 없이도 거래계약의 채권적 효력을 인정하고 벌칙도 없었던 관계로 사실상 매매가 성행하여 경자유전(耕者有田)의 입법목적을 달성할 수 없었던 경험에 비추어 투기억제, 지가폭등의 진정 등 입법목적달성을 위하여서는 사실상 매매거래의 원천봉쇄가 불가피했던 것으로서 입법자의 이러한 조치는 수긍 못할 바 아니라 할 것이다.

그런데 규제구역 내의 토지라고 할지라도 당사자 간에 거래가 이루어지려면 당국의 허가를 받기 이전에 어떠한 형태로든지 허가를 전제로 한 당사자 간의 의사의 합치가 있어야 할 것임은 너무나 당연하며 이점에 관하여 위 법률에서는 특별한 용어를 쓰고 있지는 않지만 계약준비행위라고 할 수 있을 것이다. 그런데 우리 민법상으로는 구두계약도 성립할 수 있으므로 거래계약과 거래계약준비행위라는 것은 이론상의 구분에도 불구하고 실제거래의 관행상으로는 쉽사리 구분되지 않는 경우가 허다하게 생겨날 수 있는 것이다. 그 결과 장차 당국의 허가를 받을 심산으로 당사자 간에 어떤 형태의 의사의 합치를 본 단계에서도 위 벌칙조문을 확대해석하면 거래당사자가 형사처벌을 받게 될 우려가 있다는 것이 위 벌칙조항의 명확성의 원칙위반론자의 논거인 것이다.

무릇 죄형법정주의는 범죄와 형벌이 법률로 정하여져야 함을 의미하는 것으로 이러한 죄형법정주의에서 파생되는 명확성의 원칙은 누구나 법률이 처벌하고자 하는 행위가 무엇이며 그에 대한 형벌이 어떠한 것인지를 예견할 수 있고 그에 따라 자신의 행위를 결정지을 수 있도록 구성요건이 명확할 것을 의미하는 것이다.

여기서 구성요건이 명확하여야 한다는 것은 그 법률을 적용하는 단계에서 가치판단을 전혀 배제한 무색투명한 서술적 개념으로 규정되어져야 한다는 것을 의미하는 것은 아니고 입법자의 입법의도가 건전한 일반상식을 가진 자에 의하여 일의적으로 파악될 수 있는 정도의 것을 의미하는 것이라고 할 것이다. 따라서 다소 광범위하고 어느 정도의 범위에서는 법관의 보충적인 해석을 필요로 하는 개념을 사용하여 규정하였다고 하더라도 그 적용단계에서 다의적(多義的)으로 해석될 우려가 없는 이상 그 점만으로 헌법이 요구하는 명확성의 요구에 배치된다고는 보기 어렵다 할 것이다.

그렇지 않으면 처벌법규의 구성요건이 지나치게 구체적이고 복잡하게 정형화되어 다양하게 변화하는 생활관계를 제대로 규율할 수 없게 될 것이기 때문이다.

국토이용관리법 제31조의2 소정의 처벌규정은 그 제정경위와 배경을 살펴보건대, 당국의 허가 없이는 토지거래의 본계약은 물론 예약도 체결할 수 없게 한 것은 당사자 간에 채권적 효력이 남는 거래행위 내지 사실상의 이행행위조차도 이를 바람직하지 않다고 보겠다는 의지의 표현이라고 해석할 수 있는 것이다. 다시 말하면 당국의 허가 전에 당사자 간에 거의 완벽할 정도의 의사의 합치가 있으면 그것을 토대로 해서 등기 없이도 사실상 전전 매매될 우려가 있고 그렇게 되면 투기억제의 행정목적을 달성하기 어렵다고 봤기 때문에 아예 그러한 거래가 행하여질 소지를 없애기 위하여 당국의 허가 전에 거래계약이나 예약을 체결하는 것을 금하고 있는 것이라고 할 수 있는 것이다. 따라서 당국의 허가이전의 당사자 간의 의사의 합치내용은 위 법률의 시행령에서 요구하고 있는 정도, 즉 거래계약을 예정하는 준비단계의 합의에 그쳐야 할 것이며 그 이상의 합의는 바람직하지 않는 것이다.

그러나 법이 바람직하게 보고 있지 않음에도 불구하고 당사자 간에 거래계약이라고 볼 수 있는 정도의 상세한 의사의 합치를 보고 또 명목상의 계약금상당 금전까지 수수한 경우가 있을 수 있는데 그러한 경우에도 그것이 거래계약의 준비행위로서 당국의 허가를 얻을 것을 전제로 한 사실이 인정되는 한 범죄의 구성요건은 충족되지 않는다고 할 것이다. 즉 당국의 허가를 받기 이전의 단계에서는 당사자 간에 아무리 소상한 합의를 봤을지라도 계약준비행위에 불과하여 이에 따라 당사자에게 허가관청에 공동으로 허가출원을 해야 한다(그 결과 상대방은 이를 촉구할 수 있다)는 사법상의 효력 이외에는 이른바 조건부권리라든가 기타 일체의 채권적 효력도 발생하지 않는 것이다.

따라서 당사자의 의사합치내용의 구체성 외에 당사자가 당국의 허가 없이 계약내용을 이행할 의사가 있었는지의 여부를 아울러 판단하여야 할 것이며, 이 조문 표현상의 약간의 의문점은 건전한 법관의 양식이나 조리에 따른 보충적인 해석에 의하여 법문의 의미가 구체화되어 해결될 수 있다고 믿어지므로 이 정도로는 명확성의 원칙에 위배된다고 할 수는 없다 할 것이다.

다음 벌칙규정 중 「사위 기타 부정한 방법으로 …」라는 규정내용은 명확성을 결여하고 있다는 견해도 있으나, 형법상으로도 「… 기타의 방법」으로 범행내용을 규정하고 있는 사례가 많을 뿐만 아니라 전단의 벌칙부분이 허가 없이 거래계약을 체결한 자에 대한 처벌규정인 데 반하여 후단의 벌칙부분은 부정한 방법으로 허가를 받은 자를 대상으로 하고 있고 규제대상이 전단과는 전혀 달라 명확성의 점에 문제가 있다고 할 수 없다.

라. 토지거래허가제와 매수청구제와의 관계(재판의 전제성 유무)

국토이용관리법은 토지거래허가제에 따르는 피해를 최소화하기 위하여 매수청구제를 규정하고 있으나, 이는 국가 등 매수할 자가 매수를 거부할 수도 있고, 매수를 하는 경우에도 매수가격이 시가에 비해 현저히 낮게 정해질 수가 있으므로 결국 토지소유자로 하여금 토지의 처분을 포기하게 하거나 불리한 처분을 감수하게 하는 것이 되어, 토지거래허가제 자체는 하자가 없다고 할지라도 이와 불가분의 관계에 있는 매수청구제, 매수가격의 문제와 합일해서 판단할 때는 재산권의 본질적인 내용 침해로 볼 수밖에 없다는 견해가 있으므로 이에 관하여 살펴보기로 한다.

국토이용관리법 제21조의3 제1항, 제3항 내지 제7항, 제21조의4에서 토지거래허가제를 규정하고 있고 그 구제방법으로 같은 법률 제21조의5에서 이의신청제를 규정하고 있는 외에 같은 법률 제21조의15에서 매수청구제를 규정하고 있는바, 불허가의 처분을 받은 토지 등의 소유자로 하여금 도지사에 대하여 당해 토지 등에 관한 권리의 매수를 청구할 수 있게 하고 있고, 이때 “매수청구를 받은 도지사는 당해 토지 등에 대하여 국가·지방자치단체·한국토지개발공사 기타 대통령령이 정하는 정부투자기관 및 공공단체 중에서 매수할 자를 지정하여 토지를 예산과 같은 법률 제21조의4 제1항 제1호에 규정된 가격의 범위 내에서 매수하게 하여야 한다”라고 규정하고 있는 것이다. 이는 토지소유자의 토지매각 욕구를 충족시키기 위한 규정인데 법규정 형식상 토지매수청구권을 형성권으로 규정하고 있지 않기 때문에 이론상 국가 등 매수기관이 협의과정에서 매수를 거부하는 경우를 예상할 수 있고, 그러한 경우 토지소유자는 그 의사에 반하여 처분권을 행사하지 못하여 당해 토지를 계속 보유할 수밖에 없기 때문에 그 점에 위헌적 요소가 있다는 의견이 있을 수 있다.

그러나 위 규정은 「… 매수하게 하여야 한다.」라고 도지사에게 의무를 부담시키고 있는 점에 중점이 있다고 보여지기 때문에 별로 문제될 것이 없다고 사료되지만 그보다 먼저 본건에 있어서 그 부분이 심판의 대상이 되느냐의 문제부터 따져봐야 할 것으로 생각한다. 국토이용관리법에 규정되어 있는 토지거래허가제는 토지 등 거래계약에 있어서 허가의 목적과 허가의 절차 및 허가의 기준을 그 내용으로 하고 있고, 매수청구제는 위 이의신청제와 함께 토지거래허가제에 따르는 피해를 줄이기 위한 구제의 한 방법으로 규정되어 있는 것이므로 제도의 구조논리상 매수청구제는 토지거래허가제와 상호 관련이 있는 제도이기는 하지만 그것이 심판상 불가분의 일체관계에 있는 제도는 아니라고 할 것이다.

그렇다면 양자의 위헌요소의 유무도 각각 별도로 검토되어야 하는 것이고, 어느 일방에 위헌요소가 있다고 하여 타방이 자동적으로 위헌으로 되는 것은 아닌 것이다. 따라서 토지거래허가제가 위헌이라면 매수청구제가 아무리 합리적으로 규정되어 있다고 하더라도 토지거래허가제가 합헌적인 것으로 치유될 수 없으며, 그 반대로 토지거래허가제가 합헌이라면 매수청구제에 어떤 하자가 있더라도 그로 인해서 토지거래허가제까지 위헌적인 것으로 전락하는 것은 아닌 것이다. 더구나 본건의 경우 위헌제청이 된 심판의 대상은 앞서 살펴본 '심판의 대상'에서 명시된 바와 같이 토지 등의 거래계약에 대한 허가규정과 그 벌칙규정의 위헌 여부에 관해서이고 매수청구권문제와는 직접 관련이 없으므로 장차 매수청구권과 관련하여 위헌 여부심판제청이 있다면 그때 가서 위헌 여부를 가리는 것이 구체적 규범통제절차를 채택하고 있는 우리헌법이나 헌법재판소법의 규정취지에 합당하다고 사료된다.

위와 같은 논리라면 매수청구제의 위헌 여부를 더 이상 따질 필요도 없다고 할 것이나, 위 매수청구제와 관련하여 매수자로 지정된 기관은 예산불책정을 이유로 들어 매수를 거부하거나 예산부족을 이유로 시가와는 동떨어진 위 법률 제21조의4 제1항 제1호 소정의 가격에도 미급하는 가격을 제시함으로써 사실상 토지소유자로 하여금 토지매도를 단념하게 하는 결과를 초래할 수 있어 그 점에 위헌요소가 있다는 견해도 있으므로 그 점에 대하여 살펴보기로 한다.

그런데 그 점에 관련해서 건설부에 대한 헌법재판소의 조회 결과로는 토지개발공사가 1,000억원의 예산을 확보하고 언제든지 매수할 태세를 갖추고 있는데도 전국적으로 매수청구권을 행사한 사례가 단 한건도 없다는 것으로서 매수거부 또는 매수가격 인하의 문제는 제도상의 우려에도 불구하고 현실적으로는 발생하지 않고 있으므로 장차 그러한 사례가 헌법재판소에 위헌여부심판제청 또는 헌법소원심판청구되었을 때 판단할 성질의 것이라고 할 것이다.

4. 결 론

이 결정에 있어서 토지거래허가제규정(국토이용관리법 제21조의3 제1항)과

벌칙규정(같은 법률 제31조의2) 모두에 대하여 재판관 조규광, 재판관 이성렬, 재판관 변정수, 재판관 김양균은 합헌의견을, 재판관 이시윤은 5와 같이 토지거래허가제 규정에 대하여서는 합헌의견이로되 보충의견을, 벌칙규정에 대하여서는 위헌의견을, 재판관 한병채, 재판관 최광률, 재판관 김문희는 6과 같이 위헌의견을, 각 제시하였고, 재판관 김진우는 7과 같이, 재판관 이시윤, 재판관 한병채, 재판관 최광률, 재판관 김문희의 위헌의견에 원칙적으로 동조하였다. 따라서 토지거래허가제 규정은 헌법에 위반되지 아니하고, 벌칙규정은 위헌의견이 과반수이나 헌법재판소법 제23조 제2항 제1호 소정의 위헌결정의 정족수(定足數)에 미달이어서 헌법에 위반된다고 선언할 수 없는 것이다.

5. 재판관 이시윤의 국토이용관리법 제21조의3에 대한 보충의견 및 같은 법률 제31조의2에 대한 위헌의견

가. 헌법 제37조 제2항에 의하면 "국민의 모든 자유와 권리는 국가안정보장·질서유지 또는 공공복리를 위하여 필요한 경우에 한하여 법률로서 제한할 수 있으며, 제한하는 경우에도 자유와 권리의 본질적인 내용을 침해할 수 없다"라고 규정하고 있다. 따라서 헌법이 제시하는 일반 기본권제한의 원리는 법률로써 하되 첫째로 공공복리에의 해당성이 있어야 하고, 둘째로 필요한 경우에 최소한도에 그쳐야 하는 비례의 원칙 내지 과잉금지의 원칙이 지켜져야 하고, 셋째로 본질적인 내용의 침해가 되어서는 안되는 침해금지의 원칙이 존중되어야 한다는 것으로 풀이된다. 그리고 기본권의 하나인 재산권의 제한의 경우에는 다른 기본권의 제한과는 달리 헌법 제23조 제3항은 "공공필요에 의한 재산권의 수용·사용 또는 제한 및 그에 대한 보상은 법률로써 하되, 정당한 보상을 지급하여야 한다"라고 규정하여 이른바 정당보상의 원리를 준수할 것을 더불어 요구하고 있다. 따라서 재산권의 제한에 있어서는 결국 (1) 공공복리에의 해당성, (2) 비례의 원칙 내지 과잉금지의

원칙, (3) 본질적 내용의 침해 금지, (4) 정당보상의 원리 등 네 가지 원칙을 지켜야 하는 것으로 집약된다.

나. 재산권 특히 소유권은 법률이 정한 범위 내에서 자유로 사용·수익 또는 처분을 내용으로 하는 권리라면, 국토이용관리법 소정의 토지거래허가제는 토지에 관한 권리의 임의적 처분권 및 취득권의 제한이므로 분명히 기본권의 하나인 재산권의 제한임에 틀림없는바, 과연 토지거래허가제에 있어서 위에서 본 헌법상의 네 가지 제한원리를 제대로 준수하였는가를 차례로 살펴 나가기로 한다. 다만 제청법원이 비록 위헌 여부의 심판을 구한 법조항이 국토이용관리법 제21조의3 및 제31조의2에 국한되었지만 토지거래허가제와 밀접불가분의 관계가 있는 국토이용관리법의 관계조문을 함께 심판범위에 포함시켜 고찰한다. 왜냐하면 헌법재판소법 제45조 단서에 의하면 법률조항의 위헌결정으로 인하여 당해 법률전부를 시행할 수 없다고 인정될 때에는 그 전부에 대하여 위헌의 결정을 할 수 있어 이 한도에서 헌법소송에 있어서는 통상의 민사소송의 경우와 달리 처분권주의의 적용이 배제되기 때문이다.

(1) 그러므로 공공복리에의 해당성에 관하여 살펴본다.

국토이용관리법 제21조의2 제1항에 의하면 건설부장관은 토지의 투기적인 거래가 성행하거나 성행할 우려가 있고, 지가가 급격히 상승하거나 상승할 우려가 있는 구역을 규제구역으로 지정할 수 있게 하였고, 같은 법률 제21조의3에 의하면 규제구역 내에 있는 토지에 관한 소유권 등의 권리를 이전 또는 설정하는 계약, 즉 토지 등의 거래계약을 체결하고자 하는 당사자는 관할도지사의 허가를 받아야 하도록 하였다. 한편 같은 법률 제21조의4에는 허가기준으로 계약금액이 표준지가(토지수용법 제46조 제2항 소정의 토지수용가격과 같다)에 여기에 대통령령이 정하는 적정율을 곱한 금액(120/100)과 당해 토지에 대하여 대통령령이 정하는 취득·관리에 소요된 비용액의 원리금을 합산한 금액을 초과하는 때, 거래로 취득한 토지의 이용목적이 자기의 주택용지나 주민의 복지 또는 편의용지, 농업·축산업·임업 또는 어업용지 등에 공하고자 하는 것이 아닌 때, 이용목적이 국토이용계획, 도시계획 등에 적합하지 아니한 때, 또 이용목적이 공공시설 계획상 또는 주변의 자연환경 보존상 명백히 적합하지 아니한 때 등을 정하고 이에 해당 되면 허가하지 않되 그렇지 않으면 허가한다는 취지의 규정을 두고 있다. 이렇게 볼 때 토지거래허가제는 투기성행이나 지가의 급격상승구역에 제한적으로 인정하되, 토지거래를 실수용자용이나 생산활동 내지는 국토이용계획, 도시계획 등에 적합하고 표준지가에 앞서 본 적정률을 곱한 금액과 취득비용을 합산한 금액을 초과하는 고가의 매매가격이 아닐 때는 거래를 허가하되, 효율적 이용이 아닌 투기의 목적이고 매매가격이 고가라면 토지의 임의처분과 취득은 제한하려는 취지이다. 헌법은 결코 토지거래에 대하여 다른 재산권의 객체와 마찬가지로 무제한한 거래자유, 즉 계약자유를 인정한 바는 없다. 토지가 다른 재화와 달리 그 공급이 유한하고 국가영토의 일부로서, 그리고 생산과 생활의 기반으로서 필수불가결하다는 사실은 특히 투기가 성행되는 지역에 있어서는 그 거래로 취득한 토지의 이용목적이 무엇이든 관계없이 거래당사자의 임의에 맡기는 것을 금한다. 토지는 어느 다른 재화보다도 공공복리를 앞세워야 할 요청이 있으며, 국민경제의 견지에서나 그 사회적 의미로 보아 다른 재화와 같은 취급을 할 수 없다. 헌법 제23조 제1항에서 "모든 국민의 재산권은 보장한다. 그 내용과 한계는 법률로 정한다"라고 규정하였다 하여 토지도 다른 재화와 마찬가지로 동일한 법원칙에 따라야 하는 것이 입법자의 의무일 수 없으며, 토지의 특성에 비추어 법률로써 다른 재화와 달리 투기 위험지역에서는 거래허가제를 채택하여 지가의 앙등과 비생산적 투기거래를 막아 국민경제의 균형 있는 발전을 도모할 수 있는 것이다. 따라서 토지거래허가제는 토지에 투자된 자본에 대하여 다른 자본과의 관계에서 결코 합리성을 잃은 차별대우가 아니며 토지의 특수성에 비추어 최대다수의 최대행복이라는 공공복리를 지향한 합리적 제도로 볼 것이다. 헌법 제23조 제2항의 재산권의 행사는 공공복리에 적합하도록 하여야 한다고 규정하였는바, 이와 같은 헌법정신은 토지에 관하여 그 거래허가제를 통해 먼저 구현되었다고 볼 것이며, 나아가 헌법 제122조가 국가는 국민 모두의 생산 및 생활의 기반이 되는 국토의 효율적이고 균형 있는 이용개발과 보존을 위하여 법률이 정하는 바에 의하여 그에 관한 필요한 제한과 의무를 과할 수 있게 하였음에 비추어 여기에서 예정하고 있는 제도로 못 볼 바도 아니다.

(2) 둘째로 토지거래허가제가 기본권의 본질적 내용의 침해금지원칙에 저촉되는가를 살펴본다.

토지거래허가제는 토지에 관한 권리가 사용·수익·처분 등 세 가지라면 그중 하나인 처분권의 제한 내지 침해임에는 틀림없다. 처분행위를 함에 있어서 당사자 쌍방의 합의에 의하여 거래가격을 마음대로 정할 수 있는 자유 즉 결가자유(決價自由)와 거래의 상대방이 실수요자가 아니라도 무방하고 누구라도 상관없이 선택할 수 있는 자유, 즉 상대방 선택의 자유(相對方選擇의 自由)의 제한인 것이다.

그러나 토지거래허가제는 규제구역 내의 토지에 국한하며 규제구역을 5년 내의 기간으로 한정되는 것으로, 비록 5년 한도로 규제구역으로 지정되어도 그 지정사유가 없어졌을 때에는 지정을 해제하거나 규제구역의 일부를 축소할 수 있도록 하였다. 따라서 규제구역의 지정기간이 도과되거나 그 안에도 지정해제가 되면 토지에 관한 임의처분권이 다시 회복되게 되는 일시적이고 잠정적인 제한이다. 나아가 토지거래불허가처분이 잘못되었다고 할 때에는 토지이용심사위원회에 이의를 신청할 수 있게 하였고(국토이용관리법 제21조의5 제1항), 이의신청절차를 거친 뒤에 그 처분의 취소 또는 변경을 구하는 행정소송을 제기하는 길이 열려 있다(같은 법률 제21조의5 제3항). 또 다른 한편 허가신청을 하여 불허가의 처분을 받은 토지소유자는 도지사에 대하여 당해 토지의 매수청구권을 갖는다(같은 법률 제21조의15 제1항). 이렇듯 토지거래허가제에 의한 소유권자 등의 임의처분권이 제한되었지만 그것은 잠정적인 것이고, 불허가처분이 잘못되었을 때에는 사법적 심사과정을 통하여 이를 취소시켜 허가를 받을 수 있는 길이 열려있고 나아가 불허가처분을 받은 뒤에도 매수청구권을 행사하여 처분할 수 있는 길이 있다면, 토지거래허가제는 토지에 관한 임의처분권 내지 취득권의 본질적 내용의 침해라고까지 말할 수 없으며 이와 같은 관점에서 헌법위반의 소지는 있다고 하기 어려울 것이다.

(3) 셋째로 토지거래허가제에 있어서 정당보상의 원칙이 준수되었는가를 본다.

국토이용관리법 제21조의15에서는 토지거래허가신청을 한 경우에 불허가처분을 하여 토지소유권자로 하여금 처분을 제한한 때에는 토지소유자가 도지사에 대해 청구하면 손실보상의 원리에 의하여 도지사로 하여금 매매를 알선하도록 함으로써 결국 토지소유자에게 처분할 수 있는 길을 열어 놓은 것으로 보여진다. 그러나 한편 같은 조 제2항에서는 "매수청구를 받은 도지사는 당해 토지 등에 대하여 국가·지방자치단체·한국토지개발공사 기타 대통령령이 정하는 정부투자기관 및 공공단체 중에서 매수할 자를 지정하여 당해 토지를 예산과 제21조의4 제1항 제1호에 규정된 가격의 범위 내에서 매수하게 하여야 한다"라고 규정하였는데, 그것이 과연 헌법 제23조에서 말하는 정당한 보상을 지급하여야 한다는 규정과 합치되는 것인가 이다. 국토이용관리법 제21조의15 제1항에서 말하는 불허가처분을 받은 토지소유자의 매수청구권이란 같은 조 제2항과 연결시켜 살필 때 그 권리행사의 의사표시에 의하여 바로 매수 효과가 생겨나는 형성권이 아니라, 한낱 도지사에 대한 매수알선청구권에 지나지 않는다.

게다가 도지사측으로 볼 때 이와 같은 의무는 매수자로 지정된 자로 하여금 예산의 범위 내에서, 그리고 같은 법률 제21조의4 제1항 제1호에 규정된 가격 즉 표준가격에 일정한 금액을 합산한 금액의 범위 내에서 그 하한도 설정함이 없이 매수하게 하는 내용의 의무이다. 이와 같이 예산이 있을 때 예산의 범위 내이기 때문에 만일 예산이 없다면 이와 같은 도지사의 매수알선의무의 면책사유가 성립될 수 있으며 또한 표준가격에 일정한 금액을 합산한 금액에도 훨씬 미달하는 가격으로 매수알선하였다 하여 도지사의 알선의무 해태라고 단정할 수도 없을 것이다. 지가의 안정 그리고 토지의 효율적 이용이라는 공공의 필요 때문에 토지소유자의 계약자유의 원칙의 파생인 결가의 자유, 상대방 선택의 자유를 빼앗아 그 처분권을 제한하였다면 제한한 국가 측에서는 그 객관적인 가치를 제대로 쳐서 사주도록 하거나 아니면 적어도 토지수용 요구권을 주어 반드시 토지수용가격으로는 처분이 가능하게 하는 것이 공익을 위해 자기재산권의 희생을 감수하는 자에 대하여 국가가 취할 의무이고 헌법상의 손실보상청구권의 법리일 것이다. 따라서 같은 법률 제21조의15 제2항에서 예산의 범위 내에서 같은 법률 제21조의4 제1항 제1호의 가격의 범위 내에서의 매수알선의무만 규정한 것은 헌법 제23조의 정당보상의 원리에 위배된다고 하지 아니할 수 없다. 이에 더하여 규제구역으로 들어간 지역의 주민이 자기 땅에 대하여 당국의 거래불허가처분을 받은 경우 적어도 토지수용가격 정도로도 처분할 길이 보장되지 아니하면 결국 땅에 묶여 헌법상 보장된 거주이전의 자유나 직업선택의 자유가 제한되는 결과 또한 생길 것이다.

(4) 끝으로 토지거래허가제가 헌법상의 비례의 원칙 내지 과잉금지의 원칙에 위배되는가 여부를 살핀다.

헌법 제23조 제2항에 의하면 재산권의 행사는 공공복리에 적합하여야 한다고 규정하고, 헌법 제122조에 의하면 국가는 국민모두의 생산 및 생활의 기반이 되는 국토의 효율적이고 균형 있는 이용·개발과 보존을 위하여 법률이 정하는 바에 의하여 그에 관한 필요한 제한과 의무를 과할 수 있다고 하였다. 다른 기본권과는 달리 재산권에 관하여 이와 같은 헌법상의 특별규정과 재산권의 객체인 토지에 관한 별도의 규정을 둔데다가 헌법 제119조 제2항 후단의 '시장의 지배와 경제력의 남용방지'의 규정까지 두고 있음을 보태어 생각하면, 토지거래허가제 자체가 국민의 기본권의 하나인 재산권에 대한 필요한 최소한의 한도를 넘어선 제한이라기보다 헌법의 규정 자체가 예정하고 있다고도 볼 선택이라 할 수 있으며, 나아가 문제가 있어서 규제구역으로 지정된 지역 내의 토지에 대한 선별 제한이라는 점에서 비례의 원칙이나 과잉금지의 원칙에 반하지 아니한다고 본다.

사용가치 본지(本旨)에 따른 생산적인 이용을 위한 거래가 아니고 수요를 따라갈 수 없는 공급의 한계에 편승하여 '사두면 남기 때문에 사두는' 토지거래를 마는 방안으로는 이 밖에 토지투기의 수익에 대한 고율의 세금부과에 의한 환수 등의 조세정책인 대응방안도 있을 수 있고 이에 의하는 것이 상대적으로 덜 충격적일 것이나, 조세정책적 접근 아닌 토지거래허가제를 택하였다고 하여 위에서 본 현행 헌법의 규정에 비추어 헌법정신에 위배된다고 볼 수 없을 것이며 그것은 어디까지나 입법권자의 입법형성권에 속하는 입법정책문제에 그칠 것이다. 문제는 국토이용관리법 제31조의2 소정의 관할도지사의 허가 없이 토지 등의 거래계약을 체결한 경우의 처벌규정이다. 이때에 2년 이하의 징역 또는 500만원 이하의 벌금에 처한다고 규정되어 있는바, 이 처벌규정이 비례의 원칙 내지 과잉금지의 원칙에 합치하는가이다.

국토이용관리법 제21조의3 제7항에 의하면 토지거래허가를 받지 아니하고 체결한 토지 등의 거래계약은 그 효력을 발생하지 아니한다 하여 허가를 받지 아니한 거래계약의 사법상의 효력을 무효화하는 규정을 두었다. 우리 법제상 토지 등 부동산의 거래행위를 하는 때에 소재지 관서의 증명 또는 허가 등을 요하는 경우가 여러 가지가 있다. 그 한 예가 헌법 제121조에서 규정한 경자유전의 원칙하에 농지의 소작제도의 금지를 관철키 위해 농지개혁법 제19조 제2항에 규정된 농지매매에 있어서 소재지 관서의 증명요구이다. 농지매수인이 농가 또는 영농의 의사가 있는 자로서 3정보의 농지를 초과하지 아니한다는 증명을 얻어야 농지의 매매를 가능하게 한 것인데, 여기에는 그 증명을 얻지 못한 농지매매의 경우에 처벌규정도 사법상 어떠한 효력규정도 없다. 또 사립학교법 제28조 제1항에 의하면 학교법인이 그 기본재산의 하나인 토지를 처분할 때에는 감독청의 허가를 받아야 하게 되었는데 그 허가를 받지 못한 때에는 사법상의 효과에 관한 규정은 없고 감독청의 허가를 얻지 않은 처분에 대하여는 벌칙규정으로 6월 이하의 징역 또는 50만원 이하의 벌금에 처하도록 하였다.

외국인토지법상 내무부장관의 허가를 요하게 한 외국인의 토지매매에 있어서 이를 어긴 경우에 사법상의 효과에 관한 규정은 없고 벌칙규정으로 1년 이하의 징역 또는 100만원 이하의 벌금에 처하도록 하는 규정뿐이다. 그리고 향교재산법에서도 문교부장관의 허가를 요하게 한 향교재산의 처분에 있어서 이를 어긴 경우에 그 사법상의 효과에 대한 규정은 없고 오로지 2년 이하의 징역 또는 200만원 이하의 벌금에 처하는 벌칙규정만 규정하고 있으며, 전통사찰보존법에 의하면 전통사찰의 부동산을 처분함에 있어서 문공부장관의 허가를 얻도록 하였는바, 이를 어긴 경우에 그 처분행위의 효력을 무효화하는 규정을 둠과 동시에 500만원 이하의 벌금에 처하는 벌칙규정을 두고 있다. 이렇게 보면 허가를 얻지 아니한 토지거래계약을 무효화하는 효력규정을 둠과 동시에 2년 이하의 징역 또는 1,000만원 이하의 벌금에 처하도록 하는 벌칙규정을 둔 국토이용관리법의 규정들이 입법정책의 차원에서도 제재로서는 과도한 편에 속한다고 할 수 있다. 생각건대, 무효화하는 효력규정을 둔 이상 단속규정으로 해석할 여지를 없앴으며, 효력규정을 두고 있지 않는 농지개혁법이나 외국인토지법·향교재산법의 규정의 해석에 관한 판례에서 보이듯이 어겼을 때 물권행위로서는 무효이고 채권행위로서는 유효하다는 해석의 입지를 약화시켰고, 물권행위는 물론 채권행위로서도 무효라는 해석의 유리한 근거가 마련된 셈이다. 또 벌칙으로서도 자유형까지 과할 수 있게 한 점으로나 그 형량의 면에서 볼 때 결코 경한 편이라 할 수 없다. 앞서 지적한 바와 같이 거래불허가 처분시에 정당한 가격에 의한 매수청구권도 아니고 또 수용가격에 의한 수용청구권도 아닌 정당보상의 원칙을 외면한 매수알선청구권을 인정한 데 그침으로써, 우리의 토지거래허가제는 분명히 불완전한 것이고 위헌적 요소를 내포하고 있다. 이처럼 불완전하여 위헌적 요소를 담고 있는 현행 토지제도를 합헌적으로 정비되지 아니한 상태에서, 다시 말하면 불허가처분을 받은 자에게 토지수용가격 정도로 처분보장이 없는 상태에서 이의 강행을 위하여, 앞서 본 바와 같이 효력규정 이외 무거운 자유형과 벌금형을 과할 수 있게 한 벌칙규정은 분명히 비례의 원칙 내지 과잉금지의 원칙에 합치될 수 없는 것으로서 헌법에 위반된다고 하지 않을 수 없다.

다. 국토이용관리법 제21조의2 내지 4의 규정에 의하여 규제구역으로 지정된 곳에서 소정 허가기준에 의하여 토지 등의 거래계약에 대하여 관할 도지사의 허가를 받아야 하게 되어 있는 내용의 토지거래허가제는 앞서 본 바와 같이 비록 토지에 관한 소유권 등의 임의처분권 내지 임의취득권의 제한이지만 공공복리에의 해당성이 있고 또 재산권의 본질적 내용의 침해금지의 원칙에 저촉되지 아니하여 헌법에 위반되지 아니하나, 같은 법률 제21조의 15에 규정된 불허가처분을 받은 토지소유자가 행사할 수 있는 매수청구권의 내용은 헌법 제23조 제3항 소정의 정당보상의 원리에 근본적으로 저촉됨을 보았다. 다만 이 사안 제청사건의 제청신청인은 토지거래허가를 받음이 없이 토지를 미등기 매매하여 상당한 전매차익을 취득한 혐의로 기소된 자이며 토지거래허가신청을 하였다가 불허가처분을 받은 토지소유자로서 같은 법률 제21조의15에 의한 매수청구권을 가진 자가 아니다. 따라서 같은 법률 제21조의15가 헌법에 위반되어 주문에서 위헌결정으로 실효시킨다고 하여 제청신청인에 대한 형사재판의 결론, 즉 주문이 달라질 까닭은 없을 것이다. 그러한 의미에서 위 제21조의15는 엄격하게는 제청사건의 재판의 전제성이 있는 조문이라 할 수 없으며, 따라서 위 조문이 위헌이라고 하여도 주문에서 위헌임을 밝힐 필요까지는 없다고 할 것이다. 물론 같은 법률 제21조의2 내지 4에 의한 토지거래허가제 자체가 위헌이라고 판단된다면 헌법재판소법 제45조 단서에 의하여 그와 직접 불가분의 관계에 있는 국토이용관리법 제21조의15도 함께 주문에서 위헌선언을 하여야겠지만, 이를 합헌으로 보는 입장임은 앞서 밝혔다.

그러나 이 사건에서는 다행히도 허가신청을 하였다가 불허가처분을 받은 당국에 매수청구권을 행사한 사안이 아니고 헌법재판소의 직권조사한 바로도 전국적으로 매수청구권행사의 사례가 아직까지는 없어 위 제21조의15가 아직은 위헌의 사태로 현실화되지 않았지만 토지거래허가제의 한 구성부분을 이루는 매수청구권의 내용에는 분명히 위헌성을 내포하고 있는 이상 미구에 위헌사태에 직면할 것임은 명약관화하여 이를 엄숙히 경고하는 바이며 이에 관한 위헌사태의 사전예방과 보다 완벽하게 합헌적인 제도로 뿌리를 내리기 위하여 헌법수호가 소임인 우리로서는 입법권자에게 위 제21조의15를 헌법 제23조 제3항에 합치하게 조속히 보완입법을 할 것을 촉구하는 바이다.

그것은 헌법국가의 완성과 법치주의의 이상 구현을 위해 당연한 요청일 것이다. 그렇다면 우리는 토지거래허가제를 규정한 국토이용관리법 제21조의3에 관한 한 결론적으로는 합헌이라 보는 다수의견에 가담하지만 그와 달리 결정이유에서 같은 법률 제21조의15에 대하여 위헌경고 내지는 보완입법촉구를 하는 입장이다. 그러나 허가제 위반에 대한 벌칙규정인 같은 법률 제31조의2는 헌법 제37조 제2항에 저촉되어 헌법에 위반되며, 그것이 제청사건의 재판의 전제가 되므로 당연히 주문에서 위헌선언을 하여야 할 것으로 본다.

6. 재판관 한병채, 재판관 최광률, 재판관 김문희의 위헌의견

가. 국토이용관리법이 규정하고 있는 토지거래허가제에 관한 법률조항은 제21조의2(규제구역의 지정), 제21조의3(토지 등의 거래 계약허가), 제21조의4(허가기준), 제21조의5(이의신청), 제21조의15(토지 등에 관한 매수청구) 및 제31조의2(벌칙)이고, 중요한 내용은 다음과 같다.

건설부장관은 토지의 투기적인 거래가 성행하거나 성행할 우려가 있고 지가가 급격히 상승하거나 상승할 우려가 있는 구역에 대하여 국토이용심의회의 심의를 거쳐 5년 내의 기간을 정하여 규제구역으로 지정할 수 있고(국토이용관리법 제21조의2 제1항, 제2항), 규제구역 내에 있는 토지에 관한 소유권 등의 권리를 이전 또는 설정하는 계약(토지 등의 거래계약)을 체결하고자 하는 당사자는 관할 도지사의 허가를 받아야 하며, 허가를 받지 아니하고 체결한 토지 등의 거래계약은 그 효력을 발생하지 아니한다(같은 법률 제21조의3 제1항, 제7항). 관할 도지사는 계약금액이 표준지가에 대통령령이 정하는 적정률을 곱한 금액과 당해 토지에 대하여 대통령령이 정하는 취득, 관리에 소요된 비용액의 원리금을 합산한 금액을 초과하거나, 거래로 취득한 토지의 이용목적이 매수자의 주택용지나 주민의 복지 또는 편의시설 설치용지, 농업·축산업·임업 또는 어업을 영위하기 위한 용지 등에 공하고자 하는 것이 아닌 때, 이용목적이 국토이용계획, 도시계획 등에 적합하지 아니한 때, 이용목적이 공공시설 계획상 또는 주변의 자연환경 보존상 명백히 적합하지 아니한 때 등에는 허가를 하여서는 아니된다(같은 법률 제21조의4). 토지거래허가 여부에 관한 도지사의 처분에 대한 이의가 있는 자는 그 처분을 받은 날로부터 1월 내에 토지이용심사위원회에 이의를 신청할 수 있고(같은 법률 제21조의5), 불허가의 처분을 받은 토지 등의 소유자는 도지사에 대하여 당해 토지 등에 관한 권리의 매수를 청구할 수 있으며, 토지 등에 관한 권리의 매수청구를 받은 도지사는 당해 토지 등에 관하여 국가·지방자치단체·한국토지개발공사 기타 대통령령이 정하는 정부투자기관 및 공공단체 중에서 매수할 자를 지정하여 당해 토지를 예산과 제21조의4 제1항 제1호에 규정된 가격의 범위 내에서 매수하게 하여야 한다(같은 법률 제21조의15). 제21조의3 제1항의 규정에 위반하여 허가 없이 토지 등의 거래계약을 체결한 자는 2년 이하의 징역 또는 500만원 이하의 벌금에 처한다(같은 법률 제31조의2).

나. 다수의견은 제청법원이 국토이용관리법 제21조의3 제1항 및 제31조의2에 한하여 위헌 여부의 심판을 구하였고, 그 법률조항에 대한 위헌 여부만 당해 형사재판의 전제성을 갖는 것이라 하여 이 사건 위헌심판의 대상이 되는 법률의 조항은 이에 국한된다는 견해이다.

그러나 규제구역 내에 있는 토지에 관한 소유권 등 권리를 이전 또는 설정하는 계약을 체결하고자 하는 당사자는 공동으로 관할 도지사의 허가를 받아야 한다는 요지의 같은 법률 제21조의3 제1항의 규정은 그 자체만으로 헌법에 위반되는지의 여부를 가릴 수 없다는 것이 우리의 견해이다. 위 제21조의3 제1항은 국토이용관리법이 규정하고 있는 토지거래허가제의 가장 핵심이 되는 법률조항이기는 하나, 위 법률조항은 허가대상토지의 전제가 되는 규제구역의 지정요건과 그 절차, 허가의 기준 및 불허가처분에 대한 구제방법 등을 함께 다지지 아니하고서는 그 의미의 내용이 구체화되는 것이 아니기 때문이다. 따라서 위 제21조의3 제1항이 위헌 여부를 가리기 위하여는 위 법률조항의 실체적 내용을 이루고 있는 위 '가'에서 본 법률조항(다만 벌칙조항인 위 제31조의2는 별개이다) 모두를 이 사건 위헌여부심판의 대상으로 삼지 않으면 안된다는 것이다.

다. 이 사건에서 우리가 반대의견으로 내세우고자 하는 것은 위 제21조의3 제1항이 바로 헌법에 위반된다거나, 재산권의 객체로서 토지가 가지는 여러 가지의 특성으로 말미암아 다른 재산권에 비하여 보다 많은 제한을 받아야 한다는 점에 대한 다수의견과 견해를 달리해서가 아니라 토지거래허가제로 인한 재산권침해의 구제방법의 하나인 위 제21조의15가 헌법이 요구하는 재산권의 보장과 정당한 보상의 원리에 어긋난다는 점이다.

비록 토지거래허가제에 의하여 재산권의 본질적 내용이 침해되는 것은 아니라고 하더라도, 소유자가 토지 등의 거래계약을 하려면, 도지사의 허가를 받음에 있어 표준지가를 기준으로 한 가격의 제한과 이용목적에 의한 제한을 받게 되고, 허가를 받아야 하는 규제기간도 최장 5년일 뿐만 아니라 그 기간이 경과한 뒤에 다시 규제지역으로 지정되는 데 대한 제한이 있지도 아니하므로 그 제한은 상당히 장기간에 이를 수 있다.

우리 헌법이 추구하는 경제질서가 개인과 기업의 경제상의 자유와 창의를 존중함을 기본으로 하는 시장경제질서를 그 바탕으로 하고 있는 점으로 미루어 보면, 토지거래허가제는 토지에 대한 권리자가 자신이 가진 토지에 내한 권리를 임의의 상대방에게 약정된 가격으로 자유롭게 처분할 수 있는 권리를 강력하게 규제하는 제도임을 부인할 수 없다.

따라서 이와 같은 개인의 재산권행사에 대한 강력한 규제는 비록 그 목적이 공공복리를 위한 것이라고 하더라도, 그 구제수단으로 토지거래허가처분을 받지 못한 토지소유자가 적정한 값으로 환가할 수 있는 합리적인 길이 열려 있을 때에 비로소 헌법에 합치된다 할 것이다. 그 길이 열려 있지 아니할 경우에는 규제지역 안에 있는 토지의 소유자는 그로 말미암아 재산권에 대한 제한을 받게 됨은 물론 거주이전의 자유와 직업선택의 자유까지 제한받게 되는 결과에 이르게 되기 때문이다. 헌법 제23조 제1항 및 제3항의 규정은 바로 이러한 원칙을 확인하고 있다.

국토이용관리법은 토지거래허가제에 대한 구제수단으로 불허가의 처분을 받은 토지 등의 소유자가 도지사에 대하여 당해 토지 등에 관한 권리의 매수를 청구할 수 있는 길을 열어 놓고 있고(국토이용관리법 제21조의15 제1항), 매수를 청구 받은 도지사는 국가·지방자치단체·한국토지개발공사·대통령령이 정하는 정부투자기관 및 공공단체 중에서 매수할 자를 지정하여 그들로 하여금 당해 토지를 매수하게 하여야 한다고 규정하고 있다(같은 법률 제21조의15 제2항), 이러한 매수청구제도가 토지거래허가처분을 받지 못한 토지 등에 관한 소유자가 그 권리를 정당한 값으로 환가할 수 있는 적정한 수단이 되기 위하여서는 우선 그 매수청구권이 실효성이 있어야 하고, 그러기 위하여서는 토지 등의 소유자로부터 매수청구를 받은 도지사는 의무적으로 이를 매수하여야만 하도록 규정되어야 한다.

토지거래가 허가되지 아니한 터에 매수조차 거부된다면, 이는 토지 등의 소유자에게 환가할 수 있는 기회를 박탈하는 것으로서 토지의 투기적 거래를 방지하고 지가의 안정을 기하려는 토지거래허가제의 입법목적에 비추어 재산권에 대한 지나친 제한이라 아니할 수 없기 때문이다. 뿐만 아니라 의무적으로 매수됨에 있어 형성되는 매매가격은 적어도 공공필요에 의하여 재산권이 수용될 때 이루어지는 보상가격에 준하여 결정되지 않으면 안된다. 그렇지 않으면, 헌법 제23조 제3항이 규정한 정당보상의 원리에 반하는 것이다.

라. 이러한 환가의 확실한 기회보장과 정당보상의 관점에서 국토이용관리법의 관계규정인 같은 법률 제21조의15의 토지매수청구권에 관하여 살펴보기로 한다.

같은 법률 제21조의15는 토지 등에 관한 권리의 매수청구를 받은 도지사에게 당해 토지 등에 관하여 국가·지방자치단체·토지개발공사 기타 대통령령이 정하는 정부투자기관 및 공공단체 중에서 매수할 자를 지정하여 그로 하여금 당해 토지를 예산과 표준지가를 근거로 하여 산출한 가격의 범위내에서 매수하게 하도록 규정하고 있을 뿐이다.

위 법률의 조항은 불허가의 처분을 받은 토지 등의 소유자가 당해 토지 등에 관한 권리의 매수청구를 하였다고 하더라도 도지사와의 사이에 매매관계가 형성되게 하는 것이 아님은 물론, 도지사로부터 당해 토지를 매수할 자로 지정을 받은 단체로 하여금 매수에 응하게 하는 강제수단에 관한 규정을 두고 있지도 않다. 따라서 위 법률의 조항이 규정한 매수청구권은 도지사에게 매수의 의무를 강제한 형성권이 아닌 단순한 매매의 알선을 촉구하게 하는 내용의 것에 불과하고, 그 결과 당해 토지를 매수할 자로 지정을 받은 단체가 예산상의 이유를 들어 매수에 불응하게 되면, 토지 등의 소유자는 그 소유의 토지에 대한 처분할 기회를 봉쇄당할 수밖에 없다.

또한, 매수할 자로 지정된 단체가 매수에 응하는 경우라고 하더라도 그 가격은 예산의 범위 내에서 표준지가를 산출근거로 하여 결정되는 금액을 상한으로 하는 반면, 하한에 대한 아무런 제한을 받지 않게 규정하고 있다.

국토이용관리법 제21조의4 제1항 제1호가 규정하는 가격의 상한은 토지수용법 제46조 제2항에 의하여 산출되는 보상가격과 흡사한 표준지가에 대통령령이 정하는 적정률(국토이용관리법 시행령 제26조 제1항에 의하면 100분의 120이다)을 곱한 금액 및 일정비용의 합산액이므로 그 금액만으로는 수용의 경우에 비하여 부당하게 적은 것이라고는 보기 어려우나, 그에 더하여 예산의 범위 내라는 또 하나의 막연한 제한규정을 두고 있는 까닭에 토지소유자로서는 수용의 경우와 비교하더라도 손해를 감수할 수밖에 없게 될 것이다. 이는 토지소유자로 하여금 당해 토지를 장기간 계속 보유하게 함으로써 사실상 처분을 금지하는 결과에 이르게 된다 할 것이다.

이와 같이 같은 법률 제21조의15가 규정한 매수청구권이라는 권리구제수단은 실제로는 토지소유자의 도지사에 대한 매매알선청구권에 불과하여 허구적인 것으로 볼 수밖에 없다. 토지거래허가제가 실시된 이후 아직까지 단 한건의 매수청구를 한 사례가 없음이 이를 증명하고 있다. 따라서 위 제21조의15는 토지거래허가제에 대한 헌법의 정신에 합치하는 적절한 구제방법으로 볼 수 없어 헌법에 위반되고, 나아가 위 제21조의3 역시 정당한 보상 등 적절한 구제수단 없이 개인의 재산권의 행사를 제한하는 것이어서 헌법 제23조 제1항 및 제3항에 위반되게 된다.

마. 재판관 이시윤은 다수의견에 대한 보충의견에서 국토이용관리법상 토지거래허가제에 관한 관계조문을 함께 심판의 범위에 포함시켜야 한다고 하면서도 국토이용관리법 제21조의3과는 구별하여 같은 법률 제21조의15만이 위헌이라고 하고, 이는 제청사건의 전제가 된 법률조항이 아니라고 하여 주문

에서 위헌임을 밝힐 필요가 없다고 판시하고 있다. 그러나 위에서 본 바와 같이 토지거래의 허가를 신청한 자에게 인정되는 당해 토지에 대한 매수청구권은 토지거래허가제로 인한 피해구제수단으로서 토지거래허가제와 불가분의 관계에 있는 토지거래허가제의 한 내용을 이루는 것이므로 매수청구권의 규정이 헌법상 재산권의 보호와 정당보상의 원리를 침해하여 위헌이라면 그에 기초한 토지거래허가제 자체가 위헌성을 갖게 되는 것은 당연하다. 따라서 우리는 재판관 이시윤의 다수의견에 대한 보충의견에도 찬성할 수 없다.

그렇다면, 토지거래허가제를 규정한 국토이용관리법 제21조의3, 4, 5, 15는 헌법 제23조 제1항 및 제3항에 위반된다고 보아야 할 것이다. 그러나 토지거래허가제가 의도하는 규제의 필요성을 감안한다면, 이를 위헌으로 하여 위 각 법률조항을 즉시 실효시킴으로써 입법의 공백으로 인한 경제질서의 혼란을 초래하기 보다는 위헌의 직접적인 규정인 그 구제에 관한 같은 법률 제21조의15 소정의 매수청구권에 관한 규정을 상당기간내 재산권의 보장과 정당보상의 원칙에 맞게 개정할 것을 촉구하고, 그 때까지 개정되지 아니할 때에는 위 각 법률조항이 실효됨을 선언하는 것이 옳다고 판단한다.

바. 끝으로 국토이용관리법 제21조의3 제1항의 규정에 위반하여 토지등의 거래계약을 한 자에 대한 처벌규정인 같은 법률 제31조의2의 위헌 여부에 관하여 본다.

다수의견은 위 제31조의2 표현상의 약간의 의문점은 법관의 양식이나 조리에 따른 보충적인 해석에 의하여 법문의 의미가 구체화되어 해결될 수 있어 죄형법정주의에 반하지 아니하므로 헌법에 위반되지 아니한다는 견해이고, 재판관 이시윤의 반대의견은 위 제31조의2가 과잉금지의 원칙에 위배되므로 헌법에 위반된다는 견해이다. 그러나 우리는 이미 위에서 본 바와 같이 토지거래허가제 자체의 위헌성을 인정하는 이상 그에 대한 처벌법규인 같은 법률 제31조의2도 당연히 헌법에 위반된다고 보아야 하고, 위 법률조항이 형사처벌을 규정한 법규임을 고려할 때, 즉시 주문에서 위헌임을 선언하여야 한다고 판단한다.

7. 재판관 김진우의 위헌의견

(1) 국토이용관리법 제21조의3에 대한 위헌의견

국토이용관리법 제21조의3의 토지거래허가제에 관한 규정이 같은 허가제의 내용을 이루는 같은 법률상의 그 허가기준, 매수청구권에 관한 규정, 매수가격 등에 관한 규정과 종합할 때 위헌이라는 재판관 한병채, 재판관 최광률, 재판관 김문희의 반대의견과 의견을 같이하나 다만 같은 법조의 효력을 헌법재판소법 제47조 제2항의 명문규정대로 즉시 상실시킨다 하여도 국가존립에 위해가 미칠 정도의 법의 공백이나 사회적 혼란이 예상되는 것은 아니므로 입법촉구를 할 필요없이 헌법재판소법 제47조 제2항의 명문의 규정에 따름이 타당하다고 생각된다.

(2) 국토이용관리법 제31조의2에 대한 위헌의견

국토이용관리법 제21조의3의 규정이 위헌인 이상 같은 법률 제31조의2도 당연히 헌법에 위반되며 재판관 한병채, 재판관 이시윤, 재판관 최광률, 재판관 김문희의 같은 법조가 위헌이라는 이유를 아울러 원용한다.

재판장 재판관 조규광
재판관 이성렬
재판관 변정수
재판관 김진우
재판관 한병채
재판관 이시윤
재판관 최광률
재판관 김양균
재판관 김문희

판례의 평가

헌법재판소가 1989년 12월 22일 당시 국토이용관리법 제21조의3 제1항 및 제31조의2의 심판대상을 재판관 5명의 위헌의견과 재판관 4명의 합헌의견으로 결국 합헌 선고를 하였다.

동 사건의 판례는 선고 당시 재판관 한병채, 최광률, 김문희의 위헌의견에 따라 국토이용관리법 제21조의3 제1항과 같은 법률 제21조의2, 같은 조의 3 제3항, 제7항, 같은 조의 4, 5, 15는 불가분의 관계에 있으므로 함께 심판의 대상이 되어야 하고, 위 제21조의 15가 헌법 제23조의 제1항 제3항에 위반되므로 위 법조 전체가 헌법에 위반되나 즉시 실효에 따른 혼란을 피하기 위하여 위 제21조의15를 상당기간 내에 개정할 것을 촉구하였지만, 위헌인 토지거래허가제를 전제로 한 같은 법률 제31조의2는 당연히 헌법에 위반되는 형사법규이므로 즉시 위헌임을 선언하는 것이 바람직하였다고 본다.

이후 국회가 2002년 2월 4일 국토이용관리법 및 도시계획법을 폐지하면서 '국토의 계획 및 이용에 관한 법률(약칭: 국토계획법)'을 제정하여 2003년 1월 1일 시행하게 하였다. 결국 국토계획법이 2016년 1월 19일 개정되면서 2017년 1월 20일 시행을 앞두고 심판대상인 조항 및 그 내용도 삭제되었다.

즉 위헌적인 구 국토이용관리법 제21조의2(규제구역의 지정)의 조항은 현행 국토계획법 제2절 용도지역, 용도지구, 용도구역의 지정 또는 변경할 수 있도록 마련되어 있으며, 구 국토이용관리법 제31조의3 토지 등의 거래계약 허가)의 조항은 현행 국토계획법의 개정에 따라 2016년 1월 19일(시행 2017년 1월 20일) 제10장 토지거래의 허가 등(동법 제117조부터 제126조까지) 모두 삭제되었다.

02 구 국세기본법 제42조 제1항 단서 국세 납부기한 전 담보재산 국세징수

(1994. 6. 30. 92헌바23)

Ⅰ. 판시 사항

가. 불가쟁력(不可爭力)이 발생한 행정처분(行政處分)에 대하여 그 근거법규(根據法規)가 위헌(違憲)임을 이유로 무효확인(無效確認)의 소(訴)를 제기한 경우 위 근거법규(根據法規)의 위헌(違憲)여부가 재판(裁判)의 전제(前提)가 되는지 여부

나. 구(舊) 국세기본법(國稅基本法)(1990.12.31. 법률 제4277호로 개정되기 전의 것) 제42조 제1항 단서 중 '으로부터 1년'이라는 부분의 위헌(違憲) 여부

다. 위헌(違憲)인 법률규정(法律規定)을 헌법재판소(憲法裁判所)에서 위헌(違憲)으로 선고하기 이전에 합헌적(合憲的)으로 개정(改正)하면서 개정법률(改正法律)의 시행일(施行日) 이전은 구법(舊法)을 적용한다는 부칙규정을 둔 경우 헌법재판소(憲法裁判所)에서 구(舊) 법률규정(法律規定)을 위헌(違憲)으로 선고할 때 위 부칙규정의 적용배제(適用排除)가 가능한 여부

라. 헌법소원(憲法訴願)의 적법성(適法性)에 관한 재판(裁判)의 정족수(定足數)

마. 위헌결정(違憲決定) 정족수(定足數) 미달인 경우의 주문형태(主文形態)

Ⅱ. 결정요지

가. 행정처분(行政處分)의 집행이 이미 종료되었고 그것이 번복될 경우 법적(法的) 안정성(安定性)을 크게 해치게 되는 경우에는 후에 행정처분(行政處分)의 근거가 된 법규가 헌법재판소에서 위헌으로 선고된다고 하더라도 그 행정처분(行政處分)이 당연무효가 되지는 않음이 원칙이라고 할 것이나, 행정처분(行政處分) 자체의 효력이 쟁송기간(爭訟期間) 경과 후에도 존속 중인 경우, 특히 그 처분(處分)이 위헌법률(違憲法律)에 근거하여 내려진 것이고 그 행정처분(行政處分)의 목적달성을 위하여서는 후행(後行) 행정처분(行政處分)이 필요한데 후행(後行) 행정처분(行政處分)은 아직 이루어지지 않은 경우와 같이 그 행정처분(行政處分)을 무효로 하더라도 법적 안정성을 크게 해치지 않는 반면에 그 하자가 중대하여 그 구제가 필요한 경우에 대하여서는 그 예외를 인정하여 이를 당연무효사유로 보아서 쟁송기간(爭訟期間) 경과 후에라도 무효확인을 구할 수 있는 것이라고 봐야 할 것이다. 그렇다면 관련소송사건에서 청구인이 무효확인을 구하는 행정처분(行政處分)의 진행정도는 마포세무서장의 압류만 있는 상태이고 그 처분의 만족을 위한 환가 및 청산이라는 행정처분(行政處分)은 아직 집행되지 않고 있는 경우이므로 이 사건은 위 예외에 해당되는 사례로 볼 여지가 있고, 따라서 헌법재판소로서는 위 압류처분(押留處分)의 근거법규(根據法規)에 대하여 일응 재판(裁判)의 전제성(前提性)을 인정하여 그 위헌 여부에 대하여 판단하여야 할 것이다.

나. 헌법재판소(憲法裁判所)는 1990. 9. 3. 선고 89헌가95 결정에서 구(舊) 국세기본법(國稅基本法) 제35조 제1항 제3호 중 '으로부터 1년'이라는 부분, 1993. 9. 27. 선고 92헌가5 결정에서 구(舊) 국세기본법(國稅基本法) 제35조 제2항 중 '으로부터 1년' 부분, 1991. 11. 25. 선고 91헌가6 결정에서 구(舊) 지방세법(地方稅法) 제31조 제2항 제3호 및 같은 조 제3항의 규정 중 '으로부터 1

년'이라는 부분이 각 위헌(違憲)이라고 판시한 바 있는데, 헌법재판소(憲法裁判所)의 위 각 결정의 취지에 비추어 볼 때, 이 사건 심판대상규정인 구(舊) 국세기본법(國稅基本法) 제42조 제1항 단서 중 '으로부터 1년'이라는 부분도 역시 헌법(憲法)에 위반된다.

다. 위헌(違憲)인 법률규정(法律規定)을 헌법재판소(憲法裁判所)에서 위헌(違憲)으로 선고하기 이전에 합헌적(合憲的)으로 개정(改正)하면서 개정법률(改正法律)의 시행일(施行日) 이전은 구법(舊法)을 적용한다는 부칙규정을 둔 경우 위 부칙규정은 비형벌법규(非刑罰法規)에 대한 위헌결정(違憲決定)의 장래효원칙(將來效原則)에 부합하여 합헌(合憲)이라고 할 것이나, 위 부칙규정이 입법되기도 전에 구법규정(舊法規定)의 위헌문제(違憲問題)를 제기한 청구인 등에 대하여는 구법규정(舊法規定)에 대한 위헌결정(違憲決定)의 소급효(遡及效)를 인정해 주어야 할 것인바, 그렇게 하기 위하여는 청구인 등에 대하여는 헌법재판소법(憲法裁判所法) 제45조 단서의 규정을 유추적용하여 위 부칙규정의 적용을 배제해 주어야 할 필요가 생긴다.

라. 헌법(憲法) 제113조 제1항의 규정에 따른 헌법재판소법(憲法裁判所法) 제23조 제2항 단서의 규정상 6인 이상의 찬성을 필요로 하는 경우 이외의 사항에 관한 재판(裁判)에 있어서는 원래의 재판원칙(裁判原則)대로 재판관(裁判官) 과반수(過半數)의 찬성으로 결정되어야 하므로 이 사건에 있어서 재판관(裁判官) 5인이 '재판(裁判)의 전제성(前提性)'을 인정하였다면 이 사건 헌법소원(憲法訴願)은 일응 적법하다고 할 것이고 이 사건 헌법소원(憲法訴願)이 적법한 이상, 재판(裁判)의 전제성(前提性)을 부인(否認)하는 재판관(裁判官) 4인도 본안결정(本案決定)에 참여하는 것이 마땅하다.

마. 이 사건 헌법소원심판청구(憲法訴願審判請求)는 적법하고, 이 사건 심판대상규정은 헌법(憲法)에 위반된다는 의견이 과반수(過半數)이나 헌법재판소법(憲法裁判所法) 소정의 위헌결정(違憲決定)의 정족수(定足數) 미달이어서

이 사건에서는 헌법(憲法)에 위반된다고 선언할 수 없다.

□ 재판관 조규광, 재판관 최광률, 재판관 김문희, 재판관 황도연의 각하의견(却下意見)

가. 위헌(違憲)인 법률(法律)에 근거한 행정처분(行政處分)의 당사자 또는 법적 이해관계인에게는 법령상 인정된 불복기간 내에 적법한 소송(訴訟)을 제기하여 그 절차 내에서 그 행정처분(行政處分)의 근거가 된 법률 또는 법률조항의 위헌 여부를 다툴 수 있도록 보장하고, 불복기간의 경과 등 그 처분(處分)에 대하여 더 이상 다툴 수 없게 된 때에는 비록 위헌(違憲)인 법률에 근거한 행정처분(行政處分)이라 하더라도 되도록 그 효력을 유지하도록 함으로써 다 같이 헌법상(憲法上) 지켜져야 할 가치인 법적 안정성과 개인의 권리구제를 조화시킴이 바람직한 길이라 할 것이다. 청구인이 서울고등법원에 제소한 물적 납세의무부과처분과 압류처분의 각 무효확인청구는 청구인이 위 소송을 제기하기 이전에 이미 그 효력을 다툴 수 있는 출소기간(出訴期間)이 모두 도과된 것으로 인정되는데 위 각 처분(處分)의 근거가 된 법률조항이 비록 위헌인 것이라고 하더라도 위 법류조항에 따른 처분이라는 사유만으로 그 처분(處分)이 당연 무효가 되는 것으로 볼 수 없다. 그러므로 위 법률조항의 위헌 여부는 관련사건인 압류처분 등 무효확인사건의 결론인 주문을 달리하게 할 수 없다 할 것이므로 위 법률조항의 위헌 여부가 관련사건의 재판(裁判)의 전제(前提)가 된다고 할 수 없다.

라. 5인 재판관(裁判官)의 위헌의견(違憲意見)은 헌법재판(憲法裁判)의 합의방법(合議方法)에 관하여 쟁점별(爭點別) 합의(合議)를 하여야 한다는 이론(理論)을 펴고 있으나 우리 재판소(裁判所)는 발족 이래 오늘에 이르기까지 예외 없이 주문합의제(主文合議制)를 취해 왔으므로 위헌의견(違憲意見)이 유독 이 사건에서 주문합의제(主文合議制)에서 쟁점별(爭點別) 합의제(合議制)로

변경하여야 한다는 이유를 이해할 수 없고, 새삼 판례를 변경하여야 할 다른 사정이 생겼다고 판단되지 아니한다.

Ⅲ. 당사자

청 구 인 :

○○보증기금 (信用保證基金)

대표자 이사장 김 명 호

법률상 대리인 백 운 현

대리인 변호사 이 건 호

관련사건 : 서울고등법원 90구19055 압류처분 등 무효확인

Ⅳ. 심판대상조문

구(舊) 국세기본법(國稅基本法)(1990. 12. 31. 법률 제4277호로 개정되기 전의 것)

제42조 제1항(양도담보권자(讓渡擔保權者)의 물적(物的) 납세의무(納稅義務))

① 납세자(納稅者)가 국세(國稅)·가산금(加算金) 또는 체납처분비(滯納處分費)를 체납(滯納)한 경우에 그 납세자(納稅者)에게 양도담보재산(讓渡擔保財産)이 있는 때에는 그 납세자(納稅者)의 다른 재산(財産)에 대하여 체납처분(滯納處分)을 집행(執行)하여도 징수(徵收)할 금액(金額)에 부족한 경우에 한하여 국세징수법(國稅徵收法)이 정하는 바에 의하여 그 양도담보재산(讓渡擔保財産)으로써 납세자(納稅者)의 국세(國稅)·가산금(加算金)과 체납처분비(滯納處分費)를 징수(徵收)할 수 있다. 다만, 그 국세(國稅)의 납부기한(納付期限)으로부터 1년(年) 전에 담보(擔保)의 목적(目的)이 된 양도담보재산(讓渡擔保財産)에 대하여는 그러하지 아

니한다.

② 생략

V. 참조조문

헌법(憲法) 전문(全文), 제1조, 제10조, 제11조 제1항, 제23조 제1항, 제37조 제2항 단서, 제38조, 제59조, 제113조 제1항

헌법재판소법(憲法裁判所法) 제23조(심판정족수(審判定足數)) ① 생략

② 재판부(裁判部)는 종국심리(終局審理)에 관하여 재판부(裁判部)의 과반수(過半數)의 찬성(贊成)으로 사건(事件)에 관한 결정(決定)을 한다. 다만, 다음 각호의 1에 해당하는 경우에는 재판관(裁判官) 6인 이상의 찬성(贊成)이 있어야 한다.

1. 법률(法律)의 위헌결정(違憲決定), 탄핵(彈劾)의 결정(決定), 정당해산(政黨解散)의 결정(決定) 또는 헌법소원(憲法訴願)에 관한 인용결정(認容決定)을 하는 경우
2. 종전에 헌법재판소(憲法裁判所)가 판시(判示)한 헌법(憲法) 또는 법률(法律)의 해석적용(解釋適用)에 관한 의견을 변경하는 경우

헌법재판소법(憲法裁判所法) 제41조(위헌여부심판(違憲與否審判)의 제청(提請))

① 법률(法律)이 헌법(憲法)에 위반되는 여부가 재판(裁判)의 전제(前提)가 된 때에는 당해 사건(事件)을 담당하는 법원(法院)(군사법원(軍事法院)을 포함한다. 이하 같다)은 직권(職權) 또는 당사자(當事者)의 신청(申請)에 의한 결정(決定)으로 헌법재판소(憲法裁判所)에 위헌(違憲) 여부의 심판(審判)을 제청(提請)한다.

②~⑤ 생략

헌법재판소법(憲法裁判所法) 제68조 제2항 구(舊) 국세기본법(國稅基本法)(1990. 12. 31. **법률 제4277호로 개정되기 전의 것) 제35조(국세(國稅)의 우선)** ① 국세(國稅)·가산금(加算金) 또는 체납처분비(滯納處分費)는 다른 공과금(公課金) 또는 기타의 채권(債權)에 우선하여 징수(徵收)한다. 다만, 다음 각호의 1에 해당되는 공과금(公課金) 기타의 채권(債權)에 대하여는 그러하지 아니하다.

1.~2. 생략

3. 국세(國稅)의 납부기한(納付期限)으로부터 1년 전에 전세권(傳貰權)·질권(質權) 또는 저당권(抵當權)의 설정(設定)을 등기(登記) 또는 등록(登錄)한 사실이 대통령령(大統領令)이 정하는 바에 의하여 증명되는 재산(財産)의 매각(賣却)에 있어서 그 매각금액(賣却金額) 중에서 국세(國稅) 또는 가산금(加算金)(그 재산(財産)에 대하여 부과(賦課)된 국세(國稅)와 가산금(加算金)을 제외한다)을 징수(徵收)하는 경우의 그 전세권(傳貰權)·질권(質權) 또는 저당권(抵當權)에 의하여 담보(擔保)된 채권(債權)

4.~5. 생략

② 납세의무자(納稅義務者)를 등기의무자(登記義務者)로 하고 채권불이행(債權不履行)을 정지조건(停止條件)으로 하는 대물변제(代物辨濟)의 예약(豫約)에 기하여 권리이전(權利移轉)의 청구권(請求權)의 보전(保全)을 위한 가등기(假登記)(가등록(假登錄)을 포함한다. 이하 같다) 기타 이와 유사한 담보(擔保)의 목적(目的)으로 된 가등기(假登記)가 되어 있는 재산(財産)을 압류(押留)하는 경우에 당해 가등기(假登記)에 기한 본등기(本登記)가 압류(押留)후에 행하여진 때에는 그 가등기(假登記)의 권리자(權利者)는 그 재산(財産)에 대한 체납처분(滯納處分)에 대하여 그 가등기(假登記)에 기한 권리(權利)를 주장(主張)할 수 없다. 다만, 국세(國稅) 또는 가산금(加算金)(그 재산(財産)에 대하여 부과(賦課)된 국세(國稅)와 가산금(加

算金)을 제외한다)의 납부기한(納付期限)으로부터 1년(年) 전에 가등기(假登記)된 재산(財産)에 대하여는 그러하지 아니하다.

③ 생략

국세기본법(國稅基本法)(1990. 12. 31. **법률 제4277호로 개정) 부칙 제5조(국세(國稅)보다 우선하는 피담보채권(被擔保債權)에 관한 경과조치(經過措置))** 이 법(法) 시행(施行) 전에 제35조 제1항 제3호 각목의 개정규정(改正規定)에 해당하는 기일(期日)이 도래한 국세(國稅) 또는 가산금(加算金)에 대하여는 종전의 제35조 제1항 제3호·제2항 및 제42조 제1항의 규정(規定)에 의한다.

구(舊) 지방세법(地方稅法)(1991.12.14. **법률 제4415호로 개정되기 전의 것) 제31조(지방세(地方稅)의 우선)** ① 생략

② 다음 각호에 해당하는 것은 제1항의 규정(規定)을 적용(適用)하지 아니한다.

1.~2. 생략

3. 지방세(地方稅)와 가산금(加算金)의 납기한(納期限)으로부터 1년(年) 전에 설정(設定)한 전세권(傳貰權)·질권(質權) 또는 저당권(抵當權)의 목적(目的)인 재산(財産)의 매각(賣却)으로 인하여 생긴 금액(金額) 중에서 지방세(地方稅)와 가산금(加算金)을 징수(徵收)하는 경우에 그 전세권(傳貰權)·질권(質權) 또는 저당권(抵當權)에 의하여 담보(擔保)된 채권(債權). 다만, 당해 재산(財産)에 대하여 부과(賦課)된 지방세(地方稅)와 가산금(加算金)에 대하여는 예외로 한다.

4.~5. 생략

③ 제2항 제3호에 규정(規定)된 그 채권자(債權者)가 그 권리(權利)를 행사(行使)하고자 할 때에는 전세권(傳貰權)·질권(質權) 또는 저당권(抵當權)이 지방세(地方稅)와 가산금(加算金)의 납기한(納期限)으로부터 1년

(年) 전에 설정(設定)된 사실(事實)을 대통령령(大統領令)으로써 정하는 공정증서(公正證書)로써 증명(證明)하여야 한다.

Ⅵ. 참조판례

가. 1989. 7. 14. 선고 88헌가5,8, 89헌가44(병합) 결정
1992. 12. 24. 선고 92헌가8 결정

나. 1989. 12. 18. 선고 89헌마32,33(병합) 결정
1990. 11. 11. 선고 90헌가48 결정
1964. 6. 30. 선고 92헌가18 결정

다. 1990. 9. 3. 선고 89헌가95 결정
1991. 11. 25. 선고 91헌가6 결정
1993. 9. 27. 선고 92헌가5 결정

다. 1989. 12. 22. 선고 88헌가13 결정
1993. 5. 13. 선고 90헌바22, 91헌바12,13, 92헌바3,4(병합) 결정
1994. 6. 30. 선고 92헌가18 결정

라. 1989. 12. 22. 선고 88헌가13 결정
1993. 5. 13. 선고 90헌바22, 91헌바12,13, 92헌바3,4(병합) 결정

Ⅶ. 주 문

구 국세기본법(1990. 12. 31. 법률 제4277호로 개정되기 전의 것) 제42조 제1항 단서 중 '으로부터 1년'이라는 부분은 이 사건에 있어서 헌법에 위반된다고 선언할 수 없다.

Ⅷ. 이 유

1. 사건의 개요 및 심판의 대상

가. 청구인은 서울고등법원 90구19055로 청구외 마포세무서장을 상대로 압류처분 등 무효확인의 소를 제기하였는바, 위 사건의 원고인 청구인은 위 사건에서 다음과 같이 주장하였다.

(1) 청구외 한국외환은행(이하 외환은행이라 한다)은 1989.5.17. 그 산하 둔촌동지점을 통하여 청구외 ○○광반도체정밀주식회사(이하 한국정밀이라 한다)에게 1,132,191불(미합중국 화폐단위, 이하 같다)을, 변제기는 1995.5.30.로, 이자는 위 은행에서 정한 대출이율로 하고, 그 담보는 한국정밀 소유의 입체광학현미경(stereosccopic microscopes) 1점 등 52점 1,132,191불 상당의 기계류(이하 이 사건 기계류라 한다)를 양도담보로 하기로 하여 대출함에 있어, 청구인이 한국정밀의 위 대출금 채무에 대한 보증인이 되었다.

(2) 한국정밀은 위 대출금의 변제기가 도래하기 전인 1990.3.28. 당좌부도로 외환은행과 거래정지가 되었으며, 따라서 위 대출금의 변제기한의 이익을 상실하고 곧바로 지급하여야 했으나 이를 변제하지 못하게 됨에 따라 보증인 청구인이 같은 해 8.22. 위 대출금의 남은 원금인 575,982불과 그 당시까지 지급되지 못한 이자 76,416불 등 합계 652,398불의 그 당시 대고객 전신환매도율로 환산한 금 450,074,162원을 외환은행에 대위 변제하고 외환은행으로부터 이 사건 기계류에 대한 양도담보의 권리를 이전받았다.

(3) 그런데 위 소송사건의 피고인 마포세무서장은 이에 앞서서 1990. 4. 3. 한국정밀부터 징수할 1990. 4. 수시분 부가가치세 금 113,176,730원, 법인세 금 13,514,380원 및 방위세 금 2,702,870원의 물적 납세의무자로서 외환은행을 지정하고, 같은 달 4. 이 사건 기계류를 압류처분하였다.

(4) 청구인은 그 후 위 물적 납세의무를 부담한 채로 이 사건 기계류에 대한 양도담보의 권리를 외환은행으로부터 양수하였다가 1990. 9. 3. 다시 청구외 금성기전주식회사(이하 '금성기전'이라 한다)에 이를 양도하였으나, 금성기전과의 사이에는 위 물적납세의무를 청구인이 부담하기로 약정하였다.

나. 금성기전에 대하여 위 납세의무를 부담한 청구인은 위 물적납세의무자 지정 및 압류처분의 이해관계인으로서 그 무효확인을 구한다고 주장하면서, 그 전제로서 구 국세기본법(1990. 12. 31. 법 제4277호로 개정되기 전의 것, 이하 같다) 제42조 제1항 단서 "그 국세의 납부기한으로부터 1년 전에 담보의 목적이 된 양도담보재산에 대하여는 그러하지 아니하다"라는 규정 중 '으로부터 1년'의 규정부분 이 헌법 제11조, 제23조 제1항, 제37조, 제38조 등의 규정에 위반된다고 주장하여 위 법원에 위헌제청신청을 하였으나, 위 법원에서 1992. 5. 1. 위 규정부분의 위헌 여부가 재판의 전제가 되지 않는다는 이유로 위 신청을 기각하자 같은 달 13. 위 결정정본을 송달받고, 1992. 6. 10. 헌법재판소에 이 사건 헌법소원심판을 청구한 것이다.

다. 그러므로 이 사건 심판의 대상은 1990. 12. 31. 법률 제4277호로 개정되기 전의 국세기본법 제42조 제1항 단서 "그 국세의 납부기한으로부터 1년 전에 담보의 목적이 된 양도담보재산에 대하여는 그러하지 아니하다"라는 규정 중 '으로부터 1년'의 규정부분(이하 이 사건 심판대상규정이라 한다)이라고 할 것이다.

2. 청구인의 주장 및 이해관계인의 의견 요지

가. 청구인의 주장

(1) 헌법은 국민의 재산권을 보장하고 있고(제23조 제1항), 공공복리 등의 필요에 의하여 법률로써 이를 제한하는 경우에도 공평하여야 하며 또한

그 본질적인 내용을 침해할 수 없다(제37조 제2항).

(2) 모든 국민은 납세의무가 있으나 납세의무자 이외의 제3자의 재산에서 이를 징수하는 것은 합리적인 이유가 인정되어야 할 것이며, 양도담보권을 설정함으로써 그 목적물의 소유권을 완전히 취득하였음에도 불구하고, 그 후에 성립한 조세채권이 양도담보 설정 후 1년 동안 양도담보권자의 권리보다 우선하도록 한 것은 합리적인 이유 없이 공시의 원칙을 깨뜨리고 국민의 재산권의 본질적 내용을 침해한 것이다.

(3) 납세의무자가 장차 1년간 조세를 체납할 것인지의 여부는 미리 예측하기가 거의 불가능함에도 불구하고 양도담보권자에게 불의의 손해를 감수하도록 한 것은 불합리하고 자의적이며 이는 조세형평의 원칙과 과잉금지의 원칙에도 위배된다.

나. 법무부장관 및 재무부장관의 의견 요지

(1) 서울고등법원의 위헌심판제청기각 이유와 같이 이 사건 심판대상규정은 청구인의 재판의 전제가 되지 아니하므로 부적법하다.

(2) 또 청구인은 한국정밀이 조세체납으로 인한 압류처분을 받은 1990. 4. 4. 이후인 1990. 8. 22.에야 압류된 한국정밀 소유의 기계류에 대한 양도담보고권을 외환은행으로부터 양수받았으므로 대법원 판례에 비추어 원고적격이 없다(3.가(5) 참조).

(3) 가사 이 사건 심판대상규정이 청구인의 재판의 전제가 된다고 하더라도 다음과 같은 이유로 이 사건 심판대상규정은 헌법에 위반되지 아니한다.

가) 조세는 국가의 재정적 기초이며 고도의 공공성과 공익성이 있기 때문에, 다른 채권에 대하여 우선 징수되어야 함은 너무나 당연하다.

나) 조세채권은 비록 일반 보상성이 있다고 하나 특정한 반대급부를 수

반하지 않아 그 이행 가능성이 일반채권의 경우보다 희박하고, 우리 국민의 납세의식이 선진국에 비하여 낮은 수준이기 때문에 납세의무자가 조세회피의 수단으로 양도담보를 악용할 가능성이 있다.

다) 조세채권은 그 성립으로부터 확정에 이르기까지 긴 세월이 소요되기 때문에, 조세채권을 납기 1년 내에 설정된 양도담보권자보다 우선시키는 것은 부득이한 것이다. 조세채권의 확보를 위하여 납세담보를 설정하는 것은 현실적으로 어려울 뿐만 아니라 국민에게 불편을 초래할 것이므로 바람직하지 않다.

라) 국세기본법 제35조 제1항의 일반채권에 대한 국세의 무제한적 우선원칙이 성낭한 이상 양도담보권자에 대하여 조세우선권을 1년간만 인정한 것을 양도담보권자의 재산권의 본질적 내용의 침해라고 할 수 없다.

마) 조세채권을 개별적으로 공시하는 것은 불가능하고 조세법률의 공포에 의하여 일반적으로 공시되는 것이므로, 일반 채권자는 채무자와 거래를 함에 있어서 채무자의 신용상태와 경영실적, 과거의 체납사실 유무 등을 조사함으로써 장차의 조세액을 추정하는 것이 가능하기 때문에 실제로 거래의 안전이 침해될 염려가 그렇게 크지는 않다.

다. 서울고등법원의 위헌제청신청기각 이유

헌법재판소법 제41조 제1항의 규정에 의하면, 법률이 헌법에 위반되는 여부가 재판의 전제가 된 때에는 당해 사건을 담당하는 법원은 위헌 여부의 심판을 제청하도록 규정하고 있는바, 가사 신청인 주장의 위 법규정이 헌법재판소의 위헌결정으로 무효의 규정이 된다고 하더라도 마포세무서장이 외환은행을 물적 납세의무자로 지정하고 이 사건 기계류를 압류한 처분이 중대하고 명백한 하자가 있는 처분으로서 당연무효가 된다고는 판단되지 아니하는 바이므로 위 법 단서의 '으로부터 1년' 규정의 헌법위반 여부는 신청인의 이 법원 90구19055 압류처분 등 무효확인사건의 재판의 전제가 되지 아니하는 경우에 해당한다 할 것이다.

3. 판 단

가. 재판의 전제성에 대한 판단

(1) 이 사건은 헌법재판소법 제68조 제2항에 의한 것으로서 이른바 위헌제청형 헌법소원이므로 그 적법요건으로 헌법소원의 대상이 된 법률이 헌법에 위반되는 여부가 재판의 전제가 되어 있을 것이 필요하다. 서울고등법원이 청구인의 위헌제청신청을 기각함에 있어 “가사 청구인 주장과 같이 이 사건 규정부분이 헌법재판소의 위헌결정으로 무효의 규정이 된다고 하더라도 상대방(마포세무서장)이 외환은행을 물적 납세의무자로 지정하고 이 사건 기계류를 압류한 처분이 중대하고 명백한 하자가 있는 처분으로서 당연무효가 된다고는 판단되지 않는다”고 하여, 이 사건 심판대상규정의 헌법위반 여부는 신청인의 위 법원 90구19055 압류처분 등 무효확인사건의 재판의 전제가 되지 않는다고 판단하였다.

그런데 재판의 전제성이 있다고 하려면 우선 그 법률이 당해 사건에 적용될 법률이어야 하는데 그 법률이 위헌일 때에는 합헌일 때와 다른 판단을 할 수밖에 없는 경우라야 하는 것이며 그것은 재판의 주문이 달라질 경우에만 한정되는 것은 아니고 문제된 법률의 위헌 여부가 재판의 주문에는 영향을 주지 않는다 하더라도 적어도 재판의 내용과 효력에 관한 법률적 의미를 달리하는 경우도 포함되는 것이다(헌법재판소 1989. 7. 14. 선고 88헌가5,8, 89헌가44 결정 및 1992. 12. 24. 선고 92헌가8 결정 참조).

이 사건에 있어서 청구인이 위 법원에 압류처분 등의 무효확인을 구하는 행정소송을 제기한 날은 1990. 11. 15.이고 마포세무서장의 물적 납세의무자 지정 및 압류처분일은 각 1990. 4. 3. 및 같은 달 4.이므로 위 소송은 위 압류처분 등에 대하여 행정심판 및 취소소송을 제기할 수 있는 기간이 경과한 후에 제기되었음이 역수상 분명하다. 그리고 행정처분의 근거가 된 법규가 헌법재판소에서 위헌이라고 선고되더라도 원칙적으로 비형벌법규에 대한 위헌결정의 장래효원칙에 따라 소급하여 무효가 되는 것은 아니라 할 것이다. 따라서 그러한 법규에 근거하여 내려진 행정처분이 당연무효라고 할 수는 없고 단순한 취소사유에 지나지 않는다면, 위 법원의 위헌제청신청기각 이유에서 볼 수 있는 바와 같이 청구인이 제기한 무효확인소송은 (대법원까지 가더라도) 기각될 이치이므로 이 사건 심판대상규정의 위헌 여부는 재판의 전제가 되지 않는다고 할 수 있겠으나 다만 행정처분의 근거법규가 추후 헌법재판소에 의하여 위헌으로 선고된 경우 그 행정처분도 무효로 볼 여지가 있는 경우라면 재판의 전제성이 인정될 수 있을 것이다. 그러므로 행정처분의 근거법규가 위헌인 겨우 그 하자가 행정처분의 당연무효사유인가 취소사유임에 불과한 것인가에 대하여서는 별도로 살펴보아야 할 것이다.

(2) 일반적으로 행정처분의 집행이 이미 종료되었고 그것이 번복될 경우 법적 안정성을 크게 해치게 되는 경우에는 후에 행정처분의 근거가 된 법규가 헌법재판소에서 위헌으로 선고된다고 하더라도 (처분의 근거법규가 위헌이었다는 하자는 중대하기는 하나 명백한 것이라고는 할 수 없다는 의미에서) 그 행정처분이 당연무효가 되지는 않는다고 할 수 있을 것이다. 따라서 행정처분에 대한 쟁송기간 내에 그 취소를 구하는 소를 제기한 경우는 별론으로 하고 쟁송기간이 경과한 후에는 처분의 근거법규가 위헌임을 이유로 무효확인소송 등을 제기하더라도 행정처분의 효력에 영향이 없음이 원칙이라고 할 것이다.

판례나 통설은 행정처분이 당연무효인가의 여부는 그 행정처분의 하자가 중대하고 명백한가의 여부에 따라 결정된다고 보고 있지만 행정처분의 근거가 되는 법규범이 상위법 규범에 위반되어 무효인가 하는 점은 그것이 헌법재판소 또는 대법원에 의하여 유권적으로 확정되기 전에는 어느 누구에게도 명백한 것이라고 할 수 없기 때문에 원칙적으로 당연무효사유에는 해당할 수 없게 되는 것이다.

그러나 행정처분 자체의 효력이 쟁송기간 경과 후에도 존속 중인 경우, 특히 그 처분이 위헌법률에 근거하여 내려진 것이고 그 행정처분의 목적달성을 위하여서는 후행(後行) 행정처분이 필요한데, 후행행정처분은 아직 이루어지지 않은 경우, 그 행정처분을 무효로 하더라도 법적 안정성을 크게 해치지 않는 반면에 그 하자가 중대하여 그 구제가 필요한 경우에 대하여서는 그 예외를 인정하여 이를 당연무효사유로 보아서 쟁송기간 경과 후에라도 무효확인을 구할 수 있는 것이라고 봐야 할 것이다. 학설상으로도 중대명백설 외에 중대한 하자가 있기만 하면 그것이 명백하지 않더라도 무효라고 하는 중대설도 주장되고 있고, 대법원의 판례로도 반드시 하자가 중대명백한 경우에만 행정처분의 무효가 인정된다고는 속단할 수 없기 때문이다.

위와 같은 예외를 인정한다면 행정처분이 근거 법규의 위헌의 정도가 심각하여 그 하자가 중대하다고 보여지는 경우, 그리고 그 때문에 국민의 기본권 구제의 필요성이 큰 반면에 법적 안정성의 요구는 비교적 적은 경우에까지 그 구제를 외면하게 되는 불합리를 제거할 수 있게 될 것이다. 위헌법률에 근거한 행정처분이라 할지라도 그것이 당연무효는 아니라고 보는 가장 기본적인 논리는 그 하자가 명백한가의 여부를 제쳐놓더라도 이 경우를 무효라고 본다면 법적 안정성을 해칠 우려가 크다는 데 있는 것이므로 그 우려가 적은 경우에까지 확장하는 것은 온당하지 못하다고 할 것이며 그 경우에는 마땅히 그 예외가 인정되어야 할 것이다.

(3) 그렇다면 이 사건 심판대상규정과 관련된 규정이 후술(3.가(4))하는 바와 같이 이미 헌법재판소에 의하여 위헌선고가 되어 있는 터이고 계쟁사건의 행정처분의 진행정도를 보더라도 마포세무서장의 압류만 있는 상태이고 압류처분의 만족을 위한 환가 및 청산이라는 후행처분은 아직 집행되지 않고 있는 경우이므로 위 예외에 해당되는 사례로 볼 여지가 있다고 할 것

이다. 행정처분의 근거법규가 추후 헌법재판소에 의하여 위헌으로 선고된 경우 그 하자를 행정처분의 무효사유라고 볼 것인가 단순 취소사유로 볼 것인가에 관하여서도 아직까지 대법원의 판례가 확립되어 있다고는 보여지지 아니하므로 그러한 상황에서는 대법원에서 이를 무효사유로 볼 가능성이 없지 않다는 점에서 헌법재판소로서는 일응 재판의 전제성을 인정하여 근거법규의 위헌 여부에 대하여 판단하여 주는 것이 바람직한 재판태도라고 할 것이다.

참고로 국가보위입법회의법 시행 당시의 국회사무처 등 소속 공무원은 동법에 의한 후임자가 임명될 때까지만 그 직을 가진다는 취지의 동법 부칙 제4항 후단에 관한 대법원 1991. 6. 28. 선고 90누9346 판결 및 1993. 2. 26. 선고 92누 12247 판결에서 헌법재판소 1989. 12. 18. 선고 89헌마32,33(병합) 사건의 위 법 부칙 제4항 후단에 대한 위헌결정의 소급효가 미치는 사건에 있어서는 위 법 부칙 제4항 후단에 근거한 면직처분은 당연무효라고 판단한 바 있음을 주목해야 할 것이다. 그리고 헌법재판소가 1990. 11. 11. 선고 90헌가48 결정에서 구 변호사법 제15조(1993. 3. 10. 법률 제4544호로 삭제되기 전의 것)에 기하여 내려진 변호사 업무정지명령의 무효확인을 구하는 행정소송의 전제로서 담당법원에서 위 규정에 대한 위헌제청결정을 한 데 대하여 위 규정이 위헌인 경우 위 업무정지명령이 당연무효가 됨을 전제로 위 규정의 위헌을 선고한 바 있음도 간과해서는 안 될 것이다. 또 대법원이 1993. 7. 13. 선고 91다42166 판결에서 조세부과처분이 부과대상이 아니거나 납세의무 없는 자에 대한 부과처분과 같이 부과처분을 하지 않았어야 하는데 잘못 부과처분을 한 경우에는 그 하자가 중대하고 명백하여 무효라고 판시한 바 있음도 아울러 고려한다면 이 사건 심판대상규정의 경우에 있어서도 그것이 위헌이라면 그 위헌규정에 터잡아 행하여진 마포세무서장의 처분도 위헌무효가 될 여지가 있는 것이다.

(4) 헌법재판소는 이미 이 사건 심판대상규정과 유사한 규정들인 구 국

세기본법 제35조 제1항 제3호 중 '으로부터 1년' 부분(89헌가 95)과 같은 법 제35조 제2항의 '으로부터 1년' 부분(92헌가5) 및 구 지방세법 제31조 제2항 제3호 중 '으로부터 1년' 부분(91헌가6)에 대하여 각 헌법에 위반된다는 결정을 선고한 바 있다(3.나 참조).

위 각 결정은 이 사건과 달리 법원에서 위 각 규정들에 대하여 위헌제청결정을 한 것이고 위 각 결정의 전제가 되는 재판이 민사재판이었다는 점에서 차이가 있기는 하나, 국가의 공권력의 진행정도 및 법적 안정성의 보장이라는 측면에 있어서는 구별되어야 할 사유가 전혀 없는 것이다. 즉 위 89헌가95 사건의 전제가 된 재판은 근저당권자인 제청신청인이 저당목적물인 부동산에 대하여 경매신청을 하여 경락이 된 후 배당단계에서 국가가 위 부동산의 소유자에 대한 체납국세의 교부청구를 하자 제청신청인이 국가를 상대로 배당이의의 소를 제기한 경우이고, 91헌가6 사건의 전제가 된 재판은 위 89헌가95 사건과 유사하되 지방자치단체의 교부청구에 의하여 배당까지 이루어진 후 근저당권자인 제청신청인이 지방자치단체를 상대로 부당이득반환청구의 소를 제기한 경우이며, 92헌가5 사건의 전제가 된 재판은 제청신청인 명의의 소유권이전청구권 보전을 위한 가등기가 경료된 부동산에 대하여 국가가 부동산 소유자에 대한 체납국세징수를 위하여 압류를 한데 대하여 위 압류등기가 당연무효임을 이유로 그 말소를 구한 소송이었다. 헌법재판소는 위 각 소송에서 국가나 지방자치단체의 체납조세채권에 기한 교부청구에 따른 배당표 작성이나 배당은 물론 압류등기도 체납조세채권 발생의 근거가 된 법률의 위헌인 경우에는 당연무효가 될 수 있음을 전제로 하여(물론 당연무효가 되는 사건의 범위는 헌법재판소의 위헌결정의 소급효가 인정되는 사건에 한한다), 위 각 해당 법률이 위헌임을 선고한 것이다.

이 사건의 경우 마포세무서장의 처분의 진행정도는 위 각 선례가 되는 사건들의 경우보다 더 깊이 진전된 것이 아니므로 이 사건에 대하여서만 법적 안정성을 운위한다면 설득력이 없는 것이다. 헌법재판소가 이 사건 심판대상규정에 대하여 위헌으로 선고할 경우 헌법재판소의 위헌결정의 소급효가 인정되는 것이 당연한 당해 사건에 해당되는 이 사건에 있어서는 위 물적 납세의무자 지정처분 및 압류처분을 당연무효로 보아 이 사건 청구인에 대하여 승소판결을 할 여지가 없지 않은 것이다. 이상과 같은 이유로 이 사건 심판대상규정의 위헌 여부는 관련사건 재판의 전제가 된다고 할 것이다.

(5) 다음으로 법무부장관의 의견 중 "청구인은 청구외 한국정밀이 조세체납으로 인한 압류처분을 받은 1990. 4. 4. 이후인 1990. 8. 22.에야 이 사건 기계류에 대한 양도담보권을 외환은행으로부터 양수받았다는 것인바, 국세체납처분을 원인으로 한 압류등기 이후에 압류부동산을 매수한 자는 위 압류처분에 대하여 사실적이며 간접적인 이해관계를 가진 데 불과하여 위 무효확인소송의 원고적격이 없다는 법리(대법원 1985. 2. 8. 선고 82누524 참조)에 따라, 본안사건이 이 사건 심판대상규정의 위헌 여부와 관계없이 각하될 운명에 있으므로, 이 사건 심판대상규정은 더욱 청구인의 재판의 전제성이 없다"는 주장부분에 대하여 살펴본다.

이 사건 청구인은 본안소송에서 양도담보권을 양수하였다고 주장하였으나, 위 주장은 법률적으로 정확하지 않으며 청구인은 변제할 정당한 이익이 있는 보증인으로서 채무를 변제한 것이고 따라서 민법 제481조의 '변제자의 법정대위' 규정에 의하여 양도담보권을 대위하게 된 것이므로 채권자인 외환은행과 동일한 법률적 지위에 있는 것이므로 청구인은 위 과세처분의 무효확인을 구할 직접적이고 법률적인 이해관계를 가지고 있다고 할 것이고, 따라서 법무부장관이 거시한 위 대법원판례는 이 사건의 경우에 적용될 것이 아니라고 보아야 할 것이다.

나. 이 사건 심판대상규정의 위헌 여부에 관한 판단

헌법재판소는 1990. 9. 3. 선고 89헌가95 결정에서 저당권과 국세의 우선순위에 관한 규정인 개정 전 국세기본법 제35조 제1항 제3호 중 '으로부터

1년'이라는 부분이 헌법 전문, 제1조, 제10조, 제11조 제1항, 제23조 제1항, 제37조 제2항 단서, 제38조, 제59조의 규정에 위반된다고 판시한 적이 있고, 1993. 9. 27. 선고 92헌가5 결정에서 가등기담보와 국세의 우선순위에 관한 규정인 개정 전 국세기본법 제35조 제2항 중 '으로부터 1년' 부분도 역시 같은 헌법조문에 위반된다고 판시하였으며, 저당권과 지방세의 우선순위에 관한 규정인 1991. 12. 14. 법률 4415호로 개정되기 전의 지방세법 제31조 제2항 제3호 및 같은 조 제3항의 규정 중 '으로부터 1년'이라는 부분에 대하여서도 역시 1991. 11. 25. 선고 91헌가6 결정에서 같은 이유로 위헌이라고 판시한 바 있다.

헌법재판소의 위 각 결정의 취지에 비추어 볼 때, 이 사건 심판대상규정도 역시 헌법에 위반된다고 할 수밖에 없을 것이다.

다. 개정 국세기본법 부칙 제5조의 적용배제 문제

한편, 국세기본법(1990. 12. 31. 개정 법률 제4277호) 부칙 제5조는 "위 법 시행 전에 제35조 제1항 제3호 각목의 개정규정에 해당하는 기일이 도래한 국세 또는 가산금에 대하여는 종전의 제35조 제1항 제3호, 제2항 및 제42조 제1항의 규정에 의한다"라고 규정하고 있다. 위 부칙규정 중 '종전의 제35조 제1항 제3호, 제2항' 부분은 헌법재판소 1993. 9. 27. 선고 92헌가5 결정에 의하여 소급입법에 의한 재산권박탈금지규정인 헌법 제13조 제2항에 위반되는 것으로 선고되었다. 그러나 위 부칙규정 중 '종전의 제42조 제1항' 부분은 '종전의 제35조 제1항 제3호, 제2항' 부분과는 달리 소급입법에 의한 재산권 박탈이 문제되지 않는다고 할 것이다(헌법재판소 1990. 9. 3. 선고 89헌가5 결정은 저당권과 가등기담보에 관하여만 문제되기 때문이다). 그렇다면 위 부칙규정 중 '종전의 제42조 제1항' 부분은 헌법재판소에서 위헌으로 선고하기 이전에 법률을 합헌적으로 개정하면서 개정법률의 시행일 이전은 구법을 적용한다는 규정으로 헌법재판소법 제47조 제2항의 장래효원칙 규정과도 일맥상통하는 합헌적 규정이라고 할 수밖에 없을 것이다. 그러나 위와 같은 부칙규정이 입법되기도 전에 구법규정의 위헌문제를 제기한 청구인을 포함하여 일정한 사건의 경우에 있어서는 위에서 살펴본 바와 같이 이 사건 심판대상규정의 위헌결정의 소급효를 인정해 주어야 할 것인바, 그렇게 하기 위하여는 청구인 등에 대하여는 위 부칙규정 중 '종전의 제42조 제1항' 부분의 적용을 배제해 주어야 하는 문제가 생긴다.

그렇다면 헌법재판소법 제45조 단서의 규정을 유추적용하여 헌법재판소에서 이 사건 심판대상규정에 대하여 위헌결정을 함에 있어서 청구인 등에 대하여는 위 부칙규정 중 '종전의 제42조 제1항' 부분도 그 적용을 배제해 주어야 할 필요가 생기는데 아래에서 보는 바와 같이 이 사건에 있어서는 이 사건 심판대상규정을 위헌이라고 선언할 수 없으므로 이 점에 대한 상론은 피하자고 한다.

라. 헌법소원의 적법성에 관한 재판의 정족수

이상과 같이 이 사건 헌법소원심판청구는 적법하고 이 사건 심판대상규정은 위 각 헌법규정(헌법 전문, 제1조, 제10조, 제11조 제1항, 제23조 제1항, 제37조 제2항 단서, 제38조, 제59조)에 위반되므로 위헌선언되어야 할 것이다. 그런데 위와 같은 결론에는 재판관 변정수, 재판관 김진우, 재판관 한병채, 재판관 김양균, 재판관 이재화 등 5인이 찬성하고 재판관 조규광, 재판관 최광률, 재판관 김문희, 재판관 황도연 등 4인이 반대하여 위헌의견이 과반수이나, 헌법재판소법 제23조 제2항 제1호 소정의 위헌결정의 정족수에 미달하여 위헌선언을 할 수 없는 것이다(1989. 12. 22. 선고 88헌가13 결정 및 1993. 5. 13. 선고 90헌바22, 91헌바12,13, 92헌바3,4(병합) 결정 각 참조).

소수의견은 이 사건 헌법소원에 있어서 재판의 전제성을 인정할 수 없어서 부적법하다고 각하의견을 제시하고 있을 뿐, 이 사건 심판대상규정의 위헌 여부에 대한 의견을 개진하지 않고 있다. 그런데 헌법 제113조 제1항은 "헌법재판소에서 법률의 위헌결정, 탄핵의 결정, 정당해산의 결정 또는 헌법소원에 관한 인용결정을 할 때에는 재판관 6인 이상의 찬성이 있어야 한다"고 규정하고 있으므로 위의 반대해석으로 여타의 사항은 재판관 과반수의 찬성으로 결정되어야 하는 것이다.

헌법이 재판의 정족수에 대하여 위와 같은 특칙을 둔 이유는 재판관이 재판을 함에 있어서 과반수로써 재판하여야 함은 재판의 기본원칙이기 때문에 헌법상 특칙규정이 없다면 헌법은 재판관의 과반수에 의한 재판이라는 일반원칙을 승인한 것이 되므로 법률로서는 재판의 합의정족수를 달리 규정할 수 없게 되기 때문일 것이다(대법원 1971. 6. 22. 선고 70다1010 판결 참조).

그렇다면, 헌법의 위 규정에 따른 헌법재판소법 제23조 제2항 단서의 규정상 6인 이상의 찬성을 필요로 하는 경우 이외의 사항에 관한 재판에 있어서는 원래의 재판원칙대로 재판관 과반수의 찬성으로 결정되어야 하는 것이고 그에 대하여서는 이론의 여지가 있을 수 없는 것이다(헌법재판소 제23조 제2항 본문 및 법원조직법 제66조 제1항 참조). 즉, 본안재판의 전제로서 예컨대, 헌법재판소법 제41조 제1항의 '재판의 전제성'이라든가 헌법소원의 적법성의 유무에 관한 재판은 재판관 과반수의 찬성으로 족한 것이다.

따라서 이 사건에 있어서 재판관 5인이 '재판의 전제성'을 인정하였다면 이 사건 헌법소원은 일응 적법하다고 할 것이고 이 사건 헌법소원이 적법한 이상, 재판의 전제성을 부인하는 재판관 4인도 본안결정에 참여하는 것이 마땅하며 만일 본안에 대해 다수와 견해를 같이하는 경우 그 참여는 큰 의미를 갖는 것이라 할 것이다.

재판관의 의견이 과반수이면서도 정족수 미달이어서 위헌선언할 수 없었던 사례가 과거에도 몇 건 있었다. 그중 88헌가13 국토이용관리법 제31조의2에 대한 위헌심판의 경우는 소수의견이 각하의견이 아닌 합헌의견이었고, 90헌바22, 91헌바12,13, 92헌바3,4(병합) 1980년해직공무원의 보상 등에 관한 특별조치법 제2조, 제5조에 대한 경우는 소수의견이 각하의견이었지만 본안에 대하여서도 위헌의견이 아니었던 경우이다. 그리고 92헌가18 국가보위에 관한 특별조치법 제5조 제4항의 경우는 다수의견이 위헌결정 정족수에 이르러 소수의견의 향배가 문제되지 않았던 것이다.

이 사건에서 소수의견의 본안 참여를 특히 기대하는 것은 이 사건 심판대상규정과 밀접한 관련이 있는 저당권 또는 가등기담보와 국세의 우선순위, 저당권과 지방세의 우선순위에 관한 관계규정 중 '… 으로부터 1년'이라는 부분이 위(3.나)에서 살펴본 바와 같이 이미 헌법재판소에서 위헌선고되어 소수의견도 본안에 관하여서는 위헌의견을 갖고 있음이 분명하기 때문이다.

4. 결 론

이상과 같은 이유로 이 사건 헌법소원심판청구는 적법하고, 이 사건 심판대상규정은 헌법 전문, 제1조, 제10조, 제11조 제1항, 제23조 제1항, 제37조 제2항 단서, 제38조, 제59조에 위반된다는 의견이 과반수이나 헌법재판소법 소정의 위헌결정의 정족수 미달이어서 이 사건에서는 헌법에 위반된다고 선언할 수 없는 것이다.

5. 재판관 조규광, 재판관 최광률, 재판관 김문희, 재판관 황도연의 각하의견

가. 청구인의 구 국세기본법 제42조 제1항 단서에 대한 위헌제청신청에 대한 서울고등법원의 기각이유의 요지는 "헌법재판소법 제41조 제1항의 규정에 의하면, 법률이 헌법에 위반되는 여부가 재판의 전제가 된 때에는 당해 사건을 담당하는 법원은 위헌 여부의 심판을 제청하도록 규정하고 있다. 가사 청구인 주장의 법률조항이 위헌결정으로 그 효력을 잃게 된다고 하더라도 상대방(마포세무서장)이 소외 한국외환은행을 물적 납세의무자로 지정

하고 별지목록기재 기계류를 압류한 처분이 중대하고 명백한 하자가 있는 처분으로서 당연무효가 된다고는 판단되지 아니한다. 따라서 위 법률조항 단서의 '으로부터 1년' 규정의 헌법위반 여부는 신청인의 이 법원 90구19055 압류처분 등 무효확인사건의 재판의 전제가 되지 아니하는 경우에 해당된다"라고 함에 있다.

나. 비록 위헌인 법률에 기한 행정처분이라고 하더라도 그 행정처분에 대하여 법령에 정한 불복기간이 모두 경과하는 등 더 이상 취소소송을 제기하여 다툴 수 없게 된 때에는 그 뒤에 한 위헌결정의 효력이 이에 미치지 않는다고 보아야 한다.

헌법재판소법 제47조 제2항이 법률의 위헌결정의 효력에 관하여 형벌에 관한 법률 또는 법률조항을 제외하고는 그 결정이 있은 날로부터 그 효력을 상실한다고 하여 바로 이를 뒷받침하고 있을 뿐 아니라 위와 같이 해석함으로써 위헌결정의 효력이 소급함에 따른 법적 불안정을 제거할 수 있기 때문이다. 우리 재판소는 일찍이 구체적 규범통제의 실효성을 보장하기 위하여, 소급효의 인정이 필수적인 때, 당사자의 권리구제를 위한 구체적 타당성의 요청이 현저한 반면 소급효를 인정하여도 법적 안정성을 침해할 우려가 없고 기득권자의 이득이 해쳐질 사안이 아니고 소급효의 부인이 오히려 정의와 형평 등 헌법적 이념에 심히 배치되는 때 등 예외적인 경우에 한하여 위헌결정의 소급효를 인정하여야 한다고 밝힌 바 있다(헌법재판소 1993. 5. 13. 선고 92헌가10, 91헌바7, 92헌바24, 92헌바50(병합) 결정 참조).

불복기간이 경과함으로써 그 행정처분을 더 이상 다툴 수 없게 된 뒤에도 당사자 또는 이해관계인이 그 처분의 무효확인소송이나 처분의 효력 유무를 선결문제로서 다투는 민사소송 등에서 언제든지 그 처분의 근거 법률이 위헌이라는 이유를 들어 그 처분의 효력을 부인할 수 있도록 한다면, 그 처분으로 불이익을 받은 개인의 권리구제에는 더 없는 장점이 되기는 하겠지만, 이로 말미암아 제소기간의 규정을 두고 있는 현행의 행정쟁송제도가 뿌리째 흔들리게 됨은 물론, 기존의 법질서에 의하여 형성된 법률관계와 이에 기초한 다른 개인의 법적 지위에 심각한 불안정을 초래할 수 있다. 이러한 결과는 우리 헌법재판소법이 위헌결정의 효력을 원칙적으로 장래에 미치도록 규정한 것에 반하는 것일 뿐만 아니라 위헌인 법률이라 하더라도 헌법재판소의 위헌결정이 있기 전에는 어느 누구도 그 법률의 효력을 부인할 수는 없다는 이치에도 어긋나는 것이다.

이렇게 본다고 하여 위헌법률심판에 의한 구체적 규범통제의 실효성 확보나 개인의 권리구제에 심각한 지장이 생긴다고 단정할 수 없다. 행정처분의 당사자 또는 법적 이해관계인은 그 처분에 대한 법령상의 불복기간이 경과하기 전에 적법한 소송을 제기하고 그 사건에서 그 처분의 근거가 된 법률이 위헌이라고 주장하여 법원에 이에 대하여 위헌여부심판의 제청신청을 하거나 그 제청신청이 기각되는 경우 헌법재판소법 제68조 제2항에 따라 헌법소원심판을 청구하여 위헌법률 및 이에 근거한 행정처분의 효력을 당해 사건에서 소급적으로 제거할 수 있는 길이 열려 있기 때문이다. 결국 위헌인 법률에 근거한 행정처분의 당사자 또는 법적 이해관계인에게는 법령상 인정된 불복기간 내에 적법한 소송을 제기하여 그 절차 내에서 그 행정처분의 근거가 된 법률 또는 법률조항의 위헌 여부를 다툴 수 있도록 보장하고, 불복기간의 경과 등 그 처분에 대하여 더 이상 다툴 수 없게 된 때에는 비록 위헌인 법률에 근거한 행정처분이라 하더라도 되도록 그 효력을 유지하도록 함으로써 다 같이 헌법상 지켜져야 할 가치인 법적 안정성과 개인의 권리구제를 조화시킴이 바람직한 길이라 할 것이다.

다. 기록에 의하면, 청구인이 서울고등법원에 제소한 물적 납세의무부과처분과 압류처분의 각 무효확인청구는 청구인이 위 소송을 제기하기 이전에 이미 그 효력을 다툴 수 있는 출소기간이 모두 도과된 것으로 인정된다. 따라서 위 각 처분은 당연 무효의 사유가 있는 경우에만 인용될 수 있다. 그런데 이미 나.항에서 본 바와 같이 위 법률조항이 비록 위헌인 것이라고 하더라도 헌법재판소의 위헌결정에 의하여 취소됨으로써 비로소 형식적으로 그 효력을 잃게 되는 것이므로 헌법재판소의 위헌결정이 있기 이전에는 어느 누구도 위 법률조항의 효력을 부인할 수 없고, 위 법률조항에 따른 처분이라는 사유만으로 그 처분이 당연 무효가 되는 것으로 볼 수 없다. 그러므로 위 법률조항의 위헌 여부는 관련사건인 압류처분 등 무효확인사건의 결론인 주문을 달리하게 할 수 없다 할 것이다. 물론 관련 사건을 담당한 법원으로서는 위 각 처분에 이 사건 법률조항을 따랐기 때문에 생긴 하자 이외에 별도로 중대하고 명백한 하자가 있는 경우에는 그러한 중대·명백한 하자를 이유로 위 각 처분의 무효확인을 할 수 있을 것이다, 그러한 결론을 이끌어 내는 데에는 이 사건 법률조항의 위헌 여부가 영향을 미치지 아니한다.

더구나 이 사건 법률조항은 92헌가18 국가보위에 관한 특별조치법 제5조 제4항 위헌제청신청사건과는 달리 위 가항에 기재된 바와 같이 관련사건을 심리하는 법원이 스스로 재판의 전제성이 있지 아니함을 밝히고 있음에야 더 말할 나위도 없다.

위헌의견이 인용한 우리 재판소의 결정들은 각기 사안과 해당 법률 또는 법률조항과의 관계에 있어서 이 사건의 경우와는 성질을 달리하는 것이므로 적절한 선결례라고 할 수 없는 것이다.

라. 또한 위헌의견은 헌법재판의 합의방법에 관하여 쟁점별 합의를 하여야 한다는 이론을 펴고 있다.

그러나 우리 재판소는 발족 이래 오늘에 이르기까지 예외 없이 주문합의제를 취해 왔다(헌법재판소 1993. 5. 13. 선고 90헌바22, 91헌바12,13, 92헌바3,4(병합) 결정 및 헌법재판소 1994. 6. 30. 선고 92헌가18 결정 참조). 우리는 위헌의견이 유독 이 사건에서 주문합의제에서 쟁점별 합의제로 변경하여야 한다는 이유를 이해할 수 없고, 새삼 판례를 변경하여야 할 다른 사정이 생겼다고 판단되지 아니한다.

마. 그렇다면 이 사건의 경우 헌법소원심판의 대상인 위 법률조항이 헌법에 위반되는지 여부에 따라 위 당해 사건을 담당한 법원이 다른 내용의 재판을 하게 되는 경우라 할 수 없으므로 결국 위 법률조항의 위헌 여부는 재판의 전제성이 없다 할 것이므로 마땅히 각하되어야 한다.

재판장 재판관 조규광
재판관 변정수
재판관 김진우
재판관 한병채
재판관 최광률
재판관 김양균
재판관 김문희
재판관 황도연
재판관 이재화

판례의 평가

헌법재판소가 1994년 6월 30일 구 국세기본법 제42조 제1항 단서인 심판대상을 재판관 5명 위헌의견과 재판관 4명 각하의견으로 결국 합헌으로 선고하였다.

헌법재판소는 1990. 9. 3. 선고 89헌가95 결정에서 구 국세기본법 제35조 제1항 제3호 중 '으로부터 1년'이라는 부분, 1993. 9. 27. 선고 92헌가5 결정에서 구 국세기본법 제35조 제2항 중 '으로부터 1년' 부분, 1991. 11. 25. 선고 91헌가6 결정에서 구 지방세법 제31조 제2항 제3호 및 같은 조 제3항의 규정 중 '으로부터 1년'이라는 부분이 각 위헌이라고 판시한 바 있는데, 헌법재판소의 위 각 결정의 취지에 비추어 볼 때, 이 사건 심판대상규정인 구 국세기본법 제42조 제1항 단서 중 '으로부터 1년'이라는 부분도 역시 헌법에 위반된다.

위헌인 법률규정을 헌법재판소에서 위헌으로 선고하기 이전에 합헌적으로 개정하면서 개정 법률의 시행일 이전은 구법을 적용한다는 부칙규정을 둔 경우 위 부칙규정은 비형벌법규에 대한 위헌결정의 장래효 원칙에 부합하여 합헌이라고 할 것이나, 위 부칙규정이 입법되기도 전에 구법규정의 위헌문제를 제기한 청구인 등에 대하여는 구법규정에 대한 위헌결정의 소급효를 인정해 주어야 할 것인바, 그렇게 하기 위하여는 청구인 등에 대하여는 헌법재판소법 제45조 단서의 규정을 유추적용하여 위 부칙규정의 적용을 배제해 주어야 할 필요가 생긴다.

헌법 제113조 제1항의 규정에 따른 헌법재판소법 제23조 제2항 단서의 규정상 6인 이상의 찬성을 필요로 하는 경우 이외의 사항에 관한 재판에 있어서는 원래의 재판원칙대로 재판관 과반수의 찬성으로 결정되어야 하므로 이 사건에 있어서 재판관 5인이 '재판의 전제성'을 인정하였다면 이 사건 헌법소원은 일응 적법하다고 할 것이고 이 사건 헌법소원이 적법한 이상, 재판의 전제성을 부인하는 재판관 4인도 본안결정에 참여하는 것이 마땅하다.

이 사건 헌법소원심판청구는 적법하고, 이 사건 심판대상규정은 헌법에 위반된다는 의견이 과반수이나 헌법재판소법 소정의 위헌결정의 정족수 미달이어서 이 사건에서는 헌법에 위반된다고 선언할 수 없는 것으로 주문하였던 것이다.

기존의 심판대상이였던 조항이 현행 국세기본법에서는 다음과 같이 개정되어 위헌적인 문제가 해결하여 마련되어 있다. 즉 동법 제42조(양도담보권자의 물적납세 의무) 제1항 납세자가 국세·가산금 또는 체납처분비를 체납한 경우에 그 납세자에게 양도담보재산이 있을 때에는 그 납세자의 다른 재산에 대하여 처납처분을 집행하여도 징수할 금액에 미치지 못하는 경우에만 국세징수법에서 정하는 바에 따라 그 양도담보재산으로써 납세자의 국세·가산금과 체납처분비를 징수할 수 있다. 다만, 그 국세의 법정기일 전에 담보의 목적이 된 양도담보재산에 대해서는 그러하지 아니한다.

03 군형법 제47조 군인에 대한 정당한 명령과 규칙 위반시 처벌

(1995. 5. 25. 91헌바20)

Ⅰ. 판시 사항

1. 군형법(軍刑法) 제47조가 위임입법(委任立法)의 한계를 벗어난 것인지 여부

2. 위 법률조항이 죄형법정주의(罪刑法定主義) 원칙에 위배되는지 여부

3. 군무이탈자(軍務離脫者) 복귀명령(復歸命令) 위반행위를 명령위반죄(命令違反罪)로 처벌하는 것이 헌법에 위반되는지 여부

Ⅱ. 결정요지

1. 군통수(軍統帥)를 위하여 일정한 행위의무를 부과하는 명령은 그 형식에 관계없이 특정되어 존재하는 한 준수되어야 하며 명령의 구체적 내용이나 발령조건을 미리 법률로 정하는 것은 불가능하고, 군(軍)에서의 명령은 지휘계통에 따라 군통수권(軍統帥權)을 담당하는 기관이 그에게 부여된 권한(權限) 범위 내에서 발할 수 있는 것이나 구체적인 명령의 제정권자를 일일이 법률로 정하는 것도 불가능하며, 또한 군형법(軍刑法) 제47조는 명령위반

죄(命令違反罪)의 구성요건의 내용에 관한 사항을 명령에 위임한 형태를 취하고 있지만 본래의 취지는 군(軍) 내부에서 명령의 절대성을 보호하기 위한 것이고 명령위반행위(命令違反行爲)에 대한 형벌의 종류와 내용은 법률에서 구체적으로 정해져 있으며 그 피적용자(被適用者)인 군인(軍人)은 이를 충분히 예측할 수 있는 지위에 있으므로, 정당한 명령에 대한 준수의무를 과하고 그 위반에 대하여 구체적 형벌의 종류와 범위를 명시하고 있는 위 법률규정이 위임입법(委任立法)의 한계를 벗어난 것이라고 할 수는 없다.

2. 군형법(軍刑法) 제47조에서 말하는 '정당한 명령 또는 규칙'은 군(軍)의 특성상 그 내용을 일일이 법률로 정할 수 없어 법률의 위임에 따라 군통수기관(軍統帥機關)이 불특정다수인을 대상으로 발하는 일반적 효력이 있는 명령이나 규칙 중 그 위반에 대하여 형사처벌의 필요가 있는 것, 즉 법령의 범위 내에서 발해지는 군통수작용(軍統帥作用)상 필요한 중요하고도 구체성 있는 특정한 사항에 관한 것을 의미한다고 보아야 할 것이며, 대법원(大法院)도 일찍부터 위 법률규정을 위와 같이 해석·적용해 옴으로써 정당한 명령이나 규칙의 범위에 관하여 자의적인 법집행을 방지하고 있으므로, 위 법률규정이 불명확(不明確)하여 죄형법정주의(罪刑法定主義) 원칙에 위배된다고 할 수 없다.

3. 군무이탈죄(軍務離脫罪)와 명령위반죄(命令違反罪)는 보호법익과 구성요건을 달리하는 별개의 범죄이므로 군무이탈죄(軍務離脫罪)의 공소시효(公訴時效)가 완성된 자가 군무이탈자(軍務離脫者) 복귀명령(復歸命令)을 준수하지 않았다는 이유로 명령위반죄(命令違反罪)로 처벌한다고 하여 군무이탈죄(軍務離脫罪)에 대한 공소시효(公訴時效) 자체가 배제되는 것이라고 할 수는 없고, 복귀명령(復歸命令)을 준수하지 아니한 행위를 형사처벌함으로써 군무이탈죄(軍務離脫罪)를 범한 자에게 자수의무(自首義務)를 부과하는 결과가 될 수 있다고 하더라도 이는 군병력(軍兵力) 유지를 주된 목적으로 하는 복귀명령

(復歸命令)의 부수적인 효과에 불과하므로 위 복귀명령(復歸命令)이 군무이탈자(軍務離脫者)에 대하여 형사상 자기에게 불리한 진술(陳述)을 강요당하지 아니할 권리의 본질적 내용을 침해하는 것이라고 할 수도 없다.

☐ 재판관 정경식의 한정합헌의견(限定合憲意見)

1, 2. 군형법(軍刑法) 第47조는 죄형법정주의(罪刑法定主義) 원칙이 요구하는 명확성(明確性)의 요건을 충족하지 못한 것이고 위임입법(委任立法)의 한계도 벗어난 것이라고 아니할 수 없으나, 위 법률규정의 "정당한 명령"을 상위법령(上位法令)에 위배되지 않는 것으로서 발령권자를 일정한 범위의 지휘관(指揮官)으로 제한하고 명령의 내용 및 범위를 군통수(軍統帥)상 중요한 군사상(軍事上) 의무(義務)에 관한 구체적 사항으로 한정하며 형식도 명령의 수범자(受範者)가 그 명령을 위반할 경우 형사처벌의 대상이 되는지 여부를 사전에 예측할 수 있는 형태로 발령된 명령을 의미하는 것으로 한정할 경우에는 헌법에 위반될 소지를 없앨 수 있으므로, 헌법재판소(憲法裁判所)로서는 위 법률규정의 적용범위를 위와 같이 한정 축소하는 것을 조건으로 그 한도 내에서 헌법에 합치된다는 한정합헌결정을 하는 것일 옳다.

☐ 재판관 조승형의 반대의견(反對意見)

3. 군무이탈자(軍務離脫者) 복귀명령(復歸命令)은 일응 법령의 범위 내에서 발하여지는 군통수작용(軍統帥作用)상 필요한 사항에 관하여 형식상 적법하게 발하여진 명령이라고는 보여지나, 이 명령에 위반하였다 하여 명령위반죄(命令違反罪)로 형사처벌할 수 있다면 군무이탈죄(軍務離脫罪)의 공소시효(公訴時效)가 진행중인 자에 대하여는 사실상 이중처벌(二重處罰)이 될 수 있고 군무이탈죄(軍務離脫罪)의 공소시효(公訴時效)가 완성된 자에 대하여는 헌법 제12조 제1항의 적법절차(適法節次) 규정에 위반하거나 평등권을 침해하

는 결과를 초래할 수 있으므로, 군형법(軍刑法) 제47조는 정당한 명령 및 규칙의 내용이 그 명령 및 규칙을 위반함으로 인하여 사실상 이중(二重)으로 처벌하는 결과를 초래하지 아니하는 한 헌법에 위반되지 아니한다라는 결정을 함이 상당하다.

☐ 재판관 김진우, 재판관 김문희, 재판관 황도연의 반대의견(反對意見)

2. 군형법(軍刑法) 제47조에 따른 명령 하나하나가 모두 각 개별 범죄의 구성요건이 된다는 점을 감안한다면 적어도 명령의 '제정권자', 명령의 '성격', 명령의 '대상' 및 명령의 '내용' 등에 관한 기본적인 사항만은 법률에 규정하여야 하며 그렇게 하는 것이 입법기술상 불가능하지도 않는다고 할 것인데(예컨대 군형법(軍刑法) 제2조의 '용어의 정의' 등에서 그 규정이 가능하고, 다만 더 구체적인 사항은 하위규범(下位規範)에 위임할 수도 있을 것이다), 군형법(軍刑法) 제47조나 같은 법률의 어느 조항에도 위와 같은 기본적 사항에 관한 규정마저 없으므로 위 법률규정은 죄형법정주의(罪刑法定主義)의 핵심내용인 '구성요건(構成要件)의 명확성(明確性)'을 결여한 것으로서 헌법 제12조에 위반된다.

Ⅲ. 당사자

청 구 인 : 조동휘 대리인 변호사 임종인

관련사건 : 육군고등군사법원 91노264 명령위반

Ⅳ. 심판대상조문

군형법(軍刑法) 제47조(명령위반(命令違反)) 정당한 명령(命令) 또는 규칙(規則)을 준수(遵守)할 의무(義務)가 있는 자(者)가 이를 위반(違反)하거나 준수(遵守)하지 아니한 때에는 2년(年) 이하의 징역(懲役)이나 금고(禁錮)에 처(處)한다.

Ⅴ. 참조조문

헌법(憲法) 제12조 제1항, 제2항, 제75조

Ⅵ. 주 문

군형법 제47조는 헌법에 위반되지 아니한다.

Ⅶ. 이 유

1. 사건의 개요와 심판의 대상

가. 사건의 개요

청구인은 육군 제71훈련단 512지단 3대대 소속 방위병으로 근무하던 중 1979. 9. 13. 군무이탈하였다가, 육군참모총장이 1990. 5. 31자로 발한 "1961. 5. 16. 이후 군무이탈자는 같은 해 6. 1.부터 30.까지 자진복귀하여 신고하라"는 내용의 군무이탈자 복귀명령을 알고 있었음에도 불구하고 그 기간 내에

복귀하지 아니함으로써 정당한 명령을 위반하였다 하여, 육군 제37사단 보통군사법원(91고35)에 군형법 제47조의 명령위반죄로 기소되어 1991. 7. 9. 징역1년을 선고 받았다(그 후 7. 13. 관할관의 확인절차에서 징역 6월로 감형됨). 이에 청구인은 육군고등군사법원(91노264)에 항소하고 군형법 제47조에 대한 위헌 여부의 심판제청신청(91초8)을 하였다가 10. 8. 그 제청신청이 기각되자 10. 17. 이 사건 헌법소원심판을 청구하였다.

나. 심판의 대상

이 사건 심판의 대상은 군형법(제정 1962.1.20. 법률 제1003호, 최종개정 1994. 1. 5. 법률 제4703호) 제47조의 위헌 여부로서, 위 규정의 내용은 "정당한 명령 또는 규칙을 준수할 의무가 있는 자가 이를 위반하거나 준수하지 아니한 때에는 2년 이하의 징역이나 금고에 처한다"고 되어 있다.

2. 청구인의 주장 및 관계인의 의견

가. 청구인의 심판청구이유의 요지

(1) 군형법 제47조는 명령이나 규칙의 발령권자, 내용과 범위, 형식 및 발령조건 등을 특정하지 아니하여 위임입법의 한계를 벗어나고 명확성의 원칙에도 어긋나 죄형법정주의 원칙에 위배된다.

(2) 특별권력관계인 군 내부의 질서는 징계벌로 규제하는 것이 바람직한데 군형법 제47조는 징계벌로 규제할 명령이나 규칙 위반행위에 대하여도 형사처벌을 하도록 규정하고 있으므로 과잉금지의 원칙에 위반된다.

(3) 설사 군형법 제47조 자체는 헌법에 위반되지 않는다고 하더라도, 육군참모총장의 군무이탈자 복귀명령은 군무이탈자를 범한 자에게 자수를 강요하는 것으로서 형사상 자기에게 불리한 진술을 강요당하지 아니할 기본권을 침해하는 것이며, 군무이탈죄의 공소시효가 완성된 자에 대하여 복

귀명령 위반을 이유로 명령위반죄로 처벌하는 것은 군무이탈죄의 공소시효를 배제하는 결과가 되어 부당하므로, 군무이탈자 복귀명령은 위 규정 소정의 정당한 명령이 될 수 없고 따라서 복귀명령 위반자를 위 규정에 의하여 처벌하는 것은 헌법에 위반된다.

나. 법무부장관 및 국방부장관의 의견요지

(1) 군통수권의 보호와 군기의 확립을 위하여 명령이나 규칙 위반행위에 대하여 형사처벌을 할 필요가 있으나 군작전과 행정의 특수성으로 인하여 명령이나 규칙의 발령권자, 내용, 범위, 형식, 발령조건 등을 개별적, 구체적으로 법정할 수 없는 부득이한 사정이 있는데, 군형법 제47조는 그러한 정당한 명령이나 규칙 위반행위에 대하여 형벌의 종류와 상한을 명시하여 형사처벌을 하도록 규정하고 있는 것이므로 명확성의 원칙에 반하지 않고 피적용자의 예측가능성을 침해하지 아니하여 죄형법정주의 원칙에 위배되지 아니한다.

(2) 국가안전보장과 국토방위의 의무를 수행하는 군의 특수성에 비추어 징계벌로는 규제할 수 없는 군내의 정당한 명령이나 규칙위반행위를 형사처벌할 수 있도록 규정한 것이 헌법 제37조 제2항에 위반된다고 할 수 없다.

(3) 이 사건 심판청구 중 군무이탈자 복귀명령 위반행위에 대하여 군형법 제47조를 적용하는 것의 위헌확인을 구하는 부분은 부적법하며, 설사 적법하다고 하더라도 군무이탈자 복귀명령은 위 규정 소정의 정당한 명령에 해당하므로 헌법에 위반되지 아니한다.

3. 판 단

가. 군형법 제47조의 입법목적과 성격

군은 국가안전보장과 국토방위의 의무를 수행하는 조직으로서 계급제도를 바탕으로 엄격한 상명하복관계에 의하여 유지된다. 따라서 군에서 명령에 불복하는 행위는 군의 지휘통솔을 불가능하게 하고 나아가 군의 존립 자체에 대한 중대한 위협이 될 수 있으므로 군의 통수권 확립을 위하여 군 내부에서의 명령에 대한 복종관계는 절대적으로 유지되어야 한다. 군형법 제47조는 정당한 명령 또는 규칙을 준수할 의무가 있는 자가 이를 위반하거나 준수하지 아니하는 행위를 명령위반죄로 형사처벌하도록 한 것으로서, 명령 또는 규칙의 위반이나 불준수에 대하여 엄격한 제재를 가함으로써 군의 조직과 운영에 있어서 필수불가결한 계급제도와 그에 따른 명령의 강제적 실현을 통한 명령복종관계를 유지하여 군의 통수권을 확립하는 것을 목적으로 하는 규정이라 할 수 있다.

그리고 군형법 제44조가 상관의 정당한 명령에 항거하거나 복종하지 아니한 행위를 항명죄로 처벌하도록 하여 특정인에게 발하여지는 개별적 명령의 불복행위에 대하여 별도의 처벌규정을 둔 점에 비추어 보면, 이 사건 법률규정은 불특정 다수인을 피적용자로 하여 발하여지는 규범으로서의 효력을 가지는 명령 또는 규칙을 위반한 경우에 적용되는 규정이라 할 것이다.

나. 죄형법정주의 원칙의 위배 여부

(1) 죄형법정주의 원칙은 국민의 신체의 자유를 보장하기 위한 헌법상 원칙으로서 법률이 처벌하고자 하는 범죄행위가 무엇이며 그에 대한 형벌이 어떠한 것인지를 누구나 예견할 수 있고 그에 따라 자신의 행위를 결정할 수 있도록 범죄의 구성요건과 처벌내용을 법률로 명확하게 규정할 것을 요구한다. 그러나 현대국가의 기능 증대와 사회현상의 복잡화로 인한 입법부의 전문적, 기술적 한계 등에 따라 국민의 권리의무에 관한 사항이라도 이를 법률로 다 정할 수는 없으므로, 합리적인 이유가 있으면 예외적으로 구성요건의 내용 중 일부를 법률에서 하위규범에 위임하는 것을 허용하지

않을 수 없다(헌법재판소 1994. 7. 29. 선고 93헌가12 결정 등 참조). 또한 형벌법규의 구성요건이 명확하여야 한다고 하여 입법자가 모든 구성요건을 단순한 서술적 개념에 의하여 규정할 수는 없으므로, 통상의 해석방법에 의하여 당해 형벌법규의 보호법익과 그에 의하여 금지된 행위 및 처벌의 종류와 정도를 알 수 있다면 그 구성요건에 법관의 보충적인 해석을 필요로 하는 다소 광범위한 개념을 사용하였다고 하더라도 그 점만으로 헌법이 요구하는 형벌법규의 명확성에 반드시 배치되는 것이라고는 볼 수 없다(헌법재판소 1994. 7. 29. 선고 93헌가4·6 결정 등 참조).

그러므로 형벌법규에서 위임이 허용되는 범위나 구성요건의 명확성의 정도는 일률적으로 정할 수 없고 당해법률의 성질과 구성요건의 특수성 및 그러한 법적 규제의 원인이 된 여건이나 처벌의 정도 등을 종합하여 판단하여야 할 것이다.

(2) 이 사건 법률규정은 정당한 명령 또는 규칙을 위반하거나 준수하지 아니한 때에 형사처벌을 한다고 되어 있을 뿐 그 규정 자체에서는 명령 또는 규칙의 제정권자, 내용, 범위, 형식 등을 구체적으로 특정하지 않고 있다.

그러나 전투에서의 승리를 주된 목표로 하는 군에서 상황에 따라 탄력적으로 행하여지는 통수작용은 광범위한 유동성, 긴급성, 기밀성 등을 요구하며 특히 6·25 이후 휴전선을 경계로 남북한의 군병력이 첨예하게 대치하고 있는 우리의 특수한 안보상황에서 이러한 요구는 더욱 절실하다 할 것이므로 군통수를 위하여 일정한 행위의무를 부과하는 명령은 특정되어 존재하는 한 그 형식에 관계없이 준수되어야 하며, 명령의 구체적 내용이나 발령조건을 미리 법률로 정하는 것은 거의 불가능하다. 그리고 군에서의 명령은 지휘계통에 따라 군통수권을 담당하는 기관이 그에게 부여된 권한범위 내에서 발할 수 있는 것이므로, 명령을 제정할 수 있는 통수권 담당자는 대통령이 국군의 통수권자임을 규정한 헌법 제74조와 국군의 조직 및 편성에 관한 사항을 정한 국군조직법의 규정 등에 의하여 결정되나, 구체적인 명령의 제정권자를 일일이 법률로 정할 수도 없는 일이다. 또한 이 사건 법률규정의 취지는 군 내부에서 명령의 절대성을 보호하기 위한 것으로서 명령위반행위에 대한 형벌의 종류와 내용이 법률에 구체적으로 정해져 있으므로 그 피적용자인 군인이 위 규정에 의하여 금지된 행위와 처벌의 정도를 예측할 수 없는 것도 아니다.

그러므로 위와 같이 명령의 구체적 내용에 관하여는 위임이 이루어질 수밖에 없고 그러한 명령에 대한 복종관계가 유지되어야 하는 군의 특수성에 비추어 볼 때, 정당한 명령에 대한 준수의무를 과하고 그 위반에 대하여 구체적 형벌의 종류와 범위를 명시하고 있는 이 사건 법률규정이 위임입법의 한계를 벗어난 것이라고 할 수는 없다.

(3) 그리고 이 사건 법률규정에서는 '정당한 명령 또는 규칙'이라는 다소 추상적이고 광범위한 개념을 사용하여 명령위반죄의 구성요건을 정하고 있으나, 위 규정은 군에서의 명령의 절대성 보호를 목적으로 하는 것으로서 불특정다수인을 피적용자로 하여 발해지는 규범적 효력을 가지는 명령 또는 규칙을 위반한 경우에 적용되는 규정이고 그 위반행위에 대하여 형사처벌을 가하도록 되어 있어 실질적으로 구성요건의 내용이 명령이나 규칙에 위임되어 있는 점에 비추어 보면, 위 규정에서 말하는 '정당한 명령 또는 규칙'은 군의 특성상 그 내용을 일일이 법률로 정할 수 없어 법률의 위임에 따라 군통수기관이 불특정다수인을 대상으로 발하는 일반적 효력이 있는 명령이나 규칙 중 그 위반에 대하여 형사처벌의 필요가 있는 것, 즉 법령의 범위 내에서 발해지는 군통수작용상 필요한 중요하고도 구체성 있는 특정한 사항에 관한 것을 의미한다고 보아야 할 것이다. 대법원도 일찍부터 위 법률규정을 위와 같이 해석·적용해 옴으로써 정당한 명령이나 규칙의 범위에 관하여 자의적인 법집행을 방지하고 있다.

따라서 명령위반죄의 입법목적, 구성요건과 적용대상의 특수성 및 다른 규정과의 관계 등에 의하여 이 사건 법률규정에서 정한 '정당한 명령 또는 규칙'의 범위가 명확하게 제한되고, 실제로도 그와 같이 제한적으로 운용되고 있으므로, 위 규정이 불명확하여 죄형법정주의 원칙에 위배된다고 할 수도 없다 할 것이다.

다. 과잉금지원칙의 위배 여부

어떤 위법행위에 대하여 형사벌로 처벌할 것인가 아니면 행정벌로 제재를 가할 것인가는 그 위반행위의 위험성의 정도나 비난가능성 및 이를 제재하는 목적 등에 비추어 결정할 사항이고, 이른바 특별권력관계 내부의 질서위반행위라고 하더라도 강력한 제재의 필요가 있을 때에는 국가형벌권을 발동하여 처벌할 수도 있는 것이므로 이는 원칙으로 입법자가 제반사정을 고려하여 결정할 입법재량사항에 속한다고 할 것이다.

그런데 군복무는 헌법 제39조와 병역법에서 정한 국방의 의무와 병역의무에 바탕을 두어 이루어지는 것이므로 명령복종관계가 반드시 구성권의 자발적인 의사에 의하여 형성되지는 아니하며, 군에서는 명령복종관계의 유지가 절대적으로 필요하고 특히 우리의 특수한 안보현실에 비추어 구체적으로 법률로 정할 수는 없으나 군통수작용상 중요한 사항이 있을 수 있는데, 이러한 사항에 관한 명령의 위반행위에 대하여 단순히 징계벌을 과하여서는 명령의 강제적 실현을 위한 제재의 효과가 불충분하게 될 수 있다.

따라서 이 사건 법률규정은 입법자가 군의 특수성과 우리의 안보상황 등을 고려하여 국가형벌권에 의하여 보호받아야 할 정당한 명령 또는 규칙의 위반행위에 대하여 형사처벌을 가하도록 한 것으로서 목적과 수단의 합리성이 인정되고 입법재량의 범위를 현저히 일탈하였다고 보이지 아니하므로 과잉금지의 원칙에 위배된다고 할 수 없다.

라. 군무이탈자 복귀명령 위반행위를 명령위반죄로 처벌하는 것의 위헌 여부

(1) 청구인은 육군참모총장의 군무이탈자 복귀명령(이하 '복귀명령'이라 한다) 위반행위를 명령위반죄로 형사처벌하는 것은 군무이탈죄의 공소시효

가 완성된 자의 시효이익을 배제하고 형사상 자기에게 불리한 진술을 강요당하지 아니할 기본권을 침해하는 것이어서 헌법에 위반된다고 주장하고 있다. 각군 참모총장은 1964. 1. 25. 이래 약 2년 11월의 간격으로 복귀명령을 발하고 있으며 그 내용은 통상 "1961. 5. 16. 이후 현재까지 육·해·공군에서 근무중 군무이탈중인 자"는 복귀기간(통상 1개월) 내에 "가까운 헌병대 및 경찰관서에 자진 복귀신고할 것"이라고 되어 있는바, 복귀명령이 이 사건 법률규정에서 말하는 "정당한 명령"에 해당하는지 여부는 위 규정의 해석·적용에 관한 문제로서 원칙으로 법원에서 판단할 사항이다. 그런데 대법원과 각군 군사법원은 복귀명령이 위 규정의 정당한 명령에 포함되는 것으로 해석하고 있으므로, 복귀명령 위반행위를 명령위반죄로 형사처벌하는 것이 헌법에 위반된다면 결국 법원의 해석에 의하여 구체화된 위 규정이 위헌성을 지니고 있는 셈이 된다. 따라서 복귀명령 위반행위를 명령위반죄로 처벌하는 것이 헌법에 위반되는지 여부는 이 사건 법률규정의 위헌 여부에 관한 문제로서 헌법재판소의 판단대상이 된다고 할 것이다.

(2) 그러므로 나아가 복귀명령 위반행위를 명령위반죄로 처벌하는 것이 헌법에 위반되는지 여부에 관하여 살펴본다.

(가) 군무이탈은 군형법상 다른 범죄행위와 달리 군에서 이탈하여 민간사회에 은신하는 것을 통상의 행위내용으로 하는 것으로서, 군무이탈자를 검거하여 국가의 형벌권을 행사하는 데 많은 어려움이 있으므로 의무복무를 근간으로 하는 우리나라의 군조직에서 병력의 유지와 군기확립 등에 중대한 저해요소가 된다. 그렇기 때문에 군형법은 제30조에서 군무이탈죄에 대하여 엄중한 형사처벌을 하도록 규정하고 있으며, 각군 참모총장은 군무이탈자에 대하여 군에 자진 복귀하여 군복무에 임하도록 복귀명령을 발하고 있는 것이다.

(나) 복귀명령은 위와 같이 우리나라의 특수한 안보상황에서 군병력 유

지를 위하여 각군 참모총장이 군통수권에 기하여 발하는 것이며, 군무이탈 중인 자에 대하여 자진복귀하여 군무에 임할 행위의무를 부과하는 것으로서 군통수작용상 필요한 중요하고도 구체성이 있는 명령이므로 이 사건 법률규정의 정당한 명령에 해당한다고 할 것이고, 군무이탈자도 군인의 신분을 유지하는 것이므로 그에게 부과되는 복귀명령을 준수하지 아니하는 행위는 이 사건 법률규정이 정한 명령위반죄의 구성요건을 충족한다고 할 것이다.

(다) 다만 위와 같이 반복적으로 행해지는 복귀명령으로 인하여 군무이탈죄의 공소시효가 완성된 자도 명령위반죄의 형사책임을 면할 수 없게 되나, 군무이탈죄와 명령위반죄는 보호법익과 구성요건을 달리하는 별개의 범죄이므로 군무이탈죄의 공소시효가 완성된 자가 명령위반죄로 처벌된다고 하여 군무이탈죄에 대한 공소시효 자체가 배제되는 것이라고 할 수 없고, 군무이탈죄에 대한 공소시효가 완성된 자라도 군복무의무를 면하는 것은 아니므로 군복무에 복귀하라는 정당한 명령에 위반한 행위를 군무이탈죄와는 별개의 법익에 대한 침해로 보아 형사처벌한다고 하여 특별히 불합리하다고 할 수도 없다.

그리고 복귀명령은 군인의 신분에 있는 군무이탈자로 하여금 군복무의 의무를 이행할 것을 명하는 군통수작용상 필요하고도 중요한 명령으로서 군무이탈죄의 공소시효가 완성된 자에 대한 처벌만을 목적으로 하는 것은 아니고, 복귀명령을 준수하지 아니한 행위를 형사처벌함으로써 군무이탈죄를 범한 자에게 자수의무를 부과하는 결과가 될 수 있다고 하더라도 이는 군병력 유지를 주된 목적으로 하는 복귀명령의 부수적인 효과에 불과하므로, 복귀명령이 군무이탈자에 대하여 형사상 자기에게 불리한 진술을 강요당하지 아니할 권리의 본질적 내용을 침해하는 것이라고 할 수도 없다.

(라) 그러므로 복귀명령은 이 사건 법률규정의 정당한 명령에 해당되며

그 위반행위를 명령위반죄로 처벌하는 것은 헌법에 위반되지 않는다고 할 것이다.

4. 결 론

따라서 이 사건 법률규정은 헌법에 위반되지 아니하므로 주문과 같이 결정한다. 이 결정은 재판관 정경식의 아래 5와 같은 한정합헌의견, 재판관 조승형의 아래 6과 같은 반대의견 및 재판관 김진우·재판관 김문희·재판관 황도연의 아래 7과 같은 반대의견이 있는 외에는 나머지 관여재판관의 일치된 의견에 의한 것이다.

5. 재판관 정경식의 한정합헌의견

가. 우리 헌법 제12조 제1항 후단과 제13조 제1항 전단에서 선언하고 있는 죄형법정주의 원칙은 범죄의 구성요건과 그에 대한 형벌의 내용은 국민의 대표로 구성된 입법부가 법률로 정하도록 함으로써 국가형벌권의 자의적 행사로부터 국민의 자유와 권리를 보장하기 위한 것이다.

따라서 형사처벌의 대상이 되는 범죄의 구성요건은 구체적이고 명확하게 규정할 것을 요하며, 범죄의 구성요건이 추상적이거나 모호하여 그 적용범위가 과도하게 광범위하거나 불명확한 경우에는 자의적인 형벌권의 행사가 가능하게 되어 죄형법정주의 원칙에 위배된다.

또한 특수한 분야의 사회현상에 있어서는 위임입법이 불가피한 경우도 있으나 형벌법규의 위임은 다른 일반법규의 위임에 비하여 특히 긴급한 필요가 있거나 미리 법률로써 자세히 정할 수 없는 부득이한 사정이 있는 경우에 한정되어야 하고, 이 경우에도 법률에서 범죄의 구성요건은 처벌대상인 행위가 어떠한 것일 것이라고 예측할 수 있을 정도로 구체적으로 정하고 형벌의 종류 및 그 상한과 폭을 명백히 규정하여야 하는 것이다.

나. 군이라는 특수한 사회에서의 현상을 규율대상으로 함에 있어서 그 특수성에 맞추어 그때그때 알맞는 형법적 규율을 하려면 일정한 범위 내에서 백지형법의 출현이 입법기술적으로 불가피한 경우도 있고 이러한 백지형법의 금지내용과 관련한 보충규범은 법령이나 행정명령의 형식으로도 가능하다고 할 것이다. 그리고 군에서 명령의 강제적 실현을 위하여 특정한 명령에 위반하거나 이를 준수하지 아니한 경우 형사처벌을 할 필요성이 있음은 충분히 인정할 수 있고 그 명령의 내용을 일일이 법률로 정할 수 없는 사정도 수긍되므로, 군에서 발하는 일반적 명령에 위반하는 행위를 군형법에서 범죄행위로 규정하여 형사처벌의 대상으로 삼는 것 자체가 헌법에 위반된다고 할 수는 없다.

그러나 이 사건 법률규정은 “정당한 명령 또는 규칙을 준수할 의무가 있는 자가 이를 위반하거나 준수하지 아니한 때에는 2년 이하의 징역이나 금고에 처한다”고만 규정하여 형사처벌의 대상이 되는 구성요건의 내용을 명령이나 규칙에 백지위임하는 형식을 취하고 있다. 군형법이라 하여 죄형법정주의나 위임입법에 관한 헌법상 제원칙이 적용되지 않는 것은 아니고 특히 명령에 위임된 사항은 실질적으로 구성요건의 내용에 관한 것이므로 형사처벌을 하여야 할 만큼 중요한 것이어야 하는데, 위 법률규정을 문면 그대로 해석한다면 군에서 거의 모든 분야에 걸쳐 발령되는 명령이나 규칙은 발령권자나 제정권자가 누구이든, 그 내용 및 범위가 군사상 의무에 관한 사항이든 일상생활상의 의무에 관한 사항이든 관계없이 이를 준수하지 아니할 경우 형사처벌을 할 수 있다는 뜻이 되어 적용범위가 지나치게 광범위할 뿐 아니라, 경우에 따라서는 징계벌로만 제재를 가하여도 충분한 사항을 형사처벌하게 되어 헌법 제37조 제2항의 과잉금지원칙에 위반될 소지도 있는 것이다.

다. 이와 관련하여 대법원은 이 사건 법률규정의 ‘정당한 명령’은 “죄형법정주의와 군통수의 특수성에 비추어 통수권을 담당하는 기관이 입법기관인 국회가 군형법 제47조로 위임한 것으로 해석되는 통수작용상 중요하고도 구체성 있는 특정의 사항에 관하여 발하는 본질적으로는 입법사항인 형벌의 실질적 내용에 해당하는 사항에 관한 명령"을 뜻한다고 판시하고(대법원 1984. 9. 25. 선고 84도1329 판결; 1989. 9. 12. 선고 88도1667 판결 등 참조), 개개의 명령이 정당한 명령에 해당하는지 여부를 위 기준에 따라 개별적으로 판단하여 왔다.

그러나 이 사건 법률규정에서 이러한 해석을 도출하는 것이 누구에게나 용이하지는 아니하므로 군 내에서 위 법률규정의 운용이 위 판례와 같이 이루어지리라고 확실히 보장할 수 없으며, 특히 피적용자가 개개의 명령에 대하여 그것이 명령위반죄의 형사책임을 지는 명령인지 여부를 사전에 예측하는 것은 불가능하다.

라. 결국 이 사건 법률규정이 위와 같이 백지위임의 형식을 취하고 있는 상태에서는 죄형법정주의 원칙이 요구하는 명확성의 요건을 충족하지 못한 것이고 위임입법의 한계도 벗어난 것이라고 아니할 수 없다. 그러나 다양한 상황에 대처하는 기동력과 탄력성이 요구되는 군의 조직과 운영에 있어서 명령의 절대성을 확보할 필요가 있고 그 구체적 명령의 발령권자나 내용을 사전에 모두 법률로 정할 수 없는 입법기술상의 한계 등을 고려하면 위 법률규정의 필요성과 어느 정도의 위임의 불가피성을 인정하지 않을 수 없으며, 위 법률규정의 '정당한 명령'을 상위법령에 위배되지 않는 것으로서 발령권자를 일정한 범위의 지휘관으로 제한하고 명령의 내용 및 범위를 군통수상 중요한 군사상 의무에 관한 구체적 사항으로 한정하며 형식도 명령의 수범자가 그 명령의 위반할 경우 형사처벌의 대상이 되는지 여부를 사전에 예측할 수 있는 형태로 발령된 명령을 의미하는 것으로 한정할 경우에는 헌법에 위반될 소지를 없앨 수 있으므로, 헌법재판소로서는 이 사건 법률규정의 적용범위를 위와 같이 한정 축소하는 것을 조건으로 그 한도 내에서

헌법에 합치된다는 한정합헌결정을 하는 것이 옳다고 본다.

이러한 한정해석은 이 사건 법률규정에 대한 단순위헌을 선고할 경우에 야기되는 법적 불안정의 위험을 피하고, 헌법 및 다른 보호하여야 할 법익과의 조화를 통하여 위 법률규정의 합헌적이고 긍정적인 면을 살려 입법목적을 달성하기 위한 의도에서 나온 결론임을 밝혀둔다.

6. 재판관 조승형의 반대의견

나는 다수의견 중 군형법 제47조의 입법목적 및 성격과 동 법조가 죄형법정주의나 과잉금지원칙에 위반되지 아니한다는 부분에 대하여는 찬성하니 군복무이탈자 복귀명령이 헌법에 위반되지 아니한다거나, 동 법조에 대한 합헌해석의 한계를 밝힌 바 없이 단순하게 헌법에 위반되지 아니한다는 주문으로 선고하는 부분에 대하여 다음과 같은 이유로 반대한다.

비록 형식적으로는 정당한 명령 또는 규칙이라 하더라도 그에 위반되는 행위가 처벌되는 것이 사실상 2중으로 처벌되는 결과를 초래하는 경우가 전혀 없다고는 단정할 수 없으므로 이러한 경우 등에 대비하여 합헌해석에 관한 최소한의 한계를 밝히고 헌법에 위반되지 아니함을 선고하는 것이 헌법재판소가 가진 규범통제의 기능을 다하는 것이라 할 것이다.

이 사건의 군무이탈자 복귀명령에 관하여 살피면, 일응 법령의 범위 내에서 발하여지는 군통수작용상 필요한 사항에 관하여 형식상 적법하게 발하여진 명령이라고는 보여지나, 이 명령에 위반하였다 하여 이 명령위반죄로 형사처벌할 수 있다면 다음과 같은 이유로 사실상 2중처벌이 되거나 헌법 제12조 제1항의 적법절차규정에 위반하거나 평등권을 침해하는 결과를 초래할 수 있다.

첫째, 군무이탈죄의 공소시효가 진행중일 때라면, 한번의 군무이탈행위로 인하여 군형법 제30조 제1항 소정의 순수군무이탈죄로 처벌을 받게 되고, 정당한 사유없이 상당한 기간 내에 복귀하지 아니하면 동법 제30조 제2항 소정의 불복귀죄로 처벌을 받게 되며 이 사건 복귀명령에 위반하면 계속 군무이탈상태에 있으면서도 동법 제47조 소정의 명령위반죄로 처벌받게 되므로, 1회의 범행으로 2중·3중의 처벌을 받을 위험이 있다.

둘째, 군무이탈죄의 공소시효가 완성된 이후일 때에는, 군무이탈행위가 군사법원법 제291조와 헌법 제12조 제1항 소정의 적법절차규정에 의하여 처벌될 수 없음에도 불구하고 이 사건 복귀명령이 이탈행위자의 평생동안에 계속하여 발하여진다면, 위 행위자는 비록 적어도 군무이탈죄로는 처벌을 받지 아니한다 하더라도 군무이탈의 군인이라는 신분은 존속하는 것이므로 위 명령위반의 주체가 되며, 그로 인하여 평생동안 위 명령위반죄로 처벌을 받을 위험이 있다 할 것이다. 그렇다면 위 행위자와 같은 군무이탈자들은 위 명령으로 인하여 아무런 이유 없이 군무이탈죄에 대한 공소시효 규정의 혜택을 사실상 박탈당하는 것이 되면 군사법원법 제291조 규정 중 위 군무이탈죄 부분에 관한 공소시효의 규정은 사실상 사문화가 되고 마는 결과를 초래함으로써 적법절차에 관한 위 헌법조항에 위반된다고 할 것이다. 또한 군무이탈죄를 범한 자를, 군무이탈죄를 범하지 아니한 다른 군형법 위반 범죄 기타 군인의 일반 형사법률위반범죄를 범한 자들과 아무런 합리적인 이유 없이 차별함으로써, 청구인과 같은 군무이탈자의 평등권을 사실상 침해한 것이라고 할 것이다.

과연 이러하다면 이 사건의 경우는 물론 이 사건의 경우와 유사한 경우를 상정하여, 앞서 본 바와 같은 합헌해석의 한계를 밝히면서 합헌임을 선고해야 할 것으로 생각한다. 즉 군형법 제47조는 정당한 명령 및 규칙의 내용이 그 명령 및 규칙을 위반함으로 인하여 사실상 2중으로 처벌하는 결과를 초래하지 아니하는 한 헌법에 위반되지 아니한다라는 결정을 함이 상당하다고 생각한다.

7. 재판관 김진우, 재판관 김문희, 재판관 황도연의 반대의견

우리는 이 사건 심판대상규정인 군형법 제47조는 죄형법정주의를 규정한 헌법 제12조에 위반된다고 생각하므로, 아래에서 우리의 의견을 밝힌다.

가. 우리 헌법 제12조가 천명하고 있는 죄형법정주의의 원칙은 법률이 처벌하고자 하는 범죄행위가 무엇이며 그에 대한 형벌이 어떤 것인가를 누구나 예견할 수 있고 그에 따라 자신의 행위를 결정할 수 있도록 미리 범죄의 구성요건과 처벌내용을 법률로 명확하게 규정할 것을 요구하는 헌법상의 원칙이다. 따라서 비록 법률에 어떤 범죄행위에 대한 구성요건이 규정되어 있다고 하더라도, 그 내용이 지나치게 애매모호하거나 불명확하여 그 법률이 금지하고 그 위반자에 대하여 형벌을 과하는 대상인 범죄행위가 무엇인지를 그 법률의 규율을 받는 자가 알 수 없다거나 알기가 매우 어렵다고 한다면, 이러한 구성요건의 규정은 그 명확성을 결여한 것으로서 죄형법정주의의 원칙에 위배된다고 하여야 할 것이다. 그리고 이 원칙이 군형법의 피적용자에게도 적용되는 것임은 더 말할 나위도 없다.

군형법 제47조는 '명령위반'이라는 표제 아래 "정당한 명령 또는 규칙을 준수할 의무가 있는 자가 이를 위반하거나 준수하지 아니한 때에는 2년 이하의 징역이나 금고에 처한다"고만 규정하고 그 '명령 또는 규칙'이 어떤 성격의 또 어떤 내용의 것인지에 관하여는 같은 법 제2조(용어의 정의)의 정의규정에서는 물론 그 법의 어디에도 설명한 바가 없고 또 이를 하위규범에 위임한 바도 없다. 그런데 위조에서 말하는 '명령'의 제정권자가 누구이며 무엇을 대상으로 한 어떤 내용과 성격의 명령인지를 우리의 건전한 상식에 의하더라도 알기가 매우 어렵다.

군은 계급제도를 바탕으로 엄격한 상명하복관계에 의하여 유지되는 특수한 단체로서, 무수한 명령이 내려지고 그 명령 속에서 살아가는 단체이다. 그 무수한 명령 중 어떤 것이 위 법률조항 소정의 명령에 해당하고 또 어떤 것이 그에 해당하지 않는가를 알 수 없다고 한다면 이는 헌법이 규정한 죄형법정주의의 원칙에 위배되는 것이라 아니할 수 없다.

나. 위 법률조항의 해석론에 관하여, 대법원은 "군형법 제47조 소정의 '정당한 명령'은 통수권을 담당하는 기관이 입법기관인 국회가 동조로서 위임한 통수작용상 필요한 중요하고도 구체성 있는 특정의 사항에 관하여 발하는 본질적으로는 입법사항인 형벌의 실질적 내용에 해당하는 사항에 관한 명령을 말하는 것이라 풀이된다"고 판시하였고(1971. 2. 11. 선고 69도113 전원합의체 판결, 같은 취지의 것으로 대법원 1969. 2. 18. 선고 68도1846 판결; 1970. 12. 29. 선고 70도2130 판결 등이 있음), 이러한 기준에서 각 개별적 사건에 있어서 위 법률조항에 해당하는 명령과 이에 해당하지 아니하는 명령을 개별적, 구체적으로 가리고 있다.

그러나 군형법 제47조의 '정당한 명령'에 관한 위 대법원의 해석론은 그 자체가 이미 법률전문가에게조차도 난해한 것일 뿐만 아니라 그 판시기준에 의한 구체적 판별에 관하여는 선뜻 이해가 되지 아니하는 것들도 없지 않다. 극소수의 예외도 있겠지만 군형법의 피적용자들은 법률전문가가 아니다. 법률전문가의 입장에서도 어떤 명령이 과연 위 법률조항에 해당하는 명령인가 해당하지 아니하는 명령인가의 식별이 어렵다고 한다면, 대다수 군형법의 피적용자가 이를 식별치 못할 것은 너무나 당연하다.

다. 우리도 합헌의견과 같이 상황에 따라 탄력적으로 행해질 수밖에 없는 군통수작용은 광범위한 유동성·긴급성·기밀성 등을 요구하고 있으므로 다양한 군대사회의 갖가지 명령의 정의를 하나하나 법에 규정한다는 것은 입법기술상 쉬운 일이 아닐 것이라는 점은 인정한다. 그러나 우리는 위 법률조항에 따른 명령 하나 하나가 모두 각 개별 범죄의 구성요건이 된다는 점을 감안한다면 적어도 명령의 '제정권자', 명령의 '성격', 명령의 '대상' 및 명령의 '내용' 등에 관한 기본적 사항만은 법률에 규정하여야 한다고 할 것이고, 또 그렇게 하는 것이 입법기술상 불가능하다고는 생각하지 아니한다 (예컨대, 군형법 제2조의 '용어의 정의' 등에서 그 규정이 가능하고, 다만 더 구체적인 사항은 하위규범에 위임할 수도 있을 것이다). 이 정도만 법률에 규정되어 있어도 위에서 본 바와 같은 법적 안정성 내지 예측가능성의 결여는 이로써 치유된다고 보여진다. 그런데 군형법 제47조나 같은 법률의 어느 조항에도 위와 같은 기본적 사항에 관한 규정마저 없다.

라. 그렇다면, 군형법 제47조는 죄형법정주의의 핵심내용인 '구성요건의 명확성'을 결여한 것으로서 헌법 제12조에 위반되므로 동 법률조항에 대하여는 마땅히 위헌선언을 하여야 한다.

이상과 같은 이유로, 다수의견에 반대한다.

재판장 재판관 김용준
주심 재판관 신창언
재판관 김진우
재판관 김문희
재판관 황도연
재판관 이재화
재판관 조승형
재판관 정경식
재판관 고중석

판례의 평가

헌법재판소가 1995년 5월 25일 군형법 제47조(명령위반)의 심판대상을 재판관 1명의 한정합헌의견, 재판관 1명의 한정위헌, 재판관 3명의 위헌의견, 재판관 4명의 합헌의견으로 결국 합헌으로 선고하였다.

군형법 제47조에 따른 명령 하나하나가 모두 각 개별 범죄의 구성요건이 된다는 점을 감안한다면 적어도 명령의 '제정권자', 명령의 '성격', 명령의 '대상' 및 명령의 '내용' 등에 관한 기본적인 사항만은 법률에 규정하여야 하며 그렇게 하는 것이 입법기술상 불가능하지도 않는다고 할 것인데(예컨대 군형법 제2조의 '용어의 정의' 등에서 그 규정이 가능하고, 다만 더 구체적인 사항은 하위규범에 위임할 수도 있을 것이다), 군형법 제47조나 같은 법률의 어느 조항에도 위와 같은 기본적 사항에 관한 규정마저 없으므로 위 법률규정은 죄형법정주의의 핵심내용인 '구성요건의 명확성'을 결여한 것으로서 헌법 제12조에 위반된 것으로 판단해야 할 것이다.

그러나 기존의 심판대상이었던 조항은 그대로 현행 군형법 제47조(명령위반)로서 규범적 효력을 유지하고 있다.

04 5·18 민주화운동 등에 관한 특별법 제2조 공소시효 정지

(1996. 2. 16. 96헌가2, 96헌바7, 96헌바13)

Ⅰ. 판시 사항

가. 5·18 민주화운동(民主化運動) 등에 관한 특별법(이하 '특별법'이라 한다) 제2조가 개별사건법률로서 위헌인지 여부(소극)

나. 특별법 제2조가 소급입법(遡及立法)에 해당하는지 여부

다. 위 법률조항이 형벌불소급(刑罰不遡及)의 원칙(原則)에 위반되는지 여부(소극)

라. 위 법률조항이 부진정소급효(不眞正遡及效)를 갖는 경우 법적 안정성과 신뢰보호의 원칙을 포함하는 법치주의 정신에 위반되는지 여부(소극)

마. 위 법률조항이 진정소급효(眞正遡及效)를 갖는 경우 법적 안정성과 신뢰보호의 원칙을 포함하는 법치주의 정신에 위반되거나 평등의 원칙에 위반되는지 여부

Ⅱ. 결정요지

가. 개별사건법률은 원칙적으로 평등원칙에 위배되는 자의적 규정이라는 강한 의심을 불러일으키는 것이지만, 개별법률금지의 원칙이 법률제정에 있어서 입법자가 평등원칙을 준수할 것을 요구하는 것이기 때문에 특정규범이 개별사건법률에 해당한다 하여 곧바로 위헌을 뜻하는 것은 아니며, 이러한 차별적 규율이 합리적인 이유로 정당화될 수 있는 경우에는 합헌적일 수 있다.

이른바 12·12 및 5·18 사건의 경우 그 이전에 있었던 다른 헌정질서파괴범과 비교해 보면, 공소시효의 완성 여부에 관한 논의가 아직 진행중이고, 집권과정에서의 불법적 요소나 올바른 헌정사의 정립을 위한 과거청산의 요청에 미루어 볼 때 비록 특별법이 개별사건법률이라고 하더라도 입법을 정당화할 수 있는 공익이 인정될 수 있으므로 위 법률조항은 헌법에 위반되지 않는다.

나. 재판관 김용준, 재판관 정경식, 재판관 고중석, 재판관 신창언의 의견

공소시효제도는 헌법이 마련하고 있는 제도가 아니라 법률이 규정하고 있는 제도이므로, 그 제도의 구체적인 적용은 사실의 인정과 법률의 해석에 관련된 문제로서 기본적으로 법원의 전속적인 권한에 속하는 사항이며, 헌법재판소가 관여할 사항이 아니다. 따라서 헌법재판소로서는 위 법률조항이 확인적 법률인지의 여부에 관하여는 법원의 판단에 맡기고, 만일 법원이 이 점에 관하여 소극적 견해를 취할 경우 제기될 수 있는 헌법적 문제에 대하여 판단하면 된다.

□ 재판관 김진우, 재판관 이재화, 재판관 조승형의 의견

(1) 특별법 제2조는 법 및 법집행의 왜곡에 따르는 소추의 장애사유가 존재하여 헌정질서파괴 행위자들에 대한 검찰의 소추권행사가 불가능하였

으므로 당연히 공소시효의 진행이 정지된 것으로 보아야 한다는 법리를 확인하여 입법한 데 불과하므로 소급입법에 해당하지 않는다.

(2) 공소시효는 소추기관이 유효하게 공소권을 행사할 수 있었음에도 불구하고 이를 행사하지 아니한 채 그 기간이 경과되었을 것을 요건으로 하여 완성하며, 소추기관이 유효하게 공소권을 행사하는 데 법적·제도적 장애가 없을 때에만 진행할 수 있다.

(3) 형사법의 집행을 담당하는 국가의 소추기관이 법제도상 군사반란 내지 내란행위자들에 의해 장악되거나 억압당함으로써 이들의 의사나 이익에 반하는 소추권행사가 더 이상 가능하지 않게 되는 등 반란행위나 내란행위를 처벌하여야 할 법률의 기능이 마비되어, 적어도 위 행위자들에 관한 한 법치국가적 원칙이 완전히 무시되고 법률의 집행이 왜곡되는 법질서상의 중대한 장애사유가 있는 경우에는, 비록 헌법이나 법률에 명문의 규정은 없다 하여도 단순한 사실상의 장애를 넘어 법규범 내지 법치국가적 제도 자체에 장애가 있다고 보아야 하고, 이러한 장애로 군사반란행위자와 내란행위자가 불처벌로 남아있을 수밖에 없는 상태로 있는 기간 동안에는 공소시효가 정지된다고 보아야 하며, 또 이것이 공소시효제도의 본질에도 부합하는 해석으로 성공한 내란도 처벌되어야 한다는 당위성에 합치되고 정의의 관념과 형평의 원칙에도 합치한다.

□ 재판관 김문희, 재판관 황도연의 의견

공소시효는 법률로써 명문규정을 둔 경우에 한하여 정지되는 것이고, 헌법 제84조의 규정도 공소시효의 정지에 관한 명문규정으로 볼 수 없으므로, 위 법률조항에서 공소시효가 정지되는 것으로 규정한 전 기간, 모든 피의자에 대하여 이 법률조항으로 말미암아 비로소 공소시효의 진행이 정지되는 것으로 보아야 한다. 따라서 이 법률조항은 소급적 효력을 가진 형성적 법률이다.

다. 형벌불소급의 원칙은 '행위의 가벌성', 즉 형사소추가 '언제부터 어떠한 조건하에서' 가능한가의 문제에 관한 것이고, '얼마동안' 가능한가의 문제에 관한 것은 아니므로, 과거에 이미 행한 범죄에 대하여 공소시효를 정지시키는 법률이라 하더라도 그 사유만으로 헌법 제12조 제1항 및 제13조 제1항에 규정한 죄형법정주의의 파생원칙인 형벌불소급의 원칙에 언제나 위배되는 것으로 단정할 수는 없다.

라. 공소시효가 아직 완성되지 않은 경우 위 법률조항은 단지 진행중인 공소시효를 연장하는 법률로서 이른바 부진정소급효를 갖게 되나, 공소시효제도에 근거한 개인의 신뢰와 공시시효의 연장을 통하여 달성하려는 공익을 비교형량하여 공익이 개인의 신뢰보호이익에 우선하는 경우에는 소급효를 갖는 법률도 헌법상 정당화될 수 있다.

위 법률조항의 경우에는 왜곡된 한국 반세기 헌정사의 흐름을 바로 잡아야 하는 시대적 당위성과 아울러 집권과정에서의 헌정질서파괴범죄를 범한 자들을 응징하여 정의를 회복하여야 한다는 중대한 공익이 있는 반면, 공소시효는 행위자의 의사와 관계없이 정지될 수도 있는 것이어서 아직 공소시효가 완성되지 않은 이상 예상된 시기에 이르러 반드시 시효가 완성되리라는 것에 대한 보장이 없는 불확실한 기대일 뿐이므로 공소시효에 대하여 보호될 수 있는 신뢰보호이익은 상대적으로 미약하여 위 법률조항은 헌법에 위반되지 아니한다.

마. 재판관 김진우, 재판관 이재화, 재판관 조승형, 재판관 정경식의 합헌의견

(1) 진정소급입법이라 하더라도 기존의 법을 변경하여야 할 공익적 필요는 심히 중대한 반면에 그 법적 지위에 대한 개인의 신뢰를 보호하여야 할 필요가 상대적으로 적어 개인의 신뢰이익을 관철하는 것이 객관적으로

정당화될 수 없는 경우에는 예외적으로 허용될 수 있다.

(2) 진정소급입법이 허용되는 예외적인 경우로는 일반적으로, 국민이 소급입법을 예상할 수 있었거나, 법적 상태가 불확실하고 혼란스러웠거나 하여 보호할 만한 신뢰의 이익이 적은 경우와 소급입법에 의한 당사자의 손실이 없거나 아주 경미한 경우, 그리고 신뢰보호의 요청에 우선하는 심히 중대한 공익상의 사유가 소급입법을 정당화하는 경우를 들 수 있다.

(3) 이 사건 반란행위 및 내란행위자들은 우리 헌법질서의 근간을 이루고 있는 자유민주적 기본질서를 파괴하였고, 그로 인하여 우리의 민주주의가 장기간 후퇴한 것은 말할 것도 없고, 많은 국민의 그 생명과 신체가 침해되었으며, 전 국민의 자유가 장기간 억압되는 등 국민에게 끼친 고통과 해악이 너무도 심대하여 공소시효의 완성으로 인한 이익은 단순한 법률적 차원의 이익이고, 헌법상 보장된 기본권적 법익에 속하지 않는 반면, 집권과정에서 헌정질서파괴범죄를 범한 자들을 응징하여 정의를 회복하여 왜곡된 우리 헌정사의 흐름을 바로 잡아야 할 뿐만 아니라, 앞으로는 우리 헌정사에 다시는 그와 같은 불행한 사태가 반복되지 않도록 자유민주적 기본질서의 확립을 위한 헌정사적 이정표를 마련하여야 할 공익적 필요는 매우 중대한 반면, 이 사건 반란행위자들 및 내란행위자들의 군사반란죄나 내란죄의 공소시효완성으로 인한 법적 지위에 대한 신뢰이익이 보호받을 가치가 별로 크지 않다는 점에서, 이 법률조항은 위 행위자들의 신뢰이익이나 법적 안정성을 물리치고도 남을 만큼 월등히 중대한 공익을 추구하고 있다고 평가할 수 있어, 이 법률조항이 위 행위자들의 공소시효완성에 따르는 법적 지위를 소급적으로 박탈하고, 그들에 대한 형사소추를 가능하게 하는 결과를 초래하여 그 합헌성 인정에 있어서 엄격한 심사기준이 적용되어야 한다고 하더라도, 이 법률조항은 헌법적으로 정당화된다고 할 것이다.

(4) 위 법률조항은 헌정질서파괴범죄자들에 대하여 국가가 실효적으로

소추권을 행사할 수 있는 기간을 다른 일반국민들에 대한 시효기간과 동일하게 맞춤으로써, 그 범죄행위로 인하여 초래되었던 불평등을 제거하겠다는 것에 불과하여, 위 범죄행위자들을 자의적으로 차별하는 것이 아닐 뿐만 아니라, 오히려 실질적 정의와 공평의 이념에 부합시키는 조치라고 할 수 있다.

☐ 재판관 김용준, 재판관 김문희, 재판관 황도연, 재판관 고중석, 재판관 신창언의 한정위헌의견

형사실체법의 영역에서 형벌은 바로 신체의 자유와 직결되기 때문에 적어도 범죄구성요건과 형벌에 관한 한, 어떠한 공익상의 이유도, 국가적인 이익도 개인의 신뢰보호의 요청과 법적 안정성에 우선할 수 없고, 공소시효가 이미 완성되어 소추할 수 없는 상태에 이른 뒤에 뒤늦게 소추가 가능하도록 하는 새로운 법률을 제정하는 것은 결과적으로 형벌에 미치는 사실적 영향에서는 형벌을 사후적으로 가능하게 하는 새로운 범죄구성요건의 제정과 실질에 있어서는 마찬가지이므로, 공소시효가 이미 완성된 경우에 그 뒤 다시 소추할 수 있도록 법률로써 규정하는 것은 헌법 제12조 제1항 후단의 적법절차의 원칙과 제13조 제1항의 형벌불소급의 원칙 정신에 비추어 헌법적으로 받아들일 수 없는 위헌적인 것이다.

Ⅲ. 참조조문

가.~마. 5·18 민주화운동(民主化運動) 등에 관한 특별법(特別法) 제2조

가. 헌법(憲法) 제11조 제1항

나. 형사소송법(刑事訴訟法) 제253조
헌법재판소법(憲法裁判所法) 제68조

헌법(憲法) 제84조

다. 헌법(憲法) 제12조 제1항 후단, 제13조 제1항 전단

형법(刑法) 제1조

마. 헌법(憲法) 제11조 제1항

Ⅳ. 참조판례

나. 1995. 12. 15. 선고 95헌마221·233·297 결정

1995. 1. 20. 선고 94헌마246 결정

마. 1989. 3. 17. 선고 88헌마1 결정

1989. 12. 18. 선고 89헌마32·33 결정

1995. 1. 20. 선고 94헌마246 결정

Ⅴ. 당사자

1. (96헌가2 사건) 제청신청인 장세동 외 1인

2. (96헌바7 사건) 청구인 유○성 외 5인 청구인들 대리인 변호사 전상석 외 3인

Ⅵ. 재청법원

1. (96헌가2 사건) 서울지방법원(1996. 1. 18.자 96초178 위헌법률심판제청)

Ⅶ. 관련사건

서울지방법원 제청신청인 및 96헌바7 사건의 청구인들에 대한 1996. 1. 17.자 구속영장청구사건(영장번호 496, 498: 96헌가2, 영장번호 495,497,499: 96헌바7)과 96헌바13 사건의 청구인들에 대한 1996. 1. 30.자 구속영장청구사건(영장번호 981,982,983)

Ⅷ. 주 문

5·18 민주화운동 등에 관한 특별법(1995년 12월 21일 법률 제5029호) 제2조는 헌법에 위반되지 아니한다.

Ⅸ. 이 유

1. 사건의 개요와 심판의 대상

가. 사건의 개요

(1) 서울지방검찰청 검사는 1994. 10. 29. 이른바 12·12 군사반란사건(이하 '12·12사건'이라 한다)과 관련된 피의자 38명에 대하여 기소유예의 불기소처분을 하고, 1995. 7. 18. 이른바 5·18 내란사건(이하 '5·18사건'이라 한다)과 관련된 피의자 35명에 대하여 공소권없음의 불기소처분을 하였다.

(2) 그런데 5·18 민주화운동 등에 관한 특별법(이하 '특별법'이라 한다)이 1995. 12. 21.자로 제정·공포되자, 서울지방검찰청 검사는 1995. 12. 29. 위 두 사건과 관련된 피의자들 전원에 대하여 사건을 재기한 다음, 1996. 1. 17. 96

헌가2 사건의 제청신청인들에 대하여는 12·12사건과 관련된 반란중요임무종사 등 혐의로, 96헌바7 사건의 청구인들에 대하여는 같은 반란 및 5·18사건과 관련된 내란중요임무종사 등 혐의로 서울지방법원에 각각 구속영장을 청구하는 한편, 1996. 1. 30. 96헌바13 사건의 청구인들에 대하여 같은 반란 및 내란중요임무종사 등의 혐의로 서울지방법원에 구속영장을 청구하였다.

(3) 96헌가2 사건의 제청신청인들 및 96헌바7,13 사건의 청구인들은 위 각 영장청구일에 각 그 영장청구사건에 관한 재판의 전제가 되는 특별법 제2조(이하 '이 법률조항'이라 한다)는 공소시효가 이미 완성된 그들의 범죄혐의 사실에 대하여 소급하여 그 공소시효 진행의 정지사유를 정한 것으로서 형벌불소급의 원칙을 천명하고 있는 헌법 제13조 제1항에 위반되는 규정이라고 주장하면서 서울지방법원에 이 법률조항에 대한 위헌심판의 제청신청을 하였다(제청신청인 및 96헌바7 사건 청구인들의 제청신청사건번호: 96초178, 96헌바13 사건 청구인들의 제정신청 사건번호: 96초362).

(4) 그런데 위 법원은 1996. 1. 18. 96헌바2 사건 제청신청인들의 위헌제청신청은 이를 받아들여 헌법재판소에 위 법률조항의 위헌 여부에 대한 심판을 제청하였으나(96헌가2), 96헌바7 사건의 청구인들의 신청과 96헌바13 사건의 청구인들의 신청은 그들의 5·18사건과 관련한 내란중요임무종사 등의 피의사실이 이 법률조항과 관계없이 아직 공소시효가 완성되지 아니하여 그 혐의사실만으로 구속영장을 발부하는 이상 이 법률조항의 위헌 여부는 재판의 전제가 되지 않는다는 이유로 1996. 1. 18.과 1996. 1. 31.에 이를 각 기각하였다. 이에 96헌바7 사건의 청구인들은 1996. 1. 26.에, 96헌바13 사건의 청구인들은 1996. 2. 10.에 헌법재판소법 제68조 제2항에 따라 각각 이 사건 헌법소원심판을 청구하였다.

나. 심판의 대상

그러므로 이 사건 심판의 대상은 특별법(법률 제5029호) 제2조가 헌법에 위반되는지의 여부이고, 그 내용은 다음과 같다.

> **제2조**(공소시효의 정지) ① 1979년 12월 12일과 1980년 5월 18일을 전후하여 발생한 헌정질서파괴범죄의 공소시효 등에 관한 특별법 제2조의 헌정질서파괴범죄행위에 대하여 국가의 소추권행사에 장애사유가 존재한 기간은 공소시효의 진행이 정지된 것으로 본다.
> ② 제1항에서 '국가의 소추권행사에 장애사유가 존재한 기간'이라 함은 당해 범죄행위의 종료일부터 1993년 2월 24일까지의 기간을 말한다.

2. 제청법원의 위헌제청이유, 청구인들의 주장요지와 이해관계인의 의견

가. 제청법원의 위헌제청이유 요지(96헌가2)

(1) 헌법 제12조 제1항은 "모든 국민은 신체의 자유를 가진다. 누구든지 법률에 의하지 아니하고는 체포·구속·압수·수색 또는 심문을 받지 아니하며, 법률과 적법한 절차에 의하지 아니하고는 처벌·보안처분 또는 강제노역을 받지 아니한다"고 규정하고, 헌법 제13조 제1항은 "모든 국민은 행위시의 법률에 의하여 범죄를 구성하지 아니하는 행위로 소추되지 아니하며, 동일한 범죄에 대하여 거듭 처벌받지 아니한다"고 규정하여 있는바, 이러한 적법절차원리와 법률불소급의 원칙에 비추어 이미 공소시효가 완성된 사람에 대하여 소급해서 그 시효를 정지 내지 배제하는 내용의 법률은 위헌이라 판단된다.

(2) 제청신청인들에 대한 반란중요임무종사의 피의사실은 군형법 제5조 제2호에 의하여 사형, 무기 또는 7년 이상의 징역이나 금고에 처할 범죄로서 형사소송법 제250조, 형법 제50조, 형사소송법 제249조 제1항 제1호에 의하여 그 공소시효가 15년인바, 영장이 청구된 1996. 1. 17.은 범죄행위가

종료한 때로부터 15년이 이미 경과된 날임이 기록상 명백하다.

(3) 내란 등이 일단 성공하여 그 주도세력이 정치권력을 장악한 경우에는 그 공소시효가 정당한 국가기관이 그 기능을 회복한 이후부터 비로소 진행된다는 규정은 특별법 제정 이전에는 형사소송법 기타 어떤 법률에도 없었다.

그렇다면 과연 일반적인 공소시효 규정의 해석을 통하여 군사반란죄의 경우 그 주도세력 등이 집권한 때에는 공소시효가 정지된다고 볼 수 있는지 문제가 될 것인바, 형법상 내란죄는 헌법 또는 법률에 정한 절차에 의하지 아니하고 헌법 또는 법률의 기능을 소멸시키거나 헌법에 의하여 설치된 국가기관을 강압에 의하여 전복 또는 그 권능행사를 불가능하게 할 목적으로 폭동한 경우에 성립되는 범죄로서 제청신청인들의 피의사실에 적용될 군형법상의 반란죄와는 여러 가지 면에서 성격을 달리한다. 즉 내란죄의 보호법익이 국가의 존립과 안전이라고 할 때, 군사반란죄의 보호법익은 군대의 조직과 기율유지, 전투력 유지 등이라고 보여지고, 그 외에도 위 두 가지 죄는 그 목적과 요건들을 달리한다.

따라서 자유민주적 기본질서를 정면으로 유린하는 내란죄에 있어서는 "국가권력의 장악에 성공한 내란행위자에 대하여는 국민으로부터 정당하게 국가권력을 위탁받은 국가기관이 그 기능을 회복하기까지 사실상 처벌되지 않는 상태가 지속되는 경우에 그 공소시효는 그 기간 동안 정지되는 것으로 보는 견해"가 자유민주적 기본질서의 회복이라는 또 다른 헌법상의 요청에 의하여 가능하다고 보더라도 그 성격을 달리하는 군사반란죄에 대하여서까지 기존의 적법절차원리나 법률불소급원칙과의 부조화를 감수하면서 그 공소시효가 정지된다고 해석하기는 어렵다고 판단된다. 그러므로 이 법률조항은 헌법에 위배될 소지가 있다.

나. 청구인들의 주장요지(96헌바7,13)

(1) 헌법 제12조 제1항은 "모든 국민은 신체의 자유를 가진다. 누구든지 법률에 의하지 아니하고는 체포, 구속, 압수, 수색 또는 심문을 받지 아니하며 법률과 적법한 절차에 의하지 아니하고는 처벌, 보안처분 또는 강제노역을 받지 아니한다"라고 규정하고 있고, 헌법 제13조 제1항은 "모든 국민은 행위시의 법률에 의하여 범죄를 구성하지 아니한 행위로 소추되지 아니하며, 동일한 범죄에 대하여 거듭 처벌받지 아니한다"라고 규정하여 법률불소급의 원칙과 일사부재리의 원칙을 천명하고 있으며, 형법 제1조 제1항은 "범죄의 성립과 처벌은 행위시의 법률에 의한다"고 규정하여 법률불소급의 원칙을 다시 명확히 하고 있다.

이러한 법률불소급의 원칙은 비단 형벌법규뿐만 아니라 위 형법규정에서 명백히 한 바와 같이 범죄의 성립 등에 관한 일체의 법률을 함께 포함하는 것이며, 따라서 이러한 적법절차의 원리와 법률불소급의 원칙상 공시시효 기산점의 임의선정, 그 연장 및 그 정지사유의 설정 등을 규정한 이 법률조항은 위헌임이 명백하다.

(2) 공소시효제도는 범죄 후 일정기간이 경과하면 공소권을 소멸시키는 제도이다. 그 제도의 목적과 취지는 범죄 후 상당한 기간이 경과하면 이에 대한 응보감정이나 범인의 악성이 소멸하여 가벌성 나아가 형벌권도 소멸하며, 한편 시간의 경과에 따라 증거가 산일하여 오판의 우려가 커진다는 점을 감안하여 그 이후의 소추권행사를 금지하는 데 있고, 이들 사유는 그 모두가 행위자의 이익을 고려하는 것임이 명백하다. 따라서 이와 같은 공소시효제도와 형사법규의 해석의 기본원칙에 비추어 공소시효의 기산과 그 정지는 법률에 정하여진 바에 엄격히 따라야 할 것이다.

현행법상 공소시효는 공소의 제기로 정지되고(형사소송법 제253조) 정지된 시효는 공소기각 또는 관할위반의 재판이 확정된 때로부터 다시 진행하며(형사소송법 제252조), 그 밖의 공소시효 정지사유로는 불기소처분에 대한 재정신청(형사소송법 제262조의2)이 있을 뿐이다.

그러므로 국가권력의 장악에 성공한 내란행위자에 대하여는 국민으로부터 정당하게 국가권력을 위탁받은 국가기관이 그 기능을 회복하기까지 사실상 처벌되지 않는 상태가 지속되는 기간 동안 공소시효의 진행이 정지되는 것으로 보는 견해는 공소시효제도의 본질과 의미를 정확히 파악하지 못한 것으로 아무런 근거가 없는 것이다.

(3) 공소시효의 완성으로 그 소추나 처벌이 불가능하게 된 사안에 대하여 새로이 공소시효의 정지사유를 설정하고, 임의의 기간 동안 그 정지사유가 있었던 것으로 보도록 하여 사후입법으로 형사소추와 처벌이 가능하게 한 특별법은 형벌법규의 이념에 반할 뿐만 아니라 실정법에도 반하는 초법적 억지에 지나지 아니하므로, 이 법률조항은 헌법 제13조 제1항에 위반하는 것임이 명백하다.

(4) 이 법률조항 소정의 '1979. 12. 12.과 1980. 5. 18.을 전후하여 발생한 헌정질서파괴범죄행위'란 청구인 등이 범하였다는 12·12 군사반란행위와 5·18 내란행위를 지칭하고 있는 것이 명백하므로, 이 법률조항은 결국 청구인 등 특정인의 특정사건에 대하여 국가형벌권이 특정기간동안 연장되어 존속하는 것을 규정하고 있는 것이다.

그러므로 이 법률조항은 특정인에 대한 공소시효의 정지를 규정하고 있다는 점에서 '개인대상법률'이며 그 적용대상이 12·12사건과 5·18사건이라는 특정사건이고, 공소시효 정지기간을 노태우 전대통령의 퇴임일인 1993. 2. 24.로 규정하여 특정인의 신분변동과 관련지움으로써 특정개별사건에 대해서만 적용한다는 취지를 명백히 하고 있는 점에서 '개별사건법률'이므로, 이는 전형적인 처분적 법률로서 헌법상 평등의 원칙에 반하는 위헌의 법률조항이다.

(5) 나아가 이 법률조항은 12·12사건과 5·18사건 자체를 헌정질서파괴범죄로 규정함으로써 청구인 등이 헌정질서파괴범죄행위를 범하였다는 전제하에 공소시효의 정지를 규정하고 있다. 그러나 위 두 사건에 관련된 청구인 등의 행위가 헌정질서파괴범죄행위가 되는지의 여부는 법원의 재판을 거쳐야 비로소 확정되는 것이지 입법부가 법률로써 이를 규정할 수는 없는 것이다.

따라서 이 사건 조항은 헌법 제101조 제1항에 의한 법원의 재판권을 침해하고 헌법상 권력분립의 원칙에 위배되며 또한 헌법 제27조 제4항에 의한 무죄추정의 원칙에도 반한다.

다. 서울지방검찰청 검사장 및 법무부장관의 의견요지

(1) 서울지방검찰청 검사장의 의견요지

(가) 공소시효의 법적 성격에 관하여는 이를 순수하게 파악하여 죄형법정주의와 무관하다고 보는 학설(소송법설)과 국가행벌권의 소멸이라는 실체법적 성격으로 파악하여 죄형법정주의의 적용을 받는다는 학설(실체법설)이 대립되고 있으나, 어느 학설을 취하느냐에 대하여 절대적인 기준은 없으며 각 나라의 실정에 맞게 채택할 수 있다고 할 것이다.

그런데 법률조항은 위 견해 중 소송법설을 채택하여 그에 따라 사후입법에 의하여 공소시효를 정지한 것이므로 죄형법정주의에 반하는 것이 아니다.

(나) 죄형법정주의는 행위시 법률에 의한 범죄의 구성 여부에 대한 규제원칙에 불과하며 공소시효의 정지·연장이나 배제를 금지하는 내용을 포함한다고 볼 수는 없으므로, 공소시효의 정지·연장이나 배제는 법치국가의 일반원칙인 소급입법금지의 원칙에 의하여만 규제될 수 있다.

소급입법금지의 원칙은 법적 안정성, 즉 신뢰보호의 요청에 따른 것으로서 절대불변의 원칙이 아니라 구체적인 경우에 따라 해당법률의 입법목적과 침해되는 신뢰보호이익의 비교형량에 따라 소급입법을 허용하기도 하는 것이다.

12·12사건의 경우 그 사안의 중대성, 국민 및 국가에 미친 영향 등을 고려할 때, 관련자들을 처벌함으로써 얻는 공익이 관련자들의 신뢰에 대한 보호보다 우선된다고 할 것이므로 이 법률조항은 소급입법금지의 원칙에도 어긋나지 아니한다.

(2) 법무부장관의 의견요지

(가) 헌법 제13조 제1항은 '모든 국민은 행위시의 법률에 의하여 범죄를 구성하지 아니하는 행위로 인하여 소추되지 아니하며 …'라고 규정하고 있으며, 제12조 제1항은 '누구든지 법률에 의하지 아니하고는 처벌과 보안처분을 받지 아니한다'고 규정하고 있는바, 이는 어느 행위의 가벌성 유무에 대한 판단의 근거인 범죄구성요건을 새로이 창설하거나 가벌성 정도에 대한 판단의 근거인 형벌을 새로이 창설, 상향 또는 강화하여 소급적용할 수 없다는 취지라고 할 것이다.

그런데 공소시효제도는 일정한 시간의 경과로 인하여 발생한 사실상태를 존중하여 사회와 개인생활의 안정을 도모하고 형벌부과의 적정을 기하려는 데에 그 존재근거를 두고 있는 제도로서 범죄구성요건 및 형벌에 속하는 것이 아니므로 죄형법정주의와는 직접 관련이 없고, 단지 소송요건에 관한 것에 불과하므로, 사후에 법률로써 공소시효를 연장 또는 정지하더라도 우리 헌법상의 죄형법정주의 및 형벌법규불소급의 원칙에 반하지 아니한다.

(나) 군사반란 또는 내란행위자들이 그 목적을 달성하여 국가권력을 장악하였을 경우 사실상 그들에 대하여 국가형벌권을 발동하여 처벌할 방법은 없으므로 국가의 소추권행사에 중대한 장애가 존재하게 되고, 그 기간 동안에는 공소시효 진행은 정지되는 것으로 보아야 할 것이다.

12·12군사반란 및 5·18내란행위자들에 대하여도 위와 같은 법리에 따

라 집권기간중 이미 공소시효가 정지되었으므로, 특별법은 소급입법이 아니라 단지 위와 같은 법리를 입법으로 확인하여 선언한 것일 뿐이다.

(다) 12·12사건과 관련하여 전두환·노태우 두 전직대통령에 대하여 집권기간 동안 반란죄에 대한 공소시효가 정지되었음은 헌법재판소에 의하여 이미 확인된 바 있다(헌법재판소 1995. 1. 20. 선고 94헌마246 결정 참조).

그런데 형사소송법 제253조 제2항은 공범자 중 그 1인에 대한 공소의 제기로 인한 시효정지의 효력이 다른 공범자들에게 미친다고 규정하고 있는바, 이는 재정신청 등 공소제기 이외의 사유로 인한 공소시효정지의 경우에도 나머지 공범에 대하여 시효정지의 효력이 미친다는 일반적, 총칙적 원칙을 규정하고 있는 것으로 해석하여야 할 것이다.

따라서 12·12사건의 공범들에 대하여도 두 전직대통령 재직기간중에는 두 전직대통령에 대한 공소시효의 정지로 인하여 다함께 공소시효가 정지되어 있었고, 특별법은 이를 확인·선언하는 입법에 불과하다.

만일 나머지 공범들에 대해서는 두 전직대통령과는 달리 공소시효가 정지되지 않는다고 한다면 수괴의 비호 아래 반란행위로 국가권력을 장악하였던 공범들에 대하여 국가기관이 정당한 기능을 회복한 후에도 처벌할 수 없는 것으로 되어 공범자 간에 처벌의 불균형이 초래되며 국민들의 법감정에도 배치된다.

(라) 12·12사건의 공소시효가 특별법 제정 이전에 이미 완성되었다고 본다면, 특별법은 이미 과거에 완성된 사실 또는 법률관계에 대하여 사후입법으로 이전과 다른 법적 효과를 부여하는 진정소급효의 입법이 될 것이나, 진정소급효의 법률이라고 하여 모두 무효로 되는 것은 아니며, 특단의 사정, 즉 문제가 된 법적 지위에 대한 신뢰가 객관적으로 정당화될 수 없는 경우에는 예외적으로 허용될 수 있는 것이다.

12·12사건에 있어서 헌정질서를 부인·파괴하는 쿠데타 행위에 의하여

정권을 장악한 행위자들이 다시 자신들이 부정한 헌정질서에 의한 보호를 요청한다는 것은 모순이라고 하지 않을 수 없으며, 그러한 행위자들의 신뢰보호이익은 객관적으로 정당화될 수 없다고 할 것이므로 12·12사건은 특단의 사정이 있는 경우에 해당한다고 보아야 한다.

만약, 12·12사건 관련자들의 신뢰보호를 인정한다면 쿠데타로 정권을 장악한 행위자들은 신뢰보호를 근거로 하는 시효의 완성을 목적으로 집권을 연장하여 자신들의 처벌을 면하려고 할 것이고, 이는 헌정질서 파괴상태를 오히려 조장하고 연장시키는 결과를 초래하게 되어 향후 쿠데타를 용인하지 않겠다는 국민적 합의에도 반하고 헌법상 자유민주적 기본질서 수호라는 우리의 지상목표를 훼손할 우려도 크다.

3. 판 단

가. 특별법 제2조가 개별사건법률이기 때문에 위헌인가

(1) 청구인들은 이 법률조항이 '1979. 12. 12.과 1980. 5. 18.을 전후하여 발생한 헌정질서파괴범죄행위'라고 특정함으로써 청구인 등이 범하였다는 이른바 12·12군사반란행위와 5·18내란행위를 지칭하는 것이 명백하여 특별법은 결국 청구인 등 특정인의 특정사건에 대하여 국가형벌권이 특정기간 동안 연장하는 것을 규정하고 있어 '개인대상법률'이며 '개별사건법률'이므로 헌법상 평등의 원칙에 반할 뿐만 아니라 나아가 권력분립의 원칙과 무죄추정의 원칙에 반하여 헌법에 위반된다고 주장한다. 그러므로 먼저 이 법률조항이 개별사건법률이기 때문에 헌법에 위반되는 것인지의 여부에 관하여 판단한다.

특별법 제2조는 제1항에서 "1979년 12월 12일과 1980년 5월 18일을 전후하여 발생한 … 헌정질서파괴행위에 대하여 … 공소시효의 진행이 정지된 것으로 본다"라고 규정함으로써, 특별법이 이른바 12·12사건과 5·18사건에만 적용됨을 명백히 밝히고 있으므로 다른 유사한 상황의 불특정다수의 사건에 적용될 가능성을 배제하고 오로지 위 두 사건에 관련된 헌정질서파괴범만을 그 대상으로 하고 있어 특별법 제정 당시 이미 적용의 인적 범위가 확정되거나 확정될 수 있는 내용의 것이므로 개별사건법률임을 부인할 수는 없다.

(2) 그러나 우리 헌법은 개별사건법률에 대한 정의를 하고 있지 않음은 물론 개별사건법률의 입법을 금하는 명문의 규정도 없다. 개별사건법률금지의 원칙은 '법률은 일반적으로 적용되어야지 어떤 개별사건에만 적용되어서는 아니된다'는 법원칙으로서 헌법상의 평등원칙에 근거하고 있는 것으로 풀이되고, 그 기본정신은 입법자에 대하여 기본권을 침해하는 법률은 일반적 성격을 가져야 한다는 형식을 요구함으로써 평등원칙위반의 위험성을 입법과정에서 미리 제거하려는 데 있다 할 것이다.

개별사건법률은 개별사건에만 적용되는 것이므로 원칙적으로 평등원칙에 위배되는 자의적인 규정이라는 강한 의심을 불러일으킨다. 그러나 개별사건법률금지의 원칙이 법률제정에 있어서 입법자가 평등원칙을 준수할 것을 요구하는 것이기 때문에, 특정규범이 개별사건법률에 해당한다 하여 곧바로 위헌을 뜻하는 것은 아니다. 비록 특정법률 또는 법률조항이 단지 하나의 사건만을 규율하려고 한다 하더라도 이러한 차별적 규율이 합리적인 이유로 정당화될 수 있는 경우에는 합헌적일 수 있다. 따라서 개별사건법률의 위헌 여부는, 그 형식만으로 가려지는 것이 아니라, 나아가 평등의 원칙이 추구하는 실질적 내용이 정당한지 아닌지를 따져야 비로소 가려진다.

(3) 이른바 12·12 및 5·18사건의 경우 그 이전에 있었던 다른 헌정질서파괴범과 비교해보면, 공소시효의 완성 여부에 관한 논의가 아직 진행중이고, 집권과정에서의 불법적 요소나 올바른 헌정사의 정립을 위한 과거청산의 요청에 미루어볼 때 비록 특별법이 개별적 사건법률이라고 하더라도 입

법을 정당화할 수 있는 공익이 인정될 수 있다고 판단된다. 따라서 이 법률조항은 개별사건법률에 내재된 불평등요소를 정당화할 수 있는 합리적인 이유가 있으므로 헌법에 위반되지 아니한다.

나. 특별법은 소급효를 가진 법률인가

(1) 이 법률조항은 1979. 12. 12.과 1980. 5. 18.을 전후하여 발생한 헌정질서파괴범죄의 공소시효 등에 관한 특례법 제2조의 헌정질서파괴범죄행위(이 뒤에는 '이 사건 범죄행위'라고만 한다)에 대하여 당해 범죄행위의 종료일부터 1993. 2. 24.까지 국가의 소추권행사에 장애사유가 존재하였다고 하여 그 기간은 공소시효의 진행이 정지된 것으로 보도록 규정하고 있다.

그런데 특별법이 제정된 경위 및 그 입법과정에서의 논의내용(제177회 국회법제사법위원회 회의록 제18호)과 이 법률조항의 내용 및 그 표현형식 등에 비추어 보면, 국회가 이 법률조항을 제정한 취지는, 공소시효제도의 본질에 비추어 국가가 소추권을 행사할 수 없는 법률상 또는 중대한 사실상의 장애사유가 있는 때에는 법률에 명문으로 규정된 바가 없다고 하더라도 공소시효의 진행이 정지된다고 해석하여야 할 것이므로, 이 사건 범죄행위의 경우에는 그 범죄행위자들이 바로 그 범죄행위를 통하여 국가권력을 장악함으로써 국가가 소추권을 행사할 수 없었던 1993. 2. 24.까지는 공소시효의 진행이 정지되었다고 볼 수밖에 없음에도 불구하고, 국가의 소추권행사에 이러한 장애사유가 있는 때에 공소시효의 진행이 정지되는 것으로 보는 법원의 의견이 명백히 판시된 바 없으므로, 입법을 통하여 이를 규범으로 확인하고자 하는 데 있는 것으로 판단된다.

따라서 이 법률조항이 헌법에 위반되는 여부를 판단함에 있어서는, 먼저 이 법률조항이, 공소시효제도의 본질이나 그 제도에 관한 실정법의 해석에 의하여 당연히 도출되는 사유를 확인하여 공소시효정지 사유의 하나로 규정한 것에 지나지 않는 것(확인적 법률)인지, 그런 것이 아니라 사후에 새로운 공소시효의 정지사유를 규정한 이른바 소급입법에 해당하는 것(형성적 법률)인지를 가려야 할 필요가 있다. 왜냐하면 만일 이 법률조항이 그 입법취지대로 기존의 실정법 규정에 따른 공소시효의 정지사유를 규범적으로 확인한 것에 지나지 않는 것이라면, 그로 인하여 기존의 법률관계에 아무런 영향을 미치는 것이 아님은 물론 법원의 재판권을 제한하는 것도 아니어서 처음부터 소급입법이나 사법권의 침해 등 헌법적인 문제가 생길 여지가 없기 때문이다.

(2) 재판관 김용준, 재판관 정경식, 재판관 고중석, 재판관 신창언의 의견

원래 공소시효제도는 헌법이 마련하고 있는 제도가 아니라 법률이 규정하고 있는 제도이므로, 그 제도의 구체적인 적용은 사실의 인정과 법률의 해석에 관련된 문제로서 기본적으로 법원의 전속적인 권한에 속하는 사항이며, 헌법재판소가 관여할 사항이 아니다. 물론 이 사건 범죄행위를 실행한 자들이 국가권력을 장악하고 있음으로 말미암아 그 기간 동안 국가의 소추권행사에 중대한 장애가 있었음은 의문의 여지가 없다. 그러나 실정법에 명문으로 규정된 바 없음에도, 공소시효제도의 본질에 비추어 이러한 사정을 공소시효가 당연히 정지되는 사유로 보아야 할 것인지의 여부는, 결국 법원의 법률해석을 통하여 가려질 문제인바, 이 점에 관하여 법원의 의견이 명백히 판시된 바 없으므로, 헌법재판소로서는 이 법률조항이 실정법의 해석을 규범적으로 확인한 규정에 지나지 않는다고 단정할 수 있는 처지에 있지 않다.

따라서 헌법재판소로서는 위 법률조항이 '확인적 법률'인지의 여부에 관하여는 법률을 해석적용하는 법원의 판단에 맡기고, 만일 법원이 이 점에 관하여 소극적인 견해를 취하여 이 법률조항이 사후에 공소시효의 정지사유를 새롭게 규정한 형성적 법률이라고 해석하는 경우에는, 이 법률조항이 소급입법에 해당하여 헌법에 위반되는 여부가 문제로 제기될 수 있으므로, 헌법재판소로서는 이와 같은 헌법적인 문제에 대하여 판단하지 아니할 수 없다.

(3) 재판관 김진우, 재판관 이재화, 재판관 조승형의 의견

우리는 특별법의 이 법률조항이 법 및 법집행의 왜곡에 따르는 소추의 장애사유가 존재하여 일정 범위의 헌정질서파괴행위자들에 대한 검찰의 소추권행사가 불가능하였으므로 당연히 공소시효의 진행이 정지된 것으로 보아야 한다는 법리를 확인하여 입법한 데 불과하므로 이는 소급입법에 해당하지 않는다고 본다. 그 이유는 다음과 같다.

(가) 공소시효제도의 본질

범죄에 대하여는 그에 상응한 처벌을 반드시 하는 것이, 즉 범인필벌이 형사사법적 정의에 부합한다. 그러나 공정한 재판에 의한 공정한 처벌이 형사사법적 정의의 실현이라고 할 것인데, 국가가 공소제기를 할 수 있었음에도 불구하고 오랜 동안 공소를 제기하지 않음으로써 증거의 산일 등으로 공정한 재판을 못하게 되는 것은 국가에게도 책임이 있으므로 죄질에 상응한 일정 기간 동안 공소제기를 하지 아니한 채 경과하면 소추를 하지 못하게 함으로써 형사처벌을 할 수 없도록 하는 것이 공소시효의 제도이다.

이와 같은 공소시효제도의 본질에 비추어 볼 때 공소시효에 대한 이익은 단순한 반사이익이라고는 할 수 없고, 법률상 보호할 가치가 있는 법적인 이익이라고는 할 것이다. 그렇다고 해서 이를 인간의 존엄과 가치, 신체의 자유, 양심의 자유 등과 같은 기본권과 동일시할 수 없다. 왜냐하면 공소시효에 대한 피고인의 이익은 형사소추에 대한 국가의 이익, 즉 범인필벌의 실체적 정의의 요청과 필연적으로 충돌되는 것이므로 상반되는 두 가지 이익을 상호 조정함으로써 그 보호범위와 정도가 결정될 수밖에 없기 때문이다.

역사적으로 공소시효가 서구에서 정착된 것은 19세기 이후부터이고 오늘날 우리나라의 형사소송법과 세계 각국의 법제는 공시시효제도를 두고 있으나 예를 들면 독일에서는 모살죄에 대하여는 시효를 인정하지 아니하

며, 프랑스에 있어서도 적전도망죄 등에 대한 시효를 인정하지 않고 있고, 영미에 있어서도 보통법상 공소시효가 없는 등 각국의 역사적 경험과 사회적 현실에 따라서 공소시효를 인정하는 범위와 내용 그리고 정지사유에 있어서 차이가 있다.

(나) 소추권행사의 장애와 공소시효의 정지에 관한 입법례와 판례

공소시효의 진행이 정지되는 경우는 특별히 법률로써 명문의 규정을 둔 경우에 한하는 것인지, 아니면 명문의 규정이 없다고 하더라도 국가의 소추권의 행사와 관련하여 예를 들면 법질서에 내재하는 장애사유 등 중대한 장애사유가 있는 경우에는 공소시효가 진행되지 않는 것이 원칙이라고 해석할 것인지가 문제된다.

먼저 우리나라와 같이 집권자에 의하여 법의 집행이 왜곡된 불행한 역사를 경험한 국가들의 공소시효정지사유에 관한 특별한 입법례와 판례를 살펴본다. 독일의 경우에는 "시효는 법률상 소추가 개시될 수 없거나 속행될 수 없는 경우에는 정지한다"고 규정함으로써(독일 구 형법 69조, 현행 독일형법 제78조의 b) 소추권의 행사에 법률상의 장애사유가 있는 경우 공소시효의 진행이 정지된다는 일반원칙을 명문화함과 아울러 소추권행사에 있어서 법률상 장애사유의 범위를 다음과 같이 넓히고 있다. 나치범죄의 처벌을 위하여 제2차대전이 끝난 후 헷센주(Hessen)에서 제정한 「나치범죄처벌법」은 나치지배기간 동안에 정치적·인종적·차별적·반종교적인 이유 때문에 처벌되지 아니한 범죄에 대하여는 1933. 1. 30.부터 1945. 6. 15.까지의 기간 동안 공소시효의 진행이 정지된 것으로 본다고 규정하였다. 이에 대하여 독일연방헌법재판소는 나치정권이 국가권력을 장악함으로써 소추가 불가능하였던 기간 동안에는 위 법률규정에 따라 공소시효가 진행되지 않는다는 것을 확인한 것으로서 헌법의 제 규정에 반하지 아니하여 합헌이라고 판시하였다. 총통인 히틀러(Hitler)의 의사를 위 구 독일형법 제69조의 법률로 보아 법률적 장애로 인한 시효의 정지를 인정한 것이다. 또한 위와 같이하여 연장된

시효기간마저도 임박하게 되자, 독일은 1964. 4. 13. 「공소시효계산법(Gesetz ber die Berechnung strafrechtlicher Verj hrungsfrist)」을 제정하여 1945. 5. 8.부터 1949. 12. 31.까지의 기간을 시효계산에서 제외하도록 규정하였다. 이에 대하여 독일연방헌법재판소는 1969. 2. 26. 결정(BVerfGE 25,269)에서 죄형법정주의, 신뢰보호의 원칙, 평등권에 위배되지 아니한다는 이유로 합헌이라고 판시하였다. 그 후 독일은 형법을 개정하여 모살죄(謀殺罪)의 시효기간을 30년으로 연장하였으며, 1979. 7. 22. 다시 형법을 개정하여 모살죄에 대한 공소시효를 없애 언제든지 나치의 학살범죄에 대한 처벌이 가능하도록 하였다. 또한 동독이 무너진 이후인 1993. 3. 26. 제정된 「동독공산당의 불법행위에 있어서의 시효정지에 관한 법률(Gesetz ber das Ruhen der Verj hrung bei SED-Unrechtstaten vom 26. M rz 1993)」도, "구동독의 공산당정권하에서 범하여지고 구동독의 국가 또는 당지도부의 명시적 또는 묵시적 의사에 따라 정치적 이유 또는 자유주의적 법치국가질서에 합치하지 아니하는 이유로 처벌되지 아니한 행위의 소추에 있어서는 1949. 10. 11.부터 1990. 10. 3.까지의 기간은 고려하지 아니한다. 이 기간 동안에는 공소시효가 정지된다"고 규정하고 있다(제1조). 이 경우 구동독의 국가 또는 당의 의사를 공소시효진행의 장애를 규정하고 있는 법률과 동일한 것으로 해석되고 있다. 독일에서는 위에서 살펴본 것과 같이 나치체제나 통일 전 동독의 공산정권하에서 자행된 인간의 존엄성을 유린하는 불법적 범죄행위를 체험한 후 그와 같은 중대한 불법적 사례들을 법치국가적으로 청산하기 위한 여러 입법이 행하여 졌는바, 정권장악을 위한 쿠데타 등 헌정질서파괴행위 및 그 과정에서 자행된 집단적 살상행위 등의 법치국가적 처리라는 역사적 과제 앞에 서 있는 우리에게 많은 시사를 준다고 할 것이다.

한편 프랑스의 경우에는 독일과 같은 시효정지에 관한 일반원칙을 명문으로 선언하지 않았음에도 불구하고, 판례에 의하여 "시효는 유효하게 소추될 수 없는 사람에 대하여는 진행하지 않는다(contra non valentem agere non pareasriptio)"라는 법언을 적용하여, 법률적 장애이건 사실적 장애이건 소추가 불가능한 기간 동안에는 시효의 진행이 정지된다고 판시하고 있다. 프랑스에서 시효가 정지되는 장애사유로 판시한 예를 보면, 선결문제의 검토가 필요한 기간, 공소권행사의 전제가 되는 허가절차를 밟는 기간(프랑스의 경우 현행범이 아닌 중죄를 범하거나 경죄를 범한 국회의원에 대하여 소추하려면 의회의 허가를 받도록 하고 있다), 외국에서 범한 개인에 대한 경죄의 경우 피해자의 고소가 있거나 그 외국의 공적인 고발이 있어야 하는데, 그러한 고소나 고발이 없어 소추할 수 없었던 기간, 범인이 외국에 도피한 경우 범죄인인도가 거부되어 소추할 수 없었던 기간은 물론, 나아가 홍수, 적에 의한 영토의 침범, 군사점령기간에 대해서도 시효의 정지를 인정하고 있으며, 피의자의 심신상실도 피의자 자신을 방어할 수 없다는 의미에서 시효정지사유로 보고 있다.

한편 국제연합은 전쟁범죄와 반인도적 범죄를 예방하기 위하여 1968. 11. 26. 총회에서 결의 제2391(XXIII)호로「전쟁범죄 및 반인도적 범죄에 대한 국제법상의 시효의 부적용에 관한 협약(Convention on the Non-Applicability of Statutory Limitations to War Crimes and Crimes against Humanity)」을 채택하여 국제법상 전쟁범죄와 반인도적 범죄에 대하여는 시효기간이 없다는 것을 확인하였다. 이 협약규정은 국가를 대표하는 자에 대해서든 사인에 대해서든, 정범이든 교사범이든, 범행이 완수된 정도와 상관없이 적용되며 그러한 범행을 관용한 국가의 대표자에게도 적용되고, 동협약체약국은 이러한 범죄에 대한 시효가 규정된 법률을 폐지할 것을 약속하였다.

(다) 헌정질서파괴범에 의한 국가권력의 장악과 소추장애사유

위에서 살펴본 바와 같이, 공시시효란 본래 소추가능기간을 의미하므로 그 기간 동안 정상적인 소추권의 행사가 가능할 것을 전제로 하는 것이며, 공소시효제도의 근본적인 존재이유가 오랜 동안 소추권행사를 게을리 한 것은 국가측의 잘못이라고 할 것인데 그로 인한 불이익을 오로지 범인에게

만 감수하라고 하는 것은 부당하다는 데 있으므로, 공소시효는 소추기관이 유효하게 공소권을 행사할 수 있었음에도 불구하고 이를 행사하지 아니한 채 시효기간을 경과하였을 것을 요건으로 한다고 볼 것이다. 따라서 공소시효는 소추기관이 유효하게 공소권을 행사하는 데 법적·제도적 장애가 없을 때에만 진행할 수 있다고 해석하여야 한다. 나아가 우리 법제에 있어서 국가의 소추권행사에 장애사유가 있는 경우를 구체적으로 살펴본다. 우선 단순히 수사기관이 증거를 수집하고 범인을 체포하는 데에 사실상의 어려움이 있다는 것만으로는 소추권의 행사에 장애사유가 있다고 볼 수 없을 것이다. 이에 비하여 형사소송법 제253조나 동법 제262조의2와 같이 법률에 명시적 규정으로 시효정지사유를 규정한 경우는 물론이요, 공소시효의 정지사유로 법률에 명시되지는 아니하였다 하여도 "형사상의 소추를 받지 아니한다"고 헌법 제84조에 규정한 경우와 같이 헌법 또는 법률규정에 의하여 명문으로 소추가 금지되어 있는 경우는 대표적인 소추장애사유에 해당하며, 헌법재판소도 1995. 1. 20. 선고 94헌마246 결정에서 이를 확인한 바 있다. 또한 헌법재판소는 5·18사건에 관하여 성공한 내란도 내란행위자가 집권하고 있는 동안 그 내란행위는 불처벌의 상태로 남아있을 뿐이고 내란행위자의 집권이 종료된 경우에는 그러한 행위도 처벌될 수 있다고 헌법재판소법 제23조 제2항 제1호 소정의 위헌결정정족수를 넘는 재판관의 찬성으로 결정한 바 있다(1995. 12. 15. 선고 95헌마221·233·297(병합)).

그리고 위 결정에 있어서도 형사법의 집행을 담당하는 국가의 소추기관이 법제도상 군사반란 내지 내란행위자들에 의해 장악되거나 억압당함으로써 이들의 의사나 이익에 반하는 소추권행사가 더 이상 가능하지 않게 되는 등 반란행위나 내란행위를 처벌하여야 할 법률의 기능이 마비되어, 적어도 위 행위자들에 관한 한 법치국가적 원칙이 완전히 무시되고 법률의 집행이 왜곡되는 법질서상의 중대한 장애사유가 있는 경우에도 공소시효가 정지되지 않는다는 의미까지 판시한 것이 아니다. 오히려 이러한 경우에는 비록 헌법이나 법률에 명문의 규정은 없다 하여도 법제도와 법률 자체의 기능 및 법집행이 왜곡되는 등의 사유로 위와 같은 반란행위자나 내란행위자에 대한 형사소추가 불가능한 경우는 단순한 사실상의 장애를 넘어 법규범 내지 법치국가적 제도 자체에 장애가 있다고 보아야 하며, 이러한 장애로 군사반란행위자와 내란행위자가 불처벌로 남아있을 수밖에 없는 상태로 있는 기간 동안에는 공소시효가 정지된다고 보아야 할 것이고, 또 이것이 공소시효제도의 본질에도 부합하는 해석이라고 할 것이다.

공소시효제도가 본래 범인필벌의 요청과 법적 안정성의 요청 사이에 상반되는 이익에 대한 조정의 문제라고 하는 점에 비추어 보더라도, 헌정질서파괴범죄행위자들이 정권을, 따라서 소추기관을 실효적으로 장악하고 있는 상황하에서는 역시 이들에 대한 군사반란죄와 내란죄에 대한 공소시효도 정지되는 것이라고 해석하는 것이 성공한 내란도 처벌되어야 한다는 당위성에 합치되고 정의의 관념과 형평의 원칙에도 합치한다. 만약 이와 같이 해석하지 않는다면, 헌정질서파괴범죄행위자들이 시효의 이익을 누리기 위하여 불법적인 방법으로 집권기간을 연장하는 등 오히려 헌법질서의 파괴를 조장하게 되는 모순이 있고 성공한 내란은 처벌할 수 없는 결과가 될 것이기 때문이다.

이 사건의 경우를 보면, 1979. 12. 12. 당시 보안사령관이었던 피의자 전두환이 노태우 등 군내의 추종세력을 규합하여 일으킨 군사반란은 내란행위와 결합되어 1980. 5. 18.사태와 같은 불행한 사태를 야기하고 마침내는 이른바 제5공화국의 성립으로 이어지고 이른바 제6공화국이 종료한 1993. 2. 24.까지 위 사건들에 가담한 자들에 의하여 국가권력이 실효적으로 장악되었다.

1979. 12. 12. 당시는 박정희 전직 대통령이 살해되어 정치·사회적으로 불안정한 상태였을 뿐만 아니라, 비상계엄이 선포되어 계엄지역 안의 모든 행정기관(정보 및 보안업무를 관장하는 기관을 포함한다) 및 사법기관이 계엄사

령관의 지휘·감독을 받게 되어 있었으므로(계엄법 제8조 참조), 위와 같이 피의자 전○환과 노○우 등이 12·12 군사반란을 통하여 대통령의 재가없이 계엄사령관겸 육군참모총장인 청구외 정승화를 체포하고, 대통령의 관저인 총리공관의 경비자의 무장을 병력을 동원하여 협박하여 해제하고, 대통령 최규하를 협박하여 국가의 모든 군권을 장악하고 보안사, 중앙정보부, 경찰 등 모든 수사·정보기관을 장악하였음에 비추어 당시 이건 군사반란행위와 내란행위에 대한 수사와 소추는 제도적으로도 불가능하고 도리어 위 군사반란을 방지하려던 청구외 장태완 등을 처벌하는 등 반란죄에 대한 법률기능이 왜곡된 상태를 야기한 국가적인 중대한 장애사유가 있었다고 할 것이고, 그 후 전두환이 제11대 대통령에 취임하고 헌법을 개정한 다음, 1981. 2. 25. 개정헌법에 따라 실시한 선거인단에 의한 대통령선거에서 다시 대통령으로 당선되어 동년 3. 3. 제12대 대통령에 취임한 후 1988. 2. 24. 그 임기가 만료할 때까지 7년 5월 24일간 집권하고, 그 후 노태우가 제13대 대통령으로 당선되어 1988. 2. 25. 취임한 이래 1993. 2. 24. 그 임기가 만료하기까지 5년간 국가권력을 장악함으로써 전두환·노태우의 위 1979년 12월 12일과 1980. 5. 18.의 군사반란죄 및 내란죄는 위 각 범죄행위에 가담한 공범들에 대하여도 위에서 본 소추와 처벌이 전혀 불가능한 상태가 지속되었던 사실은 당 재판소가 처리한 12·12사건과 5·18사건에 관한 사건기록을 통하여 현저하다.

그리고 1979. 12. 12. 사태는 군사반란의 방법에 의하여 전국의 군권과 수사권을 장악하고 대통령의 관저의 무장까지 불법적으로 해제하고 대통령에게 협박하는 등 헌정질서파괴행위였고, 1980. 5. 18.의 사태는 전두환 내란행위자가 헌정질서를 파괴한 행위임도 명백하다.

그러므로 국가소추기관이 이 사건 군사반란과 내란행위자들인 위 전두환 및 노태우가 이 사건 군사반란행위가 성공한 이후 이들의 대통령 재직기간 동안 이들에 의해 장악되거나 억압당함으로써 위 행위자들의 의사에 반하여 이 사건 범죄들에 대하여 소추를 할 수 없게 되어 적어도 위 행위자들에 관한 한 자유민주적 법치국가질서의 내용에 부합하는 법집행이 불가능하여 군사반란죄와 내란죄에 대한 법률기능 자체가 왜곡되는 법규범 내지 법제도 자체에 관련된 장애로 위 전두환, 노태우와 그 공범자들에 대한 위 군사반란죄와 내란죄에 대한 소추가 불가능하였다고 할 것이다. 그러므로 이 사건 각 범죄행위의 종료일로부터 1993. 2. 24.까지 사이에는 이 사건 각 범죄행위에 대하여는 당연히 공소시효의 진행이 정지된다고 해석함이 타당하다.

(라) 결 론

그렇다면 이 사건 범죄행위의 종료일로부터 전두환·노태우의 대통령 재직기간이 만료된 1993. 2. 24.까지의 기간 동안에 그러한 이 사건 군사반란죄와 내란죄 등에 대한 공소시효의 진행이 정지된 것으로 본다고 규정한 이 법률조항은 확인입법에 지나지 아니하고 이 점에서도 헌법위반의 법률조항이 아니라고 할 것이다.

(4) 재판관 김문희, 재판관 황도연의 의견

우리 헌법재판소는 이른바 12·12사건에 관한 1995. 1. 20. 선고 94헌마246 사건의 결정에서 헌법 제84조의 해석과 관련하여 공소시효의 정지사유에 대하여 다음과 같이 판시한 바 있다. 즉 "위 헌법규정의 근본취지를 대통령의 재직중 형사상의 소추를 할 수 없는 범죄에 대한 공소시효의 진행은 정지되는 것으로 해석하는 것이 원칙일 것이다. 즉 위 헌법규정은 바로 공소시효진행의 소극적 사유가 되는 국가의 소추권행사의 법률상의 장애사유에 해당하므로, 대통령의 재직중에는 공소시효의 진행이 당연히 정지되는 것으로 보아야 한다"든가 "검사가 법률상의 장애사유로 인하여 소추권을 행사할 수 없는 경우에는 공소시효가 진행하지 않는 것이 원칙이다. 따라서 헌법 제84조에 따라 소추가 불가능할 경우에는 공소시효의 진행이 정지되어야 한다는 것은 위와 같은 당연하고도 정당한 법리가 적용된 결과일 뿐"이라고 판시하였고, 한편 우리는 그 결정의 반대의견에서 공소시효는 법률로써 명문규정을 둔 경우에 한하여 정지되는 것이고, 헌법 제84조의 규정도 공소시효의 정지에 관한 명문규정으로 볼 수 없다는 의견을 분명히 밝힌 바 있고, 지금도 그 의견에는 변함이 없다.

따라서 우리의 의견에 의하면 이 법률조항에서 공소시효가 정지되는 것으로 규정한 전 기간, 모든 피의자에 대하여 이 법률조항으로 말미암아 비로소 공소시효의 진행이 정지되는 것으로 본다. 그렇다면 이 법률조항은 소급적 효력을 가진 형성적 법률이어서 당연히 위헌 여부의 문제가 제기될 수밖에 없는 것이다.

다. 공소시효와 형벌불소급의 원칙

이 법률조항에 의한 공소시효의 정지, 곧 결과적으로 그 기간을 연장하는 것이 헌법 제12조 제1항 후단과 제13조 제1항 전단의 죄형법정주의에 위반되는지를 살펴보기로 한다.

(1) 헌법 제12조 제1항 후단은 "… 법률과 적법한 절차에 의하지 아니하고는 처벌·보안처분 또는 강제노역을 받지 아니한다"라고 규정하고, 제13조 제1항 전단은 "모든 국민은 행위시의 법률에 의하여 범죄를 구성하지 않는 행위로 소추되지 아니하며 …"라고 하여 죄형법정주의와 형벌불소급의 원칙을 규정하고 있다. 헌법 제12조 제1항과 제13조 제1항의 근본 뜻은 형벌법규는 허용된 행위와 금지된 행위의 경계를 명확히 설정하여 어떠한 행위가 금지되어 있고, 그에 위반한 경우 어떠한 형벌이 정해져 있는가를 미리 개인에 알려 자신의 행위를 그에 맞출 수 있도록 하자는 데 있다. 이로써 위 헌법조항은 실체적 형사법 영역에서의 어떠한 소급효력도 금지하고 있고, '범죄를 구성하지 않는 행위'라고 표현함으로써 절대적 소급효금지의 대상은 '범죄구성요건'과 관련되는 것임을 밝히고 있다.

헌법이 위 조항에서 비록 범죄구성요건만을 언급하고 있으나, 책임없는 형벌을 금하고 행위의 불법과 행위자의 책임은 형벌과 적정한 비례관계를 유지하여야 한다는 적법절차의 원칙과 법치주의원칙에서 파생되는 책임원칙에 따라 범죄구성요건과 형벌은 불가분의 내적인 연관관계에 있기 때문에, 결국 죄형법정주의는 이 두 가지 요소로 구성되는 '가벌성'을 그 내용으로 하고 있는 것이다. 즉 가벌성의 조건을 사후적으로 변경할 것을 요구하는 공익의 요청도 개인의 신뢰보호와 법적 안정성에 우선할 수 없다는 것을 명백히 규정함으로써, 위 헌법조항은 소급적인 범죄구성요건의 제정과 소급적인 형벌의 가중을 엄격히 금하고 있다.

(2) 그러므로 우리 헌법이 규정한 형벌불소급의 원칙은 형사소추가 '언제부터 어떠한 조건하에서' 가능한가의 문제에 관한 것이고, '얼마동안' 가능한가의 문제에 관한 것은 아니다. 다시 말하면 헌법의 규정은 '행위의 가벌성'에 관한 것이기 때문에 소추가능성에만 연관될 뿐, 가벌성에는 영향을 미치지 않는 공소시효에 관한 규정은 원칙적으로 그 효력범위에 포함되지 않는다. 행위의 가벌성은 행위에 대한 소추가능성의 전제조건이지만 소추가능성은 가벌성의 조건이 아니므로 공소시효의 정지규정을 과거에 이미 행한 범죄에 대하여 적용하도록 하는 법률이라 하더라도 그 사유만으로 헌법 제12조 제1항 및 제13조 제1항에 규정한 죄형법정주의의 파생원칙인 형벌불소급의 원칙에 언제나 위배되는 것으로 단정할 수는 없다.

라. 특별법과 법치주의의 원칙

공소시효제도가 헌법 제12조 제1항 및 제13조 제1항에 정한 죄형법정주의의 보호범위에 바로 속하지 않는다면, 소급입법의 헌법적 한계는 법적 안정성과 신뢰보호원칙을 포함하는 법치주의의 원칙에 따른 기준으로 판단하여야 한다. 법적 안정성은 객관적 요소로서 법질서의 신뢰성·항구성·법적 투명성과 법적 평화를 의미하고, 이와 내적인 상호연관관계에 있는 법적 안정성의 주관적 측면은 한번 제정된 법규범은 원칙적으로 존속력을 갖고 자신의 행위기준으로 작용하리라는 개인의 신뢰보호원칙이다. 법적 안정성과 신뢰보호원칙에 있어서 특히 중요한 것은 시간적인 요소이다. 특정한 법률에 의하여 발생한 법률관계는 그 법에 따라 파악되고 판단되어야 하고, 개인은 과거의 사실관계가 그 뒤에 생긴 새로운 법률의 기준에 따라 판단되지 않는다는 것을 믿을 수 있어야 한다. 그러므로 법치국가적 요청으로서의 법적 안정성과 신뢰보호원칙은 무엇보다도 바로 소급효력을 갖는 법률에 대하여 민감하게 대립할 수밖에 없고, 구체적으로는 어떤 법률이 이미 종료된 사실관계에 예상치 못했던 불리한 결과를 가져오게 하는 경우인가 아니면 현재 진행중이나 아직 종료되지 않은 사실관계에 작용하는 경우인가에 따라 헌법적 의미를 달리하게 된다.

그렇다면 이 법률조항에 대한 위헌 여부를 판단하기 위하여는 먼저 이 법률조항이 이미 종료된 사실관계(이른바 진정소급효)에 관련된 것인지, 아니면 현재 진행중인 사실관계(이른바 부진정소급효)에 관련된 것인지를 밝혀야 할 것이고, 이는 결국 특별법 시행당시 특별법 소정 피의자들에 대한 공소시효가 이미 완성되었는지의 여부에 따라 판가름될 성질의 것이다.

공소시효는 범죄행위가 종료한 때(범죄의 기수시기와 다를 수 있다)로부터 진행하고, 그 정지사유 없이 공소시효기간이 경과함으로써 완성된다(형사소송법 제252조 제1항, 제249조 제1항). 따라서 공소시효의 완성시점을 확정하려면 범죄행위가 언제 종료한 것인지, 종료 후에 공소시효의 정지사유가 있었는지, 있었다면 정지기간은 어느 정도인지를 확정하는 것이 그 선결문제이므로 구체적 범죄행위에 관한 공소시효의 완성 여부 및 그 완성시점 등은 당해 사건을 재판하는 법원이 이를 판단할 성질의 것이지 헌법재판소가 판단할 수 있는 사항이 아니다. 따라서 법원의 판단에 따라 특별법 시행당시 공소시효가 이미 완성되었다면, 특별법은 이미 과거에 완성된 사실 또는 법률관계를 규율대상으로 하여 사후에 그 전과 다른 법적 효과를 생기게 하는

(진정소급효) 법률이라 할 것이고, 한편 공소시효가 아직 완성되지 않았다면, 특별법은 과거에 이미 개시되었지만 아직 완결되지 않고 진행과정에 있는 사실 또는 법률관계와 그 법적 효과에 장래적으로 개입하여 법적 지위를 사후에 침해하는(부진정소급효) 법률이라 할 것이다.

그러므로 헌법재판소로서는 당해 사건을 재판하는 법원에 의하여 특별법 시행당시 공소시효가 완성된 것인지의 여부가 아직 확정되지 아니한 터이므로 위 두 가지 경우를 가정하여 판단할 수밖에 없다.

(1) 공소시효가 완성되지 않았다고 보는 경우

만일 법원이 특별법이 처벌하려는 대상범죄의 공소시효가 아직 완성되지 않았다고 판단한다면, 특별법은 단지 진행중인 공소시효를 연장하는 법률로서 이른바 부진정소급효를 갖게 된다.

헌법 제13조 제1항에서의 가벌성을 결정하는 범죄구성요건과 형벌의 영역(이에 관한 한 절대적 소급효의 금지)을 제외한다면 소급효력을 갖는 법률이 헌법상 절대적으로 허용되지 않는 것은 아니다. 다만 소급입법은 법치주의원칙의 중요한 요소인 법적안정성의 요청에 따른 제한을 받을 뿐이다. 헌법재판소의 판례도 형벌규정에 관한 법률 이외의 법률은 부진정소급효를 갖는 경우에는 원칙적으로 허용되고, 단지 소급효를 요구하는 공익상의 사유와 신뢰보호의 요청 사이의 교량과정에서 신뢰보호의 관점이 입법자의 형성권에 제한을 가할 뿐이라는 것이다.

즉 공소시효제도에 근거한 개인의 신뢰와 공소시효의 연장을 통하여 달성하려는 공익을 비교형량하여 개인의 신뢰보호이익이 공익에 우선하는 경우에는 소급효를 갖는 법률은 헌법상 정당화될 수 없다. 그러나 특별법의 경우에는 왜곡된 한국 반세기 헌정사의 흐름을 바로 잡아야 하는 시대적 당위성과 아울러 집권과정에서의 헌정질서파괴범죄를 범한 자들을 응징하여 정의를 회복하여야 한다는 중대한 공익이 있다. 또한 특별법은 모든 범죄의 공소시효를 일정시간 동안 포괄적으로 정지시키는 일반적인 법률이 아니고, 그 대상범위를 헌정질서파괴범죄에만 한정함으로써 예외적인 성격을 강조하고 있다. 이에 비하면 공소시효는 일정 기간이 경과되면 어떠한 경우이거나 시효가 완성되는 것은 아니며, 행위자의 의사와 관계없이 정지될 수도 있는 것이므로 아직 공소시효가 완성되지 않은 이상 예상된 시기에 이르러 반드시 시효가 완성되리라는 것에 대한 보장이 없는 불확실한 기대일 뿐이므로 공소시효에 의하여 보호될 수 있는 신뢰보호이익은 상대적으로 미약하다 할 것이다. 따라서 공소시효가 완성되지 아니하고 아직 진행중이라고 보는 경우에는 헌법적으로 허용될 수 있다 할 것이므로 위에서 본 여러 사정에 미루어 이 법률조항은 헌법에 위반되지 아니한다.

(2) 공소시효가 완성되었다고 보는 경우

법원이 특별법 소정 헌정질서파괴범죄의 공소시효가 이미 완성되었다고 판단한다면, 특별법은 이미 과거에 완성된 사실 또는 법률관계를 규율대상으로 사후에 이전과 다른 법적효과를 생기게 하는 이른바 진정소급효를 갖게 되고, 이 부분에 대한재판관들의 의견은 다음과 같다.

(가) 재판관 김진우, 재판관 이재화, 재판관 조승형, 재판관 정경식의 합헌의견

우리는 특별법이 처벌하려는 범죄의 공소시효가 이미 완성되었다고 법원이 판단하여, 동법이 진정소급효를 갖게 된다고 하더라도 다음과 같은 이유로 합헌이라고 본다.

1) 진정소급효금지의 예외와 법치국가원리

기존의 법에 의하여 형성되어 이미 굳어진 개인의 법적 지위를 사후입법을 통하여 박탈하는 것 등을 내용으로 하는 진정소급입법은 개인의 신뢰보호와 법적 안정성을 내용으로 하는 법치국가원리에 의하여 헌법적으로 허용되지 않는 것이 원칙이지만, 특단의 사정이 있는 경우, 즉 기존의 법을 변경하여야 할 공익적 필요는 심히 중대한 반면에 그 법적 지위에 대한 개

인의 신뢰를 보호하여야 할 필요가 상대적으로 정당화될 수 없는 경우에는 예외적으로 허용될 수 있다(헌법재판소 1989. 3. 17. 선고 88헌마1 결정; 1989. 12. 18. 선고 89헌마32·33 결정 등 참조). 그러한 진정소급입법이 허용되는 예외적인 경우로는 일반적으로, 국민이 소급입법을 예상할 수 있었거나, 법적 상태가 불확실하고 혼란스러웠거나 하여 보호할 만한 신뢰의 이익이 적은 경우와 소급입법에 의한 당사자의 손실이 없거나 아주 경미한 경우, 그리고 신뢰보호의 요청에 우선하는 심히 중대한 공익상의 사유가 소급입법을 정당화하는 경우를 들 수 있다. 이를 대별하면 진정소급입법이 허용되는 경우는 구법에 의하여 보장된 국민의 법적 지위에 대한 신뢰가 보호할 만한 가치가 없거나 지극히 적은 경우와 소급입법을 통하여 달성하려는 공익이 매우 중대하여 예외적으로 구법에 의한 법적 상태의 존속을 요구하는 국민의 신뢰보호이익에 비하여 현저히 우선하는 경우로 크게 나누어 볼 수 있다.

물론 그러한 '공익'적 필요가 존재하는지 여부의 문제를 심사함에 있어서는, 부진정소급입법의 경우에 있어서의 신뢰보호의 요청과 서로 비교형량되는 단순한 공익상의 사유보다도 훨씬 엄격한 조건이 적용되지 않으면 아니된다. 즉 매우 중대한 공익이 존재하는 예외적인 경우에만 그러한 진정소급입법은 정당화될 수 있다. 또한 진정소급입법을 헌법적으로 정당화할 수 있는 이러한 예외사유가 존재하는 여부는 특별법과 같이 신체의 자유에 대한 제한과 직결되는 등 중요한 기본권에 대한 침해를 유발하는 입법에 있어서는 더욱 엄격한 기준으로 판단하여야 할 것이다.

이 사건 헌정질서파괴범의 공소시효의 완성으로 인한 법적 지위에 대한 신뢰를 보호하여야 할 필요는 다음과 같은 이유로 매우 미약하다. 즉 이 사건 반란행위 및 내란행위자들이 반란행위 및 내란행위를 통하여 우리 헌법질서의 근간을 이루고 있는 자유민주적 기본질서를 파괴하였고, 그로 인하여 우리의 민주주의가 장기간 후퇴한 것은 말할 것도 없고, 많은 국민의 그 생명과 신체가 침해되었으며, 전 국민의 자유가 장기간 억압되는 등 국민에게 끼친 고통과 해악이 너무도 심대하였다. 또한 이 사건 군사반란행위자들 및 내란행위자들 중 주모자인 전두환·노태우 양인이 쿠데타를 통하여 정권을 장악한 뒤에 대를 이어 대통령직에 오름으로써 이 사건 군사반란행위자들 및 내란행위자들에 대한 형사소추가 그들이 정권을 장악하고 있는 동안에는 사실상 불가능하였다. 그러한 기간 동안에도 공소시효의 진행이 정지되지 않는다고 볼 때에는 형사소송법에 규정된 이 사건 군사반란죄와 내란죄에 대한 공소시효의 대부분이 그 기간 동안에 이미 진행되었다고 볼 수밖에 없다. 뿐만 아니라 공소시효완성으로 인한 이익은 단순한 법률적 차원의 이익이고, 헌법상 보장된 기본권적 법익에 속하지는 않는다. 이에 비하여 이 사건 법률조항을 정당화하는 공익적 필요는 매우 중대하다. 즉 집권과정에서 헌정질서파괴범죄를 범한 자들을 응징하여 정의를 회복하여 왜곡된 우리 헌정사의 흐름을 바로 잡아야 할 뿐만 아니라, 앞으로는 우리 헌정사에 다시는 그와 같은 불행한 사태가 반복되지 않도록 자유민주적 기본질서의 확립을 위한 헌정사적 이정표를 마련하는 것이 국민의 줄기찬 요구이자 여망이며, 작금의 시대적 과제이다.

그러므로 이 사건 반란행위자들 및 내란행위자들의 군사반란죄나 내란죄의 공소시효완성으로 인한 법적 지위에 대한 신뢰이익이 보호받을 가치가 별로 크지 않음에 비하여 이 법률조항은 위 행위자들의 신뢰이익이나 법적 안정성을 물리치고도 남을 만큼 월등히 중대한 공익을 추구하고 있다고 평가할 수 있다. 그렇다면 이 법률조항이 위 행위자들의 공소시효완성에 따르는 법적 지위를 소급적으로 박탈하고, 그들에 대한 형사소추를 가능하게 하는 결과를 초래하여 그 합헌성 인정에 있어서 위에서 본 바와 같은 심히 엄격한 심사기준이 적용되어야 한다고 하더라도, 이 법률조항이 공소시효의 완성이라는 헌법상의 기본권이 아닌 단순한 법률적 이익에 대한 위와 같은 미약한 신뢰보호의 필요성에 현저히 우선하는 중대한 공익을 추구하고 있으므로 헌법적으로 정당화된다고 할 것이다. 우리 헌정사에 공소시효에 관한 진정소급입법을 단 한번 예외적으로 허용한다면 바로 이러한 경우에 허용하여야 한다고 할 것이다. 이러한 경우가 진정소급입법의 원칙적 금지의 예외에 해당하지 않는다면, 그 예외는 대체 어디에 해당되고 무엇을 위한 예외인지 진지한 의문을 제기하지 않을 수 없다.

2) 이 법률조항과 평등원칙

특별법의 이 법률조항은 그 적용범위를 1979. 12. 12.과 1980. 5. 18.을 전후하여 발생한 내란죄·외환죄·군사반란죄 및 이적죄에 한정함으로써 이 사건 법률조항이 진정소급입법으로서의 성격을 갖는다고 할 경우 그 조항이 헌법 제11조에 규정된 평등원칙에 반하는 것은 아닌가 하는 의문이 있을 수 있다.

그러나 이 법률조항은 헌법 제11조에 규정된 평등원칙에 반하지 아니한다. 그것은 무엇보다 이 법률조항의 목적이 일반국민과 동 조항에서 확정된 헌정질서파괴범죄행위자들을 차별적으로 취급하는 것이 아니라, 오히려 위 범죄행위자들이 군사반란 및 내란 등의 행위로 헌법질서를 파괴하여 정권을 장악함으로써 일반국민과 위 행위자들 사이에 이미 발생한 형법집행상의 불평등을 제거하고자 하는 데 있기 때문이다. 다시 말해서 법이 일반국민들뿐만 아니라, 통치자에게도 동등하게 적용되고 집행되어야 한다는 법치국가적 요청이 위 범죄행위자들이 국가의 소추기관을 자신의 지배하에 두게 됨으로써 실현될 수 없음으로 인하여 발생한, 위 범죄행위자들의 이 사건 범죄들에 대한 불처벌로 남은 상태라는 불평등을 제거하고 실질적 정의를 실현하는 데 이 법률조항들의 목적이 있기 때문이다.

법치국가원리의 내용인 법적 안정성, 즉 국민의 신뢰보호와 실질적 정의가 충돌하는 경우 그 어느 쪽을 우선시켜 입법할 것인가는 원칙적으로 입법자가 선택할 문제이고, 그 선택이 자의적이 아닌 한 그 입법을 위헌이라고 할 수는 없다. 이 법률조항이 공소시효의 진행이 정지하는 것으로 보고 있는 기간은 이 사건 헌정질서파괴행위자들이 국가권력을 장악하고 있어 이들에 대한 소추기관의 소추권행사가 원초적으로 불가능하였던 기간이다. 따라서 이 법률조항은 국가의 태만으로 인하여 경과한 시효기간에 대해서까지 시효의 진행을 정지시키는 것은 아니다. 또한 공소시효제도에 관한 외국의 입법례를 보더라도 독일, 프랑스 등 대륙법국가는 물론, 영국과 미국 등 영미법국가도 모두 중대한 범죄에 관하여는 공소시효를 배제하고 있음에 비추어 볼 때(헌법재판소 1995. 1. 20. 선고 95헌마246 결정 참조) 이 사건 헌정질서파괴범죄와 같이 헌법질서에 근본적인 위협이 되는 중대한 범죄에 한정하여 진정소급효가 있는 입법으로 기본권이 아닌 공소시효의 정지를 규정한다고 하여 그 범위와 기준이 사리에 반하는 자의적인 입법이라고 할 수 없다.

그리고 진정소급효가 있는 공소시효정지를 규정한다 하여도 범행 당시의 구성요건 그대로를 타인과 마찬가지로 적용한다는 것이므로 실질적으로도 새로운 구성요건을 규정하는 것이라고 할 수 없다.

그렇다면 이는 결과적으로 위 범죄행위자들에 대하여 국가가 실효적으로 소추권을 행사할 수 있는 기간을 다른 일반국민들에 대한 시효기간과 동일하게 맞춤으로써, 이 사건 범죄행위로 인하여 초래되었던 불평등을 제거하겠다는 것에 불과하여, 위 범죄행위자들을 자의적으로 차별하는 것이 아닐 뿐만 아니라, 오히려 실질적 정의와 공평의 이념에 부합시키는 조치라고 할 수 있다.

3) 이 법률조항과 적법절차의 원리

우리 헌법 제12조 제1항 후문은 "누구든지 … 적법한 절차에 의하지 아니하고는 처벌·보안처분 또는 강제노역을 받지 아니한다"고 규정함으로써 적법절차의 원칙을 선언하고 있다. 이와 관련하여 진정소급입법에 의한 시효의 연장이 적법절차의 원칙에 반하는 것은 아닌가 하는 의문이 있을 수 있다.

그러나 여기서 적법절차라 함은 인신의 구속이나 처벌 등 형사절차만

이 아니라 국가작용으로서의 모든 입법작용과 행정작용에도 광범위하게 적용되는 독자적인 헌법원리의 하나로 절차가 형식적 법률로 정하여지고 그 법률에 합치하여야 할 뿐만 아니라 적용되는 법률의 내용에 있어서도 합리성과 정당성을 갖춘 적정한 것이어야 한다는 것을 의미한다(헌법재판소 1994. 4. 28. 선고 93헌바26 결정 등 참조). 그러므로 적법절차의 원리는 자의적인 공권력이 행사되는 것을 방지함으로써 기본적 인권을 보호하는 것을 이념으로 하고 있다고 할 것이다.

위와 같은 의미의 적법절차의 원칙은 본래 영미법상의 개념으로 미국의 수정헌법에서 명문화되기 시작하였으며, 그 발달과정과 연혁은 다르지만 대체로 대륙법계 국가에서 발달한 법치국가의 원리의 내용과 일치하는 것으로 이해할 수 있으므로 앞서 판단한 내용이 그대로 타당하게 된다고 할 것이다.

그리고 특별법의 입법목적은 우리나라와 민족의 장래에 사욕에 의한 헌법질서파괴행위로 인한 국민들의 불행한 역사의 경험을 영구히 다시는 없도록 하기 위한 것이므로 이는 영원한 진리와 보편적이고 통상적인 정의를 담고 있는 것이어서 일시적 여론이나 일시적 정치기류에 영합하기 위한 법률이 아님은 물론이다.

그렇다면 특별법의 이 법률조항은 그 자체 헌법상의 기본권을 제한하는 것도 아니고, 단지 법률상의 권리인 공소시효 완성 후에는 형사소추를 당하지 않을 법률적 이익을 앞서 살펴본 바와 같은 중대한 공익상의 사유로 제한하는 것이므로 적법절차의 원리에도 반하지 아니한다.

4) 결 론

그러므로 특별법이 공소시효가 완성된 뒤에 시행된 사후적 소급입법이라고 하더라도 위에서 살펴본 바와 같이 죄형법정주의에 반하지 않음은 물론, 법치국가의 원리, 평등원칙, 적법절차의 원리에도 반하지 아니하고, 따라서 헌법에 위반되지 아니한다.

(나) 재판관 김용준, 재판관 김문희, 재판관 황도연, 재판관 고중석, 재판관 신창언의 한정위헌의견

헌법은 형사실체법의 영역에서는 형벌은 바로 신체의 자유와 직결되기 때문에 적어도 범죄구성요건과 형벌에 관한 한, 어떠한 공익상의 이유도, 국가적인 이익도 개인의 신뢰보호의 요청과 법적 안정성에 우선할 수 없다 하여 절대적인 소급효의 금지를 밝히고 있다. 그러므로 소급효의 문제는 신뢰보호를 요청하는 법익이 무엇이냐에 따라 구분하여 다르게 판단되어야 하고, 신체의 자유에 대한 소급적 침해에 대한 신뢰보호의 문제는 다른 권리의 사후적 침해에 대한 신뢰보호의 문제와 같은 잣대로 판단할 수는 없다.

우리는 앞에서 비록 공소시효제도가 헌법 제12조 제1항 후단 및 제13조 제1항 전단에 정한 죄형법정주의의 직접적인 적용을 받는 영역으로 볼 수 없다 하여 절대적 소급효금지의 대상인 것은 아니라고 판단한 바 있다. 그러나 개인의 인권보장을 위한 기본장치로서 피의자의 처지를 대변하는 신뢰보호원칙이나 법적 안정성의 측면에서 보면, 형벌을 사후적으로 가능하게 하는 새로운 범죄구성요건의 제정이나, 공소시효가 이미 완성되어 소추할 수 없는 상태에 이른 뒤에 뒤늦게 소추가 가능하도록 하는 새로운 법률을 제정하는 것은 결과적으로 형벌에 미치는 사실적 영향에서는 차이가 없어 실질에 있어서는 마찬가지이다. 일반적으로 절차법의 존속에 대한 신뢰가 실체법의 존속에 대한 신뢰보다 헌법적으로 어느 정도 적게 보호된다 하더라도, 절차법적 지위가 경우에 따라서는 그의 의미와 중요성 때문에 실체법적 지위와 동일한 보호를 요청할 수 있고, 공소시효가 완성된 뒤에 새로이 처벌될 수 있도록 하는 경우가 바로 그러한 예라 할 것이다. 따라서 비록공소시효에 관한 것이라 하더라도 공소시효가 이미 완성된 경우에 그 뒤 다시 소추할 수 있도록 법률로써 규정하는 것은 헌법 제12조 제1항 후단의 적법절차의 원칙과 제13조 제1항의 형벌불소급의 원칙 정신에 비추어 헌법적으로 받아들일 수 없는 위헌적인 것이라 아니할 수 없다.

법치국가원칙은 그 양대 요소로서, 법적 안정성의 요청뿐 아니라 실질적 정의의 요청도 함께 포함한다. 이러한 이유에서 집권과정에서의 헌정질서의 파괴와 범죄행위에 대한 처벌을 통하여 왜곡된 헌정질서를 민주적으로 바로잡고 정의를 회복한다는 측면에서 당연히 범법자들에 대한 처벌을 요구할 수 있다 하더라도 공소시효제도 또한 입법자가 형사소추에 있어서의 범인필벌의 요청과 법적 안정성의 요청을 함께 고려하여 상충하는 양 법익을 정책적으로 조화시킨 결과이고, 이러한 공소시효규정은 시간의 경과로 인하여 발생하는 새로운 사실관계를 법적으로 존중하는 인권보장을 위한 장치로서 실질적 정의에 기여하고 있다. 법치국가는 법적 안정성과 실질적

정의와의 조화를 생명으로 하는 것이므로 서로 대립하는 법익에 대한 조화를 이루려는 진지한 노력을 하여야 하며, 헌정질서파괴범죄를 범한 자들을 엄벌하여야 할 당위성이 아무리 크다 하더라도 그것 역시 헌법의 테두리 안에서 적법절차의 원리에 따라 이루어져야 마땅하다. 이러한 노력만이 궁극적으로 이 나라 민주법치국가의 기반을 굳건히 다지는 길이기 때문이다.

따라서 이 법률조항이 특별법 시행일 이전에 특별법 소정의 범죄행위에 대한 공소시효가 이미 완성된 경우에도 적용하는 한 헌법에 위반된다.

4. 결 론

이러한 이유로 이 법률조항은 특별법 시행당시, 공소시효가 아직 완성되지 않았다고 보는 경우에는 재판관 전원이 헌법에 위반되지 아니한다는 의견이고, 공소시효가 이미 완성된 것으로 보는 경우에는 재판관 김진우, 재판관 이재화, 재판관 조승형, 재판관 정경식 등 4명이 헌법에 위반되지 아니하는 의견이고, 재판관 김용준, 재판관 김문희, 재판관 황도연, 재판관 고중석, 재판관 신창언 등 5명이 한정위헌의견이나 이 경우에도 헌법재판소법

제23조 제2항 제1호에 정한 위헌결정(헌법소원의 경우도 같음)의 정족수에 이르지 못하여 합헌으로 선고할 수밖에 없으므로 이에 주문과 같이 결정한다.

재판장 재판관 김용준
주 심 재판관 김문희
재판관 김진우
재판관 황도연
재판관 이재화
재판관 조승형
재판관 정경식
재판관 고중석
재판관 신창언

판례의 평가

1995년 12월 우리나라를 떠들썩하게 했던 대표적인 사건이자 정치적 입법이었다. 5·18 민주화운동 등에 관한 특별법은 1995년 12월 21일 제정하여 공포와 동시에 바로 시행되었다. 특히 동법 제2조와 관련하여 소급입법에 해당하는지 그리고 진정소급효를 갖는 경우 법적 안정성과 신뢰보호의 원칙을 포함하는 법치주의 정신에 위반되는지 여부에 대한 엄청난 논쟁이 되었던 사건이었다.

위헌입장에서의 재판관과 마찬가지로, 형사실체법의 영역에서 형벌은 바로 신체의 자유와 직결되기 때문에 적어도 범죄구성요건과 형벌에 관한 한, 어떠한 공익상의 이유도, 국가적인 이익도 개인의 신뢰보호의 요청과 법적 안정성에 우선할 수 없고, 공소시효가 이미 완성되어 소추할 수 없는 상태에 이른 뒤에 뒤늦게 소추가 가능하도록 하는 새로운 법률을 제정하는 것은 결과적으로 형벌에 미치는 사실적 영향에서는 형벌을 사후적으로 가능하게 하는 새로운 범죄구성요건의 제정과 실질에 있어서는 마찬가지이므로, 공소시효가 이미 완성된 경우에 그 뒤 다시 소추할 수 있도록 법률로써 규정하는 것은 헌법 제12조 제1항 후단의 적법절차의 원칙과 제13조 제1항의 형벌불소급의 원칙 정신에 비추어 헌법적으로 받아들일 수 없는 위헌적인 것이다.

물론 과거 청산을 위한 정의실현과 정치적 결단이 필요했던 시점이었으나, 실질적 정의실현과 법치주의를 추구하기 위하여 국가통치권자는 정치적으로 악용되어서는 아니 될 중요한 시사점을 남겨주었던 사건이라 할 수 있겠다.

당시 심판대상이었던 조항은 다음과 같으며,

동법 제2조(공소시효의 정지) ① 1979년 12월 12일과 1980년 5월 18일을 전후하여 발생한 헌정질서파괴범죄의 공소시효 등에 관한 특별법 제2조의 헌정질서파괴범죄행위에 대하여 국가의 소추권행사에 장애사유가 존재한 기간은 공소시효의 진행이 정지된 것으로 본다.

② 제1항에서 '국가의 소추권행사에 장애사유가 존재한 기간'이라 함은 당해 범죄행위의 종료일부터 1993년 2월 24일까지의 기간을 말한다.

이러한 심판대상 조항이 2010년 3월 24일 개정되어 다음과 같으며, 동법 제2조(공소시효의 정지) 1979년 12월 12일과 1980년 5월 18일을 전후하여 발생한 헌정질서 파괴범죄의 공소시효 등에 관한 특별법 제2조의 헌정질서파괴범죄행위에 대하여 해당 범죄행위의 종료일부터 1993년 2월 24일까지의 기간은 공소시효의 진행이 정지된 것으로 본다.

따라서 심판대상 법률 및 해당 조항은 여전히 규범적 효력을 갖고 존재하고 있다.

05 노동쟁의조정법 제4조, 제30조 제3호, 제31조, 제47조 공익사업장 파업 강제조정 회부

(1996. 12. 26. 90헌바19, 92헌바41, 94헌바49)

Ⅰ. 판시 사항

가. 노동쟁의조정법(1987. 11. 28. 법률 제3967호로 개정된 것, 이하 "법"이라 한다) 제4조 제5호 중 방송사업에 관한 부분의 위헌 여부

나. 법 제30조 제3호, 제31조와 제47조의 '제31조'에 관한 부분 중 각 제30조 제3호에 의하여 중재에 회부된 때에 관한 부분의 위헌 여부

Ⅱ. 결정요지

가. 청구인들이 속한 사업장이 법 제4조에서 정하고 있는 공익사업장에 해당된다는 사실 그 자체만으로는 청구인들의 권리에 아무런 영향을 미치지 아니하고, 다만 공익사업에 있어서의 쟁의행위를 특별 취급하는 법 제11조 이하의 규정들에 의하여 비로소 청구인들의 기본권 침해가 논의될 수 있는 것이라고 판단되므로, 결국 법 제4조 제5호는 위 조항이 규정하는 공익사업의 쟁의행위에 대한 특별취급을 규정하는 나머지 규정들의 위헌 여부와 관계없이 헌법에 합치된다.

□ 재판관 김용준, 재판관 김문희, 재판관 정경식, 재판관 신창언의 별개의견

법 제4조 제5호에서 규정하고 있는 방송사업은 통신매체를 통하여 정치·경제·사회 등에 관한 보도·논평 및 여론과 교양·음악·연예 등을 공중에 전파하는 사업으로서, 현대의 정보사회에서 는 그 공익적 성격이 다른 어느 분야에 못지 않게 큰 것이고 우리나라의 과거 경험에 비추어 그 사업이 요구하는 기술·자본의 특성과 전파매체의 특성 때문에 사업주체의 수가 극소수의 범위로 제한될 수밖에 없으며 수입 등의 방법으로는 정보전파의 용역을 대체공급할 여지도 없어 그 사업의 정지나 폐지는 같은 조 제1호 내지 제4호가 정하고 있는 다른 공익사업에 못지 않게 공중의 일상생활이나 국가경제의 전반에 감내할 수 없는 엄청난 폐해를 일으킬 수 있는 것임이 분명하다. 따라서 공익사업의 쟁의행위에 대한 특별취급을 정하고 있는 규정들의 위헌 여부는 별론으로 하고, 노동쟁의조정법 제4조 제5호가 의료사업과 방송사업을 쟁의행위에 관하여 특별취급을 받는 공익사업의 한 종류로 정한 것은 충분히 납득할 수 있는 합리적인 이유에 근거한 것으로서 헌법이 보장하고 있는 평등의 원칙에 위배된다고 볼 수 없다.

□ 재판관 김용준, 재판관 김문희, 재판관 정경식, 재판관 신창언의 합헌의견

나. (1) 우리 노사관계의 역사와 정치, 경제 및 사회적 현실 등 여러 가지 사항을 고려할 때, 강제중재제도는 사회혼란과 일반국민의 피해를 줄이고, 신속하고 원만한 쟁의타결을 위하여 아직까지는 필요한 제도라고 할 것이며, 긴급조정제도에 흡수될 수 있는 것으로서 옥상옥으로 불필요하다거나 근로자의 단체행동권을 과잉 제한하는 것이라고 단정할 수 없고, 오히려 양제도는 공익사업체의 노동쟁의조정제도로서 상호보완적으로 각자가 그 기

능을 하고 있다고 보아야 한다.

(2) 헌법 제33조 제1항이 보장하고 있는 노동기본권은 어떤 제약도 허용되지 아니한 절대적인 권리가 아니라 질서유지나 공공복리라는 관점에서 당연히 그 내재적인 제약이 있으며, 그 제한은 노동기본권 보장의 필요와 국민생활 전체의 이익을 유지·증진할 필요를 비교형량하여 양자가 적정한 균형을 유지하는 선에서 결정된다고 할 것이다.

법 제4조 소정의 공익사업은 질서유지나 공공복리를 위하여 노동쟁의가 쟁의행위로 나아가지 아니하고 원만하고 신속히 타결되어야 할 '필요성'이 일반사업에 비하여 현저히 높고, 노사 쌍방의 대립이 격화되어 당사자가 중재신청에 나아가지 아니하는 경우 노사 양측에게 냉각기간을 가지게 하면서 노사분쟁 해결에 전문지식을 가지고 있는 중립적 기관인 노동위원회로 하여금 중재에 회부하도록 하는 것은 목적 수행을 위한 '부득이한 조치'이며, 노동위원회와 중재위원회의 구성이나 운영절차, 대상조치(代償措置)의 존부 등 여러 가지 점을 고려하면 강제중재제도가 도모하는 목적을 달성하기 위한 방법이 '상당성'을 갖추었다고 하지 않을 수 없으므로, 법 제30조 제3호는 과잉금지의 원칙이나 비례의 원칙에 위배되지 아니하므로 헌법에 위반된다고 할 수 없다.

(3) 중재회부 후 일정기간 쟁의행위를 금지하는 목적은 당사자 쌍방에게 평화적인 해결을 위한 일종의 냉각기간을 다시 부여하여 격화된 당사자의 대립을 완화시킴으로써 중재에 따른 분쟁타결의 효과를 극대화하자는 데 있으므로 그 정당성이 인정되고, 쟁의행위가 금지되는 기간은 15일이지만 그 기간 내에 중재재정이 내려지지 아니할 경우에는 언제든지 쟁의행위에 돌입할 수 있으므로 이 사건 쟁의행위금지규정이 단체행동권인 쟁의권 자체를 박탈하는 것은 아닐 뿐만 아니라 그 기간도 불합리하게 장기라고 할 수도 없으며, 중재재정에 대하여 재심과 행정소송의 불복절차를 경유할 수

있는 등 대상조치도 마련되어 있고, 이익교량의 원칙에 비추어 보더라도 어느 정도의 쟁의행위의 제한은 감수하여야 할 것이므로, 일반사업에 종사하는 근로자와 공익사업에 종사하는 근로자를 합리적인 이유없이 차별하여 평등의 원칙에 반한다고 할 수는 없다.

(4) 처벌규정에 있어서 어떠한 형벌을 어떻게 규정할 것인가는 기본적으로 입법정책의 문제로서, 우리나라의 특수한 노사관계의 역사와 현실에 비추어 볼 때 죄질이 나쁘고 가벌성이 큰 경우에는 징역형에 처할 필요가 있는 경우가 발생할 수 있으므로 법 제47조의 '제31조'에 관한 부분이 신체의 자유를 과도하게 제한하는 처벌규정이라고 단정할 수 없다.

□ 재판관 김진우, 재판관 황도연, 재판관 이재화, 재판관 조승형, 재판관 고중석의 위헌의견

나. (1) 근로3권 가운데 가장 중핵적인 권리는 단체행동권이라고 보아야 하는바, 구 헌법과 달리 현행 헌법하에서는 주요방위산업체에 종사하는 근로자가 아닌 공익사업체에 종사하는 근로자에 대한 단체행동권을 박탈할 헌법적 근거가 소멸하였다고 할 것이고, 다만 현행 헌법하에서도 헌법 제37조 제2항에 따라 국가안전보장·질서유지 또는 공공복리를 위하여 단체행동권을 제한할 수 있는 여지는 있으나, 이 경우에도 위와 같은 헌법의 개정취지를 존중하여 정당한 단체행동권에 대한 제한은 최후의 수단으로서의 성격 을 가져야 하며, 그만큼 그 제한이 정당화되려면 엄격한 요건을 충족시켜야 한다.

공익사업에 있어서의 쟁의행위가 국가경제나 국민의 일상생활에 위해를 가할 우려가 있으므로 이를 제한하는 것이 타당하다고 하더라도, 위 법 제30조 제3호의 강제중재제도가 없어도 위 법 제40조 이하에 규정된 긴급조정과 이에 따른 강제중재제도에 의하여 공익사업에서의 쟁의행위를 필요한 경우에 봉쇄할 수도 있으므로 공익사업의 쟁의가 바로 국민경제나 국민의 일상생활에 위해를 미칠 가능성은 없으며, 긴급조정을 하여야 할 정도의 심각성이 없는 경우까지 단순히 공익사업이라는 이유만으로 강제중재에 회부하도록 되어 있는 법 제30조 제3호는 공익사업 근로자들의 단체행동권을 필요 이상으로 제한하는 것이다. 그렇다면 법 제30조 제3호는 최소침해의 원칙에 위반된다 할 것이다.

뿐만 아니라 법 제30조 제3호는 관계당사자가 합의 또는 단체협약에 기한 중재신청을 하지 아니하였고 긴급조정절차를 거친 경우가 아닌데도 불구하고, 단순히 공익사업이라는 이유로 노동위원회의 직권이나 행정관청의 요청에 의한 강제중재에 의하여 근로자의 단체행동권의 행사를 사실상 제한함으로써 일반사업에 종사하는 근로자와 공익사업에 종사하는 근로자를 차별대우하고 있으므로 헌법 제11조 제1항에 정한 평등의 원칙에도 위배된다.

(2) 법 제31조와 제47조의 '제31조'에 관한 부분에 대한 이 사건 헌법심판청구는 모두 법 제30조 제3호에 의한 강제중재와 관련된 것이므로, 위 각 법조의 위헌 여부 및 그 범위는 제30조 제3호의 위헌 여부에 따라 필연적으로 결정되는바, 위 제30조 제3호가 헌법에 위반되는 것임은 위에서 본 바와 같으므로 위 각 법조 역시 헌법에 위반된다.

Ⅲ. 당사자

청 구 인 : 정○관 외 26인 대리인 변호사 최○모 외 11인

관련사건 :

대법원 90도357 폭력행위등 처벌에 관한 법률위반 등 (90헌바19) 서울지방법원 남부지원 92초1728 구속적부심사청구(같은 지원 92고합3764 노동쟁의조정법위반) (92헌바41) 부산지방법원 94노2478 업무방해등 (94헌바49)

Ⅳ. 심판대상조문

노동쟁의조정법 제4조 제5호(공익사업의 정의) 이 법에서 공익사업이라 함은 다음의 사업으로서 공중의 일상생활에 없어서는 아니되거나 그 업무의 정지 또는 폐지가 국민경제를 현저히 위태롭게 하는 사업을 말한다.

1. 공중운수사업
2. 수도·전기·가스 및 정유사업
3. 공중위생 및 의료사업
4. 은행사업
5. 방송·통신사업

노동쟁의조정법 제30조 제3호(중재의 개시) 노동위원회는 다음 각 호의 1에 해당하는 경우에 중재를 행한다.

1. 관계당사자의 쌍방이 함께 중재의 신청을 한 때
2. 관계당사자의 일방이 단체협약에 의하여 중재신청을 한 때
3. 공익사업에 있어서 노동위원회가 그 직권 또는 행정관청의 요구에 의하여 중재에 회부한다는 결정을 한 때

노동쟁의조정법 제31조(중재시의 쟁의행위의 금지) 노동쟁의가 중재에 회부된 때에는 제14조의 규정에 불구하고 그 날로부터 15일간은 쟁의행위를 할 수 없다.

노동쟁의조정법 제47조(벌칙) 제12조 제1항, 제13조 제2항, 제14조, 제15조 또는 제31조의 규정에 위반하거나 제13조 제3항의 규정에 의한 명령에 위반한 자는 1년 이하의 징역 또는 100만원 이하의 벌금에 처한다.

V. 참조조문

헌법 제11조 제1항

헌법 제11조 제1항, 제33조, 제37조 제2항

구 헌법 제31조

노동쟁의조정법(仲裁委員會의 構成) 제32조 ① 노동위원회(勞動委員會)는 노동쟁의(勞動爭議)의 중재(仲裁) 또는 재심(再審)을 하게 하기 위하여 중재위원회(仲裁委員會)를 둔다.

② 제1항의 규정(規定)에 의한 중재위원회(仲裁委員會)는 중재위원(仲裁委員) 3인(人)으로 구성(構成)한다.

③ 제2항의 중재위원(仲裁委員)은 당해 노동위원회(勞動委員會)의 공익(公益)을 대표(代表)하는 위원(委員)과 공익(公益)을 대표(代表)하는 특별조정위원(特別調整委員) 중에서 관계 당사자(當事者)의 합의(合意)로 선정(選定)한 자(者)에 대하여 그 노동위원회(勞動委員會)의 위원장(委員長)이 지명(指名)한다. 다만, 관계 당사자간(當事者間)에 합의(合意)가 성립(成立)되지 아니한 경우에는 노동위원회(勞動委員會)의 공익(公益)을 대표(代表)하는 위원(委員)과 공익(公益)을 대표(代表)하는 특별조정위원(特別調整委員) 중에서 지명(指名)한다.

④ 제3항의 경우에 당해 노동위원회(勞動委員會)에 특별조정위원(特別調停委員)을 두지 아니한 때에는 공익(公益)을 대표(代表)하는 위원(委員)으로 갈음한다.

노동쟁의조정법(勞動爭議調整法) 제35조(意見陳述) 관계 당사자(當事者)가 지명(地名)한 노동위원회(勞動委員會)의 사용자(使用者)를 대표(代表)하는 위원(委員) 또는 근로자(勤勞者)를 대표하는 위원(委員)이나 특별조정위원(特別調停委員)은 중재위원회(仲裁委員會)의 동의(同意)를 얻어 그

회의(會議)에 출석하여 의견(意見)을 진술(陳述) 할 수 있다.

노동쟁의조정법(勞動爭議調整法) 제38조(仲裁裁定의 確定) ① 관계 당사자(當事者)는 제37조의 규정(規定)에 의한 지방노동위원회(地方勞動委員會)의 중재재정(仲裁裁定)이 위법(違法)이거나 월권(越權)에 의한 것이라고 인정하는 경우에는 그 중재재정서(仲裁裁定書)의 송달(送達)을 받은 날로부터 10일(日) 이내에 중앙노동위원회(中央勞動委員會)에 그 재심(再審)을 신청(申請)할 수 있다.

② 관계 당사자(當事者)는 제37조의 규정(規定)에 의한 중앙노동위원회(中央勞動委員會)의 중재재정(仲裁裁定)이나 제1항의 규정(規定)에 의(依)한 중앙노동위원회(中央勞動委員會)의 재심결정(再審決定)이 위법(違法)이거나 월권(越權)에 의한 것이라고 인정하는 경우에는 행정소송법(行政訴訟法) 제5조의 규정(規定)에 불구하고 그 중재재정서(仲裁裁定書) 또는 재심결정서(再審決定書)의 송달(送達)을 받은 날로부터 15일(日) 이내에 행정소송(行政訴訟)을 제기할 수 있다.

③ 제1항 및 제2항에 규정(規定)된 기간내(其間內)에 재심(再審)을 신청(申請)하지 아니하거나 행정소송(行政訴訟)을 제기하지 아니한 때에는 그 중재재정(仲裁裁定) 또는 재심결정(再審決定)은 확정된다.

④ 제3항의 규정(規定)에 의하여 중재재정(仲裁裁定)이나 재심결정(再審決定)이 확정된 때에는 관계 당사자(當事者)는 이에 따라야 한다.

노동쟁의조정법(勞動爭議調整法) 제39조(仲裁裁定의 效力) ① 노동위원회(勞動委員會)의 중재재정(仲裁裁定) 또는 재심결정(再審決定)은 제38조의 규정(規定)에 의한 중앙노동위원회(中央勞動委員會)에의 재심신청(再審申請) 또는 행정소송(行政訴訟)의 제기에 의하여 그 효력(效力)이 정지되지 아니한다.

② 제38조의 규정(規定)에 의(依)하여 확정된 중재재정(仲裁裁定) 또는

재심결정(再審決定)의 내용(內容)은 단체협약(團體協約)과 동일(同一)한 효력(效力)을 가진다.

노동쟁의조정법(勞動爭議調整法) 제40조(緊急調整의 決定) ① 노동부장관(勞動部長官)은 쟁의행위(爭議行爲)가 공익사업(公益事業)에 관한 것이거나 그 규모(規模)가 크거나 그 성질(性質)이 특별한 것으로서 현저히 국민경제(國民經濟)를 해(害)하거나 국민(國民)의 일상생활(日常生活)을 위태(危殆)롭게 할 위험(危險)이 현존(現存)하는 때에는 긴급조정(緊急調整)의 결정(決定)을 할 수 있다.

② 노동부장관(勞動部長官)은 긴급조정(緊急調整)의 결정(決定)을 하고자 할 때에는 미리 중앙노동위원회(中央勞動委員會)의 의견(意見)을 들어야 한다.

③ 노동부장관(勞動部長官)은 제1항 및 제2항의 규정(規定)에 의(依)하여 긴급조정(緊急調整)을 결정(決定)한 때에는 지체 없이 그 이유를 붙여 이를 공표(公表)함과 동시(同時)에 중앙노동위원회(中央勞動委員會)와 관계 당사자(當事者)에게 각각 통보하여야 한다.

노동쟁의조정법(勞動爭議調整法) 제41조(緊急調整時의 爭議行爲의 中止) 관계 당사자(當事者)는 제40조 제3항의 규정(規定)에 의한 긴급조정(緊急調整)의 결정(決定)이 공표(公表)된 때에는 즉시 쟁의행위(爭議行爲)를 중지(中止)하여야 하며, 공표일(公表日)로부터 20일(日)이 경과하지 아니하면 쟁의행위(爭議行爲)를 재개(再開)할 수 없다.

노동쟁의조정법(勞動爭議調整法) 제42조(中央勞動委員會의 調停) 중앙노동위원회(中央勞動委員會)는 제40조 제3항의 규정(規定)에 의한 통고를 받은 때에는 지체 없이 조정(調停)을 개시(開始)하여야 한다.

노동쟁의조정법(勞動爭議調整法) 제43조(中央勞動委員會의 仲裁廻付決定書)

① 중앙노동위원회(中央勞動委員會)는 제42조의 규정(規定)에 의한 조

정(調停)이 성립(成立)될 가망(可望)이 없다고 인정한 경우에는 그 사건(事件)을 중재(仲裁)에 회부(廻付)할 것인가의 여부를 결정(決定)하여야 한다.

② 제1항의 규정(規定)에 의한 결정(決定)은 제40조 제3항의 규정(規定)에 의한 통고를 받은 날로부터 10일(日) 이내에 하여야 한다.

노동쟁의조정법(勞動爭議調整法) 제44조(中央勞動委員會의 仲裁) 중앙노동위원회(中央勞動委員會)는 당해 관계 당사자(當事者)의 쌍방(雙方)이나 일방(一方)으로부터 중재신청(仲裁申請)이 있거나 또는 제43조의 규정(規定)에 의한 중재회부(仲裁廻付)의 결정(決定)을 한 때에는 지체 없이 중재(仲裁)를 행하여야 한다.

노동위원회법(勞動委員會法) 제6조(勞動委員會의 構成 등) ① 노동위원회(勞動委員會)에는 노동자(勞動者)를 대표(代表)하는 자(者)(이하 '근로자위원(勤勞者委員)'이라 한다)와 사용자(使用者)를 대표(代表)하는 자(者)(이하 '공익위원(公益委員)'이라 한다) 각 10인(人)을 둔다. 다만, 특별노동위원회(特別勞動委員會)에 두는 위원(委員)의 수(數)는 3자(者) 동수(同數)로 하되 대통령령(大統領令)으로 정한다.

② 근로자위원(勤勞者委員)은 노동조합(勞動組合)에서, 사용자위원(使用者委員)은 사용자단체(使用者團體)에서 추천한 자(者) 중에서, 중앙노동위원회(中央勞動委員會)의 경우에는 대통령(大統領)이, 특별노동위원회(特別勞動委員會)의 경우에는 중앙행정기관(中央行政機關)의 장(長)이, 지방노동위원회(地方勞動委員會)의 경우에는 노동부장관(勞動部長官)이 위촉(委囑)한다.

③ 공익위원(公益委員)으로써 중앙노동위원회(中央勞動委員會)의 위원(委員)은 대통령(大統領)이, 특별노동위원회(特別勞動委員會)의 위원(委員)은 당해 중앙행정기관(中央行政機關)의 장(長)이, 지방노동위원회(地

方勞動委員會)의 위원(委員)은 노동부장관(勞動部長官)이 위촉(委囑)한다.

④ 공익위원(公益委員)은 중립성(中立性)을 保持하여야 하며 그 자격(資格)은 대통령령으로 정(定)한다.

노동위원회법(勞動委員會法) 제7조의3(任用資格) ① 상임위원(常任委員)은 다음 각호의 1에 해당하는 자(者) 중에서 노동(勞動)에 관한 지식(知識)과 경험(經驗)이 있는 자(者)를 임명(任命)한다.

② 중앙노동위원회(中央勞動委員會) 상임위원(常任委員)

1. 1급(級)상당의 공무원(公務員)으로 1년(年) 이상 재직(在職)한 자(者)
2. 2급(級) 또는 3급(級) 상당의 공무원(公務員)으로 3년(年) 이상 재직(在職)한 자(者)
3. 판사(判事)·검사(檢事)·군법무관(軍法務官)·변호사(辯護士)의 직(職)에 6년(年) 이상 재직(在職)한 자(者)
4. 공인(公認)된 대학(大學)에서 부교수(副敎授) 이상으로 3년(年) 이상 재직(在職)한 자(者)
5. 노동관계업무(勞動關係業務)에 15년(年) 이상 종사한 자(者)로서 노동부장관(勞動部長官)이 자격(資格)이 있다고 인정한 자(者)

③ 지방노동위원회(地方勞動委員會) 상임위원(常任委員)

1. 2급(級) 또는 3급(級) 상당의 공무원(公務員)으로 1년(年) 이상 재직(在職)한 자(者)
2. 4급(級) 상당의 공무원(公務員)으로 3년(年) 이상 재직(在職)한 자(者)
3. 판사(判事)·검사(檢事)·군법무관(軍法務官)·변호사(辯護士)의 직(職)에 4년(年) 이상 재직(在職)한 자(者)
4. 공인(公認)된 대학(大學)에서 부교수(副敎授) 이상으로 2년(年) 이상 재직(在職)한 자(者)
5. 노동관계업무(勞動關係業務)에 10년(年) 이상 종사한 자(者)로서 노동부장관(勞動部長官)이 자격(資格)이 있다고 인정한 자(者)

노동위원회법(勞動委員會法) 제9조(職務) ① 위원장(委員長)은 會務를 統理하며 당해 노동위원회(勞動委員會)를 대표(代表)한다.

② 부위원장(副委員長)은 위원장(委員長)을 보좌(補佐)하며 위원장(委員長)이 사고(事故)가 있을 때에는 그 직무(職務)를 대행(代行)한다.

노동위원회법(勞動委員會法) 제10조(會議의 召集) ① 위원장(委員長)은 노동위원회(勞動委員會)의 회의(會議)를 소집(召集)하며, 그 의장(議長)이 된다.

② 위원장(委員長)은 위원(委員)(제9조의2의 규정(規定)에 의한 회의구성원(會議構成員)을 말한다) 과반수(過半數)가 회의(會議)의 소집(召集)을 요구한 때에는 이에 응하여야 한다.

노동조합법(勞動組合法) 제8조(勞動組合의 組織과 加入의 制限) 근로자(勤勞者)는 자유(自由)로이 노동조합(勞動組合)을 조직(組織)하거나 이에 가입(加入)할 수 있다. 다만, 공무원(公務員)에 대하여는 따로 법률(法律)로 정(定)한다.

노동조합법(勞動組合法) 제39조(不當勞動行爲) 사용자(使用者)는 다음 각호의 1에 해당하는 행위(行爲)(이하 '부당노동행위(不當勞動行爲)'라 한다)를 할 수 없다.

1. 근로자(勤勞者)가 노동조합(勞動組合)에 가입(加入) 또는 가입(加入)하려고 하였거나 노동조합(勞動組合)을 조직(組織)하려고 하였거나 기타 노동조합(勞動組合)의 업무(業務)를 위(爲)한 정당한 행위(行爲)를 한 것을 이유로 그 근로자(勤勞者)를 해고(解雇)하거나 그 근로자(勤勞者)에게 불이익(不利益)을 주는 행위(行爲)
2. 근로자(勤勞者)가 어느 노동조합(勞動組合)에 가입(加入)하지 아니할 것 또는 탈퇴(脫退)할 것을 고용조건(雇傭條件)으로 하거나 특정(特定)한 노동조합(勞動組合)의 조합원(組合員)이 될 것을 고용조건(雇

傭條件)으로 하는 행위(行爲). 다만, 노동조합(勞動組合)이 당해 사업장(事業場)에 종사(從事)하는 근로자(勤勞者)의 3분(分)의2 이상을 대표(代表)하고 있을 때에는 근로자(勤勞者)가 그 노동조합(勞動組合)의 조합원(組合員)이 될 것을 고용조건(雇傭條件)으로 하는 단체협약(團體協約)의 체결(締結)은 예외로 하며 이 경우 사용자(使用者)는 근로자(勤勞者)가 당해 노동조합(勞動組合)에서 제명(除名)된 것을 이유로 신분상(身分上) 불이익(不利益)한 행위(行爲)를 할 수 없다.

3. 노동조합(勞動組合)의 대표자(代表者) 또는 노동조합(勞動組合)으로부터 위임(委任)을 받은 자(者)와의 단체협약체결(團體協約締結) 기타의 단체교섭(團體交涉)을 정당한 이유 없이 거부(拒否)하거나 懈怠하는 행위(行爲)
4. 근로자(勤勞者)가 노동조합(勞動組合)을 조직(組織) 또는 운영(運營)하는 것을 지배(支配)하거나 이에 개입(介入)하는 행위(行爲)와 노동조합(勞動組合)의 운영비(運營費)를 援助하는 행위(行爲). 다만, 근로자(勤勞者)가 노동시간중(勞動時間中)에 사용자(使用者)와 협의(協議) 또는 교섭(交涉)하는 것을 사용자(使用者)가 허용(許容)함은 무방(無妨)하며, 또한 근로자(勤勞者)의 후생자금(厚生資金) 또는 경제상(經濟上)의 불행(不幸) 기타의 재액(災厄)의 방지(防止)와 구제(救濟) 등을 위(爲)한 기금(基金)의 기부(寄附)와 최소한(最小限)의 규모(規模)의 노동조합(勞動組合) 사무소(事務所)의 제공은 예외(例外)로 한다.
5. 근로자(勤勞者)가 정당한 단체행동(團體行動)에 참가한 것을 이유로 하거나 또는 노동위원회(勞動委員會)에 대하여 사용자(使用者)가 이 조(條)의 규정(規定)에 위반(違反)한 것을 신고(申告)하거나 그에 관한 증언(證言)을 하거나 기타 행정관청(行政官廳)에 증거(證據)를 제출한 것을 이유로 그 근로자(勤勞者)를 해고(解雇)하거나 그 근로자

(勤勞者)에게 불이익(不利益)을 주는 행위

Ⅵ. 참조판례

가. 1991. 7. 22. 선고 89헌가106 결정

나. 1991. 7. 22. 선고 89헌가106 결정

1992. 4. 28. 선고 90헌바27내지34, 36내지42, 44내지46, 92헌바15 (병합) 결정

Ⅶ. 주 문

노동쟁의조정법(1987. 11. 28. 법률 제3967호로 개정된 것) 제4조 제5호의 방송사업에 관한 부분, 제30조 제3호와, 제31조 및 제47조의 '제31조'에 관한 부분 중 각 제30조 제3호에 의하여 중재에 회부된 때에 관한 부분은 헌법에 위반되지 아니한다.

Ⅷ. 이 유

1. 사건의 개요

가. 90헌바19

(1) 청구인 1 내지 7이 소속된 서울특별시지하철노동조합(이하 '지하철노조'라고 한다)은 그 사용자인 서울특별시지하철공사(이하 '지하철공사'라고 한다)와의 사이에 1987. 11. 이래 여러 차례에 걸쳐 지하철공사의 직제개편과 임금인상을 위한 단체교섭을 통하여 합의각서를 작성한 바 있는데 지하철공

사측이 그 이행을 미루어 오므로 지하철노조가 수차 그 이행을 촉구하여 일부 조항은 이행되었으나 중요 부분은 이행되지 아니하였다.

(2) 이에 지하철노조는 1989. 2. 28. 서울특별시지방노동위원회(이하 지노위라고 한다)에 쟁의발생신고를 하였고, 조합원들의 찬성으로 파업을 결정한 다음, 노동쟁의조정법 제14조 소정의 냉각기간 14일이 경과한 같은 해 3. 16.부터 파업에 돌입할 것을 예고하였다. 중앙노동위원회는 지하철공사측의 요청으로 같은 해 3. 4. 이 사건을 중재에 회부하기로 결정하였다. 그러나 지하철노조가 예정대로 같은 달 16.부터 파업에 돌입하자 서울지방검찰청 검사는 위 노조 간부인 청구인 1 내지 7을 서울형사지방법원에 노동쟁의조정법 제47조, 제31조 위반 등 죄로 기소하였고, 위 법원은 위 청구인들에 대하여 노동쟁의조정법 위반 및 폭력행위등 처벌에 관한 법률위반 등 죄를 적용하여 유죄판결을 선고하였다.

(3) 위 청구인들은 이에 불복하여 항소하였으나 항소심에서 역시 유죄가 선고되자 이에 다시 대법원에 상고를 제기함과 아울러 대법원 90카33호로서 그 재판의 전제가 되는 노동쟁의조정법 제31조 및 제47조에 대한 위헌법률심판의 제청신청을 하였던바, 대법원은 1990. 5. 15. 위 제청신청을 기각하는 결정을 하였다. 이에 대하여 위 청구인들은 같은 달 29. 헌법재판소법 제68조 제2항에 따라 위 법률조항들에 대하여 이 사건 헌법소원심판청구를 제기하였다.

나. 92헌바41

(1) 청구인 8 내지 14가 소속된 주식회사 문화방송노동조합은 1992. 9. 2.부터 그 결의에 따라 쟁의행위에 돌입하였다. 지노위는 같은 날 위 쟁의에 관하여 직권으로 중재에 회부하기로 결정하고, 같은 달 14. 중재재정을 하였다. 위 청구인들이 위 중재회부일 이후에도 쟁의행위를 멈추지 아니하자 서울지방검찰청 검사는 같은 해 10. 3. 위 청구인들을 노동쟁의조정법 제47조,

제31조 위반 등의 죄로 구속하였다.

(2) 이에 위 청구인들은 같은 해 10. 13. 서울지방법원 남부지원 에 구속적부심사청구를 하고(92초1728) 그 다음날인 10. 14. 그 재판의 전제가 된다는 이유로 같은 법원 92초1741호로서 노동쟁의조정법 제4조 제5호의 방송사업에 관한 부분, 제30조 제3호, 제31조 및 제47조에 대한 위헌법률심판의 제청신청을 하였으나, 같은 달 15. 위 제청신청이 기각되자, 헌법재판소법 제68조 제2항에 따라 위 법률조항들에 대하여 이 사건 헌법소원심판청구를 제기하였다.

(3) 한편, 위 남부지원은 같은 해 10. 15. 위 청구인들 가운데 청구인 최상일, 이채훈에 대하여는 석방을 명하고 나머지 청구인들의 구속적부심사청구는 기각하였는데, 검사는 같은 달 22. 위 청구인들 전원에 대하여 노동쟁의조정법 제47조, 제31조 위반 등 죄로 위 법원에 공소를 제기하였다.

다. 94헌바49

(1) 청구인 16 내지 28이 소속되어 있는 부산교통공단노동조합은 1994. 4. 21.부터 사용자인 부산교통공단과 임금인상 등을 위한 단체교섭을 개시하였으나 그 후 14회에 걸친 협상을 통하여도 합의에 이르지 못하자 1994. 6. 8. 부산지방노동위원회와 부산직할시에 노동쟁의 발생신고를 하고 같은 달 14, 15. 양일간에 걸친 노조원의 찬반투표를 통하여 파업을 결의하기에 이르렀다.

(2) 그러나 부산지방노동위원회는 위 노동조합이 파업에 돌입하기 이전인 같은 달 22. 부산직할시장의 요청으로 위 노동쟁의를 중재에 회부하기로 결정하고 같은 달 23. 이를 위 노동조합에 통보하였다. 위 노동조합은 부산지방노동위원회의 위와 같은 중재회부결정에도 불구하고 같은 달 25.부터 같은 달 29.까지 파업을 강행하였다.

이에 부산지방검찰청 검사는 위 파업과 관련하여 청구인 15 내지 27을 노동쟁의조정법 제47조, 제31조 위반 등으로 부산지방법원에 기소하였고, 위 법원은 위 청구인들에 대하여 전원 유죄의 판결을 선고하였다.

(3) 위 청구인들은 위 유죄판결에 불복하여 위 법원 94노2478호로서 항소함과 동시에 같은 법원 94초3275호로서 그 재판의 전제가 되는 노동쟁의조정법 제30조 제3호에 대한 위헌법률심판의 제청신청을 하였으나, 1994. 12. 22. 위 법원으로부터 위 신청의 기각결정을 송달 받자, 같은 달 28. 헌법재판소법 제68조 제2항에 따라 위 법률조항에 대하여 이 사건 헌법소원심판청구를 하였다.

2. 심판의 대상

그러므로 이 사건 각 심판대상규정들은 노동쟁의조정법 제4조 제5호의 방송사업에 관한 부분, 제30조 제3호, 그리고 제31조와 제47조의 '제31조'에 관한 부분 중 각 제30조 제3호에 의하여 중재에 회부된 때에 관한 부분이라고 할 것인바, 그 내용은 아래와 같다(위 법은 1963. 4. 17. 법률 제1327호로 제정되었는데, 그중 제4조 제5호, 제30조 제3호 및 제31조의 각 규정은 1987. 11. 28. 법률 제3967호로 최종 개정되었고, 제47조의 규정은 1980. 12. 31. 법률 제3351호로 최종 개정되었다).

제4조(공익사업의 정의) 이 법에서 공익사업이라 함은 다음의 사업으로서 공중의 일상생활에 없어서는 아니되거나 그 업무의 정지 또는 폐지가 국민경제를 현저히 위태롭게 하는 사업을 말한다.

1. 공중운수사업
2. 수도·전기·가스 및 정유사업
3. 공중위생 및 의료사업
4. 은행사업

5. 방송·통신사업

제30조(중재의 개시) 노동위원회는 다음 각 호의 1에 해당하는 경우에 중재를 행한다.

1. 관계당사자의 쌍방이 함께 중재의 신청을 한 때
2. 관계당사자의 일방이 단체협약에 의하여 중재신청을 한 때
3. 공익사업에 있어서 노동위원회가 그 직권 또는 행정관청의 요구에 의하여 중재에 회부한다는 결정을 한 때

제31조(중재시의 쟁의행위의 금지) 노동쟁의가 중재에 회부된 때에는 제14조의 규정에 불구하고 그 날로부터 15일간은 쟁의행위를 할 수 없다.

제47조(벌칙) 제12조 제1항, 제13조 제2항, 제14조, 제15조 또는 제31조의 규정에 위반하거나 제13조 제3항의 규정에 의한 명령에 위반한 자는 1년 이하의 징역 또는 100만원 이하의 벌금에 처한다.

3. 당사자의 주장 등

가. 청구인 1 내지 7의 주장 요지

(1) 노동위원회가 직권으로 또는 행정관청이나 사용자측의 중재요구 및 신청에 의하여 중재를 개시하게 되는 것은 노사대립이 첨예화되어 노조 측에서 최후의 수단으로 쟁의행위에 의존할 수밖에 없는 단계에 이르렀을 때라고 보면, 위와 같은 중재회부로 인하여 근로자 측은 단체행동권을 결정적인 시기에 완전히 박탈당하는 결과가 되어 헌법이 개별유보 없이 단체행동권을 보장한 정신이 완전히 무시되어 버리는 결과가 된다.

(2) 청구인들이 간부로 있던 지하철노조와 그 사업장인 지하철공사와의 사이에 수차에 걸쳐 합의각서를 교환하고 그 조항의 이행시한까지 명시하

였음에도 불구하고 지하철공사측이 위 합의각서의 이행을 하지 아니하여 끝내 지하철노조가 1989. 2. 28. 지노위 등에 쟁의발생신고를 하였고, 이에 따라 노동쟁의조정법 제14조 소정의 냉각기간 14일이 경과한 같은 해 3. 15. 경부터 파업에 돌입할 것을 예고하자 중앙노동위원회가 같은 해 3. 4. 이 사건을 중재에 회부하여 쟁의행위를 원천적으로 봉쇄하려 하므로 노조 측이 같은 달 16.부터 파업에 돌입함으로써 청구인들이 노동쟁의조정법 제47조, 제31조 위반을 이유로 기소되기에 이른 것이다. 이 사건에 있어서 노사 양측의 합의각서의 이행문제는 오로지 소위 권리분쟁에 관한 것으로서 그 자체 노동위원회의 중재사항이 아니다. 그럼에도 불구하고 이 사건이 중재에 회부되었다는 사유만으로 청구인들이 위 각 법조 위반죄로 기소되어 유죄판결을 받게 된 것은 바로 위 각 법조의 악용 사례 및 위헌성을 명백히 드러낸 것이다.

나. 청구인 8 내지 14의 주장 요지

(1) 우리의 노동현실에서 노동쟁의조정법 제4조, 제30조 제3호, 제31조, 제47조는 사실상 공익사업에 종사하는 근로자의 쟁의행위를 원천적으로 봉쇄하는 기능을 수행하고 있고, 또한 그렇게 운용되어 왔다. 그리하여 공익사업체에서 노사간 의견이 결렬되어 노동조합이 노동쟁의발생신고를 하면 노동위원회는 직권 또는 행정관청의 요구를 받아들여 어김없이 중재회부결정을 하였다. 그리고는 노동조합의 쟁의행위가 금지되는 15일 이내에 사용자의 주장과 거의 비슷한 내용의 중재재정을 하고, 이에 대하여 노동조합이 중앙노동위원회의 재심 나아가 행정소송 등의 방법으로 불복하더라도 결과는 언제나 위법이나 월권에 의한 것이라고 인정되지 아니한다는 이유로 노동조합의 청구가 기각되었다.

그리고 공익사업체의 사용자들은 단체교섭이 결렬되더라도 직권중재에 의해 노동조합의 쟁의행위를 봉쇄하면서 그들의 주장대로 중재재정이 이루어질 것을 기대하기 때문에 단체교섭에 성실하게 임하지 아니하고 있고, 그리하여 공익사업체의 단체교섭은 거의 대부분 파행을 거듭하고 있는 것이 현 실정이다.

(2) 헌법상 근로자의 단체행동권에 대한 제한을 규정하고 있는 것은 공무원과 주요방위산업체에 종사하는 근로자뿐이고(헌법 제33조 제2항, 제3항), 방송사업에 종사하는 근로자에 대하여는 헌법이 직접 단체행동권을 제한하는 규정을 두고 있지 않다. 따라서 방송사업에 종사하는 근로자의 단체행동권에 대한 제한은 일반적인 기본권 제한규정인 헌법 제37조 제2항에 따를 수밖에 없다. 그런데 헌법 제37조 제2항은 어떠한 경우에도 자유와 권리의 본질적인 내용을 침해할 수 없도록 규정하고 있다. 단체행동권의 핵심적인 내용인 쟁의행위 자체를 불가능하게 하는 것은 단체행동권에 대한 제한을 넘어 박탈을 의미하는 것으로서 단체행동권의 본질적인 내용을 침해한 것이라 아니할 수 없다.

그리고 위 조항들은 근로자들의 자주적인 단체교섭권도 실질적으로 중대하게 침해하고 있다. 단체교섭권의 핵심은 단결권에 기초하여 사용자와 대등한 교섭력을 확보한 노동조합과 사용자가 자주적 교섭을 통하여 근로조건을 결정하는 데 있다. 그런데 직권중재 는 노동조합과 사용자의 의사에 관계없이 행정기관이 최종적으로 협약내용을 결정함으로써 자주적인 단체교섭권의 본질적인 내용을 침해하고 있다. 노사 간의 의견이 일치하지 아니할 때 행정기관이 일방적으로 근로조건의 내용을 결정한다면 노사 간의 단체교섭은 실질적인 의미를 가질 수 없고 형해화되어 버린다. 그리고 직권중재는 위에서 본 바와 같이 사용자로 하여금 실질적으로 단체교섭에 불성실하게 임하게 한다는 점에서도 자주적인 단체교섭권을 침해하고 있다.

나아가 노동조합은 근로자가 주체가 되어 근로자의 사회적·경제적 지위향상을 목적으로 하는 단체인데, 근로조건의 결정을 위한 단체교섭이 직권중재에 의해 실질적으로 형해화된다면 노동조합의 존재의의는 크게 훼손된다 할 것이고, 그 결과 노동조합의 조직 자체에도 심각한 악영향이 초래되어 근로자의 단결권을 중대하게 침해하는 것이다. 노동조합이 근로조건의 개선을 위한 단체교섭 및 교섭력확보를 위한 단체행동권을 행사할 수 없다면 조직확대와 단결강화를 위한 활동을 할 수 없게 될 것이고, 그 결과 근로자 및 노동조합의 단결권에 중대한 침해를 초래한다.

(3) 또한 사회구조가 복잡한 현대사회에 있어 어느 사업체라 하더라도 공익성을 띠며, 한 사업체의 쟁의행위는 사회 전체에 영향을 미친다. 그럼에도 불구하고 근로자들의 노동3권, 특히 단체행동권을 인정하는 취지는 근로자의 생존권을 실질적으로 보장하기 위함이다. 따라서 방송사업장을 다른 사업장과 달리 취급하여야 할 합리적인 이유는 전혀 없다. 더구나 다른 사업체와 차별하여 단체행동권 자체를 박탈해야 할 합리적인 이유는 더욱더 없는 것이다.

(4) 일반적으로 승인된 국제관습법이 된 국제노동기구(ILO) 제105호 '강제노동의 폐지에 관한 조약'은 "정치적 억압이나 교육으로서의 수단 또는 정치적 견해나 기존의 정치적·사회적·경제적 제도에 사상적으로 반대하는 견해를 가지거나 발표하는 것에 대한 제재", '노동규제의 수단', '동맹파업에의 참가에 대한 제재'에 의한 어떠한 종류의 강제노동도 금지하고 있다. 그런데 노동쟁의조정법의 위 조항들은 방송사업에 종사하는 근로자들이 파업에 참가한 것을 이유로 하여 형벌을 가하는 것으로서 위 조약에서 금지하는 강제노동에 해당된다 할 것이고, 따라서 위 법률조항들은 위 조약에 위배된다.

다. 청구인 15 내지 27의 주장 요지

(1) 노동쟁의조정법 제30조 제3호는 관계당사자의 쌍방이 함께 중재신청을 하거나(제1호), 관계당사자의 일방이 단체협약에 의하여 중재신청을 한 때(제2호)뿐 아니라 공익사업에 있어서 노동위원회가 그 직권 또는 행정관청의 요구에 의하여 중재에 회부한다는 결정을 한 때에도 노동위원회가 중재

를 행하도록 규정하고 있으며, 같은 법 제31조 및 제39조는 노동쟁의가 중재에 회부된 때에는 그날부터 15일간 쟁의행위를 할 수 없고 중재재정은 단체협약과 동일한 효력을 가진다고 규정하고 있다.

따라서 공익사업에 종사하는 근로자는 일반 근로자와 달리 노사 쌍방 또는 일방이 중재신청을 하지 않더라도 중재기관인 노동위원회가 직권 또는 행정관청의 요구에 의하여 강제적으로 중재에 회부할 수 있다. 그와 같이 강제적으로 중재에 회부된 경우에도 그날부터 15일간 쟁의행위를 할 수 없는 것은 물론 그동안 중재재정이 행하여지기 마련이기 때문에 그 후에도 쟁위행위를 할 수 없다. 결국 공익사업에 종사하는 근로자는 노동쟁의조정법 상의 절차를 모두 준수하더라도 위 규정에 의하여 노동위원회가 노사관계자의 신청 없이 언제든지 중재회부 결정을 할 수 있으므로 노동위원회가 그 권한 발동을 자제하지 않는 한 항상 쟁의행위를 할 수 없다는 결론이 된다.

그러므로 위 규정은 공익사업 종사 근로자에 대하여 헌법상 보장된 기본권인 단체행동권의 본질적 내용을 침해하며, 동시에 공익사업 종사 근로자에 대하여만 그와 같은 불평등한 제약을 가한 것이므로 평등권에도 위배된다.

(2) 1987. 10. 29. 개정되기 전의 구 헌법 제31조 제3항은 공익사업체 또는 국민경제에 중대한 영향을 미치는 사업체에 종사하는 근로자의 단체행동권도 법률이 정하는 바에 의하여 제한하거나 인정하지 아니할 수 있다고 규정하고 있었으나, 현행 헌법 제33조 제3항은 위 규정을 삭제하여 법률이 정하는 주요 방위산업체에 종사하는 근로자에 대하여만 법률에 의하여 단체행동권을 제한하거나 인정하지 아니할 수 있도록 규정하고 있을 뿐이다.

따라서 공익사업 종사 근로자에 대하여 특별히 단체행동권을 제약하는 것은 헌법상의 근거가 상실되었으므로, 위 헌법의 개정 전이라면 모르되 현행 헌법하에서는 위헌임을 면할 수 없다.

(3) 중재제도는 노사 간의 집단적 분쟁을 해결하는 보조적 수단으로서 객관적이고 중립적인 중재기관이 중재에 의하여 분쟁을 조정하여 주는 제도이며, 그러한 중재제도의 취지에 따라 일반중재가 개시되면 노사 쌍방의 쟁의행위가 일정 기간 금지되므로 노사관계자가 그러한 제한을 감수하고서 중재신청을 한 경우에만 중재를 행할 수 있도록 하는 것이 중재제도의 취지에 부합한다. 따라서 중재기관이 스스로 노사관계자의 의사와 무관하게 강제적으로 중재를 행하는 것은 중재제도의 취지에 반한다.

이에 대하여 국민생활이나 경제에 중대한 영향을 미치는 공익사업체에 대하여 단체행동권의 제한이 필요한 것이 아닌가 하는 의문이 있을 수 있다. 그러나 공익사업에 대하여는 필요한 경우에 국민경제나 생활에 미치는 영향이 현저한 쟁의행위와 마찬가지로 노동쟁의조정법 제40조에 규정된 긴급조정의 방법으로 쟁의행위를 규제할 수 있는 길이 열려 있으므로, 그에 더하여 강제중재까지 할 수 있도록 하고 있는 위 규정은 공익사업 근로자의 단체행동권에 대한 불필요한 이중적인 규제에 지나지 않는 것이다.

(4) 설사 일정한 공익사업에 대한 강제중재의 필요성이 용인된다 하더라도 공익사업이라 하여 언제나 강제중재가 허용되어서는 안되고, 쟁의행위가 노사 자치의 한계를 넘어 남용될 경우에 한하여 허용되거나 쟁의행위로 인한 경제적, 사회적 손실과 강제중재로 인한 단체행동권의 제한을 비교하여 헌법에서 보장된 단체행동권을 저해하지 아니하는 범위 내에서만 허용되어야 한다. 그러므로 공익사업에 대하여 아무런 제한 없이 강제적으로 중재할 수 있도록 규정하고 있는 위 규정은 헌법상 보장된 단체행동권의 본질적인 내용을 침해하는 것이다.

라. 대법원과 부산지방법원의 위헌제청신청 기각이유 요지

(1) 헌법 제119조 제1항의 규정취지에 비추어 볼 때 개인과 기업의 경제상의 자유와 창의를 존중함을 기본으로 하는 우리의 경제질서 아래에서

는 노사양측의 교섭을 통하지 아니한 일방적 노동조건의 결정은 상상할 수 없는 것이기에 사용자에 비하여 열세일 수밖에 없는 근로자에게 열세성을 배제하고 사용자와의 대등성 확보를 위한 법적 수단으로서 단체교섭권을 인정하는 것이야말로 근로조건의 향상을 위한 본질적 방편이라 할 것이므로 근로3권 가운데 단체교섭권이 가장 중핵이라고 할 것이다.

(2) 그렇다면 근로자에게 단체교섭권이 정당하게 확보되어 있기만 하다면 그것을 보장하는 권리로서의 단체행동권은 제한된다고 하여도 필요한 최소한도 내에서, 어쩔 수 없는 것으로서 사회관념상 상당한 대상조치가 마련되어 있다고 보여질 경우에는 단체행동권의 본질적 내용을 침해한다고 할 수 없다.

(3) 노동쟁의조정법 제30조 제3호, 제31조를 보면 동 규정의 해당 사유가 발생한 경우 노사 양측의 쟁의권이 15일의 단기간 제한되나, 그 이후의 노사교섭은 독립적이고 전문적인 행정위원회로서 준사법적 권한을 갖고 있는 중재위원회가 중립적 입장에서 중재사건을 담당하여 중재재정을 내릴 수 있도록 하고 이것이 확정된 경우에는 단체교섭과 동일한 효력을 갖게 하고 있는바, 이는 헌법상 보장된 단체행동권을 제한하는 상당한 대상조치라고 할 것이어서 위 각 규정의 합헌성을 부정할 수 없다.

마. 서울지방법원 남부지원의 위헌제청신청 기각이유 요지

(1) 방송·통신사업은 사회에 미치는 영향이 지대한 점 등에 비추어 공익사업으로 보는 것이 정당하고, 공익사업의 경우에 노동위원회가 중재를 할 수 있도록 한 것도 공익사업의 성격에 비추어 이를 허용함이 상당하다.

(2) 중재회부시 15일간 쟁의행위가 금지되는 것은 공익사업이 사회 전체에 미치는 영향력에 비추어 공공복리를 위하여 법률로써 제한한 것으로서 자유와 권리의 본질적 내용을 침해한 것은 아니며, 더욱 15일간의 쟁의

행위의 금지만으로는 방송근로자의 근로3권을 원천적으로 봉쇄하거나 박탈한다고 할 수 없다.

(3) 노동쟁의조정법 제47조가 제31조 위반행위를 처벌하도록 하고 있다고 하여 이를 국제노동기구 제105호의 '강제노동의 폐지에 관한 조약'에서 말하는 강제노동이라고 할 수도 없다.

바. 중앙노동위원회위원장, 서울지방검찰청검사장, 노동부장관, 법무부장관의 의견 요지

다음의 점을 제외하고는 대법원의 위헌심판제청기각이유와 같다.

(1) 90헌바19 사건의 심판청구는 청구인들의 위헌제청신청이 대법원에서 1990. 5. 15. 기각된 이후 14일이 경과된 같은 달 30. 제기된 것으로서 청구기간이 지났다고 할 것이므로 각하되어야 한다.

(2) 92헌바41 사건의 경우, 그 심판대상 규정들은 노동위원회의 중재회부결정 및 중재재정을 통하여서만 국민의 권리의무에 영향을 줄 수 있는 추상적 입법으로서 별도의 구체적 집행행위가 없는 한 그 자체로서는 청구인들의 기본권을 침해할 수 없는 것이므로, 구체적 집행행위가 아닌 추상적 법률 그 자체를 대상으로 한 이 사건 심판청구는 부적법하다 할 것이고, 나아가 사전구제절차를 거치지 아니하였으므로 그 점에서도 부적법하다.

(3) 헌법 제33조 제1항에서 근로자의 생존권보장을 위하여 단결권·단체교섭권 및 단체행동권을 보장하고 있으나, 위와 같은 권리들이 절대적인 것이라고 할 수 없고 국민생활 전체 이익의 보장이라는 점에서 그 제약은 내재적인 것이므로 노동기본권의 제한은 노동기본권 존중 확보의 필요와 국민생활 전체의 이익을 유지·증진하여야 할 필요를 비교형량하여 균형을 유지하는 최소한도 내에서 그 제한이 불가피한 것이다.

(4) 이 사건의 경우 청구인들이 소속된 사업장의 업무성질이 공공성이

높은 것으로 그 직무 또는 업무의 정지가 국민생활 전체의 이익을 침해하고 국민생활에 중대한 장해를 초래하는 것이어서, 노동쟁의조정법 제4조에 이를 공익사업으로 규정하고 있다. 위와 같은 공익사업이 사용자와 근로자들의 손을 통해서만 운영이 가능하다는 점을 고려한다면 공익사업체의 쟁의와 관련된 기본권 즉 단결권·단체교섭권·단체행동권에는 헌법 제37조 제2항에 따른 본질적인 제약이 있을 수밖에 없다.

(5) 헌법 제11조 제1항의 평등권은 절대적 형식적 평등이 아닌 상대적 실질적 평등으로 해석되는바, 이 사건 심판대상 규정은 방송사업의 공익성 및 사회의 공공복리를 위하여 필요한 차별대우로서 사회통념상 합리적 근거가 있는 것이다.

(6) 국제노동기구 제105호의 침해 여부는 아직 비준조차 되지 않은 우리나라의 경우 그 논의의 가치가 없는 것이다.

4. 판 단

가. 적법요건에 대한 판단

(1) 헌법재판소법 제68조 제2항의 헌법소원에 있어서 청구기간의 기산점인 '위헌신청이 기각된 날'이라 함은 특단의 사정이 없는 한, 제청신청인이 제청신청에 대한 기각결정을 송달 받은 날이라 할 것이다(1991. 9. 16. 선고 89헌마231 결정; 1993. 7. 29. 선고 91헌마150 결정 등 참조).

90헌바19 사건의 기록에 의하면 위 사건의 청구인들의 위헌제청신청은 대법원에서 1990. 5. 15. 기각되었으나 위 기각결정의 정본이 작성된 날짜는 같은 달 18.인 사실이 인정되는바, 청구인들은 위 정본 작성일 이후에 위 결정을 송달 받았다고 보는 것이 경험칙상 타당하다 할 것이므로 위 정본 작성일 이후 14일 이내인 같은 달 30. 제기된 위 심판청구는 청구기간 내에 제기된 것으로서 적법하다고 할 것이다. 그리고 나머지 사건들 청구도 적법한 기간 내에 청구된 점은 기록상 분명하다.

(2) 또한 92헌바41 사건의 경우, 노동부장관은 이 사건 심판대상 규정들이 노동위원회의 중재회부결정 및 중재결정을 통하여서만 국민의 권리의무에 영향을 줄 수 있는 추상적 입법으로서 별도의 구체적 집행행위가 없는 한 그 자체로서는 청구인들의 기본권을 침해할 수 없는 것인데, 이 사건 심판청구는 구체적 집행행위가 아닌 추상적 법률 그 자체를 대상으로 하고 있으므로 부적법하다 할 것이고, 나아가 사전구제절차도 거치지 아니하였으므로 그 점에서도 부적법하다고 주장한다.

그러나 이 사건 심판청구는 헌법재판소법 제68조 제2항에 규정하고 있는 법률에 대한 위헌심판을 헌법소원의 형식으로 청구하는 것이므로 같은 법 제68조 제1항에 의한 법령에 대한 헌법소원의 경우의 적법요건인 직접성이나 공권력의 행사에 대한 사전구제절차의 구비 여부는 이 사건의 경우 그 적법요건이 되지 아니하므로 위 주장은 이유 없다.

(3) 그리고 이 사건 심판대상 법률조항들은 그 위헌 여부가 관련 사건들의 판결 주문에 직접 영향을 미칠 규정들이므로 모두 재판의 전제성 요건도 갖추었다. 그러므로 이 사건 청구들은 모두 그 적법요건을 갖추었다고 할 것이다.

나. 본안에 대한 판단

(1) 쟁 점

이 사건 심판대상은 노동쟁의조정법 제4조 제5호의 방송사업에 관한 부분, 제30조 제3호, 그리고 제31조와 제47조의 '제31조'에 관한 부분 중 각 제30조 제3호에 의하여 중재에 회부된 때에 관한 부분이다. 노동쟁의조정법 제4조는 노동쟁의조정법에서 일반사업과는 달리 특별한 취급을 받는 공익사업의 정의에 관한 규정이고, 같은 법 제30조 제3호는 공익사업의 경우에 쟁의당사자의 신청이 없는데도 노동위원회가 직권 또는 행정관청의 요구에 의하여 중재회부결정을 함으로써 중재를 행할 수 있다는 강제중재에 관한 규정이며, 같은 법 제31조는 위 강제중재에 회부되면 15일간 쟁의행위가 금지된다는 규정이다. 그리고 같은 법 제47조의 '제31조'에 관한 부분은 위 쟁의금지기간에 쟁의행위를 한 자를 처벌하는 규정이다.

그런데 이 사건의 경우 같은 법 제31조와 제47조의 '제31조'에 관한 부분은 모두 같은 법 제30조 제3호에 의한 노동위원회의 강제중재회부결정 내지 강제중재와 관련된 것이므로, 이 사건에 있어서 위 각 심판대상 규정의 위헌 여부는 쟁의당사자의 신청이 없는데도 불구하고 노동위원회가 그 직권 또는 행정관청의 요구에 의하여 노동쟁의를 중재에 회부하는 것이 공익사업 근로자들의 단체행동권이나 단체교섭권을 부당하게 침해하는 것인가의 여부에 달려 있다.

(2) 노동쟁의조정법 제4조 제5호의 방송사업에 관한 부분의 위헌 여부

(가) 재판관 김진우, 재판관 황도연, 재판관 이재화, 재판관 조승형, 재판관 고중석의 합헌의견

노동쟁의조정법은 제4조에서 공익사업의 개념과 범위를 정한 다음, 같은 조에서 정하고 있는 공익사업에 대하여는 쟁의의 조정을 우선적으로 취급하고(제11조), 이른바 냉각기간을 일반사업의 경우(10일)보다 긴 15일로 하며(제14조), 노동위원회의 직권이나 행정관청의 요구로 강제중재에 회부될 수 있도록 할 뿐만 아니라(제30조 제3호) 노동쟁의가 중재에 회부되면 냉각기간에 구애됨이 없이 그날부터 15일간 쟁의행위를 할 수 없으며(제31조), 노동부장관은 직권으로 긴급조정의 결정을 할 수 있는(제40조 제1항) 등 공익사업에 대하여 일반사업의 경우와는 다른 특별취급을 하고 있다.

그런데 노동쟁의조정법 제4조 제5호가 공익사업근로자인 청구인들의 근로3권을 침해할 가능성이 있는가를 보건대, 청구인들이 속한 사업장이 같은 법 제4조에서 정하고 있는 공익사업장에 해당된다는 사실 그 자체만으로는 청구인들의 권리에 아무런 영향을 미치지 아니하고, 다만 위와 같이 공

익사업에 있어서의 쟁의행위를 특별취급하는 위 법 제11조 이하의 규정들에 의하여 비로소 청구인들의 기본권 침해 여부가 논의될 수 있는 것이라고 판단된다.

그러므로 노동쟁의조정법 제4조 각 호는 공익사업의 개념과 범위를 정한 규정에 불과하고 그러한 공익사업의 범위를 어떻게 정할 것인가의 문제는 공공의 안녕과 질서를 위하여 쟁의행위에 대한 특별한 취급이 필요한 사업인가 아닌가에 대한 입법부의 판단에 달려 있는 소위 입법재량의 문제일 뿐이며, 결국 같은 조 제5호는 위 조항이 규정하는 공익사업의 쟁의행위에 대한 특별취급을 규정하는 나머지 규정들의 위헌 여부와 관계없이 헌법에 합치된다고 보아야 할 것이다.

(나) 재판관 김용준, 재판관 김문희, 재판관 정경식, 재판관 신창언의 별개의견

노동쟁의조정법이 공익사업을 특별히 구분하여 노동쟁의의 해결을 위한 방법과 절차에 관하여 일반사업과 다른 특별취급을 하고 있는 것은, 공익적 성격이 크고 국민생활이나 국가경제에 중대한 영향을 미치는 일정한 사업의 경우에는 그 사업의 정지나 폐지로 인하여 공중의 일상생활이나 국가경제의 전반에 감내할 수 없는 폐해를 일으키게 되어 일반사업의 경우와 같은 방법과 절차에 의하여 노동쟁의를 해결하는 것이 적절하지 않다는 합리적인 이유에 근거하고 있는 것이다. 따라서 이를 가리켜 자의적인 차별취급에 해당한다고 할 수는 없다.

이와 같은 특별취급을 받는 공익사업의 하나로 노동쟁의조정법 제4조 제5호에서 규정하고 있는 방송사업은 통신매체를 통하여 정치·경제·사회 등에 관한 보도·논평 및 여론과 교양·음악·연예 등을 공중에 전파하는 사업으로서, 현대의 정보사회에서는 그 공익적 성격이 다른 어느 분야에 못지 않게 큰 것이고 우리나라의 과거 경험에 비추어 그 사업이 요구하는 기술·자본의 특성과 전파매체의 특성 때문에 사업주체의 수가 극소수의 범위로 제한될 수밖에 없으며 수입 등의 방법으로는 정보전파의 용역을 대체공

급할 여지도 없어 그 사업의 정지나 폐지는 같은 조 제1호 내지 제4호가 정하고 있는 다른 공익사업에 못지 않게 공중의 일상생활이나 국가경제의 전반에 감내할 수 없는 엄청난 폐해를 일으킬 수 있는 것임이 분명하다.

따라서 공익사업의 쟁의행위에 대한 특별취급을 정하고 있는 규정들의 위헌 여부는 별론으로 하고, 노동쟁의조정법 제4조 제5호가 방송사업을 쟁의행위에 관하여 특별취급을 받는 공익사업의 한 종류로 정한 것은 충분히 납득할 수 있는 합리적인 이유에 근거한 것으로서 헌법이 보장하고 있는 평등의 원칙에 위배된다고 볼 수 없다.

(3) 노동쟁의조정법 제30조 제3호, 제31조와 제47조의 '제31조'에 관한 부분의 위헌 여부

(가) 재판관 김용준, 재판관 김문희, 재판관 정경식, 재판관 신창언의 합헌의견

1) 우리나라 노동법의 역사와 노사관계의 현실

법은 현실여건의 바탕 위에서 그 시대의 역사인식이나 가치이념을 반영하고 있는 것이므로, 어느 특정한 법이 뿌리박고 있는 정치·경제·사회적인 현실과 역사적 특성을 무시하고 헌법의 순수한 일반이론에만 의존하여서는 그 법에 관련된 헌법문제에 대하여 완전한 이해와 적절한 판단은 할 수 없다. 특히 노동법의 역사는 각국의 경제적·사회적 사정에 따라 여러 가지 형태로 발전하여 왔으므로, 한 나라의 노동법사를 바르게 이해하려면 그 나라의 경제적·사회적·사회정책적 측면의 고찰이 반드시 필요한 것이다.

우리나라는 1953년 노동관계제법이 제정되기 전까지 선진자본주의 제국이 겪어온 노동법 생성의 역사적 과정을 경험하지 못하였으며, 현실적인 노사관계가 선행되고 그 후에 노동법규가 성립하였다기보다는 오히려 거꾸로 노동법이 먼저 제정되고 그에 따라 집단적 노사관계의 현실적 기초가 마련되었다. 또한 근대적 의미의 노사관계라는 것도 1960년대 이후 근대화, 공업화가 본격적으로 이루어지면서 비로소 형성되기 시작하여, 1970년대까지

는 긴급조치 등 여러 가지 정치·사회적 상황으로 인하여 노동쟁의의 해결에 있어서 노동관계법의 규정이 제대로 적용되지 못하였으며, 1980년대 중반 이후에 와서야 사회의 전반적 민주화 추세에 힘입어 노동관계법에 따른 근로3권의 행사가 가능하게 되었던 것이다. 그러한 까닭에 우리의 노사관계는 쌍방이 법을 제대로 준수하지 아니하고 사용자측의 권위적·고압적인 자세와 근로자 측의 자치역량의 부족으로 마치 한풀이식의 폭력적 대응이 맞물려 노사쌍방이 극한적인 대립양상을 보이며 심지어 정치적인 투쟁으로 나아가는 경향이 없지 아니하였다. 우리의 노동관계법이 노사관계에 대하여 다분히 향도적·후견적인 성격의 규정을 마련하고 있는 것도 이러한 현실의 인식에 바탕을 두고 있는 것이다.

한편 우리나라는 대내적으로는 1980년 중반 이후 사회의 민주화 분위기에 편승하여 노동쟁의의 발생빈도가 높아지고 특히 최근 철도·지하철·교통·통신등 공공부문에서의 노사분규가 급증하고 있으면서도, 수출의존도가 높은 국가경제구조 때문에 대외적으로는 치열한 국가 간의 무역경쟁에서 국제경쟁력을 제고하여야 하는 이중의 어려움에 직면하고 있는 실정이다. 따라서 이러한 상황하에서 과도한 노동쟁의행위는 해당 기업뿐만 아니라 국가 전반의 경쟁력을 저하시켜 궁극적으로는 해당 기업의 근로자는 물론 국민 전체의 복지에 오히려 위해를 초래할 수 있다는 점을 인식하여야 할 것이다.

그렇다면 이 사건 심판대상 법률조항의 위헌 여부를 판단함에 있어서도, 이와 같은 우리나라 노사관계의 역사와 우리나라가 처해 있는 현실 여건에 대한 올바른 인식하에서 공익사업체의 노동쟁의에 대한 강제중재제도가 갖는 현실적인 기능 및 효용성을 고려하여야 할 것이다.

2) 강제중재제도의 필요성과 합리성

가) 우리나라 노동쟁의조정법상 노동쟁의조정제도로서 긴급조정제도 외에 별도로 강제중재제도가 필요한가에 관하여 살펴본다.

현행 노동쟁의조정법에서 규정한 조정(調整)의 종류로는 임의조정(任意調整, 제5조의2)과 알선(제3장), 조정(調停, 제4장), 중재(제5장) 및 긴급조정(緊急調整, 제6장)이 있다. 이 가운데 이 사건에서 위헌 여부가 문제되고 있는 강제중재제도는 ① 공익사업, 즉 공중운수사업, 수도·전기·가스 및 정유사업, 공중위생 및 의료사업, 은행사업, 방송·통신사업으로서 공중의 일상생활에 없어서는 아니되거나 그 업무의 정지 또는 폐지가 국민경제를 현저히 위태롭게 하는 사업에 있어서, ② 노동위원회가 그 직권 또는 행정관청의 요구에 의하여 중재에 회부한다는 결정을 한 때 행하여지는 것으로서, 불합리한 쟁의행위로 인하여 입게 될 일반국민의 손실을 줄이고 신속하고 원만한 쟁의타결을 위한 사전중재제도이다(제4조, 제30조 제3호 참조).

이에 비하여 긴급조정제도는 ① 쟁의행위가 행하여지고 있어야 하며, ② 그 쟁의행위가 공익사업에 관한 것이거나 그 규모가 크거나 또는 그 성질이 특별한 것으로서 현저히 국민경제를 해하거나 국민의 일상생활을 위태롭게 할 위험이 현존하는 때에, ③ 노동부장관이 미리 중앙노동위원회의 의견을 들어 그 발동을 결정할 수 있도록 되어 있는 사후조정제도이다(제41조 참조).

따라서 양 제도는 모두 공익사업에 있어서 노동쟁의조정제도로서 기능하고 있으나, 강제중재제도는 요건 상 다음 2가지 점에서 긴급조정과 현저히 달라 그 독자적인 기능을 하고 있다고 할 것이다. 즉 첫째, 긴급조정은 쟁의행위가 행하여지고 있어야 하며 현저히 국민경제를 해하는 등 그 쟁의행위의 위험이 현존하여야 비로소 발동할 수 있는 반면, 강제중재는 이를 요하지 아니하고, 둘째, 긴급조정은 노동부장관이 그 발동 여부를 결정하는데, 강제중재는 준사법기관의 성격을 가진 노동위원회가 결정한다는 점이다. 그렇다면 이와 같은 양 제도의 차이가 특히 공익사업의 경우 구체적으로 어떠한 사회·경제적인 영향과 법률적인 의미를 가지는지 살펴보기로 한다.

나) 뒤에 나오는 위헌의견도 인정한 바와 같이 긴급조정은 통상적인 노

동쟁의조정제도(알선, 조정, 중재)만으로 노동쟁의가 타결되지 아니하여 쟁의행위에 돌입한 후 그것이 국민생활의 안전을 위태롭게 할 경우 비로소 발동되는 특별한 경우의 노동쟁의조정제도이다. 그런데 아파트 등 집단주거가 대도시 주거형태의 근간을 이루고 있는 우리나라 주거여건에서는 전기, 수도 및 가스 등의 일시적인 공급중단만으로도 주민의 일상생활에 심각한 고통을 안겨주고, 모든 산업의 원동력의 공급중단으로 생산력은 마비될 것이며, 대부분 도시민들의 출퇴근수단인 지하철 등 공중운수사업의 일시 적인 중단만으로도 큰 혼란이 야기되고 각종 업무에 지장을 초래하고, 심지어 의료사업의 경우는 일시적인 태업만으로도 적시의 치료를 받지 못함으로써 국민의 생명, 신체, 건강에 돌이킬 수 없는 치명적인 결과를 야기시킬 수도 있다. 또한 방송의 중단은 일상생활의 상당 부분이 정보에 의존하고 있는 현대사회에서 국민에 미치는 영향이 지대하다. 이와 같이 태업, 파업 또는 직장폐쇄 등의 쟁의행위가 공중운수·전기·수도·가스·방송·의료 등 공익사업에서 발생하면 비록 그것이 일시적이라 하더라도 그 공급중단으로 커다란 사회적 혼란을 야기함은 물론 국민의 일상생활 심지어는 생명과 신체에까지 심각한 해악을 초래하게 되고 국민경제를 현저히 위태롭게 하므로, 위와 같은 공익사업에 있어서는 쟁의행위에 이르기 이전에 노동쟁의를 신속하고 원만하게 타결할 필요성이 특별히 요청된다 할 것이며, 바로 여기에 현행 노동쟁의조정법상 강제중재제도의 존재의의가 있는 것이다.

그럼에도 불구하고, 공익사업의 경우에도 쟁의행위로 돌입된 후 노동쟁의조정법 제30조 제3호의 강제중재제도가 없어도 같은 법 제40조 이하의 긴급조정과 이에 따른 강제중재만으로 공익사업에서의 쟁의행위를 필요한 경우에 봉쇄할 수도 있으므로 공익사업의 경우에 강제중재제도를 두지 않아도 그 쟁의행위에 의하여 국민경제나 국민의 일상생활에 위해를 미칠 가능성은 없다고 판단한 위헌의견은 이와 같은 폐해를 간과한 것이라고 하지 아니할 수 없다. 또한 위에서 본 바와 같이 노사관계의 타협과 조정의 역사가 일천한 점, 극한적인 대립양상을 보이며 나아가 정치적인 투쟁으로까지 발전하여 사회불안을 조성하는 경향까지 있었던 우리 노사관계의 경험과 현실, 공익사업에 있어서 쟁의행위는 국민 생활의 기본적 수요와 국가경제의 기본이 되는 원자재에 해당하는 재화와 용역의 공급을 볼모로 하는 쟁의행위라는 점, 그리고 아직도 선진 외국의 기술과 자본을 도입하는 한편 그들과 치열한 경쟁을 통하여 경제성장과 발전을 이룩하여야 하는 우리의 경제사정하에서 극한적인 쟁의행위로 생산성과 국제경쟁력을 저하시키고 나아가 국내 기업의 투자심리를 위축시키는 현상을 초래하게 되는 점 등을 고려한다면, 쟁의행위의 돌입 후 사태의 심각성 여부에 따라 긴급조정을 발동하는 것만으로 충분하다고 주장하는 것은 우리노사관계의 역사와 정치, 경제 및 사회적 현실을 직시하지 못한 견해라고 하지 아니할 수 없다.

다) 그렇다면 위와 같은 여러 가지 사항을 고려할 때, 강제중재제도는 사회혼란과 일반국민의 피해를 줄이고, 신속하고 원만한 쟁의타결을 위하여 아직까지는 필요한 제도라고 할 것이며, 긴급조정제도에 흡수될 수 있는 것으로서 옥상옥으로 불필요하다거나 근로자의 단체행동권을 과잉제한하는 것이라고 단정할 수 없고, 오히려 양제도는 공익사업체의 노동쟁의조정제도로서 상호보완적으로 각자가 그 기능을 하고 있다고 보아야 한다. 만약 현행 노동쟁의조정제도상 강제중재제도가 결여된다면 통상적인 노동쟁의조정제도로 노동쟁의가 타결되지 아니하여 쟁의행위로 나아간 경우 긴급조정만으로 노동쟁의를 조정하여야 하는데, 현행 노동쟁의조정법은 긴급조정의 경우 조정을 위하여 쟁의행위가 금지되는 기간이 20일에 불과하여, 현실적 또는 비교법적으로 그 조정기간이 지나치게 짧아서(일본은 50일, 미국은 80일 이다) 긴급조정제도가 효과적인 기능을 발휘하기에는 크게 미흡하다는 점도 고려하여야 할 것이다. 더구나 위에서 살펴본 바와 같은 우리의 노사관계의 역사와 현실을 감안하면 더욱 그러하다.

3) 강제중재와 쟁의행위 제한의 합헌성

헌법 제33조 제1항이 보장하고 있는 노동기본권은 어떤 제약도 허용되지 아니한 절대적인 권리가 아니라 질서유지나 공공복리라는 관점에서 당연히 그 내재적인 제약이 있으며, 그 제한은 노동기본권 보장의 필요와 국민생활 전체의 이익을 유지·증진할 필요를 비교형량하여 양자가 적정한 균형을 유지하는 선에서 결정된다고 할 것이다. 이와 같은 관점에서 공익사업에 대한 강제중재규정(노동쟁의조정법 제30조 제3호)과 강제중재에 회부된 경우 쟁의행위를 제한하는 규정(같은 법 제31조)이 과연 과잉금지의 원칙 내지 비례의 원칙 등 기본권제한입법의 한계를 일탈하였는가를 각각 살펴본다.

가) 먼저, 위에서 본 강제중재제도의 필요성과 그 운영의 합리성을 전제로 하여, 공익사업에 한하여 강제중재에 회부하도록 한 규정의 합헌성에 관하여 본다.

첫째, 노동쟁의조정법 제4조 소정의 공익사업의 범위는 공중운수사업, 수도·전기·가스 및 정유사업, 공중위생 및 의료사업, 방송 통신사업 등으로 상당히 한정되어 있고, 우리 국민생활에 바로 직결되어 있어 그 사업의 정지 또는 폐지가 일반인의 일상생활과 국민경제에 큰 타격을 줄 수 있는 이른바 공공역무로서의 성질을 띠고 있는 것이므로, 위에서 본 바와 같이 질서유지나 공공복리를 위하여 노동쟁의가 쟁의행위로 나아가지 아니하고 원만하고 신속히 타결되어야 할 '필요성'이 일반사업에 비하여 현저히 높다.

둘째, 앞서 본 바와 같이 극한적 대립으로 치닫기 쉬운 우리 노사관계의 현실을 감안하면, 알선이나 조정 등에 의하여 분쟁이 타결되지 아니하고 노사 쌍방의 대립이 격화되어 당사자가 중재신청에 나아가지 아니하는 경우에는 노사 양측에게 냉각기간을 가지게 하면서, 노사분쟁 해결에 관한 전문지식을 가지고 있는 중립적 기관인 노동위원회로 하여금 중재에 회부하도록 하는 것은 그 목적 수행을 위한 '부득이 한 조치'라고 하지 아니할 수 없다.

셋째, 노동부장관이 행정재량에 기한 정책적 결정에 의하여 발동하는 긴급조정과는 달리, 강제중재는 준사법적 기관의 성격을 가지는 노동위원회가 결정하는바, 노동위원회는 노사의 자주적 질서의 수립이라는 이념을 살리기 위하여 법률에 의하여 설치된 독립적 행정규제위원회로서, 근로자를 대표하는 자와 사용자를 대표하는 자의 참여를 조직원리로 하고 있고 중재위원의 선정에 관계당사자의 대표자가 관여할 수 있고(노동쟁의조정법 제32조), 중재시 관계당사자를 대표하는 위원에게 의견진술권이 부여되어 있을 뿐만 아니라(같은 법 제35조), 노사문제가 사회 전체에 미치는 영향을 고려하여 공익을 대표하는 자(공익위원)의 참여도 인정하고 있으며(노동위원회법 제6조, 제9조의2), 노동위원의 임용자격을 법률로 규정하고(같은 법 제7조의3) 의결방식도 합의제를 채택하는(같은 법 제10조) 등 그 직무상 독립성이나 전문성이 보장되어 있다. 또한 중재를 담당하는 중재위원회는 노동위원회가 조직하며 중재위원의 선정에 관계당사자의 대표자가 관여할 수 있고(노동쟁의조정법 제32조) 중재시 관계당사자를 대표하는 위원에게 의견진술권이 부여되어 있는(같은 법 제35조) 등 그 구성이나 운영절차 등에 민주성과 공정성이 확보되어 있을 뿐만 아니라, 중재재정에 대하여는 재심과 행정소송의 방법을 통하여 중재재정의 적정성과 적법성을 다툴 수 있는 대상조치(代償措置)가 마련되어 있다(제38조).

따라서 이러한 여러 가지 점을 고려하면 이 사건 강제중재제도가 도모하는 목적을 달성하기 위한 방법이 '상당성'을 갖추었다고 하지 아니할 수 없으며, 이와 관련하여 중재위원회의 중재재정 여부에 관하여는 전혀 근로자 측에서 관여할 수 없고 완전한 행정재량에 맡겨져 있다고 보는 위헌의견은 타당하지 아니하다고 할 것이다.

한편 위헌의견은, 공익사업의 경우 강제중재제도가 있기 때문에 사용자 측이 단체교섭에 성실히 임하지 아니할 가능성이 있고, 중재위원회의 경우 중재위원을 선정함에 있어서 관계당사자의 합의로 중재위원이 선정될 가능성은 거의 없으므로 사실상 노동위원회의 위원장이 일방적으로 중재위원을 지명하게 되어 결국 근로자 측으로서는 의견진술권을 제외하면 자신들의 의사를 반영할 수 있는 제도적 장치가 없으며, 강제중재에 일단 회부되면 쟁의행위가 금지될 뿐만 아니라 중재재정은 단체협약을 체결한 바와 같은 효과가 있으므로 그 역시 사실상 쟁의행위를 금지하는 결과가 되고, 따라서 강제중재는 최후의 수단으로 행사되는 것이 아니라 행정청의 행정적 편의에 따라 쉽게 동원할 수 있는 일반적인 수단으로 남용될 우려가 있다고 주장한다.

그러나 위와 같은 주장은 다분히 그동안의 중재제도의 운영현실에 대한 평가는 될지언정(그 평가의 적정 여부는 불문하고) 제도 자체에 대한 분석과 평가라고 보기는 어렵다. 앞서 본 바와 같이 공익사업의 경우 쟁의행위로 나아가 노사관계가 파국으로 치닫는다면 이는 더 이상 노사당사자만의 문제가 아니라 모든 국민의 생명·신체에 대한 위해나 일상생활에 대한 심각한 곤란뿐만 아니라 나아가 국민 경제에 미치는 악영향이 대단히 크므로, 중립적이고 노사분쟁해결의 전문적인 지식을 갖춘 공적 기관으로 하여금 이를 중재하여 공익을 해치지 않는 범위 내에서 노사 양당사자의 의사를 충분히 반영하여 노사분쟁을 신속하고 원만하게 타결하고자 하는 것이 강제중재제도의 본래 취지인 것이다. 또한 중재위원회는 준사법적인 성격을 가지고 있는 기관으로서 행정부에 소속되어 있지만 그 기능상 독립되어 있고 그 심의방식이나 결정은 위에서 본 바와 같이 오히려 사법기관과 유사하다. 중재위원회를 이와 같이 중립적이고 독립적인 결정기관으로 이해한다면, 제도상 그 중재재정의 내용이 특히 사용자측에 유리하게 이루어질 것을 기대하여 사용자들이 노사교섭에 성실히 임하지 아니한다는 주장은 타당하지 아니하다.

또한 중재위원의 선정에 관하여 관계당사자의 합의 가능성이 없으므로 의견제출권을 제외하면 근로자의 의사를 반영할 기회가 거의 없다는 주장은 설사 그 주장이 타당하다고 하더라도 이는 제도의 운영의 문제이지 제도 자체의 문제는 아니라고 할 것이다. 오히려 만약 실제로 강제중재의 규범력이 확고히 뿌리내리게 된다면, 위와 같은 노사분쟁해결수단을 이용하여 노사당사자는 자기의 의사를 반영하려고 백방으로 최선을 다하여 노력을 경주할 것이고 그 결과 격렬한 쟁의 없이 양당사자가 모두 만족할 만한 결과를 도출하게 될 것이며, 그렇게 되면 오히려 이 제도는 노사당사자 간의 타협·조정에 의한 노사문제 해결을 담보하는 방편이 될 수도 있는 것이다. 요컨대, 노사당사자가 자치에 입각하여 그들의 분쟁을 해결하지 못하여 쟁의행위로 나아갈 경우 공익사업에 있어서는 노사당사자만의 문제가 아니라 사회질서나 공공복리에 심각한 위해를 초래할 가능성이 있으므로 중재위원회가 개입하는 것이다.

뿐만 아니라, 이 제도를 행정편의에 따라 일반적 수단으로 남용될 우려가 있다는 주장 역시 앞서 본 중재회부요건, 중재위원회의 기관의 성격, 운영방식과 결정 등에 비추어 보면 타당하지 아니하다고 할 것이다.

따라서 공익사업에 한하여 강제중재절차를 규정한 노동쟁의조정법 제30조 제3호는 공공복리를 위하여 노사쌍방의 자주적 쟁의해결권을 제한하는 데 있어서 과잉금지의 원칙 내지 비례의 원칙에 위배되지 아니하므로 헌법에 위반된다고 할 수 없다.

나) 다음으로, 강제중재에 회부되었을 때 쟁의행위를 15일간 금지하는 것이 근로자의 단체행동권을 박탈하는 것인지 여부에 관하여 본다.

앞서 본 것처럼 공익사업에서의 노동쟁의는 쟁의행위가 국민생활에 미치는 영향이 엄청나게 크기 때문에 노동쟁의를 쟁의행위로 나아가지 아니하고 신속하고 원만하게 해결하기 위하여 강제중재제도를 두고 있는바, 중재회부 후 일정기간 쟁의행위를 금지하는 목적은 당사자 쌍방에게 평화적인 해결을 위한 일종의 냉각기간을 다시 부여하여 격화된 당사자의 대립을 완화시킴으로써 중재에 따른 분쟁타결의 효과를 극대화하자는 데 있으므로 그 정당성이 인정된다고 할 것이다. 이는 우리 노동쟁의의 현실이 대체로 극단적 대립양상을 띠고 있고 특히 공익사업과 같은 대규모 업체의 경우 쟁의의 규모가 크고 국민 대다수에게 직접적으로 큰 피해를 주고 있음을 감안한 것이라고 하겠다.

그리고 쟁의행위가 금지되는 기간은 15일이지만, 그 기간 내에 중재재정이 내려지지 아니할 경우에는 언제든지 쟁의행위에 돌입할 수 있으므로 이 사건 쟁의행위금지규정이 단체행동권인 쟁의권 자체를 박탈하는 것은 아닐 뿐만 아니라, 그 기간도 현행법에서는 20일에서 15일로 단축하여 불합리하게 장기라고 할 수도 없으며, 위에서 본 바와 같이 중재재정에 대하여 재심과 행정소송의 불복절차를 경유할 수 있는 등 대상조치도 마련되어 있다.

또한 공익사업으로서 공중의 일상생활에 없어서는 아니되거나 그 업무의 정지 또는 폐지가 국민경제를 현저히 위태롭게 하는 사업의 경우, 위에서 살펴본 바와 같이 근로자의 이익이나 권리의 확보에 비하여 중재에 의하여 분쟁을 원만하고 신속하게 해결하여 국민의 일상생활을 보호할 필요가 현저히 크다는 이익교량의 원칙에 비추어 보더라도 어느 정도의 쟁의행위의 제한은 감수하여야 할 것이다. 따라서 일반사업에 종사하는 근로자와 공익사업에 종사하는 근로자를 합리적인 이유 없이 차별하는 것이 되어 평등의 원칙에 반한다는 주장은 타당하지 아니하다.

한편 위헌의견은, 구 헌법과는 달리 현행 헌법하에서는 주요방위산업체에 종사하는 근로자가 아닌 공익사업체에 종사하는 근로자에 대한 단체행동권을 박탈할 헌법적 근거가 소멸하였다고 할 것인데, 강제중재는 단체행동권을 과잉제한하고 있어 그 권리를 유명무실하게 만들고 있으므로 사실상 단체행동권을 박탈하고 있다고 주장하고 있다.

그러나 현행 헌법이 구 헌법과 달리 공익사업체에 종사하는 근로자의 단체행동권에 관한 제한규정을 두고 있지 않다고 하더라도, 헌법 제37조 제2항의 일반유보조항에 따른 기본권제한의 원칙에 의하여 단체행동권을 제한할 수 있음은 의문의 여지가 없는 것이고, 문제는 그 제한이 기본권제한 입법이 준수하여야 할 헌법상의 제 원칙에 위배되는가 하는 것인데, 강제중재의 경우 쟁의행위의 제한을 규정하는 노동쟁의조정법 제31조가 이러한 과잉금지의 원칙이나 비례의 원칙에 위배되지 아니한다는 점은 앞서 본 바와 같다. 따라서 강제중재시의 쟁의행위제한규정도 근로자의 단체행동권제한의 한계를 일탈하여 헌법에 위반된다고는 볼 수 없다.

4) 쟁의행위 제한규정을 위반한 자에 대한 처벌규정의 합헌성

강제중재회부시 쟁의행위에 대한 제한규정이 위와 같이 헌법에 위반되지 아니한 이상, 그 위반자에 대한 처벌규정인 노동쟁의조정법 제47조의 '제31조'에 관한 부분 역시 헌법에 위반되지 아니한다고 보아야 할 것이다. 다만 규정된 형벌 가운데 '1년 이하의 징역'이라는 자유형에 처할 수 있도록 한 것이 과도한 처벌이 아닌가 하는 의문이 생길 수도 있으나, 처벌규정에 있어서 어떠한 형벌을 어떻게 규정할 것인가는 기본적으로 입법정책의 문제로서, 우리나라의 특수한 노사관계의 역사와 현실에 비추어 볼 때 죄질이 나쁘고 가벌성이 큰 경우에는 징역형에 처할 필요가 있는 경우가 발생할 수 있으므로 위 규정이 신체의 자유를 과도하게 제한하는 처벌규정이라고 단정할 수 없다고 할 것이다.

(나) 재판관 김진우, 재판관 황도연, 재판관 이재화, 재판관 조승형, 재판관 고중석의 위헌의견

1) 근로3권 및 노동쟁의조정제도의 의의

헌법 제33조 제1항은 근로자가 근로조건의 향상을 위하여 자주적인 단결권, 단체교섭권 및 단체행동권을 가진다고 규정함으로써, 근로자가 자주적인 단결을 통하여 임금 및 근로조건의 개선을 실현할 수 있는 길을 열어 놓고 있다. 헌법이 근로3권을 보장하는 취지는 원칙적으로 개인과 기업의 경제상의 창의와 자유를 존중함을 기본으로 하는 시장경제의 원리를 경제의 기본질서로 채택하면서, 노동관계 당사자인 사용자와 근로자가 상반된 이해관계로 말미암은 계급적 대립, 적대의 관계로 나아가지 않고 활동과정에서 서로 기능을 나누어 가진 대등한 교섭주체의 관계로 발전하게 하여 그

들로 하여금 때로는 대립, 항쟁하게 하고, 때로는 교섭, 타협의 조정과정을 거쳐 분쟁을 평화적으로 해결하게 함으로써, 궁극적으로 근로자의 이익과 지위의 향상을 도모함에 있다.

이와 같은 헌법정신에 따라 노동관계의 공정한 조정을 도모하고 노동쟁의를 예방 또는 해결함으로써 산업평화의 유지와 국민경제발전에 기여함을 목적으로 하여 노동쟁의조정법이 제정된 것이다(법 제1조 참조).

한편 세계 여러 나라의 헌법은, 근로자들이 단체를 결성하고 이를 배경으로 사용자와 대등한 지위에서 근로조건에 관한 교섭을 하고 경우에 따라서는 단체행동을 함으로써 근로조건을 개선하는 활동이 과거에 국가권력에 의하여 공식적·비공식적으로 탄압받았을 뿐만 아니라 현재도 그러한 권리가 국가권력이나 경제적으로 우월적 지위에 있는 사용자에 의하여 억압받기 쉽다는 점에 근거하여 근로자의 단결권·단체교섭권·단체행동권을 기본권으로서 보장하고 있다. 우리 헌법 제33조 제1항도 근로자가 위와 같은 내용의 활동을 '자주적'으로 할 수 있도록 규정하고 있다. 그렇다면 헌법 제33조 제1항에 보장된 근로3권은 근로자가 자주적으로 단결하여 근로조건의 유지·개선과 근로자의 복지증진 기타 사회적·경제적 지위의 향상을 도모함을 목적으로 단체를 자유롭게 결성하고 이를 바탕으로 사용자와 근로조건에 관한 교섭을 자유롭게 하며 때로는 자신의 요구를 관철하기 위하여 단체행동을 할 수 있는 자유의 보장을 주된 내용으로 한다고 할 것이다.

2) 헌법상의 쟁의행위 제한

가) 헌법상 보장되고 있는 단체행동권이라 하여도 그것이 어느 경우에나 절대적으로 보장되는 것을 의미하지는 않는다고 할 것이므로 그 정당성이 전제되어야 한다. 정당한 쟁의행위라 함은 ① 그 주체가 단체교섭의 주체가 될 수 있는 자라야 하고, ② 그 목적이 근로조건의 향상을 위한 노사간의 자치적 교섭을 조성하는 데 있어야 하며, ③ 사용자가 근로자의 근로조건 개선에 관한 단체교섭의 요구를 거부하였을 때 개시하되 특별한 사정

이 없는 한 조합원의 찬성결정과 법 소정의 쟁의발생 신고를 거쳐야 하고, ④ 그 수단과 방법이 사용자의 재산권과 조화를 이루어야 함은 물론 폭력행사에 해당하지 않는 것이어야 한다.

정당한 단체행동권의 행사로서의 쟁의행위에 대하여는 형사상의 처벌을 받지 아니하고(노동조합법 제2조; 노동쟁의조정법 제9조), 사용자에 대한 관계에서 민사상의 채무불이행 또는 불법행위 책임을 부담하지 아니하며(노동쟁의조정법 제8조), 단체행동에 참가하였음을 이유로 근로자가 해고 기타 불이익한 처우를 받지 아니하도록 하여(노동조합법 제39조 제5호) 정당한 단체행동에 대한 법적 보호를 하고 있다.

나) 한편 헌법 제33조 제2항은 법률이 정하는 일정 범위의 공무원에 대하여만 단체행동권을 인정하고, 헌법 제33조 제3항은 주요방위산업체 근로자의 단체행동권을 법률로 제한 또는 배제할 수 있는 근거를 규정하고 있으며, 헌법 제37조 제2항은 공무원이나 주요방위산업체 근로자가 아니더라도 국가안보, 질서유지, 공공복리를 위하여 필요한 경우에 한하여 법률로써 단체행동권을 제한할 수 있도록 규정하고 있다. 그러나 국가안보, 질서유지 공공복리를 위하여 단체행동권을 제한하는 경우에도 그 목적을 달성하기 위하여 적합한 방법을 취하여야 하고 필요한 최소한도에 그쳐야 할 뿐 아니라, 단체행동권의 본질적 내용을 침해할 수는 없다 할 것이다.

3) 강제조정제도의 위헌성

가) 근로3권은 근로자가 사용자와 개별적으로 근로조건에 관한 계약을 체결할 경우에 처하게 되는 근로자의 사회·경제적으로 열등한 지위를 근로자단체의 힘을 배경으로 보완·강화함으로써 사용자와 근로자 사이의 실질적인 대등성을 확보해 주는 기능을 수행하는 기본권이다. 그런데 근로자의 단체행동권이 전제되지 않은 단체결성이나 단체교섭이란 무력한 것이어서 무의미하여 단체결성이나 단체교섭권만으로는 노사관계의 실질적 대등성은

확보될 수 없으므로, 단체행동권이야말로 노사관계의 실질적 대등성을 확보하는 필수적인 전제이다. 그러므로 근로3권 가운데 가장 중핵적인 권리는 단체행동권이라고 보아야 한다.

구 헌법(1980. 10. 27. 개정되고 1987. 10. 29. 개정되기 이전의 것, 이하 구 헌법이라 한다)과 현행 헌법의 근로3권에 관한 규정의 구조를 비교해 볼 때, 현행 헌법은 공익사업에 종사하는 근로자들에게 단체행동권을 부여하는 것을 원칙으로 하고 있다고 해석된다. 즉 구 헌법 제31조는 근로3권에 관하여 제1항에서 "근로자는 근로조건의 향상을 위하여 자주적인 단결권·단체교섭권 및 단체행동권을 가진다. 다만, 단체행동권의 행사는 법률이 정하는 바에 의한다"고 규정하고, 제2항에서 "공무원인 근로자는 법률로 인정된 자를 제외하고는 단결권·단체교섭권 및 단체행동권을 가질 수 없다"고 규정하며, 제3항에서 "국가·지방자치단체·국공영기업체·방위산업체·공익사업체 또는 국민경제에 중대한 영향을 미치는 사업체에 종사하는 근로자의 단체행동권은 법률이 정하는 바에 의하여 이를 제한하거나 인정하지 아니할 수 있다"고 규정하였으므로 위 제3항의 규정 자체에 의하여 공익사업에 종사하는 근로자의 단체행동권을 법률로써 제한하거나 박탈할 수 있었다고 할 것이다.

그러나 현행 헌법 제33조는 제1항에서 "근로자는 근로조건의 향상을 위하여 자주적인 단결권·단체교섭권 및 단체행동권을 가진다"고 규정하여 근로3권의 개별적 법률유보를 삭제하였을 뿐만 아니라, 제2항에서 "공무원인 근로자는 법률이 정하는 자에 한하여 단결권·단체교섭권 및 단체행동권을 가진다"고 규정하고, 나아가 제3항에서 "법률이 정하는 주요방위산업체에 종사하는 근로자의 단체행동권은 법률이 정하는 바에 의하여 이를 제한하거나 인정하지 아니할 수 있다"고 규정하고 있다. 따라서 현행 헌법하에서는 주요방위산업체에 종사하는 근로자가 아닌 공익사업체에 종사하는 근로자에 대한 단체행동권을 박탈할 헌법적 근거가 소멸하였다고 할 것이다. 다만 주요방위산업체가 아닌 공익사업체에 종사하는 근로자인 경우 현행 헌법하에서도 헌법 제37조 제2항에 따라 국가안전보장·질서유지 또는 공공복리를 위하여 단체행동권을 제한할 수 있는 여지는 있으나, 이 경우에도 위와 같은 헌법의 개정취지를 존중하여 정당한 단체행동권에 대한 제한은 최후의 수단으로서의 성격을 가져야 하며, 그만큼 그 제한이 정당화되려면 엄격한 요건을 충족시켜야 한다고 보아야 한다.

특정 기본권에 대한 제한이 헌법의 개별유보조항에 근거하든지, 헌법 제37조 제2항의 일반유보조항에 근거하든지 간에 기본권 제한의 목적, 수단 방법 및 정도에 관한 법리작용은 달라지지 아니한다는 주장이 있지만, 이는 헌법조문에 나타난 헌법개정권력자의 객관적 의사나 개별 기본권규정들에 나타나고 있는 기본권제한의 분화된 체계를 완전히 무시하는 부당한 해석이다. 그러한 해석에 의한다면 헌법 스스로 공무원인 근로자 및 주요방위산업체에 종사하는 근로자의 근로3권과 관련하여 특별한 규정을 두어야 할 이유도 없어지기 때문이다. 그러므로 현행 헌법이 공익사업체에 종사하는 근로자의 단체행동권에 관하여 별다른 규정을 두고 있지 아니한 취지는 그 단체행동권을 구 헌법에 있어서보다 강하게 보장하려는 것이라고 보아야 한다. 즉 공익사업체에 종사하는 근로자의 단체행동권을 강력히 억제했던 구 헌법에 비하여 현행 헌법은 그간의 국민경제적 성장과 노동관계법 영역에서의 체험의 축적을 바탕으로 공익사업체의 근로자와 사용자가 자율적인 타협에 의하여 노·사관계를 규율하도록 노·사관계법질서에 대하여 개방적이고 유연한 자세를 견지하고 있는 것이다. 그리고 단체행동권이 근로자에게 사용자와 대등한 교섭능력을 보장하는 데 있어서 불가결하다면 근로자의 단체행동권의 정당한 행사는 원칙적으로 제한할 수 없다고 보아야 한다. 구 헌법이 주요방위산업체나 공익사업체에 종사하는 근로자의 단체행동권에 대한 제한 내지 박탈의 가능성을 스스로 규율하고 있었던 것과 현행 헌법이 공무원인 근로자와 주요방위산업체에 종사하는 근로자의 단결권·단체교섭권·단체행동권에 대하여 특별한 규정을 두고 있는 것은 모두 그러한 해석에 의해서만 제대로 이해될 수 있다고 할 것이다.

나아가 국민경제적 실정이나 노·사협상의 일천한 역사 등 우리나라의 경제와 노동의 현실을 강조하는 견해는 헌법해석이 현실과 관련을 맺고 또 현실에 뿌리를 두어야 한다는 점을 지적하는 한에서는 타당하다. 그러나 근로3권에 관한 헌법규정은 노·사관계법의 기본방향을 제시함으로써 동시에 노동현실을 규정하고 있는 규범이라는 점을 간과해서는 아니된다. 즉, 현실만을 강조하는 견해는 궁극적으로는 실정헌법에 반하는 현실을 정당화할 위험성을 내포하고 있음에 유의할 필요가 있다.

나) 우리 헌법재판소의 확립된 판례에 의하면 기본권제한입법이 우리 헌법 제37조 제2항에 근거를 두고 있는 과잉금지의 원칙에 위반하지 않으려면 먼저 정당한 목적을 추구하여야 하고(목적의 정당성), 그 목적을 달성하기에 수단이 적합하여야 하고(수단의 적합성), 피해를 최소화하여야 하며(피해의 최소성), 제한되는 기본권과 실현되는 공익 사이에는 상당한 비례관계가 있어야 할 것(법익의 균형성)을 요구하며 만일 기본권을 제한하는 법률이 이 중 어느 한 요건이라도 충족하지 못하면 그 입법은 위헌적인 입법이 된다는 것을 내용으로 하고 있다.

그러므로 위 법 제30조 제3호가 공익사업에 종사하는 근로3권의 핵이라 할 근로자의 단체행동권을 위의 요건들에 반하여 과잉제한하고 있어 헌법에 위배되는지를 본다.

① 위에서 본 바와 같이 노동쟁의조정법 제30조 제3호가 헌법 제37조 제2항에 열거된 기본권제한사유인 공공복리 또는 질서유지라는 헌법적으로 정당한 목적을 추구하고 있음은 의심의 여지가 없으며, 그러한 목적을 달성하기 위하여 공익사업장에서의 노동쟁의를 강제중재에 회부시켜 파업에 이르기 전에 노사분쟁을 해결하는 강제중재제도를 채택하고 있으므로 수단의 적합성 요건도 충족하고 있다고 본다.

② 그러나 우리나라의 노동쟁의조정제도의 구조상 공익사업의 경우에

노동위원회에서 강제중재회부결정을 하면, 그날로부터 15일간은 쟁의행위를 할 수 없고, 그동안에 중재재정이 내려지면 그에 대하여 재심신청 또는 행정소송을 제기하여도 그 효력은 정지되지 아니하며(노동쟁의조정법 제39조 제1항), 확정된 중재재정은 단체협약과 동일한 효력을 가진다(같은 조 제2항). 따라서 중재위원회에서 15일 이내에 중재재정을 내리지 않는다면 다시 쟁의에 돌입할 수 있지만 중재재정을 내리지 아니할 가능성은 희박하고, 중재재정이 내려지면 근로자로서는 사실상 더 이상의 쟁의가 금지되는 결과가 된다고 할 수 있다. 또 중재를 개시하게 되는 시기는 노사대립이 첨예화되어 근로자 측에서 최후의 수단인 쟁의행위에 돌입하는 단계이다.

③ 그런데 노동위원회의 강제중재회부결정 여부의 문제와 중재위원회의 중재재정 여부의 문제는 전혀 근로자 측에서 관여할 수 없고 완전한 행정재량에 맡겨져 있다고 할 것이므로 결국 현행 강제중재제도는 근로자들의 노동쟁의권의 행사가능성을 완전히 행정재량에 맡겨놓은 제도라고 할 것이다. 행정관청의 요구에 의한 노동위원회의 결정이나 노동위원회의 직권에 의하여 중재에 회부되게 되는 경우에는 강제중재를 담당하는 중재위원회의 3인의 중재위원도 당해 노동위원회의 공익을 대표하는 위원과 공익을 대표하는 특별조정위원 중에서 관계당사자의 합의로 선정하는 자를 그 노동위원회의 위원장이 지명하고, 관계당사자의 합의가 성립되지 아니하는 경우에는 노동위원회의 공익을 대표하는 위원과 공익을 대표하는 특별조정위원 중에서 지명하도록 되어 있다(노동쟁의조정법 제32조 제3항). 강제중재제도의 본질에 비추어 볼 때 중재위원선정과 관련하여 관계당사자의 합의가 형성되는 것을 기대하기 힘들며 결국 중재위원회는 노동위원회의 위원장이 일방적으로 지명하는 위원들로 구성되게 될 것이다. 그러므로 중재시 관계당사자가 지명한 노동위원회의 사용자위원 또는 근로자위원이나 특별조정위원은 중재위원회의 '동의를 얻어' 그 회의에 출석하여 의견을 진술할 수 있는 점(같은 법 제35조)을 제외하면 근로자는 중재회부 여부나 그 중재재정을 좌우하게 될

중재위원의 선임이나 중재재정의 결과에 사실상 영향을 미치지 못하게 되어 있다. 이러한 이유 때문에 노동위원회의 직권에 의하여 또는 행정청의 요구에 의한 결정으로 노동쟁의를 중재에 회부했을 경우에는 냉각기간인 15일 이내에 중재재정이 이루어지지 않을 가능성은 거의 없고, 따라서 강제중재에 일단 회부되게 되면 단체행동권의 행사는 사실상 불가능하게 된다.

또한 관계당사자는 중앙노동위원회에 중재재정의 재심청구를 거쳐 행정소송을 제기할 수 있으나 법원은 중앙노동위원회의 재심결정의 '위법성'이나 '월권 여부'만을 심사하고 그 적정성을 판단할 수 없기 때문에(같은 법 제38조 참조) 행정소송을 통하여 중재재정을 뒤엎는다는 것은 사실상 기대하기 힘들다.

나아가 현실적으로도 공익사업체의 사용자들은 단체교섭이 결렬되더라도 강제중재에 의해 노동조합의 쟁의행위를 봉쇄하면서 그들의 주장대로 중재재정이 이루어질 것을 기대하기 때문에 단체교섭에 성실하게 임하지 아니할 가능성이 많다는 점도 간과하여서는 아니될 것이다.

그러므로 공익사업체에 종사하는 근로자들의 단체행동권을 제한한 것에 대한 대상조치(代償措置)가 마련되어 있는 이상 이 사건 법률조항이 공익사업체 근로자의 단체행동권을 침해하는 것이 아니라는 주장은 현행 강제중재제도의 위와 같은 측면을 무시한 피상적인 이론이라고 할 것이다.

④ 근로자와 사용자가 합의하여 공동으로 중재신청을 하는 것이 아니라 행정청 또는 노동위원회가 일방적으로 강제중재회부 여부의 문제를 결정할 수 있도록 하는 제도는 노·사 양측에 대한 국가 또는 노동위원회의 중립성, 나아가서는 그 신뢰성을 뒤흔들 가능성이 있기 때문에 최대한 그 사용이 억제되어야 한다. 그럼에도 불구하고 노동쟁의조정법 제30조 제3호는 사업장의 성격이 법률이 정하는 공익사업으로서의 성격을 띠는 경우에는 별다른 가중요건도 없이 노동위원회가 직권 또는 행정관청의 요구에 기한 결정으로 중재에 회부할 수 있게 함으로써 강제중재가 최후수단으로서의

성격을 띠는 것이 아니라, 행정청이 필요에 따라 간이하게 동원할 수 있는 일반적 수단으로 변질될 가능성을 안고 있다.

⑤ 더구나 현행 노동쟁의조정법상 노동부장관은 쟁의행위가 공익사업에 관한 것이거나 그 규모가 크거나 그 성질이 특별한 것으로서 현저히 국민경제를 해하거나 국민의 일상생활을 위태롭게 할 위험이 현존하는 때에는 미리 중앙노동위원회의 의견을 들어 긴급조정의 결정을 할 수 있고(제40조 제1항, 제2항), 긴급조정의 결정이 공표된 때에는 공표일로부터 20일간은 쟁의행위가 금지된다(제41조). 한편 중앙노동위원회는 노동부장관으로부터 긴급조정의 통고를 받은 때에는 지체 없이 조정을 개시하여야 하며(제42조), 조정이 성립될 가망이 없다고 인정한 경우에는 긴급조정의 통고를 받은 날부터 10일 이내에 그 사건을 중재에 회부할 것인가의 여부를 결정하여야 한다(제43조). 또한 중앙노동위원회는 당해 관계당사자의 쌍방이나 일방으로부터 중재신청이 있거나 직권중재회부의 결정을 한 때에는 지체 없이 중재를 행하여야 한다(제44조).

따라서 현행법하에서 공익사업에 있어서 행정관청으로서는 이 사건 심판대상 규정인 노동쟁의조정법 제30조 제3호에 의하여 쟁의행위 돌입 이전 또는 그 이후에 강제중재에 회부하여 쟁의행위를 원천적으로 또는 사후적으로 봉쇄할 수도 있고, 쟁의행위 돌입 후에는 같은 법 제40조 제1항, 제43조, 제44조에 의하여 그것이 국민생활의 안전을 위태롭게 할 경우에는 먼저 긴급조정에 회부하고 긴급조정이 성립하지 않을 경우에는 강제중재에 회부함으로써 쟁의행위를 사후적으로 봉쇄할 수 있는 두 가지 길이 열려 있다. 또한 공익사업에 있어서의 쟁의행위가 국가경제나 국민의 일상생활에 위해를 가할 우려가 있으므로 이를 제한하는 것이 타당하다고 하더라도, 위 법 제30조 제3호의 강제중재제도가 없어도 위 법 제40조 이하에 규정된 긴급조정과 이에 따른 강제중재제도에 의하여 공익사업에서의 쟁의행위를 필요한 경우에 봉쇄할 수도 있으므로 공익사업의 쟁의가 바로 국민경제나 국민의 일상생활에 위해를 미칠 가능성은 없다고 할 것이다. 이와 같이 긴급조정 후의 강제중재제도가 존재하고 있음에도 불구하고 긴급조정을 하여야 할 정도의 심각성이 없는 경우까지 단순히 공익사업이라는 이유만으로 강제중재에 회부하도록 되어 있는 노동쟁의조정법 제30조 제3호는 공익사업 근로자들의 단체행동권을 필요 이상으로 제한하는 것이다.

그 밖에도 근로자의 단체행동권은 그 목적과 수단이 상당한 관계를 유지하도록 행사되어야 한다는 점에서 내재적 제약을 받고 있을 뿐만 아니라, 공익사업체의 근로자들은 현대생활에 불가결한 요소들을 관리·공급하고 있으므로 공익사업체의 근로자들에게 원칙적으로 파업권 등 단체행동권을 인정하면서도 그 파업이 미치는 효과를 감안하여 단체행동의 범위와 형태를 제한함으로써, 예를 들면 병원근로자들에게 원칙적으로 단체행동권을 인정하면서도 응급환자와 중환자에 대해서는 진료거부를 하지 못하도록 한다든가 전기·가스·수돗물의 계속적 공급까지는 거부하지 못하도록 하는 것과 같이, 단체행동으로 인한 국민생활의 불편을 줄이는 등 근로자의 단체행동권과 공익을 모두 적절하게 실현시킬 수 있는 방안이 있을 수 있다. 사실적인 측면에서 보더라도 공익사업체 근로자들은 그 단체행동의 파급효과로 인한 예상되는 여론의 질타를 피하고 자신들의 요구조건을 관철함에 있어서 여론의 뒷받침을 받기 위해서는 오히려 자신들이 갖고 있는 최후의 수단을 실제로 사용하는 것을 자제할 수밖에 없기 때문에 공익사업체의 근로자들에게 단체행동권을 인정한다고 하여 바로 현대 산업사회의 도시생활에 불가결한 공급체계의 혼란을 피할 수 없다고 보는 것은 설득력이 별로 없다. 사정이 이러함에도 불구하고 일률적으로 공익사업체에 종사하는 근로자의 단체행동권을 강제중재제도에 의하여 사실상 박탈하는 것은 근로자의 단체행동권을 필요 이상으로 제한하는 것이다.

그렇다면 노동쟁의조정법 제30조 제3호는 최소침해의 원칙에 위반된다고 할 것이므로 헌법이 제33조 제1항에서 보장된 근로자의 권리의 본질적 내용을 침해하는 여부를 가릴 필요도 없이 단체행동권을 필요 이상으로 과잉제한하여 헌법에 위반된다.

다) 뿐만 아니라, 위 법 제30조 제3호는 관계당사자가 합의 또는 단체협약에 기한 중재신청을 하지 아니하였고 긴급조정절차를 거친 경우가 아닌데도 불구하고, 단순히 공익사업이라는 이유로 노동위원회의 직권이나 행정관청의 요청에 의한 강제중재에 의하여 근로자의 단체행동권의 행사를 사실상 제한함으로써 일반사업에 종사하는 근로자와 공익사업에 종사하는 근로자를 차별대우하고 있다.

그러나 공익사업체에 종사하는 근로자와 기타 사업체의 근로자를 단체행동권 행사와 관련하여 차별하는 근거는 공익사업체에 종사하는 근로자의 파업 등 단체행동으로 인한 국민생활에 대한 위해나 경제활동에 대한 저해의 방지 등에 있다고 할 것이지만 이러한 사유가 근로자의 사용자에 대한 실질적 대등성을 확보하는 데 불가결한 공익사업체 근로자의 단체행동권을 사실상 박탈하는 것을 정당화할 정도로 중대한 비중을 갖는다고 보기 어렵다.

한편 중재재정에 의하여 공익사업에 종사하는 근로자들의 단체행동권이 일반근로자의 단체행동권에 비하여 강하게 제한된다고 하더라도 중재위원회가 독립적이고 전문적인 행정위원회로서 중립적인 입장에서 중재재정을 내리는 것이므로 이 사건 규정에 의하여 제한되는 공익사업근로자의 단체행동권에 대하여 사회관념상 상당한 대상조치가 될 수 있어 평등권을 침해하지 아니한다는 주장도 제기될 수 있지만, 그러한 논리에 의한다면 위와 같은 중재위원회에서 중재재정을 내리는 한 단체행동권은 필요 없다는 결과가 되어 버리고, 나아가 공익사업의 쟁의뿐만 아니라 모든 사업장의 쟁의에 있어서도 중재제도로써 단체행동권에 갈음할 수 있다는 것이 되어 버린다는 점에서 그러한 주장은 설득력이 없다고 할 것이다.

그러므로 노동쟁의조정법 제30조 제3호는 헌법 제11조 제1항에 정한 평등의 원칙에도 위배된다고 할 것이다.

4) 강제중재시 쟁의행위금지와 그 위반자 처벌의 위헌성

노동쟁의조정법 제31조는 같은 법 제30조에 의한 중재개시의 쟁의행위금지효과를 정하는 규정이고, 같은 법 제47조의 '제31조'에 관한 부분은 위 제31조에 정하여진 중재개시의 효과(쟁의행위의 금지)에 위배되는 행위 등을 한 자에 대한 처벌규정이다.

그런데 위 각 법 조항에 대한 이 사건 위헌심판청구는 모두 같은 법 제30조 제3호에 의한 강제중재와 관련된 것이므로, 이 사건에 있어서 위 각 법조의 위헌 여부 및 그 범위는 위 제30조 제3호의 위헌 여부에 따라 필연적으로 결정되는바, 한편 위 제30조 제3호가 공익사업에 종사하는 근로자들의 헌법상 보장된 단체행동권을 과잉제한하여 헌법에 위반되는 것인은 위에서 본 바와 같다.

따라서 위 법 제31조 중 쟁의행위가 같은 법 제30조 제3호에 의하여 중재에 회부된 때에 관한 부분과 위 법 제47조의 '제31조' 부분 중 같은 법 제30조 제3호에 의하여 중재에 회부된 때에 관한 부분은 헌법에 각 위반된다고 판단된다.

5. 결 론

그러므로 노동쟁의조정법 제4조 제5호의 방송사업에 관한 부분은 관여재판관 전원의 일치된 의견에 의하여 헌법에 위반되지 아니한다 할 것이고, 같은 법 제30조 제3호, 그리고 제31조와 제47조의 '제31조' 부분 중 각 위 제30조 제3호에 의하여 중재에 회부된 때에 관한 부분에 대하여는 재판관 김용준, 재판관 김문희, 재판관 정경식, 재판관 신창언 등 4명이 헌법에 위반되지 아니한다는 의견이고, 재판관 김진우, 재판관 황도연, 재판관 이재화, 재판관 조승형, 재판관 고중석 등 5명이 헌법에 위반된다는 의견이나, 위와 같은 위헌론에 찬성한 재판관은 5인이어서 다수의견이기는 하지만 헌법재

판소법 제23조 제2항 제1호에 정한 위헌결정의 정족수에 이르지 못하여 헌법에 위반되지 아니한다고 선고할 수밖에 없으므로 이에 주문과 같이 결정한다.

1996. 12. 26.

재판장 재판관 김용준
주심 재판관 김진우
재판관 김문희
재판관 황도연
재판관 이재화
재판관 조승형
재판관 정경식
재판관 고중석
재판관 신창언

판례의 평가

헌법재판소는 노동쟁의조정법 제30조 제3호, 제31조, 제47조의 심판대상을 재판관 위헌의견 5명, 합헌의견 4명으로 합헌 선고를 하였다.

근로3권 가운데 가장 중핵적인 권리는 단체행동권이라고 보아야 하는바, 구 헌법과 달리 현행 헌법하에서는 주요방위산업체에 종사하는 근로자가 아닌 공익사업체에 종사하는 근로자에 대한 단체행동권을 박탈할 헌법적 근거가 소멸하였다고 할 것이고, 다만 현행 헌법하에서도 헌법 제37조 제2항에 따라 국가안전보장·질서유지 또는 공공복리를 위하여 단체행동권을 제한할 수 있는 여지는 있으나, 이 경우에도 위와 같은 헌법의 개정취지를 존중하여 정당한 단체행동권에 대한 제한은 최후의 수단으로서의 성격을 가져야 하며, 그만큼 그 제한이 정당화되려면 엄격한 요건을 충족시켜야 한다.

공익사업에 있어서의 쟁의행위가 국가경제나 국민의 일상생활에 위해를 가할 우려가 있으므로 이를 제한하는 것이 타당하다고 하더라도, 당시 심판대상 법 제30조 제3호의 강제중재제도가 없어도 동법 제40조 이하에 규정된 긴급조정과 이에 따른 강제중재제도에 의하여 공익사업에서의 쟁의행위를 필요한 경우에 봉쇄할 수도 있으므로 공익사업의 쟁의가 바로 국민경제나 국민의 일상생활에 위해를 미칠 가능성은 없으며, 긴급조정을 하여야 할 정도의 심각성이 없는 경우까지 단순히 공익사업이라는 이유만으로 강제중재에 회부하도록 되어 있는 동법 제30조 제3호는 공익사업 근로자들의 단체행동권을 필요 이상으로 제한하는 것이다. 그렇다면 심판대상 동법 제30조 제3호는 최소침해의 원칙에 위반된다 할 것이다.

뿐만 아니라 대상 동법 제30조 제3호는 관계당사자가 합의 또는 단체협약에 기한 중재신청을 하지 아니하였고 긴급조정절차를 거친 경우가 아닌데도 불구하고, 단순히 공익사업이라는 이유로 노동위원회의 직권이나 행정관청의 요청에 의한 강제중재에 의하여 근로자의 단체행동권의 행사를 사실상 제한함으로써 일반사업에 종사하는 근로자와 공익사업에 종사하는 근로자를 차별대우하고 있으므로 헌법 제11조 제1항에 정한 평등의 원칙에도 위배된다.

결국 당시 심판대상이었던 노동쟁의조정법 제30조 제3호는 1997년 3월 13일 노동조합 및 노동관계 조정법으로 제정되어 시행되었다. 이후 수차례 개정되어 심판대상인 조항이 현행법 제62조 제3호였으나 2006년 12월 30일 개정에 의하여 삭제되었다.

06 특정경제범죄 가중처벌 등에 관한 법률 제9조 제1항 등 금융기관 종사자 뇌물수수 처벌

(1999. 7. 22. 98헌가3)

Ⅰ. 판시 사항

1. 금융기관에 저축하면서 부당한 이득을 얻은 자를 처벌하는 이 사건 법률조항이 입법목적 달성에 필요한 정도를 넘은 과잉제재인지 여부(소극, 재판관 5인의 위헌의견이 있으나 법률의 위헌결정을 위한 심판정족수에는 이르지 못하여 합헌결정된 사례)

2. 이 사건 법률조항이 평등의 원칙에 위배되는지 여부(소극)

Ⅱ. 결정요지

1. 재판관 조승형, 재판관 고중석, 재판관 이영모, 재판관 한대현의 합헌의견

가. 이 사건 법률조항이 규제하고 있는 부당한 이자 등의 수수행위는 그 경제적, 사회적 폐해가 대단히 크고, 그러한 부당한 이득을 챙기는 예금자로 말하자면 금융기관 및 전 국민의 위험부담하에 자신의 이익을 도모하는 자로서 국민의 건전한 경제윤리에 반하는 행위자라고 할 수 있다. 더욱

이 금융기관의 임·직원과 담합하여 기준초과의 고액이자 등을 수수하는 예금자의 행위는 임무위반행위에 가공하거나 이를 조장, 방조하는 성격을 지닌 것으로 볼 수 있으므로 이러한 예금자의 행위를 형사처벌하는 것이 반드시 불합리한 것은 아니다. 아직도 불합리한 금융거래의 관행이 온존하고 있고, 은행 등 금융기관의 운영이 우려를 씻을 만큼 건실하지 않으므로 이 사건 법률조항이 추구하는 경제적 공익은 국민경제의 건강과 국민 전체의 경제생활의 안정이라 할 것이어서 대단히 중대한 반면, 부당한 이득을 도모하는 예금자가 누리고자 하는 계약의 자유 등 사익은 그다지 큰 비중을 둘 수 없다. 따라서 이 사건 법률조항이 부당한 이득을 얻은 예금자에 대하여 형벌과 아울러 그 이득에 대한 몰수·추징을 규정하고 있다고 하여 지나치게 가혹하다거나 전체 형벌체계상 현저히 균형을 잃은 것이라고 하기 어렵다.

나. 금융기관의 공익적 성격, 이 사건 법률조항에 의하여 금지되는 행위가 금융기관과 국민경제에 미치는 부정적 효과 등에 비추어 금융기관과 사인 간의 소비임치계약에 대하여 사인 간의 소비임치 내지 소비대차계약과 달리 형사상의 제재를 가하는 것은 합리적인 근거가 있는 차별로서 평등의 원칙에 위배된다고 할 수 없다.

2. 재판관 김용준, 재판관 김문희, 재판관 이재화, 재판관 정경식, 재판관 신창언의 위헌의견

가. 금융기관에 저축하는 사람은 금융기관의 임·직원이나 공무원과는 달리 금융기관이나 국가에 대하여 어떠한 법적 또는 조리상의 의무를 부담하는 지위에 있는 것이 아니므로 개인이 금융기관에 저축을 함에 있어서 다소 과다한 이익을 얻었다고 하더라도 그가 금융기관 등에 대하여 어떠한 의무를 위반하였다고 하기는 어렵다.

가사 사인이 금융기관에 저축하여 얻은 이득이 부당하다고 하더라도,

그에 대한 제재는 그 이익을 박탈하거나 그에 대하여 행정상의 제재를 가하는 정도로도 충분하지 그에 대하여 5년에 해당하는 징역형까지 과할 수 있도록 하는 것은 아무리 입법목적을 고려하더라도 지나치게 신체의 자유를 제한하는 것이다.

또한 건전한 금융거래질서를 유지하기 위하여는 금융업에 종사하는 자로 하여금 부당한 금융거래를 하지 못하도록 제재를 가하는 것이 직접적이고 효과적인 방법이지, 그 거래 상대방까지 제재를 가하는 것은 지나치고 불필요한 방법이다.

금융기관과 거래를 하는 상대방에게 금융기관의 부실화 방지를 위하여 노력하여야 할 의무가 있다고 할 수 없고, 영리기업의 본질상 금융기관이 기업의 부실화를 초래할 정도의 이익을 제공한다는 것도 상정하기 힘든 일이다. 금융기관의 부실화는 오히려 부실대출로 인하여 발생하는 것이지 수신금리를 높인다고 하여 발생하는 것은 아니므로, 이 사건 법률조항이 금융기관의 부실화를 방지하기 위한 적절한 방법을 취하고 있다고 할 수 없다.

국내 금융기관의 금리도 점차 자유화되고 있고, 금융기관에서는 고객을 확보하기 위하여 다양한 이율과 혜택을 보장하는 새로운 형태의 금융상품을 개발하고 있으며, 고객에 따라서 지급하는 이자나 혜택이 다른 상품도 등장하고 있으므로 이 사건 법률조항에 의하여 보호하려는 공공의 필요는 그리 중대하지 않은 데 반하여, 이 사건 법률조항이 금융기관으로부터, 부당한 이익을 받은 사람에 대하여 형사상의 제재를 가하고 있는 것은 그 입법목적을 위한 공공의 필요에 비하여 지나치게 거래 상대방의 신체의 자유와 사적자치권을 제한하는 것이다.

나. 이 사건 법률조항은 단지 금융기관의 규정 등에 정하여진 이율보다 과다한 이자 등을 받았다는 이유로 5년 이하의 징역이나 5천만원 이하의 벌금에 처하도록 함으로써, 금융기관 이외의 사인간 거래관계라면 형사상은 물론 민사상 문제도 전혀 발생하지 않을 사안에 대하여 과중한 형벌을 과하

는 것으로서 유사한 내용의 다른 사법상 거래관계와 비교하여 볼 때 부당한 차별을 하는 것이다.

또한 이 사건 법률조항은 형법 제349조 제1항 소정의 부당이득죄에 비하여 그 구성요건이나 형량이 지나치게 무거워 형평에 어긋나게 사적자치권을 제한하고 신체의 자유를 침해하는 것이다.

Ⅲ. 심판대상조문

특정경제범죄가중처벌 등에 관한 법률(1983. 12. 31. **법률 제3693호로 제정된 것) 제9조**(**지축관련부당행위의 죄**) ① 저축을 하는 자 또는 저축을 중개하는 자가 금융기관의 임·직원으로부터 당해 저축에 관하여 법령 또는 약관 기타 이에 준하는 금융기관의 규정에 의하여 정하여진 이자·복금·보험금·배당금·보수 외에 명목여하를 불문하고 금품 기타 이익을 수수하거나 제3자에게 이를 공여하게 한 때에는 5년 이하의 징역 또는 5천만원 이하의 벌금에 처한다.

②~⑤ 생략

특정경제범죄가중처벌 등에 관한 법률(1983. 12. 31. **법률 제3693호로 제정된 것) 제10조**(**몰수·추징**) ① 생략

② 제5조·제6조·제7조 및 제9조 제1항, 제3항의 경우 범인 또는 정을 아는 제3자가 받은 금품 기타 이익은 이를 몰수한다.

③ 제1항 또는 제2항의 경우 몰수할 수 없는 때에는 그 가액을 추징한다.

Ⅳ. 참조조문

헌법 제10조, 제11조 제1항, 제23조 제1항, 제37조 제2항, 제119조 제1항

특정경제범죄가중처벌 등에 관한 법률 제9조(저축관련부당행위의 죄) ① 생략
② 저축을 하는 자가 당해 저축과 관련하여 당해 저축을 중개하는 자 또는 당해 저축과 관계없는 제3자에게 금융기관으로부터 대출 등을 받게 한 때 또는 저축을 중개하는 자가 당해 저축과 관련하여 금융기관으로부터 대출 등을 받거나 당해 저축과 관계없는 제3자에게 대출 등을 받게 한 때에는 제1항의 형과 같다.
③ 금융기관의 임·직원이 제1항 또는 제2항에 규정된 금품 기타 이익을 공여하거나 대출 등을 한 때에는 제1항 또는 제2항의 형과 같다.
④~⑤ 생략

형법 제349조(부당이득) ① 사람의 궁박한 상태를 이용하여 현저하게 부당한 이익을 취득한 자는 3년 이하의 징역 또는 1천만원 이하의 벌금에 처한다.
② 생략

Ⅴ. 참조판례

1. 헌재 1992. 4. 28. 90헌바24, 판례집 4, 225
   헌재 1995. 4. 20. 91헌바11, 판례집 7-1, 478
   헌재 1995. 10. 26. 92헌바45, 판례집 7-2, 397

Ⅵ. 당사자

제 청 법 원 : 서울지방법원(98초1613)

제청신청인 : 김○순 대리인 변호사 채태병

당 해 사 건 : 서울지방법원 97노8978 특정경제범죄가중처벌 등에 관한 법률위반(저축관련부당행위)

Ⅶ. 주 문

특정경제범죄가중처벌 등에 관한 법률 제9조 제1항 및 제10조 제2항·제3항 중 제9조 제1항에 관한 부분은 헌법에 위반되지 아니한다.

Ⅷ. 이 유

1. 사건의 개요와 심판의 대상

가. 사건의 개요

당해사건의 피고인 김○순은 ○○보험주식회사 강동지점장인 김○애와 같은 회사 중앙지점 은평영업소장인 이부혜의 권유를 받아 1992. 7. 30.부터 1997. 6. 26.까지 사이에 181회에 걸쳐 위 김○순 또는 그녀의 친인척 명의로 위 회사가 판매하는 보험상품인 ○○상해보험 등의 저축성 보험에 가입하였다가 이를 해지하면서 위 회사가 약관상 위 각 보험상품의 만기 해지시 지급하도록 규정한 이율의 이자 이외에 연 1% 내지 연 8.5%의 이자를 추가 이자 등의 명목으로 받아 합계 금 338,637,511원의 부당이득을 수수하였다는 공소사실로 서울지방법원에 기소되어, 1997. 10. 30. 벌금 금 30,000,000원 및 추징금 338,637,511원에 처한다는 판결(97고단5888)을 선고받고 항소한 후 항소심에서 위 유죄판결의 적용법조인 특정경제범죄가중처벌 등에 관한 법률(1983. 12. 31. 법률 제3693호로 제정된 것, 이하 '특경법'이라 한다) 제9조 제1항 등이 헌법에 위배된다는 이유로 위헌제청신청을 하자, 서울지방법원은 1998. 5. 11. 특경법 제9조 제1항 등의 위헌 여부에 관하여 의문이 있다는 이유로 위헌심판제청결정(98초1613)을 하였다.

나. 심판의 대상

이 사건 심판의 대상은 특경법 제9조 제1항 및 제10조 제2항·제3항 중 제9조 제1항에 관한 부분(이하 '이 사건 법률조항'이라 한다)이 헌법에 위배되는지 여부인바, 위 법률조항 및 이와 관련된 법률조항의 내용은 다음과 같다.

특경법 제9조(저축관련부당행위의 죄) ① 저축을 하는 자 또는 저축을 중개하는 자가 금융기관의 임·직원으로부터 당해 저축에 관하여 법령 또는 약관 기타 이에 준하는 금융기관의 규정에 의하여 정하여진 이자·복금·보험금·배당금·보수외에 명목여하를 불문하고 금품 기타 이익을 수수하거나 제3자에게 이를 공여하게 한 때에는 5년 이하의 징역 또는 5천만원 이하의 벌금에 처한다.

특경법 제10조(몰수·추징) ② … 제9조 제1항 …의 경우 범인 또는 정을 아는 제3자가 받은 금품 기타 이익은 이를 몰수한다.

③ 제1항 또는 제2항의 경우 몰수할 수 없는 때에는 그 가액을 추징한다.

[관련조문]

특경법 제9조(저축관련부당행위의 죄) ② 저축을 하는 자가 당해 저축과 관련하여 당해 저축을 중개하는 자 또는 당해 저축과 관계없는 제3자에게 금융기관으로부터 대출 등을 받게 한 때 또는 저축을 중개하는 자가 당해 저축과 관련하여 금융기관으로부터 대출 등을 받거나 당해 저축과 관계없는 제3자에게 대출 등을 받게 한 때에는 제1항의 형과 같다.

③ 금융기관의 임·직원이 제1항 또는 제2항에 규정된 금품 기타 이익을 공여하거나 대출 등을 한 때에는 제1항 또는 제2항의 형과 같다.

형법 제349조(부당이득) ① 사람의 궁박한 상태를 이용하여 현저하게 부당한 이익을 취득한 자는 3년 이하의 징역 또는 1천만원 이하의 벌금에 처한다.

≪제청법원의 위헌심판제청이유≫

이 사건 법률조항은 합리적인 이유 없이 사적 계약내용에 개입하여 계약의 일방당사자에게 불이익한 계약을 강요하고, 사적 거래관계에 관하여 부당하게 무거운 형사적 처벌을 가하며, 금융기관 사이의 자유경쟁을 합리적인 근거없이 제한함으로써 계약자유권을 부당하게 제한하는 위헌의 규정이다.

또한 이 사건 법률조항은 개인 간의 거래라면 사법적으로 무효로 함에 그칠 거래내용에 대하여 금융기관과의 거래라는 이유로 형사처벌까지 과하고 있고, 개인에게 금전을 대여할 경우에는 궁박한 사정이 있고 폭리를 취하는 경우에 한하여 처벌하는 데 반하여 금융기관과의 거래에 대하여는 아무런 제한 없이 처벌하고 있어 합리적인 이유 없이 평등의 원칙에 어긋나게 금융기관을 지나치게 보호하는 위헌의 규정이다.

2. 판 단

가. 재판관 조승형, 재판관 고중석, 재판관 이영모, 재판관 한대현의 합헌의견

(1) 계약의 자유에 대한 제한의 위헌 여부

(가) 헌법 제10조는 행복을 추구할 권리를 보장하고 있는바, 여기의 행

복추구권 속에는 일반적 행동자유권이 들어 있고, 이 일반적 행동자유권으로부터 계약의 자유가 파생된다(헌재 1991. 6. 3. 89헌마204, 판례집3, 268, 275~276; 1998. 10. 29. 97헌마345, 판례집10-2, 621, 633). 또한 헌법 제23조 제1항은 국민의 재산권을 보장하고 있으며, 헌법 제119조 제1항은 대한민국의 경제질서는 개인과 기업의 경제상의 자유와 창의를 존중함을 기본으로 한다고 천명하고 있다. 그러므로 우리 헌법은 자유시장경제질서를 기본으로 하고서, 그 기초가 되는 사유재산제도와 경제에 관한 사적 자치를 원칙적으로 보장하고 있다.

그러나 다른 한편으로 헌법 제10조에 포함된 계약의 자유, 헌법 제23조가 보장하는 재산권은 헌법 제37조 제2항에 따라 공공복리 등을 위하여 제한될 수 있으며, 또한 헌법 제119조 제2항에 따라 국가는 국민경제의 성장 및 안정 등을 위하여 경제에 관한 규제와 조정을 할 수 있다.

그렇다면 계약의 자유 내지 경제에 관한 사적 자치는 공공복리를 위하여, 특히 국민경제의 성장 및 안정 등 경제에 관한 공익을 위하여 법률상 제한될 수 있다 할 것이다.

이 사건 법률조항은 금융기관과 거래하는 상대방 당사자가 금융기관에 저축을 함에 있어서 법령 또는 약관 기타 이에 준하는 금융기관의 규정에 의하여 정하여진 이자·복금·보험금·배당금·보수(이하 '이자등'이라 한다) 외에 일체의 이익을 수수하는 것을 금지하고 그 위반행위를 처벌하고 있으므로, 금융기관과 사인(私人) 간의 사적 계약의 자유를 제한하고 있다 할 것인바, 과연 그러한 제한이 헌법적 한계내의 정당한 것인지 본다.

(나) 이 사건 법률조항의 입법목적은 금융기관에 저축을 하는 자와 금융기관의 임·직원이 결탁하여 금융기관의 규정 등에 정하여진 바를 초과하여 이자 등을 지급하는 것을 금지함으로써 금융거래의 질서를 유지하고, 금융기관의 건실한 경영을 꾀하며, 나아가 금리에 관한 국가정책을 관철하고자 함에 있었다.

은행과 같은 금융기관은 비록 이윤을 추구하는 사기업이지만, 국민경제와 국민생활에 중대한 영향을 미치는 금융업무를 담당하고 있으므로, 그 본질상 고도의 공공성을 지니고 있다(헌재 1998. 9. 30. 98헌가7등, 판례집 10-2, 484, 505). 그리하여 국가는 금융기관의 건전한 운영을 기하고 예금자를 보호하며 신용질서를 유지함으로써 국민경제의 발전에 이바지함을 목적으로(은행법 제1조) 금융기관의 설립, 임·직원의 구성, 은행업무, 회계 등에 관하여 각종 규제를 정하고 있으며, 또한 금융감독기구에 의한 지도 감독과 검사를 받도록 하고 있는 것이다. 예금 및 여신에 대한 이자율도 그러한 규제의 예외가 아니다. 금융기관은 예금이자의 최고율, 여신업무에 대한 이자의 최고율에 대한 금융통화위원회의 제한을 준수하여야 한다(은행법 제30조 제2항 제1호, 제2호). 금리(金利)에 관한 이러한 제한을 두는 것은 금리가 직·간접적으로 국가경제에 곧바로 영향을 미치는 요소이기 때문이다.

그럼에도 불구하고 금융기관의 임·직원과 예금자—특히 고액예금자 또는 사채업자—가 결탁하여 법령 또는 법령의 범위 내에서 정해지는 약관의 규정을 위반하여 고율의 이자 등을 수수(授受)하는 것을 방치한다면 각 금융기관 간에 고금리를 내건 수신경쟁이 벌어져, 금리에 관한 국가의 경제정책이 관철될 수 없을 뿐 아니라 금융거래의 질서가 흐트러지고, 나아가 금융기관의 부실을 초래하여 궁극적으로 선량한 예금자 및 국민전체에게 피해를 끼치게 될 우려가 있다. 뿐만 아니라 이러한 부당한 담합거래는 금융기관의 임·직원에 의한 금융비리를 유발할 수 있고, 그 결과 대형 금융사고의 온상이 될 수도 있는데, 우리는 이 사건 법률조항의 제정에 즈음하여 실제로 그러한 대형 금융사고가 발생함으로써 사회적, 경제적으로 심각한 부작용을 겪었던 경험을 갖고 있다.

따라서 이러한 폐해를 방지함으로써 금융질서를 확립하고 국민경제의 발전에 이바지하는 데에는 이 사건 법률조항과 같은 규제가 하나의 방안으로서 필요하다고 할 수 있다.

(다) 특경법은 금융기관의 임·직원을 처벌하는 것에 그치지 않고(제9조 제3항), 이 사건 법률조항을 두어 그 계약의 상대방인 예금자도 아울러 처벌하고 그 수익을 몰수, 추징하고 있는데, 이것이 입법목적 달성에 필요한 정도를 넘는 과잉제재인지 본다.

어떤 행위를 범죄로 규정하고, 이에 대하여 어떠한 형벌을 과할 것인가 하는 문제는 원칙적으로 국가의 입법정책에 관한 사항으로서 광범위한 입법형성의 자유가 인정되어야 할 분야이다(헌재 1992. 4. 28. 90헌바24, 판례집 4, 225, 229; 1995. 4. 20. 91헌바11, 판례집 7-1, 478, 487; 1995. 10. 26. 92헌바45, 판례집 7-2, 397, 404). 따라서 금융기관의 임·직원으로부터 부당한 이자 등을 수수하거나 제3자에게 제공하게 하는 행위를 막기 위하여 그 민사상의 효력만을 제한하는 것으로 할 것인지 또는 형사상의 처벌을 가하는 정도로 제재를 강화할 것인지는 일차적으로 입법자의 정책판단 형성에 맡겨져 있다.

이 사건 법률조항이 규제하고 있는 부당한 이자 등의 수수행위는 위에서 본바와 같이 그 경제적 사회적 폐해가 대단히 크고, 그러한 부당한 이득을 챙기는 예금자로 말하자면 금융기관 및 전 국민의 위험부담하에 자신의 이익을 도모하는 자로서 국민의 건전한 경제윤리에 반하는 행위자라고 할 수 있다.

더욱이 금융기관의 임·직원은 법령 또는 약관 기타 금융기관의 규정에 따라 업무를 처리하여야 할 것이므로, 규정상의 한도를 초과하여 이자 등을 지급하였다면, 이는 그 사무처리에 있어 준수하여야 할 기준을 어김으로써 금융기관의 부실을 초래할 위험을 발생케 하는 것이어서 임무에 위배되는 행위라 할 것이고, 이러한 행위의 한 쪽 당사자로서 그 임·직원과 담합하여 기준초과의 고액이자 등을 수수하는 예금자의 행위는 그러한 임무위반행위에 가공(加功)하거나 이를 조장, 방조하는 성격을 지닌 것으로 볼 수 있다.

따라서 이러한 예금자의 행위를 형사처벌의 필요가 있는 반사회적 행위로 간주하는 것이 반드시 불합리하다 단정할 수 없다.

한편, 이 사건 법률조항은 형법상의 부당이득죄(형법 제349조)와는 그 입법취지와 보호법익, 행위태양 등 그 성격이 판연히 다르다. 부당이득죄는 거래 상대방의 궁박한 상태를 이용하여 현저하게 부당한 이익을 취득하는 것을 금지함으로써 사회적, 경제적 약자를 폭리행위로부터 보호코자 하는 것이다. 그러나 이 사건 법률조항은 금융기관으로부터 부당한 이자 등을 취하는 예금자를 폭리행위자로써 처벌코자 하는 것이 아니다. 금융기관은 예금자—아무리 고액 예금자라 하더라도—와의 관계에서 궁박한 상태에 있다거나 경제적 약자라고는 할 수 없는 것이다. 이 사건 법률조항은 기본적으로 금융질서 유지를 위한 공법적 제재조항이다. 따라서 그 구성요건, 처벌의 정도에 있어 부당이득죄와 얼마든지 다를 수 있고, 이 사건 법률조항의 법정형이 부당이득죄의 그것보다 무겁다고 하여 반드시 과중하다 할 수 없다.

다음으로, 위에서 본 바와 같이 이 사건 법률조항의 입법배경과 취지는 금융기관의 임·직원과 예금자 간의 담합으로 금융거래의 질서가 흐트러지고, 금융기관의 부실로 국민경제에 악영향을 끼치며, 대형 금융사고가 발생하는 등의 폐해를 방지코자 하는 데 있었다. 그런데 오늘날 우리의 현실을 돌아볼 때 이러한 입법배경과 취지는 아직도 유효하다고 하지 않을 수 없다. 금융거래의 국제적 자유화가 진행되고 있는 가운데 금융주체의 자율영역이 확장될 필요가 있음을 부인할 수 없지만, 아직도 불합리한 금융거래의 관행이 온존하고 있고, 또 은행 등 금융기관의 운영이 우려를 씻을 만큼 건실하지 않다. 이러한 점들이 작금의 국가적 경제난을 초래한 주요한 요인 중의 하나임을 부인할 수 없다. 그러므로 이 사건 법률조항이 추구하는 경제적 공익은 결국 국민경제의 건강과 국민 전체의 경제생활의 안정이라 할 것이어서 대단히 중대하다 하지 않을 수 없다.

이에 반하여 초과이자 등의 부당이득을 도모하는 예금자의 사익(私益)에 대하여는 그다지 큰 비중을 둘 수 없다. 법령 또는 금융기관의 규정 등에 정하여진 것을 초과하여 받는 이자 등은 그 자체로 정당한 이득이라고 할 수 없고, 이러한 비정상적 이득을 꾀하는 사람이 누리고자 하는 계약의 자유 등 사익은 위에서 본 우월한 공익의 요청 앞에 양보하지 않을 수 없다. 물론 실적에 몰린 금융기관 임·직원 측의 호소에 따라 소극적으로 거래에 응하는 경우 등과 같이 그 불법성이 작은 경우도 있을 수 있으나, 벌금형 선택 등 양형의 조절로 구체적 형평성을 살릴 수 없는 것이 아니다.

그렇다면 이 사건 법률조항이 5년 이하의 징역 또는 5천만원 이하의 벌금과 아울러 그 이득에 대한 몰수 추징을 규정하고 있다 하여 그것이 지나치게 가혹하다거나 전체 형벌체계상 현저히 균형을 잃은 것이라고 하기 어렵다.

(라) 따라서 이 사건 법률조항은 사인의 계약의 자유를 합리적 근거없이 필요 이상으로 지나치게 제한하는 것이라 할 수 없어, 헌법 제37조 제2항 내지 헌법 제119조에 위반된다고 할 수 없다.

(2) 평등원칙 위반 여부

금융기관이 비록 사기업이라 하더라도 강한 공공성을 지니고 있음은 위에서 본 바와 같고, 그렇다면 금융기관과 사인 간의 소비임치계약은 사인 간의 소비대차나 소비임치계약과는 달리 취급하여야 할 필요가 있다.

비록 사인들 간의 소비대차계약은 그 이자의 약정에 관하여 아무런 제한이 없고 다만 그 이자의 약정이 과다하여 선량한 풍속 기타 사회질서에 위반되거나 당사자의 궁박, 경솔 또는 무경험으로 인하여 현저하게 공정을 잃은 경우에 한하여 그 사법상의 효력을 잃게 될 뿐(민법 제103조, 제104조), 형사상의 제재를 받지 않는다고 하더라도, 금융기관의 공익적 성격, 이 사건 법률조항에 의하여 금지되는 행위가 금융기관과 국민경제에 미치는 부정적 효과 등에 비추어 사인 간의 소비임치 내지 소비대차계약과 달리 형사상의 제재를 가하는 것은 합리적인 근거가 있는 차별로서 평등의 원칙에 위배된다고 할 수 없다.

(3) 결 론

이상과 같은 이유로 이 사건 법률조항은 헌법에 위반되지 아니한다.

나. 재판관 김용준, 재판관 김문희, 재판관 이재화, 재판관 정경식, 재판관 신창언의 위헌의견

(1) 이 사건 법률조항으로 인한 기본권의 제한

헌법 제119조 제1항은 사유재산제도와 사적자치의 원칙 및 과실책임의 원칙을 기초로 하는 자유시장경제질서를 기본으로 하고 있음을 선언하고, 헌법 제23조 제1항은 국민의 재산권을, 헌법 제10조는 국민의 행복추구권과 여기서 파생된 일반적 행동자유권 및 사적자치권을 보장하고 있다(헌재 1998. 8. 27. 96헌가22등, 판례집 10-2, 339, 355). 이와 같이 우리 헌법이 추구하고 있는 경제질서는 개인과 기업의 경제상의 자유와 창의를 최대한도로 존중·보장하는 자본주의에 바탕을 둔 시장경제질서이므로 이에 대하여 국가적인 규제와 통제를 가하는 것은 보충의 원칙에 입각하여 어디까지나 자본주의 내지 시장경제질서의 기초라고 할 수 있는 사유재산제도와 아울러 경제행위에 대한 사적자치의 원칙이 존중되는 범위 내에서만 허용될 뿐이다(헌재 1989. 12. 22. 88헌가13, 판례집 1, 357, 376).

그런데 이 사건 법률조항은 금융기관과 거래하는 상대방 당사자[이하 '사인(私人)'이라고 약칭한다]가 금융기관에 저축을 함에 있어서 법령 또는 약관 기타 이에 준하는 금융기관의 규정(이하 '금융기관의 규정등'이라 한다)에 의하여 정하여진 이자·복금·보험금·배당금·보수(이하 '이자등'이라 한다) 외에 일체의 이익을 수수하는 것을 금지함으로써 사적자치의 원칙이 적용되는 금융기관과 사인 간의 사적 거래계약내용에 관하여 규율하고 있다. 따라서 이 사건 법률조항은 헌법의 기본원리인 사적자치의 원칙에 대한 예외적 규정으로서 헌법상 보장된 국민의 사적자치권 등을 제한하고 있다.

또한 이 사건 법률조항은 금융기관에 저축하는 자로서 금융기관의 규정 등에 의한 이자 등을 초과한 이익을 수수한 자에 대하여 5년 이하의 징역형 또는 5천만원 이하의 벌금형에 처하도록 함으로써 금융기관에 저축하는 자의 신체의 자유 등을 제한하고 있다.

(2) 사적자치권 및 신체의 자유의 침해 여부

(가) 어떤 행위를 범죄로 규정하고, 이에 대하여 어떠한 형벌을 과할 것인가 하는 문제는 원칙적으로 입법자가 우리의 역사와 문화, 입법당시의 시대적 상황과 국민 일반의 가치관 내지 법감정, 범죄의 실태와 죄질 및 보호법익 그리고 범죄예방효과 등을 종합적으로 고려하여 결정하여야 할 국가의 입법정책에 관한 사항으로서 광범위한 입법재량 내지 형성의 자유가 인정되어야 할 분야이다. 따라서 형벌법규에 있어서 법정형의 높고 낮음은 원칙적으로 입법정책의 당부의 문제이지 헌법위반의 문제는 아니라고 할 것이나, 어느 범죄에 대한 법정형이 그 죄질과 이에 대한 행위자의 책임에 비하여 지나치게 가혹한 것이어서 전체 형벌체계상 현저히 균형을 잃게 되고 이로 인하여 다른 범죄자와의 관계에 있어서 헌법상 평등의 원리에 반하게 된다거나, 그러한 유형의 범죄에 대한 형벌 본래의 기능과 목적을 달성함에 있어 필요한 정도를 일탈함으로써 헌법 제37조 제2항으로부터 파생되는 비례의 원칙 혹은 과잉금지의 원칙에 반하는 것으로 평가되는 등 입법재량권이 헌법규정이나 헌법상의 제원리에 반하여 자의적으로 행사된 경우에는 헌법위반의 문제가 될 수 있다(헌재 1992. 4. 28. 90헌바24, 판례집 4, 225, 229; 1995. 10. 26. 92헌바45, 판례집 7-2, 397, 404).

이 사건 법률조항은 사인 간의 거래관계에 관하여 형벌을 과함으로써 헌법상 보장된 사적자치권 및 신체의 자유 등을 제한하고 있으므로, 입법자에게는 그 규제내용을 정함에 있어서 입법형성의 자유가 있다고 할 것이나, 헌법 제37조 제2항이 규정하는 기본권제한의 입법한계를 일탈하여 자의적으로 그 내용을 형성하는 경우에는 그 법률조항은 헌법에 위반되는 것이다.

헌법 제37조 제2항은 국가안전보장, 질서유지 또는 공공복리를 위하여 필요한 경우에 한하여 국민의 자유와 권리를 법률로써 제한할 수 있으며 그 경우에도 자유와 권리의 본질적인 내용을 침해할 수 없다고 규정하여 국가가 국민의 기본권을 제한하는 내용의 입법을 함에 있어서 준수하여야 할 기본원칙을 천명하고 있다. 따라서 기본권을 제한하는 입법을 함에 있어서는 입법목적의 정당성과 그 목적달성을 위한 방법의 적정성, 피해의 최소성, 그리고 그 입법에 의해 보호하려는 공공의 필요와 침해되는 기본권 사이의 균형성을 모두 갖추어야 하며 이를 준수하지 않은 법률 내지 법률조항은 기본권제한의 입법적 한계를 벗어난 것으로 헌법에 위반된다(헌재 1998. 8. 27. 96헌가22등, 판례집 10-2, 339, 356; 1999. 1. 28. 97헌마253등, 공보 32, 207, 209).

(나) 입법목적의 정당성

이 사건 법률조항의 입법목적은 일응 저축과 관련하여 부당한 이익을 수수한 자를 처벌함으로써 건전한 금융거래질서를 유지하여 금융기관의 부실화를 방지하고, 금융기관의 규정 등에 의한 이자 등 이외의 이익은 세원(稅源)의 포착이 어려우므로 이러한 소득에 대한 조세포탈의 가능성을 배제하고자 함에 있다고 할 것이다.

(다) 입법목적달성을 위한 방법의 적정성 및 피해의 최소성

금융기관과 사인 간의 저축계약은 사법상 소비임치계약에 불과하고 그 계약에 어떠한 공익적 목적이 존재하는 것은 아니다. 금융기관에 저축하는 사람은 개인적인 이익을 위하여 보다 많은 이익을 얻을 수 있는 거래상대방을 선택하여 저축하는 것이지, 국가경제나 금융질서 등의 거창한 목적을 위하여 저축하는 것은 아니며 또한 그러한 목적을 강요할 수도 없다. 더구나 금융기관에 저축하는 사람은 금융기관의 임·직원이나 공무원과는 달리 금융기관이나 국가에 대하여 어떠한 법적 또는 조리상의 의무를 부담하는 지위에 있는 것도 아니다. 만일 금융기관의 공공성으로 인하여 금융기관에 예금하는 사인이 어떤 공적인 의무를 부담하고 있다고 한다면, 금융기관보다

공공성이 강한 공기업이나 국가기관과 사적인 계약을 체결하는 사인에게는 모두 이보다 더 강한 공적 의무를 부과할 수 있다는 부당한 결과를 초래할 수 있다. 따라서 개인이 금융기관에 저축을 함에 있어서 다소 과다한 이익을 얻었다고 하더라도 그가 금융기관 등에 대하여 어떠한 의무를 위반하였다고 하기는 어렵다.

사인이 금융기관에 저축을 함으로써 부당한 이익을 얻었다면 이를 박탈하는 것은 일응 타당하다고 할 수 있다. 그러나 금융기관에 저축하려는 사람은 사경제의 주체로서 자신의 이익을 위하여 계약을 체결하는 등 경제활동을 하는 것이므로 보다 많은 이자 등을 지급하는 금융기관을 찾는 것은 당연한 이치이다. 더구나 금융기관에 저축하는 사람이 어떠한 공적 의무를 부담하지 않는 것은 앞서 본 바와 같으므로 사인이 금융기관에 저축함에 있어서 금융기관의 규정 등에 정하여진 이율 이상의 이익을 받았다는 사정만으로 바로 그 이익을 부당하다고 할 수는 없다.

가사 사인이 금융기관에 저축하여 얻은 이득이 부당하다고 하더라도, 그에 대한 제재는 부당한 이득의 발생원인인 계약을 무효화하는 등의 방법으로 그 이익을 박탈하거나 그에 대하여 행정상의 제재를 가하는 정도로도 충분하다고 할 것이다. 사법상의 계약으로 인하여 부당한 이득을 얻었다는 사정만으로 그 거래가 선량한 풍속 기타 사회질서에 반하지 않는 경우에도 그에 대하여 형사적 처벌을 가하는 것은 지나친 사적자치의 제한이라고 할 것이다. 특히 이 사건 법률조항은 이러한 사적거래의 당사자에 대하여 5년에 해당하는 징역형까지 과할 수 있도록 하고 있는바, 이것은 아무리 입법목적을 고려하더라도 지나치게 신체의 자유를 제한하는 것이라고 할 것이다.

이 사건 법률조항의 주된 입법목적은 건전한 금융거래질서를 유지함에 있다고 할 것인데, 금융기관의 임·직원에게 과당한 경쟁을 금지하여 건전한 금융거래질서를 유지할 의무를 부과하는 것은 일응 타당성이 있다고 할 것이나, 그 거래 상대방에 대하여 이러한 의무를 부과하는 것은 타당하다고 할 수 없다. 즉, 건전한 금융거래질서의 유지는 원칙적으로 금융기관의 임무로서, 금융기관은 부당한 고객유치를 위하여 예금고객에게 부당한 이익을 제공하여서는 아니되며, 그로 인하여 건전한 금융거래질서가 유지되고 금융기관의 부실화가 방지될 수 있는 것이다. 그러나 금융기관은 영리를 목적으로 하는 사업체이므로 금융기관 등의 규정 등에 정하여진 이자 등 이외의 이익을 지급하는 것도 자신의 영업적 판단에 따라 하는 것이지 고객의 유인에 의하여 하는 것이 아니다. 즉, 금융기관에 예금을 하는 자는 적극적으로 금융기관으로 하여금 부당한 이득을 지급하도록 종용한다기보다는 금융기관 간의 예금유치를 위한 경쟁으로 인하여 반사적인 이익을 받게 되는 것이다. 따라서 건전한 금융거래질서를 유지하기 위하여는 금융업에 종사하는 자로 하여금 부당한 금융거래를 하지 못하도록 제재를 가하는 것이 직접적이고 효과적인 방법이지, 그 거래 상대방까지 제재를 가하는 것은 지나치고 불필요한 방법이라고 할 것이다. 약사법에서 부당한 가격으로 의약품을 판매하여 시장질서를 어지럽히거나 소비자를 유인하는 행위를 처벌하는 것이나 독점규제 및 공정거래에 관한 법률에서 부당하게 고객을 유치하는 것을 불공정거래행위로서 처벌하는 것도 모두 건전한 거래질서를 유지하기 위한 것인데, 그 처벌대상을 약사나 사업자로 한정하고 있는 것도 이와 같은 이유에서이다. 따라서 이 사건 법률조항이 금융기관뿐 아니라 그 거래 상대방인 예금자를 처벌하도록 하는 것은 건전한 금융거래질서를 유지하기 위하여 과도하게 기본권을 제한하는 것이다.

건전한 금융거래질서를 유지함으로써 궁극적으로 달성하고자 하는 목적은 금융기관 상호간의 과당경쟁으로 인한 부실화를 방지하는 것이다. 그런데 금융기관의 임·직원이 법률 및 사내 규정을 준수하여 성실히 근무함으로써 금융기관의 부실화를 방지하여야 할 의무를 부담하는 것은 당연하다고 할 것이나, 금융기관과 아무런 관련이 없고 단지 거래의 상대방에 불과한 사인에 대하여 금융기관의 부실화를 방지할 의무를 부과하는 것은 지나친 사적자치의 제한이다. 도대체 금융기관과 거래를 하는 상대방에게 금융기관의 부실화 방지를 위하여 노력하여야 할 의무가 있다고 할 수 없기 때문이다. 그리고 금융기관이 저축을 유치하는 것도 경제적 이윤을 추구하기 위한 영업활동의 하나에 불과하므로 저축하는 자에게 금융기관의 규정 등에 의한 이자 등 이외의 이익을 제공함으로써 저축을 유도한다고 하더라도 영리기업의 본질상 기업의 부실화를 초래할 정도의 이익을 제공한다는 것은 상정하기 힘든 일이다. 금융기관의 부실화는 오히려 부실대출로 인하여 발생하는 것이지 수신금리를 높인다고 하여 발생하는 것은 아니다. 따라서 이 사건 법률조항이 금융기관의 부실화를 방지하기 위한 적절한 방법을 취하고 있다고 할 수 없다.

또한 이 사건 법률조항의 입법목적이 금융기관으로부터 얻은 약정이율 이외의 이익에 대한 조세포탈을 방지하기 위한 것이라고 하더라도, 이러한 입법목적은 기존의 조세범처벌법에 의하여 충분히 달성될 수 있는 것이지 구태여 이 사건 법률조항에 의하여 그러한 행위를 이중으로 처벌하여야만 그 입법목적을 달성할 수 있는 것은 아니다. 금융기관으로부터 받은 이익에 대한 조세를 포탈하였다면 이에 대하여 조세포탈죄로 처벌하면 될 뿐이며 구태여 이 사건 법률조항과 같은 처벌조항을 따로 둘 필요는 없기 때문이다. 따라서 이 사건 법률조항은 조세포탈을 방지하기 위하여 반드시 필요한 조항이라고도 할 수 없다.

그러므로 이 사건 법률조항은 입법목적을 달성하기 위한 방법의 적정성과 피해의 최소성을 갖추었다고 할 수 없다.

(라) 입법목적에 의해 보호하려는 공공의 필요와 침해되는 기본권 사이의 균형성

국제화추세에 따라 우리나라의 금융시장도 개방되기 시작하여 국내 금융기관이 외국 금융기관과 무한경쟁을 하여야 하게 되었고, 국내 경제상황이 악화되어 국제통화기금의 구제금융을 받게 됨으로 인하여 이제는 금융기관도 다른 기업과 마찬가지로 적자생존의 논리에 따라 스스로 경쟁력을

갖추어 생존하지 못하면 도태되고 마는 상황에 처하게 되었다. 이에 따라 국내 금융기관의 금리도 점차 자유화되고 있고, 금융기관에서는 고객을 확보하기 위하여 다양한 이율과 혜택을 보장하는 새로운 형태의 금융상품을 개발하고 있으며, 고객에 따라서 지급하는 이자나 혜택이 다른 상품도 등장하고 있다. 이와 같은 경제상황하에서는 금융기관이 일정한 고객에게 많은 이자를 지급하거나 다른 혜택을 부여하는 것이 가능하므로 금융기관이 고객에게 지급하는 이득을 일률적으로 규율한다는 것은 아무런 의미가 없게 되었다. 따라서 이 사건 법률조항에 의하여 금융기관이 예금자에게 지급하는 이익을 획일화함으로써 금융기관간의 과당경쟁을 방지하여야 할 필요성은 거의 없어졌다고 할 것이다.

이와 같이 이 사건 법률조항으로 인하여 보호하고자 하는 공공의 필요는 그리 중대하지 않은 데 반하여, 이 사건 법률조항이 금융기관으로부터 부당한 이익을 받은 사람에 대하여 민사법적으로 그 이익을 박탈하는 것을 넘어서 형사상의 제재를 가하고 있는 것은 그 입법목적을 위한 공공의 필요에 비하여 지나치게 거래 상대방의 신체의 자유와 사적자치권을 제한하는 것이라고 할 것이다.

(마) 따라서 이 사건 법률조항은 입법목적을 달성하기 위한 방법의 적정성, 피해의 최소성 및 그 입법에 의해 보호하려는 공공의 필요와 침해되는 기본권 사이의 균형성을 모두 갖추지 못한 것으로서 헌법 제37조 제2항에서 규정하는 기본권제한의 입법적 한계를 벗어난 위헌의 법률규정이라고 할 것이다.

(3) 평등의 원칙에 위배되는지 여부

어떤 행위를 범죄로 하고 이를 어떻게 처벌해야 하는가, 즉 범죄의 유형과 형량을 결정하는 것은 원칙적으로 형성의 자유를 갖는 입법자의 결정사항에 속한다. 그러나 입법자도 평등의 원칙에 기속받기 때문에 원칙적으로 동일한 위법성과 책임 조건을 갖춘 행위에 대하여는 형사처벌도 동일하게 규율함으로써 형법영역에서 평등의 원칙에 위반되는지 여부에 관하여 판단함에 있어서 자의금지의 원칙을 기준으로 차별을 정당화할 수 있는 합리적인 이유가 있는가에 관하여 심사하게 된다(헌재 1997. 1. 16. 90헌마110등, 판례집 9-1, 90, 115).

금융기관과 사인 간의 예금 등 저축에 관련된 계약은 법률이 정하는 금융기관을 수치인으로 하는 금전의 소비임치계약으로서 사인간의 소비대차계약과 유사한 사법상 계약에 불과하여 소비대차에 관한 민법의 규정이 준용된다. 그런데 사인들 사이의 소비대차계약은 현재 이자제한법(1998. 1. 13. 법률 제5507호로 이자제한법폐지법률로 폐지된 법률, 이하 같다)도 폐지되어 그 이자의 약정에 관하여 아무런 제한이 없고 다만 그 이자의 약정이 과다하여 선량한 풍속 기타 사회질서에 위반되거나 당사자의 궁박, 경솔 또는 무경험으로 인하여 현저하게 공정을 잃은 경우에 한하여 사법상의 효력을 잃게 될 뿐이다. 이자제한법이 폐지되기 이전에도 같은 법 소정의 제한이율을 초과하여 이자를 약정한 경우 그 제한이율을 초과한 이자부분에 한하여 사법상 무효로 처리됨에 그칠 뿐 그에 대한 형사상의 제재는 없었으며, 같은 법 소정의 제한이율을 초과한 이자를 임의로 지급한 경우에는 그 이자의 지급을 무효라고 하여 반환청구를 할 수도 없었다. 또한 투자신탁회사가 증권투자신탁업법을 위반하여 금융감독위원회의 승인을 받지 아니하고 투자자와의 사이에 투자수익을 보호하고 약정을 체결하였다고 하더라도 그 약정이 무효로 됨에 그칠 뿐 이에 대하여 아무런 형사상의 제재를 가하고 있지 아니하다.

그런데 이 사건 법률조항은 금융기관과 사인 사이의 소비임치계약인 저축에 관하여 규제하면서 이자제한법의 제한이율을 초과하지 아니하고, 선량한 풍속 기타 사회질서에 위반되거나 당사자의 궁박, 경솔 또는 무경험으로 인하여 현저하게 공정을 잃은 계약에 해당하지 아니함에도 불구하고, 단지 금융기관의 규정 등에 정하여진 이율보다 과다한 이자 등을 받았다는 이유로 5년 이하의 징역이나 5천만원 이하의 벌금에 처하도록 함으로써, 금융기관 이외의 사인 간 거래관계라면 형사상은 물론 민사상 문제도 전혀 발생하지 않을 사안에 대하여 과중한 형벌을 과하고 있다. 금융기관이 거래 상대방에 비하여 사회적·경제적으로 열악한 지위에 있는 것도 아님에도 불구하고 단지 앞서 본 바와 같은 입법목적을 달성하기 위하여 금융기관에 저축을 하는 사람에게 위와 같은 무거운 부담을 과하는 것은 유사한 내용의 다른 사법상 거래관계와 비교하여 볼 때 부당한 차별을 하는 것이라고 할 것이다.

또한 형법 제349조 제1항은 타인의 궁박한 상태를 이용하여 현저하게 부당한 이익을 취득한 자에 대하여 3년 이하의 징역 또는 1천만원 이하의 벌금에 처하고 있는바, 사인 간의 거래에 있어서는 상대방의 궁박한 상태를 이용하여 부당한 이익을 위하는 경우에 한하여 처벌하고 있는 데 반하여 이 사건 법률조항은 궁박한 상태의 유무에 불구하고 금융기관으로부터 이익을 받은 자를 처벌하도록 하고 있어 사인 간의 거래에 비하여 과도하게 거래를 제한하는 면이 있다. 특히 금융기관이 예금계약을 함에 있어서 궁박한 상태에 있다고 할 수 없으며, 금융기관의 규정 등에 의한 약정이율이 실세금리보다 상당히 낮은 현실에 비추어 보면 위 약정이율보다 많은 이익을 받았다고 하여 그 이익이 위 형법조항 소정의 현저하게 부당한 이익에 해당하기도 어려운 실정임에도 불구하고, 금융기관으로부터 다소 많은 이익을 받았다는 이유로 위 형법조항 소정의 법정형의 2배에 가까운 5년 이하의 징역 또는 5천만원 이하의 벌금에 처한다는 것은 형평에 어긋나게 사적자치권을 제한하고 신체의 자유를 침해하는 것이라고 할 것이다.

따라서 이 사건 법률조항은 금융기관과 거래하는 자를 금융기관 이외의 자와 거래하는 자에 비하여 부당하게 차별대우함으로써 평등의 원칙에 어긋나는 위헌의 법률조항이라 할 것이다.

(4) 따라서 이 사건 법률조항은 사적자치권과 신체의 자유 및 평등권을 부당하게 침해하는 것으로서 헌법에 위반되는 법률조항이라고 할 것이다.

2. 결 론

이 사건 법률조항에 대하여 재판관 조승형, 재판관 고중석, 재판관 이영모 재판관 한대현 등 4명이 합헌이라는 의견이고, 재판관 김용준, 재판관 김문희, 재판관 이재화, 재판관 정경식, 재판관 신창언 등 5명이 위헌이라는 의견인바, 위헌의견에 찬성한 재판관은 5인이어서 다수이기는 하지만 헌법 제113조 제1항, 헌법재판소법 제23조 제2항 단서 제1호에서 정한 법률의 위헌결정을 위한 심판정족수에는 이르지 못하여 위헌결정을 할 수 없으므로 주문과 같이 결정한다.

재판장 재판관 김용준
주심 재판관 김문희
주심 재판관 이재화
재판관 조승형
재판관 정경식
재판관 고중석
재판관 신창언
재판관 이영모
재판관 한대현

판례의 평가

헌법재판소가 1999년 7월 22일 특정경제범죄가중처벌 등에 관한 법률 제9조(저축관련부당행위의 죄) 제1항 및 제10조(몰수)의 심판대상을 재판관 위헌의견 5명, 재판관 4명 합헌의견에서 결국 헌법에 위반되지 않는 것으로 선고하였다.

금융기관에 저축하는 사람은 금융기관의 임·직원이나 공무원과는 달리 금융기관이나 국가에 대하여 어떠한 법적 또는 조리상의 의무를 부담하는 지위에 있는 것이 아니다. 그러므로 개인이 금융기관에 저축을 함에 있어서 다소 과다한 이익을 얻었다고 하더라도 그가 금융기관 등에 대하여 어떠한 의무를 위반하였다고 하기는 어렵다. 설령 개인이 금융기관에 저축하여 얻은 이득이 부당하다고 하더라도, 그에 대한 제재는 그 이익을 박탈하거나 그에 대하여 행정상의 제재를 가하는 정도로도 충분하다고 본다. 그럼에도 불구하고 그에 대하여 5년에 해당하는 징역형까지 과할 수 있도록 하는 것은 심판대상 법률의 입법목적을 고려하더라도 지나치게 신체의 자유를 제한하는 것이다.

그리고 건전한 금융거래질서를 유지하기 위하여 금융업에 종사하는 자로 하여금 부당한 금융거래를 하지 못하도록 제재를 가하는 것이 직접적이고 효과적인 방법이지만, 더 나아가 그 거래 상대방까지 제재를 가하는 것은 지나치고 불필요한 방법이다. 따라서 금융기관과 거래를 하는 상대방에게 금융기관의 부실화 방지를 위하여 노력하여야 할 의무가 있다고 할 수 없고, 영리기업의 본질상 금융기관이 기업의 부실화를 초래할 정도의 이익을 제공한다는 것도 이해하기 힘든 것이다. 금융기관의 부실화는 오히려 부실대출로 인하여 발생하는 것이지 수신금리를 높인다고 하여 발생하는 것은 아니기 때문에, 심판대상 법률조항이 금융기관의 부실화를 방지하기 위한 적절한 방법을 취하고 있다고 할 수 없다.

국내 금융기관의 금리도 점차 자유화되고 있고, 금융기관에서는 고객을 확보하기 위하여 다양한 이율과 혜택을 보장하는 새로운 형태의 금융상품을 개발하고 있으며, 고객에 따라서 지급하는 이자나 혜택이 다른 상품도 등장하고 있다. 그러므로 심판대상 법률조항에 의하여 보호하려는 공공의 필요는 심히 중대하지 않은 데 반하여, 심판대상 법률조항이 금융기관으로부터, 부당한 이익을 받은 사람에 대하여 형사상의 제재를 가하고 있는 것은 그 입법목적을 위한 공공의 필요에 비하여 지나치게 거래 상대방의 신체의 자유와 사적자치권을 제한하는 것이다.

심판대상 법률조항은 단지 금융기관의 규정 등에 정하여진 이율보다 과다한 이자 등을 받았다는 이유로 5년 이하의 징역이나 5천만원 이하의 벌금에 처하도록 함으로써, 금융기관 이외의 개인 간 거래관계라면 형사상은 물론 민사상 문제도 전혀 발생하지 않을 사안에 대하여 과중한 형벌을 과하는 것으로서 유사한 내용의 다른 사법상 거래관계와 비교하여 볼 때 부당한 차별을 하는 것이다. 더욱이 심판대상 법률조항은 형법 제349조 제1항 소정의 부당이득죄에 비하여 그 구성요건이나 형량이 지나치게 무거워 형평에 어긋나게 사적자치권을 제한하고 신체의 자유를 침해하는 것이다.

결국 심판대상 법률 조항은 2016년 1월 현행 그대로 유지되고 있으며, 이후 동 조항에 대한 위헌법률심판제청이 없는 상태이다.

07 주세법 제5조 제3항 탁주 공급구역 제한제도
(1999. 7. 22. 98헌가5)

Ⅰ. 판시 사항

탁주의 공급구역제한제도를 규정하고 있는 주세법 제5조 제3항이 헌법에 위반되는지 여부(소극, 재판관 5인의 위헌의견이 있으나 법률의 위헌결정을 위한 심판정족수에는 이르지 못하여 합헌결정된 사례)

Ⅱ. 결정요지

1. 재판관 조승형, 재판관 정경식, 재판관 고중석, 재판관 이영모의 합헌의견

가. 국민보건에 직접적인 영향을 미치는 주류의 특성상 주류제조·판매와 관련되는 직업의 자유 내지 영업의 자유에 대하여는 폭넓은 국가적 규제가 가능하고, 또 입법자의 입법형성권의 범위도 광범위하게 인정되는 분야라고 할 수 있다. 탁주의 공급구역제한제도는 국민보건위생을 보호하고, 탁주제조업체 간의 과당경쟁을 방지함으로써 중소기업보호·지역경제육성이라는 헌법상의 경제목표를 실현한다는 정당한 입법목적을 가진 것으로서

그 입법목적을 달성하기에 이상적인 제도라고까지는 할 수 없을지라도 전혀 부적합한 것이라고 단정할 수 없고, 탁주의 공급구역제한제도가 비록 탁주제조업자나 판매업자의 직업의 자유 내지 영업의 자유를 다소 제한한다고 하더라도 그 정도가 지나치게 과도하여 입법형성권의 범위를 현저히 일탈한 것이라고 볼 수는 없다.

나. 탁주의 공급구역제한제도에 의한 탁주제조업자와 다른 상품 제조업자 간의 차별은 탁주의 특성 및 중소기업을 보호하고 지역경제를 육성한다는 헌법상의 경제목표를 고려한 합리적 차별로서 평등원칙에 위반되지 아니하고, 탁주의 공급구역제한제도로 인하여 부득이 다소간의 소비자선택권의 제한이 발생한다고 하더라도 이를 두고 행복추구권에서 파생되는 소비자의 자기결정권을 정당한 이유 없이 제한하고 있다고 볼 수 없다.

다. 탁주의 공급구역제한제도를 규정하고 있는 주세법 제5조 제3항은 입법자가 여러 가지 사정을 입법정책적으로 고려하여 입법형성권의 범위 내에서 입법한 것으로서 헌법 제37조 제2항이 정한 한계 내에서 행한 필요하고 합리적인 기본권제한이라고 할 것이므로 헌법에 위반되지 아니한다.

2. 재판관 김용준, 재판관 김문희, 재판관 이재화, 재판관 신창언, 재판관 한대현의 위헌의견

가. 주세법 제5조 제3항의 주된 입법목적은 국민보건위생보호라고 보아야 할 것이고, 탁주는 곡류를 발효시킨 미성숙주로서 타주류에 비하여 보관기간이 짧고 쉽게 변질되므로 그 공급구역을 제한하는 것은 국민보건위생에 기여하는 하나의 적절한 수단이라고 할 수 있으나, 냉장시설이나 교통수단이 매우 발달한 오늘날에 있어서는 국민보건위생보호라는 공익이 제조일자나 유통기간, 보관방법을 명시하게 하는 등 유통과정에서의 통제에 의하는 것과 같이 보다 기본권을 적게 침해하면서도 똑같이 효과적인 다른 방

법에 의해서도 실현될 수 있으므로 위 법률조항은 탁주제조업자 및 판매업자의 직업의 자유와 소비자의 자기결정권을 침해하는 위헌적인 규정이다.

나. 제품의 특성상 유통과정에서 변질되기 쉽고 원거리운송 및 장기보관에 어려움이 있는 식품으로는 탁주 외에도 생맥주, 우유 등 유제품, 어패류, 육류 등 많은 다른 식품이 있음에도, 유독 탁주의 제조업자나 판매업자에 대하여 공급구역을 제한하고 있는 위 법률조항은 탁주제조업자 및 판매업자를 제품의 특성상 탁주와 유사한 성격을 보유하는 다른 식품의 제조업자 및 판매업자에 비하여 자의적으로 다르게 취급하는 것으로서 평등의 원칙에 반한다.

Ⅲ. 심판대상조문

주세법(1995. 8. 4. 법률 제4956호로 개정된 것) **제5조**(주류제조의 면허) ①~② 생략

③ 탁주(대통령령이 정하는 장기보존이 가능한 탁주를 제외한다)의 공급구역은 주류제조장 소재지의 시(서울특별시와 광역시를 포함한다)·군의 행정구역으로 한다. 다만, 주류 공급사정과 주세보전상 그 공급구역을 변경할 필요가 있다고 인정될 경우에는 동일지방국세청관내에 한하여 당해 지방국세청장이 이를 변경할 수 있다.

④~⑤ 생략

Ⅳ. 참조조문

헌법 제113조 제1항, 제119조 제2항, 제123조 제2항, 제3항

헌법재판소법 제23조(심판정족수) ① 생략

② 재판부는 종국심리에 관여한 재판관의 과반수의 찬성으로 사건에 관한 결정을 한다. 다만, 다음 각호의 1에 해당하는 경우에는 재판부 6인 이상의 찬성이 있어야 한다.

1. 법률의 위헌결정, 탄핵의 결정, 정당해산의 결정 또는 헌법소원에 관한 인용결정을 하는 경우
2. 종전에 헌법재판소가 판시한 헌법 또는 법률의 해석적용에 관한 의견을 변경하는 경우

조세범처벌법 제1조(적용범위) 조세에 관한 법률(이하 법이라 칭한다)에 위반한 자에 대하여서는 이 법에 의하여 처벌한다.

조세범처벌법 제3조(처벌범위) 법인의 대표자, 법인 또는 개인의 대리인, 사용인 기타의 종업원이 그 법인 또는 개인의 업무 또는 재산에 관하여 이 법에 규정하는 범칙행위를 한 때에는 행위자를 벌하는 외에 그 법인 또는 개인에 대하여서도 각 본조의 벌금형에 처한다. 다만, 국세기본법에 의한 과점주주가 아닌 행위자에 대하여는 정상에 의하여 그 형을 감면할 수 있다.

조세범처벌법 제13조(명령사항위반 등) 다음 각호의 1에 해당하는 자는 50만원 이하의 벌금 또는 과료에 처한다.

1.~5. 생략

6. 법에 의한 검사 또는 승인을 받지 아니한 자

7.~13. 생략

주세법 제21조(징수방법) ① 주세는 제조장으로부터 출고한 주류의 수량 또는 가격에 응하여 제조자로부터 징수한다. 다만, 보세구역으로부터 반출하는 주류에 대하여는 반출한 수량 또는 가격에 따라 반출자로부터 징수한다.

② 생략

주세법 제42조(검사와 승인) 주류·밑술이나 술덧의 제조자 또는 주류의 판매업자는 대통령령의 정하는 바에 의하여 제조, 저장 또는 판매에 관한 사항에 대하여 관할세무서장의 검사 또는 승인을 받아야 한다.

주세법 시행령 제3조의4(장기보존가능탁주) 법 제5조 제3항의 규정에 의한 장기보존이 가능한 탁주라 함은 섭씨온도 65도 이상에서 30분 이상 가열하거나 이와 동등 이상의 효력이 있는 방법으로 살균을 하여 오염이 되지 아니하도록 밀봉포장한 탁주를 말한다.

주세법 시행령 제75조(지정사항의 승인) 주류·밑술이나 술덧의 제조자 또는 주류의 판매업자는 제72조 내지 제74조에 규정하는 경우 외에 제조·저장 또는 판매에 관하여 세무서장이 지정하는 사항에 대하여 그 승인을 얻어야 한다.

독점규제 및 공정거래에 관한 법률의 적용이 제외되는 부당한 공동행위 등의 정비에 관한 법률 제5조(시정조치) 공정거래위원회는 제3조의2(시장지배적지위의 남용금지)의 규정에 위반하는 행위가 있을 때에는 당해 시장지배적 사업자에 대하여 가격의 인하, 당해 행위의 중지, 법위반사실의 공표 기타 시정을 위한 필요한 조치를 명할 수 있다.

V. 참조판례

헌재 1993. 5. 13. 92헌마80, 판례집 5-1, 365

헌재 1996. 12. 26. 96헌가18, 판례집 8-2, 680

Ⅵ. 당사자

제 청 법 원 : 청주지방법원(97초498)

제청신청인 :

ㅇㅇ양조합자회사

대표사원 남ㅇ해

대리인 법무법인 태평양

담당변호사 황의인 외 1인

당 해 사 건 : 청주지방법원 97고단1457 조세범처벌법위반

Ⅶ. 주 문

주세법 제5조 제3항(1995. 8. 4. 법률 제4956호로 개정된 것)은 헌법에 위반되지 아니한다.

Ⅷ. 이 유

1. 사건의 개요와 심판의 대상

가. 사건의 개요

제청신청인은 현재 청주지방법원 97고단1457 조세범처벌법위반 사건의 피고인으로 재판에 계류중인 자인바, 그 공소사실의 요지는 제청신청인은 충북 청원군 가덕면 17에 주류제조장을 두고 있는 탁주제조·판매업체로서, 그 피용자인 전무 박ㅇ호가 1996. 12. 28. 관할세무서장으로부터 승인을 받음

이 없이 제청신청인의 업무에 관하여 시·군 행정구역이 다른 청주시 상당구 내덕1동 717의 8에 소재하고 있는 탁주판매업체인 명월상사를 경영하는 청구외 김○태에게 제청신청인이 제조한 탁주 0.75리터들이 60병을 대금 금 24,000원에 판매하였다는 것이다. 조세범처벌법 제13조 제6호, 제1조, 제3조는 조세에 관한 법률에 의한 승인을 받지 아니한 법인을 처벌하도록 규정하고 있고, 주세법 제42조는 주류제조자 또는 주류판매업자는 판매에 관한 사항에 대하여 관할세무소장의 승인을 받도록 하고 있다. 제청신청인은 탁주의 공급구역을 탁주제조장이 소재하는 시·군의 행정구역으로 제한하고 있는 주세법 제5조 제3항의 위헌 여부가 재판의 전제가 된다고 하여 위헌심판제청신청을 하였고, 같은 법원은 그 신청을 받아들여 주세법 제5조 제3항에 대하여 위헌심판제청을 하였다.

나. 심판의 대상

따라서 이 사건 심판의 대상은 주세법 제5조 제3항(1995. 8. 4. 법률 제4956호로 개정된 것, 이하 '이 사건 법률조항'이라 한다)이 헌법에 위반되는지 여부이고, 이 사건 법률조항과 관련규정의 내용은 다음과 같다.

(1) 심판대상조문

주세법 제5조(주류제조의 면허) ③ 탁주(대통령령이 정하는 장기보존이 가능한 탁주를 제외한다)의 공급구역은 주류제조장 소재지의 시(서울특별시와 광역시를 포함한다)·군의 행정구역으로 한다. 다만, 주류공급사정과 주세보전상 그 공급구역을 변경할 필요가 있다고 인정될 경우에는 동일 지방국세청관내에 한하여 당해 지방국세청장이 이를 변경할 수 있다.

(2) 관련규정

(가) 조세범처벌법

제1조 조세에 관한 법률(이하 법이라 칭한다)에 위반한 자에 대하여서는 이 법에 의하여 처벌한다.

제3조 법인의 대표자, 법인 또는 개인의 대리인, 사용인 기타의 종업원이 그 법인 또는 개인의 업무 또는 재산에 관하여 이 법에 규정하는 범칙행위를 한 때에는 행위자를 벌하는 외에 그 법인 또는 개인에 대하여서도 각 본조의 벌금형에 처한다. 다만, 국세기본법에 의한 과점주주가 아닌 행위자에 대하여는 정상에 의하여 그 형을 감면할 수 있다.

제13조(명령사항위반 등) 다음 각호의 1에 해당하는 자는 50만원 이하의 벌금 또는 과료에 처한다.

1.~5. 생략

6. 법에 의한 검사 또는 승인을 받지 아니한 자

7.~13. 생략

(나) 주세법

제42조(검사와 승인) 주류·밑술이나 술덧의 제조자 또는 주류의 판매업자는 대통령령의 정하는 바에 의하여 제조, 저장 또는 판매에 관한 사항에 대하여 관할세무서장의 검사 또는 승인을 받아야 한다.

(다) 주세법 시행령

제3조의4(장기보존가능탁주) 법 제5조 제3항의 규정에 의한 장기보존이 가능한 탁주라 함은 섭씨온도 65도 이상에서 30분 이상 가열하거나 이와 동등이상의 효력이 있는 방법으로 살균을 하여 오염이 되지 아니하도록 밀봉포장한 탁주를 말한다.

제75조(지정사항의 승인) 주류·밑술이나 술덧의 제조자 또는 주류의 판매업자는 제72조 내지 제74조에 규정하는 경우외에 제조·저장 또는 판매에 관하여 세무서장이 지정하는 사항에 대하여 그 승인을 얻어야 한다.

(라) 주세사무처리규정(1996. 3. 15. 국세청훈령 제1233호) 중 "주세법 제42조 등에 의한 지정사항"

1. 생략

2. 사전 세무서장의 승인을 받아야 하는 사항

○ 탁주·약주제조자의 경우

1.~7. 생략

8. 주세법 제5조 제3항의 규정에 의한 주류의 공급구역 이외의 지역에 주류를 공급하고자 하는 때

○ 탁·약주도매업자의 경우

1.~4. 생략

5. 주세법 제5조 제3항의 규정에 의한 주류의 공급구역 이외의 지역에 주류를 판매하고자 하는 때

○ 기타 대상자의 경우 생략

(마) 주세법기본통칙 2-1-9…5(탁주·약주의 공급구역변경 및 승인)

법 제5조 제3항의 규정에서 "주류공급사정과 주세보전상 그 공급구역을 변경할 필요가 있다고 인정될 경우"라 함은 변경하고자 하는 공급구역내에 제조장이 없거나 휴조(休造) 등의 사유로 인하여 당해 주류의 공급이 원활하지 못할 경우 등을 말하는 것이며, 약주의 공급구역의 변경은 반드시 사전에 국세청장의 승인을 받아야 한다.

2. 위헌심판제청이유와 이해관계인들의 의견

가. 제청법원의 제청이유 및 제청신청인의 제청신청이유

(1) 탁주의 공급구역제한제도를 규정하고 있는 이 사건 법률조항은 탁주제조업자에게 실질적인 능력경쟁을 통한 시장의 점유를 제한하고 있으므로, 직업의 자유를 구성하는 기업의 자유 및 경쟁의 자유를 제한하는 규정일 뿐만 아니라, 위 공급구역제한제도는 비록 직접적으로는 탁주제조업자의 공급구역을 제한하지만, 실질적으로는 탁주판매업자에게 공급구역 외의 탁

주제조업자로부터 탁주구입을 제한하는 것으로서 직업행사의 자유를 제한하고, 소비자가 자신의 의사에 따라 자유롭게 상품을 선택하는 것을 제약함으로써 소비자의 행복추구권에서 파생되는 자기결정권도 제한하고 있다.

(2) 기본권인 기업의 자유, 경쟁의 자유를 제한하는 법률이 헌법에 저촉되지 아니하기 위해서는 그 기본권의 침해가 합리적이고 이상적인 공익상의 이유로 정당화될 수 있어야 하는데, 이 사건 법률조항의 입법목적으로서 고려될 수 있는 공익으로서는 국민보건위생보호, 주세보전, 과당경쟁방지에 의한 영세사업자의 보호, 유통질서확립에 의한 부정행위방지 등이 있는바, 이 사건 법률조항이 규정한 공급구역제한제도는 위 입법목적을 실현하기 위한 적정한 제도가 아니므로 헌법 제15조에 위반하여 탁주제조업자의 경쟁 및 기업의 자유는 물론 탁주판매업자의 직업의 자유를 침해하고, 헌법 제10조에 위반하여 소비자의 자기결정권을 침해하는 위헌적인 규정이다.

(3) 이 사건 법률조항의 입법목적으로서 탁주의 부패방지라는 국민보건위생보호라는 관점에서 볼 때 탁주가 다른 발효식품인 요구르트·생맥주 등과 법적으로 달리 취급될 객관적으로 납득할 만한 합리적인 이유를 찾아볼 수 없고, 이 사건 법률조항의 입법목적으로서 과당경쟁방지로 인한 영세사업자보호라는 관점에서 볼 때 탁주제조업자만을 다른 상품의 제조업자와 법적으로 달리 취급할 객관적으로 납득할 만한 합리적인 이유를 찾아볼 수 없으므로 이 사건 법률조항은 헌법 제11조에 위반하여 평등권을 침해한 것이다.

(4) 이 사건 법률조항의 단서는 "주류공급사정과 주세보전상 그 공급구역을 변경할 필요가 있다고 인정될 경우에는 동일지방국세청관내에 한하여 당해 지방국세청장이 이를 변경할 수 있다"고 규정하여 그 본문규정을 일견 보완하고 있는 것처럼 보이나, 주세법기본통칙 2−1−9…5(탁주·약주의 공급구역변경 및 승인)은 위 단서의 "주류공급사정과 주세보전상 그 공급구역을

변경할 필요가 있다고 인정될 경우"라 함은 변경하고자 하는 공급구역 내에 제조장이 없거나 휴조(休造) 등의 사유로 인하여 당해 주류의 공급이 원활하지 못할 경우 등을 말하는 것이라고 규정하고 있어 위 단서규정은 본문의 위헌성을 보완하지 못하고 있다.

나. 국세청장 및 청주지방검찰청 검사장의 의견

(1) 탁주는 주로 서민이 애용하는 대중주류로서 제조장에서 출고되어 소비자가 음용할 때까지의 유통과정중에도 발효가 계속되는 제품의 특성상 쉽게 변질될 가능성이 많고, 특히 장기보관 및 원거리수송시에는 이를 음용하는 소비자들(국민)의 보건위생이 위협받을 수 있다.

(2) 공급구역이 해제될 경우 업체 간의 과당경쟁 및 장거리운반에 따른 물류비용 등의 추가부담으로 경영이 악화되어 대다수가 영세사업자인 전국의 탁주제조업자가 도산할 우려가 있을 뿐만 아니라, 오히려 도산한 탁주제조장지역의 소비자들은 탁주를 원활하게 공급받지 못함으로써 밀조주 등 부정주류가 횡행하여 유통질서가 문란해지며 이로 인하여 주세보전에도 영향을 미친다.

(3) 헌법 제37조 제2항에서는 국민의 모든 자유와 권리는 국가안전보장, 질서유지 또는 공공복리를 위하여 필요한 경우에 한하여 법률로써 제한할 수 있도록 규정하고 있는바, 탁주의 특성상 주질보존에 따른 국민보건위생보호, 부정주류유통방지 및 주세보전 등 공익목적을 위하여 이 사건 법률조항이 규정한 탁주공급구역의 제한은 입법목적달성을 위한 최소한의 조치로서 탁주제조업자의 직업의 자유 및 평등권, 소비자의 자기결정권 등을 침해하였다고 볼 수 없다.

다. 재정경제부장관의 의견

(1) 이 사건 법률조항은 비살균탁주의 경우 우유나 요구르트 등 여타

발효식품과는 달리 냉장유통체계가 구축되어 있지 않아 원거리판매를 위해 장기간 보관·유통될 경우 부패의 위험성이 상대적으로 높아 국민건강·보건위생보호를 위하여 비살균탁주에 한하여 공급구역을 제한하는 것이며, 그밖에 독과점규제와 중소기업육성이라는 헌법상 경제목표를 실현하기 위한 입법목적을 가진 것이다.

(2) 이 사건 법률조항은 위와 같은 입법목적을 달성하기 위하여 헌법 제37조 제2항의 범위 내에서 탁주의 공급구역을 제한한 것으로서 헌법 제15조의 직업선택의 자유나 헌법 제10조의 행복추구권을 침해하지 아니하는 것이다.

(3) 요구르트나 생맥주와 탁주가 다같이 발효식품이라는 이유만으로 동일하게 취급하여야 하는 것은 아니고, 각 제품의 부패에 소요되는 시간, 제조업자의 사업규모, 해당구역 내의 각 제품의 수요 및 사업자수 등에 따라 달리 취급하는 것이 당연하고 보다 합리적이므로 탁주의 공급구역제한제도를 규정한 이 사건 법률조항은 평등권을 침해하는 것으로 볼 수 없다.

3. 판 단

3-1. 판 단

가. 재판관 조승형, 재판관 정경식, 재판관 고중석, 재판관 이영모의 합헌의견

(1) 이 사건 법률조항이 규정한 공급구역제한제도는 입법자가 입법정책적으로 여러 가지 사정을 고려하여 입법형성권의 범위 내에서 채택한 것으로서 직업의 자유를 보장한 헌법 제15조에 위반되지 아니한다.

(가) 탁주의 공급구역제한제도를 규정하고 있는 이 사건 법률조항이 탁주제조업자에 대하여는 자유경쟁에 의한 시장의 점유를 제한함으로써 직업

의 자유를 구성하는 기업의 자유와 경쟁의 자유를 제한하고, 탁주판매업자에 대하여는 공급구역 외의 탁주제조업자로부터 탁주구입을 제한하는 것으로서 직업행사의 자유를 제한하는 측면이 있음을 부인할 수는 없다.

그러나 직업의 자유 중에서도 직업행사의 자유에 관하여는 직업선택의 자유에 비하여 입법자에게 보다 폭넓은 형성의 자유가 인정되는 것으로서(헌재 1993. 5. 13. 92헌마80, 판례집 5-1, 365, 374), 직업행사의 자유는 공공복리를 합리적으로 고려하여 합목적적이라 판단되는 한 제한될 수 있으며, 다만 그 정도가 너무 지나쳐서 수인(受忍)할 수 없을 정도의 과잉제한은 허용되지 아니할 뿐이다.

특히 국민보건에 직접적인 영향을 미치는 주류의 특성상 주류제조·판매와 관련되는 직업의 자유 내지 영업의 자유에 대하여는 폭넓은 국가적 규제가 가능하고, 또 입법자의 입법형성권의 범위도 광범위하게 인정되는 분야라고 하지 아니할 수 없다.

한편 우리 헌법은 자유와 경쟁에 대한 보완원리로서 헌법 제119조 제2항, 제123조 제2항, 제3항에서 사회정의·경제정의와 경제민주화 이념을 채택하고 이를 위한 구체적인 경제목표로서 독과점규제·지역경제육성·중소기업보호를 들고 있으며 이를 실현하기 위해 국가적 규제와 조정을 광범위하게 인정하고 있는바, 이러한 경제목표의 달성을 위하여 입법자는 경제현실의 역사와 미래에 대한 전망, 목적달성에 소요되는 경제적·사회적 비용, 당해 경제문제에 관한 국민 내지 이해관계인의 인식 등 제반사정을 두루 감안하여 가능한 여러 정책 중 필요하다고 판단되는 경제정책을 선택할 수 있고, 입법자의 그러한 정책판단과 선택은 그것이 독과점규제·지역경제육성·중소기업보호라는 헌법적 요청을 구체화시키고 실현시키는 것인 한, 그리고 그것이 현저히 합리성을 결여한 것이라고 볼 수 없는 한, 경제에 관한 국가적 규제 조정권한의 행사로서 존중되어야 하고 사법적 판단에 의해 함부로 대체되어서는 아니된다(헌재 1996. 12. 26. 96헌가18, 판례집 8-2, 680, 705~706).

(나) 이와 같이 광범위한 입법형성권을 인정하는 바탕 위에 이 사건 법률조항이 탁주제조업자와 판매업자의 직업행사의 자유 내지 영업의 자유를 과도히 침해하는 것인지 구체적으로 살펴보기로 한다.

1) 이 사건 공급구역제한제도는 국민보건위생을 보호하고, 탁주제조업체 간의 과당경쟁을 방지함으로써 중소기업보호·지역경제육성이라는 헌법상의 경제목표를 실현한다는 정당한 입법목적을 가진 것으로서 그 입법목적을 달성하기에 이상적인 제도라고까지는 할 수 없을지라도 전혀 부적합한 것이라고 단정할 수는 없다.

가) 이 사건 공급구역제한제도는 발효주로서의 특성, 현재의 냉장유통체계를 고려할 때 국민의 보건위생을 보호하기 위하여 나름대로의 합리성을 갖추고 있다고 할 수 있다.

탁주는 제조장에서 출고되어 소비자가 음용할 때까지 계속 발효되는 특성을 가지고 있으며, 기온·출고거리에 따라 쉽게 변질될 우려가 매우 큰 주류로서 통상 섭씨 10도 정도의 상온에서 제조일로부터 5일이 경과하면 변질될 가능성이 많기 때문에 제조·유통상 관리가 필요하다. 특히 우유나 요구르트 등 여타 발효식품과는 달리 광범위한 냉장유통체계가 구축되어 있지 아니하기 때문에 탁주를 장기간 보관·유통할 경우에는 부패의 위험성이 상대적으로 높은 것이다.

이 사건 법률조항이 살균처리되어 전국적으로 유통하여도 변질의 위험성이 없게 됨으로써 '장기보존이 가능한 탁주'에 대하여는 적용되지 아니하는 이유도 여기에 있는 것이다.

나) 이 사건 공급구역제한제도가 탁주제조업체 간의 과당경쟁을 방지함으로써 대부분 영세업체인 탁주제조업체를 보호하고, 지역경제활성화에 일정한 기여를 하고 있음을 간과할 수 없다.

1997년 말 현재 1,056개의 탁주제조업체 중 대다수가 영세업체이므로 공급구역제한이 폐지될 경우 업체 간의 과당경쟁 및 장거리 운반에 따른 물류비용 등의 추가부담으로 경영이 악화되어 도산의 위기에 처할 것으로 예상된다. 물론 중소기업의 보호는 넓은 의미의 경쟁질서의 범주 내에서 경쟁질서의 확립을 통하여 이루어지는 것이 바람직하겠으나, 공급구역제한제도가 폐지될 경우 기존 대형주류제조업체가 시장에 참여함으로써 영세한 대다수 탁주제조업체들이 시장에서 퇴출될 가능성이 아주 높고, 나아가서는 이 사건 공급구역제한제도에 의하여 형성되어 있는 지역적 독과점현상에 대신하여 기존 대형주류제조업체에 의한 전국적인 독과점현상을 초래할 수도 있는 것이다. 그렇게 될 경우 우리나라 전통주로서 보호·육성할 필요가 있는 각 지역의 특이한 탁주가 자연소멸될 가능성 또한 배제할 수 없다.

또한 지역경제의 육성이란 목표를 경제력이 전국적으로 균형있게 배분된 상태를 지향하는 모든 노력을 이르는 것으로 폭넓게 해석한다면, 각 지역마다 하나씩의 탁주업체가 도산하지 아니하고 건실하게 사업을 할 수 있도록 보호해 주는 것만으로도 헌법상의 지역경제육성의 목적에 부합하는 것이다.

다) 이 사건 공급구역제한제도가 주세보전에도 일정한 긍정적인 역할을 하고 있음을 부인할 수 없다.

주세는 제조장으로부터 출고한 주류의 수량 또는 가격에 응하여 제조자로부터 징수되는 것이므로 이 사건 공급구역제한제도의 철폐가 주세보전에 직접적인 영향을 미친다고는 할 수 없으나, 공급구역제한제도가 폐지됨에 따라 대다수 영세 탁주제조업체가 도산하는 상황이 벌어지게 되면, 도산지역에서의 탁주공급이 원활하지 못하여 밀조주 등 부정주류가 횡행하는 등 유통질서가 문란하게 됨으로써 이로 인한 주세감소의 결과가 초래될 가능성을 배제할 수 없다.

2) 이 사건 공급구역제한제도가 비록 탁주제조업자나 판매업자의 직업

의 자유 내지 영업의 자유를 다소 제한한다고 하더라도 그 정도가 지나치게 과도하여 입법형성권의 범위를 현저히 일탈한 것이라고 볼 수는 없다.

가) 앞서 본 바와 같이 탁주는 발효주로서 변질의 가능성이 크므로 현재의 냉장운송체계로서는 원거리운송이나 장기간 보존이 곤란한 이상 탁주 제조장소재지의 시·군의 행정구역에 대해서만 이를 공급하고 소비하게 하는 공급구역의 제한은 국민보건위생의 차원에서 하나의 적절한 수단으로 평가될 수 있다. 이러한 맥락에서 '장기보존이 가능한 탁주'에 대하여는 이미 공급구역을 제한하지 아니하고 있다.

나) 또한 유통과정에서의 탁주변질의 방지만을 목적으로 한다면 제조일자나 유통기간, 보관방법을 명시하게 하는 등 유통과정을 통제하는 방식을 취하는 것으로 충분할 수도 있겠으나, 이 사건 공급구역제한제도는 중소기업의 보호·지역경제의 육성이라는 헌법의 경제조항으로부터 직접 요청되는 중대한 공익의 실현까지도 입법목적으로 하고 있음을 감안한다면, 입법자가 위 방식에 그치지 아니하고 이 사건과 같은 공급구역제한제도를 채택하였다고 하더라도 그것이 중소기업의 보호 지역경제의 육성이라는 목적달성에 전혀 부적합한 것이라 볼 수 없는 이상 이를 두고 입법형성권의 범위를 일탈하여 지나치게 기본권을 제한하는 것이라 하기 어렵다.

다) 물론, 지역탁주제조업자의 보호를 위하여 세제상의 지원이나 보조금 지급과 같은 방법을 강구하는 것은 이 사건 공급구역제한제도에 비하여 기본권을 제한하지 아니하거나 그 제한의 정도가 크지 아니하지만, 그 방법에는 막대한 경제적·사회적 비용이 소요되지 아니할 수 없을 것이므로 그와 같은 방법을 채택하지 아니하고 공급구역제한제도를 채택하였다고 하여 곧바로 과잉규제라고 할 수도 없다.

라) 뿐만 아니라 이 사건 법률조항은 그 단서에서, "주류공급사정과 주세보전상 그 공급구역을 변경할 필요가 있다고 인정될 경우에는 동일지방

국세청관 내에 한하여 당해 지방국세청장이 이를 변경할 수 있다"고 규정하여 공급구역제도의 탄력적 운용가능성을 제도화하고 있는바, 이는 기본권제한을 최소화하는 가운데 입법목적을 달성하려는 것으로서 공급구역제한제도가 초래할 수 있는 기본권제한의 정도는 이로써 상당히 완화될 수 있다. 아래 위헌의견에서는 이 단서규정에 관한 주세법기본통칙의 내용을 들어 이 단서규정이 본문규정에 대한 보완이 되지 못한다고 하나, 과세관청 내부의 행정규칙에 불과한 주세법기본통칙의 현재의 내용이 이 단서규정의 취지를 잘 반영하지 못하고 있다는 것과 이 단서규정의 객관적 의미내용에 비추어 이 사건 법률조항의 위헌 여부를 판단하는 것은 별개의 문제인 것으로 보인다.

마) 그렇다면 이 사건 공급구역제한제도는 그 추구하는 정당한 입법목적 달성에 필요한 정도를 넘어 지나치게 직업의 자유를 제한하는 것이라 볼 수 없고, 기본권제한의 목적·수단 간의 비례성을 현저히 상실하였다고 하기도 어렵다.

(2) 이 사건 공급구역제한제도에 의한 탁주제조업자와 다른 상품 제조업자 간의 차별은 합리적 차별로서 평등원칙에 위반되지 아니한다.

탁주는 요구르트, 생맥주 등과 같이 발효식품에 해당하면서도 요구르트나 생맥주 등과는 달리 이 사건 법률조항에 의하여 공급구역의 제한을 받고 있다.

그런데 앞서 본 바와 같이 탁주는 그 특성상 국민보건위생에 직접적 영향을 미치는 상품인데다, 이 사건 공급구역제한제도는 탁주제조업체 간에 과당경쟁을 방지함으로써 중소기업을 보호하고 지역경제를 육성한다는 헌법상의 경제목표를 구체화하고자 하는 제도라는 점에서 위 요구르트 등의 다른 발효식품과 본질적으로 차이가 있다. 따라서 다른 발효식품과 달리 탁주에 대하여만 공급구역의 제한이 있다고 하더라도 그것은 본질적 차이에 근거한 것으로서 합리적인 이유가 있다고 할 것이다.

(3) 이 사건 공급구역제한제도는 행복추구권에서 파생되는 소비자의 자기결정권을 정당한 이유없이 제한하고 있다고 볼 수 없다.

이 사건 공급구역제한제도로 인하여 소비자는 타 지역에서 제조되는 탁주를 선택하여 소비할 수 없기 때문에 소비자의 탁주선택권이 제한된다고 볼 여지가 있으나, 공급구역제한제도의 폐지로 영세한 탁주제조업체가 도산하게 될 경우 그 지역의 주민은 탁주를 원활하게 공급받지 못하게 될 가능성이 충분히 있고, 나아가 기존의 대형주류제조업체가 시장에 참가하여 전국적인 독과점을 형성하게 되면 사실상 소비자결정권이 형해화되는 결과가 초래될 수도 있다는 점을 고려할 때, 이 사건 공급구역제한제도로 인하여 부득이 발생하는 다소간의 소비자선택권의 제한을 두고 헌법에 위반되는 것이라고 할 수는 없다.

(4) 결론적으로 이 사건 법률조항은 입법자가 앞서 본 바와 같은 여러 가지 사정을 입법정책적으로 고려하여 입법형성권의 범위 내에서 입법한 것으로서 헌법 제37조 제2항이 정한 한계 내에서 행한 필요하고 합리적인 기본권제한이라고 할 것이므로 헌법에 위반되지 아니한다.

나. 재판관 김용준, 재판관 김문희, 재판관 이재화, 재판관 신창언, 재판관 한대현의 위헌의견

(1) 직업의 자유 및 소비자의 자기결정권의 침해 여부

(가) 이 사건 법률조항은 탁주(대통령령이 정하는 장기보존이 가능한 탁주를 제외한다)의 공급구역을 주류제조장소재지의 시(서울특별시와 광역시를 포함한다)·군의 행정구역으로 제한함으로써 탁주제조업자 및 판매업자의 영업의 자유 내지 직업행사의 자유를 제한하고 나아가 경쟁의 자유를 제한하는 규정이다. 경쟁의 자유는 기본권의 주체가 직업의 자유를 실제로 행사하는데에서 나오는 결과이므로 당연히 직업의 자유에 의하여 보장되고, 다른 기업

과의 경쟁에서 국가의 간섭이나 방해를 받지 않고 기업활동을 할 수 있는 자유를 의미한다(헌재 1996. 12. 26. 96헌가18, 판례집 8-2, 680, 691). 또한 이 사건 법률조항은 소비자가 자유롭게 원하는 탁주를 선택하는 것을 제한함으로써 소비자의 행복추구권에서 파생되는 자기결정권도 제한하고 있다.

위와 같이 국민의 기본권을 제한하는 법률규정이 헌법에 위배되지 않기 위하여는 헌법 제37조 제2항에서 정하고 있는 입법활동의 한계라고 할 수 있는 과잉금지의 원칙이 지켜져야 한다. 즉 입법의 목적이 헌법과 법률의 체제상 그 정당성이 인정되어야 하고, 입법자가 선택한 방법이 그 목적의 달성을 위하여 효과적이고 적절해야 하며, 입법목적을 달성하기 위하여 똑같이 효과적인 방법 중에서 기본권을 보다 적게 침해하는 방법을 사용하여야 하고, 입법에 의하여 보호하려는 공익과 이로 인하여 침해되는 사익을 비교형량하여 양자 사이에 합리적인 비례관계가 이루어져야 한다.

(나) 이 사건 법률조항이 과잉금지의 원칙에 위배된 것인지 여부를 살펴보기로 한다.

제청신청인 및 이해관계인들의 의견을 종합하면, 이 사건 법률조항의 입법목적으로 국민보건위생보호, 주세보전, 과당경쟁방지에 의한 영세사업자의 보호, 유통질서확립에 의한 부정행위방지 등을 들고 있다. 그러나 이 사건 법률조항의 주된 입법목적은 국민보건위생보호라고 보아야 할 것이고, 위에서 열거한 나머지 입법목적들은 부수적인 것에 지나지 않거나 이 사건 법률조항의 입법목적으로 드는 것이 적절하지 아니한 것들이다. 그 이유는 다음과 같다.

첫째, 이 사건 법률조항은 1995. 8. 4. 법률 제4956호로 개정되면서 소위 재래식 탁주에 대하여는 공급구역제한을 유지하면서 장기보존이 가능한 탁주는 제한대상에서 제외하였다. 만일 이 사건 법률조항의 입법목적이 주세보전, 과당경쟁방지에 의한 영세사업자의 보호, 유통질서확립에 의한 부정행위방지 등에도 있다면 장기보존이 가능한 탁주라 하여 이를 공급구역제한대상에서 제외할 이유가 없다고 보아야 한다. 따라서 이 사건 법률조항의 입법목적으로는 국민보건위생보호만을 드는 것이 합리적일 것이다.

둘째, 이 사건 법률조항이 규정하는 탁주의 공급구역제한은 탁주제조업자의 성장가능성을 봉쇄하고, 탁주제조업자로 하여금 규모의 경제를 활용한 가격경쟁력을 갖지 못하게 하여 다른 주류업자에 대한 경쟁력을 현저히 약화시킴으로써 탁주 자체의 존립위기를 초래하고 있다고 할 것이므로, 이 사건 법률조항이 영세탁주제조업자의 보호에 기여하는 것으로 보기 어렵다. 가사 이 사건 법률조항이 탁주의 공급구역을 제한하여 탁주제조업자 사이의 전국적 경쟁을 배제함으로써 부수적으로 영세사업자가 보호되는 효과를 인정한다 하더라도, 영세사업자의 보호는 원칙적으로 경쟁질서의 범주 내에서 경쟁질서의 확립을 통하여 이루어져야 하고, 이 사건 법률조항과 같이 '지역나누어먹기'를 법률로써 보장하여 영세사업자를 경쟁으로부터 면제해주는 방식은 영세사업자를 보호하는 적절한 방식이 될 수도 없다. 1999. 2. 5. 법률 제5815호로 공포된 독점규제 및 공정거래에 관한 법률의 적용이 제외되는 부당한 공동행위 등의 정비에 관한 법률 제5조에서 주세법을 개정하여 이 사건 법률조항을 삭제(부칙 제1항에 의하여 2001. 1. 1.부터 시행)하고 있는 것도 경쟁을 제한하는 제도를 폐지해 나가는 국제적 추세에 부응하기 위한 것이다.

셋째, 주세는 제조장으로부터 출고한 주류의 수량 또는 가격에 응하여 제조자로부터 징수되는 것이어서(주세법 제21조) 탁주의 공급구역을 제한한다고 하여 주세의 징수에 영향을 미친다고 보기 어려우므로 이 사건 법률조항의 입법목적으로 주세보전을 드는 것은 적절하지 아니하다. 또한 국세청장 등의 의견에 의하더라도 유통질서의 문란은 업체 간의 과당경쟁이나 영세사업자의 도산으로 인한 부수적인 현상에 불과하여 유통질서확립에 의한 부정행위방지를 위에서 살펴본 과당경쟁방지에 의한 영세사업자의 보호와는 별도의 독자적인 입법목적으로 삼는 것이 적절한 것인지도 의문이다.

따라서 이하에서는 이 사건 법률조항의 입법목적을 국민보건위생보호로 보고, 이 사건 법률조항의 공급구역제한제도가 위의 입법목적의 달성을 위하여 적절한지, 적절하다면 침해의 최소성의 원칙을 준수하고 있는지 여부를 살펴보기로 한다.

1) 탁주는 곡류를 발효시킨 미성숙주로서 타주류에 비하여 보관기간이 짧고 제조장에서 출고되어 소비자가 음용할 때까지 판매과정 중에서도 발효가 계속되는 제품으로 쉽게 변질되어 원거리운송 및 장기보관시 국민보건위생을 해칠 위험이 있다. 그러므로 탁주제조장소재지의 시·군의 행정구역에 대해서만 이를 공급하고 소비하게 하는 공급구역의 제한은 국민보건위생에 기여하는 하나의 적절한 수단이라고 할 수 있다.

2) 위에서 살펴본 바와 같이 이 사건 법률조항이 규정하고 있는 탁주의 공급구역제한은 국민보건위생보호의 입법목적을 달성하기 위하여 하나의 효과적이고 적절한 수단이 될 수 있다. 그러나 침해의 최소성의 요건을 충족시키기 위하여는 입법목적의 달성을 위하여 똑같이 효과적인 방법 중에서 기본권을 보다 적게 침해하는 방법을 모색하여야 할 것이므로, 국민보건위생보호라는 공익을 위하여 탁주의 공급구역제한과 똑같은 효율성을 갖고 있으면서도 국민의 기본권을 가능하면 적게 침해하는 다른 방법이 있는지 여부가 검토되어야 한다.

탁주의 공급구역제한에 관한 규정은 1961. 12. 8. 법률 제826호로 주세법이 개정되면서 신설되었던 것인데, 그 당시에는 냉장시설이나 교통수단이 발달되지 않아 탁주를 장기보관하거나 원거리운송하게 되면 제품의 특성상 변질위험성이 커서 탁주의 공급구역을 제한할 필요성이 있었다고 할 수 있을 것이다. 그 후 탁주의 보존방법이 크게 개선되어 장기보존이 가능한 살균·밀봉포장한 탁주도 개발되었고, 이 사건 법률조항도 이러한 장기보존이 가능한 탁주에 대하여는 공급구역제한대상에서 제외하고 있기는 하다. 그러나 살균포장된 탁주는 탁주의 맛과 효능을 좌우하는 효모가 살아 있지 않아 장기보존이 가능한 대신에 탁주 고유의 감칠맛과 청량감을 상실하여 소비자의 구미를 충족시키지 못하고 있는 실정이다. 그런데 냉장시설이나 교통수단이 매우 발달한 오늘날에 있어서는 위와 같은 살균포장된 탁주뿐만 아니라 재래식 탁주도 변질이나 부패되지 않은 상태로 전국 곳곳에 공급하는 것이 가능하게 되었음은 의문의 여지가 없다. 그렇다면 유통과정에서의 탁주의 변질을 방지하여 국민보건위생보호라는 공익을 달성하기 위하여는 제조일자나 유통기간, 보관방법을 명시하게 하는 등 유통과정에서의 통제만으로도 충분하다고 할 것이다. 따라서 장기보존이 가능한 탁주를 제외한 재래식 탁주에 대하여 여전히 공급구역을 제한하는 것은 국민보건위생보호라는 공익을 위한 것이라 하여도 기본권을 과도하게 제한하는 것이라고 하지 않을 수 없다.

한편, 이 사건 법률조항의 단서에서 "주류공급사정과 주세보전상 그 공급구역을 변경할 필요가 있다고 인정될 경우에는 동일지방국세청관내에 한하여 당해 지방국세청장이 이를 변경할 수 있다"고 규정하여 본문규정을 보완하고 있으므로 기본권을 과도하게 제한한 것으로는 볼 수 없다는 주장이 있을 수 있다.

그러나 주세법기본통칙 2－1－9…5(탁주·약주의 공급구역변경 및 승인)에 의하면 위 단서규정에서 "주류공급사정과 주세보전상 그 공급구역을 변경할 필요가 있다고 인정될 경우"라 함은, 변경하고자 하는 공급구역 내에 제조장이 없거나 휴조(休造) 등의 사유로 인하여 당해 주류의 공급이 원활하지 못할 경우 등을 말하는 것이라고 하여 극히 예외적으로만 공급구역을 변경할 수 있도록 하고 있을 뿐만 아니라, 절차적으로도 탁주제조업자 등의 변경신청권을 인정하지 아니하고 공급구역의 변경 여부를 행정청의 재량에 맡기고 있으므로 위 단서규정이 본문을 보완하여 침해의 최소성의 원칙을 충족시키고 있는 것으로는 볼 수 없다.

(다) 따라서 탁주의 공급구역을 제한하는 것은 이 사건 법률조항의 입

법목적인 국민보건위생보호를 위하여 적절한 방법이기는 하지만 위의 공익이 보다 기본권을 적게 침해하면서도 똑같이 효과적인 다른 방법에 의해서도 실현될 수 있으므로, 이 사건 법률조항은 탁주제조업자 및 판매업자의 직업의 자유와 소비자의 자기결정권을 침해하는 위헌적인 규정이다.

(2) 평등권의 침해 여부

평등의 원칙은 입법자에게 본질적으로 같은 것을 자의적으로 다르게, 본질적으로 다른 것을 자의적으로 같게 취급하는 것을 금하고 있다. 그런데 이 사건 법률조항에서 탁주의 공급구역을 제한하고 있는 것은 유통과정에서 변질되기 쉬운 탁주의 특성상 원거리운송 및 장기보관시 국민보건위생을 해칠 위험이 있기 때문이라고 할 것이다. 그런데 제품의 특성상 유통과정에서 변질되기 쉽고 원거리운송 및 장기보관에 어려움이 있는 식품으로는 탁주 외에도 생맥주, 우유 등 유제품, 어패류, 육류 등 많은 다른 식품이 있음에도 이 사건 법률조항은 이들 다른 식품의 제조업자나 판매업자와는 달리 유독 탁주의 제조업자나 판매업자에 대하여 공급구역을 제한하고 있는데, 공급구역의 측면에서 유독 탁주만을 변질되기 쉬운 유사한 다른 식품과 달리 취급할 합리적인 이유를 찾아보기 어렵다.

따라서 이 사건 법률조항은 탁주제조업자 및 판매업자를 제품의 특성상 탁주와 유사한 성격을 보유하는 다른 식품의 제조업자 및 판매업자에 비하여 자의적으로 다르게 취급하는 것으로서 평등의 원칙에 반한다.

(3) 그러므로 이 사건 법률조항은 탁주제조업자 및 판매업자의 직업의 자유 및 평등권과 소비자의 자기결정권을 침해하는 규정이므로 헌법에 위반된다.

4. 결 론

이 사건 법률조항에 대하여 재판관 조승형, 재판관 정경식, 재판관 고중석, 재판관 이영모 등 4명이 헌법에 위반되지 아니한다는 의견이고, 재판관 김용준, 재판관 김문희, 재판관 이재화, 재판관 신창언, 재판관 한대현 등 5명이 헌법에 위반된다는 의견이나, 위헌의견에 찬성한 재판관은 5인이어서 다수의견이기는 하지만 헌법 제113조 제1항, 헌법재판소법 제23조 제2항 단서 제1호에서 정한 법률의 위헌결정을 위한 심판정족수에는 이르지 못하여 위헌결정을 할 수 없으므로 이에 주문과 같이 결정한다.

재판장 재판관 김용준
주심 재판관 김문희
주심 재판관 이재화
재판관 조승형
재판관 정경식
재판관 고중석
재판관 신창언
재판관 이영모
재판관 한대현

판례의 평가

헌법재판소가 1999년 7월 22일 주세법 제5조(주류제조의 면허) 제3항의 탁주의 공급구역제한제도에 관한 심판대상을 재판관 5명 위헌의견, 재판관 4명 합헌의견에서 심판정족수에 이르지 못하여 합헌 선고를 하였다.

당시 심판대상이었던 주세법 제5조 제3항의 주된 입법목적은 국민보건위생보호라고 보아야 할 것이고, 탁주는 곡류를 발효시킨 미성숙주로서 타 주류에 비하여 보관기간이 짧고 쉽게 변질되므로 그 공급구역을 제한하는 것은 국민보건위생에 기여하는 하나의 적절한 수단이라고 할 수 있다. 그러나 냉장시설이나 교통수단이 매우 발달한 오늘날에 있어서는 국민보건위생보호라는 공익이 제조일자나 유통기간, 보관방법을 명시하게 하는 등 유통과정에서의 통제에 의하는 것과 같이 보다 기본권을 적게 침해하면서도 똑같이 효과적인 다른 방법에 의해서도 실현될 수 있다. 그러므로 심판대상 법률조항은 탁주제조업자 및 판매업자의 직업의 자유와 소비자의 자기결정권을 침해하는 위헌적인 규정이다.

제품의 특성상 유통과정에서 변질되기 쉽고 원거리운송 및 장기보관에 어려움이 있는 식품으로는 탁주 외에도 생맥주, 우유 등 유제품, 어패류, 육류 등 많은 다른 식품이 있음에도, 유독 탁주의 제조업자나 판매업자에 대하여 공급구역을 제한하고 있는 심판대상 법률조항은 탁주제조업자 및 판매업자를 제품의 특성상 탁주와 유사한 성격을 보유하는 다른 식품의 제조업자 및 판매업자에 비하여 자의적으로 다르게 취급하는 것으로서 평등의 원칙에 반하는 것이었다.

1949년 10월 21일 주세법이 제정 및 시행되어 공급구역제한제도가 없었으나, 1961년 12월 8일 동법이 개정되면서 "탁주와 약주의 공급구역은 각 영(令)으로써 정한다"하여 탁주구역제한제도를 도입하면서 공급구역을 영(令)에 위임하게 되었다가, 1965년 3월 19일 동법이 개정되면서 법률상 탁주에 대한 공급구역제한의 근거를 마련하였다.

결국 1999년 12월 28일 동법 개정되면서 2000년 12월 31일까지 부칙 제18조(탁주의 공급구역제한에 관한 경과조치)를 두면서 위헌적인 조항을 삭제하게 되었다.

08 수산업법 제81조 제1항 등 공익상 면허어업 제한보상
(2001.3.21. 99헌바81·82·83·101·102·103, 2000헌바1·18(병합))

Ⅰ. 판시 사항

1. 구 내수면어업개발촉진법에 의해 내수면어업에 준용되는 수산업법 제81조 제1항에서 정한 면허어업 유효기간 연장불허시의 보상규정이 재산권과 평등권을 침해하는지 여부(소극)

2. 합헌과 위헌의견이 각 4대5로서 위헌결정 정족수에 미달된 경우

Ⅱ. 결정요지

재판관 윤영철, 재판관 하경철, 재판관 김영일, 재판관 김효종의 합헌의견

(1) 재산권 침해 여부

어업면허는 국·공유의 하천, 호소 등에서 장기간 어업을 독점적, 배타적으로 경영할 수 있는 권리를 부여하는 것으로서 내재된 공적제약이 강하다. 양식어업면허의 유효기간은 안정적 경영의 측면과 공공용수면의 장기간의 독점을 제한할 필요성 등을 종합적으로 고려하여 정해진 것으로서, 그 기간이 종료되면 권리는 소멸된다.

이러한 어업면허 부여 당시부터 그 권리에 내재되어 있는 제약이 구체화, 현실화됨에 따라서 면허기간 만료 후 유효기간연장이 되지 않는다고 하더라도 그로 인하여 재산권에 침해가 있다고는 할 수 없다.

(2) 평등권 침해 여부

국민에게 혜택을 부여하는 법률은 국민의 권리를 제한하거나 새로운 의무를 부과하는 법률과는 달리 입법자에게 보다 광범위한 입법형성의 자유가 인정되는 것이므로 입법자는 그 입법의 목적, 수혜자의 상황, 예산 등 제반사항을 고려하여 그에 합당하다고 스스로 판단하는 내용의 입법을 할 권한이 있다고 할 것이고, 그렇게 하여 제정된 법률의 내용이 현저하게 합리성이 결여되어 있는 것이 아닌 한 헌법에 위반된다고 할 수는 없다.

어업면허 유효기간의 연장을 해주지 않는 경우 재산권침해가 일어나는 것은 아니며 이 사건 보상규정에서 일정한 사유에 의한 연장불허의 경우에도 보상을 하도록 정한 것은 입법자의 정책적 고려가 반영된 결과이다. 이와 같은 경우 보상을 할 것인지 여부나 보상내용을 정함에 있어서 입법자는 넓은 범위의 재량을 가지므로 평등위반의 심사에 있어서 완화된 심사척도가 적용된다.

이 사건 보상규정에서 열거하고 있는 사유들은 모두 특정 지점 또는 지역에 대한 구체적·개별적인 공익목적 수행을 위하여 연장을 불허하는 경우이고, 이와 비교할 때 수면관리자의 부동의 때문에, 그 밖에 다른 법령에 의해 어업을 할 수 없기 때문에 연장이 불허되는 경우는 보상사유와 대상이 보다 '일반적'이라는 점에서 차이가 있으므로 후자의 경우 보상하지 않는 것이 현저하게 불합리한 차별이라고 할 수 없다.

☐ 재판관 이영모, 재판관 한대현, 재판관 권성의 위헌의견

이 사건 보상규정이 들고 있는 보상사유의 하나인 '토지수용법 제3조의 공익사업상 필요한 때'의 공익사업의 종류는 매우 광범위하다. 이처럼 수많은 공익사업을 이유로 어업권의 면허연장을 불허할 때에는 보상을 하면서 이른바 정부의 '맑은 물 공급 정책' 때문에 면허연장이 안될 때에는 보상을 안해주는 것은, 이 또한 공익사업임을 인정하는 이상, 현저히 불합리하게 이 사건 어업권자들을 차별하는 것이다.

보상사유에 포함되는 공익사업 가운데에도 일반적이라고 보이는 것이 포함되어 있는 점에 비추어 사유의 일반성과 개별성의 차이를 주장하는 것은 합당하지 않고, 한편 공익사업이 관계되는 수면의 광협도 본질적 차이가 될 수 없다.

'맑은 물 공급'의 국가적, 국민적 중요성에 비추어 사익의 희생을 감수하여야 한다는 의미라면, 이것은 현대의 문명사회가 개인과 전체의 균형이라는 문제에 관하여 확고히 유지하고 있는 기본원칙에 어긋난다.

이 사건에서의 보상문제와 같은 것까지를 포함하는 의미에서의 수익적 급부행정을 소위 입법형성의 자유라는 것의 범주에 포섭시켜 현저히 불합리하게 그 허용범위를 재단하는 것은 시정되어야 한다.

☐ 재판관 김경일, 재판관 송인준의 위헌의견

면허시와 면허연장시 수면관리자의 동의를 요하는 내수면 어업면허의 경우 실질적으로는 이 사건 보상규정 소정의 사유에 해당됨에도 수면관리자의 부동의를 면허연장 불허처분의 사유로 내세운다면 보상이 될 수 없으므로 이 사건 보상규정은 실제 적용될 여지가 규정취지와 달리 대폭 줄어들 수 있다.

청구인들에 대한 면허연장불허처분은 실질적으로는 '맑은 물 공급대책' 때문인데, 이는 '수산자원의 증식·보호' 등 보상되는 사유들과 나누어 생각할 수 없다.

원래 내수면어업면허는 원칙적으로 유효기간 연장허가가 되었고, 공익상 필요에 의한 경우 연장허가를 받지 못하기는 하나, 기간의 만료시점에 와서 비로소 그 필요가 생긴 것이 아니라면 국가로부터 보상을 받을 수 있었는데, 1990. 구 내수면법 개정시 연장허가범위가 축소되면서 연장불허의 경우에도 보상을 허용하기로 하는 규정을 신설하였던 점, 그리고 당초 가두리 양식어업은 실험적 사업으로서 영세 농어민들이 참여를 꺼려하였으나 정부가 적극 권장하였다는 점을 감안할 때 이 사건 보상규정을 단순히 국민에게 혜택을 부여하는 법률로만 볼 수 없다. 그렇다면, 보상의 잣대는 피해를 보는 이들이 기준이 되어야 하며, 보상을 위한 재원조달의 용이 여부는 잣대로 적용될 수 없다.

그러므로 이 사건 보상규정은 헌법상의 재산권보장규정에 위반되고, 평등의 원칙에도 위반된다.

Ⅲ. 심판대상조문

내수면어업개발촉진법(2000. 1. 28. **법률 제6255호로 개정되기 전의 것**) **제16조**(**준용**) 이 법에 특별한 규정이 없는 사항은 수산업법이 정하는 바에 의한다.

수산업법(1990. 8. 1. **법률 제4252호로 개정된 것**) **제81조**(**보상**) ① 다음 각호의 1에 해당하는 사유로 인한 처분에 의하여 손실을 입은 자는 그 처분을 행한 행정관청에 대하여 보상을 청구할 수 있다.

1. 제34조 제1항 제1호 내지 제5호와 제35조 제8호(제34조 제1항 제1호 내지 제5호에 해당하는 경우에 한한다)의 규정에 해당되는 사유로 인하여 면허·허가 또는 신고한 어업에 대한 처분을 받았거나 당해 사유로 인하여 제14조의 규정에 의한 어업면허의 유효기간의 연

장이 허가되지 아니한 때. 다만, 제34조 제1항 제1호 내지 제3호(제45조 제1항 및 제2항의 규정에 의하여 준용되는 경우를 말한다)의 규정에 해당하는 사유로 인하여 허가 또는 신고한 어업이 제한되는 경우를 제외한다.

2. 제62조 제2항의 규정에 의한 측량·검사에 장애가 되는 물건에 대한 이전 또는 제거명령을 받은 때
3. 제74조 제2항의 규정에 의한 소하성어류의 통로에 방해가 되는 물건에 대한 제거명령을 받은 때

②~④ 생략

수산업법(1995. 12. 30. **법률 제5131호로 개정되고,** 2000. 1. 28. **법률 제6257호로 개정되기 전의 것) 제34조(공익상 필요에 의한 면허어업의 제한 등)** ① 시장·군수 또는 자치구의 구청장은 다음 각호의 1에 해당할 때에는 면허한 어업을 제한 또는 정지하거나 어선을 계류할 수 있다.

1. 수산자원의 증식·보호상 필요한 때
2. 군사훈련 또는 주요군기지의 보위상 필요한 때
3. 국방상 필요하다고 인정하여 국방부장관으로부터 요청이 있을 때
4. 선박의 항행·정박·계류 또는 수저전선의 부설상 필요한 때
5. 토지수용법 제3조의 공익사업상 필요한 때
6. 어업권자가 이 법, 이 법에 의한 명령·처분 또는 그 제한이나 조건에 위반한 때
7. 어업권자가 외국과의 어업에 관한 협정 또는 일반적으로 승인된 국제법규와 외국의 수산에 관한 법령에 위반한 때

②~④ 생략

내수면어업개발촉진법(1990. 8. 1. **법률 제4252호로 개정되고,** 2000. 1. 28. **법률 제6255호로 개정되기 전의 것) 제10조(어업의 유효기간)** ① 생략

② 도지사는 어업의 면허유효기간이 만료되어 어업권자의 신청이 있을 때에는 다음 각호의 1에 해당하는 사유가 있을 경우를 제외하고는 제1항의 기간 내에서 면허기간의 연장 허가를 하여야 한다.

1. 수산업법 제34조 제1항 각호에 해당하는 사유가 있거나 연장허가를 하고자 하는 수면이 다른 법령의 규정에 의하여 어업행위가 제한 또는 금지되고 있는 수면일 때

2.~3. 생략

Ⅳ. 참조조문

내수면어업개발촉진법(1999. 2. 8. **법률 제5920호로 개정된 것**) **제10조**(**어업의 유효기간**) ① 제7조 제1항 제1호의 면허어업은 10년, 동조 제1항 제2호 내지 제4호의 면허어업, 제8조의 허가어업 및 제9조의 신고어업은 5년 이내를 각각 그 유효기간으로 한다.

② 생략

Ⅴ. 참조판례

1. 대법원 1999. 5. 14. 98다14030, 공1999상, 1150
   헌재 1999. 12. 23. 98헌바33, 판례집 11－2, 732
   헌재 1993. 12. 23. 89헌마189, 판례집 5－2, 623
   헌재 1999. 7. 22. 98헌바14, 판례집 11－2, 205

Ⅵ. 당사자

청 구 인 :

1. 김○고 외 3인(99헌바81)

   청구인들 대리인

   1. 법무법인 호남종합법률사무소 담당변호사 황인택
   2. 변호사 황도연

2. 곽○환 외 2인(99헌바82)

   청구인들 대리인

   1. 법무법인 호남종합법률사무소 담당변호사 황인택

3. 경○기(99헌바83) 대리인 변호사 조하영 1인
4. 조○웅(99헌바101) 대리인 법무법인 호남종합법률사무소 담당변호사 황인택
5. 육○수(99헌바102) 대리인 법무법인 호남종합법률사무소 담당변호사 황인택
6. 김 ○(99헌바103) 대리인 법무법인 호남종합법률사무소 담당변호사 황인택
7. 박○복(2000헌바1) 대리인 법무법인 아시아 담당변호사 김용환
8. 전○용(2000헌바18) 대리인 법무법인 호남종합법률사무소 담당변호사 황인택

보조참가인 : 이○형 외 17인(99헌바81·82·83) 보조참가인 대리인 변호사 장기욱

당 해 사 건 : 광주고등법원 98나5295 보상금(99헌바81)
광주고등법원 98나6793 보상금(99헌바82)
광주고등법원 98나7437 보상금(99헌바83)

전주지방법원 98가단13398 손실보상(99헌바101)
전주지방법원 98가단13381 손실보상(99헌바102)
전주지방법원 98가단20617 손실보상금(99헌바103)
서울고등법원 99나23620 손실보상금(2000헌바1)
전주지방법원 97가단34923 손실보상금(2000헌바18)

Ⅶ. 주 문

1. 99헌바81·82·83·101·102·103, 2000헌바18 사건 청구인들의 심판청구 중 구 내수면어업개발촉진법 제10조 제2항 제1호(1990. 8. 1. 법률 제4252호로 개정되고, 2000. 1. 28. 법률 제6255호로 개정되기 전의 것), 수산업법 제34조 제1항(1995. 12. 30. 법률 제5131호로 개정되고, 2000. 1. 28. 법률 제6257호로 개정되기 전의 것)에 대한 각 심판청구와, 2000헌바1사건 청구인의 위 구 내수면어업개발촉진법 제10조 제2항 제1호에 대한 심판청구를 각하한다.

2. 구 내수면어업개발촉진법 제16조(2000. 1. 28. 법률 제6255호로 개정되기 전의 것)에 의하여 준용되는 수산업법 제81조 제1항(1990. 8. 1. 법률 제4252호로 개정된 것)은 헌법에 위반되지 아니한다.

Ⅷ. 이 유

1. 사건의 개요와 심판의 대상

가. 사건의 개요

(1) 99헌바81

(가) 청구외 장광석은 1987. 5. 15. 전라북도지사로부터 전북 임실군 운

암면 운정리 소재 옥정호 수면 내에 어장면적 2,400㎡, 시설의 종류와 장치의 규모 가두리 4조, 양식물의 종류 잉어 등, 면허의 유효기간 같은 날부터 10년간으로 하여 내수면어업개발촉진법 제7조에 의한 가두리양식어업면허(전라북도 양식어업면허 제135호)를 받고 양식어업을 경영해 오던 중, 1992. 10. 15. 위 어업권을 청구외 고석진에게 이전하였고, 청구인 김○고는 1996. 1. 26. 위 어업권을 위 고석진으로부터 이전 받은 후 양식어업을 경영하였고, 청구외 성민기와 고춘자는 1987. 5. 15. 전라북도지사로부터 전북 임실군 운암면 마암리 소재 옥정호 수면 내에 어장면적 9,000㎡, 시설의 종류와 장치의 규모 가두리 16조, 양식물의 종류 잉어 등, 면허의 유효기간 같은 날로부터 10년간으로 하여 가두리양식어업면허(전라북도 양식어업면허 제136호)를 받고 양식어업을 경영해 오던 중, 1991. 7. 1. 그중 청구인 윤○상, 청구인 이○문에게 각 4조, 즉 16분의 4 지분, 청구인 박○자에게 8조, 즉 16분의 8 지분에 관한 어업권을 각 이전하여, 위 청구인들이 위 어장 내에서 양식어업을 경영하였다.

(나) 청구인들은 위 면허 제135호와 136호의 유효기간 만료일이 다가오자, 1997. 4.경 위 각 면허기간 연장신청을 하였으나, 전라북도지사의 위임을 받은 임실군수는 같은 해 4. 18. 연장을 불허하였다.

(다) 그러자, 청구인들은 국가를 상대로 손실보상금청구소송을 제기하는 한편(광주고등법원 98나5295) 법원에 수산업법 제81조 제1항, 제34조 제1항에 대한 위헌제청신청을 하였는데 법원에서 이를 기각하자(광주고등법원 1999. 8. 26. 99카기37), 1999. 9. 1. 같은 결정을 송달 받은 후 같은 달 8. 위 수산업법 조항들과 내수면어업개발촉진법 제10조 제2항 제1호(1990. 8. 1. 법률 제4252호로 개정되고, 2000. 1. 28. 법률 제6255호로 개정되기 전의 것, 이하 같은 법을 약칭할 때에는 '구 내수면법'이라고 한다)가 헌법에 위반되며, 이는 당해사건 재판의 전제가 된다고 하여 헌법재판소법 제68조 제2항에 의한 이 헌법소원

심판청구를 하였고, 뒤에 수산업법 제81조 제1항에 관한 한정적 위헌심판청구를 선택적 청구로 추가하였다.

(2) 99헌바82

(가) 청구외 곽규성은 1987. 11. 2. 전라북도지사로부터 전북 임실군 운암면 운정리 소재 옥정호 수면 내에 어장면적 9,000㎡, 시설의 종류와 장치의 규모 가두리 16조, 양식물의 종류 잉어류, 면허의 유효기간 같은 날부터 10년간으로 하는 가두리양식어업면허(전라북도 양식어업면허 제147호)를 받았고, 청구인 곽○환은 1988. 12. 8. 위 곽○성으로부터 위 어업권을 이전 받아 그 무렵부터 양식어업을 경영하였다.

청구외 임○기는 1987. 10. 5. 전라북도지사로부터 전북 임실군 운암면 금기리 소재 옥정호 수면 내에 어장면적 8,400㎡, 시설의 종류와 장치의 규모 가두리 16조, 양식물의 종류 잉어류, 면허의 유효기간 같은 날부터 10년간으로 하는 가두리양식어업면허(전라북도 양식어업면허 제145호)를 받았고, 그 후 위 임○기는 1988. 12. 8. 청구외 경선기에게 위 어업권을 이전하였고, 위 경선기는 1990. 6. 8. 청구외 오영이에게 위 어업권 중 16분의 7 지분을 이전하였으며, 청구인 장○열은 1993. 8. 12. 위 오영이로부터 위 지분을 이전 받아 그 무렵부터 양식어업을 경영하였다.

청구외 유○종은 1987. 12. 9. 전라북도지사로부터 정읍시 산내면 두월리 소재 옥정호 수면 내에 어장면적 6,000㎡, 시설의 종류와 장치의 규모 가두리 11조, 양식물의 종류 잉어류, 면허의 유효기간 같은 달 19.부터 10년간으로 하는 가두리양식어업면허(전라북도 양식어업면허 제152호)를 받았고, 그 후 위 유윤종은 1989. 1. 21. 청구외 박종헌에게 위 어업권을 이전하였고, 청구인 최한수는 1992. 6. 1. 위 박○헌으로부터 위 어업권을 이전 받아 그 무렵부터 양식어업을 경영하였다.

청구외 류○춘, 변○미는 1991. 3. 27. 전라북도지사로부터 전북 임실군

강진면 옥정리 소재 옥정호 수면 내에 어장면적 8,000㎡, 시설의 종류와 장치의 규모 가두리 16조, 양식물의 종류 잉어류, 면허의 유효기간 1991. 3. 27.부터 1998. 2. 4.까지 6년 10개월 남짓으로 하는 가두리양식어업면허(전라북도 양식어업면허 제199호)를 받았고, 그 후 청구인 최한수는 1997. 11. 10. 위 류시춘으로부터 그 소유 16분의 10 지분을 이전 받아 그 무렵부터 양식어업을 경영하였다.

(나) 위 청구인들은 어업면허의 유효기간 만료일이 다가오자, 각 면허기간 연장신청을 하였으나, 전라북도지사의 위임을 받은 임실군수는 1997. 9. 11. 청구인 장○열에 대하여, 같은 달 30. 청구인 곽○환에 대하여, 같은 해 11. 28. 청구인 최○수의 위 면허 제199호에 대하여, 같은 정읍시장은 같은 달 18. 청구인 최○수의 위 면허 제152호에 대하여 이를 각 불허하였다.

(다) 그러자, 청구인들은 국가를 상대로 손실보상금청구소송을 제기하는 한편(광주고등법원 98나6793) 법원에 수산업법 제81조 제1항, 제34조 제1항에 대한 위헌제청신청을 하였는데 법원에서 이를 기각하자(광주고등법원 1999. 8. 26. 99카기38), 1999. 9. 1. 같은 결정을 송달 받은 후 같은 달 8. 위 수산업법 조항들과 구 내수면법 제10조 제2항 제1호가 헌법에 위반되며, 이는 당해사건 재판의 전제가 된다고 하여 이 헌법소원 심판청구를 하였다.

(3) 99헌바83

(가) 청구외 임용기는 1987. 10. 5. 전라북도지사로부터 전북 임실군 운암면 금기리 소재 옥정호 수면 내에 어장면적 8,400㎡, 시설의 종류와 장치의 규모 가두리 16조, 양식물의 종류 잉어 등, 면허의 유효기간 같은 날부터 10년간으로 하여 가두리양식어업면허(전라북도 양식어업면허 제145호)를 받고, 양식어업을 경영하던 중, 1988. 12. 8. 위 어업권을 청구인 경○기에게 이전하였고, 그 후 같은 청구인은 일부를 타인에게 이전하고 나머지 16분의 9 지분을 계속 보유하면서 양식어업을 경영하였다.

(나) 위 청구인은 위 어업면허의 유효기간 만료일이 다가오자, 면허기간 연장신청을 하였으나, 전라북도지사의 위임을 받은 임실군수는 같은 해 9. 11. 이를 불허하였다.

(다) 그러자, 위 청구인은 국가를 상대로 손실보상금청구소송을 제기하는 한편(광주고등법원 98나7437), 법원에 수산업법 제81조 제1항 제1호, 제34조 제1항에 대한 위헌제청신청을 하였는데 법원에서 이를 기각하자(광주고등법원 1999. 8. 26. 99카기42), 1999. 9. 1. 같은 결정을 송달 받은 후 같은 달 8. 위 수산업법 조항들과 구 내수면법 제10조 제2항 제1호가 헌법에 위반되며, 이는 당해사건 재판의 전제가 된다고 하여 헌법재판소법 제68조 제2항에 의한 이 헌법소원 심판청구를 하였다.

(4) 99헌바101

(가) 청구외 김○훈과 99헌바102사건 청구인 육○수는 1988. 4. 19. 전라북도지사로부터 전북 장수군 번암면 식천리 소재 장남저수지 수면 내에 어장면적 10,000㎡, 시설의 종류와 규모 가두리 16조, 양식물의 종류 잉어류, 면허의 유효기간 1988. 4. 19.부터 10년간으로 하는 가두리양식어업면허(전라북도 양식어업면허 제159호)를 받았고, 청구인 조○웅은 1997. 1. 11. 위 김○훈으로부터 5조, 즉 8분의 5지분을 이전 받아 그 무렵부터 양식어업을 경영하였다.

(나) 위 청구인은 위 어업면허의 유효기간 만료일이 다가오자, 면허기간의 연장신청을 하였으나, 전라북도지사의 위임을 받은 장수군수는 1998. 3. 24. 이를 불허하였다.

(다) 그러자, 위 청구인은 국가를 상대로 손실보상금청구소송을 제기하는 한편(전주지방법원 98가단13398), 법원에 수산업법 제81조 제1항, 제34조 제1항에 대한 위헌제청신청을 하였는데 법원에서 이를 기각하자(전주지방법원

1999. 11. 5. 99카기6344), 1999. 11. 16. 같은 결정을 송달 받은 후 같은 달 17. 위 수산업법 조항들과 구 내수면법 제10조 제2항 제1호가 헌법에 위반되며, 이는 당해사건 재판의 전제가 된다고 하여 이 헌법소원 심판청구를 하였다.

(5) 99헌바102

(가) 청구인 육○수, 위 김○훈이 1988. 4. 19. 위 전라북도 양식어업면허 제159호를 받은 뒤, 위 청구인은 1997. 1. 11. 위 김○훈으로부터 3조, 즉 8분의 3 지분을 이전 받아 그 무렵부터 합계 11조, 즉 16분의 11 지분을 보유하고 양식어업을 경영하였다.

(나) 위 청구인은 위 어업면허의 유효기간 만료일이 다가오자, 면허기간 연장신청을 하였으나, 전라북도지사의 위임을 받은 장수군수는 1998. 3. 24. 이를 불허하였다.

(다) 그러자, 위 청구인은 국가를 상대로 손실보상금청구소송을 제기하는 한편(전주지방법원 98가단13381), 법원에 수산업법 제81조 제1항, 제34조 제1항에 대한 위헌제청신청을 하였는데 법원에서 이를 기각하자(전주지방법원 1999. 11. 5. 99카기6343), 1999. 11. 17. 위 수산업법 조항들과 구 내수면법 제10조 제2항 제1호가 헌법에 위반되며, 이는 당해사건 재판의 전제가 된다고 하여 이 헌법소원 심판청구를 하였다.

(6) 99헌바103

(가) 청구외 오정애는 1991. 3. 27. 전라북도지사로부터 전북 임실군 강진면 옥정리 소재 옥정호 수면 내에 어장면적 8,000㎡, 시설의 종류와 규모 가두리 16조, 양식물의 종류 잉어류, 면허의 유효기간 같은 날부터 1998. 2. 4.까지 6년 10개월 남짓으로 하는 가두리양식어업면허(전라북도 양식어업면허 제198호)를 받았고, 청구인 김○은 1991. 11. 30. 위 오정애로부터 위 어업권을 이전 받아 그 무렵부터 양식어업을 경영하였다.

(나) 위 청구인은 위 어업면허의 유효기간 만료일이 다가오자, 면허기간 연장신청을 하였으나, 전라북도지사의 위임을 받은 임실군수는 1997. 12. 24. 이를 불허하였다.

(다) 그러자, 위 청구인은 국가를 상대로 손실보상금청구소송을 제기하는 한편(전주지방법원 98가단20617), 법원에 수산업법 제81조 제1항, 제34조 제1항에 대한 위헌제청신청을 하였는데 법원에서 이를 기각하자(전주지방법원 1999. 11. 5. 99카기6342), 1999. 11. 16. 같은 결정을 송달 받은 후 같은 달 17. 위 수산업법 조항들과 구 내수면법 제10조 제2항 제1호가 헌법에 위반되며, 이는 당해사건 재판의 전제가 된다고 하여 이 헌법소원 심판청구를 하였다.

(7) 2000헌바1

(가) 청구외 한동목, 김재준은 1988. 6. 24. 경기도지사로부터 경기 가평군 설악면 사룡리 소재 청평호 수면 내에 어장면적 10,000㎡, 시설물의 종류와 규모 망활책 가두리 1,440㎡, 양식물의 종류 잉어 등, 유효기간 같은 날부터 10년간으로 하는 가두리양식어업면허를 받고, 1990. 7. 20. 경기도지사로부터 시설면적을 총 1,803㎡로 확장·변경하는 내용의 시설모형변경승인을 받은 다음 계속 양식어업을 경영하여 오다가, 1991. 3. 2. 청구외 김춘상에게 위 어업권을 이전하였다.

청구인 박○복은 1994. 3. 19. 위 김○상으로부터 위 어업권을 이전 받아 양식어업을 경영하여 왔다.

(나) 위 청구인은 어업면허의 유효기간 만료일이 다가오자, 면허기간 연장신청을 하였는데, 경기도지사로부터 권한을 위임받은 경기도북부출장소장은 같은 해 5. 20. 이를 불허하였다.

(다) 그러자, 위 청구인은 국가를 상대로 손실보상금청구소송을 제기하는 한편(서울고등법원 99나23620), 법원에 수산업법 제81조 제1항, 구 내수면어업법 제10조 제2항 제1호에 대한 위헌제청신청을 하였는데 법원에서 위 수

산업법 조항에 대해서는 기각, 위 내수면법조항에 대해서는 각하하는 결정을 하자(서울고등법원 1999. 12. 24. 99카기697), 2000. 1. 4. 위 법조항들이 헌법에 위반되며, 이는 당해사건 재판의 전제가 된다고 하여 이 헌법소원 심판청구를 하였다.

(8) 2000헌바18

(가) 청구외 박기주는 1987. 11. 2. 전라북도지사로부터 전북 정읍군 산내면 종성리 소재 옥정호 수면 내에 어장면적 6,000㎡, 시설의 종류와 장치의 규모 가두리 11조, 양식물의 종류 잉어류, 면허의 유효기간 같은 날부터 10년간으로 하는 가두리양식어업면허(전라북도 양식어업면허 제148호)를 받았고, 청구인 전○용은 1989. 4. 17. 위 박기주로부터 위 어업권을 이전 받아 그 무렵부터 잉어류 양식어업을 경영하였다.

(나) 위 청구인은 위 어업면허의 유효기간 만료일이 다가오자, 면허기간 연장신청을 하였는데, 전라북도지사의 위임을 받은 정읍시장은 1997. 10. 2. 이를 불허하였다.

(다) 그러자, 위 청구인은 국가를 상대로 손실보상금청구소송을 제기하는 한편(전주지방법원 97가단34923), 법원에 수산업법 제81조 제1항, 제34조 제1항에 대한 위헌제청신청을 하였는데, 법원에서 이를 기각하자(전주지방법원 2000. 2. 8. 99카기6345), 2000. 2. 17. 위 수산업법 조항들과 구 내수면법 제10조 제2항 제1호가 헌법에 위반되며, 이는 당해사건 재판의 전제가 된다고 하여 이 헌법소원 심판청구를 하였다

나. 심판의 대상

이 사건 심판대상은 내수면어업개발촉진법 제16조(2000. 1. 28. 법률 제6255호로 개정되기 전의 것)에 의하여 내수면어업에 준용되는 수산업법 제81조 제1항(1990. 8. 1. 법률 제4252호로 개정된 것. 청구인들은 위헌제청신청과 헌법소원심

판청구 당시 '수산업법 제81조 제1항'을 그 대상으로 표시하였으나, 그 취지는 '위 내수면어업개발촉진법 제16조에 의하여 내수면어업에 준용되는 수산업법 제81조 제1항'에 관하여 위헌 여부의 심판을 구하는 것임을 밝히고 있으므로 이 부분 심판대상을 이와 같이 한정한다. 이하 약칭할 경우 '이 사건 보상규정'이라고 한다), 수산업법 제34조 제1항(1995. 12. 30. 법률 제5131호로 개정되고, 2000. 1. 28. 법률 제6257호로 개정되기 전의 것), 내수면어업개발촉진법 제10조 제2항 제1호(1990. 8. 1. 법률 제4252호로 개정되고, 2000. 1. 28. 법률 제6255호로 개정되기 전의 것)가 헌법에 위반되는지 여부이다.

위 법률조항들 및 관련된 법률조항들의 내용은 다음과 같다.

내수면어업개발촉진법(1975. 12. 31. **법률 제2835호로 제정되고,** 2000. 1. 28. **법률 제6255호로 전문개정되기 전의 것**)

제16조(**준용**) 이 법에 특별한 규정이 없는 사항은 수산업법이 정하는 바에 의한다.

수산업법(1990. 8. 1. **법률 제4252호로 개정된 것**)

제81조(**보상**) ① 다음 각호의 1에 해당하는 사유로 인한 처분에 의하여 손실을 입은 자는 그 처분을 행한 행정관청에 대하여 보상을 청구할 수 있다.

1. 제34조 제1항 제1호 내지 제5호와 제35조 제8호(제34조 제1항 제1호 내지 제5호에 해당하는 경우에 한한다)의 규정에 해당되는 사유로 인하여 면허·허가 또는 신고한 어업에 대한 처분을 받았거나 당해 사유로 인하여 제14조의 규정에 의한 어업면허의 유효기간의 연장이 허가되지 아니한 때. 다만, 제34조 제1항 제1호 내지 제3호(제45조 제1항 및 제2항의 규정에 의하여 준용되는 경우를 말한다)의 규정에 해당하는 사유로 인하여 허가 또는 신고한 어업이 제한되는 경우를 제외한다.

2. 제62조 제2항의 규정에 의한 측량·검사에 장애가 되는 물건에 대한 이전 또는 제거명령을 받은 때
3. 제74조 제2항의 규정에 의한 소하성어류의 통로에 방해가 되는 물건에 대한 제거명령을 받은 때

수산업법(1995. 12. 30. **법률 제5131호로 개정되고,** 2000. 1. 28. **법률 제6257호로 개정되기 전의 것) 제34조(공익상 필요에 의한 면허어업의 제한 등)** ① 시장·군수 또는 자치구의 구청장은 다음 각호의 1에 해당할 때에는 면허한 어업을 제한 또는 정지하거나 어선을 계류할 수 있다.

1. 수산자원의 증식·보호상 필요한 때
2. 군사훈련 또는 주요군기지의 보위상 필요한 때
3. 국방상 필요하다고 인정하여 국방부장관으로부터 요청이 있을 때
4. 선박의 항행·정박·계류 또는 수저전선의 부설상 필요한 때
5. 토지수용법 제3조의 공익사업상 필요한 때
6. 어업권자가 이 법, 이 법에 의한 명령·처분 또는 그 제한이나 조건에 위반한 때
7. 어업권자가 외국과의 어업에 관한 협정 또는 일반적으로 승인된 국제법규와 외국의 수산에 관한 법령에 위반한 때

(제34조 제1항은 그중 제6호만 2000. 1. 28. 법률 제6257호로 '어업권자가 이 법 또는 어장관리법이나 이 법 또는 어장관리법에 의한 명령·처분 또는 그 제한이나 조건에 위반한 때'로 개정되었다)

내수면어업개발촉진법(**제10조 제1항은** 1999. 2. 8. **법률 제5920호로 개정된 것, 제2항은** 1990. 8. 1. **법률 제4252호로 개정된 것으로서 각** 2000. 1. 28. **법률 제6255호로 개정되기 전의 것)**

제10조(어업의 유효기간) ① 제7조 제1항 제1호의 면허어업은 10년, 동조 제1항 제2호 내지 제4호의 면허어업, 제8조의 허가어업 및 제9조의

신고어업은 5년 이내를 각각 그 유효기간으로 한다.

② 도지사는 어업의 면허유효기간이 만료되어 어업권자의 신청이 있을 때에는 다음 각호의 1에 해당하는 사유가 있을 경우를 제외하고는 제1항의 기간 내에서 면허기간의 연장 허가를 하여야 한다.

1. 수산업법 제34조 제1항 각호에 해당하는 사유가 있거나 연장허가를 하고자 하는 수면이 다른 법령의 규정에 의하여 어업행위가 제한 또는 금지되고 있는 수면일 때
2. 면허기간이 만료된 어장의 일부 또는 전부가 부실관리되었거나 개발실적이 현저히 불량한 때
3. 행정관청에서 발한 수산동식물의 증식계획을 이행하지 아니한 때

2. 청구인의 주장, 위헌제청신청 기각결정의 이유, 관계기관 등의 의견 요지

가. 청구인의 주장

(1) 1990. 8. 1. 개정 전의 구 내수면법에 의하면 특단의 사정이 없는 한 면허어업의 유효기간을 연장해 주었으며, 공익상 필요에 의한 연장 불허가 시에는 보상청구권이 인정되었는데, 1990. 8. 1. 법률 제4252호로 수산업법과 구 내수면법이 개정된 후(이하 '개정법', '법 개정', '개정 후 수산업법', '개정 후 구 내수면법' 등 개정연혁을 명시하지 않는 경우의 '개정'은 원칙적으로 위 법률 제4252호에 의한 개정을 가리키는 것으로 한다) 다른 법령에 의해 수면을 사용할 수 없는 경우에는 면허기간을 연장해주지 않도록 하면서 보상청구권도 박탈한 것은 소급입법에 의해 재산권을 침해하는 것이다.

(2) 내수면어업에 준용되는 수산업법 제81조 제1항은 '공익상 필요'에 의하여 면허 기간 연장이 불허된 여러 가지 경우 중에서도 같은 항에 규정된 사유로 인한 경우에만 손실보상청구권을 인정하고, 그 밖의 경우에는 보

상의 필요성과 상당성이 위 사유 이상이라 하더라도 손실보상청구권을 인정하지 않음으로써, 합리적 이유 없이 후자를 전자보다 불리하게 차별대우한 것으로서 평등의 원칙(헌법 제11조 제1항)에 반한다.

(3) 공익상 필요에 의해 권리를 제한하면서도 손실보상청구권을 인정하지 않는 것은 재산권의 보장에 관한 헌법규정(헌법 제23조 제1항, 제3항)에 위배된다.

(4) 면허어업의 시설규모, 그 가액 및 시설용도의 비대체성(非代替性) 등에 비추어 면허기간이 연장되지 않는 경우에 보상청구권을 인정하지 않는 것은 그 어업권자의 생활기반을 상실하게 함으로써, 헌법이 지향하는 어업의 보호·육성 및 어민의 권익보호에 역행하는 것이고, 또 이들 면허어업, 특히 유효기간이 긴 양식어업 등의 경우에는 그것이 지역경제에 미치는 영향에 비추어 볼 때, 지역경제의 육성에도 역행하는 것이라 할 것이므로 이 사건 보상규정은 어업의 보호·육성 및 어민의 권익보호와 지역경제육성에 관한 헌법규정(헌법 제123조)에도 위배된다.

(5) 가두리양식장에 대한 보상을 모두 지방자치단체가 할 경우 지방자치단체에 과도한 부담을 준다. 이들 면허어업자들에 대한 면허기간 연장불허는 상수원 수질보전 등 환경보호라는 국가시책에 따른 것인데, 개정법은 과거 국가에게 보상책임을 지우던 것을 지방자치단체의 책임으로 변경하였는바, 이는 헌법 117조 제1항이 보장하는 지방자치정신에 위배되는 것이다.

나. 위헌제청신청 기각결정 이유

(1) 개정 전 수산업법의 규정상 면허기간 연장불허의 경우에는 보상청구권이 인정되지 않았으며, 이 점은 개정 후에도 같다. 손실보상의 근거는 재산권 보장 및 공적 부담 앞의 평등원칙에 입각하여 공익상 개인에게 부과된 특별한 희생을 전체의 부담으로 하여 보상하는 것이다. 그런데 어업면허

는 유효기간이 만료됨으로써 당연히 소멸되는 것이어서 면허기간 연장을 불허하였다 해도 어업면허 취소와는 달리 그로 인하여 어떠한 권리를 침해하였다 할 수 없고, 개정 후 법이 면허기간 연장을 면허제한, 취소와 구별하면서 비로소 보상대상에 포함시킨 점 등을 감안하면, 개정 전 수산업법의 보상규정을 면허기간 연장불허에 유추적용할 것도 아니다. 또 어업면허의 성질, 공유수면 특히 내수면의 공적인 용도와 기능 등을 고려할 때, 이러한 수면에 대해 법령에 의해 일반적으로 어업행위를 제한하게 할 공익적 필요성은 크다. 따라서, 면허기간 연장을 불허하는 경우에 이에 대해 모두 보상을 하는 것은 재정상 어려울 뿐 아니라 특별희생이 있다고 하기도 어려운 점, 대신 개정 수산업법에서는 이와 같은 경우에는 기존면허의 유효기간은 보장하고 있는 점 등을 감안할 때, 이를 손실보상 범위에서 제외한 것이 입법자의 재량을 넘어 헌법상 보장되는 재산권 및 평등권을 침해하는 것이라 할 수 없다(서울고등법원 99카기697).

(2) 청구인들의 양식어업면허는 개정법 시행 이후 유효기간 만료로 어업권이 소멸되므로 면허기간 연장불허로 침해될 재산권은 없으나, 신청인들은 장래 면허기간 연장이 허가되지 않는 경우에 손실보상을 받을 수도 있다는 기대이익은 가지고 있었다 할 것이다. 그러나 공익을 고려하여야 하고, 정책의 형성자유가 부여된 입법자로서 이러한 기대이익까지 존중할 의무가 있다고는 할 수 없으므로 신청인들에게 수산업법 개정으로 인하여 기본권 침해가 있다고는 보지 않는다. 따라서 개정 수산업법 제81조 제1항 및 제34조 제1항이 소급입법에 의한 재산권 박탈을 금지한 헌법 제13조 제2항에 위반되는 위헌의 규정이라고는 할 수 없다(광주고등법원 99카기37, 99카기38, 99카기42; 전주지방법원 99카기6343, 99카기6344, 99카기6345).

(3) 청구인 최○수가 보유한 제199호 면허, 청구인 김○이 보유한 면허는 법 개정 후에 부여된 것이므로 청구인들은 법 개정으로 인한 재산권침해

뿐 아니라 기대이익의 침해도 문제될 것이 없다(광주고등법원 99카기38, 전주지방법원 99카기6342).

다. 해양수산부장관의 의견

(1) 재판의 전제성에 관하여

구 내수면법 제10조 제2항 제1호는 어업면허 유효기간 연장을 불허할 수 있는 근거규정이고 손실보상규정이 아니다. 그러므로 연장불허처분에 따른 손실보상을 청구할 뿐 연장불허가처분의 당부를 다투는 것이 아닌 당해사건 재판과의 관계에서 재판의 전제성이 없다.

(2) 본안에 관하여

위 서울고등법원 99카기697 결정의 이유와 대체로 같다.

라. 보조참가인의 의견

정부의 양식업 장려로 내수면 가두리 양식장이 다수 설치되어 많은 투자를 하여 경영하였는바, 갑작스런 정부정책의 변화로 수면사용을 부동의하고 철거비까지 스스로 부담하여 철거하게 하여 막대한 손해를 입게 하였다.

하천 등의 수질보전은 공공적인 자연공물에 관한 사업으로서 토지수용법의 공익사업과 다를 바 없고, 한편 기업의 영속성이 보장되어야 함을 고려할 때, 가두리 양식업자들의 면허기간 연장불허로 인한 손해는 특별희생으로 보아 보상하여야 한다.

3. 판 단

가. 재판관 윤영철, 재판관 하경철, 재판관 김영일, 재판관 김효종의 의견

(1) 적법요건에 관한 판단

심판대상 조항들 중 구 내수면법 제10조 제2항 제1호는 어업면허 유효기간 연장허가의 제외사유에 관한 규정인데, 같은 항 본문은 ‘면허유효기간이 만료되어 어업권자의 신청이 있을 때에는 각호 사유가 있는 경우를 제외하고는 연장허가를 하여야 한다'고 규정하였고, 제1호는 제외사유로 수산업법 제34조 제1항 각호 사유와 더불어 후단에 '다른 법령의 규정에 의하여 어업행위가 제한 또는 금지되고 있는 수면일 때'를 들었다. 또 수산업법 제34조 제1항은 일정한 사유에 해당되는 경우 면허어업을 제한·정지하거나 어선을 계류할 수 있다는 면허어업제한의 근거규정이고, 이 사건 보상규정은 소정의 사유가 있는 경우 처분을 행한 행정관청에 대해 보상을 청구할 수 있다는 보상청구의 근거규정이다.

당해사건들은 모두 보상금청구사건으로서 청구인들과 같이 이 사건 보상규정에 면허기간 연장불허시 보상되는 사유로 규정되어 있는 수산업법 제34조 제1항 제1호 내지 제5호 사유에 해당되지 않는 사유로 연장이 불허된 경우에 이 사건 보상규정에 따른 보상을 받을 수 있는지 여부가 쟁점이며, 청구인들은 연장불허처분 자체에 대하여 다툰 것은 아니다.

그러므로 이 사건 보상규정은 재판의 전제성이 있다고 할 것이나, 수산업법 제34조 제1항, 구 내수면법 제10조 제2항 제1호는 그 위헌 여부에 따라 당해사건 담당법원이 다른 내용의 재판을 하게 되는 경우에 해당되지 아니하므로 재판의 전제성이 없다고 할 것이다.

또한 99헌바81·82·83·101·102·103, 2000헌바18사건 청구인들은 위헌제청신청 대상에 포함시키지 않은 구 내수면법 제10조 제2항 제1호에 대하여 헌법소원심판청구를 하였으나, 이 부분은 위헌제청신청을 하여 기각결정을 받은 법률조항이 아니라는 점에서도 헌법재판소법 제68조 제2항에 따른 심판청구의 요건을 갖추지 못하여 부적법하다.

(2) 본안에 관한 판단

(가) 청구인들에 대한 연장불허처분의 경위

1) 청구인들에 대한 불허사유

당해사건들은 모두 내수면에서 양식어업을 하던 청구인들이 면허기간 연장신청을 하였으나 허가되지 않자, 국가를 상대로 보상금 청구를 한 사건으로서, 법원은 청구인들에 대한 이러한 불허처분은 당해 수면이 구 내수면법 제10조 제2항 제1호의 '다른 법령의 규정에 의하여 어업행위가 제한 또는 금지되고 있는 수면'임을 근거로 하였다고 보았으며, 이와 같은 사유로 인한 연장불허의 경우에 이 사건 보상규정에 따른 보상대상이 되는지 여부가 주된 쟁점이 되었다. 한편 구 내수면법 제10조 제2항 제1호에 '다른 법령의 규정에 의하여 어업행위가 제한 또는 금지되고 있는 수면인 경우'가 면허기간연장에 대한 제외사유로 규정된 시기가 구 내수면법이 1990. 8. 1. 개정된 이후인 사실은 청구인들이 주장하는 바와 같다.

그런데 기록에 의하면, 청구인들에 대한 면허기간 연장이 불허된 구체적, 직접적인 이유는 각 당해수면의 수면관리자(구 내수면법 제3조 제2항에 따르면 수면관리자라 함은 공공용수면 또는 사유수면을 소유·점유 기타 방법에 의하여 실질적으로 지배하는 자를 말한다)가 수면사용에 대하여 동의하지 않았기 때문인데, 이와 같이 수면관리자가 수면사용을 동의하지 않은 것은 당시 정부가 추진하던 맑은 물 공급대책에 기인하는 것으로 인정된다.

그러므로 내수면에서의 양식어업 면허나 그 연장허가를 함에 있어서 수면관리자의 동의를 필요로 하는지에 관해서 살펴본다.

현행 내수면어업법(2000. 1. 28. 법률 제6255호로 개정된 것) 제12조에는 어업면허 부여시나 연장시 면허권자는 수면관리자와 협의하고 동의를 받아야 하는 것으로 규정하고 있으나, 구 내수면법에는 이와 동일한 규정은 없었다. 그러나, 구 내수면법을 살펴보면, 내수면관리자는 해양수산부장관이 수면이용에 대한 협의를 요청하였을 때에는 시설유지, 보존목적에 지장이 없는 범위 내에서 타에 우선하여 동의하여야 한다고 규정하고(제14조 제2항), 같은 법에 의한 어업면허를 받은 때에는 하천법 제5조 및 제6조에 의한 협의 또는 승인(하천법 제5조는 다른 법령에 의하여 하천구역 안에서 권리를 설정하거나 기타 처분을 하고자 할 때에는 관리청과 협의하거나 승인을 받아야 한다고 규정하고, 제

6조는 국가 또는 지방자치단체가 하천법에 의하여 관리청의 허가를 받아야 할 사항에 관한 사업을 하고자 할 때에는 관리청과 협의하거나 그 승인을 받아야 한다고 규정하였다) 등 당해수면에 적용되는 다른 법률에 의해 그 수면을 사용·점용하기 위해 받아야 하는 승인 등을 받은 것으로 보도록 되어 있는 점, 농지개량시설에 대하여 양식어업면허 등을 할 때에는 수면관리자와 협의하도록 되어 있는 점(제7조 제4항), 어업면허 신청시 및 연장허가 신청시에는 수면 소유자·점유자 등의 동의서를 제출하도록 한 점(구 내수면법 시행령 제19조 제2항, 제27조 제2항), 그리고 구 내수면법의 입법목적은 '내수면 어업의 종합적인 개발' 또는 '수산자원의 보호육성'에 있는 것으로서(제1조) 내수면에 적용되는 환경관계법 등 다른 입법목적을 가진 법령들과의 조율을 전제로 하고 있고(예컨대 위와 같이 구 내수면법 제14조는 하천법, 특정다목적댐법, 농촌근대화촉진법, 공유수면관리법과의 관계를 규정하였다), 이러한 타법령의 적용을 무조건 배제하는 형식으로 되어 있지는 않은 점 등을 종합하여 볼 때, 그리고 수면 소유자나 점유자의 권능에 비추어 보더라도 1990. 8. 1. 개정 전후를 통한 구 내수면법 당시에도 양식어업 신규면허나 면허기간 연장을 위해서는 수면관리자와의 협의 또는 그의 동의를 필요로 하였던 것으로 보인다.

2) 연장불허시 보상되는 사유의 제한

최초의 면허부여가 수산업법 개정 전에 이루어졌다 하더라도 개정된 수산업법이 시행된 후에 이루어진 어업면허 유효기간 연장불허처분과 그로 인한 손실보상에 적용될 법령은 개정된 수산업법이므로(대법원 1999. 5. 14. 98다14030, 공1999상, 1150 참조), 청구인들과 같이 법 개정 후 연장이 불허된 경우 보상대상이 되는지 여부는 개정된 법에 따라서 결정된다.

어업면허는 면허를 받은 사람에게 권리를 설정하여 주는 이른바 특허로서 그 유효기간이 만료됨으로써 당연히 소멸된다. 개정 전 수산업법 제75조 제1항은 공익상 필요에 의한 면허어업의 제한과 어업면허의 취소만을 보상사유로서 규정하고 면허 유효기간의 연장이 허가되지 않는 경우는 보상의 대상으로 규정하지 않았다가 개정 후 수산업법 제81조 제1항 제1호에서는 같은 법 제34조 제1항 제1호 내지 제5호의 사유로 인한 연장불허에 한하여 보상사유로 포함하였다. 같은 법은 당해 수면이 다른 법령에 의하여 어업행위가 제한 또는 금지되는 경우는 같은 법 제34조 제1항 제1호 내지 제5호의 사유와는 달리 이를 근거로 하여 면허기간 내의 어업을 제한하거나 어업면허를 취소할 수는 없지만, 이를 이유로 면허기간의 연장을 허가하지 않을 수는 있도록 하여(같은 법 제14조 제2항, 제4조 제3항) 기존 어업면허의 유효기간을 보장하는 한편, 보상사유에는 포함시키지 않았다.

위와 같은 점들에 비추어 보면, 당해 수면이 다른 법령에 의하여 어업행위가 제한 또는 금지된다는 이유로 면허기간의 연장이 불허된 경우 이 사건 보상규정의 보상대상에 포함되지 않을 뿐 아니라, 이 사건 보상규정을 준용 또는 유추적용하여 손실보상청구권을 인정할 수도 없다고 할 것이다(위 98다14030 판결).

따라서, 청구인들과 같은 경우에는 이 사건 보상규정에 의한 보상청구권이 인정될 수 없다고 할 것이다.

3) 법 개정 전과의 비교

개정 전 수산업법 제75조에서는 '제20조 제1항 제1호 내지 제3호의 규정에 의한 면허어업에 대한 처분'으로 인한 손실에 대해 보상한다고 규정하였는데, 위 제20조 제1항은 면허어업 등의 제한, 정지, 어선의 계류, 어업면허 또는 허가의 취소에 대한 규정으로서, 어업면허기간 연장불허에 대하여는 규정하지 않았다. 그러므로 어업면허 취소 등에 대한 위 보상규정을 유추적용하지 않는 이상 연장불허의 경우는 개정 전 법에 의해서도 보상대상에 포함될 수 없었다고 할 것이다.

그런데, 어업면허는 국·공유의 하천, 호소 등에서 장기간에 걸쳐 법정의 시설 및 방법에 의한 어업을 독점적, 배타적으로 경영할 수 있는 권리를 부여하여 주는 것이므로 다른 물권에 비하여 내재된 공적 제약이 강하다.

그리고 양식어업은 시설의 설치 및 경영에 상당한 자금이 소요되고 양식어류의 생산에는 일정한 기간이 필요하므로 이러한 점들을 감안하여 면허기간은 안정적 경영이 가능한 정도로 정할 필요가 있는 한편, 내수면을 효율적으로 활용하기 위해서나 특히 공공용 수면이 특정인에게 장기간 독점적으로 지배되도록 할 수 없다는 점에서 면허기간이 지나치게 장기화되는 것을 제한할 필요성도 있는데, 양식어업면허 유효기간은 이러한 점들을 종합적으로 고려해서 정해진 것이고, 유효기간이 종료되면 권리가 소멸된다.

위와 같은 어업면허와 유효기간의 성격에 비추어 볼 때, 면허기간 연장불허의 법적 성격을 면허취소와 같이 볼 수 없는 것은 수산업법과 구 내수면법 개정 전에도 마찬가지였다고 할 것이다. 그러므로 개정 전 법에 따르더라도 청구인들과 같은 경우 보상대상이 되었다고 보기 어렵다.

(나) 재산권 침해 여부

1) 재산권 침해 여부

공공용 내수면의 용도는 어업뿐 아니라 상수원, 농업용, 기타 산업용 등으로 다양하므로 이러한 기능을 골고루 활용하고 이해관계인들 간에 조화를 도모하기 위해서는 특정인에게 이를 독점적, 배타적으로 사용하게 하는데 대해서 제한을 둘 수밖에 없으며, 기득권 보호에 치중할 경우 오히려 다른 이해관계인의 이익을 침해하고 공익을 희생시키게 될 것이다. 특히 수질오염시 이를 원상회복시키기 위해서는 막대한 노력과 비용이 들며, 피해의 규모가 광범위할 가능성이 크므로 수질을 보전할 필요성은 매우 높다. 이러한 점들을 고려한다면, 수질보전 등 공익에 부합하는 종합적이고 적극적인 내수면 관리의 필요성과 중요성은 특정인에게 어업면허를 유지시킴으로써 얻는 이익과 비교할 때, 점점 더 무게를 얻어가고 있는 추세임은 분명하다.

이와 같은 어업면허 부여, 즉 권리설정 당시부터 그 권리에 내재되어 있는 제약이 구체화, 현실화됨에 따라 면허기간 만료 후 연장이 되지 않는다고 하더라도 그로 인하여 재산권에 제한 또는 침해가 가하여졌다고 할 수는 없다. 따라서 면허기간 연장을 해주지 않는 경우 보상을 해주어야 할 법리적 요청이 있는 것은 아니다.

그러므로 보상을 할 것인지 여부나 보상을 할 경우 그 내용에 대해서는 입법자의 정책적 고려가 반영될 여지가 많다. 입법자는 이러한 재량범위 내에서 생활보장적 요청, 보상재원의 조달, 이해관계의 조정 등 제반사항을 고려하여 보상범위, 기준 등을 결정할 수 있다고 하여야 할 것이다.

개정 후의 수산업법이 그 전과는 달리 어업면허 유효기간의 연장이 허가되지 아니한 때에도 그중 규정된 몇 가지의 사유로 인한 불허의 경우에는 면허취소와 같은 기준에 의해서 보상하고 있는 것은, 면허기간이 만료된 경우에도 연장신청이 있을 때에는 원칙적으로는 10년의 기간 내에서 연장되므로(제14조 제2항), 이러한 '연장이 기대되는 기간'을 '기존의 면허기간'에 준하는 것으로 봄으로써 연장을 허가하지 않는 경우에는 마치 면허의 취소가 있는 것과 같은, 즉 수익적 행정행위의 철회·변경이 있는 것과 같은 취급을 하고 있는 셈이다. 이는, 법리에 따른 당연한 논리적 귀결이라기보다는 위와 같은 제반사항에 대한 입법자의 정책적 고려가 반영된 결과라고 할 것이다.

그렇다면, 수면관리자의 동의가 없어서 면허기간을 연장할 수 없거나 연장하더라도 타법령에 의한 규제가 남아 있어서 실효성이 없는 경우, 그 밖에 당해 수면이 타법령에 의해 어업을 할 수 없는 수면이라는 이유로 연장을 불허한 경우 이 사건 보상규정에서 보상을 해주지 않는다고 하여도 이를 두고 어업권자의 재산권을 침해하는 것이라고는 할 수 없다.

2) 소급입법에 의한 재산권 침해, 신뢰보호원칙 위반 여부

어업면허 유효기간 연장불허의 경우 개정 전의 수산업법과 구 내수면법에 따르더라도 보상청구권이 인정되기 어려운 점은 앞에서 본 바와 같다.

한편, 청구인들은 위 법개정 전에는 청구인들과 같은 경우 면허연장 제외사유로 명시되어 있지 않았으므로 특단의 사정이 없는 한 면허가 연장되

었을 것이라고 주장한다.

‘다른 법령의 규정에 의하여 어업행위가 제한 또는 금지되고 있는 수면일 경우’가 면허 기간 연장의 제외사유로 명시적으로 규정된 것은 법 개정 이후이기는 하지만, 개정 전의 법에 의하더라도 공익상 필요에 의한 연장거부가 가능하였고, 법규정상 그 사유는 구체적으로 한정되어 있지 않았다. 그리고, 양식어업면허 유효기간이 10년까지 부여될 수 있음을 감안할 때, 당초 면허를 부여받을 당시에 예측 가능한 연장거부사유들에 비추어, 사실상 장차 연장을 기대할 수 있었다고 하여도, 면허기간 만료시에도 그와 꼭 같아야 한다는 식의 보장을 받을 수는 없다.

뿐만 아니라, 면허기간 연장불허는 장래에 향한 것으로서 새로운 입법으로 이미 종료된 사실관계 또는 법률관계에 적용되게 하는 것이 아니므로 소급입법에 의한 재산권의 제한이나 침해가 있다고 할 수는 없는 것이다.

다만, 소급입법에 의한 재산권침해가 있는 것은 아니라고 하여도 면허연장 제외사유에 관한 위와 같은 개정으로 법치국가의 원리로부터 도출되는 신뢰보호원칙에 반하게 되는 결과를 초래했는지 여부를 검토할 필요는 있다.

그런데, 법률이 개정되는 경우 기존 법질서와의 사이에 어느 정도의 이해관계의 상충은 불가피하므로 신뢰보호원칙 위배 여부를 판단하기 위해서는 한편으로는 침해받은 이익의 보호가치, 침해의 중한 정도, 신뢰가 손상된 정도, 신뢰침해의 방법 등과 다른 한편으로는 새 입법을 통해 실현하고자 하는 공익적 목적을 종합적으로 비교·형량하여야 한다. 그러나 헌법적 신뢰보호는 개개의 국민이 어떠한 경우에도 실망을 하지 않도록 하여 주는 데까지 미칠 수는 없는 것이며, 입법자는 구법질서가 더 이상 그 법률관계에 적절하지 않음에도 불구하고 그 수혜자들을 위하여 이를 계속 유지하여줄 의무는 없다고 할 것이다(헌재 1995. 6. 29. 94헌바39, 판례집 7-1, 896, 910; 1999. 7. 22. 97헌바76등, 판례집11-2, 175, 195).

가사 청구인들이 면허를 받을 당시에는 연장을 사실상 기대할 수 있었는데, 위와 같은 법개정으로 연장이 불허되게 되었다고 하더라도(다만, 청구인 최○수의 제199호 면허, 청구인 김○의 면허는 법 개정 후에 부여된 것이므로 이에 해당할 수 없다), 어업면허에 내재된 공익적 제약의 비중, 공익적 제약의 시대에 따른 가변성을 고려할 때, 면허기간 만료시 연장을 해주지 않을 근거가 되는 공익상 필요의 구체적 사유가 최초에 예측가능하였던 사유와 같은 것으로 한정되어야만 할 정도로 그 신뢰가 보호되기는 어려운 이상, 청구인들의 기대는 보호되기 어렵다.

더욱이 수질보전과 같은 공익상 필요는 종전부터 있었음에도 불구하고 이에 대한 인식이 미흡하여 수면사용의 제한이 적절히 이루어지지 않다가 근래에 뒤늦게 시정되고 있는 면도 있다. 즉, 내수면 가두리양식어업을 장기간 유지한 것이 오히려 공익의 희생 하에 이루어진 부적절한 정책이었으며, 최근의 정책과 개정법은 그 잘못을 바로잡는 것이라고 평가될 여지도 있다.

또 공공용 내수면의 용도와 기능, 이해관계의 다양성, 수질보전의 중요성 등을 감안할 때, 청구인들과 같은 사유로 인한 연장불허로 인하여 기존의 면허어업자들이 침해받은 신뢰이익이 연장불허로 달성하고자 하는 공익목적에 꼭히 우선하여 보호되어야 할 정도로 중대한 것이라고 할 수도 없다.

그러므로, 청구인들과 같은 사유로 연장이 불허된 경우를 보상대상에 포함시키지 않은 이 사건 보상규정이 헌법상 신뢰보호의 원칙에 위배된다고 볼 수 없다.

(다) 평등권 침해 여부

이 사건 보상규정에 의하여 면허기간 연장이 불허되는 경우에도 면허취소와 마찬가지로 보상을 해줄 수 있게 되었으나, 그 사유는 이 사건 보상규정에서 열거하고 있는 몇 가지 사유에 한정되어 있다. 청구인들은 공익상 필요에 의한 연장불허인 점에서는 다를 것이 없는 청구인들에 대한 불허사유와 같은 경우에 이 사건 보상규정의 사유들과는 달리 보상을 해주지 않는 것은 합리적 이유가 없는 차별로서 평등권을 침해하는 것이라고 주장한다.

평등위반 여부를 심사함에 있어 엄격한 심사척도에 의할 것인지, 완화된 심사척도에 의할 것인지는 입법자에게 인정되는 입법형성권의 정도에 따라 달라지게 될 것이다. 차별적 취급으로 인하여 관련 기본권에 대한 중대한 제한을 초래하게 된다면 입법형성권은 축소되어 보다 엄격한 심사척도가 적용된다(헌재 1999. 12. 23. 98헌바33, 판례집11-2, 732, 749). 반면 국민에게 혜택을 부여하는 법률은 국민의 권리를 제한하거나 새로운 의무를 부과하는 법률과는 달리 입법자에게 보다 광범위한 입법형성의 자유가 인정되는 것이므로 입법자는 그 입법의 목적, 수혜자의 상황, 예산 등 제반사항을 고려하여 그에 합당하다고 스스로 판단하는 내용의 입법을 할 권한이 있다고 할 것이고, 그렇게 하여 제정된 법률의 내용이 현저하게 합리성이 결여되어 있는 것이 아닌 한 헌법에 위반된다고 할 수는 없다(헌재 1993. 12. 23. 89헌마189, 판례집5-2, 623, 640; 1999. 7. 22. 98헌바14, 판례집11-2, 205, 219). 따라서 이와 같은 경우 평등위반의 심사척도는 완화된다.

어업면허 유효기간의 연장을 해주지 않는 경우 보상을 하여야 할 법리적 당위성이 있는 것은 아니며, 면허기간 연장불허로 재산권침해가 일어나는 것은 아니라는 점, 이 사건 보상규정에서 일정한 사유에 의한 연장불허의 경우에도 보상을 하도록 정한 것은 입법자의 정책적 고려가 반영된 결과인 점은 앞에서 본 바와 같다.

이와 같은 경우 보상을 할 것인지 여부나 보상내용을 정함에 있어서 입법자는 넓은 범위의 재량을 가지므로 평등위반의 심사에 있어서 완화된 심사척도가 적용된다. 그 결과, 현저하게 불합리한 차별이 아닌 한 헌법에 위반된다고 할 수 없게 된다.

어업면허 유효기간이 만료된 자로서 면허기간 연장에 대한 수면관리자의 동의 자체가 없어서 이를 연장해 줄 수 없거나 연장을 해 주더라도 다른 법령에 의한 규제가 여전히 남아 있어서 그 실효성이 없는 경우, 그 밖에 해당 수면이 다른 법령에 의해 어업을 할 수 없는 수면이라는 이유로 연장이 불허된 경우와 비교할 때, 이 사건 보상규정에서 열거하고 있는 사유들은 모두 특정 지점 또는 지역에 대한 구체적·개별적인 공익목적 수행을 위하여 연장을 불허하는 경우라는 점에서 차이가 있다.

이 사건 보상규정에서 열거하고 있는 사유의 경우는 면허기간 연장불허가 개별적으로 이루어지므로 어떤 수면이 규정된 사유에 해당됨으로써 발생하는 불이익(즉 연장을 해주었으면 얻을 이익을 얻지 못하게 된다는 의미에서의 불이익)도 특정적, 개별적이다. 다시 말하면 사유의 발생과 보상대상이 특정적, 개별적이다. 따라서 보상을 위한 재원의 조달도 상대적으로 용이하다(더구나, 많은 경우에는 수산업법 제81조 제2항에 따라서 보상의 원인이 된 처분으로 인해 이익을 받은 자가 최종적으로 부담하게 할 수 있다).

그러나 다른 법령에 의한 규제 등으로 인하여 연장이 불허되는 경우는 원칙적으로 입법자가 어떠한 입법목적을 가지고 설정한 일반적인 기준에 따라 수면 또는 수면이 위치한 토지의 사용을 규제함에 따르는 것이므로 불이익은 보다 '일반적'이며 보상대상도 상대적으로 확대된다. 따라서 보상에 필요한 재원의 규모도 커진다. 예컨대 '공익'을 위한 연장불허인 이상 그 공익의 구체적 내용에 상관없이 모두 보상하기로 한다면 보상대상은 훨씬 확대될 수밖에 없다.

또 이 사건 보상규정에서는 '처분을 행한 행정관청'에게 보상책임을 귀속시키고 있는데, 다른 법령에 의한 규제 때문에 연장이 허가되지 않은 경우에는 다른 법령의 규율내용에 따라서는 그 법령 자체에 보상의 근거를 두어야 할 경우도 있을 수 있겠으나 처분을 행한 행정관청에게 보상책임을 귀속시키고 있는 이 사건 보상규정에 포함시키는 것은 입법체계상으로도 어려운 점이 있다.

청구인들에 대한 연장불허처분의 사유는 위에서 살펴본 점들에서 이 사건 보상규정에서 보상하는 사유들과는 다르다.

실질적으로 보아도 공공용 내수면에 관한 양보될 수 없는 중요공익인 생활용수의 수질보전을 위해서 일반적으로 수면의 사용을 제한함에 따라 면허기간이 더 이상 연장되지 않는 것은 능히 예상할 수 있고, 이러한 사유는 이 사건 보상규정에 규정된 사유들보다는 훨씬 '일반적'인 사유라 할 수 있다. 구 내수면법이 다른 입법목적을 가진 다른 법령들과의 조율을 전제로 하고 있고 면허 부여시, 그리고 연장시 수면관리자의 동의를 요하도록 규정한 것은 이와 같은 기타의 중요공익 등을 보호하기 위한 것이다.

더구나 이 사건에서와 같이 가두리양식장이 수질보전에 장애가 되기 때문에 어업면허를 연장해주지 않게 된 경우는 순전히 외부적 요인에 의해 면허연장이 불허되는 것이 아니라, 그 요인 또는 책임을 어업권자에게 돌릴 수 있는 측면이 있다고 할 것인데, 이러한 점에서 보상되지 아니하는 사유인 수산업법 제34조 제1항 제6, 7호의 법령위반의 경우와 일맥상통하는 면도 있다.

결국, '공익'을 위한 것이라는 점에서 공통적이라는 이유만으로는 모든 연장불허에 대하여 동등하게 보상하여야 한다고 할 당위성은 없는바, 입법자는 그 재량범위 내에서 공익의 구체적 내용과 비중, 보상주체, 재원조달, 관련자들의 이해관계 등 여러 가지 사정을 고려하여 면허기간 연장불허의 사유를 한정하여 이 사건 보상규정을 두었다고 보여지고, 청구인들과 같은 경우 이 사건 보상규정에서 보상의 대상으로 정한 다른 연장불허사유와 달리, 보상하지 않는 것이 현저하게 불합리한 차별이라고 할 수 없다.

그러므로 이 사건 보상규정이 평등권을 침해한다고 볼 수 없다.

(라) 헌법 제117조 제1항, 제123조 위반 여부

1) 이 사건 보상규정에서는 '처분을 행한 행정관청'에게 보상책임을 귀속시키고 있다.

그런데, 내수면의 경우 면허권자는 1990. 8. 1. 법 개정 전후를 통하여 도지사로 정하고 있었던 점이나 지방자치단체가 1995. 6. 27. 기초·광역 지방자치단체의 장과 의원의 선거를 치름으로써 비로소 활동을 개시한 점에 비추어 이 사건 보상규정의 '행정관청'은 내수면 어업면허에 있어서는 국가기관으로서의 도지사 등을 의미하는 것이라고 할 것이다. 그러므로, 이 사건 보상규정에서 지방자치단체에게 보상책임을 귀속시키는 결과 지방자치단체의 재정적 부담이 과도하게 됨을 전제로 하는 일부 청구인들의 헌법 제117조 제1항 위반에 관한 주장은 더 나아가 살펴보지 않는다.

2) 양식어업면허의 유효기간이 양식어업의 시설과 경영에 투자되는 자금규모, 생산기간, 한편으로는 수면의 효율적 활용, 관련되는 제반공익 및 이해관계인들의 이익 등을 종합적으로 고려하여 정해진 것임은 앞에서 살펴본 바와 같다. 또 생활용수의 수질보전과 같은 공익은 그 비중이 매우 크고, 공공용 내수면에서의 어업면허에 관해서는 이러한 사유에 따른 유효기간 연장불허의 가능성이 항상 내재되어 있다고 볼 수 있는 점, 이와 같은 사유로 연장을 불허할 경우 보상을 해주어야 할 법적 당위성이 없고, 한편 이를 보상해 준다면, 일시에 많은 재원이 필요한 점도 살펴본 바와 같다. 또 양식어업면허를 받은 자들은 최장 10년에 이르는 기간 동안 내수면을 배타적, 독점적으로 사용하는 혜택을 누렸고, 한편으로 개정법에 따르면 기존 면허기간 동안의 권리행사는 보장되도록 되어 있다.

이와 같은 점들에 비추어 볼 때, 이 사건 보상규정이 헌법 제123조에 위배된다고는 할 수 없다.

(3) 결 론

이상과 같은 이유로 99헌바81·82·83·101·102·103, 2000헌바18사건 청구인들의 심판청구 중 구 내수면법 제10조 제2항 제1호, 수산업법 제34조 제1항에 대한 각 심판청구와, 2000헌바1사건 청구인의 구 내수면법 제10조 제2항 제1호에 대한 심판청구는 각 부적법하고, 이 사건 보상규정은 헌법에 위반되지 아니한다고 본다.

나. 재판관 이영모, 재판관 한대현, 재판관 권성의 의견

(1) 이 사건 보상규정은 평등권을 침해하여 위헌임을 면할 수 없다.

우선 이 사건 보상규정이 들고 있는 보상사유의 하나인 수산업법 제34조 제1항 제5호는 '토지수용법 제3조의 공익사업상 필요한 때'라고 규정하고 있는데 토지수용법 제3조가 열거하고 있는 공익사업의 종류는 실로 광범위하여 '기타'라는 항목을 빼고 구체적으로 게기된 분야만 해도 무려 60여 개에 가까워, 생각할 수 있는 거의 모든 공익사업을 망라하고 있는 것이 아닌가라고 생각할 정도인데, 이처럼 수많은 공익사업을 이유로 어업권의 면허연장을 불허할 때에는 보상을 하면서 이른바 정부의 '맑은 물 공급 정책' 때문에 면허연장이 안될 때에는 보상을 안 해주는 것은, 정부의 맑은 물 정책사업 또한 공익사업임을 인정하는 이상, 이것은 현저히 불합리하게 이 사건 어업권자들을 차별하는 것이 되어 평등의 원칙에 어긋난다.

(2) 전자의 공익사업은 개별적이고 구체적인 것임에 반하여, 후자는 일반적인 것이라고 하여 양자 사이의 차이점을 말하는 것은, 전자의 공익사업 가운데에도 일반적인 것, 예컨대 국방, 군사, 사회교육, 학예 같은 것이 다수 포함되어 있고 일견 개별적인 것으로 보이는 사업도 실은 구체적인 사업규모에 따라서는 일반적 공익을 목적으로 하는 것이 될 수 있다는 점에서 합당한 이야기가 아니다. 만일 개별적인 것과 일반적인 것의 대비가 공익사업이 관계되는 수면의 부분이 전자는 수면 일부의 특정범위에 한정되고 후자는 수면의 전부 내지 상당 부분에 걸치는 것을 의미한다면 이것 역시 피상적인 논의이다. 왜냐하면 공익사업이 관계되는 수면의 공간적 범위의 광협은 토지수용법 제3조에 열거된 공익사업에 있어서 우연적인 사항일 뿐 결코 본질적 요소는 아니기 때문이다. 마찬가지 이유로 공익사업의 수혜자의 범위를 가지고 구별하는 것도 양자가 가진 본질적인 차이라고 말할 수 없다. 혹시 전자의 공익사업은 가시적인 유형물이 조성되는 경우이고 후자는 그

렇지 않다는 점에서 구별된다고 말하는 것이라면 이는 공익사업의 천태만상적 범위와 가변성을 도외시한 것이 되어 더욱 불합리하다.

요컨대 토지수용법 제3조의 공익사업과 정부의 맑은 물 공급 사업 사이에는 공익의 관점에서 볼 때에 아무런 차이가 없는 것이다.

(3) 만일 전자의 사업 때문에 어업권의 면허가 연장되지 않는 것은 어업권자의 사적 이익과 대비하여도 무방할 정도의 개별적인 특수한 공익 때문이므로 보상이 필요하지만, 맑은 물의 공급과 같은 국가 전체 내지 국민 전체를 위한 중대한 공익은 어업권자의 사익 같은 것과는 대비할 수 없는 중요한 것이므로 이를 위하여는 사익의 희생을 감수하여야 한다는 의미에서 보상하지 않을 수 있다는 취지라면, 이것은 현대의 문명사회가 개인과 전체의 균형이라는 문제에 관하여 확고히 유지하고 있는 기본원칙에 어긋나는 것이다.

(4) 어업권은 본래 유효기간이 경과하면 자동적으로 소멸하는 권리라는 것에 터잡아 그 보상가치를 회의하는 것은, 그러한 성질에도 불구하고 이 사건 보상규정이 이미 보상의 길을 매우 광범위하게 열어놓고 있다는 점에서, 그리고 수산업법 제14조 제2항과 내수면어업개발촉진법 제10조 제2항이 일정한 사유가 있는 경우를 제외하고는 원칙적으로 어업권면허의 연장을 허가하여야 한다고 규정하고 있는 점 등에 비추어 합당하다고 볼 수 없다.

(5) 입법은 형성의 자유를 누리는 것이 아니라 공정한 법의 발견을 위한 고통의 부담이라는 것을 간과하고 혹 자유에 안주하여 부주의하게 위헌적인 법률을 등장시켰다면 공정한 법을 발견하여 이를 시정하는 고통은 헌법재판소의 몫으로 돌아온다. 이 사건에서의 보상문제와 같은 것까지를 포함하는 의미에서의 수익적 급부행정을 소위 입법형성의 자유라는 것의 범주에 포섭시켜 현저히 불합리하게 그 허용범위를 재단하는 것은 마땅히 시정되어야 할 것이다.

(6) 이상과 같은 이유로 우리는 이 사건 보상규정이 현저히 불합리하게 청구인들을 차별하여 위헌이라고 생각한다.

다. 재판관 김경일, 재판관 송인준의 의견

(1) 수산업법 제81조 제1항 제1호에 있는 문제의 이 사건 보상규정은 이 사건 가두리양식업과 같은 내수면어업에 관한 한 실제적용될 여지가 규정취지와는 달리 대폭 줄어들 치명적인 흠을 안고 있다.

이 사건 보상규정은 그 보상의 원인사유를 같은 법 제34조 제1항 제1호 내지 제5호의 사유(이하 '5가지 유형의 공익상 사유'라 한다)로 어업면허의 유효기간의 연장이 허가되지 아니한 때로 하고 있다. 따라서 내수면 가두리양식업에 있어서도 면허연장 불허 사유가 '5가지 유형의 공익상의 사유'인 경우에는 내수면어업개발촉진법의 준용규정에 따라 보상을 받을 수가 있다. 그런데 내수면에서의 어업면허는 면허권 설정 당시는 물론 그 후 연장허가를 할 때도 수면관리자의 동의가 있어야 하는바, 비록 실질적으로는 '5가지 유형의 공익상 사유'로 기간연장이 불허되는 것이어서 이 사건 보상규정에 따라 보상을 받을 수 있는 사안임에도 만약 행정관청이 불허처분의 사유를 '5가지 유형의 공익상 사유'로 삼지 아니하고, 수면관리자의 부동의를 그 사유로 삼는다면 그 부동의는 내수면어업개발촉진법 제10조 제2항 제1호 후단의 '다른 법령의 규정에 의하여 어업행위가 제한 또는 금지되고 있는 수면일 때'(이하 '다른 법령의 규정'이라 한다)로 해석되어 이 사건 보상규정에 해당되지 않게 되고 따라서 보상을 받지 못하게 된다. '5가지 유형의 공익상 사유'는 수산자원의 증식 …, 군사훈련 …, 선박의 항행 …, 토지수용법 제3조의 공익사업상 필요한 때 등 광범위한 영역에 걸쳐 있어 가두리 양식업자로서는 만약 공익상의 사유로 그들의 어업권면허가 연장허가가 되지 않는다 할지라도 적어도 위 광범위한 영역의 어느 하나에는 해당이 되어 보상을 받을 수 있다는 기대치를 갖게 되었는데, 행정관청이 공익상 사유와는 아무런 관계가 없는 양 수면관리자의 부동의만 내세운다면 이 사건 보상규정은 있어도 없는 규정이 되고 만다.

(2) 이 사건 청구인들의 경우도 기본적으로 다를 바는 없다. 그들에 대한 면허기간 연장불허가 주로 수면관리자의 부동의를 처분사유로 삼은 것이긴 하지만(그 외에 2000헌바1 사건에서는 환경정책기본법, 99헌바101, 102사건에서도 도(道) 방침도 들어 있다) 맑은 물 공급대책이라고 하는 공익상 사유가 실질적인 배경임은 두말할 나위가 없다. 맑은 물 공급대책이라고 하는 공익상 사유는 그러나 '5가지 유형의 공익상 사유'에는 해당되지 아니하므로 설사 이를 그대로 처분사유로 삼는다 하더라도 보상대상이 되지 않는다는 발상이 있을 수는 있다. 그러나 '5가지 유형의 공익상 사유'의 하나인 수산자원의 증식·보호상 필요한 때라 함은 맑은 물 공급을 위하여 필요한 때와 다름이 없이 수질보전과 관계되는 것이고 나머지 유형의 공익상 필요라는 것도 그것이 이루어지는 곳이 바로 동일한 생활용수공급호소인 이 사건 내수면인 점에서 이 사건 공익상의 필요와 나누어 생각할 수 없다. 다시 말해 본질적으로 같은 공익상의 사유로서 연장이 불허되는 마당에 이 사건 보상규정의 위헌 여부를 가리는 바탕은 전혀 다를 바 없다.

(3) 좀 더 상술해 보기로 한다.

실제 행정관청이 '5가지 유형의 공익상 사유'에 해당되는 양식장이다 하여 수면관리자의 부동의를 받아 면허연장을 불허한다 치자. 이 경우에 행정관청은 불허사유로 '5가지 유형의 공익상 사유'를 들 수도 있고 수면관리자의 부동의 즉 '다른 법령의 규정'을 들 수도 있다. 다만 '5가지 유형의 공익상 사유'를 들 때는 이 사건 보상규정에 따라 보상을 하여야 하고 수면관리자의 부동의를 들 때는 보상을 하지 않아도 된다. 결과적으로 행정관청의 선택사항이 되고 마는데 이런 경우 행정관청이 보상을 하지 않아도 되는 사유를 들지 않고, 굳이 보상이라는 부담을 떠안게 될 우려가 있는 '5가지 유형의 공익상 사유'를 면허연장 불허사유로 내세울리 없음은 명약관화하다.

또한 기간만료 전에 공익상 사유가 발생하더라도 기간만료시까지 기다렸다가 부동의를 내세우며 공익사업을 개시하면 보상부담이 없기는 마찬가지이다.

(4) 여기서 수면관리자의 동의 여부가 관건인 것처럼 보인다. 그것은 수면관리자의 부동의가 있어야 비로소 행정관청이 재정적 부담을 벗어날 수 있지만 동의하는 경우에는 어쩔 수 없이 '5가지 유형의 공익상 사유'를 내세워 연장을 일단 막아야 하고 그러다 보면 보상을 해주어야만 하기 때문이다. 그러나 수면관리자의 동의 여부는 그 비중이 막중한 것에 비하여 그 행사는 극히 형식적이다.

기록을 보니 1997. 3.경 환경부장관이 해양수산부장관에게 가두리 양식장 등으로 인하여 갈수록 수질이 악화되고 있으니 충주호, 소양호, 옥정호 등 상수원으로 이용되고 있는 호소에서는 호소시설 오염 기여도를 줄여나가는 적절한 대책을 시행해 줄 것을 요청하자 해양수산부장관은 농림부 등 관계 장관에게 내수면가두리양식장 면허기간연장에는 수면관리자의 동의가 선행되어야 하므로 환경부 뜻대로 귀부 산하단체에서 협조될 수 있도록 조치하여 달라고 하였고 이에 기해 도지사가 정부의 맑은 물 공급대책과 관련, 생활용수 이용 호소에서의 기존면허기간 연장허가를 금지하는 가두리 양식대책을 관내 각 시장, 군수, 각농조장, 한국수자원공사 해당사무소장에게 각 하달하고 해당군수는 도 방침에 따른 사항이라며 이 사건 면허연장허가신청을 각 거부하는 처분을 한 사실을 인정할 수 있다.

위 경위를 들여다보면 이 사건에서의 수면관리자인 한국수자원공사 등이 하였다는 이른바 부동의라는 것은 그야말로 한낱 허울뿐이고 그 실질은 맑은 물 공급대책이라고 하는 정부시책을 수행하고자 관계행정기관이 일사불란하게 명령계통을 통해 수면관리자에게 부동의를 지시하면서 이 사건 불허가처분을 완전히 주도한 사실을 엿볼 수 있을 뿐이다. 결국 행정관청의 뜻대로 처분이 이루어질 수 있는 것이어서 수면관리자가 행정관청의 지시에 휘둘리지 않고 소신껏 동의 여부를 밝힘으로써 다소라도 견제해 줄 것을 바라는 것은 무망한 일로 보인다.

그 결과 이 사건 보상규정이 유효히 존속하는 한 내수면 어업권자의 경우 공익상의 사유로 연장허가가 불허되고 그 공익상의 사유가 광범위하게 규정된 '5가지 유형의 사유' 중 어느 하나에 속한다고 아무리 호소해도 불허처분의 근거가 수면관리자의 부동의이고 그것은 보상사유에 해당하지 않는다고 하는 행정관청의 주장을 저지할 방도가 없다. 그렇게 된 이유는 위에서 본 바와 같이 공익상 필요여부라는 실질은 도외시한 채 단지 그 형식만 빌린 수면관리자의 부동의를 내세우고 그것을 보상사유에는 해당하지 아니하는 '다른 법령의 규정'이라는 범주에 넣어버리는 데서 오는 필연적인 오류이다.

(5) 관련규정의 변천을 필요범위 내에서 간략히 본다.

1975. 12. 31. 법률 제2835호로 제정된 당초부터 내수면어업개발촉진법은 면허어업의 유효기간은 10년이고 몇 가지 제외사유가 없는 한 도지사는 신청이 있는 경우 위 10년 기간 내에서 면허기간의 연장허가를 (반드시) 하여야 하고 이러한 연장허가규정은 위 촉진법이 2000. 7. 29. 내수면어업법으로 대체될 때까지 유효하였다.

여기서 몇 가지 제외사유라는 것은 수산자원의 증식보호상, 국방기타 군사상, 선박의 항행 … 기타 공익상 필요한 때와 어업면허권자가 법령에 위반한 때, 어장이 부실관리되었거나 수산동식물의 증식계획을 이행하지 아니한 때 등이었고 한편 공익상 필요로 면허어업에 대한 어떠한 처분을 하여 그로 인한 손해를 입은 자는 국가에 대하여 보상을 청구할 수 있었다(구 내수면어업개발촉진법 제10조 제1항, 제2항; 구 수산업법 제20조 제1항, 제75조 제1항).

각 규정이 의미하는 바를 어업면허권자들의 입장에서 보면 그들이 갖고 있는 내수면어업면허권은 10년이 유효기간이지만 법령에 위반하거나, 관리하는 어장이 부실해졌거나, 행정관청에서 발한 수산동식물의 증식계획을 이행하지 아니하는 등 그들에게 법정의 허물이 있지 아니하는 한 그들은 반드시 면허기간의 연장허가를 받는다는 점과 공익상 필요에 의한 경우 연장허가를 받을 수는 없으나 기간의 만료시점에 와서 비로소 공익상의 필요가 생긴 때가 아니라면 국가로부터 보상을 받을 수 있는 법적 장치가 되어 있어 적어도 자기들에게 잘못이 없는 한 원칙적으로 연장허가를 받고 그렇지 못할 경우라도 최소한 보상은 받을 수 있게 되었다라는 기본적인 신뢰를 갖게 되었다는 점이다.

그러던 중 위 촉진법이 1990. 8. 1. 법률 제4252호로 개정되어 연장허가의 제외사유로 '다른 법령의 규정'이 추가되면서 원칙적 연장허가의 범위가 상당부분 축소되자 위와 같은 기본적인 신뢰를 갖는 면허권자들을 보호해야 한다는 취지에서 같은 날 개정된 수산업법에서 종전의 보상규정외에 어업면허 연장불허의 경우에도 그 불허가가 공익상 필요에 의한 경우에는 보상을 허용키로 하는 규정을 신설하였던 것인데 수면관리자의 부동의와 관련하여 이 사건 보상규정에 앞서 본 바와 같은 허점이 있을 수 있다는 점은 간과되고 말았다.

(6) 청구인들은 정부에서 농어민들을 찾아다니면서 농어민소득증대를 위한 정부시책사업이라며 국고에서 저리융자까지 해주어 빚을 얻어 가두리양식업을 하게 되었고 처음 해 보는 실험적인 업종이어서 수차에 걸친 실패로 손해를 보아왔으나 이제 양식기술이 숙련되어 소득이 어느 정도 증대될 수 있는 여건이 갖추어졌는데 하루아침에 정부시책이라 하여 연장허가가 불허되면서 막대한 돈이 투자된 시설규모가 전혀 쓸모없게 되어 버렸다.

기록에 의하면 보상을 구하는 대상건수는 전국적으로 120건이 넘고 평균 보상요구금액은 15억원 정도라는 것이어서 전국에 산재한 가두리양식장의 대부분이 이 사건에서의 청구인들과 같은 운명에 놓여지게 되었는바, 변론에서 현출된 바에 의하면 비록 면허기간이 10년이어서 장기간이라 하나

가두리양식업의 특성상 그 기간 동안 소득이 현실화되는 것은 3회 정도에 그친다는 것이고 또한 실험업종이어서 투하자본의 회수도 그동안 여의치 않았다는 것이다.

수질보전은 공익상 필요의 으뜸인데 가두리양식장이 수질보전에 장애가 된다는 점, 이 사건에서와 같은 맑은 물 공급대책이 나오게 된 배경에 청구인들의 책임이 또한 크다는 점을 청구인들이 외면하는 것은 아니다. 만약에 보상이 된다면 실제 보상액수에 있어 청구인들이 수질오염에 기여한 잘못을 참작해 적정한 보상을 해주면 그것으로 만족할 청구인들로 보인다.

(7) 어업면허는 면허를 받는 사람에게 권리를 설정하여 주는 이른바 특허로서 그 유효기간이 만료됨으로써 당연히 소멸하므로 면허기간 연장을 하여 주지 않는다 하더라도 보상을 해 주어야 할 법리적 요청이 당연히 있는 것은 아니어서 보상할 것인지의 여부나 보상을 할 경우 그 내용에 대해서는 입법자의 정책적 고려가 반영될 여지가 많고 일반적으로 국민에게 혜택을 부여하는 법률은 국민의 권리를 제한하거나 새로운 의무를 부과하는 법률과는 달리 입법자에게 보다 광범위한 입법형성의 자유가 인정된다는 점은 합헌의견에서 적절히 밝힌 바와 같다.

그러나 가두리 양식어업은 앞서 본바와 같이 막대한 자금이 투자되고 이익회수의 사이클이 길며 실험적 사업이어서 영세 농어민들이 참여를 꺼려하였던 사업이었는데 정부가 내수면어업개발촉진법이라는 특별법을 만들어서까지 적극 권장한 정책사업이었다는 점을 보면 이 사건 보상규정을 단순히 국민에게 혜택을 부여하는 법률로서만 볼 수 없다. 다시 말해 유효기간이 만료되었으나 앞서 본 사유로 사실상 당연히 기대되었던 기간연장이 되지 못하게 된 것에 대한 보상적 성격의 규정임을 결코 간과해서는 아니 된다는 것이다.

그렇다면 보상의 잣대는 피해를 본 사람들이 기준이 되어야 한다. 따라서 보상대상의 다과, 보상을 위한 재원조달의 용이 여부, 보상액의 전부 또는 일부를 떠넘길 수 있는 수익자의 존재 여부가 이 사건 보상규정의 위헌 여부 판단에 잣대로 작용되어서는 안 될 것이다.

(8) 결국 기간연장불허사유가 명백히 공익상의 필요에 의한 것임에도 불구하고 이를 수면관리자의 부동의 형식으로 분식하는 행정관청의 보상회피수단을 아무런 제약 없이 방치하는 한 이 사건 보상규정은 사실상 사문화된다.

이는 헌법상의 재산권보장규정에 위반됨이 명백하다. 나아가 본질적으로 같은 공익상의 필요에 의한 것임에도 별다른 합리적인 이유도 없이 '5가지 유형의 공익상 사유'에 한하여 보상을 허용하는 이 사건 보상규정 자체도 헌법상의 평등의 원칙에 위반된다. 이런 사태를 막아 이 사건 보상규정이 입법취지에 따라 정상적으로 작동되게 하면서 아울러 본질적으로 같은 보상사유간의 비합리적인 차별을 없애기 위하여는 모든 공익상의 필요를 아우르고 나아가 수면관리자의 부동의 여부에 관계없이 실질적인 공익상의 필요에 의하여 연장허가가 불허되는 경우에는 모두 보상을 허용토록 하는 외에는 달리 방도가 없다. 그러기 위해서는 내수면어업개발촉진법 제16조에 의하여 준용되는 이 사건 보상규정이 그 보상의 원인사유를 '5가지 유형의 공익상 사유'로만 한정하고 여기에 '기타 실질적으로 공익상의 필요에 의하여 어업면허의 유효기간의 연장이 허가되지 아니한 경우'를 포함시키지 아니한다면 헌법에 위반된다고 본다.

4. 결 론

99헌바81·82·83·101·102·103, 2000헌바18사건 청구인들의 심판청구 중 구 내수면법 제10조 제2항 제1호, 수산업법 제34조 제1항에 대한 각 심판청구와, 2000헌바1사건 청구인의 구 내수면법 제10조 제2항 제1호에 대한 심판청구가 각 부적법하다는 데에는 재판관 전원의 의견이 일치되었고, 이 사건 보상규정에 대해서는 재판관 윤영철, 재판관 하경철, 재판관 김영일, 재판관 김효종 등 4인이 헌법에 위반되지 않는다는 의견이고, 재판관 이영모, 재판관 한대현, 재판관 권성, 재판관 김경일, 재판관 송인준 등 5인이 헌법에 위반된다는 의견으로, 위헌의견이 다수의견이기는 하나, 헌법 제113조 제1항, 헌법재판소법 제23조 제2항 단서 제1호에 정한 법률의 위헌결정을 위한 정족수에 이르지 못하여 위헌결정을 할 수 없으므로 주문과 같이 결정한다.

재판장 재판관 윤영철
주심 재판관 이영모
주심 재판관 한대현
주심 재판관 하경철
주심 재판관 김영일
주심 재판관 권 성
재판관 김효종
재판관 김경일
재판관 송인준

판례의 평가

헌법재판소가 구 내수면어업개발촉진법에 의해 내수면어업에 준용되는 수산업법 제81조(보상)에서 정한 면허어업 유효기간 연장불허시의 보상규정인 심판대상을 재판관 5명 위헌의견, 재판관 4명 합헌의견으로서 위헌결정 정족수에 미달하여 합헌선고를 하였다.

당시 심판대상 법률조항인 보상규정이 들고 있는 보상사유의 하나인 '토지수용법 제3조의 공익사업상 필요한 때'의 공익사업의 종류는 매우 광범위하다. 이처럼 수많은 공익사업을 이유로 어업권의 면허연장을 불허할 때에는 보상을 하면서 이른바 정부의 '맑은 물 공급 정책' 때문에 면허연장이 안될 때에는 보상을 안해주는 것은, 이 또한 공익사업임을 인정하는 이상, 현저히 불합리하게 이 사건 어업권자들을 차별하는 것이다.

보상사유에 포함되는 공익사업 가운데에도 일반적이라고 보이는 것이 포함되어 있는 점에 비추어 사유의 일반성과 개별성의 차이를 주장하는 것은 합당하지 않고, 한편 공익사업이 관계되는 수면의 광협도 본질적 차이가 될 수 없다. 맑은 물 공급의 국가적, 국민적 중요성에 비추어 사익의 희생을 감수하여야 한다는 의미라면, 이것은 현대의 문명사회가 개인과 전체의 균형이라는 문제에 관하여 확고히 유지하고 있는 기본원칙에 어긋난다.

심판대상 법률조항에 대한 사건에서의 보상문제와 같은 것까지를 포함하는 의미에서의 수익적 급부행정을 소위 입법형성의 자유라는 것의 범주에 포섭시켜 현저히 불합리하게 그 허용범위를 재단하는 것은 시정되어야 한다.

면허시와 면허연장시 수면관리자의 동의를 요하는 내수면 어업면허의 경우 실질적으로는 심판대상 법률조항인 보상규정 소정의 사유에 해당됨에도 수면관리자의 부동의를 면허연장 불허처분의 사유로 내세운다면 보상이 될 수 없으므로 심판대상 법률조항에 대한 이 사건 보상규정은 실제 적용될 여지가 규정취지와 달리 대폭 줄어들 수 있다.

헌법소원 청구인들에 대한 면허연장불허처분은 실질적으로는 맑은 물 공급대책 때문인데, 이는 수산자원의 증식·보호 등 보상되는 사유들과 나누어 생각할 수 없다.

원래 내수면어업면허는 원칙적으로 유효기간 연장허가가 되었고, 공익상 필요에 의한 경우 연장허가를 받지 못하기는 하나, 기간의 만료시점에 와서 비로소 그 필요가 생긴 것이 아니라면 국가로부터 보상을 받을 수 있었는데, 1990년 구 내수면법 개정시 연장허가범위가 축소되면서 연장불허의 경우에도 보상을 허용하기로 하는 규정을 신설하였던 점, 그리고 당초 가두리 양식어업은 실험적 사업으로서 영세 농어민들이 참여를 꺼려하였으나 정부가 적극 권장하였다는 점을 감안할 때 심판대상 법률조항인 제81조 보상규정을 단순히 국민에게 혜택을 부여하는 법률로만 볼 수 없다. 그렇다면, 보상의 잣대는 피해를 보는 이들이 기준이 되어야 하며, 보상을 위한 재원조달의 용이 여부는 잣대로 적용될 수 없다.

그러므로 당시 심판대상 법률조항인 제81조 보상규정은 헌법상의 재산권보장규정에 위반되고, 평등의 원칙에도 위반된다.

1975년 12월 31일 내수면어법개발촉진법이 제정되어 1976년 7월 1일 시행되었는데, 2000년 1월 28일 내수면어업법으로 전부개정되어 2000년 7월 29일 시행되었다. 심판대상으로서 내수면어업에 준용되는 조항인 어업의 유효기간에 대하여 10년으로 규정되었다. 한편 1953년 9월 9일 수산업법이 제정되어 심판대상이 된 동법 제81조(보상) 제1항의 내용은 그대로 유지하며, 2007년 4월 11일 동법이 전부개정되면서 제79조(보상)로 이동하게 되었다.

08-1 수산업법 제81조 제1항 등 어업면허 연장불허 보상대상 (2002. 12. 18. 2002헌바17·18·19·20·21·22·28·60(병합))

Ⅰ. 판시 사항

구 내수면어업개발촉진법에 의해 내수면어업에 준용되는 수산업법 제81조 제1항 제1호(이하 '이 사건 보상조항'이라 한다)에서 정한 면허어업 유효기간 연장불허시의 보상규정이 재산권과 평등권을 침해하는지 여부가 문제되었으나, 합헌과 위헌의견이 각 4대5로서 위헌결정 정족수에 미달되어 합헌결정이 선고된 사례

Ⅱ. 결정요지

헌법재판소는 2001. 3. 21. 선고한 99헌바81·82·101·102·103, 2000헌바1, 18(병합) 사건에서 이 사건 보상규정에 대하여 재판관 윤영철, 재판관 하경철, 재판관 김영일, 재판관 김효종 등 4인이 합헌의견, 재판관 이영모, 재판관 한대현, 재판관 권성, 재판관 김경일, 재판관 송인준 등 5인이 위헌의견으로, 위헌의견이 다수의견이기는 하지만 위헌결정을 위한 정족수에 이르지 못하여 합헌결정을 한 바 있는데, 이 사건 보상조항은 위 결정에서의 심판대상조항과 동일할 뿐만 아니라 위 결정과 달리 판단하여야 할 특별한 사

정변경이 있다고 인정되지 아니하므로 그 결정을 그대로 유지하고 그 사건에서 판시한 이유(반대의견 포함)를 이 사건에 인용하며, 다만 위 재판이 있은 이후에 임명된 재판관 주선회는 위 사건 판시 중의 재판관 김경일, 재판관 송인준의 반대의견에 가담하였다.

Ⅲ. 심판대상조문

구 내수면어업개발촉진법(2000. 1. 28. 법률 제6255호 내수면어업법으로 전문 개정되기 전의 것) 제16조에 의하여 내수면어업에 준용되는 수산업법(1990. 8. 1. 법률 제4252호로 개정된 것) 제81조 제1항 제1호

수산업법(1995. 12. 30. 법률 제5131호로 개정되고, 2000. 1. 28. 법률 제6257호로 개정되기 전의 것) 제34조 제1항 제5호

구 내수면어업개발촉진법(1990. 8. 1. 법률 제4252호로 개정되고, 2000. 1. 28. 법률 제6255호 내수면어업법으로 개정되기 전의 것) 제10조 제2항 제1호 후단

Ⅳ. 참조조문

헌법 제11조 제1항, 제23조 제1항, 제113조 제1항

헌법재판소법 제23조 제2항 단서 제1호

내수면어업개발촉진법(1999. 2. 8. 법률 제5920호로 개정된 것) 제10조 제1항

Ⅴ. 참조판례

헌재 2001. 3. 21. 99헌바81·82·101·102·103, 2000헌바1, 18(병합), 판례집 13-1, 577

Ⅵ. 당사자

청 구 인 :

1. (2002헌바17) 임상식 외 4인
2. (2002헌바18) 이광선 외 3인
3. (2002헌바19) 신현균
4. (2002헌바20) 이용주 외 1인
5. (2002헌바21) 박영옥
6. (2002헌바22) 석혜숙 위 청구인들 대리인 변호사 안용득 외 1인
7. (2002헌바28) 이광선 외 7인 위 청구인들 대리인 변호사 장기욱
8. (2002헌바60) 정홍택 대리인 변호사 이홍길

당해사건 : 별지2 당해사건 목록 기재와 같다.

Ⅶ. 주 문

1. 2002헌바17·18·19·20·21·22·60 사건 청구인들의 심판청구 중 수산업법 제34조 제1항 제5호(1995. 12. 30. 법률 제5131호로 개정되고, 2000. 1. 28. 법률 제6257호로 개정되기 전의 것)에 대한 각 심판청구와 2002헌바28 사건 청구인의 구 내수면어업개발촉진법 제10조 제2항 제1호 후단(1990. 8. 1. 법률 제

4252호로 개정되고, 2000. 1. 28. 법률 제6255호 내수면어업법으로 전문개정되기 전의 것)에 대한 심판청구를 각하한다.

2. 구 내수면어업개발촉진법 제16조(2000. 1. 28. 법률 제6255호 내수면어업법으로 전문개정되기 전의 것)에 의하여 준용되는 수산업법 제81조 제1항 제1호(1990. 8. 1. 법률 제4252호로 개정된 것)는 헌법에 위반되지 아니한다.

Ⅷ. 이 유

1. 사건의 개요와 심판의 대상

가. 사건의 개요

(1) 2002헌바17

(가) 청구인 임상식, 김남달, 강문선은 1987. 9. 30. 충청북도지사로부터 충주호 수면 내에 각 면허의 유효기간을 같은 날부터 10년간으로 하는, 내수면어업개발촉진법 제7조에 의한 가두리양식어업면허를 받아 그 무렵부터 각 양식어업을 경영하였다.

청구외 권오대는 1987. 9. 30. 충청북도지사로부터 충주호 수면 내에 면허의 유효기간을 같은 날부터 10년간으로 하는 가두리양식어업면허를 받아 1989. 3. 3. 이를 청구외 최진락에게 양도하였으며, 그 후 최진락이 사망하여 청구인 최병춘 등이 이를 공동상속하였다가 다른 상속인들이 위 어업권에 관한 상속지분을 청구인 최병춘에게 양도함에 따라 위 청구인이 1997. 7. 10. 위 양식어업면허를 단독으로 이전받아 그 무렵부터 양식어업을 경영하였다.

청구외 양우균은 1987. 9. 30. 충청북도지사로부터 충주호 수면 내에 면허의 유효기간을 같은 날부터 10년간으로 하는 가두리양식어업면허를 받아 1992. 3. 10. 청구인 박귀분에게 위 어업면허를 양도하여 위 청구인이 그 무렵부터 위 양식어업을 경영하였다.

(나) 청구인들은 위 어업면허의 유효기간이 만료되기에 이를 즈음인 1997. 8. 초순경에 충주시장과 제천시장에게 위 어업면허의 면허기간 연장허가신청을 하였으나, 충청북도지사의 위임을 받은 제천시장은 1997. 9. 2. 청구인 강문석에 대하여, 충청북도지사의 위임을 받은 충주시장은 1997. 9. 29. 나머지 청구인들에 대하여 내수면어업개발촉진법 시행령 제27조 제2항, 제19조 제3항 제3호가 규정하고 있는 수면관리자의 수면사용동의가 없음을 이유로 위 면허기간의 연장을 불허하였다.

(다) 그러자, 위 청구인들은 청주지방법원 충주지원에 국가를 상대로 손실보상을 청구하는 소송을 제기하여(청주지방법원 충주지원 97가합1976) 승소판결을 받았으나, 이에 국가가 불복하여 대전고등법원에 항소하자(대전고등법원 98나6341) 청구인들은 부대항소를 제기하는 한편 그 소송계속 중에 위 법원에 수산업법 제81조 제1항, 제34조 제1항, 내수면어업개발촉진법 제10조 제2항 제1호에 대한 위헌제청신청(대전고등법원 99카기80)을 하였다. 위 법원이 2002. 1. 25. 제1심 판결을 취소하면서 위 청구인들의 청구를 모두 기각하는 판결을 하고, 동시에 위 위헌제청신청도 기각하자, 위 청구인들은 2002. 2. 7. 수산업법 제81조 제1항 제1호, 제34조 제1항 제5호에 대하여 이 사건 헌법소원 심판청구를 하였다.

(2) 2002헌바18

(가) 청구외 이복규는 1987. 9. 30. 충청북도지사로부터 충주호 수면 내에 면허의 유효기간을 같은 날로부터 10년간으로 하는 가두리양식 어업면허를 받아 1989. 3. 22. 청구인 이광선에게 위 어업면허를 양도하여 위 청구인이 위 양식어업을 경영하여 왔다. 청구인 민춘홍, 동양수산 주식회사는 1987. 9. 30. 충청북도지사로부터 충주호 수면 내에 각 면허의 유효기간을 같은 날로부터 10년간으로 하는 가두리양식 어업면허를 받아 각 양식어업을

경영하여 왔다.

청구외 조준형은 1987. 9. 30. 충청북도지사로부터 충주호 수면 내에 면허의 유효기간을 같은 날로부터 10년간으로 하는 가두리양식 어업면허를 받아 1990. 12. 13. 청구인 신경자에게 위 어업면허를 양도하여 위 청구인이 위 양식어업을 경영하여 왔다.

(나) 위 청구인들은 위 어업면허의 유효기간이 만료되기에 이르자 1997. 8.경 위 어업면허의 면허기간 연장허가신청을 하였으나, 충청북도지사의 위임을 받은 충주시장은 1997. 9. 29. 청구인들에 대하여 내수면어업개발촉진법 시행령 제27조 제2항, 제19조 제3항 제3호가 규정하고 있는 수면관리자의 수면사용동의가 없음을 이유로 위 어업면허기간 연장허가신청서들을 반려함으로써 그 기간연장을 불허하였다.

(다) 그러자 위 청구인들은 국가를 상대로 청주지방법원 충주지원에 이 사건 불허처분의 사유가 수산업법이 정한 손실보상사유에 해당하거나, 위 불허처분이 위법함을 이유로 손실보상 내지 손해배상을 구하는 소송을 제기하여(청주지방법원 충주지원 97가합2108) 승소판결을 받았으나, 이에 국가가 불복하여 대전고등법원에 항소하자(대전고등법원 98나6358), 위 청구인들은 그 소송계속 중 위 법원에 수산업법 제81조 제1항 제1호, 제34조 제1항, 내수면어업개발촉진법 제10조 제2항 제1호의 위헌 여부에 관하여 위헌제청신청(대전고등법원 99카기87)을 하였다. 위 법원이 2002. 1. 25. 제1심 판결을 취소하고 청구인들의 청구를 기각함과 동시에 위 위헌제청신청을 기각하자, 이에 위 청구인들은 2002. 2. 7. 수산업법 제81조 제1항 제1호, 제34조 제1항 제5호에 대하여 이 사건 헌법소원심판을 청구하였다.

(3) 2002헌바19

(가) 청구외 김지원은 1986. 5. 1. 충청북도지사로부터 충주호 수면 내에 면허의 유효기간을 같은 날부터 10년간으로 하는 가두리양식어업면허를 받

았고, 위 김지원의 어업면허는 청구외 박규호를 거쳐 1995. 8. 31. 청구인 신현균에게 전전양도되어 그 무렵부터 위 청구인이 위 양식어업을 경영하여 왔다.

(나) 위 청구인은 위 어업면허의 유효기간 만료일이 다가옴에 따라 1996. 2. 13. 제천시장에게 위 어업면허의 유효기간 연장허가신청을 하였으나, 충청북도지사의 위임을 받은 제천시장은 위 청구인에 대하여 내수면어업개발촉진법 시행령 제27조 제2항, 제19조 제3항 제3호가 규정하고 있는 수면관리자의 수면사용동의가 없음을 이유로 위 어업면허기간 연장허가신청서들을 반려함으로써 그 기간연장을 불허하였다.

(다) 그러자, 위 청구인은 청주지방법원 충주지원에 국가를 상대로 손실보상을 청구하는 소송을 제기하여(청주지방법원 충주지원 96가합1382) 일부승소판결을 받았으나, 이에 국가가 대전고등법원에 항소를 제기하자(대전고등법원 98나4154), 위 청구인은 그 소송계속 중 위 법원에 수산업법 제81조 제1항, 제34조 제1항, 부칙 제13조에 대한 위헌제청신청(대전고등법원 99카기116)을 하였다. 위 법원이 2002. 1. 25. 제1심판결을 취소하면서 위 청구인의 청구를 모두 기각하는 판결을 하고, 동시에 위 위헌제청신청도 기각하자, 위 청구인은 2002. 2. 7. 수산업법 제81조 제1항 제1호, 제34조 제1항 제5호에 대하여 이 사건 헌법소원 심판청구를 하였다.

(4) 2002헌바20

(가) 청구인 이용주는 1986. 5. 1. 충청북도지사로부터 충주호 수면 내에 면허의 유효기간을 같은 날부터 10년간으로 하는 가두리양식어업면허를 받아 1990. 10. 24. 청구인 송옥인에게 위 어업면허를 양도하여 위 청구인이 위 양식어업을 경영하였다.

(나) 청구인 송옥인은 위 어업면허의 유효기간 만료일이 다가옴에 따라 1996. 2. 13. 제천시장에게 위 어업면허의 유효기간 연장허가신청을 하였으

나, 충청북도지사의 위임을 받은 제천시장은 위 청구인에 대하여 내수면어업개발촉진법 시행령 제27조 제2항, 제19조 제3항 제3호가 규정하고 있는 수면관리자의 수면사용동의가 없음을 이유로 위 어업면허기간 연장허가신청서들을 반려함으로써 그 기간연장을 불허하였다.

(다) 그러자, 청구인 송옥인은 청주지방법원 충주지원에 국가를 상대로 손실보상을 청구하는 소송을 제기하여(청주지방법원 충주지원 96가합1405) 일부 승소판결을 받았으나, 이에 국가가 대전고등법원에 항소를 제기하자(대전고등법원 98나4147), 위 청구인은 그 소송계속 중 위 법원에 수산업법 제81조 제1항, 제34조 제1항, 부칙 제13조에 대한 위헌제청신청(대전고등법원 99카기115)을 하였다. 그리고, 청구인 송옥인은 2001. 7. 2. 손실보상청구권과 손해배상청구권을 청구인 이용주에게 양도하였다.

대전고등법원이 2002. 1. 25. 제1심 판결을 취소하면서 청구인 이용주의 청구를 모두 기각하는 판결을 하고, 동시에 위 위헌제청신청도 기각하자, 위 청구인들은 2002. 2. 7. 수산업법 제81조 제1항 제1호, 제34조 제1항 제5호에 대하여 이 사건 헌법소원 심판청구를 하였다.

(5) 2002헌바21

(가) 청구외 이영우는 1986. 6. 5. 충청북도지사로부터 충주호 수면 내에 면허의 유효기간을 같은 날부터 10년간으로 하는 가두리양식어업면허를 받아 1989. 3. 20. 청구인 박영옥에게 위 어업면허를 양도하여 위 청구인이 위 양식어업을 경영하여 왔다.

(나) 위 청구인은 위 어업면허의 유효기간 만료일이 다가옴에 따라 1996. 2. 13. 제천시장에게 위 어업면허의 유효기간 연장허가신청을 하였으나, 충청북도지사의 위임을 받은 제천시장은 위 청구인에 대하여 내수면어업개발촉진법 시행령 제27조 제2항, 제19조 제3항 제3호가 규정하고 있는 수면관리자의 수면사용동의가 없음을 이유로 위 어업면허기간 연장허가신

청서들을 반려함으로써 그 기간연장을 불허하였다.

(다) 그러자, 위 청구인은 청주지방법원 충주지원에 국가를 상대로 손실보상을 청구하는 소를 제기하여(청주지방법원 충주지원 96가합1375) 일부승소 판결을 받았으나, 이에 국가가 대전고등법원에 항소를 제기하자(대전고등법원 98나4161), 위 청구인은 부대항소를 제기하고 예비적 청구를 추가하는 한편, 그 소송계속 중에 위 법원에 수산업법 제81조 제1항, 제34조 제1항, 부칙 제13조에 대한 위헌제청신청(대전고등법원 99카기117)을 하였다. 위 법원이 2002. 1. 25. 제1심 판결을 취소하면서 위 청구인의 청구를 모두 기각하는 판결을 하고, 동시에 위 위헌제청신청도 기각하자, 위 청구인은 2002. 2. 7. 수산업법 제81조 제1항 제1호, 제34조 제1항 제5호에 대하여 이 사건 헌법소원 심판청구를 하였다.

(6) 2002헌바22

(가) 청구외 황인홍은 1986. 6. 5. 충청북도지사로부터 충주호 수면 내에 면허의 유효기간을 같은 날로부터 10년간으로 하는 양식어업면허를 받아 1990. 12. 20. 청구인 석혜숙에게 위 어업면허를 양도하여 그 무렵부터 위 청구인이 위 양식어업을 경영하여 왔다.

(나) 위 청구인은 위 어업면허기간이 만료되기에 이를 즈음인 1996. 2. 경 제천시장에게 위 어업면허의 면허기간 연장허가신청을 하였으나, 충청북도지사의 위임을 받은 제천시장은 위 청구인에 대하여 내수면어업개발촉진법 시행령 제27조 제2항, 제19조 제3항 제3호가 규정하고 있는 수면관리자의 수면사용동의가 없음을 이유로 위 어업면허기간 연장허가신청서들을 반려함으로써 위 어업면허의 기간연장을 불허하였다.

(다) 이에 위 청구인은 청주지방법원 충주지원에 국가를 상대로 손실보상청구소송을 제기하여(청주지방법원 충주지원 96가합1368) 승소판결을 받았으나, 이에 국가가 불복하여 대전고등법원에 항소하자(대전고등법원 98나4178),

위 청구인은 위 손실보상청구의 청구취지를 확장하고, 불법행위를 원인으로 한 손해배상청구를 예비적으로 추가하는 한편, 위 법원에 수산업법 제81조 제1항 제1호, 제34조 제1항이 헌법에 위반된다고 주장하면서 위헌제청신청(대전고등법원 98카기118)을 하였다. 그러나 위 법원이 2002. 1. 25. 제1심판결을 취소하고 위 청구인의 청구를 모두 기각함과 동시에 위 위헌제청신청을 기각하자, 이에 위 청구인은 같은 해 2. 7. 수산업법 제81조 제1항 제1호, 제34조 제1항 제5호에 대하여 이 사건 헌법소원심판을 청구하였다.

(7) 2002헌바28

(가) 청구외 이복규는 1987. 9. 30. 충청북도지사로부터 충주호 수면 내에 면허의 유효기간을 같은 날로부터 10년간으로 하는 가두리양식 어업면허를 받아 1989. 3. 22. 청구인 이광선에게 위 어업면허를 양도하여 위 청구인이 위 양식어업을 경영하여 왔다.

청구인 정덕상, 민풍기, 주식회사 금어수산 및 청구외 장안길은 1987. 9. 30. 충청북도지사로부터 충주호 수면 내에 각 면허의 유효기간을 같은 날로부터 10년간으로 하는 가두리양식 어업면허를 받아 각 양식어업을 경영하여 왔다.

청구외 이용철은 1987. 9. 30. 충청북도지사로부터 충주호 수면 내에 면허의 유효기간을 같은 날로부터 10년간으로 하는 가두리양식 어업면허를 받아 1989. 7. 14. 위 어업면허를 청구인 차국윤에게 양도하여 위 청구인이 위 양식어업을 경영하여 왔다.

청구외 이응갑은 1987. 9. 30. 충청북도지사로부터 충주호 수면 내에 면허의 유효기간을 같은 날로부터 10년간으로 하는 가두리양식 어업면허를 받아 1989. 7. 14. 청구외 김윤주에게 이를 양도하였고, 위 김윤주는 1992. 6. 9. 청구외 김영란에게, 위 김영란은 1992. 6. 25. 다시 청구인 김용주에게 이를 양도하여 위 청구인이 위 양식어업을 경영하여 왔다.

청구외 최몽룡은 1987. 9. 30. 충청북도지사로부터 충주호 수면 내에 면허의 유효기간을 같은 날로부터 10년간으로 하는 가두리양식 어업면허를 받아 1989. 3. 20. 위 어업면허를 청구인 김창주에게 양도하여 위 청구인이 위 양식어업을 경영하여 왔다.

(나) 청구인 정종윤을 제외한 나머지 청구인들 및 청구외 장안길은 위 어업면허의 유효기간이 만료되기에 이르자 1997. 8.경 충주시장과 제천시장에게 위 어업면허기간의 연장허가신청서를 제출하였으나, 충청북도지사의 위임을 받은 제천시장은 1997. 9. 2. 청구인 김창주에 대하여, 충청북도지사의 위임을 받은 충주시장은 같은 달 29. 나머지 청구인들에 대하여 각 내수면어업개발촉진법 시행령 제27조 제2항, 제19조 제3항 제3호가 규정하고 있는 수면관리자의 수면사용동의가 없음을 이유로 위 어업면허기간 연장허가 신청서들을 반려함으로써 그 기간연장을 불허하였다.

(다) 이에 청구인들은 청주지방법원 충주지원에 국가를 상대로 손실보상청구소송을 제기하여(청주지방법원 충주지원 97가합2108) 승소판결을 받았으나, 이에 국가가 불복하여 대전고등법원에 항소하자(대전고등법원 98나6458), 위 청구인들은 위 손실보상청구의 청구취지를 확장하고, 불법행위를 원인으로 한 손해배상청구를 예비적으로 추가하는 한편, 위 법원에 내수면어업개발촉진법 제10조 제2항 제1호 후단 및 수산업법 제81조 제1항 제1호, 제34조 제1항이 헌법에 위반된다고 주장하면서 위헌제청신청(대전고등법원 98카기87)을 하였다. 그러나 위 법원은 2002. 1. 25. 제1심 판결을 취소하고 위 청구인들의 청구를 모두 기각함과 동시에 위 제청신청을 기각하자, 이에 위 청구인들은 같은 해 2. 16. 내수면어업개발촉진법(1990. 8. 1. 법률 제4252호로 개정되어 2000. 1. 28. 법률 제6255호 내수면어업법으로 전문개정되기 전의 것) 제10조 제2항 제1호 후단에 대하여 이 사건 헌법소원심판을 청구하였다.

(8) 2002헌바60

(가) 청구외 이창제는 1985. 7. 8. 충청북도지사로부터 충북 진천읍 건송리 소재 백곡저수지에 면허의 유효기간을 같은 날로부터 10년간으로 하는 가두리양식 어업면허를 받아 양식어업을 경영하였다.

(나) 위 이창제는 1995. 7. 3. 진천군수에게 어업면허기간연장허가신청을 하였으나, 충청북도지사의 위임을 받은 진천군수는 같은 달 4. 내수면어업개발촉진법 제10조 제2항 제1호 후단의 다른 법률의 규정에 의하여 어업행위가 제한 또는 금지되는 수면으로 보아 연장을 불허하였다.

(다) 청구인 정홍택은 1997. 12. 24. 위 이창제로부터 위 어업면허기간연장허가신청의 불허에 대한 손실보상금청구권을 양도받은 후, 위 불허처분의 사유가 수산업법이 정한 손실보상사유에 해당하거나 그 처분이 위법함을 이유로 1998. 7. 30. 국가를 상대로 청주지방법원 충주지원에 손실보상금 청구의 소를 제기하였으나(청주지방법원 충주지원 98가합1324호) 2001. 6. 22. 패소하였고, 이에 대전고등법원에 항소를 제기하는 한편(대전고등법원 2001나4765호), 그 소송 계속중 수산업법 제81조 제1항, 제34조 제1항, 내수면어업개발촉진법 제10조 제2항 제1호에 대한 위헌제청신청(대전고등법원 2002카기47)을 하였으나 2002. 6. 14. 항소와 함께 기각되었다. 이에 위 청구인은 2002. 7. 5. 수산업법 제81조 제1항 제1호, 제34조 제1항 제5호에 대하여 이 사건 헌법소원심판을 청구하였다.

나. 심판의 대상

이 사건 심판대상은 구 내수면어업개발촉진법 제16조(2000. 1. 28. 법률 제6255호 내수면어업법으로 전문개정되기 전의 것)에 의하여 내수면어업에 준용되는 수산업법 제81조 제1항 제1호(1990. 8. 1. 법률 제4252호로 개정된 것. 청구인들은 헌법소원심판청구 당시 '수산업법 제81조 제1항 제1호'를 그 대상으로 표시하고 있으나, 그 취지는 '위 내수면어업개발촉진법 제16조에 의하여 내수면어업에 준용되는 수산업법 제81조 제1항 제1호'에 관하여 위헌 여부의 심판을 구하는 것이 명백하므로 이 부분 심판대상을 이와 같이 한정한다. 이하 약칭할 경우 '이 사건 보상규정'이라고 한다), 수산업법 제34조 제1항 제5호(1995. 12. 30. 법률 제5131호로 개정되고, 2000. 1. 28. 법률 제6257호로 개정되기 전의 것) 및 구 내수면어업개발촉진법 제10조 제2항 제1호 후단(1990. 8. 1. 법률 제4252호로 개정되고, 2000. 1. 28. 법률 제6255호 내수면어업법으로 개정되기 전의 것, 이하 같은 법을 약칭할 때에는 '구 내수면법'이라 한다)이 헌법에 위반되는지 여부이다.

위 법률조항들 및 관련 조항의 내용은 다음과 같다.

구 내수면어업개발촉진법(2000. 1. 28. **법률 제6255호 내수면어업법으로 전문 개정되기 전의 것)**

제16조(준용) 이 법에 특별한 규정이 없는 사항은 수산업법이 정하는 바에 의한다.

수산업법(1990. 8. 1. **법률 제4252호로 개정된 것)**

제81조(보상) ① 다음 각호의 1에 해당하는 사유로 인한 처분에 의하여 손실을 입은 자는 그 처분을 행한 행정관청에 대하여 보상을 청구할 수 있다.

1. 제34조 제1항 제1호 내지 제5호와 제35조 제8호(제34조 제1항 제1호 내지 제5호에 해당하는 경우에 한한다)의 규정에 해당되는 사유로 인하여 면허·허가 또는 신고한 어업에 대한 처분을 받았거나 당해 사유로 인하여 제14조의 규정에 의한 어업면허의 유효기간의 연장이 허가되지 아니한 때. 다만, 제34조 제1항 제1호 내지 제3호(제45조 제1항 및 제2항의 규정에 의하여 준용되는 경우를 말한다)의 규정에 해당하는 사유로 인하여 허가 또는 신고한 어업이 제한되는 경우를 제외한다.

2.~3. 생략

수산업법(1995. 12. 30. **법률 제5131호로 개정되고,** 2000. 1. 28. **법률 제6257호로 개정되기 전의 것**)

제34조(공익상 필요에 의한 면허어업의 제한 등) ① 시장·군수 또는 자치구의 구청장은 다음 각호의 1에 해당할 때에는 면허한 어업을 제한 또는 정지하거나 어선을 계류할 수 있다.

1. 수산자원의 증식·보호상 필요한 때
2. 군사훈련 또는 주요군기지의 보위상 필요한 때
3. 국방상 필요하다고 인정하여 국방부장관으로부터 요청이 있을 때
4. 선박의 항행·정박·계류 또는 수저전선(水底電線)의 부설상 필요한 때
5. 토지수용법 제3조의 공익사업상 필요한 때
6. 어업권자가 이 법, 이 법에 의한 명령·처분 또는 그 제한이나 조건에 위반한 때
7. 어업권자가 외국과의 어업에 관한 협정 또는 일반적으로 승인된 국제법규와 외국의 수산에 관한 법령에 위반한 때

구 내수면어업개발촉진법(제10조 제1항은 1999. 2. 8. 법률 제5920호로 개정된 것, 제2항은 1990. 8. 1. 법률 제4252호로 개정된 것으로서 각 2000. 1. 28. 법률 제6255호 내수면어업법으로 개정되기 전의 것)

제10조(어업의 유효기간) ① 제7조 제1항 제1호의 면허어업은 10년, 동조 제1항 제2호 내지 제4호의 면허어업, 제8조의 허가어업 및 제9조의 신고어업은 5년 이내를 각각 그 유효기간으로 한다.

② 도지사는 어업의 면허유효기간이 만료되어 어업권자의 신청이 있을 때에는 다음 각호의 1에 해당하는 사유가 있을 경우를 제외하고는 제1항의 기간 내에서 면허기간의 연장 허가를 하여야 한다.

1. 수산업법 제34조 제1항 각호에 해당하는 사유가 있거나 연장허가를 하고자 하는 수면이 다른 법령의 규정에 의하여 어업행위가 제한 또는 금지되고 있는 수면일 때
2. 면허기간이 만료된 어장의 일부 또는 전부가 부실관리되었거나 개발실적이 현저히 불량한 때
3. 행정관청에서 발한 수산동식물의 증식계획을 이행하지 아니한 때

2. 청구인들의 주장, 위헌제청신청 기각결정의 이유, 관계기관 등의 의견 요지

가. 청구인들의 주장

(1) 이 사건 보상규정은, 수산업법 제34조 제1호 내지 제5호의 규정에 해당되는 사유로 인하여 면허·허가 또는 신고한 어업에 대한 처분을 받았거나 당해 사유로 인하여 제14조의 규정에 의한 어업면허의 유효기간의 연장이 허가되지 아니한 때 그 처분으로 손실을 입은 자로 하여금 그 처분청에 대하여 보상을 청구할 수 있도록 규정하고 있다. 그런데 법원은 수산업법 제34조 제1항 제5호의 '공익사업'을 그 문언상 저수지, 상수도, 하수도 등의 시설을 설치하는 구체적이고 외형적인 사업을 의미하는 것으로 해석하고 있다.

청구인들은 1990. 8. 1. 개정 전의 내수면어업개발촉진법에 의하여 이 사건 어업면허를 취득하였고 기간이 만료되면 당연히 유효기간 연장이 될 것으로 믿고 있었으나, 한국수자원공사가 수면사용동의를 하지 않았고 이로 인해 어업면허 기간연장이 되지 않아서 그 재산권에 막대한 손실을 입었다. 더욱이 이 사건에 있어서 상수원의 수질보호라는 추상적인 정책목표를 구체화하는 방안으로 충주댐계통광역상수도사업이라는 구체적인 공익사업이 시행된 점에 비추어 보면, 이 사건 불허처분에 대하여 보상이 이루어져야

함이 더욱더 명백해진다.

따라서 이 사건 보상규정이 이와 같이 추상적인 정책목표에 의한 어업면허의 유효기간의 연장이 허가되지 아니한 때를 보상규정에서 제외하고 있는 것은 청구인들의 재산권을 침해한 것이다.

(2) 또한 이 사건 보상규정이 추상적인 정책목표를 위한 어업면허 유효기간의 연장이 허가되지 아니한 때를 보상규정에서 제외함으로써 실질적으로 구체적인 공익사업의 필요에 의하여 어업면허기간연장을 불허하였다 하더라도 과거에 그 구체적인 공익사업에 관한 추상적인 정책목표를 설정한 사실이 있었는지 여부에 따라 그 보상을 달리하게 될 수도 있게 되는데, 이것은 명백히 평등의 원칙에 반한다고 할 것이다.

나. 법원의 위헌제청신청 기각결정 이유

(1) 구 수산업법(1990. 8. 1. 법률 제4252호로 개정되기 전의 것)은 면허기간 연장불허의 경우에는 손실보상을 인정하지 않았음에 비하여 개정법은 일정한 사유에 의한 면허기간 연장불허의 경우 손실보상을 하여 주도록 하는 것으로 규정되어 있으므로 위 조항에 의하여 소급적으로 재산권을 박탈하였다고 할 수 없다.

(2) 헌법 제23조 제1항에 의한 재산권 보장의 객체가 되는 재산권에 어업권도 포함되나, 단순한 이익, 기회, 기대, 수익의 가능성은 여기에 포함되지 않는다. 어업면허는 면허를 받은 사람에게 장기간에 걸쳐 권리를 설정하여 주는 이른바 특허로서 그 유효기간이 만료됨에 따라 당연히 소멸되고 면허기간의 연장은 실질적으로 권리의 설정과 동일한 점에 비추어 보면, 어업면허기간의 연장불허는 기존의 어업면허를 소멸시키는 처분이 아니라 새로운 면허를 설정하여 달라는 신청을 거부하는 처분이라고 할 것이고, 따라서 이로 인하여 침해되는 것은 기존의 어업권이 아니라 새로운 어업면허를 받을 것에 대한 단순한 기대에 불과하다고 할 것이다.

다. 해양수산부장관의 의견

위 법원의 위헌제청신청 기각결정 이유와 대체로 같다.

3. 적법요건에 관한 판단

(1) 당해 사건들은 모두 내수면에서 양식어업을 하던 청구인들이 면허기간 연장신청을 하였으나 허가되지 않자 국가를 상대로 보상금 청구를 한 사건이다. 이 사건 보상규정은 수산업법 제34조 제1항 제1호 내지 제5호 사유에 해당되는 사유로 면허기간이 연장불허된 경우 처분을 행한 행정관청에 대해 보상을 청구할 수 있다는 보상청구의 근거규정으로서, 당해 사건들에서는 수산업법 제34조 제1항 제1호 내지 제5호 사유에 해당되지 않는 사유로 연장이 불허된 경우에 이 사건 보상규정에 따른 보상을 받을 수 있는지 여부가 쟁점이다. 따라서, 이 사건 보상규정의 위헌 여부에 따라 당해 사건의 재판의 주문이 달라질 수 있으므로 이 사건 보상규정은 재판의 전제성이 있다고 할 것이다.

(2) 심판대상 조항들 중 구 내수면법 제10조 제2항 제1호는 어업면허 유효기간 연장허가의 제외사유에 관한 규정으로서, 전단에서는 수산업법 제34조 제1항 각호에 해당하는 사유를, 후단에서는 '다른 법령의 규정에 의하여 어업행위가 제한 또는 금지되고 있는 수면일 때'를 연장허가의 제외사유로 하고 있다. 또, 수산업법 제34조 제1항은 일정한 사유에 해당되는 경우 면허어업을 제한·정지하거나 어선을 계류할 수 있다는 면허어업제한의 근거규정으로서 제5호는 '토지수용법 제3조의 공익사업상 필요한 때' 면허어업제한 등을 할 수 있도록 규정하고 있다.

그렇다면 보상금을 청구하고 있는 사건인 당해 사건에서는 어업면허 유효기간 연장허가의 제외사유에 관한 구 내수면법 제10조 제2항 제1호나 면허어업제한에 관한 수산업법 제34조 제1항 제5호의 위헌 여부에 따라 재판의 주문이 달라지거나 재판의 내용과 효력에 관한 법률적 의미가 달라지지 않으므로 구 내수면법 제10조 제2항 제1호 후단 및 수산업법 제34조 제1항 제5호는 재판의 전제성이 없다고 할 것이다.

4. 본안에 관한 판단

헌법재판소는 2001. 3. 21. 선고한 99헌바81·82·101·102·103, 2000헌바1, 18(병합) 사건에서 이 사건 보상규정에 대하여 재판관 윤영철, 재판관 하경철, 재판관 김영일, 재판관 김효종 등 4인이 합헌의견, 재판관 이영모, 재판관 한대현, 재판관 권성, 재판관 김경일, 재판관 송인준 등 5인이 위헌의견으로, 위헌의견이 다수의견이기는 하지만 위헌결정을 위한 정족수에 이르지 못하여 합헌결정을 한 바 있다(판례집 13-1, 577).

가. 헌재 2001. 3. 21. 99헌바81·82·101·102·103, 2000헌바1, 18(병합) 결정의 요지

(1) 재판관 윤영철, 재판관 하경철, 재판관 김영일, 재판관 김효종의 의견

(가) 당해사건들은 모두 내수면에서 양식어업을 하던 청구인들이 면허기간 연장신청을 하였으나 허가되지 않자, 국가를 상대로 보상금 청구를 한 사건으로서, 이러한 불허처분은 당해수면이 구 내수면법 제10조 제2항 제1호의 '다른 법령의 규정에 의하여 어업행위가 제한 또는 금지되고 있는 수면'임을 근거로 하였다. 그런데 당해 수면이 다른 법령에 의하여 어업행위가 제한 또는 금지된다는 이유로 면허기간의 연장이 불허된 경우 이 사건 보상규정의 보상대상에 포함되지 않을 뿐 아니라, 이 사건 보상규정을 준용 또는 유추적용하여 손실보상청구권을 인정할 수도 없다고 할 것이므로 청구인들과 같은 경우에는 이 사건 보상규정에 의한 보상청구권이 인정될 수 없다.

(나) 재산권 침해 여부

1) 이 사건에서와 같은 어업면허 부여, 즉 권리설정 당시부터 그 권리

에 내재되어 있는 제약이 구체화, 현실화됨에 따라 면허기간 만료 후 연장이 되지 않는다고 하더라도 그로 인하여 재산권에 제한 또는 침해가 가하여졌다고 할 수는 없다. 따라서 면허기간 연장을 해주지 않는 경우 보상을 해주어야 할 법리적 요청이 있는 것은 아니다.

개정 후의 수산업법이 그 전과는 달리 어업면허 유효기간의 연장이 허가되지 아니한 때에도 그중 규정된 몇 가지의 사유로 인한 불허의 경우에는 면허취소와 같은 기준에 의해서 보상하고 있는 것은 면허기간의 연장불허를 면허취소가 있는 것과 같은, 즉 수익적 행정행위의 철회·변경이 있는 것과 같은 취급을 하고 있는 셈인데, 이는 법리에 따른 당연한 논리적 귀결이라기보다는 위와 같은 제반사항에 대한 입법자의 정책적 고려가 반영된 결과라고 할 것이다.

그렇다면, 수면관리자의 동의가 없어서 면허기간을 연장할 수 없거나 연장하더라도 타법령에 의한 규제가 남아 있어서 실효성이 없는 경우, 그 밖에 당해 수면이 타법령에 의해 어업을 할 수 없는 수면이라는 이유로 연장을 불허한 경우 이 사건 보상규정에서 보상을 해주지 않는다고 하여도 이를 두고 어업권자의 재산권을 침해하는 것이라고는 할 수 없다.

2) 면허기간 연장불허는 장래에 향한 것으로서 새로운 입법으로 이미 종료된 사실관계 또는 법률관계에 적용되게 하는 것이 아니므로 소급입법에 의한 재산권의 제한이나 침해가 있다고 할 수는 없는 것이다.

(다) 평등권 침해 여부

어업면허 유효기간의 연장을 해주지 않는 경우 보상을 할 것인지 여부나 보상내용을 정함에 있어서 입법자는 넓은 범위의 재량을 가지므로 평등위반의 심사에 있어서 완화된 심사척도가 적용되므로 현저하게 불합리한 차별이 아닌 한 헌법에 위반된다고 할 수 없게 된다.

이 사건 보상규정에서 열거하고 있는 사유의 경우는 면허기간 연장불허가 개별적으로 이루어지므로 어떤 수면이 규정된 사유에 해당됨으로써 발생하는 불이익도 특정적·개별적인 반면, 다른 법령에 의한 규제 등으로 인하여 연장이 불허되는 경우는 원칙적으로 입법자가 어떠한 입법목적을 가지고 설정한 일반적인 기준에 따라 수면 또는 수면이 위치한 토지의 사용을 규제함에 따르는 것이므로 불이익은 보다 '일반적'이며 보상대상도 상대적으로 확대된다.

공공용 내수면에 관한 양보될 수 없는 중요공익인 생활용수의 수질보전을 위해서 일반적으로 수면의 사용을 제한함에 따라 면허기간이 더 이상 연장되지 않는 것은 이 사건 보상규정에 규정된 사유들보다는 훨씬 '일반적'인 사유라 할 수 있으며, 구 내수면법이 면허 부여시 및 연장시 수면관리자의 동의를 요하도록 규정한 것은 이와 같은 기타의 중요공익 등을 보호하기 위한 것이다.

결국, '공익'을 위한 것이라는 점에서 공통적이라는 이유만으로는 모든 연장불허에 대하여 동등하게 보상하여야 한다고 할 당위성은 없으며, 입법자는 그 재량범위 내에서 공익의 구체적 내용과 비중, 보상주체, 재원조달, 관련자들의 이해관계 등을 고려하여 면허기간 연장불허의 사유를 한정하여 이 사건 보상규정을 두었다고 보여지고, 청구인들과 같은 경우 이 사건 보상규정에서 보상의 대상으로 정한 다른 연장불허사유와 달리, 보상하지 않는 것이 현저하게 불합리한 차별이라고 할 수 없으므로 이 사건 보상규정이 평등권을 침해한다고 볼 수 없다.

(2) 재판관 이영모, 재판관 한대현, 재판관 권성의 반대의견

(가) 이 사건 보상규정은 평등권을 침해하여 위헌임을 면할 수 없다.

이 사건 보상규정이 들고 있는 보상사유의 하나인 수산업법 제34조 제1항 제5호는 '토지수용법 제3조의 공익사업상 필요한 때'라고 규정하고 있는데 토지수용법 제3조가 열거하고 있는 공익사업의 종류는 실로 광범위하고

생각할 수 있는 거의 모든 공익사업을 망라하고 있는 것이 아닌가라고 생각할 정도인데, 이처럼 수많은 공익사업을 이유로 어업권의 면허연장을 불허할 때에는 보상을 하면서 이른바 정부의 '맑은 물 공급 정책' 때문에 면허연장이 안될 때에는 보상을 안해주는 것은, 정부의 맑은 물 정책사업 또한 공익사업임을 인정하는 이상, 이것은 현저히 불합리하게 이 사건 어업권자들을 차별하는 것이 되어 평등의 원칙에 어긋난다.

(나) 토지수용법 제3조의 공익사업과 정부의 맑은 물 공급 사업 사이에는 공익의 관점에서 볼 때에 아무런 차이가 없는 것이다.

(다) 어업권은 본래 유효기간이 경과하면 자동적으로 소멸하는 권리라는 것에 터잡아 그 보상가치를 회의하는 것은, 그러한 성질에도 불구하고 이 사건 보상규정이 이미 보상의 길을 매우 광범위하게 열어놓고 있다는 점, 수산업법 제14조 제2항과 내수면어업개발촉진법 제10조 제2항이 일정한 사유가 있는 경우를 제외하고는 원칙적으로 어업권면허의 연장을 허가하여야 한다고 규정하고 있는 점 등에 비추어 합당하다고 볼 수 없다.

(3) 재판관 김경일, 재판관 송인준의 반대의견

(가) 이 사건 보상규정은 이 사건 가두리양식업과 같은 내수면어업에 관한 한 실제적용될 여지가 규정취지와는 달리 대폭 줄어들 치명적인 흠을 안고 있다.

내수면에서의 어업면허는 면허권 설정 당시는 물론 그 후 연장허가를 할 때도 수면관리자의 동의가 있어야 하는바, 비록 실질적으로는 '5가지 유형의 공익상 사유'로 기간연장이 불허되는 것이어서 이 사건 보상규정에 따라 보상을 받을 수 있는 사안임에도 만약 행정관청이 불허처분의 사유를 '5가지 유형의 공익상 사유'로 삼지 아니하고, 수면관리자의 부동의를 그 사유로 삼는다면 그 부동의는 구 내수면어업개발촉진법 제10조 제2항 제1호 후단의 '다른 법령의 규정에 의하여 어업행위가 제한 또는 금지되고 있는 수면일 때'로 해석되어 이 사건 보상규정에 해당되지 않게 되고 따라서 보상을 받지 못하게 되는데, 이처럼 행정관청이 공익상 사유와는 아무런 관계가 없는 양 수면관리자의 부동의만 내세운다면 이 사건 보상규정은 있어도 없는 규정이 되고 만다.

(나) 이 사건 청구인들에 대한 면허기간 연장불허가 주로 수면관리자의 부동의를 처분사유로 삼은 것이긴 하지만 맑은 물 공급대책이라고 하는 공익상 사유가 실질적인 배경이다. '5가지 유형의 공익상 사유'의 하나인 수산자원의 증식·보호상 필요한 때라 함은 맑은 물 공급을 위하여 필요한 때와 다름이 없이 수질보전과 관계되는 것이고 나머지 유형의 공익상 필요라는 것도 그것이 이루어지는 곳이 바로 동일한 생활용수공급호소인 이 사건 내수면인 점에서 이 사건 공익상의 필요와 나누어 생각할 수 없다.

(다) 가두리 양식어업은 막대한 자금이 투자되고 이익회수의 사이클이 길며 실험적 사업이어서 영세 농어민들이 참여를 꺼려하였던 사업이었는데 정부가 내수면어업개발촉진법이라는 특별법을 만들어서까지 적극 권장한 정책사업이었다는 점을 보면 이 사건 보상규정을 단순히 국민에게 혜택을 부여하는 법률로서만 볼 수 없으며, 유효기간이 만료되었으나 앞서 본 사유로 사실상 당연히 기대되었던 기간연장이 되지 못하게 된 것에 대한 보상적 성격의 규정임을 결코 간과해서는 안된다.

(라) 기간연장불허사유가 명백히 공익상의 필요에 의한 것임에도 불구하고 이를 수면관리자의 부동의 형식으로 분식하는 행정관청의 보상회피수단을 아무런 제약 없이 방치하는 한 이 사건 보상규정은 사실상 사문화되며, 이는 헌법상의 재산권보장규정에 위반되며, 본질적으로 같은 공익상의 필요에 의한 것임에도 별다른 합리적인 이유 없이 '5가지 유형의 공익상 사유'에 한하여 보상을 허용하는 이 사건 보상규정은 헌법상의 평등의 원칙에 위반된다.

나. 이 사건 보상조항은 위 결정에서의 심판대상조항과 동일할 뿐만 아니라 위 결정과 달리 판단하여야 할 특별한 사정변경이 있다고 인정되지 아니하므로 그 결정을 그대로 유지하고 그 사건에서 판시한 이유(반대의견 포함)를 이 사건에 인용한다. 다만 위 재판이 있은 이후에 임명된 재판관 주선회는 위 사건 판시 중의 재판관 김경일, 재판관 송인준의 반대의견에 가담하였다.

4. 결 론

2002헌바17·18·19·20·21·22·60사건 청구인들의 심판청구 중 수산업법 제34조 제1항 제5호에 대한 각 심판청구와, 2002헌바28사건 청구인이 구 내수면법 제10조 제2항 제1호 후단에 대한 심판청구가 각 부적법하다는 데에는 재판관 전원의 의견이 일치되었고, 이 사건 보상규정에 대해서는 재판관 윤영철, 재판관 하경철, 재판관 김영일, 재판관 김효종 등 4인이 헌법에 위반되지 않는다는 의견이고, 재판관 한대현, 재판관 권성, 재판관 김경일, 재판관 송인준, 재판관 주선회 등 5인이 헌법에 위반된다는 의견으로, 위헌의견이 다수의견이기는 하나, 헌법 제113조 제1항, 헌법재판소법 제23조 제2항 단서 제1호에 정한 법률의 위헌결정을 위한 정족수에 이르지 못하여 위헌결정을 할 수 없으므로 주문과 같이 결정한다.

재판장 재판관 윤영철

주심 재판관 한대현

주심 재판관 하경철

주심 재판관 김영일

주심 재판관 권 성

주심 재판관 김효종

주심 재판관 김경일

주심 재판관 송인준

주심 주재판 관선회

판례의 평가

1. 헌법재판소는 2001. 3. 21. 선고한 99헌바81·82·101·102·103, 2000헌바1, 18(병합) 사건에서 이 사건 보상규정에 대하여 재판관 윤영철, 재판관 하경철, 재판관 김영일, 재판관 김효종 등 4인이 합헌의견, 재판관 이영모, 재판관 한대현, 재판관 권성, 재판관 김경일, 재판관 송인준 등 5인이 위헌의견으로, 위헌의견이 다수의견이기는 하지만 위헌결정을 위한 정족수에 이르지 못하여 합헌결정을 한 바 있는데, 이 사건 보상조항은 위 결정에서의 심판대상조항과 동일할 뿐만 아니라 위 결정과 달리 판단하여야 할 특별한 사정변경이 있다고 인정되지 아니하므로 그 결정을 그대로 유지하고 그 사건에서 판시한 이유(반대의견 포함)를 이 사건에 인용하며, 다만 위 재판이 있은 이후에 임명된 재판관 주선회는 위 사건 판시 중의 재판관 김경일, 재판관 송인준의 반대의견에 가담하였다.

2. 헌법재판소가 구 내수면어업개발촉진법에 의해 내수면어업에 준용되는 수산업법 제81조(보상)에서 정한 면허어업 유효기간 연장불허시의 보상규정인 심판대상을 재판관 5명 위헌의견, 재판관 4명 합헌의견으로서 위헌결정 정족수에 미달하여 합헌선고를 하였다.

3. 당시 심판대상 법률조항인 보상규정이 들고 있는 보상사유의 하나인 '토지수용법 제3조의 공익사업상 필요한 때'의 공익사업의 종류는 매우 광범위하다. 이처럼 수많은 공익사업을 이유로 어업권의 면허연장을 불허할 때에는 보상을 하면서 이른바 정부의 '맑은 물 공급 정책' 때문에 면허연장이 안될 때에는 보상을 안해주는 것은, 이 또한 공익사업임을 인정하는 이상, 현저히 불합리하게 이 사건 어업권자들을 차별하는 것이다.

보상사유에 포함되는 공익사업 가운데에도 일반적이라고 보이는 것이 포함되어 있는 점에 비추어 사유의 일반성과 개별성의 차이를 주장하는 것은 합당하지 않고, 한편 공익사업이 관계되는 수면의 광협도 본질적 차이가 될 수 없다. 맑은 물 공급의 국가적, 국민적 중요성에 비추어 사익의 희생을 감수하여야 한다는 의미라면, 이것은 현대의 문명사회가 개인과 전체의 균형이라는 문제에 관하여 확고히 유지하고 있는 기본원칙에 어긋난다.

심판대상 법률조항에 대한 사건에서의 보상문제와 같은 것까지를 포함하는 의미에서의 수익적 급부행정을 소위 입법형성의 자유라는 것의 범주에 포섭시켜 현저히 불합리하게 그 허용범위를 재단하는 것은 시정되어야 한다.

면허시와 면허연장시 수면관리자의 동의를 요하는 내수면 어업면허의 경우 실질적으로는 심판대상 법률조항인 보상규정 소정의 사유에 해당됨에도 수면관리자의 부동의를 면허연장 불허처분의 사유로 내세운다면 보상이 될 수 없으므로 심판대상 법률조항에 대한 이 사건 보상규정은 실제 적용될 여지가 규정취지와 달리 대폭 줄어들 수 있다.

헌법소원 청구인들에 대한 면허연장불허처분은 실질적으로는 맑은 물 공급대책 때문인데, 이는 수산자원의 증식·보호 등 보상되는 사유들과 나누어 생각할 수 없다.

원래 내수면어업면허는 원칙적으로 유효기간 연장허가가 되었고, 공익상 필요에 의한 경우 연장허가를 받지 못하기는 하나, 기간의 만료시점에 와서 비로소 그 필요가 생긴 것이 아니라면 국가로부터 보상을 받을 수 있었는데, 1990년 구 내수면법 개정시 연장허가범위가 축소되면서 연장불허의 경우에도 보상을 허용하기로 하는 규정을 신설하였던 점, 그리고 당초 가두리 양식어업은 실험적 사업으로서 영세 농어민들이 참여를 꺼려하였으나 정부가 적극 권장하였다는 점을 감안할 때 심판대상 법률조항인 제81조 보상규정을 단순히 국민에게 혜택을 부여하는 법률로만 볼 수 없다. 그렇다면, 보상의 잣대는 피해를 보는 이들이 기준이 되어야 하며, 보상을 위한 재원조달의 용이 여부는 잣대로 적용될 수 없다.

그러므로 당시 심판대상 법률조항인 제81조 보상규정은 헌법상의 재산권보장규정에 위반되고, 평등의 원칙에도 위반된다.

4. 1975년 12월 31일 내수면어법개발촉진법이 제정되어 1976년 7월 1일 시행되었는데, 2000년 1월 28일 내수면어업법으로 전부개정되어 2000년 7월 29일 시행되었다. 심판대상으로서 내수면어업에 준용되는 조항인 어업의 유효기간에 대하여 10년으로 규정되었다. 한편 1953년 9월 9일 수산업법이 제정되어 심판대상이 된 동법 제81조(보상) 제1항의 내용은 그대로 유지하며, 2007년 4월 11일 동법이 전부개정되면서 제79조(보상)로 이동하게 되었다.

09 구 상속세법 제34조의2 제2항 증여세 대상기준의 추상적 용어

(2001. 8. 30. 99헌바90)

Ⅰ. 판시 사항

1. 법률이 일정한 사항을 대통령령으로 정하도록 명시적으로 위임하지 아니한 경우에 포괄위임금지의 원칙이 적용될 수 있는지 여부(소극)

2. 증여의제를 규정하고 있는 구 상속세법 제34조의2 제2항 중 '현저히 높은 가액' 부분이 과세요건 명확주의에 위반되는지 여부(소극, 위헌의견에 찬성한 재판관이 5인이어서 다수이나 헌법소원에 관한 위헌결정을 위한 심판정족수에 이르지 못한다는 이유로 합헌결정을 한 사례)

Ⅱ. 결정요지

1. 포괄위임금지의 원칙 내지 위임입법의 한계에 관한 원칙이 적용되기 위해서는 법률이 일정한 사항을 하위법규인 대통령령에 위임하였을 것이 논리적 전제로서 요구된다. 그런데 구 상속세법 제34조의2 제2항은 '현저히 높은 가액'에 관한 사항에 관하여 대통령령에서 정하도록 위임을 하였다고 볼 수 없다. 그러므로 위 법률조항에 대하여는 포괄위임금지의 원칙 또는

위임입법의 한계에 관한 원칙이 적용될 여지가 없다.

2. 재판관 한대현, 재판관 김영일, 재판관 김효종, 재판관 김경일, 재판관 송인준의 위헌의견

위 법률조항이 '현저히 높은 가액'의 구체적 내용이나 범위에 관하여 대통령령으로 정하도록 명시적으로 위임하지 아니하였음에도 그 구체적 내용을 규정한 구 상속세법 시행령 제41조 제4항은 헌법 제75조 및 과세요건 법정주의에 위반되는 것으로서 위임입법으로서의 효력을 인정할 수 없다. 따라서 위 시행령의 규정은 과세의 근거가 되는 법령이 될 수 없을 뿐만 아니라, 위 법률조항의 명확성 판단에 있어서도 직접적으로 고려될 것이 아니고, 위 법률조항이 명확성의 요건을 충족하는지 여부는 오로지 위 법률조항 자체만을 기준으로 판단하여야 한다.

위 법률조항이 규정하고 있는 '현저히 높은 가액'이라는 말은 모호하고 불명확한 의미를 갖는 데 불과하여 그 내포와 외연을 명백히 한정하기 어렵고, 조세법의 일반이론이나 그 체계 및 입법취지 등은 물론 다른 규정들과의 유기적인 관계 등을 두루 살펴보아도 그 판단기준이나 구체적 내용 및 범위가 불분명하며, 그에 대한 사회통념이나 경험칙이 형성되어 있다고 볼 수도 없다. 그 결과 납세자로서는 어느 정도의 높은 가액이 이 사건 법률조항에 의한 과세대상이 될 것인지를 예견하기 어렵고, 또한 과세관청의 자의적인 법해석과 집행을 초래하여 국민의 재산권을 침해할 위험성을 배제할 수 없으며, 위 법률조항에서 '현저히 높은 가액'에 관하여 보다 구체적이고 명확한 규정을 하는 것이 입법기술상 불가능하다고 보여지지도 않는다. 그러므로 위 법률조항은 과세요건 명확주의에 위반된다.

□ 재판관 윤영철, 재판관 하경철, 재판관 권성, 재판관 주선회의 합헌의견

위 법률조항 중 '현저히 높은 가액' 부분과 같은 불확정개념이 과세요건 명확주의의 원칙에 반하여 허용될 수 없는 것인가 여부는 일률적으로 판단할 수 없고 개별적인 경우에 과세요건 명확주의의 이념과 조세법의 성질에 따른 불확정개념 사용의 불가피성을 비교형량하여 판단하여야 한다.

먼저 '현저히 높은 가액'이란 것은 '드러나게 값이 비싸다'는 의미를 가지고 있으며 일상생활에서도 그러한 의미로 사용되는 일상용어이므로, 일반 통상인의 관점에서 보았을 때 비록 그 구체적인 수치는 드러나지 않는다고 하여도 법이 증여세의 대상으로 예정하고 있는 행위의 범위를 상당 정도 예측할 수 있다. 다음으로 위 법률조항은 거래당사자 사이에 대통령령이 정한 특수관계가 존재하지 않는 한 적용될 수 없고, 이와 같은 적용범위의 한정은 행정청의 자의적인 적용 가능성을 좁히는 기능을 하고 있다. 또한 위 법률조항의 입법취지에 비추어 보면 '현저히 높은 가액'이란 통상거래에서 정해질 수 없는 높은 가액이라는 의미가 명백하게 드러난다. 그렇다면 위 법률조항을 조세행정관청의 입장에서 자의적으로 해석하여 적용할 여지가 있다고 하기는 어렵다. 또 입법기술적으로 볼 때 구체적인 수치적 기준을 제시하는 것은 급변하는 경제상황 때문에 오히려 현저히 부적합하게 되는 경우가 생길 수 있고, 이러한 경우에 조세정책적으로 바로 대응하는 것이 어렵게 된다. 따라서 이러한 사항은 법률에 규정할 것을 기대하기가 어렵다.

그렇다면 증여의제제도 및 위 법률조항의 입법취지, 당해 문구의 일상적 의미, 조세법의 성질 등을 종합하여 볼 때 위 법률조항이 과세요건을 명확하게 규정하지 아니하여 국민생활의 법적 안정성과 예측가능성을 침해하고 있다고 할 수 없다. 따라서 위 법률조항은 과세요건 명확주의 원칙에 반하지 아니한다.

Ⅲ. 심판대상조문

구 상속세법(1996. 12. 30. **법률 제5193호 상속세 및 증여세법으로 전문개정되기 전의 것) 제34조의2(저가·고가양도시 증여의제)** ① 생략

② 제34조의 규정에 해당하는 경우를 제외하고 현저히 높은 가액의 대가로서 재산을 대통령령이 정하는 특수관계에 있는 자로부터 양수한 경우에는 그 재산을 양수한 때에 있어서 재산의 양수자가 그 대가와 시가와의 차액에 상당한 금액을 대통령령이 정하는 특수관계에 있는 자인 양도자에게 증여한 것으로 본다. 다만, 그 양도자가 자력을 상실하여 납세할 능력이 없을 때에는 그 세액의 전부 또는 일부를 면제한다.

Ⅳ. 참조조문

헌법 제59조, 제75조

상속세 및 증여세법(1996. 12. 30. **법률 제5193호로 전문개정된 것) 제35조(저가·고가양도시의 증여의제)** ① 다음 각호의 1에 해당하는 자에 대하여는 당해 재산을 양수 또는 양도한 때에 그 대가와 시가와의 차액에 상당하는 금액으로서 대통령령이 정하는 이익에 상당하는 금액을 증여받은 것으로 본다.

1. 특수관계에 있는 자로부터 시가보다 낮은 가액으로 재산을 양수하는 경우에는 그 재산의 양수자
2. 특수관계에 있는 자에게 시가보다 높은 가액으로 재산을 양도하는 경우에는 그 재산의 양도자

② 제1항 제1호 및 제2호에 규정된 특수관계에 있는 자, 낮은 가액

및 높은 가액의 범위는 대통령령으로 정한다.

V. 당사자

청 구 인 : 이○철 대리인 변호사 황수현
법무법인 대일 담당변호사 정갑성 외 1인
당해사건 : 수원지방법원 99구3522 증여세등부과처분취소

VI. 주 문

구 상속세법(1996. 12. 30. 법률 제5193호 상속세및증여세법으로 전문개정되기 전의 것) 제34조의2 제2항은 헌법에 위반되지 아니한다.

VII. 이 유

1. 사건의 개요 및 심판의 대상

가. 사건의 개요

(1) 청구인은 주식회사 ○○(이하 '청구외 법인'이라 한다)의 출자자 겸 부회장으로서, 1994. 3. 29. 청구인 소유의 대구 중구 동성로 2가 대지와 그 지상 건물(이하 '이 사건 부동산'이라 한다)을 청구외 법인에게 6,000,000,000원(부가가치세 21,623,465원이 포함된 금액임)에 양도하고, 청구외 법인은 위 양도가액에서 부가가치세액을 공제한 5,978,376,535원을 이 사건 부동산의 취득가액으로 기장하였다.

(2) 안양세무서장은 구 상속세법 제34조의2 제2항 및 구 상속세법시행령 제41조 제4항의 규정에 따라 위 양도행위에 의하여 양수자인 청구외 법인이 위 취득가액과 이 사건 부동산의 감정가액인 3,963,273,600원과의 차액에 상당하는 2,015,102,935원을 양도자인 청구인에게 증여한 것으로 보고, 1998. 8. 3. 증여세 1,011,306,610원을 부과하는 처분(이하 '이 사건 처분'이라 한다)을 하였다.

(3) 청구인은 수원지방법원에 이 사건 처분의 취소를 구하는 소(99구3522)를 제기한 다음, 그 소송계속 중 구 상속세법 제34조의2 제2항의 위헌 여부가 재판의 전제가 된다면서 위 법원에 위헌법률제청신청(99아1238)을 하였으나 1999. 9. 30. 기각되었다.

(4) 이에 청구인은 같은 해 10. 13. 구 상속세법 제34조의2 제2항의 규정이 조세법률주의를 규정한 헌법 제59조 및 위임입법의 한계를 규정한 헌법 제75조에 위반되어 위헌이라고 주장하면서 헌법재판소법 제68조 제2항에 의하여 이 사건 헌법소원심판을 청구하였다.

나. 심판의 대상

이 사건 심판의 대상은 구 상속세법(1996. 12. 30. 법률 제5193호 상속세및증여세법으로 전문개정되기 전의 것, 이하 '법'이라 한다) 제34조의2 제2항(이하 '이 사건 법률조항'이라 한다)의 위헌 여부이고, 이 사건 법률조항 및 관련법령의 내용은 다음과 같다.

법 제34조의2(저가·고가양도시 증여의제) ② 제34조의 규정에 해당하는 경우를 제외하고 현저히 높은 가액의 대가로서 재산을 대통령령이 정하는 특수관계에 있는 자로부터 양수한 경우에는 그 재산을 양수한 때에 있어서 재산의 양수자가 그 대가와 시가와의 차액에 상당한 금액을 대통령령이 정하는 특수관계에 있는 자인 양도자에게 증여한 것으로 본다. 다만, 그 양도자가 자력을 상실하여 납세할 능력이 없을 때에는 그 세액의 전부 또는 일부를 면제한다.

구 상속세법 시행령(1996. 12. 31. **대통령령 제15193호 상속세 및 증여세법 시행령으로 전문개정되기 전의 것, 이하 '시행령'이라 한다) 제41조(현저히 저렴 또는 높은 가액 및 특수관계에 있는 자의 정의)** ④ 법 제34조의2 제2항에서 '현저히 높은 가액'이라 함은 증여일의 현황을 기준으로 하여 제5조 내지 제7조의 규정에 의하여 평가한 가액의 100분의 130 이상의 가액을 말한다.

2. 청구인의 주장 및 관계기관의 의견

가. 청구인의 주장

(1) 이 사건 법률조항은 '현저히 높은 가액'에 대하여 규정될 내용 및 범위의 기본사항에 관하여 구체적 범위를 정하여 하위법규인 대통령령에 위임하고 있지 아니할 뿐만 아니라, 아예 위임한 근거 자체가 없다. 그럼에도 시행령 제41조 제4항은 '현저히 높은 가액'의 내용과 범위를 임의로 규정하고 있다. 이는 헌법 제59조가 선언한 조세법률주의에 위배되고, 위임입법의 한계(포괄위임금지의 원칙)를 규정하고 있는 헌법 제75조에 위반된다.

(2) 이 사건 법률조항 중 '현저히 높은 가액' 부분은 그것이 어느 정도의 금액을 의미하는지 예측할 수 없을 정도로 추상적이고 불명확한 규정으로서, 과세관청의 자의적인 과세권 행사를 초래하고, 국민의 경제생활에 있어서 예측가능성과 법적 안정성을 해칠 우려가 있으므로 헌법 제59조가 규정하는 조세법률주의, 특히 과세요건명확주의에 위반된다.

나. 수원지방법원의 판단

(1) 조세법률주의(과세요건 명확주의) 위반 여부

이 사건 법률조항 중 '현저히 높은(가액의 대가)'이라는 부분은 일상생활이나 법률에서 자주 사용되는 용어로서 그 의미가 명료할 뿐 아니라, 증여의제규정을 둔 입법취지와 증여세를 부과하는 목적 등 상속세법의 관련 법률조항 전체를 유기적, 체계적으로 종합판단하면 어떠한 경우가 이 사건 법률조항에서 말하는 '현저히 높은 가액의 대가'에 해당하는지를 어렵지 않게 예측할 수 있으므로, 이 사건 법률조항은 조세법률주의에 위반되지 아니한다.

(2) 포괄위임금지의 원칙 위반 여부

이 사건 법률조항에서 말하는 '현저히 높은 가액의 대가'의 의미가 명료하다고 보는 이상, 시행령 제41조의 제4항이 이를 위 시행령 소정의 규정에 의하여 평가한 가액의 100분의 130 이상을 의미한다고 규정한 것은 이 사건 법률조항을 집행하는 데 필요한 세칙을 정하는 집행명령에 불과하고, 집행명령은 위임명령과 달리 법률의 개별적·구체적 위임 없이도 발할 수 있으므로 이 사건 법률조항은 포괄위임금지의 원칙에 위반되지 않는다.

설령 위 시행령의 규정이 위임명령으로서 법률의 구체적인 위임 없이 행하여진 것에 해당한다 하더라도, 위 시행령의 규정이 모법이나 헌법에 위반되는지 여부는 별론으로 하고, 이 사건 법률조항 자체는 포괄위임금지의 원칙에 어긋난다고 할 수 없다. 한편 위 시행령의 규정이 법률이나 헌법에 위반되는지 여부는 시행령 규정 자체의 효력에 관한 문제일 뿐, 시행령 규정이 위헌이라고 하여 곧바로 포괄위임금지의 원칙에 어긋난다고 볼 수 없는 이 사건 법률조항까지 위헌으로 되는 것은 아니다.

다. 재정경제부 장관 및 국세청장의 의견

(1) 이 사건 법률조항 중 '현저히 높은(가액의 대가)'이라는 부분은 일상

생활이나 법률에서 자주 사용되는 용어로서 그 의미가 명료할 뿐만 아니라, 특히 시행령 제41조 제4항에서 현저히 높은 가액의 의미를 '증여일 현황을 기준으로 하여 제5조 내지 제7조의 규정에 의하여 평가한 가액의 100분의 130 이상의 가액'이라고 규정한 것과 증여의제규정을 둔 입법취지 및 관련 법령조항 전체를 유기적·체계적으로 종합판단할 때, 어떠한 경우가 이 사건 법률조항 소정의 현저히 높은 가액의 대가에 해당하는지를 어렵지 않게 예측할 수 있다. 따라서 이 사건 법률조항은 조세법률주의의 핵심인 과세요건 법정주의나 과세요건 명확주의에 위배되지 아니한다.

(2) 명문의 위임근거 없이도 법률의 의미내용을 보완하거나 보충하는 규정을 하위법규에 둘 수 있는 것은 당연하고, 위 시행령의 규정도 이러한 맥락에서 법률의 의미, 내용을 보완하는 것이라고 보아야 하므로 이 사건 법률조항의 포괄위임금지의 원칙 위배문제와 위 시행령의 존재(내용)와는 관련이 없다.

또한 이 사건 법률조항은 그 규정형식 자체에서 보듯이 하위법규에의 위임형식을 취하고 있지 않기 때문에 헌법 제75조에 위배된다고 할 수 없다.

3. 판 단

가. 이 사건 법률조항의 입법목적과 허용한계

(1) 증여세는 그 세율이 매우 높은 까닭에 실질은 증여나 다름없는 경우에도 형식적으로는 신탁이나 채무의 인수, 채무면제 등을 가장하거나 재산이전의 대가를 조작함으로써 증여세를 면탈하려는 시도가 많다. 따라서 이와 같은 조세회피를 방지하고 실질과세를 이룸으로써 공평한 조세부담을 통한 조세정의를 실현하고자 법은 추정규정을 둠과 동시에 형식적으로는 증여로 보기 어려우나 실질은 증여로 볼 수 있는 경우 이를 증여로 보는 의제규정들을 두고 있다(현행 상속세 및 증여세법 제32조 내지 제42조 참조).

(2) 이러한 증여의제 규정에 대하여 우리 재판소는 어떤 사항을 증여로 의제하여 과세할 것인지는 원칙적으로 입법자의 형성의 자유에 속한다고 하여 원칙적으로 이를 허용하고 있다. 그러나 이와 같은 증여의제 규정은 그 추구하는 목적이 아무리 정당하다 하더라도 그것이 조세부과의 근거가 되는 한 헌법이 요구한 조세법률주의에 따라야 하고, 위임입법의 한계를 지켜야 함은 물론이다(헌재 1997. 10. 30. 96헌바14 판례집 9-2, 454, 464; 헌재 1998. 4. 30. 95헌바55, 판례집 10-1, 356, 365~366 등 참조).

나. 이 사건 법률조항 및 관련 시행령의 연혁

이 사건 법률조항은 1982. 12. 21. 법률 제3578호로 신설되어 같은 내용으로 존속하다가 1996. 12. 30. 법률 제5193호로 상속세 및 증여세법이 전문개정되면서 이 사건 법률조항을 이어받은 제35조가 내용을 보다 구체적으로 규정하여 고가양도시의 증여의제를 규율하게 되었고, 그에 따라 관련 시행령도 몇 차례 개정을 겪었는데, 그 신설 및 개정경과는 다음과 같다.

(1) 신설 이후 상속세 및 증여세법 전문개정 이전

법 제34조의2(저가·고가양도시 증여의제) ② 심판대상인 이 사건 법률조항과 같다.

시행령(1982. 12. 31. **대통령령 제10979호로 신설된 것) 제41조(현저히 저렴 또는 높은 가액 및 특수관계에 있는 자의 정의)** ④ 법 제34조의2 제2항에서 "현저히 높은 가액"이라 함은 제5조 내지 제7조에 규정하는 가액의 100분의 130 이상의 가액을 말한다.

시행령(1988. 12. 31. **대통령령 제12567호로 개정된 것) 제41조(현저히 저렴 또는 높은 가액 및 특수관계에 있는 자의 정의)** ④ 법 제34조의2 제2항에서 "현저히 높은 가액"이라 함은 증여일의 현황을 기준으로 하여 제5조 내지 제7조의 규정에 의하여 평가한 가액의 100분의 130 이상의 가액을 말한다.

(2) 상속세 및 증여세법 전문개정 이후

상속세 및 증여세법(1996. 12. 30. **법률 제5193호**) **제35조(저가·고가양도시의 증여의제)** ① 다음 각호의 1에 해당하는 자에 대하여는 당해 재산을 양수 또는 양도한 때에 그 대가와 시가와의 차액에 상당하는 금액으로서 대통령령이 정하는 이익에 상당하는 금액을 증여받은 것으로 본다.

1. 특수관계에 있는 자로부터 시가보다 낮은 가액으로 재산을 양수하는 경우에는 그 재산의 양수자
2. 특수관계에 있는 자에게 시가보다 높은 가액으로 재산을 양도하는 경우에는 그 재산의 양도자

② 제1항 제1호 및 제2호에 규정된 특수관계에 있는 자, 낮은 가액 및 높은 가액의 범위는 대통령령으로 정한다.

상속세 및 증여세법 시행령(1996. 12. 31. **대통령령 제15193호로 전문개정된 것**) **제26조(저가·고가양도 및 특수관계자의 범위)** ② 법 제35조 제1항 제2호에서 '높은 가액'이라 함은 양도한 재산의 대가에서 그 시가를 차감한 가액이 대가와 100분의 30 이상 차이가 있거나 그 차액이 1억원 이상인 경우의 그 대가를 말한다.

③ 법 제35조 제1항 본문에서 '대통령령이 정하는 이익'이라 함은 제1항 및 제2항의 규정에 의하여 계산한 대가와 시가와의 차액을 말한다.

상속세 및 증여세법 시행령(1997. 11. 10. **대통령령 제15509호로 개정된 것**) **제26조(저가·고가양도 및 특수관계자의 범위)** ② 법 제35조 제1항 제2호에서 '높은 가액'이라 함은 양도한 재산의 대가에서 그 시가를 차감한 가액이 시가의 100분의 30 이상 차이가 있거나 그 차액이 1억원 이상인 경우의 그 대가를 말한다.

상속세 및 증여세법 시행령(2000. 12. 29. **대통령령 제17039호로 개정된 것) 제26조**(**저가·고가양도 및 특수관계자의 범위**) ② 법 제35조 제1항 제2호에서 '높은 가액'이라 함은 양도한 재산(법 제40조 제1항의 규정에 의한 전환사채 등을 제외한다)의 대가에서 그 시가를 차감한 가액이 시가의 100분의 30 이상 차이가 있거나 그 차액이 1억원 이상인 경우의 그 대가를 말한다.

③ 법 제35조 제1항 본문에서 '대통령령이 정하는 이익'이라 함은 제1항 및 제2항의 규정에 의하여 계산한 대가와 시가와의 차액에서 다음 각호의 가액 중 적은 금액을 차감한 가액을 말한다.

1. 시가에서 대가를 차감한 가액이 시가의 100분의 30 이상이거나 대가에서 시가를 차감한 가액이 시가의 100분의 30 이상인 경우에는 시가의 100분의 30에 상당하는 가액
2. 1억원

다. 위임입법의 한계(포괄위임의 금지) 위반 여부

(1) 위임입법의 허용성 및 그 한계

헌법 제75조는 "대통령은 법률에서 구체적으로 범위를 정하여 위임받은 사항과 법률을 집행하기 위하여 필요한 사항에 관하여 대통령령을 발할 수 있다"라고 규정함으로써 조세행정분야뿐만 아니라 국정 전반에 걸쳐 위임입법의 필요성이 있음을 확인하고 입법권을 대통령령에 위임할 수 있는 근거를 마련하고 있다.

그런데 위임입법에 있어서 일반적, 포괄적 위임은 사실상 입법권의 백지위임과 다를 바 없다. 따라서 이를 허용하면 의회입법의 원칙이나 법치주의를 부인하는 셈이 되고, 또 행정권의 자의로 말미암아 기본권이 침해될 위험이 있다. 그러므로 헌법 제75조는 위임입법에 있어서는 반드시 "구체적으로 범위를 정하여" 위임하도록 규정함으로써 개별적, 구체적 위임만이 허

용되고, 일반적, 포괄적 위임은 허용될 수 없음을 밝히고 있다(헌재 1995. 11. 30. 91헌바1등, 판례집 7-2, 562, 589-591 ; 헌재 1995. 11. 30. 94헌바40등, 판례집 7-2, 616, 632-633 ; 헌재 1998. 3. 26. 96헌바57 판례집 10-1, 255, 264-267 등 참조).

(2) 이 사건 법률조항의 경우

청구인은 이 사건 법률조항이 '현저히 높은 가액'의 구체적 내용이나 범위에 관한 사항을 하위법규인 대통령령에서 정하도록 위임하지 않았다. 그러함에도 시행령 제41조 제4항이 그 구체적 내용과 범위를 규정하고 있음을 들어 이것이 포괄위임금지의 원칙 내지 위임입법의 한계에 위반된다는 취지로 주장한다.

이러한 원칙이 적용되기 위해서는 법률이 일정한 사항을 하위법규인 대통령령에 위임하였을 것이 논리적 전제로서 요구된다 할 것이다.

그런데 이 사건 법률조항은 문언의 내용 및 형식에 비추어 볼 때 '특수관계에 있는 자'에 관한 사항에 대하여는 이를 대통령령에서 정하도록 위임하였으나, '현저히 높은 가액'에 관한 사항에 대하여도 그러한 위임을 하였다고 볼 수 없다.

그러므로 이 사건 법률조항에 대하여는 포괄위임금지의 원칙 또는 위임입법의 한계에 관한 원칙이 적용될 여지가 없어 이 부분 주장은 이유 없다.

라. 조세법률주의 위배 여부

(1) 조세법률주의

우리 헌법은 제38조에서 "모든 국민은 법률이 정하는 바에 의하여 납세의 의무를 진다"라고, 제59조에서는 "조세의 종목과 세율은 법률로 정한다"라고 규정함으로써 조세법률주의의 원칙을 선언하고 있다.

조세법률주의는 과세요건 법정주의와 과세요건 명확주의를 그 핵심적 내용으로 삼고 있다. 먼저 과세요건 법정주의라 함은 납세의무를 성립시키는 납세의무자·과세물건·과세표준·과세기간·세율 등의 과세요건과 조세의 부과·징수절차를 모두 국민의 대표기관인 국회가 제정한 법률로 규정하여야 한다는 원칙을 말한다. 한편, 과세요건 명확주의라 함은 과세요건을 법률로 규정하였다고 하더라도 그 규정내용이 지나치게 추상적이고 불명확하면 과세관청의 자의적인 해석과 집행을 초래할 염려가 있으므로 그 규정 내용이 명확하고, 일의적(一義的)이어야 한다는 원칙을 말한다.

이와 같은 조세법률주의의 이념은 결국 과세요건을 법률로 규정하여 국민의 재산권을 보장하고, 과세요건을 명확하게 규정하여 국민생활의 법적 안정성과 예측가능성을 보장하는 데 있다 할 것이다(헌재 1989. 7. 21. 89헌마38, 판례집 1, 131, 138~139; 헌재 1992. 12. 24. 90헌바21, 판례집 4, 890, 899; 헌재 1995. 11. 30. 91헌바1등, 판례집 7-2, 562, 584; 헌재 1998. 7. 16. 96헌바52등, 판례집 10-2, 172, 196; 헌재 1999. 12. 23. 99헌가2, 판례집 11-2, 686, 695 참조).

(2) 과세요건 법정주의의 위반 여부

이 사건 법률조항은 과세요건으로 '현저히 높은 가액'이라는 개념을 사용하면서도 그 구체적 내용이나 범위를 직접적으로 명확하게 규정하고 있지 않다. 그러나 이 사건 법률조항이 '현저히 높은 가액'의 구체적 내용이나 범위를 명확하게 규정하지 아니하였다 하더라도 그것이 과세요건 명확주의에 위반되는지 여부는 별론으로 하고, 곧 과세요건 법정주의를 위반하였다고 볼 것은 아니다.

비록 위 시행령의 규정이 이 사건 법률조항으로부터 명시적 위임을 받지 않은 채 '현저히 높은 가액'에 관한 사항을 규정하고 있다 하더라도, 이는 위 시행령의 규정이 위임의 근거를 결한 것으로서 무효인지 여부에 관한 사유는 될지언정 이로써 이 사건 법률조항 자체가 과세요건 법정주의에 위반된다고 볼 것도 아니다.

그러므로 이 사건 법률조항은 과세요건 법정주의에 위반된다고 할 수는 없다.

(3) 과세요건 명확주의의 위반 여부

이 부분에 관하여는 아래와 같이 재판관들의 의견이 나뉜다.

(가) 재판관 한대현, 재판관 김영일, 재판관 김효종, 재판관 김경일, 재판관 송인준의 의견

과세요건에 관한 법률규정의 내용이 지나치게 추상적이거나 불명확하면 이에 대한 과세관청의 자의적인 해석과 집행을 초래할 염려가 있다.

① 명확성 충족 여부의 판단자료

그런데 이 사건 법률조항은 '현저히 높은 가액의 대가로서 재산을 대통령령이 정하는 특수관계에 있는 자로부터 양수한 경우'를 증여의제의 요건으로 규정하면서도 정작 '현저히 높은 가액'의 구체적 내용이나 범위에 관하여는 침묵하고 있다. 그뿐 아니라, 이 사건 법률조항이 '현저히 높은 가액'의 구체적 내용이나 범위에 관하여 대통령령으로 정하도록 명시적으로 위임하지 아니하였다. 그 결과 그러한 위임 없이 구체적 내용을 규정한 시행령 제41조 제4항은 헌법 제75조 및 과세요건 법정주의에 위반되는 것으로서 위임입법으로서의 효력을 인정할 수 없다. 따라서 위 시행령의 규정은 이 사건 처분의 과세근거가 되는 법령이 될 수 없을 뿐만 아니라, 이 사건 법률조항의 명확성 판단에 있어서도 직접적으로 고려될 것이 아니다. 과세요건은 주권자인 국민의 대표기관, 즉 국회가 법률의 형식으로만 정하도록 함으로써 국민의 재산권을 보장하고자 하는 것이 과세요건 법정주의의 근간을 이루기 때문이다. 그러므로 이 사건 법률조항 중 '현저히 높은 가액'이 명확성의 요건을 충족하는지 여부는 오로지 이 사건 법률조항 자체만을 기준으로 판단하여야 한다.

여기에서 제청법원은 위 시행령의 규정이 단지 이 사건 법률조항을 집행하는데 필요한 세칙을 정한 집행명령에 불과하다는 견해를 제기하고 있다. 무릇 행정상 입법에 의한 법규명령은 위임명령과 집행명령으로 나눌 수

있다. 그러나 위 시행령의 규정은 법률에서 아무런 위임을 받지 아니한 채 이 사건 법률조항의 '현저히 높은 가액'의 내용에 관하여 '증여일의 현황을 기준으로 하여 제5조 내지 제7조의 규정에 의하여 평가한 가액의 100분의 130 이상의 가액'을 말한다고 구체적으로 규정하고 있다. 따라서 위 시행령의 규정은 과세요건의 내용과 범위, 즉 개인의 납세의무의 성립범위를 실질적이고 구체적으로 규정한 것으로서 본질적으로 법률사항에 해당한다 할 것이지, 이 사건 법률조항의 시행에 필요한 단순한 절차·형식을 규정하는 것이라거나 또는 지엽적인 의미내용을 보충하는 것에 그친다고 할 수는 없다. 그러므로 위 시행령의 규정이 단순한 집행명령으로서 법률의 구체적·개별적 위임 없이도 발할 수 있다고 할 수 없다.

② 명확성의 충족 여부

이러한 입장에서 먼저 이 사건 법률조항이 규정하고 있는 '현저히 높은 가액'이라는 개념에 관하여 본다. 사전상으로 볼 때, '현저하다'라는 말은 '드러나서 두드러지다', '두드러져 분명하다' 내지 '뚜렷이 드러나다' 등의 의미를 가지고, '현저히'라는 말은 '드러나서 두드러지게', '두드러져서 분명하게' 내지 '뚜렷이 드러나게' 등의 의미를 가진다. 따라서 '현저히 높은 가액'이라는 말은 '드러나게, 두드러지게 또는 뚜렷이 값이 비싸다'라는 정도의 모호하고 불명확한 의미를 갖는 데 불과하여 그 내포와 외연을 명백히 한정하기 어렵다.

물론 법률은 일반성, 추상성을 가지는 것으로서 법률규정에는 항상 법관의 법보충작용으로서의 해석을 통하여 그 의미가 구체화, 명확화될 수 있고, 이는 조세법 분야에 있어서도 마찬가지라 할 것이다. 따라서 조세법 규정이 당해 조세법의 일반이론이나 그 체계 및 입법취지 등에 비추어 그 의미가 분명해질 수 있다면 이러한 경우에도 명확성을 결여하였다고 하여 그 규정이 과세요건 명확주의에 위반되어 위헌이라고 할 수는 없다(헌재 1995. 11. 30. 94헌바40등, 판례집 7-2, 616, 631; 헌재 1998. 12. 24. 97헌바33등, 판례집

10－2, 871, 892; 헌재 2000. 6. 29. 98헌마35, 판례집 12－1, 786, 795 등 참조). 그러나 이 사건 법률조항이 사용하고 있는 '현저히 높은 가액'의 개념은 아무리 조세법의 일반이론이나 그 체계 및 입법취지 등은 물론 다른 규정들과의 유기적인 관계 등을 두루 살펴본다 한들 도대체 무엇을 기준으로 '현저히 높은 가액' 여부를 판단한다는 것인지 알 수 없고, 또 그 구체적 내용이나 범위가 불분명하며, 나아가 그에 대한 사회통념이나 경험칙이 형성되어 있다고 볼 수도 없다. 따라서 법관의 법보충작용으로서의 해석만으로 그 내용이나 범위를 구체화, 명확화할 수 없다.

이렇듯 이 사건 법률조항은 물론 다른 규정에서도 '현저히 높은 가액'의 내용이나 범위에 관하여 구체적이고 명확한 기준을 제시해 주지 못하는 결과, 납세자로서는 법률조항만 가지고는 과연 어느 정도의 높은 가액이 '현저히 높은 가액'에 해당하여 이 사건 법률조항에 의한 과세대상이 될 것인지를 예견하기가 매우 어렵다. 그뿐만 아니라 '현저히 높은 가액'의 내용이나 범위에 관하여 과세관청의 자의적인 법해석과 집행을 초래하여 국민의 재산권을 침해할 위험성을 배제할 수 없다. 여기에 이 사건 법률조항에서 '현저히 높은 가액'에 관하여 보다 구체적이고 명확한 규정을 하는 것이 입법기술상 불가능하다고 보여지지도 않는다.

특히 처벌법규나 조세법규 등 국민의 기본권을 직접적으로 제한하거나 침해할 소지가 있는 법규의 경우에는 구체성, 명확성의 요구가 한층 더 강화되어 있는 점(헌재 1996. 6. 26. 93헌바2, 판례집 8－1, 525, 533~534; 헌재 1995. 11. 30. 91헌바1등, 판례집 7－2, 562, 591등 참조)에 비추어 볼 때, 이 사건 법률조항 중 '현저히 높은 가액' 부분은 과세요건 명확주의가 요구하는 명확성을 갖추지 못하였음이 분명하다.

이러한 측면의 위헌성은, 이 사건 법률조항의 내용을 이어받은 상속세 및 증여세법(1996. 12. 30. 법률 제5193호로 전문개정된 것) 제35조가 '현저히 높은 가액'이라는 개념 대신에 '시가보다 높은 가액'이라는 개념을 사용하고, 아울러 '높은 가액'의 범위를 대통령령으로 정하도록 명시적인 위임을 하는 내용으로 규정하게 된 점에서도 충분히 뒷받침된다.

③ 결 론

따라서 이 사건 법률조항은 과세요건 명확주의에 위반된다.

(나) 재판관 윤영철, 재판관 하경철, 재판관 권성, 재판관 주선회의 의견

우리는 이 사건 법률조항이 다음과 같은 이유로 과세요건 명확주의 원칙에 반하지 아니하여 합헌이라고 생각한다. 쟁점이 되고 있는 이 사건 법률조항의 과세요건명확주의 위반 여부에 관하여 본다.

① 과세요건 명확주의 위반 여부의 판단

앞에서 본 바와 같이 과세요건 명확주의는 조세법률주의의 한 파생 원칙으로서 과세요건에 관한 법률규정의 내용이 명확하고 일의적(一義的)이어야 함을 요구한다. 그러나 법률은 일반성·추상성을 가지는 것으로서 법률규정에는 항상 법관의 법보충작용으로서의 해석의 여지가 있으므로, 조세법규가 당해 조세법의 일반이론이나 그 체계 및 입법취지 등에 비추어 그 의미가 분명해질 수 있다면 이러한 경우에도 명확성을 결여하였다고 하여 그 규정을 무효라고 할 수는 없다(헌재 1995. 2. 23. 93헌바24등 판례집 7-1, 188, 199).

② 불확정개념의 허용한계

이 사건 법률조항 중 '현저히' 높은 가액 부분은 어느 정도의 높은 가액이 이에 해당하는 것인지에 관하여 구체적인 기준이 법문에 드러나지 않아 그 내용이 명확하지 않은 불확정개념이다. 이와 같은 불확정개념은 과세관청에게 자의적 재량을 부여할 여지가 있다는 점에서 입법자에 의한 사용이 억제되어야 할 것이지만 조세법의 규율대상인 경제현상은 복잡다기하고 끊임없이 변화하는 것이므로 이에 적극적으로 대처하여야 할 조세법의 분야에서는 그 사용이 불가피한 측면이 있을 뿐만 아니라, 조세회피를 방지하는 기능과 함께 조세를 부담하여야 할 자에게 조세를 제대로 부과할 수 있는

바탕을 마련하여 조세정의 내지는 조세평등주의에 기여하는 기능을 가지고 있음을 부인할 수 없다. 따라서 불확정개념이 과세요건 명확주의의 원칙에 반하여 허용될 수 없는 것인가 여부는 일률적으로 판단할 수 없고 개별적인 경우에 과세요건 명확주의의 이념과 조세법의 성질에 따른 불확정개념 사용의 불가피성을 비교형량하여 판단하여야 할 것이다.

결국 그 구체적인 판단은 납세자의 입장에서 어떠한 행위가 당해 문구에 해당하여 과세의 대상이 되는 것인지 예견할 수 있을 것인가, 당해 문구의 불확정성이 행정관청의 입장에서 자의적이고 차별적으로 법률을 적용할 가능성을 부여하는가, 입법 기술적으로 보다 확정적인 문구를 선택할 것을 기대할 수 있을 것인가 여부 등의 기준에 따른 종합적인 판단을 요한다고 할 것이다.

③ 구체적 검토

먼저 과세대상이 될 것인지에 대한 과세납세자의 예견가능성에 대하여 본다. '현저히 높은 가액'이란 것은 '드러나게 값이 비싸다'는 의미를 가지고 있으며 일상생활에서도 그러한 의미로 사용되는 일상용어이다. 그렇다면 이 사건 법률조항을 일반 통상인의 관점에서 보았을 때 비록 그 구체적인 수치는 드러나지 않는다고 하여도 법이 증여세의 대상으로 예정하고 있는 행위의 범위를 상당 정도 예측할 수 있다고 할 것이다.

다음으로 행정청에 의한 자의적, 차별적인 적용가능성에 대하여 본다. 이 사건 법률조항은 일상의 모든 거래에 적용되는 규정이 아니라 재산의 양도인과 양수인 사이에 조세회피가 발생할 객관적인 가능성이 상대적으로 높은 경우에만 적용되는 규정이다. 즉 현저히 높은 가액으로 재산을 양도, 양수하였다고 하여도 거래당사자 사이에 대통령령이 정한 특수관계, 예를 들어 일정한 범위의 친족관계, 대주주 혹은 임원과 회사 등의 관계가 존재하지 않는 한 적용될 수 없다(시행령 제41조 제2항 참조). 이와 같은 적용범위의 한정은 행정청의 자의적인 적용 가능성을 좁히는 기능을 하고 있다고 볼 수 있다. 또한 이 사건 법률조항의 입법취지가 특수한 관계에 있는 사람들 간의 거래에 있어서 매우 고율인 증여세를 회피하기 위하여 재산이전의 대가를 조작하는 행위에 대하여 증여세를 부과하기 위함이라는 점에 비추어 보면 '현저히 높은 가액'이란 통상거래에서 정해질 수 없는 높은 가액이라는 의미가 보다 명백하게 드러난다. 그렇다면 이 사건 법률조항을 조세행정관청의 입장에서 자의적으로 해석하여 적용할 여지가 있다고 하기는 어렵다고 할 것이다.

다음으로 입법기술적으로 보다 확정적인 문구의 선택에 대한 기대가능성 여부에 관하여 본다. 보다 확정적인 문구로서 우선 상정해 볼 수 있는 것은 구체적인 수치적 기준을 제시하는 것이지만, 구체적으로 어느 정도의 가액이 과세대상이 되는 현저히 높은 가액인 것인지에 관한 수치적인 기준은 급변하는 경제상황 때문에 때와 장소에 따라서는 오히려 현저히 부적합하게 되는 경우도 생길 수 있는데 이러한 경우에 조세정책적으로 바로 대응하는 것이 어렵게 된다. 따라서 이러한 사항은 법률에 규정할 것을 기대하기는 어렵다고 할 것이다.

결국은 구체적 사건에서 세무당국이 행하는 부과처분과 그에 대한 법원의 사법적 심사의 결과가 집적되면서 구체적인 기준을 결정함에 필요한 판단요소들이 점차 드러나게 되고 이런 과정을 거쳐 어느 정도 구체성을 띠는 기준 내지 윤곽이 형성되어야 할 것이고 이것이 오히려 바람직한 일이라고 할 것이다.

④ 결 론

그렇다면, 증여의제제도 및 이 사건 법률조항의 입법취지, 당해 문구의 일상적 의미, 조세법의 성질 등을 종합하여 볼 때 이 사건 법률조항이 과세요건을 명확하게 규정하지 아니하여 국민생활의 법적 안정성과 예측가능성을 침해하고 있다고 판단할 수는 없을 것이다. 따라서 이 사건 법률조항은 과세요건 명확주의 원칙에 반하지 아니한다.

4. 결 론

이 사건 법률조항에 대하여 재판관 한대현, 재판관 김영일, 재판관 김효종, 재판관 김경일, 재판관 송인준 등 5명은 위헌이라는 의견이고, 재판관 윤영철, 재판관 하경철, 재판관 권성, 재판관 주선회 등 4명은 합헌이라는 의견이다. 비록 위헌의견에 찬성한 재판관이 5인이어서 다수이기는 하지만 헌법 제113조 제1항, 헌법재판소법 제23조 제2항 단서 제1호에서 정한 헌법소원에 관한 인용결정을 위한 심판정족수에는 이르지 못하여 위헌결정을 할 수 없으므로 주문과 같이 결정한다.

재판장 재판관 윤영철
주심 재판관 한대현
주심 재판관 하경철
주심 재판관 김영일
주심 재판관 권 성
주심 재판관 김효종
주심 재판관 김경일
주심 재판관 송인준
재판관 주선회

판례의 평가

헌법재판소가 증여의제를 규정하고 있는 구 상속세법 제34조의2 제2항 중 '현저히 높은 가액' 부분이 과세요건에 위반되는지 여부에 대하여 재판관 5명 위헌의견, 재판관 4명 합헌의견이어서 심판정족수에 이르지 못하여 합헌 선고를 하였다.

당시 심판대상 법률조항이 '현저히 높은 가액'의 구체적 내용이나 범위에 관하여 대통령령으로 정하도록 명시적으로 위임하지 아니하였음에도 그 구체적 내용을 규정한 구 상속세법 시행령 제41조 제4항은 헌법 제75조 및 과세요건 법정주의에 위반되는 것으로서 위임입법으로서의 효력을 인정할 수 없다. 따라서 위 시행령의 규정은 과세의 근거가 되는 법령이 될 수 없을 뿐만 아니라, 당시 법률조항의 명확성 판단에 있어서도 직접적으로 고려될 것이 아니고, 해당 법률조항이 명확성의 요건을 충족하는지 여부는 오로지 그 법률조항 자체만을 기준으로 판단하여야 한다.

심판대상 법률조항이 규정하고 있는 '현저히 높은 가액'이라는 말은 모호하고 불명확한 의미를 갖는 데 불과하여 그 내포와 외연을 명백히 한정하기 어렵고, 조세법의 일반이론이나 그 체계 및 입법취지 등은 물론 다른 규정들과의 유기적인 관계 등을 두루 살펴보아도 그 판단기준이나 구체적 내용 및 범위가 불분명하며, 그에 대한 사회통념이나 경험칙이 형성되어 있다고 볼 수도 없다. 그 결과 납세자로서는 어느 정도의 높은 가액이 이 사건 법률조항에 의한 과세대상이 될 것인지를 예견하기 어렵고, 또한 과세관청의 자의적인 법해석과 집행을 초래하여 국민의 재산권을 침해할 위험성을 배제할 수 없으며, 심판대상 법률조항에서 '현저히 높은 가액'에 관하여 보다 구체적이고 명확한 규정을 하는 것이 입법기술상 불가능하다고 보여지지도 않는다. 그러므로 당시 심판대상 법률조항은 과세요건 명확주의에 위반된다.

1950년 3월 22일 제정 및 시행된 상속세법이 1982년 개정 신설된 동법 제34조의2 제2항이 당시 심판대상 법률조항이었다. 그 이후 1996년 12월 30일 상속세 및 증여세법으로 전부개정되어 위헌적인 내용이 해소되었다. 즉 상속세 및 증여세법 제35조(저가·고가양도시의 증여의제)의 내용이 다음과 같이 개정되었다.

> **상속세 및 증여세법 제35조(저가·고가양도시의 증여의제)** ① 다음 각호의 1에 해당하는 자에 대하여는 당해 재산을 양수 또는 양도한 때에 그 대가와 시가와의 차액에 상당하는 금액으로서 대통령령이 정하는 이익에 상당하는 금액을 증여받은 것으로 본다.
>
> 1. 특수관계에 있는 자로부터 시가보다 낮은 가액으로 재산을 양수하는 경우에는 그 재산의 양수자
> 2. 특수관계에 있는 자에게 시가보다 높은 가액으로 재산을 양도하는 경우에는 그 재산의 양도자
>
> ② 제1항 제1호 및 제2호에 규정된 특수관계에 있는 자, 낮은 가액 및 높은 가액의 범위는 대통령령으로 정한다.

10 청소년의 성보호에 관한 법률 제20조 제2항 제1호 등 청소년 성매수자 신상공개대상

(2003. 6. 26. 2002헌가14)

Ⅰ. 판시 사항

1. 청소년 성매수자에 대한 신상공개를 규정한 청소년의 성보호에 관한 법률(이하, '법'이라고만 한다) 제20조 제2항 제1호가

가. 이중처벌금지원칙에 위반되는지 여부(소극)

나. 과잉금지원칙에 위반되는지 여부(소극)

다. 평등원칙에 위반되는지 여부(소극)

라. 법관에 의한 재판을 받을 권리를 침해하는지 여부(소극)

마. 적법절차원칙에 위반되는지 여부(소극)

2. 신상공개의 시기·기간·절차 등에 관한 사항을 대통령령에 위임한 법 제20조 제5항이 포괄위임입법금지원칙에 위반되는지 여부(소극)

Ⅱ. 결정요지

1. 법 제20조 제2항 제1호에 관하여

재판관 윤영철, 재판관 하경철, 재판관 김효종, 재판관 김경일의 합헌의견

가. 이중처벌금지의 원칙 위배 여부

헌법 제13조 제1항에서 말하는 '처벌'은 원칙적으로 범죄에 대한 국가의 형벌권 실행으로서의 과벌을 의미하는 것이고, 국가가 행하는 일체의 제재나 불이익처분을 모두 그 '처벌'에 포함시킬 수는 없다.

법 제20조 제1항은 '청소년의 성을 사는 행위 등의 범죄방지를 위한 계도'가 신상공개제도의 주된 목적임을 명시하고 있는바, 이 제도가 당사자에게 일종의 수치심과 불명예를 줄 수 있다고 하여도, 이는 어디까지나 신상공개제도가 추구하는 입법목적에 부수적인 것이지 주된 것은 아니다. 또한, 공개되는 신상과 범죄사실은 이미 공개재판에서 확정된 유죄판결의 일부로서, 개인의 신상 내지 사생활에 관한 새로운 내용이 아니고, 공익목적을 위하여 이를 공개하는 과정에서 부수적으로 수치심 등이 발생된다고 하여 이것을 기존의 형벌 외에 또 다른 형벌로서 수치형이나 명예형에 해당한다고 볼 수는 없다. 그렇다면, 신상공개제도는 헌법 제13조의 이중처벌금지 원칙에 위배되지 않는다.

나. 과잉금지의 원칙 위배 여부

신상공개제도는 범죄자 본인을 처벌하려는 것이 아니라, 현존하는 성폭력위험으로부터 사회 공동체를 지키려는 인식을 제고함과 동시에 일반인들이 청소년 성매수 등 범죄의 충동으로부터 자신을 제어하도록 하기 위하여 도입된 것으로서, 이를 통하여 달성하고자 하는 '청소년의 성보호'라는 목적은 우리 사회에 있어서 가장 중요한 공익의 하나라고 할 것이다.

이에 비하여 청소년 성매수자의 일반적 인격권과 사생활의 비밀의 자유가 제한되는 정도를 살펴보면, 법 제20조 제2항은 '성명, 연령, 직업 등의 신상과 범죄사실의 요지'를 공개하도록 규정하고 있는바, 이는 이미 공개된 형사재판에서 유죄가 확정된 형사판결이라는 공적 기록의 내용 중 일부를 국가가 공익 목적으로 공개하는 것으로 공개된 형사재판에서 밝혀진 범죄인들의 신상과 전과를 일반인이 알게 된다고 하여 그들의 인격권 내지 사생활의 비밀을 침해하는 것이라고 단정하기는 어렵다.

또한, 신상과 범죄사실이 공개되는 범죄인들은 이미 국가의 형벌권 행사로 인하여 해당 기본권의 제한 여지를 일반인보다는 더 넓게 받고 있다. 청소년 성매수 범죄자들이 자신의 신상과 범죄사실이 공개됨으로써 수치심을 느끼고 명예가 훼손된다고 하더라도 그 보장 정도에 있어서 일반인과는 차이를 둘 수밖에 없어, 그들의 인격권과 사생활의 비밀의 자유도 그것이 본질적인 부분이 아닌 한 넓게 제한될 여지가 있다.

그렇다면 청소년 성매수자의 일반적 인격권과 사생활의 비밀의 자유가 제한되는 정도가 청소년 성보호라는 공익적 요청에 비해 크다고 할 수 없으므로 결국 법 제20조 제2항 제1호의 신상공개는 해당 범죄인들의 일반적 인격권, 사생활의 비밀의 자유를 과잉금지의 원칙에 위배하여 침해한 것이라 할 수 없다.

다. 평등원칙의 위배 여부

신상공개가 되는 청소년 대상 성범죄를 규정한 법률조항의 의미와 목적은 성인이 대가관계를 이용하여 청소년의 성을 매수하는 등의 행위로 인하여 야기되는 피해로부터 청소년을 보호하려는 데 있는 것이고, 이에 비추어 볼 때 청소년 대상 성범죄와 그 밖의 일반 범죄는 서로 비교집단을 이루는 '본질적으로 동일한 것'이라고 단언하기는 어려우며, 나아가 그러한 구분기준이 특별히 자의적이라고 볼 만한 사정이 없다.

또한 청소년 대상 성범죄자 가운데 공개대상에서 제외되는 경우는 그 행위의 대상이나 형태에 있어서 청소년 성매수 행위의 공범적 성격의 것들로서 행위불법성의 차이 등을 고려한 것으로 보이므로, 청소년 대상 성범죄자 중 일부 범죄자의 신상이 공개되지 않는다 하더라도 그러한 차별입법이

자의적인 것이라거나 합리성이 없는 것이라고 단정하기 어렵다.

신상공개제도로 인하여 기본권 제한상의 차별을 초래하나, 그 입법목적과 이를 달성하려는 수단 간에 비례성을 벗어난 차별이라고 보기 어렵고, 달리 평등권을 침해한 것이라고 볼 수 없다.

라. 법관에 의한 재판을 받을 권리의 침해 여부

제청법원은 신상공개제도가 청소년보호위원회에 의하여 이루어진다는 점에서 법관에 의한 재판을 받을 권리를 침해한 것이라고 하나, 앞서 보았듯이 신상공개제도는 '처벌'에 해당한다고 할 수 없으므로 이 제도가 법관에 의한 재판을 받을 권리를 침해한 것이라 할 수 없다.

마. 적법절차 위배 여부

법 제20조 제3항은 청소년보호위원회가 신상 등의 공개를 결정함에는 범행동기, 범행 후의 정황 등을 고려하도록 하고 있고, 제5항은 구체적인 절차 등에 관하여 필요한 사항을 대통령령으로 정하도록 하고 있으며, 하위법규에서는 이러한 법의 취지에 따라 신상공개 대상자로 선정된 자에 대하여 10일 이상의 기간을 정하여 서면에 의한 의견진술기회를 주도록 하고, 지정된 기일까지 의견진술을 하지 않은 자에 대하여는 의견이 없는 것으로 간주하며, 의견진술을 한 자에 대하여는 재심의를 하여 신상공개 여부를 결정한다고 규정하고 있다.

한편 청소년보호위원회는 최소한의 독립성과 중립성을 갖춘 기관이고 (청소년보호법 제29조, 제32조 등 참조), 신상공개결정에 대해서는 행정소송을 통해 그 적법 여부를 다툴 기회가 보장되고 있으며, 이미 법관에 의한 재판을 거쳐 형이 확정된 이후에 신상공개가 결정된다.

그렇다면 법 제20조 제2항 제1호의 신상공개제도는 법률이 정한 형식적 절차에 따라 이루어지며 그 절차의 내용도 합리성과 정당성을 갖춘 것이라고 볼 것이므로 절차적 적법절차원칙에 위반되는 것이라 할 수 없다.

□ 재판관 한대현, 재판관 김영일, 재판관 권 성, 재판관 송인준, 재판관 주선회의 위헌의견

(1) 인격권의 침해

(가) 사회활동을 통한 개인의 자유로운 인격발현을 위해서는, 타인의 눈에 비치는 자신의 모습을 형성하는 데 있어 결정적인 인자가 될 수 있는 각종 정보자료에 관하여 스스로 결정할 수 있는 권리, 다시 말하여 사회적 인격상에 관한 자기결정권이 보장되어야 한다. 그런데 이 사건 신상공개제도는 이러한 사회적 인격상에 관한 자기결정권을 현저하게 제한함으로써 범죄인의 인격권에 중대한 훼손을 초래한다.

(나) 신상공개제도는 소위 '현대판 주홍글씨'에 비견할 정도로 수치형과 매우 흡사한 특성을 지닌다. 즉, 현행 신상공개제도는 대상자를 독자적 인격의 주체로서 존중하기보다는 대중에 대한 전시(展示)에 이용함으로써 단순히 범죄퇴치수단으로 취급하는 인상이 짙다. 그러나 이는 비록 범죄인일망정 그가 지니는 인간으로서의 기본적인 존엄과 가치를 보장하는 것이 국가적 의무임을 천명한 우리 헌법의 이념에 정면으로 배치되는 것이라 아니할 수 없다.

(다) 청소년 성매매의 폐습을 치유함에 있어서는, 형벌이나 신상공개와 같은 처벌 일변도가 아니라, 성범죄자의 치료나 효율적 감시, 청소년에 대한 선도, 기타 청소년 유해환경을 개선하기 위한 정책 추진과 같은 다양한 수단들을 종합적으로 활용하는 것이 얼마든지 가능하고, 오히려 전체 청소년 성매수 사건 중 적발되는 사건의 비율이 극히 미미한 현실에 비추어 볼 때 이와 같은 근본적인 예방책에 치중하는 것이 더 바람직한 것으로 보인다. 그러함에도 국가가 이러한 노력을 다하기도 전에 개인의 인격권에 중대한

침해를 가져올 수 있는 신상공개라는 비정상적인 방법을 동원하는 것은 최소침해성의 관점에서도 문제가 있다.

(라) 무릇 형벌은 개인의 자유와 안전에 대한 중대한 침해를 가져오는 탓에 국가적 제재의 최후수단(ultima ratio)으로 평가된다. 그런데 이미 그러한 형벌까지 부과된 마당에, 형벌과 다른 목적이나 기능을 가지는 것도 아니면서, 형벌보다 더 가혹할 수도 있는 신상공개를 하도록 한 것은 국가공권력의 지나친 남용이다. 더구나, 신상공개로 인해 공개대상자의 기본적 권리가 심대하게 훼손되는 데에 비해 그 범죄억지의 효과가 너무도 미미하거나 불확실한바, 이러한 점에서도 법익의 균형성을 현저히 잃고 있다고 판단된다.

(마) 결국 청소년 성매수자에 대한 신상공개는 대상자의 인격권을 과도하게 침해하고 있다고 할 것이다.

(2) 평등원칙 위반

법 제20조 제2항 제1호는 범죄방지를 이유로 청소년 성매수자의 사회적 인격상에 관한 자기결정권을 제한한다. 그런데 일반 범죄자 및 일부 청소년 대상 성범죄자(이하 '일반범죄자등'이라 한다)에 대해서는 신상공개를 통한 위와 같은 제한을 허용하고 있지 않다. 그러나 범죄방지의 필요성은 일반범죄자등의 경우에도 마찬가지로 인정된다. 그러므로 양자를 차별하는 것이 과연 정당화될 수 있는지는 헌법상 해명의 필요가 있는바, 청소년 성매수자가 신상공개되는 것은 일반범죄자등보다 죄질이나 법정형이 더 무겁거나 재범의 위험성이 보다 더 높아서가 아니다. 그리고 청소년에게 성매수행위의 상대방이 되도록 유인·권유한 자(법 제6조 제4항) 등은 모두 청소년 성매매를 유발·조장하는 범죄자들로서, 청소년 성매수자보다 더 무거운 법정형이 예정되어 있는 데도, 신상공개는 되지 않는 점에서 '청소년의 성 보호'라는 보호법익의 특수성이 신상공개 여부를 나누는 결정적인 기준이 되고 있다고 할 수도 없다.

결국 일반범죄자등과 청소년 성매수자를 차별할 만한 다른 합리적 이유는 찾기 어렵고, 다만 성인 남성들에게 청소년 성매수행위를 하지 말라는 강력한 경고의 메시지를 전하려는 입법의도만 유일한 차별근거가 아닌가 생각된다.

그러나 이러한 입법의도가 청소년 성매수자에 대한 신상공개를 정당화할 만큼의 성질이나 비중을 가지고 있지 않음은 이미 앞에서 인격권의 침해 여부를 논하면서 살펴본 바와 같다.

따라서 일반범죄자등과는 달리 청소년 성매수자만 차별하여 신상공개를 하는 것은 그 차별의 이유와 차별의 내용 사이의 적절한 균형관계를 인정할 수 없으므로 평등원칙에 위배된다고 할 것이다.

2. 법 제20조 제5항에 관하여

□ 재판관 윤영철, 재판관 하경철, 재판관 김효종, 재판관 김경일의 합헌의견

법 제20조 제5항에서 위임되는 '구체적인 시기·기간·절차 등'은 신상공개에 있어서 본질적 부분은 아니며 어디까지나 부수적인 부분이라고 볼 것이다. 그리고 대통령령에 규정될 '시기'는 법 제20조 제1항('계도문을 연 2회 이상 작성')을 고려하면 연 2회 이상으로서 각 확정판결 후 이에 가까운 때가 될 것으로 예상되고, '기간'은 입법목적을 달성하기에 합리적인 기간으로서 위 조항이 '연 2회 이상'이라고 정하고 있으므로 통상 6개월 범위 내일 것이 예측될 수 있으며, '절차'는 제3항 등 법상의 제 규정을 참조할 때 그 절차의 일반적 내용의 대강이 예측될 수 있고, '등'은, 시기, 기간, 절차와 유사하게, 신상공개시 필요한 그 밖의 사항이 대통령령으로 규정될 것임이 어느 정도 예측될 수 있으므로, 결국 대통령령에 규정될 내용의 대강이 예측가능하다 할 것이다.

따라서 법 제20조 제5항은 헌법상의 포괄위임입법금지 원칙에 위배된다고 할 수 없다.

□ 재판관 한대현, 재판관 김영일, 재판관 권 성, 재판관 송인준, 재판관 주선회의 위헌의견

신상공개제도에 있어서 그 시기·기간·절차 등은 단순한 부수적 사항이 아니라 신상공개제도의 전반적 성격 및 운용방향을 결정짓는 본질적 내용에 해당할 뿐만 아니라, 대상자의 기본권에 직접적인 영향을 주는 중요한 사항이다. 그럼에도 법 제20조 제5항은 이러한 시기·기간·절차 등에 관하여 그 기본내용이나 범위를 구체적으로 정함이 없이 일체를 대통령령에서 정하도록 위임하고 있고, 따라서 하위법령을 보지 않고 법만 가지고서 신상공개의 구체적 시기·기간·절차 등에 관한 내용의 대강을 파악한다는 것은 불가능하다.

그렇다면, 위 법률조항은 포괄위임입법규정으로서, 헌법상 위임입법의 정당한 한계를 벗어났다.

Ⅲ. 심판대상조문

청소년의 성보호에 관한 법률(2000. 2. 3. **법률 제6261호로 제정된 것**) **제20조**

(범죄방지 계도) ① 생략

② 제1항의 규정에 의한 계도문에는 다음 각호의 1에 해당하는 죄를 범한 자의 성명, 연령, 직업 등의 신상과 범죄사실의 요지를 그 형이 확정된 후 이를 게재하여 공개할 수 있다. 다만 죄를 범한 자가 청소년인 경우에는 그러하지 아니하다.

1. 제5조의 규정을 위반한 자

2.~7. 생략

③ 청소년보호위원회는 제2항의 규정에 의한 신상 등의 공개를 결정함에 있어서 공개대상자 및 대상 청소년의 연령, 범행동기, 범행수단과 결과, 범행전력, 죄질, 공개대상자의 가족관계 및 대상 청소년에 대한 관계, 범행후의 정황 등을 고려하여 공개대상자 및 그 가족 등에 대한 부당한 인권침해가 없도록 하여야 한다.

④ 제2항의 규정에 의한 신상공개의 경우 제5조 내지 제10조의 규정에 의한 죄의 대상청소년과 피해 청소년의 신상은 공개할 수 없다.

⑤ 제1항 및 제2항의 규정에 의한 계도문 게재 등과 관련한 구체적인 시기·기간·절차 등에 관하여 필요한 사항은 대통령령으로 정한다.

Ⅳ. 참조조문

청소년의 성보호에 관한 법률(2000. 2. 3. **법률 제6261호로 제정된 것**) **제2조 (정의)** 이 법에서 사용하는 용어의 정의는 다음과 같다.

1. '청소년'이라 함은 19세 미만의 남녀를 말한다.
2. '청소년의 성을 사는 행위'라 함은 청소년, 청소년을 알선한 자 또는 청소년을 실질적으로 보호·감독하는 자 등에게 금품 기타 재산상 이익이나, 직무·편의제공 등 대가를 제공하거나 이를 약속하고 다음 각목의 1에 해당하는 행위를 하는 것을 말한다.
   가. 청소년과의 성교행위
   나. 청소년과의 구강·항문 등 신체의 일부 또는 도구를 이용한 유사성교행위
3. '청소년이용음란물'이라 함은 청소년이 등장하여 제2호 각목의 1에 해당하는 행위를 하거나, 청소년의 수치심을 야기시키는 신체

의 전부 또는 일부 등을 노골적으로 노출하여 음란한 내용을 표현한 것으로서, 필름·비디오물·게임물 또는 컴퓨터 기타 통신매체를 통한 영상 등의 형태로 된 것을 말한다.

청소년의 성보호에 관한 법률(2000. 2. 3. **법률 제6261호로 제정된 것) 제5조 (청소년의 성을 사는 행위)** 청소년의 성을 사는 행위를 한 자는 3년 이하의 징역 또는 2천만원 이하의 벌금에 처한다.

청소년의 성보호에 관한 법률(2000. 2. 3. **법률 제6261호로 제정된 것) 제6조 (청소년에 대한 강요행위 등)** ①~③ 생략

④ 청소년의 성을 사는 행위의 상대방이 되도록 유인·권유한 자는 5년 이하의 징역 또는 3천만원 이하의 벌금에 처한다.

청소년의 성보호에 관한 법률(2000. 2. 3. **법률 제6261호로 제정된 것) 제7조 (알선영업행위 등)** ① 생략

② 다음의 각호의 1에 해당하는 자는 5년 이하의 징역 또는 3천만원 이하의 벌금에 처한다.

1. 영업으로 청소년의 성을 사는 행위를 하도록 유인·권유 또는 강요한 자
2. 청소년의 성을 사는 행위의 장소를 제공한 자
3. 청소년의 성을 사는 행위를 알선한 자
4. 생략

③ 생략

청소년의 성보호에 관한 법률(2000. 2. 3. **법률 제6261호로 제정된 것) 제20조 (범죄방지 계도)** ① 청소년보호위원회는 청소년의 성을 사는 행위 등의 범죄방지를 위한 계도문을 연 2회 이상 작성하여 관보게재를 포함한 대통령령이 정하는 방법으로 전국에 걸쳐 게시 또는 배포하여야 한다.

② 제1항의 규정에 의한 계도문에는 다음 각호의 1에 해당하는 죄를 범한 자의 성명, 연령, 직업 등의 신상과 범죄사실의 요지를 그 형이 확정된 후 이를 게재하여 공개할 수 있다. 다만 죄를 범한 자가 청소년인 경우에는 그러하지 아니하다.

1. 생략
2. 제6조 제1항 내지 제3항의 규정을 위반한 자
3. 제7조 제1항의 규정을 위반한 자
4. 제8조 제1항의 규정을 위반한 자
5. 제9조의 규정을 위반한 자
6. 제10조의 규정을 위반한 자
7. 성폭력범죄의처벌및피해자보호등에관한법률에 의하여 가중처벌되는 자(청소년에 대하여 죄를 범한 경우에 한한다)

③ 청소년보호위원회는 제2항의 규정에 의한 신상 등의 공개를 결정함에 있어서 공개대상자 및 대상 청소년의 연령, 범행동기, 범행수단과 결과, 범행전력, 죄질, 공개대상자의 가족관계 및 대상 청소년에 대한 관계, 범행후의 정황등을 고려하여 공개대상자 및 그 가족 등에 대한 부당한 인권침해가 없도록 하여야 한다.

④ 제2항의 규정에 의한 신상공개의 경우 제5조 내지 제10조의 규정에 의한 죄의 대상청소년과 피해 청소년의 신상은 공개할 수 없다.

⑤ 제1항 및 제2항의 규정에 의한 계도문 게재 등과 관련한 구체적인 시기·기간·절차 등에 관하여 필요한 사항은 대통령령으로 정한다.

V. 참조판례

1. 가. 헌재 1994. 6. 30. 92헌바38, 판례집 6－1, 619

헌재 1995. 4. 20. 91헌바11, 판례집 7－1, 478

헌재 1998. 11. 26. 97헌바67, 판례집 10－2, 701

나. 헌재 1990. 9. 10. 89헌마82, 판례집 2, 306

헌재 1991. 9. 16. 89헌마165, 판례집 3, 518

헌재 1990. 9. 3. 89헌가95, 판례집 2, 245

다. 헌재 1999. 12. 23. 98헌마363, 판례집 11－2, 770

라. 헌재 1998. 5. 28. 96헌바4, 판례집 10－1, 610

2. 헌재 1995. 11. 30. 91헌바1등, 판례집 7－2, 562

헌재 1999. 1. 28. 97헌가8, 판례집 11－1, 1

헌재 2000. 1. 27. 96헌바95등, 판례집 12－1, 16

헌재 2000. 8. 31. 99헌바104, 판례집 12－2, 233

Ⅵ. 당사자

제 청 법 원 : 서울행정법원

제청신청인 : 두○균, 대리인 변호사 최종백 외 2인

당 해 사 건 : 서울행정법원 2001구28240 신상등공개처분취소

Ⅶ. 주 문

1. 청소년의 성보호에 관한 법률(2000. 2. 3. 법률 제6261호로 제정된 것) 제20조 제2항 제1호, 제5항은 헌법에 위반되지 아니한다.

2. 나머지 위헌여부심판제청을 각하한다.

Ⅷ. 이 유

1. 사건의 개요 및 심판의 대상

가. 사건의 개요

(1) 제청신청인은 2000. 7. 1. 청소년에게 6만원을 제공하고 1회 성교행위를 하여 청소년의 성보호에 관한 법률 제5조를 위반하였다는 혐의로 2000. 8. 18. 전주지방법원에서 벌금 500만원을 선고받았고, 같은 달 26. 이 판결은 그대로 확정되었다.

(2) 청소년보호위원회는 2001. 5. 3. 위 법률 제20조에 근거하여 제청신청인의 성명, 연령, 생년월일, 직업, 주소 등과 범죄사실의 요지를 관보에 게재하고 역시 같은 내용을 청소년보호위원회의 인터넷 홈페이지에 6개월간, 정부중앙청사 및 특별시·광역시·도의 본청 게시판에 1개월간 게시하기로 하는 결정을 하였다.

(3) 이에 제청신청인은 2001. 7. 16. 서울행정법원에 청소년보호위원회를 상대로 위 신상 등 공개처분의 취소를 구하는 소를 제기한 후(2001구28240), 그 소송 계속중에 위 법률 제20조에 대한 위헌여부심판제청을 신청하였다(2002아15). 위 법원은 위 법률 제20조 제1항에 대하여는 신청을 기각하고, 같은 조 제2항 제2호 내지 제7호에 대하여는 신청을 각하하였으며, 같은 조 제2항 제1호, 제3항, 제4항, 제5항에 대하여는 신청을 받아들여 2002. 7. 26. 헌법재판소에 위헌여부심판을 제청하였다.

나. 심판의 대상

이 사건 심판대상은 청소년의 성보호에 관한 법률(2000. 2. 3. 법률 제6261호로 제정된 것, 이하 '법'이라 한다) 제20조 제2항 제1호, 제3항, 제4항, 제5항이 헌법에 위반되는지 여부이며, 심판대상 조항 및 관련규정의 내용은 다음과 같다.

법 제20조(범죄방지 계도) ① 청소년보호위원회는 청소년의 성을 사는 행위 등의 범죄방지를 위한 계도문을 연 2회 이상 작성하여 관보게재를 포함한 대통령령이 정하는 방법으로 전국에 걸쳐 게시 또는 배포하여야 한다.

② 제1항의 규정에 의한 계도문에는 다음 각 호의 1에 해당하는 죄를 범한 자의 성명, 연령, 직업 등의 신상과 범죄사실의 요지를 그 형이 확정된 후 이를 게재하여 공개할 수 있다. 다만 죄를 범한 자가 청소년인 경우에는 그러하지 아니하다.

1. 제5조의 규정을 위반한 자

2.~7. (생략)

③ 청소년보호위원회는 제2항의 규정에 의한 신상 등의 공개를 결정함에 있어서 공개대상자 및 대상 청소년의 연령, 범행동기, 범행수단과 결과, 범행전력, 죄질, 공개대상자의 가족관계 및 대상 청소년에 대한 관계, 범행후의 정황 등을 고려하여 공개대상자 및 그 가족 등에 대한 부당한 인권침해가 없도록 하여야 한다.

④ 제2항의 규정에 의한 신상공개의 경우 제5조 내지 제10조의 규정에 의한 죄의 대상청소년과 피해 청소년의 신상은 공개할 수 없다.

⑤ 제1항 및 제2항의 규정에 의한 계도문 게재 등과 관련한 구체적인 시기·기간·절차 등에 관하여 필요한 사항은 대통령령으로 정한다.

제5조(청소년의 성을 사는 행위) 청소년의 성을 사는 행위를 한 자는 3년 이하의 징역 또는 2천만원 이하의 벌금에 처한다.

청소년의 성보호에 관한 법률(2000. 2. 3. 법률 제6261호로 제정되고, 2001. 5. 24. 법률 제6479호로 개정되기 전의 것) **제2조(정의)** 이 법에서 사용하는 용어의 정의는 다음과 같다.

1. '청소년'이라 함은 19세 미만의 남녀를 말한다.
2. '청소년의 성을 사는 행위'라 함은 청소년, 청소년을 알선한 자 또는 청소년을 실질적으로 보호·감독하는 자 등에게 금품 기타 재산상 이익이나, 직무·편의제공 등 대가를 제공하거나 이를 약속하고 다음 각 목의 1에 해당하는 행위를 하는 것을 말한다.
   가. 청소년과의 성교행위
   나. 청소년과의 구강·항문 등 신체의 일부 또는 도구를 이용한 유사성교행위
3. (생략)

2. 위헌심판제청이유와 이해관계인들의 의견

가. 제청법원의 제청이유의 요지

(1) 청소년의 성을 사는 행위를 한 자(이하 '청소년 성매수자'라 한다)에 대한 신상공개는 특별예방의 효과와 일반예방의 효과를 기하고 있으므로 그 실질적인 속성은 형벌이다. 한편, 청소년 성매수자에 대한 형사처벌과 그 형의 확정 후 이루어지는 신상공개는 그 대상행위 및 보호법익이 같다. 그러므로 청소년 성매수자에 대한 신상공개는 헌법 제13조 제1항이 금지하는 이중처벌에 해당한다.

(2) 신상공개가 형벌적 속성을 가지는 이상, 행정청인 청소년보호위원회가 신상공개 여부를 결정하는 것은 법관에 의한 재판을 받을 권리의 침해 및 적법절차원칙의 위반에 해당한다.

나. 제청신청인의 의견

(1) 청소년 성매수자의 성명·연령·생년월일·직업·주소와 그 범죄사실의 요지는 사생활의 비밀에 해당하고, 이것이 그 의사에 반하여 외부에 공

표될 경우 청소년 성매수자로서는 심한 인격적 수모를 느끼게 된다. 그러므로 청소년 보호라는 입법목적을 달성하기 위한 수단이라고 하더라도, 그로 인한 기본권 침해를 최소화하기 위해서는 새로이 신상공개제도를 도입할 것이 아니라 기존의 형사처벌과 보안처분제도를 잘 활용하는 방법을 택하는 것이 바람직하다. 만일 형사처벌 외에 신상공개제도를 도입하는 경우에 있어서도 죄질이나 재범의 위험성에 따라 단계적으로 공개하는 등의 방법을 취해야 할 것이다. 그럼에도 현행 신상공개제도는 벌금형과 같은 비교적 가벼운 형을 선고받은 경우나 초범 등과 같은 경우에도 전국적 공개를 규정하고 있는바, 이는 청소년 성매수자의 인격권 내지 사생활의 비밀을 과도하게 침해하는 것으로서, 위헌이다.

(2) 법 제20조 제2항은 청소년 대상 성범죄자의 신상을 공개할 것을 규정하고 있지만, 이보다 불법성이 더 큰 여러 범죄들, 예컨대 미성년자 살해행위, 미성년자 약취유인행위, 미성년자를 대상으로 한 인질강도행위 등에 관하여는 범죄자의 신상이 공개되지 않는다. 그러나 위의 범죄들은 모두 청소년 보호라는 법익을 침해하는 행위인 점에 있어서는 본질적으로 다르지 않다. 그럼에도 성범죄자에 대해서만 신상을 공개하도록 하는 것은 평등원칙에 위배된다.

또한, 법 제20조 제2항은 청소년 대상 성범죄들 중에서도 일부에 대해서만 신상공개를 하도록 규정하고 있는바, 신상공개 대상이 되는 성범죄와 그렇지 않은 성범죄는 그 보호법익이 청소년의 보호라는 점에서는 동일하지만, 양자를 나누는 기준은 모호하므로, 결국 여기서도 평등원칙 위배의 문제가 발생한다.

(3) 그 밖에는 제청법원의 제청이유와 대체로 같은 의견이다.

다. 청소년보호위원장의 의견

(1) 현행 신상공개제도는 청소년의 성보호를 달성하기 위해 입법정책

적으로 채택된 것으로서, 처벌·보안처분 등 전형적인 형사제재 이외의 새로운 형태의 범죄예방수단이라 할 것이고, 그 본질·목적·기능에 있어서 형벌과는 다른 의의를 지니므로 형벌부과와 별도로 청소년 대상 성범죄자의 신상을 공개한다고 하더라도 이중처벌금지원칙 위반이 되지 않는다.

(2) '청소년의 성보호'를 달성하기 위한 여러 가지 수단 중 하나로서, 형사처벌과 보안처분을 강화하는 방법을 생각할 수 있으나, 이것이 현행 신상공개제도와 비교하여 기본권을 덜 침해하는 수단이라고 단정하기는 어렵다. 또한, 전국적 일반공개가 아니라 일정한 행정당국이 그 명단을 등록·보관하면서 청소년 대상 성범죄자가 거주하는 지역의 주민들에게만 정보를 공개하는 방법도 생각할 수 있으나, 이 방법은 실효성 획득을 위해 현재의 것보다 훨씬 자세하고 구체적인 정보가 공개될 것을 요구하는바, 그렇게 될 경우 현행 신상공개제도보다 덜 침해적이라고 보기 어렵다. 그러므로 이들 방법을 취하지 않고 현행 신상공개제도를 취한 것이 피해의 최소성에 반한다고 할 수 없다.

나아가, 현행 신상공개제도는 우리 사회에 있어서 가장 중요한 공익인 '청소년의 성보호'를 위한 것이고, 공개대상항목은 성명, 연령 및 생년월일, 직업, 주소(확정판결문에 기재된 것을 기준으로 시·군·구까지만 포함됨), 범죄사실의 요지 등으로서, 법원의 확정판결문에서 공개되는 대상항목의 범위를 초과하지 않는다. 또한, 현실적으로 재판을 받는 과정에서 혹은 구속 또는 수사를 받는 과정에서 주변 사람들에게 범죄행위가 알려지는 것이 보통인 점 등을 감안할 때, 현행 신상공개제도가 법익의 균형성을 상실한 제도라고 하기 어렵다. 따라서 과잉금지원칙에 위반하여 성범죄자의 기본권을 침해한다고 할 수 없다.

(3) 청소년 대상 성범죄에 있어서 보호법익은 청소년의 성보호에 있지만, 미성년자 살해행위, 미성년자 약취유인행위, 미성년자를 대상으로 한 인

질강도행위 등은 각각 그 보호법익이 미성년자의 생명, 자유, 재산 등에 있으므로, 결국 위 두 가지는 본질적으로 서로 다르므로 양자를 달리 취급하더라도 평등원칙에 위배되지 않는다.

또한, 신상공개 대상이 되는 청소년 대상 성범죄와 그렇지 않은 청소년 대상 성범죄를 나눈 것은 행위의 대상·목적·태양 등의 차이점에 근거한 것으로서, 합리적 차별에 해당하므로 평등원칙에 위배되지 않는다.

(4) 신상공개는 처벌이나 형벌이 아니므로 법관에 의해 신상공개 여부가 결정될 필요는 없다. 또한, 법관에 의한 재판을 거쳐 형이 확정된 이후에 신상공개가 결정되고, 신상공개사전심의위원회운영규정 제9조 제3항에 의하여 신상공개 대상자로 선정된 자에 대해 의견진술기회가 부여되며, 행정소송을 통해 신상공개결정의 적법 여부를 다툴 기회가 보장되고 있다. 이러한 점들에 비추어 볼 때, 법관에 의한 재판을 받을 권리가 침해되었다거나 적법절차원칙을 위반하였다고 볼 수 없다.

3. 적법 요건에 관한 판단

가. 법 제20조 제2항 제1호에 관하여

이 조항은 청소년 성매수자의 신상을 공개할 수 있게 하는 직접적인 근거조항이므로 재판의 전제성이 인정된다.

나. 법 제20조 제3항, 제4항에 관하여

제청법원은 법 제2항 제1호를 위헌으로 결정할 경우 법 제20조 제3항 및 제4항도 더 이상 적용할 수 없게 된다는 이유를 들어 이들 조항에 대해 위헌여부심판을 제청하였다. 그러나 법 제20조 제2항 중 제2호 내지 제7호에 대해서는 위헌심판제청이 없는 점을 감안할 때, 설사 위 같은 항 제1호가 위헌으로 결정된다고 하더라도, 법 제20조 제3항 및 제4항에 대해서까지

부수적 위헌선언을 할 것은 아니다.

한편, 제3항은 신상공개를 결정함에 있어서 제반 사정을 고려하여 공개대상자 및 그 가족 등에 대한 부당한 인권침해가 없도록 해야 한다는 규정이고, 제4항은 피해청소년의 신상을 공개할 수 없다는 규정으로서, 이들 조항의 내용은 이 사건에서 문제되고 있는 청소년 성매수자에 대한 신상공개의 위헌성과는 아무런 관련이 없는 것으로 판단되며, 이들 조항의 위헌 여부에 따라 당해사건을 담당하는 법원이 다른 내용의 재판을 하게 될 것으로 보이지도 않는다. 그렇다면 이 조항들은 재판의 전제성이 없어 이 부분 위헌여부심판제청은 부적법하다.

다. 법 제20조 제5항에 관하여

이 조항은 신상공개의 시기, 기간, 절차에 관한 사항을 대통령령으로 정하도록 위임하고 있다. 그런데 이 조항이 위헌이라면, 그에 근거한 대통령령의 관련 규정들 및 신상공개처분도 위법한 것으로 평가될 것이다. 그렇다면, 이 조항은 당해사건에 적용되는 법률조항으로서, 그 위헌 여부가 당해사건의 재판에 영향을 미칠 수 있다고 할 것이므로, 재판의 전제성이 인정된다.

4. 신상공개제도의 개관

가. 신상공개제도의 내용

청소년보호위원회는 청소년의 성을 사는 행위 등의 범죄방지를 위한 계도문을 연 2회 이상 작성하여 관보게재 등의 방법으로 전국에 걸쳐 게시 또는 배포하여야 한다. 그 계도문에는 청소년에 대한 강간·강제추행·성매수·성매수알선과 청소년이용음란물의 제작·배포 등의 죄를 범하고 그 형이 확정된 자의 신상도 게재하여 공개할 수 있도록 되어 있다(법 제20조 제1항, 제2항).

이를 위해 청소년보호위원회는 매년 반기별로 법무부, 국방부 등 관계기관의 장에게 법 제20조 제2항 각호의 죄를 범하여 형이 확정된 자에 관한 자료를 제출할 것을 요청하고(법시행령 제2조 제1항), 관련자료를 제출받은 날로부터 5월 이내에 계도문을 작성하여 이를 게시 또는 배포해야 한다(법시행령 제3조 제1항).

신상공개 대상자의 구체적인 선별은 청소년보호위원장이 위촉한 법조계, 학계, 시민단체 등 관계 전문가 9인으로 구성된 청소년보호위원회 산하 신상공개사전심의위원회(이하 '심의위원회'라 한다)에서 이루어진다. 청소년보호위원회 예규인 '신상공개사전심의위원회운영규정'(이하 '운영규정'이라 한다)에 의하면 심의위원회는 소위 '신상공개심의기준표'에 따른 평가를 거쳐 형량, 범죄유형, 대상청소년의 연령, 범행동기·수단·결과 및 죄질, 범죄전력 등으로 구성된 필요적 합산항목(총 100점)과 기타고려항목(총득점의 10% 가감)을 합산한 점수가 60점 이상인 자를 공개대상자로 선정한다(운영규정 제9조 제1항 등 참조).

공개대상자로 선정된 자에 대하여 청소년보호위원회는 10일 이상의 기간을 정하여 서면에 의한 의견진술기회를 주어야 한다(운영규정 제9조 제3항). 지정된 기일까지 의견진술을 하지 않은 자에 대하여는 의견이 없는 것으로 간주하고, 의견진술을 한 자에 대하여는 재심의를 하여 신상공개 여부를 결정한다(운영규정 제9조 제4항). 공개대상자가 확정되면 청소년보호위원회는 그 사실을 당사자에게 송달하여야 하며, 그 송달의 효력 발생일로부터 60일이 경과한 후에 신상공개를 하여야 한다(법시행령 제4조).

이때에 공개되는 내용은 대상자의 성명(한글 및 한자로 표기하되, 외국인의 경우 한글과 알파벳 또는 한자로 표기한다), 연령 및 생년월일, 직업(확정판결문에 기재된 것을 기준으로 한다), 주소(확정판결문에 기재된 것을 기준으로 시·군·구까지만 포함한다)와 범죄사실의 요지 등이다(법 제20조 제2항 본문, 법시행령 제3조 제2항 참조). 공개방법은 '관보게재'를 비롯하여 '청소년보호위원회의 인터넷 홈페이지에 6월간 게재'와 '정부중앙청사 및 특별시·광역시·도의 본청의 게시판에 1월간 게시' 등에 의한다(법 제20조 제1항, 법시행령 제5조 제1항 참조).

나. 신상공개의 현황

2001. 8. 30. 처음 신상공개가 실시된 이래 이 결정 선고시까지 총 4회에 걸쳐 실시되었는데, 제1회부터 제3회까지 신상공개 대상자의 범죄유형별 현황은 다음의 표와 같다.

구분	강간		강제추행		성매수		성매수알선		음란물제작		계	
	대상	공개	대상	공개	대상	공개	대상	공개	대상	공개	대상	공개
제1차	82	65 (79.2%)	93	61 (65.5%)	109	27 (24.7%)	16	16 (100%)	–	–	300	169 (56.3%)
제2차	183	150 (81.9%)	162	120 (74.1%)	424	123 (29.0%)	56	49 (87.5%)	1	1 (100%)	824	443 (53.7%)
제3차	241	214 (88.8%)	263	167 (63.5%)	626	178 (28.4%)	113	111 (98.2%)	1	1 (100%)	1,244	671 (53.9%)
계	506	429 (84.8%)	518	348 (67.2%)	1,159	328 (28.2%)	185	176 (95.1%)	2	2 (100%)	2,368	1,283 (54.1%)

한편, 2003. 4. 9. 실시된 제4회 신상공개에서는 1,221명의 심사대상자 중에서 강간 208명, 강제추행 200명, 성매수 155명, 성매수알선 70명, 청소년이용음란물 제작 10명 등 643명의 신상이 공개되었다. 범죄유형별 공개비율을 보면 전체 대상자 중 강간·강제추행은 약 89%, 성매수알선과 음란물제작은 1명을 제외하고 모두가 공개되는 반면, 성매수는 22.7%가 공개되었다.

5. 재판관 윤영철, 재판관 하경철, 재판관 김효종, 재판관 김경일의 의견

가. 신상공개제도의 입법배경 및 입법목적

입법부는 1999. 11.경 당시 이른바 '원조교제'라는 명칭으로 이루어지는 성인과 청소년 간의 매매춘행위 및 청소년을 이용한 음란물 제작 등 청소년을 대상으로 하는 성범죄가 심각한 사회적 문제로 등장하자, 이에 대처하기 위하여 메간법(Megan's Law)으로 알려진 미국의 성범죄자등록법제와 같은 정보공개제도를 참조하여 청소년 대상 성범죄자의 신상공개제도를 도입하기로 하고, 2000. 2. 3. 청소년의 성보호에 관한 법률을 제정하였다(같은 해 7. 1. 부터 시행).

법은 청소년을 대상으로 하는 성범죄로부터 청소년을 보호·구제하여 이들의 인권을 보장하고 건전한 사회구성원으로 성장할 수 있도록 함을 목적으로 하고 있고(제1조), 여기서 청소년이란 19세 미만의 자를 말하며, 그러한 목적을 달성하기 위하여 제20조 제1항에서 청소년보호위원회로 하여금 청소년의 성을 사는 행위 등의 범죄방지를 위하여 계도문을 작성하여 관보에 게재하고 대통령령이 정하는 방법으로 전국에 걸쳐 게시 또는 배포하도록 하고, 그러한 계도문에는 청소년의 성을 사는 행위를 한 자 등의 성명, 연령, 직업 등의 신상과 범죄사실의 요지를 그 형이 확정된 후 이를 게재하여 공개할 수 있도록 하였다(제20조 제2항 본문. 이하 이를 '신상공개제도'라 한다).

입법자는 19세 미만의 청소년을 대상으로 한 성인의 성매수 행위라는 심각한 사회적 병폐를 방지하기 위해서는 종래의 형사처벌이나 보안처분 등과 같은 전형적인 형사제재로는 불충분하고, 그러한 새로운 형태의 범죄를 예방하기 위한 수단으로서 계도(啓導) 조치가 필요하다고 보고, 그 계도 조치로서는 해당 범죄인의 신상을 공개하는 것이 범죄예방을 위한 효과적인 방법이라고 판단하여 청소년 대상 성매수자 등의 신상을 공개하는 방법을 채택한 것이다.

나. 법 제20조 제2항 제1호의 위헌 여부

이 사건에서는 동 조항상의 신상공개제도가 이중처벌금지의 원칙에 위배되는 것은 아닌지, 인격권 등을 과잉 제한하는 것은 아닌지, 평등원칙에 위배되는 것이 아닌지 등이 문제된다.

(1) 이중처벌금지의 원칙 위배 여부

헌법 제13조 제1항은 “모든 국민은 … 동일한 범죄에 대하여 거듭 처벌받지 아니한다”고 하여 ‘이중처벌금지의 원칙’을 규정하고 있다. 이 원칙은 한번 판결이 확정되면 동일한 사건에 대해서는 다시 심판할 수 없다는 ‘일사부재리의 원칙’이 국가형벌권의 기속원리로 헌법상 선언된 것으로서, 동일한 범죄행위에 대하여 국가가 형벌권을 거듭 행사할 수 없도록 함으로써 국민의 기본권 특히 신체의 자유를 보장하기 위한 것이다. 그런데 헌법 제13조 제1항에서 말하는 ‘처벌’은 원칙적으로 범죄에 대한 국가의 형벌권 실행으로서의 과벌을 의미하는 것이고, 국가가 행하는 일체의 제재나 불이익처분을 모두 그 ‘처벌’에 포함시킬 수는 없는 것이다(헌재 1994. 6. 30. 92헌바38, 판례집 6-1, 619, 627).

신상공개제도는 형의 종류를 정하고 있는 형법 제41조에 해당되지 않으나, 해당 범죄자에게 확정된 유죄판결 외에 추가적으로 수치감과 불명예 등의 불이익을 주게 되는데, 이러한 불이익이 실질적으로 수치형이나 명예형에 해당되는지 여부를 살펴봄에 있어서는 신상공개제도의 입법목적, 공개되는 내용과 유죄판결의 관계 등이 고려되어야 할 것이다.

법 제20조 제1항은 ‘청소년의 성을 사는 행위 등의 범죄방지를 위한 계도’가 신상공개제도의 주된 목적임을 명시하고 있는바, 이 제도는 유사한 범죄예방을 위한 하나의 방법으로 도입된 것이며, 이로써 당사자에게는 일종의 수치심과 불명예를 줄 수 있지만 이는 어디까지나 신상공개제도가 추구하는 입법목적에 부수적인 것이지, 주된 것은 아니라고 볼 것이다. 실제로 지금까지 행해진 신상공개의 실상을 보면, 이는 대국민 범죄방지의 계도를 위하여 개인에 대한 부분적인 자료를 공개한 것으로서, 일종의 사례공개를 하는 정도에 불과한 것이었다.

신상공개제도에서 공개되는 신상과 범죄사실은 헌법 제109조 본문에 의해 이미 공개된 재판에서 확정된 유죄판결의 내용의 일부이며 달리 개인의 신상 내지 사생활에 관한 새로운 내용이 아니고, 위에서 본 바와 같이 공익적 목적을 위하여 이를 공개하는 과정에서 부수적으로 수치심 등이 발생된다고 하여 이것을 기존의 유죄판결상의 형벌 외에 또 다른 형벌로서 '수치형'이나 '명예형'에 해당한다고 볼 수는 없다.

통상 어떤 행위를 범죄로 규정하고, 이에 대하여 어떠한 형벌을 과할 것인가 하는 문제는 우리의 역사와 문화, 입법당시의 시대적 상황과 국민일반의 가치관 내지 법감정, 범죄의 실태와 죄질 및 보호법익 그리고 범죄예방효과 등을 종합적으로 고려하여 입법자에게 입법재량 내지 형성의 자유가 인정되는 것으로(헌재 1995. 4. 20. 91헌바 11, 판례집 7-1, 478, 487; 1998. 11. 26. 97헌바67, 판례집 10-2, 701, 711-712), 입법자에게는 특정 사회적 현상에 대처하기 위해 범죄예방 조치를 택할 수 있는 입법형성의 자유가 허용된다고 볼 것이고, 신상공개제도는 후술하듯이 인권을 침해하는 위헌적인 제도로 파악되기 어려운 이상, 비록 범죄자의 수치심과 불명예를 수반한다고 하더라도 입법자가 19세 미만의 청소년의 성매수 범죄와 같은 새로운 형태의 반사회적인 범죄에 대처하기 위하여 선택할 수 있는 입법형성의 범위 내에 속하는 것이라고 보아야 할 것이다.

이상의 이유에서, 신상공개제도는 범죄에 대한 국가의 형벌권 실행으로서의 과벌에 해당한다고 단정할 수 없으므로 헌법 제13조의 이중처벌금지원칙에 위배되지 않는다.

참고로, 미국 연방대법원은 알래스카주의 메간법이 성범죄자로 하여금 이미 유죄확정되어 대중에게 개방된 판결자료 중 자신의 신상과 유죄판결에 관한 사항에 관하여 관할 당국에 등록하도록 하고(위반시 형사처벌), 그 자료를 당국이 인터넷에 공개한다고 되어 있어도 이를 수치형이나 명예형으로 볼 수는 없다고 판단한 바 있다.

(2) 과잉금지의 원칙 위배 여부

(가) 제한되는 기본권

헌법 제10조 제1문은 “모든 국민은 인간으로서의 존엄과 가치를 가지며, 행복을 추구할 권리를 가진다”고 규정하고 있는데, 이 조항이 보호하는 인간의 존엄성으로부터 개인의 일반적 인격권이 보장된다(헌재 1990. 9. 10. 89헌마82, 판례집 2, 306, 310; 1991. 9. 16. 89헌마165, 판례집 3, 518, 526－527). 또한 헌법 제17조는 “모든 국민은 사생활의 비밀과 자유를 침해받지 아니한다”고 규정하고 있다.

신상공개제도는 국가가 개인의 신상에 관한 사항 및 청소년의 성매수 등에 관한 범죄의 내용을 대중에게 공개함으로써 개인의 일반적 인격권을 제한하며, 한편 사생활의 비밀에 해당하는 사항을 국가가 일방적으로 공개하는 것이므로, 이는 일반적 인격권과 사생활의 비밀의 자유를 제한하는 것이라 할 것이다.

(나) 과잉금지 원칙의 내용

이러한 권리와 자유의 제한은 그 제한의 목적과 방법 등에 있어서 헌법 제37조 제2항에서 규정한 과잉금지 내지 비례의 원칙에 어긋나서는 아니된다.

과잉금지의 원칙은 국가가 국민의 기본권을 제한하는 내용의 입법활동을 함에 있어서 준수하여야 할 기본원칙 내지 입법활동의 한계를 의미하는 것으로서, 국민의 기본권을 제한하려는 입법의 목적이 헌법 및 법률의 체제상 그 정당성이 인정되어야 하고(목적의 정당성), 그 목적의 달성을 위하여 그 수단이 효과적이고 적절하여야 하며(수단의 적합성), 입법권자가 선택한 기본권 제한의 조치가 입법목적달성을 위하여 설사 적절하다 할지라도 보다 완화된 형태나 수단을 모색함으로써 기본권의 제한은 필요한 최소한도에 그치도록 하여야 하며(피해의 최소성), 그 입법에 의하여 보호하려는 공익과 침해되는 사익을 비교형량할 때 보호되는 공익이 더 커야 한다(법익의 균형성)는 헌법상의 원칙이다(헌재 1990. 9. 3. 89헌가95, 판례집 2, 245, 260 참조).

(다) 입법목적의 정당성 위배 여부

신상공개제도의 입법목적은 해당 범죄인의 신상과 범죄행위를 일반에게 공개함으로써 어린이나 청소년 대상 성범죄행위에 대하여 일반 국민에게 경각심을 주어 유사한 범죄를 예방하고, 이를 통하여 청소년을 보호하기 위한 것이다.

법 제정 당시 성인들이 청소년의 성을 매수하는 범죄의 규모나 증가추세가 매우 심각한 양상이었고, 청소년에 대한 성범죄가 청소년의 성장에 미치는 중대한 해악에 대한 인식부족과 때마침 인터넷과 같은 매체의 급속한 발달과 맞물려 도덕성의 심각한 해이 현상을 일으켰고, 더 이상 성인이나 청소년들의 도덕성에만 그 개선을 기대할 수 없는 지경에 이르러 법적 제재장치를 통하여 예방될 필요성이 대두되었다.

청소년들의 성을 매수하는 등의 행위는 비록 그들의 형식상 동의에 의한 것이라 해도 정신적 판단력이 약하고 금전적 유혹에 빠지기 쉬운 청소년들에게 있어서는 그것이 진정한 동의에 해당된다고 보기 어려울 뿐 아니라, 그들의 정신과 육체 등의 건전한 성장에 중대한 해악을 주게 된다. 이러한 행위는 돈이면 무엇이든 가능하고 돈을 위해서라면 청소년의 성매매도 할 수 있다는 매우 위험한 배금주의의 표상으로서, 공동체의 사회적 규칙과 법질서에서 심히 벗어나 우리사회의 근본적 도덕성을 타락시키고 선조들이 가꾸어 온 전통문화를 훼손하므로 이에 대한 적극적인 대처를 하지 않고 방치하였을 때는 우리 사회가 타락한 사회로 변할 수 있다는 점에서 매우 우려할 만한 것이다.

입법자는 이러한 사회적 병폐현상에 대처하여 장차 국가의 장래를 책임지게 될 우리의 청소년들을 보호하고 우리 사회의 성문화에 대한 최소한의 도덕성을 지키기 위하여 그와 같은 입법을 한 것으로 볼 것이다.

그렇다면 이러한 입법목적은 헌법 제37조 제2항의 공공복리를 위하여 필요한 것으로서 그 정당성이 인정된다.

(라) 수단의 적합성 위배 여부

신상공개제도가 그러한 입법목적을 달성하기 위한 가장 효과적이고 적절한 수단에 해당하는지는 의문의 여지가 없지 않으나, 상식적으로 볼 때 해당 범죄인의 신상을 대중에게 공개하는 제도는 일반 성인들에게 미성년자 성매수자가 되지 않도록 하는 위하적 내지 예방적 효과를 줄 것이라는 점을 인정할 수 있으므로, 신상공개제도는 과잉금지 원칙에서 요구되는 수단의 적합성을 갖춘 것이라 볼 것이다.

오늘날 성매매 등 아동에 대한 성착취 문제는 전 세계의 관심사가 되고 있고 여러 나라에서 신상공개제도와 유사한 새로운 입법수단을 마련하고 있는바, 1989년 유엔 '아동권리조약'(Convention on the Right of the Child)은 조약체결국이 아동을 성매매나 기타 성적 착취행위로부터 보호할 의무를 규정한 바 있고(제34조), 한편 1996년 스웨덴 스톡홀름에서 개최된 '상업적 성착취에 대항하는 제1차 세계 대회'에서는 참가국들이 상업적 성착취의 희생자가 되는 아동의 수를 감소시키는 등의 조치를 향후 5년 이내에 개발할 것을 선언하였다.

미국의 경우 성범죄자들로 하여금 직접 관할 당국에 주기적으로 자신의 성명, 주소, 직장, 유죄판결 내용을 등록하게 하며 등록자들은 사진과 지문까지 찍고 그러한 내용들은 인터넷에 공개되고(알래스카주의 경우), 대만의 경우에도 아동 및 소년 성교역방제 조례(兒童及少年性交易防制條例, 2000. 11. 8. 수정 공포된 것)에 의하면, 18세 이상의 자가 대가를 받고 아동(12세 미만자)이나 소년(18세 미만자)과 성교 혹은 외설행위, 그 밖에 동법상 아동이나 소년의 성(性)에 관련된 범죄행위를 한 경우에는 형사판결 확정 후 주관기관이 범죄자의 이름과 사진 그리고 판결요지를 공고하도록 규정하고 있다(제34조).

이러한 입법례는 종래의 형벌이나 보안처분 등의 형사제재 수단만으로는 아동과 청소년의 성을 보호하기 위한 입법목적을 달성하기 불충분하다는 것을 반영하는 것이고, 이는 청소년 성매수 범죄와 그 피해자의 특수성에 기인하는 것이라 볼 수 있다.

한편 현행 제도는 얼굴이나 사진 등 공개대상자에 대한 구체적인 정보를 제공하는 것도 아니고 성매수의 상대방인 청소년을 차단하는 효과도 없어 범죄예방의 효과가 없다는 지적이 있으나, 이 제도의 목적 자체가 이른바 메간법의 경우와 같이 출소한 성범죄자로부터 잠재적인 피해자와 지역사회를 보호하기 위해 정보제공을 한다는 구체적이고 특정적인 것이라기보다는 청소년의 성을 매수하는 행위의 해악과 심각한 문제점을 계도함으로써 청소년의 성을 보호, 구제하여 궁극적으로 청소년의 인권을 보장하고 이들이 건전한 사회구성원으로 성장할 수 있도록 한다는 보다 일반적 차원에서의 청소년 성매수 범죄의 방지에 있고, 신상공개제도가 일반인으로 하여금 청소년 대상 성범죄의 충동을 억제하게 하는 효과가 있다고 할 것이므로 수단의 적합성이 인정되는 것이다.

(마) 피해의 최소성 위배 여부

이 문제를 살펴봄에 있어서는 신상공개제도가 우리 사회에서 심각하게 황폐화되고 있는 청소년의 성을 보호하기 위한 것이라는 앞서 본 바와 같은 극히 중요한 입법목적에 기인한 것인 점을 주목할 필요가 있다.

구체적으로 위와 같은 청소년 성 보호라는 중대한 입법목적을 효과적으로 달성함에 있어 신상공개제도 외에 명백히 덜 제한적인 다른 수단이 있는지 살펴본다.

앞서 보았듯이 형벌이나 보안처분만으로는 그 입법목적을 달성하는 데 충분하다고 하기 어렵고, 가령 청소년 대상 성범죄자의 치료나 효율적 감시체계 확립, 청소년에 대한 선도 등의 정책을 생각해 볼 수 있으나, 청소년 대상 성범죄자에 대한 전문적인 교정 인력의 부족 등 물적·인적 시설이 미비하고, 청소년들의 성에 대한 지나친 개방적 사고와 배금주의적 행태, 성을 상품화하는 잘못된 소비풍조, 어른들의 왜곡된 성의식 등 사회문화적 부문에서의 보다 근본적이고 전반적인 개선에는 많은 시간과 노력이 걸리므로,

현재 증가하고 있는 청소년 대상 성범죄를 예방하기 위해서는 신상공개제도와 같은 입법적 수단이 불필요하다고 단정할 수 없는 것이다.

또한 행정당국이나 경찰당국에 범죄자의 명단을 등록케 하고, 지역주민 등의 요청에 의해서 정보를 공개하는 경우를 상정해 보면, 이러한 방법의 실효성을 달성하기 위해서는 지역주민들에게 해당 범죄자에 대한 상세한 정보가 알려져야 하고 이를 위해서는 관보나 인터넷 이상으로 쉽게 접근할 수 있는 신문이나 방송과 같은 공개수단이 선택될 필요가 있다고 보여지는데, 이러한 제도가 현행 제도보다 명백히 덜 침해적이라고 보기 어렵다.

뿐만 아니라 법 제20조 제3항은 신상공개 결정에 있어서 공개대상자 및 대상 청소년의 연령, 범행동기, 범행수단과 결과 등을 감안하여 공개대상자 및 그 가족 등에 대한 부당한 인권침해가 없도록 할 것을 규정하고 있고, 후술하듯이 하위 법령에 의하면 신상공개 대상자로 선정된 자에 대하여 의견진술기회가 부여되는 등 신상공개제도로 인한 당사자의 불이익을 최소화하기 위한 장치를 마련하고 있다.

그렇다면 신상공개제도가 달리 다른 입법수단이 있음에도 불구하고 해당 범죄인들의 기본권을 더 제한하는 것이라고 단정할 수 없고, 가능한 여러 가지 수단 가운데 무엇이 보다 덜 침해적이라고 보기 어려운 상황에서 어떠한 수단을 선택할 것인가는 입법자의 형성의 권한 내라 할 것이므로, 신상공개제도는 피해의 최소성 원칙에 어긋나지 아니한다.

(바) 법익의 균형성 위배 여부

성인에 의한 청소년의 성매수 행위는 앞서 언급하였듯이 빠른 속도로 확산되며, 그러한 범죄행위는 청소년의 정신적, 육체적, 사회적 성장에 평생 치유될 수 없는 심각한 위협을 줄 수 있다.

신상공개제도는 범죄자 본인을 처벌하려는 것이 아니라, 현존하는 성폭력위험으로부터 사회 공동체를 지키려는 인식을 제고함과 동시에 일반인들이 청소년 성매수 등 범죄의 충동으로부터 자신을 제어하도록 하기 위하여 도입된 것으로서, 이를 통하여 달성하고자 하는 '청소년의 성보호'라는 목적은 우리 사회에 있어서 가장 중요한 공익의 하나라고 할 것이다.

이에 비하여 청소년 성매수자의 일반적 인격권과 사생활의 비밀의 자유가 제한되는 정도를 살펴보면, 법 제20조 제2항은 '성명, 연령, 직업 등의 신상과 범죄사실의 요지'를 공개하도록 규정하고 있는바, 이는 이미 공개된 형사재판에서 유죄가 확정된 형사판결이라는 공적 기록의 내용 중 일부를 국가가 공익 목적으로 공개하는 것으로 공개된 형사재판에서 밝혀진 범죄인들의 신상과 전과를 일반인이 알게 된다고 하여 그들의 인격권 내지 사생활의 비밀을 침해하는 것이라고 단정하기는 어렵다.

또한, 신상과 범죄사실이 공개되는 범죄인들은 이미 국가의 형벌권 행사로 인하여 해당 기본권의 제한 여지를 일반인보다는 더 넓게 받고 있다. 청소년 성매수 범죄자들이 자신의 신상과 범죄사실이 공개됨으로써 수치심을 느끼고 명예가 훼손된다고 하면서 법적 구제를 요청할 경우, 이들의 인격과 사생활도 보호되어야 하지만, 그 보장 정도에 있어서 일반인과는 차이를 둘 수밖에 없는 것이다. 현행법상 유죄로 확정된 범죄인에게 선거권을 제한하는 등 다른 기본권의 제한이 일반인보다 더 넓게 가능하다면, 특정 성범죄에 있어서는 인격권과 사생활의 비밀의 자유도 그것이 본질적인 부분이 아닌 한 넓게 제한될 여지가 있다고 보아야 한다.

그렇다면 청소년 성매수자의 일반적 인격권과 사생활의 비밀의 자유가 제한되는 정도가 청소년 성보호라는 공익적 요청에 비해 크다고 할 수 없으므로 법익의 균형성 원칙에 어긋나지 않는다.

(사) 결 론

법 제20조 제2항 제1호상의 신상공개제도는 해당 범죄인들의 일반적 인격권, 사생활의 비밀의 자유를 헌법 제37조 제2항의 과잉금지의 원칙에 위배하여 침해한 것이라 할 수 없다.

(3) 평등원칙의 위배 여부

신상공개의 대상이 되는 성범죄보다 불법성이 더 크다고도 할 수 있는 청소년 대상 일반 범죄들, 예컨대 미성년자 살해행위, 미성년자 약취유인행위 등의 범죄자의 신상은 공개하지 않고, 법상의 청소년 대상 성범죄 가운데에서도 청소년 성매수의 장소제공 또는 알선한 자 등 일련의 행위의 범죄자의 신상은 공개되지 않는다는 점에서 평등원칙 위배 여부가 문제된다.

신상공개가 되는 청소년 대상 성범죄를 규정한 법률조항의 의미와 목적은 성인이 대가관계를 이용하여 청소년의 성을 매수하는 등의 행위로 인하여 야기되는 피해로부터 청소년을 보호하려는 데 있는 것이고, 이에 비추어 볼 때 청소년 대상 성범죄와 그 밖의 일반 범죄는 서로 비교집단을 이루는 '본질적으로 동일한 것'이라고 단언하기는 어려우며, 나아가 그러한 구분기준이 특별히 자의적이라고 볼 만한 사정이 없다.

또한 청소년 대상 성범죄자 가운데 청소년에게 성매수 행위의 상대방이 되도록 유인·권유한 자(법 제6조 제4항), 영업으로 청소년 성매수 행위를 하도록 유인·권유 또는 강요한 자(법 제7조 제2항 제1호), 청소년 성매수 행위의 장소를 제공하거나 또는 성매수 행위를 알선을 한 자(법 제7조 제2항 제2호, 제3호) 등, 공개대상에서 제외되는 경우는 그 행위의 대상이나 형태에 있어서 청소년 성매수 행위의 공범적 성격의 것들로서 행위불법성의 차이 등을 고려한 것으로 보이므로, 청소년 대상 성범죄자 중 일부 범죄자의 신상이 공개되지 않는다 하더라도 그러한 차별입법이 자의적인 것이라거나 합리성이 없는 것이라고 단정하기 어렵다.

신상공개제도로 인하여 기본권 제한상의 차별을 초래하나, 기본권의 제한의 여지는 앞서 본 바와 같이 일반인에 대해서보다 성매수자에 대해서는 상대적으로 더 큰 것이고, 공개되는 대상이 이미 형사재판에서 드러난 것이며, 다른 범죄행위에 대하여 특별히 아동 성매매 행위자에 대해서만 불이익을 주려는 의도로 입법된 것이 아니고, 여기서의 차별은 그러한 범죄를 예방할 계도적 조치를 입법하는 과정에서 발생한 부수적, 간접적인 차별에 해당되는 것이다.

따라서 법 제20조 제2항의 신상공개제도가 가져오는 차별은 그 입법목적과 이를 달성하려는 수단 간에 비례성을 벗어난 차별이라고 보기 어렵고, 달리 이것이 헌법 제11조 제1항의 평등원칙을 위배하거나 평등권을 침해한 것이라고 볼 수 없다.

(4) 법관에 의한 재판을 받을 권리의 침해 여부

헌법 제27조 제1항은 "모든 국민은 헌법과 법률이 정한 법관에 의하여 법률에 의한 재판을 받을 권리를 가진다"고 규정한다. 이 조항은 법관에 의하지 아니하고는 민사·행정·선거·가사사건에 관한 재판은 물론 어떠한 처벌도 받지 아니할 권리를 보장한 것이라 해석된다(헌재 1998. 5. 28. 96헌바4, 판례집 10－1, 610, 618).

제청법원은 신상공개제도가 청소년보호위원회에 의하여 이루어진다는 점에서 법관에 의한 재판을 받을 권리를 침해한 것이라고 하나, 앞서 보았듯이 신상공개제도는 '처벌'에 해당한다고 할 수 없으므로 이 제도가 법관에 의한 재판을 받을 권리를 침해한 것이라 할 수 없다.

(5) 적법절차 위배 여부

신상공개제도가 절차적 적법절차에 위배되는 것인지 여부에 관하여 살펴본다(실체적인 측면의 적법절차 문제는 이 사건에서는 앞에서 본 비례의 원칙 위배 여부에 대한 판시와 같이 볼 것이므로 생략한다).

법 제20조 제3항은 청소년보호위원회가 신상 등의 공개를 결정함에는 범행동기, 범행 후의 정황 등을 고려하도록 하고 있고, 제4항은 구체적인 절차 등에 관하여 필요한 사항을 대통령령으로 정하도록 하고 있으며, 하위 법규에서는 이러한 법의 취지에 따라 신상공개 대상자로 선정된 자에 대하여 10일 이상의 기간을 정하여 서면에 의한 의견진술기회를 주도록 하고(운영규정 제9조 제3항), 지정된 기일까지 의견진술을 하지 않은 자에 대하여는 의견이 없는 것으로 간주하며, 의견진술을 한 자에 대하여는 재심의를 하여 신상공개 여부를 결정한다(운영규정 제9조 제4항)고 규정하고 있다.

한편 법상 구체적인 신상공개절차가 법원에 의하지 않고 행정위원회에 의하여 행해지며 동 위원회가 그 과정에서 재량권을 갖는다 하더라도, 신상공개제도가 형벌의 일종이 아니고, 청소년보호위원회가 최소한의 독립성과 중립성을 갖춘 기관이고(청소년보호법 제29조, 제32조 등 참조), 신상공개결정에 대해서는 행정소송을 통해 그 적법 여부를 다툴 기회가 보장되고 있고, 이미 법관에 의한 재판을 거쳐 형이 확정된 이후에 신상공개가 결정된다.

그렇다면 법 제20조 제2항 제1호의 신상공개제도는 법률이 정한 형식적 절차에 따라 이루어지며 그 절차의 내용도 합리성과 정당성을 갖춘 것이라고 볼 것이므로 절차적 적법절차원칙에 위반되는 것이라 할 수 없다.

다. 법 제20조 제5항의 위헌 여부

법 제20조 제5항은 같은 조 제1항 및 제2항의 규정에 의한 계도문 게재 등과 관련한 구체적인 시기·기간·절차 등에 관하여 필요한 사항은 대통령령으로 정하도록 위임하고 있다. 이 사건에서는 그러한 위임입법이 헌법 제75조에서 금지되는 포괄위임입법이 아닌지가 문제된다.

헌법은 제75조에서 "대통령은 법률에서 구체적으로 범위를 정하여 위임받은 사항과 법률을 집행하기 위하여 필요한 사항에 관하여 대통령령을 발할 수 있다"고 규정하여 위임입법의 근거를 마련하는 한편 대통령령으로 입법할 수 있는 사항을 법률에서 구체적으로 범위를 정하여 위임받은 사항으로 한정함으로써 위임입법의 범위와 한계를 제시하고 있다.

헌법재판소는, '법률에서 구체적으로 범위를 정하여 위임받은 사항'이라 함은 법률에 이미 대통령령으로 규정될 내용 및 범위의 기본사항이 구체적이고 명확하게 규정되어 있어서 누구라도 당해 법률 그 자체로부터 대통령령에 규정될 내용의 대강을 예측할 수 있어야 한다는 것을 의미한다고 하였다(헌재 1995. 11. 30. 91헌바1등, 판례집 7-2, 562, 591; 헌재 1999. 1. 28. 97헌가8, 판례집 11-1, 1, 8). 또한 그 예측가능성의 유무는 당해 특정 조항 하나만을 가지고 판단할 것이 아니고 관련 법조항 전체를 유기적·체계적으로 종합 판단하여야 하며, 각 대상법률의 성질에 따라 구체적·개별적으로 검토하여야 한다(헌재 2000. 8. 31. 99헌바104, 판례집 12-2, 233, 241).

이 사건에서 법 제20조 제5항에서 위임되는 '구체적인 시기·기간·절차 등'은 신상공개에 있어서 본질적 부분은 아니며 어디까지나 부수적인 부분이라고 볼 것이다. 왜냐하면 이미 신상공개제도 자체는 법률에서 규정되고 있고, 이러한 공개의 범위도 법 제20조 제2항 본문에서 자세히 명시되고 있는데, 이러한 내용들이 신상공개제도의 핵심적 내용에 해당된다고 볼 것이기 때문이다. 이미 특정 유죄판결 내용의 신상이 대중에게 일률적으로 공개되는 이상, 법 제20조 제5항이 대통령령으로 언제, 어느 기간 동안, 어떠한 절차에 의해 공개되는지를 정하게 하더라도 이는 그들의 인격권 내지 사생활의 비밀의 제한에 있어서 부수적 문제라 할 수 있는 것이다.

나아가 여기서 대통령령으로 정해질 사항은 '구체적인 시기, 기간, 절차 등 신상공개에 있어서 그 밖에 필요한 사항'이므로 '구체적으로 범위를 정하여' 위임된 것이라 볼 수 있다. 또한 대통령령에 규정될 '시기'는 법 제20조 제1항('계도문을 연 2회 이상 작성')을 고려하면 연 2회 이상으로서 각 확정판결 후 이에 가까운 때가 될 것으로 예상되고, '기간'은 입법목적을 달성하기에 합리적인 기간으로서 위 조항이 '연 2회 이상'이라고 정하고 있으므로 통상 6개월 범위 내일 것이 예측될 수 있으며, '절차'는 제3항 등 법상의 제 규정을 참조할 때 그 절차의 일반적 내용의 대강이 예측될 수 있고, '등'은, 시기, 기간, 절차와 유사하게, 신상공개시 필요한 그 밖의 사항이 대통령령으로 규정될 것임이 어느 정도 예측될 수 있으므로, 결국 대통령령에 규정될 내용의 대강이 예측가능하다 할 것이다.

이상의 이유에서 법 제20조 제5항은 헌법상의 포괄위임입법금지 원칙에 위배된다고 할 수 없다.

라. 결 론

법 제20조 제2항 제1호 및 제5항은 헌법에 위반되지 않는다.

6. 재판관 한대현, 재판관 김영일, 재판관 권 성, 재판관 송인준, 재판관 주선회의 의견

가. 법 제20조 제2항 제1호의 위헌성

(1) 인격권의 침해

(가) 제한되는 기본권

우리 헌법 제10조는 모든 국민은 인간으로서의 존엄과 가치를 가지며 행복을 추구할 권리가 있음을 천명하면서, 국가는 개인이 가지는 불가침의 기본적 인권을 확인하고 이를 보장할 의무가 있음을 강조하고 있다. 따라서 인간은 누구나 각자의 자유의지에 따라 스스로 운명을 개척하고 자신의 인격을 자유롭게 발현하여 행복을 추구해 갈 수 있다. 그리고 이러한 권리는 타고난 용모나 재능, 학력, 빈부, 성별 등을 가리지 않으며, 심지어 범죄인에게까지도 한 인간으로서 가지는 기본적인 존엄과 가치는 존중되고 보장되어야 하는 것이다. 이것이야말로 우리 헌법이 추구하는 최고의 가치이자 지향하는 기초적 이념이라고 할 수 있다.

그런데 국가가 범죄사실과 같이 개인에 대한 사회적 평가에 중대한 영향을 미치는 정보자료를 함부로 일반에 공개할 경우, 그 개인의 긍정적인 면을 포함한 총체적인 인격이 묘사되는 것이 아니라 단지 부정적인 측면만이 세상에 크게 부각됨으로써 장차 그가 사회와 접촉·교류하며 자신의 인격을 자유롭게 발현하는 것을 심대하게 저해할 수 있다. 그러므로 사회활동을 통한 개인의 자유로운 인격발현을 위해서는, 타인의 눈에 비치는 자신의 모습을 형성하는 데 있어 결정적인 인자가 될 수 있는 각종 정보자료에 관하여 스스로 결정할 수 있는 권리, 다시 말하여 사회적 인격상에 관한 자기결정권이 보장되어야 하고, 국가는 이를 최대한 보장할 책무가 있다.

그러나 이 사건 신상공개제도는 본인이 밝히기를 꺼리는 치부를 세상에 공개하여 위와 같은 사회적 인격상에 관한 자기결정권을 현저하게 제한함으로써 범죄인의 인격권에 중대한 훼손을 초래한다고 볼 것이다.

(나) 입법목적의 불명확성

청소년 성매수자의 신상공개는 '성매수행위의 방지를 통한 청소년의 보호'에 그 목적이 있다. 그러나 구체적인 제도의 취지와 관련해서는, 성매매의 심각성에 대한 일반인의 경각심을 불러일으키기 위한 것이라든가, 청소년 성매수자에 대한 공개를 통해 징벌 및 위하의 효과를 거두기 위한 것이라든가, 또는 성범죄의 방지를 위해 그 잠재적 피해자로 하여금 사전에 정보를 얻도록 하자는 데 입법취지가 있다고 하는 등 그 견해가 분분하다. 이처럼 불분명한 입법의도로 말미암아 통상적으로 이 제도에는 위와 같은 입법목적들이 모두 혼재하는 것으로 인식되고 있으나, 바로 이 때문에 신상공개는 그 어떤 목적에도 적합하지 않은 제도로 운용되는 근본적인 문제를 안고 있다.

(다) 과잉금지원칙의 위반

1) 먼저, 순수히 일반인의 경각심을 불러일으키고자 하는 계도의 목적이라고 하면, 굳이 성매수자의 신상을 공개할 필요는 없다. 비록 사례의 소개가 계도의 효과를 증대하는 데 도움이 될 수 있다고 할지라도, 당사자의 실명이 아니라 가명을 사용하는 등 익명성을 보장해 주더라도 성매매의 심각성을 인식시키기 위한 계도의 목적은 얼마든지 달성할 수 있기 때문이다. 따라서 이렇게 보는 한, 신상공개는 불필요하게 기본권을 제한하는 것이어서 과도하다.

2) 다음으로, 정보제공으로 잠재적 피해자의 보호에 그 목적이 있다고 하면, 현행 신상공개제도는 오히려 불충분한 정보제공으로 실효성이 거의 없다는 비판을 면하기 어렵다. 공개되는 정보가 성명·연령·생년월일·직업·주소(시·군·구까지만)·범죄사실의 요지로 한정되고 있어, 통상 이 자료만으로는 잠재적 피해자측이 공개대상자를 식별하는 것은 매우 힘들기 때문이다. 더구나 이 중 직업과 주소는 확정판결문에 기재된 것을 공개하는데, 그 후에 직업과 주소가 변경된다면 그나마 오히려 잘못된 정보를 제공하는 셈이 된다.

또한, 매년 반기별로 형이 확정된 시점에 즈음하여 획일적으로 최장 6월간만 공개하는 조치도 범죄인의 재범의 위험성으로부터 잠재적 피해자를 보호한다는 목적과는 거리가 멀다. 비교적 경미한 형(벌금, 집행유예 등)을 선고받아 재범위험성이 적은 자의 경우에는 정보제공의 필요성이 그다지 크지 않을 터인데도 신상공개로 당장 대상자의 정상적인 사회생활에 큰 지장을 주는 데 반하여, 재범위험성이 높아 수년의 징역형이 확정된 자의 경우에는 정보제공의 의미가 별로 없는 교도소 수용기간 동안에만 신상을 공개하고, 정작 그가 출소하여 정보제공의 필요성이 있을 때에는 아무런 정보제공이 없어 잠재적 피해자 보호라는 임무를 방기하는 결과를 낳기 때문이다.

따라서 이러한 관점에서 보는 한, 현행 신상공개제도는 별로 실효성이 없어, 수단의 적합성을 인정하기 어렵다.

3) 반면에, 체면을 중시하는 우리 사회에서 범죄사실과 함께 그 신상을 일반공중에 공개하는 제도적 조치는 현실적으로 상당한 제재 및 위하의 효과를 가진다고 보아야 할 것이다. 그런데 현행 신상공개제도의 주된 목적과 기능이 이처럼 범죄인에게는 창피를 주고 일반국민에 대해서는 '청소년 성매수자는 이렇게 망신을 당한다'고 하는 위하의 효과를 거두는 데 있다고 한다면, 이는 곧 소위 '현대판 주홍글씨'에 비견할 정도로 수치형과 매우 흡

사한 특성을 지닌다.

그러나 공개적으로 범죄인의 체면을 깎아내려 그에 대한 대중의 혐오를 유발하고 그 결과 세인의 경멸과 사회적 배척이 가해지도록 하는 수치형의 기본구조는 본질적으로 심각한 문제점들을 안고 있다. 즉, 수치형은 범죄인의 주관적 명예감정이나 그의 사회적 관계 여하에 따라 혹은 범죄인에 대한 대중의 혐오감이 얼마나 광범하고 강렬하게 표출되느냐에 따라 처벌의 강도가 크게 좌우되는 단점이 있다. 그리고 법에 의한 지배원리를 경시하고, 사인에 의한 무절제한 보복행위 내지 자경행위(自警行爲)를 조장할 위험도 내포하고 있다. 무엇보다도 가장 근본적인 오류는 범죄행위의 반가치와 범죄인 인격의 무가치를 혼동하는 것이다. 비록 범죄인일망정 윤리적 책임능력을 갖춘 인격체로 보는 것은 형벌권 행사의 기본 전제이자 궁극적 한계라 할 수 있다. 또한, 사회에서 진정으로 근절해야 할 대상은 엄밀한 의미에서 범죄행위이지 범죄인 본인은 아니라고 할 것이다. 그럼에도 수치형은 이를 분별함이 없이 범죄인을 하나의 인격체로서가 아니라 한낱 범죄퇴치의 수단으로 취급하고 그를 대중의 조롱거리나 경멸의 대상으로 만들어 필경 사회적 매장으로 몰고 가려는 의도가 짙다. 이는 단지 범죄인의 인격을 황폐화시키는 것에서 끝나는 것이 아니라, 사회 전체에 인간존엄성에 대한 불감증을 만연시킬 수 있다.

그리하여 수치형은 19세기 초까지 유럽 등지에서 성행하다가 그 이후부터는 자격형(자격정지, 자격상실 등)으로 변모하기에 이른다. 그런데도 성매수자에 대한 신상공개를 제도화하여 근대 형사제도의 발전과정에서 자취를 감췄던 수치형의 기본구조를 답습하는 것은 시대의 흐름에 맞지 않고, 앞서 본 수치형의 문제점들을 거의 그대로 재현할 우려가 있다.

즉, 현행 신상공개제도는 대상자를 독자적 인격의 주체로서 존중하기보다는 대중에 대한 전시(展示)에 이용함으로써 단순히 범죄퇴치수단으로 취급하는 인상이 짙다. 공개대상자는 주변의 경멸을 시작으로 직장 또는 삶의 근거지를 옮기거나 이혼 기타 가정파탄을 겪는 등 한 개인이 오랫동안 가꿔온 사회적 지위와 환경을 하루아침에 박탈당할 수 있다. 더 나아가서, 죄 없는 가족들에게까지 함께 정신적 고통을 겪게 하거나 그 생활기반을 상실시키는 결과가 초래될 수도 있다. 이렇게 볼 때, 신상공개제도는 국가가 단지 범죄행위만이 아니라 범죄인 본인까지 악으로 규정짓고 사회에서 근절할 대상으로 삼고 있다는 의문을 갖기에 충분하다. 이는 비록 범죄인일망정 그가 지니는 인간으로서의 기본적인 존엄과 가치를 보장하는 것이 국가적 의무임을 천명한 우리 헌법의 이념에 정면으로 배치되는 것이라 아니할 수 없다.

4) 사회 일각에서는 신상공개야말로 뿌리깊은 청소년 성매매의 폐습을 바로잡기 위한 효과적인 대책이며, 그와 같은 극약처방을 도입하는 것이 불가피하다는 주장도 강하게 제기되고 있다. 물론 이러한 지적에도 일면 소홀히 넘어갈 수 없는 부분이 분명히 있다. 그러나 청소년 성매매가 성행하는 것은 어른들의 왜곡된 성의식이나 성 충동 억제력의 부족, 청소년들의 성에 대한 지나친 개방적 사고와 배금주의적 행태, 그리고 남성우월주의에 기초하여 여성을 지배의 대상으로 보는 논리와 10대의 성을 상품화하는 극도의 소비자본주의풍조 등이 모두 한 데 맞물려 나타난 병폐현상이라 할 것이다. 따라서 이에 대한 근원적 치유는 위와 같은 각 요인에 대처하는 다각적 접근을 통해서만 가능할 것이다. 구체적으로, 형벌이나 신상공개와 같은 처벌 일변도가 아니라, 성범죄자의 치료나 효율적 감시, 청소년에 대한 선도, 기타 청소년 유해환경을 개선하기 위한 정책 추진과 같은 다양한 수단들을 종합적으로 활용하는 것이 얼마든지 가능하고, 오히려 전체 청소년 성매수 사건 중 적발되는 사건의 비율이 극히 미미한 현실에 비추어 볼 때 이와 같은 근본적인 예방책에 치중하는 것이 더 바람직한 것으로 보인다. 그러함에도 국가가 이러한 노력을 다하기도 전에 개인의 인격권에 중대한 침해를 가져올 수 있는 신상공개라는 비정상적인 방법을 동원하는 것은 최소침해성의

관점에서도 문제가 있다.

5) 다른 한편, 신상공개는 이미 형사처벌된 범죄행위 외에 추가적으로 요구하는 대상자의 행위요건이 없어, 동일한 범죄행위에 대하여 거듭 제재를 가하는 경우에 해당한다. 게다가, 일반적인 행정제재의 경우와는 달리 행정상 의무이행 확보를 목적으로 하는 것이 아니라 범죄방지 그 자체를 직접적인 목적으로 하며, 그것도 계도나 정보제공보다는 주로 징벌 및 위하의 효과를 통해 그러한 목적을 추구하는 점에서 그 목적과 기능이 형벌과 상당히 중복된다.

그러나 형사처벌 후에 신상공개까지 한다고 해서 과연 얼마나 더 범죄억지의 효과를 거둘 수 있을지는 미지수다. 신상공개는 일반예방이나 특별예방의 효과가 거의 없고 오히려 당해 범죄인으로 하여금 더욱 파괴적인 행위로 나아가게 할 우려가 있다는 범죄심리학적 분석도 있거니와, 실제로 법 시행 후 지금까지 4회에 걸쳐 신상공개가 실시되었지만 성범죄율이 감소하는 징후는 아직 포착되고 있지 아니하다. 그리고 지난 제4회 신상공개에서는 제2회 및 제3회 신상공개 당시 명단에 들었던 4명이 다시 공개대상이 되는 일이 발생하였는바, 이 역시 현행 신상공개제도의 범죄억지 효과가 매우 회의적임을 여실히 보여주고 있다.

무릇 형벌은 개인의 자유와 안전에 대한 중대한 침해를 가져오는 탓에 국가적 제재의 최후수단(ultima ratio)으로 평가된다. 그런데 이미 그러한 형벌까지 부과된 마당에, 형벌과 다른 목적이나 기능을 가지는 것도 아니면서, 형벌보다 더 가혹할 수도 있는 신상공개를 하도록 한 것은 국가공권력의 지나친 남용이다. 더구나, 신상공개로 인해 공개대상자의 기본적 권리가 심대하게 훼손되는 데에 비해 그 범죄억지의 효과가 너무도 미미하거나 불확실한바, 이러한 점에서도 법익의 균형성을 현저히 잃고 있다고 판단된다.

6) 신상공개제도를 옹호하는 입장에서는 최근 미국 연방대법원이 소위

메간법(Megan's Law)[1]에 대해 합헌판결[2]을 한 것에 주목할 필요가 있다고 주장한다. 그러나 메간법은 그 구체적인 입법방향이나 내용에 있어서 우리의 신상공개제도와 현격한 차이가 있을 뿐만 아니라,[3] 미국 연방대법원의 판결은 사후입법처벌금지조항(Ex Post Facto Clause)과 절차적 적법절차원칙(Procedural Due Process)의 위반 여부만 쟁점으로 다루었기 때문에,[4] 우리의 신상공개제도가 과잉금지원칙이나 평등원칙에 위배되는지 등과 관련해서는 전혀 참고가 되지 못한다.

---

1 메간법이란 1994년 미국의 뉴저지(New Jersey) 주에서 메간 칸카(Megan Kanka)라는 일곱 살 난 소녀가 2번의 성범죄 전과가 있는 한 이웃 남자에 의해 성폭행 후 살해된 사건을 계기로 제정된 '성범죄자 등록 및 통지에 관한 법률(Sex Offender Registration and Notification Law)'이 효시가 된 것으로, 각 주마다 내용상 다소 차이가 있으나, 주로 '성범죄자의 등록제도'와 우리의 신상공개제도에 해당하는 '지역사회에의 통지제도'를 골자로 하여 만들어진 일련의 법률들을 가리킨다.

그런데 그중 알래스카(Alaska) 주의 메간법과 코네티컷(Connecticut) 주의 메간법이 지난 미국 연방대법원 판결의 심판대상이 되었다.

2 Smith v. Doe, 123 S.Ct. 1140; Connecticut Dept. of Public Safety v. Doe, 123 S.Ct. 1160.

3 미국의 메간법의 경우, 출소한 성범죄자를 계속해서 추적하기 위한 '등록제도'가 우선적인 것이고, '지역사회에의 통지'는 부차적이다. 그리고 등록의무자에게 매년 또는 90일마다 정기적으로 등록정보를 갱신할 의무를 부과하는 등 최신의 정보를 확보하기 위한 제도적 장치를 마련하고 있으며, 등록기간은 최단 5년, 최장 평생 동안으로서 상당히 장기간이다. 한편, 지역사회에의 통지제도는 잠재적 피해자들에게 성범죄자의 출소사실을 통지하여 그를 경계하게 하는 데 초점이 있다. 그리하여 등록 및 통지는 성범죄자의 출소시점을 기준으로 이루어지며, 사진·주소 등 자세한 신상정보가 제공된다.

반면에, 우리나라는 성범죄자의 등록제도를 두고 있지 않은바, 그로 인해 신상공개가 일회성의 행사로 그칠 공산이 크다. 또한, 정보의 구체성·최신성이 떨어지고, 공개기간도 최장 6개월로 한정되며, 공개시점도 확정판결시가 기준이 되고 있어, 잠재적 피해자의 보호보다는 징벌이나 위하에 더 초점이 맞춰져 있다.

4 알래스카 주의 메간법에 관하여, 미국 연방대법원은 대법관 9인 중 6인의 다수의견으로, 동법이 그 제정 전에 성범죄를 저지른 자에 대해서까지 적용되더라도 사후입법처벌금지조항에 위배되지 않는다고 판결하였다. 그 주요 논거를 요약하면, 동법의 입법자는 공중의 안전을 보호하기 위한 민사적 제재(civil sanction)를 만들려고 한 것이지 형사적 제재(criminal sanction)를 만들려는 의도는 없었던 것으로 보이고, 나아가 동법에 의한 등록 및 정보공개가 위와 같은 비처벌적 목적에 합리적으로 연관되어 있다고 인정되는 점 등에 비추어 볼 때, 그 효과가 위와 같은 비처벌적 입법의도를 무시해도 좋을 만큼 명백히 처벌적이라고 단정할 수 없으므로, 동법에 의한 규제수단을 형벌로 볼 수 없다는 것이다.

한편, 코네티컷 주의 메간법에 관하여, 미국 연방대법원은, 동법이 성범죄자에 대한 이전의 '유죄확정판결' 그 자체만을 요건으로 하고 있지 '현재의 위험성'을 요건으로 하고 있지 않다는 점을 들어, 성범죄자에게 그들이 과연 현재 위험한지 여부를 판단하기 위한 사전 청문의 기회를 제공하지 않는다고 하더라도 절차적 적법절차원칙에 위배되지 않는다고 하였다.

7) 이에 반하여, 영국의 소위 사라법(Sarah's Law)의 제정 사례는 공공의 안전과 범죄인의 인격권이 어떻게 조정되어야 하는지에 대한 하나의 본보기가 될 수 있다.

즉, 1997년에 영국 의회가 통과시킨 성범죄자법(Sex Offender Act of 1997)은 일반적인 통지제도는 규정하지 않고, 그 대신 경찰이 예외적인 경우 그 지역에 거주하는 아동 성범죄자에 관한 정보를 학교나 기타 특정인에게 통지할 수 있도록 하는 규정만 두고 있었다. 그리고 이에 관한 영국 내무부의 실무지침에 의하면, 경찰은 사안별로 범죄의 위험성을 구체적으로 판단하여 단지 예외적으로만 정보를 공개할 수 있을 뿐이었다. 그런데 2000년 7월에 사라 페인(Sarah Payne)이라는 8살 난 소녀가 실종 16일 만에 성폭행 후 살해된 채로 발견되는 사건이 발생하였고, 이에 영국의 시민들은 의회에 더욱 엄중한 조치를 마련할 것을 부르짖으며 메간법과 같은 일반적인 통지제도를 도입하라고 촉구하였다. 그러나 들끓는 여론에도 불구하고 영국 의회는 2000년 말에 성범죄자법에 대한 개정안을 통과시키면서 끝내 일반적인 통지제도는 도입하지 않았다. '사라법'이라고 이름 붙여진 동 개정법은 그 대신 단지 지역별 성범죄자들의 숫자만 일반인들에게 공개할 수 있도록 하였다. 이는 한편으로는 성범죄자가 신상공개로 인해 사회적 박해를 당할 위험에 노출되는 것을 피하면서, 다른 한편으로는 일반대중에게 그 지역에 성범죄의 위험이 있음을 주의시키기 위함이었다. 즉, 영국 의회는 일반적인 통지제도에 대한 반성적 고찰 끝에 유권자들의 목소리에 쉽게 쏠리지 않고 아동의 보호에 관한 이익과 성범죄자의 정상적인 사회복귀에 관한 이익을 나름대로 조화롭게 절충하고자 했던 것이다.

이러한 영국의 입법례는, 우리의 신상공개제도가 범죄의 위험성을 개별·구체적으로 평가함이 없이 단지 국민의 도덕성을 회복하고 경각심을 제고한다는 막연한 명분을 내세워 획일적으로 전국에 걸친 일반적인 공개를 함으로써 범죄인의 인격권 및 정상적인 사회복귀를 소홀히 취급하고 있는 것과는 뚜렷한 대조를 이루는 점에서 우리에게 시사하는 바가 크다고 할 것이다.

(라) 소결론

청소년 성매수행위는 자라나는 청소년들의 심신을 병들게 하고 일생에 돌이킬 수 없는 후유증을 남기는 부당한 성적 착취행위일 뿐 아니라, 국가 전체적인 차원에서도 성윤리를 파괴하고 국가의 장래를 어둡게 만드는 범죄라는 점은 누구도 부정할 수 없다. 그러나 그렇다고 해서 청소년 성매수자에 대한 어떠한 기본권 제한도 다 정당화될 수 있는 것은 아니다.

현행 신상공개제도는 청소년 성매매의 심각성을 인식시키기 위한 순수한 계도의 목적을 벗어난 것이고, 공개대상자의 선정 기준이나 공개시점·기간·범위 등에 비추어 보건대 대상자의 구체적 재범위험성에 대처하기 위한 수단도 아니며, 단지 한 개인의 치부를 국가가 직접 적극적으로 일반대중에게 폭로하는 극히 비정상적이고 선정적인 방법을 동원함으로써 징벌 및 위하의 효과를 극대화하는 데에만 주된 초점을 맞추고 있다.

그러나 현행 신상공개제도가 실제로 범죄의 억지나 예방에 실효성이 있다는 증거는 어디에서도 찾아보기 어렵다. 반면에, 신상공개는 이미 형사처벌을 받아 응분의 죗값을 치른 자를 대상으로 또 다시 '사회적 사형선고'를 하는 것과 같은 폐해를 가져온다. 이는 국가공권력에 허용되는 최후수단의 한계를 넘어서는 것일 뿐만 아니라, 그 내용에 있어 오늘날 문명국가에서는 용납되기 힘들 정도의 잔인함과 가혹함이 있다.

이러한 견지에서 청소년 성매수자에 대한 신상공개는 그 구체적 입법목적의 정당성이나 수단의 적합성, 피해의 최소성, 법익의 균형성 등의 요건을 충족하였다고 인정하기 어려우므로 대상자의 인격권을 과도하게 침해하고 있다고 할 것이다.

(2) 평등원칙 위반

(가) 문제의 소재

법 제20조 제2항 제1호는 범죄방지를 이유로 청소년 성매수자의 사회적 인격상에 관한 자기결정권을 제한한다. 그런데 일반 범죄자 및 일부 청소년 대상 성범죄자(이하 '일반범죄자등'이라 한다)에 대해서는 신상공개를 통한 위와 같은 제한을 허용하고 있지 않다. 그러나 범죄방지의 필요성은 일반범죄자등의 경우에도 마찬가지로 인정된다. 그러므로 양자를 차별하는 것이 과연 정당화될 수 있는지는 헌법상 해명의 필요가 있다.

(나) 심사의 기준

헌법에서 특별히 차별의 근거로 삼아서는 안 되는 기준이나 차별이 금지되는 영역을 제시하고 있는 경우 또는 차별적 취급으로 인하여 관련 기본권에 중대한 제한이 초래되는 경우에는, 단지 차별의 합리적 이유의 유무만을 확인하는 정도를 넘어, 차별의 이유와 차별의 내용 사이의 적절한 균형 여부까지 살피는 비례원칙에 의한 심사를 함이 적절하다는 것이 우리 재판소의 확립된 판례이다(헌재 1999. 12. 23. 98헌마363, 판례집 11-2, 770, 787 등 참조).

이 사건의 경우, 헌법이 금지하는 차별의 기준이나 영역이 적용되고 있지는 않다. 그러나 형이 확정된 자의 범죄사실을 그 실명과 함께 일반에 공개하는 것은 공개대상자의 사회적 인격상에 부정적 영향을 미쳐 그의 자유로운 인격발현을 현저히 가로막을 수 있다는 점에서 인격권이 중대하게 제한되는 경우에 해당한다. 더구나, 모든 범죄에 대해서가 아니라 특정 유형의 범죄에 대해서만 신상공개를 할 경우, 그 대상자는 일반대중의 뇌리에 다른 범죄자보다 더 위험하거나 추잡한 인물로 각인되어 사회적 낙인의 효과가 그만큼 더 증폭된다고 볼 것이므로, 결과적으로 선별적 신상공개는 그 대상자를 특별히 사회적 배척의 표적이 되도록 지목하는 의미를 가진다. 그렇다면, 이 사건에서는 차별취급으로 인하여 관련 기본권에 중대한 제한이 초래되고 있다고 할 것이므로, 비례원칙에 의한 심사기준을 적용함이 상당하다.

(다) 구체적 검토

이러한 전제에서 이 사건의 경우를 살펴보면, 다음과 같은 점에서 과연 차별의 합리적 이유가 존재하는지부터 의문스러운 면이 있다.

우선, 청소년 성매수죄가 신상공개가 되지 않는 다른 범죄들보다 죄질이나 법정형이 반드시 더 무거운 것도 아니다. 그 예로, 미성년자에 대한 살인이나 인질강도죄는 신상공개는 되지 아니하나, 그 죄질이나 법정형은 오히려 청소년 성매수죄보다 훨씬 더 무겁다.

다음으로, 청소년 성매수죄는 성매매에 관해 상대 청소년의 동의가 있을 것을 요건으로 하는 점에서 폭력성이나 불특정인이 불의의 피해자가 될 위험성이 거의 없다. 그리고 예컨대 상습폭행이나 상습강·절도와 같이 재범의 위험성이 보다 더 높은 범죄들도 신상공개까지 되는 것은 아니라는 점에 비추어 보면, 청소년 성매수자에 대해 신상공개를 하는 것이 재범의 위험성 때문이라고 보기도 어렵다.

마지막으로, '청소년의 성 보호'라는 보호법익의 특수성이 신상공개 여부를 나누는 결정적인 기준이 되고 있다고 할 수도 없다. 왜냐하면, 청소년에게 성매수행위의 상대방이 되도록 유인·권유한 자(법 제6조 제4항), 영업으로 청소년 성매수행위를 하도록 유인·권유 또는 강요한 자(법 제7조 제2항 제1호), 청소년 성매수행위의 장소를 제공하거나 청소년 성매수행위를 알선한 자(법 제7조 제2항 제2호, 제3호) 등은 모두 청소년 성매매를 유발·조장하는 범죄자들로서, 청소년 성매수자보다 더 무거운 법정형이 예정되어 있는 점에서 위 보호법익을 더 중대하게 침해하는 것으로 평가될 수 있음에도, 신상공개는 되지 않기 때문이다.

그렇다면 결국 일반범죄자등과 청소년 성매수자를 차별할 만한 다른 합리적 이유는 찾기 어렵고, 다만 성인 남성들에게 청소년 성매수행위를 하지 말라는 강력한 경고의 메시지를 전하려는 입법의도만 유일한 차별근거가 아닌가 생각된다.

그러나 이러한 입법의도가 청소년 성매수자에 대한 신상공개를 정당화할 만큼의 성질이나 비중을 가지고 있지 않음은 이미 앞에서 인격권의 침해여부를 논하면서 살펴본 바와 같다. 즉, 신상공개는 인간존엄성을 보장하는 헌법정신에 위배되는 측면이 아주 강할 뿐만 아니라, 이미 한번 형사처벌을 받은 자의 정상적인 사회복귀를 지나치게 가로막는 등의 부작용이 큰 반면, 범죄의 억지나 예방에는 그다지 실효성이 없는 제도로서, 위와 같은 입법의도를 실현하기 위한 수단으로서는 너무나 과도하다고 아니할 수 없다.

(라) 소결론

그렇다면 일반범죄자등과는 달리 청소년 성매수자만 차별하여 신상공개를 하는 것은 그 차별의 이유와 차별의 내용 사이의 적절한 균형관계를 인정할 수 없으므로 평등원칙에 위배된다고 할 것이다.

나. 법 제20조 제5항의 위헌성

(1) 문제의 소재

법 제20조 제5항은 신상공개의 구체적인 시기·기간·절차 등에 관한 일체의 사항을 대통령령에서 정하도록 위임하고 있는바, 이 법률조항에 대하여는 그러한 위임이 헌법상 정당화될 수 있는지가 문제된다.

(2) 위임입법의 한계

헌법 제75조는 "대통령은 법률에서 구체적으로 범위를 정하여 위임받은 사항 … 에 관하여 대통령령을 발할 수 있다"고 규정함으로써 위임입법의 근거와 동시에 그 한계를 명시하고 있다. 즉, 의회입법의 원칙과 법치주의를 실현하려는 위 조항의 취지에 비추어 볼 때, '구체적으로 범위를 정하여'라 함은 누구라도 당해 법률 그 자체로부터 대통령령 등에 규정될 내용의 대강을 예측할 수 있도록 기본적인 사항을 법률에서 구체적이고도 명확하게 규정해 놓고 있어야 한다는 뜻으로 풀이된다. 위임입법의 구체성·명확성이 요구되는 정도는 그 규율대상의 종류와 성격에 따라 달라져야 할 것이로되, 특히 국민의 기본권을 직접적으로 제한하거나 침해할 소지가 있는 법규에서는 구체성·명확성이 강하게 요구된다고 할 것이다(헌재 2000. 1. 27. 96헌바95등 판례집 12-1, 16, 36~37).

(3) 구체적 검토

(가) 신상공개제도에 있어서 그 시기·기간·절차 등이 가지는 의미는 단순한 부수적 사항 이상의 의미를 내포하고 있다.

먼저, 신상공개의 '시기'와 관련하여서는, 대상자에게 형이 확정된 때에 바로 신상공개절차에 들어갈 것인지 아니면 미국의 메간법처럼 대상자가 형을 마친 후 석방될 무렵에 비로소 신상공개절차에 들어갈 것인지가 문제된다. 그런데 이는 신상공개를 함에 있어서 계도나 위하에 초점을 맞출 것인가 아니면 잠재적 피해자의 자기방어에 필요한 정보제공에 초점을 맞출 것인가와 관련된 것으로서, 신상공개제도의 전반적인 성격을 좌우할 수도 있는 매우 중요한 사항이다.

또한, 신상공개는 일단 행해지고 나면 그로 인한 손해를 돌이키기 어려운 특성이 있는바, 만일 공개대상자 선정 후 행정심판 청구기간이나 행정소송 제소기간이 경과하기도 전에 곧바로 공개를 한다면, 이는 대상자로부터 실질적인 권리구제의 기회를 사실상 박탈하는 것이나 다름없다는 점에서, 대상자를 선정하고 얼마나 지난 후에 공개를 할 것인가 하는 문제도 신상공개의 시기와 관련하여 중요한 쟁점이 된다고 할 것이다.

다음으로, '기간' 역시 신상공개제도의 핵심적 사항에 해당한다. 신상공개제도의 본질은 개인의 사회적 인격상에 부정적 영향을 미칠 수 있는 정보를 '누구든지 접근하기 쉽게 만든다'는 데 있다. 바로 그러한 정보접근의 용이화로 말미암아 대상자는 심리적으로 위축되거나 혹은 예측하지 못한 사회적 박해를 받을 위험에 노출되게 되는 것이다. 그런데 이처럼 신상공개제도의 요체가 일반대중의 정보접근을 용이하게 만드는 데 있다고 한다면, 신상공개가 어떠한 방법으로, 얼마 동안 행해지느냐는 그러한 정보접근의 용이성에 중대한 영향을 미친다는 점에서 신상공개의 효과를 좌우하는 중요 요소가 아닐 수 없다.

마지막으로, 법 제20조 제5항에서 '절차 등'이라고 함은 신상공개가 이루어지기까지의 전 과정을 포섭하는 의미로 보인다. 즉, 신상공개에 필요한 자료는 어떻게 수집하고, 그 자료를 어떠한 심사기구에서 어떠한 기준으로 심사하며, 선정과정에서 당사자에게 의견진술 기회를 줄지 여부 혹은 어떤 방식으로 의견진술 기회를 줄 것인지에 관한 모든 사항들이 다 여기에 포함된다고 할 것이다. 그런데 이러한 일련의 사항들 역시 신상공개제도의 중요한 내용을 이룬다고 판단된다. 공개대상자 선정 기준을 구체적 재범의 위험성에 초점을 둘 것인지 아니면 죄질의 정도에 초점을 둘 것인지, 심사기구의 구성에 있어서 어떻게 중립성 및 전문성을 확보할 것인지, 선정과정에서 당사자의 의견표명이 있을 때에 그것을 절차에 어떤 식으로 반영할지 등은 신상공개제도의 전체적인 운용방향 및 그 공정성 확보와 밀접한 관련을 가지기 때문이다.

(나) 이처럼 신상공개의 시기·기간·절차 등은 신상공개제도의 전반적 성격 및 운용방향을 결정짓는 본질적 내용에 해당할 뿐만 아니라, 대상자의 기본권에 직접적인 영향을 주는 중요한 사항이다. 그리고 이들 사항에 있어서는 그 규율대상이 지극히 다양하거나 수시로 변화하는 성질을 지닌다고 볼 수도 없어 위임의 구체성, 명확성이 보다 엄격히 요구된다고 할 것이다. 그럼에도 법 제20조 제5항은 이러한 시기·기간·절차 등에 관하여 그 기본내용이나 범위를 구체적으로 정함이 없이 일체를 대통령령에서 정하도록 위임하고 있다. 따라서 하위법령을 보지 않고 법만 가지고서 신상공개의 구체적 시기·기간·절차 등에 관한 내용의 대강을 파악한다는 것은 실로 불가능하다.

(4) 소결론

그렇다면, 위 법률조항은 포괄위임입법규정으로서, 헌법상 위임입법의 정당한 한계를 벗어났다고 할 것이다.

다. 결 론

이상에서 살펴본 바와 같이, 법 제20조 제2항 제1호는 대상자의 인격권을 과도하게 침해할 뿐만 아니라, 정당한 이유 없이 일반범죄자등에 비해 청소년 성매수자만을 불리하게 차별함으로써 평등원칙에도 위배되고, 같은 조 제5항은 신상공개의 시기·기간·절차 등에 관한 기본내용 및 범위를 구체적으로 정함이 없이 일체를 대통령령에 위임함으로써 헌법 제75조의 포괄위임입법금지원칙에 위배되므로 각 위헌선언을 함이 상당하다.

7. 결 론

이 사건 위헌여부심판제청 중 법 제20조 제3항, 제4항에 관한 부분은 재판의 전제성이 없어 부적법하므로 관여 재판관 전원의 일치된 의견으로 이를 각하하기로 하고, 법 제20조 제2항 제1호, 제5항에 관하여는 재판관 윤영철, 재판관 하경철, 재판관 김효종, 재판관 김경일은 헌법에 위반되지 아니한다는 의견이고, 재판관 한대현, 재판관 김영일, 재판관 권 성, 재판관 송인준, 재판관 주선회는 헌법에 위반된다는 의견인바, 위헌론이 다수의견이기는 하지만 헌법재판소법 제23조 제2항 제1호에 정한 위헌결정의 정족수에 이르지 못하여 헌법에 위반되지 아니한다고 선고할 수밖에 없으므로 이에 주문과 같이 결정한다.

재판장 재판관 윤영철
주심 재판관 한대현

주심 재판관 하경철
주심 재판관 김영일
주심 재판관 권 성
주심 재판관 김효종
주심 재판관 김경일
주심 재판관 송인준
재판관 주선회

판례의 평가

헌법재판소가 청소년 성매수자에 대한 신상공개를 규정한 청소년의 성보호에 관한 법률 제20조 제2항 제1호 및 신상공개의 시기·기간·절차 등에 관한 사항을 대통령령에 위임한 동법 제20조 제5항을 심판대상으로 재판관 위헌의견 5명, 재판관 4명 합헌의견으로 정족수 이르지 못하여 합헌 선고를 하였다.

2000년 2월 3일 제정 및 2000년 7월 1일 시행된 청소년의 성보호에 관한 법률이 제정되면서 성범죄방지 계도 차원에서 동법 제20조 제2항에 성범죄자의 신상공개제도가 도입되었다. 이후 2009년 6월 일 전부개정 및 2010년 1월 1일 시행된 아동·청소년이 성보호에 관한 법률이 마련되어, 현행 아동·청소년의 성보호에 관한 법률로 개칭되어 제5장(제49조~제60조) 성범죄로 유죄판결이 확정된 자의 신상정보 공개와 취업제한 등 제49조(등록정보의 공개) 이하 조항에 마련되어 있다.

현행 법률에 의하면 당시 심판대상이 되었던 법률 조항이 내용이 재판관 5명의 위헌의견이 있었으나, 현재 규범적 효력을 유지하면서 오히려 더욱 체계적이고 강화되어 시행 및 집행되고 있다. 이러한 현실은 우리 사회에 일어나고 있는 사회적 문제 혹은 아동 및 청소년을 대상을 하는 범죄를 법리에 충실하기보다 현실적 및 형사정책적 목적으로서 절실한 필요성을 강조하고 있다고 볼 수 있다.

11 구 의료법 제67조 등 비시각장애인 안마사 행위 처벌

(2003. 6. 26. 2002헌가16)

Ⅰ. 판시 사항

1. 의료법 제61조 제1항의 규정에 의한 안마사의 자격인정을 받지 아니하고 영리를 목적으로 안마행위를 한 자를 형사처벌하는 의료법 제67조가 처벌법규위임의 한계를 일탈하고, 죄형법정주의의 명확성 원칙에 위반되는지 여부(소극)

2. 시각장애인에 한해 안마사의 자격을 인정하는 근거를 직접 법률에 규정하지 않은 의료법 제61조 제1항 및 제4항이 의회유보원칙 및 포괄위임입법금지원칙을 위반한 것인지 여부(소극)

Ⅱ. 결정요지

1. 대법원판례나 일반인의 상식적 이해에 의해 안마의 개념을 쉽사리 이해할 수 있으므로, 구 의료법(2000. 1. 12. 법률 제6157호로 개정된 후 2002. 3. 30. 법률 제6686호로 개정되기 전의 것) 제67조가 비록 그 개념에 관한 정의를 하지 않고 있다 하여도 그 개념이 모호하거나 불명확하여 헌법상의 죄형법정주

의가 요구하는 법률의 명확성원칙에 어긋난다고 할 수 없다.

2. 구 의료법 제61조 제1항 및 제4항에 대한 판단

가. 재판관 한대현, 재판관 하경철, 재판관 김효종, 재판관 송인준의 합헌의견

안마사 자격인정 제도는 안마사업에 종사할 수 있는 국민들의 직업선택의 자유를 일반적으로 금지한 후 그와 같이 금지된 직업선택의 자유를 법령이 정하는 바에 의해 일정한 경우에 한해 회복시켜 주는 이른바 강학상의 허가에 해당하는 것이므로 본래 그 허가기준을 반드시 법률로 상세히 정해야 하는 것은 아니다. 그리고 의료법의 목적과 일반적으로 자격인정제를 두는 취지에 비추어 볼 때, 안마사 자격인정의 기준은 적정한 안마행위를 통하여 국민의 건강을 보호하고 증진시킬 수 있는 자, 즉 안마에 관한 소정의 교육을 받은 자나 특히 안마행위를 하기에 적합한 전문적 기술이나 신체적 조건을 갖춘 자 등에게만 자격을 인정하리라는 것을 일반인이 충분히 예견할 수 있다고 보인다.

또한 입법자는 일단 법률에서 안마사업은 누구나 종사할 수 있는 업종이 아니라 행정청에 의해 자격인정을 받아야만 종사할 수 있는 직역이라고 규정하고 그 자격인정 요건을 정할 수 있는 권한을 행정부에 위임하는 것으로서 의회유보 원칙을 준수했다고 할 수 있는 것이다. 그리고 입법자로부터 그러한 위임을 받은 행정부는 시행규칙을 제정하여 안마사 자격인정을 받을 수 있는 대상자를 특정할 권한도 위임받은 것이라고 보아야 한다. 이에 따라 행정부의 장애인 복지 시책 일환으로 안마사의 자격을 시각장애인에 한해 부여하는 것도 행정부의 정책적 판단에 달린 일이라고 해야 한다.

나아가 안마사제도의 시행 역사에서 알 수 있는 바와 같이 일반인들의 의식에도 안마사는 원칙적으로 시각장애인에게 허용되는 업종이라는 법의식이 형성되어 왔다고 할 수 있으며, 시각장애인들도 안마사업은 원칙적으로 자신들에게 허가되는 업종이라고 여겨 그에 관한 정부정책에 대해 신뢰를 형성해 왔다고 할 수 있다.

그렇다면 시각장애인 아닌 자에 대해 안마사의 자격을 인정하지 않는 이른바 비맹제외라는 기준이 비록 법 제61조 제4항의 문언에 표시되어 있지 않았다고 하더라도 그러한 정부정책에 대한 시각장애인들의 신뢰를 보호할 필요가 있다는 점 등에서 볼 때, 안마사에 관한 규칙 제3조가 비맹제외기준을 설정한 것은 법 제61조 제4항에 내포된 의미를 확인하는 것이고 이는 국민들이 능히 예상할 수 있는 내용이라고 하겠다.

그리고 설령 위 안마사에 관한 규칙 제3조가 위헌의 의심이 있다고 하더라도 시행규칙의 위헌성을 이유로 하여 그 상위규범인 법률을 위헌이라고 할 수는 없다.

나. 재판관 윤영철, 재판관 김영일, 재판관 권 성, 재판관 김경일, 재판관 주선회의 위헌의견

안마사에 관한 규칙 제3조 제1항이 시각장애인 아닌 사람은 안마사자격을 원천적으로 받을 수 없도록 하고 있는 것은 국민들의 직업선택의 자유를 제한하는 것으로 이는 기본권의 제한과 관련된 중요하고도 본질적인 사항이어서 마땅히 법률로 정하는 것이 원칙이고 하위법규에 그 입법을 위임할 수 없는 문제이다. 그러므로 이는 의회유보원칙을 위반한 것이다.

또한 이 조항은 하위법규에 입법을 위임하면서 아무런 기준과 범위를 설정하지 아니하여, 비맹제외기준 같은 것을 시사하는 규정은 이를 발견하기 어렵다. 그러므로 이는 포괄위임을 금지한 헌법 제75조에 위반된다.

Ⅲ. 심판대상조문

의료법(2000. 1. 12. **법률 제6157호로 개정되고**, 2002. 3. 30. **법률 제6686호로 개정되기 전의 것) 제67조**(**벌칙**) 제19조, 제19조의2, 제20조 제1항, 제25조 제3항, 제30조 제4항, 제31조 제1항 단서, 제48조 제3항, 제54조 제3항의 규정에 위반한 자 또는 제61조 제1항의 규정에 의한 안마사의 자격인정을 받지 아니하고 영리를 목적으로 안마행위를 한 자는 3년 이하의 징역 또는 1천만원 이하의 벌금에 처한다. 다만, 제19조, 제20조 제1항 또는 제54조 제3항의 규정에 위반한 자에 대한 공소는 고소가 있어야 한다.

의료법(2000. 1. 12. **법률 제6157호로 개정되고**, 2002. 3. 30. **법률 제6686호로 개정되기 전의 것) 제61조**(**안마사**) ① 안마사가 되고자 하는 자는 시·도지사의 자격인정을 받아야 한다.

②~③ 생략

④ 안마사의 자격인정, 그 업무한계 및 안마시술소의 시설기준 등에 관하여 필요한 사항은 보건복지부령으로 정한다.

Ⅳ. 참조조문

의료법(1962. 3. 20. **법률 제1035호로 전문 개정된 것) 제38조**(**진료보조자의 제한**) ① 의사, 치과의사, 한의사, 조산원, 간호원 또는 따로 법률로써 정하는 일정한 자격이 있는 자가 아니면 진료의 보조 또는 임상에 필요한 검사 등에 관한 보조를 하지 못한다. 단, 보건사회부장관의 정하는 바에 의하여 서울특별시장 또는 도지사의 허가를 받은 자는 예외로 한다.

② 생략

의료법(1975. 12. 31. **법률 제2862호로 전문 개정된 것) 제61조**(**안마사**) ① 안마사가 되고자 하는 자는 도지사의 자격인정을 받아야 한다. 이 경우 제8조 제1항 제2호의 규정에 불구하고 맹자에 대하여 자격을 인정할 수 있다.

②~③ 생략

의료법(1981. 12. 31. **법률 제3504호로 전문 개정된 것) 제67조**(**벌칙**) 제16조 제2항, 제18조 제1항·제2항, 제19조, 제20조 제1항 본문, 제39조 제1항, 제54조 제3항의 규정에 위반한 자 또는 제61조 제1항의 규정에 의한 안마사의 자격인정을 받지 아니하고 시술을 목적으로 안마업무에 종사한 자는 3년 이하의 징역 또는 300만원 이하의 벌금에 처한다. 다만, 제19조, 제20조 제1항 본문 또는 제54조 제3항의 규정에 위반한 자에 대한 공소는 고소가 있어야 한다.

안마사에 관한 규칙(2000. 6. 16. **보건복지부령 제153호로 개정된 것) 제3조**(**안마사의 자격**) ① 안마사의 자격인정을 받을 수 있는 자는 다음 각호의 1에 해당하는 자로 한다.

1. 초·중등교육법 제2조 제5호의 규정에 의한 특수학교 중 고등학교에 준한 교육을 하는 학교에서 제2조의 규정에 의한 물리적 시술에 관한 교육과정을 마친 앞을 보지 못하는 사람
2. 중학교 과정 이상의 교육을 받고 보건복지부장관이 지정하는 안마수련기관에서 2년 이상의 안마수련과정을 마친 앞을 보지 못하는 사람

②~③ 생략

Ⅴ. 참조판례

1. 대법원 2001. 6. 1. 선고 2001도1568 판결, 공보 2001. 7. 15. (134), 1562

2. 헌재 1998. 11. 26. 97헌바31, 판례집 10－2, 661~662
   헌재 1994. 7. 29. 93헌가12, 판례집 6－2, 53
   헌재 1995. 11. 30. 94헌바40등, 판례집 7－2, 616
   헌재 1996. 10. 31. 93헌바14, 판례집 8－2, 422
   헌재 1998. 11. 26. 97헌바31, 판례집 10－2, 662
   헌재 1996. 4. 25. 94헌마129, 95헌마121, 판례집 8－1, 449
   헌재 1996. 6. 26. 93헌바2, 판례집 8－1, 525
   헌재 1997. 9. 25. 96헌바18등, 판례집 9－2, 357
   헌재 1996. 10. 31. 93헌바14, 판례집 8－2, 432

Ⅵ. 당사자

제청법원 : 서울지방법원
당해사건 : 서울지방법원 2002노5047 의료법위반

Ⅶ. 주 문

구 의료법(2000. 1. 12. 법률 제6157호로 개정된 후 2002. 3. 30. 법률 제6686호로 개정되기 전의 것) 제67조 중 '제61조 제1항의 규정에 의한 안마사의 자격인정을 받지 아니하고 영리를 목적으로 안마행위를 한 자' 부분과 제61조 제1항 및 제4항은 모두 헌법에 위반되지 아니한다.

Ⅷ. 이 유

1. 사건의 개요 및 심판의 대상

가. 사건의 개요

피고인 신○호가 "안마사 자격 없이 영리를 목적으로, 2001. 3. 9. 봉사료를 받고 고객에게 안마시술을 하였다"는 혐의로 의료법 제67조, 제61조 제1항 위반으로 약식기소된 사건의 항소심(서울지방법원 2002노5047 의료법위반) 법원이 직권으로 2002. 8. 16. 위 법률조항에 대한 위헌법률심판을 제청하였다.

나. 심판대상

심판대상조항은 ① 구 의료법(2000. 1. 12. 법률 제6157호로 개정된 후 2002. 3. 30. 법률 제6686호로 개정되기 전의 것, 이하 법이라고 부른다) 제67조 중 '제61조 제1항의 규정에 의한 안마사의 자격인정을 받지 아니하고 영리를 목적으로 안마행위를 한 자' 부분, ② 법 제61조 제1항, ③ 법 제61조 제4항이다. 해당 조문은 다음과 같다.

제67조(벌칙) … (이상 생략) 제61조 제1항의 규정에 의한 안마사의 자격인정을 받지 아니하고 영리를 목적으로 안마행위를 한 자는 3년 이하의 징역 또는 1천만원 이하의 벌금에 처한다. (단서 생략)

제61조(안마사) ① 안마사가 되고자 하는 자는 시·도지사의 자격인정을 받아야 한다.

④ 안마사의 자격인정, 그 업무한계 및 안마시술소의 시설기준 등에 관하여 필요한 사항은 보건복지부령으로 정한다.

2. 제청법원의 제청이유와 이해관계인들의 의견

가. 제청법원의 제청이유

(1) 안마사의 자격인정요건을 보건복지부령으로 정하도록 하면서 자격인정을 받지 않고 안마행위를 하면 처벌하도록 하는 것은 법률이 처벌요건을 하위법규에 결국 위임한 것인데 이러한 위임은 위임입법을 하지 않으면 안 될 긴급한 필요 또는 부득이한 사정이 있어야 허용될 것인바, 안마사의 자격요건은 주변상황에 따라 수시로 변경되어야 할 내용이 아니어서 긴급한 필요성이 있다고 볼 수 없고 자격요건에 관한 사항의 규율이 그다지 복잡해야 할 이유가 없으므로 이를 하위법규에 위임하여야 할 부득이한 사정이 있는 경우라고 보기도 어렵다.

(2) 또한 의료법 제61조 제1항에서 안마사가 되고자 하는 자는 시·도지사의 자격인정을 받을 것을 요구하고 있을 뿐 그 외에 별다른 내용을 규정하지 않고 있고, 같은 법 제61조 제4항 역시 하위법규에 규정될 내용 및 범위의 기본적인 사항을 구체적으로 규정하지 않은 채 자격인정의 기준을 보건복지부령에 위임하고 있는바, 이는 적법한 안마행위를 하기 위하여 필요한 자격요건에 대하여 기본적인 내용도 규정하지 않은 것으로서 하위법규에 규정될 내용의 대강을 의료법 그 자체에 의해 예측할 수 없는 경우에 해당하여 위임입법의 한계를 일탈한 것이다.

또한 의사, 조산사, 간호사 등에 대한 자격요건을 의료법 자체가 상세히 규정하면서도 안마사에 대해서만 그 자격인정요건을 법률이 규정하지 않은 것도 불균형하고 불합리하다.

나아가, 영리목적으로 '안마행위'를 한 것인지 여부에 관해서도 무엇이 안마행위인지에 관한 정의규정이나 이를 추론할 수 있는 규정이 법률에 없으므로 어떠한 행위가 영리목적의 안마행위에 해당하는지를 예측하기 어렵고 그에 따라 법률만을 놓고 보면 유사개념과의 차이에 대한 판별이 극히 곤란하며 적용대상이 매우 모호하게 된다.

(3) 그러므로 심판대상조항들은 포괄적 위임입법금지원칙 및 죄형법정주의원칙에 반하여 위헌이라는 합리적인 의심이 있다.

나. 이해관계인들의 의견요지: 별지와 같다.

3. 법 제67조 부분에 대한 판단

가. 처벌요건의 위임문제

법 제67조가 결과적으로 처벌요건을 하위법규에 위임하고 있다고 볼 수 있는 점은 위헌제청이유에서 지적하는 바와 같지만 이러한 위임의 위헌 여부는 결국 직접 위임을 하고 있는 조항인 법 제61조 제4항의 위헌 여부에 의하여 결정되므로 법 제61조 제4항의 위헌 여부를 판단하는 것으로 충분하고 여기서 이를 따로 논의할 일은 되지 못한다.

나. 안마의 개념문제

위헌제청의 이유에 의하면 안마가 무엇인지를 정의하거나 이의 추론을 가능케 하는 규정이 법률에 없으므로 어떤 것이 안마에 해당하는지를 예측하기 어려워 적용대상이 매우 모호하게 된다고 한다.

그러나 대법원판례에 의하면, 의료법 제67조에 규정된 안마행위라 함은 사람의 건강증진이나 피로회복을 목적으로 손이나 특수한 기구로 몸을 주무르거나 누르거나 잡아당기거나 두드리거나 하는 등의 안마, 마사지 또는 지압 등 각종 수기요법과 이에 부수하여 간단한 전기기구 등을 사용하는 자극요법에 의하여 인체에 대한 물리적 시술을 하여 혈액의 순환을 촉진시킴으로써 뭉쳐진 근육을 풀어주는 등에 이를 정도의 행위라는 것(대법원 2001. 6. 1. 선고 2001도1568 판결, 공보 2001. 7. 15. (134), 1562 참조)이고 이러한 이해는 안마에 대한 일반인의 상식적 이해와 일치하는 것이므로, 법이 비록 그 개념에 관한 정의를 하지 않고 있다 하여도 그 개념이 모호하거나 불명확하여 헌법상의 죄형법정주의가 요구하는 법률의 명확성원칙에 어긋나는 정도의 것은 아니라고 할 것이다.

다. 소 결

그러므로 법 제67조 중 계쟁부분은 헌법에 위반되지 않는다.

4. 법 제61조 제1항 및 제4항에 대한 판단

위헌제청이유에 의하면 법 제61조 제1항이 규정하는 안마사의 자격인정제도 자체가 위헌이라고 의심하는 것은 아니고, 자격인정제도를 전제로 할 때에 자격인정의 요건을 법률이 직접 정하지 아니하고 이를 하위법규에 포괄적으로 위임하는 것은 위헌의 의심이 있다는 것이므로 법 제61조 제1항을 분리하여 독자적인 심판대상으로 삼을 것은 아니고, 제1항을 기초로 하여 제4항이 위임규정을 둔 것이므로 위임을 직접 정하고 있는 제4항의 위헌 여부를 판단함으로써 이들 두 조항 모두에 대한 판단으로 삼는다.

가. 재판관 한대현, 재판관 하경철, 재판관 김효종, 재판관 송인준의 의견

(1) 위헌제청의 이유에 의하면 법 제61조 제1항이 “안마사가 되고자 하는 자는 시·도지사의 자격인정을 받아야 한다”고 규정하면서 이어 그 제4항에서 안마사의 자격인정에 관하여 필요한 사항은 보건복지부령으로 정하도록 위임하고 있는데, 이러한 위임은 헌법상의 포괄위임금지규정을 위반하는 것이라고 한다.

당해 사건의 내용에 비추어 볼 때 위헌제청법원이 이 조항에서 제기한 문제점은 다음과 같은 상황에서 발단한 것이다.

법 제61조 제4항의 위임에 의하여 제정된 안마사에 관한 규칙 제3조(2000. 6. 16. 보건복지부령 제153호로 개정된 것)는 제1항에서 “1. 초·중등교육법

제2조 제5호의 규정에 의한 특수학교 중 고등학교에 준한 교육을 하는 학교에서 제2조의 규정에 의한 물리적 시술에 관한 교육과정을 마친 앞을 보지 못하는 사람, 2. 중학교 과정 이상의 교육을 받고 보건복지부장관이 지정하는 안마수련기관에서 2년 이상의 안마수련과정을 마친 앞을 보지 못하는 사람"이라고 규정하여, 앞을 보지 못하는 사람이 아닌 사람(예컨대 당해 사건의 피고인과 같은 사람)은 안마사 자격을 원천적으로 받을 수 없도록 이를 제외하는 기준 내지 범위를 설정하고 있는바[이 기준을 이하에서는 편의상 비맹제외기준(非盲除外基準)이라고 부른다], 이러한 비맹제외기준이 과연 법 제61조 제4항이 제시하는 위임의 기준과 범위에 따른 것으로 볼 수 있는지 의심스러운 상황을 제청법원이 인정하였기 때문이다.

(2) 그러나 이른바 경찰허가는 법령에 의하여 일반적으로 금지된 행위를 특정한 경우에 해제하여 일정한 행위를 적법하게 할 수 있도록 해 주는 행정행위로서, 그 허가의 기준이 법령에 정하여진 경우에는 그 허가 여부는 기속행위가 되고 허가의 기준이 법령에 정하여지지 아니한 경우에는 그 허가여부는 재량행위가 되는 것이어서, 영업의 자유를 제한하는 것이 아니라 금지된 영업의 자유를 회복시켜 주는 것인 경우 본래 그 허가의 기준을 반드시 법률로 정해야 하는 것은 아니다(헌재 1998. 11. 26. 97헌바31, 판례집 10-2, 661~662 참조). 그리고 법률의 위임조항에서 위임의 구체적 범위를 명확히 규정하지 않았다고 하더라도 당해 법률의 전반적 체계와 관련규정에 비추어 위임조항의 내재적인 위임의 범위나 한계를 객관적으로 분명히 확정할 수 있다면, 이를 일반적이고 포괄적인 백지위임에 해당하는 것으로 볼 수는 없다(헌재 1994. 7. 29. 93헌가12, 판례집 6-2, 53; 1995. 11. 30. 94헌바40등, 판례집 7-2, 616; 1996. 10. 31. 93헌바14, 판례집 8-2, 422; 1998. 11. 26. 97헌바31, 판례집 10-2, 662 등 참조). 또한 입법부가 일정한 전문분야에 관한 자격제도를 마련함에 있어서는 그 제도를 마련한 목적을 고려하여 정책적인 판단에 따라 자유롭게 제도의 내용을 구성할 수 있으며, 그 내용이 명백히 불합리하고 불

공정하지 아니하는 한 원칙적으로 입법부의 정책적 판단은 존중되어야 하는 것이다(헌재 1996. 4. 25. 94헌마129, 95헌마121, 판례집 8-1, 449, 460 참조).

그런데 이 사건 안마사 자격인정 제도는 안마사업에 종사할 수 있는 국민들의 직업선택의 자유를 일반적으로 금지한 후 그와 같이 금지된 직업선택의 자유를 법령이 정하는 바에 의해 일정한 경우에 한해 회복시켜 주는 이른바 강학상의 허가에 해당하는 것이므로 본래 그 허가기준을 반드시 법률로 상세히 정해야 하는 것은 아니다. 즉 법률에서 자격인정을 받아야 안마사업을 할 수 있다는 점을 규정하기만 하면 그것으로 위임입법의 기준을 충족한다고 해야 하며, 따라서 자격인정의 구체적인 대상이나 요건 등을 행정부에서 정하도록 법률로 위임하는 것도 허용된다고 해야 한다. 그리고 입법자로부터 그러한 위임을 받은 행정부는 시행규칙을 제정하여 안마사 자격인정을 받을 수 있는 대상자를 특정할 권한도 위임받은 것이라고 보아야 한다. 이에 따라 행정부의 장애인 복지 시책 일환으로 안마사의 자격을 시각장애인에 한해 부여하는 것도 행정부의 정책적 판단에 달린 일이라고 해야 한다.

나아가 법 제61조 제4항은 안마사의 자격인정, 그 업무한계 및 안마시술소의 시설기준 등에 관하여 필요한 사항을 보건복지부령으로 정하도록 하고 있으므로 위임사항을 개별적, 한정적으로 정하고 있다고 해야 한다. 그리고 의료법의 목적(제1조: "의료의 적정을 기하여 국민의 건강을 보호증진함을 목적으로 한다.")과 일반적으로 자격인정제를 두는 취지에 비추어 볼 때, 자격인정의 기준은 적정한 안마행위를 통하여 국민의 건강을 보호하고 증진시킬 수 있는 자, 즉 안마에 관한 소정의 교육을 받은 자나 특히 안마행위를 하기에 적합한 전문적 기술이나 신체적 조건을 갖춘 자 등에게만 자격을 인정하리라는 것을 일반인이 충분히 예견할 수 있다고 보인다. 이처럼 의료법의 전반적 체계와 관련규정에 비추어 위임조항인 법 제61조 제1항 및 제4항의 내재적인 위임의 범위나 한계를 객관적으로 분명히 확정할 수 있는 이상,

위 법률 조항이 비맹제외기준과 같은 안마사의 자격인정요건을 구체적으로 정하지 않았다는 이유만으로 의회유보 원칙 내지 포괄위임입법금지 원칙에 위반된 것이라고 할 수는 없다.

(3) 나아가 위임법률이 헌법상의 의회유보 원칙 내지 포괄위임입법금지 원칙에 위반되는지 여부는 법률 적용 현실을 무시한 채 형식논리에 집착하여 법률문언만을 가지고 판단해서는 안되고, 당해 법률이 생활세계에 적용되는 구체적 현실과 연혁, 그에 따라 형성된 국민의 법의식 및 그 법률 적용의 역사에 대한 신뢰보호 등의 관점에 비추어서도 판단해야 할 것이다. 이를 위해 우선 안마사제도의 시행 역사를 살펴보면 다음과 같다.

(가) 원래 안마사제도는 1912. 3. 27. 조선총독부 제생원 관제(칙령 제43호, 조선총독부관보 호외 1912. 3. 28.자 8~9쪽 참조)에 의해 설치된 경성제생원(국립서울맹학교의 전신)에서 시각장애인들에게 침술과 안마술 교육을 실시한 것이 시초라고 할 수 있다. 그리고 이를 인정하여 1914. 10. 29. 조선총독부 경무총감부령 제10호 안마술, 침술, 구술영업취체규칙(조선총독부관보 제673호, 442쪽 참조)에서 안마사의 자격제도를 마련하여 시각장애인에게 적합한 직종으로 육성하였다.

(나) 이어 1962. 3. 20. 법률 제1035호로 국민의료법을 대체하여 전문 개정된 의료법 제38조 제1항 단서에 기해 1963. 12. 12. 보건사회부예규인 안마사허가에 관한 규정(의무 1421. 6-40429, 1963. 12. 12. 공포, 시행) 제3조로 안마사의 자격요건을 규정하였는데, 그중 특히 제1호는, “문교부장관이 인가하고 보건사회부장관이 지정하는 맹학교에서 안마, 마사지, 지압, 전기 기타 자극법에 대하여 3년 이상의 교육과정을 이수한 자”에게 안마사 자격을 부여하도록 하였다.

(다) 그리고 1975. 12. 31. 법률 제2862호로 전문 개정된 의료법 제61조 제1항은 법률 자체에서 시각장애인에게 안마사의 자격을 인정하도록 규정

한 바도 있다. 그리고 1984. 10. 15. 보건사회부령 제757호로 제정된 안마사에 관한 규칙 제3조 제1항도 앞을 보지 못하는 사람에 한해 안마사의 자격인정을 받을 수 있도록 규정하였다.

(라) 나아가 1981. 12. 31. 법률 제3504호로 전문 개정된 의료법 제67조에서부터 무허가 안마업을 한 자를 형사처벌하기 시작하였다.

(마) 이어 1987. 11. 28. 법률 제3948호에 의해 맹인에 대해 안마사 자격을 인정할 수 있다는 규정이 삭제되고, 이를 시행령에 위임하게 되었는데, 1989. 2. 28. 개정된 보건사회부령 제827호 안마사에 관한 규칙 제3조 제1항도 앞을 보지 못하는 사람에게만 안마사 자격을 인정하도록 하였다.

(바) 그리고 앞서 본 바와 같이 이 사건 의료법 규정 및 2000. 6. 16. 보건복지부령 제153호 안마사에 관한 규칙 제3조 제1항도 위와 동일하게 규정하고 있다.

이상과 같은 장구한 안마사제도의 시행 역사에서 알 수 있는 바와 같이 일반인들의 의식에도 안마사는 원칙적으로 시각장애인에게 허용되는 업종이라는 법의식이 형성되어 왔다고 할 수 있으며, 시각장애인들도 안마사업은 원칙적으로 자신들에게 허가되는 업종이라고 여겨 그에 관한 정부정책에 대해 신뢰를 형성해 왔다고 할 수 있다.

그렇다면 안마시술은 시각장애인이 하는 것이라는 사회적 관습과 국민의 법의식이 존재하여 그러한 관습과 법의식을 밑바탕에 깔고 이 조항이 입법된 것이며, 비맹제외라는 기준이 비록 법 제61조 제4항의 문언에 표시되어 있지 않았다고 하더라도 그러한 정부정책에 대한 시각장애인들의 신뢰를 보호할 필요가 있다는 점 등에서 볼 때, 안마사에 관한 규칙 제3조가 비맹제외기준을 설정한 것은 법 제61조 제4항에 내포된 의미를 확인하는 것이고 이는 국민들이 능히 예상할 수 있는 내용이라고 하겠다. 그러므로, 이와 반대로 국민들이 이를 예상하기 어려운 것임을 전제로 법 제61조 제4항이 아무런 범위의 제한 없이 위임을 하여 위헌이라는 주장은 이유가 없게 된다.

(4) 또한 시각장애인의 경우에는 안마사 이외에 다른 직업을 가지기 어려운 반면 시각장애인 아닌 자들은 안마사 자격대상에서 배제되더라도 다른 직업을 얻을 수 있으므로, 시각장애인 아닌 자들의 안마사업에 대한 직업선택의 자유권을 보호하는 것과는 비교할 수 없을 만큼 시각장애인들의 인간다운 생활을 할 권리를 보장해 주는 것이 우선되어야 한다는 점, 그에 따라 시각장애인들에 대한 우대조치를 취하는 것이 헌법 제34조에 의해 선언된 사회국가원리에 따라 장애인들을 특별히 보호해야 할 국가의 의무를 이행하는 것이 된다는 점 등에 비추어 보아도, 시각장애인에 한해 안마사 자격을 인정하는 위 안마사에 관한 규칙 제3조의 근거인 이 사건 의료법 규정을 헌법에 위반된 것이라고 볼 수는 없다고 하겠다.

또한 설령 안마사에 관한 규칙 제3조가 시각장애인에 한하여 안마사자격을 인정하여 위헌의 의심이 있다고 하여도, 그것만을 이유로 그 상위규범인 의료법 제61조 제1항, 제4항을 위헌으로 판단할 수는 없다.

우리 재판소도, "위임입법의 법리는 헌법의 근본원리인 권력분립주의와 의회주의 내지 법치주의에 바탕을 두는 것이기 때문에 행정부가 제정한 대통령령에서 규정한 내용이 정당한 것인지 여부와 위임의 적법성 사이에는 직접적인 관계가 없다. 따라서 대통령령으로 규정한 내용이 헌법에 위반될 경우라도 그 대통령령의 규정이 위헌으로 되는 것은 별론으로 하고, 그로 인하여 정당하고 적법하게 입법권을 위임한 수권법률조항까지도 위헌으로 되는 것은 아니다"고 여러 차례 판시하여(헌재 1996. 6. 26. 93헌바2, 판례집 8-1, 525, 537; 1997. 9. 25. 96헌바18등, 판례집 9-2, 357, 373), 하위법규의 규정 내용으로 인하여 상위규범인 법률의 위헌여부가 문제될 수 없음을 분명히 하고 있다.

(5) 또한 의료법상 간호조무사(같은 법 제58조 제3항), 전염병예방법상의 방역관(같은 법 제44조 제2항), 유해화학물질관리법상의 유독물관리자(같은 법

제25조 제1항), 소음·진동규제법상의 환경관리인(같은 법 제21조 제5항) 등과 같이 법률에 자격인정 요건을 정하지 않고 하위 법규에 구체적인 자격인정 요건을 정하도록 위임한 법률 규정이 다수 존재하고 있는 점에 비추어 보아도 안마사에 관한 이 사건 의료법 제61조 제1항 및 제4항이 포괄위임입법금지 원칙에 위반된다고 할 수 없다. 그리고 우리 재판소는 위 의료법 규정과 동일한 구조로 되어 있는 구 직업안정 및 고용촉진에 관한 법률(1967. 3. 30. 법률 제1952호로 제정되고, 1989. 6. 16. 법률 제4135호로 최종개정된 것) 제10조 제1항("유료직업소개사업을 하고자 하는 자는 노동부장관의 허가를 받아야 한다."), 제2항("제1항의 규정에 의한 허가의 종류·요건·대상·기타 허가에 관하여 필요한 사항은 대통령령으로 정한다.")에 관하여 위임입법의 한계를 벗어난 것이 아니라고 판시한 바 있다(헌재 1996. 10. 31. 93헌바14, 판례집 8-2, 432 참조).

만약 위에 든 모든 법률 조항을 위헌인 것으로 본다면 현행법상 인정되고 있는 상당수의 자격위임 조항들을 모두 헌법에 위반된다고 보게 되어 현대 복지행정국가에서 필수적이라고 할 수 있는 위임입법의 존립 자체를 부정하는 결과를 초래하게 될 것이다.

물론 우리나라의 의료법이 의사 면허 등에 관하여 구체적인 자격인정 요건을 규정하고 있는 것이나 안마사의 자격인정요건을 아예 법률 자체에서 상세히 규정하고 있는 외국의 입법례 등을 본다면, 안마사의 자격에 관해 법률에서 보다 구체적인 내용을 담는 것이 포괄위임입법 금지의 정신에 비추어 바람직한 것으로 보인다. 그렇지만 그러한 내용의 법률을 만들어 시행할 것인지 여부는 입법자의 재량에 달려 있는 문제라고 해야 하며, 그러한 입법형식을 취하지 않았다고 하여 이 사건 의료법 조항이 포괄위임 법률로서 위헌이라고 보기는 어렵다고 하겠다.

나. 재판관 윤영철, 재판관 김영일, 재판관 권 성, 재판관 김경일, 재판관 주선회의 위헌의견

(1) 안마사에 관한 규칙 제3조(2000. 6. 16. 보건부령 제153호로 개정된 것) 제1항이 앞을 보지 못하는 사람이 아닌 사람은 안마사자격을 원천적으로 받을 수 없도록 이를 제외하는 기준 내지 범위(이른바 非盲除外基準)를 안마사의 자격인정요건으로 설정하고 있는 것은 국민들이 안마사 직업을 자유로이 선택할 수 없도록 제한하는 것이므로 이는 기본권의 제한과 관련된 중요하고도 본질적인 사항이어서 마땅히 법률로 정하는 것이 원칙(이른바 의회유보의 원칙)이고 하위법규에 그 입법을 위임할 수는 없는 문제이다. 그러므로 우선 법 제61조 제4항이 비맹제외와 같은 기본권과 관련된 본질적인 사항을 하위법규에 입법위임을 한 것은 의회유보의 원칙에 어긋나서 위헌임을 면할 수 없다.

(2) 법 제61조 제4항은 안마사의 자격인정에 필요한 사항은 보건복지부령으로 정한다고 위임을 하면서도 위임사항에 관하여 구체적인 범위를 전혀 정한 바가 없다. 그러므로 국민들로서는 하위법규에서 구체적으로 정하여질 안마사의 자격인정요건이 어떤 것이 될 것인지를 법 제61조 제4항만에 의하여서는 도저히 예측할 수 없다. 뿐만 아니라 의료법의 다른 규정 전체를 유기적·체계적으로 살펴보아도 안마사의 자격인정요건의 기본적 윤곽을 짐작케하는 아무런 단서를 발견할 수 없다. 더구나 이 사건에서 문제되고 있는 비맹제외기준 같은 것을 시사하는 규정은 이를 발견하기 어렵다. 그렇다면 이 조항은 하위법규에 입법을 위임하면서 아무런 기준과 범위를 설정하지 아니한 것이고 이는 포괄위임을 금지한 헌법 제75조에 위반되어 위헌이라고 할 것이다.

(3) 합헌의견은 안마사의 자격에 관하여는 비맹제외의 기준이 오래전부터 사회적 관습으로 형성되어 있고 국민의 법의식도 이와 일치되어 이러

한 사회적 관습과 국민의 법의식을 기초로 하여 이 조항이 입법된 것이므로 이 조항에는 비맹제외의 기준이 내포되어 있음을 쉽게 알 수 있어서 이 조항은 포괄위임에 해당하지 않는다고 주장한다.

그러나 법률규정의 문언에는 전혀 제시되지 않은 기본권제한의 사유를, 더구나 이를 위반하는 경우에는 형사처벌까지 수반되는 그러한 기본권제한의 사유를, 사회적 관습과 국민의 법의식에 기초하여 해석으로 추출하여 내는 것은 법치국가적 원리와 죄형법정주의의 원칙에 위배되므로 쉽게 허용할 일이 아니다. 더구나 사회적 관습과 국민의 법의식이라고 하는 것은 다양하게 평가될 수 있고 가변적이므로 그 내용을 확정하는 것이 결코 쉽지 않다는 점을 고려하면 국민들이 이 조항 속에 비맹제외의 기준이 내포되어 있다는 것을 알기란 결코 쉬운 일이 아니다.

뿐만 아니라 이 조항의 경우에는 비맹제외기준과 같은 것을 법률에 직접 규정하여서는 곤란한 무슨 부득이한 사정이 있다고 보기 어렵고 이 기준이 성질상 행정입법에 의하여 탄력적으로 대처할 긴급한 필요성이 있는 사유라고 보기도 어렵다.

(4) 소결: 따라서 법 제61조 제1항 및 제4항은 입법위임의 헌법상 한계를 일탈하여 위헌이라고 생각한다.

5. 결 론

그러므로 구 의료법(2000. 1. 12. 법률 제6157호로 개정된 후 2002. 3. 30. 법률 제6686호로 개정되기 전의 것) 제67조 중 '제61조 제1항의 규정에 의한 안마사의 자격인정을 받지 아니하고 영리를 목적으로 안마행위를 한 자' 부분은 헌법에 위반되지 아니하므로 관여재판관 전원의 일치된 의견으로 주문과 같이 결정하고, 같은 법 제61조 제1항 및 제4항에 대하여는 재판관 5인이 위헌의견이고 재판관 4인이 합헌의견이어서 비록 위헌의견이 다수이긴 하지만 법률의 위헌선언에 필요한 정족수 6인에 미달하므로 이 조항들이 헌법에 위반되지 않는다는 선언을 하기로 하여 주문과 같이 결정한다.

재판장 재판관 윤영철
주심 재판관 한대현
주심 재판관 하경철
주심 재판관 김영일
주심 재판관 권 성
재판관 김효종
재판관 김경일
재판관 송인준
재판관 주선회

판례의 평가

헌법재판소가 시각장애인에 한해 안마사의 자격을 인정하는 근거를 직접 법률에 규정하지 않은 의료법 제61조 제1항 및 제4항 및 동법 제61조 제1항의 규정에 의한 안마사의 자격인정을 받지 아니하고 영리를 목적으로 안마행위를 한 자를 형사처벌하는 의료법 제67조의 심판대상을 재판관 5명 위헌의견, 재판관 4명 합헌의견에서 정족수에 이르지 못하여 합헌 선고를 하였다.

심판대상으로서 당시 안마사에 관한 규칙 제3조 제1항은 시각장애인 아닌 사람은 안마사자격을 원천적으로 받을 수 없도록 하고 있는 것은 국민들의 직업선택의 자유를 제한하는 것으로, 이는 기본권의 제한과 관련된 중요하고도 본질적인 사항이어서 마땅히 법률로 정하는 것이 원칙이고 하위법규에 그 입법을 위임할 수 없는 문제이다. 그러므로 이는 의회유보원칙을 위반한 것이다.

또한 당시 심판대상 조항은 하위법규에 입법을 위임하면서 아무런 기준과 범위를 설정하지 아니하여, 비맹제외기준 같은 것을 시사하는 규정은 이를 발견하기 어렵다. 그러므로 심판대상조항은 포괄위임을 금지한 헌법 제75조에 위반된다고 할 수 있다.

1951년 9월 25일 제정 및 시행되었던 국민의료법으로 시작하여, 1962년 3월 20일

의료법으로 명칭이 바뀌면서 전부개정되었다.

당시 심판대상이었던 동법 조항은 2006년 9월 27일 개정 및 2006년 9월 27일 시행된 의료법 제61조에서 위헌적인 내용으로 마련되면서, 2007년 4월 11일 전부개정되면서 조항위치가 제82조로 이동하게 되었다. 현행 의료법 제82조는 다음과 같다.

현행 의료법 제82조(안마사) ① 안마사는 장애인복지법에 따른 시각장애인 중 다음 각 호의 어느 하나에 해당하는 자로서 시·도지사에게 자격인정을 받아야 한다.

1. 초중등교육법 제2조 제5호에 따른 특수학교 중 고등학교에 준한 교육을 하는 학교에서 제4항에 따른 안마사의 업무한계에 따라 물리적 시술에 관한 교육과정을 마친 자
2. 중학교 과정 이상의 교육을 받고 보건복지부장관이 지정하는 안만수련기관에서 2년 이상의 안마수련과정을 마친 자

② 제1항의 안마사는 제27조에도 불구하고 안마업무를 할 수 있다.

③ 안마사에 대하여는 이 법 중 제8조, 제25조, 제28조부터 제32조까지, 제33조 제2항 제1호·제3항·제5항·제8항 본문, 제36조, 제40조, 제59조 제1항, 제61조, 제63조(제36조를 위반한 경우만을 말한다), 제64조부터 제66조까지, 제68조, 제83조, 제84조를 준용한다. 이 경우 '의료인'은 '안마사'로, '면허'는 '자격'으로, '면허증'은 '자격증'으로, '의료기관'은 '안마시술소 또는 안마원'으로, '해당 의료관계 단체의 장'은 '안마사회장'으로 한다. 〈개정 2009. 1. 30.〉

④ 안마사의 업무한계, 안마시술소나 안마원의 시설 기준 등에 관한 사항은 보건복지부령으로 정한다. 〈개정 2008. 2. 29, 2010. 1. 18.〉

11-1 안마사에 관한 규칙 제3조 제1항 제1호 등 안마사 비맹제외기준 법률유보원칙 위반

(2006.5.25. 2003헌마715, 2006헌마368(병합))

Ⅰ. 판시 사항

1. 시각장애인에 한하여 안마사 자격인정을 받을 수 있도록 하는, 이른바 비맹제외기준(非盲除外基準)을 설정하고 있는 안마사에 관한 규칙(2000. 6. 16. 보건복지부령 제153호로 개정된 것) 제3조 제1항 제1호와 제2호 중 각 '앞을 보지 못하는' 부분(이하 '이 사건 규칙조항'이라 한다)이 법률유보원칙이나 과잉금지원칙에 위배하여 일반인의 직업선택의 자유를 침해하는지 여부(적극)

2. 이 사건 규칙조항에 대해 위헌선언을 하면서 위헌주문에 대한 이유에 있어 재판관들의 의견이 상이한 사례

Ⅱ. 결정요지

1. 이 사건 규칙조항은 안마사의 자격인정을 받을 수 있는 자를 일정한 범위의 '앞을 보지 못하는' 사람으로 한정하는, 이른바 비맹제외기준(非盲除外基準)을 설정함으로써 시각장애인이 아닌 일반인으로 하여금 안마사 자격을 받을 수 없도록 규정하고 있다. 이는 시각장애인이 아닌 일반인이 안마

사 직업을 선택할 수 있는 자유를 원천적으로 제한하는 것으로서, 아래에서 보는 바와 같이 기본권 제한에 관한 법률유보원칙이나 과잉금지원칙에 위배하여 일반인의 직업선택의 자유를 침해하고 있으므로 헌법에 위반된다.

2. 가. 재판관 윤영철, 재판관 권성의 의견

이 사건 규칙조항은 보건복지부장관이 규칙제정권을 행사함에 있어서 위임의 기준과 범위가 불분명하거나 지나치게 포괄적인 의료법 제61조 제4항을 빌미로 시각장애인이 아닌 자들이 안마사업에 종사하지 못하게 규정을 둠으로써 일반인의 직업선택의 자유를 제한하고 있다. 즉 국민의 기본권 제한에 관한 법령의 체계위반, 즉 위임입법의 한계일탈 상황은 위임조항인 모법에서뿐만 아니라 이 사건 규칙조항에서도 마찬가지로 발생하고 있다.

나. 재판관 전효숙, 재판관 이공현, 재판관 조대현의 의견

안마사 자격인정에 있어서 비맹제외기준은 기본권의 제한과 관련된 중요하고도 본질적인 사항임에도 불구하고, 이 사건 규칙조항은 모법으로부터 구체적으로 범위를 정하여 위임받지 아니한 사항을 기본권 제한사유로 설정하고 있으므로, 위임입법의 한계를 명백히 일탈한 것으로서 법률유보원칙에 위배된다.

또한 비맹제외기준은 시각장애인을 보호하고 이들의 생계를 보장하기 위한 것으로서 입법목적이 정당하다고 하더라도, 특정 직역에 대한 일반인의 진입 자체를 원천적으로 봉쇄하고 있어 합리적이고 적절한 수단이라 할 수 없고, 시각장애인 중에서도 일부에 불과한 등록안마사를 위하여 나머지 신체장애인 나아가 일반 국민의 직업선택의 자유를 지나치게 침해함으로써 기본권침해의 최소성원칙에도 어긋나며, 이를 통해 달성하려는 시각장애인의 생계보장 등 공익에 비하여 비(非)시각장애인들이 받게 되는 기본권침해의 강도가 지나치게 커서 법익의 균형성을 상실하고 있다.

다. 재판관 주선회의 의견

이 사건 규칙조항은 모법으로부터 구체적으로 기준과 범위를 정하여 위임받은 사항을 규율하고 있는지 여부를 살필 것 없이, 그 규정 자체만을 살펴보더라도 시각장애인에 대한 생계보장이라는 입법목적을 달성하기 위해 안마사라는 특정한 직역에 종사하려는 일반인의 진입 자체를 봉쇄하는 것으로서 과잉금지원칙에 위배하여 직업선택의 자유를 본질적인 내용까지 침해하고 있다.

라. 재판관 송인준의 의견

이 사건 규칙조항은 모법에서 정하고 있는 위임의 기준과 범위 내에서 기본권 제한사유를 정한 것이니만큼 법률유보원칙에 위배되지 않는다.

그러나 이 사건 규칙조항은 기본권 제한의 정도면에서 과잉규제에 해당되어 헌법에 위반된다. 즉 시각장애인에 대한 생계보장 등의 입법목적을 감안하더라도 과잉금지원칙에 위배하여 일반인의 직업선택의 자유를 본질적인 내용까지 침해한다.

다만 신체장애자 보호에 대한 헌법적 요청 등에 기하여 일반인에 비하여 열악한 처지에 있는 시각장애인의 생계를 보호하기 위한, 이 사건 규칙조항과 같은 수준의 우선적 처우는 헌법상 평등원칙에 위배되지 않는다.

≪재판관 김효종의 반대의견≫

헌법재판소 2003. 6. 26. 2002헌가16 결정의 합헌의견(판례집 15-1, 663, 669-674)에서 밝힌 바와 같이, 의료법 제61조 제4항이 법률유보원칙이나 포괄위임입법금지원칙에 위배되지 않음은 물론, 이 사건 규칙조항도 위 법률조항이 구체적으로 범위를 정하여 위임한 사항을 규율하고 있으므로 법률유보원칙에 위배되지 않는다.

비맹제외기준은 헌법 제34조 제5항의 신체장애자에 대한 국가의 보호, 장애인복지시책 등에 바탕을 두고서 일반인에 비해 취업상 극히 불리한 처지에 놓이게 되는 시각장애인을 보호하고 그들의 생계를 보장하기 위한 것으로서 입법목적의 정당성이 인정되고, 시각장애인의 신체적 조건 및 전문적 기술 등을 고려하여 이들에게만 안마사 자격을 허용하는 것은 필요하고도 적합한 수단에 해당한다. 일반인은 안마사 자격인정 대상에서 배제되더라도 다른 직업을 선택하여 생계를 유지할 수 있을 뿐만 아니라 만약 안마 등의 직종에서 일하기를 원할 경우 일련의 수련과정과 시험을 거쳐 물리치료사 자격을 취득하고 그 분야에서 종사할 수 있어 피해의 최소성에 반하지 않으며, 무엇보다도 일반인의 직업선택의 자유를 보호하는 것과는 비교할 수 없을 만큼 시각장애인의 인간다운 생활을 보장해 주어야 하는 공익이 월등히 우선한다고 할 것이므로 시각장애인의 생계보장 등 공익을 위하여 비(非)시각장애인의 직업선택의 자유를 어느 정도 제한하는 것은 법익의 균형성에 반하지 않는다.

또한 위와 같은 여러 사정을 고려할 때, 시각장애인에 대한 우선적 처우로 말미암아 일반인에게 가해지는 역(逆)차별적 취급에는 합리적인 이유가 있으므로, 이 사건 규칙조항은 시각장애인이 아닌 일반인의 평등권을 침해한다고 볼 수 없다.

Ⅲ. 심판대상조문

안마사에 관한 규칙(2000. 6. 16. **보건복지부령 제153호로 개정된 것**) **제3조**(**안마사의 자격**) ① 안마사의 자격인정을 받을 수 있는 자는 다음 각 호의 1에 해당하는 자로 한다.

1. 초·중등교육법 제2조 제5호의 규정에 의한 특수학교 중 고등학교에 준한 교육을 하는 학교에서 제2조의 규정에 의한 물리적 시술에 관한 교육과정을 마친 앞을 보지 못하는 사람

2. 중학교 과정 이상의 교육을 받고 보건복지부장관이 지정하는 안마수련기관에서 2년 이상의 안마수련과정을 마친 앞을 보지 못하는 사람

②, ③ 생략

Ⅳ. 참조조문

헌법 제11조 제1항, 제15조, 제34조 제5항, 제37조 제2항

의료법 제61조(안마사) ① 안마사가 되고자 하는 자는 시·도지사의 자격인정을 받아야 한다.

② 제1항의 안마사는 제25조의 규정에 불구하고 안마업무에 종사할 수 있다.

③ 이 법 중 제8조 제1항, 제23조, 제26조 내지 제29조, 제30조 제2항 제1호·제3항·제6항, 제32조, 제33조, 제48조 제1항, 제49조, 제50조(제32조의 규정에 위반한 경우에 한한다), 제51조 내지 제53조, 제53조의3 및 제63조의2의 규정은 안마사에 대하여 이를 준용한다. 이 경우에 '의료인'은 '안마사'로, '면허'는 '자격'으로, '면허증'은 '자격증'으로, '의료기관'은 '안마시술소 또는 안마원'으로, '해당의료관계단체의 장'은 '안마사회장'으로 한다.

④ 안마사의 자격인정, 그 업무한계 및 안마시술소 또는 안마원의 시설기준 등에 관하여 필요한 사항은 보건복지부령으로 정한다.

Ⅴ. 참조판례

1. 헌재 2003. 6. 26. 2002헌가16, 판례집 15-1, 663, 674

헌재 1989. 11. 20. 89헌가102, 판례집 1, 329, 336

헌재 2002. 4. 25. 2001헌마614, 판례집 14-1, 410, 427

Ⅵ. 당사자

청 구 인 송○택 외 6인

청구인들 대리인 법무법인 성실

담당변호사 박태원

Ⅶ. 주 문

1. 청구인 신○웅, 같은 이○석, 같은 박○수의 심판청구를 각하한다.

2. 안마사에 관한 규칙(2000. 6. 16. 보건복지부령 제153호로 개정된 것) 제3조 제1항 제1호와 제2호 중 각 '앞을 보지 못하는' 부분은 헌법에 위반된다.

Ⅷ. 이 유

1. 사건의 개요 및 심판의 대상

가. 사건의 개요

(1) 2003헌마715 사건

청구인 신○웅을 제외한 나머지 청구인들은 스포츠마사지 시술방법을 가르치는 대학이나 학원에서 그와 관련된 교육을 받고 스포츠마사지업에 종사하고자 하는 자들로서 2003. 10. 28. 서울특별시장에게 안마사자격인정 신청을 하였으나, 같은 해 11. 6. 이들이 시각장애인이 아니고 안마수련기관 등에서 관련교육을 이수하지 않았다는 이유로 신청서가 모두 반려되었다.

이에 앞서 청구인들은 자신들이 스포츠마사지업을 영위하고자 하나, 안마사에 관한 규칙 제3조 제1항 제1호 및 제2호가 앞을 보지 못하는 사람이 아닌 자는 안마사의 자격인정을 받을 수 없도록 규정함으로써 청구인들의 직업선택의 자유 등 기본권을 침해한다고 주장하면서 2003. 10. 21. 헌법소원심판을 청구하였다.

(2) 2006헌마368 사건

청구인 이○석은 전국스포츠마사지업소연합회 회장, 청구인 박○수는 전국스포츠마사지업소연합회 서울 ○○지부 회장으로서, 안마사가 되기 위한 교육을 받거나 안마사자격인정 신청을 하려고 하나, 안마사에 관한 규칙 제3조 제1항 제1호 및 제2호가 앞을 보지 못하는 사람이 아닌 자는 안마사 자격인정을 받을 수 없도록 규정함으로써 청구인들의 직업선택의 자유 등 기본권을 침해한다고 주장하면서 2006. 3. 20. 헌법소원심판을 청구하였다.

나. 심판의 대상

따라서 이 사건의 심판대상은 안마사에 관한 규칙(2000. 6. 16. 보건복지부령 제153호로 개정된 것) 제3조 제1항 제1호와 제2호 중 각 '앞을 보지 못하는' 부분(이하 '이 사건 규칙조항'이라 한다)의 위헌 여부이며, 그 내용은 다음과 같다.

(1) 심판대상 조항

안마사에 관한 규칙 제3조(안마사의 자격) ① 안마사의 자격인정을 받을 수 있는 자는 다음 각 호의 1에 해당하는 자로 한다.

1. 초·중등교육법 제2조 제5호의 규정에 의한 특수학교 중 고등학교에 준한 교육을 하는 학교에서 제2조의 규정에 의한 물리적 시술에 관한 교육과정을 마친 앞을 보지 못하는 사람
2. 중학교 과정 이상의 교육을 받고 보건복지부장관이 지정하는 안마수련기관에서 2년 이상의 안마수련과정을 마친 앞을 보지 못하는 사람

(2) 관련규정

의료법 제61조(안마사) ① 안마사가 되고자 하는 자는 시·도지사의 자격인정을 받아야 한다.

② 제1항의 안마사는 제25조의 규정에 불구하고 안마업무에 종사할 수 있다.

③ (생략)

④ 안마사의 자격인정, 그 업무한계 및 안마시술소 또는 안마원의 시설기준 등에 관하여 필요한 사항은 보건복지부령으로 정한다.

2. 청구인들의 주장 및 이해관계기관의 의견

가. 청구인들의 주장

(1) 이 사건 규칙조항은 안마사의 자격인정을 받을 수 있는 자를 '앞을 보지 못하는' 사람으로 제한함으로써 시각장애인이 아닌 일반인이 안마사 자격인정을 받을 수 있는 기회를 원천적으로 박탈하고 있다. 이는 모법인 의료법 제61조 제1항 및 제4항이 안마사 자격인정제도를 채택하면서 안마사의 자격인정, 그 업무한계 및 안마시술소 또는 안마원의 시설기준 등에 관하여 필요한 사항을 보건복지부령으로 정하도록 위임하였음에도 불구하고 위임의 한계를 벗어나 아예 시각장애인이 아닌 일반인은 안마사 자격인정을 받을 수 없도록 규정한 것으로서 법률유보원칙에 위배된다.

(2) 시각장애인에 한해 안마사 자격인정을 받을 수 있도록 규정한 것은 시각장애인이 아닌 국민의 직업선택의 자유를 본질적인 내용까지 침해하는 것이며, 합리적인 이유 없이 안마사 자격인정을 받을 수 있는 자의 범위에서 일반인을 배제하는 차별적 취급을 하고 있으므로 평등원칙에도 위배된다. 또 이 사건 규칙조항은 일반인으로 하여금 특수학교나 안마수련기관에서 안마사 자격취득과 관련된 교육을 받을 권리를 제한하고 있다.

나. 보건복지부장관의 의견

이 사건 규칙조항은 의료법 제61조 제4항의 위임에 따라 안마사의 자격인정을 받을 수 있는 기준과 범위를 정한 것으로서, 모법인 의료법의 연혁 및 안마사제도의 취지 등에 비추어 볼 때 법률유보원칙에 위배되지 않는다. 또 헌법 제34조 제5항의 신체장애자 보호에 대한 헌법적 요청, 시각장애인에 대한 생계보장의 필요성 등을 종합적으로 고려할 때 이 사건 규칙조항은 헌법에 위배되지 않는다.

다. 대한의사협회 및 대한한의사협회의 의견

최근 스포츠마사지사, 건강관리사, 운동처방사, 경락마사지사, 생활건강관리사, 발관리사, 카이로프렉틱사(Chiropractor) 등 유사의료 내지 유사안마를 행하는 직종이 생겨나고 있는데, 이들을 모두 합법화하면 ① 의료법상의 자격을 갖춘 물리치료사 등 의료기사들은 독립된 업소개설권을 갖지 못하고 의사의 지도·감독하에 치료보조행위만을 할 수 있음에 반하여 단기간의 사설교육과정을 거친 유사안마행위자들은 독립된 업소개설권을 갖게 되어 기존 의료제도를 크게 위협하게 되고, ② 유사안마업자들로 인해 의료사고 발생의 위험성이 높아 치명적인 피해를 입는 환자들이 양산될 우려가 있으며, ③ 국민들의 건강을 무면허 의료인에게 맡기게 되는 것으로 국가의 보건의료 기본정책에 반하게 된다.

라. 사단법인 대한안마사협회의 의견

보건복지부장관의 의견과 대체로 유사한 취지이다.

3. 심판청구의 적법성에 관한 판단

가. 자기관련성, 직접성

이 사건 규칙조항은 안마사 자격인정제도를 규정한 의료법 제61조 제4

항을 근거로 하여 앞을 보지 못하는 사람에 한하여 안마사 자격인정을 받을 수 있도록 한정하고, 시각장애인이 아닌 사람에 대하여는 안마사 자격인정을 받을 수 없도록 규정함으로써 그 적용을 받는 국민들의 기본권을 직접적으로 제한하고 있다. 즉 시각장애인이 아닌 청구인들은 이 사건 규칙조항으로 인해 안마사 자격을 받을 수 없게 되고 또 안마사업에 종사할 수 없게 되는 이상 그 기본권을 직접 침해당하고 있으므로 자기관련성, 직접성이 인정된다.

나. 현재성, 청구기간

청구인들은 심판청구 당시 이 사건 규칙조항으로 인한 기본권 침해를 현실적으로 받았던 것은 아니다. 그러나 청구인 신○웅, 이○석, 박○수를 제외한 나머지 청구인들이 심판청구 당시 안마사업을 위한 준비(스포츠마사지 교육수강)를 하고 있었고, 또 실제로 2003. 10. 21. 심판청구 후 같은 달 28. 서울특별시장에게 안마사자격인정신청을 하였다가 같은 해 11. 6. 그 신청이 반려된 점 등에 비추어 보면, 이 사건 규칙조항으로 인한 기본권침해가 틀림없이 있을 것으로 심판청구 당시에 이미 확실히 예측되었다 할 것이므로 기본권구제의 실효성을 보장하기 위하여 기본권침해의 현재성을 인정할 수 있다(헌재 1992. 10. 1. 92헌마68등, 판례집 4, 659, 669 참조).

또한 이와 같이 장래 확실히 기본권침해가 예측되어 현재관련성을 인정하는 이상 청구기간 도과의 문제는 발생할 여지가 없다. 즉 청구기간을 준수하였는지 여부는 이미 기본권침해가 발생한 경우에 비로소 문제될 수 있는데, 이 사건의 경우 심판청구 당시 아직 기본권침해가 없으나 장래 확실히 기본권침해가 예측되므로 미리 앞당겨 현재의 법적 관련성을 인정하는 것이기 때문이다(헌재 1999. 12. 23. 98헌마363, 판례집 11-2, 770, 781 참조).

그러나 청구인 신○웅, 이○석, 박○수는 심판청구 당시나 그 후에도 이 사건 규칙조항으로 인하여 현실적으로 기본권침해를 받았다고 볼 만한 아무런 자료가 없으므로 기본권 침해의 현재성을 인정할 수 없다.

다. 보충성

법령 자체에 의한 직접적인 기본권침해가 문제될 때에는 그 법령 자체의 효력을 직접 다투는 것을 소송물로 하여 일반법원에 소송을 제기하는 길이 없어, 구제절차가 있는 경우가 아니므로 바로 헌법소원을 청구할 수 있다(헌재 1996. 10. 4. 94헌마68등, 공보 18, 590). 또 헌법재판소법 제68조 제1항 후단 소정의 다른 법률에 의한 구제절차란, 소원의 목적물인 공권력의 행사 또는 불행사를 직접 대상으로 하여 그 효력을 다툴 수 있는 절차를 의미하는 것이지 최종 목적을 달성키 위하여 취할 수 있는 모든 우회적인 구제절차를 의미하는 것이 아니다(헌재 1990. 10. 15. 89헌마178, 판례집 2, 365, 371).

이 사건의 경우 청구인들이 이 사건 규칙조항 자체의 효력을 직접 다투는 것을 소송물로 하여 일반법원에 소송을 제기하는 길이 없어 다른 법률에 구제절차가 있는 경우에 해당하지 않으므로, 보충성의 요건도 갖추었다.

라. 소결론

그렇다면 청구인 신○웅, 이○석, 박○수의 심판청구는 기본권침해의 현재성 요건을 결여한 것으로서 부적법하고, 나머지 청구인들의 심판청구는 적법하다(이하에서의 '청구인들'은 청구인 신○웅, 이○석, 박○수를 제외한 나머지 청구인들만을 가리킨다).

4. 본안에 관한 판단

가. 이 사건 규칙조항의 의미

(1) 비맹제외기준과 기본권 제한

의료법상 '안마행위'는 사람의 건강증진이나 피로회복을 목적으로 손이나 특수한 기구로 몸을 주무르거나 누르거나 잡아당기거나 두드리거나 하는 등의 안마, 마사지 또는 지압 등 각종 수기요법과 이에 부수하여 간단한 전기기구 등을 사용하는 자극요법에 의하여 인체에 대한 물리적 시술을 하여 혈액의 순환을 촉진시킴으로써 뭉쳐진 근육을 풀어주는 등에 이를 정도의 행위로 해석되고 있다(대법원 2001. 6. 1. 선고 2001도1568 판결, 공보 2001하, 1562 참조). 한편, 안마나 마사지, 지압 등이 '의료행위'에 해당하는지는 그 명칭(기치료, 스포츠마사지 등) 여하에 불구하고 일률적으로 단정할 수는 없는데, 대법원판례에 의하면 '의료행위'라 함은 의학적 전문지식을 기초로 하는 경험과 기능으로 진찰, 검안, 처방, 투약 또는 외과적 시술을 시행하여 하는 질병의 예방 또는 치료행위 및 그 밖에 의료인이 행하지 아니하면 보건위생상 위해가 생길 우려가 있는 행위를 의미하고, 안마나 지압이 의료행위에 해당하는지에 대해서는 그것이 단순한 피로회복을 위하여 시술하는 데 그치는 것이 아니라 신체에 대하여 상당한 물리적인 충격을 가하는 방법으로 어떤 질병의 치료행위에까지 이른다면 보건위생상 위해가 생길 우려가 있는 행위, 즉 의료행위에 해당한다고 보고 있다(대법원 2000. 2. 25. 선고 99도4542 판결, 공보 2000상, 903 참조).

의료법 제61조는 안마사가 되고자 하는 자는 시·도지사의 자격인정을 받아야 하고(제1항), 자격인정을 받은 안마사는 제25조의 규정에 불구하고 안마업무에 종사할 수 있으며(제2항), 안마사의 자격인정, 그 업무한계 및 안마시술소 또는 안마원의 시설기준 등에 관하여 필요한 사항은 보건복지부령으로 정한다(제4항)고 규정하고 있다.

그런데 의료법 제61조 제4항을 근거로 하여 제정된 이 사건 규칙조항은 안마사의 자격인정을 받을 수 있는 자를 일정한 범위의 '앞을 보지 못하는 사람'만으로 한정함으로써, 시각장애인이 아닌 일반인으로 하여금 안마사 자격을 원천적으로 받을 수 없도록 하는 기준, 이른바 비맹제외기준(非盲除外基準)을 설정하고 있다.

따라서 시각장애인이 아닌 청구인들이 안마업무에 종사하기 위해서는 우선 안마사의 자격인정을 받아야 하지만, 위와 같은 비맹제외기준으로 인해 안마사 자격을 원천적으로 받을 수 없게 되어 안마사 직업을 선택할 수 있는 자유를 제한받고 있으며, 시각장애인과 비교할 때 안마사 자격취득에 있어서 차별적 취급을 받고 있다 할 것이다.

(2) 교육을 받을 권리 침해 여부

청구인들은 이 사건 규칙조항이 헌법 제31조 제1항의 교육을 받을 권리를 침해하는 것이라고 주장한다. 그러나 안마사에 관한 규칙 제3조 제1항은 안마사의 자격인정을 받을 수 있는 자로서 초·중등교육법 제2조 제5호의 규정에 의한 특수학교 중 고등학교에 준한 교육을 하는 학교에서 제2조의 규정에 의한 물리적 시술에 관한 교육과정을 마친 '앞을 보지 못하는' 사람(제1호), 중학교 과정 이상의 교육을 받고 보건복지부장관이 지정하는 안마수련기관에서 2년 이상의 안마수련과정을 마친 '앞을 보지 못하는' 사람(제2호)으로 한정하고 있다. 이와 같은 규정의 형식과 내용에 비추어 볼 때, 이 규칙조항은 일정한 특수 교육과정을 마친 사람 중에서 특별히 시각장애인에 한하여 안마사자격을 받을 수 있도록 하는 기준과 범위를 정하는 데 중점을 두고 있을 뿐, 청구인들과 같은 일반인이 안마, 마사지 등에 관한 교육을 받을 권리 자체를 제한하기 위한 규정이라고는 보기 어렵다. 또한 이 규칙조항에서 예정하고 있는 교육내용(특수학교에서의 물리적 시술에 관한 교육, 보건복지부장관 지정 안마수련기관에서의 교육)이 시각장애인만을 대상으로 한 것이라면 이는 시각장애인이 안마사업에 종사하는 데 필요한 물리적 시술방법 등을 교육하기 위한 목적으로 개설된 것으로서 시각장애인이 아닌 일반인에게는 그 속성상 필요·적합하지도 않은 것이라 할 것이다. 따라서 이 사건 규칙조항은 청구인들의 교육을 받을 권리를 제한한다고 보기 어렵다.

나. 이 사건 규칙조항의 위헌 여부

이 사건 규칙조항은 아래에서 살펴보는 바와 같이 기본권 제한의 방식에서 법률유보원칙에 위배되거나 그 제한의 정도가 과잉금지원칙에 위배되어 위헌임을 면하기 어렵다.

(1) 재판관 윤영철, 재판관 권성의 의견

국민의 기본권은 헌법 제37조 제2항에 의하여 국가안전보장·질서유지 또는 공공복리를 위하여 필요한 경우에 한하여 이를 제한할 수 있으나, 그 제한의 방법은 원칙적으로 법률로써만 가능하고 제한의 정도도 기본권의 본질적 내용을 침해할 수 없으며 필요한 최소한도에 그쳐야 한다. 여기서 기본권제한에 관한 법률유보원칙은 '법률에 근거한 규율'을 요청하는 것이므로, 그 형식이 반드시 법률일 필요는 없다 하더라도 법률상의 근거는 있어야 한다 할 것이다.

(가) 이 사건 규칙조항이 앞을 보지 못하는 사람이 아닌 사람은 안마사 자격을 원천적으로 받을 수 없도록 이를 제외하는 기준 내지 범위(비맹제외기준)를 안마사의 자격인정요건으로 설정하고 있는 것은 국민들이 안마사 직업을 자유로이 선택할 수 없도록 제한하는 것이므로 이는 기본권의 제한과 관련된 중요하고도 본질적인 사항이어서 마땅히 법률로 정하는 것이 원칙이고 하위법규에 그 입법을 위임할 수는 없는 문제이다. 이미 헌법재판소 2003. 6. 26. 2002헌가16 결정의 위헌의견(판례집 15-1, 663, 674-675)에서, 이 사건 규칙조항이 위임근거로 삼고 있는 의료법 제61조 제4항이 비맹제외와 같은 기본권과 관련된 본질적인 사항을 하위법규에 입법위임을 한 것은 의회유보의 원칙(법률유보원칙)에 위배되는 것임을 지적한 바 있다.

즉 의료법 제61조 제4항은 안마사의 자격인정에 필요한 사항은 보건복지부령으로 정한다고 위임을 하면서도 위임사항에 관하여 구체적인 범위를 전혀 정한 바가 없다. 그러므로 국민들로서는 하위법규에서 구체적으로 정하여질 안마사의 자격인정요건이 어떤 것이 될 것인지를 위 법률조항만으로는 도저히 예측할 수 없다. 뿐만 아니라 의료법의 다른 규정 전체를 유기적·체계적으로 살펴보아도 안마사의 자격인정요건의 기본적 윤곽을 짐작케

하는 아무런 단서를 발견할 수 없고, 위와 같은 비맹제외기준 같은 것을 시사하는 규정도 발견하기 어렵다. 그렇다면 의료법 제61조 제4항은 하위법규에 입법을 위임하면서 아무런 기준과 범위를 설정하지 아니한 것이어서 포괄위임을 금지한 헌법 제75조에도 위반된다.

(나) 다른 한편 이 사건 규칙조항은 보건복지부장관이 규칙제정권을 행사함에 있어서 위와 같이 위임의 기준과 범위가 불분명하거나 지나치게 포괄적인 법률조항을 빌미로 청구인들을 비롯한 시각장애인이 아닌 자들이 안마사업에 종사하지 못하게 규정을 둠으로써 그들 일반인의 직업선택의 자유를 제한하고 있다. 말하자면 국민의 기본권 제한에 관한 법령의 체계위반, 즉 위임입법의 한계일탈 상황은 위임조항인 모법에서뿐만 아니라 이 사건 규칙조항에서도 마찬가지로 발생하고 있는 것이다.

그렇다면 이 사건 규칙조항은 모법인 의료법 규정과 더불어 기본권 제한에 관한 방식, 즉 법률유보원칙을 위배하고 있어서 그 자체로서 위헌임을 면키 어려우므로 기본권제한의 정도가 과도한 것인지 여부를 떠나서 헌법에 위반된다고 할 것이다.

(2) 재판관 전효숙, 재판관 이공현, 재판관 조대현의 의견

(가) 법률유보원칙 위배

의료법 제61조 제1항은 안마사가 되고자 하는 자는 시·도지사의 자격인정을 받아야 한다고 규정하고, 동조 제4항은 안마사의 자격인정 등에 관하여 필요한 사항은 보건복지부령으로 정한다고 규정하고 있다.

그런데 이 사건 규칙조항은 시각장애인을 안마사의 자격인정요건으로 설정함으로써 시각장애인이 아닌 국민들이 안마사 직업을 자유로이 선택할 수 없도록 원천적으로 제한하고 있다. 즉 이는 기본권의 제한과 관련된 중요하고도 본질적인 사항임에도 불구하고, 법률이 아닌 하위법규에서 비로소 입법화한 것이다. 의료법은 안마사의 자격인정에 필요한 사항을 위임하였는

데 이 사건 규칙조항은 안마사의 자격인정과 무관한 시각장애를 안마사 자격을 인정하기 위한 요건으로 규정하여 기본권을 침해하는 입법을 하였다. 이는 모법으로부터 구체적으로 범위를 정하여 위임받지 아니한 사항을 하위법규에서 기본권 제한 사유로 설정하고 있는 것이므로 이는 위임입법의 한계를 명백히 일탈하고 있는 것이다.

따라서 이 사건 규칙조항은 법률상 근거 없이 기본권을 제한하고 있으므로 법률유보원칙에 위배된다.

(나) 직업선택의 자유에 대한 과잉규제

모든 국민은 직업선택의 자유를 가지고 있고(헌법 제15조), 누구나 자유롭게 자신이 종사할 직업을 선택하고, 그 직업에 종사하며, 이를 변경할 수 있다. 따라서 직업의 자유에 대한 제한은 반드시 법률로써 하여야 할 뿐만 아니라 국가안전보장, 질서유지 또는 공공복리 등 정당하고 중요한 공공의 목적을 달성하기 위하여 필요하고 적정한 수단, 방법에 의해서만 가능하다(헌재 1989. 11. 20. 89헌가102, 판례집 1, 329, 336). 특히 헌법재판소는 당사자의 능력이나 자격과 상관없는 객관적 사유에 의한 직업의 자유의 제한은 월등하게 중요한 공익을 위하여 명백하고 확실한 위험을 방지하기 위한 경우에만 정당화될 수 있고, 따라서 이 경우 헌법 제37조 제2항이 요구하는 과잉금지의 원칙, 즉 엄격한 비례의 원칙이 그 심사척도가 된다고 판시한 바 있다(헌재 2002. 4. 25. 2001헌마614, 판례집 14－1, 410, 427).

안마사 자격인정에 있어서 비맹제외기준은 시각장애인이 아닌 사람의 직업선택의 자유를 직접 침해하고 있고, 이는 당사자의 능력이나 자격과 상관없는 객관적 허가요건에 의한 직업선택의 자유에 대한 제한을 의미하므로, 헌법 제37조 제2항이 요구하는 과잉금지의 원칙을 충족하여야 할 것이다.

1) 목적의 정당성

비맹제외기준이 시각장애인을 보호하고 이들의 생계를 보장하기 위한 것으로서 입법목적이 정당하다고 하더라도, 개인의 능력이나 노력으로 사실상 극복이 불가능한 객관적 허가조건에 의한 제한을 가하기 위해서는 일반적인 목적의 정당성 외에 '월등하게 중요한 공익에 대한 명백하고 확실한 위험을 방지하기 위한 목적'이 존재하여야 한다. 그러나 시각장애인에 대한 생계보장이 공익임에는 틀림없지만 다른 공익들과 비교할 때 '월등하게' 중요한 것으로 평가되기 어렵고, 비맹제외기준이 유지되지 않으면 이에 대한 명백하고 확실한 위험이 발생한다고 보기도 어렵다. 비맹제외기준이 제거되더라도 맹인안마사의 영업활동이 전혀 불가능하게 되는 것이 아니고 단지 시각장애인이 아닌 일반 안마사들과 경쟁하는 입장에 처하게 될 뿐이며, 2005년 9월말 현재 전체 등록시각장애인 184,965명 중에서 안마업에 종사하는 사람은 약 6~7천 명에 불과하므로,[1] 이로써 시각장애인 전체의 복지에 명백하고 확실한 위험이 발생하게 된다고 보기 어렵다.

2) 방법의 적절성

시각장애인에 대한 생계보장의 목적을 달성하기 위한 수단으로서 안마사 자격을 시각장애인에 한하여 부여하는 비맹제외기준을 상정할 수도 있으나, 이는 안마사업에 종사하려는 일반인 또는 시각장애인이 아닌 다른 신체장애자들의 안마사 자격취득 기회 자체를 원천적으로 박탈하고 있어 적절한 수단이라고 할 수 없다.

일반적으로 신체장애인의 복지와 사회활동 참여를 증진시키기 위한 관련 법령들을 살펴보더라도 비맹제외기준과 같이 특정 직역에 대한 일반인들의 진입 자체를 원천적으로 봉쇄하는 경우를 발견하기 어렵다[예컨대 장애인복지법 제34조(자녀교육비의 지급), 제37조(자금의 대여 등), 제38조 내지 제40조(생

1 사단법인 대한안마사협회가 제출한 2006. 4. 14.자 보충의견서에 의하면, 2005. 9.말 현재 중증(1급 및 2급) 시각장애인 36,183명 중 6,752명, 경증(3급 내지 6급) 시각장애인 148,782명 중 52명 합계 6,804명이 안마업에 종사하고 있다. 이는 보건복지부가 발표한 2005. 9.말 현재 등록(登錄)시각장애인 184,965명을 기준으로 한 것이므로 실제로 안마업에 종사하는 시각장애인은 이보다 조금 많을 것으로 추정된다.

업지원, 자립훈련비 지급, 생산품의 구매), 특수교육진흥법 제5조(의무교육 등)].

나아가 시각장애인의 생계를 보장하기 위한 방안으로, 시각장애인 안마사가 취업할 수 있는 보건복지 관련시설을 안마시술소나 안마원 외에 보건소, 노인복지시설, 장애인복지시설 등으로 확대하여 시행하는 방법이나 일정한 규모의 사업장에 산업안마사(헬스키퍼; Health Keeper) 1인 이상을 의무적으로 고용하도록 강제하는 방법, 안마사 자격시험에서 시각장애인에게는 시험과목을 축소해주는 방법 등 보다 다양한 형태로 시각장애인의 안정적인 생활을 보장할 수 있는 방안을 고려할 수 있을 것이다.

3) 피해의 최소성

비맹제외기준은 오로지 시각장애인의 생계를 보장하기 위한 것이지만 사회공동체의 다른 구성원들에게도 동등하게 보장되어야 할 직업선택의 기회 자체를 원천적으로 배제시킬 뿐만 아니라, 국민이 안마를 통해 건강을 증진시키고 또 안마사 간의 경쟁을 통해 질적으로 향상된 서비스를 공급받을 기회마저도 상실시키고 있다(청구인들은 2006년 5월 현재 안마유사직종인 스포츠마사지, 경락마사지, 발마사지, 기타 수기요법 등 직역에 종사하려는 사람이 약 100만 명을 상회하고 있다고 주장한다).

그런데 보건복지부가 발표한 「전국 장애인 등급별 유형별 등록현황」에 따르면, 2005년 9월말 현재 전국 등록(登錄)장애인 수는 1,741,024명이고, 장애인복지법상 등록시각장애인은 184,965명이며,[2] 그중 중증(重症, 1급 및 2급) 시각장애인은 36,183명(약 19.56%)인 데 비하여,[3] 등록시각장애인 중 실제로 안마업에 종사하는 사람은 6,804명(중증시각장애인 6,752명, 경증시각장애인 52

2 보건복지부 관련기관인 한국보건사회연구원이 발간한 '2005년 장애인실태조사'에 의하면, 추정시각장애인 수는 198,456명이다.

3 전국 장애인 등급별 유형별 등록(登錄)현황 (2005년 9월말 현재, 단위 : 명)

구분	계	1급	2급	3급	4급	5급	6급
시각장애인	184,965	29,017	7,166	9,239	9,058	15,509	114,976

자료: 보건복지부 홈페이지(http://www.mohw.go.kr) 참조

명, 사단법인 대한안마사협회가 제출한 2006. 4. 14.자 보충의견서 및 첨부자료 참조)에 불과하여 전체 등록시각장애인의 3.68%, 중증시각장애인의 18.66%에 그치고 있다. 즉 시각장애인 중에서도 소수에 불과한 등록안마사를 위하여 비맹제외기준을 그대로 유지한다면 시각장애인을 제외한 나머지 신체장애인, 나아가 일반인의 직업선택의 자유를 지나치게 침해하게 됨으로써 기본권침해의 최소성원칙에도 어긋난다.

4) 법익의 균형성

결국 비맹제외기준으로 달성하고자 하는 시각장애인의 생계보장 등 공익에 비하여 이로 말미암아 비(非)시각장애인들이 받게 되는 직업선택의 자유에 대한 기본권침해의 강도는 지나치게 크다 할 것이므로, 이 사건 규칙조항은 보호하려는 공익과 기본권침해 간의 현저한 불균형으로 법익의 균형성을 상실하고 있다.

따라서 신체장애자 보호에 대한 헌법적 요청, 시각장애인은 장애의 특수성으로 인해 사회생활에 적응하기 어렵다는 점 등을 모두 감안하더라도 특정한 직역 자체에 일반인의 진입 자체를 봉쇄하는 것은 과잉금지원칙을 위배하여 청구인들을 비롯한 국민의 직업선택의 자유를 본질적인 내용까지 침해하는 것으로서 위헌이라고 할 것이다.

(3) 재판관 주선회의 의견

이 사건 규칙조항은 모법으로부터 구체적으로 기준과 범위를 정하여 위임받은 사항을 규율하고 있는지 여부를 살필 것 없이, 그 규정 자체만을 살펴보더라도 시각장애인에 대한 생계보장이라는 입법목적을 달성하기 위하여 안마사라는 특정한 직역에 종사하려는 일반인의 진입 자체를 봉쇄하는 것으로서 과잉금지원칙에 위배하여 직업선택의 자유를 본질적인 내용까지 침해하고 있다. 이 부분에 대한 의견은 재판관 전효숙, 재판관 이공현, 재판관 조대현의 위헌의견 중 '(나) 직업선택의 자유에 대한 과잉규제' 부분과 같은 취지이다.

따라서 이 사건 규칙조항은 과잉금지원칙에 위배하여 청구인들의 직업선택의 자유의 본질적인 내용까지 침해하는 것으로서 위헌이라고 할 것이다.

(4) 재판관 송인준의 의견

(가) 헌법재판소 2003. 6. 26. 2002헌가16 결정의 합헌의견(판례집 15-1, 663, 669~674)에서 밝힌 바와 같이, 이 사건 규칙조항이 시각장애인이 아닌 사람에 대해 안마사 자격을 인정하지 않는 비맹제외기준을 설정하고 있더라도 이는 위임근거가 되는 의료법 제61조 제4항이 기본권과 관련된 본질적인 사항을 하위법규에 위임함에 있어서 법률유보원칙이나 포괄위임금지원칙에 위배된다고 볼 수 없다. 즉 비맹제외기준이 비록 의료법 제61조 제4항의 문언에 표시되어 있지 않았다고 하더라도 의료법상 안마사 자격인정제를 두는 취지, 행정부의 장애인 복지시책의 일환으로 시각장애인에 한해 안마사 자격을 부여한 점, 그 밖에 안마사제도의 시행 역사에 비추어 안마사는 원칙적으로 시각장애인에게 허용되는 업종이라는 일반인의 법의식이 형성되어 왔고, 이러한 정부정책에 대한 시각장애인들의 신뢰를 보호할 필요가 있다는 점 등을 고려할 때, 이 사건 규칙조항이 비맹제외기준을 설정한 것은 의료법 제61조 제4항에 내포된 의미를 확인하는 것으로 볼 수 있다. 그렇다면 이 사건 규칙조항 또한 명백히 모법에서 정하고 있는 위임의 기준과 범위 내에서 기본권 제한사유를 정한 것이니만큼 법률유보원칙에 위배되지 않는다.

그러나 이 사건 규칙조항은 기본권 제한의 정도면에서 고찰하면 과잉규제에 해당되어 헌법에 위반된다고 할 것이다. 즉 시각장애인에 대한 생계보장 등의 입법목적을 감안하더라도 과잉금지원칙에 위배하여 청구인들의 직업선택의 자유를 본질적인 내용까지 침해한다고 할 것이며, 이 부분의 의견은 재판관 전효숙, 재판관 이공현, 재판관 조대현의 위헌의견 중 '(나) 직업선택의 자유에 대한 과잉규제' 부분과 같은 취지이다.

(나) 다만 이 사건 규칙조항이 청구인들의 직업선택의 자유를 과도하게 제한하는 측면이 있기는 하지만, 청구인들과 같은 일반인과 시각장애인 사이의 차별적 취급의 문제가 헌법상 평등원칙에 위배될 정도는 아니라는 점을 덧붙여 둔다.

우리 헌법 제34조 제2항은 사회적 약자(弱者)를 위하여 국가가 적극적으로 사회보장·사회복지 정책을 펴 나가야 할 의무가 있음을 천명하고 있고, 특히 제5항에서 "신체장애자 및 질병·노령 기타의 사유로 생활능력이 없는 국민은 법률이 정하는 바에 의하여 국가의 보호를 받는다"라고 규정하여 신체장애자 등에 대한 국가의 우선적 처우보장의 길을 열어 놓고 있다. 뿐만 아니라 각종 사회보장·사회보호 입법에서도 국가나 지방자치단체가 신체장애자를 위한 보호시책을 적극적으로 강구해 나가야 한다는 점을 분명히 밝히고 있다(장애인복지법 제6조, 제9조; 장애인고용촉진 및 직업재활법 제3조, 제13조 등). 이와 같은 여러 가지 사정을 두루 고려하면 비록 이 사건 규칙조항이 청구인들과 같은 일반인에 대하여 직업선택의 자유를 과도하게 제한하고 있더라도 평등원칙 위배 여부를 심사함에 있어서는 엄격한 심사가 아니라 완화된 기준에 의한 심사를 하여야 한다.

이러한 기본적인 인식에 터 잡아 이 사건 규칙조항이 헌법상 평등원칙에 위배되는지 여부를 살펴보면, 아래 6. 재판관 김효종의 반대의견 중 '(3) 평등원칙 위배 여부' 부분과 대체로 같은 취지에서 이 사건 규칙조항이 헌법상 평등원칙에는 위배되지 않는다고 할 것이다. 즉 이 사건 규칙조항은 신체장애자 보호에 대한 헌법적 요청 등에 기하여 일반인에 비하여 열악한 처지에 있는 시각장애인의 생계를 보호하기 위한 것으로서, 시각장애인과 비교하여 안마업에 종사하려는 일반인에게 가해지는 차별적 취급에는 합리적인 이유가 있다 할 것이므로 평등권을 침해한다고 볼 수 없다. 말하자면 신체장애자와 같은 사회적 약자를 위한 배려 차원에서 이루어지는, 이 사건 규칙조항과 같은 수준의 우선적 처우는 헌법상 평등원칙에 위배될 정도의 것은 아니고 다만 그 우선적 처우로 인하여 상대적으로 일반인에게 가해질 수 있는 역(逆)차별(기본권 제한)의 정도가 과잉금지원칙에 위배되어 헌법에 위반된다는 것이다.

5. 결 론

그렇다면, 이 사건 심판청구 중 청구인 신○웅, 같은 이○석, 같은 박○수의 심판청구는 부적법하여 각하하고, 이 사건 규칙조항은 보건복지부장관이 규칙제정권을 행사함에 있어서 법률유보원칙이나 과잉금지원칙에 위배하여 나머지 청구인들의 직업선택의 자유를 침해하고 있으므로, 헌법재판소법 제75조 제3항에 의하여 취소되어야 하는 것이나 이를 취소하는 의미에서 위헌선언을 하기로 하여 주문과 같이 결정한다. 이 결정은 재판관 김효종의 아래 6.과 같은 반대의견이 있는 외에는 나머지 관여 재판관 전원의 일치된 의견에 의한 것이다.

6. 재판관 김효종의 반대의견

다수의견은 이 사건 규칙조항이 법률유보원칙이나 과잉금지원칙에 위배되어 위헌이라고 하나, 나는 이와는 달리 이 사건 규칙조항이 법률유보원칙을 준수하고 있을 뿐만 아니라 과잉금지원칙, 평등원칙에도 위배되지 아니하여 합헌이라고 판단하므로 다음과 같이 반대의견을 밝히는 바이다.

(1) 법률유보원칙의 준수 여부

다수의견은 이 사건 규칙조항이 시각장애인이 아닌 사람의 직업선택의 자유를 제한하고 있고 이와 같은 기본권 제한과 관련된 중요하고도 본질적인 사항은 마땅히 법률로 정하여야 하는 것인데 모법인 의료법에서 이를 위임하면서 아무런 기준과 범위를 설정하지 아니한 채 하위법규에서 기본권

제한 사유를 정하는 것은 법률유보원칙에 위배된다고 주장한다.

그러나 이미 헌법재판소 2003. 6. 26. 2002헌가16 결정의 합헌의견(판례집 15-1, 663, 669~674)에서 밝힌 바와 같이, 의료법 제61조 제4항이 법률유보원칙이나 포괄위임입법금지원칙에 위배되지 않음은 물론이고, 이 사건 규칙조항도 위 법률조항이 구체적으로 범위를 정하여 위임한 사항을 규율하고 있는 것으로서 역시 법률유보원칙에 위배되지 않는다고 할 것이다. 위 관련결정의 대체적인 요지는 아래와 같다.

안마사 자격인정 제도는 안마사업에 종사할 수 있는 국민들의 직업선택의 자유를 일반적으로 금지한 후 그와 같이 금지된 직업선택의 자유를 법령이 정하는 바에 의해 일정한 경우에 한해 회복시켜 주는 이른바 강학상의 허가에 해당하는 것이므로 본래 그 허가기준을 반드시 법률로 상세히 정해야 하는 것은 아니다. 그리고 의료법의 목적과 일반적으로 자격인정제를 두는 취지에 비추어 볼 때, 안마사 자격인정의 기준은 적정한 안마행위를 통하여 국민의 건강을 보호하고 증진시킬 수 있는 자, 즉 안마에 관한 소정의 교육을 받은 자나 특히 안마행위를 하기에 적합한 전문적 기술이나 신체적 조건을 갖춘 자 등에게만 자격을 인정하리라는 것을 일반인이 충분히 예견할 수 있다고 보인다.

또한 입법자는 일단 법률에서 안마사업은 누구나 종사할 수 있는 업종이 아니라 행정청에 의해 자격인정을 받아야만 종사할 수 있는 직역이라고 규정하고 그 자격인정 요건을 정할 수 있는 권한을 행정부에 위임하는 것으로서 의회유보원칙을 준수했다고 할 수 있는 것이다. 그리고 입법자로부터 그러한 위임을 받은 행정부는 시행규칙을 제정하여 안마사 자격인정을 받을 수 있는 대상자를 특정할 권한도 위임받은 것이라고 보아야 한다. 이에 따라 행정부의 장애인 복지 시책 일환으로 안마사의 자격을 시각장애인에 한해 부여하는 것도 행정부의 정책적 판단에 달린 일이라고 해야 한다.

나아가 안마사제도의 시행 역사에서 알 수 있는 바와 같이 일반인들의 의식에도 안마사는 원칙적으로 시각장애인에게 허용되는 업종이라는 법의식이 형성되어 왔다고 할 수 있으며, 시각장애인들도 안마사업은 원칙적으로 자신들에게 허가되는 업종이라고 여겨 그에 관한 정부정책에 대해 신뢰를 형성해 왔다고 할 수 있다.

그렇다면 시각장애인 아닌 자에 대해 안마사의 자격을 인정하지 않는 이른바 비맹제외라는 기준이 비록 의료법 제61조 제4항의 문언에 표시되어 있지 않았다고 하더라도 그러한 정부정책에 대한 시각장애인들의 신뢰를 보호할 필요가 있다는 점 등에서 볼 때, 이 사건 규칙조항이 비맹제외기준을 설정한 것은 의료법 제61조 제4항에 내포된 의미를 확인하는 것이고 이는 국민들이 능히 예상할 수 있는 내용이라고 하겠다.

(2) 과잉금지원칙의 위배 여부

또한 시각장애인에 한하여 안마사 자격인정을 받을 수 있도록 규정한 이 사건 규칙조항은 과잉금지원칙에 위배하여 청구인들의 직업선택의 자유를 본질적인 내용까지 침해하였다고 볼 수 없다.

(가) 목적의 정당성

헌법 제34조 제5항은 "신체장애자 및 질병·노령 기타의 사유로 생활능력이 없는 국민은 법률이 정하는 바에 의하여 국가의 보호를 받는다"고 규정하고 있고, 장애인복지법 제6조는 "국가와 지방자치단체는 장애의 정도가 심하여 자립하기가 현저하게 곤란한 장애인에 대하여 평생 필요한 보호 등을 행하도록 적절한 시책을 강구하여야 한다"고 규정하고 있으며, 제9조 제1항은 "국가와 지방자치단체는 … 필요한 보호를 실시하여 장애인의 복지를 증진할 책임을 진다"고 규정하고 있다. 안마사 자격인정에 있어 비맹제외기준은 위와 같은 신체장애자 보호에 대한 헌법적 요청, 장애인복지시책의 원칙 등에 바탕을 두고서, 일반인에 비하여 취업상 극히 불리한 처지에 놓이게 되는 시각장애인을 보호하고 그들의 생계를 보장하기 위한 것으로서 입법목적의 정당성이 인정된다.

(나) 방법의 적절성

안마업은 다른 직종에 비해 공간이동이나 기동성이 많이 요구되지 않고 또 업무 성격상 시각을 통하여 외부 자료를 분석하는 과정을 크게 필요로 하지 않는다. 반면 시각장애인은 상실된 시각(視覺) 대신에 촉각(觸覺)이 발달하여 안마행위를 하기에 적합한 신체적 조건을 갖추었다고 할 수 있다. 게다가 1급 및 2급 시각장애인과 같은 중증(重症)장애인의 경우 안마사 외에 다른 직업을 선택할 가능성이 거의 없고, 또 현실적으로 시각장애인에게 다른 신체장애인과 마찬가지로 일반적인 고용대책을 마련해주더라도 이들의 취업현황은 매우 부진한 실정이다.

보건복지부가 발표한 「전국 장애인 등급별·유형별 등록현황」에 따르면, 2005년 9월말 현재 전국 등록(登錄)장애인 수는 1,741,024명이고, 등록시각장애인은 184,965명이며, 그중 중증(1급 및 2급)시각장애인은 36,183명(약 19.56%)이다. 위와 같은 등록시각장애인 중 안마업에 종사하는 사람은 6,804명(중증시각장애인 6,752명, 경증시각장애인 52명, 사단법인 대한안마사협회가 제출한 2006. 4. 14.자 보충의견서 및 첨부자료 참조)으로서, 중증시각장애인의 18.66%가 안마업에 종사하고 있음을 보여준다(특히 안마업에 종사하는 시각장애인은 대부분 중증시각장애인에 해당한다).

따라서 시각장애인의 생계를 보장하기 위하여 안마업에 관한 교육 및 안마사 자격인정을 이들에게만 허용한 것은 필요하고도 적합한 수단에 해당한다.

(다) 피해의 최소성

시각장애인이 아닌 일반인은 안마사 자격대상에서 배제되더라도 다른 직업을 선택하여 생계를 유지할 수 있을 뿐만 아니라, 만약 안마, 지압, 마사지 등의 직역에서 종사하기를 원할 경우 일련의 수련과정과 시험을 거쳐 물리치료사 자격을 취득하고 그 분야에서 직업에 종사할 수 있으므로(의료기사 등에 관한 법률 시행령 제2조에 의하면, 물리치료사는 온열치료, 전기치료, 광선치료, 수치료, 기계 및 기구치료, 마사지·기능훈련·신체교정운동 및 재활훈련과 이에 필요한 기기·약품의 사용·관리 기타 물리요법적 치료업무에 종사할 수 있다), 안마 등을 직업으로 선택할 다른 방법이 완전히 봉쇄되었다고 할 수 없다. 특히 안마사업도 넓게 보면 국가의 보건·의료정책과 밀접한 관련이 있는 직역으로서, 무자격자에 의한 의료사고 발생으로 인해 국민이 입게 될 치명적인 피해 등을 예상하여 안마행위를 하기에 적합한 전문적 기술이나 신체적 조건을 갖추고 있는 시각장애인에게만 우선적으로 자격을 부여한다고 하더라도 일반인이 여전히 물리치료사 등의 자격을 취득하여 안마사업 분야에서 종사할 수 있는 이상 피해의 최소성에 반한다고 할 수 없다.

(라) 법익의 균형성

비맹제외기준은 시각장애인의 생계를 보장하기 위한 국가의 보호시책에 따라 일정한 범위 내에서 안마행위를 할 수 있도록 허가한 것이다. 시각장애인은 안마사 이외에 다른 직업을 갖기 어려운 반면 시각장애인 아닌 일반인은 안마사 자격대상에서 배제되더라도 얼마든지 다른 직업을 가질 수 있으므로, 일반인의 안마사업에 대한 직업선택의 자유를 보호하는 것과는 비교할 수 없을 만큼 시각장애인들의 인간다운 생활을 보장해 주어야 하는 공익이 월등히 우선한다고 할 수 있다. 더구나 우리나라는 외국의 입법례와 달리 헌법에서 직접 신체장애자에 대한 국가의 보호의무를 천명하고 있는바, 이 사건 규칙조항은 이를 바탕으로 하여 사회적 약자인 시각장애인에 대한 보호와 생계보장이라는 월등한 공익을 실현하기 위한 규정으로 볼 수 있다.

그렇다면 시각장애인의 생계를 보장하기 위한 공익적 목적을 위하여 비(非)시각장애인의 안마사업 선택의 자유를 어느 정도 제한하는 것은 법익의 균형에 반하지 않는다.

(3) 평등원칙 위배 여부

헌법 제11조 제1항의 평등의 원칙은 일체의 차별적 대우를 부정하는 절대적 평등을 의미하는 것이 아니라 입법과 법의 적용에 있어서 합리적 근거 없는 차별을 하여서는 아니된다는 상대적 평등을 뜻하고 따라서 합리적 근거 있는 차별 내지 불평등은 평등의 원칙에 반하는 것이 아니다(헌재 1994. 2. 24. 92헌바43, 판례집 6-1, 72, 75).

이 사건 규칙조항의 내용을 이루는 비맹제외기준은 개인의 능력이나 자격에 상관없이 시각장애인이 아니라는 사유만으로 안마사 자격인정을 원천적으로 받을 수 없도록 차별적 취급을 하고 있다. 이는 시각장애인에 대한 우선적 처우로 말미암아 오히려 시각장애인이 아닌 일반 국민에 대하여 역(逆)차별의 결과를 초래하고 있다.

그러나 시각장애인에 대한 우선적 처우의 반면(反面)인, 일반 국민에 대한 역차별이 신체장애자 보호에 대한 헌법적 요청, 장애인복지시책의 원칙 등에 바탕을 두고서 일반인에 비하여 취업상 극히 불리한 처지에 놓이게 되는 시각장애인을 보호하고 그들의 생계를 보장하기 위한 것으로서 그 정당성이 인정된다는 점은 앞서 살펴본 바와 같다.

나아가 시각장애인은 다른 장애인들과는 달리 안마사업 외에 다른 직업을 선택할 가능성이 거의 없고, 만약 일반인에게도 안마사업을 허용할 경우 시각장애인에 대한 보호는 사실상 형해화(形骸化)된다는 점, 특히 시각장애인은 상실된 시각 대신에 촉각이 발달하여 안마행위를 하기에 적합한 전문적 기술이나 신체적 조건을 갖추고 있다는 점, 시각장애인이 아닌 일반인은 안마사업 외에도 다른 직업을 선택하여 종사할 기회와 능력이 충분히 있고 또 굳이 안마, 지압, 마사지 등과 관련된 분야에서 종사하고 싶다면 일련의 수련과정과 시험을 거쳐 물리치료사 등의 직종에서 직업을 수행할 수도 있다는 점 등을 종합적으로 고려하면, 시각장애인에 대한 우선적 처우로 말미암아 일반인에게 가해지는 역(逆)차별적 취급에는 합리적인 이유가 있다 할 것이므로, 이 사건 규칙조항은 청구인들을 포함한 일반인의 평등권을 침해한다고 볼 수 없다.

(4) 소결론

그렇다면 이 사건 규칙조항은 기본권 제한에 관한 법률유보원칙이나 과잉금지원칙, 평등원칙에 위배되는 방법으로 부당하게 청구인들의 기본권을 침해하는 것이라고 할 수 없다.

재판관 윤영철(재판장)
권 성
김효종
송인준(주심)
주선회
전효숙
이공현
조대현

판례의 평가

헌법재판소가 앞서 다루었던 2003년 6월 26일 선고한 2002헌가16 사건에서 위헌의견 5명과 합헌의견 4명으로 합헌을 선언하였다. 마찬가지로 안마사에 대한 자격을 보건복지부령에서 마련한 것이 기본권 제한 및 위임입법 한계의 문제로 법리를 구성했던 것을, 헌법재판소는 이 사건에서 법률유보원칙이나 과잉금지원칙에 위배하여 일반인의 직업선택의 자유를 침해하는 것으로 위헌 선언하였다.

11-2 의료법 제61조 제1항 중 「장애인복지법」 시각장애인 안마사 비맹기준

(2008. 10. 30. 2006헌마1098·1116·1117(병합))

Ⅰ. 판시 사항

1. 시각장애인에 대하여만 안마사 자격인정을 받을 수 있도록 하는 이른바 비맹제외기준을 설정하고 있는 구 의료법(2006. 9. 27. 법률 제8007호로 개정되고 2007. 4. 11. 법률 제8366호로 전부 개정되기 전의 것) 제61조 제1항 중 '「장애인복지법」에 따른 시각장애인 중' 부분 및 의료법(2007. 4. 11. 법률 제8366호로 전부 개정된 것) 제82조 제1항 중 '「장애인복지법」에 따른 시각장애인 중' 부분(이하 위 두 조항을 합쳐 '이 사건 법률조항'이라 한다)에서 문제되는 기본권 및 이에 대한 위헌심사방법

2. 이 사건 법률조항이 헌법 제37조 제2항의 기본권제한입법의 한계를 벗어나서 비시각장애인의 직업선택의 자유와 평등권을 침해하는지 여부(소극)

3. 이 사건 법률조항이 종전에 헌법재판소가 선고한 위헌결정의 기속력에 저촉되는 것인지 여부(소극)

Ⅱ. 결정요지

1. 이 사건 법률조항은 신체장애자 보호에 대한 헌법 제34조 제5항의 헌법적 요청 등에 바탕을 두고 시각장애인의 생계를 보장하기 위한 것으로, 이러한 헌법적 요청과 일반국민의 직업선택의 자유 등 기본권이 충돌하는 상황이 문제될 수 있는바, 위 법률조항이 헌법 제37조 제2항에 의한 기본권 제한입법의 한계를 벗어났는지 여부를 심사함에 있어서, 구체적인 최소침해성 및 법익균형성 심사과정에서 이러한 헌법적 요청뿐만 아니라, 일반국민의 기본권 제약 정도, 시각장애인을 둘러싼 기본권의 특성과 복지정책의 현황, 시각장애인을 위한 직업으로서의 안마사제도와 그와 다른 대안의 가능성 등을 종합하여 형량할 필요가 있을 것이다. 한편 이 사건 법률조항과 같이 시각장애인에 대한 우대처우로 인하여 비시각장애인의 직업선택의 자유 등 기본권이 제한받는 경우 직업선택의 자유에 대한 과잉제한 여부와 평등권 침해 여부가 동시에 문제되는데, 그러한 경우에는 직업선택의 자유 침해 여부와 평등권 침해 여부를 따로 분리하여 심사할 것이 아니라 하나로 묶어 판단함이 상당하다.

2. 이 사건 법률조항은 시각장애인에게 삶의 보람을 얻게 하고 인간다운 생활을 할 권리를 실현시키려는 데에 그 목적이 있으므로 입법목적이 정당하고, 다른 직종에 비해 공간이동과 기동성을 거의 요구하지 않을 뿐더러 촉각이 발달한 시각장애인이 영위하기에 용이한 안마업의 특성 등에 비추어 시각장애인에게 안마업을 독점시킴으로써 그들의 생계를 지원하고 직업활동에 참여할 수 있는 기회를 제공하는 이 사건 법률조항의 경우 이러한 입법목적을 달성하는 데 적절한 수단임을 인정할 수 있다. 나아가 시각장애인에 대한 복지정책이 미흡한 현실에서 안마사가 시각장애인이 선택할 수 있는 거의 유일한 직업이라는 점, 안마사 직역을 비시각장애인에게 허용할

경우 시각장애인의 생계를 보장하기 위한 다른 대안이 충분하지 않다는 점, 시각장애인은 역사적으로 교육, 고용 등 일상생활에서 차별을 받아온 소수자로서 실질적인 평등을 구현하기 위해서 이들을 우대하는 조치를 취할 필요가 있는 점 등에 비추어 최소침해성원칙에 반하지 아니하고, 이 사건 법률조항으로 인해 얻게 되는 시각장애인의 생존권 등 공익과 그로 인해 잃게 되는 일반국민의 직업선택의 자유 등 사익을 비교해 보더라도, 공익과 사익 사이에 법익 불균형이 발생한다고 단정할 수도 없다.

따라서 이 사건 법률조항이 헌법 제37조 제2항에서 정한 기본권제한입법의 한계를 벗어나서 비시각장애인의 직업선택의 자유를 침해하거나 평등권을 침해한다고 볼 수는 없다.

3. 헌법재판소법 제47조 제1항 및 제75조 제1항에 규정된 법률의 위헌결정 및 헌법소원 인용결정의 기속력과 관련하여, 입법자인 국회에게 기속력이 미치는지 여부, 나아가 결정주문뿐 아니라 결정이유에까지 기속력을 인정할지 여부는 헌법재판소의 헌법재판권 내지 사법권의 범위와 한계, 국회의 입법권의 범위와 한계 등을 고려하여 신중하게 접근할 필요가 있다. 설령 결정이유에까지 기속력을 인정한다고 하더라도, 결정주문을 뒷받침하는 결정이유에 대하여 적어도 위헌결정의 정족수인 재판관 6인 이상의 찬성이 있어야 할 것이고(헌법 제113조 제1항 및 헌법재판소법 제23조 제2항 참조), 이에 미달할 경우에는 결정이유에 대하여 기속력을 인정할 여지가 없는데, 헌법재판소가 2006. 5. 25. '안마사에 관한 규칙'(2000. 6. 16. 보건복지부령 제153호로 개정된 것) 제3조 제1항 제1호와 제2호 중 각 '앞을 보지 못하는' 부분에 대하여 위헌으로 결정한 2003헌마715등 사건의 경우(헌재 2006. 5. 25. 2003헌마715등, 판례집 18-1하, 112) 그 결정이유에서 비맹제외기준이 과잉금지원칙에 위반한다는 점과 관련하여서는 재판관 5인만이 찬성하였을 뿐이므로 위 과잉금지원칙 위반의 점에 대하여 기속력이 인정될 여지가 없다.

□ 재판관 이강국, 재판관 이공현, 재판관 조대현의 반대의견

시각장애인의 생계를 보장하고 직업활동 참여의 기회를 제공하는 것은 중요한 공익적 목적임을 충분히 인정할 수 있으나, 이 사건 법률조항에 의한 시각장애인에 대한 안마사자격의 독점적 유보가 제거된다 하더라도 안마사 자격자들의 영업활동이 불가능해지는 것이 아니며, 단지 비시각장애인 안마사들과 경쟁하는 입장에 처하게 되는 것이라는 점 등에 비추어 직업선택의 자유의 제한을 정당화할 명백하고 확실한 위험이 있다고 보기 어렵고, 그리고 중증 시각장애인의 약 17%인 6~7,000명만이 안마사로 등록하여 활동하는 점 등에 비추어 이 사건 법률조항의 생계보장효과가 의심스러울 뿐 아니라 단지 안마업의 독점기회를 제공하는 것이 자아실현과 개성신장의 도구로서의 직업을 선택할 기회를 제공한다고 볼 수도 없으므로 이 사건 법률조항이 실질적으로 입법목적 달성에 충분히 기여하고 있음을 인정하기도 어렵다.

또한 이 사건 법률조항에 의한 시각장애인의 안마사 직역 독점 외에 시각장애인의 생계보장 및 직업활동 참여기회 제공을 달성할 다른 수단이 없는 것도 아니라는 점 등에 비추어 위 법률조항에 의한 시각장애인의 안마사 직역 독점은 입법목적 달성을 위한 불가피한 수단이라고 보기 어려우며 기본권의 최소침해성원칙에 위반되고, 나아가 위 법률조항으로 달성하려는 시각장애인의 생계보장 등 공익이 비시각장애인들이 받게 되는 직업선택의 자유의 박탈보다 우월하다고 보기도 어렵다.

따라서 이 사건 법률조항은 과잉금지원칙에 위배하여 직업의 자유의 본질적 내용을 침해하는 것으로 헌법에 위반된다.

Ⅲ. 심판대상조문

구 의료법(2006. 9. 27. **법률 제8007호로 개정되고** 2007. 4. 11. **법률 제8366호로 전부 개정되기 전의 것) 제61조**(안마사) ① 안마사는 「장애인복지법」에 따른 시각장애인 중 다음 각 호의 어느 하나에 해당하는 자로서 시·도지사의 자격인정을 받아야 한다.

1. 「초·중등교육법」 제2조 제5호의 규정에 따른 특수학교 중 고등학교에 준한 교육을 하는 학교에서 제4항의 규정에 의한 안마사의 업무한계에 따라 물리적 시술에 관한 교육과정을 마친 자
2. 중학교 과정 이상의 교육을 받고 보건복지부장관이 지정하는 안마수련기관에서 2년 이상의 안마수련과정을 마친 자

②~④ 생략

의료법(2007. 4. 11. **법률 제8366호로 전부 개정된 것) 제82조**(안마사) ① 안마사는 「장애인복지법」에 따른 시각장애인 중 다음 각 호의 어느 하나에 해당하는 자로서 시·도지사에게 자격인정을 받아야 한다.

1. 「초·중등교육법」 제2조 제5호에 따른 특수학교 중 고등학교에 준한 교육을 하는 학교에서 제4항에 따른 안마사의 업무한계에 따라 물리적 시술에 관한 교육과정을 마친 자
2. 중학교 과정 이상의 교육을 받고 보건복지부장관이 지정하는 안마수련기관에서 2년 이상의 안마수련과정을 마친 자

②~④ 생략

Ⅳ. 참조조문

헌법 제10조, 제11조 제1항, 제15조, 제34조 제1항, 제5항, 제37조 제2항

헌법재판소법 제47조(위헌결정의 효력) ① 법률의 위헌결정은 법원 기타 국가기관 및 지방자치단체를 기속한다.

②~④ 생략

헌법재판소법 제75조(인용결정) ① 헌법소원의 인용결정은 모든 국가기관과 지방자치단체를 기속한다.

②~⑧ 생략

장애인복지법(1999. 2. 8. **법률 제5931호로 전부 개정된 것) 제2조**(**장애인의 정의**) ① 장애인은 신체적·정신적 장애로 인하여 장기간에 걸쳐 일상생활 또는 사회생활에 상당한 제약을 받는 자를 말한다.

② 이 법의 적용을 받는 장애인은 제1항의 규정에 의한 장애인 중 다음 각 호의 1에 해당하는 장애를 가진 자로서 대통령령이 정하는 장애의 종류 및 기준에 해당하는 자를 말한다.

1. 신체적 장애라 함은 주요 외부신체기능의 장애, 내부기관의 장애 등을 말한다.
2. 정신적 장애라 함은 정신지체 또는 정신적 질환으로 발생하는 장애를 말한다.

장애인복지법 시행령(2000. 7. 27. **대통령령 제16924호로 개정된 것) 제2조**(**장애인의 종류 및 기준**) ① 장애인복지법(이하 '법'이라 한다) 제2조 제2항에서 '대통령령이 정하는 장애의 종류 및 기준에 해당하는 자'라 함은 [별표 1]에서 규정한 자를 말한다.

② 장애인은 장애의 정도에 따라 등급을 구분하되, 그 등급은 보건복지부령으로 정한다.

안마사에 관한 규칙(2000. 6. 16. **보건복지부령 제153호로 개정된 것) 제2조**(**안마사의 업무한계**) 안마사는 안마, 마사지 또는 지압 등 각종 수기요법에 의하거나 전기기구의 사용 그 밖의 자극요법에 의하여 인체에 대한 물리적 시술행위를 하는 것을 업무로 한다.

안마사에 관한 규칙(2000. 6. 16. **보건복지부령 제153호로 개정된 것**) **제3조**(**안마사의 자격**) ① 안마사의 자격인정을 받을 수 있는 자는 다음 각 호의 1에 해당하는 자로 한다.

1. 초·중등교육법 제2조 제5호의 규정에 의한 특수학교 중 고등학교에 준한 교육을 하는 학교에서 제2조의 규정에 의한 물리적 시술에 관한 교육과정을 마친 앞을 보지 못하는 사람
2. 중학교 과정 이상의 교육을 받고 보건복지부장관이 지정하는 안마수련기관에서 2년 이상의 안마수련과정을 마친 앞을 보지 못하는 사람

② 안마사의 자격인정을 받고자 하는 자는 별지 제1호 서식의 안마사 자격 인정신청서에 다음의 서류를 첨부하여 주소지를 관할하는 특별시장·광역시장 또는 도지사(이하 '시·도지사'라 한다)에게 제출하여야 한다.

1. 제1항 각 호의 1에 해당하는 자임을 증명하는 서류
2. 의료법 제8조 제1항 제1호 및 제3호에 해당하는 자가 아님을 증명하는 의사의 진단서
3. 주민등록표등본 또는 초본(주민등록증의 제시로 이에 갈음할 수 있다)
4. 사진 2매(신청 전 6월 이내에 촬영한 탈모정면 상반신 반명함판)

③ 시·도지사는 제2항의 규정에 의한 신청에 의하여 안마사의 자격을 인정한 때에는 별지 제2호 서식의 자격증을 교부하고 별지 제3호 서식의 등록대장에 그 내용을 기재하여 이를 비치하여야 한다.

Ⅴ. 참조판례

2. 헌재 2003. 6. 26. 2002헌가16, 판례집 15-1, 663
헌재 2006. 5. 25. 2003헌마715등, 판례집 18-1하, 112

Ⅵ. 당사자

청 구 인 1. 유○선 외 6인(2006헌마1098)
[별지 1] 목록과 같음
2. 송○택 외 84인(2006헌마1116)
[별지 2] 목록과 같음
3. 강○태 외 233인(2006헌마1117)
[별지 3] 목록과 같음
대리인 변호사 박태원 외 1인

공동심판참가인 1. 가○화 외 3958인(2006헌마1116)
[별지 4] 목록과 같음
2. 강○덕 외 3087(2006헌마1117)
[별지 5] 목록과 같음
대리인 변호사 박태원 외 1인

Ⅶ. 주 문

이 사건 심판청구를 모두 기각한다.

Ⅷ. 이 유

1. 사건의 개요와 심판의 대상

가. 사건의 개요

(1) 청구인들과 공동심판참가인들은 안마, 마사지 또는 지압을 업으로 하려는 사람들이다. 헌법재판소가 2006. 5. 25. 시각장애인만 안마사자격을 취득할 수 있도록 한 '안마사에 관한 규칙'(2000. 6. 16. 보건복지부령 제153호로 개정된 것) 제3조 제1항 제1호와 제2호 중 각 '앞을 보지 못하는' 부분이 법률유보원칙 또는 과잉금지원칙에 위배된다는 이유로 위헌선언을 하였으나 국회는 2006. 9. 27. 시각장애인만 안마사 자격을 취득할 수 있도록 의료법 제61조 제1항을 새로 개정함으로써 비시각장애인의 안마사 자격취득제한을 그대로 유지하였다.

(2) 청구인들 및 공동심판참가인들은 안마업 또는 마사지업에 종사하기 위해 안마사자격인정신청을 하였으나, 관할 시·도지사로부터 장애인복지법에 따른 시각장애인이 아니라는 이유로 이를 거부하는 처분을 받았거나 이러한 처분을 받을 예정에 있다.

(3) 그러자 청구인들은 개정 의료법이 장애인복지법에 따른 시각장애인 중 일정한 사람만이 안마사 자격인정을 받을 수 있도록 하고 시각장애인이 아닌 일반인은 안마사 자격인정을 받을 수 없도록 규정함으로써 청구인들의 직업선택의 자유 등 기본권을 침해하고 있다고 주장하면서 2006. 9. 27. 및 9. 29. 이 사건 헌법소원심판을 청구하였고, 또한 공동심판참가인들도 2006. 10. 2. 고○미 외 40인이 '헌법소원심판청구인 보정서'를 통하여 공동심판참가를 한 이래 여러 차례에 걸쳐 위와 같은 공동심판참가를 하였다.

나. 심판의 대상

청구인들이 심판청구의 대상으로 삼은 것은 구 의료법(2006. 9. 27. 법률 제8007호로 개정된 것, 이하 '구 의료법'이라 한다) 제61조 제1항 중 '「장애인복지법」에 따른 시각장애인 중' 부분이다. 그런데 의료법은 2007. 4. 11. 전부 개정되어 구 의료법 제61조 제1항은 의료법(법률 제8366호로 전부 개정된 것) 제82조 제1항에 그대로 규정되었다.

위와 같이 구 의료법 제61조 제1항은 이미 그 효력을 상실하였지만 심판대상에 대한 헌법적 해명이 이루어지지 않은 상태에서 동일한 내용의 의료법 제82조 제1항이 청구인들의 기본권을 계속 제한하고 있으므로 헌법재판소가 신·구법이 공통으로 함유하고 있는 '시각장애인 안마사제도의 위헌성' 문제를 일거에 판단하는 것이 청구인들의 의사에 부합될 뿐만 아니라 기본권 침해의 구제를 그 본질로 하는 헌법소원제도의 취지에도 부합한다고 할 것이다.

따라서 이 사건 심판의 대상은 구 의료법(2006. 9. 27. 법률 제8007호로 개정되고 2007. 4. 11. 법률 제8366호로 전부 개정되기 전의 것) 제61조 제1항 중 '「장애인복지법」에 따른 시각장애인 중' 부분 및 의료법(2007. 4. 11. 법률 제8366호로 전부 개정된 것) 제82조 제1항 중 '「장애인복지법」에 따른 시각장애인 중' 부분(이하, 두 법조항을 합쳐 '이 사건 법률조항'이라 한다)의 위헌 여부이며, 그 내용 및 관련조항의 내용은 다음과 같다.

[심판대상조항]

구 의료법(2006. 9. 27. **법률 제8007호로 개정되고** 2007. 4. 11. **법률 제8366호로 전부 개정되기 전의 것) 제61조(안마사)** ① 안마사는 「장애인복지법」에 따른 시각장애인 중 다음 각 호의 어느 하나에 해당하는 자로서 시·도지사의 자격인정을 받아야 한다.

1. 「초·중등교육법」 제2조 제5호의 규정에 따른 특수학교 중 고등학

교에 준한 교육을 하는 학교에서 제4항의 규정에 의한 안마사의 업무한계에 따라 물리적 시술에 관한 교육과정을 마친 자

2. 중학교 과정 이상의 교육을 받고 보건복지부장관이 지정하는 안마수련기관에서 2년 이상의 안마수련과정을 마친 자

의료법(2007. 4. 11. **법률 제8366호로 전부 개정된 것**) **제82조(안마사)** ① 안마사는 「장애인복지법」에 따른 시각장애인 중 다음 각 호의 어느 하나에 해당하는 자로서 시·도지사의 자격인정을 받아야 한다.

1. 「초·중등교육법」 제2조 제5호의 규정에 따른 특수학교 중 고등학교에 준한 교육을 하는 학교에서 제4항의 규정에 의한 안마사의 업무한계에 따라 물리적 시술에 관한 교육과정을 마친 자
2. 중학교 과정 이상의 교육을 받고 보건복지부장관이 지정하는 안마수련기관에서 2년 이상의 안마수련과정을 마친 자

[관련조항]

장애인복지법(1999. 2. 8. **법률 제5931호로 전부 개정된 것**) **제2조(장애인의 정의)** ① 장애인은 신체적·정신적 장애로 인하여 장기간에 걸쳐 일상생활 또는 사회생활에 상당한 제약을 받는 자를 말한다.

② 이 법의 적용을 받는 장애인은 제1항의 규정에 의한 장애인 중 다음 각 호의 1에 해당하는 장애를 가진 자로서 대통령령이 정하는 장애의 종류 및 기준에 해당하는 자를 말한다.

1. 신체적 장애라 함은 주요 외부신체기능의 장애, 내부기관의 장애 등을 말한다.
2. 정신적 장애라 함은 정신지체 또는 정신적 질환으로 발생하는 장애를 말한다.

장애인복지법 시행령(2000. 7. 27. **대통령령 제16924호로 개정된 것**) **제2조(장애인의 종류 및 기준)** ① 장애인복지법(이하 '법'이라 한다) 제2조 제2항

에서 '대통령령이 정하는 장애의 종류 및 기준에 해당하는 자'라 함은 [별표 1]에서 규정한 자를 말한다.

② 장애인은 장애의 정도에 따라 등급을 구분하되, 그 등급은 보건복지부령으로 정한다.

[별표 1] 장애인의 종류 및 기준

3. 시각장애인(視覺障碍人)

가. 나쁜 눈의 시력(만국식시력표에 따라 측정된 교정시력을 말한다. 이하 같다)이 0.02 이하인 사람

나. 좋은 눈의 시력이 0.2 이하인 사람

다. 두 눈의 시야가 각각 주시점에서 10도 이하로 남은 사람

라. 두 눈의 시야가 2분의 1 이상을 잃은 사람

안마사에 관한 규칙(2000. 6. 16. **보건복지부령 제153호로 개정된 것**) **제2조**(**안마사의 업무한계**) 안마사의 안마, 마사지 또는 지압 등 각종 수기요법에 의하거나 전기기구의 사용 그 밖의 자극요법에 의하여 인체에 대한 물리적 시술행위를 하는 것을 업무로 한다.

제3조(**안마사의 자격**) ① 안마사의 자격인정을 받을 수 있는 자는 다음 각 호의 1에 해당하는 자로 한다.

1. 초·중등교육법 제2조 제5호의 규정에 의한 특수학교 중 고등학교에 준한 교육을 하는 학교에서 제2조의 규정에 의한 물리적 시술에 관한 교육과정을 마친 앞을 보지 못하는 사람
2. 중학교 과정 이상의 교육을 받고 보건복지부장관이 지정하는 안마수련기관에서 2년 이상의 안마수련과정을 마친 앞을 보지 못하는 사람

2. 청구인들의 주장과 이해관계인의 의견

가. 청구인들의 주장

(1) 이 사건 법률조항은 안마사의 자격인정을 받을 수 있는 자를 '장애인복지법에 따른 시각장애인'으로 제한함으로써 청구인들과 같은 일반인이 안마사 자격인정을 받을 수 있는 기회를 원천적으로 박탈하고 있다. 다시 말하면 위 법률조항은 전체 시각장애인의 생존권보장이라는 공공복리의 목적을 달성하지 못하고, 또한 비시각장애인의 안마사자격 취득기회를 원천적으로 박탈하는 것으로 적절한 수단이 아니며, 극소수 등록안마사의 권익을 위해 비시각장애인의 수기요법에 관한 직업선택의 기회를 아예 배제함으로써 침해의 최소성원칙을 위반하고 있고, 나아가 위 법률조항으로 인해 보호되는 극소수 등록안마사의 생존권과 이로 인해 침해되는 청구인들의 직업의 자유와 평등권과 사이에 현저한 불균형이 존재하므로 법익균형성원칙에도 위반된다. 결국 위 법률조항은 시각장애인이 아닌 청구인들로 하여금 안마, 마사지 또는 지압 등 기타 수기요업에 종사할 직업의 자유를 유명무실하게 함으로써 직업선택의 자유를 본질적인 내용까지 침해할 뿐 아니라 평등권도 침해한다.

(2) 헌법재판소가 2006. 5. 25. 안마사자격 인정에 있어서 비맹제외기준을 규정한 「안마사에 관한 규칙」에 대하여 위헌결정을 했음에도 국회에서 비시각장애인의 안마사 자격인정을 원천적으로 부인하는 내용을 법률에 도입한 것은 위헌결정의 기속력에 반하는 것으로서 헌법에 위반된다.

나. 사단법인 대한안마사협회의 의견

(1) 헌법 제34조 제5항의 신체장애자 보호에 대한 헌법적 요청, 시각장애인에 대한 생계보장의 필요성 등을 종합적으로 고려할 때 이 사건 법률조항은 헌법에 위배되지 않는다.

(2) 국민의 대표기관으로 민주적 정당성을 가진 국회는 비맹제외기준에 대한 헌법재판소의 위헌결정 취지를 존중하면서도(실질적으로 위임입법의 한계 일탈을 이유로 한 위헌 결정이었기 때문에) 헌법 제34조 제5항의 요청에 따라 대다수 국민들의 공감을 얻어 이 사건 법률조항을 둔 것으로서 정당한 입법권을 행사한 것이므로 입법형성권은 최대한 존중되어야 한다.

(3) 2006헌마1098 사건과 관련 청구인 노○익, 강○모는 심판청구 당시는 물론이거니와 현재까지도 안마사업을 위한 준비를 하고 있다거나 관할 관청에 안마사자격인정 신청을 하였다거나 반려되었다는 사실을 인정할 아무런 자료가 없어 그 기본권 침해의 현재성을 인정할 수 없으므로 위 청구인들의 심판청구는 부적법하다.

(4) 청구인들이 안마사의 자격인정 요건인 의료법 제82조 제1항 제1호 및 제2호 소정의 교육과정을 마치지 않은 이상 이 사건 법률조항이 위헌이라 하더라도 바로 안마사자격을 취득할 수 없으므로 기본권침해의 현재성을 인정할 수 없다

(5) 이 사건은 필수적 공동소송이 아니므로, 당초의 심판청구 이후 당사자를 추가하는 것은 허용될 수 없다.

다. 구 보건복지부장관의 의견

사단법인 대한안마사협회의 의견과 대체로 같은 취지이다.

3. 적법요건에 대한 판단

가. 공동심판참가신청

(1) 헌법재판소법은 청구인의 추가 또는 참가에 관한 아무런 명문의 규정을 두고 있지 않으나 헌법재판의 성격에 반하지 않는 한도 내에서 민사소송법 및 행정소송법이 준용된다고 할 것이다(헌법재판소법 제40조 제1항). 헌법

재판소는 법령에 대한 헌법소원심판에서 그 목적이 청구인과 제3자에게 합일적으로 확정되어야 할 경우 그 제3자는 공동 청구인으로서 심판에 참가할 수 있다(헌법재판소법 제40조 제1항, 민사소송법 제83조 제1항)고 판시함으로써 공동심판참가신청의 적법성을 인정한 바 있다(헌재 1993. 9. 27. 89헌마248, 판례집 5-2, 284, 295~296; 헌재 2008. 2. 28. 2005헌마872등, 공보 137, 356, 360~361). 다만, 공동심판참가인은 별도의 헌법소원을 제기하는 대신에 계속중인 심판에 공동 청구인으로서 참가하는 것이므로 그 참가신청에 대하여 헌법소원 청구기간 등 기타 적법요건이 충족되어야 할 것이다.

(2) 이 사건에 관하여 보건대, 당초 이 사건 법률조항에 대한 헌법소원이 제기된 후 추가로 신청한 청구인들의 경우, 다른 청구인들과 마찬가지로 이 사건 법률조항에 의하여 기본권을 제한받고 있는데, 한편 이 사건 헌법소원이 인용되어 비맹제외기준인 이 사건 법률조항이 위헌으로 결정되면 그 결정은 모든 국가기관과 지방자치단체를 기속하기 때문에 추가로 신청한 청구인들도 안마사자격인정을 받을 수 있는 지위에 서게 된다. 그렇다면 추가로 신청한 청구인들이 헌법소원심판 청구를 공동으로 할 것이 강제되지는 않지만 위헌결정의 효력이 그들에게도 사실상 미치게 되는 만큼 그 목적이 청구인들과 제3자에게 합일적으로 확정할 필요가 있는 경우라 할 것이다. 나아가, 추가로 신청한 청구인들의 경우에도 뒤에서 보는 바와 같이 청구기간 도과의 문제가 발생하지 않으므로, 그 추가신청을 헌법재판소법 제40조 제1항 및 민사소송법 제83조에 의한 적법한 공동심판참가신청이라고 할 것이다(이하, 당초 청구인들과 추가로 신청한 청구인들을 합하여 '청구인들'이라 한다).

나. 자기관련성, 직접성

이 사건 법률조항은 안마사 자격을 '장애인복지법에 따른 시각장애인'에 한하여 인정받을 수 있도록 규정함으로써 구체적인 집행행위를 기다리지 않고 곧바로 비시각장애인의 안마사 자격취득을 제한하고 있으므로, 시각장애인이 아닌 청구인들은 이 사건 법률조항으로 인해 안마사자격을 받을 수 없게 될 뿐 아니라 안마사업에 종사할 수 없게 된다. 따라서 청구인들은 이 사건 법률조항에 대하여 헌법소원을 제기할 자기관련성과 직접성이 인정된다.

다. 현재성, 청구기간

청구인들은 심판청구 또는 공동심판참가신청 당시 이 사건 법률조항으로 인한 기본권침해를 현실적으로 받았던 것은 아니지만, 청구인들 대부분은 안마사업을 하려고 서울시장 등 관할 시·도지사에게 안마사자격인정신청을 한 후 시각장애인이 아니라는 이유로 반려처분을 받았고, 아직 반려처분을 받지 못한 일부 청구인들의 경우에도 안마사자격인정 신청으로써 안마업 준비에 대한 소명이 있다고 봄이 상당하므로, 이 사건 법률조항으로 인한 기본권침해가 틀림없이 있을 것으로 심판청구 또는 공동심판참가신청 당시 확실히 예측되었다고 볼 것이다. 따라서 기본권구제의 실효성을 보장하기 위하여 기본권침해의 현재성을 인정할 수 있다(헌재 2006. 5. 25. 2003헌마715등, 판례집 18-1하, 112, 118~119).

또한 이와 같이 장래 확실히 기본권침해가 예측되어 현재관련성을 인정하는 이상 청구기간의 도과의 문제는 발생할 여지가 없다.

한편, 이해관계인들은 이 사건 법률조항이 위헌으로 된다고 하더라도 청구인들이 물리적 시술에 관한 교육이나 안마수련과정을 거치지 아니한 이상 안마사자격인정을 받을 수 없으므로 기본권침해의 현재성이 인정될 수 없다는 취지로 주장하나, 비시각장애인을 대상으로 한 안마사 양성교육이나 안마수련과정이 배제된 것은 비맹제외기준을 정한 이 사건 법률조항으로 말미암은 것인 만큼 안마사자격인정을 받지 못하는 청구인들의 기본권 침해는 이 사건 법률조항으로 인해 원천적으로 발생한다고 할 것이므로,

이해관계인들의 위 주장은 받아들이지 아니한다.

라. 보충성

법령 자체에 의하여 직접 기본권이 침해될 때에는 그 법령 자체의 효력을 직접 다투는 것을 소송물로 하여 일반법원에 소송을 제기하는 길이 없어, 구제절차가 있는 경우가 아니므로 바로 헌법소원을 청구할 수 있다.

이 사건의 경우 청구인들이 이 사건 법률조항 자체의 효력을 직접 다투는 것을 소송물로 하여 일반법원에 소송을 제기하는 길이 없어 다른 법률에 구제절차가 있는 경우에 해당하지 않으므로, 보충성의 요건도 갖추었다.

마. 소결론

따라서, 청구인들의 이 사건 심판청구는 적법요건을 모두 충족한 것으로 판단된다.

4. 본안에 대한 판단

가. 이 사건 법률조항의 의미와 연혁

(1) 시각장애인 안마사제도의 연혁

(가) 원래 안마사제도는 1912. 3. 27. 조선총독부 제생원 관제(칙령 제43호)에 의해 설치된 경성제생원(국립서울맹학교의 전신)에서 시각장애인들에게 침술과 안마술 교육을 실시한 것이 시초라고 할 수 있다. 그리고 이를 인정하여 1914. 10. 29. 조선총독부 경무총감부령 제10호 안마술, 침술, 구술영업 취체규칙(조선총독부관보 제673호)에서 안마사의 자격제도를 마련하여 시각장애인에게 적합한 직종으로 육성하였다.

(나) 이어 1962. 3. 20. 법률 제1035호로 국민의료법을 대체하여 전부 개정된 의료법 제38조 제1항 단서에 기해 1963. 12. 12. 보건사회부예규인 안마사허가에 관한 규정(1963. 12. 12. 공포) 제3조로 안마사의 자격요건을 규정하

였는데, 그중 특히 제1호는, "문교부장관이 인가하고 보건사회부장관이 지정하는 맹학교에서 안마, 마사지, 지압, 전기 기타 자극법에 대하여 3년 이상의 교육과정을 이수한 자"에게 안마사 자격을 부여하도록 하였다.

(다) 그리고 1975. 12. 31. 법률 제2862호로 전부 개정된 의료법 제61조 제1항은 법률 자체에서 시각장애인에게 안마사의 자격을 인정하도록 규정한 바도 있다. 또한 1984. 10. 15. 보건사회부령 제757호로 제정된 '안마사에 관한 규칙' 제3조 제1항도 앞을 보지 못하는 사람에 한해 안마사의 자격인정을 받을 수 있도록 규정하였다.

(라) 나아가 1981. 12. 31. 법률 제3504호로 전부 개정된 의료법 제67조에서부터 무허가 안마업을 한 자를 형사처벌하기 시작한 데 이어 1987. 11. 28. 법률 제3948호에 의해 맹인에 대해 안마사 자격을 인정할 수 있다는 규정이 삭제되면서 이를 부령에 위임하게 되었다. 그런데 2000. 6. 16. 개정된 보건복지부령 제153호 '안마사에 관한 규칙' 제3조 제1항도 앞을 보지 못하는 사람에게만 안마사 자격을 인정하도록 하였고, 이것이 2006. 5. 25. 2003헌마715등 사건에서 헌법재판소가 위헌결정할 때까지 변동 없이 유지되었다.

(2) 이 사건 법률조항의 입법경위

(가) 헌법재판소는 2003. 6. 26. 2002헌가16 의료법 제67조 등 위헌제청사건에서 시각장애인에 한해 안마사의 자격을 인정하는 '안마사에 관한 규칙' 제3조 제1항 제1호 및 제2호를 직접 법률에 규정하지 않은 구 의료법 제61조 제1항 및 제4항이 의회유보원칙 및 포괄위임입법금지원칙을 위반한 것인지 대하여 합헌결정을 선고한 바 있다(헌재 2003. 6. 26. 2002헌가16, 판례집 15-1, 663).

(나) 그 후 헌법재판소는 2006. 5. 25. 2003헌마715등 안마사에 관한 규칙 제3조 제1항 제1호 등 위헌확인사건에서, 이와 같이 시각장애인에 한해 안마사의 자격을 인정하는 '안마사에 관한 규칙'(2000. 6. 16. 보건복지부령 제153

호로 개정된 것, 이하 '비맹제외기준'이라 한다)이 법률유보원칙 및 과잉금지원칙에 위배하여 비시각장애인의 직업선택의 자유를 침해한다고 재판관 7 : 1의 의견으로 위헌결정을 선고하였다(헌재 2006. 5. 25. 2003헌마715등, 판례집 18-1 하, 112). 다만 위헌결정의 이유에 대하여는 위헌의견을 낸 재판관 7인 사이에서도 다음과 같이 견해가 나뉘었는데, 그 의견분포를 보면 ① 기본권 제한에 관한 사항을 법률에 규정하지 않고 하위법규인 '안마사에 관한 규칙'으로 정한 것이 법률유보원칙에 위배되는지 여부에 대하여 재판관 2인이, ② 시각장애인에 대하여만 안마사자격을 인정하는 것이 과잉금지원칙에 위반하여 비시각장애인의 직업선택의 자유를 침해하는 것인지 여부에 대하여 재판관 2인이, ③ 위 ① ② 모두에 대하여 재판관 3인이 각각 위헌의견을 제시하였다.

(다) 헌법재판소의 2003헌마715등 사건에 대한 위헌결정 이후 국회에서는 2006. 9. 27. 법률 제8007호로 종래 "안마사가 되고자 하는 자는 시·도지사의 자격인정을 받아야 한다"라는 구 의료법 제61조 제1항을 "안마사는 「장애인복지법」에 따른 시각장애인 중 다음 각 호의 어느 하나에 해당하는 자로서 시·도지사의 자격인정을 받아야 한다"로 개정함으로써 종전의 시각장애인 안마사제도를 그대로 유지하면서 그 자격인정의 범위를 다소 확대하였고, 그 후 2007. 4. 11. 법률 제8366호로 전부 개정되어 같은 내용이 의료법 제82조 제1항에 규정되었다.

(라) 위와 같이 국회에서 2003헌마715등 사건에 대한 위헌결정 이후 의료법을 개정한 이유를 보면, "비시각장애인의 직업선택의 자유보다는 신체장애인에 대한 국가의 보호의무를 규정하고 있는 헌법 제34조 제5항의 정신을 좀 더 고려하여 안마사의 자격을 장애인복지법에 따른 시각장애인 중에서 일정한 교육을 마친 자로 하여 이를 법률에 직접 규정하려는 것"에 있다고 한다.

(3) 이 사건 법률조항의 의미

(가) 의료법상 '안마행위'라 함은 국민의 건강증진을 목적으로, 손이나 특수한 기구로 몸을 주무르거나, 누르거나, 잡아당기거나, 두드리거나 하는 등의 안마, 마사지 또는 지압 등 각종 수기요법과, 전기기구의 사용, 그 밖의 자극요법에 의하여 인체에 대한 물리적 시술을 하여 혈액의 순환을 촉진시킴으로써 뭉쳐진 근육을 풀어주는 등에 이를 정도의 행위로 해석되고 있다(대법원 2001. 6. 1. 선고 2001도1568 판결). 그리고 안마사의 업무는 "안마, 마사지 또는 지압 등 각종 수기요법에 의하거나 전기기구의 사용 그 밖의 자극요법에 의하여 인체에 대한 물리적 시술행위를 하는 것"(안마사에 관한 규칙 제2조 참조)인바, 이에 대하여 물리치료사의 업무는 "어떤 질병이나 통증의 해소를 목적으로 마사지 이외에 온열치료를 비롯한 기타 물리요법적 치료업무를 하되 의사의 지도하에서만 시술이 가능한 것"(의료기사 등에 관한 법률 제2조; 같은 법 시행령 제2조 제3호 참조)으로서 안마사의 업무와 구별되지만 업무내용 중 일부 유사한 측면도 가지고 있다.

(나) 현재 우리 사회에서는 스포츠 마사지, 발 마사지란 이름으로 전문적으로 마사지 영업을 하는 업종이 존재하는 것이 사실인바, 이 사건 법률조항에 의하면, 시각장애인의 경우는 안마사의 자격인정을 받아 안마업에 종사할 수 있지만, 시각장애인이 아닌 사람들은 원천적으로 안마사자격인정을 받지 못하며, 만약 안마사자격인정을 받지 않고 영리를 목적으로 유사안마업에 종사할 경우 의료법 제88조에 따른 처벌까지 받을 수 있다(대법원 2004. 1. 27. 선고 2000도4553 판결 참조).

(다) 이 사건 법률조항에 의한 시각장애인 안마사제도는 비시각장애인에 대하여 안마사 직업을 선택할 수 있는 자유를 제한하면서 시각장애인에 비해 안마사자격취득에 있어 차별적 취급을 하는 것이지만, 다른 한편 시각장애인에 대하여는 인간다운 생활을 영위할 수 있도록 하는 우대조치로서

기능한다고 볼 수 있다.

나. 위헌결정의 기속력 저촉 여부

헌법재판소법 제47조 제1항은 "법률의 위헌결정은 법원 기타 국가기관 및 지방자치단체를 기속한다"고 규정하고, 같은 법 제75조 제1항은 "헌법소원의 인용결정은 모든 국가기관과 지방자치단체를 기속한다"고 규정함으로써 헌법재판소가 내린 법률의 위헌결정 및 헌법소원의 인용결정의 효력을 담보하기 위해서 기속력을 부여하고 있는바, 이와 관련하여 입법자인 국회에게 기속력이 미치는지 여부, 나아가 결정주문뿐 아니라 결정이유에까지 기속력을 인정할지 여부 등이 문제될 수 있는데, 이에 대하여는 헌법재판소의 헌법재판권 내지 사법권의 범위와 한계, 국회의 입법권의 범위와 한계 등을 고려하여 신중하게 접근할 필요가 있을 것이다.

이 사건에서 청구인들은, 헌법재판소가 2003헌마715등 사건에서 시각장애인에게만 안마사 자격을 인정하는 이른바 비맹제외기준이 과잉금지원칙에 위반하여 비시각장애인의 직업선택의 자유를 침해한다는 이유로 위헌결정을 하였음에도 불구하고 국회가 다시 비맹제외기준과 본질적으로 동일한 내용의 이 사건 법률조항을 개정한 것은 비맹제외기준이 과잉금지원칙에 위반한다고 한 위헌결정의 기속력에 저촉된다는 취지로 주장하는바, 이는 기본적으로 위 위헌결정의 이유 중 비맹제외기준이 과잉금지원칙에 위반한다는 점에 대하여 기속력을 인정하는 전제에 선 것이라고 할 것이다.

앞서 본 바와 같이 결정이유에까지 기속력을 인정할지 여부 등에 대하여는 신중하게 접근할 필요가 있을 것이나 설령 결정이유에까지 기속력을 인정한다고 하더라도, 이 사건의 경우 위헌결정 이유 중 비맹제외기준이 과잉금지원칙에 위반한다는 점에 대하여 기속력을 인정할 수 있으려면, 결정주문을 뒷받침하는 결정이유에 대하여 적어도 위헌결정의 정족수인 재판관 6인 이상의 찬성이 있어야 할 것이고(헌법 제113조 제1항 및 헌법재판소법 제23

조 제2항 참조), 이에 미달할 경우에는 결정이유에 대하여 기속력을 인정할 여지가 없다고 할 것인바, 앞서 본 바와 같이 2003헌마715등 사건의 경우 재판관 7인의 의견으로 주문에서 비맹제외기준이 헌법에 위반된다는 결정을 선고하였으나, 그 이유를 보면 비맹제외기준이 법률유보원칙에 위반한다는 의견과 과잉금지원칙에 위반한다는 의견으로 나뉘면서 비맹제외기준이 과잉금지원칙에 위반한다는 점과 관련하여서는 재판관 5인만이 찬성하였을 뿐이므로 위 과잉금지원칙 위반의 점에 대하여 기속력이 인정될 여지가 없다고 할 것이다.

그렇다면, 국회에서 2003헌마715등 사건의 위헌결정 이후 비맹제외기준을 거의 그대로 유지하는 이 사건 법률조항을 개정하였다고 하더라도, 위와 같이 비맹제외기준이 과잉금지원칙에 위반한다는 점과 관련하여 기속력을 인정할 여지가 없는 이상 입법자인 국회에게 기속력이 미치는지 여부 및 결정주문뿐 아니라 결정이유에까지 기속력을 인정할지 여부 등에 대하여 나아가 살펴볼 필요 없이 이 사건 법률조항이 위 위헌결정의 기속력에 저촉된다고 볼 수는 없을 것이다.

다. 위헌 여부에 대한 판단

(1) 문제되는 기본권과 위헌심사방법

(가) 헌법 제34조 제1항은 "국가는 사회보장·사회복지의 증진에 노력할 의무를 진다"고 규정하여 국민의 생존권 보장의무를 부과하고, 제5항에서는 "신체장애자 및 질병·노령 기타의 사유로 생활능력이 없는 국민은 법률이 정하는 바에 의하여 국가의 보호를 받는다"고 규정함으로써 특히 신체장애자를 비롯한 자립능력이 부족한 국민에 대한 국가의 보호의무를 천명하고 있다.

이와 같이 입법자로서는 사회적 약자인 신체장애자의 생존권 보호라는 헌법적 요청에 상응하여 적극적으로 복지정책을 형성할 의무를 부담하는데,

이러한 입법이 일반국민의 기본권과 충돌하는 상황을 예상할 수도 있다. 시각장애인 안마사제도를 규정한 이 사건 법률조항의 경우, 헌법 제34조 제5항에 따른 헌법적 요청과 일반국민의 직업선택의 자유 등 기본권이 충돌하는 상황이 문제될 수 있는 것이므로 위 법률조항에 대한 위헌심사 과정에서 이러한 상황을 충분히 고려하여야 할 것이다. 그 경우 헌법 제37조 제2항에 의한 기본권제한입법의 한계를 벗어날 수 없지만, 구체적인 최소침해성 및 법익균형성 심사과정에서 이러한 헌법적 요청뿐만 아니라, 일반국민의 기본권 제약 정도, 시각장애인을 둘러싼 기본권의 특성과 복지정책의 현황, 시각장애인을 위한 직업으로서의 안마사제도와 그와 다른 대안의 가능성 등을 종합하여 형량할 필요가 있을 것이다.

(나) 한편 이 사건 법률조항과 같이 시각장애인에 대한 우대처우로 인하여 비시각장애인의 직업선택의 자유 등 기본권이 제한받는 경우 직업선택의 자유에 대한 과잉제한 여부와 평등권 침해 여부가 동시에 문제된다. 그러한 경우에는 직업선택의 자유와 평등권 침해 여부는 따로 분리하여 심사할 것이 아니라 하나로 묶어 판단함이 상당하다고 할 것이다. 왜냐하면, 입법자의 차별취급의 결과 거기에 포함되거나 포함되지 않는 집단이 제한받는 직업선택의 문제와 불평등 처우의 문제는 상당히 밀접하게 결합되어 있기 때문이다. 특히 이 사건 법률조항의 입법의도가 시각장애인의 우대에 있고 그 결과 일반인의 직업선택의 자유가 제한되는 경우라는 점에 비추어, 위헌 여부를 판단함에 있어 직업선택의 자유에 대한 제한과 차별취급의 정당성을 함께 심사하는 것이 보다 타당하다고 본다.

(2) 이 사건 법률조항에 대한 위헌 여부

(가) 위와 같이 헌법 제34조 제5항은 신체장애자를 비롯한 생활능력이 없는 국민에 대하여 국가의 보호의무를 천명하고 있는바, 이는 장애인에 대한 차별금지를 규정한 장애인복지법 제8조 제1항 및 사회보장과 고용촉진

등을 규정한 '장애인 권리 선언' 등의 정신과도 상통하는 것으로서 이러한 국가의 보호의무는 입법자의 입법을 통하여 구체화될 필요가 있다. 다시 말하면, 입법자는 장애인의 연령·능력·장애의 종류 및 정도에 따라 적정한 교육을 받고 적성과 능력에 맞는 직업에 종사할 수 있도록 직업훈련, 취업알선, 고용 등 필요한 복지정책을 강구해야 하는데, 특히 장애의 정도가 심하여 자립하기가 어려운 중증장애인에 대하여는 보다 적극적인 정책이 요청된다고 할 것이다.

이러한 장애인에 대한 복지정책은 제1차적으로는 장애인의 생존권을 보장하는 데 있지만 거기에 그쳐서는 안 되고, 사회통합의 이념에 기초하여 소수자인 장애인이 진정한 사회공동체의 일원으로 대우받을 수 있도록 제반 여건을 형성하는 데에도 초점을 맞추어 헌법 제10조 및 제34조에 따라 인간의 존엄과 가치를 지키며 인간다운 삶을 영위할 수 있도록 하여야 한다. 다만, 장애인에 대한 적극적인 복지정책은 때로 일반국민에 비하여 장애인을 우대하는 형태로 나타나게 되는데, 그로 말미암아 일반국민의 기본권 행사가 제한받게 될 경우 입법자로서는 장애인의 보호와 일반국민의 기본권 보장이라는 양 법익 사이에 조화와 균형을 이룰 수 있도록 하여야 하므로 그와 같은 범위 안에서 형성의 자유를 가진다고 할 것이다.

(나) 이 사건 법률조항은 위와 같이 신체장애자 보호에 대한 헌법적 요청, 장애인복지정책의 원칙 등에 바탕을 두고서 시각장애인의 생계를 보장하기 위한 것으로서 궁극적으로는 그들에게 삶의 보람을 얻게 하고 인간다운 생활을 할 권리를 실현시키려는 데에 위 법률조항의 입법목적이 있다고 할 것이므로, 그 목적의 정당성은 충분히 인정된다.

나아가 다른 직종에 비해 공간이동과 기동성을 거의 요구하지 않을 뿐더러 촉각이 발달한 시각장애인이 영위하기에 용이한 안마업의 특성 등에 비추어 시각장애인에게 안마업을 독점시킴으로써 그들의 생계를 지원하고 직업활동에 참여할 수 있는 기회를 제공하는 이 사건 법률조항의 경우 이러한 입법목적을 달성하는 데 적절한 수단이라고 할 것이다.

(다) 한편, 시각장애인에게 안마사 자격을 독점시키는 방법 외에도 위와 같은 입법목적을 달성시킬 수 있는 여러 가지 대안으로서 ① 시각장애인에게 직접 경제적 지원을 하는 방법, ② 직업의 선택 및 수행에 있어서 일반인보다 우대하는 방법, ③ 고용과 직업재활을 촉진하는 프로그램 등을 상정할 수 있다. 실제로 장애인복지법은 장애의 정도와 경제적 수준을 고려하여 장애인의 소득 보전 및 직업재활을 위해서 장애수당지급(제49조), 의료비지급(제36조), 자녀의 교육비지급(제38조), 자립훈련비지급(제43조), 자금의 대여(제41조) 등과 같은 제도를 두고 있고, 그 이외에도 공공시설내의 매점, 자판기설치나 담배 및 우표 판매 등에 있어서 장애인에게 우선권을 주는 생업지원(제42조) 및 국가기관으로 하여금 장애인단체가 만든 생산품을 우선 구매하도록 하는 인센티브제도(제44조) 등을 규정하고 있다. 그러나 장애인 특히 시각장애인의 복지현실은 이러한 규정들과는 상당한 괴리가 있음을 부정할 수 없다. 예컨대, 장애수당, 의료비지급 등의 재정적지원은 그 대상이 매우 제한적일 뿐 아니라 액수도 너무 소액이어서 시각장애인에게는 실질적인 도움이 되지 못하고 있다. 담배소매업이나 자판기설치에 있어서 우선권을 주는 생업지원도 실제로 혜택을 받는 장애인은 많지 않고, 더욱이 시각장애인에게는 신체특성상 위와 같은 혜택이 거의 돌아가고 있지 않다. 또한 시각장애인 안마사가 취업할 수 있도록 일정한 규모의 사업장에 안마사를 의무적으로 고용하도록 하거나 시각장애인 안마사의 영업활동에 세제혜택 기타 인센티브를 주는 방법도 비시각장애인 안마사와 경쟁한다고 가정할 경우 그 효과가 크다고 볼 수도 없다.

이러한 시각장애인 복지정책에서의 실제적인 측면을 감안할 때, 현재의 우리 사회에서 시각장애인의 복지와 인간다운 생활권을 보장하기 위해서는 시각장애인에게 안마직업을 독점시키는 방법이 불가피한 입법적 선택이라고 할 수밖에 없을 것이다. 물론, 안마업에 종사하려는 일반인의 안마사 자격취득 기회 자체를 원천적으로 박탈하는 것은 기본권 제한의 정도가 가장 크기 때문에 이러한 차별은 입법목적 달성을 위하여 불가피하고 최후적인 수단으로만 발동되어야 한다는 점에는 이론(異論)이 있을 수 없다. 그러나 시각장애인에 대하여 이동권(移動權)조차 보장되지 못하고 있는 사회 현실 속에서 다른 직업을 선택하도록 지원한다고 하더라도 직업선택은 쉽지 않다. 시각장애인에게 있어서 안마사라는 직업은 그들이 선택할 수 있는 극소수의 직업 가운데 하나이고, 이를 제외하면 현실적으로 선택할 수 있는 직업은 거의 없다고 할 것이다. 특히, 지금까지 확인된 여러 통계자료에 의하여 중증시각장애인 상당수가 안마사 자격을 취득하고 안마로 생계를 유지하고 있음을 어렵지 않게 알 수 있다는 점에 비추어 보더라도 현실적으로 안마업은 시각장애인이 선택·종사할 수 있는 거의 유일한 직업이라고 하지 않을 수 없다.

나아가 미국과 영국 등 시각장애인에 대한 복지정책이 잘 갖춰진 여러 국가들의 사례에서 보듯이, 앞으로 시각장애인에 대하여 보다 많은 재정적 지원이 뒷받침되고, 안마사 이외의 직업활동에 참가할 수 있는 여건이 갖추어져 있다면, 시각장애인에게 안마업을 독점시키는 수단까지 동원할 필요는 없을 것이다. 그렇지만, 그와 같은 여건이 갖추어지지 않은 우리의 현실에서 위에서 언급한 수단들만으로는 입법목적을 달성하기 위한 효과적인 대안이 될 수 없고, 주어진 사회경제적 조건에 상응한 복지정책을 실시할 수밖에 없을 것이다. 이러한 측면은 시각장애인을 위한 유보고용제도로서 우리와 유사하게 안마업에 대한 독점권을 부여하고 있는 대만의 경우와 독점권은 아니지만 시각장애인 안마사를 일정 비율만큼 유지시키는 일본의 경우를 보더라도 알 수 있다고 할 것이다.

물론 안마업을 시각장애인에게 독점시키는 이 사건 법률조항으로 말미암아 일반국민의 직업 선택의 자유가 제한되는 것은 사실이지만, 안마업은 시각장애인이 정상적으로 영위할 수 있는 거의 유일한 직업이라는 점에서 시각장애인 안마사제도는 시각장애인의 생존권 보장을 위한 불가피한 선택으로 볼 수밖에 없다. 이에 반하여 일반국민이 선택할 수 있는 직업은 상대적으로 넓고 안마업 외에도 선택할 수 있는 직업이 많다는 점 또한 고려할 필요가 있다. 특히 물리치료사의 경우는 안마사와 거의 유사한 직종으로서 일련의 수련과정과 시험을 거쳐 물리치료사 자격을 취득하고 그 분야에서 직업에 종사할 수 있다는 점에 비추어 넓게 보면 반드시 안마 등을 직업으로 선택할 다른 방법이 완전히 봉쇄되었다고 볼 수도 없다.

위와 같은 사정에 비추어 보면, 시각장애인 안마사제도를 정한 이 사건 법률조항이 최소침해성 원칙에 반한다고 할 수도 없을 것이다.

(라) 과거 우리 사회에서 시각장애인은 생활 전반에 걸쳐 유·무형의 차별을 받았고, 특히 교육, 고용 등에서 많은 차별을 받아왔음을 부인할 수 없다. 그렇다고 시각장애인의 소득보장 내지 직업재활 등과 관련한 복지정책이 이들의 인간다운 삶을 보장할 정도로 갖추어져 있었던 것도 아니다. 시각장애인 안마사제도는 바로 이러한 현실에서 시각장애인의 생계 및 인간다운 삶을 보장하기 위한 최소한의 우선적 처우이며 시각장애인에게 가해진 사회적 차별을 보상해주고 실질적인 평등을 이룰 수 있는 수단으로 채택된 것이라고 평가할 수 있을 것이다.

이와 관련하여, 정부가 시각장애인에 대한 금전적 보상을 통해서 사회보장을 달성해야지 일반국민의 기본권을 제한하는 방법은 적절하지 않다는 지적이 있을 수 있다. 그러나, 정부가 시각장애인에게 경제적 지원만 하는 것이야말로 공동체의 일원으로서 신체장애자를 보호하도록 규정하고 있는 헌법 제10조 및 제34조 제5항의 기본정신을 저버리는 것이다. 시각장애인이 원하는 바도 단지 경제적 지원이 아니라 정당한 직업에 종사하는 것이다. 사회통합의 관점에서 보나, 기본권 보장의 관점에서 보나 장애인에 대해서 국가는 특별한 보호를 해야 하고, 이는 결코 국가의 은전(恩典)이나 혜택이 아니라 헌법상의 권리인 것이다. 인간다운 삶은 다른 국민과 마찬가지로 주어진 여건에서 자신의 능력에 맞게 인격을 발현할 수 있는 직업활동을 통해 생존의 조건을 갖추어가는 것이므로, 단지 정부로부터 금전적 지원을 받는 것보다 적극적으로 직업을 갖고 사회활동을 하는 것이 시각장애인의 직업의식을 고양하고 소외감을 방지할 수 있을 것임은 당연하다. 또한 시각장애인의 상당수가 후천적인 원인에 기하여 발생한다는 점에서 알 수 있듯이 일반국민도 언제든지 장애인이 될 수 있는 점을 염두에 둔다면, 장애인, 특히 시각장애인을 우대한다고 하여 일반국민에 대한 부당한 차별이 된다고 보기도 어렵다.

(마) 요컨대, 우리 입법자는 헌법 제10조 및 제34조 제5항에 의한 헌법적 요청에 따라 시각장애인 복지정책의 일환으로서 이 사건 법률조항을 규정한 것인바, 그 과정에서 입법자는 앞서 본 바와 같은 제반 사정들 즉, 시각장애인에 대한 복지정책이 미흡한 현실에서 안마사는 시각장애인이 선택할 수 있는 거의 유일한 직업이라는 점, 안마사 직역을 비시각장애인에게 허용할 경우 시각장애인의 생계를 보장하기 위한 다른 대안이 충분하지 않다는 점, 시각장애인은 역사적으로 교육, 고용 등 일상생활에서 차별을 받아온 소수자로서 실질적인 평등을 구현하기 위해서는 이들을 우대하는 조치를 취할 필요가 있는 점 등을 충분히 고려하여 입법화한 것으로서 이를 존중할 필요가 있다고 할 것이다. 위와 같이 이 사건 법률조항은 시각장애인의 생존권보장이라는 헌법적 요청에 따라 시각장애인과 비시각장애인을 둘러싼 여러 상황을 적절하게 형량한 것으로서, 위 법률조항으로 인해 얻게 되는 시각장애인의 생존권 등 공익과 그로 인해 잃게 되는 일반국민의 직업선택의 자유 등 사익을 비교해 보더라도, 공익과 사익 사이에 법익 불균형이 발생한다고 단정할 수도 없을 것이다.

따라서 이 사건 법률조항이 비시각장애인을 시각장애인에 비하여 비례의 원칙에 반하여 차별하는 것이라고 할 수 없을 뿐 아니라, 비시각장애인의 직업선택의 자유를 과도하게 침해하여 헌법에 위반된다고 보기도 어렵다.

(바) 위와 같이 이 사건 법률조항은 시각장애인의 생존과 인간다운 생활을 보장하기 위하여 입법자가 선택한 수단으로서 헌법에 위반된다고 볼 수는 없지만, 이 사건 법률조항으로 인하여 비시각장애인이 입게 되는 불이익에 대하여 보다 진지한 고려가 필요할 것이다. 우리 사회에서는 현재까지 시각장애인 안마사제도를 유지함으로써 비시각장애인인 일반국민이 안마를 직업으로서 선택할 수 없는 불이익과 그에 따른 소모적인 갈등상황이 반복되어 왔음을 부인할 수 없다. 이와 같이 일반국민이 안마를 직업으로 선택할 수 없는 문제 역시 사회경제적 약자를 보호하는 것 못지 않게 중요한 사회적 문제라는 점에 비추어 입법자를 비롯한 정부 당국에서는 시각장애인에 대한 복지정책을 실시하는 과정에서 이러한 문제를 해소하는 데 주의를 게을리 해서는 안 될 것이다. 앞서 보았듯이 이 사건 법률조항은 시각장애인의 직업활동과 생존을 보장하기 위한 다른 효율적인 대안들이 아직까지 우리 사회에서 제대로 작동하지 않기 때문에 불가피하게 선택할 수밖에 없는 정책수단인 것이다. 따라서 지금보다 이러한 사회경제적 여건이 향상되어 시각장애인을 위한 복지정책이 선진화될 경우에는 일반 국민의 기본권을 제한함으로써 시각장애인의 생존권 등을 확보할 수밖에 없는 정책수단이 그대로 유지되기는 어렵다고 할 것이다.

이에 입법자를 비롯한 정부 당국으로서는 일반국민에 대한 기본권제약을 하루빨리 해소시키기 위해서라도 시각장애인에 대한 복지정책을 보다 적극적으로 강구할 필요가 있으나, 현재로서는 시각장애인 안마사제도 외에는 시각장애인의 생존권보장에 효율적인 정책수단을 발견하기 어려운 실정이다. 입법자를 비롯한 정부 당국에서는 이러한 문제들에 대하여 심각하게 인식하고 시각장애인의 생존권과 비시각장애인의 직업선택의 자유라는 상충되는 기본권간의 갈등관계를 해소하고 조화롭게 양 기본권을 공존시킬 수 있는 방안, 특히 시각장애인으로 하여금 직업활동을 통한 인간다운 생활권을 향유하게 할 방안이 무엇인지에 대하여 보다 진지하고 적극적인 검토가 요구된다고 할 것이다.

(3) 소결론

따라서 이 사건 법률조항이 헌법상 보장된 청구인들의 직업선택의 자유와 평등권을 침해한다고 볼 수는 없을 것이다.

5. 결 론

그렇다면 청구인들의 이 사건 심판청구는 이유 없으므로 이를 모두 기각하기로 하여 주문과 같이 결정한다. 이 결정은 재판관 이강국, 재판관 이공현, 재판관 조대현의 아래 6.과 같은 반대의견이 있는 외에는 나머지 관여 재판관 전원의 일치된 의견에 의한 것이다.

6. 재판관 이강국, 재판관 이공현, 재판관 조대현의 반대의견

우리는 이 사건 법률조항이 과잉금지원칙에 위배하여 직업선택의 자유를 침해하는 것으로 헌법에 위반된다고 보므로 다음과 같이 반대의견을 밝힌다.

가. 객관적 사유에 의한 직업의 자유의 제한

직업은 생활에 필요한 소득을 얻는 활동일 뿐 아니라 개인의 인격을 자유로이 발현할 수 있도록 하는 개성신장의 수단이며, 시장경제질서를 유지하도록 하는 불가결의 요소이다. 우리 헌법은 모든 국민의 직업선택의 자유(헌법 제15조)를 보장하고 있다.

따라서 직업의 자유에 대한 제한은 반드시 법률로써 하여야 할 뿐만 아니라 국가안전보장, 질서유지 또는 공공복리 등 정당하고 중요한 공공의 목적을 달성하기 위하여 필요하고 적정한 수단, 방법에 의해서만 가능하다(헌재 1989. 11. 20. 89헌가102, 판례집 1, 329, 336). 특히 헌법재판소는 당사자의 능력이나 자격과 상관없는 객관적 사유에 의한 직업의 자유의 제한은 '월등하게 중요한 공익을 위하여 명백하고 확실한 위험을 방지하기 위한 경우'에만 정당화될 수 있고, 따라서 이 경우 헌법 제37조 제2항이 요구하는 과잉금지의 원칙, 즉 엄격한 비례의 원칙이 그 심사척도가 된다고 판시한 바 있다(헌재 2002. 4. 25. 2001헌마614, 판례집 14-1, 410, 427).

이 사건 법률조항에 의한 시각장애인 안마사제도는 시각장애인이 아닌 사람의 직업선택의 자유를 직접 침해하고 있고, 이는 당사자의 능력이나 자격과 상관없는 객관적 허가요건에 의한 직업선택의 자유에 대한 제한을 의미하므로 헌법 제37조 제2항이 요구하는 과잉금지의 원칙을 충족하여야 할 것이다(헌재 2006. 5. 25. 2003헌마715, 판례집 18-1하, 112, 123~124 참조).

나. 이 사건 법률조항에 관한 판단

안마의 본질적인 속성에 의하여 비시각장애인이 안마를 수행할 수 없는 것으로 인정되지 아니함에도 불구하고, 이 사건 법률조항은 시각장애라는 객관적인 사유, 조건에 의하여 직업선택의 자유를 제한하는바, 단순한 공공복리를 넘어 '직업의 자유'보다 훨씬 더 중요한 공공의 이익에 대한 '명백하고 확실한 위험'을 방지하기 위한 경우에 해당하는 때에 비로소 그 목적의 정당성을 인정할 수 있다. 시각장애인의 생계를 보장하고 직업활동 참여의 기회를 제공하는 것은 중요한 공익적 목적임을 충분히 인정할 수 있으나, 2007. 3.말 현재 전체 등록시각장애인 209,968명[1] 가운데 안마사로 등록하여 활동하는 시각장애인이 약 6~7,000명[2]에 불과하고, 시각장애인에 대한 안마사자격의 독점적 유보가 제거된다 하더라도 위와 같은 안마사 자격자들의 영업활동이 불가능해지는 것이 아니며, 단지 비시각장애인 안마사들과 경쟁하는 입장에 처하게 되는 것이라는 점에서 직업선택의 자유의 제한을

1 자료: 2007. 3.말 장애인등록현황, 보건복지가족부 홈페이지(www.mw.go.kr) 참조.
2 이해관계인 보건복지가족부(구 보건복지부) 2008. 6. 12. 제출자료에 의하면, 2005. 9.말 시각장애인 중 안마업 종사자 수는 6,804명이다.

정당화할 명백하고 확실한 위험이 있다고 보기 어렵다.

한편 이 사건 법률조항이 시각장애인의 생계보장 및 직업활동 참여기회 제공 등을 위한 적절한 수단인지 살펴본다. 2007. 3.말 현재 전체 등록시각장애인 가운데 중증 시각장애인인 1급, 2급 시각장애인 39,283명(1급 31,185명, 2급 8,098명)을 제외한 3~6급 시각장애인170,685명(3급 11,365명, 4급 10,605명, 5급 17,532명, 6급 131,183명)[3]은 비교적 다양한 직업군에서 활동하고 있고, 중증 시각장애인의 약 17%인 6~7,000명만이 안마사로 등록하여 활동하고 있으며, 경증 시각장애인은 불과 50여 명만이 안마사로 등록하여 활동하고 있다. 이러한 점에 비추어 보면, 이 사건 법률조항의 생계보장효과가 의심스러울 뿐 아니라, 단지 안마업의 독점기회를 제공하는 것이 자아실현과 개성신장의 도구로서의 직업을 선택할 기회를 제공한다고 볼 수도 없으므로 이 사건 법률조항이 실질적으로 위와 같은 입법목적 달성에 충분히 기여하고 있음을 인정하기 어렵다.

나아가 이 사건 법률조항에 의한 시각장애인의 안마사 직역 독점 외에 시각장애인의 생계보장 및 직업활동 참여기회 제공을 달성할 다른 수단이 없는 것도 아니다. 시각장애인 안마사가 취업할 수 있는 보건복지 관련 시설을 안마시술소나 안마원 외에 보건소, 노인복지시설, 장애인복지시설 등으로 확대하여 시행하는 방법이나 일정한 규모의 사업장에 산업안마사(헬스키퍼: Health Keeper)를 의무적으로 고용하도록 강제하는 방법, 안마사 자격시험에서 시각장애인에게는 시험과목을 축소해주는 방법, 일정한 규모 이상의 안마시술소나 안마원의 경우 시각장애인 안마사를 일정비율 이상 의무적으로 고용하도록 쿼터를 두는 방법, 시각장애인의 안마시술소나 안마원 사업개시에 필요한 자금을 재정적 지원하고 세제혜택을 주는 방법, 영업장을 두지 아니하는 출장안마나 일정규모 이상 또는 이하의 안마업에 한하여 시각장애인에게 독점권을 주는 방법 등 안마업과 관련된 시각장애인 지원방법

3 자료: 2007. 3.말 장애인등록현황, 보건복지가족부 홈페이지(www.mw.go.kr) 참조.

이 매우 다양한 형태로 존재할 수 있다. 또한 안마업 외에 다른 직업활동의 기회와 관련해서도 중증 시각장애인과 경증 시각장애인을 분류하여 적합한 직업훈련과정을 마련하고, 일반 입사시험이나 공무원 시험 등에 있어 시각장애인에게 음성시험 및 충분한 시험시간제공 등을 통하여 정당한 능력검증이 이루어질 수 있도록 시험제도에 관한 개선조치를 강제하는 등의 방안을 생각할 수 있다. 이러한 대안에 비추어보면, 이 사건 법률조항이 정하는 시각장애인의 안마사 직역 독점은 입법목적 달성을 위한 불가피한 수단이라고 보기 어려우며, 기본권의 최소침해성 원칙에 위반된다고 할 것이고, 위와 같은 다양한 대안들이 제시되고 있음에도 그에 관한 검토나 또 다른 대안의 개발을 하지 아니한 채 이 사건 법률조항에 안주하려는 입법자의 태도는 신체장애자 등 생활능력이 없는 국민은 법률이 정하는 바에 의하여 국가의 보호를 받도록 한 헌법규정(헌법 제34조 제5항)에 기대어 사회보장·사회복지 증진에 노력할 국가의 의무(헌법 제34조 제2항)를 게을리 한 것이라고 볼 수도 있을 것이다.

그 밖에 이 사건 법률조항은 비시각장애인의 안마사 자격취득 기회를 원천적으로 박탈하는 것으로 시각장애인의 생계보장, 특히 일부 중증 시각장애인의 생계보장의 측면을 고려하더라도 법익의 균형성을 인정하기 어렵다. 비시각장애인의 안마사자격 취득이 허용되는 경우 중증시각장애인 안마사들과 경쟁이 불가피하게 되고, 시각장애인에 대한 편견으로 그 능력이 정당하게 평가받지 못하는 사실상의 불이익이 있을 수 있으나, 그것이 곧 중증시각장애인의 생존권 부정으로 연결된다고 보기는 어렵다고 할 것이고, 장애인에 대한 차별과 편견은 우리 사회와 동시대인들이 반드시 극복해야 할 또다른 과제이다. 현재에도 비시각장애인들이 탈법적으로 안마업에 종사하는 경우가 허다하고, 법의 문외한인 일반인들은 업무나 운동 등으로 인한 육체적 피로와 정신적 스트레스 해소를 위하여 안마사의 자격이 없는 비시각장애인들로부터 마사지 등을 받으며 그 진정한 의사와 관계없이 탈법행위에 동참하는 결과를 가져오는 예를 쉽게 발견할 수 있다는 점을 고려하면, 안마사 직역을 비시각장애인에게 개방하고, 탈법적 안마를 강력하게 단속하고 제재하는 것이 안마의 수요를 확대하고 시장을 정상화함으로써 시각장애인 안마사들에게 일종의 기회를 제공할 가능성도 존재한다. 결국 이 사건 법률조항이 달성하려는 시각장애인의 생계보장 등 공익은 그 중요성이 충분히 인정되나, 비시각장애인들이 받게 되는 직업선택의 자유의 박탈이 기본권의 본질적 내용까지 침해하는 것인 점에 비추어 공익의 우월함을 인정하기 어렵다.

따라서 이 사건 법률조항은 과잉금지원칙에 위배하여 직업의 자유의 본질적 내용을 침해하는 것으로 헌법에 위반된다(헌재 2006. 5. 25. 2003헌마715, 판례집 18-1하, 112, 123~126 참조).

재판관 이강국(재판장)
이공현
조대현
김희옥
김종대
민형기
이동흡
목영준
송두환

[별지 1] 2006헌마1098 사건의 청구인 명단 : 생략

[별지 2] 2006헌마1116 사건의 청구인 명단 : 생략

[별지 3] 2006헌마1117 사건의 청구인 명단 : 생략

[별지 4] 2006헌마1116 사건의 공동심판참가인 명단 : 생략

[별지 5] 2006헌마1117 사건의 공동심판참가인 명단 : 생략

판례의 평가

헌법재판소가 앞서 다루었던 2003년 6월 26일 선고한 2002헌가16 사건에서 위헌의견 5명과 합헌의견 4명으로 합헌을 선언하였다. 마찬가지로 안마사에 대한 자격을 보건복지부령에서 마련한 것이 기본권 제한 및 위임입법 한계의 문제로 법리를 구성했던 것을, 헌법재판소는 이 사건에서 법률유보원칙이나 과잉금지원칙에 위배하여 일반인의 직업선택의 자유를 침해하는 것으로 위헌 선언하였다.

그리고 앞서 언급한 동일한 사안에 대하여 안마사 자격의 헌법적 문제를 다룬 이번 사안은 맹인과 비맹인의 차별적 문제였다.

시각장애인의 생계를 보장하고 직업활동 참여의 기회를 제공하는 것은 중요한 공익적 목적임을 충분히 인정할 수 있으나, 이 사건 법률조항에 의한 시각장애인에 대한 안마사 자격의 독점적 유보가 제거된다 하더라도 안마사 자격자들의 영업활동이 불가능해지는 것이 아니며, 단지 비시각장애인 안마사들과 경쟁하는 입장에 처하게 되는 것이라는 점 등에 비추어 직업선택의 자유의 제한을 정당화할 명백하고 확실한 위험이 있다고 보기 어렵고, 그리고 중증 시각장애인의 약 17%인 6~7,000명만이 안마사로 등록하여 활동하는 점 등에 비추어 이 사건 법률조항의 생계보장효과가 의심스러울 뿐 아니라 단지 안마업의 독점기회를 제공하는 것이 자아실현과 개성신장의 도구로서의 직업을 선택할 기회를 제공한다고 볼 수도 없으므로 이 사건 법률조항이 실질적으로 입법목적 달성에 충분히 기여하고 있음을 인정하기도 어렵다.

또한 이 사건 법률조항에 의한 시각장애인의 안마사 직역 독점 외에 시각장애인의 생계보장 및 직업활동 참여기회 제공을 달성할 다른 수단이 없는 것도 아니라는 점 등에 비추어 위 법률조항에 의한 시각장애인의 안마사 직역 독점은 입법목적 달성을 위한 불가피한 수단이라고 보기 어려우며 기본권의 최소침해성원칙에 위반되고, 나아가 위 법률조항으로 달성하려는 시각장애인의 생계보장 등 공익이 비시각장애인들이 받게 되는 직업선택의 자유의 박탈보다 우월하다고 보기도 어렵다. 따라서 이 사건 법률조항은 과잉금지원칙에 위배하여 직업의 자유의 본질적 내용을 침해하는 것으로 헌법에 위반된다.

1951년 9월 25일 제정 및 시행되었던 국민의료법으로 시작하여, 1962년 3월 20일 의료법으로 명칭이 바뀌면서 전부개정되었다.

당시 심판대상이었던 동법 조항은 2006년 9월 27일 개정 및 2006년 9월 27일 시행된 의료법 제61조에서 위헌적인 내용으로 마련되면서, 2007년 4월 11일 전부개정되면서 조항위치가 제82조로 이동하게 되었다. 심판대상 법률조항은 아직 그대로 유지하며 규범적 효력을 갖고 있다. 즉 현행 의료법 제82조는 다음과 같다.

현행 의료법 제82조(안마사) ① 안마사는 장애인복지법에 따른 시각장애인 중 다음 각 호의 어느 하나에 해당하는 자로서 시·도지사에게 자격인정을 받아야 한다.

1. 초중등교육법 제2조 제5호에 따른 특수학교 중 고등학교에 준한 교육을 하는 학교에서 제4항에 따른 안마사의 업무한계에 따라 물리적 시술에 관한 교육과정을 마친 자
2. 중학교 과정 이상의 교육을 받고 보건복지부장관이 지정하는 안만수련기관에서 2년 이상의 안마수련과정을 마친 자

② 제1항의 안마사는 제27조에도 불구하고 안마업무를 할 수 있다.

③ 안마사에 대하여는 이 법 중 제8조, 제25조, 제28조부터 제32조까지, 제33조 제2항 제1호·제3항·제5항·제8항 본문, 제36조, 제40조, 제59조 제1항, 제61조, 제63조(제36조를 위반한 경우만을 말한다), 제64조부터 제66조까지, 제68조, 제83조, 제84조를 준용한다. 이 경우 '의료인'은 '안마사'로, '면허'는 '자격'으로, '면허증'은 '자격증'으로, '의료기관'은 '안마시술소 또는 안마원'으로, '해당 의료관계단체의 장'은 '안마사회장'으로 한다. 〈개정 2009. 1. 30.〉

④ 안마사의 업무한계, 안마시술소나 안마원의 시설 기준 등에 관한 사항은 보건복지부령으로 정한다. 〈개정 2008. 2. 29, 2010. 1. 18.〉

12 구 장애인고용촉진 등에 관한 법률 제35조 제1항 본문 등 일정규모 이상의 사업장 장애인고용 의무

(2003. 7. 24. 2001헌바96)

Ⅰ. 판시 사항

1. 대통령령이 정하는 일정수 이상의 근로자를 고용하는 사업주는 기준고용률 이상에 해당하는 장애인을 고용해야 한다고 규정한 구 장애인고용촉진 등에 관한 법률(2000. 1. 12. 법률 제6166호로 전문개정되기 전의 것. 이하 '구법'이라 한다) 제35조 제1항 본문이 사업주의 행동자유권, 경제활동의 자유, 평등권을 침해하고 포괄위임입법금지원칙에 위배되는지 여부(소극)

2. 장애인고용의무제의 실효성을 확보하는 수단으로서의 장애인고용부담금제도에 관한 규정인 구법 제38조 제1항·제2항·제3항·제5항·제6항, 제39조 제1항이 사업주의 계약 및 직업수행의 자유, 재산권, 평등권을 침해하는지 여부(소극)

3. 장애인고용의무제에 관한 구법 제35조 제1항 본문에 대하여는 위헌의견에 찬성한 재판관이 다수이나 헌법소원에 관한 인용결정에 필요한 심판정족수에 이르지 못하여 심판대상조항 전부에 대하여 합헌결정을 한 사례

Ⅱ. 결정요지

1. 가. 장애인은 그 신체적·정신적 조건으로 말미암아 유형·무형의 사회적 편견 및 냉대를 받기 쉽고 이로 인하여 능력에 맞는 직업을 구하기가 지극히 어려운 것이 현실이므로, 장애인의 근로의 권리를 보장하기 위하여는 사회적·국가적 차원에서의 조치가 요구된다. 이러한 관점에서 볼 때, 자유민주적 기본질서를 지향하는 우리 헌법이 원칙적으로 기업의 경제활동의 자유를 보장(헌법 제119조 제1항)하고 개인의 계약자유의 원칙을 천명(헌법 제10조 전문)하고 있다 하더라도 일정한 범위에서 이러한 자유를 제약하는 것은 불가피한 조치라고 할 수 있다. 청구인이 주장하는 계약자유의 원칙과 기업의 경제상의 자유는 무제한의 자유가 아니라 헌법 제37조 제2항에 의하여 공공복리를 위해 법률로써 제한이 가능한 것이며, 국가가 경제주체 간의 조화를 통한 경제의 민주화를 위해 규제와 조정을 할 수 있다고 천명(헌법 제119조 제2항)하고 있는 것은 사회·경제적 약자인 장애인에 대하여 인간으로서의 존엄과 가치를 인정하고 나아가 인간다운 생활을 보장하기 위한 불가피한 요구라고 할 것이어서, 그로 인하여 사업주의 계약의 자유 및 경제상의 자유가 일정한 범위 내에서 제한된다고 하여 곧 비례의 원칙을 위반하였다고는 볼 수 없다.

나. 구법 제3조에 의하면 국가와 지방자치단체는 장애인의 고용에 관하여 사업주 및 국민일반의 이해를 높이기 위해 교육·홍보 및 장애인 고용촉진운동을 추진하고, 사업주·장애인 기타 관계자에 대한 지원과 장애인의 특성을 고려한 직업재활의 조치를 강구하여야 하며, 기타 장애인의 고용촉진 및 직업안정을 도모하기 위하여 필요한 시책을 종합적이고 효과적으로 추진하여야 할 책임이 있는 공공적 주체이며, 한편 민간사업주와는 달리 기준고용률을 미달하는 경우 부담금의 납부를 명하고 이를 징수한다든지(구법 제

38조) 기준고용률을 초과하는 경우 고용지원금 및 장려금(구법 제37조)을 지급할 수 없는 등 민간사업주와는 다른 지위에 있으므로, 국가·지방자치단체와 민간사업주와의 차별취급은 합리적인 근거가 있는 차별이라고 할 것이다.

다. 구법 제35조 제1항 본문은 장애인고용의무사업주의 범위를 고용근로자수를 기준으로 한다는 기본원칙을 정하였고, 한편 장애인고용의무제가 적용되는 사업주의 범위는 우리나라의 전체 실업자 수와 그중 장애인실업자수가 차지하는 비율, 경제상황 등을 고려하여 시대에 따라 탄력적으로 정하여야 할 사항이어서 이를 법률에서 명시하는 것은 적당하지 아니하다는 입법자의 판단이 반드시 잘못되었다고 볼 수는 없다. 뿐만 아니라, 구법 제35조 제1항은 "… 사업주는 그 근로자의 총수의 100분의 1 이상 100분의 5 이내의 범위 안에서 대통령령이 정하는 비율 이상에 해당하는 장애인을 고용하여야 한다"고 규정하고 있다. 여기에서 이 규정의 해석상 최소한 20인 이상의 근로자를 고용하는 사업주에게만 장애인고용의무가 도출됨을 알 수 있다. 왜냐하면, 기준고용률의 상한인 5%를 상정하더라도 20인이 되어야 1명의 장애인고용의무가 생기기 때문이다. 따라서 동 조항은 포괄위임입법금지원칙 내지는 법률유보원칙에 위반된다고 할 수 없다.

□ 재판관 한대현, 재판관 김효종, 재판관 김경일, 재판관 송인준, 재판관 주선회의 위헌의견

헌법 제75조에서 밝히고 있는 포괄위임입법금지의 원칙은 행정입법의 수요와 헌법상 기본권보장의 원칙과의 조화를 기하기 위하여 위임입법은 허용하되 백지위임만은 허용되지 아니한다는 것이다. 이는 국민의 헌법상 기본권 및 기본의무와 관련된 중요한 사항 내지 본질적인 내용에 대한 정책형성기능은 원칙적으로 주권자인 국민에 의하여 선출된 대표자들로 구성되는 입법부가 담당하여 법률의 형식으로써 이를 수행하여야 하고, 이와 같이 입법화된 정책을 집행하거나 적용함을 임무로 하는 행정부나 사법부에 그 기능을 넘겨서는 아니된다는 것을 천명한 것이다. 그런데 장애인의무고용 및 그에 따르는 고용부담금납부 의무는 국민의 계약 및 직업수행의 자유와 재산권 등 헌법상 기본권의 실현에 관련된 중요한 사항 내지 본질적인 내용이라고 할 수 있는데도, 구법 제35조 제1항 본문은 그 적용대상이 되는 사업주에 대하여 단순히 '대통령령이 정하는 일정 수 이상의 근로자를 고용하는 사업주'라고만 규정하고 있어 이 조항만 가지고는 도저히 대통령령으로 규정될 내용의 대강이나마 예측할 수 없으며, 관련 법조항 전체를 살펴보아도 어느 범위의 사업주가 적용대상이 되는지 판단할 수 없도록 되어 있다. 그러므로 구법 제35조 제1항 본문 중 '대통령령이 정하는 일정 수 이상의 근로자를 고용하는 사업주' 부분은 헌법 제75조가 규정하는 포괄위임입법금지의 원칙에 위배되고 법치주의원리 및 기본권보호이념에서 파생하는 법률유보원칙에도 충실하지 못하다고 할 것이다.

2. 가. 구법은 장애인이 그 능력에 맞는 직업생활을 통하여 인간다운 생활을 할 수 있도록 장애인의 고용촉진과 직업재활 및 직업안정을 도모함을 목적으로 장애인고용의무 및 고용부담금 제도를 마련하고 있다. 고용부담금제도는 이러한 장애인고용의무제의 실효성을 확보하는 수단이므로 입법목적의 정당성이 인정된다. 한편, 고용부담금이 부과되는 집단은 일반국민이 아닌 특정집단인 '사업주'고, 부담금은 장애인의 고용을 촉진하기 위하여 전액이 '장애인고용촉진기금'으로 귀속되며, 이 기금은 주로 고용지원금, 장려금 그리고 사업주의 장애인고용을 위한 시설·장비의 설치·수리에 필요한 비용과 융자·지원 등에 지출되고 있다. 즉, 이 부담금은 장애인고용의 경제적 부담을 조정하고 장애인을 고용하는 사업주에 대한 지원을 위해 사용되고 국가의 일반적 재정수입에 포함되는 것이 아니므로 방법의 적정성도 인정할 수 있다. 나아가, 고용부담금의 부담기초액은 최저임금의 100분의 60 이상으로 규정되어 있는바, 2003년도의 경우에 85%에 불과한 실정이

다. 따라서 이 정도의 부담금이라면 사업주의 재산권 등을 과도하게 침해하는 것이라고 할 수 없고, 헌법상 요구되는 장애인의 고용촉진이라는 공익에 비추어 볼 때 법익의 균형성을 크게 잃었다고 볼 수도 없다.

나. 이 사건 고용부담금 규정은 일정한 요건에 해당하는 사업주에게는 일정한 방식에 따라 고용부담금을 차등없이 부과하고 있다. 따라서 고용의무제가 적용되는 사업주와 그렇지 아니한 사업주 간의 구분 자체에 불합리한 차별이 있는지 여부는 별론으로 하고 고용부담금제도 자체의 차별성은 문제가 되지 않는다고 할 것이다. 고용부담금제도는 그 자체가 고용의무를 성실히 이행하는 사업주와 그렇지 않는 사업주 간의 경제적 부담의 불균형을 조정하는 기능을 하기 때문이다.

3. 이 사건 심판대상조항 중 고용부담금조항(구법 제38조 제1항·제2항·제3항·제5항·제6항, 제39조 제1항)이 헌법에 위반되지 않는다는 점에 대하여는 재판관 전원의 의견이 일치하였고, 장애인고용의무조항(구법 제35조 제1항 본문 중 '대통령령이 정하는 일정 수 이상의 근로자를 고용하는 사업주' 부분)에 대하여는 위헌의견에 찬성한 재판관이 5인이어서 다수이기는 하지만 헌법 제113조 제1항, 헌법재판소법 제23조 제2항 단서 제1호에서 정한 헌법소원에 관한 인용결정을 위한 심판정족수에는 이르지 못하여 위헌결정을 할 수 없으므로, 이 사건 심판대상조항 모두에 대하여 합헌결정을 선고하는 것이다.

Ⅲ. 심판대상조문

장애인고용촉진 등에 관한 법률(2000. 1. 12. **법률 제6166호로 전문개정되기 전의 것) 제35조**(**사업주의 장애인고용의무**) ① 대통령령이 정하는 일정 수 이상의 근로자를 고용하는 사업주는 그 근로자의 총수의 100분의 1 이상 100분의 5 이내의 범위 안에서 대통령령이 정하는 비율(이하

'기준고용률'이라 한다) 이상에 해당하는(그 수에 1인 미만의 단수가 있을 경우에는 그 단수는 버린다) 장애인을 고용하여야 한다. 다만, 장애인을 사용하기 어렵다고 인정하는 직종의 근로자가 상당한 비율을 차지하는 업종에 대하여는 노동부장관이 위원회의 심의를 거쳐 정하는 적용제외율에 해당하는 근로자의 수를 그 근로자의 총수에서 제외할 수 있다.

② 생략

장애인고용촉진 등에 관한 법률(2000. 1. 12. **법률 제6166호로 전문개정되기 전의 것) 제38조**(**장애인고용부담금의 납부 등**) ① 제35조 제1항의 규정에 의한 기준고용률에 미달하는 장애인을 고용하는 사업주는 대통령령이 정하는 바에 의하여 매년 노동부장관에게 장애인 고용부담금(이하 '부담금'이라 한다)을 납부하여야 한다.

② 부담금은 사업주가 제35조 제1항의 규정에 의한 기준고용률에 의하여 고용하여야 할 장애인총수에서 매월 초일 현재 고용하고 있는 장애인수를 뺀 수에 제3항의 규정에 의한 부담기초액을 곱한 금액의 연간 합계액으로 한다.

③ 부담기초액은 장애인을 고용하는 경우에 매월 소요되는 다음 각 호의 비용의 평균액을 기초로 하여 위원회의 심의를 거쳐 노동부장관이 정하되 매년 회계연도 개시 30일 전까지 고시하여야 한다. 다만, 부담기초액은 이를 고시하는 당해연도의 최저임금액의 100분의 60 이상이어야 한다.

1. 장애인을 고용하는 경우 필요한 시설·장비의 설치, 수리에 소요되는 비용
2. 장애인의 적정한 고용관리를 위한 조치에 필요한 비용
3. 기타 장애인을 고용하기 위하여 특별히 소요되는 비용 등

④ 생략

⑤ 사업주는 노동부령이 정하는 사항을 기재한 신고서와 당해 연도의 부담금을 다음 연도의 초일부터 90일(연도 중에 사업을 폐지 또는 종료한 경우에는 그 사업을 폐지 또는 종료한 날부터 60일) 이내에 노동부장관에게 신고·납부하여야 한다.

⑥ 노동부장관은 사업주가 제5항에 정한 기간 내에 신고서 또는 부담금을 신고·납부하지 아니한 때에는 이를 조사하여 부담금을 징수할 수 있다.

⑦~⑨ 생략

장애인고용촉진 등에 관한 법률(2000. 1. 12. **법률 제6166호로 전문개정되기 전의 것) 제39조**(**가산금 및 연체금의 징수**) ① 노동부장관은 제38조 제6항 및 제7항의 규정에 의하여 부담금을 징수하는 때에는 대통령령이 정하는 경우를 제외하고는 사업주가 납부하여야 할 부담금에 대하여 100분의 10에 상당하는 금액을 가산금으로 징수한다.

② 생략

Ⅳ. 참조조문

헌법 제10조 전문, 제11조 제1항, 제23조 제1항, 제32조, 제34조, 제37조 제2항, 제40조, 제75조, 제113조 제1항, 제119조

헌법재판소법 제23조 제2항 단서 제1호, 제68조 제2항

장애인고용촉진 등에 관한 법률(2000. 1. 12. **법률 제6166호로 전문개정되기 전의 것) 제1조**(목적) 이 법은 장애인이 그 능력에 맞는 직업생활을 통하여 인간다운 생활을 할 수 있도록 장애인의 고용촉진과 직업재활 및 직업안정을 도모함을 목적으로 한다.

장애인고용촉진 등에 관한 법률(2000. 1. 12. **법률 제6166호로 전문개정되기 전의 것) 제2조**(**정의**) 이 법에서 사용하는 용어의 정의는 다음과 같다.

1. '장애인'이라 함은 신체 또는 정신상의 장애로 인하여 장기간에 걸쳐 직업생활에 상당한 제약을 받는 자로서 대통령령이 정하는 기준에 해당하는 자를 말한다.

2.~4. 생략

장애인고용촉진 등에 관한 법률(2000. 1. 12. **법률 제6166호로 전문개정되기 전의 것) 제3조**(**국가 및 지방자치단체의 책임**) 국가와 지방자치단체는 장애인의 고용에 관하여 사업주 및 국민일반의 이해를 높이기 위해 교육·홍보 및 장애인 고용촉진운동을 추진하고, 사업주·장애인 기타 관계자에 대한 지원과 장애인의 특성을 고려한 직업재활의 조치를 강구하여야 하며, 기타 장애인의 고용촉진 및 직업안정을 도모하기 위하여 필요한 시책을 종합적이고 효과적으로 추진하여야 한다.

장애인고용촉진 등에 관한 법률(2000. 1. 12. **법률 제6166호로 전문개정되기 전의 것) 제34조**(**국가 및 지방자치단체의 장애인고용의무**) ① 국가 및 지방자치단체의 장은 장애인이 소속공무원정원의 100분의 2 이상 고용될 수 있도록 노력하여야 한다.

② 각 시험실시기관의 장은 장애인이 공개채용인원의 100분의 2 이상 채용되도록 시험을 실시하여야 한다.

③ 제1항과 제2항의 경우 직무의 성격상 장애인의 근무가 부적합한 직무분야, 직종, 직급 등에 대하여는 대통령령이 정하는 바에 따라 이를 적용하지 아니할 수 있다.

장애인고용촉진 등에 관한 법률(2000. 1. 12. **법률 제6166호로 전문개정되기 전의 것) 제36조**(**사업주의 장애인고용계획 수립 등**) ① 노동부장관은 사업주에 대하여 대통령령이 정하는 바에 의하여 장애인의 고용에 관한 계획 및 그 실시상황을 작성하여 제출할 것을 명할 수 있다.

② 노동부장관은 제1항의 규정에 의한 계획이 부당하다고 인정하는 때에는 사업주에 대하여 그 계획의 변경을 명할 수 있다.

③ 노동부장관은 제35조 제1항의 규정에 의한 사업주가 정당한 사유 없이 장애인 고용계획의 수립 또는 고용의무의 이행에 있어서 현저히 미달하는 때에는 그 내용을 공표할 수 있다.

장애인고용촉진 등에 관한 법률(2000. 1. 12. **법률 제6166호로 전문개정되기 전의 것) 제37조**(**장애인고용지원금 등의 지급**) ① 노동부장관은 사업주가 제35조 제1항의 규정에 의한 기준고용률을 초과하여 장애인을 고용하는 경우에는 그 초과 고용하는 장애인의 수에 비례하여 당해 사업주에게 고용지원금(이하 '지원금'이라 한다)을 지급할 수 있다.

② 지원금은 제38조 제3항의 규정에 의한 부담기초액을 참작하여 노동부장관이 정한다.

③ 노동부장관은 제35조 제1항의 적용을 받지 아니하는 사업주가 장애인을 고용하는 경우에는 지원금의 범위 안에서 장려금을 지급할 수 있다. 다만, 이 법의 규정에 의한 장려금을 지급받고자 하는 자는 노동부장관에게 청구하여야 한다.

④ 제1항의 규정에 의한 지원금과 제3항의 규정에 의한 장려금의 지급 및 청구에 관하여 필요한 사항은 대통령령으로 정한다.

장애인고용촉진 등에 관한 법률(2000. 1. 12. **법률 제6166호로 전문개정되기 전의 것) 제38조**(**장애인고용부담금의 납부 등**) ①~③ 생략

④ 노동부장관은 장애인복지법 및 산업재해보상보험법에 의한 직업재활시설에 생산설비와 원료·기술 등을 제공하고 생산관리 및 생산품의 판매를 전담하는 사업주 또는 직업재활시설에 도급을 주어 그 생산품을 납품 받는 사업주에 대하여 부담금을 감면할 수 있다.

⑤~⑨ 생략

장애인고용촉진 등에 관한 법률(2000. 1. 12. **법률 제6166호로 전문개정되기 전의 것) 제39조(가산금 및 연체금의 징수)** ① 생략

② 노동부장관은 부담금의 납부의무자가 그 납부기한까지 이를 납부하지 아니한 때에는 그 금액에 납부기한 만료일의 다음 날부터 완납일의 전일까지 기간에 대하여 그 금액 100원에 대하여 1일 7전의 한도 안에서 대통령령이 정하는 비율에 따라 계산한 연체금을 징수한다. 다만, 대통령령이 정하는 경우에는 그러하지 아니하다.

장애인고용촉진 등에 관한 법률(2000. 1. 12. **법률 제6166호로 전문개정되기 전의 것) 제47조(장애인고용촉진기금의 설치)** 노동부장관은 공단의 운영, 지원금 및 장려금의 지급 등 장애인고용촉진을 위한 사업을 수행하기 위하여 장애인고용촉진기금(이하 '기금'이라 한다)을 설치한다.

장애인고용촉진 등에 관한 법률(2000. 1. 12. **법률 제6166호로 전문개정되기 전의 것) 제48조(기금의 재원)** ① 기금은 다음 각 호의 재원으로 조성한다.

1. 생략
2. 제38조의 규정에 의한 사업주의 부담금

3.~4. 생략

② 생략

장애인고용촉진 등에 관한 법률(2000. 1. 12. **법률 제6166호로 전문개정되기 전의 것) 제49조(기금의 용도)** 기금은 다음 각 호에 규정하는 비용의 지급에 사용한다.

1. 공단의 사업수행에 필요한 경비
2. 제37조 제1항의 규정에 의한 지원금 및 동조 제3항의 규정에 의한 장려금

3. 사업주의 장애인고용을 위한 시설·장비의 설치·수리에 필요한 비용과 장애인고용관리를 위한 조치에 필요한 경비에 대한 융자·지원
4. 장애인에 대한 교육·훈련을 행하는 기관에 대한 보조금
5. 기타 장애인고용촉진을 위하여 대통령령이 정하는 사업에 소요되는 비용과 제1호 내지 제4호의 사업수행에 부대되는 경비

장애인고용촉진 등에 관한 법률 시행령(1999. 3. 3. **대통령령 제16166호로 개정되기 전의 것**) **제3조**(**장애인의 기준**) 법 제2조 제1호의 규정에 의한 장애인은 장애인복지법 시행령 제2조의 규정에 의한 기준에 해당하는 자로 한다. 다만, 장애인의 직업재활 등 고용촉진업무 수행에 필요하다고 인정할 때에는 직업생활에 제약을 받는 정도에 따라 당해 업무에 대하여 적용하는 장애인의 유형 및 등급을 노동부령으로 따로 정할 수 있다.

장애인고용촉진 등에 관한 법률 시행령(1999. 3. 3. **대통령령 제16166호로 개정되기 전의 것**) **제32조**(**국가 및 지방자치단체의 장애인고용의무 적용제외**) 법 제34조 제3항의 규정에 의하여 국가 및 지방자치단체가 장애인고용의무를 적용 받지 아니하는 공무원의 범위는 [별표 1]과 같다.

장애인고용촉진 등에 관한 법률 시행령(1999. 3. 3. **대통령령 제16166호로 개정되기 전의 것**) **제33조**(**적용대상 사업주의 범위**) ① 법 제35조 제1항의 규정에 의하여 장애인을 고용하여야 할 의무가 있는 사업주는 상시 300인 이상의 근로자를 고용하는 사업주(운전사가 딸린 건설장비임대업을 제외한 건설업에 있어서는 공사실적액이 매년 노동부장관이 정하여 고시하는 금액 이상인 사업주)로 한다.

② 제1항의 규정에 의한 공사실적액은 총공사실적액에서 건설업법 기타 관계법령에 의하여 적법하게 하도급된 부분의 공사실적액을 공

제한 금액으로 한다.

장애인고용촉진 등에 관한 법률 시행령(1999. 3. 3. **대통령령 제16166호로 개정되기 전의 것) 제34조**(**사업주의 기준고용률**) 법 제35조 제1항의 규정에 의하여 사업주가 고용하여야 할 장애인 상시 근로자 기준고용률은 100분의 2로 한다. 다만, 사업주가 장애인복지법 제37조 제5호의 규정에 의한 장애인직업재활시설을 직접 설치·운영하는 경우에 이 시설의 장애인근로자는 사업주가 고용하여야 할 장애인 수에 포함한다.

장애인고용촉진 등에 관한 법률 시행령(1999. 3. 3. **대통령령 제16166호로 개정되기 전의 것) 제39조**(**장애인고용부담금의 납부등**) ① 법 제38조 제1항의 규정에 의하여 장애인고용부담금(이하 '부담금'이라 한다)을 노동부장관에게 신고·납부하여야 할 사업주는 다음 각 호의 사항이 포함된 신고서를 첨부하여 납부하여야 한다.

1. 사업주의 성명 및 사업장의 명칭·소재지
2. 당해 연도에 속하는 매월(당해 연도의 도중에 사업을 개시 또는 폐지한 경우에는 사업개시일이 속하는 달의 다음 달 이후의 매월 또는 사업을 폐지한 날이 속하는 달의 전월까지의 매월에 한한다)별로 초일 현재의 근로자 수, 적용 대상 근로자 수 및 장애인 상시 근로자 수
3. 당해 연도에 해당하는 부담금의 액수 및 매월별 그 내역(납부할 부담금이 없다는 뜻의 기재도 포함한다)
4. 상시 고용하고 있는 장애인 근로자에 대하여 장애인의 기준에 해당함을 인정할 수 있는 서류 기타 노동부장관이 필요하다고 인정하는 사항

② 법 제38조 제6항 및 제7항의 규정에 의하여 부담금을 징수 또는 추징하는 경우에는 10일 이상의 납부기간을 주어야 한다.

장애인고용촉진 및 직업재활법(2000. 1. 12. **법률 제6166호로 전문개정된 것**)

제2조(정의) 이 법에서 사용하는 용어의 정의는 다음과 같다.

1. '장애인'이라 함은 신체 또는 정신상의 장애로 인하여 장기간에 걸쳐 직업생활에 상당한 제약을 받는 자로서 대통령령이 정하는 기준에 해당하는 자를 말한다.

2.~8. 생략

장애인고용촉진 및 직업재활법(2000. 1. 12. **법률 제6166호로 전문개정된 것**)

제23조(국가 및 지방자치단체의 장애인고용의무) ① 국가 및 지방자치단체의 장은 장애인을 소속공무원 정원의 100분의 2 이상 고용하여야 한다.

②~⑥ 생략

장애인고용촉진 및 직업재활법(2000. 1. 12. **법률 제6166호로 전문개정된 것**)

제24조(사업주의 장애인고용의무) ① 대통령령이 정하는 일정 수 이상의 근로자를 고용하는 사업주는 그 근로자의 총수의 100분의 5의 범위 안에서 대통령령이 정하는 비율(이하 '의무고용률'이라 한다) 이상에 해당(그 수에 1인 미만의 단수가 있을 경우에는 그 단수는 버린다)하는 장애인을 고용하여야 한다. 다만, 장애인을 고용하기 어렵다고 인정하는 직종의 근로자가 상당한 비율을 차지하는 업종에 대하여는 노동부장관이 위원회의 심의를 거쳐 정하는 적용제외율에 해당하는 근로자의 수(그 수에 1인 미만의 단수가 있을 경우에는 그 단수는 버린다)를 그 근로자의 총수에서 제외할 수 있다.

② 생략

장애인고용촉진 및 직업재활법(2000. 1. 12. **법률 제6166호로 전문개정된 것**)

제26조(장애인고용장려금의 지급) ① 노동부장관은 장애인의 고용촉진과 직업안정을 위하여 장애인을 고용한 사업주(제24조 제1항의 규정을 적용받지 아니하는 사업주를 포함한다)에게 고용장려금을 지급할 수 있다.

② 고용장려금은 매월 상시 고용하고 있는 장애인수에서 의무고용률

(제24조 제1항의 규정을 적용 받지 아니하는 사업주에 대한 고용장려금의 지급에 있어서도 동일한 율을 적용한다)에 의하여 고용하여야 할 장애인 총수를 뺀 수에 제3항의 규정에 의한 지급단가를 곱한 금액으로 한다. 다만, 제27조의 규정에 의하여 납부할 부담금이 있는 경우에는 그 금액을 차감한 금액으로 한다.

③ 고용장려금의 지급단가는 최저임금법에 의하여 월 단위로 환산한 최저임금액의 범위 안에서 정한다. 다만, 중증장애인 및 여성장애인의 지급단가는 중증장애인 및 여성장애인 외의 자에게 적용되는 지급단가의 2배의 범위 안에서 이를 따로 정할 수 있다.

④ 제1항의 규정에 의한 고용장려금의 지급 및 청구에 관하여 필요한 사항은 대통령령으로 정하고 그 지급시기·절차 등에 관하여 필요한 사항은 노동부장관이 정한다.

장애인고용촉진 및 직업재활법(2000. 1. 12. **법률 제6166호로 전문개정된 것**)

제59조(**장애인고용촉진 및 직업재활기금의 설치**) 노동부장관은 공단의 운영, 고용장려금의 지급등 장애인의 고용촉진 및 직업재활을 위한 사업을 수행하기 위하여 장애인고용촉진 및 직업재활기금(이하 '기금'이라 한다)을 설치한다.

장애인고용촉진 및 직업재활법(2000. 1. 12. **법률 제6166호로 전문개정된 것**)

제60조(**기금의 재원**) ① 기금은 다음 각 호의 재원으로 조성한다.

1. 생략
2. 제27조 및 제28조의 규정에 의한 부담금·가산금 및 연체금

3.~4. 생략

② 생략

장애인고용촉진 및 직업재활법 시행령(2002. 9. 11. **대통령령 제17736호로 개정된 것**) **제3조**(**장애인의 기준**) 법 제2조 제1호의 규정에 의한 장애인

은 다음 각 호의 1에 해당하는 자로 한다.

1. 장애인복지법 시행령 제2조의 규정에 의한 장애인기준에 해당하는 자
2. 국가유공자등 예우 및 지원에 관한 법률 시행령 제14조 제3항의 규정에 의한 상이등급기준에 해당하는 자
3. 산업재해보상보험법 시행령 제31조 제1항의 규정에 의한 신체장해등급기준 중 제1급 내지 제9급에 해당하는 자

장애인고용촉진 및 직업재활법 시행령(2002. 9. 11. **대통령령 제17736호로 개정된 것**) **제4조**(**중증장애인의 기준**) 법 제2조 제2호의 규정에 의한 중증장애인은 다음 각 호의 1에 해당하는 자로 한다.

1. 장애인복지법 시행령 제2조의 규정에 의한 장애인기준에 해당하는 장애인 중 노동부령이 정하는 장애등급 이상의 장애등급에 해당하는 자
2. 장애인복지법 시행령 제2조의 규정에 의한 장애인기준에 해당하는 장애인 중 제1호의 규정에 의한 장애등급보다 1단계 낮은 장애등급에 해당하는 자로서 뇌병변장애인·시각장애인·정신지체인·발달장애인·정신장애인·심장장애인 및 상지에 장애가 있는 지체장애인
3. 국가유공자등 예우 및 지원에 관한 법률 시행령 제14조 제3항의 규정에 의한 상이등급에 해당하는 자 중 3급 이상의 상이등급에 해당하는 자
4. 산업재해보상보험법 시행령 제31조제1항의 규정에 의한 신체장해등급에 해당하는 자중 제3급 이상의 장해등급에 해당하는 자

장애인고용촉진 및 직업재활법 시행령(2002. 9. 11. **대통령령 제17736호로 개정된 것**) **제23조**(**적용대상 사업주의 범위**) ① 법 제24조 제1항의 규정에 의하여 장애인을 고용하여야 할 의무가 있는 사업주는 상시 300인 이

상의 근로자를 고용하는 사업주(운전사가 딸린 건설장비임대업을 제외한 건설업에 있어서는 공사실적액이 매년 노동부장관이 정하여 고시하는 금액 이상인 사업주)로 한다.

②, ③ 생략

장애인고용촉진 및 직업재활법 시행령(2002. 9. 11. **대통령령 제17736호로 개정된 것) 제24조**(**사업주의 의무고용률**) 법 제24조 제1항의 규정에 의하여 사업주가 고용하여야 할 장애인 상시근로자 의무고용률은 100분의 2로 한다. 다만, 사업주가 법 제8조 제2항 제3호의 규정에 의한 장애인직업재활시설을 직접 설치·운영하는 경우에 이 시설의 장애인근로자는 사업주가 고용하여야 하는 장애인수에 포함한다.

군사원호법(1956. 10. 25. **법률 제401호로 개정된 것) 제19조** ① 지방장관은 상시 30인 이상의 남자피용자를 사용하는 자(국가, 지방자치단체와 공공단체는 제외한다)에 대하여 남자전피용자수의 1할을 초과하지 아니하는 범위 내에서 상이군인의 수를 정하여(기히 고용된 상이군인을 포함한다) 그 고용을 명할 수 있다.

②~⑤ 생략

군사원호대상자고용법(1961. 7. 5. **법률 제649호로 제정된 것) 제4조**(**고용의무**) 제3조의 대상업체는 제2조 제2호 내지 제5호에 규정된 자 중 다음 인원을 고용하여야 한다.

1. 국가, 지방자치단체 및 국고보조를 받는 기관과 거래하는 기업체와 단체는 전 고용인원의 5%에 해당하는 인원
2. 전호의 규정에 해당하는 업체와 거래하는 자는 각령의 정하는 바에 의한 인원
3. 20인 이상을 고용하고 있는 기업체 및 단체는 전 고용인원의 5% 해당하는 인원

부담금관리기본법(2001. 12. 31. **법률 제6589호로 제정된 것) 제2조**(**정의**) 이 법에서 '부담금'이라 함은 중앙행정기관의 장, 지방자치단체의 장, 행정권한을 위탁받은 공공단체 또는 법인의 장 등 법률에 의하여 금전적 부담의 부과권한이 부여된 자가 분담금, 부과금, 예치금, 기여금 그 밖의 명칭에 불구하고 재화 또는 용역의 제공과 관계없이 특정 공익사업과 관련하여 법률이 정하는 바에 따라 부과하는 조세 외의 금전지급의무를 말한다.

부담금관리기본법(2001. 12. 31. **법률 제6589호로 제정된 것) 제3조**(**부담금설치의 제한**) 부담금은 별표에 규정된 법률의 규정에 의하지 아니하고는 이를 설치할 수 없다.

[별표]

1.~67. 생략

68. 장애인고용촉진및직업재활법 제27조의 규정에 의한 장애인고용부담금

69.~101. 생략

V. 참조판례

1. 헌재 2002. 8. 29. 2000헌가5등, 판례집 14-2, 106

헌재 1995. 11. 30. 93헌바32, 판례집 7-2, 598

헌재 1996. 8. 29. 94헌마113, 판례집 8-2, 141

헌재 1998. 6. 25. 95헌바35등, 판례집 10-1, 771

헌재 1998. 2. 27. 95헌바59, 판례집 10-1, 103

헌재 1999. 5. 27. 98헌바70, 판례집 11-1, 633

헌재 2001. 4. 26. 2000헌마122, 판례집 13-1, 962

2. 헌재 2002. 9. 19. 2001헌바56, 판례집 14-2, 304

Ⅵ. 당사자

청 구 인 :

1. 대한종합개발주식회사 (변경전 상호: 대한종합주택관리주식회사)
2. 대표이사 김형두 대리인 변호사 김인철

당해사건 : 대법원 2001두5941 장애인고용부담금등부과처분취소

Ⅶ. 주 문

구 장애인고용촉진 등에 관한 법률(2000. 1. 12. 법률 제6166호로 전문개정되기 전의 것) 제35조 제1항 본문 중 '대통령령이 정하는 일정수 이상의 근로자를 고용하는 사업주' 부분 및 제38조 제1항·제2항·제3항·제5항·제6항, 제39조 제1항은 헌법에 위반되지 아니한다.

Ⅷ. 이 유

1. 사건의 개요와 심판의 대상

가. 사건의 개요

(1) 청구인은 공동주택의 관리 등을 목적으로 하는 회사인바, 서울지방노동청장은 1999. 1. 12. 구 장애인고용촉진 등에 관한 법률(2000. 1. 12. 법률 제6166호로 전문개정되기 전의 것. 이하 '구법'이라 한다) 소정의 기준고용률에 미달하는 장애인을 고용하였다는 이유로 청구인에 대하여 1995년도 장애인고용

부담금 74,412,000원 및 가산금 7,441,200원을 부과하는 처분을 하였다.

(2) 청구인은 서울지방노동청장을 피고로 하여 서울행정법원에 99구28605호로 위 부과처분의 취소를 구하는 소를 제기하였는데(다만 피고는 서울강남지방노동사무소장으로 경정되었다가 최종적으로 한국장애인고용촉진공단으로 변경되었다), 2000. 6. 2. 청구인의 청구를 일부 기각하는 판결이 선고되었다. 이에 대한 청구인의 항소를 서울고등법원(2000누7706)이 2001. 6. 15. 기각하자, 청구인은 다시 대법원에 상고(2001두5941)하여 그 소송이 계속중 구법 제35조 제1항 본문, 제38조 제1항·제2항·제3항·제5항·제6항, 제39조 제1항의 규정이 헌법에 위반된다고 주장하면서 위헌법률심판제청신청(2001아31)을 하였으나 2001. 11. 2. 기각되었다. 한편, 대법원은 당해사건에 관하여 같은 달 13. 청구인의 상고를 모두 기각하는 판결을 선고하였다.

(3) 이에 청구인은 같은 달 14. 위 제청신청기각 결정문을 송달받고 같은 달 27. 헌법재판소법 제68조 제2항에 따라 이 사건 헌법소원심판을 청구하였다.

나. 심판의 대상

청구인은 심판의 대상으로 구법 제35조 제1항 본문, 제38조 제1항·제2항·제3항·제5항·제6항, 제39조 제1항을 기재하고 있다. 그러나, 사업주의 장애인고용의무에 관한 제35조 제1항 본문 중 청구인이 실질적으로 다투는 것은 '대통령령이 정하는 일정수 이상의 근로자를 고용하는 사업주' 부분이다. 한편, 제38조 제1항은 장애인고용부담금제도의 근거규정이고, 같은 조 제2항·제3항은 동 부담금을 정하는 기준으로서의 '부담기초액'에 관한 절차규정, 제5항·제6항은 부담금의 신고·납부 및 징수에 관한 절차규정이며, 제39조 제1항은 부담금의 징수에 따른 가산금의 징수에 관한 규정이다(이하 이들 조항을 '이 사건 법률조항'이라 한다). 이 사건 법률조항 및 관련조항의 내용은 다음과 같다.

구 장애인고용촉진 등에 관한 법률(2000. 1. 12. **법률 제6166호로 전문개정되기 전의 것**)

제35조(사업주의 장애인고용의무) ① 대통령령이 정하는 일정 수 이상의 근로자를 고용하는 사업주는 그 근로자의 총수의 100분의 1 이상 100분의 5 이내의 범위 안에서 대통령령이 정하는 비율(이하 '기준고용률'이라 한다) 이상에 해당하는(그 수에 1인 미만의 단수가 있을 경우에는 그 단수는 버린다) 장애인을 고용하여야 한다. 다만, 장애인을 사용하기 어렵다고 인정하는 직종의 근로자가 상당한 비율을 차지하는 업종에 대하여는 노동부장관이 위원회의 심의를 거쳐 정하는 적용제외율에 해당하는 근로자의 수를 그 근로자의 총수에서 제외할 수 있다.

② 제1항의 규정에 불구하고 특정한 장애인의 능력에 적합하다고 인정되는 직종에 대하여는 그 고용하여야 할 비율을 대통령령으로 따로 정할 수 있다.

제38조(장애인고용부담금의 납부등) ① 제35조 제1항의 규정에 의한 기준고용률에 미달하는 장애인을 고용한 사업주는 대통령령이 정하는 바에 의하여 매년 노동부장관에게 장애인고용부담금(이하 '부담금'이라 한다)을 납부하여야 한다.

② 부담금은 사업주가 제35조 제1항의 규정에 의한 기준고용률에 의하여 고용하여야 할 장애인총수에서 매월 초일 현재 고용하고 있는 장애인수를 뺀 수에 제3항의 규정에 의한 부담기초액을 곱한 금액의 연간 합계액으로 한다.

③ 부담기초액은 장애인을 고용하는 경우에 매월 소요되는 다음 각 호의 비용의 평균액을 기초로 하여 위원회의 심의를 거쳐 노동부장관이 정하되 매년 회계연도 개시 30일 전까지 고시하여야 한다. 다만, 부담기초액은 이를 고시하는 당해연도의 최저임금액의 100분의 60

이상이어야 한다.

1. 장애인을 고용하는 경우 필요한 시설·장비의 설치, 수리에 소요되는 비용
2. 장애인의 적정한 고용관리를 위한 조치에 필요한 비용
3. 기타 장애인을 고용하기 위하여 특별히 소요되는 비용 등

④ 생략

⑤ 사업주는 노동부령이 정하는 사항을 기재한 신고서와 당해연도의 부담금을 다음 연도의 초일부터 90일(연도중에 사업을 폐지 또는 종료한 경우에는 그 사업을 폐지 또는 종료한 날부터 60일) 이내에 노동부장관에게 신고·납부하여야 한다.

⑥ 노동부장관은 사업주가 제5항에 정한 기간 내에 신고서 또는 부담금을 신고·납부하지 아니한 때에는 이를 조사하여 부담금을 징수할 수 있다.

⑦~⑨ 생략

제39조(가산금 및 연체금의 징수) ① 노동부장관은 제38조 제6항 및 제7항의 규정에 의하여 부담금을 징수하는 때에는 대통령령이 정하는 경우를 제외하고는 사업주가 납부하여야 할 부담금에 대하여 100분의 10에 상당하는 금액을 가산금으로 징수한다.

② 노동부장관은 납부금의 납부의무자가 그 납부기한까지 이를 납부하지 아니한 때에는 그 금액에 납부기간 만료일의 다음 날부터 완납일의 전일까지 기간에 대하여 그 금액 100원에 대하여 1일 7전의 한도 안에서 대통령령이 정하는 비율에 따라 계산한 연체금을 징수한다. 다만, 대통령령이 정하는 경우에는 그러하지 아니하다.

구 장애인고용촉진 등에 관한 법률 시행령(1999. 3. 3. **대통령령 제16166호로 개정되기 전의 것**)

第33조(적용대상 사업주의 범위) ① 법 제35조 제1항의 규정에 의하여 장애인을 고용하여야 할 의무가 있는 사업주는 "상시 300인 이상"의 근로자를 고용하는 사업주(운전사가 딸린 건설장비임대업을 제외한 건설업에 있어서는 공사실적액이 매년 노동부장관이 정하여 고시하는 금액 이상인 사업주)로 한다.

② 제1항의 규정에 의한 공사실적액은 총공사실적액에서 건설업법 기타 관계법령에 의하여 적법하게 하도급된 부분의 공사실적액을 공제한 금액으로 한다.

第34조(사업주의 기준고용률) 법 제35조 제1항의 규정에 의하여 사업주가 고용하여야 할 장애인 상시 근로자 기준고용률은 '100분의 2'로 한다. 다만, 사업주가 장애인복지법 제37조 제5호의 규정에 의한 장애인직업재활시설을 직접 설치·운영하는 경우에 이 시설의 장애인근로자는 사업주가 고용하여야 할 장애인 수에 포함한다.

第39조(장애인고용부담금의 납부등) ① 법 제38조 제1항의 규정에 의하여 장애인고용부담금(이하 '부담금'이라 한다)을 노동부장관에게 신고·납부하여야 할 사업주는 다음 각호의 사항이 포함된 신고서를 첨부하여 납부하여야 한다.

1. 사업주의 성명 및 사업장의 명칭·소재지
2. 당해 연도에 속하는 매월(당해 연도의 도중에 사업을 개시 또는 폐지한 경우에는 사업개시일이 속하는 달의 다음 달 이후의 매월 또는 사업을 폐지한 날이 속하는 달의 전월까지의 매월에 한한다)별로 초일 현재의 근로자 수, 적용 대상 근로자 수 및 장애인 상시 근로자 수
3. 당해 연도에 해당하는 부담금의 액수 및 매월별 그 내역(납부할 부담금이 없다는 뜻의 기재도 포함한다)
4. 상시 고용하고 있는 장애인 근로자에 대하여 장애인의 기준에 해

당함을 인정할 수 있는 서류 기타 노동부장관이 필요하다고 인정하는 사항

2. 청구인의 청구이유, 법원의 위헌제청신청 기각이유 및 이해관계기관의 의견

가. 청구인의 심판청구 이유요지

이 사건 법률조항은 (1) 사업주에게 그 의사에 반하여 장애인고용계약의 체결을 강제하고, 그에 따르지 않을 경우 장애인부담금 납부의무를 지워 고용부담금 및 그에 대한 가산금을 강제징수할 수 있도록 규정함으로써 사업주의 행동자유권 및 경제활동의 자유 및 재산권에 대한 본질적 내용을 침해하여 헌법 제10조, 제119조 제1항, 제23조 제1항, 제37조 제2항에 위반되고, (2) 국가 및 지방자치단체의 장에 대하여는 장애인고용의무나 부담금 납부의무를 규정하지 아니한 채 대통령령에서 정한 300인 이상의 근로자를 고용하는 사업주에게만 이러한 의무를 부담하도록 규정함으로써 사업주의 평등권을 침해하여 헌법 제11조 제1항, 제37조 제2항에 위반되며, (3) 구법 제35조 제1항 본문에서 '대통령령이 정하는 일정 수 이상의 근로자를 고용하는 사업주'라고 규정한 것은 포괄위임금지라는 위임입법의 한계를 벗어난 것으로서 헌법 제75조, 제40조에 위반된다.

나. 대법원의 위헌제청신청기각 이유요지

(1) 이 사건 법률조항은, 장애인이 그 능력에 맞는 직업생활을 통하여 인간다운 생활을 할 수 있도록 장애인의 고용촉진과 직업재활 및 직업안정을 도모한다는 입법목적의 정당성이 인정되고, 그 목적달성을 위한 재원마련의 필요성 및 장애인을 고용한 사업주와 장애인 고용의무를 위반한 사업주와의 형평성 등을 고려할 때 그 방법의 적정성도 인정되므로 사업주의 행동자유권, 경제활동의 자유 및 재산권에 대한 본질적 내용을 침해하는 것으

로 볼 수 없다. (2) 국가 및 지방자치단체는 장애인의 고용촉진 등을 위한 시책과 조치를 행하여야 할 공공적 주체이므로 이 법이 국가 및 지방자치단체의 장애인고용의무 내용을 사업주의 장애인고용의무 내용과 달리 규정하였다고 하여 평등의 원칙에 반한다고 할 수 없다. (3) 구법 제35조 제1항 본문에서 '대통령령이 정하는 일정 수 이상의 근로자를 고용하는 사업주'라고 규정한 것은 법이 장애인고용의무를 부담할 사업자의 범위를 고용근로자의 수를 기준으로 하여 정한다는 기본원칙을 정한 다음 그 고용근로자의 수는 시대상황에 맞게 탄력적으로 규율하고자 대통령령에 위임한 것이므로 포괄위임금지원칙에 위반되지 않는다.

다. 한국장애인고용촉진공단 이사장 및 노동부장관의 의견요지

위 대법원의 위헌제청신청기각 이유요지와 대체로 같다.

3. 장애인고용제도에 관한 일반적 고찰

가. 장애인고용제도에 관한 국제적 경향

(1) 개 관

장애인에 대한 고용보장의 국제적인 발전과정을 살펴보면 그 첫 단계는 상이군인에 대한 강제고용, 둘째 단계는 일반장애인에 대한 고용의 확보, 마지막 단계로서 보호고용제, 즉 중증장애인을 보호공장 등에 고용시켜 나가는 노동정책으로 진전되어 가고 있다.

국제기구 차원에서는 1923년 ILO전문가회의에서 '고용의무의 법정화'를 천명하는 원칙 발표, 1944년 제26회 ILO총회에서 '전시에서 평화시로의 과도기의 고용조직에 관한 권고' 즉 'ILO권고 제71호' 채택, 1955년 제38회 ILO총회에서 '장애인의 고용촉진에 관한 종합적이고 상세한 국제적 기준' 즉 'ILO권고 제99호' 채택 등을 들 수 있다. 한편, 1975. 12. 9. 제30차 UN총회에서는 '장애인의 권리선언'을 발표하였고, 1976. 11. 28. 제31차 UN총회에서는

1981년을 '세계 장애인의 해'로 결의하였다.

(2) 주요 외국의 입법례

(가) 독 일

독일은 1970년대 들어 이전까지 전쟁희생자의 원호·부조와 재해보험의 이원적 구조로 이루어지던 체계가 연방정부의 1970. 4. 14. '장애인 재활촉진을 위한 행동강령'(Actionsprogramm zur Förderung der Rehabilitation der Behinderten)에 의해 하나로 조정되어, 장애의 원인이나 정도에 관계없이 모든 장애인들이 성공적인 의료·교육·직업 및 사회적 도움을 받을 수 있도록 노력하게 되었다. 이 종합시책의 취지에 따라서 1974년에 「중증장애인의 고용, 직업, 사회에의 진입확보에 관한 법률」(Gesetz zur Sicherung der Eingliederung Schwerbehinder in Arbeit, Beruf und Gesellschaft), 곧 '중증장애인법'(Das Schwerbehindertengesetz, Schwb G)이 제정되었다. 여기에서는 보호의 대상을 장애의 종류나 원인에 관계없이 모든 중증장애인으로 하고, 16인 이상의 근로자를 고용하는 공·사기업의 의무고용률을 6%로 하며, 의무고용률을 어긴 경우의 부담금을 장애인 1인당 매월 100DM으로 정하였다.[1] 2000. 10. 1. 개정된 법에서는 장애인 고용률이 20인 이상을 고용하는 민간기업 및 공적기관을 대상으로 5%이며, 부담금은 장애인고용률이 3% 이상~5% 미만인 경우는 장애인 1인당 월 200DM, 2% 이상~3% 미만인 경우는 1인당 월 350DM, 2% 미만인 경우는 1인당 월 500DM으로 정하였다.

(나) 프랑스

프랑스의 장애인 고용정책은 고용의무제와 할당제를 기반으로 하여 점진적으로 발달하였다. 1957년에 「장애근로자의 사회복귀에 관한 일반법」이 제정되었는데, 이 법에서는 사적 및 공적 부문에서의 장애인의무고용, 할당

---

1 이 법의 의무고용률 및 부담금제도에 관하여 위헌소송이 제기되었으나 합헌판결이 선고되었다(독일연방헌법재판소 1981. 5. 26. 판결, BVerfGE 57, 139).

제도(3%)를 두었다. 이 법은 1975년에 「장애인복지기본법」으로 대체되었다. 동법에서는 엄격한 고용할당제를 실시하였으며 사업주는 장애인고용이 가능한 자리가 공석일 때 '국립직업안정소'에 신고하고 동 직업안정소는 8일이내에 장애인을 소개하며, 소개받은 장애인을 정당한 이유없이 거부할 때는 최저임금의 3배에 일수를 곱한 벌금을 납부하도록 하였다. 1987년에는 「장애인근로자고용법」을 제정하였다. 이 법의 특징은 장애인의 고용을 '강제적 의무'에서 '사회적 협력'으로 바꾸고자 노력한 것이었다. 이 법에서도 최소 20인 이상의 근로자를 고용하는 모든 공적 및 사적 사업주는 장애인을 고용할 의무를 가졌고, 그 장애인고용률을 1991년까지 6%에 도달하는 것을 목표로 삼았다. 또한 종전의 벌금제도를 '장애인고용촉진기금'제도로 바꾸어, 이러한 납부금을 자원으로 장애인고용에 노력하는 사업주를 지원하기 위한 조성책으로 강구하였다.

(다) 일 본

일본에서 장해자(障害者: 우리의 '장애인' 개념에 해당한다)의 고용과 취업정책은 1960. 7. 25. 법률 제123호 「신체장해자고용촉진법」의 제정을 중심으로 크게 발전하였다. 이 법은 1976년에 개정되었는데, 이때 법적으로 강화된 고용률 및 납부금제도를 채택하여 이들이 일본의 장해자고용대책의 중심내용이 되었다. 당시의 법정고용률은 국가·지방자치단체가 1.9%, 지방공영기업과 특수법인이 1.8%, 민간기업이 1.5%였다. 이 법은 1987년에 그 명칭이 「장해자고용촉진 등에 관한 법률」(障害者の雇用の促進等に關する法律)로 바뀌고 신체적 장해인뿐만 아니라 지적장해인도 고용률 산정에 포함되었다. 동법은 2002. 12. 13. 개정되었는데, 고용의무제의 적용을 받는 일반 사업주는 상시 고용하는 근로자를 고용하는 모든 사업주이며(동법 제11조 제1항, 제14조 제1항), 법정고용률은 국가·지방자치단체가 2.1%, 지방공영기업·특수법인이 2.1%, 민간기업이 1.8%이다(동법 제14조; 동법 시행령 제9조, 제10조의2). 한편, 중증의 신체장해인 및 지적장해인의 경우는 그 1인 고용한 것을 통상의 장해인 2인

을 고용한 것으로 간주한다(동법 제11조 제2항, 제14조 제3항; 동법시행령 제5조, 제10조). 일본에도 '장해인고용납부금' 제도가 있는데, 우리나라와 거의 같은 형태로 규정하고 있다(위 법률 제26조 내지 제28조).

(라) 미 국

미국에서는 기업의 자율성이라는 관점에서 장애인 고용대책으로서 고용의무제도를 실시하지 않고 민간기업에 대하여 장애인고용을 촉진하기 위하여 '장애인고용위원회'가 설치되어 기업에 대한 조언, 지도 등의 활동을 해 왔다. 1990년 「미국장애인법」(Americans with Disabilities Act, ADA)이 기존의 민권법(Civil Rights Act)과 1973년의 「재활법」(Rehabilitation Act)을 근간으로 하여 제정되었다. 이 법의 목적은 장애인들에게 가해지는 차별을 철폐하기 위한 국가의 종합적인 시책을 강구하고 장애인에 대한 차별을 강력하고 일관성있게 금지하는 기준을 제공하는 데에 있다. 이 법은 종업원 15인 이상의 민간기업이 유자격장애인(qualified handicapped person)에 대하여 필요한 배려를 행하는 것을 의무화시키고, 필요한 배려를 행하는 기업에 있어 중대한 지장이 되는 것이 판명되었을 때에 한하여 면제규정을 두고 있다.

(마) 영 국

영국에서는 1941년 '장애인재활·재고용 위원회'가 발족하여 장애인고용에 관한 기본시책을 수립하고, 이 위원회의 보고서를 기초로 하여 1944년에 「장애인고용법」이 제정되었다. 이 법에서는 처음으로 장애인고용대책의 공적 책임이 규정되어 20인 이상의 근로자를 고용하는 민간기업의 장애인 의무고용률을 3%로 규정하였으며, 고용대책이 '일반고용'과 '보호고용'의 두 가지로 시행되었다. 1990년에 미국에서 장애인법(ADA)이 통과된 것에 자극받아 영국에서도 1995년에 「장애인차별금지법」(Disability Discrimination Act, DDA)이 제정되었다. 이 법의 통과로 1996년부터는 종전의 3%의 장애인고용할당제가 폐지되었고, 다만 장애인의 고용에서 정당한 사유없이 비장애인과 차별할 수 없도록 명시하고 있을 뿐이다. 이렇게 새로운 비할당고용제도를 표방하는 장애인차별금지법에 대하여 포괄성과 실효성 측면에서 장애인단체와 학계의 비판의 소리가 나오면서 이를 보완하는 법으로 「장애인권리위원회법」(Disability Rights Commission Act)이 1999년에 제정되었다.

(바) 스웨덴

스웨덴에서는 앞의 국가들과는 달리 장애인만을 위한 고용의무·고용촉진 관계법률은 없는 대신 모든 시민의 완전한 사회참여와 평등이라는 전통적인 정책 속에서 고용에 장애인을 통합하려는 목적의 법률·제도가 있다. 장애인고용에서 주목되는 제도는 1974년의 「고용촉진법」에 의하여 일정규모 이상의 관공서와 민간기업체에 설치가 의무화된 조정그룹(adjustment group) 제도가 있다. 조정그룹은 직원 50인 이상의 관공서 또는 민간기업에 설치하도록 의무화되어 있다. 이 그룹의 주된 임무는 장애인의 고용유지, 적당한 직종이나 장소에 배치하는 문제, 신규채용 문제 등이다. 현재까지 이 그룹은 장애인의 '고용확대'라는 측면보다 장애인의 '계속적인 고용유지'라는 측면에서 많은 성과를 올리고 있다고 한다. 그 밖에 장애인의 권리와 이익에 관련된 이슈들을 감시하고 법의 문제점이나 결함에 대해 정부에 로비활동을 하는 장애인 옴부즈만(Disability Ombusman) 제도, 작업능력이 한정된 장애인의 일반취업을 촉진하는 것을 목적으로 하여 이들 장애인을 신규로 채용한 민간 및 지방자치단체에 대해 장애인의 임금을 보조해 주는 보조금고용(subsidized employment) 제도 등도 있다.

나. 한국의 장애인고용촉진제도의 변천

(1) 한국의 장애인고용문제는 건국 후부터 6·25전쟁 전까지 전쟁희생자에 대한 사회복지 차원의 원호를 목적으로 1950. 4. 14. 법률 제127호로 제정된 「군사원호법」을 그 효시로 하고 있다. 6·25전쟁 후 1951. 4. 12. 법률 제187호로 「경찰원호법」, 1952. 9. 26. 법률 제256호로 「전몰군경유족과상이군경연금법」이 각 제정되었다. 1956. 10. 25.에는 법률 제401호로 군사원호법

이 개정되어 '고용명령'에 관한 규정이 신설되었고(동법 제19조) 경찰원호법도 같은 날 법률 제402호로 개정되어 원호종류에 '직업보호' 등이 포함되었다(동법 제5조).

전쟁희생자에 대한 소득보장과 재활서비스의 제공을 주된 내용으로 하던 원호대책이 고용보장으로 발전하기 시작한 것은 1960년대에 들어와서부터이다. 즉, 1961. 7. 5. 법률 제649호로 「군사원호대상자고용법」이 제정되었다. 이 법은 우리나라에서 최초로 '고용의무제도'를 도입하였다. 이 법에서 정한 의무고용률을 보면, ① 국가, 지방자치단체 및 국고보조를 받는 기관과 거래하는 기업체와 단체는 전 고용인원의 5%에 해당하는 인원, ② 위 규정에 해당하는 업체와 거래하는 자는 각령의 정하는 바에 의한 인원, ③ 20인 이상을 고용하고 있는 기업체 및 단체는 전 고용인원의 5%에 해당하는 인원 등이었다(동법 제4조). 이 법의 적용을 받는 자 중 상이군인에 대해서는 원호당국이 취업장소를 지정할 수 있도록 하였다. 또한 상이군인 및 전사유가족의 해고는 원호청의 승인을 받게 하는 '해고제한제도'를 채택하였다(동법 제10조).

(2) 1977. 12. 31.에는 법률 제3053호로 「특수교육진흥법」을 제정하였고, 1981. 6. 5.에는 법률 제3452호로 「심신장애자복지법」을 제정하여 세계적인 흐름에 발맞추어 장애인의 복지에 관심을 갖게 되었으며, 이 법은 1989. 12. 30. 법률 제4179호로 「장애인복지법」으로 전문개정되었다. 그 후 1990. 1. 13.에는 장애인고용에 관한 기본법으로 「장애인고용촉진 등에 관한 법률」이 법률 제4219호로 제정되었다. 이 법의 주된 내용은 장애인고용의무제, 고용부담금제, 고용지원제 등이다.

이 법은 그 후 장애인의 범위확대 등 수정·보완되어 2000. 1. 12. 법률 제6166호로 「장애인고용촉진 및 직업재활법」(이하 '신법'이라 한다)으로 개정되어 같은 해 7. 1.부터 시행되었다(부칙 제1조). 동법에서는 인간개발 중심의 생산적 복지의 구현이라는 이념하에 근로능력과 의욕이 있는 장애인에게 일자리를 제공할 수 있도록 하기 위하여 장애인고용촉진, 직업재활의 단계적 사업 및 지원내용과 중증장애인에 대한 특별지원 등 장애인에 대한 종합적이고 효율적인 제도적 장치를 마련하였다. 그런데, 종전에는 사업주가 경미한 장애를 지닌 산재장애인을 고용한 경우에도 의무고용인원으로 인정하도록 되어 있어 중증장애인의 고용이 상대적으로 줄어들 뿐만 아니라 경증장애인을 고용한 사업주가 고용장려금까지 지급받는 등의 문제점이 있었다. 이에 정부는 2002. 9. 11. 대통령령 제17736호로 동법시행령을 개정하여 장애인고용촉진제도를 중증장애인을 우선적으로 지원하는 형태로 제도를 개선하였다(노동부자료).

다. 장애인고용보장의 목적·체계 및 장애인의 범위

(1) 장애인고용보장의 목적과 체계

장애인고용보장의 목적은 '장애인 스스로 자립할 권리의 실현'에 있다고 할 수 있다. 여기서 말하는 자립의 내용은 단순한 경제적 자립만을 의미하는 것이 아니고 인간의 존엄성, 사회참가의 권리, 장애인의 능력과 기능을 발전시킬 권리 등이 포함된다. 장애인 스스로 일을 하여 생활에 필요한 자산을 얻지 못하면 결국 구빈시설이나 자선사업의 대상이 되고 사회에서 일반인과 대등한 위치를 얻지 못하기 때문에 장애인들은 일을 통한 경제적 자립뿐만 아니라 노동에서 소외되지 않았다는, 즉 노동을 통해서 인간의 긍지를 찾기를 바라는 것이다. 장애인고용의 이념은 처음에는 경제적 관점에서 출발하였으나 그 후 장애인들의 이와 같은 절실한 인간적 요구를 기초로 한 인권보장적 노동관에 근거하여 발전되어 왔다.

장애인고용보장체계는 크게 고용의무제와 보호고용제로 나누어진다. '의무고용'이란 법률에 장애인의무고용률을 정하고 그에 해당하는 만큼의 장애인을 고용할 것을 사업주에게 의무지우는 일종의 할당고용제도를 말하고, '보호고용'이란 일반 고용시장에서의 고용이 곤란한 중증장애인에 대하여 특별히 계획된 조건하에서 생산적이고 보수를 받을 수 있는 일을 국가나 공공기관의 책임하에 제공하는 것을 말한다. 고용의무제에서는 장애인 의무고용률을 달성하지 못한 사업주에 대한 '의무부담금'제도와 의무고용률을 넘어서 장애인을 고용한 사업주에 대한 '고용지원금'제도 등 장애인고용을 촉진시키기 위한 여러 가지 시책들이 아울러 강구되고 있다.

(2) 장애인의 범위

구법 제2조 제1호에서는 '장애인'이라 함은 신체 또는 정신상의 장애로 인하여 장기간에 걸쳐 직업생활에 상당한 제약을 받는 자로서 대통령령이 정하는 기준에 해당하는 자를 말한다고 규정하고 있으며, 동법 시행령 제3조에서는 '장애인의 기준'에 대하여 장애인복지법 시행령 제2조의 규정에 의한 장애인의 기준에 해당하는 자(제1호), 국가유공자예우 등에 관한 법률 시행령 제14조 제1항에 규정된 자로서 동조 제3항의 규정에 의한 상이등급에 해당하는 자(제2호), 산업재해보상보험법 시행령 제31조 제1항의 규정에 의한 신체장해등급기준에 해당하는 자로서 장해급여 지급대상자로 결정된 자(제3호)로 규정하고 있다.[2]

신법 제2조 제1호에서는 구법과 같은 '장애인'의 정의규정을 두고 있고, 제2호에서는 '중증장애인'을 규정하고 있는데 동 규정에 의하면 중증장애인이라 함은 장애인 중 근로능력이 현저하게 상실된 자로서 대통령령이 정하는 기준에 해당하는 자를 말한다. 한편 동법 시행령(2002. 9. 11. 대통령령 제17736호로 개정된 것) 제4조에서는 중증장애인의 기준으로, "장애인복지법 시행령 제2조의 규정에 의한 장애인기준에 해당하는 장애인 중 노동부령이 정하는 장애등급 이상의 장애등급에 해당하는 자(제1호), 장애인복지법 시행령 제2조의 규정에 의한 장애인기준에 해당하는 장애인 중 제1호의 규정에 의한 장애등급보다 1단계 낮은 장애등급에 해당하는 자로서 뇌병변장애인·

2 신법 시행령(제3조)상의 장애인의 기준도 대동소이하다.

시각장애인·정신지체인·발달장애인·정신장애인·심장장애인 및 상지에 장애가 있는 지체장애인(제2호), 국가유공자등예우 및 지원에 관한 법률 시행령 제14조 제3항의 규정에 의한 상이등급에 해당하는 자 중 3급 이상의 상이등급에 해당하는 자(제3호), 산업재해보상보험법 시행령 제31조 제1항의 규정에 의한 신체장해등급에 해당하는 자 중 제3급 이상의 장해등급에 해당하는 자(제4호)"로 규정하고 있다.

라. 장애인고용의무제도 및 고용부담금제도

(1) 의무고용의 내용

우리나라는 장애인 고용의무제도, 즉 할당제를 채택하고 있다. 자유경쟁을 원칙으로 하는 사회에서 심신의 장애로 인해 취업의 어려움이 있는 장애인이 스스로 고용의 장을 확보한다는 것은 어려운 일이다. 이런 이유로 사회연대책임의 원칙에 의하여 장애인고용의무를 국가 및 지방자치단체, 민간사업주에게 부과하는 것이다.

(가) 민간사업주의 장애인고용의무

구법(제35조 제1항)에서는 민간사업주에 대하여 의무고용률을 정하여 그 고용하는 근로자의 수에 따라 100분의 1 이상 100분의 5 이내의 범위 내에서 대통령령이 정하는 비율 이상에 해당하는 장애인을 고용할 의무를 규정하고 있다. 이 규정에 의해 장애인을 고용해야 할 의무가 있는 사업주는 상시 300인 이상의 근로자를 고용하는 사업주이고(구법 시행령 제33조 제1항), 의무고용률[3]은 100분의 2이다(구법 시행령 제34조). 고용의무의 대상이 되는 근로자는 근로기준법 제14조의 규정에 의한 근로자로서 상시근로자는 매월 15일 이상(임금지급의 기초가 되는 일수) 고용한 근로자를 대상으로 산정한다(구법 시행령 제33조 제3항).

3 장애인 의무고용률은 사업주의 부담을 고려하여 시행 첫 해인 1991년에는 1%, 1992년에는 1.6%였으며, 1993년부터 비로소 2%로 적용되었다. 1990. 1. 13. 제정된 「장애인고용촉진 등에 관한 법률」 부칙 제1항, 제147회국회 본회의회의록 제16호(부록1), 158면 참조.

정부투자기관 및 출연기관 등 특수법인은 경영의 자율성이 인정되어 있으므로 민간사업주에 포함된다. 사업주의 사업활동은 영리사업, 비영리사업인가를 묻지 않는다. 따라서 공익을 목적으로 하는 사단법인과 재단법인, 종교를 목적으로 하는 종교법인, 교육을 목적으로 하는 학교법인 등도 근로자를 고용하는 한 사업주이다.

장애인고용의무제의 적용을 받는 민간사업주(공기업 포함)의 연도별 장애인고용률 추이를 보면, 1991년은 0.40%, 1995년 0.43%, 1998년 0.54%, 1999년 0.91%, 2000년 0.95%, 2001년 1.10%으로서 2001년에서야 1%를 넘었다(노동부자료).[4]

장애인고용의무제도에 있어서 고용률은 이 제도의 전제조건이며 성패의 요인이라고 할 수 있는바, 현행의 장애인의무고용률 2%는 지난 10여 년 동안 변화가 없었다. 대부분의 선진외국에서 3~7%의 높은 의무고용률을 채택하고 있는데 비하여 우리의 의무고용률 2%는 너무 낮은 수준이기 때문에 사업주가 고용의무를 이행하기보다 고용부담금으로 쉽게 해결하려는 결과를 가져올 수 있다는 비판이 있어 왔다. 또한 고용의무제도에 있어서 대기업보다는 근로자 10~20명 정도의 중소기업에서 큰 성과를 올리고 있는 외국의 일반적 경향에 따라, 정부도 의무고용률의 상향조정이 불가피함을 인정하여 300인 이상으로 되어 있는 장애인고용의무 사업장의 범위를 확대하는 방안 등을 포함한 '제2차 장애인복지발전 5개년계획'을 수립하였다(노동부자료).

(나) 국가 및 지방자치단체의 장애인고용 노력의무

국가 및 지방자치단체의 장은 장애인이 소속 공무원 정원의 100분의 2

4 2001년도의 구체적 상황은 다음과 같다.

구분	대상사업주	적용근로자	고용의무인원	장애인근로자	고용률
300인 이상	1,995	1,977,928	38,569	21,754	1.10
공 기 업	88	158,078	3,125	2,901	1.84
민간기업	1,907	1,819,850	35,444	18,853	1.04

이상 고용될 수 있도록 노력하여야 하고(구법 제34조 제1항), 각 시험실시기관의 장은 장애인이 공개채용인원의 100분의 2 이상 채용되도록 시험을 실시하여야 하는데(구법 제34조 제2항), 다만 직무의 성격상 장애인의 근무가 부적합한 직무분야·직종·직급 등에 대하여는 대통령령이 정하는 바에 따라 이를 적용하지 아니할 수 있다(구법 제34조 제3항).

한편, 신법 제23조 제1항에서는 "국가 및 지방자치단체의 장은 장애인을 소속공무원 정원의 100분의 2 이상 고용하여야 한다"고 규정하여 이를 의무사항으로 하고, 제2항에서는 "각 시험실시기관의 장은 장애인이 신규채용인원의 100분의 2 이상 채용되도록 시험을 실시하여야 한다. 다만, 재직중인 장애인공무원의 수가 1만 명 미만인 경우에는 공개채용비율을 100분의 5로 한다"고 규정하였나. 이에 따라 노동부와 협의되어 시달된 행정자치부의 「장애인공무원 채용확대지침(2000. 6. 16)」에 의하면, 각 부처의 인사감사시 장애인고용률 이행실적을 점검하고 미달기관에 대해 장애인공무원을 우선 배정하는 등의 조치를 강구하도록 하고 있다.

국가 및 지방자치단체의 장애인고용률 추이를 보면, 1991년은 0.52%, 1995년 0.88%, 1998년 1.23%, 1999년 1.33%, 2000년 1.48%, 2001년 1.61%이다(노동부자료).

(2) 의무고용 이행확보제도

(가) 장애인고용계획수립

노동부장관은 사업주에 대하여 대통령령이 정하는 바에 의하여 장애인의 고용에 관한 계획 및 그 실시상황을 작성하여 제출할 것을 명할 수 있고, 그 계획이 부당하다고 인정하는 때에는 사업주에 대하여 그 계획의 변경을 명할 수 있다(구법 제36조 제1항·제2항). 이는 사업주에 대하여 장래 고용관계의 변동을 정확하고 확실하게 예측하여 계획적으로 장애인을 고용하도록 하기 위한 것이다.

고용계획의 작성이 명하여지는 대상은 장애인 고용의무가 있는 300인

이상의 근로자를 고용하는 사업주이다. 이 고용계획의 작성명령은 장애인의 고용을 촉진하기 위한 행정조치로서 고용률 미달성에 대한 직접적인 제재조치는 아니다. 따라서 고용률 미달성에 대한 의무이행의 유무를 묻지 않고 고용계획의 수립을 지도할 수 있다.

(나) 공표제도

노동부장관은 장애인 고용의무가 있는 사업주가 정당한 사유없이 장애인 고용계획의 수립 또는 고용의무의 이행에 있어서 현저히 미달하는 때에는 그 내용을 공표할 수 있다(구법 제36조 제3항).

(다) 부담금제도

1) 장애인을 고용하기 위해서는 작업시설 및 설비의 개선, 직장환경의 정비, 특별한 고용관리 등이 필요하고 정상인고용에 비하여 경제적 부담이 수반된다. 따라서 고용의무를 성실히 이행하는 사업주와 그렇지 않는 사업주간에는 경제적 부담의 불균형이 생길 수가 있다. 이러한 점을 고려하여 장애인고용은 모든 사업주가 공동으로 부담하는 책임이라는 사회연대책임의 이념에 입각하여 장애인고용의 경제적 부담을 조정하고 장애인을 고용하는 사업주에 대한 지원을 목적으로 한 것이 장애인고용부담금 제도라고 할 수 있다.

2) 기준고용률에 미달하는 장애인을 고용하는 사업주는 대통령령이 정하는 바에 의하여 매년 노동부장관에게 부담금을 납부하여야 한다(구법 제38조 제1항). 부담금은 사업주가 위 기준고용률에 의하여 고용하여야 할 장애인 총수에서 매월 초일 현재 고용하고 있는 장애인수를 뺀 수에 부담기초액을 곱한 금액의 연간 합계액으로 한다(구법 제38조 제2항). '부담기초액'은 장애인을 고용하는 경우에 매월 소요되는 비용(1. 장애인을 고용하는 경우 필요한 시설·장비의 설치, 수리에 소요되는 비용, 2. 장애인의 적정한 고용관리를 위한 조치에 필요한 비용, 3. 기타 장애인을 고용하기 위하여 특별히 소요되는 비용 등)의 평균액

을 기초로 하여(단, 최저임금의 60% 이상) 장애인고용촉진위원회의 심의를 거쳐 노동부장관이 정하되 매년 회계연도 개시 30일 전까지 고시하여야 한다(구법 제38조 제3항).[5]

그러므로 예컨대 2003년도의 경우 부담기초액이 월 최저임금 514,150원의 85%인 437,000원으로 결정·고시되었으므로 근로자가 300인인 사업장에서는 2%인 6명의 장애인을 의무적으로 고용하여야 하는데, 만일 연간 5명을 고용했다면 1명 미고용에 대한 부담금 5,244,000원(437,000×12월×1인)을 납부하여야 한다.

부담금은 '장애인고용촉진기금'(구법 제47조 이하)[6]의 주요 재원으로 조성된다. 이 기금에서 사업장의 장애인 시설·장비의 설치 및 개·보수비용 지원, 장애인 고용지원금 및 장려금 지급, 자영업 창업자금 등 장애인의 직업생활을 위한 융자지원, 장애인 직업능력개발사업 등을 추진하고 있다.

3) 사업주는 노동부령이 정하는 사항을 기재한 신고서와 당해연도의 부담금을 다음 연도의 초일부터 90일(연도 중에 사업을 폐지 또는 종료한 경우에는 그 사업을 폐지 또는 종료한 날부터 60일) 이내에 노동부장관에게 신고·납부하여야 하고, 노동부장관은 사업주가 그 기간 내에 신고서 또는 부담금을 신고·납부하지 아니한 때에는 이를 조사하여 부담금을 징수할 수 있다. 사업주가 납부한 부담금의 금액이 실제로 납부하여야 할 금액과 다르거나 허위의 신고에 기인한 것이라고 인정하는 때에는 이를 조사하여 그 차액을 추징할 수 있다(구법 제38조 제5항~제7항). 이에 따른 부담금을 징수하는 때에는 사업주가 납부하여야 할 부담금에 대하여 100분의 10에 상당하는 금액을 가산금으로 징수하고(구법 제39조 제1항), 부담금의 납부의무자가 그 납부기한

---

5 연도별 부담기초액(단위: 천원)은 다음과 같다. 기획예산처 및 노동부 자료 참조.

연도	1991	1992	1993	1994	1995	1996	1997	1998	1999	2000	2001	2002	2003
금액	120	130	138	149	159	173	190	202	207	216	273	392	437

6 신법(제59조 이하)에서는 '장애인고용촉진 및 직업재활기금'이라고 규정하고 있다.

까지 이를 납부하지 아니한 때에는 그 금액에 납부기한 만료일의 다음 날부터 완납일의 전일까지 기간에 대하여 그 금액 100원에 대하여 1일 7전의 한도 안에서 대통령령이 정하는 비율에 따라 계산한 연체금을 징수한다(구법 제39조 제2항).

그리고 부담금(가산금·연체금 포함)의 부과·징수에 대하여 불복이 있는 경우에는 노동부(재결청) 또는 한국장애인고용촉진공단(처분청)에 행정심판을 청구할 수 있고(행정심판법 제17조), 궁극적으로는 이 사건의 당해사건과 같이 행정소송을 제기할 수 있다.

(3) 사업주 지원제도: 장애인고용지원금 및 장려금

구법 제37조(장애인고용지원금 등의 지급)는 "① 노동부장관은 사업주가 제35조 제1항의 규정에 의한 기준고용률을 초과하여 장애인을 고용하는 경우에는 그 초과 고용하는 장애인의 수에 비례하여 당해 사업주에게 고용지원금(이하 '지원금'이라 한다)을 지급할 수 있다. ② 지원금은 제38조 제3항의 규정에 의한 부담기초액을 참작하여 노동부장관이 정한다. ③ 노동부장관은 제35조 제1항의 적용을 받지 아니하는 사업주가 장애인을 고용하는 경우에는 지원금의 범위 안에서 '장려금'을 지급할 수 있다. 다만, 이 법의 규정에 의한 장려금을 지급받고자 하는 자는 노동부장관에게 청구하여야 한다. ④ 제1항의 규정에 의한 지원금과 제3항의 규정에 의한 장려금의 지급 및 청구에 관하여 필요한 사항은 대통령령으로 정한다"고 규정하고 있다. 이러한 지원금 및 장려금 제도는 신법(제26조)에서 '장애인고용장려금'으로 통합되었다.

4. 이 사건 법률조항의 위헌 여부

이 사건 법률조항은 사업주의 '장애인고용의무' 조항(구법 제35조 제1항 본문의 해당부분)과 '장애인고용부담금' 조항(구법 제38조 제1항·제2항·제3항·제

5항·제6항, 제39조 제1항)으로서, 두 제도의 위헌 여부를 나누어 살펴보기로 한다.

가. 장애인고용의무제도의 위헌 여부

(1) 계약자유의 원칙 및 기업의 경제상의 자유의 침해 여부

(가) 우리 헌법은 그 지도이념인 전문(前文)에서 국민 모두에 대한 기회균등보장을 선언하고 사회적 기본권 보장의 방향을 제시하면서 복지국가의 실현을 지향하고 있다. 그리고 이를 구체화하여 헌법 제32조는 모든 국민은 근로의 권리를 가지며 국가는 사회적·경제적 방법으로 근로자의 고용의 증진과 적정임금의 보장에 노력하여야 한다고 규정하고(제1항), 제34조는 모든 국민은 인간다운 생활을 할 권리를 가진다고 선언하는 한편(제1항), 이와 같은 인간다운 생활의 구체적인 실현을 위하여 국가에게 사회보장·사회복지 증진의무를 지우고 있고(제2항), 특히 신체장애자 및 질병·노령 기타의 사유로 생활능력이 없는 국민은 법률이 정하는 바에 의하여 국가의 보호를 받는다고 강조하고 있다(제5항).

이에 따라 구법 제1조(목적)는 "이 법은 장애인이 그 능력에 맞는 직업생활을 통하여 인간다운 생활을 할 수 있도록 장애인의 고용촉진과 직업재활 및 직업안정을 도모함을 목적으로 한다"고 하여, 동법이 헌법의 이념과 원리를 구체화하고 실현하기 위하여 제정되었음을 선언하고 있다. 장애인에 대한 복지정책의 추진에 있어서 장애인고용이라는 과제는 가장 중요한 의미를 갖는다. 고용은 생계유지의 수단일 뿐만 아니라 고용을 통하여 창조적인 능력발휘와 자아발전의 계기가 되고, 나아가 사회통합의 직접적인 수단이 되기 때문이다.

(나) 우리는 장애인의 완전한 참여와 평등을 보장하여 장애인으로 하여금 사회공동체에 주체적으로 참여하여 진정한 자립을 기할 수 있도록 하고, 비장애인과 균등한 참여기회를 보장받아 취업 및 고용이 이루어지도록 하

므로써 궁극적으로는 더불어 살아가는 사회공동체를 구현하고자 하는 과제를 안고 있다.

그런데 장애인은 그 신체적·정신적 조건으로 말미암아 유형·무형의 사회적 편견 및 냉대를 받기 쉽고 이로 인하여 능력에 맞는 직업을 구하기가 지극히 어려운 것이 현실이므로, 장애인의 근로의 권리를 보장하기 위하여는 사회적·국가적 차원에서의 조치가 요구된다. 이러한 관점에서 볼 때, 자유민주적 기본질서를 지향하는 우리 헌법이 원칙적으로 기업의 경제활동의 자유를 보장(헌법 제119조 제1항)하고 개인의 계약자유의 원칙을 천명(헌법 제10조 전문)[7]하고 있다 하더라도 일정한 범위에서 이러한 자유를 제약하는 것은 불가피한 조치라고 할 수 있다. 즉, 일자리의 창출은 국가 이외에도 일반 사기업이 담당하므로, 장애인의 고용보장과 관련하여 사기업에 대해서도 상당한 정도 내에서의 의무의 부과는 불가피한 것이다.

(다) 외국의 입법례를 보더라도 스웨덴이나 미국, 그리고 1996년 이후의 영국과 같이 장애인고용의 할당제를 실시하지 않는 대신에 장애인에 대한 차별금지라는 측면에서 접근하는 나라도 있으나, 앞에서 본 일본·독일·프랑스뿐만 아니라 많은 나라에서 민간기업에 대한 장애인고용의무제도를 실시하고 있다는 것은 바로 이러한 배경하에서 장애인고용을 제도화한 것으로 볼 수 있다.

(라) 요컨대, 청구인이 주장하는 계약자유의 원칙과 기업의 경제상의 자유는 무제한의 자유가 아니라 헌법 제37조 제2항에 의하여 공공복리를 위해 법률로써 제한이 가능한 것이며, 국가가 경제주체 간의 조화를 통한 경제의 민주화를 위해 규제와 조정을 할 수 있다(헌법 제119조 제2항)고 천명하고 있는 것은 사회·경제적 약자인 장애인에 대하여 인간으로서의 존엄과 가치를 인정하고 나아가 인간다운 생활을 보장하기 위한 불가피한 요구라

---

7 헌재 2002. 8. 29. 2000헌가5등, 판례집 14-2, 106, 123 참조.

고 할 것이어서, 그로 인하여 사업주의 계약의 자유 및 경제상의 자유가 일정한 범위 내에서 제한된다고 하여 곧 비례의 원칙을 위반하였다고는 볼 수 없다고 할 것이다.

(2) 평등원칙의 위반 여부

(가) 구법 제34조(국가 및 지방자치단체의 장애인고용의무)는 "① 국가 및 지방자치단체의 장은 장애인이 소속공무원 정원의 100분의 2 이상 고용될 수 있도록 노력하여야 한다. ② 각 시험실시기관의 장은 장애인이 공개채용 인원의 100분의 2 이상 채용되도록 시험을 실시하여야 한다. ③ 제1항과 제2항의 경우 직무의 성격상 장애인의 근무가 부적합한 직무분야, 직종, 직급 등에 대하여는 대통령령이 정하는 바에 따라 이를 적용하지 아니할 수 있다"고 규정하고 있고, 동법 시행령 제32조에서는 장애인고용의무의 제외대상 공무원을 [별표 1]에서 정하였는데 그 내용을 보면 1급 내지 9급 일반직 공무원 중 공안·공업·광무·농림·물리·선박·수산·시설·통신·항공 및 수로직군의 전체 직렬이 제외되는 등 많은 직렬의 공무원이 적용대상 공무원에서 제외되어 있어, 일반 사업주와는 달리 국가 및 지방자치단체의 장에게는 장애인고용의무를 면책시킴으로써 평등원칙에 위배되는 것이 아닌가 하는 의문이 제기된다.

(나) 그러나 구법 제3조에 의하면 국가와 지방자치단체는 장애인의 고용에 관하여 사업주 및 국민일반의 이해를 높이기 위해 교육·홍보 및 장애인 고용촉진운동을 추진하고, 사업주·장애인 기타 관계자에 대한 지원과 장애인의 특성을 고려한 직업재활의 조치를 강구하여야 하며, 기타 장애인의 고용촉진 및 직업안정을 도모하기 위하여 필요한 시책을 종합적이고 효과적으로 추진하여야 할 책임이 있는 공공적 주체이다. 따라서, 민간사업주와는 달리 기준고용률을 미달하는 경우 부담금의 납부를 명하고 이를 징수한다든지(구법 제38조) 기준고용률을 초과하는 경우 고용지원금 및 장려금(구법

제37조)을 지급할 수 없는 등 민간사업주와는 다른 지위에 있다. 또한, 민간사업주에 대하여도 구법 제35조 제1항 단서에서 장애인을 사용하기 어렵다고 인정하는 직종의 근로자가 상당한 비율을 차지하는 업종에 대하여는 노동부장관이 정하는 적용제외율에 해당하는 근로자의 수를 그 근로자의 총수에서 제외할 수 있도록 규정하고 있다. 이렇게 볼 때, 국가·지방자치단체와 민간사업주와의 차별취급은 합리적인 근거가 있는 차별이라고 할 것이다. 실제로 국가 및 지방자치단체의 장애인고용률 추이를 민간사업주(괄호안)와 비교해 보면, 1991년은 0.52%(0.40%), 1995년 0.88%(0.43%), 1998년 1.23%(0.54%), 1999년 1.33%(0.91%), 2000년 1.48%(0.95%), 2001년 1.61%(1.10%)로서 국가·지방자치단체가 민간사업주보다 더 높은 고용률을 보이고 있다(노동부자료). 참고로 덧붙이면, 신법(제23조 제1항)에서는 "국가 및 지방자치단체의 장은 장애인을 소속공무원 정원의 100분의 2 이상 고용하여야 한다"고 규정하여 이를 의무사항으로 하였다.

(3) 포괄위임입법금지원칙의 위반 여부

이 부분에 관하여는 아래와 같이 재판관들의 의견이 나뉜다.

(가) 재판관 윤영철, 재판관 하경철, 재판관 김영일, 재판관 권성의 합헌의견

1) 우리 헌법 제75조는 "대통령은 법률에서 구체적으로 범위를 정하여 위임받은 사항과 법률을 집행하기 위하여 필요한 사항에 관하여 대통령령을 발할 수 있다"고 규정하고 있는바, 여기에서 '법률에서 구체적으로 범위를 정하여 위임받은 사항'이라 함은 법률에 이미 대통령령으로 규정될 내용 및 범위의 기본사항이 구체적으로 규정되어 있어서 누구라도 당해 법률로부터 대통령령에 규정될 내용의 대강을 예측할 수 있어야 함을 의미한다(헌재 1995. 11. 30. 93헌바32, 판례집 7-2, 598, 607).

우리 헌법재판소는 예측가능성의 판단방법에 관하여 "법률의 위임은 반드시 구체적·개별적으로 한정된 사항에 대하여 행하여져야 할 것이다. 다

만, 구체적인 범위는 각종 법령이 규제하고자 하는 대상의 종류와 성격에 따라 달라진다 할 것이므로 일률적 기준을 정할 수는 없지만, 적어도 법률의 규정에 의하여 이미 대통령령으로 규정될 내용 및 범위의 기본사항이 구체적으로 규정되어 있어 누구라도 당해 법률로부터 대통령령에 규정될 내용의 대강을 예측할 수 있으면 족하고, 여기서 그 예측가능성의 유무는 당해 특정조항 하나만을 가지고 판단할 것이 아니고 관련 법조항 전체를 유기적·체계적으로 종합 판단하여야 하며, 각 대상법률의 성질에 따라 구체적·개별적으로 검토하여야 할 것"이라고 하였다(헌재 1996. 8. 29. 94헌마113, 판례집 8-2, 141, 164).

그리고 위임의 구체성·명확성의 요구 정도는 규제대상의 종류와 성격에 따라 다른 것으로 기본권침해 영역에서는 급부행정 영역에서보다 구체성의 요구가 강화되고, 또한 다양한 사실관계를 규율하거나 사실관계가 수시로 변화될 것이 예상될 때에는 명확성의 요건이 완화될 수밖에 없는 것이다(헌재 1998. 6. 25. 95헌바35 등, 판례집 10-1, 771, 793).

2) 이 사건의 경우 구법 제35조 제1항 본문은 장애인고용의무사업주의 범위를 고용근로자수를 기준으로 한다는 기본원칙을 정하였고, 한편 장애인고용의무제가 적용되는 사업주의 범위는 우리나라의 전체 실업자 수와 그 중 장애인 실업자 수가 차지하는 비율, 경제상황 등을 고려하여 시대에 따라 탄력적으로 정하여야 할 사항이어서 이를 법률에서 명시하는 것은 적당하지 아니하다는 입법자의 판단이 반드시 잘못되었다고 볼 수는 없다고 할 것이다.

뿐만 아니라, 구법 제35조 제1항은 "… 사업주는 그 근로자의 총수의 100분의 1 이상 100분의 5 이내의 범위 안에서 대통령령이 정하는 비율(이하 '기준고용률'이라 한다) 이상에 해당하는(그 수에 1인 미만의 단수가 있을 경우에는 그 단수는 버린다) 장애인을 고용하여야 한다"고 규정하고 있는데, 여기에서 이 규정의 해석상 최소한 20인 이상의 근로자를 고용하는 사업주에게만 장애인고용의무가 도출됨을 알 수 있다. 왜냐하면, 기준고용률의 상한인 5%를 상정하더라도 20인이 되어야 1명의 장애인고용의무가 생기기 때문이다.[8]

즉, 19인인 경우 그의 5%는 0.98명인데, 1인 미만의 단수가 있을 경우에는 그 단수는 버리게 되므로 19인까지는 장애인고용의무가 발생하지 않는 것이다. 이와 같은 결과는 신법 제24조 제1항 본문, 동법 시행령 제23조 제1항, 제24조의 경우에도 마찬가지이다.

3) 요컨대, 장애인고용의무제가 적용되는 사업주의 범위는 우리나라의 전체 실업자 수와 그중 장애인실업자수가 차지하는 비율, 경제상황 등을 고려하여 시대에 따라 탄력적으로 정하여야 할 사항일 뿐만 아니라, 구법 제35조 제1항 본문의 해석에 의하더라도 장애인고용의무가 적용되는 사업주는 20인 이상의 근로자를 고용하는 사업주라야 하는 것이므로 법률 자체에서 장애인고용의무제의 적용을 받는 사업주의 하한을 도출할 수 있기 때문에, 동 조항이 포괄위임입법금지원칙에 위반된다고는 할 수 없다고 할 것이다.

(나) 재판관 한대현, 재판관 김효종, 재판관 김경일, 재판관 송인준, 재판관 주선회의 위헌의견

1) 이 사건 법률조항 중 구법 제35조 제1항 본문은 장애인고용의무의 적용대상이 되는 사업주에 관하여 이를 대통령령에 위임하면서 단순히 '대통령령이 정하는 일정 수 이상의 근로자를 고용하는 사업주'라고만 규정하고 있다.

살피건대, 헌법 제75조는 "대통령은 법률에서 구체적으로 범위를 정하여 위임받은 사항과 법률을 집행하기 위하여 필요한 사항에 관하여 대통령령을 발할 수 있다"고 규정하여 위임입법의 헌법상 근거를 마련하는 한편,

---

8 이 경우 구법 시행령 제34조가 정하고 있는 기준고용률 2%를 적용하면, 근로자가 50인이 되어야 비로소 1명의 장애인을 채용할 의무가 생기게 된다. 그러므로 구법 제35조 제1항 본문 및 동법 시행령 제34조의 규정에 의하면, 근로자가 50인 이상인 사업주는 1명 이상의 장애인을 고용할 의무를 부담할 가능성이 있으나, 동법 시행령 제33조 제1항에서 근로자가 300인 이상인 사업주만이 장애인고용의무의 적용을 받는다고 하였으므로 실제로는 300인 이상의 근로자를 고용하는 사업주만이 (6인 이상의) 장애인을 고용할 의무를 부담하게 되는 것이다.

대통령령으로 입법할 수 있는 사항을 '법률에서 구체적으로 범위를 정하여 위임받은 사항'으로 한정함으로써 일반적이고 포괄적인 위임입법은 허용되지 않는다는 것을 명백히 하고 있다. 행정입법의 수요와 헌법상 기본권보장의 원칙과의 조화를 기하기 위하여 위임입법은 허용하되 백지위임만은 허용되지 아니한다는 점을 분명히 밝히고 있는 것이다(헌재 1998. 2. 27. 95헌바59, 판례집 10-1, 103, 111). 이는 국민의 헌법상 기본권 및 기본의무와 관련된 중요한 사항 내지 본질적인 내용에 대한 정책형성기능은 원칙적으로 주권자인 국민에 의하여 선출된 대표자들로 구성되는 입법부가 담당하여 법률의 형식으로써 이를 수행하여야 하고, 이와 같이 입법화된 정책을 집행하거나 적용함을 임무로 하는 행정부나 사법부에 그 기능을 넘겨서는 아니된다는 것을 천명한 것이다(헌재 1999. 5. 27. 98헌바70, 판례집 11-1, 633, 643; 헌재 2001. 4. 26. 2000헌마122, 판례집 13-1, 962, 973 참조).

바꿔 말하면, 외부적인 효력을 갖는 행정입법은 국회의 입법을 통해서 내려진 근본적인 결정을 행정적으로 구체화하기 위해서 필요한 범위 내에서만 허용된다는 것이고, 이를 수범자인 개인의 입장에서 보면 개인은 행정입법이 아니라 법률을 통해서 입법자의 의도를 인지하고 이에 기초하여 자신의 행동을 계획하고 조정할 수 있어야 한다는 기본적 인식에 기초한 것이라고 할 수 있다.

그런데 장애인의무고용 및 그에 따르는 고용부담금납부 의무는 국민의 계약 및 직업수행의 자유와 재산권 등 헌법상 기본권의 실현에 관련된 중요한 사항 내지 본질적인 내용이라고 할 수 있는데도, 구법 제35조 제1항 본문은 그 적용대상이 되는 사업주에 대하여 단순히 '대통령령이 정하는 일정 수 이상의 근로자를 고용하는 사업주'라고만 규정하고 있어 이 조항만 가지고는 도저히 대통령령으로 규정될 내용의 대강이나마 예측할 수 없으며, 관련 법조항 전체를 살펴보아도 어느 범위의 사업주가 적용대상이 되는지 판단할 수 없도록 되어 있다.

2) 앞에서 본 외국의 입법례를 보더라도 고용의무제의 적용대상이 되는 사업주의 범위를 법률에서 직접 규정하고 있고, 우리나라의 경우에도 1956. 10. 25. 법률 제401호로 개정된 군사원호법 제19조 제1항에서 "지방장관은 상시 30인 이상의 남자피용자를 사용하는 자(국가, 지방자치단체와 공공단체는 제외한다)에 대하여 남자 전 피용자수의 1할을 초과하지 아니하는 범위 내에서 상이군인의 수를 정하여(기히 고용된 상이군인을 포함한다) 그 고용을 명할 수 있다"고 규정한 예가 있었고, 1961. 7. 5. 법률 제649호로 제정된 군사원호대상자고용법 제4조는 고용의무제의 적용을 받는 대상을, "국가·지방자치단체 및 국고보조를 받는 기관과 거래하는 기업체와 단체(제1항), 위 규정에 해당하는 업체와 거래하는 자(제2항), 20인 이상을 고용하고 있는 기업체 및 단체(제3항)"로 법률에서 특정한 예가 있었다.

그리고 장애인고용의무가 있는 사업주의 범위를 정함에 있어서는 전체 실업자 수와 그중 장애인 실업자 수가 차지하는 비율, 전체 사업주와 고용근로자 현황, 경제상황 등을 수시로 고려하여 탄력적으로 정하여야 할 사항이기는 하나 노동부, 행정자치부, 각 지방자치단체 등 관련기관 및 단체에 이미 관련 자료가 집적되어 있고, 매년 변동상황을 점검하는 등 구체적 통계와 자료가 확보되어 있는 만큼 크게 문제될 것은 없다고 할 것이다.

따라서 이 사건 법률조항에서도 고용의무제의 적용대상이 되는 사업자의 범위를 대통령령에 위임하지 아니하고 직접 법률로 규정하는 것이 특별히 어려울 이유를 찾아볼 수 없고, 설사 국회가 대상사업자의 범위를 법률에서 직접 규정하는 것에 다소 어려움이 있다 하더라도 적어도 장애인고용의무 대상사업자의 하한은 정하고서 대통령령에 위임해야만 할 것이다.

한편, 합헌의견과 같이 구법 제35조 제1항 본문의 해석상 장애인고용의무제가 적용될 가능성이 있는 사업주의 하한은 '20명의 근로자를 고용하는 사업주'로 볼 수 있다는 견해도 있을 수 있으나, 이 법이 1990. 1. 13. 법률 제4219호로 제정될 때 당시 제147회 국회 법제사법위원회회의록(1989. 12. 13)이나 본회의회의록(1989. 12. 16)에도 이 부분에 관하여는 아무런 언급이 없어 입법자가 장애인고용의무제의 적용대상이 될 수 있는 사업주의 범위, 특히 하한에 대하여 20인으로 상정했다고 볼 합리적인 근거가 없고, 이 점은 구 법시행령(제33조 제1항)에서 장애인고용의무제의 적용대상을 300인 이상의 근로자를 고용한 사업주로 정한 것에서도 알 수 있다.

3) 그러므로, 구법 제35조 제1항 본문 중 '대통령령이 정하는 일정수 이상의 근로자를 고용하는 사업주' 부분은 헌법 제75조가 규정하는 포괄위임입법금지의 원칙에 위배되고 법치주의원리 및 기본권보호이념에서 파생하는 법률유보원칙에도 충실하지 못하다고 할 것이다.

나. 고용부담금제도의 위헌 여부

(1) 고용부담금의 법적 성격: 유도적·조정적 (특별)부담금

일반적으로 '부담금'은 '인적 공용부담'의 일종으로서 국가 또는 공공단체가 특정한 공익사업과 특별한 관계에 있는 자에 대하여 그 사업에 필요한 경비를 부담시키기 위하여 과하는 금전지급의무를 말한다. 부담금은 공익사업과의 관계가 어떤 것인지에 따라 수익자부담금·원인자부담금 및 손상자부담금으로 나눌 수 있다. 이러한 전통적인 공용부담제도는 일면에서는 공익상의 수요충족의 관점에서, 또 다른 면에서는 공익과 사익의 조화를 통한 부담의 합리적 조정이라는 관점에서 인정되는 것이다(헌재 2002. 9. 19. 2001헌바56, 판례집 14-2, 304, 314-315).

2001. 12. 31. 법률 제6589호로 제정된 「부담금관리기본법」에서는 '부담금'을 "중앙행정기관의 장, 지방자치단체의 장, 행정권한을 위탁받은 공공단체 또는 법인의 장 등 법률에 의하여 금전적 부담의 부과권한이 부여된 자가 분담금, 부과금, 예치금, 기여금, 그 밖의 명칭에 불구하고 재화 또는 용역의 제공과 관계없이 특정 공익사업과 관련하여 법률이 정하는 바에 따라 부과하는 조세외의 금전지급의무"라고 정의하고(제2조), 부담금은 동법에서

정하고 있는 법률의 규정에 의하지 아니하고는 이를 설치할 수 없다고 하고 있다(제3조).

장애인 고용의무제도의 실효성 확보수단으로서 가장 강력한 수단으로 평가되는 부담금제도는 사회연대책임의 이념을 반영하여 장애인의 고용에 따르는 경제적 부담을 장애인을 고용하는 사업주와 고용하지 아니하는 사업주간에 평등하게 조정하고, 실업중인 장애인의 고용촉진을 위해 장애인을 새로이 고용하는 사업주가 작업설비 등의 개선을 위하여 지는 부담을 줄이기 위한 사업주의 공동갹출금이라고 할 수 있다. 이 부담금제도는 고용률을 하회하는 사업체의 사업주로부터 기금을 납부받아 고용률을 초과해서 장애인을 고용한 사업주에게 고용지원금(구법 제37조)을 지급함으로써 사업주 간의 장애인고용에 수반되는 경제적 부담을 평등화하자는 것이다. 그러므로 이상적으로는 장애인 고용의무가 완벽하게 지켜져서 부담금을 징수하지 않아도 되는 상태가 바람직하다는 점에서 볼 때, 장애인고용부담금은 재정적인 목적보다는 고용에 어려움을 겪는 장애인의 고용촉진을 주된 목적으로 하는 '유도적·조정적 (특별)부담금'의 성격이 강하다고 할 수 있을 것이다(부담금관리법 제2조, 제3조 [별표] 제68호 참조).

(2) 과잉금지원칙의 위반 여부

이 사건 법률조항에서 정한 고용부담금은 기준고용률에 미달하는 장애인을 고용한 사업주가 대통령령이 정하는 바에 따라 매년 노동부장관에게 납부하는 것이므로, 이로 인하여 동 사업주의 계약 및 직업수행의 자유를 규제하고 재산권을 침해할 우려가 있다. 따라서, 고용부담금제도도 헌법 제37조 제2항에서 정하고 있는 기본권제한의 입법한계를 지켜야 한다.

살피건대, 이 사건 법률조항은 장애인이 그 능력에 맞는 직업생활을 통하여 인간다운 생활을 할 수 있도록 장애인의 고용촉진과 직업재활 및 직업안정을 도모함을 목적으로(구법 제1조) 장애인고용의무 및 고용부담금 제도를 마련하고 있다. 고용부담금제도는 이러한 장애인고용의무제의 실효성을 확보하는 수단이므로 입법목적의 정당성이 인정된다.

한편, 고용부담금이 부과되는 집단은 일반국민이 아닌 특정집단인 '사업주'고, 부담금은 장애인의 고용을 촉진하기 위하여 전액(100%)이 '장애인고용촉진기금'[9]으로 귀속되며(구법 제47조, 제48조 제1항 제2호),[10] 이 기금은 주로 고용지원금, 장려금 그리고 사업주의 장애인고용을 위한 시설·장비의 설치·수리에 필요한 비용과 융자·지원 등에 지출되고 있다(구법 제37조, 제49조). 즉, 이 부담금은 장애인고용의 경제적 부담을 조정하고 장애인을 고용하는 사업주에 대한 지원을 위해 사용되고 국가의 일반적 재정수입에 포함되는 것이 아니므로 방법의 적정성도 인정할 수 있다.

나아가, 앞에서 본 바와 같이 고용부담금의 부담기초액은 최저임금의 100분의 60 이상으로 규정되어 있는바(구법 제38조 제3항), 2003년도의 경우에 85%에 불과한 실정이다. 따라서 이 정도의 부담금이라면 사업주의 재산권 등을 과도하게 침해하는 것이라고 할 수 없고, 더욱이 부담금(가산금·연체금 포함)의 부과·징수에 대하여 불복이 있는 경우에는 행정심판 및 행정소송을 제기할 수 있으므로 헌법상 요구되는 장애인의 고용촉진이라는 공익에 비추어 볼 때 법익의 균형성을 크게 잃었다고 볼 수도 없다.

(3) 평등원칙의 위배 여부

이 사건 고용부담금 규정은 일정한 요건에 해당하는 사업주에게는 일정한 방식에 따라 고용부담금을 차등없이 부과하고 있다. 따라서 고용의무제가 적용되는 사업주와 그렇지 아니한 사업주 간의 구분자체에 불합리한 차별이 있는지 여부는 별론으로 하고, 고용부담금제도 자체의 차별성은 문제가 되지 않는다고 할 것이다. 고용부담금제도는 그 자체가 고용의무를 성

9 이 기금의 재원은 그 밖에 정부 또는 정부 외의 자로부터의 출연금 또는 기부금, 기금의 운용에 의하여 생기는 수익금과 기타 공단의 수입금 및 차입금 등으로 조성된다.

10 신법 제59조, 제60조 제1항 제2호 소정의 '장애인고용촉진 및 직업재활기금'의 경우도 마찬가지이다.

실히 이행하는 사업주와 그렇지 않는 사업주 간의 경제적 부담의 불균형을 조정하는 기능을 하기 때문이다.

5. 결 론

위와 같은 이유로, 이 사건 법률조항 중 구법 제38조 제1항·제2항·제3항·제5항·제6항, 제39조 제1항이 헌법에 위반되지 않는다는 점에 대하여는 재판관 전원의 의견이 일치하였고, 구법 제35조 제1항 본문 중 '대통령령이 정하는 일정수 이상의 근로자를 고용하는 사업주' 부분에 대하여는 재판관 한대현, 재판관 김효종, 재판관 김경일, 재판관 송인준, 재판관 주선회는 위헌이라는 의견이고, 재판관 윤영철, 재판관 하경철, 재판관 김영일, 재판관 권 성은 합헌이라는 의견으로서, 비록 위헌의견에 찬성한 재판관이 5인이어서 다수이기는 하지만 헌법 제113조 제1항, 헌법재판소법 제23조 제2항 단서 제1호에서 정한 헌법소원에 관한 인용결정을 위한 심판정족수에는 이르지 못하여 위헌결정을 할 수 없으므로, 이 사건 법률조항 모두에 대하여 주문과 같이 결정한다.

재판장 재판관 윤영철
주심 재판관 한대현
재판관 하경철
재판관 김영일
재판관 권 성
재판관 김효종
재판관 김경일
재판관 송인준
재판관 주선회

판례의 평가

1. 헌법재판소는 대통령령이 정하는 일정수 이상의 근로자를 고용하는 사업주는 기준고용률 이상에 해당하는 장애인을 고용해야 한다고 규정한 구 장애인 고용촉진에 관한 법률 및 장애인고용의무제의 실효성을 확보하는 수단으로서의 장애인고용부담금제도에 관한 규정인 심판대상을 재판관 위헌의견 5명, 재판관 합헌의견 4명으로 정족수에 이르지 못하여 합헌 선고를 하였다.

2. 장애인고용의무의 실효성을 확보하는 수단으로 장애인고용부담금제도에 관한 규정은 현행 장애인 고용촉진 및 직업재활법에서 여전히 그 실효성을 갖고 있다.

그러나 대통령령이 정하는 일정 수 이상의 근로자를 고용하는 사업주는 기준고용률 이상에 해당하는 장애인을 고용해야 한다는 규정은 포괄위임입법금지원칙에 위배하는 것으로 재판관 5명의 위헌의견이 있었으나, 2004년 1월 29일 동법이 개정되면서 위헌적 조항을 제거하여 개정하였다. 당시 개정조항은 내용은 다음과 같다.

제24조(사업주의 장애인고용의무) ① 상시 50인 이상의 근로자를 고용하는 사업주(운전사가 딸린 건설장비임대업을 제외한 건설업에 있어서는 공사실적액이 노동부장관이 정하는 금액 이상인 사업주)는 그 근로자의 총수의 100분의 5의 범위 안에서 대통령령이 정하는 비율(이하 '의무고용률'이라 한다) 이상에 해당(그 수에 1인 미만의 단수가 있을 경우에는 그 단수는 버린다)하는 장애인을 고용하여야 한다. 다만, 장애인을 고용하기 어렵다고 인정하는 직종의 근로자가 상당한 비율을 차지하는 업종에 대하여는 노동부장관이 위원회의 심의를 거쳐 정하는 적용제외율에 해당하는 근로자의 수(그 수에 1인 미만의 단수가 있을 경우에는 그 단수는 버린다)를 그 근로자의 총수에서 제외할 수 있다. 〈개정 2004. 1. 29.〉

② 제1항의 규정에 불구하고 특정한 장애인의 능력에 적합하다고 인정되는 직종에 대하여는 그 고용하여야 할 비율을 대통령령으로 따로 정할 수 있다. 이 경우 그 비율은 의무고용률로 보지 아니한다.

③ 의무고용률은 전체 인구 중 장애인의 비율, 전체 근로자 총수에 대한 장애인근로자의 비율, 장애인실업자수 등을 감안하여 5년마다 정하도록 한다. 〈신설 2004. 1. 29.〉

④ 제1항의 규정에 따라 상시 고용하는 근로자의 수 및 건설업에 있어서의 공사실적액 산정에 관하여 필요한 사항은 대통령령으로 정한다. 〈신설 2004. 1. 29.〉

3. 1990년 1월 13일 제정 및 시행된 장애인 고용촉진 등에 관한 법률은 장애인이 그

능력에 맞는 직업생활을 통하여 인간다운 생활을 할 수 있도록 장애인의 고용촉진과 직업재활 및 직업안정을 도모하기 위하여 마련되었다. 그러나 2000년 1월 12일 전부개정되면서 그 명칭을 장애인 고용촉진 및 직업재활법으로 변경되고 당시 심판대상인 법률조항이 제3장 장애인고용의무 및 부담금 제23조(국가 및 지방자치단체의 장애인고용의무), 제24조(사업주의 장애인고용의무) 등이 마련되어 있었다.

4. 그 이후 당시 심판대상이였던 법률 조항은 현행 장애인고용촉진 및 직업재활법 명칭으로 제3장 장애인 고용의무 및 부담금하에 제27조(국가와 지방자치단체의 장애인 고용 의무), 제28조(사업주의 장애인 고용 의무), 제28조의2(공공기관 장애인 의무고용률의 특례) 등으로 규정되어 있다.

13 구 도시계획법 제83조 제2항 등 민간사업자 설치한 공공시설 국가귀속
(2003. 8. 21. 2000헌가11, 2001헌가29(병합))

Ⅰ. 판시 사항

행정청이 아닌 시행자가 도시계획사업을 시행하여 새로이 설치한 공공시설은 그 시설을 관리할 국가 또는 지방자치단체에 무상으로 귀속되도록 한 구 도시계획법 제83조 제2항 전단 부분을 준용하는 구 주택건설촉진법 제33조 제6항(제8항)(이하 '이 사건 조항'이라 한다)이 재산권을 보장한 헌법 제23조에 위배되는지 여부(소극)

Ⅱ. 결정요지

1. 재판관 윤영철, 재판관 한대현, 재판관 김영일, 재판관 송인준의 합헌의견

가. 이 사건 조항은 그 규율형식의 면에서 개별·구체적으로 특정재산권을 박탈하거나 제한하려는 데 그 본질이 있는 것이 아니라, 일반·추상적으로 사업지구 내의 공공시설과 그 부지의 이용 및 소유관계를 정한 것이라 할 것이고, 그 규율목적의 면에서도 사업주체의 법적 지위를 박탈하거나 제

한함에 있는 것이 아니라, 다수인의 이해관계가 얽혀 있는 주택건설사업의 시행과정에서 불가피하게 재산권의 제약을 받는 사업주체의 지위를 장래를 향하여 획일적으로 확정함에 그 초점이 있다고 할 것이어서 헌법 제23조 제1항, 제2항에 근거하여 재산권의 내용과 한계를 정한 것이다.

나. 이 사건 조항의 입법목적은 일정한 호수(戶數) 이상의 주택건설사업 과정에서 필수적으로 요구되는 공공시설의 원활한 확보와 그 시설의 효율적인 유지·관리를 통하여 쾌적한 주거환경을 조성하고자 하는 데 있어 그 정당성이 인정된다.

그리고 사업주체가 설치한 공공시설의 소유권을 바로 국가 등으로 귀속하게 함으로써 이를 보다 효율적으로 유지·관리하면서 공공의 이익에 제공할 수 있으므로, 이러한 입법수단은 위 입법목적을 달성하기 위한 효과적인 수단이라 할 수 있다.

다음으로 주택건설사업은 사업주체 스스로의 판단에 따라 그 시행 여부를 결정하였고, 이 과정에서 공공시설의 설치와 소유권귀속문제를 검토하여 결정하였으므로 사업주체의 의사에 반하는 무상귀속이 있었다 할 수 없고, 사업승인과정에서 공공시설의 설치와 무상귀속에 관한 사항이 미리 계획되고 협의될 것을 요구하는 법령 조항에 비추어 볼 때, 공공시설의 무상귀속에 이르는 과정에서 충분한 적법절차의 보장도 이루어졌다고 할 것이어서 무상귀속의 범위가 포괄적이라거나 광범위하다고 할 수는 없다.

나아가, 공공시설의 무상귀속은 사업주체에게 부과된 원인자 또는 수익자 부담금의 성격을 띠고 있고, 공공시설 및 그 부지의 소유권이 국가 등에게 귀속된다고 하더라도 이로 인한 사업주체의 손실이 그 이득에 비하여 반드시 더 크다고 할 수 없으므로, 과도한 재산권에 대한 제약이라고 단정하기는 어렵다.

따라서, 이러한 사정들을 종합적으로 고려하면, 공공시설을 무상귀속시키는 이 사건 조항은 가능한 최소한의 범위에서 재산권의 사회적 제약을 도모하는 법률조항이고, 사업주체에 대한 기본권의 제한과 이를 통한 공익목적의 달성 사이에는 법익의 형량에 있어 합리적인 비례관계가 유지된다고 할 것이므로 과잉금지의 원칙에 위배된 것이 아니다.

2. 재판관 하경철, 재판관 김효종, 재판관 김경일의 위헌의견

가. 이 사건 조항이 헌법 제23조 제1항 및 제2항에 의하여 재산권의 내용과 한계를 정하는 규정이자 재산권에 대한 사회적 제약을 구체화한 규정이라고 보는 합헌의견에는 동의하지만 그런 경우에도 이 사건 조항은 비례의 원칙에서 요구되는 피해의 최소성 및 법익의 균형성원칙에 위배되므로 위헌이다.

나. 이 사건 조항은 사업시행자에 의한 공공시설의 설치 경위를 묻지 않고 있어, 어떠한 경위로든 사업시행자가 사업지구 내에 공공시설을 설치하기만 하면 그 공공시설 및 그 부지의 소유권을 아무런 보상 없이 바로 국가나 지방자치단체에 귀속시키고 있는바, 다음과 같은 문제점이 있다.

첫째, 기부채납의 부관이나 당사자 간의 약정의 존재가 불분명한 경우까지 이 사건 조항이 적용되게 되는 문제점이 있다.

당사자의 기부채납 동의가 있어도 이 사건 조항은 헌법상 문제가 있는 것인데 만약 그 동의마저 불투명하다면, 이 사건 조항은 사실상 재산권의 박탈에 해당한다고 보아야 할 것이다.

둘째, 사업시행자가 공공시설의 무상귀속을 동의 내지 수락한 경우에도, 상황에 따라서는 그 무상귀속이 당사자에게 가혹한 조건이 될 수 있는데, 이 사건 조항은 일률적으로 무상귀속을 정하고 있어 당사자가 법원에서 그러한 부관 내지 조건을 다툴 수 있는 사후 구제의 여지를 사실상 봉쇄하고 있다.

이는 적어도 국민의 자유와 권리를 제한하는 행정작용에 대하여는 사법적 구제수단이 마련되어야 한다는 법치국가 원칙에 어긋나며, 동시에 국민의 재판청구권을 제약하고, 사법권을 제한하는 점에서 권력분립의 원리에도 부합되지 않는다.

셋째, 이 사건 조항은 선의(善意)의 제3자의 권리를 과도하게 침해한다. 비록 사업시행자는 공공시설을 설치하여 그 부지와 함께 국가 등에게 무상양도할 것을 약속하였다 하더라도, 국가 등이 제 때 소유권이전등기를 하지 않았을 경우 아무리 시간이 경과하더라도 선의의 매수자 혹은 저당권자들은 모두 이 사건 조항에 의하여 그 이전등기가 원인무효에 해당될 것인데, 국가 등의 뒤늦은 권리행사로 인하여 이렇게 거래의 안전과 선의의 제3자의 권리를 침해해도 좋은 것인지 의문이다.

다. 이러한 이유를 종합할 때, 이 사건 조항이 없어도 개별적인 기부채납 약정이나 부관 혹은 수익자부담금(개발부담금) 제도 등을 통하여 공공시설의 효율적 확보가 가능함에도 불구하고, 이 사건 조항은 포괄적으로 재산권의 무상귀속을 정하고 있고, 또한 사업의 범위나 예상되는 개발이익에 비하여 과도한 공공시설의 설치 및 귀속에 대하여도 아무런 보상 규정과 같은 완화규정을 두지 않고 있으므로, 결국 피해의 최소성 및 법익의 균형성 원칙에 위배되며 따라서 과잉금지의 원칙에 위반된다.

3. 재판관 권 성, 재판관 주선회의 단순위헌의견

가. 이 사건 조항에 의하면 도로부지에 해당하는 특정토지의 소유권이 국가 또는 지방자치단체에게 귀속되어 소유권의 내용으로 남아 있는 것이 아무것도 없게 된다. 그러므로 이 경우는 소유권의 박탈이어서 전형적인 수용에 해당한다고 보아야 한다. 수용 중에서는 행정청의 처분에 의하여 수용의 효과가 발생하는 소위 행정수용은 아니고 법률에 의하여 수용의 효과가 발생하는 소위 입법수용에 해당할 것이다.

그러므로 이 사건의 문제는 헌법 제23조 제1항이나 제2항의 문제가 아니라 제3항('공공필요에 의한 재산권의 수용, 사용, 제한에는 정당한 보상이 필요')의 문제인 것이다.

나. 구 도시계획법 제83조 제2항 전단이 규정하는 '공공시설부지 등 소유권의 국가 또는 지방자치단체로의 귀속'은 헌법 제23조 제3항의 수용에 해당하고, 그 귀속을 무상이라고 법률이 규정한 것은 수용에 대한 보상을 배제한 것이므로 이는 보상 없는 수용을 금지하는 헌법 제23조 제3항을 정면으로 위반한 것이다.

Ⅲ. 심판대상조문

주택건설촉진법(1981. 4. 7. **법률 제3420호로 개정되기 전의 것**) **제33조(사업계획의 승인 및 건축허가 등)** ①~⑤ 생략

⑥ 사업주체가 제1항의 규정에 의하여 사업계획승인을 얻은 사업지구내의 토지에 새로운 공공시설을 설치하거나 기존의 공공시설에 대체되는 공공시설을 설치한 경우에 그 공공시설의 귀속에 관하여는 도시계획법 제83조의 규정을 준용한다. 이 경우에 도시계획사업의 시행자는 사업주체로 보며 실시계획은 사업계획으로 본다.

주택건설촉진법(1987. 12. 4. **법률 제3998호로 개정되기 전의 것**) **제33조(사업계획의 승인 및 건축허가 등)** ①~⑦ 생략

⑧ 사업주체가 제1항에 의하여 사업계획 승인을 얻은 사업지구안의 토지에 대통령령으로 정하는 공공시설을 새로이 설치하거나 기존의 공공시설에 대체되는 공공시설을 설치하는 경우에 그 공공시설의 귀속에 관하여는 도시계획법 제83조의 규정을 준용한다. 이 경우 사업주체를 도시계획사업의 시행자로, 사업계획은 도시계획사업의 실시

계획으로, 대한주택공사 및 한국토지개발공사는 행정청인 시행자로 본다.

⑨ 생략

도시계획법 제83조(공공시설 및 토지 등의 귀속) ① 생략

② 행정청이 아닌 시행자가 도시계획사업을 시행하여 새로이 설치한 공공시설은 그 시설을 관리할 국가 또는 지방자치단체에 무상으로 귀속되며 도시계획사업의 시행으로 인하여 그 기능이 대체되어 용도가 폐지되는 국가 또는 지방자치단체의 재산은 국유재산법 및 지방재정법 등의 규정에 불구하고 그가 새로 설치한 공공시설의 설치비용에 상당하는 범위 안에서 그 시행자에게 이를 무상으로 양도할 수 있다.

③~⑤ 생략

Ⅳ. 참조조문

헌법 제23조

주택건설촉진법 시행령(1981. 8. 24. **대통령령 제10448호로 개정되고** 1988. 6. 16. **대통령령 제12461호로 개정되기 전의 것) 제32조의3(공공시설의 귀속범위)** 법 제33조 제8항에서 '대통령령으로 정하는 공공시설을 새로이 설치하는 경우'라 함은 사업지구 안에서 도로(폭 8미터 이상의 도로에 한한다), 상하수도공급시설, 도시가스의 공급시설, 공원 또는 녹지시설을 새로이 설치하는 경우를 말하고, '기존의 공공시설에 대체되는 공공시설을 설치하는 경우'라 함은 도시계획법 제2조의 도시계획시설에 해당하는 기존의 시설에 대체되는 새로운 도시계획시설을 설치하는 경우를 말한다.

Ⅴ. 참조판례

헌재 1998. 12. 24. 89헌마214등, 판례집 10－2, 927

헌재 1999. 4. 29. 94헌바37등, 판례집 11－1, 289

대법원 1997. 3. 14. 선고 96누16698 판결

Ⅵ. 당사자

제청법원 : 수원지방법원

당해사건 :

1. 수원지방법원 2000가합266, 2000가합7960(병합) 소유권이전등기(2000헌가11)
2. 수원지방법원 2001가합2993 소유권이전등기(2001헌가29)

Ⅶ. 주 문

구 주택건설촉진법(1981. 4. 7. 법률 제3420호로 개정되기 전의 것) 제33조 제6항 및 구 주택건설촉진법(1987. 12. 4. 법률 제3998호로 개정되기 전의 것) 제33조 제8항 중 각 '공공시설의 귀속에 관하여 도시계획법 제83조 제2항 전단을 준용하는 부분'은 헌법에 위반되지 아니한다.

Ⅷ. 이 유

1. 사건의 개요와 심판의 대상

가. 사건의 개요

(1) 2000헌가11 사건

세기건설주식회사는 1980. 8. 경기도지사 및 수원시장으로부터 구 주택건설촉진법 제33조 제1항에 의하여 수원시 장안구 정자동 423의 1 외 18필지를 사업지구로 하여 아파트를 신축하기 위한 주택건설사업계획의 승인을 받아 송림아파트건축공사를 시행하다가, 1980. 10. 정주종합건설주식회사(이하 '피고 회사'라 한다)가 위 세기건설주식회사로부터 사업주체 및 건축주의 지위를 승계하고 수원시장으로부터 변경승인을 받았다.

위 사업계획 승인 당시 위 사업지구를 포함하는 수원시 장안구 정자동 일대는 임야, 전, 답 등의 지목으로 구성된 개발예정지로 경기도고시 제74호의 도시계획에 의하여 '주거지역아파트지구'로 지정되어 있었고, 사업지구 내에 있는 같은 동 392의 1 도로 35㎡, 같은 동 397의 3 도로 99㎡, 같은 동 398의 3 도로 72㎡, 같은 동 399의 2 도로 597㎡, 같은 동 422 도로 208㎡, 같은 동 422의 3 도로 147㎡, 같은 동 423의 5 도로 345㎡, 같은 동 423의 7 도로 644㎡, 같은 동 423의 9 도로 135㎡, 같은 동 423의 12 도로 396㎡, 같은 동 424의 1 도로 60㎡ 등 11필지(이하 '갑 토지'라 한다)에는 수원도시계획시설이라는 명칭으로 도시계획도로인 소3류 359호, 소3류 357호, 소2류 339호의 도로예정지가 위치하고 있었다.

피고회사는 1981. 7. 16. 갑 토지에 대한 소유권을 취득하여 위 사업지구 내의 도로예정지에 폭 6m 내지 8m의 새로운 공공시설인 도로(이하 '위 도로'라 한다)를 개설하고, 송림아파트공사를 완성하여 1982. 4. 15. 수원시장으로부터 준공검사를 받았으며, 그 후 갑 토지를 사업지구 내의 모(母) 지번에서 분필하고 지목을 도로로 변경하였다.

피고회사가 위 도로를 개설한 후에도 관리청인 수원시는 이를 관리하지 않고 있다가, 1986. 2. 22. 수원시고시 제7호에 의하여 도시계획이 변경되어 위 도로는 도시계획도로로서의 용도가 폐지되었고, 현재 위 도로는 울타리에 의하여 차단된 채로 송림아파트단지 내 도로로 이용되고 있다.

한편 갑 토지 중 392의 1, 398의 3, 423의 5, 423의 12, 424의 1 토지에 관하여 1998. 3. 2. 피고 김혜룡 명의로 소유권이전등기가, 399의 2 토지에 관하여 1997. 10. 2. 피고 김경학 명의로 근저당권설정등기가, 397의 3, 399의 2, 422, 422의 3, 423의 7, 423의 9 토지에 관하여 1999. 7. 1. 피고 성남제일새마을금고 명의로 근저당권설정등기가, 397의 3 토지에 관하여 2000. 3. 14. 피고 김세태 명의로 소유권이전등기가 각 경료되었다.

수원시는 위 갑 토지가 구 주택건설촉진법 제33조 제8항, 구 도시계획법 제83조에 의하여 자신에게 무상귀속되었음을 전제로 피고들 명의의 각 소유권이전등기 또는 근저당설정등기가 원인무효라며 말소를 구하는 소송을 제기하였고, 수원지방법원은 2000. 11. 27. 직권으로 구 도시계획법(1991. 12. 14. 법률 제4427호로 개정되기 전의 것) 제83조 제2항 중 "행정청이 아닌 시행자가 도시계획사업을 시행하여 새로이 설치한 공공시설은 그 시설을 관리할 국가 또는 지방자치단체에 무상으로 귀속되며"라는 전단부분 및 이 부분을 준용하는 구 주택건설촉진법(1987. 12. 4. 법률 제3998호로 개정되기 전의 것) 제33조 제8항에 대하여 위헌제청결정을 하였다.

(2) 2001헌가29 사건

정진건설주식회사(뒤에 대창건설주식회사로 변경됨)는 1978. 5. 11. 수원시장으로부터 구 주택건설촉진법 제33조 제1항에 의하여 그 소유이던 수원시 팔달구 인계동 865의 1 토지(이하 '을 토지'라 한다)를 비롯한 같은 동 862의 15 등 14필지를 사업지구로 하여 그 지상에 아파트신축을 위한 주택건설사업계획승인을 받아 10개 동 414세대의 향림아파트건축공사를 착공하였다.

위 사업계획승인 당시 을 토지는 경기도고시 제74호의 수원도시계획에 대한 소로결정과 도시계획에 관한 지적승인에 의하여 도시계획도로인 소2류 469호의 도로예정지로 결정되어 있었다.

위 회사는 공사를 완료하여 1979. 1. 9. 수원시장으로부터 준공검사를 받은 후 을 토지를 포함한 8필지를 대지로 지목변경하였고, 이어 수회의 분할과정을 거쳐 을 토지는 현재 4,594㎡만 남게 되었으며, 지목은 아직 대지로 되어 있으나 위 준공검사 당시 도로가 개설되어 현재 도로로 이용되고 있다. 한편, 을 토지의 등기명의는 위 회사에서 이용길 등으로 순차적으로 이전되어 현재 당해사건 피고(윤학근) 명의로 소유권이전등기가 경료되었다.

수원시는 을 토지가 구 주택건설촉진법 제33조 제6항, 구 도시계획법 제83조에 의하여 자신에게 무상귀속되었음을 전제로 이용길, 주식회사 경남주택건설 및 당해사건 피고 명의의 각 소유권이전등기가 원인무효라는 이유로 진정명의회복을 원인으로 하는 소유권이전등기절차의 이행을 구하는 소송을 제기하였다.

수원지방법원은 2001. 11. 6. 직권으로 위 구 도시계획법 제83조 제2항 해당 부분 및 이 부분을 준용하는 구 주택건설촉진법(1981. 4. 7. 법률 제3420호로 개정되기 전의 것) 제33조 제6항에 대하여 위헌제청결정을 하였다.

나. 심판의 대상 및 관련규정

제청법원은 구 주택건설촉진법 조항뿐만 아니라, 도시계획법 제83조 제2항 자체에 대하여도 위헌제청을 하였으나, 갑 토지 및 을 토지 위에 설치한 도로는 각 구 주택건설촉진법에 의하여 주택건설사업계획승인을 얻은 사업지구 안의 토지에 설치된 공공시설이고, 당해사건들은 그 도로의 부지인 갑 토지 및 을 토지에 대한 권리귀속관계가 다투어지는 것이므로, 이 사건에서는 심판의 대상을 구 주택건설촉진법조항에만 한정함이 상당하다.

이 경우에 심판의 대상은 구 주택건설촉진법(1981. 4. 7. 법률 제3420호로 개정되기 전의 것) 제33조 제6항 및 구 주택건설촉진법(1987. 12. 4. 법률 제3998호로 개정되기 전의 것, 이하 '법'이라 한다) 제33조 제8항 중 무상귀속에 관한 '공공시설의 귀속에 관하여 도시계획법 제83조 제2항 전단을 준용하는 부분'(이하 위 양 조항을 모두 합쳐 '이 사건 조항'이라 한다)에 한정하는 것이 상당하다. 왜냐하면, 위 각 주택건설촉진법 조항들은 도시계획법 제83조를 준용하도록 하였으나, 당해사건의 쟁점은 무상귀속에 있는 것이고, 제청법원이 문제삼은 부분도 도시계획법 제83조 중 이에 관한 제2항 전단부분이며 동 조항의 다른 부분에 대해서는 별도의 위헌주장이 제기되지 않았기 때문이다. 이 사건 조항 및 관련규정의 내용은 다음과 같다.

구 주택건설촉진법(1981. 4. 7. **법률 제3420호로 개정되기 전의 것) 제33조**(**사업계획의 승인 및 건축허가 등**) ⑥ 사업주체가 제1항의 규정에 의하여 사업계획승인을 얻은 사업지구 내의 토지에 새로운 공공시설을 설치하거나 기존의 공공시설에 대체되는 공공시설을 설치한 경우에 그 공공시설의 귀속에 관하여는 도시계획법 제83조의 규정을 준용한다. 이 경우에 도시계획사업의 시행자는 사업주체로 보며 실시계획은 사업계획으로 본다.

구 주택건설촉진법(1987. 12. 4. **법률 제3998호로 개정되기 전의 것) 제33조**(**사업계획의 승인 및 건축허가 등**) ⑧ 사업주체가 제1항에 의하여 사업계획 승인을 얻은 사업지구 안의 토지에 대통령령으로 정하는 공공시설을 새로이 설치하거나 기존의 공공시설에 대체되는 공공시설을 설치하는 경우에 그 공공시설의 귀속에 관하여는 도시계획법 제83조의 규정을 준용한다. 이 경우 사업주체를 도시계획사업의 시행자로, 사업계획은 도시계획사업의 실시계획으로, 대한주택공사 및 한국토지개발공사는 행정청인 시행자로 본다.

구 도시계획법(1991. 12. 14. **법률 제4427호로 개정되기 전의 것) 제83조**(**공공시설 및 토지 등의 귀속**) ① 행정청인 시행자가 도시계획사업의 시행으로 새로이 공공시설(공동구를 포함한다. 이하 이 조에서 같다)을 설치하거나 기존의 공공시설에 대체되는 공공시설을 설치한 경우에 국유재산법 및 지방재정법 등의 규정에 불구하고 종래의 공공시설은 시행자에게 무상으로 귀속되고 새로이 설치된 공공시설은 그 시설을 관리할 국가 또는 지방자치단체에 무상으로 귀속된다.

② 행정청이 아닌 시행자가 도시계획사업을 시행하여 새로이 설치한 공공시설은 그 시설을 관리할 국가 또는 지방자치단체에 무상으로 귀속되며, 도시계획사업의 시행으로 인하여 그 기능이 대체되어 용도가 폐지되는 국가 또는 지방자치단체의 재산은 국유재산법 및 지방재정법 등의 규정에 불구하고 그가 새로 설치한 공공시설의 설치비용에 상당하는 범위 안에서 그 시행자에게 이를 무상으로 양도할 수 있다.

③ 건설부장관은 제1항 및 전항의 규정에 의한 공공시설의 귀속에 관한 사항이 포함된 도시계획사업의 실시계획을 인가하고자 할 때에는 미리 그 관리청의 의견을 들어야 한다.

④ 전항의 규정에 의하여 건설부장관이 관리청의 의견을 들어 실시계획을 인가하였을 때에는 그 실시계획에 포함된 공공시설에 대하여는 그 점용 사용은 관계법령의 규정에 의한 승인이나 허가를 얻은 것으로 보고 시행자는 도시계획사업을 시행할 수 있으며, 그 도시계획사업이 완료되어 준공검사를 필하였을 때에는 시행자는 지체 없이 그 시설의 관리청에 시설의 종류 및 토지의 세목을 통지하여야 하고, 그 통지한 날에 그 시설은 제1항에 규정한 자에게 각각 귀속된다.

⑤ 제2항의 규정에 의하여 관리청에 귀속될 공공시설과 시행자에게 양도될 재산에 관하여 시행자는 그 도시계획사업의 완료 전에 그 종

류와 세목을 관리청에 통지하여야 하며, 그 사업이 완료되어 준공검사를 필한 후에 시행자가 사업완료통지를 관리청에 함으로써 관리청에의 귀속과 그 시행자에의 양도가 된 것으로 본다.

구 주택건설촉진법 시행령(1981. 8. 24. **대통령령 제10448호로 개정되고** 1988. 6. 16. **대통령령 제12461호로 개정되기 전의 것**) **제32조의3**(**공공시설의 귀속범위**) 법 제33조 제8항에서 '대통령령으로 정하는 공공시설을 새로이 설치하는 경우'라 함은 사업지구 안에서 도로(폭 8미터 이상의 도로에 한한다), 상하수도공급시설, 도시가스의 공급시설, 공원 또는 녹지시설을 새로이 설치하는 경우를 말하고, '기존의 공공시설에 대체되는 공공시설을 설치하는 경우'라 함은 도시계획법 제2조의 도시계획시설에 해당하는 기존의 시설에 대체되는 새로운 도시계획시설을 설치하는 경우를 말한다.

2. 법원의 제청이유와 관계기관의 의견

가. 제청법원의 위헌제청이유

이 사건 조항은 실질적으로 법률에 의한 일반적인 무상수용을 규정한 것이기 때문에 재산권의 본질적인 내용을 침해하는 규정이다. 공공시설의 소유권을 당사자의 동의도 없이 보상에 관한 규정도 두지 아니한 채, 무상으로 국가 등에게 무조건 귀속하게 하는 것은 실질적인 입법수용으로 헌법 제23조 제3항에 위반된다.

이 사건 조항을 통하여 국가나 지방자치단체가 달성하고자 하는 목적은 공공시설의 원활한 유지·관리라 할 것인데, 이를 위하여 국가나 지방자치단체는 일반적으로 공공시설에 관한 관리권을 보유하는 것으로 충분하고 소유권까지 취득할 필요는 없다고 할 것이며, 소유권의 취득이 필요하다 하더라도 공공시설의 귀속과 그에 대한 보상을 견련시켜 규정하는 입법방식 또는 기부채납이라는 당사자의 동의를 전제로 한 방식을 통하거나, 사업주체로부터 부담금 등의 형식으로 개발이익을 환수한 다음 그 환수된 부담금으로 공공시설을 설치 또는 취득하는 등의 방법을 통하여 정당한 보상의 원칙을 침해하지 않으면서 그 목적을 달성하여야 함에도 필요 이상의 수단을 통하여 보다 쉽게 목적을 달성하고자 하는 행정편의적 발상에서 기본권침해의 가능성이나 그 부작용을 돌아보지 아니한 채, 위헌적인 방식이 선택된 것이 아닌지 의문이다.

나. 건설교통부장관의 의견

이 사건 조항의 무상귀속은 공공시설의 원활한 확보를 통해 공공복리를 증진하고자 하는 도시계획의 실현수단이다. 공공시설은 공공재적 성격을 지닌 공물로서 사인의 소유가 될 수 없고, 사업시행 후 공공시설 본래의 기능유지나 관리를 원활하게 하기 위해서는 그 소유와 관리를 행정청이 하도록 하고, 원인자부담 또는 수익자부담의 원칙에 비추어 사업시행자가 설치하여 행정청에 무상귀속되도록 하는 것이 타당하다.

공공시설의 무상귀속은 외견상 무상귀속에 대한 대가의 지불이 없기 때문에 재산권의 본질적 내용을 침해하는 것처럼 보이나, 그 실질에 있어서 사업시행자는 공공시설의 설치에 의해 새로운 수요를 창출할 뿐만 아니라, 그 사업을 통하여 개발이익이라는 반대급부를 제공받는다고 할 수 있으므로 재산권의 본질적 내용을 침해하는 것이 아니다.

사업시행자는 공공시설의 무상귀속을 조건으로 사업승인을 신청하므로 이는 법률의 규정은 없으나 묵시적 동의를 전제한 것으로 볼 수 있으므로 헌법 제23조 제3항에 배치된다고 볼 것은 아니다.

3. 판 단

가. 재판관 윤영철, 재판관 한대현, 재판관 김영일, 재판관 송인준의 합헌의견

(1) 주택건설사업의 시행과 공공시설의 확보

(가) 주택건설사업의 주체가 법 제33조 제1항에 따라 행정청으로부터 주택건설사업의 승인을 받아 주택건설사업을 시행하는 경우에는 필연적으로 입주민들의 생활을 위한 핵심적 기반시설로서 도로, 공원, 녹지, 상하수도 등 공공시설에 대한 새로운 수요를 창출하기 마련이다.

이러한 경우 공공시설을 설치하고 유지·관리할 책임을 누구에게 어떤 방식으로 부담하게 할 것인가라는 문제가 제기되는데, 국민의 생존배려가 국가의 중대한 기능으로 등장한 현대복지국가에 있어서는 원칙적으로 국가 또는 지방자치단체(이하 '국가 등'이라 한다)가 이들 시설을 설치하고 유지·관리할 책임을 부담하게 된다.

그런데 주택건설사업의 주체가 민간사업자인 경우에는 사업시행으로 정상적인 지가상승분을 훨씬 초과하는 개발이익을 얻게 됨이 상례이고, 공공시설에 대한 새로운 수요도 대부분 사업의 시행과 이에 입주할 입주민들에 의하여 창출된 것임에도, 국가 등이 일반국민이 낸 세금으로 이를 모두 설치하고 유지·관리하는 것은 국민의 부담으로 특정 사업주체나 입주민들의 부담을 덜어주는 결과가 되어 부당하다.

따라서, 이러한 점을 극복하기 위하여 공공시설의 설치에 원인을 제공한 사람 또는 그로 인하여 수익을 얻을 사람에게 그 설치비용의 전부 또는 일부를 분담하게 하거나(도로법 제64조; 하수도법 제32조 등), 공공시설에 대한 새로운 수요를 수반하는 개발사업으로 개발이익 등을 얻을 사람에게 개발부담금 등의 형태로 비용을 거두어 이를 설치할 수 있도록 법적 근거를 마련하고 있다.

(나) 그러나 대규모의 주택건설사업으로 인하여 발생하는 공공시설의 수요는 다른 개별적인 건설공사로 인한 경우와는 달리 오로지 사업시행으로 인하여 창출되는 것에 한정되는 것이 아니라, 그 지역의 기능이나 장래의 도시발전방향 등 외부적 요인에 따라 더 많을 수도 또는 더 적을 수도 있게 결정되고, 또한 공공시설은 주택건설사업의 완료와 동시에 일반공중의 이용에 제공되도록 미리 설치·확보되는 것이 바람직하므로, 앞서 설시한 바와 같은 비용분담 또는 비용부담의 방식으로 국가 등이 공공시설을 직접 확보하는 것은 적절치 않고 또한 한계가 있을 수밖에 없다.

또한 사업주체의 입장에서 볼 때에도 국가 등이 직접 입주자 및 개발사업자로부터 비용을 거두어 공공시설을 설치하는 통상적인 방식으로는 사업의 완료와 동시에 공공시설을 확보하고 공중의 이용 상태에 두는 것이 불가능하여 사업완료 후에도 주택 등의 분양이 어렵게 될 것이 명백히 예상되므로, 사업주체와 입주민들이 부담하여야 할 비용분담분과 개발부담금의 한도 내에서 직접 공공시설을 설치하고 이를 국가 등으로 귀속시켜 유지·관리하게 하는 것이 그 의사에 합치되고, 경제적인 이해관계에도 부합된다고 볼 것이다.

이러한 배경에서 법은 사업주체에게 미리 사업시행으로 인하여 필수적으로 요구되는 공공시설의 설치계획을 사업계획서에 반영할 것과 그러한 경우 사업시행 후 완공된 공공시설의 권리귀속에 필요한 서류를 함께 제출할 것[법 시행령(1982. 8. 7. 대통령령 제10882호) 제32조 제2항 제6호]을 규정하고, 공공시설의 설치 및 귀속에 관한 서류가 함께 제출된 사업계획서에 대해서는 행정청이 미리 그 공공시설을 관리할 관리청의 의견을 들어 사업승인 여부를 결정하도록 하고 있다(이 사건 조항에 의하여 준용되는 도시계획법 제83조 제3항). 그리고 이 사건 조항은 이러한 절차를 통하여 사업주체가 사업지구 내에 설치한 공공시설을 바로 국가 등의 소유로 귀속시킴으로써, 한편으로는 공공시설의 설치와 관련한 공적 부담에 있어 형평성을 확보하고, 다른 한편으로는 이러한 절차를 통하여 공공시설의 원활한 확보를 꾀함과 동시에 공공의 이용에 적합하도록 공공시설의 효율적인 유지·관리를 도모하고 있는 것이다.

참고로 이 사건 조항에 의하여 국가 등으로 귀속되는 공공시설의 범위는 다음과 같다.

법 제3조는 전기·도로·상하수도 기타 이에 준하는 시설을 부대시설로, 운동장, 공동저수시설, 공원 또는 녹지시설 등 거주자의 생활복리를 위하여 필요한 공동시설을 복리시설로 각 정의하고, 제33조는 사업의 주체가 사업승인신청시에 제출하는 사업계획서에는 이러한 부대시설과 복리시설의 설치에 관한 계획이 포함될 것을 요구하고 있다. 그리고 이들 시설은 사업완료 후에 이에 입주하는 입주민들 전부의 공유재산으로서 유지·관리된다. 따라서 이 사건 조항이 정하는 무상귀속의 대상이 되는 도로, 공원, 녹지 등 공공시설이라 함은 단순히 사업지구 내에 위치하여 입주민들만의 공동이용에 제공되는 도로, 공원, 녹지시설 등의 부대시설 또는 복리시설을 의미하는 것이 아니라, 입주민들은 물론이고 널리 일반공중의 이용을 위하여 설치·관리되는 공공시설을 의미한다.

당해사건들에서 그 귀속 여부가 문제된 도로도 이미 도시계획시설로서 도로로 지정된 것인데, 이는 단지 입주민들만의 이용을 위한 아파트단지 내의 공용도로를 의미하는 것이 아니라(이러한 도로는 입주민들의 공동소유에 속하는 것으로 애당초 무상귀속의 대상이 되지 아니한다), 널리 일반공중의 이용에 제공할 것을 목적으로 지정된 도로이다.

(2) 공공시설무상귀속의 법적 성격

이 사건 조항은 앞서 본 바와 같이 공공시설의 설치와 관련된 비용의 적정한 분담과 그 시설의 효율적인 유지·관리를 위하여 공공시설과 그 부지의 소유권을 국가 등으로 귀속시키는 입법수단을 선택하고 있다.

이러한 공공시설의 무상귀속이 헌법 제23조 제1항·제2항에 근거한 재산권의 내용과 한계를 정한 규정에 해당하는지, 아니면 제23조 제3항에 근거한 재산권의 수용을 정한 것인지를 판단함에 있어서는 그 대상이 된 토지 하나하나에 대한 제한의 효과를 개별적으로 분석할 것이 아니라, 전 토지(全土地)에 걸친 제한의 효과를 종합적이고 유기적으로 파악하여 그 제한의 성격을 이해하여야 한다.

주 택건설사업의 주체가 행정청으로부터 사업승인을 받아 사업을 시행함에 있어서는 그 전제로서 먼저 사업지구 내의 토지가 확보되어야 하는데, 통상 사업주체는 이미 보유하고 있는 자신의 토지에 추가하여 법이 정하는 절차에 따라 사업지구 내의 다른 토지를 협의매수하거나 수용(법 제22조, 제34조 등)하는 등의 방법으로 이를 취득하는 과정을 거친다. 그리고 이러한 절차를 통하여 토지를 확보한 사업주체는 그 토지 위에 사업승인을 받은 내용과 부대시설, 복리시설, 간선시설 그리고 공공시설 등의 설치와 관련하여 법이 요구하는 제반 준수사항을 지키면서 사업을 추진한다.

따라서, 이 사건 조항은 국민의 쾌적한 주거공간확보를 위한 주택건설사업과 관련하여 택지를 효율적으로 개발하고, 이에 수반되는 공공시설을 여하히 원활하게 확보하며 유지·관리할 것인가에 주안점을 두고 공공시설과 그 부지의 권리귀속관계를 정한 규정이다. 즉, 이 사건 조항은 그 규율형식의 면에서 개별·구체적으로 특정 재산권을 박탈하거나 제한하려는 데 그 본질이 있는 것이 아니라, 일반·추상적으로 사업지구 내의 공공시설과 그 부지의 이용 및 소유관계를 정한 것이라 할 것이고, 그 규율목적의 면에서도 사업주체의 법적 지위를 박탈하거나 제한함에 있는 것이 아니라, 다수인의 이해관계가 얽혀 있는 주택건설사업의 시행과정에서 불가피하게 재산권의 제약을 받는 사업주체의 지위를 장래를 향하여 획일적으로 확정함에 그 초점이 있다고 할 것이어서 재산권의 내용과 한계를 정한 것으로 그 성격을 이해함이 상당하다.

그리고 이 사건 공공시설의 무상귀속은 공공시설과 관련한 공적 부담의 형평성을 유지하고, 적기에 공공시설을 확보하며, 그 권리귀속관계를 둘러싼 이해관계인들간의 법적 분쟁을 사전에 예방하기 위하여 사업주체가 공공시설의 무상귀속을 조건으로 사업승인을 받아 그의 비용부담으로 직접 이를 설치하되, 그 소유권을 국가 등으로 귀속하게 한 것으로 수익자부담금이 공공시설이라는 현물로 변형된 것이라 할 수 있다.

따라서, 이 사건 조항의 무상귀속을 법률에 의한 재산권의 강제적 수용으로 보고, 그 손실을 보상하여야 한다는 논리로 접근할 것은 아니다.

(3) 이 사건 조항이 재산권의 내용과 한계를 정할 입법형성권의 범위를 넘어 재산권을 침해하는지의 여부

(가) 입법자는 헌법 第23조가 정한 재산권보장의 취지와 공익목적을 위한 재산권제한의 필요성을 서로 형량하여 재산권의 내용과 한계를 구체적으로 정할 입법형성권을 갖는다. 특히 이 사건 조항과 같이 국민의 주거환경확보라는 강한 공익성과 사회성을 띠고 있는 주택건설사업을 시행함에 있어서 관련 토지재산권의 내용과 한계를 여하히 설정하고, 그 행사를 어떠한 선에서 규제할 것인지를 정하는 경우에는 더욱 그 입법형성권의 범위가 넓다고 할 것이다.

그러나 그렇다고 하더라도 토지재산권에 대한 제한입법 역시 다른 기본권을 제한하는 입법과 마찬가지로 과잉금지의 원칙(비례의 원칙)을 준수해야 하고, 재산권의 본질적 내용인 사용·수익권과 처분권을 부인해서는 안된다(헌재 1998. 12. 24. 89헌마214 등, 판례집 10－2, 927, 944－946 등 참조).

(나) 우선 이 사건 조항의 입법목적은 일정한 호수(戶數) 이상의 주택건설사업과정에서 필수적으로 요구되는 공공시설의 원활한 확보와 그 시설의 효율적인 유지·관리를 통하여 쾌적한 주거환경을 조성하고자 하는 데 있어 그 정당성이 인정된다.

그리고 사업주체가 설치한 공공시설의 소유권을 바로 국가 등으로 귀속하게 함으로써 이를 보다 효율적으로 유지·관리하면서 널리 공공의 이익에 제공할 수 있으므로, 이러한 입법수단은 위의 입법목적을 달성하기 위한 효과적인 수단이라 할 수 있다.

(다) 다음으로 국가 등에게 바로 공공시설의 소유권을 귀속시키는 이 사건 조항이 이를 통하여 추구하려는 공익에 비하여 과도한 재산권의 제한이 아닌가 하는 것이 문제된다.

1) 먼저 도로, 공원, 녹지 등 공공시설의 소유권을 행정청에게 귀속시키지 않고 관리권만을 부여하는 것으로 공공시설의 확보 및 유지·관리가 가능하고, 나아가 부득이 소유권의 귀속이 필요하다고 하더라도 개별적인 기부채납부관이나 약정으로 이러한 입법목적의 달성이 가능한지의 여부가 문제된다.

사업주체에게 공공시설의 소유권이 남겨져 있는 경우에는 사업주체가 임의로 그 시설을 제3자에게 양도하거나 또는 경매 등의 사유로 소유권이 이전될 수 있어 자칫 그 이용관계를 둘러싼 법적 분쟁이 야기될 수 있고, 그로 인하여 사업시행에 막대한 차질이 생기거나 사업완료 후에도 공공의 이용에 제공되지 못하는 폐해가 있을 수 있으므로, 관리권만의 이전으로 공공시설의 확보와 효율적인 유지·관리가 어려울 수 있다.

그리고 사업주체가 설치한 공공시설의 하자로 인하여 그 이용자가 손해를 입는 경우에 시설의 관리자에 불과한 국가 등을 상대로 바로 배상책임을 묻기도 어려워 피해자구제에 미흡한 측면도 또한 있을 수 있다.

한편, 개별적인 기부채납의 부관 또는 약정으로도 이와 같은 소기의 목적을 달성하는 것이 전혀 불가능한 것은 아니나, 그러한 부관이나 약정이 불이행되는 경우 예상치 아니한 사업시행의 차질을 가져오고, 공공시설의 확보가 어려울 수도 있는 부작용이 있어 효과적인 조치가 못된다.

따라서, 개별적인 기부채납의 부관이나 약정에 의하지 않고 공공시설에 대한 관리권과 함께 소유권까지 일률적으로 국가 등으로 귀속시키는 것은 필요하고도 불가피한 조치라고 할 수 있다.

2) 다음으로 이 사건 조항은 사업시행이 공공시설에 대한 수요의 창출에 얼마나 기여하였는지 또는 사업완료 후에 사업주체가 얻은 개발이익 등과 공공시설의 설치비용 등을 구체적으로 형량하지 않고, 언제나 그 소유권을 국가 등으로 무상귀속시킨다는 점에서, 그리고 개별적인 기부채납부관이나 약정이 존재하지 않는 경우에도 사업주체의 의사와 무관하게 공공시설의 소유권이 국가 등으로 귀속된다는 점에서, 그 귀속의 범위가 지나치게 포괄적이고 광범위하여 최소침해성원칙에 위배되는지의 여부가 문제된다.

가) 살피건대, 주택건설사업은 사업주체 스스로의 기업적 판단 및 선택에 따라 사업시행 여부를 결정하였고, 특히 이 과정에서 공공시설의 설치와 소유권귀속문제를 면밀히 검토하여 결정하였으므로 사업주체의 의사에 반하는 일률적인 무상귀속이 있었다고 할 수 없고, 나아가 사업승인과정에서 공공시설의 설치와 소유권의 무상귀속에 관한 사항이 미리 계획되고 협의될 것을 요구하는 법 및 법 시행령의 각 조항내용에 비추어 볼 때, 공공시설의 무상귀속에 이르는 과정에서 충분한 적법절차의 보장도 이루어졌다고 할 것이어서 무상귀속의 범위가 포괄적이라거나 광범위하다고 할 수는 없다.

나) 나아가 앞에서 살핀 바와 같이 국가 등이 사업주체 등 이해관계인으로부터 공공시설의 설치비용을 징수하여 이를 설치하여야 할 것이로되, 그러한 조치가 사실상 곤란하고 적절하지도 아니한 탓에 이에 갈음하여 사업주체가 직접 공공시설을 설치하고 그 소유권을 국가 등에게 무상으로 귀속시키는 방법을 선택한 것으로 이와 다른 덜 제한적인 방법을 찾기도 어렵다.

그리고 공공시설의 설치비용과 개발이익을 비교하여 개발이익이 큰 경우에만 공공시설을 귀속시키는 방법도 고려할 수 있겠으나, 이것도 개발이익이 있느냐 없느냐라는 우연하고도 부수적인 사정에 따라 그 소유권의 귀속 여부를 사후에 결정하겠다는 것에 다름 아니어서 입법목적의 실현을 위한 적절한 방법이 될 수도 없다.

다) 마지막으로, 지극히 예외적이고 변칙적인 상황이기는 하나, 사업주체와 행정청 사이에 아무런 협의없이 오로지 사업주체의 자발적인 의사에 의하거나 행정청의 강제에 의하여 공공시설이 설치된 경우라고 하더라도, 이에 의거한 공공시설의 무상귀속을 두고 과도한 재산권에 대한 제약이라고 단정하기는 어렵다.

그 이유는 첫째, 공공시설의 무상귀속은 사업주체에게 부과된 원인자 또는 수익자 부담금의 성격을 띠고 있어 결국 사업주체나 입주민들이 납부하여야 할 부담금에 대신하여 사업주체가 이를 직접 설치하여 국가 등에게 무상귀속시킨 것에 지나지 않으므로 부관 등이 있는 경우와 본질적으로 달리 볼 것은 아니기 때문이다.

이에 더하여 둘째, 공공시설 및 그 부지의 소유권이 국가 등에게 귀속된다고 하더라도, 이로 인한 사업주체의 경제적 손실이 그 경제적 이득에 비하여 반드시 더 크다거나 특별한 희생에 상당한 재산상의 손실이 있다고 할 수도 없다. 왜냐하면, 무상귀속의 대상이 된 공공시설과 그 부지는 이미 공공시설로 용도가 지정되어 그 범위 내에서만 사용·수익이 가능할 뿐, 임의처분조차 사실상 제한을 받는다는 점에서 그 효용가치가 현저히 감소된 재산권이라 할 것인데, 이 사건 조항에 의하여 공공시설의 사전확보와 효율적인 유지·관리가 가능해짐으로써 사업주체는 오히려 사업시행으로 인한 막대한 개발이익에 더하여 주택 및 택지의 원활한 분양으로 추가적인 영업이익을 얻을 수도 있기 때문이다.

3) 따라서, 이러한 사정들을 종합적으로 고려하면, 공공시설을 무상귀속시키는 이 사건 조항은 가능한 최소한의 범위에서 재산권의 사회적 제약

을 도모하는 법률조항이고, 사업주체에 대한 기본권의 제한과 이를 통한 공익목적의 달성 사이에는 법익의 형량에 있어 합리적인 비례관계가 유지된다고 할 것이다.

(라) 부수적으로 이 사건의 제청법원은 그 제청이유에서 공공시설설치 후 국가 등으로 등기가 이전되지 않은 상태에서 제3자에게 소유권이 이전될 수도 있으므로 사업주체의 관점에서만 법익형량을 하여서는 안되고, 기부채납부관의 위법성을 법원에서 다툼으로써 구체적인 경우에 공공시설의 귀속과 관련한 사업주체의 이해관계를 조절할 수 있음에도, 이 사건 조항이 일률적인 무상귀속을 규정함으로써 기부채납부관에 의하는 경우보다 사업주체를 더 불리한 상황에 처하게 한다고 한다.

그러나 공공시설설치 후 국가 등으로 등기가 경료되기 전에 제3자에게 공공시설 및 그 부지의 소유권이 이전되는 경우에 발생할 수 있는 제3자 보호의 문제는 토지의 거래에 수반되는 이해관계인의 이익조정의 문제로 고려되어야 하는 사항이지, 공익적 차원에서 소유권의 법정취득(원시취득)을 규정하고 있는 이 사건 조항과 직접 관련이 있는 것은 아니라고 할 것이고, 이 사건 조항에 의하는 경우에도 사업이 완료되어 공공시설이 귀속되기 전에는 재량의 한계를 넘는 위법한 부관이나 조건에 대하여 언제라도 행정소송을 통하여 그 위법성을 다툴 수 있으므로 기부채납부관에 의한 경우와 크게 차이가 있는 것도 아니다.

(4) 소 결

따라서, 이 사건 조항은 헌법 제23조가 정하는 재산권에 대한 사회적 제약의 범위 내에서 사업주체가 시행하는 주택건설사업지구 내의 토지재산권의 내용과 한계를 구체적으로 정한 것으로 비례의 원칙에 어긋나지 아니하므로 헌법에 위반되지 아니한다.

나. 재판관 하경철, 재판관 김효종, 재판관 김경일의 위헌의견

(1) 우리들은, 이 사건 조항이 헌법 제23조 제1항 및 제2항에 의하여 재산권의 내용과 한계를 정하는 규정이자 재산권에 대한 사회적 제약을 구체화한 규정이라고 보는 합헌의견에는 동의한다.

그러나, 그런 경우에도 비례의 원칙을 준수하여야 하고 재산권의 본질적 내용을 침해하여서는 아니됨에도(헌재 1999. 4. 29. 94헌바37 등, 판례집 11-1, 289, 310), 이 사건 조항은 피해의 최소성 및 법익의 균형성원칙에 위배되며 따라서 비례의 원칙에 위배되어 위헌이라고 생각하여 다음과 같이 반대의견을 개진한다.

(2) 이 사건 조항은 사업시행자에 의한 공공시설의 설치 경위를 묻지 않고 있어, 어떠한 경위로든 사업시행자가 사업지구 내에 공공시설을 설치하기만 하면 그 공공시설 및 그 부지의 소유권을 아무런 보상 없이 바로 국가나 지방자치단체에 귀속시키고 있는바, 구체적으로 다음과 같은 문제점이 있다.

첫째, 사업승인시 공공시설 및 부지에 대한 기부채납 약정이나 해당 부관이 존재하지 않거나 존재가 불분명한 경우 혹은 사업시행자가 공공시설을 설치하고 그 공공시설 및 부지를 국가 등에 무상 양도하겠다는 의사표시가 불분명한 경우에도 이 사건 조항이 적용될 수 있다.

이 사건 조항은 사인이 공공시설을 설치하여 준공검사를 받은 때는 무조건 행정청에 무상 귀속하도록 규정되어 있고, 그 전제로서 기부채납의 부관이나 당사자 간의 약정이 있어야 한다고 견련(牽聯)시켜 놓고 있지 않다. 그 결과 사업시행 후 기부채납의 부관이나 당사자 간의 약정의 존재가 불분명한 경우까지 이 사건 조항이 적용되게 된다.

당해사건들의 경우에도 과연 사업시행시에 공공시설의 무상귀속에 관한 명시적 동의가 있었는지가 불분명하다. 2000헌가11 사건의 경우 수원시는 사업이 준공된 뒤에도 문제의 도로를 전혀 관리하지 않다가 1986. 2.에는 도시계획도로로서의 용도를 폐기하기까지 하였는데, 만약 당사자 간에 기부채납 약정이 있었다면 그러한 방치가 있기 어렵다는 점을 감안하면 기부채납의 존재 자체가 불분명한 것이다.

합헌의견은 주택건설촉진법시행령 제32조 제2항 제6호가 사업자로 하여금 사업승인 신청시 공공시설의 설치 및 귀속에 관한 서류의 제출을 요구하고 있어 그러한 사례가 존재할 수 없다는 취지이나, 시행령이 그러한 자료의 제출을 요구하고 있다고 하더라도 이는 법률조항(이 사건 조항)의 명시적 위임에 의한 것이 아니므로 위 시행령의 존재만으로 이 사건 조항이 합헌으로 귀결된다고 단정하기 어렵고, 한편 위 시행령 조항은 1981. 8. 24. 대통령령 제10448호로 처음 신설된 것인데 비해 2001헌가29 사건의 경우 당해사건에서 사업승인은 이미 1978. 5. 11. 이루어지고 있으며 당시에는 유사한 시행령 조항을 발견할 수 없었다.

당사자의 기부채납 동의가 있어도 이 사건 조항은 헌법상 문제가 있는 것인데 만약 그 동의마저 불투명하다면, 이 사건 조항은 사실상 재산권의 박탈에 해당한다고 보아야 할 것이다.

다음으로, 사업시행자가 주택건설사업의 일환으로 공공시설을 설치하지만 특별한 사정으로 이 사건 조항에 의한 공공시설의 무상귀속제도를 알지 못한 채 이를 설치한 경우를 배제할 수 없는데, 이 경우에도 이 사건 조항은 무조건 공공시설과 그 부지의 무상귀속을 정하고 있는 점에서 문제가 있다. 통상 그러한 경우에도 사업시행자가 얻는 개발이익은 공공시설 설치 및 토지의 매입비용을 상쇄할 것으로 예상되지만, 사업시행자가 얻을 수 있는 개발이익보다도 이 사건 조항에 의한 무상귀속의 대가가 더 큰 경우도 충분히 있을 수 있다는 것을 감안하면 이 사건 조항이 모든 경우에 일률적으로 무상귀속을 정하고 있는 것은 잘못된 것이다.

둘째, 이 사건 조항이 적용되기 전에 기부채납 약정 내지 부관이 존재하였고, 이에 따라 사업시행자가 공공시설의 무상귀속을 동의 내지 수락한 경우에도, 상황에 따라서는 그 무상귀속이 당사자에게 가혹한 조건이 될 수 있는데, 이 사건 조항은 일률적으로 무상귀속을 정하고 있어 당사자가 법원에서 그러한 부관 내지 조건을 다툴 수 있는 사후 구제의 여지를 사실상 봉쇄하고 있다.

통상 기부채납의 부관은, 대법원 판례에 의하면 형평과 비례의 원칙에 반하거나 법령 및 해당 행정처분의 목적상 필요한 범위를 넘어설 수 없다(대법원 1997. 3. 14. 선고 96누16698 판결 등). 즉 어떤 행정처분에 부관을 붙일 수 있는 경우, 그 부관은 무제한 허용되는 것이 아니라 일정한 한계가 있는 것이며, 법령에 위배되어서는 안 되고, 본체인 행정처분을 규율하는 법령 및 그 행정처분의 목적상 필요한 범위를 넘어서는 안 되며, 비례 및 평등의 원칙에 적합하여야 한다는 등의 한계가 있고, 이러한 한계를 일탈한 부관은 재량권을 일탈·남용한 하자있는 부관이 되는 것이다.

공공시설은 그 입지나 규모에 따라 그 시설이 위치한 지역은 물론 도시 전체의 기능과 발전방향에 많은 영향을 미치게 되므로, 주택건설사업시행의 조건으로 부과되는 공공시설의 범위는 사업의 시행으로 인하여 비로소 요구되는 공공시설에 한정되는 것은 아니고, 또한 그 공공시설을 이용하게 되는 이용자도 그 사업지구 내에 새로 입주하는 주민들에 한정되는 것도 아니므로, 그 사업의 내용이나 사업지구 내 토지의 개별적인 특성에 따라 그 사업범위를 넘는 공공시설의 설치의무가 부과되는 경우가 있다. 이때에는 공공시설의 설치 및 무상 양도 의무가 해당 주택건설사업의 성격과 효과 등에 비추어 지나치게 가혹한 조건으로서 심히 불균형한 것이 아닌지를 다툴 수 있어야 한다.

만일 공공시설이 사업의 범위를 넘거나 사업시행으로 인하여 야기되는 공공시설의 수요를 넘어 그 설치 및 귀속의 비용이 사업시행으로 인한 개발이익 등의 이익을 현저히 초과하는 경우가 된다면, 국가 등으로 하여금 일부를 분담하여 설치하게 하거나 그 설치비용의 일부를 보상하게 함이 마땅하다 할 것이고, 그것이 주택건설사업지구 내의 공공시설이라고 하여 사업시행자가 비용을 부담하여 설치한 것을 모두 국가 등에 무상귀속시키도록 하는 것은 공공시설의 확보와 효율적인 유지·관리라는 입법목적을 달성하기 위하여 필요한 정도를 넘는 과잉제한이며, 이로 인한 공익과 재산권 제한의 효과 사이에 합리적인 비례관계도 벗어나는 것이다.

그런데 이 사건 조항은 공공시설에 대하여 포괄적으로 법률규정에 의한 무상귀속을 규정하고 있어, 설사 위와 같은 부관이나 기부채납약정이 무효이거나 취소되는 경우라 하더라도 이미 설치된 공공시설이 국가 등에 귀속되는 것을 막거나 따로 보상을 받을 수 없게 된다. 즉, 행정청에서 설치를 요구하는 공공시설이 당해 주택건설사업의 범위를 넘거나 사업시행으로 인하여 야기되는 공공시설의 수요를 넘어 그 설치 및 귀속의 비용이 사업시행으로 인한 개발이익 등의 이익을 현저히 초과하는 경우에도, 사업시행자는 이 사건 조항으로 말미암아 어쩔 수 없이 이를 감수하든지 아니면 사업 자체를 포기할 수밖에 없으며, 달리 무리한 공공시설의 설치 요구에 대해서도 효과적으로 다툴 방법이 없다.

이는 행정청에 의한 재산권 제한조치, 즉 한편으로는 수익적이지만 침해적인 성격을 동시에 갖는 기부채납 부관의 설정과 같은 행정작용에 대해서 행정 차원에서 종국성(終局性)을 인정하는 것이고 법원의 사법심사(司法審査)를 통하여 그 정당성이 심사될 기회를 박탈하는 것이다.

따라서 이 사건 조항이 존재하는 결과 행정청에 의한 공공시설 설치 및 그 부지의 무상 양도라는 부관은 어떠한 것이건 적법한 것이 되는 불합리한 결과가 초래된다. 합헌의견은 '공공시설의 설치가 완료되기 전'까지는 여전히 위법한 부관에 대하여 법원에서 다툴 수 있고, 행정소송의 청구기간을 고려하면 이 위헌의견이 우려하는 경우가 발생하기 어렵다고 전제하나, 통상 주택건설사업의 시행이 1년 내외로 완료되는 반면, 행정소송이 그 완료 전에 청구되더라도 그 완료 시점까지 확정판결이 내려질 가능성은 거의 없다고 본다면 합헌의견의 논리는 불충분한 것이고, 이 사건 조항의 존재는 사실상 법원의 사법심사를 부인하는 것이라고 보아야 할 것이다(사실상 이 사건 조항은 법원에 의한 사법심사를 회피하기 위한 의도가 반영된 것이다).

비록 당사자가 행정청과 협의를 거쳐 자발적으로 기부채납 약정을 하거나 공공시설의 건설 및 귀속을 수락하는 도면을 제출하였거나 기부채납 부관을 승인하였다고 하더라도, 행정청의 그러한 행정작용은 최종적인 것이 될 수 없고, 사법심사의 대상이 되어야 마땅하다. 즉 부관에 대해서 당사자는 행정소송의 청구기간이 경과되지 않은 한 항고소송으로 그 부관의 무효나 취소를 구할 수 있고, 부관이 무효로 확인되거나 취소된다면 이미 이루어진 기부채납도 그 효력을 다툴 수 있어야 할 것이다.

한편 이러한 법리는 당사자가 애초에 부관을 수인하여 해당 사업을 시행하였다 하더라도 마찬가지이다. 즉 사업시행자가 사업시행으로 인한 이익을 형량 하여 그러한 부담을 감수하였다고 하더라도 당사자의 착오나 경제사정의 변화에 따라 당사자는 후에 그 부관을 다툴 필요성이 있게 되며, 더구나 입주자나 제3자가 그러한 부관 내지 기부채납행위를 다툴 필요성을 배제할 수 없는데, 이 사건 조항에 의하여 일률적으로 소유권이 원시적으로 귀속된다면 이는 결국 아무리 잘못된 것이라도 공공시설의 건설 및 기부채납을 목적으로 한 행정청의 부관에 대하여 최종적인 확정력을 인정한 것이 되는 것이다. 이는 적어도 국민의 자유와 권리를 제한하는 행정작용에 대하여는 사법적 구제수단이 마련되어야 한다는 법치국가 원칙에 어긋나며, 동시에 국민의 재판청구권을 제약하고, 사법권을 제한하는 점에서 권력분립의 원리에도 부합되지 않는다.

셋째, 이 사건 조항은 선의(善意)의 제3자의 권리를 과도하게 침해한다. 비록 사업시행자는 공공시설을 설치하여 그 부지와 함께 국가 등에게 무상양도할 것을 약속하였다 하더라도, 국가 등이 제때 소유권이전등기를 하지 않았을 경우 아무리 시간이 경과하더라도 선의의 매수자 혹은 저당권자들은 모두 이 사건 조항에 의하여 그 이전등기가 원인무효에 해당될 것인데, 국가 등의 뒤늦은 권리행사로 인하여 이렇게 거래의 안전과 선의의 제3자의 권리를 침해해도 좋은 것인지 의문이다.

당해사건은 모두 그러한 경우로서, 2000헌가11의 경우 공공시설(도로)이 설치되고 준공검사를 받은 때는 1982. 4.이지만, 수원시가 이 사건 조항에 따른 등기이전을 하지 않는 동안 1998. 3, 1997. 10, 1999. 7, 2000. 3, 각 제3자 명의로 소유권이전등기가 경료되었다. 2001헌가29 사건의 경우 공공시설(도로) 공사가 완료되고 준공검사를 받은 때는 1979. 1.이지만, 그 후 분할절차를 거쳐 해당 토지는 2000. 5. 낙찰되었고, 그 후 순차로 갑, 을, 병(당해사건 피고) 명의로 소유권이전등기가 경료된 것이다.

또한 때로는 국가 등의 등기 지체 책임을 묻기가 어려운 경우도 발생할 수 있는데, 2000헌가11 사건의 경우 해당 도로가 아파트 단지 내의 내부용 도로로서 공공시설에 해당되는지가 불분명한 상태에서 수원시는 준공 후에도 그 도로에 대하여 전혀 관리를 하지 않다가 1986. 2. 22. 도시계획도로로서 용도를 폐지하기까지 하였는데(수원시고시 제7호), 그럼에도 불구하고 2000년도에 들어서 수원시는 이 사건 조항에 의한 소유권 귀속을 주장하고 있는 것이다. 이는 그동안 수원시가 해당 토지가 이 사건 조항상의 공공시설인지 여부에 대하여 확정을 못했던 것이라고 볼 수밖에 없다.

만약 이 사건 조항이 없는 상태라면, 기부채납의 부관이 있었고 이에 따라 공공시설이 설치되어 양도되었다면 통상 국가 등은 그 즉시 소유권이전등기를 하였을 것이고, 만약 그 이전등기 전에 제3자에게 소유권이 양도되었다면 결국 국가 등과 사업시행자 간의 개인 책임 문제로 그치고 제3자의 소유권이전은 유효하게 되는 데 비하여 이 사건 조항은 선의의 제3자의 소유권을 침해하게 되는 것이다.

그렇다면 과연 공공시설의 효율적 확보를 위하여 이 사건 조항이 필수적인 것이라고 볼 것인가? 그렇지는 않다. 이 사건 조항이 없다고 하더라도 도로와 같은 공공시설에 대해서는 공물관리권 규정, 준용도로에 관한 법규정 등 여러 가지 규율 조항이 마련되어 있으며, 또한 그러한 시설의 구비는 사업승인의 요건이었으므로, 제3자의 소유가 된다고 하더라도 제3자가 함부로 그 공공시설을 다른 용도로 전환하거나 공중의 사용을 방해하기는 어렵고, 국가 등이 관리권을 행사할 수 있으며, 공공시설이 제3자 소유로 되어 있다고 해서 국가 등에 대하여 부당이득 청구권이 당연히 발생하는 것이라고도 볼 수 없다.

그러므로 이 사건 조항이 있어야만 반드시 공공시설의 효율적 이용이라는 공익이 달성되는 것이 아닌 반면, 당해사건에서 보듯이 이 사건 조항으로 인하여 훼손되는 거래의 안전 내지 선의의 제3자의 권리침해는 심각한 것이다.

합헌의견은 제3자 보호의 문제는 법률의 규정에 의한 물권변동이 물권의 이전적·승계적 취득이 아니라, 원시적 취득이라는 민법상의 법리에서 연유하는 것으로서 이 사건 조항에 의한 기본권제한의 효과로서 고려하여야 할 성질의 것은 아니라고 하나, 이 사건 조항은 바로 그런 민법상 법리를 이용하기 위하여 마련된 것이므로 이는 충분한 논거라고 보기 어렵다.

(3) 사인이 도시계획사업(주택건설사업)을 실시하면서 사유가 어찌됐건 공공시설을 설치하기만 하면 그 공공시설과 부지를 국가 등에게 일률적으로 무상귀속하도록 한 이 사건 조항은 헌법적으로 용인하기 어려운 부당한 결과를 초래한다.

우선 이 사건 조항은 기본권의 제한에 관한 사항임에도 지나치게 포괄적인 적용범위를 지니고 있다. 또한 관련 기부채납 부관에 대하여 법원에서의 사법심사를 사실상 봉쇄하고 있다. 또한 이 사건 조항이 규정한 무상 귀속은 법리상 '원시적 취득'에 해당되는 '법률규정에 의한 물권변동'이므로, 이후 선의의 제3자는 아무런 사법적 통제수단이 없어 아무리 시간이 지나도 불측의 손해를 입게 될 수밖에 없다(다만 유일하게 남은 권리구제수단이 이 사건과 같은 위헌법률심판이다).

그러므로 앞에서 본 이유를 종합할 때, 이 사건 조항이 없어도 개별적인 기부채납 약정이나 부관 혹은 수익자부담금(개발부담금) 제도 등을 통하여 이 사건 조항과 마찬가지의 공공시설의 효율적 확보가 가능함에도 불구하고, 이 사건 조항은 포괄적으로 재산권의 무상 귀속을 정하고 있고, 또한 사업의 범위나 예상되는 개발이익에 비하여 과도한 공공시설의 설치 및 귀속에 대하여도 아무런 보상 규정과 같은 완화규정을 두지 않고 있으므로, 결국 피해의 최소성 및 법익의 균형성 원칙에 위배되며 따라서 과잉금지의 원칙에 위반된다.

공공시설의 효율적 확보 내지 지방자치단체의 재정 악화 문제는 우리나라에서만 국한된 문제가 아님에도 외국에서는 이 사건 조항 같은 규정을 찾기 어렵다. 외국에서는 개별적인 행정처분으로 사업승인을 하면서 기부채납의 조건(부관)을 부과하거나, 개인 토지를 공중에게 이용하도록 하기 위해 지역권(easement)을 설정하거나, 수익자에게 부담금을 징수하여 지방자치단체가 도로 등을 건설하는 방법으로 공공시설을 확보하며, 이러한 조치들에 대해서는 어느 경우나 법원에 의한 사법심사를 허용함으로써 국민의 권리구제절차를 마련하고 있는 것이다.

그런데도 유독 우리나라에서만 이 사건 조항이 꼭 필요한 이유를 찾기는 어렵다. 이 사건 조항은 1970년대에 입법된 것이고, 당시와 지금은 사회적, 경제적 여건이 비교할 수 없을 만큼 많이 변했는데도, 지금도 법률에 의한 일률적인 무상귀속 규정을 둠으로써 당사자로 하여금 제대로 권리구제절차도 갖지 못하게 하는 것은 지나친 행정편의적 입법이라고 할 것이다.

다. 재판관 권 성, 재판관 주선회의 단순위헌의견

(1) 기본적인 위헌성

(가) 합헌의견과 앞의 위헌의견은 이 사건의 문제에 대한 판단을 헌법

제23조 제1항 제2문 및 제2항에 근거하여 입론하고 있다. 제1항 제2문은 재산권의 내용과 한계를 법률로 정한다는 것이고 제2항은 재산권의 행사는 공공복리에 적합하도록 하여야 한다는 것인데, 내용과 한계를 법률로 정한다고 하는 것이나 재산권을 공공복리에 적합하도록 행사하여야 한다는 것은 모두 규율대상인 재산권의 내용을 다소간 남겨두거나(제1항 제2문의 경우) 재산권의 내용이 일부 남아 있는 것(제2항의 경우)을 논리적인 전제로 하는 것이다. 한계 안에 남아 있는 잔존 내용물이 전혀 없다면, 예컨대 토지의 소유권이 원래의 소유자에게 전혀 남아 있지 않고 완전히 국가나 지방자치단체 등에게 이전되어 버린다면, 그것은 이미 내용과 한계의 문제를 벗어난 것이다. 재산권의 내용으로 남아 있는 것이 전혀 없다면 더 이상 재산권을 행사할 여지가 없어 그 행사가 공공복리에 적합한지 어떤지를 따질 여지가 없기 때문이다. 이 사건 심판대상 규정에 의하면 도로부지에 해당하는 특정토지의 소유권이 국가 또는 지방자치단체에게 귀속되어 소유권의 내용으로 남아 있는 것이 아무것도 없게 된다. 그러므로 이 경우는 소유권의 박탈이어서 전형적인 수용에 해당한다고 보아야 한다. 수용 중에서는 행정청의 처분에 의하여 수용의 효과가 발생하는 소위 행정수용은 아니고 법률에 의하여 수용의 효과가 발생하는 소위 입법수용에 해당할 것이다.

그러므로 이 사건의 문제는 헌법 제23조 제1항이나 제2항의 문제가 아니라 제3항의 문제인 것이다.

이처럼 이 사건의 문제는 헌법 제23조 제3항의 문제이긴 하지만 그중에서도 재산권에 대한 사용 또는 제한에는 해당하지 않는다. 사용 또는 제한은 모두 재산권의 내용이 일부 남아 있는 것을 전제로 하는 것인데 이 사건의 문제는 소유권의 완전한 박탈이어서 남아 있는 권리가 없기 때문이다.

그렇다면 구 도시계획법 제83조 제2항 전단이 규정하는 '공공시설부지 등 소유권의 국가 또는 지방자치단체로의 귀속'은 헌법 제23조 제3항의 수용에 해당하고, 그 귀속을 무상이라고 법률이 규정한 것은 수용에 대한 보상을 배제한 것이므로 이는 보상 없는 수용을 금지하는 헌법 제23조 제3항을 정면으로 위반한 것이다.

(나) 구 도시계획법 제83조 제2항 전단의 규정에 의한 소유권의 무상귀속을 이상과 같이 수용으로 보는 이상, 보상이 없음으로 인한 위헌성은 다른 방법으로 완화 내지 치유될 수 있는 성질의 것이 아니며, 이에 대하여 단순위헌을 선고함으로써 초래되는 혼란이라는 것도 법률의 위헌선언에 일반적으로 수반되는 통상적인 수준 이상의 것이 되리라고 보기도 어려워 원칙대로 단순위헌의 선고가 옳으리라고 생각한다.

(2) 관련된 논의의 몇 가지 문제점

(가) 제한대상인 재산권의 단위

헌법의 한계 내에서 개인의 재산권을 법률로 제한할 수 있음은 물론이지만 이러한 제한은 개인의 재산 전부를 단위로 하여 그중 일부에 관하여 행하여지는 것을 개념하는 것이 원칙으로는 아니고 개별 권리의 권리단위별 재산을 그 대상으로 하여 그 전부 또는 일부에 관하여 권리의 처분 또는 사용을 제한하거나 권리를 소멸 또는 이동시키는 것을 개념한다고 보아야 한다. 예컨대, 100필지라는 많은 토지의 소유자로부터 1필지라는 적은 토지의 소유권을 국가가 가져간다면, 그것이 보상을 요하는 경우인지 여부를 따지기에 앞서서, 우선 그것은 재산권의 수용이라는 범주에 속할 수는 있어도 재산권의 사용 또는 제한이라는 범주에는 개념상 속할 수는 없는 것이다. 합헌의견과 앞의 위헌의견은, 논의의 출발점에서, 이 점을 달리 보고 있는 것은 아닌지 의문이 든다.

(나) 기부채납과 이 사건 조항의 관계

행정청이 아닌 사업시행자는 국가 또는 지방자치단체에게 공공시설 부지의 소유권을 기부채납할 것을 미리 약정하고 있으므로 이 사건 조항에 의하여 시행자의 소유권이 침해되는 일은 없다라고 하는 의견이 합헌의견을 기저(基底)에서 지원할지도 모른다.

그러나 이 사건의 당해소송에서처럼 기부채납의 약정이 행하여지지 않거나 그 약정이 이행되지 않는 경우가 실제로는 있다는 사실문제를 굳이 거론할 필요도 없이 기부채납이라는 것은 그 법리상 이 조항의 위헌문제를 배제시키지 못한다.

기부채납의 경우에 사업시행자로부터 국가 등에의 소유권이전은 공사완료후 소유권이전등기가 실제로 경료된 때에 발생하는데 이 시점은, 특별한 경우가 아니면 공사완료 후에 행하여지는 준공검사통지 이후가 될 터인데, 국가 등에의 무상귀속은 준공검사통지일에 이미 발생하므로(도시계획법 제83조 제5항), 사업시행자의 소유권상실은 이 조항에 의하여 발생하는 것이지 기부채납의 효과로 발생하는 것이 아니다.

그러므로 기부채납이 있었다 한들 이로 인하여 이 조항에 의한 재산권침해 여부의 위헌 문제가 소멸되는 것은 아니다.

(다) 개발이익 환수의 관점

행정청이 아닌 사업시행자가 사업시행으로 얻는 상당한 또는 다대한 개발이익의 일부를 국가 등에 환원시키는 방법으로 공공시설 부지의 소유권을 국가 등에 무상귀속시켜도 부당할 것이 없다는 견해가 역시 합헌의견을 기저(基底)에서 지원할지도 모른다. 이러한 견해는 공공시설 부지의 소유권을 국가 등에 무상귀속시킴으로써 그 보상가액에 상당한 사업시행자의 개발이익을 국가 등이 환수하는 것이라는 생각이다. 그러나 행정청이 아닌 사업시행자가 사업을 통하여 얻는 개발이익은 적법한 사업상의 이익이므로 법률로 보호되어야 하고 만일 정상지가상승분을 초과하는 개발이익(개발이익환수에 관한 법률 제2조 제1호 참조)이 있다거나 기타 과도한 부당이익이 발생하여 이를 환수할 필요가 있다면 개발이익환수에 관한 법률에서 정하는 것처럼 대상사업(동법 제5조 제1항 제1호 참조), 개발이익의 범위, 납부의무자, 부과기준, 부담률, 부과와 징수 등에 관하여 구체적인 규정을 법률로 정하고 이 요건과 절차에 따라 개발이익을 환수하여야 할 일이지, 토지보상가액에 충당하고도 남는 상당한 개발이익이 있다고 추정한 뒤 이를 전제로 하여 공공시설부지의 소유권을 무작정 국가 등에 무상귀속시키는 것은 개발이익의 환수에 해당할 수 없는 것이다. 더구나 앞에서 언급한 것처럼 사업시행자의 개발이익은 결코 불법의 이익이 아니고 국가 등의 시혜에 의한 것도 아니므로 이를 적법한 절차적 보장 없이 일방적으로 박탈한다는 것은 있을 수 없는 것이다.

(라) 제3자 소유 토지의 문제점

이 사건 조항의 본래 취지대로 한다면, 공공시설의 부지가 사업시행자의 소유이든 그 이외의 제3자의 소유이든 모두 사업완료와 함께 국가 등에 그 소유권이 무상귀속하게 되어 있다. 그러나 이렇게 되면 제3자의 재산권이 적법한 수용절차 없이 국가 등에 귀속하게 되는 것이어서 위헌이라고 보지 않을 수 없다. 그리하여 헌법재판소가 설립되기 전의 대법원은 공공시설의 부지가 사업시행자 아닌 제3자의 소유에 속하는 경우에는 이 조항이 적용되지 않는다고 해석하여 이 조항의 적용범위를 축소하고 이로써 이 문제의 위헌성을 피해나갔던 것이다. 그러나 대법원의 이러한 현명한 노력에도 불구하고 문제는 여전히 남아 있다고 보지 않을 수 없다. 첫째로 제3자소유의 토지 위에 공공시설이 설치된 경우 그 소유자는 국가나 지방자치단체를 상대로 소송을 제기하여 부당이득의 반환이나 손해의 배상을 청구하여야 하는 복잡한 부담을 계속하여 지지 않을 수 없다. 오히려 공공시설 부지가 사업시행자의 소유이든 제3자의 소유이든 가리지 말고 이를 모두 국가 등에게 귀속시키되 반드시 정당한 보상을 지급하도록 규정하는 것이 헌법에 합치되면서도 정책적으로 합리성이 있는 길이 될 것이다. 둘째로 사업시행자는 제3자소유의 부지에 관한 소유권을 취득하기 이전이라도 일단 위 부지에 관한 점용허가 등을 받아서 공공시설인 도로를 설치하는 사업을 시행할 수 있고 사업시행기간 중에 시행되는 이러한 도로부지의 점용 및 설치사업은 일반적으로 소유권취득 여부와 관계없이 적법하게 취급될 수 있다(도로법 제41조, 제40조, 제7조 등 참조). 따라서 사업시행자는 경우에 따라서는 토지소유권을 취득하기 위한 노력(협의매수, 수용, 환지 등)을 중단하고 제3자의 소유인 상태에서 공사를 하고 보상이나 배상의 문제를 국가 등에게 넘겨버릴 수도 있게 된다.

이러한 문제들을 함께 해결하려면 대법원에 의하여 축소된 이 사건 조항의 적용범위에 한정하지 말고 본래의 적용범위 전부에 걸쳐 이 조항의 위헌성을 지적하여 위헌선언을 하는 것이 필요할 것이다.

(3) 결 어

이상과 같은 이유로 우리는 이 사건 조항에 대하여 위헌이 선고되어야 한다고 생각한다.

4. 결 론

그러므로 이 사건 조항에 대해서는 재판관 3인과, 재판관 2인이 각 위헌의견, 재판관 4인이 합헌의견이어서 비록 위헌의견이 다수이기는 하지만, 헌법재판소법 제23조 제2항 제1호의 위헌결정정족수에는 이르지 못하여 헌법에 위반되지 아니한다고 선고할 수밖에 없으므로 이에 주문과 같이 결정한다.

재판장 재판관 윤영철
주심 재판관 한대현
주심 재판관 하경철
재판관 김영일
재판관 권 성
재판관 김효종

재판관 김경일

재판관 송인준

재판관 주선회

판례의 평가

1. 헌법재판소가 행정청이 아닌 시행자가 도시계획사업을 시행하여 새로이 설치한 공공시설은 그 시설을 관리할 국가 또는 지방자치단체에 무상으로 귀속되도록 한 구 도시계획법 제83조 제2항 전단 부분을 준용하는 구 주택건설촉진법 제33조 제6항(제8항)이 재산권을 보장한 헌법 제23조에 위배되는지 여부에 대하여 재판관 5명 위헌의견과 재판관 4명 합헌의견으로 정족수에 이르지 못하여 합헌 선고를 하였다.

2. 이 사건 조항이 헌법 제23조 제1항 및 제2항에 의하여 재산권의 내용과 한계를 정하는 규정이자 재산권에 대한 사회적 제약을 구체화한 규정이라고 보는 합헌의견에는 동의하지만 그런 경우에도 이 사건 조항은 비례의 원칙에서 요구되는 피해의 최소성 및 법익의 균형성원칙에 위배되므로 위헌이다.

나. 당시 심판대상이었던 법률 조항은 사업시행자에 의한 공공시설의 설치 경위를 묻지 않고 있어, 어떠한 경위로든 사업시행자가 사업지구 내에 공공시설을 설치하기만 하면 그 공공시설 및 그 부지의 소유권을 아무런 보상 없이 바로 국가나 지방자치단체에 귀속시키고 있는바, 다음과 같은 문제점이 있다.

첫째, 기부채납의 부관이나 당사자 간의 약정의 존재가 불분명한 경우까지 이 사건 조항이 적용되게 되는 문제점이 있다. 당사자의 기부채납 동의가 있어도 이 사건 조항은 헌법상 문제가 있는 것인데 만약 그 동의마저 불투명하다면, 이 사건 조항은 사실상 재산권의 박탈에 해당한다고 보아야 할 것이다.

둘째, 사업시행자가 공공시설의 무상귀속을 동의 내지 수락한 경우에도, 상황에 따라서는 그 무상귀속이 당사자에게 가혹한 조건이 될 수 있는데, 이 사건 조항은 일률적으로 무상귀속을 정하고 있어 당사자가 법원에서 그러한 부관 내지 조건을 다툴 수 있는 사후구제의 여지를 사실상 봉쇄하고 있다. 이는 적어도 국민의 자유와 권리를 제한하는 행정작용에 대하여는 사법적 구제수단이 마련되어야 한다는 법치국가 원칙에 어긋나며, 동시에 국민의 재판청구권을 제약하고, 사법권을 제한하는 점에서 권력분립의 원리에도 부합되지 않는다.

셋째, 이 사건 조항은 선의의 제3자의 권리를 과도하게 침해한다. 비록 사업시행자는 공공시설을 설치하여 그 부지와 함께 국가 등에게 무상 양도할 것을 약속하였다 하더라도, 국가 등이 제때 소유권이전등기를 하지 않았을 경우 아무리 시간이 경과하더라도 선의의 매수자 혹은 저당권자들은 모두 이 사건 조항에 의하여 그 이전등기가 원인무효에 해당될 것인데, 국가 등의 뒤늦은 권리행사로 인하여 이렇게 거래의 안전과 선의의 제3자의 권리를 침해해도 좋은 것인지 의문이다.

이러한 이유를 종합할 때, 이 사건 조항이 없어도 개별적인 기부채납 약정이나 부관 혹은 수익자부담금(개발부담금) 제도 등을 통하여 공공시설의 효율적 확보가 가능함에도 불구하고, 이 사건 조항은 포괄적으로 재산권의 무상귀속을 정하고 있고, 또한 사업의 범위나 예상되는 개발이익에 비하여 과도한 공공시설의 설치 및 귀속에 대하여도 아무런 보상 규정과 같은 완화규정을 두지 않고 있으므로, 결국 피해의 최소성 및 법익의 균형성 원칙에 위배되며 따라서 과잉금지의 원칙에 위반된다.

3. 당시 심판대상이었던 도시계획법(국토이용관리법과 함께)은 2002년 2월 24일 제정되어 2003년 1월 1일 시행된 국토의 계획 및 이용에 관한 법률(약칭: 국토계획법)이 마련되면서 폐지되었다.

또한 1972년 12월 30일 제정되어 1973년 1월 15일 시행된 주택건설촉진법은 1977년 12월 31일 제1차 전부개정, 2003년 5월 29일 제2차 전부개정으로 그 명칭이 주택법으로 변경되고, 2016년 1월 19일 제3차 전부개정된 주택법은 2016년 8월 12일 시행된다.

4. 당시 심판대상이었던 법률조항의 내용인 현행 법률 조항은 다음과 같다. 즉

주택법 제29조(공공시설의 귀속 등) ① 사업주체가 제15조 제1항 또는 제3항에 따라 사업계획승인을 받은 사업지구의 토지에 새로 공공시설을 설치하거나 기존의 공공시설에 대체되는 공공시설을 설치하는 경우 그 공공시설의 귀속에 관하여는 「국토의 계획 및 이용에 관한 법률」 제65조 및 제99조를 준용한다. 이 경우 '개발행위허가를 받은 자'는 '사업주체'로, '개발행위허가'는 '사업계획승인'으로, '행정청인 시행자'는 '한국토지주택공사 및 지방공사'로 본다.

5. 당시 심판대상 준용 법률인 도시계획법 제83조는 현행 법률은 다음과 같다.

현행 국토의 계획 및 이용에 관한 법률 제65조(개발행위에 따른 공공시설 등의 귀속)
① 개발행위허가(다른 법률에 따라 개발행위허가가 의제되는 협의를 거친 인가·허

가·승인 등을 포함한다. 이하 이 조에서 같다)를 받은 자가 행정청인 경우 개발행위허가를 받은 자가 새로 공공시설을 설치하거나 기존의 공공시설에 대체되는 공공시설을 설치한 경우에는 「국유재산법」과 「공유재산 및 물품 관리법」에도 불구하고 새로 설치된 공공시설은 그 시설을 관리할 관리청에 무상으로 귀속되고, 종래의 공공시설은 개발행위허가를 받은 자에게 무상으로 귀속된다. 〈개정 2013. 7. 16.〉

② 개발행위허가를 받은 자가 행정청이 아닌 경우 개발행위허가를 받은 자가 새로 설치한 공공시설은 그 시설을 관리할 관리청에 무상으로 귀속되고, 개발행위로 용도가 폐지되는 공공시설은 「국유재산법」과 「공유재산 및 물품 관리법」에도 불구하고 새로 설치한 공공시설의 설치비용에 상당하는 범위에서 개발행위허가를 받은 자에게 무상으로 양도할 수 있다.

14 주택건설촉진법 제3조 제8호 등 전기간선시설 설치미용의 의무
(2005. 2. 24. 2001헌바71)

Ⅰ. 판시 사항

1. 경제적 활동을 규제하는 경제사회적 입법사항에 대한 위헌심사기준

2. 전기간선시설의 설치비용을 설치방법에 상관없이 그 설치의무자에게 부담시키는 주택건설촉진법 제36조 제3항이 설치의무자의 기업경영의 자유나 재산권 등 기본권을 침해하는지 여부(소극)

3. 전기간선시설의 구체적인 설치범위를 대통령령에 위임한 주택건설촉진법 제36조 제4항이 포괄위임입법금지원칙에 위배되는지 여부(소극)

4. 재판관 5인이 위헌의견으로 다수이기는 하지만 위헌정족수를 채우지 못하여 합헌결정을 한 사례

Ⅱ. 결정요지

1. 전기간선시설의 설치비용을 누구에게, 어느 정도로 부담시킬 것인지의 문제는 개인의 본질적이고 핵심적 자유영역에 속하는 사항이라기보다는 사회적 연관관계에 놓여지는 경제적 활동을 규제하는 경제사회적인 입법사

항에 해당하므로 비례의 원칙을 적용함에 있어서도 보다 완화된 심사기준이 적용된다고 할 것이다.

2. 주택건설촉진법 제36조 제3항이 전기간선시설의 설치비용을 그 설치방법에 상관없이 전부 청구인의 부담으로 하는 것은 헌법 제35조의 주택개발정책과 관련한 국가의 의무를 실현하려는 것으로 이를 통하여 국민들에게 더욱 저렴한 가격으로 택지 및 주택을 공급할 수 있게 하고, 간선시설의 설치비용을 둘러싼 분쟁을 사전에 방지함으로써 적기에 전기의 공급을 가능하게 하며 주택개발정책의 효율적인 집행을 가능하게 하므로 그 입법목적의 정당성을 쉽게 긍정할 수 있고, 이로써 서민들의 주거생활안정과 문화적이고 쾌적한 주거생활의 실현에 효과적으로 기여하므로 그 수단의 적절성도 인정된다.

전기간선시설을 지중으로 설치함으로써 발생하는 비용의 부담이 가공설치에 비하여 매우 큼에도 주택건설사업으로 인한 새로운 전력수요에 공하기 위하여 필요한 전기간선시설의 설치비용을 모두 청구인에게 부담시킴으로써 발생하는 일시적인 비용부담의 증가나 재무구조의 악화는 전력산업의 구조적 특성 및 전기간선시설의 성격에서 비롯된 것으로 전기의 공급이라는 공적 기능을 일부 대행하는 청구인(한국전력공사)의 법적 지위를 고려할 때 불가피한 제한이다. 그리고 청구인이 제정한 기본공급약관에 의하면 일률적으로 전기수요자로부터 표준공사비를 징수하고 있으므로 이를 통하여 지중설치비용의 전부 또는 일부를 충당할 수 있고, 여기에다가 청구인이 사실상 독점적으로 전기공급사업을 영위함으로써 얻는 독점이윤과 오랜 기간에 걸친 간선시설 설치비용의 전기요금으로의 산입에 따른 비용의 보전으로 인한 수익 등을 보태어 보면 결코 청구인의 재산상황에 수인한도를 넘는 침해가 발생하였다고 할 수 없다.

나아가 농경생활 중심의 정착사회에서 벗어나 고도의 공간적 이동성을 그 특징으로 하는 현대산업사회에서 택지 또는 주택단지의 전기간설시설을 지중으로 설치함으로써 얻는 도시환경 및 도시미관의 개선이라는 공익적 효과는 현재 거주하는 입주민만을 위한 것이 아니라, 앞으로 이 지역에 거주하게 될 장래의 모든 입주민들을 위한 것이므로 그로 인한 공익의 범위가 이로 인한 청구인의 재산상 손실 등 침해된 사익에 비하여 결코 적다고 단정할 수도 없다.

따라서 위 주택건설촉진법 제36조 제3항은 헌법 제37조 제2항이 정하는 기본권제한입법의 한계 내의 것으로 설치의무자의 기업경영의 자유나 재산권 등 기본권을 침해한다고 할 수 없다.

3. 주택건설촉진법 제3조 제8호는 "간선시설이라 함은 도로·상하수도·전기시설·가스시설·통신시설 및 지역난방시설 등 주택단지 안의 기간시설과 그 기간시설을 당해 주택단지 밖에 있는 동종의 기간시설에 연결시키는 시설을 말한다"라고 하여 간선시설의 범위를 명확하게 정의하고 있고, 여기에 이 사건 위임조항의 개정연혁과 주택건설촉진법의 입법목적 및 그 주요내용 등을 종합하여 보면 그 위임에 의하여 대통령령에서 정하게 될 전기간선시설의 설치의무의 범위라는 것이 대체로 '주택단지 밖의 기간이 되는 시설로부터 택지 또는 공동주택의 단지경계선까지의 것'으로 되리라는 것은 이해관계인들이 어렵지 않게 예측할 수 있다.

4. 주택건설촉진법 제36조 제3항 제1문 중 전기간선시설에 관한 부분에 대하여는 재판관 5인이 위헌의견이고 재판관 4인이 합헌의견이어서 비록 위헌의견이 다수이긴 하지만 법률의 위헌선고에 필요한 정족수 6인에 미달하므로 이 부분에 대하여 헌법에 위반되지 않는다는 선고를 한 사례

□ 재판관 윤영철, 재판관 권 성, 재판관 김경일, 재판관 주선회, 재판관 이상경의 위헌의견

지중설치보다 가공설치의 방법에 의할 경우에는 동일한 효능을 가진

전기간선시설을 7분의 1 내지 10분의 1 정도의 적은 비용으로 시설할 수 있으므로 이는 택지를 보다 저렴한 가격으로 공급하도록 하는 데 기여하면서도 청구인의 비용부담이라는 피해를 최소화할 수 있는 다른 대체수단이 되어 지중설치로 인한 초과비용을 청구인에게 부담시키는 것은 과잉금지의 원칙에 어긋난다. 그리고 시가지 미관의 개선이 택지의 분양을 용이하게 하고 주민들에게 미관상 보다 유려한 환경을 제공한다고 하는 공익은 그 혜택의 범위가 주로 그 주택지 안에서 생활하는 주민들로 한정되어 그 공익적 효과가 그렇게 크다고 볼 수 없는 반면, 청구인이 입는 비용부담상의 피해는 통상의 가공설치의 경우 보다 7~10배에 달하여 매우 크다.

따라서 청구인이 입는 재산상의 피해에 비하여 시가지미관의 개선이라는 공익은 그다지 크다고 볼 수 없으므로, 주택건설촉진법 제36조 제3항 제1문이 지중설치로 인하여 증가되는 공사비용의 전부를 청구인에게 부담시키는 것은 비례의 원칙에 어긋난다.

Ⅲ. 심판대상조문

택지개발촉진법(1980. 12. 31. **법률 제3315호로 제정된 것**) **제14조**(**간선시설의 설치**) ① 간선시설의 설치에 관하여는 주택건설촉진법 제36조의 규정을 준용한다.

② 생략

주택건설촉진법(1992. 12. 8. **법률 제4530호로 개정된 것**) **제36조**(**간선시설의 설치**) ①, ② 생략

③ 제1항의 규정에 의한 간선시설의 설치비용은 그 설치의무자가 이를 부담한다. 이 경우 제1항 제1호의 간선시설의 설치비용은 그 2분의 1의 범위 안에서 국가가 이를 보조할 수 있다.

④ 제1항에 의한 간선시설의 종류별 설치범위는 대통령령으로 정한다(1981. 4. 7. 법률 제3420호로 개정된 것).

Ⅳ. 참조조문

헌법 제10조, 제15조, 제23조, 제35조 제3항, 제37조 제2항, 제75조

기업활동규제완화에 관한 특별조치법 제24조(산업단지개발사업 비용부담에 관한 특례) ① 생략

② 제1항의 규정에 의하여 산업단지에 전기를 공급하기 위하여 설치한 전기간선시설 및 배전시설의 설치비용은 전기를 공급하는 자가 부담한다. 다만, 산업단지개발사업의 시행자·입주기업·지방자치단체 등의 요청에 의하여 전기간선시설 및 배전시설을 지중에 설치하는 경우에는 전기를 공급하는 자와 지중에 설치할 것을 요청하는 자가 각각 100분의 50의 비율로 그 설치비용을 부담한다.

③ 생략

전기사업법 제14조(전기공급의 의무) 발전사업자 및 전기판매사업자는 정당한 사유없이 전기의 공급을 거부하여서는 아니된다.

전기사업법 제15조(송·배전용 전기설비의 이용요금 등) ① 송전사업자 또는 배전사업자는 그 전기설비의 이용요금 기타 이용조건에 관한 사항을 정하여 산업자원부장관의 인가를 받아야 한다. 이를 변경하고자 하는 경우에도 또한 같다.

② 산업자원부장관은 제1항의 규정에 의한 인가를 하고자 하는 경우에는 전기위원회의 심의를 거쳐야 한다.

전기사업법 제47조(전력산업기반조성계획의 수립·시행) ① 산업자원부장

관은 전력산업의 지속적인 발전과 전력수급의 안정을 위하여 전력산업의 기반조성을 위한 계획(이하 '전력산업기반조성계획'이라 한다)을 수립·시행하여야 한다.

② 전력산업기반조성계획에는 다음 각 호의 사항이 포함되어야 한다.

1. 전력산업발전의 기본방향에 관한 사항
2. 제49조 각 호에 규정된 사업에 관한 사항
3. 전력산업전문인력의 양성에 관한 사항
4. 전력분야의 연구기관 및 단체의 육성·지원에 관한 사항
5. 석탄산업법 제3조의 규정에 의한 석탄산업 장기계획상 발전용 공급량의 사용에 관한 사항
6. 기타 전력산업의 기반조성을 위하여 필요한 사항

③ 전력산업기반조성계획의 수립·시행에 관하여 필요한 사항은 대통령령으로 정한다.

집단에너지사업법(건설비용의 부담금) 제18조 ① 사업자는 공급시설의 건설비용의 전부 또는 일부를 그 사용자에게 부담하게 할 수 있다.

② 생략

V. 참조판례

1. 헌재 2002. 10. 31. 99헌바76등, 판례집 14-2, 410, 433
2. 헌재 2003. 5. 15. 2001헌바90, 판례집 15-1, 520

Ⅵ. 당사자

청 구 인 :

한국전력공사 대표자 사장 한○호

대리인 법무법인 세종

담당변호사 이건웅 외 1인

법무법인 대륙

담당변호사 여상조

당해사건 : 서울지방법원 99가합56906호 전기간선시설설치비반환 청구

Ⅶ. 주 문

택지개발촉진법(1980. 12. 31. 법률 제3315호로 제정된 것) 제14조 제1항에 의하여 준용되는 주택건설촉진법 제36조 제3항(1992. 12. 8. 법률 제4530호로 개정된 것) 제1문 및 택지개발촉진법(1980. 12. 31. 법률 제3315호로 제정된 것) 제14조 제1항에 의하여 준용되는 주택건설촉진법 제36조 제4항(1981. 4. 7. 법률 제3420호로 개정된 것)은 모두 헌법에 위반되지 아니한다.

Ⅷ. 이 유

1. 사건의 개요와 심판의 대상

가. 사건의 개요

(1) 청구인과 한국토지공사는 택지개발예정지구인 대구칠곡3지구에 관하여 1998. 10. 9.에, 그리고 같은 청주하복대지구에 관하여 1997. 2. 17.에, 각

전기간선시설공사비부담계약을 체결하였다. 청구인과 한국토지공사는 전기간선시설을 가공설치가 아닌 지중설치로 시설함에 따른 공사비추가소요분을 한국토지공사가 부담하기로 합의하여 그 추가소요분을 한국토지공사가 청구인에게 납부하였다.

(2) 전기간선시설의 설치방법에 관계없이 어느 경우에나 설치비용 전부를 청구인이 부담하여야 한다고 한국토지공사는 주장하면서, 이미 지급된 추가공사비 등의 환급을 구하는 소(서울지방법원 99가합56906호)를 제기하였다. 청구인은 위 소송에서 전기간선시설의 설치비용부담의무를 청구인에게 부과하고 있는 이 사건 심판대상 법조항들(다음 '나' 부분)에 대하여 위헌법률심판의 제청신청(서울지방법원 2000카기15532)을 하였으나 기각되자 이 소원을 제기하였다.

나. 심판의 대상

심판대상은 택지개발촉진법(1980. 12. 31. 법률 제3315호로 제정된 것) 제14조 제1항에 의하여 준용되는 주택건설촉진법 제36조 제3항(1992. 12. 8. 법률 제4530호로 개정된 것) 제1문 및 제4항(1981. 4. 7. 법률 제3420호로 개정된 것) 중 전기간선시설에 관계된 부분의 위헌 여부이다.

청구인은 이 밖에 택지개발촉진법 제2조(용어의 정의) 제4호, 주택건설촉진법 제3조(용어의 정의) 제8호, 주택건설촉진법 제36조(간선시설의 설치) 제1항도 함께 심판대상으로 열거하고 있지만 이 사건에서의 쟁점은 전기간선시설의 지중설치비용 중 가공설치비용 상당액의 초과부분을 청구인이 언제나 부담할 의무가 있는가 하는 것인데, 위의 3개 조항은 이러한 의무의 존재와 범위를 직접 정하는 규정이 아니므로 이들을 심판대상에서 제외하고 택지개발촉진법 제14조 제1항에 의하여 준용되는 주택건설촉진법 제36조 제3항 제1문 및 제4항으로 심판대상을 한정하며 다시 그중에서도 전기간선시설에 관계된 부분으로 한정한다.

심판대상 법조항(밑줄 친 부분) 및 관련 규정의 내용은 다음과 같다.

택지개발촉진법(1980. 12. 31. **법률 제3315호로 제정된 것) 제14조**(**간선시설의 설치**) ① 간선시설의 설치에 관하여는 주택건설촉진법 제36조의 규정을 준용한다.

주택건설촉진법 제36조(**간선시설의 설치**) ① 사업주체가 대통령령으로 정하는 호수 이상의 주택을 건설하거나 대통령령으로 정하는 면적 이상의 대지를 조성하는 경우에 다음 각 호에 해당하는 자는 그 해당 간선시설을 설치하여야 한다.

1. 도로 및 상하수도시설은 지방자치단체
2. 전기시설·가스공급시설 또는 지역난방시설은 당해 지역에 전기·가스 또는 난방을 공급하는 자(1992. 12. 8. 법률 제4530호로 개정된 것)
3. 통신시설 및 우편함은 국가 또는 한국전기통신공사

② (생략)

③ 제1항의 규정에 의한 간선시설의 설치비용은 그 설치의무자가 이를 부담한다. 이 경우 제1항 제1호의 간선시설의 설치비용은 그 2분의 1의 범위 안에서 국가가 이를 보조할 수 있다(1992. 12. 8. 법률 제4530호로 개정된 것).

④ 제1항에 의한 간선시설의 종류별 설치범위는 대통령령으로 정한다(1981. 4. 7. 법률 제3420호로 개정된 것).

2. 청구인의 주장, 법원의 위헌제청신청 기각이유 및 관계기관의 의견

가. 청구인의 주장

(1) 주택건설촉진법 제36조 제1항이 청구인에게 전기간선시설의 설치의무를 부과하고 나아가 그 제3항에서 그 비용부담의무까지 부과하는 것은

전기간선시설을 통상적인 가공설치의 방법으로 시설하는 것을 전제로 하는 규정이다. 그러므로 가공설치보다 훨씬 더 비용이 드는 지중설치를 강제하면서 그 더 드는 비용까지도 청구인에게 강제로 부담시키는 것을 위 제3항이 의미한다면 이는 계약자유의 원칙과 영업의 자유를 침해하고 청구인의 재산권을 침해하는 것이다.

(2) 주택건설촉진법 제36조 제4항은 아무런 기준과 범위를 정하지 아니한 채 전기간선시설의 종류별 설치범위를 대통령령으로 정하도록 위임하고 있는데 이는 포괄적인 입법위임을 금지하는 헌법 제75조에 위반된다.

나. 법원의 위헌제청신청 기각이유 : [별지 1]과 같다.

다. 건설교통부장관의 의견 : [별지 2]와 같다.

라. 산업자원부장관의 의견 : 청구인의 주장과 대체로 동일하다.

마. 한국토지공사의 의견 : 건설교통부장관의 그것과 대체로 동일하다.

3. 입법의 내용

가. 전기간선시설의 범위

전기간선시설의 의미를 규정하는 이 사건 당시의 관계법령의 내용은 다음과 같다.

택지개발촉진법 제2조(용어의 정의) 제4호(1980. 12. 31. 제정 법률 제3315호) '간선시설'이라 함은 주택건설촉진법 제3조 제8호에서 정하는 시설을 말한다.

주택건설촉진법 제3조(용어의 정의) 제8호(1992. 12. 8. 법률 제4530호로 개정된 것) '간선시설'이라 함은 도로·상하수도·전기시설·가스시설·통신시설 및 지역난방시설 등 주택단지(2 이상의 주택단지를 동시에 개발하는 경우에는 각각의 주택단지를 말한다)안의 기간시설과 그 기간시설을 당해 주택단지 밖에 있는 동종의 기간시설에 연결시키는 시설을 말한다. 이 경우 주택단지의 범위는 대통령령으로 정한다.

그러므로 주택단지 안의 기간시설을 A라 하고 주택단지 밖에 있는 동종의 기간시설을 B라고 하고 그 둘을 연결하는 시설을 C라고 할 때 [간선시설=A+C]가 된다.

또한 주택단지의 범위를 규정하는 관계법령의 내용은 다음과 같다.

구 주택건설촉진법 시행령(1993. 2. 20. **대통령령 제13850호로 신설되어** 1999. 4. 30. **대통령령 제16283호로 개정되기 전의 것) 제3조(주택단지의 범위)** 법 제3조 제8호의 규정에 의한 주택단지의 범위는 법 제33조의 규정에 의한 주택건설사업계획 또는 대지조성사업계획의 승인을 얻어 주택과 부대시설 및 복리시설을 건설하거나 대지를 조성하는 일단의 토지를 말한다. 다만, 철도·고속도로·자동차전용도로·기간도로·폭 20m 이상인 일반도로(도시계획예정도로를 포함한다) 기타 이와 유사한 시설로 분리된 토지는 이를 각각 별개의 주택단지로 본다.

주택건설촉진법 시행령 제3조 단서(1999. 4. 30. **대통령령 제16283호로 개정된 것)** 다만, 철도·고속도로·자동차전용도로·기간도로·폭 20m 이상인 일반도로, 폭 8미터 이상인 도시계획예정도로, 기타 이와 유사한 시설로 분리된 토지는 이를 각각 별개의 주택단지로 본다.

나. 설치의무 및 비용부담의무의 범위

이 사건과 관련하여 청구인의 전기간선시설설치의무 및 비용부담의무의 근거가 되는 관계법령의 내용은 다음과 같다.

주택건설촉진법 제36조(1977. 12. 31. **법률 제3075호로 개정된 것)** ① 다른 법령에 의하여 간선시설의 설치의무가 있는 자(이하 '간선시설설치의무자'라 한다)는 국민주택의 사업주체가 일정 규모 이상의 국민주택을 집단으로 건설할 경우에는 대통령령이 정하는 바에 따라 간선시설을 설치하여야 한다.

② 생략

주택건설촉진법 제36조(1981. 4. 7. **법률 제3420호로 개정된 것**) ① 사업주체가 대통령령으로 정하는 호수 이상의 주택을 건설하거나 대통령령으로 정하는 면적 이상의 대지를 조성하는 경우에 다음 각 호에 정하는 자는 그 해당 간선시설을 설치하여야 한다.

1. 도로 및 상하수도시설은 지방자치단체
2. 전기시설 또는 가스공급시설은 당해 지역에 전기 또는 가스를 공급하는 자
3. 통신시설 및 우편함은 국가 또는 한국전기통신공사

② 생략

③ 제1항의 간선시설의 설치비용은 그 설치의무자가 부담한다. 다만, 제1항 제2호의 전기시설의 설치의무자가 부담할 설치비용은 주택단지까지의 전기시설(주택단지 안에 송변전시설을 설치하는 경우에는 이를 포함하되, 주택단지 안의 배전시설은 이를 제외한다)의 설치비용으로 하며, 제1항 제1호의 간선시설의 설치비용은 그 2분의 1의 범위 안에서 국가가 이를 보조할 수 있다.

④ 제1항에 의한 간선시설의 종류별 설치범위는 대통령령으로 정한다.

주택건설촉진법 시행령(1982. 5. 20. **대통령령 제10826호로 개정된 것**) **제35조(간선시설의 설치등)** ① 법 제36조 제1항에서 '대통령령으로 정하는 호수 이상의 주택'이라 함은 100호 이상 집단으로 건설하는 주택을 말하며, '대통령령으로 정하는 면적 이상의 대지'라 함은 16,500㎡ 이상

의 면적을 일단으로 하여 조성하는 대지를 말한다.

주택건설촉진법 시행령 제35조 제4항 별표 6(1981. 8. 24. **대통령령 제**10448**호로 개정된 것)**

3. 전기시설

법 제36조 제3항의 규정에 의한 전기시설로 한다.

주택건설촉진법 시행령 제35조 제4항 별표 6(1990. 7. 16. **대통령령 제**13056**호로 개정된 것)**

3. 전기시설

주택단지 밖의 기간이 되는 시설로부터 택지 또는 공동주택의 단지경계선까지로 한다. 다만, 단지 안에 개설예정인 도시계획도로가 있는 경우에는 그 도로까지로 한다.

주택건설촉진법 제36조(1992. 12. 8. **법률 제**4530**호로 개정된 것)** ①, ②, ④ 생략

③ 제1항의 규정에 의한 간선시설의 설치비용은 그 설치의무자가 이를 부담한다. 이 경우 제1항 제1호의 간선시설의 설치비용은 그 2분의 1의 범위 안에서 국가가 이를 보조할 수 있다.

주택건설촉진법 시행령 제35조 제4항 별표 6(1993. 2. 20. **대통령령 제**13850**호로 개정된 것)**

3. 전기시설

주택단지 밖의 기간이 되는 시설로부터 택지 또는 공동주택의 단지경계선까지로 한다.

그러므로 주택단지 안의 기간시설을 A라 하고 주택단지 밖에 있는 동종의 기간시설을 B라고 하고 그 둘을 연결하는 시설을 C라고 할 때 [설치의무 및 비용부담의무 있는 간선시설=C] 즉, A를 제외한 연결시설에 한정하는 것이 된다.

4. 관련사실

가. 지중설치의 장단점과 현황 및 전망

(1) 지중선로는 미관측면에서 가공선로보다 우수하지만 초기투자비가 가공선로에 비하여 약 7 내지 25배 정도 많이 들고 고장의 위치를 찾는 데 시간이 오래 걸리고 정전시간이 길어지며 대부분 지하에 집합시설되어 있기 때문에 한 시설물에서 발생한 사고가 다른 시설물로 파급되어 여러 설비가 동시에 마비되는 대형사고로 이어질 가능성이 있어 안전측면에서 가공선로보다 반드시 우수하다고 보기는 어렵다.

(2) 지중선로는 건설에 많은 시간이 걸려 부하증가에 신속히 대처하기 곤란하고 지상에 시설되는 기기(변압기, 개폐기)가 통행지장과 미관저해를 일으킨다.

(3) 2002년 말 현재 우리나라의 지중화율이 9.7%이다.

(4) 가공선로의 지중화에 관한 청구인의 기준은 다음과 같다.

지중선로는 투자의 효율성이 낮아 가공시설로 설치하는 것을 원칙으로 한다. 다만 부하밀도, 시설회선수, 현장여건 등에 의하여 가공시설의 설치, 운영이 곤란한 경우에 한하여 지중으로 설치한다. 기설 가공선로 중 지중화가 필요한 선로에 대해서는 지중화 심의를 거쳐 지중화 우선순위를 결정한 뒤 연차적으로 사업을 시행한다. 또한 신개발지역에서 개발자 또는 입주자가 공사비를 부담하면서 지중으로 공급받을 것을 원하는 경우 요청자가 원하는 방법으로 시설하되 기설 가공설비에 대해서는 현재와 같이 가공설비 확충 및 유지관리가 기술적으로 곤란한 지역 및 지방자치단체가 도시정비 차원에서 요청하고 공사비의 일부를 지원하는 지역에 한하여 제한적으로 지중화사업을 시행한다.

나. 지중설치비용의 요금반영 문제

현행 전기요금은 전기의 사용용도에 따라 요금을 차등 적용하는 용도별 요금체계이며 동일 종별을 전압(저압, 고압A, 고압B)으로 구분하여 요금을 책정한다.

아울러 요금책정의 기준이 되는 공급원가는 해당 고객집단의 시간대별 사용비중, 피크(peak) 기여율 등 부하형태와 전력공급 발생단계에 의해 결정되며 현재 종별, 전압별로 구분하여 산정하고 있다. 전기요금은 전기상품에 대한 대가로서 전기를 생산한 발전소, 송변전선로 및 배전선로를 거쳐 운송하는 설비운영비가 포함되지만 고객별로 최초에 전기를 공급하기 위한 접속비용(공사비)은 전기요금에 포함되지 않으며 또한 전기는 생산에서 공급까지의 비용 추적이 어렵고 고객별 부하형태가 다양하여 고객별 공급원가의 산정이 불가능하고 따라서 특정고객에 대하여 공사비를 반영한 요금을 설계하는 것은 곤란하다.

다. 청구인 및 한국토지공사의 주식분포상황

(1) 청구인(2003. 6. 30. 현재)

정부의 보유주식이 전체의 32.35%이고 산업은행의 보유주식이 전체의 21.57%이어서 이를 합하면 전체의 53%를 상회한다. 그 밖에 외국인이 보유하는 주식도 전체의 25.47%에 달한다.

(2) 한국토지공사(2002. 12. 31. 현재)

정부지분이 73.1%이고 산업은행의 지분이 26.9%이다.

5. 택지개발촉진법 제14조 제1항에 의하여 준용되는 주택건설촉진법 제36조 제3항 제1문의 위헌 여부에 대한 판단

가. 재판관 김영일, 재판관 김효종, 재판관 송인준, 재판관 전효숙의 합헌의견

(1) 전기공급을 둘러싼 비용의 분담구조와 비용부담으로 인하여 제한되는 기본권

(가) 전기의 공급은 원칙적으로 전기를 사용하고자 하는 수요자의 전기사용신청을 청구인과 같은 전기공급업자가 승낙함으로써 성립하는 전기공급계약에 따라 이루어지는데, 전기라는 상품이 가지는 공공재로서의 성격 및 생산요소임과 동시에 최종적인 소비재로서의 국민경제적 중요성에 비추어 전기사업법 등에서 이러한 사법상의 계약관계에 대하여 여러 가지 공법상의 규제를 가하고 있다. 그러므로 어떤 종류의 전기를 누구에게 어떠한 방법으로 공급할 것인지, 그리고 전기공급의 대가로서 전기요금과 전기공급에 필요한 간선시설 등 전기공급시설의 설치비용을 누구에게 어느 정도로 부담하게 할 것인지는 기본적으로 당사자의 약정에 따라 정해지겠지만, 전기사업법은 전기공급업자에게 전기공급계약체결의무를 부과하고(제14조), 전기공급업자가 산업자원부장관의 인가를 받아 제정한 전기요금 기타 공급조건에 관한 약관(기본공급약관)에 따라 전기공급계약을 체결하여 전기를 공급하도록 규정하고 있다(제15조).

이러한 취지에 따라 사실상 독점적 전기공급업자로서 청구인이 제정한 '기본공급약관'에 의하면, 일반 다수의 수요자에게 전기를 공급하기 위한 전기공급시설인 '일반공급시설'의 경우 원칙적으로 수요자의 비용부담으로 청구인이 이를 설치하되, 개별수요자에 따른 설치비용의 산정이 곤란하므로 공사의 유무나 공사의 내역에도 불구하고 표준공사비로 그 비용을 부담하게 하고, 개별적인 전기수요자가 확정되기 전에 미리 주택단지 등의 조성에 따른 새로운 전력수요에 부응하기 위하여 필요한 전기간선시설 및 단지 내 배전시설 등의 설치비용은 당해 주택사업을 시행하는 사업시행자가 이를 부담하도록 하고 있다. 그리고 예외적으로 주택건설촉진법 등 다른 법령에서 전기간선시설 등의 비용부담에 관하여 특별히 정하는 경우에는 청구인이 공사비의 전부 또는 일부를 부담하도록 하고 있다.

(나) 택지개발촉진법은 도시지역의 주택난을 해소하기 위하여 주택건설에 필요한 택지의 취득·개발·공급 및 관리 등에 관하여 특례를 규정함으로써 국민주거생활의 안정과 복지향상에 기여함을 목적으로 하고, 주택건설촉진법은 주택이 없는 국민의 주거생활의 안정을 도모하고 모든 국민의 주거수준의 향상을 기하기 위하여 주택의 건설·공급과 이를 위한 자금의 조달·운용 등에 관하여 필요한 사항을 규정함을 목적으로 하는바, 이러한 목적의 원활한 실현을 위하여 위 3.항에서 이미 살핀 바와 같이 택지개발촉진법에 의하여 준용되는 주택사업촉진법 제36조는 택지개발사업 또는 주택건설사업의 완료 후 이에 입주할 택지 및 주택 분양자의 생활에 필요불가결한 공공재로서 교통, 물, 전기 등의 공급을 위한 사회간접시설로서 도로, 상·하수도시설, 전기공급시설 등 간선시설의 설치 및 그 비용의 부담에 관하여 규정하고 있다.

그런데 전기간선시설의 비용부담을 정한 주택건설촉진법 제36조 제3항 제1문 부분(이하 '비용조항'이라 한다)은 전기간선시설의 설치비용을 전기공급업자인 청구인이 전부 부담하도록 규정하고 있는바, 이로써 청구인은 전기간선시설의 설치방법, 즉 통상적인 방법인 가공설치(架空設置)는 물론이고 이에 비해 7~10배 가량 비용이 더 소요되는 지중설치의 경우에도 그 설치비용의 전부를 부담할 의무를 진다.

(다) 전기간선시설은 일정지역의 전기수요자들에게 전기를 공급하기 위한 필수적 공공시설이자 사회간접자본으로서 전기공급의 안전성과 안정성을 확보하기 위하여 전문적인 기술을 가진 전기공급업자인 청구인이 이를 설치하고 관리·소유하여야 할 필요성이 있다. 따라서 그것이 가공으로

또는 지중으로 설치되든 간에 청구인에게 설치의무를 부과한 것은 충분히 그 합리성을 긍정할 수 있고, 이러한 이유에서 전기간선시설의 설치 및 관리의 주체로서 청구인은 이를 설치함에 있어서 기술적·수익적 측면 및 도시환경적 측면을 고려하여 스스로의 경영판단에 따라 가장 효율적이고 적절한 방법을 선택할 수 있는 것이다.

그런데 이 사건 비용조항은 청구인에게 이러한 자율적인 경영판단을 배제하고 사업시행자 또는 사업승인권자가 사전에 결정한 설치방법에 따라 스스로의 비용부담으로 이를 설치할 것을 강요함으로써 직업선택의 자유에 의하여 보장되는 경영의 자유 및 재산권을 제약하고, 전기수요자와 그 설치비용의 분담에 관하여 협의할 계약의 자유도 아울러 제한하고 있으므로 이하에서는 이러한 기본권에 대한 제한이 헌법이 정하는 기본권제한입법의 한계 내의 것인지 여부에 관하여 본다.

(2) 이 사건 비용조항의 위헌 여부

헌법 제10조, 제15조 및 제23조에서 보장되는 계약의 자유, 경영의 자유 및 재산권도 다른 기본권과 마찬가지로 공익을 이유로 제한될 수 있지만, 이 경우에도 이러한 기본권이 공익의 실현을 위하여 필요한 정도를 넘어 과도하게 제한되어서는 아니된다는 비례의 원칙이 준수되어야 한다(헌법 제37조 제2항).

그런데 이 사건은 청구인의 영업시설인 전기간선시설의 설치비용을 누구에게, 어느 정도로 부담시킬 것인지의 문제로서 개인의 본질적이고 핵심적 자유영역에 속하는 사항이라기보다는 사회적 연관관계에 놓여지는 경제적 활동을 규제하는 경제사회적인 입법사항에 해당하므로 비례의 원칙을 적용함에 있어서도 보다 완화된 심사기준이 적용된다고 할 것이다(헌재 2002. 10. 31. 99헌바76등, 판례집 14-2, 410, 433 등 참조).

(가) 입법목적의 정당성과 수단의 적절성

헌법 제35조 제3항은 "국가는 주택개발정책 등을 통하여 모든 국민이 쾌적한 주거생활을 할 수 있도록 노력하여야 한다"라고 하여 국민의 주거생활안정을 위한 택지 및 주택개발사업의 시행을 국가의 의무로 규정하고 있고, 이를 위하여 주택건설촉진법은 "주택의 건설·공급과 이를 위한 자금의 조달·운용 등에 관하여 필요한 사항"을 규정하고 있다.

그런데 택지개발사업 또는 주택건설사업의 시행에는 도로·상하수도·전기시설·가스시설·통신시설·지역난방시설 등과 같이 인간의 주거생활에 필수적인 교통, 물, 전기 등 공공재를 공급하기 위한 사회간접자본으로서 대규모 간선시설의 설치가 필수적인바, 만일 그 설치 및 비용부담을 전부 택지 또는 주택건설사업의 시행자에게 맡길 경우 그 사업의 수행이 지난할 뿐만 아니라, 궁극적으로 수분양자 또는 입주자에게 그 비용이 모두 전가되어 저렴하게 택지와 주택을 공급하고자 하는 국가의 주택개발정책의 원활한 수행에 차질이 있을 수밖에 없다.

이에 입법자는 주택건설촉진법 제36조 제1항 및 이 사건 비용조항에서 전기간선시설의 설치의무를 전기공급업자인 청구인에게 부과함과 아울러 그 설치비용도 전부 부담하도록 하고 있는바, 이는 국민들에게 더욱 저렴한 가격으로 택지 및 주택을 공급할 수 있도록 하려는 목적 외에 전기간선시설의 설치비용을 부담할 주체를 명확히 법정하여 이를 둘러싼 분쟁을 사전에 방지함으로써 적기에 전기의 공급을 가능하게 하고 주택개발정책의 효율적인 집행을 가능하게 하려는 것에도 아울러 그 목적이 있다.

따라서 이 사건 비용조항은 헌법이 직접 국가에 부여한 의무를 실현함을 목적으로 하므로 그 입법목적의 정당성을 손쉽게 긍정할 수 있고, 이로써 서민들의 주거생활안정과 문화적이고 쾌적한 주거생활의 실현에 효과적으로 기여하므로 그 수단의 적절성도 인정된다.

(나) 최소침해성 및 법익균형성

1) 전기간선시설의 설치 및 그 비용의 부담자인 청구인 한국전력공사는 전력수급안정과 국민경제발전에 이바지함을 목적으로 한국전력공사법에 근거하여 설립된 법인으로서 2003. 6. 30. 현재 정부와 한국산업은행이 그 발행주식의 53.85%를 소유하고 있는 정부투자기관관리기본법의 적용을 받는 정부투자기관이다. 그리고 청구인은 국민생활의 필수적·기초적 역무이자 모든 산업의 에너지원(源)인 전기의 사실상 독점적 공급업자로서 이 범위에서 국가의 생존배려적 급부행정을 대행하는 지위에 있다.

전기간선시설은 택지개발 또는 주택건설사업의 완료 후 이에 입주할 수분양자들의 기초적인 주거생활을 위하여 생활필수적인 편익을 제공하는 사회간접시설로서의 성격도 가지지만, 다른 한편, 청구인에게는 자신이 소유하고 사용·관리하며 그로부터 사업수익을 얻는 영업시설이기도 하다. 비록 간선시설의 가공설치와는 달리 지중설치로 인한 비용의 부담이 매우 크다고 하더라도, 청구인으로서는 이를 한번 설치함으로써 거의 영구적으로 영업이익을 얻을 수 있을 뿐 아니라, 이들 지중시설을 이용하여 회선임대 등 임대수익이나 다양한 부수적인 사업수익을 창출할 수도 있다.

그리고 청구인이 비용부담의무를 지는 일정규모 이상의 주택건설 또는 택지개발사업으로 인한 간선시설설치의 경우 그 시설의 지중설치로 인하여 청구인에게 일시적으로 매우 큰 비용부담이 발생할 수 있지만, 이는 결과적으로 자신의 영업재산을 확충하고 전기에 대한 새로운 수요를 창출하여 전력공급업자로서 청구인의 사업토대를 굳건히 하는 데도 크게 이바지한다.

한편, 인간생활의 필수적이고 기본적인 수요를 충족하기 위한 공공재로서 전기를 생산·공급·판매하는 전력산업은 그 사업의 시행과 새로운 수요의 창출에 막대한 설비투자비용이 소요되는 대표적인 장치산업(裝置産業)으로서 단기적으로는 쉽사리 그 비용과 수익의 균형을 맞출 수 없는 특성을 가진다. 그리고 이러한 이유로 사업시행의 초기 또는 새로운 전력수요에 응하여 공급설비를 확충할 필요성이 있는 경우에는 일시적으로 막대한 경제적 손실을 감수하더라도 안정적인 전기의 공급을 위하여 발전시설 및 전기공급시설에 지속적으로 설비투자를 할 수 있는 국가나 국가의 하부조직 또는 적어도 국가가 그 지분의 과반수 이상을 확보함으로써 그 소유와 경영의 상당한 부분을 책임지는 청구인과 같은 공사혼합기업 등에게 그 설비 및 공급책임을 맡기고 있는 것이다.

따라서 주택건설사업으로 인한 새로운 전력수요에 공하기 위하여 필요한 전기간선시설의 설치비용을 모두 청구인에게 부담시킴으로써 발생하는 일시적인 비용부담의 증가나 재무구조의 악화는 이러한 전력산업의 구조적 특성 및 전기간선시설의 성격에서 비롯된 것으로 전기의 공급이라는 공적 기능을 일부 대행하는 청구인의 법적 지위를 고려할 때 불가피한 제한이라 볼 것이고, 이러한 이유로 국민의 세금을 재원으로 국가가 청구인회사의 소유와 경영에 참여하는 것이 정당화되는 것이다.

2) 청구인은 전기수요자에게 최초로 전기를 공급하기 위한 접속비용(공사비)을 전기요금에 포함시켜 이를 전기수요자에게 부과하지 않으므로 그러한 지중설치비용이 그대로 청구인의 재산상 손실로 이어진다고 주장한다. 그러나 이미 살핀 바와 같이 청구인이 제정한 기본공급약관에 의하면 수요자에게 전기를 공급하기 위한 공사의 유무 또는 공사의 내역에도 불구하고 일률적으로 전기수요자로부터 표준공사비를 징수하고 있는바, 이로써 청구인은 자신의 비용부담으로 설치한 전기간선시설에 새롭게 연결되는 신규전력수요자로부터 표준공사비라는 명목으로 금전을 징수하여 지중설치비용의 전부 또는 일부로 충당하고 있다. 그리고 이러한 표준공사비의 징수에다 청구인이 사실상 독점적으로 전기공급사업을 영위함으로써 얻는 독점이윤 및 오랜 기간에 걸친 간선시설 설치비용의 전기요금으로의 산입에 따른 비용의 보전, 그리고 전력산업발전, 전력공급지원사업을 위한 전기수요자로부터의 부담금징수와 기금의 설치(전기사업법 제47조 내지 제52조)에 따른 재정지원

등을 보태어 보면, 결코 청구인의 재산상황에 수인한도를 넘는 침해가 발생하였다고 할 수 없다.

3) 주택건설촉진법 제36조 제1항 및 이 사건 비용조항은 단지 전기간선시설의 설치 및 그 비용부담에 관해서만 규율하고 있을 뿐이고, 그 설치방법에 관하여는 따로 규정을 두고 있지 않다. 다만, 주택건설촉진법과 그 시행령의 위임에 따른 시행규칙 제19조 제5항 제1호는 주택건설사업계획의 승인신청시에 사업시행자는 건설교통부장관에게 간선시설의 설치계획도를 제출하도록 규정하고 있고, 주택건설촉진법 시행령 제35조 제2항은 건설교통부장관이 주택의 건설 및 대지의 조성에 관한 사업을 승인한 경우 지체없이 간선시설의 설치의무자에게 그 사실을 통지하도록 규정하고 있는바, 이러한 규정들의 취지와 청구인이 전기간선시설을 지중으로 설치하는 과정에서 사업시행자 및 지방자치단체와 서로 협의하여 그 설치방법 및 지중설치의 범위를 조정·변경하는 과정을 살펴보면, 간선시설의 설치와 관련하여 이해관계인들 사이에 의사소통의 경로가 일절 단절되어 청구인의 의견이 간선시설의 설치방법 등에 반영될 여지가 전혀 없다고 단정할 수 없다.

그러므로 간선시설의 설치방법 여하에도 불구하고 그 설치비용의 전부를 청구인의 부담으로 한다고 하더라도 간선시설의 설치방법과 관련한 청구인의 법적·사실적 절차참여과정과 설치방법의 사후변경을 위한 협의과정 등을 고려할 때, 청구인의 자율적 기업경영권이 완전히 배제된 것으로 보이지는 아니한다.

4) 나아가 가사 사업시행자 또는 사업승인권자가 일방적으로 간선시설의 지중설치를 결정하고 청구인이 이를 스스로의 비용부담으로 설치하여야 한다고 하더라도, 이로써 얻을 수 있는 공익이 청구인의 침해된 사익에 비하여 적지 않다면 헌법에 위반된다고 할 수 없는 것이다.

청구인이 부담하는 전기간선시설의 설치의무 및 비용부담의무의 구체적 범위는 위 3.항에서 이미 살핀 바와 같이 '주택단지 밖의 기간이 되는 시설로부터 택지 또는 공동주택의 단지경계선까지'로 정하여져 있는데, 이로 인한 도시미관개선과 도시환경개선이라는 공익적 효과는 사업지구 내의 입주민들은 물론이고 사업지구 밖의 당해 지방자치단체 주민 모두에게 미치는 광범위한 것이다.

이 사건의 전제가 된 대구칠곡3지구와 청주하복대지구와 같이 청구인이 비용부담의무를 지는 100호 이상의 주택건설사업이나 면적 16,500㎡ 이상의 대지조성사업은 통상 기존의 택지나 주거지역에서 어느 정도 떨어진 지역에서 시행되는데, 기존의 기간시설과 새로운 주택지구 내의 기간시설을 연결하는 간선시설의 지중설치로 인한 도시환경개선의 효과는 기존의 주거지역과 새로운 주거단지를 포괄하는 당해 지방자치단체 주민 모두를 위한 것이기 때문이다.

그리고 농경생활 중심의 정착사회에서 벗어나 고도의 공간적 이동성을 그 특징으로 하는 현대산업사회에서 택지 또는 주택단지의 전기간선시설을 지중으로 설치함으로써 얻는 도시환경 및 도시미관의 개선이라는 공익적 효과는 현재 거주하는 입주민만을 위한 것이 아니라, 앞으로 이 지역에 거주하게 될 장래의 모든 입주민들을 위한 것이므로 그로 인한 공익의 범위가 이로 인한 청구인의 재산상 손실 등 침해된 사익에 비하여 결코 적다고 단정할 수도 없는 것이다.

오히려 위에서 본 바와 같이 간선시설의 지중설치로 인한 청구인의 재산적 손실은 표준공사비나 장기적인 독점이윤 등으로 상당 부분 보전될 수 있고, 사업시행과정에서 공식 또는 비공식의 협의과정을 통하여 청구인의 의견을 간선시설의 설치과정에 반영하는 것이 전혀 봉쇄되어 있다고 할 수도 없으므로 간선시설의 지중설치로 인한 청구인의 침해된 사익은 결코 그로 인한 공익보다 크지 않은 것이다.

5) 끝으로 기업활동규제완화에 관한 특별조치법 제24조 제2항의 소정

의 전기간선시설의 설치비용분담이나 이미 우리 재판소가 합헌결정(헌재 2003. 5. 15. 2001헌바90, 판례집 15-1, 520)을 선고한 집단에너지사업법 제18조 제1항 소정의 집단에너지공급시설의 건설비용부담금을 근거로 하여 이와 달리 비용분담의 취지를 전혀 정하지 않은 이 사건 비용조항이 위헌이라는 견해도 있을 수 있으나, 이들 조항들은 헌법 제35조 제2항이 직접 국가에 부여한 의무를 수행하기 위한 주택건설 또는 택지개발사업과는 전혀 그 성격과 취지를 달리하는 산업단지개발사업 또는 일정지역을 단위로 한 집단에너지공급시설과 관련된 것으로 결코 동일한 평면에서 비교할 대상이 아니다. 그리고 이들 조항들이 비용분담 또는 부담금을 규정하는 것은 입법자가 이들 각 규율의 영역에서 그 사업의 내용과 성격, 그로 인한 수익자의 범위 및 수익의 귀속 등을 고려하여 그에 상응하는 비용배분을 위한 입법적인 선택을 한 것이므로 그러한 비용분담 또는 부담금조항이 이 사건의 위헌성 판단에 어떠한 영향을 미치는 것도 아니다.

(3) 청구인의 나머지 주장에 관한 판단

청구인은, 이 사건 택지개발사업에 따른 전기간선시설의 지중설치로 인하여 증가된 설치비용을 모두 자신에게 부담시킬 경우 청구인회사의 주식을 보유한 민간주주의 재산권이 침해되고, 이로 인하여 전기요금의 인상이 불가피해져 일반국민에게 그 부담이 전가되므로 공역무 앞의 평등을 침해하는 결과가 된다고 주장한다.

그러므로 보건대, 이 사건 비용조항이 청구인회사의 주식을 소유하거나 처분하는 데 어떠한 제약도 규정하지 않고, 청구인회사의 주주 역시 스스로의 판단에 따라 임의로 그 주식을 소유하거나 처분할 수 있다. 비록 전기간선시설의 설치비용을 청구인이 부담함으로써 청구인회사의 주주에게 경제적 불이익이 야기될 가능성이 있으나, 그러한 불이익은 단지 간접적·반사적인 것에 불과할 뿐이므로 청구인회사의 주식을 보유하고 있는 주주의 재산권침해는 인정될 여지가 없다.

그리고 전기요금의 인상은 주무장관의 인가를 받아야 하는 사항으로서 (전기사업법 제15조, 제16조) 그 결정에 있어서는 시장원리만 작용하는 것이 아니라 전기의 수급상태·물가수준·국가 및 청구인의 재정상태 등이 종합적으로 반영될 것인바, 이 사건 비용조항이 곧바로 일반국민에 대한 전기요금의 인상으로 직결될 것이라고 단정할 수도 없으므로 일반국민의 공역무 앞의 평등이 침해될 여지가 없다고 하겠다.

따라서 청구인의 이러한 주장들은 더 나아가 살펴볼 필요도 없이 이유 없다.

(4) 소 결

그렇다면 이러한 여러 가지 사정에 비추어 볼 때, 전기간선시설의 설치비용 전부를 청구인의 부담으로 하는 이 사건 비용조항은 헌법 제37조 제2항이 정하는 기본권제한입법의 한계 내의 것으로 청구인의 재산권, 경영의 자유 등을 침해한다고 할 수 없다.

나. 재판관 윤영철, 재판관 권 성, 재판관 김경일, 재판관 주선회, 재판관 이상경의 위헌의견

(1) 주택건설촉진법 제36조 제1항은 택지개발사업을 시행함에 있어서 청구인과 같이 전기를 공급하는 자에게 전기간선시설의 설치의무를 부과하고 있거니와 그 설치방법에 관하여는 아무런 규정을 두고 있지 않다. 원래 전기간선시설은 전기의 위험으로부터 안전을 보장하고 전기의 누실을 방지하면서 효율적으로 송·배전이 가능하도록 전문적인 기술을 가진 자가 이를 시공하여야 하고 전기를 공급하는 자가 이 시설을 자기의 영업시설로 하여 이를 자기 비용으로 유지·관리하여야 한다는 특징을 가지고 있다. 따라서 특별한 사정이 없는 한 그 설치방법은, 청구인과 같이 전기를 공급하는 자로서 법률상 전기간선시설의 설치의무를 부담하는 자가 기술적 측면과 수

익적 측면 그리고 환경조화적 측면을 함께 고려하여 그 방법을 결정할 수밖에 없다. 전기사업법 제16조에 근거하여 산업자원부장관의 인가를 받아 청구인이 제정한 기본공급약관에서 전기시설의 설치방법은 가공설치를 원칙으로 한다고 정하고 있는 것(약관 제28조 제1항)은 위에서 본 여러 측면을 종합적으로 고려한 결과의 산물이다. 즉, 지중설치는 가공설치에 비하여 공사기간이 길고 고장의 발견과 수리 및 시설의 대체에 시간이 더 걸리며 지중에 함께 매설된 다른 시설의 영향을 받거나 다른 시설에 영향을 주게 되는 등의 불리한 점이 있는 외에 무엇보다도 공사비용이 가공설치비용의 7배 내지 10배에 달하기 때문에 자연히 가공설치를 원칙으로 하게 된 것이다.

(2) 한편 주택건설촉진법은 위와 같이 그 제36조 제1항에서 청구인에게 (주택단지경계선까지의) 전기간선시설의 설치의무를 부과하면서 다른 한편 그 제3항에서 간선시설의 설치비용은 그 설치의무자가 이를 부담한다고 규정하여 전기간선시설의 경우 청구인이 그 설치비용을 부담하게 하고 있다. 결국 전기간선시설은 청구인이 그 비용부담으로 이를 설치할 의무가 있게 된다.

원래 청구인은 전기설비의 시설, 전기의 판매 등을 사실상 독점하고 있고 전기간선시설은 청구인의 영업시설이 되기 때문에 주택건설촉진법이 전기간선시설의 설치의무와 비용부담의무를 청구인에게 부과하는 것은, 그 설치방법을 가공설치라고 전제하는 때에는, 충분히 그 합리성을 인정할 수 있다.

(3) 문제는 보다 적은 비용으로 가공설치가 가능함에도 불구하고 가공이 아닌 지중에 설치하는 경우에 발생한다. 현재의 기술수준하에서는 육상의 경우에 전기간선의 설치방법은 가공설치와 지중설치의 두 가지로 일단 구별되는데 위에서 본 것처럼 지중설치는 가공설치에 비하여 공사비가 7배 내지 10배 정도 더 소요되기 때문에 그만큼 더 청구인에게 부담이 된다. 그럼에도 불구하고 주택사업의 시행자가 일방적으로 청구인의 전적인 비용부

담으로 지중설치를 요구할 경우에 청구인이 이를 그대로 수인하여야 한다면 이것은 청구인에게 매우 불리하게 된다. 그 불리함의 정도가 만일 청구인의 계약의 자유와 영업의 자유, 그리고 재산권을 과도하게 제한하는 것이라면 이것은 위헌을 면할 수 없다. 위헌의 문제가 생길 수 있다고 보는 이유는 다음과 같다.

(4) 청구인은 전기의 공급이라는 생존배려적 공적 과제를 수행하는 법인(한국전력공사법 제2조)이지만 주식회사에 관한 상법규정이 적용되는 주식회사로서(동법 제19조) 주식의 49%까지 민간투자가 가능한(동법 제4조) 공사혼합기업이며 전력자원의 개발, 발전·송전·변전·배전 및 이와 관련된 영업을 하는 기업이고(동법 제13조) 주주권의 보호를 위하여 상임임원의 선임시와 이익금의 처리시에 주주총회의 의결을 거처야 하고(동법 제10조, 제14조) 정부가 소유하는 주식 이외의 주식에 대하여는 우선적으로 이익배당이 될 수 있고(동법 제15조) 그 주식 일부가 증권거래소에 상장되어 있다.

이러한 점을 종합적으로 고려하면 전력의 안정적 수급이라는 공적 과제의 수행이 경쟁과 창의를 통하여 효과적으로 개선·확대되고 이윤이 증진되어, 담당기관의 경영의 합리화가 이루어지도록 하기 위하여 법은 청구인을 주식회사의 형태로 조직·운영하고 전력의 수급이라는 공적 과제의 수행을 행정의 방식이 아닌 영업의 방식에 의하도록 규정한 것이라고 보아야 한다.

그렇다면 전기간선시설의 설치 자체는 청구인의 의무로서 공적 과제에 속하지만 그 의무의 수행방식과 비용의 부담문제를 결정하는 것은 청구인의 영업에 속하고 이 부분은 더 이상 순수한 공적 과제라고만 말할 수 없다. 이렇게 보는 것이 청구인을 주식회사의 형태로 조직하여 영업을 하도록 규정한 법의 취지에 부합하고 나아가 청구인에게 출자한 민간주주들의 이익도 함께 보호·대변하여야 하는 청구인의 기능에 부합한다.

그러므로 청구인은 전기간선시설의 설치방식과 비용부담방식 등을 결정하는 문제에 관하여 영업의 자유와 그 전제로서의 계약의 자유 및 재산권 등을 가져야 하고 그 범위 내에서 기본권의 주체가 된다고 할 것이다. 기본권으로 보호되는 영역의 하나인 영업의 분야에 청구인이 진입한 이상 그 기본권적 보호를 받는 것은 청구인의 헌법상 권리에 속한다.

그렇기 때문에 주택사업의 시행자가 일방적으로 청구인의 전적인 비용부담으로 지중설치를 요구할 경우에 청구인이 이를 그대로 수인하여야 할 경우의 불리함의 정도가 만일 청구인의 계약의 자유와 영업의 자유, 그리고 재산권을 과도하게 제한하는 것이라면 이것은 위헌을 면할 수 없다고 보는 것이다.

(5) 우선 지중설치가 가공설치보다 훨씬 더 많은 비용이 드는 경우에 지중설치비용의 부담이 일으키는 문제를 검토한다.

지중설치로 인한 공사비의 증가가 청구인에게 재산상 부담이 되어 결국 청구인의 재산권을 제한한다는 것은 분명하다. 그러나 재산권도 국가안전보장·질서유지·공공복리를 위하여 필요한 경우에는 이를 제한할 수 있는 것이므로(헌법 제37조 제2항) 그 제한이 비례의 원칙을 위반하여 과도한 것이 아니라면 그 제한은 헌법을 위반하는 것은 아니다.

헌법 제35조 제3항은 "국가는 주택개발정책 등을 통하여 모든 국민이 쾌적한 주거생활을 할 수 있도록 노력하여야 한다"라고 규정하고 있다. 택지개발촉진법과 주택건설촉진법은 이러한 헌법상의 국가의무를 바탕으로 하여 제정된 것이고 청구인의 시설의무 및 비용부담의무를 규정하고 있는 주택건설촉진법 제36조 제3항은 택지개발사업의 시행자로 하여금 택지개발의 비용을 절감하여 보다 저렴한 가격으로 택지를 분양할 수 있도록 하려는데 그 목적이 있으므로 그 목적의 정당성은 이를 충분히 인정할 수 있고 나아가 이와 같이 전기간선시설을 지중으로 설치하면서 그 비용을 청구인에게 부담시키는 것은 유려한 미관의 시가지로 구성된 택지를 보다 저렴하게 공급할 수 있게 하므로 이 조항은 이러한 목적을 실현하는 데 일단은 적합한 수단이 된다고 볼 수 있다.

그러나 지중설치보다 가공설치의 방법에 의할 경우에는 동일한 효능을 가진 전기간선시설을 7분의 1 내지 10분의 1 정도의 적은 비용으로 시설할 수 있으므로 이는 택지를 보다 저렴한 가격으로 공급하도록 하는 데 기여하면서도 청구인의 비용부담이라는 피해를 최소화할 수 있는 다른 대체수단이 될 수 있다. 그렇다면 지중설치로 인한 초과비용을 청구인에게 부담시키는 것은, 국민의 재산권을 제한함에 있어서 그 피해를 최소화할 수 있는 다른 대체수단이 없는 경우에만 그 제한이 비례의 원칙에 합당하여 위헌을 면할 수 있다는 과잉금지의 원칙에 일단 어긋난다고 보지 않을 수 없다. 문제는 지중설치에 의하여 얻을 수 있는 가장 큰 이익이라고 할 수 있는 시가지미관의 개선이라는 공익과 청구인이 입는 재산상의 손해라는 사익의 침해를 비교할 때 이러한 사익의 침해를 정당화할 수 있을 정도로 공익의 비중이 크다고 할 수 있는가 하는 점이다. 시가지미관의 개선이 택지의 분양을 용이하게 하고 주민들에게 미관상 보다 유려한 환경을 제공한다고 하는 공익은 그 혜택의 범위가 주로 그 주택단지 안에서 생활하는 주민들로 한정된다는 한계를 갖는다. 다른 한편 지중설치로 인한 추가공사비에 대한 부담을 택지개발사업시행자가 부담한다고 하더라도 그 부담은 바로 택지의 공급가에 반영되어 주민들에게 전가되지만 이러한 전가에 따른 불이익을 받는 사람의 범위 역시 그 주택단지 안의 주민들로 제한된다. 결국 시가지미관의 개선이라는 공익은 제한적인 것이어서 그렇게 크다고 볼 수 없다.

이에 반하여 청구인이 입는 비용부담상의 피해는 통상의 가공설치의 경우 보다 7~10배에 달하여 매우 크다고 할 수 있다. 더구나 청구인은 이러한 부담을 바로 다른 데 전가하는 것이 곤란하다. 왜냐하면 고객에게 최초로 전기를 공급하기 위한 접속비용(공사비)은 전기요금에 포함시키지 않는 것이 원칙이고 또한 전기는 생산에서 공급까지의 비용 추적이 어렵고 고객별 부하형태가 다양하여 고객별 공급원가 산정은 불가능하고 따라서 특정고객에 대하여 공사비를 반영한 요금설계는 곤란하기 때문이다. 지중설치비용을 청구인이 부담할 경우 위에서 본 것처럼 단기적으로는 이것이 바로 전기요금에 전가될 수는 없지만 장기적으로 볼 때 이로 인하여 청구인이 입는 재정상의 불이익은 결국 어떤 형태로든 전기요금에 반영될 것인바 이렇게 되면 전기를 사용하는 모든 국민에게 그 피해가 미치게 된다.

또한 국가나 지방자치단체 또는 그 밖의 택지개발사업시행자들이 주택단지를 건설하면서 분양의 편의와 미관의 증진을 위하여 전기간선시설의 지중설치를 요구하는 일은 계속 증가하고 있고 시가지의 미관을 개선하기 위하여 기존의 가공시설을 지중화할 것을 요구하는 일 또한 증가하고 있다. 이러한 추세에 따른다면 청구인의 비용부담의 증가는 계속 확대될 수밖에 없을 것이다.

결국 청구인이 입는 재산상의 피해는 매우 크다고 하지 않을 수 없다.

한편 청구인 회사는 국가가 51% 이상 출자하여 설립된 공법인이고 그 사업도 전체 국민에게 합리적인 가격에 의하여 안정적으로 전기를 공급하는 일이며 그 영업의 형태는 사실상 독점적인 것이므로 비록 청구인이 지중설치의 모든 비용을 부담한다고 하더라도 이것은 청구인이 향수하는 독점적 이익에 상응한 것으로서 본래의 목적에 적합한 공익적 출연이며 사실상 국고의 출연으로 볼 수 있으므로 이를 개인이 입는 통상의 재산상 손해와 같이 취급할 수는 없다는 점이 지적될 수도 있다. 그러나 공익적인 사업을 수행한다는 점은 청구인이나 한국토지공사나 마찬가지이고 청구인과 한국토지공사가 모두 공법인이라고 하더라도 그 주식의 분포상황을 보면 청구인의 경우에는 국가와 산업은행의 지분이 합계 54% 정도임에 반하여 한국토지공사는 오히려 그 주식의 전부를 국가와 산업은행이 소유하고 있으므로 청구인의 비용부담이 실질적으로 국고의 부담이라고 볼 수 있는 측면보다는 오히려 한국토지공사가 그 비용을 부담하는 것이 더욱 국고적 출연의 성질이 강하다고 할 수 있다. 그러므로 위와 같은 지적은 청구인의 재산상 피해를 부정할 이유가 되지 못한다.

따라서 청구인이 입는 재산상의 피해에 비하여 시가지미관의 개선이라는 공익은 그다지 크다고 볼 수 없으므로, 주택건설촉진법 제36조 제3항 제1문이 지중설치로 인하여 증가되는 공사비용의 전부를 청구인에게 부담시키는 것은 비례의 원칙에 어긋난다.

이러한 이치는 다음과 같은 실정법의 규정을 살펴보면 더욱 분명하게 드러난다. 즉, 기업활동규제완화에 관한 특별조치법(1995. 1. 5. 법률 제4900호로 전면 개정된 것) 제24조(산업단지개발사업 비용부담에 관한 특례)는 그 제1항에서 "산업단지에 전기를 공급하는 자는 산업입지 및 개발에 관한 법률 제28조의 규정에 불구하고 산업단지개발사업의 시행자가 요청하는 경우 산업단지에 전기를 공급하기 위한 전기간선시설 및 배전시설을 산업단지개발실시계획에서 도시계획시설로 결정된 도로까지 설치하여야 한다"라고 규정하고 이어 그 제2항에서 "제1항의 규정에 의하여 산업단지에 전기를 공급하기 위하여 설치한 전기간선시설 및 배전시설의 설치비용은 전기를 공급하는 자가 부담한다. 다만, 산업단지개발사업의 시행자·입주기업·지방자치단체 등의 요청에 의하여 전기간선시설 및 배전시설을 지중에 설치하는 경우에는 전기를 공급하는 자와 지중에 설치할 것을 요청하는 자가 각각 100분의 50의 비율로 그 설치비용을 부담한다"라고 규정한다. 이와 같은 비용의 배분을 주택건설촉진법에서 하지 못할 이유를 찾아볼 수 없다.

그렇다면 주택건설촉진법 제36조 제3항 제1문 가운데, 지중설치비용 중 가공설치비용 상당액을 초과하는 비용부분까지를 청구인의 의사와 관계없이 언제나 청구인에게 부담시키는 것은 피해최소의 원칙 그리고 법익균형의 원칙에 어긋나서 청구인의 재산권을 침해함은 물론이고 다음 (6)에서 보는 바와 같이 청구인의 계약의 자유 및 영업의 자유를 침해한다고 할 것이다.

따라서 주택건설촉진법 제36조 제3항 제1문 중, 전기간선시설의 설치의무자가 부담할 전기간선시설의 「설치비용」 가운데 가공설치비용 상당액을 초과하는 지중설치비용부분은 헌법에 위반된다.

(6) 다음으로 청구인의 의사와는 전혀 관계없이 지중설치가 강제된다는 점 역시 문제를 일으킨다.

지중설치의 강제가 계약자유의 원칙을 제한하는 것임은 여러 설명이 필요 없는 일이고 계약자유의 원칙이 헌법 제10조의 행복추구권의 한 내용인 일반적 행동자유권으로부터 도출되는 헌법상의 기본원칙의 하나라는 것 또한 분명하다. 그런데 전기간선시설을 지중에 설치할 것인지 여부 및 그 비용부담을 누가 할 것인지 여하를 결정함에 있어서 청구인의 의사를 고려하거나 청구인과의 합의를 요건으로 하여서는 안된다고 할 무슨 사정이 있다면, 그리고 이러한 문제를 결정함에 있어서 청구인의 의사를 고려하여서는 안될 국가안전보장·질서유지·공공복리상의 무슨 필요가 있다면, 청구인의 의사를 전적으로 배제하는 것이 물론 합리적이라고 볼 수도 있다. 그러나 주택단지를 개발함에 있어서 국가안전보장·질서유지·공공복리의 필요상 청구인의 의사를 배제하여야 할 무슨 사정이 있다고는 볼 수 없는 데다가 앞에서 본 바와 같이 청구인은 국가가 대주주로 되어 있는 공사혼합기업이므로 국가의 안전보장이나 질서의 유지 및 공공복리의 증진이라는 공익을 도외시하고, 오로지 또는 주로, 사익만을 추구하는 단체라고는 도저히 볼 수 없다. 그렇다면 택지개발사업을 시행함에 있어서 전기간선시설을 지중에 설치할 것인지 여부 및 그 비용부담을 누가 할 것인지 여하를 결정함에 있어서, 본질상 공익도 함께 고려하게 되어 있는 청구인의 의사를, 전적으로 배제하는 것은 합리적인 이유 없이 청구인의 계약의 자유를 침해하여 헌법에 위반된다고 할 것이다.

또한 전기간선시설을 설치하는 일은 청구인의 영업행위에 속하고, 설치된 전기간선시설은 청구인의 영업시설이 되어 청구인이 자기의 비용을 들여 계속하여 이를 유지·관리하게 된다는 점을 고려하지 않을 수 없다. 이러한 여러 가지 상황을 종합적으로 고려할 때 앞에서 본 바와 같은 국가안전보장·질서유지·공공복리상의 특별한 필요가 없다고 보이는 택지개발사업의 시행에 있어서 청구인의 영업에 속하는 행위에 관하여 청구인의 의사를 완전히 배제하고 이를 결정하는 것은 헌법 제15조에서 보호하고 있는 영업의 자유를 합리적인 이유 없이 침해한다고 보지 않을 수 없다.

더 나아가, 택지개발사업을 시행함에 있어서 전기간선시설을 지중에 시설함으로써 시가지의 미관을 개선하는 등의 공익적 효과가 있음은 물론이지만 이러한 공익과 청구인이 계약의 자유 및 영업의 자유를 제한받게 되어 입는 불이익을 비교할 때, 앞에서 재산권에 대한 침해를 인정하면서 밝힌 바와 같이, 청구인이 입는 불이익을 최소화할 수 있는 다른 대체수단, 즉 가공설치라는 방법이 존재하는 경우에는 그럼에도 불구하고 지중설치를 하여 얻게 되는 공익이 청구인의 불이익에 비하여 그렇게 큰 것이 아니므로 청구인의 의사를 완전히 배제하고 일방적이고 일률적으로 청구인에게 지중설치의 시공 및 그 비용 전부의 부담을 강제하는 것은 기본권제한에 관한 헌법상의 과잉금지의 원칙에 어긋난다.

그렇다면 주택건설촉진법 제36조 제3항 제1문 중 청구인의 의사를 완전히 배제하고 일방적이고 일률적으로 청구인에게 지중설치의 시공 및 그 비용 전부의 부담을 강제하는 부분은 계약자유의 원칙과 영업의 자유를 합리적인 이유 없이 과도하게 제한하여 헌법에 위반된다고 하지 않을 수 없다.

(7) 소 결

그러므로 주택건설촉진법 제36조 제3항 제1문이 청구인의 의사를 완전히 배제하고 일방적이고 일률적으로 청구인에게 지중설치의 시공 및 그 비용전부의 부담을 강제함으로써, 전기간선시설의 설치의무자가 부담할 전기간선시설의 「설치비용」에, 가공설치비용 상당액을 초과하는 지중설치비용 부분을 포함시키는 것은, 청구인의 다른 위헌주장에 대하여 더 판단할 것도 없이, 청구인의 재산권과 계약자유의 원칙 및 영업의 자유를 침해하여 헌법에 위반된다고 하지 않을 수 없다.

6. 택지개발촉진법 제14조 제1항에 의하여 준용되는 주택건설촉진법 제36조 제4항의 위헌 여부에 대한 판단

가. 주택건설촉진법 제36조 제4항은 구체적인 기준과 범위를 정하지 아니한 채 전기간선시설의 종류별 설치범위를 대통령령으로 정하도록 위임하고 있는데 이는 포괄적인 입법위임을 금지하는 헌법 제75조에 위반된다고 청구인은 주장한다.

헌법 제75조는 "대통령은 법률에서 구체적으로 범위를 정하여 위임받은 사항과 법률을 집행하기 위하여 필요한 사항에 관하여 대통령령을 발할 수 있다"라고 규정하여 위임입법의 근거와 아울러 그 범위와 한계를 제시하고 있다. 여기서 법률에서 구체적인 범위를 정하여 위임하여야 한다는 것은 법률에 이미 대통령령으로 규정될 내용 및 범위의 기본사항이 구체적으로 규정되어 있어서 누구라도 대통령령에 규정될 내용의 대강을 당해 법률로부터 예측할 수 있어야 함을 의미한다.

그러나 위임의 구체성·명확성의 요구 정도는 규제대상의 종류와 성격에 따라 다를 수밖에 없으므로 다양한 사실관계를 규율하거나 사실관계가 수시로 변화될 것이 예상될 때에는 명확성의 요건이 완화될 수밖에 없는 것이다. 그러므로 위임조항 자체에서 위임의 구체적 범위를 비록 명확히 규정하고 있지 않다고 하더라도 당해 법률의 전반적 체계와 관련규정 및 법령의 연혁 등에 비추어 위임조항에 내재한 위임의 범위나 한계를 대체로 예측할 수 있다면 이를 포괄적인 백지위임에 해당하는 것으로 볼 수는 없는 것이다. 결국 예측가능성의 유무는 당해 조항 하나만을 가지고 판단할 것이 아니고 관련 법조항 전체를 유기적, 체계적, 연혁적으로 검토하여 종합적으로 판단하여야 하며 각 대상법률의 성질에 따라 구체적·개별적으로 검토하여야 할 것이다.

나. 주택건설촉진법 제36조 제4항의 위헌 여부

주택건설촉진법 제36조 제4항은 1981. 4. 7. 법개정 당시 동조 제3항과 함께 처음 등장한 것인데 이 때의 동조 제3항의 내용은 다음과 같았다.

③ 제1항의 간선시설의 설치비용은 그 설치의무자가 부담한다. 다만, 제1항 제2호의 전기시설의 설치의무자가 부담할 설치비용은 주택단지까지의 전기시설(주택단지 안에 송변전시설을 설치하는 경우에는 이를 포함하되, 주택단지 안의 배전시설은 이를 제외한다)의 설치비용으로 하며, 제1항 제1호의 간선시설의 설치비용은 그 2분의 1의 범위 안에서 국가가 이를 보조할 수 있다.

한편 동조 제4항의 위임에 의하여 처음으로 제정된 시행령 제35조 제4항은 다음과 같이 규정하고 있었다.

주택건설촉진법 시행령 제35조 제4항 별표 6(1981. 8. 24. **대통령령 제10448호로 개정된 것**)

3. 전기시설

법 제36조 제3항의 규정에 의한 전기시설로 한다.

이것을 보면 전기간선시설의 설치의무자가 부담할 설치비용은 주택단지까지의 전기시설(주택단지 안에 송·변전시설을 설치하는 경우에는 이를 포함하되, 주택단지 안의 배전시설은 이를 제외한다)의 설치비용으로 한다는 것이 이미 법률 자체에 규정되어 있기 때문에 시행령에서 따로 전기간선시설의 설치범위를 정할 필요가 없었고 따라서 "전기시설은 법 제36조 제3항의 규정에 의한 전기시설로 한다"라고 규정하는 것으로 충분하였다.

그러다가 1990. 7. 16. 개정된 동법시행령 제35조 제4항 별표 6이 "전기시설은 주택단지 밖의 기간이 되는 시설로부터 택지 또는 공동주택의 단지 경계선까지로 한다. 다만, 단지 안에 개설예정인 도시계획도로가 있는 경우에는 그 도로까지로 한다"라고 규정함으로써, 시행령에서 정하는 전기간선시설의 설치의무의 범위가 모법인 법 제36조 제3항이 정하는 범위보다도 오히려 넓게 되었다.

그리하여 1992. 12. 8. 개정된 주택건설촉진법 제36조 제3항은 간단히 "제1항의 규정에 의한 간선시설의 설치비용은 그 설치의무자가 이를 부담한다"라고 규정하면서 종전 규정의 단서에서 정한 구체적인 범위, 즉 "다만, 제1항 제2호의 전기시설의 설치의무자가 부담할 설치비용은 주택단지까지의 전기시설의 설치비용으로 하며"라는 것을 시행령에서 정하게 하였다. 즉, 1993. 2. 20. 개정된 주택건설촉진법 시행령 제35조 제4항 별표 6에서 "전기시설은 주택단지 밖의 기간이 되는 시설로부터 택지 또는 공동주택의 단지경계선까지로 한다"는 취지로 규정을 한 것이다.

이러한 법령개정의 연혁과 주택건설촉진법의 입법목적 및 그 전체의 내용, 특히 주택건설촉진법 제3조 제8호가 "간선시설이라 함은 도로·상하수도·전기시설·가스시설·통신시설 및 지역난방시설 등 주택단지 안의 기간시설과 그 기간시설을 당해 주택단지 밖에 있는 동종의 기간시설에 연결시키는 시설을 말한다"라고 정의하고 있는 취지 등에 비추어 보면 주택건설촉진법 제36조 제4항의 위임에 의하여 대통령령에서 정하게 될 전기간선시설의 설치의무의 범위라는 것이 대체로 "주택단지 밖의 기간이 되는 시설로부터 택지 또는 공동주택의 단지경계선까지의 것"으로 되리라는 것은 이해관계인들이 어렵지 않게 예측할 수 있는 일이라고 할 것이다.

더구나 전기간선시설의 설치의무의 범위라는 것은, 상당한 정도의 전문기술을 가진 인력을 동원할 수 있는 행정부가 국가의 재정능력과 경제여건 그리고 사실관계의 다양성과 변화 등을 고려하여 능동적, 탄력적으로 판단하여 결정할 필요가 있는 사항이기 때문에 의회가 구체적인 내용을 일일이 정하기는 현실적으로 어려운 점이 있다.

이러한 여러 가지 상황을 종합하여 판단할 때 주택건설촉진법 제36조 제4항의 입법위임을 포괄위임이라고는 볼 수 없다. 따라서 위 법조항은 헌법에 위반되지 않는다.

7. 결 론

그렇다면 택지개발촉진법(1980. 12. 31. 법률 제3315호로 제정된 것) 제14조 제1항에 의하여 준용되는 주택건설촉진법 제36조 제3항(1992. 12. 8. 법률 제4530호로 개정된 것) 제1문 중 전기간선시설에 관한 부분에 대하여는 재판관 5인이 위헌의견이고 재판관 4인이 합헌의견이어서 비록 위헌의견이 다수이긴 하지만 법률의 위헌선고에 필요한 정족수 6인에 미달하므로 이 부분은 헌법에 위반되지 않는다는 선고를 하기로 하고 한편, 택지개발촉진법(1980. 12. 31. 법률 제3315호로 제정된 것) 제14조 제1항에 의하여 준용되는 주택건설촉진법 제36조 제4항(1981. 4. 7. 법률 제3420호로 개정된 것)은 헌법에 위반되지 않는다고 할 것이고 이 점에 관하여는 관여재판관 전원의 의견이 일치되므로 이 부분에 대하여도 역시 헌법에 위반되지 않음을 선고하기로 하여 주문과 같이 결정한다.

재판장 재판관 윤영철
주심 재판관 김영일
주심 재판관 권 성
재판관 김효종
재판관 김경일
재판관 송인준
재판관 주선회
재판관 전효숙
재판관 이상경

판례의 평가

1. 헌법재판소는 전기간선시설의 설치비용을 설치방법에 상관없이 그 설치의무자에게 부담시키는 주택건설촉진법 제36조 제3항이 설치의무자의 기업경영의 자유나 재산권 등 기본권을 침해하는지 여부에 대하여 재판관 5명 위헌의견과 재판관 4명 합헌의견으로 정족수를 채우지 못하여 합헌 결정을 하였다.

2. 지중설치보다 가공설치의 방법에 의할 경우에는 동일한 효능을 가진 전기간선시설을 7분의 1 내지 10분의 1 정도의 적은 비용으로 시설할 수 있으므로 이는 택지를 보다 저렴한 가격으로 공급하도록 하는 데 기여하면서도 청구인의 비용부담이라는 피해를 최소화할 수 있는 다른 대체수단이 되어 지중설치로 인한 초과비용을 청구인에게 부담시키는 것은 과잉금지의 원칙에 어긋난다. 그리고 시가지 미관의 개선이 택지의 분양을 용이하게 하고 주민들에게 미관상 보다 유려한 환경을 제공한다고 하는 공익은 그 혜택의 범위가 주로 그 주택지 안에서 생활하는 주민들로 한정되이 그 공익적 효과가 그렇게 크다고 볼 수 없는 반면, 청구인이 입는 비용부담상의 피해는 통상의 가공설치의 경우보다 7~10배에 달하여 매우 크다.

따라서 청구인이 입는 재산상의 피해에 비하여 시가지미관의 개선이라는 공익은 그다지 크다고 볼 수 없으므로, 주택건설촉진법 제36조 제3항 제1문이 지중설치로 인하여 증가되는 공사비용의 전부를 청구인에게 부담시키는 것은 비례의 원칙에 어긋난다.

3. 1972년 12월 30일 제정되어 1973년 1월 15일 시행된 주택건설촉진법은 1977년 12월 31일 제1차 전부개정, 2003년 5월 29일 제2차 전부개정으로 그 명칭이 주택법으로 변경되고, 2016년 1월 19일 제3차 전부개정된 주택법은 2016년 8월 12일 시행된다.

또한 1980년 12월 31일 제정되어 1981년 1월 1일 시행한 택지개발촉진법이 당시 심판대상이 된 조항 제14조와 마찬가지로 현행 동 법률에 그대로 유지하고 있으며, 다음과 같다. 택지개발촉진법 제14조(간선시설의 설치) 간선시설의 설치에 관하여는 「주택법」 제28조를 준용한다. 〈개정 2016. 1. 19.〉 [전문개정 2011. 5. 30.]

4. 반면 당시 심판대상이였던 주택건설촉진법은 현행과 그 조항의 내용을 유지하며 다음과 같다.

주택법 제23조(간선시설의 설치 및 비용의 상환) ① 사업주체가 대통령령으로 정하는 호수 이상의 주택건설사업을 시행하는 경우 또는 대통령령으로 정하는 면적 이상의 대지조성사업을 시행하는 경우 다음 각 호에 해당하는 자는 각각 해당 간선시설을 설치하여야 한다. 다만, 제1호에 해당하는 시설로서 사업주체가 제16조 제1항 또는

제3항에 따른 주택건설사업계획 또는 대지조성사업계획에 포함하여 설치하려는 경우에는 그러하지 아니하다. 〈개정 2012. 1. 26.〉

1. 지방자치단체: 도로 및 상하수도시설
2. 해당 지역에 전기·통신·가스 또는 난방을 공급하는 자: 전기시설·통신시설·가스시설 또는 지역난방시설
3. 국가: 우체통

② 제1항 각 호에 따른 간선시설은 특별한 사유가 없으면 제29조 제1항에 따른 사용검사일까지 설치를 완료하여야 한다.

③ 제1항에 따른 간선시설의 설치 비용은 설치의무자가 부담한다. 이 경우 제1항 제1호에 따른 간선시설의 설치 비용은 그 비용의 2분의 1의 범위에서 국가가 보조할 수 있다.

④ 제3항에도 불구하고 제1항의 전기간선시설을 지중선로(地中線路)로 설치하는 경우에는 전기를 공급하는 자와 지중에 설치할 것을 요청하는 자가 각각 100분의 50의 비율로 그 설치 비용을 부담한다. 다만, 사업지구 밖의 기간시설로부터 그 사업지구 안의 가장 가까운 주택단지(사업지구 안에 1개의 주택단지가 있는 경우에는 그 주택단지를 말한다)의 경계선까지 전기간선시설을 설치하는 경우에는 전기를 공급하는 자가 부담한다.

⑤ 지방자치단체는 사업주체가 자신의 부담으로 제1항 제1호에 해당하지 아니하는 도로 또는 상하수도시설(해당 주택건설사업 또는 대지조성사업과 직접적으로 관련이 있는 경우로 한정한다)의 설치를 요청할 경우에는 이에 따를 수 있다.

⑥ 제1항에 따른 간선시설의 종류별 설치 범위는 대통령령으로 정한다.

⑦ 간선시설 설치의무자가 제2항의 기간까지 간선시설의 설치를 완료하지 못할 특별한 사유가 있는 경우에는 사업주체가 그 간선시설을 자기부담으로 설치하고 간선시설 설치의무자에게 그 비용의 상환을 요구할 수 있다.

⑧ 제7항에 따른 간선시설 설치 비용의 상환 방법 및 절차 등에 필요한 사항은 대통령령으로 정한다. [전문개정 2009. 2. 3.]

15 파산법 제38조 제2항 파산선고 후 가산금 징수대상

(2008. 5. 29. 2006헌가6·11·17(병합))

Ⅰ. 판시 사항

1. 구 파산법(2005. 3. 31. 법률 제7428호로 폐지되기 전의 것) 제38조 제2호 본문의 '국세징수법에 의하여 징수할 수 있는 청구권' 중에서 '파산선고 전의 원인에 의하여 생긴 국세 및 지방세에 기하여 파산선고 후에 발생한 가산금 및 중가산금 청구권' 부분(이하 '이 사건 법률조항'이라 한다)이 재산권 등 기본권을 침해하는지 여부(소극)

2. 재판관 5인이 위헌의견으로 다수이기는 하지만 위헌정족수에 미달되어 합헌결정을 한 사례

Ⅱ. 결정요지

1. 국세기본법 제35조 제1항, 지방세법 제31조는 조세를 능률적으로 확보하기 위하여 조세의 우선징수권을 규정하고 있고 조세우선권에 관하여 조세와 가산금·중가산금을 구분하여 달리 취급할 이유도 없다. 이 사건 법률조항은 이러한 조세의 우선징수권을 파산절차에 반영한 것으로서 입법목

적의 정당성이 인정되며, 가산금채권을 재단채권에 포함시키는 것은 위와 같은 입법목적을 달성하기에 적절한 수단이다.

파산절차는 모든 채무를 획일적으로 평등하게 변제하려는 것이 아니고 파산절차 이전에 실체법상 우선변제권이 인정되던 채권에 대해서는 파산절차에서도 우선변제권을 인정하고 있는바, 조세체납처분절차와 일반적인 강제집행절차에서도 적용되는 조세우선권을 파산절차에서도 적용한다고 하여 불합리하다고 말할 수 없다. 또한 조세체납의 경우에 가산금·중가산금을 부가하여 징수하는 것은 납세의무의 이행을 강제하고 조세징수의 효율성을 높이기 위한 것이므로, 조세체납이 파산선고 후에 이루어졌다고 하여 그로 인한 가산금·중가산금을 우선하여 징수할 필요성이 없어졌다고 볼 수 없다. 따라서 파산선고 후에 부가된 가산금·중가산금 채권을 재단채권에 포함시킨 이 사건 법률조항은 조세의 우선징수권을 파산절차에 반영하여 조세채권의 징수를 실효성 있게 확보하는 적절한 수단으로서 최소침해성의 원칙을 충족한다.

나아가 이 사건 법률조항에 의하여 다른 파산채권자들이 파산절차에서 배당을 받게 되는 몫이 줄어든다고 하더라도, 그러한 불이익이 조세징수의 실효성을 확보하기 위한 이 사건 법률조항의 공익보다 더 중대하다고 보기 어려우므로, 이 사건 법률조항은 법익균형성 원칙도 충족한다고 할 것이다.

따라서 이 사건 법률조항은 과잉금지원칙에 위배하여 다른 파산채권자의 재산권을 침해한다고 보기 어렵다. 그리고 이 사건 법률조항이 조세채권의 불이행으로 인한 가산금·중가산금 채권과 일반 파산채권의 불이행으로 인한 손해배상채권을 합리적인 이유도 없이 차별한다고 보기도 어렵다.

2. 이 사건 법률조항에 대하여 재판관 5인이 위헌의견이고 재판관 4인이 합헌의견이어서 비록 위헌의견이 다수이기는 하지만 법률의 위헌선고에 필요한 정족수 6인에 미달하므로 헌법에 위반되지 않는다는 선고를 한 사례

□ 재판관 이강국, 재판관 이공현, 재판관 이동흡, 재판관 목영준, 재판관 송두환의 위헌의견

우선 목적의 정당성과 수단의 적절성에 관하여 보면, 이 사건 법률조항은 국가 또는 지방자치단체 존립의 재정적 기초를 이루는 조세를 능률적으로 확보하기 위한 정책적·공익적 필요에 따른 것으로서 입법목적의 정당성이 인정되고, 가산금채권을 재단채권에 포함시켜 다른 파산채권보다 먼저, 그리고 파산절차에 의하지 아니하고 수시로 변제받게 하는 것은 위와 같은 입법목적을 달성하기에 적절한 수단이다.

그러나 다음과 같은 이유로 최소침해성 및 법익균형성원칙은 충족되었다고 볼 수 없다.

파산제도는 채무자의 재정적 어려움으로 인하여 채무 전체의 변제가 불가능하여진 상황에서 채권의 개별적 행사를 금지하고 채무자 재산의 관리처분권을 파산관재인에게 배타적으로 위임하여 이를 공정하게 환가·배당함으로써 불충분하더라도 채권자들 간의 적정하고 공평한 만족을 도모하기 위한 것인바, ① 사법상 금전채무의 이행지체에 따른 지연배상금 내지 지연이자에 대응하는 파산선고 후의 가산금채권을 재단채권에 포함시키는 것은 일반 채권의 지연이자가 파산법상 후순위채권인 것과 비교할 때 파산선고시를 기준으로 우선순위가 등질화되어야 한다는 기본 원칙에 반하는 점, ② 파산실무상 파산절차가 대다수 파산채권자들을 위한 제도가 아니라 사실상 조세채권의 회수절차로 전락할 위험마저 있는 점, ③ 파산선고 이후에 발생한 가산금채권을 재단채권에 포함시켜야 할 만큼 공익적·정책적 필요가 있다고 보기 어려운 점 등을 종합하여 보면, 파산선고 전의 원인에 기한 조세채권 본세 이외에도 파산선고 이후에 발생한 가산금채권까지 재단채권에 포함시키는 것은 최소침해성의 원칙에 반한다.

나아가 다액의 가산금채권이 수시로, 그리고 다른 파산채권보다 먼저 변제됨으로써 일반 파산채권자들이 감수하여야 할 재산상 손실이라는 사익이 파산선고 이후에 발생한 가산금채권의 징수확보라는 공익보다 결코 적다 할 수 없으므로, 이 사건 법률조항은 법익균형성 원칙도 충족하지 못한다.

Ⅲ. 심판대상조문

구 파산법(2005. 3. 31. **법률 제7428호로 폐지되기 전의 것**) **제38조**(**재단채권의 범위**)

1. 생략
2. 국세징수법 또는 국세징수의 예에 의하여 징수할 수 있는 청구권. 단, 파산선고 후의 원인으로 인한 청구권은 파산재단에 관하여 생긴 것에 한한다.

3.~11. 생략

Ⅳ. 참조조문

헌법 11조 제1항, 제23조, 제37조 제2항

국세기본법 제35조(**국세의 우선**) ① 국세·가산금 또는 체납처분비는 다른 공과금 기타의 채권에 우선하여 징수한다. 다만, 다음 각 호의 1에 해당하는 공과금 기타의 채권에 대하여는 그러하지 아니하다.

1. 지방세 또는 공과금의 체납처분에 있어서 그 체납처분금액 중에서 국세·가산금 또는 체납처분비를 징수하는 경우의 그 지방세 또는 공과금의 가산금 또는 체납처분비
2. 강제집행·경매 또는 파산절차에 의한 재산의 매각에 있어서 그 매각금액 중에서 국세·가산금 또는 체납처분비를 징수하는 경우의 그 강제집행·경매 또는 파산절차에 소요된 비용

3. 다음 각 목의 1에 해당하는 기일(이하 '법정기일'이라 한다) 전에 전세권·질권 또는 저당권의 설정을 등기 또는 등록한 사실이 대통령령이 정하는 바에 의하여 증명되는 재산의 매각에 있어서 그 매각금액 중에서 국세 또는 가산금(그 재산에 대하여 부과된 국세와 가산금을 제외한다)을 징수하는 경우의 그 전세권·질권 또는 저당권에 의하여 담보된 채권
   가. 과세표준과 세액의 신고에 의하여 납세의무가 확정되는 국세(중간예납하는 법인세와 예정신고납부하는 부가가치세를 포함한다)에 있어서 신고한 당해 세액에 대하여는 그 신고일나. 과세표준과 세액을 정부가 결정·경정 또는 수시부과결정하는 경우에 고지한 당해 세액에 대하여는 그 납세고지서의 발송일
   다. 원천징수의무자 또는 납세조합으로부터 징수하는 국세와 인지세에 있어서는 가목 및 나목의 규정에 불구하고 그 납세의무의 확정일
   라. 제2차납세의무자(보증인을 포함한다)의 재산에서 국세를 징수하는 경우에는 「국세징수법」 제12조의 규정에 의한 납부통지서의 발송일
   마. 양도담보재산에서 국세를 징수하는 경우에는 「국세징수법」 제13조의 규정에 의한 납부통지서의 발송일
   바. 「국세징수법」 제24조 제2항의 규정에 의하여 납세자의 재산을 압류한 경우에 그 압류와 관련하여 확정된 세액에 대하여는 가목부터 마목까지의 규정에 불구하고 그 압류등기일 또는 등록일
4. 「주택임대차보호법」 제8조 또는 「상가건물 임대차보호법」 제14조가 적용되는 임대차관계에 있는 주택 또는 건물을 매각함에 있어서 그 매각금액 중에서 국세 또는 가산금을 징수하는 경우 임대차

에 관한 보증금 중 일정액으로서 동조의 규정에 의하여 임차인이 우선하여 변제받을 수 있는 금액에 관한 채권

5. 사용자의 재산을 매각하거나 추심함에 있어서 그 매각금액 또는 추심금액 중에서 국세 또는 가산금을 징수하는 경우에 「근로기준법」 제38조의 규정에 의하여 국세 또는 가산금에 우선하여 변제되는 임금·퇴직금·재해보상금 기타 근로관계로 인한 채권

②~⑤ 생략

국세징수법 제21조(가산금) 국세를 납부기한까지 완납하지 아니한 때에는 그 납부기한이 지난날로부터 체납된 국세에 대하여 100분의 3에 상당하는 가산금을 징수한다. 다만, 국가와 지방자치단체(지방자치단체조합을 포함한다)에 대하여는 그러하지 아니하다.

국세징수법 제22조(중가산금) ① 체납된 국세를 납부하지 아니한 때에는 납부기한이 지난날로부터 매 1월이 지날 때마다 체납된 국세의 1천분의 12에 상당하는 가산금(이하 이 조에서 '중가산금'이라 한다)을 제21조에 규정하는 가산금에 가산하여 징수한다. 이 경우 중가산금을 가산하여 징수하는 기간은 60월을 초과하지 못한다.

②~④ 생략

지방세법 제27조(가산금 및 독촉) ① 지방세를 납기한까지 완납하지 아니한 때에는 납기한을 경과한 날로부터 체납된 지방세에 대하여 100분의 3에 상당하는 가산금을 징수한다. 다만, 국가와 지방자치단체(지방자치단체조합을 포함한다)에 대하여는 그러하지 아니하다.

②~④ 생략

지방세법 제31조(지방세의 우선) ① 지방자치단체의 징수금은 다른 공과금과 기타의 채권에 우선하여 징수한다.

② 다음 각 호에 해당하는 것은 제1항의 규정을 적용하지 아니한다.

1. 국세 또는 공과금의 체납처분에 있어서 그 체납처분금액 중에서 지방세징수금을 징수하는 경우의 그 국세 또는 공과금의 가산금 또는 체납처분비
2. 강제집행, 경매 또는 파산절차로 인하여 생긴 금액 중에서 지방세와 가산금을 징수하는 경우 그 강제집행, 경매 또는 파산절차에 든 비용
3. 다음 각목의 1에 해당하는 기일(이하 '법정기일'이라 한다) 전에 설정한 전세권, 질권 또는 저당권의 목적인 재산의 매각으로 인하여 생긴 금액 중에서 지방세와 가산금(그 재산에 대하여 부과된 지방세와 가산금을 제외한다)을 징수하는 경우에 그 전세권, 질권 또는 저당권에 의하여 담보된 채권
   가. 과세표준과 세액의 신고에 의하여 납세의무가 확정되는 지방세에 있어서 신고한 당해 세액에 대하여는 그 신고일
   나. 과세표준과 세액을 지방자치단체가 결정·경정 또는 수시부과 결정하는 경우에 고지한 당해 세액에 대하여는 그 납세고지서의 발송일
   다. 특별징수의무자로부터 징수하는 지방세에 있어서는 가목 및 나목의 규정에 불구하고 그 납세의무의 확정일
   라. 제36조 제1항의 규정에 의한 양도담보재산 또는 제2차 납세의무자(보증인을 포함한다)의 재산에서 지방세를 징수하는 경우에는 납부통지서의 발송일
   마. 제28조 제2항 후단의 규정에 의하여 납세자의 재산을 압류한 경우에 그 압류와 관련하여 확정된 세액에 대하여는 가목 내지 라목의 규정에 불구하고 그 압류등기일 또는 등록일
4. 「주택임대차보호법」 제8조가 적용되는 임대차관계에 있는 주택을 매각함에 있어서 그 매각금액 중에서 지방세와 가산금을 징수하

는 경우에 그 임차인의 소액보증금에 관한 채권

5. 사용자의 재산을 매각하거나 추심함에 있어서 그 매각금액 또는 추심금액 중에서 지방세와 가산금을 징수하는 경우에 「근로기준법」 제38조의 규정에 의하여 지방세와 가산금에 우선하여 변제되는 임금·퇴직금·재해보상금 기타 근로관계로 인한 채권

③ 제2항 제3호에 규정된 채권자가 그 권리를 행사하고자 할 때에는 전세권, 질권 또는 저당권이 법정기일전에 설정된 사실을 대통령령으로써 정하는 공정증서로써 증명하여야 한다.

④ 납세의무자를 등기의무자로 하고 채무불이행을 정지조건으로 하는 대물변제의 예약에 기하여 권리이전의 청구권의 보전을 위한 가등기(가등록을 포함한다. 이하 같다) 기타 이와 유사한 담보의 목적으로 된 가등기가 되어 있는 재산을 압류하는 경우에 당해 가등기에 기한 본등기가 압류 후에 행하여진 때에는 그 가등기의 권리자는 그 재산에 대한 체납처분에 대하여 그 가등기에 기한 권리를 주장할 수 없다. 다만, 지방세 또는 가산금(그 재산에 대하여 부과된 지방세와 가산금을 제외한다)의 법정기일 전에 가등기된 재산의 경우에는 그러하지 아니하다.

⑤ 지방자치단체의 장은 제4항의 규정에 의한 가등기 재산을 압류하거나 공매하는 때에는 그 뜻을 가등기권리자에게 지체 없이 통지하여야 한다.

⑥ 지방자치단체의 장은 납세의무자가 제3자와 통정하여 허위로 그 재산에 제2항 제3호의 규정에 의한 전세권·질권 또는 저당권의 설정계약이나 제4항의 규정에 의한 가등기설정계약 또는 제36조 제1항의 규정에 의한 양도담보계약을 하고 그 등기 또는 등록을 함으로써 당해 재산의 매각금액으로 지방자치단체의 징수금을 징수하기가 곤란하다고 인정하는 때에는 당해 행위의 취소를 법원에 청구할 수 있다.

이 경우 납세의무자가 지방세의 법정기일 전 1년 내에 대통령령이 정하는 친족 기타 특수관계인과 전세권·질권 또는 저당권의 설정계약이나 가등기설정계약 또는 양도담보설정계약을 한 경우에는 통정한 허위계약으로 추정한다.

구 **파산법**(2005. 3. 31. **법률 제7428호로 폐지되기 전의 것**) **제32조**(**우선권 있는 파산채권**) 파산재단에 속하는 재산에 대하여 일반우선권이 있는 파산채권은 다른 채권에 우선한다.

구 **파산법**(2005. 3. 31. **법률 제7428호로 폐지되기 전의 것**) **제37조**(**후순위청구권**) 다음 각호의 청구권은 다른 파산채권보다 후순위로 한다.

1. 파산선고 후의 이자
2. 파산선고 후의 불이행으로 인한 손해배상액 및 위약금
3. 파산절차참가의 비용
4. 벌금, 과료, 형사소송비용, 추징금 및 과태료
5. 무이자채권의 기한이 파산선고 후에 도래할 경우에 있어서는 파산선고 시로부터 그 기한에 이르기까지의 법정이율에 의한 원리의 합계액이 채권액이 될 계산에 의하여 산출되는 이자의 액에 상당하는 부분
6. 무이자채권의 기한이 불확정한 경우에 있어서는 그 채권액과 파산선고시의 평가액과의 차액에 상당하는 부분
7. 채권액 및 존속기간이 확정한 정기금채권인 경우에 있어서는 각 정기금에 관하여 제5호의 규정에 준하여 산출되는 이자의 액의 합계액에 상당하는 부분과 각 정기금에 관하여 동호의 규정에 준하여 산출되는 원본의 액의 합계액이 법정이율에 의하여 그 정기금에 상당하는 이자가 생길 원본액을 초과하는 때에는 그 초과액에 상당하는 부분

구 파산법(2005. 3. 31. **법률 제7428호로 폐지되기 전의 것) 제38조**(**재단채권의 범위**) 다음 각 호의 청구권은 이를 재단채권으로 한다.

1. 파산채권자의 공동의 이익을 위한 재판상의 비용
2. 국세징수법 또는 국세징수의 예에 의하여 징수할 수 있는 청구권. 단, 파산선고 후의 원인으로 인한 청구권은 파산재단에 관하여 생긴 것에 한한다.
3. 파산재단의 관리, 환가 및 배당에 관한 비용
4. 파산재단에 관하여 파산관재인이 한 행위로 인하여 생긴 청구권
5. 사무관리 또는 부당이득으로 인하여 파산재단에 대하여 생긴 청구권
6. 위임의 종료 또는 대리권의 소멸 후에 긴박한 필요에 의하여 한 행위로 인하여 파산재단에 대하여 생긴 청구권
7. 제50조 제1항의 규정에 의하여 파산관재인이 채무를 이행하는 경우에 상대방이 가지는 청구권
8. 파산선고로 인하여 쌍무계약이 해지된 경우에 그 종료할 때까지에 생긴 청구권
9. 파산자 및 그 부양을 받는 자의 부조료
10. 파산자의 피용자의 급료·퇴직금 및 재해보상금
11. 파산선고 전의 원인으로 생긴 파산자의 피용자의 임치금과 신원보증금의 반환청구권

구 파산법(2005. 3. 31. **법률 제7428호로 폐지되기 전의 것) 제40조**(**재단채권의 변제**) 재단채권은 파산절차에 의하지 아니하고 수시로 이를 변제한다.

구 파산법(2005. 3. 31. **법률 제7428호로 폐지되기 전의 것) 제41조**(**재단채권의 우선**) 재단채권은 파산채권보다 먼저 이를 변제한다.

구 파산법(2005. 3. 31. **법률 제7428호로 폐지되기 전의 것) 제42조**(**재단부족의 경

우의 변제방법) ① 파산재단이 재단채권의 총액을 변제하기에 부족한 것이 분명하게 된 때에는 재단채권의 변제는 법령이 규정하는 우선권에 불구하고 아직 변제하지 아니한 채권액의 비율에 따라 이를 한다. 단, 재단채권에 관하여 존재하는 유치권, 질권, 저당권 및 전세권의 효력에 영향을 미치지 아니한다.

② 제38조 제1호 내지 제7호 및 제10호에 열기된 재단채권은 다른 재단채권에 우선한다.

구 파산법(2005. 3. 31. **법률 제7428호로 폐지되기 전의 것) 제43조**(**파산채권에 관한 규정의 준용**) ① 제16조, 제17조 및 제18조 제1항의 규정은 제38조 제7호 및 제39조에 규정하는 재단채권에 이를 준용한다.

② 재단채권이 무이자채권 또는 정기금채권인 때에는 만약 그 채권이 파산채권이라면 제37조 제5호 내지 제7호의 규정에 의하여 다른 파산채권보다 후순위로 될 부분에 상당하는 금액을 공제한 액을 그 액으로 한다.

Ⅴ. 참조판례

1. 헌재 1997. 4. 24. 93헌마83, 판례집 9－1, 459
   헌재 2005. 12. 22. 2003헌가8, 판례집 17－2, 577

Ⅵ. 당사자

제청법원 :

1. 창원지방법원
2. 서울고등법원
3. 서울중앙지방법원

제청신청인 :

1. 파자 ○○주택 합자회사의 파산관재인 김○한(2006헌가6)
2. 파산자 ○○종합건설 주식회사의 파산관재인 김○한(2006헌가17)

당해사건 :

1. 창원지방법원 2004가단31848 후순위파산채권확인(2006헌가6)
2. 서울고등법원 2005나102227 후순위파산채권확인(2006헌가11)
3. 서울중앙지방법원 2006가합38043 후순위파산채권확인(2006헌가17)

Ⅶ. 주 문

구 파산법(2005. 3. 31. 법률 제7428호로 폐지되기 전의 것) 제38조 제2호 본문의 '국세징수법에 의하여 징수할 수 있는 청구권' 중에서 '파산선고 전의 원인에 의하여 생긴 국세 및 지방세에 기하여 파산선고 후에 발생한 가산금 및 중가산금 청구권' 부분은 헌법에 위반되지 아니한다.

Ⅷ. 이 유

1. 사건의 개요와 심판의 대상

가. 사건의 개요

(1) 2006헌가6

○○주택 합자회사(이하 '○○주택'이라 한다)는 1998. 7. 15. 부도를 내고 2003. 6. 12. 파산선고를 받았다.

○○주택의 2004. 5. 31. 현재 창원시에 대한 조세 체납액 내역은 다음 표 기재와 같고, 매월 3,425,750원의 중가산금이 가산되고 있다.

<table>
<tr><th rowspan="2">내 역</th><th colspan="3">파산 당시 미납 현황</th><th rowspan="2">파산 이후
중가산금</th><th rowspan="2">합 계</th><th rowspan="2">월 증가액</th></tr>
<tr><th>본 세</th><th>가산금</th><th>중가산금</th></tr>
<tr><td>종합토지세
(2000년)</td><td>99,391,910</td><td>4,969,590</td><td>36,950,730</td><td>13,111,560</td><td>154,423,790</td><td>1,191,960</td></tr>
<tr><td>종합토지세
(1998년)</td><td>127,938,150</td><td>6,396,900</td><td>90,226,010</td><td>1,530,670</td><td>226,091,730</td><td>0</td></tr>
<tr><td>종합토지세
(1999년)</td><td>33,918,720</td><td>1,695,930</td><td>12,061,830</td><td>4,447,870</td><td>52,124,350</td><td>404,190</td></tr>
<tr><td>종합토지세
(2000년)</td><td>50,818,130</td><td>2,540,900</td><td>21,172,110</td><td>13,111,560</td><td>81,187,080</td><td>604,960</td></tr>
<tr><td>합 계</td><td>501,041,540</td><td>25,052,040</td><td>270,407,720</td><td>44,429,510</td><td>840,930,810</td><td>3,425,750</td></tr>
</table>

○○주택의 파산관재인은 창원시를 상대로 하여 창원지방법원 2004가단31848호로, 파산선고 이후의 중가산금은 구 파산법 제37조 제2호가 정한 '파산선고 후의 불이행으로 인한 손해배상액 및 위약금'에 해당한다고 주장하면서 파산선고 이후의 중가산금에 관한 채권이 후순위파산채권임을 확인해 달라는 소를 제기하였다.

창원지방법원은 당해 사건에 관하여 ○○주택 파산관재인의 신청에 따라, 2006. 2. 16. 구 파산법 제38조 제2호 본문의 '국세징수법에 의하여 징수할 수 있는 청구권' 중에서 '구 지방세법(2005. 1. 5. 법률 제7332호로 개정되기 전의 것) 제82조에 의하여 국세징수법에 따라 징수할 수 있는 청구권으로서 파산선고 전의 원인에 의하여 생긴 채권에 기하여 파산선고 후에 발생한 중가산금 청구권에 해당하는 부분'의 위헌 여부에 대한 심판을 제청하였다.

(2) 2006헌가11

주식회사 ○○(이하 '○○'이라 한다)은 2003. 5. 20. 파산선고를 받았는데, 다음 표와 같이 부가가치세를 체납하여 가산금과 중가산금이 발생하였다.

내 역	파산 당시 미납 현황			파산 이후 중가산금	합 계	월 증가액
	본 세	가산금	중가산금			
종합토지세 (1998년)	86,919,700	4,345,980	57,337,550	5,212,420	153,815,650	0
종합토지세 (1999년)	102,054,930	5,102,740	52,659,490	13,471,050	173,288,210	1,224,640

○○의 파산관재인은 대한민국을 상대로 하여 서울중앙지방법원 2004가합45573호로 위 가산금과 중가산금은 구 파산법 제37조 제2호가 정한 '파산선고 후의 불이행으로 인한 손해배상액 및 위약금'에 해당한다고 주장하면서 위 가산금·중가산금에 관한 채권이 후순위파산채권임을 확인해 달라는 소를 제기하였다가, 패소판결을 선고받고 서울고등법원 2005나102227호로 항소를 제기하였다.

항소심 법원은 2006. 7. 5. 직권으로 구 파산법 제38조 제2호 본문의 '국세징수법에 의하여 징수할 수 있는 청구권' 중에서 '파산선고 전의 원인에 의하여 생긴 채권에 기하여 파산선고 후에 발생한 가산금·중가산금 청구권에 해당하는 부분'의 위헌 여부에 대한 심판을 제청하였다.

(3) 2006헌가17

○○종합건설 주식회사(이하 '○○건설'이라 한다)는 2005. 5. 23. 파산선고를 받았는데, 2006. 2. 8. 현재 다음 표 기재와 같이 국세를 체납하고 있고, 매월 3,069,360원의 중가산금이 가산되고 있다.

세목	처분일자	과세처분금액			합계	월증가액
		본세	가산금	중가산금		
법인세	2004.10.25.	42,827,560	1,284,820	6,681,090	50,793,470	513,930
	2005.10.10.	11,062,160	331,860	398,220	11,792,240	132,740
		14,019,140	420,570	504,660	14,944,370	168,220
		2,100,710	63,020	75,600	2,239,330	25,200
부 가 가치세	2005.10.10.	179,186,190	0	20,959,510	200,145,700	2,150,230
		1,307,380	39,220	47,040	1,393,640	15,680
		3,883,390	116,500	139,800	4,139,690	46,600
		853,480	25,600	30,720	909,800	10,240
		543,840	16,310	19,560	579,710	6,520
합 계		255,783,850	2,297,900	28,856,200	286,937,950	3,069,360

○○건설의 파산관재인은 대한민국을 상대로 서울중앙지방법원 2006가합38043호로 파산선고 이후에 발생한 가산금·중가산금이 파산법 제37조 제2호가 정한 '파산선고 후의 불이행으로 인한 손해배상액 및 위약금'에 해당한다고 주장하면서 파산선고 이후에 발생한 가산금·중가산금에 대한 채권 등이 후순위파산채권임을 확인해 달라는 소를 제기하였다.

순번	세무서	세 목	본 세	납부기한	가산금	중가산금 2004.5.4. 현재
1	중부세무서	부가가치세	280,155,550	2003.6.30.	14,007,770	33,618,600
2	김천세무서	부가가치세	1,011,305,630	2003.7.15.	50,565,280	109,220,940
3	김천세무서	부가가치세	50,678,690	2003.7.15.	2,533,930	5,473,260
4	김천세무서	부가가치세	153,141,140	2003.9.30.	7,657,050	12,863,830
합 계			1,495,281,010		74,764,030	161,176,630
가산금 및 중가산금 합계 : 235,940,660원 (= 74,764,030원 + 161,176,630원)						

서울중앙지방법원은 당해 사건에 관하여 ○○건설 파산관재인의 신청을 받아들여 2006. 10. 9. 구 파산법 제38조 제2호 본문의 '국세징수법에 의하여 징수할 수 있는 청구권' 중에서 '파산선고 전의 원인에 의하여 생긴 채권에 기하여 파산선고 후에 발생한 가산금·중가산금 청구권 부분'의 위헌 여부에 대한 심판을 제청하였다.

나. 심판대상조항

이 사건 심판대상조항은 구 파산법(2005. 3. 31. 법률 제7428호로 폐지되기 전의 것, 이하 "법"이라 한다) 제38조 제2호 본문의 '국세징수법에 의하여 징수할 수 있는 청구권' 중에서 '파산선고 전의 원인에 의하여 생긴 국세 및 지방세에 기하여 파산선고 후에 발생한 가산금 및 중가산금 청구권' 부분(이하 '이 사건 법률조항'이라 한다)이다. 이 사건 법률조항의 내용은 다음과 같고, 관련 조항의 내용은 별지와 같다.

[심판대상조항]

구 파산법 제38조(재단채권의 범위) 다음 각 호의 청구권은 이를 재단채권으로 한다.

2. 국세징수법 또는 국세징수의 예에 의하여 징수할 수 있는 청구권, 단 파산선고 후의 원인으로 인한 청구권은 파산재단에 관하여 생긴 것에 한한다.

2. 제청법원의 위헌제청이유와 관계기관의 의견

가. 제청법원의 위헌제청이유

(1) 이 사건 법률조항은 '국세징수법에 의하여 징수할 수 있는 청구권'을 파산재단채권으로 규정하여 국세·지방세에 부가되는 가산금·중가산금 채권까지도 재단채권으로 보고 있다.

파산절차에서, 파산선고 후에 국세·지방세의 체납으로 인하여 부가되는 가산금·중가산금 채권을 재단채권, 우선권 있는 파산채권, 후순위 채권 중 어느 것으로 할 것인가는 입법정책의 문제라고 할 것이지만, 이를 재단채권으로 규정하면 조세뿐만 아니라 파산절차 진행 중에 발생하는 가산금·중가산금까지 다른 파산채권에 우선하여 수시로 변제받게 되고 그만큼 파산재단이 감소되어 다른 파산채권자가 배당받기 어렵게 되는데, 이는 낮은 배당률에 고통 받는 파산채권자들의 희생을 더욱 가중시킨다.

조세채권은 일반적으로 우선권이 인정되고 있지만, 조세의 체납으로 인하여 파산선고 후에 부가되는 가산금·중가산금은 조세채무의 불이행에 대한 제재이거나 지연손해금과 성질이 같은 것이므로, 이는 파산절차의 진행을 위하여 필수불가결한 것이라거나 파산채권자 전체의 이익을 도모하기 위한 것이라고 보기 어렵다.

따라서 이 사건 법률조항은 파산채권자 간의 공평한 분배라는 파산절차의 목적을 달성하는 데 있어 적합한 수단을 채택한 것이라고 보기 어려우므로, 과잉금지원칙을 위배하여 다른 파산채권자의 재산권을 침해할 소지가 있다.

(2) 법 제37조 제2호는 '파산선고 후의 지연이자 또는 채무불이행에 의한 손해배상액'을 후순위 파산채권으로 규정하고 있는데, 이 사건 법률조항은 위와 본질적으로 동일한 성격을 갖는 파산선고 후의 조세 가산금·중가산금 채권을 재단채권으로 인정함으로써 본질적으로 동일한 것을 다르게 취급하고 있는데, 파산법의 기본 목적과 공익적·정책적 필요성의 측면 등을 고려하더라도 그러한 차별적인 취급을 정당화할 합리적인 이유를 찾기 어렵다.

따라서 이 사건 법률조항은 자의적인 차별취급을 한 것이므로 헌법상 평등원칙에 위반될 소지가 있다.

나. 법무부장관의 의견

파산선고 후의 조세 가산금·중가산금 채권을 파산채권으로 인정할 것인지 재단채권으로 인정할 것인지의 문제는 기본적으로 입법정책의 문제이므로, 입법자의 정책적 결단이 현저히 자의적이고 불합리한 것이 아닌 한 과잉금지원칙에 위반된다고 단정할 수 없다.

만일 이 사건 법률조항과 달리 파산선고 후의 조세 가산금·중가산금 채권을 재단채권이 아닌 파산채권으로 한다면, 파산절차 내에서 가산금채권의 배당가능성이 현저히 떨어져 납세의무의 이행을 강제하려는 가산금제도의 기능이 퇴색될 수밖에 없으며, 국가 등 조세채권자는 파산절차가 개시되기 전에 조세채권의 만족을 도모하기 위하여 바로 체납처분 등에 착수하게 되어 납세의무자의 조기 파산을 초래할 가능성도 있다.

따라서 이 사건 법률조항에 의하여 가산금까지 재단채권에 포함시킨다고 하더라도 이는 조세의 우선성을 확보하기 위한 입법정책의 문제이고 또한 합리적인 이유가 있으므로, 과잉금지의 원칙에 위배되지 않고, 다른 파산채권을 불합리하게 차별하는 것이라고 볼 수도 없다.

다. 국세청장과 창원시장의 의견

법무부장관의 의견과 대체로 같다.

3. 파산절차에서 조세의 우선징수권 및 이 사건의 쟁점

가. 파산절차와 채권의 변제순서

파산절차는 채무자의 전 재산으로 모든 채무를 만족시킬 수 없는 지급불능상태로 된 경우에 법원의 파산선고로 개시된다. 채무자의 총재산이 채무액보다 적기 때문에 채무의 공평한 변제를 위하여 채무자의 임의적인 변제와 채권자들의 개별적인 채권 행사를 금지하고 법률과 법원이 관여한다. 즉 파산자의 모든 재산은 파산재단을 구성하게 되고(법 제6조), 파산자는 그 재산에 대한 관리처분권을 상실하며 법원이 선임한 파산관재인이 관리처분권을 행사하게 된다(법 제7조). 한편 채권자는 개별적으로 파산자에 대하여 권리를 행사하는 것이 금지되고 원칙적으로 파산절차에 참가하여 파산재단으로부터 비례적 배당을 받도록 강제된다(법 제15조).

그러나 법은 담보권자와 일정한 채권자에 대하여는 개별적 채권추심금지의 예외를 인정하여 파산절차에 의하지 아니하고 우선적으로 변제받을 수 있도록 하고 있다. 즉 파산재단에 속하는 재산상에 담보권을 가진 자는 그 담보목적물에 관하여 우선적·개별적으로 변제를 받는 권리를 가지고(법 제84조), 그 담보물에 의하여 변제를 받을 수 없는 채권액에 관해서만 파산절차에 참가하여 배당을 받을 수 있다(법 제87조).

그리고 파산법이 재단채권으로 열거하는 일반재단채권(법 제38조)과 특별재단채권(법 제39조, 제51조 제2항, 제70조 제1항, 제60조 제2항, 제63조 제2항 등)은 파산채권에 우선하여 파산절차에 의하지 아니하고 수시로 변제 받을 수 있다(법 제40조 내지 제42조). 민법상 채권자 평등 원칙의 적용을 받는 일반채권은 물론이고 민법·상법 등 법률상 우선권이 있는 일반우선파산채권(법 제

32조)보다도 우월적인 지위를 인정받게 된다. 파산재단이 재단채권의 전액을 변제하기에 부족한 경우에도, 이미 행하여진 재단채권의 변제에는 영향이 없고, 변제되지 않은 재단채권은 법 제42조에 정하여진 우선순위에 따라 변제된다. 한편 법 제37조는 파산절차에서 후순위로 배당받게 되는 채권을 규정하면서, '파산선고 후의 불이행으로 인한 손해배상액 및 위약금'을 후순위파산채권의 하나로 규정하고 있다(법 제37조 제2호).

그 결과 파산절차에서 변제를 받게 되는 우선순위는 피담보채권 > 재단채권 > 일반우선파산채권 > 일반파산채권 > 후순위파산채권의 순서로 된다. 선순위의 채권이 완전히 변제된 뒤에, 남는 재산이 있으면 비로소 다음 순위의 채권이 변제된다. 파산채권자 중 동일 순위의 채권 내부에서는 원칙적으로 채권액의 비율에 따라서 평등하게 변제된다(법 제31조).

나. 조세채권의 우선권과 파산절차

국세기본법 제35조 제1항, 지방세법 제31조는 국세와 지방세 및 그 가산금·중가산금의 우선징수권에 관하여 규정하고 있다. 즉 국세 또는 지방세, 가산금·중가산금 및 체납처분비는 납세자의 모든 재산에 대한 강제집행절차에서 다른 공과금 기타 채권에 우선하여 징수한다. 다만, 소액보증금채권·임금채권 등에 대하여는 조세우선권이 일정한 제한을 받고, 담보물권과의 관계에서는 조세의 법정기일과 담보권 설정일의 선후를 따져 우선순위를 결정하게 된다.

조세를 납기 내에 납부하지 아니한 체납액의 3%에 상당하는 가산금이 부가되고(국세징수법 제21조 본문; 지방세법 제27조 제1항 본문), 체납기간 1개월 경과시마다 체납액의 1.2%에 상당하는 중가산금이 부가되는데(국세징수법 제22조 제1항; 지방세법 제27조 제2항), 이러한 가산금·중가산금 채권과 피담보채권의 우선관계도 가산금 자체의 법정기일을 기준으로 결정된다(국세기본법 제35조 제1항 제3호; 지방세법 제31조 제2항 제3호).

이러한 조세의 우선징수권은 조세의 체납처분절차, 일반경매절차에서 적용될 뿐만 아니라, 파산절차에서도 적용된다. 그래서 법 제38조 제2호 본문이 '국세징수법에 의하여 징수할 수 있는 청구권'을 재단채권의 하나로 규정하고 있다. 다만 파산선고 후의 원인으로 인한 조세채권은 파산재단에 관하여 생긴 것에 한한다.

다. 이 사건의 쟁점

법 제38조 제2호 본문이 '국세징수법에 의하여 징수할 수 있는 청구권'을 재단채권으로 규정하고 있기 때문에 국세나 지방세뿐만 아니라 그 체납으로 인하여 부가되는 가산금·중가산금까지도 모두 재단채권으로서 파산절차 밖에서 수시로 우선변제받게 된다. 그리고 그 가산금·중가산금이 파산선고 전에 생긴 것인지 파산선고 후에 생긴 것인지도 가리지 않고 우선적으로 징수된다.

이에 비하여 일반파산채권의 파산선고 후 불이행으로 인한 손해배상채권은 법 제37조 제2호에 의하여 후순위파산채권으로 된다.

그래서 조세채권이 파산선고 후에 체납되어 가산금·중가산금이 부가되는 경우에 그 가산금·중가산금까지 재단채권에 포함시켜서 파산재단으로부터 우선변제받게 하는 것이 과연 정당한 것인지, 일반파산채권의 불이행으로 인한 손해배상채권을 후순위파산채권으로 규정한 것과 사이에 형평에 맞는 것인지 여부가 문제된다.

파산절차의 실제에 비추어 보면, 일반파산채권에 대한 배당률이 없거나 낮은 경우가 많고, 후순위파산채권까지 배당되는 경우는 거의 없다. 따라서 조세의 체납으로 인하여 부가되는 가산금·중가산금을 재단채권에 포함시키느냐 후순위파산채권에 포함시키느냐에 따라서 가산금·중가산금의 징수 여부와 일반파산채권의 배당률에 현저한 영향을 주게 된다. 가산금·중가산금을 재단채권에 포함시킬 경우에는 조세채권은 가산금·중가산금까지 변제받게 될 가능성이 큰 반면에, 파산절차의 장기화로 인하여 가산금·중가산금의 규모가 커져서 일반파산채권의 배당에 돌아갈 몫이 크게 줄어들게 된다. 이와 달리 조세 체납으로 인하여 부가되는 가산금·중가산금을 후순위파산채권에 포함시킨다면 현실적으로 배당받기 어려워 위와 같은 조세채권을 만족할 수 없게 될 가능성이 크다.

여기서 이 사건 법률조항이 파산선고 후에 조세체납으로 인하여 부가는 가산금·중가산금까지 파산재단채권에 포함시켜 우선변제받게 함으로써 일반파산채권의 배당률을 낮추어 재산권을 침해하고 일반파산채권자를 불합리하게 차별하는 것인지 여부가 문제된다. 이 점에 관하여 재판관들의 의견이 다음과 같이 나뉘어졌다.

참고로 헌법재판소는 2005. 12. 22. 2003헌가8 결정으로 법 제38조 제2호 본문의 '국세징수의 예에 의하여 징수할 수 있는 청구권' 중에서 '산업재해보상보험법·임금채권보장법·고용보험법에 의하여 국세체납처분의 예에 따라 징수할 수 있는 산업재해보상보험료 등 채권에 기하여 파산선고 후에 발생한 연체료 청구권' 부분에 대하여 헌법에 위반된다고 판시하였다. 그리고 2005. 3. 31. 법률 제7428호로 이 사건 법률조항을 포함한 구 파산법이 폐지되고, 파산법·화의법·회사정리법 및 개인채무자 회생법을 통합하여 '채무자 회생 및 파산에 관한 법률'(이하 '통합도산법'이라 한다)이 제정되어 2006. 4. 1.부터 시행되었는데, 통합도산법 제473조에 의하면, 파산선고 전의 원인으로 인한 청구권 중, ① 조세채권은 본세와 가산세·가산금 등을 모두 재단채권으로 하고, ② '국세징수의 예'에 의하는 청구권 중에서 개별법상 우선권이 인정되는 것만 재단채권으로 규정하되 우선권이 있는 것이라도 제446조의 규정에 의한 후순위파산채권에 해당하는 것은 재단채권에서 제외하였다.

4. 재판관 이강국, 재판관 이공현, 재판관 이동흡, 재판관 목영준, 재판관 송두환의 위헌의견

가. 재산권 침해 여부

이 사건 법률조항은 파산선고 전의 원인에 기한 조세채권의 본세 이외에도 파산선고 후 발생한 가산금채권까지 재단채권에 포함시킴으로써 다른 채권자들의 재산권행사를 제한하고 있는바, 이러한 제한이 과연 비례의 원칙에 부합하여 헌법상 용인될 수 있는지를 살핀다.

나. 목적의 정당성과 수단의 적절성

위와 같이 파산절차에서 가산금채권을 재단채권으로 특별히 취급하여 다른 파산채권보다 먼저 변제받게 하는 것은, 국가 또는 지방자치단체 존립의 재정적 기초를 이루는 조세를 능률적으로 확보하기 위한 정책적·공익적 필요에 따른 것으로서 입법목적의 정당성이 인정되고, 가산금채권을 재단채권에 포함시켜 다른 파산채권보다 먼저, 그리고 파산절차에 의하지 아니하고 수시로 변제받게 하는 것은 위와 같은 입법목적을 달성하기에 적절한 수단이다.

다. 최소침해성 원칙의 충족 여부

(1) 파산제도는 채무자의 재정적 어려움으로 인하여 채무 전체의 변제가 불가능하여진 상황에서 채권의 개별적 행사를 금지하고 채무자 재산의 관리처분권을 파산관재인에게 배타적으로 위임하여 이를 공정하게 환가·배당함으로써 불충분하더라도 채권자들 간의 적정하고 공평한 만족을 도모하기 위한 것이다. 이러한 제도는 경제적 파탄 상태에 이른 채무자를 방치하면 채권자들에게 혼란과 불공평한 결과가 발생하고, 나아가 연쇄적으로 사회의 혼란이 초래되면서 경제사회에 큰 손실을 가져오게 되기 때문에 이를 방지하여 국민경제의 안정과 발전에 기여하고자 하는 공익적 필요에서 비

롯된 것이다.

(2) 이와 같이 파산제도는 채권자들 간의 공평하고 균등한 희생을 전제로 하는 것이므로, 다수의 채권자에 대한 변제 우선순위를 정함에 있어서 헌법적으로 용인될 수 있는 기준이 설정되어야 한다.

우선 민법, 상법 그 밖의 개별법(이하 '실체법'이라 한다)에 있어서의 우선순위, 즉 파산 이전의 권리관계에서 인정되던 법률관계가 반영되어야 한다. 파산법은 기본적으로 채권자 간의 공평한 분배라는 목적을 달성하기 위한 절차법이므로 그러한 목적을 달성하는데 필요한 한도 내에서 실체적 법률관계에 조정을 가할 뿐이지 그 자체로 실체적 권리를 창설하거나 폐지할 수는 없기 때문이다. 이것이 각 실체법상 구현하고자 하였던 입법취지에 맞을 뿐 아니라 이러한 예상하에 법률관계를 형성하여 왔던 이해관계자들의 기대에도 부합할 것이다. 우리 파산법도 실체법상의 법률관계를 반영하여, 파산자의 재산에 속하지 아니하는 재산을 파산재단으로부터 환취할 수 있게 하고(제79조), 파산재단에 속하는 재산상에 존재하는 유치권, 질권, 저당권 또는 전세권을 가진 자는 그 목적인 재산에 대하여 별제권을 가지며(제84조), 일반우선권 있는 파산채권은 다른 채권에 우선하게 하고(제32조), 동일순위로 변제할 채권은 각각 그 채권액의 비율에 따라 변제하도록 하였다(제31조).

다만 파산절차의 효율성과 공평의 이념을 달성하기 위하여 개별 채권의 성격에 비추어 합리적인 한도 내에서 실체법상의 법률관계에 따른 우선순위를 수정할 필요가 있어, 파산법은 후순위파산채권제도(제37조)와 재단채권제도(제38조)를 규정하고 있다. 그러나 파산제도는 파산선고 당시를 기준으로 하여 개별적 권리행사를 금지하고(제15조) 채권자들의 이해관계를 조정하는 절차이므로, 이 경우에도 파산선고 시를 기준으로 우선순위가 등질화되어야 한다는 기본 원칙은 준수되어야 한다.

(3) 이 사건 법률조항이 파산선고 전의 원인에 기한 조세채권 중 가산

금채권까지 재단채권에 포함시킴으로써 다른 파산채권에 우선하여 변제받도록 한 것이 위와 같은 기준에 부합하는지를 본다. 앞에서 본 바와 같이 재단채권은 개별적 권리행사가 허용될 뿐 아니라, 그 변제순위에 있어서도 별제권을 제외한 모든 파산채권에 우선하는바, 그 이유는 채권의 성질상 파산절차의 공평의 이념이나 실체법상 공익적·정책적 목적에 비추어 다른 권리보다 우선적으로 변제받아야 할 필요가 있기 때문이다. 이에 따라 파산절차를 수행하는 데 필요한 비용과 같이 파산채권자의 공동의 이익을 위하여 부담한 채권이나 파산자의 피용자에 대한 급료, 퇴직금 및 재해보상금과 같이 정책적·공익적 이유로 보호되어야 할 채권 등이 이에 포함되는 것이다.

조세채권은 국가 또는 지방자치단체 존립의 재정적 기초인 조세를 확보하여야 한다는 공공목적 때문에 실체법상으로는 물론, 파산절차에서도 우선권을 인정받을 필요가 있다. 그러나 파산선고 전의 원인에 기한 조세채권 본세 이외에도 파산선고 이후에 발생한 가산금채권까지 우선권을 인정하는 것은 다음과 같은 이유에서 허용될 수 없다.

(가) 채권의 성질상 파산선고 후의 가산금채권은 사법상 금전채무의 이행지체에 따른 지연배상금 내지 지연이자에 대응하는 개념인바, 일반 채권의 지연이자가 파산법상 후순위채권인 점(제37조 제2호)에 비추어 볼 때, 이를 재단채권에 포함시키는 것은 파산선고 시를 기준으로 우선순위가 등질화 되어야 한다는 기본 원칙에 반한다.

(나) 실무상으로도 파산재단 중 가산금채권이 차지하는 비중이 매우 높은 점에 비추어 볼 때[가산금은 체납된 본세의 3%이고(국세징수법 제21조 본문), 중가산금은 매 1월이 경과할 때마다 체납된 본세의 1.2%로서 60월까지 부과된다(국세징수법 제22조 제1항)], 가산금채권의 우선변제가 현실적으로 재단부족현상을 심화시켜 파산폐지를 초래함으로써 파산절차가 대다수 파산채권자들을 위한 제도가 아니라 사실상 조세채권의 회수절차로 전락할 위험마저 있다.

(다) 파산절차는 파산선고 시를 기준으로 채권을 확정한 후 그 채권자들 간의 이해관계를 공평하게 조정하는 절차이므로, 파산선고 이후에 발생한 가산금채권을 재단채권에 포함시켜야 할 만큼 공익적·정책적 필요가 있다고 보기 어렵다.

따라서 파산선고 이후에 발생한 가산금채권을 재단채권에 포함시키는 것은 재산권의 행사를 제한하는 데 있어서 필요최소한에 그쳐야 한다는 최소침해성의 원칙을 충족하지 아니한다.

라. 법익 균형성 원칙의 충족 여부

나아가 다액의 가산금채권이 수시로, 그리고 다른 파산채권보다 먼저 변제됨으로써 일반 파산채권자들이 감수하여야 할 재산상 손실이라는 사익이 파산선고 이후에 발생한 가산금채권의 징수확보라는 공익보다 결코 적다할 수 없으므로, 이 사건 법률조항은 법익균형성원칙을 충족하지 못한다.

마. 소 결

따라서 파산선고 전의 원인에 기한 조세채권 중 파산선고 이후 발생한 가산금채권까지를 재단채권으로 규정함으로써 파산절차에서 다른 채권자보다 우선적 지위를 부여한 이 사건 법률조항은 헌법상 과잉금지의 원칙에 반하여 재산권을 침해한 것으로서 헌법에 위반된다고 할 것이다.

5. 재판관 조대현, 재판관 김희옥, 재판관 김종대, 재판관 민형기의 합헌의견

가. 목적의 정당성 및 수단의 적절성

국세기본법 제35조 제1항, 지방세법 제31조는 국가 또는 지방자치단체 존립의 재정적 기초를 이루는 조세를 능률적으로 확보하기 위하여 국세와 지방세 및 그 가산금·중가산금을 다른 채권에 우선하여 징수하도록 규정하고 있다. 조세체납의 경우에 가산금·중가산금을 부가하여 징수하는 것은 헌법상의 기본의무인 납세의무의 이행을 강제하고 조세징수의 효율성을 높이기 위한 것이며 조세우선권에 관하여 조세와 가산금·중가산금을 구분하여 달리 취급할 이유가 없다.

헌법재판소는 1997. 4. 24. 93헌마83 결정으로 이러한 조세우선권을 규정한 법률규정이 헌법에 위반되지 아니한다고 선언하였다.

이 사건 법률조항은 이러한 조세의 우선징수권을 파산절차에 반영한 것으로서 입법목적의 정당성이 인정되며, 가산금채권을 재단채권에 포함시키는 것은 위와 같은 입법목적을 달성하기에 적절한 수단이라고 할 것이다

나. 최소침해성원칙의 충족 여부

파산절차는 채무자의 재산이 채무를 초과하는 상태에서 채무의 공평한 변제를 목적으로 하는 것이지만, 모든 채무를 획일적으로 평등하게 변제하려는 것이 아니고, 파산절차 이전에 실체법상 우선변제권이 인정되던 채권에 대해서는 파산절차에서도 우선변제권을 인정하고 있다.

조세채권은 파산절차 이전에 조세법률에 의하여 우선징수권이 인정되고, 조세우선권은 특별한 규정이 없는 한 채무자의 모든 재산에 미치고, 조세체납처분절차뿐만 아니라 일반적인 강제집행절차에서도 적용된다. 따라서 이러한 조세우선권을 파산절차에서도 적용한다고 하여 불합리하다고 말할 수 없다.

조세체납의 경우에 가산금·중가산금을 부가하여 징수하는 것은 납세의무의 이행을 강제하고 조세징수의 효율성을 높이기 위한 것이므로, 조세체납이 파산선고 후에 이루어졌다고 하여 그로 인한 가산금·중가산금을 우선하여 징수할 필요성이 없어졌다고 볼 수 없다. 파산절차가 개시되지 아니한 경우에 우선징수할 수 있는 가산금·중가산금을 파산절차가 개시되었다고 하여 우선징수하지 못하게 하여야 할 이유가 없다.

파산절차의 재단채권은 파산재단의 유지를 위한 채권이나 파산채권자 전원의 이익을 도모하기 위한 채권만 인정되는 것이 아니므로, 조세체납으로 인한 가산금·중가산금 채권이 파산절차의 이익을 위한 채권에 해당되지 아니한다고 하여 재단채권에 포함시킬 수 없다고 단정할 수 없다.

나아가 법 제38조 제2호는 조세채권이라 하여도 파산선고 후의 원인으로 인하여 생긴 것은 파산재단에 관하여 생긴 것에 한하여 재단채권으로 인정하고, 가산금은 체납액의 3%, 중가산금은 체납기간 1개월당 체납액의 1.2%로 제한되어 있으므로, 다른 파산채권자들이 예측가능한 범위를 넘어서 우대하는 것이라고 보기 어렵다.

따라서 파산선고 후에 부가된 가산금·중가산금 채권을 재단채권에 포함시킨 이 사건 법률조항은 조세의 우선징수권을 파산절차에 반영하여 조세채권의 징수를 실효성 있게 확보하는 적절한 수단으로서 최소침해성의 원칙을 충족한다.

다. 법익균형성원칙의 충족 여부

이 사건 법률조항에 의하여 다른 파산채권자들이 파산절차에서 배당을 받게 되는 몫이 줄어든다고 하더라도, 그 줄어드는 금액이 일반파산채권자에 배당될 몫은 파산의 실정상 미미하며 또 그러한 불이익은 조세우선권을 규정한 법규정에 의하여 비롯된 효과이지, 이 사건 법률조항에 의하여 비로소 생기는 것이 아니다.

반면 파산선고 후에 생긴 가산금·중가산금까지 재단채권에 포함시킨 이 사건 법률조항은 헌법상 기본의무인 납세의무의 이행을 강제하고 조세징수의 실효성을 확보하기 위한 것으로서 그 공익성은 매우 크다고 할 것이다. 따라서 이 사건 법률조항으로 인하여 다른 파산채권자들이 입게 되는 불이익이 위와 같은 공익보다 더 중대하다고 보기 어렵다.

이 사건 법률조항은 법익균형성원칙도 충족한다고 할 것이다.

라. 소 결

이 사건 법률조항은 과잉금지원칙에 위배하여 다른 파산채권자의 재산권을 침해한다고 보기 어렵다.

그리고 이 사건 법률조항이 조세채권의 불이행으로 인한 가산금·중가산금 채권과 일반 파산채권의 불이행으로 인한 손해배상채권을 합리적인 이유도 없이 차별한다고 보기도 어렵다.

6. 결 론

이 사건 법률조항의 위헌 여부에 대하여 재판관 5인이 위헌의견을 표시하고 재판관 4인이 합헌의견을 표시하여, 위헌의견이 다수이지만 법률의 위헌선고에 필요한 정족수(재판관 6인 이상의 찬성)에 미달하므로, 이 사건 법률조항은 헌법에 위반되지 아니한다고 선고하기로 결정한다.

재판관 이강국(재판장)
이공현
조대현(주심)
김희옥
김종대
민형기
이동흡
목영준
송두환(해외출장으로 서명날인 불능)

[별 지] 관련조항

구 파산법(2005. 3. 31. **법률 제7428호로 폐지되기 전의 것) 제32조**(**우선권 있는 파산채권**) 파산재단에 속하는 재산에 대하여 일반우선권이 있는 파산채권은 다른 채권에 우선한다.

제37조(**후순위청구권**) 다음 각 호의 청구권은 다른 파산채권보 후순위로 한다.

1. 파산선고 후의 이자
2. 파산선고 후의 불이행으로 인한 손해배상액 및 위약금
3. 파산절차참가의 비용
4. 벌금, 과료, 형사소송비용, 추징금 및 과태료
5. 무이자채권의 기한이 파산선고 후에 도래할 경우에 있어서는 파산선고 시로부터 그 기한에 이르기까지의 법정이율에 의한 원리의 합계액이 채권액이 될 계산에 의하여 산출되는 이자의 액에 상당하는 부분
6. 무이자채권의 기한이 불확정한 경우에 있어서는 그 채권액과 파산선고 시의 평가액과의 차액에 상당하는 부분
7. 채권액 및 존속기간이 확정한 정기금채권인 경우에 있어서는 각 정기금에 관하여 제5호의 규정에 준하여 산출되는 이자의 액의 합계액에 상당하는 부분과 각 정기금에 관하여 동호의 규정에 준하여 산출되는 원본의 액의 합계액이 법정이율에 의하여 그 정기금에 관하여 동호의 규정에 의하여 그 정기금에 상당하는 이자가 생긴 원본액을 초과하는 때에는 그 초과액에 상당하는 부분

제38조(**재단채권의 범위**) 다음 각 호의 청구권은 이를 재단채권으로 한다.

1. 파산채권자의 공동의 이익을 위한 재판상의 비용

2. 국세징수법 또는 국세징수의 예에 의하여 징수할 수 있는 청구권, 단 파산선고 후의 원인으로 인한 청구권은 파산재단에 관하여 생긴 것에 한한다.
3. 파산재단의 관리, 환가 및 배당에 관한 비용
4. 파산재단에 관하여 파산관재인이 한 행위로 인하여 생긴 청구권
5. 사후관리 또는 부당이득으로 인하여 파산재단에 대하여 생긴 청구권
6. 위임의 종료 또는 대리권의 소멸 후에 긴박한 필요에 의하여 한 행위로 인하여 파산재단에 대하여 생긴 청구권
7. 제50조 제1항의 규정에 의하여 파산관재인이 채무를 이행하는 경우에 상대방이 가지는 청구권
8. 파산선고로 인하여 쌍무계약이 해지된 경우에 그 종료할 때까지에 생긴 청구권
9. 파산자 및 그 부양을 받는 자의 부조료
10. 파산자의 피용자의 급료, 퇴직금 및 재해보상금
11. 파산선고 전의 원인으로 생긴 파산자의 피용자의 임치금과 신원보증금의 반환청구권

제40조(재단채권의 변제) 재단채권은 파산절차에 의하지 아니하고 수시로 이를 변제한다.

제41조(재단채권의 우선) 재단채권은 파산채권보다 먼저 이를 변제한다.

제42조(재단부족의 경우의 변제방법) ① 파산재단이 재단채권의 총액을 변제하기에 부족한 것이 분명하게 된 때에는 재단채권의 변제는 법령이 규정하는 우선권에 불구하고 아직 변제하지 아니한 채권액의 비율에 따라 이를 한다. 단, 재단채권에 관하여 존재하는 유치권, 질권, 저당권 및 전세권의 효력에 영향을 미치지 아니한다.

② 제38조 제1호 내지 제7호 및 제10호에 열기된 재단채권은 다른 재단채권에 우선한다.

제43조(파산채권에 관한 규정의 준용) ① 제16조, 제17조 및 제18조 제1항의 규정은 제38조 제7호 및 제39조에 규정하는 재단채권에 이를 준용한다.

② 재단채권이 무이자채권 또는 정기금채권인 때에는 만약 그 채권이 파산채권이라면 제37조 제5호 내지 제7호의 규정에 의하여 다른 파산채권보다 후순위로 될 부분에 상당하는 금액을 공제한 액을 그 액으로 한다.

채무자 회생 및 파산에 관한 법률(2005. 3. 31. **법률 제7428호로 제정된 것**)

제441조(우선권 있는 파산채권) 파산재단에 속하는 재산에 대하여 일반의 우선권이 있는 파산채권은 다른 채권에 우선한다.

제446조(후순위파산채권) ① 다음 각 호의 청구권은 다른 파산채권보다 후순위 파산채권으로 한다.

1. 파산선고 후의 이자
2. 파산선고 후의 불이행으로 인한 손해배상액 및 위약금
3. 파산절차참가비용
4. 벌금·과료·형사소송비용·추징금 및 과태료
5. 기한이 파산선고 후에 도래하는 이자 없는 채권의 경우 파산선고가 있은 때부터 그 기한에 이르기까지의 법정이율에 의한 원리의 합계액이 채권액이 될 계산에 의하여 산출되는 이자의 액에 상당하는 부분
6. 기한이 불확정한 이자 없는 채권의 경우 그 채권액과 파산선고 당시의 평가액과의 차액에 상당하는 부분
7. 채권액 및 존속기간이 확정된 정기금채권인 경우 각 정기금에 관

하여 제5호의 규정에 준하여 산출되는 이자의 액의 합계액에 상당하는 부분과 각 정기금에 관하여 같은 호의 규정에 준하여 산출되는 원본의 액의 합계액이 법정이율에 의하여 그 정기금에 상당하는 이자가 생길 원본액을 초과하는 때에는 그 초과액에 상당하는 부분

② 채무자가 채권자와 파산절차에서 다른 채권보다 후순위로 하기로 정한 채권은 그 정한 바에 따라 다른 채권보다 후순위로 한다.

제473조(재단채권의 범위) 다음 각 호의 청구권은 재단채권으로 한다.

1. 파산채권자의 공동의 이익을 위한 재판상 비용에 대한 청구권
2. 국세징수법 또는 지방세법에 의하여 징수할 수 있는 청구권(국세징수의 예에 의하여 징수할 수 있는 청구권으로서 그 징수우선순위가 일반파산채권보다 우선하는 것을 포함하며, 제446조의 규정에 의한 후순위파산채권을 제외한다). 다만, 파산선고 후의 원인으로 인한 청구권은 파산재단에 관하여 생긴 것에 한한다.
3. 파산재단의 관리·환가 및 배당에 관한 비용
4. 파산재단에 관하여 파산관재인이 한 행위로 인하여 생긴 청구권
5. 사무관리 또는 부당이득으로 인하여 파산선고 후 파산재단에 대하여 생긴 청구권
6. 위임의 종료 또는 대리권의 소멸 후에 긴급한 필요에 의하여 한 행위로 인하여 파산재단에 대하여 생긴 청구권
7. 제335조 제1항의 규정에 의하여 파산관재인이 채무를 이행하는 경우에 상대방이 가지는 청구권
8. 파산선고로 인하여 쌍무계약이 해지된 경우 그 때까지 생긴 청구권
9. 채무자 및 그 부양을 받는 자의 부조료
10. 채무자의 근로자의 임금·퇴직금 및 재해보상금

11. 파산선고 전의 원인으로 생긴 채무자의 근로자의 임치금 및 신원보증금의 반환청구권

제475조(재단채권의 변제) 재단채권은 파산절차에 의하지 아니하고 수시로 변제한다.

제476조(재단채권의 우선변제) 재단채권은 파산채권보다 먼저 변제한다.

제477조(재단부족의 경우의 변제방법) ① 파산재단이 재단채권의 총액을 변제하기에 부족한 것이 분명하게 된 때에는 재단채권의 변제는 다른 법령이 규정하는 우선권에 불구하고 아직 변제하지 아니한 채권액의 비율에 따라한다. 다만, 재단채권에 관하여 존재하는 유치권·질권·저당권 및 전세권의 효력에는 영향을 미치지 아니한다.

② 제473조 제1호 내지 제7호 및 제10호에 열거된 재단채권은 다른재단채권에 우선한다.

제478조(파산채권에 관한 규정의 준용) ① 제425조·제426조 및 제427조 제1항의 규정은 제473조 제7호 및 제474조의 규정에 의한 재단채권에 관하여 준용한다.

② 제1항의 규정에 의한 재단채권이 이자 없는 채권 또는 정기금채권인 때에는 만약 그 채권이 파산채권이라면 제446조 제1항 제5호 내지 제7호의 규정에 의하여 다른 파산채권보다 후순위로 될 부분에 해당하는 금액을 공제한 액을 그 가액으로 한다.

부 칙(제7428호, 2005. 3. 31.)

제1조(시행일) 이 법은 공포 후 1년이 경과한 날부터 시행한다.

제2조(폐지법률) 「회사정리법」·「화의법」·「파산법」 및 「개인채무자회생법」은 이를 폐지한다.

제3조(「회사정리법」·「화의법」·「파산법」 및 「개인채무자회생법」의 폐지에 따른

경과조치) 이 법 시행 당시 종전의 「회사정리법」에 의하여 정리절차 개시의 신청을 한 정리사건, 종전의 「화의법」에 의하여 화의개시신청을 한 화의사건, 종전의 「파산법」에 의하여 파산신청을 한 파산사건과 종전의 「개인채무자회생법」에 의하여 개인회생절차개시신청을 한 개인회생사건은 각각 종전의 「회사정리법」·「화의법」·「파산법」 및 「개인채무자회생법」에 의한다.

국세기본법 제2조(정의) 이 법에서 사용하는 용어의 정의는 다음 각 호와 같다.

4. '가산세'라 함은 세법에 규정하는 의무의 성실한 이행을 확보하기 위하여 그 세법에 의하여 산출한 세액에 가산하여 징수하는 금액을 말한다. 다만 가산금은 이에 포함하지 아니한다.
5. '가산금'이라 함은 국세를 납부기한까지 납부하지 아니한 때에 「국세징수법」에 의하여 고지세액에 가산하여 징수하는 금액과 납부기한 경과 후 일정기한까지 납부하지 아니한 때에 그 금액에 다시 가산하여 징수하는 금액을 말한다.

제35조(국세의 우선) ① 국세·가산금 또는 체납처분비는 다른 공과금 기타의 채권에 우선하여 징수한다. 다만, 다음 각 호의 1에 해당하는 공과금 기타의 채권에 대하여는 그러하지 아니하다. 다만, 다음 각 호의 1에 해당하는 공과금 기타의 채권에 대하여는 그러하지 아니하다.

3. 다음 각 목의 1에 해당하는 기일(이하 '법정기일'이라 한다) 전에 전세권·질권 또는 저당권의 설정을 등기 또는 등록한 사실이 대통령령이 정하는 바에 의하여 증명되는 재산의 매각에 있어서 그 매각금액 중에서 국세 또는 가산금(그 재산에 대하여 부과된 국세와 가산금을 제외한다)을 징수하는 경우의 그 전세권·질권 또는 저당권에 의하여 담보된 채권(이하 각 목 생략)

국세징수법 제21조(가산금) 국세를 납부기한까지 완납하지 아니한 때에는 그 납부기한이 경과한 날로부터 체납된 국세에 대하여 100분의 3에 상당하는 가산금을 징수한다.

제22조(중가산금) ① 체납된 국세를 납부하지 아니한 때에는 납부기한이 경과한 날로부터 매 1월이 경과할 때마다 체납된 국세의 1천분의 12에 상당하는 가산금을 제21조에 규정하는 가산금에 가산하여 징수한다. 이 경우 중가산금을 가산하여 징수하는 기간은 60월을 초과하지 못한다.

지방세법 제1조(정의) ① 이 법에서 사용하는 용어의 정의는 다음과 같다.

13. 가산금 : 지방세를 납부기한까지 납부하지 아니한 때에 이 법에 의하여 고지금액에 가산하여 징수하는 금액과 납기경과 후 일정기한까지 납부하지 아니한 때에 그 금액에 다시 가산하는 금액을 말한다.

제27조(가산금 및 독촉) ① 지방세를 납기한까지 완납하지 아니한 때에는 납기한을 경과한 날로부터 체납된 지방세에 대하여 100분의 3에 상당하는 가산금을 징수한다. 다만, 국가와 지방자치단체(지방자치단체조합을 포함한다)에 대하여는 그러하지 아니하다.

② 체납된 지방세를 납부하지 아니한 때에는 납기한이 경과한 날로부터 매 1월이 경과할 때마다 체납된 지방세의 1천분의 12에 상당하는 가산금(이하 이 조에서 '중가산금'이라 한다)을 제1항에 규정하는 가산금에 가산하여 징수한다. 이 경우 중가산금을 가산하여 징수하는 기간은 60월을 초과하지 못한다.

제31조(지방세의 우선) ① 지방자치단체의 징수금은 다른 공과금과 기타의 채권에 우선하여 징수한다.

② 다음 각 호에 해당하는 것은 제1항의 규정을 적용하지 아니한다.

3. 다음 각 목의 1에 해하는 기일(이하 '법정기일'이라 한다) 전에 설정한 전세권, 질권 또는 저당권의 목적인 재산의 매각으로 인하여 생긴 금액 중에서 지방세와 가산금(그 재산에 대하여 부과된 지방세와 가산금을 제외한다)을 징수하는 경우에 그 전세권, 질권 또는 저당권에 의하여 담보된 채권(이하 각 목 생략)

제82조(국세기본법 등의 준용) 지방세의 부과와 징수에 관하여 이 법 및 다른 법령에서 규정한 것을 제외하고는 국세기본법과 국세징수법을 준용한다.

판례의 평가

1. 헌법재판소가 구 파산법(2005.3.31. 법률 제7428호로 폐지되기 전의 것) 제38조 제2호 본문의 '국세징수법에 의하여 징수할 수 있는 청구권' 중에서 '파산선고 전의 원인에 의하여 생긴 국세 및 지방세에 기하여 파산선고 후에 발생한 가산금 및 중가산금 청구권' 부분이 재산권 등 기본권을 침해하는지 여부에 대하여 재판관 5명 위헌의견과 재판관 4명 합헌의견으로 정족수에 이르지 못하여 합헌 선고를 하였다.

2. 우선 목적의 정당성과 수단의 적절성에 관하여 보면, 이 사건 법률조항은 국가 또는 지방자치단체 존립의 재정적 기초를 이루는 조세를 능률적으로 확보하기 위한 정책적·공익적 필요에 따른 것으로서 입법목적의 정당성이 인정되고, 가산금채권을 재단채권에 포함시켜 다른 파산채권보다 먼저, 그리고 파산절차에 의하지 아니하고 수시로 변제받게 하는 것은 위와 같은 입법목적을 달성하기에 적절한 수단이다.

그러나 다음과 같은 이유로 최소침해성 및 법익균형성원칙은 충족되었다고 볼 수 없다.

파산제도는 채무자의 재정적 어려움으로 인하여 채무 전체의 변제가 불가능하여진 상황에서 채권의 개별적 행사를 금지하고 채무자 재산의 관리처분권을 파산관재인에게 배타적으로 위임하여 이를 공정하게 환가·배당함으로써 불충분하더라도 채권자들 간의 적정하고 공평한 만족을 도모하기 위한 것인바, ① 사법상 금전채무의 이행지체에 따른 지연배상금 내지 지연이자에 대응하는 파산선고 후의 가산금채권을 재단채권에 포함시키는 것은 일반 채권의 지연이자가 파산법상 후순위채권인 것과 비교할 때 파산선고시를 기준으로 우선순위가 등질화되어야 한다는 기본 원칙에 반하는 점, ② 파산실무상 파산절차가 대다수 파산채권자들을 위한 제도가 아니라 사실상 조세채권의 회수절차로 전락할 위험마저 있는 점, ③ 파산선고 이후에 발생한 가산금채권을 재단채권에 포함시켜야 할 만큼 공익적·정책적 필요가 있다고 보기 어려운 점 등을 종합하여 보면, 파산선고 전의 원인에 기한 조세채권 본세 이외에도 파산선고 이후에 발생한 가산금채권까지 재단채권에 포함시키는 것은 최소침해성의 원칙에 반한다.

나아가 다액의 가산금채권이 수시로, 그리고 다른 파산채권보다 먼저 변제됨으로써 일반 파산채권자들이 감수하여야 할 재산상 손실이라는 사익이 파산선고 이후에 발생한 가산금채권의 징수확보라는 공익보다 결코 적다할 수 없으므로, 이 사건 법률조항은 법익균형성 원칙도 충족하지 못한다.

2. 당시 심판대상이었던 파산법은 2005년 3월 31일 채무자 회생 및 파산에 관한 법률(약칭: 채무자회생법)로 개정되면서 회사정리법, 화의법, 개인채무자회생법과 함께 폐지되었다.

3. 당시 심판대상이였던 법률조항은 그대로 유지하며 "채무자 회생 및 파산에 관한 법률 제473조(재단채권의 범위)에 마련되어 있다. 현행 법률조항은 다음과 같다.

제473조(재단채권의 범위) 다음 각호의 어느 하나에 해당하는 청구권은 재단채권으로 한다. 〈개정 2010. 3. 31, 2014. 5. 20.〉

1. 파산채권자의 공동의 이익을 위한 재판상 비용에 대한 청구권
2. 「국세징수법」 또는 「지방세기본법」에 의하여 징수할 수 있는 청구권(국세징수의 예에 의하여 징수할 수 있는 청구권으로서 그 징수우선순위가 일반 파산채권보다 우선하는 것을 포함하며, 제446조의 규정에 의한 후순위파산채권을 제외한다). 다만, 파산선고 후의 원인으로 인한 청구권은 파산재단에 관하여 생긴 것에 한한다.
3. 파산재단의 관리·환가 및 배당에 관한 비용
4. 파산재단에 관하여 파산관재인이 한 행위로 인하여 생긴 청구권
5. 사무관리 또는 부당이득으로 인하여 파산선고 후 파산재단에 대하여 생긴 청구권
6. 위임의 종료 또는 대리권의 소멸 후에 긴급한 필요에 의하여 한 행위로 인하여 파산재단에 대하여 생긴 청구권
7. 제335조 제1항의 규정에 의하여 파산관재인이 채무를 이행하는 경우에 상대방

이 가지는 청구권

8. 파산선고로 인하여 쌍무계약이 해지된 경우 그 때까지 생긴 청구권
9. 채무자 및 그 부양을 받는 자의 부양료
10. 채무자의 근로자의 임금·퇴직금 및 재해보상금
11. 파산선고 전의 원인으로 생긴 채무자의 근로자의 임치금 및 신원보증금의 반환 청구권

16 노동조합 및 노동관계조정법 제7조 제3항 등 청원경찰 단체행동권 제한

(2008. 7. 31. 2004헌바9)

Ⅰ. 판시 사항

1. "이 법에 의하여 설립된 노동조합이 아니면 노동조합이라는 명칭을 사용할 수 없다"라고 하고, 이에 위반할 경우 형사 처벌하도록 규정한 '노동조합 및 노동관계조정법'(1997. 3. 13. 법률 제5310호로 제정된 것, 이하 '노동조합법'이라 한다) 제7조 제3항, 제93조 제1호가 과잉금지의 원칙을 위배하여 청구인들의 단결권을 침해하거나 청구인들의 평등권을 침해하는지 여부(소극)

2. 청원경찰로서 국가공무원법 제66조 제1항의 규정에 위반하여 노동운동 기타 공무 이외의 일을 위한 집단적 행위를 한 자를 형사처벌하도록 규정한 청원경찰법(2001. 4. 7. 법률 제6466호로 개정된 것) 제11조가 과잉금지의 원칙을 위배하여 청구인들의 근로3권을 침해하는지 여부(소극)

Ⅱ. 결정요지

1. 노동조합설립 신고주의를 기초로 하는 이 사건 노동조합법 조항은 노동조합법에 따른 적법한 노동조합의 설립을 유도하기 위한 것으로 입법

목적이 정당하고, 형식적인 요건을 갖추지 못한 단결체에 대하여 노동조합이라는 명칭 사용을 금하고 위반 시 형사상 제재를 가함으로써 합법적인 노동조합의 설립을 촉진하고자 하는 것으로 입법목적을 달성하기 위한 적정한 수단으로 볼 수 있으며, 그로 인하여 근로자들이나 단결체가 입는 손해는 노동조합의 명칭을 사용하지 못하고 명칭사용을 위하여 노동조합 설립신고를 해야만 하는 불편함 정도인 데 반하여, 실질적인 요건을 갖추지 못한 여러 단결체의 난립을 막고 노동조합의 공신력을 줄 수 있어 근로자의 단결권을 강화하는 효과도 있고, 노동행정에 편의를 기할 수 있는 등 공익이 매우 커서 법익의 균형성도 갖추었다. 또한, 우리의 노동현실하에서 이 사건 노동조합법 조항이 입법재량의 범위를 벗어난 자의적인 입법권의 행사에 해당한다고 보기 어렵고, 법정형에 비추어 과잉형벌의 문제가 발생한다거나 책임과 형벌의 비례원칙에 반하는 것으로도 볼 수 없으므로, 이 사건 노동조합법 조항이 헌법 제37조 제2항의 과잉금지원칙을 위배하여 청구인들의 단결권을 침해한다고 볼 수 없다.

한편, 노동조합법상 설립신고를 마쳤는지 여부를 기준으로 노동조합이라는 명칭의 사용 여부를 결정함으로써 법상 설립신고를 마친 노동조합과 실질적인 요건을 갖추었으나 형식적인 요건을 갖추지 못한 헌법상 근로자들의 단결체를 차별 취급하는 것에는, 위에서 본 사정들에 비추어 볼 때 합리적인 이유가 있다 할 것이므로, 이 사건 노동조합법 조항이 설립신고를 마친 노동조합과 그렇지 아니한 헌법상 근로자들의 단결체를 자의적으로 차별하여 청구인들의 평등권을 침해한다고 할 수 없다.

2. 청원경찰법 제11조는 청원경찰의 근로3권을 제한함으로써 청원경찰들이 관리하는 국가 등의 중요시설의 안전을 기하려고 하는 것으로서 그 입법목적의 정당성과 수단의 적정성을 인정할 수 있다. 청원경찰 업무의 특성상 단결권행사나 단체교섭권의 행사만으로도 시설의 경비업무에 지장을 초래할 가능성이 높고, 청원경찰에 대한 신분보장과 그 업무의 공공성, 업무수

행의 특수성 등을 고려할 때, 군인이나 경찰관과 마찬가지로 청원경찰에 대하여도 단체행동권뿐만 아니라 단결권과 단체교섭권도 제한할 필요성이 충분히 인정되므로, 제한의 필요성과 피해의 최소성도 갖추었다. 또한 청원경찰법 조항으로 인하여 입는 청원경찰의 불이익에 비하여 국가나 사회의 중추를 이루는 중요시설의 운영에 안정을 기함으로써 얻게 되는 국가안전보장, 질서유지 등의 공익이 매우 크므로 법익의 균형성도 갖추었고, 유사한 집단행위 또는 쟁의행위에 대한 처벌 규정에 비추어 볼 때 과잉형벌의 문제를 제기하지 아니하며, 형벌체계상의 균형을 상실하였다거나 책임과 형벌 간의 비례원칙에 위반된다고 보기도 어렵다.

따라서 이 사건 청원경찰법 조항이 과잉금지의 원칙이나 책임과 형벌 간의 비례성원칙에 위반되어 청구인들의 근로3권을 침해한다고 인정되지 아니한다.

☐ 재판관 이강국, 재판관 민형기의 위헌의견

헌법 제33조에 따라 일반 근로자의 근로3권은 주요 방위산업체 근로자의 단체행동권을 제외하고는 원칙적으로 제한되어서는 아니 되고, 다만 법률이 정한 자 이외의 공무원은 근로3권의 주체가 되지 못할 뿐이다.

청원경찰은 업무의 내용이 경찰공무원과 유사하나, 청원경찰을 법률이 정하는 바에 따라 근로3권이 제한적으로만 인정되는 헌법 제33조 제2항의 공무원으로 보거나 그러한 공무원으로 의제할 수 있는 것은 아니므로, 어디까지나 일반근로자에 불과한 청원경찰에게는 기본적으로 헌법 제33조 제1항의 근로3권이 보장되어야 한다. 다만 청원경찰의 경우에도 헌법 제37조 제2항에 따라 국가안전보장, 질서유지 또는 공공복리를 위하여 근로3권을 제한할 수 있고, 청원경찰의 업무가 갖는 강한 공공성이 근로3권을 제한하는 근거가 될 수는 있으나, 이러한 사유가 청원경찰의 근로3권 전부를 부정하는 주된 근거로 작용할 수는 없다.

청원경찰의 업무나 의무부담이 경찰공무원과 유사한데도 법률상으로 공무원 신분을 부여하지 않고 신분보장 또한 공무원에 미치지 못함에도 불구하고 근로3권을 전부 박탈하는 것은 형평에 어긋나며, 중요시설 경비의 안정이라는 입법목적에 비하여 청원경찰이 입는 불이익은 근로3권을 전혀 누리지 못하는 기본권에 대한 중대한 제한임을 고려할 때, 이 사건 청원경찰법 조항은 법익의 균형성을 갖추었다고 볼 수 없다. 다만, 단체행동권만큼은 경비업무에 지장을 초래할 가능성이 매우 크므로 이를 제한할 수 있다.

결국 이 사건 청원경찰법 조항이 공무원이 아닌 일반 근로자에 불과한 청구인들을 공무원과 동일하게 취급하여 근로3권 중 단체행동권뿐만 아니라 단결권, 단체교섭권까지 제한하는 것은 과잉금지의 원칙에 위배되는 것이므로, 이 사건 청원경찰법 조항 중 청구인들의 단결권, 단체교섭권을 제한하는 부분은 헌법에 위반된다.

□ 재판관 김종대, 재판관 송두환의 위헌의견

청원경찰은 일반 근로자이고 그 신분보장 수준이 공무원과 달리 불안정하여 근로조건 향상을 위한 근로3권 보장의 필요성이 높으므로, 청원경찰 업무에 공공성이 있다는 이유만으로 공무원과 똑같이 일체의 노동기본권을 갖지 못하도록 규정한 것은, 기본권침해의 최소성 및 법익균형성을 갖춘 것으로 볼 수 없으므로, 이 사건 청원경찰법 조항은 과잉금지의 원칙에 위배되어 청원경찰의 노동기본권을 제한하여 위헌이다. 더구나 '공무원의 노동조합설립 및 운영 등에 관한 법률'이 제정되어, 일정 범위의 공무원에게 일정 범위의 노동기본권이 허용된 것과 대비하여 보면, 청원경찰의 경우에 국가공무원법 제66조 제1항의 노동기본권 제한 규정이 그대로 적용되고, 그에 위반하는 경우 형사처벌 대상으로 되는 것은 부당하다.

청원경찰이 근로자로서 가지는 근로3권도 헌법 제37조 제2항에 의하여 그 제한이 가능하나, 어느 정도의 제한을 할 것인가는 입법자인 국회가 여러 요소들을 고려하여 적절한 재량판단하에 결정할 문제이고, 헌법재판소가 미리 일률적인 기준을 제시할 사항은 아니라 할 것이므로, 이러한 의미에서 재판관 이강국, 재판관 민형기의 위헌의견과 그 이유의 일부를 달리한다.

□ 재판관 조대현의 한정위헌의견

청원경찰은 원래 공무원이 아니라 고용계약에 의한 근로자로서 헌법 제33조 제1항에 의하여 근로3권이 보장되고, 청원경찰은 국가 주요 시설의 경비를 임무로 하기 때문에 그 경비구역 안에 한하여 경비목적을 위하여 필요한 범위 안에서 경찰관의 직무집행에 관한 법률이 준용되므로, 국가공무원법 제66조 제1항도 청원경찰의 경비업무에 필요한 한도에서만 청원경찰에게 준용된다고 보아야 한다.

따라서 청원경찰의 경비업무에 지장을 주지 않는 경우에도 국가공무원법 제66조 제1항을 청원경찰에게 준용하여 청원경찰의 노동운동 기타 집단적 행위를 금지하고 처벌하는 것은 헌법 제33조 제1항에 의하여 청원경찰에게 보장되는 근로자의 기본권을 필요성의 한도를 넘어 제한하는 것으로서, 기본권 제한의 과잉금지를 규정한 헌법 제37조 제2항에 위반된다.

Ⅲ. 심판대상조문

노동조합 및 노동관계조정법(1997. 3. 13. 법률 제5310호로 제정된 것) **제7조**

(노동조합의 보호요건) ①~② 생략

③ 이 법에 의하여 설립된 노동조합이 아니면 노동조합이라는 명칭을 사용할 수 없다.

노동조합 및 노동관계조정법(1997. 3. 13. **법률 제5310호로 제정된 것**) **제93조(벌칙)** 다음 각 호의 1에 해당하는 자는 500만원 이하의 벌금에 처한다.

1. 제7조 제3항의 규정에 위반한 자
2. 생략

청원경찰법(2001. 4. 7. **법률 제6466호로 개정된 것**) **제11조(벌칙)** 청원경찰로서 국가공무원법 제66조 제1항의 규정에 위반한 자는 1년 이하의 징역 또는 200만원 이하의 벌금에 처한다.

Ⅳ. 참조조문

국가공무원법(1963. 4. 17. **법률 제1325호로 제정된 것**) **제66조(집단행위의 금지)** ① 공무원은 노동운동 기타 공무 이외의 일을 위한 집단적 행위를 하여서는 아니된다. 다만, 사실상 노무에 종사하는 공무원은 예외로 한다.

국가공무원법(1963. 4. 17. **법률 제1325호로 제정된 것**) **제84조(벌칙)** 제44조, 제45조, 제65조, 제66조의 규정에 위반한 자는 다른 법률에 특별히 규정된 경우를 제외하고는 1년 이하의 징역 또는 300만원 이하의 벌금에 처한다.

노동조합 및 노동관계조정법(1997. 3. 13. **법률 제5310호로 제정된 것**) **제2조(정의)** 이 법에서 사용하는 용어의 정의는 다음과 같다.

1.~3. 생략

4. '노동조합'이라 함은 근로자가 주체가 되어 자주적으로 단결하여 근로조건의 유지·개선 기타 근로자의 경제적·사회적 지위의 향

상을 도모함을 목적으로 조직하는 단체 또는 그 연합단체를 말한다. 다만, 다음 각목의 1에 해당하는 경우에는 노동조합으로 보지 아니한다.

가. 사용자 또는 항상 그의 이익을 대표하여 행동하는 자의 참가를 허용하는 경우

나. 경비의 주된 부분을 사용자로부터 원조받는 경우

다. 공제·수양 기타 복리사업만을 목적으로 하는 경우

라. 근로자가 아닌 자의 가입을 허용하는 경우. 다만, 해고된 자가 노동위원회에 부당노동행위의 구제신청을 한 경우에는 중앙노동위원회의 재심판정이 있을 때까지는 근로자가 아닌 자로 해석하여서는 아니된다.

마. 주로 정치운동을 목적으로 하는 경우

5.~6. 생략

노동조합 및 노동관계조정법(1997. 3. 13. **법률 제5310호로 제정된 것**) **제7조(노동조합의 보호요건)** ① 이 법에 의하여 설립된 노동조합이 아니면 노동위원회에 노동쟁의의 조정 및 부당노동행위의 구제를 신청할 수 없다.

② 제1항의 규정은 제81조 제1호·제2호 및 제5호의 규정에 의한 근로자의 보호를 부인하는 취지로 해석되어서는 아니된다.

③ 이 법에 의하여 설립된 노동조합이 아니면 노동조합이라는 명칭을 사용할 수 없다.

구 노동조합 및 노동관계조정법(1998. 2. 20. **법률 제5511호로 개정되고**, 2006. 12. 30. **법률 제8158호로 개정되기 전의 것**) **제10조(설립의 신고)** ① 노동조합을 설립하고자 하는 자는 다음 각 호의 사항을 기재한 신고서에 제11조의 규정에 의한 규약을 첨부하여 연합단체인 노동조합과 2 이상의

특별시·광역시·도에 걸치는 단위노동조합은 노동부장관에게, 그 외의 노동조합은 특별시장·광역시장·도지사에게 제출하여야 한다.

1. 명칭
2. 주된 사무소의 소재지
3. 조합원 수
4. 임원의 성명과 주소
5. 소속된 연합단체가 있는 경우에는 그 명칭
6. 연합단체인 노동조합에 있어서는 그 구성노동단체의 명칭, 조합원 수, 주된 사무소의 소재지 및 임원의 성명·주소

② 제1항의 규정에 의한 연합단체인 노동조합은 동 종산업의 단위노동조합을 구성원으로 하는 산업별 연합단체와 산업별 연합단체 또는 전국규모의 산업별 단위노동조합을 구성원으로 하는 총연합단체를 말한다.

구 노동조합 및 노동관계조정법(1998. 2. 20. **법률 제5511호로 개정되고**, 2006. 12. 30. **법률 제8158호로 개정되기 전의 것) 제12조(신고증의 교부)** ① 노동부장관 또는 특별시장·광역시장·도지사(이하 '행정관청'이라 한다)는 제10조 제1항의 규정에 의한 설립신고서를 접수한 때에는 제2항 전단 및 제3항의 경우를 제외하고는 3일 이내에 신고증을 교부하여야 한다.

② 행정관청은 설립신고서 또는 규약이 기재사항의 누락 등으로 보완이 필요한 경우에는 대통령령이 정하는 바에 따라 20일 이내의 기간을 정하여 보완을 요구하여야 한다. 이 경우 보완된 설립신고서 또는 규약을 접수한 때에는 3일 이내에 신고증을 교부하여야 한다.

③ 행정관청은 설립하고자 하는 노동조합이 다음 각 호의 1에 해당하는 경우에는 설립신고서를 반려하여야 한다.

1. 제2조 제4호 각목의 1에 해당하는 경우

2. 제2항의 규정에 의하여 보완을 요구하였음에도 불구하고 그 기간 내에 보완을 하지 아니하는 경우

④ 노동조합이 신고증을 교부받은 경우에는 설립신고서가 접수된 때에 설립된 것으로 본다.

구 청원경찰법(1983. 12. 30. **법률 제3677호로 개정되고**, 2001. 4. 7. **법률 제6466호로 개정되기 전의 것) 제10조**(**직권남용 금지 등**) ① 청원경찰이 직무를 수행함에 있어서 직권을 남용하여 국민에게 해를 끼친 경우에는 6월 이하의 징역이나 금고에 처한다.

② 청원경찰업무에 종사하는 자는 형법 기타 법령에 의한 벌칙의 적용에 있어서는 공무원으로 본다.

청원경찰법(2001. 4. 7. **법률 제6466호로 개정된 것) 제5조**(**청원경찰의 임용 등**) ① 청원경찰은 제4조 제2항의 규정에 의한 청원경찰의 배치결정을 받은 자(이하 '청원주'라 한다)가 임용하되, 그 임용에 있어서는 미리 지방경찰청장의 승인을 얻어야 한다.

② 국가공무원법 제33조 각 호의 1에 해당하는 자는 청원경찰로 임용될 수 없다.

③ 청원경찰의 임용자격·임용방법·교육·보수 및 징계에 관하여는 대통령령으로 정한다.

④ 청원경찰의 복무에 관하여는 국가공무원법 제57조·제58조 제1항·제60조·제66조 제1항 및 경찰공무원법 제18조의 규정을 준용한다.

청원경찰법(2001. 4. 7. **법률 제6466호로 개정된 것) 제10조의5**(**배치의 폐지 등**) ① 청원주는 청원경찰이 배치된 시설이 폐쇄 또는 축소되어 청원경찰의 배치를 폐지하거나 배치인원을 감축할 필요가 있다고 인정될 때에는 청원경찰의 배치를 폐지하거나 배치인원을 감축할 수 있다. 다만, 청원주가 경비업법에 의한 특수경비원을 배치할 목적으로 청원

경찰의 배치를 폐지하거나 배치인원을 감축할 수 없다.

② 제1항의 규정에 의하여 청원주가 청원경찰을 폐지 또는 감축한 때에는 이를 청원경찰의 배치결정을 한 경찰관서의 장에게 통보하여야 한다. 이 경우 그 사업장이 제4조 제3항의 규정에 의하여 지방경찰청장이 청원경찰의 배치를 요청한 사업장인 때에는 그 폐지 또는 감축 사유를 구체적으로 명시하여야 한다.

청원경찰법(2001. 4. 7. **법률 제6466호로 개정된 것**) **제10조의6**(**당연퇴직**) 청원경찰이 다음 각 호의 1에 해당할 때에는 당연퇴직된다.

1. 제5조 제2항의 규정에 의한 임용결격 사유에 해당된 때
2. 제10조의5의 규정에 의하여 청원경찰의 배치가 폐지된 때
3. 59세에 달한 때

V. 참조판례

1. 헌재 2001. 6. 28. 2001헌마132, 판례집 13－1, 1441, 1464~1465
   대법원 1993. 2. 12. 선고 91누12028 판결
   대법원 1997. 10. 14. 선고 96누9829 판결

2. 헌재 1991. 7. 22. 89헌가106, 판례집 3, 387~483
   헌재 2006. 7. 27. 2004헌바77, 판례집 18－2, 108, 120
   헌재 2007. 8. 30. 2003헌바51, 판례집 19－2, 215, 227~229
   대법원 2005. 4. 15. 선고 2003도2960 판결

Ⅵ. 당사자

청 구 인 :

1. 이○재 외 2인

청구인들 대리인 법무법인 덕수

담당변호사 최병모 외 2인

당해사건 : 서울지방법원 2001노11506 업무방해 등

Ⅶ. 주 문

'노동조합 및 노동관계조정법' 제7조 제3항, 제93조 제1호와 청원경찰법 제11조는 헌법에 위반되지 아니한다.

Ⅷ. 이 유

1. 사건의 개요와 심판의 대상

가. 사건의 개요

(1) '○○항공 운항승무원 노동조합'(이하 '조종사 노동조합'이라 한다)은 주식회사 ○○항공(이하 '○○항공'이라 한다) 소속 조종사들로 구성된 노동조합이고, 청구인 이○재는 그 위원장, 하○열은 부위원장, 이○일은 사무국장이다.

(2) 청구인 이○재는 1999. 5. 경 ○○항공 조종사들 모임의 회장으로 당선된 후 1999. 8. 30. 설립총회를 개최하여 조종사 노동조합을 결성하고, 1999. 8. 31. 서울남부지방노동사무소에 노동조합 설립신고서를 제출하였으

나, 조종사들이 '노동조합 및 노동관계조정법'(이하 '노동조합법'이라 한다)상 사용자의 지위에 있고 이들 가운데 대부분이 청원경찰로 임명되었다는 이유로 반려되었다.

(3) 이에 청구인들은 ○○항공에 청원경찰의 신분을 해지하여 줄 것을 요청하였으나 거부되자, 2000. 2. 17. 보관하고 있던 조합원 1,068명의 청원경찰 관계 해지신청서를 ○○항공에 제출하고, 2000. 3. 21. 서울남부지방노동사무소에 다시 노동조합 설립신고서를 제출하였으나 이 또한 반려되었다.

(4) 그러자 청구인들은 2000. 5. 19.부터 2000. 5. 30.까지 ○○항공 본사 및 서소문영업소 앞에서 조종사 노동조합을 인정하여 줄 것을 촉구하는 집회를 개최하였으며, 그 결과 ○○항공 조종사들에 대한 청원경찰의 신분이 해지되고, 청구인들은 2000. 5. 31. 서울남부지방노동사무소로부터 조종사 노동조합의 설립신고증을 교부받았다.

(5) 그런데 서울지방검찰청 남부지청 검사는 청구인들이 위와 같이 조종사 노동조합을 인정하여 줄 것을 촉구하는 집회를 개최하여 ○○항공의 업무를 방해하였고, 청구인 이○재가 조종사 노동조합이 설립되기 전인 2000. 5. 19. 대한항공 건물 앞에서 기자회견을 하면서 조종사 노동조합 명의로 된 보도자료를 배포하고, 2000. 5. 26. 한겨레신문에 조종사 노동조합 명의로 광고를 게재하여 노동조합이라는 명칭을 사용하였으며, 청구인 하○열, 이○일이 청원경찰로서 벌칙의 적용에 있어 공무원으로 의제되어 집단적 행위를 할 수 없음에도 위와 같이 조종사 노동조합을 인정하여 줄 것을 촉구하는 집회를 개최하여 집단적 행위를 하였다는 것 등을 내용으로 하여, 청구인들을 업무방해 등으로 기소하였다.

(6) 청구인들은 항소심에서 기소된 내용 중 이 사건에서 문제가 된 노동조합법 및 청원경찰법 위반 부분을 포함하여 대부분 유죄가 인정되어 징역 8월, 집행유예 2년 및 벌금 300만원의 형을 선고받았고(서울지방법원 2001

노11506), 청구인들 및 검사가 모두 상고하여 현재 사건이 대법원에 계속중이다(2004도746).

(7) 한편 청구인들은 항소심 계속중 노동조합법 제7조 제3항, 제93조 제1호와 구 청원경찰법(1973. 12. 31. 법률 제2666호로 전부 개정되고, 2001. 4. 7. 법률 제6466호로 개정되기 전의 것) 제10조 제2항에 대하여 위헌제청신청을 하였으나, 법원은 2004. 1. 7. 판결을 선고하면서 위헌제청 신청을 기각하였고, 이에 청구인들은 같은 달 20. 헌법재판소법 제68조 제2항에 따라 위 조항들에 대하여 이 사건 헌법소원심판을 청구하였다.

나. 심판의 대상

청구인들이 위헌제청신청을 한 구 청원경찰법 제10조 제2항은 항소심에서 검사의 공소장 변경에 따라 청원경찰법(2001. 4. 7. 법률 제6466호로 개정된 것) 제11조로 변경되어 적용되었는데, 그 규율대상이 구 청원경찰법 조항과 사실상 같으면서 다만 양형의 범위만이 축소된 것이고, 구 청원경찰법 제10조 제2항에 대한 위헌제청신청 기각결정 또한 사실상 청원경찰법 제11조에 대한 내용을 포함하고 있으므로, 직권으로 이 부분 심판대상을 청원경찰법 제11조로 변경하기로 한다.

따라서 이 사건의 심판대상은 노동조합법 제7조 제3항, 제93조 제1호(이하 '노동조합법 조항'이라 한다)와 청원경찰법 제11조(이하 '청원경찰법 조항'이라 한다)의 위헌 여부이고, 이들 및 관련규정의 내용은 다음 또는 [별지 1] 기재와 같다.

노동조합 및 노동관계조정법(1997. 3. 13. **법률 제5310호로 제정된 것**) **제7조(노동조합의 보호요건)** ③ 이 법에 의하여 설립된 노동조합이 아니면 노동조합이라는 명칭을 사용할 수 없다.

제93조(벌칙) 다음 각 호의 1에 해당하는 자는 500만원 이하의 벌금에 처한다.

1. 제7조 제3항의 규정에 위반한 자

청원경찰법(2001. 4. 7. **법률 제6466호로 개정된 것) 제11조**(**벌칙**) 청원경찰로서 국가공무원법 제66조 제1항의 규정에 위반한 자는 1년 이하의 징역 또는 200만원 이하의 벌금에 처한다.

2. 청구인의 주장과 관계기관의 의견

[별지 2] 기재와 같다.

3. 노동조합법 조항에 대한 판단

가. 쟁점의 정리

노동조합법 제12조 제4항이 "노동조합이 신고증을 교부받은 경우에는 설립신고서가 접수된 때에 설립된 것으로 본다"고 규정하고 있어, 행정관청이 근로자 단결체의 노동조합 설립신고서를 수리하지 않거나 반려하는 경우, 그 단결체가 노동조합으로서의 실질을 가지고 있는지 여부나 행정관청의 반려처분이 위법한지 여부와는 관계없이 당해 단결체는 노동조합이라는 명칭을 사용할 수 없고, 이에 위반할 경우 형사처벌을 받게 되므로, 이 사건 노동조합법 조항이 헌법 제37조 제2항의 과잉금지의 원칙을 위배하여 헌법상 단결체를 이룬 근로자들의 단결권을 침해하는지 여부 및 신고행위와 행정관청의 설립신고서 수리를 기준으로 설립신고를 마치지 못한 근로자의 단결체를 노동조합과 차별하여 헌법상 단결체를 이룬 근로자들의 평등권을 침해하는지 여부가 문제된다.

나. 단결권의 침해 여부

(1) 목적의 정당성과 수단의 적정성

이 사건 노동조합법조항은 노동조합의 설립에 따른 효과 중의 하나를 규정한 것으로서, 이는 노동조합의 설립신고 또는 그에 대한 심사와 밀접한 관련이 있다.

노동조합의 설립신고제도가 노동조합의 자유로운 설립을 일정 부분 제한하고 있기는 하나, 노동조합법이 노동조합의 설립에 관하여 신고주의를 택하고 있는 것은 소관 행정당국으로 하여금 노동조합의 조직체계에 대한 효율적인 정비·관리를 통하여 노동조합이 자주성과 민주성을 갖춘 조직으로 존속할 수 있도록 보호·육성하고 그 지도·감독에 철저를 기하기 위한 노동정책적인 고려에 그 취지가 있고(대법원 1997. 10. 14. 선고 96누9829 판결; 대법원 1993. 2. 12. 선고 91누12028 판결 등 참조), 노동조합 설립신고에 대한 심사도 단순히 행정관청에 신고하는 것만으로 성립을 허용할 경우 민주성 및 자주성이라는 실질적인 요건조차 갖추지 못한 노동조합이 난립하는 것을 허용함으로써 노동조합이 어용조합이 되거나 조합 내부의 민주성을 침해할 우려가 있으므로 이를 방지하고 근로자들이 자주적이고 민주적인 단결권 등을 행사하도록 하는 데 그 취지가 있다.

이러한 신고와 심사 제도를 기초로 하는 이 사건 노동조합법 조항은 노동조합법상의 실질적인 요건과 형식적인 요건을 모두 갖춘 노동조합에 한하여 노동조합이라는 명칭을 사용하게 함으로써 적법한 노동조합을 적극적으로 보호하고, 이에 반하여 형식적인 요건을 갖추지 못한 단결체에 대하여는 노동조합의 명칭을 사용하지 못하게 하는 등 보호의 대상에서 제외하여 기본적으로 노동조합법에 따른 적법한 노동조합의 설립을 유도하기 위한 것이므로, 그 목적의 정당성이 인정된다.

그리고 이는 형식적인 요건을 갖추지 못한 단결체에 대하여 노동조합이라는 명칭을 사용하지 못하게 하고 이를 위반하는 경우 형사상의 불이익을 가함으로써 합법적인 노동조합의 설립을 촉진하기 위한 것이므로, 그 수단의 적정성 또한 인정된다.

(2) 피해의 최소성과 법익의 균형성

헌법상 근로자의 단결권과 관련하여 '노동조합'이라는 용어가 사용된 바가 없고, 단결권의 내용에 관하여 실질적인 요건을 갖춘 단결체이면 모두 노동조합이라는 명칭을 사용할 수 있다는 것도 아니며, 또한 노동조합의 명칭을 사용하는 것은 노동조합의 자유설립주의나 설립신고주의와도 반드시 연관된 문제라고 보기 어려울 뿐만 아니라, 기본적으로 근로자들의 단결체에 대하여 적법성 등을 고려하여 어느 단계에서부터 노동조합이라는 명칭을 사용하게 할 것인지의 문제는 입법자가 여러 가지의 사정을 모두 고려하여 정책적으로 정할 수 있는 재량사항에 지나지 아니한다.

또한 행정관청이 설립신고서를 수리하지 않거나 반려하는 경우 이에 대하여는 행정처분으로 다툴 수 있고, 이후에 정식으로 신고증을 교부받은 경우 설립신고서가 접수된 때에 노동조합이 설립된 것으로 보게 되므로(노동조합법 제12조 제4항), 결국 노동조합이 실질적인 요건을 갖추고 있었다면 노동조합 설립신고서 접수시부터는 노동조합이라는 명칭을 사용할 수 있고, 이후에 설립신고증을 교부받음으로써 그 이전에 명칭을 사용한 것이 모두 면책되는 것이다.

만일 모든 근로자들의 단결체에 대하여 실질적인 요건을 갖추었음을 전제로 노동조합이라는 명칭을 사용할 수 있게 한다면 현재와 같이 복수노조가 전면적으로 허용되지 않는 현실에서는 기존에 적법하게 설립된 노동조합의 활동을 저해하게 될 것이고, 이 경우 하나의 기업 내에 노동조합의 명칭을 가진 다수의 단체가 존재하는 것을 허용함으로써 노동조합들과 사용자에 대한 관계는 물론 근로자들 사이에서도 혼란이 야기될 수 있으며, 또 노동조합 설립신고주의 자체를 형해화시킬 수도 있다.

즉, 여러 단결체가 서로 노동조합이라는 명칭을 사용하고 각자 정당성이 있다고 주장하게 된다면, 사용자는 단체교섭이나 사업장 관리에 있어서,

기존의 정당한 노동조합은 노동조합의 활동에 있어서, 또 행정당국은 노동행정을 함에 있어 모두 어려움을 겪게 될 것이 예상된다.

한편, 복수의 노동조합이 허용되는 단계에 이르더라도 설립신고를 하지 않은 단결체에 대하여 노동조합이라는 명칭을 사용하게 할 것인지는 여전히 별개의 문제로 남게 되므로, 복수의 노동조합을 허용한다고 하여 명칭을 사용하는 데 대하여 규제를 가하게 될 필요성이 없어진다고 단정할 수도 없다.

또한 실질적인 요건은 갖추었으나 형식적인 요건을 갖추지 못한 근로자들의 단결체는 노동조합이라는 명칭을 사용할 수 없음은 물론 그 외 법에서 인정하는 여러 가지 보호를 받을 수 없는 것은 사실이나, 명칭의 사용을 금지하는 것은 이미 형성된 단결체에 대한 보호정도의 문제에 지나지 아니하고 단결체의 형성에 직접적인 제약을 가하는 것도 아니며, 또한 위와 같은 단결체의 지위를 '법외의 노동조합'으로 보는 한 그 단결체가 전혀 아무런 활동을 할 수 없는 것은 아니고 어느 정도의 단체교섭이나 협약체결 능력을 보유한다 할 것이므로, 노동조합의 명칭을 사용할 수 없다고 하여 헌법상 근로자들의 단결권이나 단체교섭권의 본질적인 부분이 침해된다고 볼 수 없다.

헌법상 단결체인 정당에 있어서도 정당법에 따라 등록된 것이 아니면 그 명칭에 정당임을 표시하는 문자를 사용하지 못하고 이에 위반하는 경우에는 처벌하는 등(정당법 제41조 제1항, 제59조 제2항), 단결체의 명칭을 사용하는 것을 제한하는 것은 비단 노동조합에만 국한되는 것이 아니고, 사회적으로 의미가 크고 중요한 단결체를 보호·관리하는 방법으로서 제한적으로 사용되고 있다.

이와 같은 사정을 종합하여 볼 때, 이 사건 노동조합법조항으로 인하여 근로자들이나 단결체가 입는 손해는 노동조합의 명칭을 사용하지 못하고 그 명칭을 사용하기 위하여는 실질적인 요건을 갖추어 노동조합 설립신고를 해야만 하는 불이익이나 불편함의 정도인 데 반하여, 이 사건 노동조합법조항으로 인하여 실질적인 요건을 갖추지 못한 여러 단결체가 난립하는 것을 막을 수 있고, 노동조합의 명칭을 사용하는 단결체는 법이 정한 정당한 요건을 모두 갖춘 노동조합이라는 공신력을 줄 수 있어 근로자들의 단결권을 강화하는 효과도 있으며, 노동행정에 있어서도 관리, 감독, 지원에 편의를 기할 수 있는 등 그로 인한 공익이 매우 커서 법익의 균형성을 갖추었다고 할 것이다.

(3) 형벌의 필요성과 적정성

노동조합이 설립되기 전에 단체의 명칭을 사용하는 것을 금지하기 위하여 과태료 또는 이행강제금 등 다른 행정상의 수단을 상정할 수도 있으나, 이러한 수단 외에 위의 목적을 위하여 형벌이라는 제재수단이 필요하다고 볼 것인지의 문제는 기본적으로 입법자의 판단에 맡겨야 한다.

위와 같이 명칭을 사용하는 것을 금지하고 위반행위에 대하여 형벌로 제재하는 것이 행정편의적이고 과잉규제적인 면이 있어 장기적으로는 바람직하지 못하다는 지적이 없는 것은 아니나, 우리의 노동현실 아래에서는 단순한 행정상의 제재수단만으로 위와 같이 명칭을 사용하는 것을 효과적으로 방지하기 어렵다는 점을 고려할 때 형사적인 제재수단의 필요성을 완전히 부인할 수는 없으므로, 이 사건 노동조합법조항이 입법재량의 범위를 벗어난 자의적인 입법권의 행사에 해당한다고 보기도 어렵다.

그리고 이 사건 노동조합법조항은 법정형으로 징역형이나 금고형과 같은 자유형을 정하지 아니하고 500만원 이하의 벌금형만을 정하고 있어 과잉형벌의 문제가 발생한다고 보기 어렵고, 행위의 개별성에 맞추어 책임에 알맞은 형벌을 선고할 수 없는 것도 아니므로, 형벌체계상 균형이 없다거나 책임과 형벌의 비례원칙에 반한다고 보기도 어렵다.

(4) 소 결

따라서 이 사건 노동조합법조항은 헌법 제37조 제2항의 과잉금지원칙에 위반되어 청구인들의 단결권을 침해한다고 할 수 없다.

다. 평등권 침해 여부

(1) 차별의 존재

청구인들은 이 사건 노동조합법 조항이 노동조합법에 의하여 설립된 노동조합에 대하여만 노동조합이라는 명칭을 사용할 수 있게 하여 설립신고를 마치지 못한 헌법상 단결체와 노동조합을 차별함으로써 평등권을 침해한다고 주장한다.

먼저 헌법에서 보호하는 근로자의 단결체라도 실질적인 요건을 갖추지 못한 경우에는 노동조합법상 적법하게 노동조합으로 설립될 수 없으므로, 실질적인 요건을 갖추지 못한 단결체와 노동조합 사이에는 차별취급이 있다고 할 수 없다.

이 사건 노동조합법조항은 실질적인 요건은 갖추었으나 형식적인 요건을 갖추지 못한 근로자의 단결체와 실질적·형식적인 요건을 모두 갖춘 단결체, 즉 노동조합이 모두 실질적인 요건을 갖춘 헌법상의 단결체로서 본질적으로 동일한 집단임에도 불구하고 형식적인 요건을 갖추지 못한 근로자의 단결체로 하여금 노동조합이라는 명칭을 사용하지 못하도록 함으로써 그 사이에서 차별취급이 있다고 할 수 있다.

(2) 심사척도

일반적으로 평등권의 침해 여부에 대한 심사는 그 심사기준에 따라 자의금지원칙에 의한 심사와 비례의 원칙에 의한 심사로 나누어 볼 수 있으나, 이 사건 노동조합법조항은 헌법에서 특별히 평등을 요구하고 있는 경우, 즉 헌법이 스스로 차별의 근거로 삼아서는 아니되는 기준을 제시하거나 차별을 특히 금지하고 있는 영역을 제시하고 있는 경우라고 볼 수 없고, 위와 같은 차별적 취급으로 인하여 단결권 자체가 박탈되는 것과 같이 기본권에 대한 중대한 제한을 초래하는 경우라고도 볼 수 없으므로, 이는 완화된 심사척도인 자의금지원칙에 의하여 심사하는 것으로 족할 것이다(헌재 1999. 12. 23. 98헌바33, 판례집 11-2, 732, 749; 헌재 2001. 6. 28. 2001헌마132, 판례집 13-1, 1441, 1464~1465 참조).

(3) 차별의 합리성 여부

앞서 단결권의 침해 여부에 대한 심사에서 본 바와 같이 어떤 단결체가 행정관청에 신고를 하기 전에는 실질적인 요건을 갖추었는지 알 수 있는 방법이 없고, 많은 단결체가 서로 실질적인 요건을 갖추었다고 주장하는 상황에서는 혼란이 야기될 수 있으므로, 입법자로서는 공신력 있는 행정관청의 확인을 받은 단결체에 대하여만 진정한 노동조합으로서 보호를 한다는 의미에서 이러한 규정을 둘 수 있고, 이는 정당한 입법재량의 행사범위 내에 속한다고 할 것이다.

또한 차별의 내용은 노동조합의 명칭을 사용하는 데 대한 것으로서 이를 위반하는 경우에 형사처벌을 받기는 하나, 기본적으로 명칭을 사용하는 것 자체가 헌법상의 기본권, 즉 단결권의 본질적인 내용이라고 보기는 어렵고 단지 넓은 의미에서 단결권을 제한하는 정도에 지나지 아니하여 차별로 인한 불이익의 내용과 정도가 그리 크다고 할 수 없다.

한편 실질적인 요건을 갖춘 헌법상 근로자의 단결체라면 언제라도 행정관청에 간단히 신고를 함으로써 노동조합이라는 명칭을 사용할 수 있는 지위를 획득할 수 있고, 행정관청의 심사도 비교적 간단하여 그 신고과정이나 절차가 단결체에게 부담이 될 정도로 복잡하다거나 실질적이라고 보기도 어려우므로, 적법한 신고를 기준으로 삼아 명칭의 사용 여부를 결정하는 것에는 합리적인 이유가 있다고 할 것이다.

그리고 행정관청으로서도 정식으로 설립신고를 마친 노동조합으로 하여금 그 때부터 노동조합이라는 명칭을 사용할 수 있도록 하고, 이를 주된 보호대상으로 삼음으로써 적법한 노동조합의 설립을 촉진시키고 노동행정의 객관성과 명확성을 담보할 수 있을 것이므로, 노동조합법상 설립신고를 마쳤는지 여부를 기준으로 차별취급을 하는 것에는 나름대로의 합리성이 있다고 할 것이다.

(4) 소 결

따라서 이 사건 노동조합법조항이 설립신고를 마친 노동조합과 그렇지 아니한 헌법상 근로자들의 단결체를 자의적으로 차별하여 청구인들의 평등권을 침해한다고 할 수 없다.

4. 청원경찰법조항에 대한 판단

가. 청원경찰제도 일반

(1) 청원경찰제도의 연혁과 현황

청원경찰제도는 국가기관 등의 중요시설의 경영자가 소요경비를 부담할 것을 조건으로 경찰관의 배치를 신청하는 경우에 이에 응하여 청원경찰관을 배치함으로써 경찰인력의 부족을 보완하고 건물 등의 경비 및 공안업무에 만전을 기하려는 취지에서 1962. 4. 3. 법률 제1049호 청원경찰법의 제정과 함께 시행되었다.

청원경찰 업무에 종사하는 자를 형법 기타 법령에 의한 적용에 있어서 공무원으로 본다는 제10조 제2항은 1973. 12. 31. 법률 제2666호 개정법에서 신설되어 현재에 이르고 있으며, 2001. 4. 7. 법률 제6466호 개정법에서는 청원경찰로서 국가공무원법 제66조 제1항의 규정에 위반한 자를 처벌하는 제11조가 신설되었다.

행정자치부장관의 의견서에 의하면, 이 사건 헌법소원이 제기된 2004.

3. 기준으로 국내 원자력발전소 4개소를 비롯 방송·통신시설, 발전시설과 같은 국가보안 목표시설 296개소에 총 5,800명, 전국적으로 국가기관·자치단체·국영기업체 등 총 2,355개소에 17,800여 명, 그중 국가기관 및 자치단체 소속으로 전체의 61%인 10,800여 명의 청원경찰이 근무하고 있다.

(2) 청원경찰제도의 주요 내용

(가) 청원경찰의 배치대상 및 직무범위

청원경찰의 배치대상 시설은 ① 국가기관 또는 공공단체와 그 관리 아래에 있는 중요시설 또는 사업장, ② 국내주재 외국기관, ③ 선박·항공기 등 수송시설, ④ 금융 또는 보험을 업으로 하는 시설 또는 사업장, ⑤ 언론·통신·방송 또는 인쇄를 업으로 하는 시설 또는 사업장, ⑥ 학교 등 육영시설, ⑦ 의료법에 의한 의료기관, ⑧ 기타 공공의 안녕질서 유지와 국민경제상 고도의 보호를 필요로 하는 중요시설·사업체 또는 장소이다(청원경찰법 제2조; 청원경찰법 시행규칙 제1조).

청원경찰은 청원경찰의 배치결정을 받은 자(이하 '청원주'라 한다)와 배치된 기관·시설 또는 사업장 등의 구역을 관할하는 경찰서장의 감독을 받아 그 경비구역 안에 한하여 경비목적을 위하여 필요한 범위 안에서 경찰관직무집행법에 의한 경찰관의 직무를 행하며(청원경찰법 제3조), 경찰관직무집행법 제2조에 정한 직무규정에 따라 주로 범죄의 예방 및 진압, 위급환자의 수송과 보호, 요인경호 및 시설경비, 위험발생의 방지 및 예방업무 등을 행한다.

(나) 신분 및 임용

청원경찰은 원칙적으로 사용자와의 고용계약에 의한 근로자로서 공무원 신분이 아니나, ① 경비구역 내에서 경비근무를 실시할 경우 경찰관의 직무를 수행할 수 있고, ② 형법 기타 법령에 의한 벌칙 적용 시 공무원으로 간주하고(청원경찰법 제10조), ③ 국가기관·지방자치단체에 근무하는 청원경찰의 직무상 불법행위에 따른 배상책임에 있어 공무원으로 간주하며(청원경찰법 제10조의2), ④ 복무에 관하여는 공무원에 관한 규정을 준용한다(청원경찰법 제5조 제4항).

청원경찰은 관할 지방경찰청장의 사전승인을 받아 청원주가 임명하고(청원경찰법 제4조, 제5조; 청원경찰법 시행령 제2조, 제4조), 국가공무원법상의 임용결격자는 청원경찰로 임용될 수 없으며(청원경찰법 제5조 제2항), 일정한 신체조건 등 별도의 자격이 요구된다(청원경찰법 시행규칙 제2조).

(다) 근무방법 및 지휘체계

청원경찰 중 자체경비를 위한 입초근무자는 경비구역의 정문 기타 지정된 장소에서 경비구역의 내부·외부 및 출입자의 동태를 감시하고, 순찰근무자는 청원주가 지정한 일정한 구역을 순회하면서 경비임무를 수행하며 대기근무자는 소내근무를 협조하거나 휴식하면서 불의의 사고에 대비한다(청원경찰법 시행규칙 제7조).

청원경찰은 근무 중 제복을 착용하여야 하고, 필요할 경우 청원주의 신청에 의하여 관할경찰서장으로부터 무기를 대여받아 휴대할 수 있으나(청원경찰법 제8조), 이와 관련하여 관리상의 엄격한 규제를 받는다(청원경찰법 시행령 제12조; 청원경찰법 시행규칙 제8조).

청원주는 항시 소속 청원경찰의 근무수행 상황을 감독하고 필요한 교양을 실시하고, 지방경찰청장은 청원경찰의 효율적인 운영을 위하여 청원주를 지도하며 감독상 필요한 명령을 발할 수 있다(청원경찰법 제9조의3).

나. 재판관 이공현, 재판관 김희옥, 재판관 이동흡, 재판관 목영준의 합헌의견

(1) 쟁점의 정리

헌법 제33조는 "근로자는 근로조건의 향상을 위하여 자주적인 단결권·단체교섭권 및 단체행동권을 가진다"고 하여 근로3권을 보장하고 있는데,

이 사건 청원경찰법 조항은 "청원경찰로서 국가공무원법 제66조 제1항의 규정에 위반한 자는 1년 이하의 징역 또는 200만원 이하의 벌금에 처한다"고 규정하고 있다.

국가공무원법 제66조 제1항에서 공무원에게 금지되는 노동운동에는 근로3권이 모두 포함된다고 해석되고(대법원 2005. 4. 15. 선고 2003도2960 판결 참조), 따라서 이 사건 청원경찰법조항으로 제한되는 기본권은 근로3권이다.

헌법재판소는 "근로3권은 사회적 보호기능을 담당하는 자유권 또는 사회권적 성격을 띤 자유권이라고 말할 수 있으며, 이러한 근로3권의 성격은 국가가 단지 근로자의 단결권을 존중하고 부당한 침해를 하지 아니함으로써 보장되는 자유권적 측면인 국가로부터의 자유뿐만 아니라, 근로자의 권리행사의 실질적 조건을 형성하고 유지해야 할 국가의 적극적인 활동을 필요로 한다"고 하여(헌재 1998. 2. 27. 94헌바13등, 판례집 10-1, 32, 44~45), 자유권적 성격과 사회권적 성격을 함께 갖는 기본권으로 파악하고 있다.

이 사건에서는 국가에 대한 관계에서의 자유권적 측면의 근로3권의 제한이 기본권제한 입법의 한계조항인 헌법 제37조 제2항의 과잉금지원칙에 위반되는지 여부 및 책임과 형벌 간의 비례성원칙 위반 여부가 문제된다.

(2) 과잉금지원칙의 위반 여부

(가) 목적의 정당성 및 방법의 적정성

이 사건 청원경찰법조항은 청원경찰의 근로3권을 제한함으로써 청원경찰들이 관리하는 국가 등의 중요시설의 안전을 기하려고 하는 것이므로 목적의 정당성을 인정할 수 있고, 이러한 수단이 위 목적에 기여할 수 있음은 분명하므로 수단의 적정성도 인정할 수 있다.

(나) 제한의 필요성 및 침해의 최소성

1) 청원경찰은 청원주가 임명하는 것이므로 기본적으로 공무원이 아니고 일반 근로자에 불과하나, 앞서 본 바와 같이 그 신분이나 업무의 내용을

보면 공무원 특히 경찰공무원과 유사하다.

즉, 청원경찰은 주로 경찰업무를 수행하게 되므로 임용자격에는 일정한 제한이 설정되어 있고 임용에 있어서도 지방경찰청장의 승인을 받게 되며, 청원경찰법상 경찰공무원을 기준으로 한 일정금액 이상의 임금을 보장받고 있고 의사에 반한 면직이 금지되는 등 신분보장에 있어서 공무원과 매우 유사한 대우를 받고 있다(2005. 8. 4. 법률 제7662호 개정법에서는 제10조의 7로 국가기관 또는 지방자치단체에 근무하는 청원경찰의 휴직 및 명예퇴직에 관하여 국가공무원법을 준용하도록 하는 규정이 추가되었다).

또한, 보수의 측면에서 보면 적어도 국가나 지방자치단체에 소속된 청원경찰의 경우에는 그 보수를 국가나 지방자치단체가 부담하는 것으로서 실질적으로 국민 전체의 부담이 되는 점에서는 공무원과 같고, 이러한 국가기관에 근무하는 청원경찰의 비율이 60%를 상회하며, 여기에 국영기업체까지 포함하면 그 비율은 80%에 이른다(2005. 6.경 통계로, 강창일의원 등이 대표발의한 청원경찰법 개정법률안에 대한 국회검토보고서 참조).

한편, 청원경찰이 경비하는 장소는 국가 등의 관리하의 중요시설 및 선박, 항공기 등 수송시설, 언론·의료기관과 같은 공공의 이익이나 국민경제에 밀접한 관련이 있는 시설로서 항상 안정적인 운영이 요구되고, 만일 위와 같은 시설의 운영에 다소라도 지장을 받게 되면 국가나 사회에 큰 혼란이나 피해가 올 우려가 있으므로, 이러한 시설경비를 책임지고 있는 청원경찰 업무도 잠시라도 중단되거나 경비의 강도가 느슨해져서는 아니된다.

2) 우리 재판소는 헌법 제33조 제2항이 공무원의 근로3권을 제한하면서 근로3권이 보장되는 주체의 범위를 법률에 의하여 정하도록 위임한 것은, 첫째, 입법권이 국가사회 공동체의 역사·문화에 따라 형성된 공무원제도의 유지·발전과 공무원제도의 다른 쪽 당사자로서 주권자인 전체국민의 복리를 고려하고, 헌법상 보장된 공무원제도 자체의 기본틀을 해하지 않는 범위 내에서 그 제도에 관련된 여러 이해관계인의 권익을 서로 조화하면서 공공

복리의 목적 아래 통합·조정할 수 있음을 의미하고, 둘째, 공무원은 국민전체에 대한 봉사자이며, 그 담당직무의 성질이 공공성·공정성·성실성 및 중립성이 보장되어야 한다는 특수한 사정이 있으므로 이러한 사정을 고려하여, 전체국민의 합의를 바탕으로 입법자의 구체적인 입법에 의하여 공적이고 객관적인 질서에 이바지하는 공무원제도를 보장·보호할 수 있는 입법재량을 부여한 것인바, 그렇다면 국회는 헌법 제33조 제2항에 따라 공무원인 근로자에게 단결권·단체교섭권·단체행동권을 인정할 것인가의 여부, 어떤 형태의 행위를 어느 범위에서 인정할 것인가 등에 대하여 광범위한 입법형성의 자유를 가진다고 판시하였다(헌재 2007. 8. 30. 2003헌바51, 판례집 19-2, 215, 228~229).

또한 일찍이 사립학교 교원의 근로3권을 제한한 구 사립학교법 조항에 대한 위헌제청사건에서는, 헌법 제31조 제6항의 교원지위법정주의를 근거로 하고 교육의 본질에 따른 교육제도의 구조적 특성, 교원직무의 공공성·전문성과 자주성, 그리고 교원의 근로관계 및 법적 규율의 특수성 등을 고려하여 공무원이 아닌 일반근로자의 근로3권 제한규정의 합헌성을 인정한 바 있다(헌재 1991. 7. 22. 89헌가106, 판례집 3, 387~483).

그러므로 이러한 취지에 따르면, 국가공무원(헌재 1992. 4. 28. 90헌바27등, 판례집 4, 255 이하)이나 지방공무원(헌재 2005. 10. 27. 2003헌바50등, 판례집 17-2, 238 이하)뿐만 아니라 업무의 공공성이 매우 큰 영역에 근무하는 근로자인 청원경찰에 대하여는 근로3권이 전부 제한될 수도 있다고 할 것이다.

3) 이에 대하여 청원경찰의 근로3권 중 단체행동권 정도만 제한하고 나머지 단결권이나 단체교섭권은 인정하여야 한다는 입장이 있으나, 청원경찰 업무의 특성상 단결권행사나 단체교섭권한의 행사만으로도 시설의 경비업무에 지장을 초래할 가능성이 높고, 앞에서 본 바와 같은 청원경찰에 대한 신분보장과 그 업무의 강한 공공성, 그리고 무기를 휴대하고 경찰관의 직무를 수행하는 업무수행의 특수성 등을 고려할 때, 군인이나 경찰관과 마찬가

지로 청원경찰에 대하여도 단체행동권뿐만 아니라 단결권과 단체교섭권도 제한할 필요성이 충분히 인정된다.

그러므로 이 사건 청원경찰법조항은 제한의 필요성과 피해의 최소성을 갖추었다고 할 것이다.

(다) 법익의 균형성

이 사건 청원경찰법조항으로 인하여 청원경찰은 근로3권을 전혀 갖지 못하는 불이익을 받게 되는 것은 사실이나, 반면 국가나 사회의 중추를 이루는 중요시설의 운영에 안정을 기함으로써 얻게 되는 국가안전보장, 질서유지 등의 공익이 매우 크므로 법익의 균형성도 갖추었다고 할 것이다.

(3) 책임과 형벌 간의 비례성원칙 위반 여부

어떤 행위를 범죄로 규정하고 이를 어떻게 처벌할 것인가 하는 문제, 즉 범죄의 설정과 법정형의 종류와 범위의 선택은 행위의 사회적 악성과 범죄의 죄질 및 보호법익에 대한 고려뿐만 아니라 우리의 역사와 문화, 입법 당시의 시대적 상황, 국민 일반의 가치관과 법감정 그리고 범죄예방을 위한 형사정책적인 측면 등 여러 가지 요소를 종합적으로 고려하여 입법자가 결정할 사항으로서 광범위한 입법재량이 인정되어야 할 분야이고, 따라서 어느 행위를 범죄로 규정하고 그 법정형을 정한 것이 그 범죄의 죄질 및 이에 따른 행위자의 책임에 비하여 지나치게 가혹한 것이어서 현저히 형벌체계상의 균형을 잃고 있다거나 그 범죄에 대한 형벌 본래의 목적과 기능을 달성함에 있어 필요한 정도를 일탈하였다는 등 헌법상의 평등의 원칙 및 비례의 원칙 등에 명백히 위배되는 경우가 아닌 한, 쉽사리 헌법에 위반된다고 단정하여서는 아니된다(헌재 1999. 5. 27. 96헌바16, 판례집 11－1, 529, 538~539; 헌재 2006. 7. 27. 2004헌바77, 판례집 18－2, 108, 120 등 참조).

이 사건 청원경찰법조항은 1년 이하의 징역형이나 200만원 이하의 벌금을 정하고 있는바, 유사한 집단행위 또는 쟁위행위에 대한 처벌규정을 보면, 주요 방위산업체 근로자나 교원노동조합 조합원의 경우 5년 이하의 징역 또는 5천만원 이하의 벌금(노동조합법 제88조·제41조 제2항; 교원의 노동조합 설립 및 운영 등에 관한 법률 제15조·제8조), 경찰공무원의 경우 2년 이하의 징역 또는 2백만원 이하의 벌금(경찰공무원법 제31조 제3항), 국가공무원의 경우 1년 이하의 징역 또는 3백만원 이하의 벌금(국가공무원법 제84조, 제66조)이다.

그러므로 이 사건 청원경찰법조항의 법정형이 과잉형벌의 문제를 제기한다고 볼 수 없고, 오히려 위반한 근로3권의 내용에 따라 알맞은 형벌을 선고할 수 있으므로 형벌체계상의 균형성을 상실하였다거나 책임과 형벌 간의 비례성원칙에 위반된다고 보기도 어렵다.

(4) 결 론

이상 살펴본 바와 같이 이 사건 청원경찰법조항은 과잉금지의 원칙이나 책임과 형벌 간의 비례성원칙에 위반되지 아니하므로, 헌법에 위반되지 아니한다고 할 것이다.

다. 재판관 이강국, 재판관 민형기의 위헌의견

(1) 헌법 제33조는 근로자는 근로조건의 향상을 위하여 자주적인 단결권·단체교섭권·단체행동권 등 근로3권을 가지나(제1항), 다만 공무원은 법률이 정하는 자에 한하여 근로3권을 가지고(제2항), 법률이 정하는 주요 방위산업체에 종사하는 근로자의 단체행동권은 법률이 정하는 바에 의하여 이를 제한하거나 인정하지 아니할 수 있다고 규정하고 있으므로(제3항), 이러한 헌법 규정의 취지에 비추어 보면, 일반 근로자의 근로3권은 주요 방위산업체 근로자의 단체행동권을 제외하고는 원칙적으로 제한되어서는 아니되고, 다만 법률이 정한 자 이외의 공무원은 근로3권의 주체가 되지 못한다(헌재 2007. 8. 30. 2003헌바51등, 판례집 19-2, 215, 227 참조).

청원경찰은 업무의 내용이 경찰공무원과 유사하나, 그렇다고 하여 청원경찰을 법률이 정하는 바에 따라 근로3권이 제한적으로만 인정되는 헌법 제

33조 제2항의 공무원으로 보거나 그러한 공무원으로 의제할 수 있는 것은 아니므로, 어디까지나 일반근로자에 불과한 청원경찰에게는 기본적으로 헌법 제33조 제1항의 근로3권은 보장되어야 한다.

(2) 한편, 청원경찰이 공무원과 유사하게 보수나 징계 등에 있어서 일정한 신분보장을 받고는 있으나 이는 최소한에 불과하고, 청원경찰의 보수 수준이 민간경비원들에 비하여 월등하게 높지 않음은 물론, 그들이 공무원들이 일반적으로 누리는 여러 가지 혜택을 동등하게 누린다고 볼 수도 없다.

청원주는 청원경찰이 배치된 시설이 폐쇄 또는 축소되는 경우 필요하다고 인정될 때에는 청원경찰의 배치를 폐지하거나 인원을 감축할 수 있고 이로써 청원경찰은 당연히 퇴직하게 되므로(청원경찰법 제10조의5, 제10조의6), 이러한 점에 비추어 보면 청원경찰의 신분보장 수준은 일반적인 공무원에 비하면 매우 낮은 것으로 판단되고 이를 쉽게 공무원의 경우와 동일시할 수는 없으므로, 청원경찰의 근로조건의 향상을 위하여 근로3권이 보장될 필요성이 높다.

근자에 이르러 우리 사회는 민주주의 의식이 성숙되고 노동운동이나 근로3권과 관련하여 현실적으로도 많은 변화가 있어 그동안 금지되어 왔던 사립학교나 국·공립학교 교사 또는 일부 공무원에게 단결권과 단체교섭권이 인정되기에 이르렀고, 이러한 상황에서 공무원의 신분을 갖지 아니한 민간인인 청원경찰의 근로3권을 모두 부인하는 것은 현실의 변화에 역행하는 결과를 초래하게 될 것이다.

(3) 일반 근로자인 청원경찰의 경우에도 헌법 제37조 제2항에 따라 국가안전보장, 질서유지 또는 공공복리를 위하여 근로3권을 제한할 수 있고, 청원경찰의 업무가 강한 공공성을 갖고 있어 이러한 점이 근로3권을 제한하는 근거가 될 수는 있을 것이나, 그렇다고 하여 이러한 사유가 청원경찰의 근로3권 전부를 부정하는 주된 근거로 작용할 수는 없다.

헌법은 주요방위산업체에 종사하는 근로자들이 수행하는 업무의 공공성이 커서 사회적인 파급력이나 국가방위에 지장을 줄 우려가 매우 큼에도 불구하고 단결권과 단체교섭권에는 아무런 제한을 가하지 아니하고 다만 단체행동권을 제한하고 있음에 그치고, 더구나 그것도 모든 방위산업체가 아니라 주요한 방위산업체로 그 범위를 제한하고 있을 뿐이다.

그런데 국가의 안전보장이나 질서유지와 관련하여 청원경찰의 업무가 주요방위산업체 근로자들의 업무에 비하여 그 공공성이 월등하다고 단정할 수 없고, 또 나아가 철도나 고속버스, 지하철과 같은 대중교통의 영역이나 자동차, 조선 등과 같은 국가 주요산업 영역에 있어서의 업무의 공공성이 청원경찰 업무에 비하여 약하다고 볼 수도 없으므로, 청원경찰 업무의 공공성을 이유로 하여 청원경찰의 근로3권을 모두 제한하는 것은 과잉제한이라고 할 수 있다.

전체적으로 볼 때 청원경찰이 수행하는 업무는 경찰공무원의 업무와 거의 동일하고 그 외 의무부담에 있어서도 일반적인 공무원과 큰 차이가 없음에도 불구하고, 법률상으로는 공무원 신분을 부여하지 않고 신분보장 또한 공무원에 미치지 못하고 있음은 물론, 여기에서 나아가 근로3권을 전부 박탈하고 있는 것은 형평에 어긋나는 것이라고 하지 않을 수 없다.

더구나 청원경찰법조항으로 인하여 중요시설 경비에 안정을 기할 수 있음은 분명하나, 그로 인하여 청원경찰이 받는 불이익은 근로3권을 전혀 누리지 못하는 기본권에 대한 중대한 제한임을 고려할 때 법익의 균형성을 갖추었다고 볼 수 없다.

다만, 청원경찰의 업무의 내용과 성격을 고려할 때 직접행동을 수반하지 않는 단결권과 단체교섭권을 인정하더라도 경비하는 시설의 안전을 유지하는 데에 큰 지장은 없어 보이나, 단체행동권만큼은 경비업무에 지장을 초래할 가능성이 매우 크므로 이를 제한할 수 있다 할 것이고, 이는 시설의 중요도나 청원경찰의 총기휴대 여부 등을 기준으로 선별적으로 제한을 가하는 것으로 족하다고 할 것이다.

더구나 청원경찰의 업무는 단순한 경비업무에 불과하여 근로3권의 행사로 경비업무에 혼란이 예상되는 경우 기존의 경찰인력 등을 대체투입하여 업무의 공백을 메울 수 있을 것이므로, 근로3권을 제한적으로 인정한다 해도 큰 무리가 없을 것으로 보인다.

(4) 결국 이 사건 청원경찰법조항은 공무원이 아닌 일반 근로자에 불과한 청구인들을 공무원과 동일하게 취급하여 근로3권 중 단체행동권뿐만 아니라 단결권, 단체교섭권까지 제한하는 것은 과잉금지의 원칙에 위배되는 것이므로, 이 사건 청원경찰법 조항 중 청구인들의 단결권, 단체교섭권을 제한하는 부분은 헌법에 위반된다고 보아야 한다.

라. 재판관 김종대, 재판관 송두환의 위헌의견

우리는 이 사건 청원경찰법조항에 대하여 재판관 이강국, 재판관 민형기의 위헌의견과 결론을 같이하면서, 다만 그 이유에 있어서는 차이가 있으므로 이를 따로 밝혀두기로 한다.

(1) 청원경찰은 그 법적 지위가 사용자와의 고용계약에 의한 일반 근로자이고 공무원의 신분을 갖는 것이 아닐 뿐만 아니라, 그 신분보장 수준이 공무원과는 달리 불안정하여 근로조건 향상을 위한 노동3권 보장의 필요성이 높다 할 것이므로, 단지 청원경찰 업무에 공공성이 있다는 점만을 이유로 하여 공무원과 똑같이 일체의 노동기본권을 갖지 못하도록 규정한 것은, 비록 그 입법목적의 정당성을 인정한다 하더라도, 기본권침해의 최소성 및 법익균형성을 갖춘 것이라고 볼 수 없어 위헌이라고 할 것이다.

더구나, 공무원에 대하여는 2005. 1. 27. 법률 제7380호로 '공무원의 노동조합설립 및 운영 등에 관한 법률'이 제정되어, 국가공무원법 제66조 제1항의 '노동운동 기타 집단적 행위'의 포괄적 금지규정에도 불구하고, 일정 범위의 공무원에게 일정 범위의 노동기본권이 허용된 것과 대비하여 보면, 이 사건과 같은 청원경찰의 경우에 위 국가공무원법 조항의 노동기본권 제한 규정이 그대로 적용되고, 그에 위반하는 경우 이 사건 청원경찰법조항에 의하여 형사처벌 대상으로 된다는 것은 그 부당성이 더욱 분명해진다 할 것이다.

(2) 청원경찰이 헌법 제33조 제1항에 의하여 근로자로서 가지는 노동3권은 헌법 제37조 제2항의 정한 바에 따라서만 제한 가능하다 할 것이고, 청원경찰의 노동3권에 대하여 국가안전보장, 질서유지 또는 공공복리를 위하여 과연 어느 정도의 제한을 할 것인가는 입법자인 국회가 청원경찰의 구체적 직무내용, 직급, 근무 장소의 성격과 상황 등 여러 요소들을 고려하여 적절한 재량판단 하에 입법하도록 하여야 할 것이고, 헌법재판소가 '단결권, 단체교섭권의 제한은 아니되고, 단체행동권의 제한, 금지는 된다'는 등으로 미리 일률적인 기준을 제시할 사항은 아니라 할 것이다.

(3) 따라서, 이 사건 청원경찰법조항은 일반 근로자에 불과한 청원경찰에 대하여 일체의 노동기본권을 갖지 못하도록 제한하고 있다는 점에서 과잉금지의 원칙에 위배되어 위헌이라고 보아야 한다.

마. 재판관 조대현의 한정위헌의견

청원경찰법 제11조를 청원경찰의 경비업무에 지장을 주지 않는 경우에도 청원경찰에게 적용하는 것은 헌법 제33조 제1항에 위반된다고 생각한다.

청원경찰은 원래 공무원이 아니라 고용계약에 의한 근로자로서 헌법 제33조 제1항에 의하여 노동3권이 보장된다.

청원경찰은 국가 주요 시설의 경비를 임무로 하기 때문에 그 경비구역 안에 한하여 경비목적을 위하여 필요한 범위 안에서 경찰관의 직무집행에 관한 법률이 준용되므로 국가공무원법 제66조 제1항도 청원경찰의 경비업무에 필요한 한도에서만 청원경찰에게 준용된다고 보아야 한다.

따라서 청원경찰의 경비업무에 지장을 주지 않는 경우에도 국가공무원법 제66조 제1항을 청원경찰에게 준용하여 청원경찰의 노동운동 기타 집단적 행위를 금지하고 처벌하는 것은 헌법 제33조 제1항에 의하여 청원경찰에게 보장되는 근로자의 기본권을 제한 필요성의 한도를 넘어서 제한하는 것으로서, 기본권 제한의 과잉금지를 규정한 헌법 제37조 제2항에 위반된다고 보지 않을 수 없다.

5. 결 론

이 사건 심판청구 중 노동조합법조항 부분에 대하여는 헌법에 위반되지 아니한다는 데에 관여 재판관 전원의 의견이 일치되었고, 청원경찰법 조항 부분에 대하여는 재판관 이공현, 재판관 김희옥, 재판관 이동흡, 재판관 목영준 등 4인이 헌법에 위반되지 않는다는 의견을, 재판관 이강국, 재판관 김종대, 재판관 민형기, 재판관 송두환 등 4인이 헌법에 위반된다는 의견을, 재판관 조대현이 한정위헌의 의견을 표시하여 헌법에 위반된다거나 한정위헌이라는 의견이 다수이기는 하나, 이로써 헌법 제113조 제1항, 헌법재판소법 제23조 제2항 단서 제1호의 재판관 수에 이르지 못하여 위헌결정을 할 수 없으므로, 이에 주문과 같이 결정한다.

재판장 재판관 이강국
재판관 이공현
재판관 조대현
재판관 김희옥
재판관 김종대
재판관 민형기
재판관 이동흡
재판관 목영준
재판관 송두환

판례의 평가

1. 노동조합 및 노동관계조정법에 의하여 설립된 노동조합이 아니면 노동조합이라는 명칭을 사용할 수 없다고 하여, 이를 위반할 경우 형사 처벌하도록 규정한 노동조합 및 노동관계조정법(1997. 3. 13. 법률 제5310호로 제정된 것) 제7조 제3항, 제93조 제1호 및 청원경찰로서 국가공무원법 제66조 제1항의 규정에 위반하여 노동운동 기타 공무이외의 일을 위한 집단적 행위를 한 자를 형사처벌하도록 규정한 청원경찰법(2001. 4. 7. 법률 제6466호로 개정된 것) 제11조의 심판대상으로서 재판관 5명 위헌의견과 재판관 4명 합헌의견으로 정족수 이르지 못하여 합헌 선고를 하였다.

2. 헌법 제33조에 따라 일반 근로자의 근로3권은 주요 방위산업체 근로자의 단체행동권을 제외하고는 원칙적으로 제한되어서는 아니 되고, 다만 법률이 정한 자 이외의 공무원은 근로3권의 주체가 되지 못할 뿐이다.

청원경찰은 업무의 내용이 경찰공무원과 유사하나, 청원경찰을 법률이 정하는 바에 따라 근로3권이 제한적으로만 인정되는 헌법 제33조 제2항의 공무원으로 보거나 그러한 공무원으로 의제할 수 있는 것은 아니므로, 어디까지나 일반근로자에 불과한 청원경찰에게는 기본적으로 헌법 제33조 제1항의 근로3권이 보장되어야 한다. 다만 청원경찰의 경우에도 헌법 제37조 제2항에 따라 국가안전보장, 질서유지 또는 공공복리를 위하여 근로3권을 제한할 수 있고, 청원경찰의 업무가 갖는 강한 공공성이 근로3권을 제한하는 근거가 될 수는 있으나, 이러한 사유가 청원경찰의 근로3권 전부를 부정하는 주된 근거로 작용할 수는 없다.

청원경찰의 업무나 의무부담이 경찰공무원과 유사한데도 법률상으로 공무원 신분을 부여하지 않고 신분보장 또한 공무원에 미치지 못함에도 불구하고 근로3권을 전부 박탈하는 것은 형평에 어긋나며, 중요시설 경비의 안정이라는 입법목적에 비하여 청원경찰이 입는 불이익은 근로3권을 전혀 누리지 못하는 기본권에 대한 중대한 제한임을 고려할 때, 이 사건 청원경찰법 조항은 법익의 균형성을 갖추었다고 볼 수 없다. 다만, 단체행동권만큼은 경비업무에 지장을 초래할 가능성이 매우 크므로 이를 제한할 수 있다.

결국 이 사건 청원경찰법 조항이 공무원이 아닌 일반 근로자에 불과한 청구인들을 공무원과 동일하게 취급하여 근로3권 중 단체행동권뿐만 아니라 단결권, 단체교섭권까지 제한하는 것은 과잉금지의 원칙에 위배되는 것이므로, 이 사건 청원경찰법 조항 중 청구인들의 단결권, 단체교섭권을 제한하는 부분은 헌법에 위반된다.

3. 심판대상이였던 노동조합 및 노동관계조정법 및 경원경찰법 해당 조항은 현행 그대로 유지되고 있다.

17 형법 제241조 간통죄 처벌

(2008. 10. 30. 2007헌가17·21, 2008헌가7·26, 2008헌바21·47(병합))

Ⅰ. 판시 사항

1. 배우자 있는 자의 간통행위 및 그와의 상간행위를 처벌하는 형법 제241조(이하 '이 사건 법률조항'이라 한다)의 위헌 여부(소극)

2. 위헌의견인 재판관이 4인, 헌법불합치의견인 재판관이 1인이어서 위헌결정을 위한 심판정족수에 이르지 못한다고 하여 합헌결정을 한 사례

Ⅱ. 결정요지

1. 가. 재판관 이강국, 재판관 이공현, 재판관 조대현의 합헌의견

이 사건 법률조항은 혼인관계를 보호하고, 사회질서를 유지하기 위하여 간통 및 상간행위를 제재하는 것으로 정당한 입법목적 달성을 위한 적절한 수단이다. 다만 '형벌'의 제재 규정이 지나친 것인지 문제되나, 이는 기본적으로 입법형성의 자유에 속한다. 간통이 사회질서를 해치고 타인의 권리를 침해하는 경우에 해당한다고 보는 우리의 법의식 및 간통 및 상간행위에 대한 사전예방의 강한 요청에 비추어 간통 및 상간행위를 형사처벌하기로 한

입법자의 판단이 자의적인 것이라 할 수 없고, 이 사건 법률조항으로 인하여 침해되는 사익은 특정한 관계에서의 성행위 제한으로 경미함에 비하여 달성되는 공익은 높은 중요성이 있어 법익균형성 역시 인정되므로 이 사건 법률조항이 과잉금지원칙에 위배하여 개인의 성적 자기결정권, 사생활의 비밀과 자유를 침해한다고 볼 수 없다. 한편 이 사건 법률조항은 법정형으로 징역형만을 규정하고 있으나 지나치게 과중한 형벌을 규정하고 있다고 보기 어렵다.

나. 재판관 민형기의 합헌의견

형법이 간통죄를 범죄로 처벌하는 것 자체는 헌법에 위반되지 않으나, 이 사건 법률조항이 구체적인 행위 태양을 고려하지 않은 채 간통이라는 하나의 개념으로 일률적으로 형벌을 부과하는 것은 부당한 결과를 초래할 우려가 있으므로 입법자로서는 이를 입법적으로 개선할 수 있도록 정책적인 노력을 기울여야 할 것이다.

□ 재판관 김종대, 재판관 이동흡, 재판관 목영준의 위헌의견

이 사건 법률조항은 과잉금지 원칙에 위반하여 개인의 성적(性的) 자기결정권과 사생활의 비밀과 자유를 제한하는 것으로 위헌이다. 오늘날 성(性)에 대한 국민 일반의 법감정이 변하고 있고, 도덕적으로 비난받을 만한 행위 모두를 형사처벌의 대상으로 삼는 것은 바람직하지 아니하며, 간통 및 상간행위의 형사처벌이 일부일처제와 가정보호·부부간의 성적 성실의무 보호·여성의 보호에 실효적인 기능을 하지도 못한다는 점 등을 고려할 때 이 사건 법률조항의 수단의 적절성 및 피해의 최소성을 인정하기 어렵다. 또한 이 사건 법률조항은 개인의 내밀한 성생활의 영역을 형사처벌의 대상으로 삼아 국민의 성적 자기결정권 등 기본권을 지나치게 제한하여 법익균형성을 상실한 것이다.

☐ 재판관 김희옥의 헌법불합치의견

이 사건 법률조항은 단순히 도덕적 비난에 그쳐야 할 행위 또는 비난가능성이 없거나 근소한 행위 등에까지 형벌을 부과하여 법치국가적 한계를 넘어 국가형벌권을 행사한 것으로 헌법에 합치되지 아니한다.

☐ 재판관 송두환의 위헌의견

이 사건 법률조항이 간통 및 상간행위를 형사처벌하도록 한 자체는 헌법에 위반되지 아니하나, 법정형으로 징역형만을 규정한 것은 구체적 사안의 개별성과 특수성을 고려할 수 있는 가능성을 배제 또는 제한하여 책임과 형벌간 비례의 원칙에 위배되어 헌법에 위반된다.

2. 이 사건 법률조항에 대하여 재판관 4인이 합헌의견, 재판관 4인이 위헌의견, 재판관 1인이 헌법불합치의견으로 위헌의견이 다수이긴 하나, 법률의 위헌선언에 필요한 정족수 6인에 미달하므로 이 사건 법률조항은 헌법에 위반되지 않는다.

Ⅲ. 심판대상조문

형법(1953. 9. 18. **법률 제293호로 제정된 것**) **제241조**(**간통**) ① 배우자 있는 자가 간통한 때에는 2년 이하의 징역에 처한다. 그와 상간한 자도 같다.

② 전항의 죄는 배우자의 고소가 있어야 논한다. 단 배우자가 간통을 종용 또는 유서한 때에는 고소할 수 없다.

Ⅳ. 참조조문

헌법 제10조, 제36조 제1항, 제37조 제2항

형사소송법 제229조(배우자의 고소) ①「형법」제241조의 경우에는 혼인이 해소되거나 이혼소송을 제기한 후가 아니면 고소할 수 없다.

② 전항의 경우에 다시 혼인을 하거나 이혼소송을 취하한 때에는 고소는 취소된 것으로 간주한다.

형사소송법 제230조(고소기간) ① 친고죄에 대하여는 범인을 알게 된 날로부터 6월을 경과하면 고소하지 못한다. 단, 고소할 수 없는 불가항력의 사유가 있는 때에는 그 사유가 없어진 날로부터 기산한다.

②「형법」제291조의 죄로 약취, 유인된 자가 혼인을 한 경우의 고소는 혼인의 무효 또는 취소의 재판이 확정된 날로부터 전항의 기간이 진행된다.

형사소송법 제232조(고소의 취소) ① 고소는 제1심 판결선고 전까지 취소할 수 있다.

② 고소를 취소한 자는 다시 고소하지 못한다.

③ 피해자의 명시한 의사에 반하여 죄를 논할 수 없는 사건에 있어서 처벌을 희망하는 의사표시의 철회에 관하여도 전2항의 규정을 준용한다.

형사소송법 제327조(공소기각의 판결) 다음 경우에는 판결로써 공소기각의 선고를 하여야 한다.

1. 피고인에 대하여 재판권이 없는 때
2. 공소제기의 절차가 법률의 규정에 위반하여 무효인 때
3. 공소가 제기된 사건에 대하여 다시 공소가 제기되었을 때

4. 제329조의 규정에 위반하여 공소가 제기되었을 때
5. 고소가 있어야 죄를 논할 사건에 대하여 고소의 취소가 있은 때
6. 피해자의 명시한 의사에 반하여 죄를 논할 수 없는 사건에 대하여 처벌을 희망하지 아니하는 의사표시가 있거나 처벌을 희망하는 의사표시가 철회되었을 때

Ⅴ. 참조판례

1. 헌재 1990. 9. 10. 89헌마82, 판례집 2, 306, 306~331
   헌재 1992. 4. 28. 90헌바24, 판례집 4, 225, 229~230
   헌재 2001. 10. 5. 2000헌바60, 판례집 13－2, 480, 480~490
   헌재 2002. 3. 28. 2000헌바53, 판례집 14－1, 159, 165
   헌재 2003. 11. 27. 2002헌바24, 판례집 15－2, 242
   대법원 2008. 7. 10. 선고 2008도3599판결(공2008하, 1215)

Ⅵ. 당사자

제청법원 :

1. 서울북부지방법원(2007헌가17)
2. 대구지방법원 경주지원(2007헌가21)
3. 의정부지방법원 고양지원(2008헌가7)
4. 청주지방법원 영동지원(2008헌가26)

제청신청인 :

1. 옥○경(2008헌가7 사건)
   대리인 홍익 법무법인

담당변호사 김영균 외 4인

청 구 인 :

1. 윤○심(2008헌바21) 대리인 변호사 강문대
2. 박○식(2008헌바47) 대리인 변호사 심한준

당해사건 :

1. 서울북부지방법원 2007고단1516 간통(2007헌가17)
2. 대구지방법원 경주지원 2007고단330 간통(2007헌가21)
3. 의정부지방법원 고양지원 2008고단54 간통(2008헌가7)
4. 청주지방법원 영동지원 2008고단116 간통(2008헌가26)
5. 수원지방법원 성남지원 2007고단2069 간통(2008헌바21)
6. 서울중앙지방법원 2008노316 간통(2008헌바47)

Ⅶ. 주 문

형법(1953. 9. 18. 법률 제293호로 제정된 것) 제241조는 헌법에 위반되지 아니한다.

Ⅷ. 이 유

1. 사건의 개요와 심판의 대상

가. 사건의 개요

(1) 2007헌가17

당해 사건의 피고인 지○덕은 간통혐의로, 피고인 박○호는 상간 혐의로 각 기소되었고, 서울북부지방법원은 위 피고인들에 대한 재판 계속중 형법 제241조가 헌법에 위반된다며 2007. 7. 16. 위헌법률심판제청결정을 하였다.

(2) 2007헌가21

당해 사건의 피고인 김○구는 간통혐의로, 피고인 이○출은 상간 혐의로 각 기소되었고, 대구지방법원 경주지원은 위 피고인들에 대한 재판 계속중 형법 제241조 제1항이 헌법에 위반된다며 2007. 9. 10. 위헌법률심판제청결정을 하였다.

(3) 2008헌가7

당해사건의 피고인 옥○경은 간통혐의로, 피고인 정○훈은 상간혐의로 각 기소되었고, 의정부지방법원 고양지원은 위 피고인들에 대한 재판 계속중 피고인 옥○경으로부터 형법 제241조에 대한 위헌법률심판제청신청을 받고 2008. 2. 27. 위헌법률심판제청결정을 하였다.

(4) 2008헌가26

당해사건의 피고인 임○희는 간통혐의로, 피고인 전○호는 상간혐의로 각 기소되었고, 청주지방법원 영동지원은 위 피고인들에 대한 재판 계속중 형법 제241조가 헌법에 위반된다며 2008. 10. 6. 위헌법률심판제청결정을 하였다.

(5) 2008헌바21

당해사건의 피고인 주○은 간통혐의로, 피고인 윤○심은 상간혐의로 각 수원지방법원 성남지원에 기소되었고, 1심 계속중 피고인 윤○심이 위헌법률심판제청신청을 하였으나 법원이 이를 기각함과 동시에 피고인들에게 유죄판결을 선고하자, 청구인 윤○심은 2008. 3. 21. 형법 제241조의 위헌확인을 구하는 이 사건 헌법소원심판을 청구하였다.

(6) 2008헌바47

당해사건의 피고인 유○봉은 간통혐의로, 피고인 박○식은 상간혐의로 각 서울중앙지방법원에 기소되었고, 1심에서 유죄판결을 선고받은 후 피고인 박○식은 항소하면서 형법 제241조 제1항에 대해 위헌법률심판제청신청을 하였으나, 항소심 법원이 위 신청을 기각하자 2008. 5. 23. 이 사건 헌법소원심판을 청구하였다.

나. 심판의 대상

2007헌가17 사건, 2008헌가7·26 사건의 각 제청법원과, 2008헌바21 사건의 청구인은 형법 제241조 전체에 대하여 위헌법률심판제청 또는 헌법소원심판을 청구하였다. 그러나 2007헌가21 사건의 제청법원과 2008헌바47 사건의 청구인은 형법 제241조 제1항에 대하여만 위헌법률심판제청 또는 헌법소원심판을 청구하였다. 형법 제241조 제2항은 간통죄가 친고죄라는 사실 및 배우자가 간통을 종용하거나 유서한 때에는 고소할 수 없다는 규정이므로 형법 제241조 제1항과 불가분의 일체를 이루고 있다. 따라서 형법(1953. 9. 18. 법률 제293호로 제정된 것) 제241조 전체를 심판의 대상으로 본다. 그 내용 및 관련규정은 다음과 같다.

[심판대상조문]

형법 제241조(간통) ① 배우자 있는 자가 간통한 때에는 2년 이하의 징역에 처한다. 그와 상간한 자도 같다.

② 전항의 죄는 배우자의 고소가 있어야 논한다. 단 배우자가 간통을 종용 또는 유서한 때에는 고소할 수 없다.

[관련규정]

형사소송법 제229조(배우자의 고소) ①「형법」제241조의 경우에는 혼인이 해소되거나 이혼소송을 제기한 후가 아니면 고소할 수 없다.

② 전항의 경우에 다시 혼인을 하거나 이혼소송을 취하한 때에는 고소는 취소된 것으로 간주한다.

형사소송법 제230조(고소기간) ① 친고죄에 대하여는 범인을 알게 된 날로부터 6월을 경과하면 고소하지 못한다. 단 고소할 수 없는 불가항력의 사유가 있는 때에는 그 사유가 없어진 날로부터 기산한다.

형사소송법 제232조(고소의 취소) ① 고소는 제1심 판결선고 전까지 취소할 수 있다.

형사소송법 제327조(공소기각의 판결) 다음 경우에는 판결로써 공소기각의 선고를 하여야 한다.

1.~4. 생략

5. 고소가 있어야 죄를 논할 사건에 대하여 고소의 취소가 있은 때

2. 제청법원의 위헌제청이유 및 이해관계인의 의견요지

가. 제청법원의 위헌제청이유

(1) 2007헌가17

간통의 본질은 부부간의 성적 성실의무위반이며 도덕위반이므로 이에 대하여 계약위반 책임 혹은 불법행위 책임을 묻거나, 이혼법정·민사법정에서 다루어야 하며, 형사법정에 세울 것은 아니다. 자발적인 성인들의 성행위를 형사처벌하여 공공목적을 달성하려는 것은 법만능주의이며, 형벌과잉이다. 외피만 남은 혼인관계에서 성적성실의무를 형사처벌로 강제한다고 혼인제도가 보호된다고 보기도 어렵다. 간통죄의 처벌실태를 보더라도 입법목적에 걸맞는 위하력을 갖추고 있다고 보기 어렵다.

(2) 2007헌가21

일부일처주의 혼인제도 유지는 이중혼인 자체를 금지하는 중혼죄 등을

신설하여 처벌함으로써 이루어야 하는 법익이고, 단순히 배우자 중 일방이 타인과 성교하는 행위를 처벌하는 것은 과잉입법이자 과잉처벌이다. 간통죄는 혼인의 원상회복과는 전혀 무관하게 혼인을 파괴한 점에 대한 응징, 보복으로서의 의미만 가지는 것으로 개인의 성적 자기결정권과 프라이버시권을 현저하게 침해하며, 형법의 보충성·탈윤리화·비범죄화 요청에도 반한다. 한편 소위 '스와핑'이나 '수간', '근친상간'은 처벌하지 않으면서 간통죄만을 처벌한다는 것은 형평에도 맞지 아니한다.

(3) 2008헌가7

인간의 성생활은 가장 은밀하고 원초적인 것이며, 강제하거나 금지할 수 없는 감정에 따른 것이므로 국가가 이에 개입하는 것은 적절하지 않고, 성적 성실의무와 같이 당사자의 의사에 반하여 이행이 곤란한 의무의 이행을 형벌로서 강제하는 것은 타당하지 않다. 한편 혼인제도의 보호를 위하여 기혼자의 성적 자기결정권을 전면적으로 희생시키는 것은 성적 자기결정권의 본질을 침해하는 것이 아닌지, 혼인외 정사가 만연하고 높은 이혼율을 기록하고 있는 실정에서 간통죄가 얼마나 실효성이 있는지, 간통죄의 법정형으로 벌금형을 규정하지 아니한 것은 과잉금지원칙에 반하는 것이 아닌지 의심스럽다.

(4) 2008헌가26

위 2008헌가17 사건 제청법원의 위헌제청이유와 비슷하다.

나. 청구인들 주장

(1) 2008헌바21

간통죄는 개인의 성적 자기결정권을 침해하는 것이자 개인 간의 윤리 및 개인의 사생활 영역에 속하는 내밀한 성적 문제에 법을 개입시키는 것으로서 헌법 제10조, 헌법 제36조 제1항 및 헌법 제37조 제2항에 위반된다. 그리고 징역형만 규정되어 있는 것은 심한 처벌로서 헌법 제37조 제2항의 과잉금지원칙에 위반된다.

(2) 2008헌바47

간통죄 처벌규정은 혼인합의 내용의 불이행을 형벌로서 제재하는 것으로 과잉금지원칙에 위반하여 성적 자기결정권을 침해한다. 한편 혼인계약 당사자가 아닌 상간자까지 형벌권의 제재대상으로 하는 것은 개인 간의 복수를 허용하는 것이 되어 인간의 존엄성을 해치는 것이다. 상간자에게 배우자가 있는 경우 그 고소권 행사 여부는 상간자의 배우자의 자유의사에 맡겨져야 한다. 나아가 이 사건 법률조항을 혼인계약을 체결하지 아니한 자(미혼인 상간자)에게까지 확대적용하는 것은 부당하다.

다. 법원의 위헌법률심판청구기각 이유

(1) 수원지방법원 성남지원의 위헌법률심판청구기각 이유(2008헌바21)

간통죄에 대하여 합헌론과 위헌론이 대립하고 있고, 이를 폐지해야 한다는 국민적 공감대가 확립되었다고 볼 수 없으며, 이는 국민적 합의를 토대로 한 입법자의 결단에 따라야 할 문제이다. 따라서 현 상태에서 위 법률규정이 위헌이라고 단정하기 어렵다.

(2) 서울중앙지방법원의 위헌법률심판청구기각 이유(2008헌바47)

간통 및 상간행위는 선량한 성도덕이나 일부일처주의의 혼인제도에 반하는 것으로 규제가 불가피하며, 그러한 행위를 한 자를 징역 2년 이하의 징역에 처할 수 있도록 한 것은 성적자기결정권과 사생활의 비밀과 자유에 대한 필요 최소한의 제한으로 헌법에 위반되지 아니한다.

라. 이해관계인의 의견요지

(1) 여성부장관의 의견요지

2001년 헌법재판소의 결정 시에도 입법자에게 간통죄의 폐지 여부를 검토하도록 요청한 바 있고, 이제 간통죄의 폐지를 긍정적으로 검토할 사회적 분위기가 성숙되었다. 다만 여성계 내에서는 찬반의견이 대립하고 있으므로 여성들에게 미칠 영향을 다각도로 검토하여 신중한 결정이 필요하다.

(2) 서울북부지방검찰청 검사장의 의견요지

선량한 성도덕과 일부일처주의의 혼인제도의 유지 및 배우자와 가족의 유기, 혼외자녀문제 등 사회적 해악의 사전예방을 위하여 배우자 있는 자의 간통행위를 규제하는 것은 불가피하다고 할 것이므로 이 사건 법률조항이 개인의 성적 자기결정권의 본질적 내용을 침해한다고 보기 어렵다. 또한 특정의 인간행위에 대하여 국가가 형벌권을 행사할 것인지 여부는 기본적으로 입법정책의 문제이고, 간통죄에 대하여 여러 가지 문제가 있더라도 그 존폐는 입법자들이 신중하게 판단하여야 할 문제이지 위헌의 문제는 아니며, 3회에 걸친 합헌 결정을 변경할 사정변경이 있다고 보기 어렵다.

(3) 대구지방검찰청 경주지청장의 의견요지

이 사건 법률조항은 선량한 성도덕과 혼인제도의 유지, 가족생활의 보장, 부부간 성적 성실의무의 수호 등을 위한 적절한 수단이고, 간통행위는 단순히 사적 영역에만 국한되는 문제가 아니라 혼인 및 가정생활을 중대하게 침해하는 것이라는 점에서 그 처벌이 비범죄화의 요청에 반한다고 볼 수 없으며, 스스로 혼인이라는 법제도의 구속을 받기로 한 자가 혼인제도가 내포하는 성적 성실의무를 지키지 못한 경우 필요최소한의 형벌을 가하는 것을 부당하다고 볼 수 없다. 한편 간통죄의 운용실태와 관련된 악용사례들은 다른 친고죄 또는 반의사불벌죄에 있어서도 발생하는 현상에 불과하고, 우리 사회의 성의식이 얼마나 개방되었는지 여부는 실증적 증명이 어려운 것이다.

(4) 의정부지검검찰청 고양지청장, 수원지방검찰청 성남지청장의 의견요지

위 서울북부지방검찰청 검사장의 의견과 비슷하다.

(5) 법무부장관의 의견요지

간통죄 규정은 선량한 성도덕, 혼인제도와 가족생활을 보호하고 간통에 의해 생기는 사회적 해악을 막기 위한 것으로 정당한 입법목적의 달성을 위한 적절한 수단이다. 한편, 간통죄가 보호하려는 보호법익의 중요성, 간통죄로 인한 사회적 폐해 등에 비추어 법정형으로 2년 이하의 징역형만을 규정한 것이 지나치게 가혹한 것은 아니고, 우리 사회에서 성도덕이 가지는 의미와 국민의 법의식 등을 고려할 때, 간통죄 규정에 의해 달성하려고 하는 공익이 제한되는 개인의 성적 자기결정권보다 더 크다고 판단되므로 법익의 균형성도 갖추었다. 한편 간통행위의 처벌 여부 및 그 법정형은 기본적으로 입법정책의 문제이며, 외국의 간통죄 폐지가 곧바로 위헌론으로 연결되는 것은 아니다.

3. 판 단

가. 입법연혁 및 외국 입법례

(1) 간통죄에 관한 처벌규정은 우리 민족 최초의 법인 고조선의 8조법금(八條法禁)에서부터 존재했을 것으로 보는 견해가 통설이며, 그 후 현재까지 그 내용상 다소 변화는 있지만 처벌규정 자체는 계속 존재해 왔다. 1905. 4. 20. 대한제국 법률 제3호로 공포된 형법대전에서 유부녀가 간통한 경우 그와 상간자를 6월 이상 2년 이하의 유기징역에 처했고(같은 법 제265조), 일제시대인 1912. 4. 1. 시행된 제령 11호 조선형사령으로 의용한 일본의 구 형법 제183조에서도 부인 및 그 상간자의 간통에 대하여 2년 이하의 징역형으로 처벌하였다.

대한민국 정부수립 후 최초의 형법 제정 시, 간통죄를 존치할 것인지에 대하여 많은 논란이 있었고, 국회의 표결에서 현재와 같이 남녀평등쌍벌주의와 친고죄로 하는 안이 국회의원 출석 의원수(110명)의 과반수를 가까스로 넘은 57표의 찬성으로 통과되었다.

(2) 간통죄를 비교법적으로 고찰해 보면 첫째 남녀불평등처벌주의가 있고, 둘째 남녀평등처벌주의가 있으며, 셋째 남녀평등불벌주의가 있다. 먼저 남녀불평등처벌주의에는 예컨대 개정 전 프랑스형법이나 이탈리아의 구형법과 같이 남편과 부인의 간통에 대하여 처벌을 달리하는 경우와, 1947년 폐지되기 전의 일본의 구형법이나 이를 의용한 우리나라 구 형법과 같이 부인의 간통만을 처벌한 예가 있다. 다음으로 남녀평등처벌주의는 우리나라의 현행 형법과 미국의 몇몇 주에서 이를 채택하고 있다. 마지막으로 남녀평등불벌주의는 간통에 대하여 형사적 제재를 하지 않는 입법례로서 덴마크는 1930년, 스웨덴은 1937년, 일본은 1947년, 독일은 1969년, 프랑스는 1975년, 스페인은 1978년, 스위스는 1990년, 아르헨티나는 1995년, 오스트리아는 1996년에 각 간통죄 규정을 폐지하였다.

나. 헌법재판소의 선례

헌법재판소는 이 사건 법률조항에 대하여 모두 세 차례에 걸쳐 합헌결정을 하였으며, 그 취지는 다음과 같다.

(1) 헌재 1990. 9. 10. 89헌마82 결정

다수의견인 합헌의견은 '간통죄의 규정은 헌법 제10조의 개인의 인격권·행복추구권의 전제가 되는 자기운명결정권에 포함된 성적 자기결정권을 제한한다. 그러나 선량한 성도덕과 일부일처주의 혼인제도의 유지 및 가족생활의 보장을 위하여서나 부부간의 성적성실의무의 수호를 위하여, 그리고 간통으로 야기되는 사회적 해악의 사전예방을 위하여 간통행위를 규제하는 것은 불가피하고, 그러한 행위를 한 자를 2년 이하의 징역에 처하는 것은 성적 자기결정권에 대한 필요최소한의 제한으로서 자유와 권리의 본질적 내용을 침해하는 것은 아니'라고 보았다.

이에 대하여, ① 간통죄가 사회상황·국민의식의 변화에 따라 그 규범력이 완화되었음에도 아직은 범죄적 반사회성이 있다는 재판관 2인의 보충의견, ② 간통죄 자체의 존폐는 입법정책의 문제이지만 징역형 일원주의를 유지하는 간통죄 형벌규정은 헌법에 합치되지 아니한다는 재판관 2인의 반대의견, ③ 간통의 형사처벌이 국민의 사생활은폐권을 희생시킬 만큼 성질서 유지에 기여한다거나 범죄의 예방기능을 다하고 있다고 믿기 어렵고 제도외적 남용으로 인한 역기능이 크다는 점에서 헌법에 반하며, 가사 범죄화가 합헌이더라도 그에 대한 자유형은 과잉금지원칙에 반한다는 재판관 1인의 반대의견이 있었다.

(2) 헌재 1993. 3. 11. 90헌가70 결정

위 89헌마82 결정의 판시를 그대로 유지하였는데, 위 89헌마82 결정 이후 임명된 재판관 1인은 다수의견의 보충의견에 가담하였다.

(3) 헌재 2001. 10. 25. 2000헌바60 결정

다수의견은 위 89헌마82 결정의 판시를 그대로 유지하면서 입법자의 간통죄의 폐지 여부에 대한 진지한 접근을 요구하였다.

이에 대하여 간통은 성적 성실의무를 위반하는 계약위반행위이므로 그에 대한 책임추궁은 계약법의 일반원리에 따라야 하고 윤리적 비난과 도덕적 회오의 대상이 될지언정 형사처벌의 문제는 아니라는 입장에서 간통의 형사처벌은 인간의 존엄성을 보장하도록 한 헌법 제10조에 위반된다는 재판관 1인의 반대의견이 있었다.

다. 이 사건 법률조항 개관

이 사건 법률조항은 선량한 성 풍속을 보호하고, 일부일처제하의 가정 또는 가정의 기초가 되는 제도로서의 혼인 및 부부간의 성적 성실의무를 보호하기 위하여 규정된 것이다.

우리 민법은 법률혼주의를 채택하고 있으므로(민법 제812조) 간통죄의

주체인 '배우자 있는 자'의 배우자는 법률상의 배우자를 말하고 사실상 동거하고 있지 아니하더라도 이에 포함된다. '간통' 및 '상간'행위는 합의에 의한 성교를 의미하는데, 이 때 간통자의 경우 자신이 배우자있는 자라는 것과 배우자 이외의 자와 성교한다는 것을 인식해야 하고, 상간자의 경우 배우자 있는 자와 성교하는 것임을 인식하고 있어야 함은 물론이다. 간통 및 상간행위는 성교 시마다 1개의 죄가 성립하고, 장기간에 걸쳐 동거하며 간통하였다고 하여 포괄 1죄가 되는 것은 아니다.

한편 간통죄는 배우자의 고소가 있어야 공소를 제기할 수 있는 친고죄로 배우자가 간통을 종용 또는 유서한 때에는 고소할 수 없다(형법 제241조 제2항). 이에 따라 이혼의사의 합치가 있는 등 다른 이성과의 정교관계가 있어도 이를 인정 내지 묵인한다는 사전 동의(종용)가 있거나, 간통사실을 알고 난 후 혼인관계를 지속시킬 의사로 그 책임을 묻지 않겠다는 의사를 표시하는 사후용서(유서)가 있는 때는 고소할 수 없다. 고소를 할 수 있는 경우에도 그 고소는 혼인이 해소되거나 이혼소송을 제기한 후에만 유효하며, 적법하게 간통고소를 한 후에도 다시 혼인을 하거나 이혼소송을 취하한 때에는 고소가 취하된 것으로 간주된다(형사소송법 제229조). 고소는 제1심판결선고 전까지 취소할 수 있으며, 고소를 취소한 자는 다시 고소하지 못한다(형사소송법 제232조).

라. 재판관 이강국, 재판관 이공현, 재판관 조대현의 합헌의견

(1) 이 사건 법률조항에 의하여 제한되는 기본권

헌법 제10조는 "모든 국민은 인간으로서의 존엄과 가치를 가지며, 행복을 추구할 권리를 가진다. 국가는 개인이 가지는 불가침의 기본적 인권을 확인하고 이를 보장할 의무를 진다"라고 규정하여 개인의 인격권과 행복추구권을 보장하고 있다. 개인의 인격권·행복추구권에는 개인의 자기운명결정권이 전제되는 것이고, 이 자기운명결정권에는 성행위 여부 및 그 상대방을 결정할 수 있는 성적 자기결정권이 또한 포함되어 있으며 간통죄의 규정이 개인의 성적 자기결정권을 제한하는 것임은 틀림없다(헌재 1990. 9. 10. 89헌마82, 판례집 2, 306, 310 참조). 나아가 이 사건 법률조항은 개인의 성생활이라는 내밀한 사적 생활영역에서의 행위를 제한하므로 우리 헌법 제17조가 보장하는 사생활의 비밀과 자유 역시 제한하는 것으로 보인다(헌재 1990. 9. 10. 89헌마82, 판례집 2, 306, 321~322 참조).

그러나 위와 같은 기본권도 절대적으로 보장되는 것은 아니며, 헌법 제37조 제2항에 따라 국가안전보장, 질서유지 또는 공공복리를 위하여 필요한 경우에는 그 본질적 내용을 침해하지 않는 한도에서 법률로써 제한할 수 있는 것이다(헌재 1990. 9. 10. 89헌마82, 판례집 2, 306, 310 참조).

(2) 과잉금지원칙 위배 여부

국가와 사회의 기초가 되는 가족생활의 초석을 이루고 있는 혼인관계는 개인의 의사나 욕구만으로 형성되는 것은 아니고, 전통과 문화에 기반을 둔 하나의 소중한 사회제도로서의 성격 역시 가진다. 그런데 배우자 있는 자의 간통은 자유로운 의사에 기하여 스스로 형성한 혼인관계에서 비롯된 성적 성실의무를 위배하는 행위로서 단순한 혼인계약의 위배를 넘어 부부 사이의 근본적인 신뢰를 무너뜨린다. 간통 및 상간행위는 혼인관계의 파탄을 야기하고, 혼인관계를 파탄시키는 정도에 이르지 아니하는 때에도 근대 혼인제도의 근간을 이루는 일부일처주의에 대한 중대한 위협이 되며, 배우자와 가족구성원의 유기 등 사회문제를 야기한다. 간통 및 상간행위가 우리 사회가 요구하는 건전한 성도덕에 반함은 두말할 필요가 없다.

사회질서를 유지하고, 개인의 존엄과 양성평등에 기초한 혼인과 가족생활이 유지될 수 있도록 보장할 국가의 의무(헌법 제36조 제1항 참조)에 비추어 위와 같은 간통 및 상간행위에 대한 규제의 필요성은 충분히 수긍 가능하고, 바로 이 점에서 이 사건 법률조항의 입법목적의 정당성이 인정된다.

나아가 간통 및 상간행위가 개인의 성적 자기결정으로서 내밀한 사생활의 영역에 속하는 것이라 하더라도 성적 욕구나 사랑의 감정이 내심에 머무른 단계를 떠나 외부에 행위로 표출되어 혼인관계에 파괴적인 영향을 미치게 된 때에는 법이 개입할 수 없거나, 법적 규제가 효과를 발휘할 수 없는 순수한 윤리와 도덕적 차원의 문제만은 아니다. 따라서 이 사건 법률조항이 개인과 사회의 자율적 윤리의식의 제고를 촉구하는 데 그치지 아니하고 형벌의 제재를 동원한 행위금지를 선택한 것은 입법목적 달성에 기여할 수 있는 수단으로서 적절하다.

다만 비형벌적 제재나 가족법적 규율이 아닌 '형벌'의 제재를 규정한 것이 지나친 것인지 문제될 수 있으나, 어떠한 행위를 불법이며 범죄라 하여 국가가 형벌권을 행사하여 이를 규제할 것인지의 문제는 인간과 인간, 인간과 사회와의 상호관계를 함수로 하여 시간과 공간에 따라 그 결과를 달리할 수밖에 없는 것이고, 결국은 그 사회의 시대적인 상황·사회구성원들의 의식 등에 의하여 결정될 수밖에 없으며, 기본적으로 입법권자의 의지 즉 입법정책의 문제로서 입법권자의 입법형성의 자유에 속한다(헌재 2001. 10. 25. 2000헌바60, 판례집 13-2, 480, 486 참조).

우리 사회의 구조와 국민의식의 커다란 변화에도 불구하고 우리 사회에서 고유의 정절관념, 특히 혼인한 남녀의 정절관념은 전래적 전통윤리로서 여전히 뿌리깊게 자리잡고 있으며, 일부일처제의 유지와 부부간의 성에 대한 성실의무는 우리 사회의 도덕기준으로 정립되어 있어서, 간통은 결국 현재의 상황에서는 사회의 질서를 해치고 타인의 권리를 침해하는 경우에 해당한다고 보는 우리의 법의식은 여전히 유효하다(헌재 2001. 10. 25. 2000헌바60, 판례집 13-2, 480, 486).

다시 말하면, 간통행위자가 속한 가정의 고유한 사정이나 간통 및 상간에 이르게 된 배경, 행위자의 의사에 비추어 배우자에 대한 가해의사나 혼인관계 및 가족생활을 파탄에 이르게 하려는 목적, 경향성이 없는 경우에도 법률상 배우자 있는 자라는 객관적인 행위자의 지위, 배우자 아닌 자와 성교한다는 고의가 인정되는 한 그러한 행위가 사회적 윤리의 상당성을 일탈한 것으로 보며, 그에 동조한 상간자의 행위 역시 유사한 정도의 비난가능성이 존재한다고 보는 것이 현재 우리의 법의식에 부합한다는 것이다. 이에 더하여 간통 및 상간행위는 그 행위태양에 관계없이 혼인과 가족생활의 해체를 초래하거나 초래할 위험성이 높다는 점에서 사전예방에 대한 강한 요청 역시 부인하기 어렵다고 할 것이다.

따라서 이러한 법의식, 그리고 간통 및 상간행위의 예방에 대한 사회의 강한 요청에 기초하여 혼인과 가정의 해체를 야기한 간통 및 상간행위자에 대하여는 그것이 단순한 성적 욕구에서 비롯된 1회적인 것이든, 진정한 사랑의 감정에서 비롯된 것이든, 사전에 이혼의사의 합치 등으로 인한 동의가 있었거나 사후에 혼인과 가정생활을 유지하기로 하는 합의가 있었다는 등의 특별한 사정이 없는 한 엄정한 책임을 부과할 필요가 있다고 본 입법자의 판단이 현저히 자의적인 것이라 보기는 어렵다. 또한 입법자는 고소권자인 배우자의 고소요건으로서 혼인의 해소나 이혼소송의 제기를 규정하여 간통 및 상간행위의 결과로 혼인과 가족생활이 사실상 파탄에 이른 경우에 한하여만 법적 규제가 미치도록 하여 이 사건 법률조항에 의한 자유의 제한범위를 최소화하고 있고, 간통의 종용이나 유서가 있는 경우의 고소권의 제한(형법 제241조 제2항) 및 일정한 경우의 고소 취하간주(형사소송법 제229조)와 재고소 금지(형사소송법 제232조)를 규정하여 고소권의 남용을 방지하고 있으므로 개인의 성적 자기결정의 자유 등에 대한 과도한 제한을 인정하기 어렵다.

오늘날 세계입법의 추세가 간통 및 상간행위에 대하여 형벌을 부과하지 아니하는 것이라거나 간통이 이혼사유와 위자료지급사유가 된다는 점을 고려하더라도, 가족법적 법률관계의 조정에 따라 간통행위의 반사회성이 없어져 형사처벌의 필요성이 해소된다고 보기 어렵고, 각국의 시대적 상황이나 국민의 성의식 등 가치관, 평등에 기초한 가족법제도의 완비 여부 등은 현저한 차이가 있으므로 위와 같은 판단이 달라지는 것은 아니다.

나아가 이 사건 법률조항의 행위규제는 법률혼관계가 유지되고 있는 동안 간통할 수 없고, 법률상 배우자 있는 자라는 사실을 알면서 상간할 수 없다는 특정한 관계에서의 성행위 제한이다. 이는 간통행위자에 대하여는 스스로의 자유로운 의사에 따라 형성한 혼인관계에 따르는 당연한 의무·책임의 내용에 불과하고, 미혼인 상간자에 대하여도 타인의 법적·도덕적 의무위반을 알면서 적극적으로 동참하여서는 아니된다는 것으로 이성과의 정신적인 교감이나, 우발적으로 일어날 수 있는 경미한 성적 접촉까지 금지하는 것은 아니므로 일반적으로 이 사건 법률조항으로 인하여 침해되는 사익은 매우 경미하다. 그에 비하여 이 사건 법률조항으로 인하여 달성되는 공익은 선량한 성도덕을 수호하고, 혼인과 가족제도를 보장한다는 것으로 높은 중요성이 인정되므로 법익균형성 역시 인정할 수 있다.

결국 이 사건 법률조항이 과잉금지원칙에 위배하여 개인의 성적 자기결정권, 사생활의 비밀과 자유를 침해한다고 보기 어렵다.

(3) 헌법 제36조 제1항 위배 여부

"혼인과 가족생활은 개인의 존엄과 양성의 평등을 기초로 성립되고 유지되어야 하며, 국가는 이를 보장한다"고 규정하고 있는 헌법 제36조 제1항은, 인간의 존엄과 양성의 평등이 가족생활에 있어서도 보장되어야 함을 규정함과 동시에 혼인과 가족생활에 관한 제도적 보장 역시 규정한다(헌재 2002. 3. 28. 2000헌바53, 판례집 14-1, 159, 165 참조).

이 사건 법률조항에 의한 간통 및 상간행위의 처벌이 개인의 성적 자기결정권 등에 대한 과도한 제한으로 볼 수 없음은 앞서 살펴본 바와 같고, 이 사건 법률조항은 남녀평등처벌주의를 취하고 있으므로 양성의 평등이 훼손될 여지도 없다. 오히려 일부일처제를 보장하고, 건전한 성도덕을 형법상 보호함으로써 혼인과 가족생활의 유지·보장 의무이행에 부합한다고 할 것이다(헌재 1990. 9. 10. 89헌마82, 판례집 2, 306, 312 참조).

(4) 책임과 형벌 간 비례원칙 위배 여부

법정형의 종류와 범위의 선택의 문제는 그 범죄의 죄질과 보호법익에 대한 고려뿐만 아니라 우리의 역사와 문화, 입법당시의 시대적 상황, 국민일반의 가치관 내지 법감정 그리고 범죄예방을 위한 형사정책적 측면 등 여러 가지 요소를 종합적으로 고려하여 입법자가 결정할 사항으로서 역시 입법재량 내지 형성의 자유가 인정되어야 할 분야이다(헌재 1992. 4. 28. 90헌바24, 판례집 4, 225, 229; 1995. 4. 20. 91헌바11, 판례집 7-1, 478, 487).

이 사건 법률조항은 징역형만을 규정하고 있으나, 2년 이하의 징역에 처하도록 하여 법정형의 상한 자체가 높지 않을 뿐만 아니라, 비교적 죄질이 가벼운 간통행위에 대하여는 선고유예까지 선고할 수 있으므로 행위의 개별성에 맞추어 책임에 알맞은 형벌을 선고할 수 없도록 하는 지나치게 과중한 형벌을 규정하고 있다고 볼 수 없다.

또한 간통 및 상간행위는 일단 소추가 된 때에는 행위태양에 관계없이 필연적으로 가족의 해체로 인한 사회적 문제를 야기한다는 점에서 다른 성풍속에 관한 죄와는 다른 법익침해가 문제되고, 경미한 벌금형은 기존의 혼인관계의 해소에 따른 부양이나 손해배상의 책임을 피하고자 하는 간통행위자에 대하여는 위하력을 가지기 어렵다는 점 등을 고려할 때 입법자가 이 사건 법률조항에 대하여 형법상 다른 성풍속에 관한 죄와 달리 벌금형을 규정하지 아니한 것이 형벌체계상의 균형에 반하는 것이라 할 수도 없다.

(5) 소 결

그러므로 이 사건 법률조항은 헌법에 위반되지 아니한다.

마. 재판관 민형기의 별개의 합헌의견

나는 다수의 합헌의견이 앞서 설시한 바와 같이, 개인의 성적 자기결정권이나 사생활의 비밀과 자유도 헌법상 기본권의 제한에 관한 일반적인 원칙에 따라 규제의 대상이 될 수 있으므로, 형법이 간통죄를 범죄로서 처벌하는 것 자체는 입법재량의 범위를 벗어난 것이라고 보기 어려워 헌법에 위반되지 않는다고 보나, 다만 이 사건 법률조항이 그 행위의 태양과 관련하여 일부 문제점을 안고 있으므로 이를 해소하기 위하여는 국민적인 합의를 바탕으로 하는 입법적인 개선이 필요하다고 보아 다음과 같은 견해를 밝히고자 한다.

아래 사.항에서 헌법불합치의견이 적절히 지적하는 바와 같이, 간통은 그 행위의 태양이 매우 광범위하고 다양하여 사안에 따라 반사회적 성격이나 비난가능성의 유무 및 정도가 현저히 다른데도, 구체적인 행위 태양의 개별성이나 특수성을 고려하지 않은 채 이들을 간통이라는 한 가지 개념으로 일률적으로 처벌하여 형벌을 부과하는 것은 사실상 부당하거나, 규범적인 의미를 벗어난다는 평가를 받을 수 있다.

물론 이 가운데 상당 부분은 법원이 재판과정에서 법의 해석이나 형의 양정 등을 통하여 문제를 해결할 수 있으리라 여겨지지만, 그럼에도 불구하고 이 사건 법률조항의 부당성에 관한 의혹이 완전히 해소되는 것은 아니라 할 것이다.

이렇듯 성문의 규범이 스스로 예정하거나 의도하지 아니한 사실상의 요인으로 인하여 발생하는 사회적인 문제나 법률적인 평가 등으로 규율의 당부에 관하여 의심이 있는 경우 이를 개선하는 것은 입법재량에 속하는 것으로서 이는 원칙적으로 현실정치의 영역에서 국민을 대표하고 의사를 형성하는 입법기관의 책무이고, 사법기관인 헌법재판소가 적극적으로 개입하여 합헌이나 위헌 여부의 헌법적인 판단을 하여야 할 몫은 아니라 할 것이다.

이 사건 법률조항 중 행위의 태양과 관련하여 헌법불합치의견이 뒤에서 상술하는 바와 같이 반사회적 성격이 미약한 부분의 사례에 이르기까지 이를 처벌하는 것은 사실상으로나 정책적으로 부당한 결과를 초래할 우려가 있으므로, 입법자로서는 여기에 지적되는 문제점에 대하여 우리의 인습과 사회적인 합의, 국민의 법의식 등을 실증적, 종합적으로 고려하여 이를 입법적으로 개선할 수 있도록 정책적인 노력을 기울여야 할 것임을 지적해 두고자 한다.

바. 재판관 김종대, 재판관 이동흡, 재판관 목영준의 위헌의견

우리는 형법 제241조가 간통행위를 형사처벌함으로써 개인의 성적(性的) 자기결정권과 사생활의 비밀과 자유를 제한하는 것은 헌법상 과잉금지원칙에 위반하여 위헌이라고 판단하므로 다음과 같이 견해를 밝힌다.

(1) 이 사건 법률조항의 개정 논의

법무부 형법개정소위원회는 1989. 1.경 8대2의 찬성으로 간통죄 폐지를 결정하였다. 법무부는 그 의견을 받아들여 형법개정 요강에서 이를 폐지하기로 하였으나, 헌법재판소의 합헌결정(헌재 1990. 9. 10. 89헌마82 결정)이 있자 간통죄를 존치시키되 징역형만으로 되어 있는 처벌규정에 벌금형을 추가·보완키로 변경하였다.

그러나 1992. 4. 8. 입법예고된 형법개정법률안에서는 간통죄가 삭제되어 있었는데, 법무부는 그 이유로, 첫째, 기본적으로 개인 간의 윤리적 문제에 속하는 간통죄는 세계적으로 폐지추세에 있고, 둘째, 개인의 사생활 영역에 속하는 내밀한 성적 문제에 법이 개입함은 부적절하며, 셋째, 협박이나 위자료를 받기 위한 수단으로 악용되는 경우가 많고, 넷째, 수사나 재판과정에서 대부분 고소취소되어 국가 형벌로서의 처단기능이 약화되었으며, 다섯째, 형사정책적으로 보더라도 형벌의 억지효나 재사회화의 효과는 거의 없고, 여섯째, 가정이나 여성보호를 위한 실효성도 의문이라는 점 등을 들었다.

위 입법예고 후인 1992. 5. 27. 법무부는 전문 405조로 구성된 형법개정안을 최종확정하였는데, 이때 간통죄에 대하여 2년 이하의 징역형만으로 규정되어 있던 법정형을 1년 이하의 징역형으로 낮추고 500만원 이하의 벌금형을 선택적으로 추가하였다. 이와 같이 간통죄가 다시 부활된 것은 위 입법예고 후 각계 각층에서 간통죄의 폐지가 아직은 시기상조라는 의견이 대두하자 존치론과 폐지론의 조화점을 모색한 것으로 보인다.

그러나 1995. 12. 29. 법률 제5057호로 개정된 형법에서는 위 개정안이 입법화되지 못하고, 종래의 간통죄의 규정이 아무런 변화없이 존치하게 되었다.

(2) 이 사건 법률조항의 과잉금지원칙 위반 여부

(가) 심사기준

국민의 성적 자기결정권과 사생활의 비밀과 자유는 우리 헌법상 인정되는 기본적 권리이므로 그 제한에 대한 위헌 여부는 엄격한 비례심사를 거쳐야 한다.

(나) 목적의 정당성

이 사건 법률조항의 입법목적이 일부일처제에 터잡은 혼인제도를 보호하고 부부간 성적 성실의무를 지키게 하기 위하는 데 있다면, 이를 위하여 그 위반자를 형사처벌하는 것에는 목적의 정당성이 인정된다.

(다) 수단의 적절성 및 피해최소성

그러나 이러한 입법목적을 달성하기 위하여 간통행위를 형사처벌하는 것이 그 수단에 있어서 적절한지 및 그로 인한 기본권의 제한이 필요최소한도에 그친 것인지에 대하여는 아래에서 보는 바와 같이 동의하기 어렵다.

1) 국민 일반의 법감정의 변화

최근의 우리 사회는 급속한 개인주의적·성개방적인 사고의 확산에 따라 성(性)과 사랑은 법으로 통제할 사항이 아닌 사적인 문제라는 인식이 커지고 있다. 또한 오늘날 성도덕과 가족이라는 사회적 법익보다 성적 자기결정권이라는 개인적 법익이 더 중요시되는 사회로 변해가고 있다. 성의 개방풍조는 막을 수 없는 사회변화이고 이젠 그것을 용인할 수밖에 없게 된 것이다.

이러한 사회환경의 변화로 간통죄의 존립기반이 이제 완전히 붕괴되었다고까지 단언하기는 어렵다고 할지라도, 적어도 그 존립기반이 더 이상 지탱할 수 없을 정도로 근본적인 동요를 하고 있음은 부인하기 어렵다.

2) 형사처벌의 적정성

가) 형사처벌에 관한 입법권의 범위와 한계

특정의 인간행위에 대하여 그것이 불법이며 범죄라 하여 국가가 형벌권을 행사하여 이를 규제할 것인지, 아니면 단순히 도덕률에 맡길 것인지의 문제는 인간과 인간, 인간과 사회와의 상호관계를 함수로 하여 시간과 공간에 따라 그 결과를 달리할 수밖에 없는 것이고, 결국은 그 사회의 시대적인 상황·사회구성원들의 의식 등에 의하여 결정될 수밖에 없다(헌재 2001. 10. 25. 2000헌바60).

우리의 생활영역에는 법률이 직접 규율할 영역도 있지만 도덕율에 맡겨두어야 할 영역도 있다. 법률을 도덕의 최소한이라 하듯이 법률규범은 그보다 상층규범에 속하는 도덕규범에 맡겨두어야 할 영역까지 함부로 침범해서는 안된다. 법률이 도덕의 영역을 침범하면 그 사회는 법률만능에 빠져서 품격있는 사회발전을 기약할 수 없게 되는 것이다.

불효, 악질적인 채무불이행, 구걸, 자살, 지나친 낭비 등은 모두 비도덕적이고 반사회적인 행위지만, 그렇다고 이러한 행위를 모두 범죄로 처벌할 수는 없다. 도덕적으로 비난받을 만한 행위 모두를 형사처벌의 대상으로 삼는 사회가 반드시 정의로운 사회라고 할 수 없고, 국가가 형벌로써만 국민을 도덕적으로 개선시키려는 시도는 성공하기도 어려울 뿐 아니라 결코 바람직하지도 않기 때문이다.

나) 성생활에 대한 형사처벌

성인(成人)이 쌍방의 동의 아래 어떤 종류의 성행위와 사랑을 하건, 그것은 개인의 자유 영역에 속하고, 다만 그것이 외부에 표출되어 사회의 건전한 성풍속을 해칠 때에만 비로소 법률의 규제를 필요로 한다. 성도덕에 맡겨 사회 스스로 자율적으로 질서를 잡아야 할 내밀한 성생활의 영역을 형사처벌의 대상으로 삼아 국가가 간섭하는 것은, 국가가 사생활의 비밀과 자유를 침해하는 것이고, 성적 자기결정권의 내용인 성행위 여부와 상대방 결정권을 지나치게 제한하는 것이다.

또한 간통죄보다 선량한 풍속을 더 크게 해치고 비도덕적이며 혐오감이 더 크다고 할 수 있는 근친상간(近親相姦)·수간(獸姦)·혼음(混淫) 등에 대하여 우리 법률은 별도의 처벌규정을 두고 있지 않으면서도, 간통에 대해서만 형벌로 다스리는 것은 입법 체계상 균형이 맞지 않는다.

다) 입법과 판례의 추세

비록 도덕률에 반하더라도 본질적으로 개인의 사생활에 속하고 사회유해성이 없거나 법익에 대한 명백한 침해가 없는 경우에는 국가권력이 개입해서는 안된다는 비범죄화 경향이 현대 형법의 추세이다. 세계적으로도 간통죄를 폐지해 가는 추세에 있어 대부분의 국가들이 1970년대 이전에 간통죄를 폐지하였다.

간통죄 처벌에 관한 검찰과 법원의 처리경향도 과거에 비해 많이 완화되었다. 간통고소가 취소되지 않으면 원칙적으로 구속되고 실형을 선고받았던 종래의 관례는 불구속되고 집행유예를 선고받는 쪽으로 변해가고 있다. 또한 최근에 대법원은, “당사자가 더 이상 혼인관계를 지속할 의사가 없고 이혼의사의 명백한 합치가 있는 경우에는 비록 법률적으로는 혼인관계가 존속한다 하더라도 상대방의 간통에 대한 사전 동의라고 할 수 있는 종용에 관한 의사표시가 그 합의 속에 포함되어 있는 것으로 보아야 한다(대법원

2008. 7. 10. 선고 2008도3599 판결)"고 판시함으로써 간통으로 인한 처벌을 완화하려는 경향을 보이고 있다.

3) 형사처벌의 실효성

가) 일부일처제 및 가정질서 보호

이 사건 법률조항의 보호법익이 일부일처제에 터잡은 혼인제도임은 합헌론에서도 지적하고 있는 바와 같다.

그러나 일단 간통행위가 발생한 이후에는 이 사건 법률조항이 혼인생활 유지에 전혀 도움을 주지 못한다. 우리 형사법상 간통죄는 친고죄로 되어 있고(형법 제241조 제2항) 고소권의 행사는 혼인이 해소되거나 이혼소송을 제기한 후에라야 가능하기 때문에(형사소송법 제229조 제1항), 고소권의 발동으로 기존의 가정은 이미 파탄을 맞게 되고, 설사 나중에 고소가 취소된다고 하더라도 부부감정이 원상태로 회복되기를 기대하기 어려우므로, 간통죄는 더 이상 혼인제도 내지 가정질서의 보호에 기여할 수 없게 된다. 더구나 우리 사회에서 형벌을 받는다는 것은 사회적인 파멸을 초래하므로 간통죄로 처벌받은 사람이 고소를 한 배우자와 재결합할 가능성은 거의 없다. 또한 간통에 대한 형사처벌과정에서 부부갈등이 심화되면서 자녀들의 상처도 더욱 커질 수 있어 원만한 가정질서를 보호할 수도 없다.

오히려 실제로는 간통행위가 없었음에도, 배우자가 상대방 배우자의 간통을 의심 또는 확신하고 이에 대한 증거를 확보하기 위하여 치밀한 뒷조사와 증거수집행위를 시도하게 되는데, 이러한 과정에서 발생하는 상호 불신이 가정을 파탄으로 이끄는 경우도 빈번히 발생하게 된다.

결국 간통행위를 형사처벌함으로써 혼인제도를 보호한다는 것은, 일방 배우자가 간통행위를 하기 이전에, 만일 간통을 하면 형사적으로 처벌된다는 두려움 때문에 간통행위에 이르지 못하게 한다는 것뿐이다. 그러나 이러한 심리적 사전억제수단에 실효성이 있는지 의문일 뿐 아니라, 혼인과 가정의 유지는 당사자의 자유로운 의지와 애정에 맡겨야지, 형벌을 통하여 타율적으로 강제될 수는 없는 것이므로, 이 사건 법률조항이 일부일처제의 혼인 제도와 가정질서를 보호한다는 목적을 달성하는 데 적절하고 실효성 있는 수단이라고 할 수 없다.

나) 부부간의 성적 성실의무 보호

부부는 동거하며 서로 부양하고 협조하여야 하는바(민법 제826조 제1항 전단), 그 당연한 결과로서 부정한 행위, 즉 간통행위를 하지 않을 의무가 있다. 그러므로 일방 배우자가 간통행위를 한 경우, 이는 재판상 이혼사유가 되고(민법 제840조 제1호), 그로 인한 재산상 및 정신적 손해를 배상할 의무를 진다(민법 제843조, 제806조). 또한 법원이 자(子)의 양육에 관한 사항과 자(子)에 대한 면접교섭권의 제한·배제에 관하여 자(子)의 복리를 고려하도록 함으로써(민법 제843조, 제837조 제3항·제4항, 제837조의2 제2항), 부정한 행위를 한 배우자에게 이에 관한 불이익을 줄 수 있도록 하였다.

물론 이러한 부부간 성적 성실의무위반행위가 부도덕하다는 데에는 이견(異見)이 있을 수 없다. 그러나 그러한 위반행위에 대하여 위와 같은 민사법상 책임 이외에 형사적으로 처벌함으로써 부부간 성적 성실의무가 보호될 수 있는지는 의문이다. 왜냐하면 이러한 성실의무는 개인과 사회의 자율적인 윤리의식, 그리고 배우자의 애정과 신의에 의하여 준수되어야 하지, 형벌로 그 생성과 유지를 강요해 봐야 아무 실효성이 없다. 불효를 형벌로써 다스려 효도를 강요할 때 그 효도는 이미 참의미의 효도가 아닌 것과 같이 형벌로써 강요될 정절은 이미 정절이 아닌 것이다.

다) 여성의 보호

과거 우리 사회에서 간통죄의 존재가 여성을 보호하는 역할을 수행하였던 것은 사실이다. 즉, 우리 사회에서 여성은 사회적·경제적 약자였고 간통행위는 주로 남성에 의하여 이루어졌으므로, 간통죄의 존재가 남성들로 하여금 간통행위에 이르지 않도록 심리적 억제작용을 하였고, 나아가 여성 배우자가 간통고소를 취소하여 주는 조건으로 남성 배우자로부터 위자료나 재산분할을 받을 수 있었다.

그러나 오늘날 우리 시대의 법적, 사회적, 경제적 변화는 간통죄의 위와 같은 존재이유를 상당 부분 상실하도록 하였다.

우선 여성의 사회적·경제적 활동이 활발하여짐에 따라 여성의 생활능력과 경제적 능력이 향상됨으로써, 여성이 경제적 약자라는 전제가 모든 부부에 적용되지는 않는다. 또한 1990. 1. 13. 민법의 개정에 따라, 부부가 이혼을 하는 경우 각 당사자에게 재산분할청구권이 부여되는 한편, 자녀에 대한 친권도 남녀 간에 차별없이 평등하게 보장되었다. 즉, 민법상 처의 재산분할청구권이 인정되고 주부의 가사노동도 재산형성에 대한 기여로 인정되어 이혼 후의 생활토대를 마련할 수 있는 제도가 마련되었고, 부부의 이혼 시에 위자료를 통한 손해배상청구권이 현실화되었으며, 양육비의 청구 등으로 자녀의 양육이 가능하게 된 것이다.

물론 남성 배우자가 재산명의를 제3자로 돌려놓은 경우 여성의 위자료 및 재산분할 판결의 실효성 있는 집행방안이 필요하지만, 이는 입법적으로 보완할 문제이지 간통죄를 존속시킬 명분은 될 수 없다.

설사 여성 배우자의 경제적 지위가 아직 남성 배우자에 비하여 열악하다는 전제에 서더라도, 간통죄의 존재가 여성 배우자를 반드시 보호한다고 보기도 어렵다. 간통죄 고소를 위하여는 이혼이 전제되어야 하므로 경제적 및 생활능력이 없는 여성 배우자는 오히려 고소를 꺼릴 수도 있다. 2006년 한 해 동안의 간통죄 사건에서 남성 고소인과 여성 고소인의 수가 거의 동일하였는데, 간통행위의 빈도수에서 남녀 간에 현격한 차이가 있는 현실을 고려하여 보면, 간통죄가 실제로는 여성에게 상대적으로 더 불리하게 작용되는 파행성을 띠고 있음을 알 수 있다.

이와 같이 오늘날 간통죄의 존재가 여성 배우자를 보호하는 기능은 상당 부분 상실되었다고 할 것이다.

라) 소결어

결국 오늘날 간통죄는 간통행위자 중 극히 일부만 처벌받는 암장범죄화(暗藏犯罪化)되었기 때문에 다수의 잠재적 범죄자를 양산하고 그들의 기본권만을 제한할 뿐, 혼인제도 및 성적 성실의무를 보호하기 위한 실효성은 잃게 되었다.

4) 형사처벌의 예방적 기능

간통의 유형을 보면 애정에서 비롯되는 경우와 그렇지 않은 경우로 대별할 수 있는데, 애정에서 비롯된 경우에는 어떤 의미에서 확신범 내지 양심범적인 측면이 없지 않아서 통제가 어려운 성격을 가지고 있고, 애정에서 비롯된 경우가 아닌 때에는 온갖 형태로 무수히 저질러지고 있는 남성들의 성매수에서 보듯이 그 역시 현실적으로 범죄의식이 크지 아니하므로, 이를 형사적으로 처벌한다고 하여 간통을 억지하는 효과를 기대하기 어렵다.

한편 과거에 비하여 간통행위가 적발되고 또 처벌까지 되는 비율이 매우 낮아졌다. 간통행위 중 형사사건화되는 수는 1년에 3,000~4,000건에 불과한 점에 비추어 볼 때, 대부분의 간통행위는 배우자에게 발각되지 않았고, 설사 발각되더라도 배우자가 고소하지 않았다고 보아야 한다. 더구나 간통죄로 구속기소되는 경우는 고소 사건의 10%에도 못미치고, 고소 이후에도 수사나 재판과정에서 고소취소되어 공소권없음 또는 공소기각으로 종결되는 사건이 상당수에 이름으로써 형벌로서의 처단기능이 현저히 약화되었다.

간통죄를 폐지할 경우 성도덕이 문란해지거나 간통으로 인한 이혼이 더욱 빈발해질 것이라고 우려하는 견해도 있으나, 이미 간통죄를 폐지한 여러 나라에서 간통죄의 폐지 이전보다 성도덕이 문란하게 되었다는 통계는 없다.

결국 간통죄는 행위규제규범으로서의 기능을 잃어가고 있어 형사정책상 일반예방 및 특별예방의 효과를 모두 거두기 어렵게 되었다.

5) 형사처벌로 인한 부작용

간통죄가 건전한 혼인제도 및 부부간 성적 성실의무보호와는 다른 목적을 위하여 악용될 가능성도 배제할 수 없다. 간통행위자 및 상간자에 대한 고소 및 고소취소는 간통행위자의 배우자만이 할 수 있고, 간통죄는 친고죄로서 고소취소 여부에 따라 검사의 소추 여부 및 법원의 공소기각 여부가 결정되므로, 결국 간통행위자 및 상간자의 법적 운명은 간통행위자의 배우자의 손에 전적으로 달려 있게 된다.

그 결과, 이러한 간통고소 및 그 취소가, 사실상 파탄상태에 있는 부부간에 이혼을 용이하게 하려는 수단으로, 사회적으로 명망 있는 사람이나 일시적으로 탈선한 가정주부를 공갈하는 수단으로, 상간자로부터 재산을 편취하는 수단으로 악용되는 폐해도 종종 발생한다.

6) 소결어

이와 같이 간통행위를 형사처벌하는 것은 수단의 적절성과 피해최소성을 갖추지 못하였다고 할 것이다.

(라) 법익의 균형성

앞에서 본 바와 같이, 이 사건 법률조항으로 달성하려는 일부일처제에 터 잡은 혼인제도 및 부부간 성적 성실의무 보호라는 공익이 더 이상 이 사건 법률조항을 통하여 달성될 것으로 보기 어려운 반면, 이 사건 법률조항은 개인의 내밀한 성생활의 영역을 형사처벌의 대상으로 삼음으로써 국민의 성적 자기결정권과 사생활의 비밀과 자유라는 기본권을 지나치게 제한하는 것이므로, 결국 이 사건 법률조항은 법익의 균형성을 상실하였다고 할 것이다.

(마) 소 결

결국 이 사건 법률조항은 수단의 적절성 및 피해최소성을 갖추지 못하였고, 법익의 균형성도 이루지 못하였으므로 헌법 제37조 제2항의 과잉금지원칙을 위반하여 국민의 성적 자기결정권 및 사생활의 비밀과 자유를 침해하는 것으로 헌법에 위반된다 할 것이다.

사. 재판관 김희옥의 헌법불합치의견

나는 이 사건 법률조항이 단순히 도덕적 비난에 그쳐야 할 행위 또는 비난가능성이 없거나 근소한 행위 등 국가형벌권 행사의 요건을 갖추지 못한 행위에까지 형벌을 부과하는 등 국가형벌권을 과잉행사하여 헌법에 합치되지 아니한다고 보므로 아래와 같이 의견을 밝힌다.

(1) 국가형벌권의 근거와 한계

개인에 대한 형사처벌은 헌법상 보장된 그의 자유영역에 대한 심각한 침해를 가져온다. 형벌은 원칙적으로 각 개인의 지위, 명성, 사회 기여도 등을 가리지 아니하고 국가가 범죄로 규정한 행위를 범한 사람 누구에게나 틀림없이 가해진다. 우리 사회에서 아무리 저명하고 명성이 있던 인사라고 할지라도 형사제재를 받게 되는 순간 회복할 수 없는 불명예와 치욕이 그에게 새겨지게 되는 것이다.

'국가형벌권의 근거는 어디에 있고, 범죄에 대한 정당한 형벌은 무엇인가', '국가는 무엇을 범죄로 규정하여 법익보호와 평화로운 공동생활의 조건을 확보할 것인가'라는 문제에 대해서는 역사적으로, 각 국가사회에 따라 다양하고 광범위한 논의와 입법이 있어왔지만, 이는 매우 난해한 문제로서 일의적으로 정립될 수는 없는 것이다.

국가형벌권의 정당성과 관련해서, 어떠한 행위가 범죄로 규정되어 형벌을 통해 금지되어야 하는가 하는 문제는 형사처벌의 범위를 어디까지로 할 것인가 하는 판단과 관련되어 있다.

국민의 어떠한 행위를 범죄로 규정하고 형사처벌을 할 것인가의 문제는 첫째, 그 행위에 대하여 과연 공적 제재를 가해야 하는가 하는 제재당위성에 대한 판단과 둘째, 이러한 공적 제재의 내용이 반드시 형벌이어야 하는가라는 형벌필요성에 대한 판단의 두 단계로 나누어진다.

먼저, 공적 제재의 당위성은 어떠한 종류의 제재이든 관계없이 공적 제재의 대상이 되어야 하는 행위인가를 판단하는 소위 당벌성이 있는 행위인가의 여부로 판단하는 것이다. 당벌성의 판단기준은 '반사회성'이라는 기본적 속성이다. 즉 특정 행위가 형사처벌 대상이 되기 위해서 기본적으로 갖추어야 하는 것은 행위의 반사회적 유해성이다. 이는 형벌이 부과되기 위한 필요조건이지만 이것을 갖추었다고 해서 바로 형사처벌의 대상이 된다는 결론을 내릴 수는 없다.

다음, 이러한 제재당위성을 갖추어서 마땅히 제재 받아야 할 행위이기는 하지만, 그 제재가 반드시 형벌이어야 할 필요성까지 있느냐에 대하여 판단해야 한다. 이러한 형벌필요성 측면에서 보면, 법익보호는 형사처벌을 통해서만 이루어지는 것이 아니고, 그 밖의 다른 수단을 통해서도 가능하다. 법익침해라는 속성은 형벌이 부과되기 위한 필요조건이기는 하지만 충분조건은 아닌 것이다. 비록 법익침해행위가 있었다고 하더라도 민사적 제재, 행정제재, 사회법적 제재 등에 의해서도 법익보호가 가능하면 형사처벌을 가하지 않아도 되기 때문이다.

일반적으로 법익침해 행위 중 형사처벌의 대상이 되는 것은 '법익침해가 매우 심한 행위', 즉 '사회적으로 매우 유해한 것으로 평가되는 행위'라고 할 수 있고, 이러한 범위 내에서 범죄의 구성요건이 규정되어야 한다. 형벌은 제재당위성을 갖춘 행위 가운데 다른 제재수단을 통해서는 도저히 형벌에 의한 것과 같은 수준의 일반예방과 특별예방 효과를 볼 수 없는 경우에 한해서 부과되어야 하는 것이다. 법률은 절대로 필요한 형벌만을 규정해야 한다(프랑스 인권선언 제8조). 국가는 형벌필요성의 요건을 갖추지 못한 행위를 범죄로 규정하여 처벌해서는 안된다. 이는 법치주의와 죄형법정주의 등 헌법상의 원리와 바로 관련되는 사항이다.

우리 헌법은 국가권력의 남용으로부터 국민의 기본권을 보호하려는 실질적 법치국가의 실현을 기본이념으로 하고 있고, 따라서 어떤 행위를 범죄로 규정하고 어떠한 형벌을 과할 것인가 하는 데 대한 입법자의 입법형성권이 무제한으로 인정될 수는 없다(헌재 2004. 12. 16. 2003헌가12, 판례집 16-2하, 446, 457).

입법자는 어떠한 행위가 공적 제재의 당위성과 형벌필요성을 갖추어 국가형벌권 행사의 대상이 되는가의 여부에 관하여 시대의 문화와 사회의 가치관 등을 고려하여 판단할 일차적 권한이 있으나, 법치국가원리에 비추어 불필요하거나 과도한 형벌의 위협으로부터 인간의 존엄과 가치를 보호하기 위하여 처벌의 대상이 되는 행위를 입법기술상 가능한 범위에서 명확하게, 또한 상세하게 규율하도록 주의를 기울여야 한다.

(2) 간통행위 태양의 다양성에 따른 형벌권 행사의 요건 및 형벌의 대상이 될 수 없는 행위에 대한 제재

간통죄의 보호법익은 성적 풍속으로서의 성도덕 또는 가정의 기초가 되는 제도로서의 혼인이다. 이 사건 법률조항에 의하여 제한되는 기본권은 개인의 인격권·행복추구권에서 나오는 성적 자기결정권과 사생활의 비밀과 자유로 보인다.

그런데 형법 제241조가 규정하는 간통행위의 태양은 매우 광범위하고 다양하여 이들 모든 행위에 대하여 위 기본권이 제한되어 위헌이거나 또는 합헌이라고 할 수는 없다고 본다. 즉 이 사건 법률조항이 처벌하는 간통 및 상간행위에는 부부관계가 법률상·사실상 유지되고 있음에도 불구하고 부부간의 성적 성실의무나 신의를 저버린 채 가족 등의 만류에도 불구하고 행하는 간통에서부터 사실상 혼인관계가 파탄에 이르렀으나 미처 법률상 이혼이 이루어지지 아니한 상태에서 새로운 정인(情人)을 만나게 됨에 따라 이루어지는 간통, 지속적으로 단일한 사람을 상대로 이루어짐으로써 반문화적인 첩제도와 같은 사실상의 중혼적 간통에서부터 행위자가 일부일처의 법적

혼인상태의 유지를 원하는 상태에서 일시적으로 행하여지는 1회적 간통, 상간자가 기혼인 경우에서부터 상간자가 미혼인 경우 등에 이르기까지 행위자의 의사나 가정생활의 상태, 행위의 상대방, 행위의 횟수 및 방법 등에 따라 매우 다양한 유형이 포함되며, 개별적 행위유형에 따라 그 반사회성의 유무, 비난 가능성의 유무·정도가 현저하게 다르다.

위와 같은 간통 및 상간행위의 유형 중에는 현재 우리 사회가 요구하는 선량한 성도덕과 가정의 기초가 되는 제도로서의 일부일처주의 혼인제도의 유지 및 가족생활의 보장, 부부간의 성적 성실의무의 수호라는 관점에서 단순히 도덕률이나 민사적 제재 등 다른 제재의 영역에 맡기기 어려운 부분이 존재하고, 그와 같은 행위의 처벌은 국가형벌권의 행사에 관한 입법재량의 범위 내에 있다고 할 것이지만, 장기간 생활을 공동으로 영위하지 아니하는 등 사실상 혼인이 파탄되고 부부간 성적 성실의무가 더 이상 존재한다고 보기 어려운 상태에서 행한 간통이나 단순한 1회성 행위 등과 같이 일부일처주의 혼인제도나 가족생활을 저해하는 바 없고 선량한 성도덕에 반한다고 보기 어려워 반사회성이 극히 약한 경우까지 처벌하는 것은 불필요하거나 과도한 형벌로서 국가형벌권의 과잉행사에 해당하며, 개인의 성적 자기결정과 사생활의 비밀·자유에 관한 지나친 국가의 형벌권 개입에 해당한다고 본다. 즉 이러한 경우는 형벌의 필요성 요건을 갖추지 못하여 민사적 제재 등 다른 수단으로도 충분히 그 제재가 가능하다고 할 것이다.

이 사건 법률조항이 형벌부과의 목적 달성을 위하여 구체적 행위태양의 개별성과 특수성을 고려할 수 있는 가능성을 일체 배제한 상태에서 이를 전혀 고려하지 아니한 채, 간통 및 상간행위의 위와 같은 모든 태양의 행위에 대하여 일률적으로 처벌하도록 규정한 것은 법치국가적 한계를 넘어 국가형벌권을 행사토록 한 것으로 헌법에 합치되지 아니한다.

(3) 잠정적용을 명하는 헌법불합치

이 사건 법률조항의 위헌성은 간통행위의 처벌을 규정한 것 자체에 있는 것이 아니라, 반사회성이 약하여 형벌에까지 이르지 않아도 될 행위까지 국가형벌권 행사의 대상행위로 형사벌의 처벌범위에 포함되도록 규정한 점에 있으며, 이와 같은 법적 비난가능성이 없거나 근소하여 민사적 제재 등 다른 수단으로도 그 제재가 충분하다고 평가될 수 있는 행위의 범위는 시대와 사회의 변화 및 국민의 법감정 등을 고려하여 입법자가 확정하는 것이 상당하므로 헌법불합치결정을 하되, 이 사건 법률조항의 적용을 중지하는 경우 처벌이 요청되는 간통행위의 처벌마저 불가능해짐에 따라 이 사건 법률조항을 그대로 존속시킬 때보다 더욱 헌법적 질서와 멀어지는 법적상태가 초래될 우려가 있으므로 입법자가 합헌적 법률을 입법할 때까지 잠정적으로 적용하게 할 필요가 있다.

아. 재판관 송두환의 위헌의견

나는 간통행위에 대한 형사처벌제도 자체의 위헌 여부에 관하여는 합헌의견에 찬동하면서, 다만 이 사건 법률조항이 법정형으로 징역형만을 규정한 것은 책임과 형벌 간 비례원칙에 합치되지 아니하여 헌법에 위반된다고 보므로, 아래와 같이 반대의견을 밝힌다.

(1) 간통행위의 금지 및 형사처벌 자체의 위헌 여부

(가) 이 사건 법률조항이 간통행위를 금지하고 그에 대하여 일정한 형벌을 과하도록 규정한 것 자체의 위헌 여부에 대하여는 합헌의견과 결론을 같이 한다.

(나) 다만 합헌의견이 설시하는바, 이 사건 법률조항에 의하여 제한되는 주된 기본권으로 '개인의 성적 자기결정권'을 들고 이를 전제로 과잉금지원칙 위배 여부를 심사하는 것에 대하여는 의문을 표해 두고자 한다.

헌법 제10조가 규정하는 개인의 인격권과 행복추구권에는 개인의 자기운명결정권이 내포되어 있고, 이 자기운명결정권에는 성행위의 여부 및 그 상대방을 선택할 수 있는 성적 자기결정권이 포함되어 있음은 틀림없다(헌재 1990. 9. 10. 89헌마82, 판례집 2, 306, 310 참조). 그러나 개인의 성적 자기결정권이 배우자 있는 자의 간통행위 및 그 상대방의 상간행위까지 보호하는 것인지는 의문이다.

개인의 '자기결정권'은 원하는 것은 언제든, 무엇이든 할 수 있다는 의미에서의 무제한적 자유를 포함하는 것은 아니다. 개인의 자기결정이 타인과의 관계를 결정하거나 타인에 대하여, 또는 사회에 대하여 영향을 미치게 되는 때에 타인과의 공존을 부정하는 자기결정은 사회적 존재로서 자신의 인격을 발현시키고 자아를 실현하기 위한 자기결정권의 순수한 보호영역을 벗어나게 된다.

이는 성적 자기결정권에 있어서도 마찬가지로, 성적 공동생활을 포함한 공동의 삶의 목적과 가치를 실현하기 위하여 일부일처제에 기초한 혼인이라는 사회적 제도를 선택하는 자기결단을 한 자가 배우자에 대한 성적 성실의무에 위배하여 간통행위로 나아가거나 또는 그러한 점을 알면서 상간하는 것은 간통행위자의 배우자 및 사회적·법적 제도로서의 혼인을 보호하는 공동체에 대한 관계에서 타인과의 공존을 부정하는 것이라는 점에서 '성적 자기결정권'의 보호영역에 포섭될 수 없다고 볼 것이다.

따라서 개인의 성적 자기결정권이라는 개념은 일반적인 성폭력범죄, 성희롱 등의 문제 및 배우자 상호간에 있어서도 일방통행적인 성관계는 허용될 수 없다는 등의 문제에 관련하여서는 핵심적 개념이 될 것이지만, 배우자의 고소를 전제로 간통행위를 처벌함으로 인하여 침해되는 주된 기본권으로 삼는 것은 적절하다고 보기 어렵다.

(다) 한편, 위헌의견에서 지적하는바 간통죄의 처벌이 협박이나 위자료를 받기 위한 수단으로 악용되는 사례가 많고 사실상 국가 형벌로서의 처단

기능이 약화되었으며 형벌로서의 억지효나 가정보호의 실효성도 거의 없게 되었고 세계적으로 간통죄 폐지의 추세에 있다는 등은 마땅히 경청하여야 할 것이다.

그러나 위와 같은 현실적 악용 사례는 이 사건 법률조항의 제도외적 남용에 따른 사실적이고 결과적인 부작용일 뿐 이 사건 법률조항에 내포된 규범적 결함이라고는 볼 수 없고, 나머지 점들은 입법정책적으로 적절한지 여부 또는 향후 입법적 해결을 함에 있어서 고려하여야 할 사정들일 뿐, 이 사건 법률규정의 위헌 여부를 직접 결정할 요소는 아니라고 볼 것이다.

물론 현재 진행하고 있는 것으로 보이는 성적 도덕관념의 변화가 좀 더 진행되고 그리하여 혼인제도가 지니는 사회적 의미조차도 지금과는 다른 양상으로 변화하여 이 사건 법률조항이 사회일반의 법의식과 너무나 현저하게 괴리되었다고 판단되는 상황이 된다면, 그때는 입법자의 법조항 폐지 조처를 기다릴 필요 없이 위헌선언으로써 문제를 해결해야 할 것이나, 현재로서는 그와 같은 상황에까지 이르렀다고 보이지 아니한다.

(라) 부연하건대, 이 사건 법률조항은 혼인제도 및 배우자 간의 성적 성실의무를 보호, 보장하는 한편, 간통 및 상간행위자에 대한 자연적 응보관념을 인정하면서도 사적 보복을 금지하는 법체계 등을 구조적으로 조화시키기 위한 입법자의 노력이 구체화된 것으로 볼 것이고, 입법자의 입법형성권의 범위를 일탈하여 현저히 자의적인 것이라고는 볼 수 없다.

(2) 법정형 설정의 위헌 여부

위와 같이 이 사건 법률조항이 간통행위를 금지하고 그에 대하여 일정한 형벌을 과하도록 규정한 것 자체에 대하여는 합헌의견과 결론을 같이하나, 이 사건 법률조항의 법정형 규정 부분, 즉 “2년 이하의 징역에 처한다”고 하여 자유형 일원주의를 취하고 있는 것에 대하여는 별도로 위헌 여부를 검토할 필요가 있다.

(가) 법치국가의 개념은 범죄에 대한 법정형을 정함에 있어 죄질과 그에 따른 행위자의 책임 사이에 적절한 비례관계가 지켜질 것을 요구하는 실질적 법치국가의 이념을 포함(헌재 1992. 4. 8. 90헌바24, 판례집 4, 225, 230)하고 있다. 따라서 어떤 행위를 범죄로 규정하고 어떠한 형벌을 과할 것인가 하는 데 대한 입법자의 입법형성권이 무제한한 것이 될 수는 없다. 형벌 위협으로부터 인간의 존엄과 가치를 존중하고 보호하여야 한다는 헌법 제10조의 요구에 따라야 하고, 헌법 제37조 제2항이 규정하고 있는 과잉입법금지의 정신에 따라 형벌개별화의 원칙이 적용될 수 있는 범위의 법정형을 설정하여 실질적 법치국가의 원리를 구현하도록 하여야 하며, 형벌이 죄질과 책임에 상응하도록 적절한 비례성을 지켜야 한다(헌재 2003. 11. 27. 2002헌바24, 판례집 15-2, 242).

(나) 이 사건 법률조항은 법정형으로 단일한 '징역형'만을 규정하여 법정형의 하한을 비교적 높게 설정하고 있다.

이와 같이 법정형의 하한을 높게 설정하는 것이 정당화되기 위하여는 그 처벌되는 행위의 죄질, 불법성이 일반적으로 중하여 법정형의 하한을 높게 설정하더라도 실제 사례에서 행위자가 책임을 초과하여 형벌을 선고받지 않으리라는 점이 합리적으로 예측될 수 있어야 한다.

(다) 그런데 간통 및 상간행위에는 행위의 태양에 따라 죄질이 현저하게 다른 수많은 경우가 존재한다. 예컨대 우연한 기회의 일회적, 찰나적 일탈이 있을 수 있는 반면, 상당한 기간에 걸쳐 배우자에 대한 유기를 수반하는 지속적, 반복적인 범행도 있을 수 있다. 또한 법적으로나 사실상으로나 혼인관계를 유지하는 가운데 간통을 저지른 자와 상대방의 혼인관계가 사실상 파탄에 이른 것으로 믿고 상간한 미혼인 행위자의 경우는 그 법적 책임성이 질적으로 다르다고 평가하여야 할 것이다. 이렇듯 구체적 사례 여하에 따라 책임의 편차가 매우 넓을 것이라는 것은 일반적으로 충분히 예측

가능한 것이다.

그럼에도 불구하고 이 사건 법률조항이 간통 및 상간행위에 대하여 선택의 여지없이 반드시 징역형으로만 응징하도록 규정하고 있는 것은, 형벌의 본질상 인정되는 응보적 성격을 지나치게 과장하여 행위자의 책임에 상응하는 형벌을 부과하기 어렵게 하는 것으로 균형감각을 잃은 것이다.

(라) 이와 같이 이 사건 법률조항이 법정형을 징역형만으로 한정하고 있는 것은 실무상 수사 및 재판의 과정에서 구체적 사례 여하에 따른 적절한 법운용을 어렵게 하고, 판결 선고 단계에서 법관의 양형재량권을 제한하고 있다.

또한, 현실적으로 구속에 대한 공포감을 이용하여 협박 또는 과도한 위자료를 지급받는 수단으로 악용하는 등 제도의 본지를 벗어난 남용 사례가 발생하는 것도 이와 같이 법정형을 오로지 징역형만으로 한정하고 있는 것에서 기인하는 바가 크다고 보인다.

(마) 물론 어떠한 종류의 범죄에 대하여는 행위태양 여하를 묻지 않고 단지 징역형만으로 무겁게 처벌하여야 할 필요성이 있을 수도 있을 것이나, 간통죄 처벌규정의 존폐를 둘러싼 형사정책적·입법적 논쟁이 계속되고 있는 현실에서 간통 및 상간행위가 사회적으로 매우 중대한 불법성을 가진다거나 범죄예방의 필요가 긴절하여 일률적으로 엄중하게 처벌하여야 한다고까지 보기는 어렵고, 따라서 이 사건 법률조항의 자유형일원주의의 규율은 정당화되지 아니한다.

(바) 결국, 이 사건 법률조항 중 법정형에 관한 부분은 구체적 사안의 개별성과 특수성을 고려할 수 있는 가능성을 배제 또는 제한하고 있으므로, 책임과 형벌 사이의 비례원칙에 위배된다.

(3) 결 론

이 사건 법률조항이 간통행위를 금지하고 일정한 형사처벌을 하는 것 자체는 헌법에 위반되지 아니하나, 이 사건 법률조항 중 법정형에 관한 부분은 책임과 형벌 사이의 비례원칙에 위배되어 헌법에 위반된다.

4. 결 론

이 사건 법률조항에 대하여 재판관 4인이 합헌의견, 재판관 4인이 위헌의견, 재판관 1인이 헌법불합치의견으로 비록 위헌의견이 다수이긴 하나 법률의 위헌선언에 필요한 정족수 6인에 미달하므로 이 사건 법률조항은 헌법에 위반되지 않는다는 선언을 하기로 하여 주문과 같이 결정한다.

재판장 재판관 이강국
재판관 이공현
재판관 조대현
재판관 김희옥
재판관 김종대
재판관 민형기
재판관 이동흡
재판관 목영준
재판관 송두환

판례의 평가

1. 제1차 결정(1990. 9. 10. 합헌 6 v. 위헌 3)
2. 제2차 결정(1993. 3. 11. 합헌 6 v. 위헌 3)
3. 제3차 결정(2001. 10. 25. 합헌 8 v. 위헌 1)
4. 제4차 결정(2008. 10. 30. 합헌 4 v. 위헌 5)
5. 제5차 결정(2015. 2. 26. 합헌 2 v. 위헌 7)

제1차 결정: 합헌 6 v. 위헌 3 (1990. 9. 10. 89헌마82)

<table>
<tr><th colspan="2">의견</th><th>재판관</th><th>결정요지</th></tr>
<tr><td colspan="2">합헌 6인</td><td>조규광
이성렬
변정수
김진우
최광률
김문희</td><td>가. 선량한 성도덕과 일부일처주의·혼인제도의 유지 및 가족생활의 보장을 위하여서나 부부간의 성적성실의무의 수호를 위하여, 그리고 간통으로 인하여 야기되는 사회적 해악의 사전예방을 위하여, 간통행위를 규제하고 처벌하는 것은 성적 자기결정권의 본질적 내용을 침해하여 인간으로서의 존엄과 가치 및 행복추구권을 부당하게 침해하거나 헌법 제36조 제1항의 규정에 반하는 것이 아니다.
나. 간통죄의 규정은 남녀평등처벌주의를 취하고 있으니 법앞의 평등에도 반하지 아니한다.
+ 조규광, 김문희의 보충의견
1. 일부일처세의 유지와 부부간의 성에 대한 성실의무는 우리사회의 도덕기준으로 정립되어 있어서 형법 제241조에 규정된 간통죄는 사회상황·국민의식변화에 따라 그 규범력이 약화되었음에도 불구하고 아직은 범죄적 반사회성을 띠고 있는 것으로 보고 있기 때문에 헌법에 위반되지 아니한다고 판단된다.
2. 간통이 헌법 제37조 제2항의 제한범위 안에서 법률에 의한 제한을 받을 수 있다고 보나 이에 대하여 형사적 제재를 할 것인지의 여부는 입법정책의 문제로 입법권자의 입법형성의 자유에 속한다.</td></tr>
<tr><td rowspan="2">위헌 3인</td><td>2</td><td>한병채
이시윤</td><td>간통행위에 대해 형사처벌을 하는 것 자체가 합헌성이 없는 것이 아니라 징역형 이외 달리 선택의 여지를 없게 한 응보적 대응의 형벌제도에 문제가 있다. 따라서 현행 형법 제241조에서 간통죄에 대해 징역형만을 둔 것은 필요한 정도를 넘어선 과도한 처벌로서 기본권 최소침해의 원칙에 반하는 것이고, 간통죄를 통하여 보호하려는 공공의 이익과 제한되는 기본권 사이에 적절한 균형이 이루어졌다고 보기 어렵다.</td></tr>
<tr><td>1</td><td>김양균</td><td>간통죄는 사생활 은폐권이라는 국민의 기본권을 침해하고 있거나 과잉금지의 원칙에 위배되어 원칙적으로 위헌(違憲)이며, 일보를 후퇴하여 동죄의 존치의 합헌성, 즉 범죄화는 일응 이를 인정한</td></tr>
</table>

		다고 하더라도 그에 대한 형벌로 징역 2년 이하의 자유형만을 규정하고 있는 벌칙의 규정은 과잉금지의 원칙 중 침해의 최소성 및 법익의 균형성에 위배되어 위헌이다.

제2차 결정: 합헌 6 v. 위헌 3 (1993. 3. 11. 90헌가70)

<table>
<tr><th colspan="2">의견</th><th>재판관</th><th>결정요지</th></tr>
<tr><td colspan="2">합헌 6인</td><td>조규광
변정수
김진우
최광률
김문희
황도연</td><td rowspan="3">재판소는 1990. 9. 10.에 선고한 89헌마82사건에서 형법 제241조가 헌법에 위반되지 아니한다고 판시하였는바, 이를 다시 달리 판단하여야 할 사정변경이 있다고 인정되지 아니하므로 그 결정을 그대로 유지하고 그 사건에서 판시한 이유(보충의견, 반대의견 포함)를 이 사건에 인용한다.
다만 위 재판이 있은 이후에 임명된 재판관 황도연은 위 사건 판시중의 재판관 조규광, 재판관 김문희의 보충의견에 가담하였다.</td></tr>
<tr><td rowspan="2">위헌 3인</td><td>2</td><td>한병채
이시윤</td></tr>
<tr><td>1</td><td>김양균</td></tr>
</table>

제3차 결정: 합헌 8 v. 위헌 1 (2001. 10. 25. 2000헌바60)

의견	재판관	결정요지
합헌 8인	윤영철 한대현 하경철 김영일 김효종 김경일 송인준	선량한 성도덕과 일부일처주의 혼인제도의 유지 및 가족생활의 보장을 위하여나 부부간의 성적 성실의무의 수호를 위하여, 그리고 간통으로 인하여 야기되는 배우자와 가족의 유기, 혼외자녀 문제, 이혼 등 사회적 해악의 사전예방을 위하여 배우자 있는 자의 간통행위를 규제하는 것은 불가피한 것이며, 그러한 행위를 한 자를 2년 이하의 징역에 처할 수 있도록 규정한 형법 제241조의 규정은 성적 자기결정권에 대한 필요 및 최소한의 제한으로서 헌법 제37

	주선회	조 제2항에 위반되지 않는다. 간통죄가 피해자의 인내심이나 복수심의 다과 및 행위자의 경제적 능력에 따라 법률적용의 결과가 달라지는 측면이 있는 점을 무시할 수는 없으나, 이는 개인의 명예와 사생활보호를 위하여 간통죄를 친고죄로 하는 데서 오는 부득이한 현상으로서 형법상 다른 친고죄에도 나타날 수 있는 문제이지 특별히 간통죄에만 해당되는 것은 아니며, 배우자 있는 자의 간통행위 규제가 불가피하고 배우자 모두에게 고소권이 인정되어 있는 이상 간통죄의 규정은 헌법 제11조 제1항의 평등원칙에도 반하지 아니한다. 그리고 간통죄의 규정은 선량한 성도덕과 일부일처주의 혼인제도의 유지, 가족생활의 보장 및 부부쌍방의 성적 성실의무의 확보를 위하여, 그리고 간통으로 인하여 생길 수 있는 사회적 해악의 사전예방을 위하여 필요한 법률이어서 헌법 제36조 제1항의 규정에 반하는 법률이 아니다. 다만 입법자로서는, 첫째, 기본적으로 개인 간의 윤리적 문제에 속하는 간통죄는 세계적으로 폐지추세에 있으며, 둘째, 개인의 사생활 영역에 속하는 내밀한 성적 문제에 법이 개입함은 부적절하고, 셋째, 협박이나 위자료를 받기 위한 수단으로 악용되는 경우가 많으며, 넷째, 수사나 재판과정에서 대부분 고소취소되어 국가형벌로서의 처단기능이 약화되었을 뿐만 아니라, 다섯째, 형사정책적으로 보더라도 형벌의 억지효나 재사회화의 효과는 거의 없고, 여섯째, 가정이나 여성보호를 위한 실효성도 의문이라는 점 등과 관련, 우리의 법의식의 흐름과의 면밀한 검토를 통하여 앞으로 간통죄의 폐지 여부에 대한 진지한 접근이 요구된다.
위헌 1인	권 성	간통죄의 처벌은 원래가 유부녀를 대상으로 한 것이었으므로 간통죄의 핵심은 유부녀의 간통에 대한 처벌에 있고 따라서 그 위헌 여부의 논의도 유부녀의 간통을 대상으로 하여야 하고 또 그로써 충분하다. 유부녀의 간통은 윤리적 비난과 도덕적 회오(悔悟)의 대상이지 국가가 개입하여 형벌로 다스려야 할 일 즉 범죄가 아니며, 간통에 대한 형사처벌은 이미 애정과 신의가 깨어진 상대

		배우자만을 사랑하도록 국가가 강제하는 것이 되는데 이것은 헌법 제10조가 보장하는 당사자의 인격적 자주성, 즉 성적 자기결정권을 박탈하여 성(性)적인 예속을 강제하는 것이므로 인간의 존엄성을 침해하는 위헌규정이다.

제4차 결정: 합헌 4 v. 위헌 5 (2008. 10. 30. 2007헌가17)

의견		재판관	결정요지
합헌 4인	3	이강국 이공현 조대현	이 사건 법률조항은 혼인관계를 보호하고, 사회질서를 유지하기 위하여 간통 및 상간행위를 제재하는 것으로 정당한 입법목적 달성을 위한 적절한 수단이다. 다만 '형벌'의 제재 규정이 지나친 것인지 문제되나, 이는 기본적으로 입법형성의 자유에 속한다. 간통이 사회질서를 해치고 타인의 권리를 침해하는 경우에 해당한다고 보는 우리의 법의식 및 간통 및 상간행위에 대한 사전예방의 강한 요청에 비추어 간통 및 상간행위를 형사처벌하기로 한 입법자의 판단이 자의적인 것이라 할 수 없고, 이 사건 법률조항으로 인하여 침해되는 사익은 특정한 관계에서의 성행위 제한으로 경미함에 비하여 달성되는 공익은 높은 중요성이 있어 법익균형성 역시 인정되므로 이 사건 법률조항이 과잉금지원칙에 위배하여 개인의 성적 자기결정권, 사생활의 비밀과 자유를 침해한다고 볼 수 없다. 한편 이 사건 법률조항은 법정형으로 징역형만을 규정하고 있으나 지나치게 과중한 형벌을 규정하고 있다고 보기 어렵다.
	1	민형기	형법이 간통죄를 범죄로 처벌하는 것 자체는 헌법에 위반되지 않으나, 이 사건 법률조항이 구체적인 행위 태양을 고려하지 않은 채 간통이라는 하나의 개념으로 일률적으로 형벌을 부과하는 것은 부당한 결과를 초래할 우려가 있으므로 입법자로서는 이를 입법적으로 개선할 수 있도록 정책적인 노력을 기울여야 할 것이다.

위헌 5인	3 단순위헌	김종대 이동흡 목영준	이 사건 법률조항은 과잉금지 원칙에 위반하여 개인의 성적(性的) 자기결정권과 사생활의 비밀과 자유를 제한하는 것으로 위헌이다. 오늘날 성(性)에 대한 국민 일반의 법감정이 변하고 있고, 도덕적으로 비난받을 만한 행위 모두를 형사처벌의 대상으로 삼는 것은 바람직하지 아니하며, 간통 및 상간행위의 형사처벌이 일부일처제와 가정보호·부부간의 성적 성실의무 보호·여성의 보호에 실효적인 기능을 하지도 못한다는 점 등을 고려할 때 이 사건 법률조항의 수단의 적절성 및 피해의 최소성을 인정하기 어렵다. 또한 이 사건 법률조항은 개인의 내밀한 성생활의 영역을 형사처벌의 대상으로 삼아 국민의 성적 자기결정권 등 기본권을 지나치게 제한하여 법익균형성을 상실한 것이나.
	1 헌법불합치	김희옥	이 사건 법률조항은 단순히 도덕적 비난에 그쳐야 할 행위 또는 비난 가능성이 없거나 근소한 행위 등에까지 형벌을 부과하여, 법치국가적 한계를 넘어 국가형벌권을 행사한 것으로 헌법에 합치되지 아니한다.
	1 단순위헌	송두환	이 사건 법률조항이 간통 및 상간행위를 형사처벌하도록 한 자체는 헌법에 위반되지 아니하나, 법정형으로 징역형만을 규정한 것은 구체적 사안의 개별성과 특수성을 고려할 수 있는 가능성을 배제 또는 제한하여 책임과 형벌간 비례의 원칙에 위배되어 헌법에 위반된다.

제5차 결정: 합헌 2 v. 위헌 7 (2015. 2. 26. 2009헌바17)

의견		재판관	결정요지
위헌	5	박한철 이진성 김창종 서기석	사회 구조 및 결혼과 성에 관한 국민의 의식이 변화되고, 성적 자기결정권을 보다 중요시하는 인식이 확산됨에 따라 간통행위를 국가가 형벌로 다스리는 것이 적정한지에 대해서는 이제 더 이상 국민의 인식이 일치한다고 보기 어렵고, 비록 비도덕적인 행위라

7 인		조용호	할지라도 본질적으로 개인의 사생활에 속하고 사회에 끼치는 해악이 그다지 크지 않거나 구체적 법익에 대한 명백한 침해가 없는 경우에는 국가권력이 개입해서는 안 된다는 것이 현대 형법의 추세여서 전 세계적으로 간통죄는 폐지되고 있다. 또한 간통죄의 보호법익인 혼인과 가정의 유지는 당사자의 자유로운 의지와 애정에 맡겨야지, 형벌을 통하여 타율적으로 강제될 수 없는 것이며, 현재 간통으로 처벌되는 비율이 매우 낮고, 간통행위에 대한 사회적 비난 역시 상당한 수준으로 낮아져 간통죄는 행위규제규범으로서 기능을 잃어가고, 형사정책상 일반예방 및 특별예방의 효과를 거두기도 어렵게 되었다. 부부 간 정조의무 및 여성 배우자의 보호는 간통한 배우자를 상대로 한 재판상 이혼 청구, 손해배상청구 등 민사상의 제도에 의해 보다 효과적으로 달성될 수 있고, 오히려 간통죄가 유책의 정도가 훨씬 큰 배우자의 이혼수단으로 이용되거나 일시 탈선한 가정주부 등을 공갈하는 수단으로 악용되고 있기도 하다. 결국 심판대상조항은 과잉금지원칙에 위배하여 국민의 성적 자기결정권 및 사생활의 비밀과 자유를 침해하는 것으로서 헌법에 위반된다. + 이진성 보충의견 간통행위는 행위 유형이 다양하여 법정형으로 징역형만 규정한 것이 책임과 형벌 사이에 균형을 잃을 가능성은 있지만, 재산형인 벌금형이나 명예형인 자격형이 배우자에 대한 정조의무를 저버리고 혼인제도의 문란을 가져오는 비윤리적 범죄인 간통죄에 유효하고 적절한 수단이라고 보기 어렵다. 부부 일방의 부정행위로 인한 민사, 가사 문제들의 해결수단을 간통죄를 유지시켜 형사사건에서 찾을 것도 아니다. 간통행위로 인한 가족의 해체 사태에서 손해배상, 재산분할청구, 자녀양육 등에 관한 재판실무관행을 개선하고 배우자와 자녀를 위해 필요한 제도를 새로 강구해야 한다.

1	김이수	간통죄의 본질은 자유로운 의사에 기하여 혼인이라는 사회제도를 선택한 자가 의도적으로 배우자에 대한 성적 성실의무를 위배하는 성적 배임행위를 저지른 데 있다. 혼인생활을 영위하고 있는 간통행위자 및 배우자 있는 상간자에 대한 형사처벌은 부부 간의 성적 성실의무에 기초한 혼인제도에 내포되어 있는 사회윤리적 기본질서를 최소한도로 보호하려는 정당한 목적 하에 이루어지는 것으로서 개인의 성적 자기결정권에 대한 과도한 제한이라고 하기 어렵다. 그러나 사실상 혼인관계의 회복이 불가능한 파탄상태로 인해 배우자에 대한 성적 성실의무를 더 이상 부담하지 아니하는 간통행위자나 미혼인 상간자의 상간행위 같이 비난가능성 내지 반사회성이 없는 경우도 있다. 그럼에도 불구하고, 심판대상조항이 일률적으로 모든 간통행위자 및 상간자를 형사처벌하도록 규정한 것은 개인의 성적 자기결정권을 과도하게 제한하는 국가형벌권의 과잉행사로서 헌법에 위반된다.
1	강일원	간통 및 상간행위가 내밀한 사생활의 영역에 속하는 것이라고 해도 이에 대한 법적 규제를 할 필요성은 인정되고, 그에 대한 규제의 정도는 원칙적으로 입법자가 결정할 사항이므로, 입법자가 간통행위를 예방하기 위하여 형벌이라는 제재수단을 도입한 것이 그 자체로 헌법에 위반된다고 볼 수는 없다. 그러나 형법은 간통죄를 친고죄로 규정하면서, 배우자의 종용이나 유서가 있는 경우 간통죄로 고소할 수 없도록 규정하고 있는데, 소극적 소추조건인 종용이나 유서의 개념이 명확하지 않아 수범자인 국민이 국가 공권력 행사의 범위와 한계를 확실하게 예측할 수 없으므로 심판대상조항은 명확성원칙에 위배되며, 간통 및 상간행위에는 행위의 태양에 따라 죄질이 현저하게 다른 수많은 경우가 존재함에도 반드시 징역형으로만 응징하도록 한 것은 구체적 사안의 개별성과 특수성을 고려할 수 있는 가능성을 배제 또는 제한하여 책임과 형벌간 비례의 원칙에 위배되어 헌법에 위반된다.

합헌 2인			간통은 일부일처제에 기초한 혼인이라는 사회적 제도를 훼손하고 가족공동체의 유지·보호에 파괴적인 영향을 미치는 행위라는 점에서 개인의 성적 자기결정권의 보호영역에 포함되어 있다고 보기 어렵다. 배우자 있는 자의 간통 및 그에 동조한 상간자의 행위는 단순한 윤리적·도덕적 차원의 문제를 넘어서 사회질서를 해치고 타인의 권리를 침해하는 것이라고 보는 우리 사회의 법의식은 여전히 유효하다. 특히 간통죄의 폐지는 우리 사회 전반에서 성도덕 의식의 하향화를 가져오고 성도덕의 문란을 초래할 수 있으며, 그 결과 혼인과 가족 공동체의 해체를 촉진시킬 수 있다는 점에서, 간통죄를 형사처벌하도록 한 입법자의 판단이 자의적인 것이라고 보기는 어렵다.
	2	이정미 안창호	부부공동생활이 파탄되어 회복될 수 없을 정도의 상태에 이르러 더 이상 배우자에 대한 성적 성실의무를 부담한다고 볼 수 없는 경우에는 간통행위가 사회윤리 내지 사회상규에 위배되지 아니하는 행위로서 위법성이 조각될 여지가 있으므로 과잉처벌의 문제는 발생하지 않을 수 있다. 심판대상조항은 징역형만을 규정하고 있으나 법정형의 상한 자체가 높지 않아 지나치게 과중한 형벌을 규정하고 있다고 볼 수 없고, 벌금형에 의할 경우 간통행위자에 대하여 위하력을 가지기 어려우므로 형벌체계상 균형에 반하는 것이라고 할 수도 없다. 또한 현행 민법상의 제도나 재판실무에 비추어보면, 간통죄를 폐지할 경우 수많은 가족공동체가 파괴되고 가정 내 약자와 어린 자녀들의 인권과 복리가 침해되는 사태가 발생하게 될 것을 우려하지 않을 수 없다. 따라서 심판대상조항은 과잉금지원칙에 위반된다고 할 수도 없다.

17-1 형법 제241조 간통죄 처벌
(1990. 9. 10. 89헌마82)

Ⅰ. 판시 사항

1. 형법 제241조의 위헌 여부

2. 헌법재판소법 제68조 제2항에 의한 헌법소원의 주문형식

Ⅱ. 결정요지

1. 가. 선량(善良)한 성도덕(性道德)과 일부일처주의(一夫一妻主義)·혼인제도(婚姻制度)의 유지(維持) 및 가족생활(家族生活)의 보장(保障)을 위하여서나 부부간(夫婦間)의 성적성실의무(性的誠實義務)의 수호(守護)를 위하여, 그리고 간통(姦通)으로 인하여 야기되는 사회적(社會的) 해악(害惡)의 사전예방(事前豫防)을 위하여, 간통행위(姦通行爲)를 규제(規制)하고 처벌(處罰)하는 것은 성적자기결정권(性的自己決定權)의 본질적(本質的) 내용(內容)을 침해(侵害)하여 인간(人間)으로서의 존엄(尊嚴)과 가치(價値) 및 행복추구권(幸福追求權)을 부당(不當)하게 침해(侵害)하거나 헌법(憲法) 제36조 제1항의 규정(規定)에 반(反)하는 것이 아니다.

나. 간통죄(姦通罪)의 규정(規定)은 남녀평등처벌주의(男女平等處罰主義)를 취하고 있으니 법앞의 평등(平等)에도 반(反)하지 아니한다.

2. 이 헌법소원(憲法訴願)은 법률(法律)의 위헌 여부(違憲與否)를 묻는 헌법재판소법(憲法裁判所法) 제68조 제2항에 의한 것이므로 청구인(請求人)의 주장(主張)이 이유(理由)없는 경우, 그 심판청구(審判請求)를 기각(棄却)하는 대신, 위 법률(法律)이 헌법(憲法)에 위반(違反)되지 아니한다는 형식(形式)의 주문(注文)을 선언(宣言)함이 옳다.

☐ 재판관 조규광, 김문희의 보충의견(補充意見)

1. 일부일처제(一夫一妻制)의 유지(維持)와 부부간(夫婦間)의 성(性)에 대한 성실의무(誠實義務)는 우리 사회(社會)의 도덕기준(道德基準)으로 정립(定立)되어 있어서 형법(刑法) 제241조에 규정(規定)된 간통죄(姦通罪)는 사회상황(社會狀況)·국민의식변화(國民意識變化)에 따라 그 규범력(規範力)이 약화(弱化)되었음에도 불구하고 아직은 범죄적(犯罪的) 반사회성(反社會性)을 띠고 있는 것으로 보고 있기 때문에 헌법(憲法)에 위반(違反)되지 아니한다고 판단(判斷)된다.

2. 간통(姦通)이 헌법(憲法) 제37조 제2항의 제한범위(制限範圍) 안에서 법률(法律)에 의한 제한(制限)을 받을 수 있다고 보나 이에 대하여 형사적(刑事的) 제재(制裁)를 할 것인지의 여부(與否)는 입법정책(立法政策)의 문제(問題)로 입법권자(立法權者)의 입법형성(立法形成)의 자유(自由)에 속한다.

☐ 재판관 한병채, 이시윤의 반대의견(反對意見)

1. 간통행위(姦通行爲)에 대해 형사처벌(刑事處罰)을 하는 것 자체(自體)가 합헌성(合憲性)이 없는 것이 아니라 징역형(懲役刑) 이외 달리 선택(選擇)의

여지(餘地)를 없게 한 응보적(應報的) 대응(對應)의 형벌제도(刑罰制度)에 문제(問題)가 있다. 따라서 현행(現行) 형법(刑法) 제241조에서 간통죄(姦通罪)에 대해 징역형(懲役刑)만을 둔 것은 필요(必要)한 정도를 넘어선 과도(過度)한 처벌(處罰)로서 기본권(基本權) 최소침해(最小侵害)의 원칙(原則)에 반(反)하는 것이고, 간통죄(姦通罪)를 통하여 보호(保護)하려는 공공(公共)의 이익(利益)과 제한(制限)되는 기본권(基本權) 사이에 적절(適切)한 균형(均衡)이 이루어졌다고 보기 어렵다.

☐ 재판관 김양균의 반대의견(反對意見)

간통죄(姦通罪)는 사생활(私生活) 은폐권(隱蔽權)이라는 국민(國民)의 기본권(基本權)을 침해(侵害)하고 있거나 과잉금지(過剩禁止)의 원칙(原則)에 위배(違背)되어 원칙적(原則的)으로 위헌(違憲)이며 일보(一步)를 후퇴(後退)하여 동죄(同罪)의 존치(存置)의 합헌성(合憲性), 즉 범죄화(犯罪化)는 일응(一應) 이를 인정(認定)한다고 하더라도 그에 대한 형벌(刑罰)로 징역(懲役) 2년 이하(以下)의 자유형(自由刑)만을 규정(規定)하고 있는 벌칙(罰則)의 규정(規定)은 과잉금지(過剩禁止)의 원칙(原則)(중 침해(侵害)의 최소성(最小性) 및 법익(法益)의 균형성(均衡性))에 위배(違背)되어 위헌(違憲)이다.

청구인 : 김○립
대리인 변호사 용태영(국선)
관련소송사건 대법원 88도1463 간통

Ⅲ. 참조조문

헌법(憲法) 제10조, 제11조, 제17조, 제36조 제1항, 제37조 제2항

헌법재판소법(憲法裁判所法) 제68조 제2항

형법(刑法) 제241조(姦通) ① 배우자(配偶者) 있는 자가 간통(姦通)한 때에는 2년 이하의 징역(懲役)에 처(處)한다. 그와 상간(相姦)한 자도 같다. ② 전항(前項)의 죄(罪)는 배우자(配偶者)의 고소(告訴)가 있어야 논(論)한다. 단 배우자(配偶者)가 간통(姦通)을 종용(慫慂) 또는 유서(宥恕)한 때에는 고소(告訴)할 수 없다.

Ⅳ. 주 문

형법(1953. 9. 18. 법률 제293호) 제241조는 헌법에 위반되지 아니한다.

Ⅴ. 이 유

1. 증거자료에 의하면, 청구인은 간통죄로 공소제기되어 1988. 2. 10. 부산지방법원에서 징역 1년, 같은 해 6. 24. 같은 법원 항소심에서 징역 8월을 각 선고받고 대법원에 상고하여 재판을 받던 중, 형법 제241조가 헌법에 위반된다고 주장하고 같은 해 8. 30. 대법원에 위헌제청신청을 하였으나, 1989. 3. 14. 대법원에 의하여 그것이 기각되자, 헌법재판소법 제68조 제2항에 의하여 같은 달 27. 헌법소원심판을 청구하였음을 알 수 있으니 이 사건 헌법소원은 적법하게 제기된 것이다.

2. 형법 제241조 제1항은 "배우자 있는 자가 간통한 때에는 2년 이하의 징역에 처한다. 그와 상간한 자도 같다"라고 규정하고, 제2항은 "전항의 죄는 배우자의 고소가 있어야 논한다. 단 배우자가 간통을 종용 또는 유서한 때에는 고소할 수 없다"라고 규정하고 있다.

청구인이 위 규정을 위헌이라고 주장하는 이유의 요지는,

가. 인간은 누구나 자기 운명을 스스로 결정할 수 있는 자기결정권을 가지고 있고 자기결정권에는 성적 행동에 대한 것도 포함되어 있는데 간통죄라는 협박적 법률을 두어 애정이 없는 경우에도 혼인관계의 지속을 강제하는 것은 성적 자기결정권에 대하여 국가가 부당하게 간섭하는 것이어서 인간으로서의 존엄과 가치 및 행복을 추구할 권리를 보장한 헌법 제10조와 신체의 자유를 보장한 헌법 제12조에 위반되고,

나. 간통죄의 규정은 배우자의 부정행위에 대하여 참고 용서하는 선량한 피해자는 보호하지 못하고 복수심 많은 자만이 혜택을 보게 될 뿐만 아니라, 간통죄는 보다 많은 위자료를 받아내려는 수단으로 아용되고 있어서 같은 간통행위를 한 자라도 재력이 있는 자는 처벌을 받지 아니하고 재력이 없는 자만이 처벌을 받게 되며 또 간통죄는 이혼을 하여야만 고소가 가능하기 때문에 간통한 여자배우자를 남자배우자가 고소하기는 쉬워도 경제적 능력없는 여자배우자가 남자배우자를 고소하는 것은 어려운 일이므로 남녀차별을 가져오는 제도이다. 따라서 간통죄는 모든 사람은 법앞에 평등하다는 헌법 제11조에도 위반되며,

다. 이상과 같이 인간의 존엄과 가치, 행복추구권 및 신체의 자유를 침해할 뿐더러 평등의 원칙에도 반하는 간통죄의 규정은 혼인과 가족생활은 개인의 존엄과 양성의 평등을 기초로 성립되고 유지되어야 한다는 헌법 제36조 제1항의 규정에도 위반된다는 것이다.

3. 판단하건대,

가. 헌법 제10조는 "모든 국민은 인간으로서의 존엄과 가치를 가지며, 행복을 추구할 권리를 가진다. 국가는 개인이 가지는 불가침의 기본적 인권을 확인하고 이를 보장할 의무를 진다"라고 규정하여 모든 기본권을 보장의 종국적 목적(기본이념)이라 할 수 있는 인간의 본질이며 고유한 가치인 개인

의 인격권과 행복추구권을 보장하고 있다. 그리고 개인의 인격권·행복추구권에는 개인의 자기운명결정권이 전제되는 것이고, 이 자기운명결정권에는 성행위 여부 및 그 상대방을 결정할 수 있는 성적 자기결정권이 또한 포함되어 있으며 간통죄의 규정이 개인의 성적 자기결정권을 제한하는 것임은 틀림없다. 그러나 개인의 성적 자기결정권도 국가적·사회적·공공복리 등의 존중에 의한 내재적 한계가 있는 것이며, 따라서 절대적으로 보장되는 것은 아닐 뿐만 아니라 헌법 제37조 제2항이 명시하고 있듯이 질서유지(사회적 안녕질서), 공공복리(국민공동의 행복과 이익) 등 공동체 목적을 위하여 그 제한이 불가피한 경우에는 성적 자기결정권의 본질적 내용을 침해하지 않는 한도에서 법률로써 제한할 수 있는 것이다. 그러므로 형법 제241조의 간통죄의 규정이 성적 자기결정권을 제한하는 법률로서 헌법 제37조 제2항이 규정한 기본권제한 기준에 합치되는 법률인가를 보건대, 배우자 있는 자가 배우자 아닌 제3자와 성관계를 맺는 것은 선량한 성도덕이나, 일부일처주의의 혼인제도에 반할 뿐더러, 혼인으로 인하여 배우자에게 지고 있는 성적 성실의무를 위반하는 것이 되어 혼인의 순결을 해치게 되는 것이다. 그리하여 간통행위는 국가사회의 기초인 가정의 화합을 파괴하고 배우자와 가족의 유기, 혼외자녀문제, 이혼 등 사회에 여러 가지 해악을 초래하게 되는 것이 엄연한 현실이다. 그러므로 선량한 성도덕과 일부일처주의 혼인제도의 유지 및 가족생활의 보장을 위하여서나 부부간의 성적 성실의무의 수호를 위하여, 그리고 간통으로 인하여 야기되는 사회적 해악의 사전예방을 위하여서는 배우자 있는 자의 간통행위를 규제하는 것은 불가피한 것이며, 그러한 행위를 한 자를 2년 이하의 징역에 처할 수 있도록 규정한 형법 제241조의 규정은 성적 자기결정권에 대한 필요 및 최소한의 제한으로서 자유와 권리의 본질적 내용을 침해하는 것은 아니라고 인정된다. 따라서 간통죄의 규정을 개인의 인간으로서의 존엄과 가치 및 행복추구권을 부당하게 침해하는 법률이라고 할 수 없다. 그리고 신체의 자유제한은 자유형을 과하는 형사처벌에 당연히 수반되는 것이므로, 그것이 적법절차에 의한 것인 이상은 다른 형벌규정과 마찬가지로 신체의 자유에 대한 부당한 제한이 될 수 없다. 만약 간통죄의 규정이 인간으로서의 존엄과 가치 및 행복추구권이나 신체의 자유 등 기본권을 부당하게 침해하는 것이라고 한다면 민법상의 일부일처제의 혼인제도(중혼금지규정)나 부부간의 동거 및 상호부양의무 등 규정도 헌법위반이라는 말이 될 것이다.

나. 간통죄의 규정은 남녀평등처벌주의를 취하고 있으니 법앞의 평등에도 반하지 아니한다. 간통죄가 피해자의 인내심이나 복수심의 다과 및 행위자의 경제적 능력에 따라 법률적용의 결과가 달라지고 경제적 강자인 남자에게 보다는 경제적 약자인 여자에게 불리하게 작용하는 측면이 있는 점을 무시할 수는 없으나, 이는 개인의 명예와 사생활보호를 위하여 간통죄를 친고죄로 하는 데서 오는 부득이한 현상으로서 형법상 다른 친고죄에도 나타날 수 있는 문제이지 특별히 간통죄에만 해당되는 것은 아니며, 배우자 있는 자의 간통행위 규제가 불가피하고 배우자 모두에게 고소권이 인정되어 있는 이상 간통죄의 규정이 평등권의 본질적 내용을 침해하는 법률이라고는 할 수 없다.

다. 간통죄의 규정은 선량한 성도덕과 일부일처주의 혼인제도의 유지, 가족생활의 보장 및 부부쌍방의 성적성실의무의 확보를 위하여 그리고 간통으로 인하여 생길 수 있는 사회적 해악의 사전예방을 위하여 필요한 법률이어서 그것이 개인이 갖는 인간의 존엄과 가치 및 행복추구권이나 신체의 자유 및 평등의 원칙에 반하는 것이 아님을 앞에서 설명한 바와 같다. 그렇다면 간통죄의 규정은 "혼인과 가족생활은 개인의 존엄과 양성의 평등을 기초로 성립되고 유지되어야 하며, 국가는 이를 보장한다"라고 한 헌법 제36조 제1항의 규정에 반하는 법률이 아니라 오히려 위 헌법규정에 의하여 국가에게 부과된, 개인의 존엄과 양성의 평등을 기초로 한 혼인과 가족생활의 유지·보장 의무이행에 부합하는 법률이라 할 것이다.

4. 결국 형법 제241조의 규정이 헌법에 위반된다는 청구인의 주장은 이유없다. 그런데 이 헌법소원은 법률의 위헌 여부를 묻는 헌법재판소법 제68조 제2항에 의한 것이므로, 청구인의 심판청구를 기각하는 대신에 형법 제241조가 헌법에 위반되지 아니한다는 선언을 하기로 하여 주문과 같이 결정한다.

이 결정에는 재판관 조규광, 재판관 김문희의 5와 같은 보충의견과 재판관 한병채, 재판관 이시윤의 6과 같은 반대의견, 재판관 김양균의 7과 같은 반대의견이 있었다.

5. 재판관 조규광, 재판관 김문희의 다수의견에 대한 보충의견

가. 우리 헌법은 제10조 전문에 "모든 국민은 인간으로서의 존엄과 가치를 가지며, 행복을 추구할 권리를 가진다"라고 규정하여 개인의 인격권과 행복추구권을 기본적 인권으로 보장하고 있다. 개인의 인격권 및 행복추구권의 본질적 내용은 개인이 자신의 신변이나 생활에 관한 사항은 이를 스스로 선택·결정하는 데 있다 할 것이고, 그 선택의 대상에는 성생활에 관한 사항도 당연히 포함되는 것이다. 그런데 형법은 간통죄를 제22장 '풍속을 해하는 죄'의 장에 규정하는 한편 형법 제241조 제2항에서 제1항의 간통죄는 배우자의 고소가 있어야 논한다고 규정하여 간통행위를 사회적 법익인 사회일반의 성도덕, 즉 선량한 풍속 및 일부일처제의 혼인제도 유지와 아울러 개인적 법익인 부부간의 성적 성실의무를 함께 보호법익으로 하는 범죄행위로 규정함으로써 성생활에 관한 사항을 스스로 결정할 수 있는 개인의 권리를 제한하고 있다.

나. 청구인이 이 사건에서 형법 제241조에 정한 간통죄의 규정이 위헌이라고 주장하는 주된 이유는 간통죄에 대한 처벌이 성생활에 관한 사항을 스스로 결정할 수 있는 개인의 권리를 침해하고, 간통이 비록 도덕에 반하

는 것이라고 하더라도 이는 개인의 사생활의 영역에 속하는 것이므로 국가가 형벌권을 행사하여 개입할 수 없는 것임에도 불구하고 이를 범죄로 규정하여 형사처벌의 대상으로 한 것은 헌법 제10조 및 제17조에 위반된다는 것이라 함에 있다.

다. 특정의 인간행위에 대하여 그것이 불법이며 범죄라 하여 국가가 형벌을 행사하여 이를 규제할 것인지, 아니면 단순히 도덕률에 맡길 것인지의 문제는 인간과 인간, 인간과 사회와의 상호관계를 함수로 하여 시간과 공간에 따라 그 결과를 달리할 수밖에 없는 것이고, 결국은 그 사회의 시대적인 상황·사회구성원들의 의식 등에 의하여 결정될 수밖에 없다.

단순히 도덕률에 맡겨야 할 사항에 대하여 국가가 이를 형사처벌의 대상으로 삼아 형벌권을 행사하여 개입하는 것은 헌법에 위반된다. 왜냐하면 국가가 국민을 도덕적으로 개선시키려는 의도만을 가지고 형사적 제재조치를 하는 것은 헌법상 정당성을 가지지 못하기 때문이다.

그러나 우리는 간통에 대한 형사적 처벌이 아직은 단순한 도덕적 영역에 대한 국가의 형사적 제재인 것으로는 판단하지 않는다.

간통죄에 대한 오늘날 세계 각국의 입법례를 보면 이를 폐지해 가는 것이 그 추세이고, 우리 사회가 빠른 속도로 산업사회화가 진행됨에 따른 개인주의적, 성개방적인 사고방식과 사회적 환경에 따라 우리 국민의 성에 관한 법의식에도 많은 변화가 있었고, 간통죄에 대한 적용과정에 있어서도 이혼위자료의 요구를 관철하기 위한 수단으로 잘못 이용되는 경우도 없지 않았다. 또한 가족법의 개정(1990. 1. 13. 법 제4199호 민법 개정)에 따라 이혼을 하게 되는 경우 각 당사자에게 재산분할청구권이 부여되는 한편 자녀에 대한 친권도 남녀간에 차별없이 평등하게 보장되어 사회적 지위가 상대적으로 열악한 여성의 입장에서도 간통을 굳이 형사처벌의 방법에 의하여 해결하기 보다는 민사상의 손해배상·이혼 등의 방법에 의하여 처리하는 것이 보다 합리적이라고 볼 여지가 없지도 않아 간통죄에 대한 규범력이 어느 정도 약화되었음은 이를 부인할 수 없다.

그러나 우리 사회의 구조와 국민의식의 커다란 변화에도 불구하고 우리 사회에서는 고유의 정절관념, 특히 혼인한 남녀의 정절관념은 전래적 전통윤리로서 여전히 뿌리깊게 자리잡고 있으며, 일부일처제의 유지와 부부간의 성에 대한 성실의무는 우리 사회의 도덕기준으로 정립되어 있어서 우리 국민의 상당부분의 법의식이 아직은 간통에 대한 형사처벌을 성에 관한 사항을 스스로 결정할 수 있는 개인의 권리의 본질적 내용을 침해한 것으로 여길 정도로 변화되었다고 단정하기는 어렵다.

그렇다면, 간통은 비록 개인의 인격권 및 행복추구권으로부터 연유하는 성생활에 관한 사항을 스스로 결정할 수 있는 권리에 근거한 행위라고 할지라도 앞서 본 바와 같이 현재의 상황에서는 사회의 질서를 해치고 개인의 권리를 침해하는 경우에 해당한다고 판단되므로 헌법 제37조 제2항의 제한 범위 안에서 법률에 의한 제한을 받을 수 있다고 본다. 다만, 이에 대하여 형사적 제재를 할 것인지의 여부는 입법권자의 의지, 즉 입법정책의 문제로서 입법권자의 입법형성의 자유에 속한다고 할 것이다.

라. 따라서 우리는 형법 제241조에 규정한 간통죄가 사회 상황·국민의식의 변화에 따라 그 규범력이 약화되었음에도 불구하고 아직은 범죄적 반사회성을 띄고 있는 것으로 보고 있기 때문에 형법에 규정된 간통죄에 대한 조항이 아직은 헌법에 위반되지 아니한다고 판단되어 이상과 같이 다수의견에 대한 보충의견을 밝히는 것이다.

6. 재판관 한병채, 재판관 이시윤의 반대의견

가. 헌법 제10조 전문에서 "모든 국민은 인간으로서의 존엄과 가치를 가지며, 행복을 추구할 권리를 가진다"고 규정하여 일반 행동자유권 내지 행복추구권을 보장하고 있는 것은 개인이 자신의 신변이나 자기생활에 관한 사항을 스스로 선택하고 결정할 수 있는 권리를 가진다는 것을 그 내용

으로 하는 것인바 여기에는 성적인 사항에 관한 것도 포함된다고 할 것이며, 따라서 형법 제241조 소정의 간통죄는 이러한 성적 자기결정권에 대하여 이처럼 법률적 제한을 할 것인가 아니면 도덕적 자제를 요구하는 윤리적인 것인가는 입법권자의 입법형성의 자유에 속하는 입법정책의 문제일 것이고, 가사 현행법처럼 법적 제한을 입법자가 선택한다 하여도 헌법 제37조 제2항 소정의 질서유지 또는 공공복리를 위한 제한에 한하는 것으로 보아야 할 것이며, 따라서 성적 자기결정권에 대한 법적 제한을 하는 입법 자체를 두고 헌법에 위반된다고는 할 수 없을 것이므로 그 근거에 관하여서는 다수의견에서 제시하고 있는 논거를 원용한다.

첫째로 배우자가 있는 자의 간통의 경우는 민법 제840조 소정의 재판상 이혼사유가 되며, 또 위자료 등 손해배상의 책임을 면치 못한다. 이와 같은 법적 제재도 성적 자기결정권에 대한 제한임에 틀림없는데, 여기에 더하여 선택의 여지없이 반드시 징역형으로만 응징을 당하게 하는 것은 현대적 법감각을 잃은 응보적 대응인 것으로 평가된다.

둘째로 형법상의 풍속을 해하는 죄에는 징역형과 벌금형을 선택하여 처벌하도록 규정하였는데, 그 죄 중에서 유독 간통죄만이 자유형뿐이며, 간통죄보다 형이 더 무거운 음행매개죄도 벌금형을 선택할 수 있게 되어 있다. 간통죄보다 선량한 풍속을 더 크게 해치고 혐오감이 더 크다고 할 근친상간, 동성간의 성교, 수간 등에 대하여 우리의 형사법은 아무런 처벌규정이 없는데 간통죄에 대해서만 징역형으로 다스리게 하는 것은 입법 체계상 균형이 맞지 않으며, 사생활 자유의 영역에 대한 지나친 국가개입으로 보여진다.

셋째로 본래 형사법상의 간통죄는 연혁적으로 보면 봉건적 남성우위의 가부장적 지배사회에서 처를 부의 전유물로 묶어두기 위한 제도로 생긴 것이며 원래 처만 일방적으로 처벌하게 되어 있었던 것이 비교형법의 역사이다. 간통죄의 위헌론이 평등의 원칙과의 관계에서 주로 논란되어 왔던 것은

(예: 이탈리아) 저간의 사정을 잘 말해 준다. 그리고 우리 형법상의 간통죄는 구시대의 관행으로 허용되어 오던 축첩제도를 폐지하고 일부일처제도를 확립함으로써 여성의 지위를 보호하기 위하여 제정된 것이다. 이러한 연혁적 배경외에도 아직 상대적으로 열악한 여성의 사회적 지위 때문에 비록 법은 간통죄의 경우에 남녀쌍벌주의에 의하고 있음에도 불구하고 실제로는 여성에 더 가혹하게 적용되는 파행성을 띠고 있으며 따라서 여성의 행동과 자유를 크게 제약하는 범죄가 되고 있다. 그런데 형벌에 있어서 징역형 일원주의에 의하는 것은 그만큼 여성에 대하여 더 응보적 불이익을 감수해야 하고 그로 인한 남녀의 차별이 될 것으로서 남녀동등권의 기조하에서 볼 때 완전한 여성해방의 명제와는 양립되기 어렵다고 할 것이요, 양성평등에 입각한 혼인질서와는 거리가 있는 것으로 보인다.

넷째로 간통죄는 배우자의 고소가 있어야 논한다는 친고죄로 되어 있고 그 고소는 혼인이 해소되거나 이혼소송을 제기한 후가 아니면 할 수 없도록 형법 제241조와 형사소송법 제229조에서 규정하고 있는데 거기에다 벌금형 따위의 선택의 여지없이 자유형 일원주의의 법제 때문에 이 제도가 일부일처제의 유지와 부부간의 정절의무의 보호를 위하여 필요하다는 제도 본지를 떠나 오히려 이를 악용하여 왕왕 공갈을 목적으로 한 고소권의 행사 등 제도외적 남용으로 평온한 가정과 부부생활을 파괴하는 경향을 초래하고 있는 것도 결코 경시해서는 안된다. 자유형 일원주의는 실무상 구속수사 및 구속재판의 관행을 정착시킨 계기가 되었으며, 이로 인하여 고소를 취소하느냐 않느냐에 의하여 국가의 소추가 결정되고 간통피소자의 구금상태가 풀리느냐의 여부가 좌우되고 있기 때문에 간통고소의 취소권은 과도한 위자료 요구를 관철시키기 위한 무기로 오용되는 경향도 있다. 이리하여 간통행위에 의한 이혼의 경우에 위자료 등 손해배상 수액의 결정에 있어서 적법절차가 오용되거나 무시되며 형평을 기본으로 하는 절차적 기본권의 침해를 가져오는 문제가 생겨난다.

다섯째로 비교법적 견지에서 보면 세계의 대부분의 나라에서 간통죄가 폐지되거나 위헌무효로 선언되었다. 이러한 세계적 추세를 외면한 채 우리나라에서는 간통죄를 여전히 유지하고 있으며, 이에 대해 융통성 없이 징역형으로만 대처하고 있는 것은 인권적 차원에서 다시 조감할 필요가 있다. 더구나 우리나라는 1990. 7. 10. 발효한 세계인권규약 에이(A) 및 비(B) 규약에 가입하게 되었으며, 이제부터 기본권의 문제는 국내문제라기보다는 국제적 차원의 문제로 부상이 된 것을 잊어서는 안된다는 것도 입법에서 고려하여야 한다.

나. 거듭 밝히거니와 간통행위에 대해 형사처벌을 하는 것이 합헌성이 없다는 것이 아니라 징역형 이외 달리 선택의 여지를 없게 한 응보적 대응의 형벌제도는 다른 법적 제재의 존재, 풍속을 해치는 다른 행위에 대한 대처 방안과의 균형, 남녀동권의 이념구현의 장애, 제도외적 남용의 현실, 그리고 오늘의 시대추이 등을 고려할 때 심히 가혹한 제재임을 위에서 보았다. 징역형은 각종 자격의 제한이 따르며 인신의 자유를 박탈당하는 형벌로서, 형법 제41조에 규정된 9가지 형의 종류 중 사형 다음으로 무거운 형에 속하며 그에 따라 각종 공민권의 제한을 받는다. 따라서 현행 형법 제241조에서 간통죄에 대해 징역형만 둔 것은, 필요한 정도를 넘어선 과도한 처벌로서 기본권 최소침해의 원칙에 반하는 것이고, 간통죄를 통하여 보호하려는 공공의 이익과 제한되는 기본권 사이에 적절한 균형이 이루어졌다고 보기 어렵다. 이러한 의미에서 모름지기 입법자는 앞으로 2년 이하의 징역형만을 둔 현행 형법 제241조를 개정해야 할 것이며, 개정하는 마당에 징역형 일원주의가 아닌 다른 어떠한 내용의 처벌규정을 두느냐, 근본적으로 간통죄를 폐지하느냐 않느냐 등의 문제는 어디까지나 입법자의 입법형성권에 속하는 사항인 것으로 판단된다.

결론적으로 말하여 우리는 간통죄 자체의 존폐는 다수의견처럼 입법정책의 문제라 보지만, 현행 그대로 징역형 일원주의를 유지하는 간통죄의 형벌규정은 헌법에 합치하지 아니한다고 보여 조속히 새로 입법할 것을 촉구하는 것이 합당하다고 본다.

7. 재판관 김양균의 반대의견

가. 간통죄에 대한 위헌을 주장하는 근거로 일반적으로 성(性)의 자기결정권(自己決定權) 이론을 내세우고 있으며 이 사건 헌법소원심판청구인 대리인의 주장이나 다수의견·보충의견·반대의견도 그러한 맥락이다. 그러나 성적인 자기결정이 내심의 결정이라면 처음부터 문제될 여지가 없고 그것이 성적인 행위까지 포함하는 것이라면 그 행위의 한계와 제한에 있어서 사람의 일반적인 다른 행위와 구별하여 이를 따로 특별한 성질을 가지는 기본권의 일종으로 보아야 할 것인지 의문이 있어 나는 조금 다른 각도에서 이를 검토해 보고 의견을 제시하고자 하는 것이다. 즉, 사생활에 대한 국가의 간섭의 한계라는 관점에서 문제를 조명해 보고자 하며, 특히 사생활의 영역에 속하는 문제에 대한 국가의 형벌권의 발동과 관련해서 어느 범위까지 헌법상 그것이 허용된다고 봐야 할 것인가의 관점에서 문제점을 살펴보고자 하는 것이다.

나. 생각건대, 법률은 사람의 내면의 심성세계를 규율대상으로 하는 것이 아니고 외부에 표출된 행위를 규제하는 것인데 혼외정사를 규제하기 위하여 만들어진 간통죄의 간통행위는 사람의 성적인 본능에서 비롯되는 것으로서 사람의 감정, 특히 애정과 깊은 관련이 있는 행위이고 즉흥적·충동적·정감적·은밀적으로 행하여지며 자기법익의 자기처분행위에 속하는 대표적인 사례라고 할 수 있는 점에서 여타의 행위와는 성질을 달리하는 것이다. 사회생활에 있어서 모든 사람은 남에게 알리고 싶지 않은 비밀을 가지며, 특히 그것이 성적인 행위와 관계될 때에는 정상적인 부부간의 행위라고 하더라도 가급적 노출되는 것보다는 은폐되기를 바라는 것이 사람들의 보편적인 심리일 것이며 은폐심리라고 할 수 있을 것이다.

다. 사생활상의 비밀에 속하는 행위에 대하여서는 사람들은 그것이 다른 사람에 의하여 탐지되거나 발각되는 것을 기피하고 나아가 국가의 공권력에 의하여서 그것이 강제적으로 공개되는 것도 불원하며 그것이 외부에 공개되었을 때 수치심을 느끼게 되고 명예심에 상처를 받게 되며 결국 그점에서 불행감을 느끼게 되기 대문에 행복추구권도 침해당하는 결과가 되는 것이다. 이것을 사생활 은폐권(私生活 隱蔽權)이라 할 수 있을 것이며 특히 그 중에서도 인간의 성생활은 사생활의 비밀에 속하는 대표적인 사례로서 그것이 윤리 도덕적으로 비난받을 만한 것이건 그렇지 않은 것이건 가릴 것 없이 감추고 덮어두고자 하는 마음은 마찬가지일 것이라고 사료되는 것이다. 그와 같은 사생활 은폐권은 우리 헌법 전문과 제10조 및 제17조의 규정에 의하여 보호되고 있다고 할 것이며 이는 헌법상 명문으로 열거되어 있지 않다고 하더라도 경시될 수 없는 것이다. 왜냐하면 우리 헌법은 그 전문에서 "… 자율과 조화를 바탕으로 자유민주적 기본질서를 더욱 확고히 하여…"라고 규정하고 있고, 제10조에서 "모든 국민은 인간으로서의 존엄과 가치를 가지며 행복을 추구할 권리를 가진다. 국가는 개인이 가지는 불가침의 기본적 인권을 확인하고 이를 보장할 의무를 진다"고 규정하고 있고, 제17조에서 "모든 국민은 사생활의 비밀과 자유를 침해받지 아니한다"고 규정하고 있고, 제37조 제1항에서 "국민의 자유와 권리는 헌법에 열거되지 아니한 이유로 경시되지 아니한다"고 규정하고 있기 때문이다. 위 헌법정신에 비추어 볼 때 사생활의 비밀에 속하는 생활영역에 대하여서는 국가는 최대한도로 각 개인의 이성(이성)과 양식(良識)에 따른 자율에 맡기는 것이 온당하다고 할 것이고, 따라서 국가는 그러한 사생활의 영역이 다른 사람에 의하여 부당히 침해당하지 않도록 보호함과 동시에 국가 스스로도 그 분야에 대한 간섭과 규제를 최대한으로 자제하여야 하며, 같은 이유에서 사생활 분야에 대한 국가의 형벌권의 발동도 필요한 최소한의 범위에 그쳐야 한다고 할 것이다.

환언하면 사생활의 비밀에 속하는 행위에 대한 공권력에 의한 규제는 적을수록 좋고, 특히 형벌로서 이를 규제하는 경우에는 그것으로 보호되는 공공의 법익이 침해되는 법익보다 확실히 큰 경우에 한한다고 할 것이며 이것을 사생활 비밀우선의 원칙이라고 나는 주장하고 싶다. 물론 사생활의 영역에 속하는 행위라고 할지라도 그 자유는 무한한 것은 아니며 국가안전보장, 질서유지 또는 공공복리를 위해 필요한 경우 제한될 수 있는 것이지만(헌법 제37조 제2항) 그 제한 및 그 위반에 대한 형벌이 헌법정신에 합당하려면 과잉금지의 원칙이 더욱 엄격하게 준수되어야 한다고 생각한다.

라. 인류가 집단생활을 하면서 혼음(混淫) 생활을 하던 시대를 지나 특정한 남녀가 부부로서 결합하고 가족중심의 생활을 영위하기 시작한 때로부터 간통의 가벌성이 논의되기 시작하였을 것으로 생각되는데 실정법상으로는 로마법을 효시로 하나 구약(舊約)의 10계명(十誡命)에도 이것이 금지되어 있는 것을 보면 꽤 오랜 옛날부터 금기사항이었음을 짐작할 수 있다. 부부 중 어느 일방이 성적성실의무(性的誠實義務)를 다하지 않고 결혼당사자 아닌 제3자와 정사를 갖게 되면 상대방도 배신감과 질투심과 복수심 때문에 똑같은 탈선행위를 하게 되거나 그렇지 않다고 할지라도 부부싸움의 사유가 될 것이며 마침내 가정불화로 가정분위기는 파괴될 것이고 자녀의 탈선, 부모에 대한 불신·불경(不敬), 혼외자녀 문제의 대두 등으로 그들 부부를 중심으로 이루어진 가정은 파탄지경에 이르게 될 우려가 있음은 짐작하기에 어렵지 않으며 그것이 바로 간통행위를 형벌로 다스리는 이유 내지 명분이라 할 수 있는 것이다.

마. 형법은 간통죄를 풍속을 해하는 죄의 하나로 규정하여 처벌하고 있는데 먼저 간통죄에 의하여 보호되는 법익이 구체적으로 무엇이며 실제 그 법익이 보호되고 있는지의 여부에 대하여 살펴본다.

첫째, 혈통의 순수성 보전이다. 유부녀의 경우 여러 남성과 정사를 갖게 되면 잉태한 태아의 부(父)가 누구인지 가리기 어렵게 되어 혈통의 순수성이 침해될 수 있다는 것을 쉽게 인정할 수 있으나 유부남의 경우에는 이 이론으로는 설명이 어렵다. 유부남이 유부녀와 정사를 가진 경우에는 상대방 유부녀의 부(夫)의 혈통의 순수성을 침해한 공범으로 설명될 수 있을 것이나 유부남이 미혼의 여자와 정사를 가진 경우는 혈통의 순수성을 보호법익이라 하기 어렵기 때문이다. 그리고 법상 미혼상태에서의 사실상의 동거나 혹은 계약결혼 청산 직후의 타 남녀와의 결혼도 혈통의 순수성 보전이 문제될 수 있으나 현행법상 처벌규정이 마련되어 있는 것은 아니다. 구 형법(일본의 구 형법)이나 자유중국 구 형법에서 처(妻)의 간통만을 처벌하는 규정을 두었던 것이라거나 프랑스나 이탈리아에서 처의 간통을 더 중벌하는 규정을 두었던 것은 다 유부녀의 간통이 혈통의 순수성을 침해할 위험이 크다고 봤기 때문인데, 오늘날은 그것이 남녀평등의 원칙에 위배되는 위헌규정으로서 더 존속할 수 없는 것은 더 말할 필요조차 없다. 결혼과 가정에 관한 헌법의 규정을 보면 "혼인과 가족생활은 개인의 존엄과 양성의 평등을 기초로 성립되고 유지되어야 하며 국가는 이를 보장한다"고 규정(제36조 제1항)함으로써 과거의 헌법에서 강조되어 왔던 '혼인의 순결'(1962. 12. 26. 개정헌법 제31조, 1973. 12. 27. 개정헌법 31조)이라는 용어를 삭제하고 있음을 유의할 필요가 있는 것이다.

둘째, 일부일처·부부친자 중심의 가정과 가족제도의 보호이다. 간통죄의 존재가 적어도 이념적으로는 가족제도의 보호에 기여할 것이라는 점을 인정못할 바는 아니다.

그런데 우리나라의 형사법 체계상 간통죄는 친고죄로 되어 있고(형법 제241조 제2항) 고소권의 행사는 혼인이 해소되거나 이혼소송을 제기한 후에라야 가능하기 때문에(형사소송법 제229조 제1항) 고소권의 발동으로 기존의 가정은 절대적으로 파탄을 맞게 되고 설사 고소가 취소된다고 하더라도 부부감정의 원상태로의 회복은 기대하기 어려우므로 가정 내지 가족제도의 보호에 기여하는 제도라고 하기에도 문제가 없지 않은 것이다.

셋째, 우리나라의 전통적 성도덕 내지 성적 성실의무, 즉 정절 내지 정조의 보호이다. 먼저 부녀에 대하여서는 우리나라에 정조를 생명보다 중히 여기는 유교적 전통윤리가 있었던 것을 분명히 인정할 수 있으나 남성의 경우에 있어서는 고래의 전통이 남성우위의 봉건적 가부장제(封建的 家父長制)였던 점에 비추어 위와 같은 관념이 우리의 조상때부터 전래되어 왔다고 하기는 어렵다.

그런데 간통의 유형을 보면 애정에서 비롯되는 경우와 그렇지 않은 경우로 대별할 수 있는데 부부간에 애정이 없는 결혼을 하였거나 애정이 식어서 결혼생활을 지속할 수 없게 되어 부부 불화로 별거를 반복하면서도 어느 일방의 반대나 기타의 사정에 의하여 법률상의 이혼절차를 필하지 못한 상태에서 사랑하는 사람과의 간통이 전자의 예이고 출장중 또는 취중 우발적인 외도가 후자의 예이다. 그리고 상간자(相姦者)의 경우에는 유부남이나 유부녀를 진실로 사랑하여 그 때문에 결국 간통에 이르게 된 것이 전자의 예이고 윤락행위가 후자의 예이다.

위의 어느 경우이건 애정에서 비롯된 경우에는 이는 어떤 의미에서 확신범 내지 양심범적인 면이 없지 않아서 형사처벌이 하등 일반 예방적 기능을 수행하지 못하는 것이며, 애정에 충실한 행위를 애정이 따르지 않는 정절이라는 보호법익개념으로 매도하는 간통죄의 쌍벌은 오늘날 여성의 지위가 현저히 향상되고 정절 못지않게 애정을 중시하는 사회풍토가 조성되어 가고 있음에 비추어 볼 때 남녀의 동반하향비하(同伴下向卑下)로서 구시대적인 방법이라 할 수 있는 것이다.

이상과 같이 이론상으로 간통죄는 혈통의 순수성 보전, 가족제도의 붕괴예방 및 그 보호, 성적 윤리도덕의 보호에 기여하는 것이지만 실제에 있어서 위의 보호법익에 긍정적인 기여를 하고 있는 것인지 아니면 오히려 부정적인 역기능이 있는 것이지는 의문스러운 것이다.

바. 간통을 금기시하고 죄악시 해 온 역사적 배경을 고려한다면 간통은 법상으로 불벌주의를 택하건 쌍벌주의를 택하건 간에 윤리 도덕적으로 비난받을 행위인 점에는 이론이 있을 수 없다고 할 것이나 도덕적으로 비난받을 만한 행위 모두가 형사처벌의 대상이 된다면 아마도 과잉범죄화의 사회가 될 우려가 있어 그것이 반드시 정의사회라고 할 수는 없을 것이고 법률과 도덕은 각각 그 규율분야를 달리해야 할 것이기 때문에 간통의 형사처벌에 대하여서는 부정적인 견해가 있을 수 있는 것이다. 일부 논자에 따라서는 간통죄의 존재로 부(夫)의 탈선에 대한 고소권이 처에게 유보되어 있기 때문에 처가 보다 유리한 고지에서 위자료 등 협상을 할 수 있어 실질적으로 여성의 지위를 향상시키는 효과가 있는 제도라고 주장하지만 이는 처의 간통의 경우에 전혀 해답이 될 수 없고 오히려 우리나라에서는 모든 재산이 부(夫)의 명의로 된 경우가 허다하여 부(夫)는 그의 탈선에 대하여 일정액의 위자료로 면책이 가능하나 처는 그러한 재산이 없어 결국 실제로 처벌을 감수할 수밖에 없는 사례도 있을 수 있음을 고려할 때 위 주장은 설득력이 약한 것이다.

그리고 간통죄가 친고죄로 되어 있는 점과 관련해서 고소권자의 성격이나 인품의 여하에 따라 결과에 상당한 변수가 있음을 간과할 수 없는데 간통의 피해자가 후덕하고 이해심과 참을성이 많은 사람인가 아니면 각박하고 이기적이며 성급하고 복수심이 많은 사람인가의 여부에 따라 상습간통이 용서되는 행위가 처벌의 대상이 되는 경우도 있을 수 있는가 하면 단 1회의 탈선 또는 탈선의 의심있는 행위가 처벌의 대상이 되는 경우도 있을 수 있어 결과에 있어서 크게 불공정할 소지가 있음을 부인할 수 없다.

그리고 위에서도 잠시 언급하였지만 경제적 자력의 유무에 따라 자력이 있는 자는 위자료로 해결이 가능하여 처벌을 면함으로써 사생활 은폐권이 그대로 유지될 수 있을 것이나 자력이 없는 자는 그렇지 못하여 결과적으로 자력의 유무 및 그 정도가 사태해결의 최후 열쇠가 되며 보다 상위의 애정문제가 보다 하위의 금전문제에 의하여 좌우되는 셈이 되고 마는 것이다.

사. 간통죄의 존재로 인하여 침해되는 법익을 살펴보면, 개인의 사생활상의 은밀한 행위 또는 애정행위에 대한 국가의 형벌권의 발동으로 행위자의 인격이나 명예가 커다란 타격과 손상을 받게 됨으로써 결국 사생활 은폐권과 행복추구권을 침해받는 것 외에 다음과 같은 부정적인 역기능이 있음도 경시할 수 없는 것이다.

첫째, 간통에 대하여 아무런 귀책사유가 없는 자녀, 그중에서도 특히 당혼(當婚)한 처녀에게 치명적인 상처를 주어 장래를 그르치게 하고 전도를 불행하게 만든다.

둘째, 간통의 피해자(고소권자)에게도 일시적인 보복감정의 만족을 줄 뿐 장기적으로 봤을 때 허탈감과 모멸감만 남길 뿐이다. 특히 자녀들로부터 평생 원망을 듣게 되고 일가 친지들에게까지 누(累)를 끼치게 된다.

셋째, 부부의 재결합의 여지를 말살해 버린다. 간통죄가 없었더라면 일시 탈선하였더라도 회개하고 반성하여 재결합·재출발의 여지와 가능성이 있는데 형벌권의 발동으로 서로가 원수처럼 여기게 될 우려가 있고 마음에 깊은 상처만 남기게 된다.

넷째, 간통죄의 고소와 수사 및 소추와 공판에 이르는 과정에서 적잖은 비용이 소요되기 마련인데 이는 결국 따지고 보면 위자료 또는 자녀양육비에 충당되어야 할 자신을 서로 잠식(蠶食)하는 셈이 되는 것이다.

다섯째, 사회의 윤리 도덕 중 그 위반행위가 범죄화되어 형벌로서 보호되고 있는 윤리 도덕만이 중시되고 그렇지 않은 전통윤리 도덕의 가치는 평가절하될 우려가 있다. 환언하면, 형벌만이 사회의 미풍양속을 수호하는 유일한 수단이고 최후의 보루인 것으로 오해될 수 있는 것이다. 그 위반행위가 형벌로서 보호되지 않은 여타의 윤리 도덕도 존중되어야 하고 그에 대한 자발적인 준수가 요망되며 그것은 어떤 의미에서는 강제되는 것보다 더 고무적인 것이다. 처벌에 대한 두려움이 윤리 도덕을 지키는 주요동기가 된다면 그것은 오히려 윤리의식의 퇴보를 의미하는 것이며 그것은 예컨대 불효(不孝)를 형벌로서 다스려 효도를 강요할 때 그 효도는 이미 참의미의 효도가 아닌 것과 같이 형벌로서 강요될 정절은 이미 정절이 아닌 것이다. 그리고 윤리 도덕이라는 것은 시대와 장소에 따라 내용이 가변적인 것인데 그것을 법률로 획일적으로 다스리는 것은 다양한 가치와 개성을 중시하는 민주사회에서는 적절하지 못한 때가 있는 것이다.

여섯째, 간통죄의 보호법익과는 무관하게 이것이 악용되거나 남용될 우려가 있다. 예컨대, 특정인을 정치적·사회적으로 매장하기 위한 함정 또는 재물을 갈취하기 위한 미인계(美人計)가 가능하며 어쩌다 우연히 실수를 저지른 부녀에 대한 폭력배 등의 계속적인 성적인 침해나 재물갈취 등 더 큰 해악이 발생될 수 있는 것이다. 또 경찰력이나 기타의 공권력이 불필요하게 남용될 소지도 있으며 예컨대 간통사범 단속을 빙자하여 접객업소를 임검수색(臨檢 搜索)함과 같은 경우가 그것이라 할 것이며 이러한 정력과 비용은 강간이나 강조 등 흉악범의 검거에 전용되는 것이 바람직한 것이라고 할 수 있는 것이다.

이상을 종합하면 간통의 형사처벌이 국민의 사생활 은폐권을 희생시킬 만큼 헌법 제37조 제2항이 규정하는 성질서 유지에 기여하며 동 범죄의 예방기능을 다하고 있다고 믿기 어렵고, 그 순기능 못지 않게 역기능도 커서 과잉금지의 원칙에도 위반하는 것이 아니겠는가의 의문이 있는 것이다.

아. 오늘날 비범죄화(非犯罪化), 비처벌화(非處罰化), 비수용화(非收容化)는 형사정책이 지향하고 있는 3대 정책이라 할 수 있는데 인간이 심성, 특히 애정에 바탕을 두고 있는 성문제와 혼인·이혼·재혼 등 가정문제는 가급적 당사자와 가족의 충분한 협의로 해결되어지도록 당사자에게 맡겨두는 것이 바람직하고 당사자 간에 분쟁이 생기는 경우에도 민사재판을 통하여 관여할 뿐 국가는 가급적 이에 깊이 개입하거나 간섭하지 않는 것이 온당한 것이라고 할 수 있다.

형법의 본질적 기능은 개인의 생명·신체·재산 등 개인적 법익의 보호에 그 제1차적 목표가 있는 것이며 사회의 윤리 도덕을 강제하거나 고양하는 것을 직접적 목적으로 하지 않는다. 국민의 도덕적 개선을 강요하는 것은 국가의 헌법적 권리도 의무도 아니며 윤리 도덕적 비난받을 수 있는 행위를 전부 형벌로서 다스린다면 형법만능주의(刑法萬能主義)에 빠지게 되어 국가는 윤리 도덕의 보호를 빙자해서 필요 이상으로 국민의 자유와 권리를 제한하는 사태가 일어날 수 있는 것이다. 이것은 형법의 법익보호주의 또는 겸억주의(謙抑主義)에 반하기 때문에 반사회적·반도덕적 행위라고 할지라도 일정영역은 윤리·도덕·사회여론·평판에서 규율하는 분야로 남겨두는 것이 온당하다고 할 것이다.

그래서 악질적인 채무불이행·불효(不孝)·이간(離間)·허언(虛言)·불화불목(不和不睦)·부랑(浮浪)·명정(酩酊)·구걸(求乞) 등이 윤리 도덕상의 비난가능성에도 불구하고 형사처벌의 대상은 아니며 성문제와 관련해서도 근친상간(近親相姦)·수간(獸姦)·변태적 성행위(變態的 性行爲)·동성연애(同性戀愛)·혼음(混淫) 등도 그 도덕적 비난가능성은 간통에 비하여 덜하다고 할 수 없는데도 우리 법률에 별도의 처벌규정을 두고 있지 않은 것이다.

자. 건전한 사회질서, 미풍양속을 보호하는 것은 바람직하지만 그에 못지 않게 사생활 비밀의 보호도 인격의 유지와 행복의 추구에 필수적인 전제이므로 사생활 은폐권을 침해하는 면이 큰 간통의 형사처벌을 성질서 또는 성도덕이라는 가치의 보호만을 앞세워 감행한다면 자칫 과잉처벌의 폐단이 생겨날 우려가 있으며, 따라서 간통죄는 사생활 은폐권이라는 국민의 기본권을 침해하고 있거나 과잉금지의 원칙에 위배되어 원칙적으로 위헌이며 일보를 후퇴하여 동죄의 존치의 합헌성, 즉 범죄화는 일응 이를 인정한다고 하더라도 그에 대한 형벌로 징역 2년 이하의 자유형만을 규정하고 있는 벌칙의 규정은 과잉금지의 원칙(중 침해의 최소성 및 법익의 균형성)에 위배된다고 생각된다.

차. 결론적으로 나는 간통죄는 헌법 전문, 제10조, 제17조(제37조 제1항)에 의하여 보호되고 있는 국민의 사생활 은폐권을 침해하고 있으며, 그것이 헌법 제37조 제2항이 규정하고 있는 국민의 성질서 유지 또는 공공복리를 위하여 필요한 제한이라고 할 수 없기 때문에 위헌이라고 생각하며 일보 후퇴하여 그 범죄(화)는 일응 합헌이라고 하더라도 그에 대한 자유형은 과잉금지원칙에 위배되어 위헌이라고 생각한다.

1990. 9. 10.

재판장 재판관 조규광
재판관 이성렬
재판관 변정수
재판관 김진우
재판관 한병채
재판관 이시윤
재판관 최광률
재판관 김양균
재판관 김문희
재판관 이시윤은 해외출장 중이므로 서명날인 불능
재판장 재판관 조규광

17-2 형법 제241조 간통죄 처벌

(1993. 3. 11. 90헌가70)

Ⅰ. 판시 사항

가. 법관의 구속영장발부 단계에서 행한 위헌여부심판제청의 적법 여부

나. 형법 제241조의 위헌 여부에 대한 헌법재판소의 종전결정을 그대로 유지한 사례

Ⅱ. 결정요지

가. 위헌여부심판(違憲與否審判)의 제청(提請)에 관하여 규정(規定)하고 있는 헌법재판소법(憲法裁判所法) 제41조 제1항의 '재판(裁判)'에는 종국판결(終局判決)뿐만 아니라 형사소송법(刑事訴訟法) 제201조에 의한 지방법원판사(地方法院判事)의 영장발부(令狀發付) 여부에 관한 재판(裁判)도 포함된다고 해석되므로 지방법원판사(地方法院判事)가 구속영장발부(拘束令狀發付) 단계에서 한 위헌여부심판제청(違憲與否審判提請)은 적법(適法)하다.

나. 형법(刑法) 제241조, 즉 간통죄(姦通罪)의 위헌(違憲) 여부에 관하여 이미 헌법재판소(憲法裁判所)가 1990. 9. 10. 선고한 89헌마82 사건에서 헌법

(憲法)에 위반(違反)되지 아니한다고 판시(判示)하였는바, 이를 달리 판단하여야 할 사정변경(事情變更)이 있다고 인정되지 아니하므로 그 결정(決定)을 그대로 유지하기로 한다고 한 사례

Ⅲ. 심판대상조문

형법(刑法) 제241조(간통(姦通)) ① 배우자(配偶者) 있는 자(者)가 간통(姦通)한 때에는 2년 이하(以下)의 징역(懲役)에 처(處)한다. 그와 상간(相姦)한 자(者)도 같다.

② 전항(前項)의 죄(罪)는 배우자(配偶者)의 고소(告訴)가 있어야 논(論)한다. 단(但) 배우자(配偶者)가 간통(姦通)을 종용(慫慂) 또는 유서(宥恕)한 때에는 고소(告訴)할 수 없다.

Ⅳ. 참조조문

헌법(憲法) 제10조, 제11조 제1항, 제12조 제1항, 제17조, 제36항 제1항, 제37조 제2항

헌법재판소법(憲法裁判所法) 제41조(위헌여부심판(違憲與否審判)의 제청(提請)) ① 법률(法律)이 헌법(憲法)에 위반되는 여부가 재판(裁判)의 전제(前提)가 된 때에는 당해 사건(事件)을 담당하는 법원(法院)(군사법원(軍事法院)을 포함한다. 이하 같다)은 직권(職權) 또는 당사자(當事者)의 신청(申請)에 의한 결정(決定)으로 헌법재판소(憲法裁判所)에 위헌(違憲) 여부(與否)의 심판(審判)을 제청(提請)한다.

② 제1항의 당사자(當事者)의 신청(申請)은 제43조 제2호 내지 제4호의 사항을 기재한 서면(書面)에 의하여야 한다.

③ 제2항의 신청서면(申請書面)의 심사(審査)에 관하여는 민사소송법(民事訴訟法) 제231조의 규정(規定)을 준용(準用)한다.

④ 위헌여부심판(違憲與否審判)의 제청(提請)에 관한 결정(決定)에 대하여는 항고(抗告)할 수 없다.

⑤ 대법원(大法院) 외의 법원(法院)이 제1항의 제청(提請)을 할 때에는 대법원(大法院)을 거쳐야 한다.

형사소송법(刑事訴訟法) 제201조(구속(拘束)) ① 피의자(被疑者)가 죄(罪)를 범(犯)하였다고 의심(疑心)할 만한 상당(相當)한 이유(理由)가 있고 제70조 제1항 각호(各號)의 1에 해당(該當)하는 사유(事由)가 있을 때에는 검사(檢事)는 관할(管轄) 지방법원판사(地方法院判事)에게 청구(請求)하여 구속영장(拘束令狀)을 받아 피의자(被疑者)를 구속(拘束)할 수 있고 사법경찰관(司法警察官)은 검사(檢事)에게 신청(申請)하여 검사(檢事)의 청구(請求)로 관할(管轄) 지방법원판사(地方法院判事)의 구속영장(拘束令狀)을 받아 피의자(被疑者)를 구속(拘束)할 수 있다. 단(但) 5만원 이하(以下)의 벌금(罰金)·구류(拘留) 또는 과료(科料)에 해당(該當)하는 범죄(犯罪)에 관(關)하여는 피의자(被疑者)가 일정(一定)한 주거(住居)가 없는 경우(境遇)에 한(限)한다.

② 구속영장(拘束令狀)의 청구(請求)에는 구속(拘束)의 필요(必要)를 인정(認定)할 수 있는 자료(資料)를 제출(提出)하여야 한다.

③ 제1항의 청구(請求)를 받은 지방법원판사(地方法院判事)는 상당(相當)하다고 인정(認定)할 때에는 구속영장(拘束令狀)을 발부(發付)한다. 이를 발부(發付)하지 아니할 때에는 청구서(請求書)에 그 취지(趣旨) 및 이유(理由)를 기재(記載)하고 서명날인(署名捺印)하여 청구(請求)한 검사(檢事)에게 발부(發付)한다.

④ 검사(檢事)가 제1항의 청구(請求)를 함에 있어서 동일한 범죄사실(犯罪事實)에 관(關)하여 그 피의자(被疑者)에 대(對)하여 전(前)에 구속

영장(拘束令狀)을 청구(請求)하거나 발부(發付)받은 사실(事實)이 있을 때에는 다시 구속영장(拘束令狀)을 청구(請求)하는 취지(趣旨) 및 이유(理由)를 기재(記載)하여야 한다.

Ⅴ. 참조판례

1990. 9. 10. 선고, 89헌마82 결정(판례집 2권, 306)

Ⅵ. 당사자

재청법원 : 부산지방법원

관련사건 : 부산지방법원 1990년 영장번호 5041호, 5042호 간통죄 피의사실에 관한 구속영장청구사건

Ⅶ. 주 문

형법(1953. 9. 18. 법률 제293호) 제241조는 헌법에 위반되지 아니한다.

Ⅷ. 이 유

1. 이 사건 기록에 의하면 다음과 같은 사실이 인정된다.

1990. 6. 29. 부산지방법원 판사 김백영은 부산지방검찰청 검사가 간통죄로 고소된 피의자 이○숙, 같은 한○연을 구속하기 위한 구속영장청구에 대하여 재판을 함에 있어 간통죄를 규정한 형법 제241조 제1항이 헌법에 위

반되는 여부가 재판의 전제가 된다하여 당 재판소에 형법 제241조에 대한 위헌여부의 심판을 제청하였다.

2. 재청법원이 주장하는 위헌 여부의 심판제청이유 요지는

인간으로서의 존엄과 가치를 가진 인간이라 함은 모든 생활영역에서 자결과 자유로운 개성의 신장을 추구하고 실현시킬 수 있는 능력을 갖추고 있는 인격체로서의 인간을 의미하는 것이고, 이에는 스스로 자유로운 성적 행동에 관한 자기결정권도 포함되는 것인데 간통죄는 혼인생활이 파탄에 이르러 형식적인 부부에 지나지 않은 경우에도 성의 자기결정권을 박탈하여 인간으로서 존엄과 가치 및 행복을 추구할 권리를 보장한 헌법 제10조와 사생활의 비밀과 자유를 보장한 헌법 제17조에 위반된다.

그리고 국민의 자유와 권리는 법률로써 제한하는 경우에도 자유 와 권리의 본질적 내용을 침해할 수 없는 것인데 간통에 대하여 민사적인 책임이외에 국가가 개인의 사생활에 개입하여 형벌로 다스리는 것은 도덕적 윤리적인 사항을 형벌에 의하여 강제하는 것이 되고, 간통죄를 친고죄로 하여 소추권의 발동이 간통자의 배우자 등의 사적 감정에 의한 고소 여부에 따라 좌우됨으로써 소추권이 파행적으로 운영되거나 제도 외적 목적으로 남용되는 경우도 있을 뿐만 아니라 고소취소가 없는 한 형사사법의 실무관행상 대부분 구속과 실형선고를 하고 있음을 아울러 고려해 볼 때 간통을 형벌로 다스리는 것은 과잉금지의 원칙에도 위반된다.

3. 판단하건대,

가. 헌법재판소법 제41조 제1항은 법률이 헌법에 위반되는 여부가 재판의 전제가 된 때에는 당해 사건을 담당하는 법원은 직권 또는 당사자의 신청에 의한 결정으로 헌법재판소에 위헌 여부의 심판을 제청한다고 규정하고 있는데 위 '재판'에는 종국판결뿐만 아니라 형사소송법 제201조에 의한 지방법원판사의 영장발부 여부에 관한 재판도 포함된다고 해석하므로 이

사건 위헌 여부의 심판제청은 적법하다.

나. 당 재판소는 1990. 9. 10.에 선고한 89헌마82사건에서 형법 제241조가 헌법에 위반되지 아니한다고 판시하였는바, 이를 다시 달리 판단하여야 할 사정변경이 있다고 인정되지 아니하므로 그 결정을 그대로 유지하고 그 사건에서 판시한 이유(보충의견, 반대의견 포함)를 이 사건에 인용한다. 다만 위 재판이 있은 이후에 임명된 재판관 황도연은 위 사건 판시중의 재판관 조규광, 재판관 김문희의 보충의견에 가담하였다.

재판장 재판관 조규광
재판관 변정수
재판관 김진우
재판관 한병채
재판관 이시윤
재판관 최광률
재판관 김양균
재판관 김문희
재판관 황도연

17-3 형법 제241조 간통죄 처벌

(2001. 10. 25. 2000헌바60)

Ⅰ. 판시 사항

간통죄 처벌규정인 형법 제241조의 위헌 여부(소극)

Ⅱ. 결정요지

선량한 성도덕과 일부일처주의 혼인제도의 유지 및 가족생활의 보장을 위하여나 부부간의 성적 성실의무의 수호를 위하여, 그리고 간통으로 인하여 야기되는 배우자와 가족의 유기, 혼외자녀 문제, 이혼 등 사회적 해악의 사전예방을 위하여 배우자 있는 자의 간통행위를 규제하는 것은 불가피한 것이며, 그러한 행위를 한 자를 2년 이하의 징역에 처할 수 있도록 규정한 형법 제241조의 규정은 성적 자기결정권에 대한 필요 및 최소한의 제한으로서 헌법 제37조 제2항에 위반되지 않는다. 간통죄가 피해자의 인내심이나 복수심의 다과 및 행위자의 경제적 능력에 따라 법률적용의 결과가 달라지는 측면이 있는 점을 무시할 수는 없으나, 이는 개인의 명예와 사생활보호를 위하여 간통죄를 친고죄로 하는 데서 오는 부득이한 현상으로서 형법상 다른 친고죄에도 나타날 수 있는 문제이지 특별히 간통죄에만 해당되는 것은 아니며, 배우자 있는 자의 간통행위 규제가 불가피하고 배우자 모두에게 고소권이 인정되어 있는 이상 간통죄의 규정은 헌법 제11조 제1항의 평등원칙에도 반하지 아니한다. 그리고 간통죄의 규정은 선량한 성도덕과 일부일처주의 혼인제도의 유지, 가족생활의 보장 및 부부쌍방의 성적 성실의무의 확보를 위하여, 그리고 간통으로 인하여 생길 수 있는 사회적 해악의 사전 예방을 위하여 필요한 법률이어서 헌법 제36조 제1항의 규정에 반하는 법률이 아니다.

다만 입법자로서는, 첫째, 기본적으로 개인간의 윤리적 문제에 속하는 간통죄는 세계적으로 폐지추세에 있으며, 둘째, 개인의 사생활 영역에 속하는 내밀한 성적 문제에 법이 개입함은 부적절하고, 셋째, 협박이나 위자료를 받기 위한 수단으로 악용되는 경우가 많으며, 넷째, 수사나 재판과정에서 대부분 고소취소되어 국가 형벌로서의 처단기능이 약화되었을 뿐만 아니라, 다섯째, 형사정책적으로 보더라도 형벌의 억지효나 재사회화의 효과는 거의 없고, 여섯째, 가정이나 여성보호를 위한 실효성도 의문이라는 점 등과 관련, 우리의 법의식의 흐름과의 면밀한 검토를 통하여 앞으로 간통죄의 폐지 여부에 대한 진지한 접근이 요구된다.

☐ 재판관 권성의 반대의견

간통죄의 처벌은 원래가 유부녀를 대상으로 한 것이었으므로 간통죄의 핵심은 유부녀의 간통에 대한 처벌에 있고 따라서 그 위헌 여부의 논의도 유부녀의 간통을 대상으로 하여야 하고 또 그로써 충분하다. 유부녀의 간통은 윤리적 비난과 도덕적 회오(悔悟)의 대상이지 국가가 개입하여 형벌로 다스려야 할 일, 즉 범죄가 아니며, 간통에 대한 형사처벌은 이미 애정과 신의가 깨어진 상대 배우자만을 사랑하도록 국가가 강제하는 것이 되는데 이것은 헌법 제10조가 보장하는 당사자의 인격적 자주성, 즉 성적 자기결정권을 박탈하여 성(性)적인 예속을 강제하는 것이므로 인간의 존엄성을 침해하는 위헌규정이다.

Ⅲ. 심판대상조문

형법(1953. 9. 18. **법률 제293호로 제정된 것**) **제241조**(**간통**) ① 배우자 있는 자가 간통한 때에는 2년 이하의 징역에 처한다. 그와 상간한 자도 같다.

② 전항의 죄는 배우자의 고소가 있어야 논한다. 단 배우자가 간통을 종용 또는 유서한 때에는 고소할 수 없다.

Ⅳ. 참조조문

헌법 제10조, 제11조 제1항, 제36조 제1항, 제37조 제2항

형법 제242조(**음행매개**) 영리의 목적으로 미성년 또는 음행의 상습없는 부녀를 매개하여 간음하게 한 자는 3년 이하의 징역 또는 1천 500만원 이하의 벌금에 처한다.

형법 제243조(**음화반포 등**) 음란한 문서, 도화, 필름 기타 물건을 반포, 판매 또는 임대하거나 공연히 전시 또는 상영한 자는 1년 이하의 징역 또는 500만원 이하의 벌금에 처한다.

형법 제244조(**음화제조 등**) 제243조의 행위에 공할 목적으로 음란한 물건을 제조, 소지, 수입 또는 수출한 자는 1년 이하의 징역 또는 500만원 이하의 벌금에 처한다.

형법 제245조(**공연음란**) 공연히 음란한 행위를 한 자는 1년 이하의 징

역, 500만원 이하의 벌금, 구류 또는 과료에 처한다.

V. 참조판례

헌재 1990. 9. 10. 89헌마82, 판례집 2, 306

1993. 3. 11. 90헌가70, 판례집 5-1, 18

Ⅵ. 당사자

청 구 인 : 신○식 외 1인
청구인들 대리인 대한법률구조공단
소속공익법무관 이동국

당해사건 : 서울지방법원 동부지원 2000고단1848 간통

Ⅶ. 주 문

형법(1953. 9. 18. 법률 제293호로 제정된 것) 제241조는 헌법에 위반되지 아니한다.

Ⅷ. 이 유

1. 사건의 개요 및 심판의 대상

가. 사건의 개요

청구인들은 간통죄로 서울지방법원 동부지원에 공소가 제기(2000고단

1848)되어 그 소송 계속중 간통죄를 처벌하는 형법 제241조가 헌법에 위반된다고 주장하며 위헌여부심판의 제청신청(2000초683)을 하였으나 위 법원이 2000. 7. 20. 위 제청신청을 기각함과 아울러 청구인들에게 유죄판결을 하자 같은 달 28. 이 사건 헌법소원심판을 청구하였다.

나. 심판의 대상

이 사건 심판의 대상은 형법(1953. 9. 18. 법률 제293호로 제정된 것) 제241조의 위헌 여부이며, 그 내용은 다음과 같다.

제241조(간통) ① 배우자 있는 자가 간통한 때에는 2년 이하의 징역에 처한다. 그와 상간한 자도 같다.
② 전항의 죄는 배우자의 고소가 있어야 논한다. 단 배우자가 간통을 종용 또는 유서한 때에는 고소할 수 없다.

2. 청구인의 주장 및 관계기관의 의견

가. 청구인의 주장요지

첫째, 간통죄는 형식적으로는 남녀의 구분없이 처벌하는 규정이지만 현실적으로 이혼소송을 전제로 한 고소의 요건(형사소송법 제229조 제1항)과 여성의 사회적 지위의 열악으로 여성이 남성을 고소하여 간통죄로 처벌되도록 하기가 사실상 어렵다는 점에서 여성에게 불리한 규정이므로, 헌법 제11조 제1항의 평등원칙에 위반된다.

둘째, 배우자 있는 여성의 경우 간통의 원인은 대부분 부부관계의 불만에 있고, 간통과 이혼소송, 고소에 이르렀다면 가족관계는 이미 파탄난 상태라고 보아야 하며, 이와 같이 파탄난 가족관계를 해소하고 새로운 가족관계를 형성하는데 간통죄로 인한 처벌은 중대한 장애가 되므로, 혼인과 가족생활은 개인의 존엄과 양성의 평등을 기초로 성립되고 유지되어야 한다고 규정한 헌법 제36조 제1항에 위반된다.

셋째, 간통죄는 사생활의 자유와 비밀에 관한 권리의 가장 본질적인 부분인 성적 행위 여부 및 상대방결정권을 제한하고 이를 들추어낼 것을 형사적으로 강제함으로써 헌법상 권리의 본질적인 부분을 제한하고 있으므로, 헌법 제37조 제2항의 과잉금지원칙에 위반된다.

나. 서울지방법원 동부지원의 위헌제청신청 기각이유의 요지

형법 제241조 소정의 간통죄 처벌규정은 인간으로서의 존엄과 가치, 행복을 추구할 권리, 신체의 자유, 평등원칙, 사생활의 비밀과 자유, 개인의 존엄과 양성의 평등을 기초로 한 혼인과 가족생활 보장원칙의 본질적 내용을 침해한 것이라고는 볼 수 없어 헌법에 위배되지 아니한다.

다. 서울지방검찰청 동부지청장의 의견요지

간통행위는 국가사회의 기초가 되는 가정의 화합을 파괴하고 배우자와 가족의 유기, 혼인 외의 자녀문제 등 사회에 여러 가지 해악을 초래하게 되므로 이러한 것을 지키고 유지해 나가기 위하여 배우자 있는 자의 간통행위를 제한하는 것은 불가피한 것이며, 그에 대한 처벌도 과중하지 않고 2년이하의 징역으로 제한하고 있어 최소한의 제한이라고 할 것이다.

간통죄는 배우자 양쪽에 모두 고소권이 보장되어 있으므로 남녀를 차별하는 규정이 아니며, 간통죄가 피해자의 인내심이나 복수심의 다과 및 행위자의 경제적 능력에 따라 법률적용의 결과가 달라지고 경제적 강자인 남성에게보다는 경제적 약자인 여성에게 불리하게 작용하는 측면이 있음을 무시할 수는 없으나 이는 개인의 명예와 사생활보호를 위하여 간통죄를 친고죄로 하는 데서 오는 부득이한 현상이다.

3. 판 단

가. 간통죄에 관한 입법연혁

(1) 간통죄를 비교법적으로 고찰해 보면 첫째, 남녀불평등처벌주의가 있고, 둘째, 남녀평등처벌주의가 있으며, 셋째, 남녀평등불벌주의가 있다. 먼저 남녀불평등처벌주의에는 예컨대 개정 전 프랑스형법이나 이탈리아의 구형법과 같이 남편과 부인의 간통에 대하여 처벌을 달리하는 경우와, 일본의 1947년 폐지되기 전의 구형법이나 이를 의용한 우리나라 구형법과 같이 부인의 간통만을 처벌한 예가 있다. 다음으로 남녀평등처벌주의로는 우리나라의 현행 형법과 유럽의 오스트리아, 스위스, 그리고 미국의 몇몇 주에서 유지하고 있으며, 마지막으로 남녀평등불벌주의는 간통에 대하여 형사적 제재를 하지 않는 입법례로서 예컨대 덴마크는 1930년, 스웨덴은 1937년, 일본은 1947년, 독일은 1969년, 프랑스는 1975년에 각 간통죄를 폐지하였다. 또한 미국모범형법전에서는 간통죄의 폐지를 권고하고 있다.

(2) 우리나라의 경우 우리 민족 최초의 법인 고조선의 8조법금(八條法禁)에 간통죄가 존재했을 것으로 보는 견해가 통설이며, 역사기록에 의하더라도 최소한 중앙집권화로 고대국가체제를 이룩한 이후부터는 간통에 대하여 공형벌(公刑罰)로서 처벌하여 왔다. 근대에 이르러 1905. 4. 20. 대한제국 법률 제3호로 공포된 형법대전(刑法大全)에서는 유부녀가 간통한 경우 그와 및 상간자를 6월 이상 2년 이하의 유기징역에 처했고(동법 제265조), 일제시대인 1912. 4. 1. 시행된 제령(制令) 11호 조선형사령으로 의용한 일본의 구형법 제183조에서도 부인(및 그 상간자)의 간통에 대하여 2년 이하의 징역형으로 처벌하였다. 한편 기록에 의하면 대한민국 정부수립 후 처음 형법제정시 간통죄를 둘 것인지에 대한 국회의 표결시에 현재와 같이 남녀쌍벌주의와 친고죄로 하는 안이 국회의원 재석원수(110명)의 과반수(56표)에서 한 표가 많은 57표의 찬성으로 통과되었다. 헌법재판소는 간통죄 처벌규정인 형법

제241조에 대하여 1990. 9. 10. 선고한 89헌마82 결정(판례집 2, 306)과 1993. 3. 11. 선고한 90헌가70 결정(판례집 5-1, 18)에서 합헌이라고 판단한 바 있다.

나. 형법 제241조의 위헌 여부

우리 형법은 제22장 '성풍속을 해하는 죄'의 장에 간통죄(제241조), 음행매개죄(제242조), 음란물죄(제243, 244조), 공연음란죄(제245조)를 규정하여 건전한 성풍속 내지는 사회의 기본적 성윤리를 보호하고 있으며, 간통죄는 대내적으로는 부부간의 성적 성실의무를, 대외적으로는 개인의 존엄과 양성의 평등에 기초한 합리적 혼인제도(일부일처제) 및 가정질서를 그 보호법익으로 한다.

(1) 헌법 제10조에서 보장하는 개인의 인격권에는 개인의 자기운명결정권이 전제되는 것이고 이 자기운명결정권에는 성행위 여부 및 그 상대방을 결정할 수 있는 성적 자기결정권이 포함되어 있으며, 간통행위를 처벌하는 형법 제241조의 규정이 개인의 성적 자기결정권을 제한하는 것은 틀림없다. 그러나 배우자 있는 자가 배우자 아닌 제3자와 성관계를 맺는 것은 선량한 성도덕이나, 일부일처주의의 혼인제도에 반할 뿐더러, 혼인으로 인하여 배우자에게 지고 있는 성적 성실의무를 위반하는 것이 되는 것이다. 그러므로 선량한 성도덕과 일부일처주의 혼인제도의 유지 및 가족생활의 보장을 위하여나 부부간의 성적 성실의무의 수호를 위하여, 그리고 간통으로 인하여 야기되는 배우자와 가족의 유기, 혼외자녀 문제, 이혼 등 사회적 해악의 사전예방을 위하여 배우자 있는 자의 간통행위를 규제하는 것은 불가피한 것이며, 그러한 행위를 한 자를 2년 이하의 징역에 처할 수 있도록 규정한 형법 제241조의 규정은 성적 자기결정권에 대한 필요 및 최소한의 제한으로서 헌법 제37조 제2항에 위반되지 않는다고 할 것이다.

또 간통죄가 피해자의 인내심이나 복수심의 다과 및 행위자의 경제적 능력에 따라 법률적용의 결과가 달라지고 경제적 강자인 남자에게보다는 경제적 약자인 여자에게 불리하게 작용하는 측면이 있는 점을 무시할 수는 없으나, 이는 개인의 명예와 사생활보호를 위하여 간통죄를 친고죄로 하는 데서 오는 부득이한 현상으로서 형법상 다른 친고죄에도 나타날 수 있는 문제이지 특별히 간통죄에만 해당되는 것은 아니며, 배우자 있는 자의 간통행위 규제가 불가피하고 배우자 모두에게 고소권이 인정되어 있는 이상 간통죄의 규정은 헌법 제11조 제1항의 평등원칙에도 반하지 아니한다.

아울러 간통죄의 규정은 선량한 성도덕과 일부일처주의 혼인제도의 유지, 가족생활의 보장 및 부부쌍방의 성적 성실의무의 확보를 위하여, 그리고 간통으로 인하여 생길 수 있는 사회적 해악의 사전예방을 위하여 필요한 법률이어서 "혼인과 가족생활은 개인의 존엄과 양성의 평등을 기초로 성립되고 유지되어야 하며, 국가는 이를 보장한다"라고 한 헌법 제36조 제1항의 규정에 반하는 법률이 아니라 오히려 위 헌법규정에 의하여 국가에게 부과된, 개인의 존엄과 양성의 평등을 기초로 한 혼인과 가족생활의 유지·보장의무 이행에 부합하는 법률이라 할 것이다.

(2) 다른 한편 특정의 인간행위에 대하여 그것이 불법이며 범죄라 하여 국가가 형벌권을 행사하여 이를 규제할 것인지, 아니면 단순히 도덕률에 맡길 것인지의 문제는 인간과 인간, 인간과 사회와의 상호관계를 함수로 하여 시간과 공간에 따라 그 결과를 달리할 수밖에 없는 것이고, 결국은 그 사회의 시대적인 상황·사회구성원들의 의식 등에 의하여 결정될 수밖에 없다. 따라서 간통행위에 대하여 민사상의 책임 외에 형사적 제재도 가할 것인지의 여부 및 형사적 제재방법으로서 자유형만을 과할 것인지 또는 자유형과 벌금형을 선택적으로 과할 것인지는, 여자(부인)의 간통과 남자(남편)의 간통을 다르게 처벌하거나 어느 일방의 간통만을 처벌하는 것(남녀불평등처벌주의)이 아닌 한 기본적으로 입법권자의 의지, 즉 입법정책의 문제로서 입법권자의 입법형성의 자유에 속한다고 할 것이다. 물론 간통죄에 대한 오늘날 세계 각국의 입법례는 이를 폐지해 가는 것이 그 추세이고, 우리 사회 역시

급속한 개인주의적·성개방적인 사고방식에 따라 성에 관한 우리 국민의 법의식에도 많은 변화가 있었고, 간통죄에 대한 적용과정에 있어서도 이혼위자료의 요구를 관철하기 위한 수단으로 잘못 이용되는 경우도 없지 않았으며, 또한 가족법의 개정(1990. 1. 13. 법 제4199호 민법 개정)에 따라 이혼을 하게 되는 경우 각 당사자에게 재산분할청구권이 부여되는 한편 자녀에 대한 친권도 남녀간에 차별없이 평등하게 보장되어 사회적 지위가 상대적으로 열악한 여성의 입장에서도 간통을 굳이 형사처벌의 방법에 의하여 해결하기보다는 민사상의 손해배상·이혼 등의 방법에 의하여 처리하는 것이 보다 합리적이라고 볼 여지가 없지도 않아 간통죄에 대한 규범력이 어느 정도 약화되었음은 이를 부인할 수 없다(위 89헌마82 결정 참조). 그러나 우리 사회의 구조와 국민의식의 커다란 변화에도 불구하고 우리 사회에서 고유의 정절관념 특히 혼인한 남녀의 정절관념은 위에서 본 바와 같이 전래적 전통윤리로서 여전히 뿌리깊게 자리잡고 있으며, 일부일처제의 유지와 부부간의 성에 대한 성실의무는 우리 사회의 도덕기준으로 정립되어 있어서, 간통은 결국 현재의 상황에서는 사회의 질서를 해치고 타인의 권리를 침해하는 경우에 해당한다고 보는 우리의 법의식은 여전히 유효하다고 아니할 수 없다.

(3) 그러므로 건전한 성도덕과 일부일처주의 혼인제도의 유지 및 가족생활의 보장을 위하여서나 부부간의 성적 성실의무의 수호를 위하여, 그리고 간통으로 인하여 야기되는 사회적 해악의 사전예방을 위하여는 배우자 있는 자의 간통행위를 규제하는 것은 불가피하다고 보아, 그러한 행위를 한 자를 2년 이하의 징역에 처할 수 있도록 규정한 형법 제241조의 규정은 위와 같은 우리의 법의식을 바탕으로 한 입법권자의 입법형성의 자유에 속하는 범위 내의 것으로서 헌법에 위반된다고 할 수 없다고 할 것이다.

다만 입법자로서는 그동안 꾸준히 제기되고 있는 간통죄폐지론의 논거로 주장되고 있는바, 첫째, 기본적으로 개인 간의 윤리적 문제에 속하는 간통죄는 세계적으로 폐지추세에 있으며, 둘째, 개인의 사생활 영역에 속하는 내밀한 성적 문제에 법이 개입함은 부적절하고, 셋째, 협박이나 위자료를 받기 위한 수단으로 악용되는 경우가 많으며, 넷째, 수사나 재판과정에서 대부분 고소취소되어 국가 형벌로서의 처단기능이 약화되었을 뿐만 아니라, 다섯째, 형사정책적으로 보더라도 형벌의 억지효나 재사회화의 효과는 거의 없고, 여섯째, 가정이나 여성보호를 위한 실효성도 의문이라는 점 등과 관련, 우리의 법의식의 흐름과의 면밀한 검토를 통하여 앞으로 간통죄의 폐지 여부에 대한 진지한 접근이 요구된다고 하겠다.

4. 결 론

형법 제241조의 규정은 헌법에 위반되지 아니하므로 주문과 같이 결정한다. 이 결정은 재판관 권성의 아래 5.와 같은 반대의견이 있는 외에는 나머지 재판관 전원의 의견일치에 따른 것이다.

5. 재판관 권성의 반대의견

간통죄의 처벌은 원래가 유부녀를 대상으로 한 것이고 유부남을 대상으로 한 것은 아니었다. 간통한 유부녀만을 처벌하는 것은 남녀평등의 원칙에 어긋난다는 비판을 피하는 하나의 방편으로 근래에 와서 유부남의 처벌이 추가된 것일 뿐이다. 그러므로 간통죄의 핵심은 유부녀의 간통에 대한 처벌에 있고 따라서 그 위헌 여부의 논의도 유부녀의 간통을 대상으로 하여야 하고 또 그로써 충분하다.

간통죄는 일부일처제(一夫一妻制)를 전제로 하는 것인데 인류학의 관점에서 보면 일부일처제(一夫一妻制)가 아니라 오히려 일처일부제(一妻一夫制)라고 부르는 것이 더 적합할 것이다. 왜냐하면 인간사회가 남성중심의 부계혈통주의(父系血統主義)로 발전하면서 부계혈통(父系血統)의 진정성(眞正性)을 확보하기 위하여 채택된 것이 일처일부제(一妻一夫制)이기 때문이다.

이러한 전제 위에서 부부관계를 분석하여 보면 부부관계의 형이하적 하부구조(形而下的 下部構造)는 계약관계(契約關係)이고 그 형이상적 상부구조(形而上的 上部構造)는 애정(愛情)과 신의(信義)의 관계라고 이해된다.

첫째로 부부관계는, 남편은 아내와 그 자식에게 식량과 주거 그리고 외부로부터의 위험에 대한 보호를 제공하고 아내는 그 대신 남편에 대한 관계에서 정절을 지키고 그에 따라 남편의 혈통을 가진 진정한 후손을 낳아주는 대가관계(對價關係)를 내용으로 하는 민법상의 계약관계라고 볼 수 있다.

유부녀의 간통은 이러한 계약에 따른 성적 성실의무를 위반하는 계약위반의 행위이다. 따라서 계약위반에 대한 책임의 추궁 내지 제재는 계약법의 일반원리에 따라 계약의 해소와 손해배상으로 그쳐야 하고 형벌을 포함하여서는 아니된다. 그렇다면 간통에 대한 제재는 부부관계의 해제, 즉 이혼에 의한 가정에서의 추방과 부양의 종결 그리고 위자료의 징구로 끝나야 한다.

둘째로, 부부관계는 애정과 신의의 관계이므로, 유부녀의 간통은 특별한 사정이 없는 이상 애정의 종결과 배신을 의미한다. 애정은 마음의 문제이고 신의는 정신의 문제이므로 형벌로 그 생성과 유지를 강요해봐야 아무 소용이 없다. 재산상의 손해를 수반하지 않는 사인간(私人間)의 배신을 근대형법이 원칙적으로 처벌하지 않는 것도 바로 이런 까닭이다.

결국 유부녀의 간통은 윤리적 비난과 도덕적 회오(悔悟)의 대상이지 형사처벌의 문제는 아니다. 바꾸어 말하면 국가가 개입하여 형벌로 다스려야 할 일, 즉 범죄가 아닌 것이다. 성관계는 원래 가장 사사롭고 내밀한 영역이므로 그 성실의무는 결코 물리적으로 강제될 수 없으며 국가가 감시하고 형벌로 조련시킬 대상도 아닌 것이다.

그렇다면 간통죄는 범죄의 당벌성(當罰性, Strafwürdigkeit)이 없는 것을 법률이 범죄로 규정하여 처벌하는 것이 되고 이것은 실질적 죄형법정주의에 위배되므로 위헌의 문제를 일으킨다. 현대의 죄형법정주의는 “법률이 있어도 그 내용이 명확, 적정하지 않거나 처벌이 필수불가결한 것이 아니라면 처벌되지 않는다"고 하여 법의 형식에 의한 보장을 넘어 그 내용의 정당성까지 확보될 것을 요청하고 있기 때문이다.

그러면 왜 간통에 대한 형사처벌이 생겼고 그것이 아직도 존재하는 것인가.

남편의 과도한 사적 응징(lynch)이 가져오는 폐단을 방지하기 위하여 남성지배사회의 공권력이 대신 그 응징을 떠맡은 것이 형사처벌의 출발이었으므로 이는 결국 공적(公的) 보복 내지 공개적(公開的)인 보복이었던 것이고, 이러한 공개적 보복으로서의 처벌은 유부녀의 일탈(逸脫)을 막는 일반예방적(一般豫防的) 효과에 대한 기대감에서 아직도 존재하는 것이다.

이혼한 여성이 독립하여 생계를 펴나갈 수 있는 충분한 경제적 능력이 괄목상대의 정도로 신장되고 있는 오늘의 우리 사회에서는 남편의 부양과 보호로부터 아내가 배제된다고 하는 것의 일반예방적 효과는 점차 미미해져 가고 있으므로 형사처벌에 의한 일반예방의 효과에 거는 기대는 오히려 그만큼 커졌다고 볼 여지도 있지만 그 효과의 실증은 기대하기 어렵다.

여기서 다시 본질의 문제로 돌아가서 본다면 간통죄의 형사처벌은 범죄로 규정할 당벌성이 없는 비행(非行)을 범죄로 만들어 공개적으로 재판함으로써 마치 주홍(朱紅)글씨를 새기듯이 수형자(受刑者)의 자존심을 철저하게 짓밟는다는 데 그 문제가 있는바, 인간의 자존심은 인간존엄성의 핵심을 이루는 것으로서 불가침의 것이므로 다소의 일반예방적 효과를 거두기 위하여 이것을 짓밟는 것은 인간의 존엄성을 침해하여 위헌이 된다고 하지 않을 수 없다. "사람은 죽일 수는 있어도 모욕을 주어서는 안된다"는 옛말이 상징하는 상황과 유사한 정황인 것이다. 만일 아무도 모르게 미지의 곳에서 행형(行刑)을 하고 가족과 관계기관이 철저히 묵비함으로써 간통사실과 그로 인하여 처벌받는 사실이 비밀에 붙여짐으로써 수형자의 자존심이 어느 정도 지켜질 수 있다면 문제는 다를 것이다. 그렇지만 그러한 행형제도가 존재하지 않고 그렇게 보안을 유지하는 것이 불가능하므로 이러한 논의는 소용이 없다.

헌법 제10조는 인간의 존엄과 가치가 개인이 가지는 불가침의 기본적 인권임을 확인하고 있다. 이 기본적 인권의 기초는 수단이 아닌 목적적 존재로서의 인간이 갖는 자기결정권이며, 공동사회의 존립을 위하여 그 자유에 제약이 이루어지더라도 언제나 인격의 자주성 그 자체만은 보유되지 않으면 아니된다. 그런데 간통에 대한 형사처벌은, 이미 애정과 신의가 깨어진 상대 배우자만을 사랑하도록 국가가 강제하는 것이 되는데 이것은 그 당사자의 인격적 자주성, 즉 성적 자기결정권을 박탈하여 성(性)적인 예속을 강제하는 것이므로 인간의 존엄성을 침해한다.

간음한 여자를 공개된 장소에서 돌로 치라고 했다는 율법에 대하여 "너희 중에 죄 없는 자가 먼저 돌로 치라" 하여 반대한 것은 이 문제가 절도죄 같은 것에 대한 처벌과 같은 차원의 문제가 원래 아니라는 것을 상징적으로 드러낸다.

간통죄를 형사처벌로 다스리는 것은 인간의 존엄성을 보장하도록 한 헌법 제10조를 위반한 것이라고 생각한다.

재판관 윤영철(재판장)
한대현
하경철
김영일
권 성
김효종
김경일(주심)
송인준
주선회

17-4 형법 제241조 간통죄 처벌

(2015. 2. 26. 2009헌바17·205, 2010헌바194, 2011헌바4, 2012헌바57·255·411, 2013헌바139·161·267·276·342·365, 2014헌바53·464, 2011헌가31, 2014헌가4(병합))

Ⅰ. 판시 사항

배우자 있는 자의 간통행위 및 그와의 상간행위를 2년 이하의 징역에 처하도록 규정한 형법(1953. 9. 18. 법률 제293호로 제정된 것) 제241조(이하 '심판대상조항'이라 한다)가 성적 자기결정권 및 사생활의 비밀과 자유를 침해하여 헌법에 위반되는지 여부(적극)

Ⅱ. 결정요지

□ 재판관 박한철, 재판관 이진성, 재판관 김창종, 재판관 서기석, 재판관 조용호의 위헌의견

사회 구조 및 결혼과 성에 관한 국민의 의식이 변화되고, 성적 자기결정권을 보다 중요시하는 인식이 확산됨에 따라 간통행위를 국가가 형벌로 다스리는 것이 적정한지에 대해서는 이제 더 이상 국민의 인식이 일치한다고 보기 어렵고, 비록 비도덕적인 행위라 할지라도 본질적으로 개인의 사생활에 속하고 사회에 끼치는 해악이 그다지 크지 않거나 구체적 법익에 대한 명백한 침해가 없는 경우에는 국가권력이 개입해서는 안 된다는 것이 현대 형법의 추세여서 전 세계적으로 간통죄는 폐지되고 있다. 또한 간통죄의 보호법익인 혼인과 가정의 유지는 당사자의 자유로운 의지와 애정에 맡겨야지, 형벌을 통하여 타율적으로 강제될 수 없는 것이며, 현재 간통으로 처벌되는 비율이 매우 낮고, 간통행위에 대한 사회적 비난 역시 상당한 수준으로 낮아져 간통죄는 행위규제규범으로서 기능을 잃어가고, 형사정책상 일반예방 및 특별예방의 효과를 거두기도 어렵게 되었다. 부부 간 정조의무 및 여성 배우자의 보호는 간통한 배우자를 상대로 한 재판상 이혼 청구, 손해배상청구 등 민사상의 제도에 의해 보다 효과적으로 달성될 수 있고, 오히려 간통죄가 유책의 정도가 훨씬 큰 배우자의 이혼수단으로 이용되거나 일시 탈선한 가정주부 등을 공갈하는 수단으로 악용되고 있기도 하다.

결국 심판대상조항은 과잉금지원칙에 위배하여 국민의 성적 자기결정권 및 사생활의 비밀과 자유를 침해하는 것으로서 헌법에 위반된다.

☐ 재판관 김이수의 위헌의견

간통죄의 본질은 자유로운 의사에 기하여 혼인이라는 사회제도를 선택한 자가 의도적으로 배우자에 대한 성적 성실의무를 위배하는 성적 배임행위를 저지른 데 있다.

혼인생활을 영위하고 있는 간통행위자 및 배우자 있는 상간자에 대한 형사처벌은 부부 간의 성적 성실의무에 기초한 혼인제도에 내포되어 있는 사회윤리적 기본질서를 최소한도로 보호하려는 정당한 목적하에 이루어지는 것으로서 개인의 성적 자기결정권에 대한 과도한 제한이라고 하기 어렵다. 그러나 사실상 혼인관계의 회복이 불가능한 파탄상태로 인해 배우자에 대한 성적 성실의무를 더 이상 부담하지 아니하는 간통행위자나 미혼인 상간자의 상간행위 같이 비난가능성 내지 반사회성이 없는 경우도 있다.

그럼에도 불구하고, 심판대상조항이 일률적으로 모든 간통행위자 및 상간자를 형사처벌하도록 규정한 것은 개인의 성적 자기결정권을 과도하게 제한하는 국가형벌권의 과잉행사로서 헌법에 위반된다.

☐ 재판관 강일원의 위헌의견

간통 및 상간행위가 내밀한 사생활의 영역에 속하는 것이라고 해도 이에 대한 법적 규제를 할 필요성은 인정되고, 그에 대한 규제의 정도는 원칙적으로 입법자가 결정할 사항이므로, 입법자가 간통행위를 예방하기 위하여 형벌이라는 제재수단을 도입한 것이 그 자체로 헌법에 위반된다고 볼 수는 없다.

그러나 형법은 간통죄를 친고죄로 규정하면서, 배우자의 종용이나 유서가 있는 경우 간통죄로 고소할 수 없도록 규정하고 있는데, 소극적 소추조건인 종용이나 유서의 개념이 명확하지 않아 수범자인 국민이 국가 공권력 행사의 범위와 한계를 확실하게 예측할 수 없으므로 심판대상조항은 명확성원칙에 위배되며, 간통 및 상간행위에는 행위의 태양에 따라 죄질이 현저하게 다른 수많은 경우가 존재함에도 반드시 징역형으로만 응징하도록 한 것은 구체적 사안의 개별성과 특수성을 고려할 수 있는 가능성을 배제 또는 제한하여 책임과 형벌간 비례의 원칙에 위배되어 헌법에 위반된다.

☐ 재판관 이정미, 재판관 안창호의 반대의견

간통은 일부일처제에 기초한 혼인이라는 사회적 제도를 훼손하고 가족공동체의 유지·보호에 파괴적인 영향을 미치는 행위라는 점에서 개인의 성적 자기결정권의 보호영역에 포함되어 있다고 보기 어렵다.

배우자 있는 자의 간통 및 그에 동조한 상간자의 행위는 단순한 윤리적·도덕적 차원의 문제를 넘어서 사회질서를 해치고 타인의 권리를 침해하는 것이라고 보는 우리 사회의 법의식은 여전히 유효하다. 특히 간통죄의 폐지는 우리 사회 전반에서 성도덕 의식의 하향화를 가져오고 성도덕의 문란을 초래할 수 있으며, 그 결과 혼인과 가족 공동체의 해체를 촉진시킬 수 있다는 점에서, 간통죄를 형사처벌하도록 한 입법자의 판단이 자의적인 것이라고 보기는 어렵다. 부부공동생활이 파탄되어 회복될 수 없을 정도의 상태에 이르러 더 이상 배우자에 대한 성적 성실의무를 부담한다고 볼 수 없는 경우에는 간통행위가 사회윤리 내지 사회상규에 위배되지 아니하는 행위로서 위법성이 조각될 여지가 있으므로 과잉처벌의 문제는 발생하지 않을 수 있다.

심판대상조항은 징역형만을 규정하고 있으나 법정형의 상한 자체가 높지 않아 지나치게 과중한 형벌을 규정하고 있다고 볼 수 없고, 벌금형에 의할 경우 간통행위자에 대하여 위하력을 가지기 어려우므로 형벌체계상 균형에 반하는 것이라고 할 수도 없다.

또한 현행 민법상의 제도나 재판실무에 비추어보면, 간통죄를 폐지할 경우 수많은 가족공동체가 파괴되고 가정 내 약자와 어린 자녀들의 인권과 복리가 침해되는 사태가 발생하게 될 것을 우려하지 않을 수 없다.

따라서 심판대상조항은 과잉금지원칙에 위반된다고 할 수도 없다.

☐ 재판관 이진성의 다수의견에 대한 보충의견

간통행위는 행위 유형이 다양하여 법정형으로 징역형만 규정한 것이 책임과 형벌 사이에 균형을 잃을 가능성은 있지만, 재산형인 벌금형이나 명예형인 자격형이 배우자에 대한 정조의무를 저버리고 혼인제도의 문란을 가져오는 비윤리적 범죄인 간통죄에 유효하고 적절한 수단이라고 보기 어렵다. 부부 일방의 부정행위로 인한 민사, 가사 문제들의 해결수단을 간통죄를 유지시켜 형사사건에서 찾을 것도 아니다. 간통행위로 인한 가족의 해체 사태에서 손해배상, 재산분할청구, 자녀양육 등에 관한 재판실무관행을 개선하고 배우자와 자녀를 위해 필요한 제도를 새로 강구해야 한다.

Ⅲ. 심판대상조문

형법(1953. 9. 18. **법률 제293호로 제정된 것**) 제241조

Ⅳ. 참조조문

헌법 제10조, 제17조, 제36조 제1항

민법(1958. 2. 22. **법률 제471호로 제정된 것**) 제806조

민법(2002. 1. 14. **법률 제6591호로 개정된 것**) 제840조 제1호

민법(2012. 2. 10. **법률 제11300호로 개정된 것**) 제843조

Ⅴ. 참조판례

헌재 1992. 4. 28. 90헌바24, 판례집 4, 225, 229

헌재 2001. 10. 25. 2000헌바60, 판례집 13－2, 480, 486

헌재 2002. 3. 28. 2000헌바53, 판례집 14－1, 159, 165

헌재 2003. 11. 27. 2002헌바24, 판례집 15－2하, 242, 252

헌재 2004. 2. 26. 2001헌바75, 판례집 16－1, 184, 194

헌재 2008. 10. 30. 2007헌가17등, 판례집 20－2상, 696, 708

Ⅵ. 당사자

청 구 인 : 박○순 외 18인

제 청 법 원 : 의정부지방법원(2011헌가31), 수원지방법원(2014헌가4)

제청신청인 : 박○미(2014헌가4)

당해사건[별지] 목록과 같음

Ⅶ. 주 문

형법(1953. 9. 18. 법률 제293호로 제정된 것) 제241조는 헌법에 위반된다.

Ⅷ. 이 유

1. 사건개요

청구인들은 간통 내지 상간하였다는 범죄사실로 기소되어 당해사건 계속 중 형법 제241조가 위헌이라며 위헌법률심판제청 신청을 하였으나 그 신청이 기각되자 헌법소원심판을 청구하였다. 2011헌가31 사건의 당해사건 피고인은 간통죄로 기소되어 1심에서 유죄판결을 선고받고 항소하였는데, 의정부지방법원은 형법 제241조가 헌법에 위반된다고 의심할 상당한 이유가 있다는 이유로 2011. 8. 26. 직권으로 위헌법률심판을 제청하였다. 또한, 2014헌가4 사건의 제청신청인도 간통죄로 기소되어 1심에서 유죄판결을 선고받고 항소한 뒤 형법 제241조 제1항에 대한 위헌법률심판제청 신청을 하였고, 제청법원이 그 제청신청을 받아들여 2014. 3. 13. 위헌법률심판을 제청하였다.

2. 심판대상

2012헌바255 사건, 2013헌바161 사건의 청구인들 및 2014헌가4 사건의 제청법원은 형법 제241조 제1항에 대하여만 헌법소원심판청구 또는 위헌법률심판제청을 하였다. 그러나 형법 제241조 제2항은 간통죄가 친고죄라는 사실 및 배우자가 간통을 종용하거나 유서한 때에는 고소할 수 없다는 규정이므로 형법 제241조 제1항과 불가분의 일체를 이루고 있다. 따라서 이 사건 심판대상은 형법(1953. 9. 18. 법률 제293호로 제정된 것) 제241조 전체가 헌법에 위반되는지 여부이고, 심판대상조항의 내용은 다음과 같다.

[심판대상조항]

형법(1953. 9. 18. **법률 제293호로 제정된 것**)

제241조(**간통**) ① 배우자 있는 자가 간통한 때에는 2년 이하의 징역에 처한다. 그와 상간한 자도 같다.

② 전항의 죄는 배우자의 고소가 있어야 논한다. 단 배우자가 간통을 종용 또는 유서한 때에는 고소할 수 없다.

3. 청구인들의 주장 및 제청법원의 위헌제청이유

가. 청구인들의 주장

심판대상조항은 과잉금지원칙에 위배되어 개인의 성적 자기결정권 및 사생활의 비밀과 자유를 침해한다. 법정형으로 징역형만 규정하고 있는 것도 책임과 형벌 간 비례원칙에 위배되어 헌법에 위반된다. 또한, 간통죄의 고소는 절차상 이혼을 전제로 하여 간통행위의 처벌이 가정의 파탄을 초래하므로 헌법 제36조 제1항에 위배된다. 아울러 친고죄로 규정되어 행위자의 경제적 능력에 의한 차별이 발생하고, 정교관계의 묵인 내지 사전 동의를 받은 배우자들은 처벌하지 아니하며, 이혼소송을 제기한 배우자에게 간통고소권을 부여하여 상대방 배우자를 차별하는 등 평등원칙에도 어긋난다.

나. 제청법원의 위헌제청이유

선량한 성풍속 보호, 혼인 및 부부 사이 성적 성실의무의 보호라는 입법목적의 정당성은 인정된다. 그러나 개인주의적·성개방적 사고의 확산에 따른 우리 사회의 변화로 국민 일반의 법감정이 변화되고 있는 현실, 성생활은 형벌의 대상이 아니라 성도덕에 맡겨 사회 스스로 자율적으로 질서를 잡아야 할 영역이라는 점, 간통죄를 처벌한다고 하여 간통을 억지하는 효과를 기대하기 어려운 점 등에 비추어 수단의 적절성 및 피해의 최소성 원칙에 반한다. 또한, 심판대상조항으로 혼인제도 및 부부간 성적 성실의무 보호라는 공익을 달성하기 어렵게 된 반면, 내밀한 성생활의 영역을 처벌하여 국민의 성적 자기결정권과 사생활의 비밀과 자유를 지나치게 제한하므로 법익 균형성 원칙에도 반하여 헌법에 위반된다.

4. 입법례와 선례

가. 입법례

간통에 대한 세계적인 입법 추세는 형벌을 부과하지 않는 것이다. 덴마크는 1930년, 스웨덴은 1937년, 일본은 1947년, 독일은 1969년, 프랑스는 1975년, 스페인은 1978년, 스위스는 1990년, 아르헨티나는 1995년, 오스트리아는 1996년에 간통죄를 폐지하였다.

나. 개정 논의

법무부는 1992. 4. 8. 입법예고한 형법개정법률안에서, 간통죄가 세계적으로 폐지추세에 있는 점, 개인의 사생활 영역에 속하는 내밀한 성적 문제에 법이 개입함은 부적절하다는 점, 간통죄 고소가 협박이나 위자료를 받기 위한 수단으로 악용되는 경우가 많다는 점, 수사나 재판과정에서 대부분 고소 취소되어 국가 형벌로서의 처단기능이 약화되었다는 점, 형벌의 억지효나 재사회화의 효과는 거의 없고, 가정이나 여성보호를 위한 실효성도 의문이라는 점 등을 이유로 간통죄를 삭제하였다. 그러나 법무부는 1992. 5. 27. 전문 405조로 구성된 형법개정안을 확정하면서 간통죄 폐지가 시기상조라는 의견을 수용하여 간통죄를 존치시키되 법정형을 1년 이하의 징역형으로 낮추고 500만원 이하의 벌금형을 선택적으로 추가하였다. 하지만 이 개정안도 입법화되지는 못하였다.

다. 선 례

헌법재판소는 1990. 9. 10. 89헌마82 결정에서 심판대상조항이 헌법에 위반되지 않는다고 결정하였는데, 반대의견으로 재판관 한병채, 이시윤의 헌법불합치 의견과 재판관 김양균의 위헌의견이 있었고, 1993. 3. 11. 90헌가70 결정에서는 위 89헌마82 결정이 그대로 유지되었다. 그 뒤 2001. 10. 25. 2000헌바60 결정에서는 재판관 권성의 위헌의견이 있었으나, 법정의견은 위 89헌마82 결정의 판시를 그대로 유지하면서 간통죄 폐지 여부에 대하여 입법자가 진지하게 접근할 필요가 있다는 점을 지적하였다. 이어 2008. 10. 30. 2007헌가17등 결정에서는 재판관 김종대, 이동흡, 목영준, 송두환이 위헌의견, 재판관 김희옥이 헌법불합치의견으로 헌법에 위반된다는 의견이 다수였으나, 위헌정족수 6인에는 이르지 못하였다.

5. 심판대상조항의 위헌 여부

가. 재판관 박한철, 재판관 이진성, 재판관 김창종, 재판관 서기석, 재판관 조용호의 위헌의견

(1) 헌법 제10조는 개인의 인격권과 행복추구권을 보장하고 있고, 인격권과 행복추구권은 개인의 자기운명결정권을 전제로 한다. 이 자기운명결정권에는 성행위 여부 및 그 상대방을 결정할 수 있는 성적 자기결정권이 포함되어 있으므로, 심판대상조항은 개인의 성적 자기결정권을 제한한다. 또

한, 심판대상조항은 개인의 성생활이라는 내밀한 사적 생활영역에서의 행위를 제한하므로 헌법 제17조가 보장하는 사생활의 비밀과 자유 역시 제한한다.

(2) 입법목적의 정당성

심판대상조항은 선량한 성풍속 및 일부일처제에 기초한 혼인제도를 보호하고 부부간 정조의무를 지키게 하기 위한 것으로 그 입법목적의 정당성은 인정된다.

(3) 수단의 적절성 및 침해최소성

① 간통행위에 대한 국민의 인식 변화

우리 사회에서 혼인한 남녀의 정조유지가 전통윤리로 확립되어 있었고, 일부일처제의 유지와 부부간의 정조의무 역시 도덕기준의 하나로 정립되어 왔다. 그러나 최근 전통적인 가족 구조 및 가족 구성원의 역할이나 지위에 대한 인식이 변화하고 있고, 급속한 개인주의 및 성개방적 사고가 확산됨에 따라 결혼과 성에 대한 인식도 바뀌어 가고 있다. 성과 사랑은 형벌로 통제할 사항이 아닌 개인에게 맡겨야 하는 문제로서 부부간의 정조의무를 위반한 행위가 비도덕적이기는 하나, 법으로 처벌할 사항은 아니라는 것이다. 또한, 오늘날 우리 사회는 가치판단에 있어서 전통적인 성 도덕의 유지 내지 부부간 정조의무 보호라는 법익 못지 않게 성적 자기결정권을 자유롭게 행사하는 것이 개인의 존엄과 행복추구의 측면에서 더한층 중요하게 고려되는 사회로 변해가고 있다는 점도 무시할 수 없다.

이러한 사회 구조의 변화, 결혼과 성에 관한 국민의 의식 변화, 그리고 성적 자기결정권을 보다 중요시하는 인식의 확산에 따라, 배우자 있는 사람이 배우자 아닌 사람과 성관계를 하였다고 하여 이를 국가가 형벌로 다스리는 것이 적정한지에 대해서는 이제 더 이상 국민의 인식이 일치한다고 보기 어렵게 되었다.

② 형사 처벌의 적정성 여부

특정한 행위를 범죄로 규정하여 국가가 형벌권을 행사할 것인지, 아니면 단순히 도덕의 영역에 맡길 것인지 하는 문제는 그 사회의 시대적인 상황·사회구성원들의 의식 등에 따라 결정될 수밖에 없다. 우리의 생활영역에는 법률이 직접 규율할 영역도 있지만 도덕에 맡겨두어야 할 영역도 있다. 도덕적으로 비난받을 만한 행위 모두를 형벌의 대상으로 삼는 것은 사실상 불가능하다.

개인의 성행위와 같은 사생활의 내밀영역에 속하는 부분에 대하여는 그 권리와 자유의 성질상 국가는 최대한 간섭과 규제를 자제하여 개인의 자기결정권에 맡겨야 한다. 국가형벌권의 행사는 중대한 법익에 대한 위험이 명백한 경우에 한하여 최후의 수단으로 필요 최소한의 범위에 그쳐야 한다. 성인이 서로 자발적으로 만나 성행위를 하는 것은 개인의 자유 영역에 속하고, 다만 그것이 외부에 표출되어 사회의 건전한 성 풍속을 해칠 때 비로소 법률의 규제를 필요로 한다. 그런데 성도덕에 맡겨 사회 스스로 질서를 잡아야 할 내밀한 성생활의 영역에 국가가 개입하여 형벌의 대상으로 삼는 것은, 성적 자기결정권과 사생활의 비밀과 자유를 침해하는 것이다.

비록 비도덕적인 행위라 할지라도 본질적으로 개인의 사생활에 속하고 사회에 끼치는 해악이 크지 않거나 구체적 법익에 대한 명백한 침해가 없는 경우에는 국가권력이 개입해서는 안 된다는 것이 현대 형법의 추세이다. 이에 따라 전 세계적으로 간통죄는 폐지되고 있다.

③ 형벌의 실효성 여부

심판대상조항의 보호법익은 일부일처제에 기초한 혼인제도이다. 그러나 일단 간통행위가 발생한 이후에는 심판대상조항이 혼인생활 유지에 전혀 도움을 주지 못한다. 간통죄는 친고죄이고, 고소권의 행사는 혼인이 해소되거나 이혼소송을 제기한 후에라야 가능하므로, 고소권의 발동으로 기존의 가정은 파탄을 맞게 된다. 설사 나중에 고소가 취소된다고 하더라도 부부감정이 원상태로 회복되기를 기대하기 어려우므로, 간통죄는 혼인제도 내지 가정질서의 보호에 기여할 수 없다. 더구나 간통죄로 처벌받은 사람이 고소를 한 배우자와 재결합할 가능성은 거의 없으며, 간통에 대한 형사 처벌과정에서 부부갈등이 심화되어 원만한 가정질서를 보호할 수도 없다.

결국, 간통행위를 처벌함으로써 혼인제도를 보호한다는 의미는, 일방 배우자로 하여금, 만일 간통을 하면 형사적으로 처벌된다는 두려움 때문에 간통행위에 이르지 못하게 하여 혼인관계가 유지되게 하는 효과가 있다는 것이다. 그러나 이러한 심리적 사전억제수단에 실효성이 있는지는 의문이다.

간통을 하게 되는 동기는 애정에서 비롯되는 경우와 그렇지 않은 경우가 있을 수 있다. 애정에서 비롯된 경우라면, 부부간에 애정과 신뢰에 기초한 혼인관계는 이미 파괴된 상태이므로 형벌에 대한 두려움을 통하여 파괴된 혼인관계를 유지시킬 필요가 있는지 의문이고, 형벌을 감수하고서라도 간통행위를 하는 경우가 대부분일 것이므로 간통행위 억제에 대한 실효성이 인정되기 어렵다. 애정에서 비롯된 경우가 아니더라도, 다양한 형태로 일어나고 있는 성매매 행태 및 이에 대한 인식 수준에서 보듯이 간통행위를 처벌하는 심판대상조항으로 인하여 애정에서 비롯되지 않은 간통을 억지하는 효과를 기대하기도 어렵다. 그동안의 법집행 실태를 실증적으로 분석하여 간통에 대한 형사 처벌이 일반예방적 효과를 거두었음을 보여주는 자료도 존재하지 아니한다.

또한, 간통행위가 처벌되는 비율은 매우 낮아지고 있다. 통계에 따르면 간통죄로 접수되는 사건 및 기소되는 사건의 수가 매년 줄어들고 있어 간통죄로 구속 기소되는 경우는 고소 사건의 10%에도 못 미치고, 수사나 재판과정에서 고소가 취소되어 공소권 없음 또는 공소기각으로 종결되는 사건이 상당수에 이름으로써 형벌로서의 처단기능이 현저히 약화되었다.

간통죄를 폐지할 경우 성도덕이 문란해지거나 간통으로 인한 이혼이 증가할 것이라고 우려하는 견해가 있다. 그러나 이미 간통죄를 폐지한 여러 나라에서 간통죄의 폐지 이전보다 성도덕이 문란하게 되었다거나 이혼이 증가하였다는 통계는 나타나고 있지 않다. 오히려 간통죄 처벌에도 불구하고 성에 대한 인식 변화 및 성적 자기결정권을 중시하는 사회적 분위기로 인하여 간통행위에 대한 사회적 비난의 정도는 상당한 수준으로 낮아져 있다. 결국, 간통죄는 행위규제규범으로서의 기능을 잃어가고 있어 형사정책상 일반예방 및 특별예방의 효과를 모두 거두기 어렵게 되었다.

한편, 배우자의 간통행위는 재판상 이혼사유가 되고(민법 제840조 제1호), 간통행위를 한 사람은 배우자에게 이에 따른 재산상 및 정신적 손해를 배상할 의무를 진다(민법 제843조, 제806조). 또한, 법원이 자(子)의 양육에 관한 사항과 자에 대한 면접교섭권의 제한·배제 등을 결정할 때 부정한 행위를 한 배우자에게 일정한 불이익을 줄 수 있다.

그런데 부부간 정조의무위반행위에 대하여 위와 같은 민사법상 책임 이외에 형사적으로 처벌함으로써 부부간 정조의무가 보호될 수 있는지는 의문이다. 왜냐하면 이러한 정조의무는 개인과 사회의 자율적인 윤리의식, 그리고 배우자의 애정과 신의에 의하여 준수되어야 하지, 형벌로 그 생성과 유지를 강요해 봐야 실효성이 없다.

다만, 과거 우리 사회에서 간통죄의 존재가 여성을 보호하는 역할을 수행하였던 것은 부인할 수 없다. 우리 사회에서 여성은 사회적·경제적 약자였고 간통행위는 주로 남성에 의하여 이루어졌으므로, 간통죄의 존재가 남성들로 하여금 간통행위에 이르지 않도록 심리적 억제작용을 하였고, 나아가 여성 배우자가 간통고소를 취소하는 조건으로 남성 배우자로부터 위자료나 재산분할을 받아내는 경제적 기능을 수행하였다.

그러나 오늘날 우리 사회의 변화는 간통죄의 위와 같은 존재이유를 상당 부분 상실하도록 하였다. 우선 여성의 사회적·경제적 활동이 활발하여짐에 따라 여성의 생활능력과 경제적 능력이 향상됨으로써, 여성이 언제나 경제적 약자라는 전제가 적용되지 않게 되었다. 또한, 1990. 1. 13. 민법이 개정됨에 따라, 부부가 이혼을 하는 경우 재산분할청구권이 부여되는 한편, 자녀에 대한 친권도 남녀 차별 없이 평등하게 보장되었다. 즉, 민법상 처의 재산분할청구권이 인정되고 주부의 가사노동도 재산형성에 대한 기여로 인정되어 이혼 후의 생활토대를 마련할 수 있는 제도가 마련되었고, 부부의 이혼 시 위자료를 통한 손해배상청구권이 현실화되었으며, 양육비의 청구 등으로 자녀의 양육이 가능하게 된 것이다.

비록 여성 배우자의 경제적 지위가 아직 남성 배우자에 비하여 열악하다는 전제에 서더라도, 간통죄의 존재가 여성 배우자를 반드시 보호한다고 보기도 어렵다. 간통죄 고소를 위하여는 이혼이 전제되어야 하므로 경제적 능력 및 생활능력이 없는 여성 배우자는 오히려 고소를 꺼릴 수도 있다. 이와 같이 오늘날 간통죄의 존재가 여성 배우자를 보호하는 기능은 상당 부분 상실되었다고 할 것이다.

결국, 오늘날 간통죄는 간통행위자 중 극히 일부만 처벌될 뿐만 아니라 잠재적 범죄자를 양산하여 그들의 기본권을 제한할 뿐, 혼인제도 및 정조의무를 보호하기 위한 실효성은 잃게 되었다. 혼인과 가정의 유지는 당사자의 자유로운 의지와 애정에 맡겨야지, 형벌을 통하여 타율적으로 강제될 수 없는 것이므로, 심판대상조항이 일부일처제의 혼인제도와 가정질서를 보호한다는 목적을 달성하는 데 적절하고 실효성 있는 수단이라고 할 수 없다.

④ 형벌로 인한 부작용

간통죄가 건전한 혼인제도 및 부부간 정조의무의 보호와는 다른 목적을 위하여 악용되는 사례도 있다. 간통행위자 및 상간자에 대한 고소와 그 취소는 간통행위자의 배우자만이 할 수 있고, 간통죄는 친고죄로서 고소취소 여부에 따라 검사의 소추 여부 및 법원의 공소기각 여부가 결정되므로, 간통행위자 및 상간자의 법적 운명은 간통행위자의 배우자의 손에 전적으로 달려 있다. 이러한 상황은 유책의 정도가 훨씬 큰 배우자의 이혼수단으로 활용되기도 하고, 사회적으로 명망 있는 사람이나 일시적으로 탈선한 가정주부를 협박하여 금품을 뜯어내거나, 상간자로부터 재산을 편취하는 수단으로 악용되기도 한다.

⑤ 결 론

이와 같은 사정을 종합해 보면, 선량한 성풍속 및 일부일처제에 기초한 혼인제도를 보호하고 부부간 정조의무를 지키게 하고자 간통행위를 처벌하는 심판대상조항은 그 수단의 적절성과 침해최소성을 갖추지 못하였다고 할 것이다.

(4) 법익의 균형성

앞서 본 것처럼 심판대상조항으로 달성하려는 일부일처제에 기초한 혼인제도 및 부부간 정조의무 보호라는 공익이 더 이상 심판대상조항을 통하여 달성될 것으로 보기 어려운 반면, 심판대상조항은 개인의 내밀한 성생활의 영역을 형벌의 대상으로 삼음으로써 국민의 성적 자기결정권과 사생활의 비밀과 자유라는 기본권을 지나치게 제한하는 것이므로, 결국 심판대상조항은 법익의 균형성도 상실하였다.

(5) 결 론

결국, 심판대상조항은 수단의 적절성 및 침해최소성을 갖추지 못하였고 법익의 균형성도 상실하였으므로, 과잉금지원칙을 위반하여 국민의 성적 자기결정권 및 사생활의 비밀과 자유를 침해하는 것으로 헌법에 위반된다.

나. 재판관 김이수의 위헌의견

나는 심판대상조항이 헌법에 위반된다는 다수의견의 결론에는 찬성하나 결론에 이르게 된 이유의 구성을 달리하므로 아래와 같이 의견을 밝힌다.

(1) 간통행위자의 경우

(가) 혼인으로 맺어진 부부는 정신적·육체적·경제적으로 결합된 공동체를 이루어 그 안에서 서로 배려하고 협조하면서 공동의 삶의 목적과 가치를 실현하기 위해 노력한다. 혼인은 부부공동체의 성립·유지·발전을 위한 법제도요, 사회제도이다.

우리나라는 일부일처제의 혼인제도를 채택하고 있다. 일부일처제하에서의 혼인은 성적(性的) 공동생활을 배타적으로 그리고 지속적으로 유지하려는 부부의 의지를 본질적인 요소로 한다. 부부는 자유롭고 진지한 의사에 따라 혼인을 선택한 이후에는 상대방을 위한 성적 성실의무를 부담하면서 자기실현의 일환으로 성 공동체적 자유를 누리게 된다.

간통죄의 본질은 무엇보다 자신의 자유로운 의사에 기하여 혼인이라는 사회제도를 선택한 자가 의도적으로 배우자에 대한 성적 성실의무를 위배하는 성적 배임행위를 저지른 것에 있다고 할 것이다. 배우자 있는 자의 간통은 성적 공동생활의 배타성과 지속성에 반하여 이루어지는 행위로서 혼인의 해체를 초래하거나 초래할 위험이 있다.

심판대상조항은 부부 간의 성적 성실의무를 지키게 하기 위한 것이고 나아가 일부일처제의 혼인제도를 보호하기 위한 것이다.

(나) 심판대상조항으로 인하여 제한되는 기본권은 개인의 성적 자기결정권이다.

그런데 심판대상조항으로 제한되는 배우자 있는 자의 성적 자기결정의 자유는 혼인을 선택한 자기결단에 따라 형성한 성적 공동체의 배타성과 지속성의 유지라는 내재적 한계 내에서 이를 행사하여야 한다는 본질적 제한을 받는다. 이와 같은 본질적 제한을 벗어나 이루어지는 비윤리적인 행위인 간통은 간통행위자의 성적 자기결정권의 행사라는 명분으로 쉽게 정당화될 수 없음은 분명하다.

법은 사회질서를 유지하는 데 필요한 최소한도의 도덕을 실효성 있게 만들기 위한 것이다. 부도덕한 성적 일탈행위에는 간통뿐만 아니라 수간, 혼음, 근친상간 등 다양한 형태가 존재함에도 불구하고 형법은 그중 간통만을 처벌하고 있다. 이는 간통을 일부일처의 혼인 제도를 무너뜨리고 나아가 법공동체의 평화로운 공존질서를 해할 우려가 있는 비윤리적인 일탈행동으로 보고 최소한도의 도덕을 지키도록 하기 위하여 그 행위의 금지를 법률로써 강제하고자 하는 것이다.

(다) 형법이 보호하는 법익은 인간실존의 가장 근본적인 가치임과 동시에 인간의 구체적이고 현실적인 사회생활에 필요한 가치이다. 따라서 인간의 어떤 행위를 법익침해행위라고 보아 국가가 형벌권을 행사하여 이를 규제할 것인지, 아니면 단순히 도덕률에 맡겨 도덕적 비난, 질책, 분노와 도덕적 회오(悔悟)의 대상으로 삼을 것인지의 여부는 전체 법질서의 흐름과 사회구성원들의 경험적 인식의 변화에 따라 달라질 수 있는 것이다.

간통죄의 범죄화에 관해서는 형법 제정 당시부터 많은 찬반 논의가 있었다. 그 이후 현재까지 이를 폐지 내지 개정하자는 논의가 계속 되어 왔다. 헌법재판소에서도 그동안 간통죄에 대하여 네 번의 합헌결정을 하여 왔지만 그때마다 위헌이라는 견해가 있었고, 특히 네 번째 결정에서는 헌법불합치의견을 포함하여 5인 재판관의 위헌의견이 있었다. 형법학자들은 대부분 간통죄 폐지의견을 표명하고 있다.

간통의 유형을 크게 세 가지로 나누어 보면, 배우자가 있음에도 단순한 성적 쾌락을 위해 혼외성관계를 맺는 유책배우자(제1유형), 현재의 배우자보다 매력적인 상대를 만나 기존 혼인관계에 대해 회의를 느끼고 그와 사랑에 빠진 경우(제2유형), 기존의 혼인이 해소되거나 이혼소송이 제기되지 않았지만 장기간 별거 등 혼인이 사실상 파탄에 이른 상태에서 새로운 사랑의 상대를 만나 성적 결합으로 나아간 경우(제3유형)가 있다.

제1, 2유형의 간통행위의 경우에는 제3유형과는 달리 비난가능성이 크고, 기존의 혼인관계를 보호할 필요성도 크므로 이에 대한 형벌적 규제가 아직도 필요하다는 것이 상당수 일반 국민들의 법의식으로 보인다.

또한, 제1, 2유형에서는 오랜 기간 간통죄 처벌규정의 존재로 인한 학습효과, 특히 단일 법정형인 징역형 부과에 따른 수사·재판 등 형사절차상의 부담, 직업 상실 등의 우려 등에 기초한 형벌의 위하력을 통해 간통행위를 억지하는 일반예방적 효과가 여전히 존재한다.

나아가 간통죄는 간통행위 후 간통행위자의 진지한 후회·반성을 끌어내는 유효한 수단이 되고, 후회·반성이 있을 때 고소를 하지 않거나 고소 후 이를 취소함으로써 균열이 간 혼인관계를 다시 회복시킬 수도 있다.

배우자의 간통행위가 혼인의 해소로 귀결된다고 하더라도 간통죄는 피해자인 경제적 약자의 보호에 유용한 수단이 된다. 배우자의 간통행위가 있는 경우 경제적 약자의 지위에 있는 여성이나 남성이 재판상 이혼청구와 함께 민법상 재산분할청구나 위자료청구를 하여 혼인이 해소된 이후의 살아갈 방도를 마련할 수 있다. 그러나 현행 민법상의 제도나 재판실무만으로는 이들의 보호에 미흡하다. 경제적 약자의 보호에 아직도 간통죄의 존재 의의는 있다고 보인다.

반면, 제3유형의 간통행위는 비난가능성이나 반사회성이 없거나 지극히 미약하다. 이 경우 간통죄의 처벌로 인해 혼인제도의 회복이나 유지가 이루어질 여지가 없다. 형사처벌의 적정성과 실효성이 없는데도 사실상 파탄상태인 부부에게까지 이미 형해화된 성적 성실의무를 형벌의 위하력으로 강제하는 것은 성적 자기결정권의 지나친 제한이 된다.

또한, 이제는 이러한 제3유형의 간통행위에 대하여는 허울뿐인 법률혼이 있다는 이유만으로 다른 유형과 동일하게 형사 처벌하는 것은 적정하지 않다는 관념이 우리 사회구성원들의 보편적인 법의식으로 보인다.

이와 관련해 최근 대법원은 비록 부부가 아직 이혼하지 아니하였지만 실질적으로 부부공동생활이 파탄되어 회복할 수 없을 정도의 상태에 이르렀다면 혼인의 본질에 해당하는 부부공동생활이 유지되고 있다고 볼 수 없으므로, 제3자가 부부의 일방과 성적인 행위를 하더라도 이를 두고 부부공동생활을 침해하거나 그 유지를 방해하는 행위라고 할 수 없고 또한 그로 인하여 배우자의 부부공동생활에 관한 권리가 침해되는 손해가 생긴다고 할 수도 없다는 이유로 불법행위의 성립을 부정하였다(대법원 2014. 11. 20. 선고 2011므2997 전원합의체 판결). 이는 우리 사회구성원들의 보편적 법의식을 반영한 것으로서, 혼인의 본질인 부부의 공동생활이 유지되지 아니하여 배우자에 대한 성적 성실의무를 인정하기 어려운 제3유형의 경우는 비난가능성이 없거나 반사회성이 없어 국가가 이에 개입해서는 아니 됨을 보여준다.

(라) 그러므로 제1, 2유형의 간통행위에 대한 형사처벌은, 그 처벌의 적정성과 실효성이 인정되고 부부간의 성적 성실의무에 기초한 혼인제도에 내포되어있는 사회윤리적 기본질서를 최소한도로 보호하려는 정당한 목적 하에 이루어지는 것으로서, 개인의 성적 자기결정권에 대한 과도한 제한이라고 하기 어렵다.

그러나 제3유형과 같이 이미 사실상 파탄상태에 있는 부부의 경우에는 혼외성관계로 인하여 상대방 배우자에 대한 성적 성실의무를 위배하거나 혼인제도를 저해할 우려가 전혀 없다 할 것이므로, 이와 같이 비난가능성 내지 반사회성이 없는 경우까지 처벌하는 것은 국가형벌권의 과잉행사로서 허용되지 아니한다.

(2) 상간자의 경우

간통죄는 반드시 배우자 있는 자와 상대방인 상간자 2인의 공동행위를 필요로 하는 필요적 공범 중 대향범에 속하는 범죄이다. 대향범의 처벌에 관하여 우리 형법은 대향자 쌍방을 동일한 형으로 처벌하는 경우(간통죄), 대향자 사이의 법정형이 다른 경우(수뢰죄 및 증뢰죄 등) 및 대향자의 일방만을 처벌하는 경우(음화등 반포·판매·임대죄 등)로 그 처벌유형을 달리하고 있다. 한편, 외국의 입법례를 보더라도, 비록 사문화되다시피 하였으나 여전히 간통죄 처벌규정이 남아 있는 미국의 여러 주들 가운데 간통행위의 쌍방 당사자 중 배우자 있는 자만을 처벌하는 규정이 있는 주들도 일부 존재한다. 위와 같은 우리 형법의 태도 및 외국의 입법례에 비추어 보면, 간통행위자를 처벌한다 하여 대향범인 상간자도 반드시 함께, 동일한 법정형으로 처벌하는 것이 논리필연적인 것은 아니라 할 것이다.

그런데 배우자 있는 상간자는 범죄의 소추조건인 고소의 유무에 따라 간통행위자와 법적 지위가 달라지는 것에 불과할 뿐, 그 행위의 본질은 자신의 배우자에 대한 성적 성실의무 위반이라는 점에서 간통과 전혀 다를 바 없다 할 것이므로 심판대상조항이 배우자 있는 상간자 중 이미 사실상 파탄 상태에 있는 상간자의 상간행위까지 처벌하는 것은 국가형벌권의 과잉행사로서 허용되지 아니함은 앞서 본 간통행위자의 경우와 같다.

한편, 우리 형사법의 전체 체계를 살펴보면 국가가 일정 연령 이상의 미혼 남녀 사이의 하자 없는 자유로운 의사에 기한 성행위에는 개입하지 않는 반면 간통행위는 이를 범죄로 규정하여 처벌하고 있다. 또한, 형법은 간통죄를 사회적 법익인 '성풍속에 관한 죄'의 장에 규정하면서도 이를 친고죄로 정하고 있고 나아가 간통의 종용·유서를 통한 실질적인 법익의 처분을 허용하고 있다.

간통죄의 본질은 앞에서 본 바와 같이 자신의 자유로운 의사에 기하여 혼인이라는 사회제도를 선택한 자가 의도적으로 배우자에 대한 성적 성실의무를 위배하는 성적 배임행위를 저지른 것에 있다고 할 것이다.

이러한 간통죄의 본질을 감안할 때, 미혼인 상간자(미혼자 및 이혼 또는 사별한 자를 포함한다)의 경우 애당초 그와 같은 배우자에 대한 성적 성실의무의 존재 및 그 위배라는 개념을 상정할 여지가 없을 뿐만 아니라, 상대방 간통행위자 및 그 배우자에 대한 관계에서도 그는 제3자로서 이들에 대하여 성적 성실의무를 부담하지 아니한다. 따라서 누구와 어떤 종류의 성행위와 사랑을 할 것인지에 관한 미혼인 상간자의 성적 자기결정권의 행사에 대하여는 그 권리와 자유의 성질상 국가의 간섭과 규제가 최대한 자제되어야 마땅하고 그의 성적 자기결정권은 간통행위자에 비하여 보다 폭넓게 인정된다고 봄이 상당하다.

그렇다면 미혼인 상간자의 상간행위에 대하여는 국가형벌권의 행사가 자제되어야 하고, 윤리적·도덕적 비난, 민사상 불법행위책임의 추궁 등을 통하여 그 행위에 상응하는 적절한 책임을 묻는 것이 충분히 효과적이고 또한 바람직하다. 그럼에도 불구하고 이를 범죄로 규정하여 형사 처벌하는 것은 국가가 간통행위 배우자의 복수감정을 대신 해소해 주는 것 외에는 별다른 의미를 갖지 못하고, 따라서 이는 미혼인 상간자의 성적 자기결정권을 지나치게 제한하는 국가형벌권의 과잉행사로서 허용되지 아니한다.

다만, 미혼인 상간자가 단순히 간통행위자의 간통을 인식하면서 상간하는 정도를 넘어 적극적 도발 내지 유혹을 함으로써 간통에 이르게 한 경우의 상간행위는 타인의 혼인관계에 악의적·의도적으로 위해를 가하여 혼인제도를 위태롭게 하는 것으로서 반사회적이고 비난가능성이 현저히 큰 행위이므로 이에 대한 형사처벌로 인해 그의 성적 자기결정권이 침해된다고 보는 것은 타당하지 않다. 이러한 경우에는 예외적으로 미혼인 상간자의 성적 자기결정권 제한으로 인한 불이익보다 그의 상간행위를 형사 처벌함으로써 달성하고자 하는 공적 이익이 보다 더 중요하다고 할 것이므로, 이에 대한 국가의 형벌권 행사가 헌법상 정당화된다 할 것이다.

(3) 결 론

이상에서 본 바와 같이 사실상 혼인관계의 회복이 불가능한 파탄상태로 인해 배우자에 대한 성적 성실의무를 더 이상 부담하지 아니하는 간통행위자와 배우자 있는 상간자의 간통 및 상간행위, 그리고 적극적 도발이나 유혹을 한 상간자를 제외한 미혼인 상간자의 상간 행위는 비난가능성 내지 반사회성이 없거나 단순히 윤리적·도덕적 비난에 그쳐야 할 유형의 행위에 불과하다.

그럼에도 불구하고 심판대상조항이 행위자의 유형 및 구체적 행위태양 등에 따른 개별성과 특수성을 고려할 수 있는 가능성을 아예 배제한 채 일률적으로 모든 간통행위자 및 상간자를 형사처벌하도록 규정한 것은 형벌 본래의 목적과 기능을 달성함에 있어 필요한 정도를 일탈한 국가형벌권의 과잉행사로서 헌법에 위반된다.

다. 재판관 강일원의 위헌의견

심판대상조항이 위헌이라는 다수의견 및 재판관 김이수의 의견과 결론은 같지만, 다음과 같이 그 이유를 달리한다.

(1) 간통행위의 금지 및 형벌 부과의 위헌 여부

배우자 있는 사람의 간통은 혼인제도의 근간을 이루는 일부일처주의에 대한 중대한 위협이고, 배우자와 가족구성원의 유기 등 심각한 사회문제를 야기한다. 그러므로 간통 및 상간행위가 개인의 성적 자기결정에 따른 것으로 내밀한 사생활의 영역에 속하는 것이라 하더라도, 그러한 행위가 혼인관계에 파괴적 영향을 미치게 된 때에는 단순히 윤리와 도덕적 차원의 문제라고 볼 수 없고 법적 규제의 필요성이 인정된다.

심판대상조항이 입법된 후 60여 년이 지났고 그동안 급격한 사회의 변화와 함께 일반적인 성적 도덕관념도 크게 변화하였으며, 이에 따라 혼인제도의 사회적 의미도 바뀌었다. 또한, 간통죄의 처벌이 단순히 금전적 이익을 얻기 위한 수단으로 악용되는 사례가 적지 않고, 간통죄가 친고죄로서 혼인의 해소를 전제로 하기 때문에 가정을 보호한다는 입법목적은 살리지 못하고 있으며, 상당수 간통사건이 수사나 재판과정에서 고소 취소 등으로 종결되어 형벌로서의 처단기능이나 억지 효과가 크게 감소하고 있는 것도 사실이다. 세계적으로 간통죄가 폐지되는 추세에 있는 것도 이러한 현실을 반영한 것이다.

그러나 간통행위를 처벌하는 심판대상조항이 사회일반의 법의식과 현저하게 괴리되었다고 단정할 수는 없다. 또 간통죄의 현실적 악용 사례는 심판대상조항이 징역형만을 선택형으로 규정함에 따른 결과적인 부작용이고, 가정 보호라는 입법목적을 충분히 살리지 못하고 간통 억지 효과도 감소하고 있는 등 심판대상조항이 안고 있는 문제는 입법의 개선을 통해 해결할 수 있다. 물론 이러한 문제점을 해소하기 위해서 외국의 입법례와 같이 아예 간통죄를 폐지하는 것도 하나의 방법이지만, 어떤 방법으로 문제를 해결할 것인지는 입법정책적으로 입법자가 결정할 사항이다.

어떠한 형태의 간통 및 상간행위든 혼인과 가족생활의 해체를 초래하거나 초래할 위험성이 높다는 점은 부인할 수 없다. 그렇기 때문에 간통행위를 사전에 예방하기 위한 법률적 수단이 필요하다는 점에 대해서는 이견이 있을 수 없다. 입법자가 이러한 수단으로 간통 및 상간행위에 대하여 비형벌적 제재나 민사법에 따른 규율 이외에 형벌이라는 제재수단을 도입한 것이 그 자체로 헌법에 위반된다고 볼 수는 없다.

(2) 명확성원칙 위반

범죄의 구성요건은 형식적 의미의 법률로 명확하게 규정되어야 하며, 범죄의 구성요건에 관한 규정이 지나치게 추상적이거나 모호하여 그 내용과 적용범위가 지나치게 넓거나 불명확한 경우에는 국가형벌권의 자의적 행사가 가능하여 개인의 자유와 권리를 보장할 수 없으므로 죄형법정주의에 위배된다(헌재 2004. 2. 26. 2001헌바75 참조). 범죄의 구성요건뿐만 아니라 위법성 조각사유나 소추조건 등도 죄형법정주의의 원칙에 따라 그 의미와 요건을 분명하게 규정하여 수범자인 국민이 국가 공권력 행사의 범위와 한계를 확실하게 예측할 수 있도록 하여야 한다.

형법 제241조 제2항은 간통죄를 친고죄로 규정하면서, 그 단서에서 “배우자가 간통을 종용 또는 유서한 때에는 고소할 수 없다”고 규정하고 있다. ‘종용’은 달래어 권함 또는 꾀어서 하게 함이라는 뜻이므로, 간통에 대한 사전 동의를 의미한다. 또 ‘유서’는 너그럽게 용서함이라는 뜻이므로, 간통에 대한 사후 동의라 할 수 있다. 배우자의 종용이나 유서가 있는 경우 간통죄로 처벌할 수 없는데, 어떤 경우에 간통을 종용 또는 유서한 것으로 볼 것인지가 분명하지 않다. 배우자를 간통죄로 고소한 사람이 간통행위가 있기 전에 종용하였거나 간통행위가 있은 뒤 유서하였는지 여부는 고소를 제기한 상태와 배치되는 고소인의 내심의 의사이므로 이를 증명하거나 인정하는 것이 쉽지 않은 것이다.

대법원은 재판상이혼이나 협의이혼 절차에서 부부 사이에 이혼 의사의 합지가 분명히 드러난 경우에는 혼인관계를 지속할 의사가 없고 간통을 종용한 경우에 해당한다고 보고 있다(대법원 1991. 3. 22. 선고 90도1188 판결; 대법원 2008. 7. 10. 선고 2008도3599 판결 등). 반면 배우자 일방이나 쌍방이 이혼소송을 제기하였더라도 혼인관계 파탄의 책임이 상대방에게 있음을 조건으로 이혼의 의사를 표명한 경우와 같이 임시적·잠정적으로 이혼의 의사가 나타난 때에는 간통을 종용한 것이 아니라고 한다(대법원 1989. 9. 12. 선고 89도501 판결; 대법원 2009. 7. 9. 선고 2008도984 판결 등). 그런데 배우자와 상간한 사람을 상대로 민사상 손해배상을 청구한 사안에서는, 실질적으로 부부 공동생활이 파탄되어 회복할 수 없을 정도의 상태에 이르렀다면 제3자가 부부 일방과 성적인 행위를 하더라도 불법행위가 성립하지 않고, 이러한 법률관계는 재판상 이혼이 청구되지 않은 상태라고 하여 달리 볼 수 없다고 하고 있다(대법원 2014. 11. 20. 선고 2011므2997 전원합의체 판결).

이러한 판례를 종합하면, 이혼의 명백한 의사 합치가 있을 때는 간통을 종용한 것이고 잠정적이거나 조건부로 이혼의 의사가 표출된 경우는 간통을 종용한 것이 아니게 된다. 그런데 어떤 경우에 이혼의 명백한 의사 합치가 있는 것인지 또 어느 경우가 잠정적이거나 조건부로 이혼 의사가 표출된 것인지 여부는 여전히 불분명하다. 또 부부 공동생활이 회복할 수 없는 정도의 상태에 이르렀다면 그 일방 배우자와 상간한 행위가 불법행위가 아니라고 하는데, 그렇다면 이 경우 불법행위는 성립하지 않지만 간통죄는 성립하는 것인지 의문이다. 만약 간통죄가 성립하지 않는다면 이혼의 명백한 의사 합치가 있는 때에만 간통의 종용에 해당한다는 판례와 어떻게 조화롭게 해석할 수 있을지 알 수 없다. 만약 부부 공동생활이 회복할 수 없을 정도의 상태인 경우 간통죄가 성립하지 않는다고 한다면, 어느 수준에 이르러야 부부 공동생활이 회복할 수 없는 정도인지는 법률 전문가가 아닌 일반 국민으로서는 알기 어렵다.

한편, 대법원은 단순한 외면적 용서의 표현이나 용서를 하겠다는 약속만으로는 간통을 유서하였다고 인정할 수 없다고 하면서 그 이유를 다음과 같이 설명한다. 간통의 유서는 민법 제841조에 규정된 사후용서와 같은 것으로 상대방의 간통사실을 알면서도 혼인관계를 지속시킬 의사로 악감정을 포기하고 책임을 묻지 않겠다는 뜻을 표시하는 일방행위이다. 유서는 묵시적으로도 할 수 있고 그 방식에 제한이 없지만, 배우자의 간통사실을 확실하게 알면서 자발적으로 한 것이어야 하고 또 간통사실에도 불구하고 혼인관계를 지속시키려는 진실한 의사가 명백하고 믿을 수 있는 방법으로 표현되어야 한다(대법원 1991. 11. 26. 선고 91도2049 판결; 대법원 2008. 11. 27. 선고 2007도4977 판결 등 참조).

그런데 상대방의 간통사실을 확실하게 안다는 것이 어느 정도 알아야 한다는 것인지 분명하지 않다. 또 혼인관계를 지속시키려는 의사가 명백하고 믿을 수 있는 방법으로 표현된다는 것이 어떤 방식으로 어떻게 표현되어야 한다는 것인지도 알기 어렵다. 결국, 개별 사안마다 판례에 따라 확인되기 전에는 간통의 유서가 있었는지 여부를 일반인으로서는 정확하게 알 수 없다.

간통죄의 구성요건 자체는 명확하지만 소극적 소추조건이라 할 수 있는 종용이나 유서의 개념이 위에서 본 것처럼 명확하지 않아 수범자인 국민이 국가 공권력 행사의 범위와 한계를 확실하게 예측할 수 없다. 따라서 심판대상조항은 명확성원칙에 위배된다.

(3) 책임과 형벌 간 비례원칙 위반

법정형의 종류와 범위의 선택 문제는 그 범죄의 죄질과 보호법익에 대한 고려뿐만 아니라 우리의 역사와 문화, 입법 당시의 시대적 상황, 국민 일반의 가치관 내지 법감정 그리고 범죄예방을 위한 형사정책적 측면 등 여러 가지 요소를 종합적으로 고려하여 입법자가 결정할 사항으로서 입법형성의 자유가 인정된다(헌재 1992. 4. 28. 90헌바24). 하지만 법정형을 정할 때 죄질과 그에 따른 행위자의 책임 사이에 적절한 비례관계가 지켜져야 한다는 것은 법치주의의 원리상 당연한 이치이므로, 입법형성의 자유에도 일정한 한계가 따른다. 법률로 법정형을 정할 때에도 인간의 존엄과 가치를 존중하고 보호하여야 함은 물론, 헌법 제37조 제2항이 규정하고 있는 과잉입법금지의 정신에 따라 형벌개별화의 원칙이 적용될 수 있는 범위의 법정형을 설정하여야 하며, 형벌이 죄질과 책임에 상응하도록 적절한 비례성을 유지하여야 한다(헌재 2003. 11. 27. 2002헌바24).

심판대상조항은 간통행위에 대하여 자유형인 징역형만 선택할 수 있도록 규정하고 있다. 어떤 범죄행위에 대하여 자유형만 부과하도록 하는 것이 정당화되려면, 그 범죄행위의 죄질과 불법성이 매우 무거워 징역형보다 가벼운 재산형 등 다른 형벌을 부과하는 것이 적절하지 않고, 자유형만 부과하더라도 구체적인 사례에서 행위자가 책임을 초과하는 형벌을 선고받지 않으리라는 점이 합리적으로 예측될 수 있어야 한다. 형법상 성풍속에 관한 죄 중 오직 간통죄만 다른 선택형 없이 징역형만 법정형으로 규정되어 있다. 성풍속에 관한 죄 중 가장 무거운 징역형을 부과할 수 있는 음행매개죄도 벌금형을 선택할 수 있도록 되어 있는 점에 비추어 보면, 입법자는 간통행위를 징역형보다 가벼운 선택형을 부과하여서는 안 될 정도로 위법성이 크고 범죄유형의 폭도 다양하지 않은 범죄행위라고 판단한 것으로 보인다.

그러나 간통 및 상간행위에는 행위의 태양에 따라 죄질이 현저하게 다른 수많은 경우가 존재한다. 배우자에 대한 정조의무를 저버린 의도적 범행이 있을 수 있는 반면, 혼인관계가 사실상 해소된 상태에서 새로운 가정을 이룬 것이 범행에 이르는 결과가 되는 경우도 있을 수 있다. 의도적이고 반복적인 범행이 있는 반면, 우발적이고 일회적인 일탈도 흔히 있다. 특히 간통을 저지른 사람과 그 배우자의 혼인관계가 사실상 파탄에 이른 것으로 믿고 상간한 미혼인 행위자의 경우는 그 법적 책임성이 일반적 간통의 경우와 질적으로 다르다고 평가하여야 한다. 이렇듯 구체적 사례에 따라 책임의 편차가 매우 넓을 것이라는 것은 일반적으로 충분히 예측 가능하다.

그럼에도 불구하고 심판대상조항이 간통 및 상간행위에 대하여 선택의 여지없이 반드시 징역형으로만 응징하도록 규정하고 있는 것은, 형벌의 본질상 인정되는 응보적 성격을 감안하더라도 행위자의 책임과 이에 따르는 형벌 사이에 균형을 잃은 것이다. 이로 인하여 실무상 수사 및 재판의 과정에서 구체적 사례에 따른 적절한 법운용이 어렵고, 법관의 양형재량권도 크게 제한된다. 현실적으로도 건전한 성도덕이나 가정을 지키기 위한 것이 아니라 처벌에 대한 공포감을 이용하여 금품을 받아 내거나 과도한 위자료를 지급받는 수단으로 간통 고소가 악용되는 사례가 적지 않게 나타나고 있다. 이와 같이 제도의 본뜻에 어긋난 남용 사례가 발생하는 것도 법정형을 오로지 징역형만으로 한정하고 있는 것에서 기인하는 바 크다.

범죄에 따라서는 행위 유형에 관계없이 징역형만으로 무겁게 처벌하여야 할 필요성이 있을 수 있다. 그러나 다양한 유형의 간통행위에 대하여 일률적으로 징역형만 부과하도록 하는 것은 범죄와 이에 따른 형벌 사이에 균형을 잃은 것이다. 간통행위는 재판상 이혼사유가 될 뿐만 아니라 민사상 불법행위로서 손해배상 책임을 면할 수 없는데, 이러한 민사상의 제재수단

이외에 반드시 징역형으로만 응징하여야 한다는 것은 현재의 법감정에 맞지 않는다. 간통죄의 존폐문제를 둘러싼 형사정책적·입법적 논쟁이 계속되고 있고 이미 여러 나라에서 간통죄를 폐지한 것은 간통죄에 대한 법감정이 입법 당시와는 질적으로 바뀌었음을 증명하고 있다.

또한, 심판대상조항은 법정형의 상한을 징역 2년으로 규정하고 있다. 따라서 간통죄로 유죄가 인정되면 집행유예나 선고유예를 선고받지 않는 한 대부분 단기자유형을 선고받게 된다. 그런데 단기자유형은 낙인 효과와 집행 과정에서의 악성 감염 등 많은 문제점을 않고 있는 반면 교정효과는 기대하기 어려워 이를 폐지하거나 개선하여야 한다는 지적이 끊이지 않고 있다. 이에 따라 오스트리아에서는 단기자유형 대신 일수벌금제를 선택하도록 하고 있고, 영국에서도 사회봉사나 보호관찰제도 등을 단기자유형에 대한 대체수단으로 도입하였다. 우리 재판실무에서도 단기자유형의 폐해를 피하기 위해 간통죄의 경우 실형이 선고되는 경우는 적고 집행유예의 선고 비율이 높아 형벌의 실효성이 약화되고 있다.

결국, 다양한 유형으로 각각의 죄질이 서로 다른 간통행위에 대하여 일률적으로 단기의 징역형만 부과하도록 규정하고 있는 심판대상조항은 범죄와 형벌 사이의 균형을 잃어 실질적인 법치국가의 원리에 어긋나며, 우리 국민의 법감정은 물론 국제적인 입법 추세에도 맞지 않는다. 따라서 심판대상조항은 모든 간통 및 상간행위에 대하여 2년 이하의 징역에 처하도록 규정하여 구체적 사안의 개별성과 특수성을 고려할 수 있는 가능성을 배제 또는 제한하고 있으므로, 책임과 형벌 사이의 비례원칙에도 위배된다.

6. 결 론

그 이유 구성은 다르지만 재판관 7인이 심판대상조항이 위헌이라는 데 의견을 같이 하였으므로 주문과 같이 결정한다. 이 결정에는 아래 7.과 같은 재판관 이정미, 재판관 안창호의 반대의견과 8.과 같은 재판관 이진성의 다수의견에 대한 보충의견이 있다.

7. 재판관 이정미, 재판관 안창호의 반대의견

우리는 다수의견과 달리 심판대상조항이 헌법에 위배되지 않는다고 생각하므로 다음과 같이 의견을 밝힌다.

가. 간통의 헌법상 보호되는 성적 자기결정권 포함 여부

(1) 헌법 제10조는 "모든 국민은 인간으로서의 존엄과 가치를 가지며, 행복을 추구할 권리를 가진다. 국가는 개인이 가지는 불가침의 기본적 인권을 확인하고 이를 보장할 의무를 진다"라고 규정하여 개인의 인격권과 행복추구권을 보장하고 있다. 개인의 인격권·행복추구권에는 개인의 자기운명결정권이 전제되는 것이고, 자기운명결정권에는 성행위의 여부 및 그 상대방을 선택할 수 있는 성적 자기결정권이 포함됨은 분명하다.

헌법상 기본권으로 보장되는 자기운명결정권은 인격의 주체가 자기의 인격을 형성하고 발현하기 위하여 자기 자신에 관한 사항을 자율적으로 결정할 수 있는 인격적 자율권을 말하는 것이고, 이는 이성적이고 책임감 있는 사람을 전제로 하는 것이다. 두 개인이 스스로의 자유로운 의사에 따라 형성하여 공동으로 영위하는 가족생활에 있어서 부부는 혼인에 따르는 의무와 책임을 부담하여야 한다. 혼인을 기초로 성립된 가족관계는 부부간의 성에 대한 성실의무와 신뢰를 전제로 상대방을 포함한 가족 구성원의 기본적 생활의 유지·보호, 새로운 가족 구성원의 생산과 양육 등을 함께 부담하는 공동체를 이루게 되고, 가족공동체는 본인뿐만 아니라 배우자와 가족에게 있어서도 인격권·행복추구권을 실현하기 위한 기본적 토대가 되기 때문이다.

그런데 배우자 있는 자의 간통은 혼인이라는 사회적 제도를 선택하는 자기결단을 한 자가 혼인에서 비롯된 성에 대한 성실의무를 위배하는 행위라는 점에서, 그리고 그러한 점을 알면서 상간하는 것은 사회적·법적 제도로서의 혼인을 보호하는 공동체를 부정하는 것이라는 점에서, 이러한 행위까지 성적 자기결정권의 보호영역으로 포섭하는 다수의견에는 선뜻 동의하기 어렵다. 이성이 서로 사랑하고 정교관계를 맺는 것은 자기결정권의 보호영역이라고 할 수 있지만, 간통 및 상간 행위는 자신만의 영역을 벗어나 다른 인격체나 공동체의 법익을 침해하는 행위이기 때문에 성적 자기결정권의 내재적 한계를 벗어나는 것이 아닌가 하는 의문이 든다.

(2) 인간이 살아가는 가장 근본적인 공동체의 틀은 가정이다. 따라서 국가와 사회의 기초를 이루기 위해서는 무엇보다 먼저 그 근간인 가정이 바로 정립되고 유지되어야 한다. 혼인을 통한 부부관계가 가족공동체의 기본적 요소임을 감안한다면 국가와 사회의 건전한 존립과 유지를 위해 혼인을 통한 부부관계는 법적으로 보호받고 유지되어야 함이 마땅하다.

우리 헌법 제36조 제1항은 "혼인과 가족생활은 개인의 존엄과 양성의 평등을 기초로 성립되고 유지되어야 하며, 국가는 이를 보장한다"고 규정하여 인간의 존엄과 양성의 평등이 가족생활에 있어서도 보장되어야 함을 규정함과 동시에 혼인과 가족생활에 관한 제도적 보장 역시 규정한다(헌재 2002. 3. 28. 2000헌바53 참조). 따라서 혼인과 가족생활에 관한 입법에 있어 개인의 존엄과 양성의 평등은 그 헌법적 지침이 된다 할 것이다. 개인의 존엄성에 기초한 혼인제도는 중혼을 금지하고 일부일처제를 요청한다. 그런데 간통 및 상간행위는 혼인제도의 근간을 이루는 일부일처제에 대한 중대한 위협이 되며, 배우자와 가족 구성원에 대한 유기 등 사회문제를 야기한다.

따라서 심판대상조항은 일부일처제에 기초한 혼인제도 및 가족생활을 보장하고 부부간 성에 대한 성실의무를 지키게 하기 위한 것으로 헌법 제36조 제1항의 규정에 의하여 국가에 부과된, 개인의 존엄과 양성의 평등을 기초로 한 혼인과 가족생활의 유지·보호의무의 이행을 위한 것이다. 이러한 점에서 볼 때, 일부일처제에 기초한 혼인이라는 사회적 제도를 훼손하고 '본인·배우자 및 가족의 인격권·행복추구권'의 실현을 위한 기본적 토대가 되는 가족공동체의 유지·보호에 파괴적인 영향을 미치는 행위를 인격권·행복추구권에서 연유하는 개인의 성적 자기결정권이라는 범주 아래 용인하는 것이 과연 타당한가에 대해서는 강한 의문을 표하지 않을 수 없다.

나. 간통에 대한 형사처벌 유무 및 그 정도의 입법재량 여부

간통(및 상간)행위에 대해 비형벌적 제재나 가족법적 규율이 아닌 형벌의 제재를 규정한 것이 지나친 것은 아닌지에 대한 문제는 제기될 수 있다. 어떠한 행위를 불법이며 범죄라 하여 국가가 형벌권을 행사하여 이를 규제할 것인지 아니면 단순한 도덕률에 맡길 것인지의 문제는 인간과 인간, 인간과 사회와의 상호관계를 함수로 하여 시간과 공간에 따라 그 결과를 달리할 수밖에 없는 것이고, 결국은 그 사회의 시대적인 상황이나 사회구성원들의 의식 등에 의하여 결정될 수밖에 없다. 따라서 간통행위에 대하여 민사상의 책임 외에 형사적 제재도 가할 것인지 여부는 기본적으로 입법정책의 문제로서 입법권자의 입법형성의 자유에 속한다(헌재 2001. 10. 25. 2000헌바60 참조).

심판대상조항에 대하여 개인의 윤리나 도덕의 문제에 법이 직접 개입하여 강제한다는 비판이 있으나, 배우자 있는 자의 간통 및 그에 동조한 상간자의 행위는 사회적 윤리의 상당성을 일탈한 것을 넘어 혼인과 가족생활의 해체를 초래하거나 초래할 위험성이 높다는 점에서 이를 단순히 윤리와 도덕적 차원의 문제라고만은 볼 수 없다.

물론 간통죄에 대한 오늘날 세계 각국의 입법례는 이를 폐지해 가는 것이 그 추세이고, 우리 사회 역시 급속한 개인주의적·성개방적 사고방식에 따라 성에 관한 국민의 법의식에도 많은 변화가 있었으며, 심판대상조항의 규범력도 어느 정도 약화되었음은 부인할 수 없다. 그러나 우리 사회의 구조와 국민의식의 커다란 변화에도 불구하고 우리 사회에서 고유의 정절 관념 특히 혼인한 남녀의 정절 관념은 전래적 전통윤리로서 여전히 뿌리 깊게 자리 잡고 있으며, 일부일처제의 유지와 부부간의 성에 대한 성실의무는 우리 사회의 도덕기준으로 정립되어 있어, 간통은 사회의 질서를 해치고 타인의 권리를 침해하는 경우에 해당한다고 보는 우리의 법의식은 여전히 유효하다(헌재 2008. 10. 30. 2007헌가17등 참조). 우리 재판소는 창설 이래 2008년에 이르기까지 선례들을 통해서 수차례 이 점을 확인하고 간통죄가 헌법에 위반되지 아니한다고 판시하여 왔는바, 이렇게 거듭 확인된 선례를 변경하여야 할 사정변경의 유무를 판단함에 있어서는 신중을 기하여야 할 것이다.

다수의견은 간통에 대한 우리 사회 대다수의 법의식이 변화하였다고 하나 현재 국민 법의식에 대한 실태조사결과 등 이를 입증할 어떠한 증좌도 없다. 오히려 2005년 한국가정법률상담소가 실시한 간통죄 존폐 설문조사 결과에서는 응답자 1만 2,516명 중 60%에 달하는 7,621명이 존치의견이었고, 2009년 여론조사기관이 전국 19세 이상 성인 1,000명을 대상으로 실시한 간통죄 형사처벌 찬반 여부 설문조사에서는 응답자의 64.1%가 찬성 입장이었으며, 2014년 한국여성정책연구원이 전국 19세 이상 남녀 2,000명을 대상으로 실시한 간통죄 존폐 설문조사 결과에서도 응답자의 60.4%가 존치의견을 나타냈다. 이렇듯 가정 내 경제적·사회적 약자의 입장에 있는 여성들을 비롯한 일반 국민들 중에서는 간통을 형법으로 규제함으로써 국가가 가정을 보호해 주어야 한다는 의견이 존재하는 것은 명백한 사실이다. 이는 대다수 외국과는 달리 우리 형법에서 존속에 대한 상해나 살인죄를 가중처벌하는 것을 효(孝)의 강요 내지 법에 의한 도덕의 강제로 보지 않고 우리 사회에서 지켜야 할 최소한의 윤리도덕을 유지하기 위한 것으로서 그 정당성이 인정되고 있는 것과 마찬가지이다.

또한, 사회의 건전한 성도덕을 유지하는 데 있어서 형법의 역할을 전적으로 부정할 수는 없다. 우리나라는 고조선의 8조법금에서부터 지금까지 일관되게 간통을 금지하고 간통행위를 한 자를 형사처벌하여 왔고 그로 인해 우리 사회에서 간통은 법으로 금지된 행위이고 간통행위를 할 경우에는 형사처벌을 받게 된다는 인식이 오랫동안 뿌리 깊게 이어져 왔다. 즉 간통죄의 존재 자체만으로도 일반인들로 하여금 간통행위에 나아가지 않게 하는 일반예방적 효과가 있었고, 그로 인하여 사회의 건전한 성도덕이 유지되고 혼인관계와 소중한 가정이 보호되어 온 측면을 무시할 수 없다. 특히 간통죄의 폐지는 '성도덕의 최소한'의 한 축을 허물어뜨림으로써 우리 사회 전반에서 성도덕 의식의 하향화를 가져오고, 간통에 대한 범죄의식을 없앰으로써 우리 사회에서 성도덕의 문란을 초래할 수 있으며, 그 결과 혼인과 가족공동체의 해체를 촉진시킬 수 있다. 이는 독일 철학자 헤겔이 말하는 '가정 — 사회 — 국가'라는 인간이 살아가는 근본적인 공동체의 틀을 훼손할 수 있다는 의미이다. 이러한 점을 고려할 때 간통행위에 대해 개인과 사회의 자율적 윤리의식의 제고를 촉구하는 데 그치지 아니하고 형벌의 제재를 동원한 행위금지를 선택한 입법자의 판단이 자의적인 것이라고 보기 어렵다.

다만, 법적으로 혼인이 해소되지 않았으나 장기간 별거 등 실질적으로 부부공동생활이 파탄되어 회복될 수 없을 정도의 상태에 이르러 더 이상 배우자에 대한 성적 성실의무를 부담한다고 볼 수 없는 경우까지도 형사처벌의 대상으로 삼는 것은 입법목적 달성을 위한 필요한 범위를 넘어서는 것이 아닌가 하는 의문이 있을 수 있다. 그러나 사회적으로 비난가능성이 없는 간통행위는 사회상규에 위배되지 아니하는 행위로 볼 여지가 있고, 나아가 간통의 종용 또는 유서의 개념을 적절히 보완함으로써 간통죄의 성립을 부정할 수도 있다. 이와 관련하여 대법원은 비록 부부가 아직 이혼하지 아니하였지만 실질적으로 부부공동생활이 파탄되어 회복할 수 없을 정도의 상태에 이르렀다면, 제3자가 부부의 일방과 성적인 행위를 하더라도 이를 두고 부부공동생활을 침해하거나 유지를 방해하는 행위라고 할 수 없고, 또한 그로 인하여 배우자의 부부공동생활에 관한 권리가 침해되는 손해가 생긴다고 할 수도 없으므로 불법행위가 성립한다고 보기 어렵다고 하였다(대법원 2014. 11. 20. 선고 2011므2997 전원합의체 판결). 이는 민사적인 불법행위책임에 관한 판결이기는 하나, 부부공동생활의 실체가 더 이상 존재하지 아니한다고 볼 정도에 이른 경우 간통행위는 사회윤리 내지 사회통념에 비추어 용인되는 사회상규에 위배되지 아니하는 행위로서 위법성이 조각될 여지가 있음을 보여준다.

한편, 어떠한 범죄를 어떻게 처벌할 것인가 하는 문제, 즉 법정형의 종류와 범위의 선택은 그 범죄의 죄질과 보호법익에 대한 고려뿐만 아니라 우리의 역사와 문화, 입법 당시의 시대적 상황, 국민일반의 가치관 내지 법감정 그리고 범죄예방을 위한 형사정책적 측면 등 여러 가지 요소를 종합적으로 고려하여 입법자가 결정할 사항으로서 광범위한 입법재량 내지 형성의 자유가 인정되어야 할 분야이다.

심판대상조항은 징역형만을 규정하고 있으나 2년 이하의 징역에 처하도록 하여 법정형의 상한 자체가 높지 않을 뿐만 아니라 비교적 죄질이 가벼운 간통행위에 대하여는 선고유예까지 선고할 수 있으므로 행위의 개별성에 맞추어 책임에 알맞은 형벌을 선고할 수 없도록 하는 지나치게 과중한 형벌을 규정하고 있다고 볼 수 없다. 또한, 간통 및 상간행위는 일단 소추가 된 때에는 행위태양에 관계없이 필연적으로 가족의 해체로 인한 사회적 문제를 야기한다는 점에서 다른 성풍속에 관한 죄와는 다른 법익침해가 문제되고, 경미한 벌금형은 기존의 혼인관계의 해소에 따른 부양이나 손해배상의 책임을 피하고자 하는 간통행위자에 대하여는 위하력을 가지기 어렵다는 점 등을 고려할 때 입법자가 심판대상조항에 대하여 형법상 다른 성풍속에 관한 죄와 달리 벌금형을 규정하지 아니한 것이 형벌체계상의 균형에 반하는 것이라 할 수도 없다(헌재 2008. 10. 30. 2007헌가17등 참조).

다. 간통죄의 존속의 의의

우리나라의 이혼율은 1980년대 들어와 급격히 증가하기 시작하여 2000년대 이후로는 혼인 대비 이혼율이 40%에 이르게 되었고 현재 우리나라는 아시아에서 이혼율이 가장 높은 국가가 되었다. 특히 2000년에서 2006년까지 재판상 이혼의 원인 중에서 배우자의 부정행위는 47.1%로 가장 많은 비중을 차지하고 있다. 다수의견은 이혼을 하게 되더라도 재산상 및 정신적 손해배상 등을 통해서 부정한 행위를 한 배우자의 상대방을 보호할 수 있다고 하지만, 특히 사회활동의 경험이 없고 가정 내 경제적·사회적 약자의 처지에 놓여 있는 전업주부 여성의 경우 상대방의 재산 은닉 등으로 인하여 재산분할제도가 실효성이 없는 경우가 많고, 위자료로 받을 수 있는 액수도 미미한 수준이다. 아직까지 우리 사회에서 혼인중의 재산분할 인정, 주거용 건물 등에 대한 부부 일방의 임의 처분 제한, 재산분할청구권 보전을 위한 사해행위취소권, 이혼에 따른 상속분 보장 등 가정 내 경제적·사회적 약자를 보호하기 위한 다양한 제도가 마련되어있지 아니하여 현행 민법상의 제도나 재판실무만으로는 이들의 보호에 미흡할 수밖에 없다.

최근 우리 사회에서 심각한 사회문제로 대두되고 있는 청소년 비행에 있어서도 마찬가지이다. 가정은 자녀의 출산과 양육, 사회화, 사회통제 등을 담당하는 사회적 기관으로서 자녀에게 사회적으로 안정적인 삶의 자원 및 기회를 제공할 뿐만 아니라 사회적으로 승인된 사회규범을 내면화시키고 일탈을 억제함으로써 자녀가 사회의 구성원으로 성장하는 데 있어서 중요한 역할을 담당하고 있다. 따라서 간통으로 인한 가족공동체의 파괴가 자녀에게 심각한 악영향을 미칠 수 있다는 점은 쉽게 짐작할 수 있다. 실제로 청소년 비행의 원인에 대한 수많은 연구결과가 부모의 이혼이나 별거 등으로 인한 결손가정의 경우 청소년 자녀의 비행의 정도가 양친가정에 비해 월등히 높게 나타나고 있음을 보여주고 있다.

그런데 이와 같이 부부가 이혼할 경우 가정 내 경제적·사회적 약자에 대한 보호장치가 제대로 마련되어 있지 않고, 부모의 이혼으로 인한 자녀양육에 대한 책임과 파괴된 가정에 대한 사회적 안전망이 구축되지 않은 상태에서 간통죄를 폐지할 경우에는 혼인관계에서 오는 책임과 가정의 소중함은 뒤로 한 채 오로지 자신의 성적 자기결정권과 사생활의 자유만을 앞세워 수많은 가족공동체가 파괴되고 가정 내 약자와 어린 자녀들의 인권과 복리가 침해되는 사태가 발생하게 될 것을 우려하지 않을 수 없다.

이렇듯 간통죄는 아직까지 우리 사회에서 그 존재의의를 찾을 수 있고, 그로 인해 보호되는 공익은 선량한 성도덕의 수호, 나아가 혼인과 가족제도의 보장이라는 헌법적 가치이다. 그에 반해 심판대상조항으로 인한 행위규제는 법률혼 관계가 유지되고 있는 동안 간통할 수 없고, 법률상 배우자 있는 자라는 사실을 알면서 상간할 수 없다는 특정한 관계에서의 성행위 제한이다. 이는 간통행위자에 대하여는 스스로의 자유로운 의사에 따라 형성한 혼인관계에 따르는 당연한 의무이자 책임의 내용일 뿐이며, 미혼인 상간자에 대하여도 타인의 법적·도덕적 의무위반을 알면서 적극적으로 동참하여서는 아니 된다는 것일 따름이다. 따라서 심판대상조항으로 인해 얻는 공익적 성과와 그로부터 초래되는 부정적 효과는 합리적인 비례관계를 일탈하였다고 할 수 없다.

라. 소 결

결국, 심판대상조항은 성적 자기결정권을 제한한다고 보기 어려울 뿐 아니라, 과잉금지원칙에 위배되어 청구인들의 기본권을 침해한다고 할 수도 없으므로 헌법에 위배되지 않는다.

8. 재판관 이진성의 다수의견에 대한 보충의견

나는 다수의견에 더해서 심판대상조항이 간통행위에 대하여 징역형만 규정한 것이 책임과 형벌의 비례원칙에 위배되는 까닭에 법정형의 종류를 다양하게 규정한다면 위헌 선언을 피할 수 있는지 등에 관하여 보충의견을 밝힌다.

범죄행위를 어떻게 처벌할 것인가 하는 문제, 즉 법정형의 종류와 형량을 어떻게 정할 것인가는 기본적으로 범죄의 죄질과 보호법익과 형벌의 성격에 대한 고려를 하여야 하고, 나아가 역사와 문화, 시대적 상황과 국민의 가치관 내지 법감정 및 범죄예방을 위한 형사정책 등을 종합적으로 판단하여야 하는 문제이다.

앞에서 본 것과 같이 간통행위는 행위 유형이 워낙 다양하므로 단일 법정형인 징역형만 규정한 것이 책임과 형벌 사이에 균형을 잃을 가능성은 충분히 있지만, 징역형보다 가벼운 벌금형은 원래 개인적 배상제도의 성질을 가진 배상금 또는 속죄금으로 인정되어 오던 것인바, 연혁적으로 이익취득 범죄에 대한 적절한 형벌의 기능을 담당하였고 현실적으로도 범죄인이 범죄로 취득한 재산상의 이익을 환수한다는 의미가 강한 형벌이다. 간통죄는 배우자에 대한 정조의무를 저버리고 혼인제도의 문란을 가져오는 비윤리적 범죄이지 이익취득 범죄가 아니므로 이를 처벌한다고 해도 그 성질상 벌금형으로 처벌하는 것이 적절한 수단이라고 할 수 없다.

간통죄를 처벌하여도 간통을 억지하는 실질적이고도 근본적인 일반예방 및 특별예방의 효과를 기대할 수 없는 것은 부부 사이의 정조의무가 형벌로 강제된다고 해서 달성될 수 있는 성질의 것이 아니기 때문이지, 벌금형이 법정형으로 규정되어 있지 않기 때문인 것은 아니다. 만약 경미한 벌금형을 부과한다면 기존의 혼인관계 해소에 따른 부양이나 손해배상의 책임을 피하고자 하는 간통행위자에 대하여 위하력을 가지기 어려우며(헌재

2008. 10. 30. 2007헌가17등 참조), 경제적 여유가 있는 사람에게는 벌금형이 오히려 면죄부를 발급해 주는 결과를 가져올 수 있다. 간통행위자에게 과중한 벌금형을 부과한다 하더라도 부부 일방의 특유재산이 아닌 한 부부의 재산은 공유로 추정되는 현행 제도 아래에서는 배우자 일방에게 부과되는 재산형은 다른 배우자에게도 사실상 재산 손실을 함께 초래하므로, 벌금형의 효과 중 재산의 감소 효과가 부부 쌍방에게 모두 발생하는, 의도하지 않은 결과가 발생할 수 있다.

명예형 중 우리 형법이 채용하고 있는 자격형은 공법관계의 각종 자격이나 공무원의 선거권, 피선거권, 법인의 임원 등이 되는 자격을 상실 또는 제한하는 것으로 선거법이나 공무원의 직무상 범죄 등에 가능한 형벌인데, 최근 이러한 자격형을 주형의 일종으로 앞으로도 유지할 것인지에 관하여 논란까지 있는 형벌이다. 따라서 자격형의 성질상 부부 사이의 정조의무를 위반한 간통죄에 대한 형벌로 적합한 수단이 아닌 것은 벌금형과 다르지 아니하다.

이처럼 간통죄에 대한 형벌로 벌금형이나 명예형이 유효하고 적절한 수단이 되지 못하는 이상, 선량한 배우자와 자녀를 보호하기 위하여는 굳이 간통죄를 존치시키면서 벌금형이나 명예형을 추가로 규정하는 방법으로 책임과 형벌 사이의 비례원칙을 추구할 것이 아니다.

간통은 일단 소추가 되면 고소가 취소되지 않는 한 행위 유형에 관계없이 필연적으로 가족의 해체로 인한 사회적 문제를 야기한다. 소수의견은 간통행위로 인한 가족의 해체라는 상황에서 경제적 약자인 여성과 자녀들에 대한 보호장치가 제대로 마련되어 있지 않다는 이유로도 간통죄의 존치를 주장하지만, 부부 일방의 부정행위로 인하여 비롯되는 민사, 가사 문제들의 해결 수단을 간통죄를 유지시켜 형사사건에서 찾을 것도 아니다.

결국, 실질적 위하력을 발휘하지 못하고 있는 간통죄를 폐지하는 한편, 간통행위로 인한 가족의 해체라는 사태를 맞아 기존의 민법상 불법행위에 기한 손해배상청구 내지 재산분할청구, 자녀의 양육, 면접, 교섭에 관한 재판실무관행을 개선하고, 이에 더해 배우자와 자녀의 복리를 위하여 필요한 제도를 새로 강구하는 것이 바른 길이다.

재판관 박한철(재판장)
이정미
김이수
이진성
김창종
안창호
강일원
서기석
조용호

[별지] 당해사건 목록

1. 헌법소원심판 사건

순번	사건	청구인	당해사건	심판청구일
1	2009헌바17	박○순, 권○영	서울중앙지방법원 2007고단7366 간통 등	2009. 2. 3.
2	2009헌바205	주○호	수원지방법원 2009노33 간통	2009. 8. 26.
3	2010헌바194	김○복, 장○숙	대법원 2009도14965 간통	2010. 4. 30.
4	2011헌바4	최○기, 주○결	대전지방법원 서산지원 2010고단706 간통	2011. 1. 5.
5	2012헌바57	박○령	고등군사법원 2011노205 군무이탈, 간통	2012. 2. 14.
6	2012헌바255	김○석, 김○영	서울북부지방법원 2012고단75 간통	2012. 7. 6.
7	2012헌바411	홍○경	수원지방법원 성남지원 2012고단1298 간통	2012. 11. 22.
8	2013헌바139	김□영	수원지방법원 2012고단5617 간통	2013. 5. 16.
9	2013헌바161	김○현	수원지방법원 2012고단5617 간통	2013. 5. 23.
10	2013헌바267	이○등	서울중앙지방법원 2013고단290 간통	2013. 8. 9.
11	2013헌바276	김△영	서울중앙지방법원 2013고단290 간통	2013. 8. 23.
12	2013헌바342	박○구	의정부지방법원 고양지원 2011고단1576 간통	2013. 10. 2.
13	2013헌바365	이○조	대구지방법원 2013고단3695 간통	2013. 10. 16.
14	2014헌바53	이○영	대법원 2013도6007 간통	2014. 1. 13.
15	2014헌바464	구○숙	청주지방법원 2014고단628 간통	2014. 12. 3.

2. 위헌법률심판 사건

순번	사건	제청 신청인	당해사건	심판 제청일
1	2011헌가31	(직권)	의정부지방법원 2011노1013 간통	2011. 8. 26.
2	2014헌가4	박○미	수원지방법원 2013노3859 간통	2014. 3. 13.

18 공직선거법 제93조 제1항 선거법위반 문자메시지
(2009. 5. 28. 2007헌바24)

Ⅰ. 판시 사항

1. 선거일 전 180일부터 선거일까지 선거에 영향을 미치게 하기 위하여 일정한 내용의 문서 기타 이와 유사한 것의 배부하는 등의 행위를 금지하는 공직선거법(2005. 8. 4. 법률 제7681호로 개정된 것) 제93조 제1항 중 '기타 유사한 것' 부분(이하 '이 사건 조항'이라 한다)이 명확성원칙에 위배되는지 여부(소극)

2. 이 사건 조항에 따라 휴대전화 문자메시지 전송을 금지하는 것이 과잉금지원칙에 위배하여 선거운동의 자유를 침해하는지 여부(소극)

Ⅱ. 결정요지

1. 이 사건 조항은 매체의 형식에 중점을 두고 있는 것이 아니라 사람의 관념이나 의사를 시각이나 청각 또는 시청각에 호소하는 방법으로 다른 사람에게 전달하는 것에 중점을 두고 있는 것이고, 일반조항으로서의 '기타 이와 유사한 것'은 선거에 영향을 미치게 하기 위하여 정당 또는 후보자를

지지, 추천하거나 반대하는 내용을 포함할 수 있는 가독성 내지 가청성을 가진 공직선거법 제93조 제1항에 열거된 매체와 유사한 매체, 관념이나 의사전달의 기능을 가진 매체나 수단을 의미하는 것으로 볼 수 있으므로 죄형법정주의의 명확성의 원칙에 반하지 아니한다.

2. 이 사건 조항에 따라 휴대전화 문자메시지 전송을 금지하는 것은 선거운동의 부당한 경쟁 및 후보자들 간의 경제력 차이에 따른 불균형이라는 폐해를 막고, 선거의 평온과 공정을 해하는 결과의 발생을 방지함으로써 선거의 자유와 공정의 보장을 도모하는 것으로서 정당한 목적달성을 위한 적절한 수단에 해당한다. 한편, 문자메시지에 의한 선거운동이 무제한적으로 허용된다면 선거의 공정이나 평온을 심히 저해하는 결과를 초래할 것이므로 이에 관한 제한은 불가피한데, 공직선거법은 제82조의5에서 전화를 이용한 선거운동을 일정기간 허용하여 기본권 제한을 최소화하고 있고, 달리 이 사건 조항에 비하여 덜 제약적이면서 같은 효과를 지닌 수단이 명백하다고 볼 수 없으므로 이 사건 조항은 최소침해성원칙에도 반하지 않는다. 또한, 이 사건 조항에 의하여 달성되는 선거의 공정과 평온이라는 공익은 민주국가에서 매우 크고 중요하다고 할 수 있는 반면, 그로 인한 기본권 제한은 수인이 불가능할 정도로 큰 것은 아니라고 할 것이어서 법익균형성도 인정된다. 따라서 이 사건 조항은 과잉금지원칙에 위배하여 선거운동의 자유를 침해하지 않는다.

□ 재판관 김종대, 재판관 민형기, 재판관 목영준, 재판관 송두환의 반대의견

1. 공직선거법 제93조 제1항의 구성요건 행위가 시간적·내용적으로 한정되어 있다는 이유만으로 '기타 이와 유사한 것'에 '관념이나 의사전달의 기능을 가진 모든 매체나 수단'이 포함된다고 해석할 수는 없으며, 위 조항

의 구체적인 예시만으로는 표현의 형식, 방법, 파급력 등이 다양한 많은 매체 중에서 어느 것이 일반조항인 '기타 이와 유사한 것'에 포함될지를 추론하기도 쉽지 않다. 이 사건 조항은 구체적 예시에 의하여 그 범위와 한계가 명백하게 드러나지 않는바, 헌법상 명확성의 원칙에 위배된다.

2. 이 사건 조항의 입법목적의 정당성은 인정되나, 휴대전화 문자메시지 전송의 경우 후보자의 경제력에 따른 불균형 문제가 심각하지 않고, 후보자 간 공정성을 해치거나 선거의 평온을 깨뜨린다고 보기 어려우므로 이를 금지하는 것이 목적달성을 위한 적절한 수단이라 할 수 없으며, 목적 달성을 위한 다른 덜 제약적인 수단들도 존재한다는 점에서 최소침해성원칙에도 위배된다. 나아가 휴대전화 문자메시지 전송의 무조건 금지로 인하여 일어지는 선거의 공정성은 명백하거나 구체적이지 못한 반면, 후보자가 선거운동의 자유를 제한받음으로써 생기는 불이익은 적지 아니하므로, 공익과 사익 간의 균형성도 인정되지 않으므로 결국 이 사건 조항은 과잉금지원칙에 위배하여 선거운동의 자유를 침해한다.

□ 재판관 조대현의 반대의견

문서·도화 등을 이용한 선거운동은 후보자를 가장 정확하게 알리고 가장 정확하게 파악할 수 있는 선거운동방법이며 비용도 저렴하고 선거의 공정성을 해칠 위험도 적기 때문에, 정치적 표현의 자유로서 보장되어야 하고, 이를 금지하는 것은 선거운동의 자유를 정당한 사유도 없이 제한하는 것으로 헌법에 위반되며, 휴대전화의 문자메시지를 이용한 선거운동 역시 마찬가지이다.

Ⅲ. 심판대상조문

공직선거법(2005. 8. 4. **법률 제7681호로 개정된 것**) **제93조(탈법방법에 의한 문서·도화의 배부·게시 등 금지)** ① 누구든지 선거일 전 180일(보궐선거 등에 있어서는 그 선거의 실시사유가 확정된 때)부터 선거일까지 선거에 영향을 미치게 하기 위하여 이 법의 규정에 의하지 아니하고는 정당(창당준비위원회와 정당의 정강·정책을 포함한다. 이하 이 조에서 같다) 또는 후보자(후보자가 되고자 하는 자를 포함한다. 이하 이 조에서 같다)를 지지·추천하거나 반대하는 내용이 포함되어 있거나 정당의 명칭 또는 후보자의 성명을 나타내는 광고, 인사장, 벽보, 사진, 문서·도화 인쇄물이나 녹음·녹화테이프 기타 이와 유사한 것을 배부·첩부·살포·상영 또는 게시할 수 없다. 다만, 선거운동기간 중 후보자가 제60조의3(예비후보자 등의 선거운동) 제1항 제2호의 규정에 따른 명함을 직접 주거나 후보자가 그와 함께 다니는 자 중에서 지정한 1인과 후보자의 배우자(배우자 대신 후보자가 그의 직계존·비속 중에서 신고한 1인을 포함한다)가 그 명함을 직접주는 경우에는 그러하지 아니하다.

②~③ 생략

Ⅳ. 참조조문

헌법 제37조 제2항, 제116조 제1항

공직선거법 제60조의3(예비후보자 등의 선거운동) ① 예비후보자는 다음 각 호의 어느 하나에 해당하는 방법으로 선거운동을 할 수 있다.

1. 제61조(선거운동기구의 설치) 제1항 및 제6항 단서의 규정에 의하여 선거사무소를 설치하거나 그 선거사무소에 간판·현판 또는 현수

막을 설치·게시하는 행위

2. 자신의 성명·사진·전화번호·학력[정규학력과 이에 준하는 외국의 교육과정을 이수한 학력을 말한다]·경력 기타 홍보에 필요한 사항을 게재한 길이 9센티미터 너비 5센티미터 이내의 명함을 직접 주면서 지지를 호소하는 행위 다만, 지하철역구내 기타 중앙선거관리위원회규칙으로 정하는 다수인이 왕래하거나 집합하는 공개된 장소에서 주면서 지지를 호소하는 행위는 그러하지 아니하다.

3. 전자우편(컴퓨터 이용자끼리 네트워크를 통하여 문자·음성·화상 또는 동영상 등의 정보를 주고받는 통신시스템을 말한다. 이하 같다)을 이용하여 문자·음성·화상 또는 동영상 기타의 정보를 전송하는 행위

4. 선거구안에 있는 세대수의 10분의 1 이내에 해당하는 수(그 수는 2만을 초과할 수 없다)의 인쇄물을 작성하여 관할 선거관리위원회로부터 발송대상·매수 등을 확인받은 후 후보자등록기간개시일전일까지 1회에 한하여 중앙선거관리위원회규칙이 정하는 바에 따라 우편발송하는 행위

② 예비후보자가 그와 함께 다니는 자 중에서 지정한 1인과 예비후보자의 배우자(배우자 대신 예비후보자가 그의 직계존·비속 중에서 신고한 1인을 포함한다. 이하 이 항에서 같다)는 예비후보자의 선거운동을 위하여 제1항 제2호의 규정에 따른 명함을 직접 줄 수 있다. 이 경우 예비후보자의 배우자는 예비후보자의 지지를 호소할 수 있다.

③ 제1항 제4호의 규정에 따라 인쇄물을 우편발송하고자 하는 예비후보자는 그 발송통수 이내의 범위 안에서 선거권자인 세대주의 성명·주소(이하 이 조에서 '세대주명단'이라 한다)의 교부를 구·시·군의 장에게 신청할 수 있으며, 신청을 받은 구·시·군의 장은 다른 법률의 규정에 불구하고 지체 없이 그 세대주명단을 작성·교부하여야 한다.

④ 제3항의 규정에 따른 세대주명단의 교부신청은 후보자등록기간개

시일 전 5일까지 서면으로 신청하여야 하며, 그 작성비용을 함께 납부하여야 한다.

⑤ 제3항의 규정에 따라 교부된 세대주명단의 양도·대여 및 사용의 금지에 관하여는 제46조(명부사본의 교부) 제4항의 규정을 준용한다. 이 경우 '선거인명부 또는 부재자신고인명부'는 '세대주명단'으로 본다.

⑥ 세대주명단의 교부신청과 비용납부 그 밖에 필요한 사항은 중앙선거관리위원회규칙으로 정한다.

공직선거법 제82조의4(정보통신망을 이용한 선거운동) ① 선거운동을 할 수 있는 자는 선거운동기간 중에 「정보통신망 이용촉진 및 정보보호 등에 관한 법률」 제2조(정의) 제1항 제1호의 규정에 의한 정보통신망(이하 '정보통신망'이라 한다)을 이용하여 인터넷 홈페이지 또는 그 게시판·대화방 등에 선거운동을 위한 내용의 정보를 게시하거나 전자우편을 전송하는 방법으로 선거운동을 할 수 있다.

② 누구든지 정보통신망을 이용하여 후보자(후보자가 되고자 하는 자를 포함한다), 그의 배우자 또는 직계존·비속이나 형제자매에 관하여 허위의 사실을 유포하여서는 아니되며, 공연히 사실을 적시하여 이들을 비방하여서는 아니된다. 다만, 진실한 사실로서 공공의 이익에 관한 때에는 그러하지 아니하다.

③ 각급선거관리위원회(읍·면·동선거관리위원회를 제외한다)는 이 법의 규정에 위반되는 정보가 인터넷 홈페이지 또는 그 게시판·대화방 등에 게시되거나, 정보통신망을 통하여 전송되는 사실을 발견한 때에는 당해 정보가 게시된 인터넷 홈페이지를 관리·운영하는 자에게 해당 정보의 삭제를 요청하거나, 전송되는 정보를 취급하는 인터넷 홈페이지의 관리·운영자 또는 「정보통신망 이용촉진 및 정보보호 등에 관한 법률」 제2조 제1항 제3호의 규정에 의한 정보통신서비스제공자(이하 '정보통신서비스제공자'라 한다)에게 그 취급의 거부·정지·제한을 요

청할 수 있다.

④ 제3항의 규정에 의한 요청을 받은 인터넷 홈페이지 관리·운영자 또는 정보통신서비스제공자는 지체 없이 이에 따라야 한다.

⑤ 제3항의 규정에 의한 요청을 받은 인터넷 홈페이지 관리·운영자 또는 정보통신서비스제공자는 그 요청을 받은 날부터, 해당 정보를 게시하거나 전송한 자는 당해 정보가 삭제되거나 그 취급이 거부·정지 또는 제한된 날부터 3일 이내에 그 요청을 한 선거관리위원회에 이의신청을 할 수 있다.

⑥ 위법한 정보의 게시에 대한 삭제 등의 요청, 이의신청 기타 필요한 사항은 중앙선거관리위원회규칙으로 정한다.

공직선거법 제82조의5(선거운동정보의 전송제한) ① 누구든지 정보수신자의 명시적인 수신거부의사에 반하여 선거운동 목적의 정보를 전송하여서는 아니된다.

② 제1항의 규정에 의한 선거운동 목적의 정보(이하 '선거운동정보'라 한다)를 전자우편으로 전송하거나 전화를 이용하여 전송(송·수화자간 직접 통화하는 경우를 제외한다. 이하 이 조에서 같다)하는 자는 다음 각 호의 사항을 선거운동정보에 명시하여야 한다.

1. 선거운동정보에 해당하는 사실

2.~3. 삭제

4. 수신거부의 의사표시를 쉽게 할 수 있는 조치 및 방법에 관한 사항

③ 전화를 이용하여 음성으로 선거운동정보를 전송하는 자는 접속 즉시 수신자에게 수신여부에 관한 의사를 물어 동의하는 경우에 한하여 전송할 수 있다.

④ 선거운동정보를 전송하는 자는 수신자의 수신거부를 회피하거나 방해할 목적으로 기술적 조치를 하여서는 아니된다.

⑤ 선거운동정보를 전송하는 자는 수신자가 수신거부를 할 때 발생

하는 전화요금 기타 금전적 비용을 수신자가 부담하지 아니하도록 필요한 조치를 하여야 한다.

⑥ 누구든지 숫자·부호 또는 문자를 조합하여 전화번호·전자우편주소 등 수신자의 연락처를 자동으로 생성하는 프로그램 그 밖의 기술적 장치를 이용하여 선거운동정보를 전송하여서는 아니된다.

공직선거법 제255조(부정선거운동죄) ① 다음 각 호의 어느 하나에 해당하는 자는 3년 이하의 징역 또는 600만원 이하의 벌금에 처한다.

1. 제60조(선거운동을 할 수 없는 자) 제1항의 규정에 위반하여 선거운동을 하거나 하게 한 자 또는 같은 조 제2항이나 제205조(선거운동기구의 설치 및 선거사무관계자의 선임에 관한 특례) 제4항의 규정에 위반하여 선거사무장 등으로 되거나 되게 한 자
2. 제61조(선거운동기구의 설치) 제1항의 규정에 위반하여 선거운동기구를 설치하거나 이를 설치하여 선거운동을 한 자
3. 제62조(선거사무관계자의 선임) 제1항 내지 제3항의 규정에 위반하여 선거사무장·선거연락소장이나 선거사무원을 선임한 자

3의2. 제68조(어깨띠) 제2항의 규정을 위반하여 어깨띠를 선거운동을 위하여 착용하거나 하게 한 자

4.~5. 삭제

6. 제80조(연설금지장소)의 규정에 위반하여 선거운동을 위한 연설·대담을 한 자
7. 제81조(단체의 후보자 등 초청 대담·토론회) 제1항의 규정에 위반하여 후보자 등 초청 대담·토론회를 개최한 자
8. 제81조 제7항[제82조(언론기관의 후보자등 초청 대담·토론회) 제4항에서 준용하는 경우를 포함한다]의 규정에 위반하여 대담·토론회를 개최한 자
9. 제85조(지위를 이용한 선거운동금지) 제2항 또는 제3항의 규정에 위

반한 행위를 하거나 하게 한 자

10. 제86조(공무원 등의 선거에 영향을 미치는 행위금지) 제1항 제1호 내지 제4호·제2항·제3항 또는 제5항의 규정에 위반한 행위를 하거나 하게 한 자 또는 같은 조 제6항의 규정에 위반한 행위를 한 자
11. 제87조(단체의 선거운동금지) 제1항의 규정을 위반하여 선거운동을 하거나 하게 한 자 또는 동조 제2항의 규정을 위반하여 사조직 기타 단체를 설립·설치하거나 하게 한 자
12. 제88조(타후보자를 위한 선거운동금지) 본문의 규정에 위반하여 다른 정당이나 후보자를 위한 선거운동을 한 자
13. 제89조(유사기관의 설치금지) 제1항 본문의 규정에 위반하여 유사기관을 설립·설치하거나 기존의 기관·단체·조직 또는 시설을 이용한 자
14. 삭제
15. 제92조(영화 등을 이용한 선거운동금지)의 규정에 위반하여 저술·연예·연극·영화나 사진을 배부·공연·상연·상영 또는 게시하거나 하게 한 자
16. 제105조(행렬 등의 금지) 제1항의 규정에 위반하여 무리를 지어 거리행진·인사 또는 연달아 소리지르는 행위를 하거나 하게 한 자, 같은 조 제2항의 규정에 위반하여 모양과 색상이 동일한 모자나 옷을 착용하거나 기타 표지물을 휴대하여 선거운동을 하거나 하게 한 자
17. 제106조(호별방문의 제한) 제1항 또는 제3항의 규정에 위반하여 호별로 방문하거나 하게 한 자
18. 제107조(서명·날인운동의 금지)의 규정에 위반하여 서명이나 날인을 받거나 받게 한 자
19. 제109조(서신·전보 등에 의한 선거운동의 금지) 제1항 본문 또는 제2

항의 규정에 위반하여 서신·전보·모사전송·전화 기타 전기통신의 방법을 이용하여 선거운동을 하거나 하게 한 자나 같은 조 제3항의 규정에 위반하여 협박하거나 하게 한 자

② 다음 각 호의 어느 하나에 해당하는 자는 2년 이하의 징역 또는 400만원 이하의 벌금에 처한다.

1. 제64조(선전벽보) 제1항·제8항, 제65조(선거공보) 제1항·제2항의 규정을 위반하여 선전벽보 또는 선거공보를 선거운동을 위하여 작성·사용하거나 하게 한 자
2. 제65조 제7항의 규정을 위반하여 선거공보에 후보자정보공개자료의 전부 또는 일부를 게재하지 아니한 자
3. 제57조의3(당내경선운동) 제1항의 규정을 위반하여 경선운동을 한 자
4. 제91조(확성장치와 자동차 등의 사용제한) 제1항·제3항 또는 제216조(4개 이상 선거의 동시실시에 관한 특례) 제1항의 규정에 위반하여 확성장치나 자동차를 사용하여 선거운동을 하거나 하게 한 자
5. 제93조(탈법방법에 의한 문서·도화의 배부·게시 등 금지) 제1항의 규정에 위반하여 문서·도화 등을 배부·첩부·살포·게시·상영하거나 하게 한 자, 같은 조 제2항의 규정에 위반하여 광고 또는 출연을 하거나 하게 한 자 또는 제3항의 규정에 위반하여 신분증명서·문서 기타 인쇄물을 발급·배부 또는 징구하거나 하게 한 자
6. 제100조(녹음기 등의 사용금지)의 규정에 위반하여 녹음기 또는 녹화기를 사용하여 선거운동을 하거나 하게 한 자
7. 삭제
8. 제271조의2(선거에 관한 광고의 제한) 제1항의 규정에 의한 광고중지요청에 불응하여 광고를 하거나 광고게재를 의뢰한 자

③ 제85조 제1항의 규정에 위반하여 선거운동을 하거나 하게 한 자는

5년 이하의 징역에 처한다.

④ 제82조의5(선거운동정보의 전송제한) 제1항의 규정을 위반하여 선거운동정보를 전송한 자, 동조 제2항의 규정을 위반하여 선거운동정보에 해당하는 사실 등을 선거운동정보에 명시하지 아니하거나 허위로 명시한 자, 동조 제3항의 규정을 위반하여 수신자의 동의를 얻지 아니하고 선거운동정보를 전송한 자, 동조 제4항의 규정을 위반하여 기술적 조치를 한 자, 동조 제5항의 규정을 위반하여 비용을 수신자에게 부담하도록 한 자, 동조 제6항의 규정을 위반하여 선거운동정보를 전송한 자는 1년 이하의 징역 또는 100만원 이하의 벌금에 처한다.

Ⅴ. 참조판례

1. 헌재 2000. 4. 27. 98헌바95등, 판례집 12－1, 508
   헌재 2002. 6. 27. 2001헌바70, 판례집 14－1, 601, 608
   대법원 2007. 8. 23. 선고 2007도3940 판결
2. 헌재 1995. 4. 20. 92헌바29, 판례집 7－1, 499, 506~508
   헌재 2001. 12. 20. 2000헌바96, 판례집 13－2, 830, 847~848

Ⅵ. 당사자

청 구 인 신○섭
대리인 법무법인 민우
담당변호사 문흥수 외 2인

당해사건대법원 2006도7847 공직선거법위반

Ⅶ. 주 문

공직선거법(2005. 8. 4. 법률 제7681호로 개정된 것) 제93조 제1항 본문 중 '기타 이와 유사한 것' 부분은 헌법에 위반되지 아니한다.

Ⅷ. 이 유

1. 사건의 개요와 심판의 대상

가. 사건의 개요

(1) 청구인은 2006년 진해시의회 의원 선거에 출마하여 당선되었는데, 선거일 전 180일부터 선거일까지 선거에 영향을 미치게 하기 위하여 공직선거법의 규정에 의하지 아니하고 후보자의 성명을 나타내는 휴대전화 문자메시지를 전송하였다는 이유로 공직선거법위반으로 기소되었고, 1심(창원지방법원 2006고합187)과 2심(부산고등법원 2006노539)에서 각 유죄판결을 선고받았다.

(2) 청구인은 이에 불복하여 상고(대법원 2006도7847)한 후 공직선거법 제93조 제1항에 관하여, '이 규정에 의하여 금지되는 행위에 휴대전화 문자메시지 전송행위를 포함시키는 것'은 헌법에 위반된다는 등의 이유로 위헌심판제청을 신청하였으나(대법원 2007초기14), 2007. 2. 22. 대법원이 상고기각판결을 하면서 위 신청을 각하하자, 2007. 3. 2. 위 각하결정문을 송달받은 후 같은 달 21. 위 조항의 위헌확인을 구하는 이 사건 헌법소원심판을 청구하였다.

나. 심판의 대상과 관련조항

이 사건 심판의 대상은 공직선거법(2005. 8. 4. 법률 제7681호로 개정된 것) 제93조 제1항 중 '기타 이와 유사한 것' 부분(이하 '이 사건 법률조항'이라 한다)의 위헌 여부이고, 그 내용과 관련조항의 내용은 다음과 같다.

[심판의 대상]

공직선거법 제93조(탈법방법에 의한 문서·도화의 배부·게시 등 금지) ① 누구든지 선거일 전 180일(보궐선거 등에 있어서는 그 선거의 실시사유가 확정된 때)부터 선거일까지 선거에 영향을 미치게 하기 위하여 이 법의 규정에 의하지 아니하고는 정당(창당준비위원회와 정당의 정강·정책을 포함한다. 이하 이 조에서 같다) 또는 후보자(후보자가 되고자 하는 자를 포함한다. 이하 이 조에서 같다)를 지지·추천하거나 반대하는 내용이 포함되어 있거나 정당의 명칭 또는 후보자의 성명을 나타내는 광고, 인사장, 벽보, 사진, 문서·도화, 인쇄물이나 녹음·녹화테이프 기타 이와 유사한 것을 배부·첩부·살포·상영 또는 게시할 수 없다. (단서 생략)

[관련조항]

[별지]와 같다.

2. 청구이유와 법원의 위헌제청신청각하이유 및 이해관계기관의 의견

가. 청구이유

(1) 휴대전화 문자메시지는 공직선거법 제93조 제1항 소정의 인사장, 문서, 도화 등 어디에도 해당되지 않고, 문자메시지의 전송은 동조에서 규정하는 배부, 첩부, 살포, 상영, 게시의 어디에도 해당되지 않으므로 공직선거법 제93조 제1항의 규정을 휴대전화에 문자메시지를 전송한 행위에까지 적용하는 것은 헌법에 위반되며, 공직선거법 제93조 제1항 중 '기타 유사한

것' 부분은 명확성원칙에 위반된다.

(2) 휴대전화 문자메시지 전송 행위를 선거에 영향을 미치는 행위에 해당한다고 하여 공직선거법 제93조 제1항이 이를 금지한다면, 이것은 청구인의 선거운동의 자유와 공무담임권 등을 침해하는 것이다.

나. 법원의 위헌제청신청각하 이유

헌법재판소법 제41조 제1항이 정한 법원의 위헌제청 대상은 오로지 법률조항 자체의 위헌 여부일 뿐이고 법률조항에 대한 해석의 위헌 여부는 그 대상이 될 수 없다. 그런데 이 사건 위헌제청신청취지는 '공직선거법 제93조 제1항에 의하여 금지되는 행위에 휴대전화 문자메시지 전송행위가 포함되는 것으로 해석하는 한' 위 규정은 헌법에 위반된다는 것이므로 이러한 신청은 위 법리에 비추어 부적법하다.

다. 중앙선거관리위원회 위원장의 의견

공직선거법은 제60조의3, 제57조의3, 제82조의4 등을 통해 휴대전화 문자메시지의 전송이 전자우편과는 별개의 선거운동방법임을 분명히 하고 있으며, 심판대상조항의 '기타 이와 유사한 것'이라는 표현은 규정의 문맥에 비추어 통상적인 법감정을 가진 사람이면, 그 적용대상을 알 수 있을 것이어서 처벌법규의 명확성이 결여되어 있다고 할 수 없고, 휴대전화 메시지를 대량 전송하는 행위는 동조 규정상 배부에 해당되거나 게시에 해당한다고 볼 수 있으므로 동 규정을 휴대전화 문자메시지 전송에 적용하는 것이 위헌이라고 볼 수 없다.

또한, 법규의 명확성 여부는 수범자에게 법규의 의미 내용을 알 수 있도록 고지하여 예측가능성을 주고 있는지 여부를 기준으로 삼을 수 있는데, 중앙선거관리위원회는 선거 때마다 선거법위반 사례집을 작성하여 후보자 등에게 제공하여, 누구든지 선거운동 기간 전에 선거운동에 이르는 내용의 휴대전화 문자, 음성메시지를 발송하는 행위를 할 수 없다고 명시하고 있으므로 명확성원칙에 어긋난다는 주장은 이유 없다.

3. 재판의 전제성에 관한 판단

헌법재판소법 제68조 제2항에 의한 헌법소원에 있어서는 법률이 헌법에 위반되는지 여부가 당해 사건의 재판의 전제로 되어야 한다. 이 경우 재판의 전제가 된다고 하려면 그 법률이 당해 사건 재판에서 적용되는 법률이어야 하고, 그 법률의 위헌 여부에 따라 재판의 주문이 달라지거나 재판의 내용과 효력에 관한 법률적 의미가 달라져야 한다(헌재 1995. 7. 21. 93헌바46, 판례집 7-2, 48, 58).

이 사건 청구인의 주장은 휴대전화 문자메시지 전송 행위가 공직선거법 제93조 제1항의 행위에 해당하지 않거나 또는 해당 여부가 불명확하여 죄형법정주의의 명확성원칙에 위배된다는 것으로, 이는 법률 자체의 불명확성을 다투는 것으로 보이는바, 청구인에 대한 당해 사건 재판에 적용된 위 법률조항의 위헌 여부에 따라 재판의 주문이 달라질 수 있으므로 재판의 전제성이 인정된다.

4. 본안 판단

가. 재판관 이강국, 재판관 이공현, 재판관 김희옥, 재판관 이동흡의 합헌의견

(1) 명확성원칙 위반 여부

(가) 죄형법정주의의 명확성원칙

죄형법정주의의 원칙은 법률이 처벌하고자 하는 행위가 무엇이며 그에 대한 형벌이 어떠한 것인지를 누구나 예견할 수 있고, 그에 따라 자신의 행위를 결정할 수 있게끔 구성요건을 명확하게 규정할 것을 요구한다. 형벌법규의 내용이 애매모호하거나 추상적이어서 불명확하면 무엇이 금지된 행위인지를 국민이 알 수 없어 법을 지키기가 어려울 뿐만 아니라, 범죄의 성립 여부가 법관의 자의적인 해석에 맡겨져서 죄형법정주의에 의하여 국민의 자유와 권리를 보장하려는 법치주의의 이념은 실현될 수 없기 때문이다.

그러나 처벌법규의 구성요건이 명확하여야 한다고 하더라도 입법자가 모든 구성요건을 단순한 의미의 서술적인 개념에 의하여 규정하여야 한다는 것은 아니다. 처벌법규의 구성요건이 다소 광범위하여 어떤 범위에서는 법관의 보충적인 해석을 필요로 하는 개념을 사용하였다고 하더라도 그 점만으로 헌법이 요구하는 처벌법규의 명확성의 원칙에 반드시 배치되는 것이라고 볼 수는 없다. 즉 건전한 상식과 통상적인 법감정을 가진 사람으로 하여금 그 적용대상자가 누구이며 구체적으로 어떠한 행위가 금지되고 있는지 여부를 충분히 알 수 있도록 규정되어 있다면 죄형법정주의의 명확성의 원칙에 위배되지 않는다고 보아야 한다. 그렇게 보지 않으면 처벌법규의 구성요건이 지나치게 구체적이고 정형적이 되어 부단히 변화하는 다양한 생활관계를 제대로 규율할 수 없게 될 것이기 때문이라는 것이 우리 재판소의 확립된 판례이다(헌재 1998. 7. 16. 96헌바35, 판례집 10-2, 159; 헌재 2001. 6. 28. 99헌바31, 판례집 13-1, 1233).

(나) 예시적 입법형식과 명확성의 원칙

형벌조항의 규율방식은 크게 그 규율대상에 포섭되는 모든 사례를 구성요건으로 빠짐없이 열거하는 방식과, 규율대상의 공통적인 징표를 모두 포섭하는 용어를 구성요건으로 규정하는 방식 등으로 나누어 볼 수 있다. 전자는 규율대상이 명확하다는 장점이 있는 반면 경우에 따라서는 법규범의 흠결이 발생하는 것을 막을 수 없다는 단점이 있고, 후자는 규율대상을 모두 포섭할 수 있다는 장점이 있는 반면, 법률을 해석·적용함에 있어 자의(恣意)가 개입함으로써 규율대상을 무한히 확대해 나갈 우려가 있다는 단점이 있다. 위와 같은 두 가지 규율방식의 단점을 보완하기 위하여 이른바

'예시적 입법'이라는 규율방식을 채택하는 경우가 있는데, 예시적 입법에서는 규율대상인 대전제를 규정함과 동시에 구성요건의 외연(外延)에 해당되는 개별사례를 예시적으로 규정하게 된다(헌재 2000. 4. 27. 98헌바95등, 판례집 12-1, 508).

이러한 예시적 입법형식의 경우, 구성요건의 대전제인 일반조항의 내용이 지나치게 포괄적이어서 법관의 자의적인 해석을 통하여 그 적용범위를 확장할 가능성이 있다면 죄형법정주의의 원칙에 위배될 수 있다. 따라서 예시적 입법형식이 법률명확성의 원칙에 위배되지 않으려면, 예시한 개별적인 구성요건이 그 자체로 일반조항의 해석을 위한 판단지침을 내포하고 있어야 할 뿐만 아니라, 그 일반조항 자체가 그러한 구체적인 예시를 포괄할 수 있는 의미를 담고 있는 개념이 되어야 한다(헌재 2002. 6. 27. 2001헌바70, 판례집 14-1, 601, 608).

(다) 이 사건 법률조항에 대한 판단

1) 공직선거법 제93조 제1항의 예시적 입법형식

공직선거법 제93조 제1항은 형벌조항인 공직선거법 제255조 제2항 제5호의 구성요건에 해당하고, 개별적 구성요건 해당 행위로 「선거일 전 180일(보궐선거 등에 있어서는 그 선거의 실시사유가 확정된 때)부터 선거일까지 선거에 영향을 미치게 하기 위하여 이 법의 규정에 의하지 아니하고 정당(창당준비위원회와 정당의 정강·정책을 포함한다. 이하 '정당'이라 한다) 또는 후보자(후보자가 되고자 하는 자를 포함한다. 이하 '후보자'라 한다)를 지지·추천하거나 반대하는 내용이 포함되어 있거나 정당의 명칭 또는 후보자의 성명을 나타내는 '광고, 인사장, 벽보, 사진, 문서·도화, 인쇄물이나 녹음·녹화테이프'(이하 '광고 등'이라 한다)를 '배부·첩부·살포·상영 또는 게시'(이하 '배부 등'이라 한다)하는 행위」를 규정하면서, 위와 같은 일정한 내용이 포함되어 있거나 나타나 있는 광고 등 '기타 이와 유사한 것'의 배부 등 행위를 금지하여 예시적 입법형식을 취하고 있다.

2) 예시적 입법의 필요성

선거에 영향을 미치는 탈법적인 행위의 수단이 되는 매체를 정하는 문제는 사회적, 정치적 상황의 변화, 다양한 매체의 발전 속도 등에 따라 탄력적, 유동적으로 규율할 필요가 크다. 따라서 법률조항에서 선거에 영향을 미치는 행위에 사용되는 모든 매체를 개별적, 구체적으로 상세히 규율하는 것이 반드시 바람직하다고 볼 수는 없다. 선거의 공정성을 담보하기 위해서는 이 사건 규정에서 구체적으로 열거하고 있는 문서, 도화 등과 같은 전형적인 매체들에 의한 탈법행위를 금지할 필요성도 있지만, 정보통신기술의 발달에 의해 새롭게 등장한 매체들이 그 전파의 범위나 강도, 접근에 대한 용이성 등의 측면에서 이 사건 규정에서 열거하고 있는 매체들과 유사한 정도의 기능과 역할을 한다면, 이 역시 규제의 필요성이 있을 것이다. 이에 이 사건 법률조항은 금지되는 행위 태양을 열거적인 폐쇄적 형태로 규정하지 않고, '기타 이와 유사한 것'이라는 일반조항을 두어 새로운 매체에 대한 금지 가능성을 열어놓고 있다.

3) 명확성원칙 위반 여부

이 사건 법률조항은 금지되는 행위의 수단으로 광고 등을 열거하면서, 시간적으로 '선거일 전 180일부터 선거일까지', 내용적으로 '선거에 영향을 미치게 하기 위하여 정당 또는 후보자를 지지, 추천하거나 반대하는 내용이 포함되어 있거나 정당의 명칭 또는 후보자의 성명을 나타내는' 것으로 그 범위를 한정하고 있다. 이러한 시간적·내용적 한정은 이 사건 법률조항의 '기타 이와 유사한 것'에도 그대로 적용된다. 이러한 점을 고려하여 이 사건 법률조항의 의미를 살펴보면, 위 조항은 매체의 형식에 중점을 두고 있는 것이 아니라 사람의 관념이나 의사를 시각이나 청각 또는 시청각에 호소하는 방법으로 다른 사람에게 전달하는 것에 중점을 두고 있다는 것을 알 수 있다. 즉 어떠한 매체를 수단으로 사용하느냐보다는 어떠한 매체이든 이를 사용하여 관념이나 의사를 전달하고 있는가 여부에 중점을 두고 있는 것이다. 따라서 일반조항으로서의 '기타 이와 유사한 것'은 선거에 영향을 미치게 하기 위하여 정당 또는 후보자를 지지, 추천하거나 반대하는 내용을 포함할 수 있는 가독성 내지 가청성을 가진 앞에 열거된 매체와 유사한 매체, 관념이나 의사전달의 기능을 가진 매체나 수단을 의미하는 것으로 볼 수 있다.

이 사건 법률조항을 위와 같이 이해할 때, 문자와 기호를 사용하여 관념이나 의사를 다른 사람에게 전달하는 것으로서 문서가 가지는 고유의 기능을 그대로 보유하고 있는 '휴대전화 문자메시지'가 '기타 이와 유사한 것'에 해당한다고 해석될 수 있다.

대법원도, 공직선거법 제93조 제1항은 탈법행위의 수단을 '광고, 인사상, 벽보, 사진, 문서·도화, 인쇄물이나 녹음·녹화테이프 기타 이와 유사한 것'이라고 표현함으로써 적용대상에 관하여 기본적으로 의사전달의 성질이나 기능을 가진 매체나 수단을 포괄적으로 규정하고 있는 점, 무선정보통신으로 전달되는 것이 유형물이 아니라 전자정보에 해당하더라도 문자와 기호를 사용하여 관념이나 의사를 다른 사람에게 전달하는 문서가 가지는 고유의 기능을 그대로 보유하고 있는 점, 휴대전화가 보편적으로 보급되어 일상생활화된 이른바 정보통신시대에 있어 휴대전화 문자메시지는 유체물인 종이문서 등을 대신하는 기능과 역할을 담당하고 있어 문자메시지로 전송한 글도 선거에 미치는 영향이 문서 못지 않아 이를 규제할 필요성이 클 뿐만 아니라 선거의 공정성을 보장하려는 공직선거법 규정의 입법취지에도 부합한다고 보이는 점 등에 비추어 보면, 휴대전화로 문자메시지를 대량 전송한 행위는 공직선거법 제255조 제2항 제5호, 제93조 제1항의 구성요건에 해당한다(대법원 2007. 2. 22. 선고 2006도7847 판결; 대법원 2007. 8. 23. 선고 2007도3940 판결)고 해석하고 있고, 이러한 해석이 자의적인 것이라고는 보이지 않는다.

한편 이 사건 법률조항의 '배부'는 그 취지상 출판물이나 서류 등과 같은 문서 또는 이와 유사한 것을 불특정 다수에게 나누어주는 행위를 의미하고, 이러한 배부는 출판물이나 서류 등 문서와 같은 유형적인 것을 나누어주는 것에 한정되지 않으며, 전자적 방식을 통한 정보의 전송과 같은 행위도 포함된다. 나아가 불특정 다수에게 교부하는 행위이면 유·무상을 불문하며, 특정 소수의 자를 통해 배부되더라도 다수의 자에게 배포되거나 또는 행위의 성질상 불특정 또는 다수의 자에게 배포될 것이 확실한 정황하에서 특정 소수에게 배부한 경우라면, 이에 해당한다. 따라서 문서와 유사한 휴대전화 문자메시지를 발송하는 행위도 사람의 관념이나 의사를 다른 사람에게 전달하는 행위로서 '배부'에 해당하고, 명확성원칙 위배의 문제는 발생하지 아니한다.

그 밖에 청구인은 휴대전화 문자메시지는 전자우편과 유사한 기능을 하므로 이 사건 규정에 의해 금지되는 행위가 아니라 공직선거법 제60조의3 제1항 제3호에 의해 선거운동기간 전이라도 예비후보자에게는 허용되는 선거운동 방법이라고 주장하나, 공직선거법 제60조의3 제1항 제3호는 전자우편을 '컴퓨터 이용자끼리 네트워크를 통하여 문자·음성·화상 또는 동영상 등의 정보를 주고받는 통신시스템'으로 정의하여 그 개념을 명백히 하고 있는바, 휴대전화를 이용하는 문자메시지 전송은 위 전자우편에 포함되지 않는다.

결국, 건전한 상식과 통상적인 법감정을 가진 이 사건 법률조항의 수범자는 어떠한 행위가 이 사건 법률조항의 구성요건에 해당되는지 여부를 어느 정도 쉽게 파악할 수 있다고 판단되고, 공직선거법 제93조 제1항이 예시하는 '문서 등'은 '기타 유사한 것'을 해석하는 유용한 판단지침이 되며, 대법원 판결 등에 의하여 이미 이에 관한 구체적인 해석기준이 제시되고 있는 이상, 법률적용자가 이 사건 법률조항을 자의적으로 확대하여 해석할 염려는 없다고 할 것이므로 이 사건 법률조항은 명확성원칙에 반하지 아니한다.

(2) 과잉금지원칙 위배 여부

선거는 민주적 의회정치의 기초이고 선거운동은 정치적 표현의 자유의 한 형태로서 민주사회를 구성하고 움직이게 하는 요소이므로 선거운동의 자유를 제한하는 경우에도 다른 기본권과 마찬가지로 헌법 제37조 제2항에 따라 국가안전보장, 질서유지, 공공복리를 위하여 필요한 경우에 한하여 법률로 제한하여야 하는바(헌재 1994. 7. 29. 93헌가4등, 판례집 6-2, 15, 28~29; 헌재 1995. 4. 20. 92헌바29, 판례집 7-1, 499, 506~508 참조), 헌법재판소는 공직선거법 제93조 제1항이 과잉금지원칙을 위반하여 선거운동의 자유를 침해하는지 여부와 관련하여, 99헌바92등 사건, 2000헌마193 사건, 2000헌바96, 2004헌마217 사건 등에서 '공직선거법 제93조 제1항은 탈법방법에 의한 문서, 도화 등 시각에 호소하는 방법 이외에 녹음, 녹화테이프 등 청각 또는 시청각에 호소하는 방법에 의한 선거운동행위를 제한하고 있는바, 건국 이후 반세기 가까이 수많은 선거를 치러왔으면서도 아직까지도 깨끗하고 공명한 선거풍토를 이룩하지 못하고 있는 우리의 현실적 상황을 고려하여 볼 때, 위 조항에 의한 제한은 선거의 자유와 공정을 보장하기 위한 제도적 장치로서 선거운동 내지 의사표현에 있어서의 특정한 수단, 특히 폐해의 우려가 크다고 인정되는 인쇄물, 녹음 등의 배부, 살포 등 특정한 선거운동방법에 국한되고 있으므로 위 조항이 과잉금지의 원칙에 위반하여 선거운동의 자유 등을 제한하거나 그 본질적 내용을 침해하고 있다고 할 수 없다'는 이유로 합헌결정을 한 바 있다.

위와 같은 합헌결정의 이유는 다음에서 살피는 바와 같이 이 사건에서도 그대로 타당하고, 이를 달리 판단하여야 할 특별한 사정의 변경이 있다고 볼 수도 없다.

구체적으로 살펴보면, 이 사건 법률조항은 헌법 제116조 제1항의 선거운동 기회균등 보장의 원칙에 입각하여 선거운동의 부당한 경쟁 및 후보자들 간의 경제력 차이에 따른 불균형이라는 폐해를 막고, 선거의 평온과 공정을 해하는 결과의 발생을 방지함으로써 선거의 자유와 공정의 보장을 도모하여 선거관계자를 포함한 선거구민 내지는 국민 전체의 공동이익을 달성하고자 하는 것으로 그 입법목적이 정당하다. 특히 휴대전화 문자메시지를 선거운동기간 전에 허용하는 것은 선거의 부당하고 지나친 경쟁을 초래하고 후보자들 간의 무분별한 흑색선전을 난무하게 함은 물론, 문자메시지 수신을 원하지 않는 유권자들의 평온을 해할 우려가 높으므로 그러한 문자메시지 전송행위를 금지하는 것은 정당한 목적달성을 위한 적절한 수단에 해당한다.

나아가 선거운동의 자유를 제한할 때 그 한계로서 논의되는 최소침해의 원칙을 판단함에 있어서는, 국가 전체의 정치적 성숙도나 국민의식의 정도, 종래의 선거풍토나 그 밖의 경제적, 문화적 제반 여건을 종합하여 판단하여야 한다. 휴대전화 문자메시지의 경우 수신자의 선택과 무관하게 일방적으로 발송자의 의사가 수신자에게 전달되며, 이에 따라 선거에 대한 영향력이 일방적으로 미칠 가능성이 높고, 우리나라 유권자 대부분이 휴대전화를 사용하고 있다는 점을 감안할 때, 문자메시지에 의한 선거운동이 허용된다면 유권자들은 자신들의 의지와 상관없이 후보자 등의 선거운동에 무방비 상태로 노출될 것임을 쉽게 예측할 수 있다. 더욱이 휴대전화 문자메시지는 매우 사적이고 은밀한 개인들 사이의 통신 수단에 해당하므로 이를 통해 후보자들 사이에 흑색선전이나 비방이 난무하게 된다면 선거의 공정이나 평온을 심히 저해하는 결과를 초래할 것이다. 따라서 선거와 관련하여 이러한 문자메시지 전송행위는 무한정 허용될 수 없고 일정 정도 제한할 필요가 있으며, 공직선거법은 이 사건 법률조항에 의하여 휴대전화 문자메시지 전송을 제한하면서도, 전화를 이용한 선거운동을 일정기간 허용(공직선거법 제82조의5)하여 기본권 제한을 최소화하고 있다. 또한, 공직선거법 제60조의3은 선거운동기간 전이라도 예비후보자를 유권자에게 알릴 수 있도록 하는 대안적 방법들을 두고 있다. 즉 예비후보자로 등록하는 경우 선거사무소를 설치하거나 그 선거사무소에 간판·현판 또는 현수막을 설치·게시하는 행위, 자신의 성명·사진·전화번호·학력·경력 기타 홍보에 필요한 사항을 게재한 길이 9센티미터 너비 5센티미터 이내의 명함을 직접 주면서 지지를 호소하는 행위, 전자우편을 이용하여 문자·음성·화상 또는 동영상 기타의 정보를 전송하는 행위, 선거구 안에 있는 세대수의 10분의 1 이내에 해당하는 수의 인쇄물을 작성하여 관할 선거관리위원회로부터 발송대상·매수 등을 확인받은 후 후보자등록기간개시일 전일까지 1회에 한하여 우편 발송하는 행위들을 할 수 있도록 하고 있다. 결국 휴대전화 문자메시지 전송행위 금지로 인해 선거운동의 자유가 다소 제한된다고 하더라도 이것은 선거운동의 폐해를 방지하기 위해 필요한 조치에 해당하며, 달리 덜 제약적이면서 같은 효과를 지닌 수단이 명백하다고 볼 수 없어 이 사건 법률조항이 위와 같은 문자메시지 전송행위를 금지하는 것이 최소침해성원칙을 위반하고 있다고 보기 어렵다.

마지막으로, 이 사건 법률조항이 휴대전화 문자메시지 전송행위를 금지하는 것은 선거의 공정과 평온을 위한 것인바, 대의민주제를 채택하고 있는 민주국가에서 이러한 공익은 매우 크고 중요하다고 할 수 있는 반면, 이 사건 법률조항에 의한 휴대전화 문자메시지 전송행위는 그 금지로 인해 공직후보자가 입게 되는 기본권 제한이 수인이 불가능할 정도로 큰 것은 아니라고 할 것이어서 이 사건 법률조항의 휴대전화 문자메시지 전송 금지로 인해 보호되는 공익과 제한되는 기본권 사이에 현저한 불균형이 있다고 보기 어렵다.

따라서 이 사건 법률조항은 과잉금지원칙에 위배하여 선거운동의 자유를 침해한다고 볼 수 없다.

(3) 소 결

이 사건 법률조항은 죄형법정주의의 명확성원칙 및 과잉금지원칙에 위배되지 아니하는바, 헌법에 위반되지 않는다.

나. 재판관 김종대, 재판관 민형기, 재판관 목영준, 재판관 송두환의 위헌의견

(1) 명확성원칙 위배 여부

(가) 형사처벌규정과 명확성의 원칙

공직선거법 제255조 제2항 제5호는, 제93조 제1항의 규정에 위반하여 문서·도화 등을 배부·첩부·살포·게시·상영하거나 하게 한 자는 2년 이하의 징역 또는 400만원 이하의 벌금에 처하도록 규정하고 있으므로, 이 사건 법률조항인 제93조 제1항은 형사처벌규정의 구성요건을 이루고 있다.

죄형법정주의의 원칙은 법률이 처벌하고자 하는 행위가 무엇이며 그에 대한 형벌이 어떠한 것인지를 누구나 예견할 수 있고, 그에 따라 자신의 행위를 결정할 수 있도록 구성요건을 명확하게 규정할 것을 요구한다. 형벌법규의 내용이 애매모호하거나 추상적이어서 불명확하면 무엇이 금지된 행위인지를 국민이 알 수 없어 법을 지키기가 어려울뿐더러 범죄의 성립 여부가 법집행 당국의 자의적(恣意的)인 해석에 맡겨져 죄형법정주의에 의하여 국민의 자유와 권리를 보장하려는 법치주의의 이념은 실현될 수 없기 때문이다(헌재 1996. 12. 26. 93헌바65, 판례집 8-2, 785, 792~793; 헌재 1998. 7. 16. 97헌바23, 판례집 10-2, 243, 260). 더구나 위 범죄사실이 유죄로 인정되어 벌금 100만원 이상의 형이 확정되는 경우 국민들의 직접선거에 의하여 당선된 공직신분을 박탈당하게 되므로(공직선거법 제19조 제1호, 제18조 제1항 제3호), 명확성의 원칙이 더욱 강하게 요구된다.

이처럼 이 사건 법률조항은 형사처벌조항이자 공직박탈조항이므로 법규범의 내용이 법집행자의 자의적 해석·적용에 의하여 왜곡되지 않도록 명확하게 규정되어야 한다.

(나) 예시적 입법과 명확성의 원칙

죄형법정주의의 명확성원칙이 예시적 입법형식 자체를 금하는 것은 아니나, 구성요건의 대전제인 일반조항의 내용이 지나치게 포괄적이어서 법집행기관의 자의적인 해석을 통하여 그 적용범위를 확장할 가능성이 있다면, 이는 죄형법정주의원칙에 위배된다. 따라서 예시적 입법형식이 명확성의 원칙에 위배되지 않으려면, 예시한 개별적인 구성요건이 그 자체로 일반조항의 해석을 위한 판단지침을 내포하고 있어야 할 뿐만 아니라, 그 일반조항 자체가 그러한 구체적인 예시를 포괄할 수 있는 의미를 담고 있는 개념이 되어야 한다.

그러므로 이 사건 법률조항 중 구체적인 예시 부분이 일반조항인 '기타 이와 유사한 것' 부분을 해석하는 데 합리적인 판단지침을 내포하고 있는지를 본다.

(다) '기타 이와 유사한 것'의 해석

이 사건 법률조항이 시간적으로는 '선거일 전 180일부터 선거일까지'로, 내용적으로는 '선거에 영향을 미치게 하기 위하여 정당 또는 후보자를 지지·추천하거나 반대하는 내용이 포함되어 있거나 정당의 명칭 또는 후보자의 성명을 나타내는 것'으로 각 범위를 한정하고 있음은 합헌의견이 설시한 바와 같다.

그러나 이처럼 시간적·내용적으로 한정되어 있다는 이유만으로 '기타 이와 유사한 것'에 '관념이나 의사전달의 기능을 가진 모든 매체나 수단'이 포함된다고 해석할 수는 없다. 나아가 구체적인 예시인 '광고, 인사장, 벽보, 사진, 문서·도화, 인쇄물이나 녹음·녹화테이프'만으로는 표현의 형식, 방법, 파급력 등이 다양한 많은 매체 중에서 어느 것이 일반조항인 '기타 이와 유사한 것'에 포함될지를 추론하기도 쉽지 않다.

더구나 공직선거법은 전자적 방식에 의한 의사전달매체에 관하여 명시적인 규정을 두고 있다. 즉, 제60조의3(예비후보자 등의 선거운동) 제1항 제3호는, 예비후보자가 할 수 있는 선거운동으로서 "전자우편(컴퓨터 이용자끼리 네트워크를 통하여 문자·음성·화상 또는 동영상 등의 정보를 주고받는 통신시스템을 말한다)을 이용하여 문자·음성·화상 또는 동영상 기타의 정보를 전송하는 행위"를 명시하고 있고, 제82조의4(정보통신망을 이용한 선거운동) 및 제82조의5(선거운동정보의 전송제한)는 전자적 전송매체를 이용한 선거운동방식을 규정하고 있다. 공직선거법이 이처럼 전자적 방식에 의한 의사전달매체에 관하여 독립적·명시적으로 규정함으로써, 이러한 매체가 이 사건 법률조항에서 구체적으로 예시된 '광고 등'의 매체와 유사한 것인지 여부가 모호하게 된다.

(라) 소 결

위에서 본 바와 같이, '광고 등' 구체적 예시들에 의하여 일반조항인 '기타 이와 유사한 것'의 범위와 한계가 명백하게 드러나지 않는바, 이는 수범자인 일반 국민으로 하여금 금지 또는 처벌하고자 하는 행위의 범위를 예측하기 어렵게 하고, 법집행기관의 자의적 해석·집행의 가능성을 열어 놓음으로써, 헌법상 명확성의 원칙에 위배된다고 할 것이다.

(2) 과잉금지원칙 위배 여부

(가) 선거운동 자유의 보장과 심사기준

대의민주주의를 원칙으로 하는 오늘날의 민주정치 아래에서의 선거는 국민의 참여가 필수적이고, 주권자인 국민이 자신의 정치적 의사를 자유로이 결정하고 표명하여 선거에 참여함으로써 민주사회를 구성하고 움직이게 하는 것이므로 국민의 주권행사 내지 참정권 행사의 의미를 지니는 선거과정에의 참여행위는 원칙적으로 자유롭게 행하여질 수 있도록 최대한 보장하여야 한다. 이처럼 선거권이 제대로 행사되기 위하여는 후보자에 대한 정보의 자유교환이 필연적으로 요청된다 할 것이므로 선거운동의 자유는 선거권 행사의 전제 내지 선거권의 중요한 내용을 이루고 있다고 할 것이다(헌재 2004. 4. 29. 2002헌마467, 판례집 16-1, 541, 548~550 참조).

이처럼 헌법상 기본권으로 보호되는 선거운동의 자유의 중요성에 비추어 선거운동에 대하여 '금지를 원칙으로 하고 허용을 예외로' 해서는 안 된다는 점은 자명하므로, 선거의 공정성을 보장하고 탈법·금권적 혼탁선거를 방지하기 위하여 법률에 의하여 선거운동의 자유를 제한하는 경우에도 그 한계를 넘은 것인지 여부는 엄격한 심사기준에 의하여 판단하여야 한다. 나아가 정치적 표현의 자유의 한 형태로서의 선거운동의 자유의 성격에 비추어 표현의 자유의 규제에 관한 판단기준에 따라 가장 최소한의 제한에 그치는 수단을 선택하였는지 여부를 심사하여야 한다(헌재 2008. 10. 30. 2005헌바32, 공보 145, 1408, 1416 참조).

(나) 입법목적의 정당성

이 사건 법률조항의 입법목적은 합헌의견이 밝힌 바와 같이, 선거운동의 기회균등을 보장하기 위하여 선거운동의 부당한 경쟁 및 후보자들 간의 경제적 차이에 따른 불균형이라는 폐해를 막는 한편, 선거의 평온과 공정을 해하는 결과의 발생을 방지함으로써 선거의 자유와 공정을 보장하기 위한 것이므로, 그 목적의 정당성이 인정된다.

(다) 수단의 적절성

그러나 합헌의견과 같이 이 사건 법률조항이 금지하는 행위에 휴대전화 문자메시지의 전송이 포함된다면, 그것이 위와 같은 입법목적을 달성하는 데 적절한 수단이라고 보기 어렵다.

휴대전화 문자메시지는 대량으로 한 번에 후보자에 대한 정보를 유권자에게 전송할 수 있고, 유권자 입장에서도 확인과 보관이 용이하다는 점에서 편리한 선거운동 방법일 뿐 아니라 그 비용도 비교적 저렴하여 후보자의 경제력에 따른 불균형문제가 심각하지 않다. 또한, 현재와 같이 우리나라 유권자의 대부분이 휴대전화를 사용하고 있으므로 이를 선거운동방법으로 허용한다 하여 후보자 간의 공정성을 해치지 않을 뿐 아니라, 휴대전화 문자메시지의 성격상 선거의 평온을 깨뜨린다고 볼 수도 없다.

그러므로 이 사건 법률조항이 휴대전화 문자메시지의 전송을 금지하는 것은 위 입법목적을 이루기 위한 적절한 수단이라고 할 수 없다.

(라) 침해최소성

한편, 공직선거법은 이미 전화에 의한 선거운동으로 인하여 발생할 폐해를 방지하기 위한 제반 조치를 강구하여 두고 있다. 즉, 누구든지 정보수신자의 명시적인 수신거부의사에 반하여 선거운동 목적의 정보를 전송할 수 없고(제82조의5 제1항), 전화를 이용하여 이러한 정보를 전송하는 경우 선거운동정보에 해당하는 사실 및 수신거부의 의사표시를 쉽게 할 수 있는 조치 및 방법에 관한 사항을 명시하여야 하며(같은 조 제2항 제1호, 제4호), 전송자가 수신자의 수신거부를 회피하거나 방해할 목적으로 기술적 조치를 하는 것을 금지하고(같은 조 제4항), 수신거부에 따르는 비용을 수신자가 부담하지 않도록 필요한 조치를 하여야 한다(같은 조 제5항). 또한, 누구든지 숫자·부호 또는 문자를 조합하여 전화번호·전자우편주소 등 수신자의 연락처를 자동으로 생성하는 프로그램 그 밖의 기술적 장치를 이용하여 선거운동정보를 전송하여서는 아니된다(같은 조 제6항).

위와 같은 규정은 비록 선거운동기간 중의 선거운동에 관한 것이지만, 이러한 보호장치를 선거운동기간 전의 선거운동에도 적용함으로써, 휴대전화 문자메시지의 전송으로 인한 폐해를 최소화할 수 있다. 나아가 초회(初回) 전송 시 수신거부의사 확인의무 부과, 정해진 횟수 이상의 반복전송의 금지 또는 선거관리위원회의 형식적 인증을 통하게 하는 등의 폐해방지책도 가능하다는 점에서 휴대전화 문자메시지 전송 자체를 금지하는 것은 다른 덜 제약적인 수단이 존재함에도 이를 무시하고 지나치게 광범위한 제한을 하고 있는 것이므로 최소침해성의 원칙에 위배된다.

또한, 예비후보자에 대하여는 전자우편을 이용하여 문자·음성·화상 또는 동영상 기타의 정보를 전송하는 것을 허용하고 있는바(공직선거법 제60조의3 제1항 제3호), 휴대전화 문자메시지에 의한 전송 역시 전자적 전송방식이라는 점에서 유사하므로 이를 예비후보자에게 허용하지 않는 것도 과도한 제한이라고 아니할 수 없다.

(마) 법익균형성

앞에서 본 바와 같이, 휴대전화 문자메시지 전송의 무조건 금지로 인하여 얻어지는 선거의 공정성은 명백하거나 구체적이지 못한 반면, 후보자가 선거운동의 자유를 제한받음으로써 생기는 불이익은 적지 아니하므로, 공익과 사익 간의 균형성도 인정되지 않는다.

(바) 소 결

따라서 이 사건 법률조항은 과잉금지원칙에 위배하여 선거운동의 자유를 침해한다고 볼 수밖에 없다.

(3) 결 어

그렇다면 이 사건 법률조항은 죄형법정주의의 명확성원칙에 위배될 뿐 아니라, 위 법률조항을 적용하여 휴대전화 문자메시지의 전송을 금지하는 것은 과잉금지원칙에 위반하여 선거운동의 자유를 침해하는 것으로 헌법에 위반된다.

다. 재판관 조대현의 위헌의견

휴대전화 문자메시지에 의한 선거운동을 공직선거법 제93조 제1항 본문에 의하여 금지하는 것은 헌법에 위반된다고 생각한다.

나는 이미 2004헌마217, 2004헌바82 사건 등에서 공직선거법 제93조 제1항 본문이 헌법에 위반된다는 의견을 표시하였다. 문서·도화 등을 이용한 선거운동은 후보자를 가장 정확하게 알리고 가장 정확하게 파악할 수 있는 선거운동방법이며 비용도 저렴하고 선거의 공정성을 해칠 위험도 적기 때문에, 정치적 표현의 자유로서 보장되어야 하고, 이를 금지하는 것은 선거운동의 자유를 정당한 사유도 없이 제한하는 것이다.

휴대전화에 의한 문자메시지도 문자를 이용한 의사표현방법인 점에서 문서에 유사한 것이라고 볼 수 있고, 휴대전화의 문자메시지를 이용한 선거운동도 문서를 이용한 선거운동과 마찬가지로 허용되어야 하며 금지할 이유가 없다. 휴대전화의 문자메시지가 수신자의 평온을 해친다고 하지만, 그로 인하여 선거운동의 자유를 제한할 필요가 있다고 보기 어렵다. 휴대전화 문자메시지의 은밀성을 이용하여 흑색선전과 비방이 난무할 우려가 있다고 하지만, 그러한 위법행위에 대해서는 따로 처벌규정을 두고 있으므로 그러한 위법행위의 우려를 휴대전화의 문자메시지를 이용한 선거운동을 통째로 금지하는 사유로 삼을 수는 없다고 할 것이다.

휴대전화의 문자메시지를 이용한 선거운동을 공직선거법 제93조 제1항 본문을 적용하여 금지하는 것은 헌법 제37조 제2항에 정해진 기본권 제한사유도 없이 선거운동의 자유를 제한하는 것이어서 헌법에 위반된다고 할 것이다.

5. 결 론

이 사건 법률조항에 대하여 재판관 4인이 합헌의견, 재판관 5인이 위헌의견으로 비록 위헌의견이 다수이긴 하나 법률의 위헌선언에 필요한 정족수 6인에 미달하므로 이 사건 법률조항은 헌법에 위반되지 않는다는 선언을 하기로 하여 주문과 같이 결정한다.

재판관 이강국(재판장)
이공현
조대현
김희옥
김종대
민형기
이동흡
목영준
송두환

[별지] 관련조항

공직선거법 제60조의3(예비후보자 등의 선거운동) ① 예비후보자는 다음 각 호의 어느 하나에 해당하는 방법으로 선거운동을 할 수 있다.

1. 제61조(선거운동기구의 설치) 제1항 및 제6항 단서의 규정에 의하여 선거사무소를 설치하거나 그 선거사무소에 간판·현판 또는 현수막을 설치·게시하는 행위
2. 자신의 성명·사진·전화번호·학력[정규학력과 이에 준하는 외국의 교육과정을 이수한 학력을 말한다]·경력 기타 홍보에 필요한 사항을 게재한 길이 9센티미터 너비 5센티미터 이내의 명함을 직접 주면서 지지를 호소하는 행위. 다만, 지하철역구 내 기타 중앙선거관리위원회규칙으로 정하는 다수인이 왕래하거나 집합하는 공개된 장소에서 주면서 지지를 호소하는 행위는 그러하지 아니하다.
3. 전자우편(컴퓨터 이용자끼리 네트워크를 통하여 문자·음성·화상 또는 동영상 등의 정보를 주고받는 통신시스템을 말한다. 이하 같다)을 이용하여 문자·음성·화상 또는 동영상 기타의 정보를 전송하는 행위
4. 선거구 안에 있는 세대수의 10분의 1 이내에 해당하는 수(그 수는 2만을 초과할 수 없다)의 인쇄물을 작성하여 관할 선거관리위원회로부터 발송대상·매수 등을 확인 받은 후 후보자등록기간 개시일 전일까지 1회에 한하여 중앙선거관리위원회규칙이 정하는 바에 따라 우편 발송하는 행위

②~⑥ 생략

제82조의4(정보통신망을 이용한 선거운동) ① 선거운동을 할 수 있는 자는 선거운동기간 중에 「정보통신망 이용촉진 및 정보보호 등에 관한 법률」 제2조(정의) 제1항 제1호의 규정에 의한 정보통신망(이하 '정보통신망'이라 한다)을 이용하여 인터넷 홈페이지 또는 그 게시판·대화방 등

에 선거운동을 위한 내용의 정보를 게시하거나 전자우편을 전송하는 방법으로 선거운동을 할 수 있다.

②~⑥ 생략

제82조의5(선거운동정보의 전송제한) ① 누구든지 정보수신자의 명시적인 수신거부의사에 반하여 선거운동 목적의 정보를 전송하여서는 아니된다.

② 제1항의 규정에 의한 선거운동 목적의 정보(이하 '선거운동정보'라 한다)를 전자우편으로 전송하거나 전화를 이용하여 전송(송·수화자 간 직접 통화하는 경우를 제외한다. 이하 이 조에서 같다)하는 자는 다음 각 호의 사항을 선거운동정보에 명시하여야 한다.

1. 선거운동정보에 해당하는 사실

2., 3. 삭제

4. 수신거부의 의사표시를 쉽게 할 수 있는 조치 및 방법에 관한 사항

③ 전화를 이용하여 음성으로 선거운동정보를 전송하는 자는 접속 즉시 수신자에게 수신 여부에 관한 의사를 물어 동의하는 경우에 한하여 전송할 수 있다.

④ 선거운동정보를 전송하는 자는 수신자의 수신거부를 회피하거나 방해할 목적으로 기술적 조치를 하여서는 아니된다.

⑤ 선거운동정보를 전송하는 자는 수신자가 수신거부를 할 때 발생하는 전화요금 기타 금전적 비용을 수신자가 부담하지 아니하도록 필요한 조치를 하여야 한다.

⑥ 누구든지 숫자·부호 또는 문자를 조합하여 전화번호·전자우편주소 등 수신자의 연락처를 자동으로 생성하는 프로그램 그 밖의 기술적 장치를 이용하여 선거운동정보를 전송하여서는 아니된다.

제255조(부정선거운동죄) ① 생략

② 다음 각 호의 어느 하나에 해당하는 자는 2년 이하의 징역 또는 400만원 이하의 벌금에 처한다.

1.~4. 생략

5. 제93조(탈법방법에 의한 문서·도화의 배부·게시 등 금지) 제1항의 규정에 위반하여 문서·도화 등을 배부·첩부·살포·게시·상영하거나 하게 한 자, 같은 조 제2항의 규정에 위반하여 광고 또는 출연을 하거나 하게 한 자 또는 제3항의 규정에 위반하여 신분증명서·문서 기타 인쇄물을 발급·배부 또는 징구하거나 하게 한 자

6.~8. 생략

판례의 평가

1. 헌법재판소가 선거일 전 180일부터 선거일까지 선거에 영향을 미치게 하기 위하여 일정한 내용의 문서 기타 이와 유사한 것의 배부하는 등의 행위를 금지하는 공직선거법(2005. 8. 4. 법률 제7681호로 개정된 것) 제93조 제1항 중 '기타 유사한 것' 부분이 명확성원칙에 위배되는지 여부와 심판대상 법률 조항에 따라 휴대전화 문자메시지 전송을 금지하는 것이 과잉금지원칙에 위배하여 선거운동의 자유를 침해하는지 여부에 대하여 재판관 5명 위헌의견과 재판관 4명 합헌의견으로 정족수에 이르지 못하여 합헌 결정을 하였다.

2. 공직선거법 제93조 제1항의 구성요건 행위가 시간적·내용적으로 한정되어 있다는 이유만으로 '기타 이와 유사한 것'에 '관념이나 의사전달의 기능을 가진 모든 매체나 수단'이 포함된다고 해석할 수는 없으며, 위 조항의 구체적인 예시만으로는 표현의 형식, 방법, 파급력 등이 다양한 많은 매체 중에서 어느 것이 일반조항인 '기타 이와 유사한 것'에 포함될지를 추론하기도 쉽지 않다. 이 사건 조항은 구체적 예시에 의하여 그 범위와 한계가 명백하게 드러나지 않는바, 헌법상 명확성의 원칙에 위배된다고 본다.

심판대상 법률조항의 입법목적의 정당성은 인정되나, 휴대전화 문자메시지 전송의 경우 후보자의 경제력에 따른 불균형 문제가 심각하지 않고, 후보자 간 공정성을 해치거나 선거의 평온을 깨뜨린다고 보기 어려우므로 이를 금지하는 것이 목적달성을 위한 적절한 수단이라 할 수 없으며, 목적 달성을 위한 다른 덜 제약적인 수단들도 존재한다는 점에서

최소침해성원칙에도 위배된다. 나아가 휴대전화 문자메시지 전송의 무조건 금지로 인하여 얻어지는 선거의 공정성은 명백하거나 구체적이지 못한 반면, 후보자가 선거운동의 자유를 제한받음으로써 생기는 불이익은 적지 아니하므로, 공익과 사익 간의 균형성도 인정되지 않으므로 결국 이 사건 조항은 과잉금지원칙에 위배하여 선거운동의 자유를 침해한다.

또한 문서·도화 등을 이용한 선거운동은 후보자를 가장 정확하게 알리고 가장 정확하게 파악할 수 있는 선거운동방법이며 비용도 저렴하고 선거의 공정성을 해칠 위험도 적기 때문에, 정치적 표현의 자유로서 보장되어야 하고, 이를 금지하는 것은 선거운동의 자유를 정당한 사유도 없이 제한하는 것으로 헌법에 위반되며, 휴대전화의 문자메시지를 이용한 선거운동 역시 마찬가지이다.

3. 1994년 3월 16일 제정 및 시행된 공직선거 및 선거부정방지법은 2005년 8월 4일 공직선거법으로 명칭변경 및 개정되어 현행에 이르고 있다.

19 식품위생법 제77조 제5호 식품접객영업 준수사항 부령위임
(2010. 3. 25. 2008헌가5)

Ⅰ. 판시 사항

가. 보건복지가족부령이 정하는 식품접객영업자의 준수사항을 지키지 아니한 자를 처벌하는 구 식품위생법(2002. 8. 26. 법률 제6724호로 개정되고, 2009. 2. 6. 법률 제9432호로 전부 개정되기 전의 것) 제77조 제5호 중 "제31조 제1항의 규정에 의한 영업자가 지켜야 할 사항을 지키지 아니한 자" 부분(이하 '이 사건 법률조항'이라 한다)이 헌법상 포괄위임입법금지원칙이나 죄형법정주의의 명확성원칙에 위배되는지 여부(소극)

나. 위헌의견이 다수이지만 법률의 위헌선언에 필요한 정족수에 미달하여 합헌결정을 한 사례

Ⅱ. 결정요지

가. 끊임없이 변화하고 다양한 식품 관련 영업 영역을 규율대상으로 하는 식품위생법은 다른 법률에 비해 전문적이고 기술적일 뿐 아니라, 영업형태와 고객의 이용형태 등 현실의 변화에 따른 신속하고 탄력적인 입법적 대

응이 필요한 분야의 법률이라고 할 것이어서, 그 세부적이고 기술적인 규율을 국회에 맡기기보다는 전체적인 기준 및 개요를 법률에 대강만 정한 뒤 구체적이고 세부적인 사항은 변동상황에 따른 탄력적 혹은 기술적 대응을 위하여 전문적·기술적 능력을 갖춘 행정부에서 상황의 변동에 따라 시의 적절하게 탄력적으로 대응할 수 있도록 하위 법령에 위임할 필요성이 인정된다.

구 식품위생법 제31조 제1항과 구 식품위생법 제2장 내지 제8장의 관련 조항들을 유기적·체계적으로 종합하여 해석하여 보면, 구 식품위생법 제31조 제1항과 관련하여 보건가족복지부령에는 영업의 위생적 관리 및 질서유지와 국민보건위생의 증진을 위하여 식품접객영업자 등이 준수하여야 할 구체적 내용을 규정하거나 그 범주에서 벗어나지 아니한 사항에 관한 일반적 기준의 정립에 한정될 것임을 예측할 수 있어 위임하고자 하는 내용의 대강을 파악하는 것이 결코 어렵지 아니하다고 할 것이므로 헌법상 포괄위임입법금지원칙이나 죄형법정주의의 명확성원칙에 위배되지 아니한다.

나. 이 사건 법률조항에 대하여 재판관 4인이 합헌의견을 표시하고 재판관 5인이 위헌의견을 표시하여 위헌의견이 다수이긴 하지만 법률의 위헌선언에 필요한 정족수 6인에 미달하므로, 이 사건 법률조항은 헌법에 위반되지 아니한다.

☐ 재판관 이강국, 재판관 조대현, 재판관 김종대, 재판관 목영준, 재판관 송두환의 반대의견

구 식품위생법 제2장 내지 제7장에 규정되어 있는 식품접객영업자 등에게 적용될 수 있는 일반적 금지규정들을 종합하여 보더라도, 과연 보건복지가족부령이 "영업의 위생적 관리 및 질서유지와 국민보건위생의 증진"의 내용으로서 어떠한 사항을 규정하게 될 것인지에 관하여 예측하기 어렵다고 할 것이고, 이 사건 법률조항만으로는 어떠한 사항을 준수하여야 하는지, 어떠한 사항을 준수하지 않으면 형사처벌되는지 알 수가 없다. 결국, 이 사건 법률조항은 죄형법정주의가 요구하는 명확성원칙과 헌법상 포괄위임입법금지원칙에 위배된다.

Ⅲ. 심판대상조문

구 식품위생법(2002. 8. 26. **법률 제6724호로 개정되고,** 2009. 2. 6. **법률 제9432호로 전부 개정되기 전의 것)** 제77조 제5호 중 "제31조 제1항의 규정에 의한 영업자가 지켜야 할 사항을 지키지 아니한 자" 부분

Ⅳ. 참조조문

헌법 제12조 제1항, 제75조, 제95조

구 식품위생법(2002. 8. 26. **법률 제6724호로 개정되고,** 2008. 2. 29. **법률 제8852호로 개정되기 전의 것)** 제31조 제1항

구 식품위생법 시행규칙(2003. 8. 18. **보건복지부령 제254호로 개정되고,** 2009. 8. 12. **보건복지가족부령 제132호로 개정되기 전의 것)** 제42조 제1항 [별표 13] 5. 타. (5)

Ⅴ. 참조판례

가. 헌재 1991. 7. 8. 91헌가4, 판례집 3, 336, 341
헌재 1994. 6. 30. 93헌가15 등, 판례집 6－1, 576, 585

헌재 1997. 5. 29. 94헌바22, 판례집 9-1, 529, 535

헌재 2000. 7. 20. 99헌가15, 판례집 12-2, 37, 45~46

헌재 2004. 8. 26. 2004헌바14, 판례집 16-2상, 306, 316

헌재 2009. 4. 30. 2007헌마106, 공보 151, 966, 978

Ⅵ. 당사자

제청법원 : 창원지방법원

당해사건 : 창원지방법원 2006노1335 폭력행위등 처벌에 관한 법률위반 (야간·공동상해) 등

Ⅶ. 주 문

구 식품위생법(2002. 8. 26. 법률 제6724호로 개정되고, 2009. 2. 6. 법률 제9432호로 전부 개정되기 전의 것) 제77조 제5호 중 "제31조 제1항의 규정에 의한 영업자가 지켜야 할 사항을 지키지 아니한 자" 부분은 헌법에 위반되지 아니한다.

Ⅷ. 이 유

1. 사건의 개요 및 심판의 대상

가. 사건의 개요

(1) 당해 사건의 피고인들인 고○국, 김○주는, "① 휴게음식점인 ○○다방을 운영하면서 공모하여 2005. 9. 16.부터 같은 달 23.까지 5회에 걸쳐

종업원인 김○미, 김○정으로 하여금 다방을 벗어나 손님과 일정한 시간을 함께 보내도록 하여 그 대가로 금품을 수수하고, ② 고○국은 김○미에게 상해를 가하였다"는 이유로 위 제① 사실에 대하여는 구 식품위생법 제77조 제5호, 제31조 제1항 위반 혐의로, 위 제② 사실에 대하여는 형법 제257조 제1항 위반 혐의로 각 기소되었고, 창원지방법원 진주지원이 2006. 7. 26. 고○국에게는 벌금 500만원을, 김○주에게는 벌금 300만원을 각 선고하자(2006고정65), 당해 사건의 피고인들이 창원지방법원에 항소하였다(2006노1335).

(2) 창원지방법원은 2008. 1. 18. 직권으로 구 식품위생법 제77조 제5호 중 '제31조 제1항의 규정에 의한 영업자가 지켜야 할 사항을 지키지 아니한 자' 부분이 위임입법의 한계를 규정한 헌법 제75조, 제95조에 위반되고 죄형법정주의를 규정한 헌법 제12조 제1항, 제13조 제1항에 위반된다며 이 사건 위헌법률심판제청을 하였다.

나. 심판의 대상

이 사건 심판의 대상은, 구 식품위생법(2002. 8. 26. 법률 제6724호로 개정되고, 2009. 2. 6. 법률 제9432호로 전부 개정되기 전의 것, 이하 '구 식품위생법'이라 한다) 제77조 제5호 중 "제31조 제1항의 규정에 의한 영업자가 지켜야 할 사항을 지키지 아니한 자" 부분(이하 '이 사건 법률조항'이라 한다)이 헌법에 위반되는지 여부이며, 그 내용은 다음과 같다.

[심판대상조항]

구 식품위생법(2002. 8. 26. 법률 제6724호로 개정되고, 2009. 2. 6. 법률 제9432호로 전부 개정되기 전의 것) 제77조(벌칙) 다음 각 호의 1에 해당하는 자는 3년 이하의 징역 또는 3천만원 이하의 벌금에 처한다.

5. 제29조 제1항 또는 제31조 제1항의 규정에 의한 영업자가 지켜야 할 사항을 지키지 아니한 자

[관련조항]

구 식품위생법(2002. 8. 26. **법률 제6724호로 개정되고,** 2008. 2. 29. **법률 제8852호로 개정되기 전의 것) 제31조(영업자 등의 준수사항)** ① 식품접객영업자 등 대통령령이 정하는 영업자 및 그 종업원은 영업의 위생적 관리 및 질서유지와 국민보건위생의 증진을 위하여 보건복지가족부령이 정하는 사항을 지켜야 한다.

구 식품위생법 시행규칙(2003. 8. 18. **보건복지부령 제254호로 개정되고,** 2009. 8. 12. **보건복지가족부령 제132호로 개정되기 전의 것) 제42조(식품접객영업자 등의 준수사항 등)** ① 법 제31조 제1항의 규정에 의하여 식품접객영업자 등이 지켜야 할 준수사항은 [별표 13]과 같다.

[별표 13] 식품접객영업자 등의 준수사항(제42조 관련)

5. 식품접객영업자(위탁급식영업자를 제외한다)의 준수사항

타. 허가를 받거나 신고한 영업 외의 다른 영업시설을 설치하거나 다음에 해당하는 영업행위를 하여서는 아니 된다.

(5) 식품접객업소의 영업자 또는 종업원이 영업장을 벗어나 시간적 소요의 대가로 금품을 수수하거나, 영업자가 종업원의 이러한 행위를 조장하거나 묵인하는 행위

2. 법원의 위헌법률심판 제청이유 및 이해관계기관의 의견

가. 법원의 위헌법률심판 제청이유

이 사건 법률조항은 “식품접객영업자가 영업의 위생적 관리 및 질서유지와 국민보건위생의 증진을 위하여 보건복지가족부령이 정하는 사항을 준수하지 않는 것을 처벌한다”는 것이므로 결국 범죄구성요건의 전부를 보건복지가족부령에 위임한 것인바, 보건복지가족부령에 규정될 내용과 범위에 관한 기본사항을 구체적으로 정하지 않고 막연히 ‘영업의 위생적 관리 및

질서유지와 국민보건위생의 증진을 위한 사항'이라고만 하고 있어 작위의무의 내용과 구성요건적 행위의 태양이 구체적으로 나타나 있지 않다. 또한 그 개념 또한 너무 추상적이고 광범위하여 식품위생법상의 다른 관련조항을 종합하여 보더라도 보건복지가족부령에 어떠한 내용의 범죄구성요건이 정해질지를 예측하기 어려워, 이 사건 법률조항은 처벌대상인 행위가 어떠한 것인지 예측할 수 있는 기준과 범위를 정함이 없이 범죄의 요건을 하위법규에 포괄적으로 위임하는 것이어서 위임입법의 한계를 규정한 헌법 제75조, 제95조에 위반될 뿐만 아니라 죄형법정주의를 규정한 헌법 제12조 제1항, 제13조 제1항에 위반된다는 의심이 든다.

나. 보건복지가족부장관의 의견요지

(1) 사회현상의 복잡다기화와 국회의 전문적·기술적 능력의 한계 및 시간적 적응능력의 한계로 인하여 형사처벌에 관련된 모든 법규를 예외 없이 형식적 의미의 법률에 의하여 규정한다는 것은 사실상 불가능할 뿐만 아니라 실제에 적합하지도 아니하기 때문에, 특히 긴급한 필요가 있거나 미리 법률로써 자세히 정할 수 없는 부득이한 사정이 있는 경우에 한하여 수권법률(위임법률)이 구성요건의 점에서 처벌대상인 행위가 어떠한 것인지 이를 예측할 수 있을 정도로 구체적으로 정하고, 형벌의 점에서는 형벌의 종류 및 그 상한과 폭을 명확히 규정하는 것을 전제로 위임입법이 허용되고 있다.

(2) 구 식품위생법 제31조 제1항의 위임에 의하여 보건복지가족부령인 구 식품위생법 시행규칙 [별표 13]이 규정하고 있는 '식품접객영업자 등의 준수사항'을 살펴보면, 식품접객영업자 등이 준수하여야 할 구체적 내용을 규정하거나 그 범주에서 벗어나지 아니한 사항들인 것임을 쉽게 알 수 있다. 아울러 영업자준수사항 위반행위에 대한 형벌의 종류, 그 상한과 하한 등 형벌에 관한 모든 사항은 모두 구 식품위생법 제77조 제5호에서 직접 규정하고 있는 점 등을 고려하면, '식품접객영업자 등 영업자준수사항'의 구체

적 내용을 규정하고 있는 구 식품위생법 시행규칙 제42조는 미리 법률로써 자세히 정할 수 없는 부득이한 사정이 있는 경우로서 구 식품위생법 제31조 제1항의 정당한 위임의 한계 내에 있는 규정이다.

3. 판 단

가. 이 사건 법률조항의 입법연혁

(1) 식품위생법이 1986. 5. 10. 법률 제3823호로 전부 개정되면서 처음으로 제31조(영업자의 준수사항)에 "식품접객영업자는 영업의 위생적 관리 및 질서유지와 국민보건위생의 증진을 위하여 보건사회부령이 정하는 사항을 지켜야 한다"라는 규정이 신설되었다. 아울러 제77조(벌칙)에서 '제31조의 규정에 의한 영업자가 지켜야 할 사항을 지키지 아니한 자'에 대하여 1년 이하의 징역 또는 300만원 이하의 벌금에 처하도록 하였다.

이후 1988. 12. 31. 법률 제4071호 개정 시 제31조에서 규정하는 의무의 주체가 '식품접객영업자'에서 '식품접객영업자 및 대통령령이 정하는 영업자'로 확대되었고, 2002. 8. 26. 법률 제6724호로 개정 시 이 사건 법률조항과 같이 '제31조 제1항의 규정에 의한 영업자가 지켜야 할 사항을 지키지 아니한 자'를 3년 이하의 징역 또는 3천만원 이하의 벌금에 처하도록 하여 법정형이 상향되었다.

(2) 이에 따라 1987. 3. 28. 보건사회부령 제798호로 개정된 식품위생법 시행규칙은 제42조를 신설하여 식품접객영업자가 지켜야 할 준수사항을 [별표 10]에서 상세히 규정하기 시작하였다. 1999. 12. 29. 보건복지부령 제139호 개정 시 제42조에 의한 [별표 13] 식품접객영업자등의 준수사항 중 '5. 식품접객영업자의 준수사항' 부분에서 처음으로 "식품접객업소의 종업원이 영업장을 벗어나 시간적 요소의 대가로 금품을 수수하거나, 종업원의 이러한 행위를 조장하거나 묵인하는 행위"가 금지되어 지금에 이르고 있다

{[별표 13] 5. 타. (5)}. 이는 영업장 내에서 식품접객영업행위가 이루어지도록 함으로써 영업장 밖에서 발생할 수 있는 무허가 식품접객영업행위에 대한 규제의 실효성을 확보하고, 영업자 및 종업원에게 발생할 수 있는 여러 위험행위로부터 그들을 보호하고자 한 것이다.

(3) 한편 식품접객업소의 종업원이 영업장을 벗어나 시간적 소요의 대가로 금품을 수수하는 행위를 조장하거나 묵인하는 행위를 한 영업자는 이 사건 법률조항에 의한 형사처벌 외에도 구 식품위생법 제55조, 제58조 제1항 제1호, 구 식품위생법 시행규칙 [별표 15] ‘Ⅱ. 3. 식품접객업 14. 가. (2)’에 의하여 영업정지 2월(1차 위반), 영업정지 3월(2차 위반), 영업허가취소 또는 영업소폐쇄(3차 위반)의 행정처분을 받을 수 있도록 규정하고 있었다.

나. 포괄위임입법금지의 원칙 및 죄형법정주의의 명확성원칙 위반 여부

(1) 이 사건 법률조항은 ‘식품위생법 제31조 제1항의 규정에 의한 영업자가 지켜야 할 사항을 지키지 아니한 자’를 형사처벌하는 조항으로, 구 식품위생법 제31조 제1항에서는 ‘식품접객영업자 등 대통령령이 정하는 영업자 등이 영업의 위생적 관리 및 질서유지와 국민보건위생의 증진을 위하여 지켜야 할 준수사항’의 구체적인 내용을 하위법령인 보건복지가족부령에 위임하고 있다. 이는 처벌법규의 구성요건을 위임하는 것으로서 헌법상 죄형법정주의의 명확성원칙 및 포괄위임입법금지원칙에 위반되는지 여부가 문제된다.

(2) 법률에 의한 처벌법규의 위임은, 헌법이 특히 인권을 최대한 보장하기 위하여 죄형법정주의와 적법절차를 규정하고 법률에 의한 처벌을 강조하고 있는 기본권보장 우위사상에 비추어 바람직하지 못한 일이므로, 그 요건과 범위가 보다 엄격하게 제한적으로 적용되어야 한다(헌재 1991. 7. 8. 91헌가4, 판례집 3, 336, 341; 헌재 1994. 6. 30. 93헌가15 등, 판례집 6-1, 576, 585; 헌재 1997. 5. 29. 94헌바22, 판례집 9-1, 529, 535).

일반적으로 헌법에 의하여 위임입법이 용인되는 한계로서, 법률에서 구체적으로 범위를 정하여 위임받은 사항이라 함은 법률에 이미 하위법령으로 규정될 내용 및 범위의 기본사항이 구체적으로 규정되어 있어서 누구라도 당해 법률로부터 하위법령에 규정될 내용의 대강을 예측할 수 있어야 한다는 것을 의미한다. 위임입법의 위와 같은 구체성 내지 예측가능성의 요구 정도는 문제된 그 법률이 의도하는 규제대상의 종류와 성질에 따라 달라질 것임은 물론이고, 그 예측가능성의 유무를 판단함에 있어서는 당해 특정 조항 하나만을 가지고 판단할 것이 아니라 관련 법조항 전체를 유기적·체계적으로 종합판단하여야 하며, 각 대상법률의 성질에 따라 구체적·개별적으로 검토하여야 한다. 특히 처벌법규에 관하여는 앞에서 본 바와 같이 그 요건과 범위가 보다 엄격하게 제한적으로 적용되어야 하는 것이므로, 처벌법규의 위임은 특히 긴급한 필요가 있거나 미리 법률로써 자세히 정할 수 없는 부득이한 사정이 있는 경우에 한정되어야 하며 이러한 경우일지라도 법률에서 범죄의 구성요건은 처벌대상행위가 어떠한 것일 것이라고 예측할 수 있을 정도로 구체적으로 정하고 형벌의 종류 및 그 상한과 폭을 명백히 규정하여야 한다(헌재 2000. 7. 20. 99헌가15, 판례집 12-2, 37, 45~46).

다. 재판관 이공현, 재판관 김희옥, 재판관 민형기, 재판관 이동흡의 합헌의견

(1) 행정법규는 행정의 원활한 수행과 사회경제적 변화에 탄력적으로 대응할 필요가 있어 그 형식에 있어 기술적, 편의적 규정이 많을 수도 있고, 또 그 규율 내용도 상당 부분을 시행령과 시행규칙 등 하위법령에 위임하는 것이 허용될 수 있다. 특히 그 수범자들이 한정된 범위이거나 전문적인 직역의 종사자들인 경우에는 법률이 다소 추상적이고 불확정적인 개념을 사용하면서 그 구체적인 내용을 하위법령으로 위임한다 하더라도 반드시 위법·부당하다고 보기 어렵다.

구 식품위생법은 제2조 제7호에서 "영업이라 함은 식품 또는 식품첨가물을 채취·제조·가공·수입·조리·저장·운반 또는 판매하거나 기구 또는 용기·포장을 제조·수입·운반·판매하는 업을 말한다. 다만, 농업 및 수산업에 속하는 식품의 채취업은 제외한다"라고 규정하고 있다. 그리고 제21조 제1항은 "1. 식품 또는 식품첨가물의 제조업·가공업·운반업·판매업 및 보존업, 2. 기구 또는 용기·포장의 제조업, 3. 식품접객업"의 영업을 하고자 하는 자는 보건복지가족부령이 정하는 시설기준에 적합한 시설을 갖추도록 하고, 제2항은 이러한 영업의 세부종류와 그 범위는 대통령령으로 정하도록 위임하고 있다.

이에 따라 구 식품위생법 시행령 제7조는 구 식품위생법 제21조 제2항의 규정에 의한 영업의 세부종류와 그 범위를 "1. 식품제조·가공업, 2. 즉석판매제조·가공업, 3. 식품첨가물제조업은 다음 각 목의 영업을 말한다. 가. 감미료·착색료·표백제 등의 화학적 합성품을 제조·가공하는 영업, 나. 천연의 물질로부터 유용한 성분을 추출하는 등의 방법으로 얻은 물질을 제조·가공하는 영업, 다. 식품첨가물의 혼합제재를 제조·가공하는 영업, 라. 기구 및 용기·포장의 살균·소독의 목적에 사용되어 간접적으로 식품에 이행될 수 있는 물질을 제조·가공하는 영업, 4. 식품운반업, 5. 식품소분·판매업, 가. 식품소분업, 나. 식품판매업, (1) 내지 (3) 삭제, (4) 식용얼음판매업, (5) 식품자동판매기영업, (6) 유통전문판매업, (7) 삭제, (8) 식품등수입판매업, (9) 기타 식품판매업, 6. 식품보존업, 가. 식품조사처리업, 나. 식품냉동·냉장업, 7. 용기·포장류제조업, 가. 용기·포장지제조업, 나. 옹기류제조업, 8. 식품접객업, 가. 휴게음식점영업, 나. 일반음식점영업, 다. 단란주점영업, 라. 유흥주점영업, 마. 위탁급식영업, 바. 제과점영업" 등으로 세세하게 규정하고 있고, 같은 법 시행령 제9조는 '영업허가를 받아야 할 업종'에 대해, 제13조는 '영업신고를 하여야 할 업종'과 그중 '휴게음식점영업'에 대하여 각 규정하고 있다.

이러한 식품 관련 영업들의 구조적인 차이와 그 다양성에 주목하면 여러 태양에 따른 각 영업형태의 공통적 요소를 찾아내어 영업자준수사항의 자세한 내용을 법률 자체에서 정하기도 극히 어렵거니와 위 영업자준수사항을 각 영업형태별로 세분하여 일일이 예측하거나 파악하여 규정하는 한편 그러한 상황에 즉응하여 그때마다 법률을 개정하는 것 또한 입법기술상 지극히 어려운 점이 있다.

따라서 이 사건 식품위생법상의 영업자준수사항을 규정함에 있어서도 다양한 태양의 영업이 나타났다가 사라지고 수시로 업태가 변하는 현대사회의 특성상 휴게음식점영업을 포함한 식품접객업 등 식품위생법의 적용대상이 되는 영업의 영업자준수사항에 대하여 법률 자체에서 그 다양한 형태 전부를 구체적으로 규정한다는 것은 국회의 시간적 적응능력과의 관계에서 가능하지 않고 적합하지도 아니하다고 할 것이다.

즉 끊임없이 변화하고 다양한 식품 관련 영업 영역을 규율대상으로 하는 식품위생법은 다른 법률에 비해 전문적이고 기술적일 뿐 아니라, 영업형태와 고객의 이용형태 등 현실의 변화에 따른 신속하고 탄력적인 입법적 대응이 필요한 분야의 법률이라고 할 것이어서, 그 세부적이고 기술적인 규율을 국회에 맡기기보다는 전체적인 기준 및 개요를 법률에 대강만 정한 뒤 구체적이고 세부적인 사항은 변동상황에 따른 탄력적 혹은 기술적 대응을 위하여 전문적·기술적 능력을 갖춘 행정부에서 상황의 변동에 따라 시의(時宜)적절하게 탄력적으로 대응할 수 있도록 하위 법령에 위임할 필요성이 인정된다.

따라서 구 식품위생법 제31조 제1항이 영업자준수사항의 규율대상과 목적 등 그 대강을 정하고, 보다 구체적인 내용은 보건복지가족부령에 위임하고 있는 것은 부득이한 것으로 허용된다 할 것이다.

(2) 다음으로 구 식품위생법 제31조 제1항이 하위 법령에 규정될 범죄구성요건이 어떠한 것일지 예측가능하도록 구체적으로 명확하게 위임하였

는지 여부에 관하여 보건대, 위 예측가능성의 유무는 위임법률인 구 식품위생법 제31조 제1항에 규정된 “영업의 위생적 관리 및 질서유지와 국민보건위생의 증진”이라는 규정 하나만을 가지고 판단할 것이 아니고 관련 법 조항 전체를 유기적·체계적으로 종합판단하여야 하며 각 대상 법률의 성질에 따라 구체적·개별적으로 검토하여야 한다(헌재 2009. 4. 30. 2007헌마106, 공보 151, 966, 978 참조).

구 식품위생법 제31조 제1항의 “영업자 등의 준수사항 등”은 식품으로 인한 위생상의 위해를 방지하고 식품영양의 질적 향상을 도모하며 식품에 관한 올바른 정보를 제공함으로써 국민보건의 증진에 이바지하기 위하여 식품접객영업자 등으로 하여금 보건복지가족부령이 정하는 사항을 지키게 함으로써 영업의 위생적 관리 및 질서유지와 국민보건위생을 증진함을 목적(식품위생법 제1조 참조)으로 한다.

이러한 법규의 목적과 식품 관련 영업의 종류와 기능, 영업의 종류가 급속히 변모·증가하는 식품 관련 영업의 현실에 더하여, 구 식품위생법상의 여러 규정, 즉 위해식품 등의 판매 등 금지(제4조), 병육(病肉) 등의 판매 등 금지(제5조), 기준·규격이 고시되지 아니한 화학적 합성품 등의 판매 등 금지(제6조), 기준과 규격(제7조), 유독기구 등의 판매·사용 금지(제8조), 식품 또는 식품첨가물 등의 표시기준(제10조), 허위표시 등의 금지(제11조), 유전자조합식품의 안전성 평가 등(제15조), 수입식품의 신고 등(제16조), 출입·검사·수거 등(제17조), 식품 등의 재검사(제17조의2), 자가품질검사의 의무(제19조), 영업의 시설기준(제21조), 건강진단(제26조), 위생교육(제27조), 품질관리 및 보고(제29조), 영업의 제한(제30조), 식품 등의 자진회수(제31조의2), 위해요소중점관리기준(제32조의2), 조리사 및 영양사에 관한 규정(제8장) 등을 종합하여 유기적·체계적으로 살펴보면, 구 식품위생법 제31조 제1항에 따라 보건복지가족부령으로 정하여질 내용은 영업의 위생적 관리 및 질서유지와 국민보건위생의 증진을 위하여 식품접객영업자 등이 준수하여야 할 구체적 내용을 규정하거나 그 범주에서 벗어나지 아니한 사항에 관한 일반적 기준의 정립이 그 내용이 될 것이라고 충분히 예측될 수 있다고 보여진다.

실제로 구 식품위생법 제31조 제1항의 위임에 의하여 보건복지가족부령인 구 식품위생법 시행규칙 제42조에 따라 구 식품위생법 시행규칙 [별표 13]이 규정하고 있는 식품접객영업자 등의 준수사항(자세한 사항은 [별지 1] 참조)을 살펴보더라도, 모두 식품접객영업자 등이 준수하여야 할 구체적 내용 또는 그 범주에서 벗어나지 아니한 사항들로서 구 식품위생법 제31조 제1항에서 예측가능한 정도로 규정되어 있음을 알 수 있다.

한편, 이 사건 법률조항의 수범자는 '식품접객영업자 등 대통령령이 정하는 영업자'이고 이 사건 법률조항에서 문제가 된 식품접객영업자 등의 준수사항은 식품접객영업의 핵심을 이루는 요소인바, 휴게음식점영업을 하고자 하는 자는 '공통시설기준'으로 영업장, 조리장, 급수시설, 화장실에 관한 기준을, '업종별시설기준'으로 '객실을 둘 수 없는' 등의 시설기준을 지켜야 하고(구 식품위생법 제21조; 구 식품위생법 시행규칙 제20조; 구 식품위생법 시행규칙 [별표 9]), 미리 6시간의 식품위생, 개인위생, 식품위생시책, 식품의 품질관리 등 위생에 관한 교육을 받아야 하는(구 식품위생법 제27조 제2항·제3항; 구 식품위생법 시행규칙 제37조 제1항·제2항, 제37조의2 제1항 제3호) 등 식품접객업(휴게음식점영업 등)의 영업자 등 구 식품위생법 시행령 제21조에서 정한 영업자라면 누구나 위 영업자준수사항의 내용이나 그 종류가 어떠한 것일지 대체로 예측할 수 있는 정도의 전문지식과 능력을 갖추고 있다고 보아야 한다. 이처럼 식품 관련 영업의 기술적 특수성과 수범자의 특성을 고려할 때 이 사건 법률조항이 수범자들로 하여금 처벌대상 행위의 실질을 예측하게 할 수 없을 정도로 포괄적이라고는 할 수 없다(헌재 2004. 8. 26. 2004헌바14, 판례집 16-2상, 306, 316 참조).

나아가 이 사건 법률조항이 가지는 약간의 불명확성은 법관의 통상적인 해석작용에 의하여 보완될 수 있고, 건전한 상식과 통상적인 법감정을 가진 수범자라면 어떠한 행위가 이에 해당하는지 여부를 파악하는 것이 어렵다고는 보이지 아니한다. 특히 이 사건에서 '휴게음식점인 다방을 운영하면서 종업원들로 하여금 다방을 벗어나 시간적 소요의 대가로 금품을 수수하는 행위'(속칭 티켓다방영업)에 대하여는 사회 일반이 이미 그 불법성과 유해성을 인식하고 있고 이를 금지하는 행위를 포함한 영업자준수사항은 대부분의 식품접객영업자들이 알고 있다고 봄이 상당하다.

결국 구 식품위생법 제31조 제1항에 규정된 '영업의 위생적 관리', '질서유지' 또는 '국민보건위생의 증진'이라는 개념 자체만을 놓고 보면 다소 추상적이고 포괄적이라고 보일 수도 있으나, 구 식품위생법 제31조 제1항과 구 식품위생법 제2장 내지 제8장의 관련조항들을 유기적·체계적으로 종합하여 전체적 관점에서 해석하여 보면, 구 식품위생법 제31조 제1항과 관련하여 보건가족복지부령에는 영업의 위생적 관리 및 질서유지와 국민보건위생의 증진을 위하여 식품접객영업자 등이 준수하여야 할 구체적 내용을 규정하거나 그 범주에서 벗어나지 아니한 사항에 관한 일반적 기준의 정립에 한정될 것임을 예측할 수 있어 위임하고자 하는 내용의 대강을 파악하는 것이 결코 어렵지 아니하다. 그러므로 이 사건 법률조항이 수범자들로 하여금 처벌대상 행위의 실질을 예측하게 할 수 없을 정도로 불명확하게 규정되었다거나 포괄적으로 입법사항을 위임하고 있다고 보기 어렵고, 따라서 법집행자(행정입법자)인 행정부가 사실상의 구성요건을 자신들의 필요성에 의하여 자의적으로 그때그때마다 보건복지가족부령에 집어넣을 가능성 역시 크지 않다고 할 것이다.

(3) 또한 영업자준수사항 위반행위에 대한 형벌의 종류, 그 상한과 하한 등 형벌에 관한 모든 사항은 구 식품위생법 제77조 제5호에서 직접 명확하게 규정하고 있는 점까지 감안하면, 식품접객영업자 등 영업자준수사항의 구체적 내용을 규정하고 있는 구 식품위생법 시행규칙 제42조는 미리 법률로써 자세히 정할 수 없는 부득이한 사정이 있는 경우로서 구 식품위생법

제31조 제1항의 정당한 위임한계 내의 규정이라고 할 것이다.

(4) 이상에서 본 바와 같이 구 식품위생법 제31조 제1항은 법률에서 구체적으로 범위를 정하여 식품접객영업자가 영업의 위생적 관리 및 질서유지와 국민보건위생의 증진을 위하여 지켜야 할 사항의 구체적 내용을 보건복지가족부령에 위임하고 있는 것이므로 이 사건 법률조항이 헌법상 포괄위임입법금지원칙이나 죄형법정주의의 명확성원칙에 위배된다고는 볼 수 없다.

라. 재판관 이강국, 재판관 조대현, 재판관 김종대, 재판관 목영준, 재판관 송두환의 위헌의견

(1) 행정법규는 행정의 원활한 수행과 사회경제적 변화에 탄력적으로 대응할 필요가 있어 그 형식에 있어 기술적, 편의적 규정이 많을 수도 있고, 또 그 규율 내용도 상당 부분을 시행령과 시행규칙 등 하위법령에 위임하는 것이 허용될 수 있다. 특히 그 수범자들이 한정된 범위이거나 전문적인 직역의 종사자들인 경우에는 법률이 다소 추상적이고 불확정적인 개념을 사용하면서 그 구체적인 내용을 하위법령으로 위임한다 하더라도 '행정법규로서' 기능하는 범위 내에서는 반드시 위법·부당하다고 보기 어렵다.

그러나 행정법규 위반에 대해 형사처벌을 규정하고자 할 때는 그 규정이 단순히 '행정법규로서의 기능'을 떠나 '범죄구성요건으로 기능'하는 것이므로 관점을 달리해 보아야 한다. 국민의 입장에서는 행정법규 위반으로 형사처벌을 받는 것도 일반 형사법규 위반으로 형사처벌을 받는 것과 결과적으로 아무런 차이가 없기 때문에, 행정법규가 형사처벌 규정에 인용됨으로써 범죄구성요건으로 기능할 때에는 그 행정법규도 일반 형사법규의 위반에서와 같이 죄형법정주의에서 파생되는 명확성 원칙과 포괄위임입법금지의 원칙에 따라 엄격한 제한을 받아야 하는 것이다.

따라서 행정법규라고 하더라도 그것이 범죄구성요건이 되는 범위 안에서는 법률로써 규정되어야 하고, 또 그 규정된 법률의 내용만으로도 처벌하고자 하는 행위가 무엇이며 그에 대한 형벌이 어떠한 것인지 예견할 수 있고 그에 따라 수범자가 자신의 행위를 결정할 수 있을 정도로 명확하고 구체적으로 규정되어야 한다. 왜냐하면 규율대상이 다양하거나 수시로 변하는 성질을 가져 하위법령에 위임할 필요성이 클수록 수범자인 국민의 입장에서는 어떠한 경우에 어떠한 의무를 부담하는지를 판단하기가 더욱 어려워져서 행위기준을 설정할 수가 없기 때문이다.

(2) 식품접객영업자와 종업원의 준수사항을 규정하고 있는 구 식품위생법 제31조 제1항은 형사처벌규정인 구 식품위생법 제77조 제5호의 한 내용으로 되어 범죄구성요건으로 되므로 죄형법정주의의 원칙상 범죄구성요건의 내용이 충분히 구체적으로 명확하게 법률에 규정되어야 한다.

이 사건 법률조항은 형사처벌의 대상인 행위를 "영업의 위생적 관리 및 질서유지와 국민보건위생의 증진을 위하여 보건복지가족부령이 정하는 사항"을 지키지 아니하는 행위라고 규정함으로써, 준수사항의 구체적 내용을 보건복지가족부령으로 정하게 하고, 식품접객영업자와 종업원이 보건복지가족부령에 정해진 사항을 준수하지 않으면 형사처벌하도록 규정하고 있다.

그런데 '영업의 위생적 관리 및 질서유지와 국민보건위생의 증진'은 매우 추상적이고 포괄적인 개념이어서 구체적으로 무엇을 뜻하는 것인지 확정하기 어렵다. 수범자가 식품접객영업자와 종업원이라고 하더라도, 보건복지가족부령에서 어떠한 내용이 '영업의 위생적 관리 및 질서유지와 국민보건위생의 증진'으로 규정될 것인지 예측하기 어렵다. 구 식품위생법 제2장 내지 제7장에 규정되어 있는 식품접객영업자 등에게 적용될 수 있는 일반적 금지규정들(제4조의 위해식품 등의 판매 등 금지, 제5조의 병육 등의 판매 등 금지, 제6조의 기준·규격이 고시되지 아니한 화학적 합성품 등의 판매 등 금지, 제8조의 유독기구 등의 판매·사용 금지, 제11조의 허위표시 등의 금지 등)을 종합하여 보더라도, 과연 보건복지가족부령이 '영업의 위생적 관리 및 질서유지와 국민보건위생의 증진'의 내용으로서 어떠한 사항을 규정하게 될 것인지에 관하여 예측하기 어렵다.

따라서 이 사건 법률조항의 수범자가 식품접객영업자와 종업원이라고 하더라도, 이 사건 법률조항만으로는 어떠한 사항을 준수하여야 하는지, 어떠한 사항을 준수하지 않으면 형사처벌되는지 알 수가 없고, 보건복지가족부령인 구 식품위생법 시행규칙의 규정 내용을 보아야 비로소 준수하여야 할 사항과 범죄구성요건의 내용을 알 수 있게 된다고 할 것이다.

즉, 이 사건 법률조항의 경우에는 수범자의 특수성을 고려한다고 하더라도 법률의 규정 내용만으로는 준수하지 않으면 형사처벌되는 사항의 구체적인 내용을 명확하고 구체적으로 확정할 수가 없다고 할 것이다.

(3) 이처럼 구 식품위생법 제31조 제1항과 같이 행정부에게 지나치게 광범위한 입법재량권을 주게 되면, 법률로 규정하여야 하는 형사처벌 요건을 행정부가 마음대로 규정할 수 있게 되고, 그로 인하여 수범자인 식품접객영업자와 종업원은 자신들의 행위기준을 보건복지가족부령의 규정 내용에 맞추지 않을 수 없게 될 것이다. 이는 결국 헌법상의 죄형법정주의와 포괄위임입법금지원칙이 예방하고자 하는 '행정권에 의한 자의적인 법률의 해석과 집행'을 쉽게 용인하는 셈이 될 것이다.

당해 사건에서 문제된 '식품접객업소의 영업자나 종업원이 영업장을 벗어나 시간적 소요의 대가로 금품을 수수하는 행위'가 식품접객영업의 질서유지를 위하여 필요한 것인지 여부와 형사처벌 여부가 전적으로 보건복지가족부의 판단에 맡겨지게 된다.

(4) 결국 이 사건 법률조항은 형사처벌의 범죄구성요건에 해당하는 내용을 법률로 직접 구체적으로 명확하게 규정하지 아니하고 보건복지가족부령에서 구체적으로 규정하도록 포괄적으로 위임함으로써, 죄형법정주의가 요구하는 명확성의 원칙과 헌법 제75조, 제95조에 규정된 포괄위임입법금지

의 원칙에 어긋나 헌법에 위반된다고 보지 않을 수 없다.

4. 결 론

이 사건 법률조항에 대하여 재판관 4인이 합헌의견을 표시하고 재판관 5인이 위헌의견을 표시하였다. 위헌의견이 다수이긴 하지만 법률의 위헌선언에 필요한 정족수 6인에 미달하므로, 이 사건 법률조항은 헌법에 위반되지 않는다고 선언하기로 하여 주문과 같이 결정한다.

재판장 재판관 이강국
재판관 이공현
재판관 조대현
재판관 김희옥
재판관 김종대
재판관 민형기
재판관 이동흡
재판관 목영준
재판관 송두환

판례의 평가

헌법재판소가 보건복지가족부령이 정하는 식품접객영업자의 준수사항을 지키지 아니한 자를 처벌하는 구 식품위생법(2002. 8. 26. 법률 제6724호로 개정되고, 2009. 2. 6. 법률 제9432호로 전부 개정되기 전의 것) 제77조 제5호 중 '제31조 제1항의 규정에 의한 영업자가 지켜야 할 사항을 지키지 아니한 자' 부분이 헌법상 포괄위임입법금지원칙이나 죄형법정주의의 명확성원칙에 위배되는지 여부에 대하여 재판관 5명 위헌의견과 재판관 4명 합헌의견으로, 위헌의견이 다수이지만 헌법재판소법의 위헌선언에 필요한 정족수에 미달하여 합헌결정을 하였다.

당시 심판대상이였던 구 식품위생법 제2장 내지 제7장에 규정되어 있는 식품접객영업자 등에게 적용될 수 있는 일반적 금지규정들을 종합하여 보더라도, 과연 보건복지가족부령이 '영업의 위생적 관리 및 질서유지와 국민보건위생의 증진'의 내용으로서 어떠한 사항을 규정하게 될 것인지에 관하여 예측하기 어렵다고 할 것이고, 당시 심판대상 법률조항만으로는 어떠한 사항을 준수하여야 하는지, 어떠한 사항을 준수하지 않으면 형사처벌되는지 알 수가 없다. 따라서 당시 심판대상 법률조항은 죄형법정주의가 요구하는 명확성원칙과 헌법상 포괄위임입법금지원칙에 위배된다고 봐야 할 것이다.

1962년 1월 20일 제정되어 1962년 4월 21일 시행된 식품위생법은 1986년 5월 10일 전부개정되면서 당시 심판대상 법률조항(제77조 벌칙 및 제31조)이 마련되었다. 그 이후 2009년 2월 6일 전부개정되면서 당시 심판대상이었던 조항이 현행 2016년까지 동법 제44조 제1항 및 동법 시행규칙 제57조 별표 17(제6호, 타, 5,)에 그대로 유지되고 있다.

20 건설산업기본법 제83조 단서 제3호 금고 이상형 건축임원 3년 동안 취임금지

(2010. 4. 29. 2008헌가8)

Ⅰ. 판시 사항

건설업자가 '금고 이상의 실형을 선고받고 그 집행이 종료되거나 그 집행이 면제된 날부터 3년이 경과되지 아니한 자 또는 그 형의 집행유예선고를 받고 그 유예기간 중에 있는 자(법인의 경우 임원이 여기에 해당되는 경우 포함)'에 해당하는 경우 건설업 등록을 필요적으로 말소하도록 한 구 건설산업기본법(2005. 12. 29. 법률 제7796호로 일부 개정되고 2007. 5. 17. 법률 제8477호로 일부 개정되기 전의 것, 이하 '구 건설산업기본법'이라 한다) 제83조 단서 제3호 본문 중 제13조 제1항 제4호에 관한 부분(이하 '이 사건 법률조항'이라 한다)이 과잉금지의 원칙에 반하여 건설업자의 직업선택의 자유를 침해하는지 여부(소극)

Ⅱ. 결정요지

이 사건 법률조항은 범죄행위로 인하여 형사처벌을 받아 준법의식에 문제가 있다고 판단되는 자를 건설업자에서 배제하여 건설업자의 자질을 일정 수준으로 담보함으로써 부실공사를 방지하고 국민의 생명과 재산을 보호하고자 하는 것으로 그 입법목적이 정당하고, 이를 통하여 건설업자로 하여금 건설관련 법규범 등을 잘 준수하도록 사전에 경고하는 효과가 있으므로 그 수단 역시 적합하다.

법원이 범죄의 모든 정황을 고려한 후 금고 이상의 형을 선택하였다면 이는 사회적 비난가능성이 결코 적지 아니함을 뜻한다 할 것이고, 입법자가 일정한 자격제도를 마련하면서 그 자격제도를 둔 취지와 양립할 수 없다고 판단한 결격사유를 규정하고 있는 이상, 일단 자격을 취득하여 그 자격제도에 포섭된 자일지라도 결격사유에 해당하게 됨으로써 당해 자격제도의 범주에서 벗어난 경우, 필요적으로 그 자격을 취소, 박탈하는 것은 자격취득에 관한 요건으로 결격사유를 설정한 자격제도 자체에서 유래하는 본질적인 한계에 속한다.

또한, 이 사건 법률조항은 형사처벌이 등록말소사유로 작용하는 기간을 형 집행 종료 내지 면제 후 3년 또는 집행유예기간으로 한정하고 있어 이 기간이 경과하면 다시 건설업 등록을 할 수 있고, 등록말소처분을 받기 전에 도급계약을 체결하였거나 관계법령에 의하여 허가·인가를 받아 착공한 건설공사에 대하여는 이를 계속 시공할 수 있도록 하였으며, 건설업자가 법인인 경우 법인의 임원이 일정 형벌 이상을 선고받아 이 사건 법률조항을 적용받게 되는 경우에는 그 사유를 안 날부터 3월 이내에 그 임원을 바꾸어 선임하면 건설업 등록이 말소되지 않도록 하고 있는 등 건설업자의 직업의 자유에 대한 제한을 최소화하는 조치를 마련하고 있다는 점에서 최소침해성의 원칙에도 위반되지 않는다.

건설업 등록 전 단계에서 형사재판의 유죄판결이 확정됨으로써 등록에서 배제되거나, 등록 이후 단계에서 유죄판결이 확정됨으로써 그 등록이 취소되는 경우 사이에 비난가능성이나 건축행정 전반에 대한 국민의 신뢰에 미치는 영향 등이 서로 다를 바 없고, 일반적으로 금고 이상의 형을 선택한 판결에 내포된 사회적 비난가능성까지 감안하면, 이미 건설업자로 등록하여 건설업을 영위하고 있어 건설업 등록 말소로 인한 건설업자 및 소속 근로자의 피해가 우려된다는 것만으로 위 결격사유를 등록의 말소사유에 있어서는 달리 평가해야 된다고 볼 만한 충분한 사정이 있다고 보기 어려우므로 법익균형성의 원칙에 위반되지 않는다. 따라서 이 사건 법률조항은 직업선택의 자유를 침해하지 아니한다.

□ 재판관 조대현, 재판관 김종대, 재판관 민형기, 재판관 목영준, 재판관 송두환의 반대의견

법인인 건설업자의 임원에게 구 건설산업기본법 제13조 제1항 제4호에 해당하는 사유가 발생한 경우 이 사건 법률조항의 입법목적을 달성하기 위해서는 이러한 임원을 건설업자인 법인으로부터 배제하는 것으로 충분하고, 이를 위해서는 그 임원을 당연 퇴직시키거나 퇴직을 명하고 이에 따르지 않을 경우 당해 임원 및 건설업자에게 형벌 또는 등록말소 이외의 행정상 제재를 가하는 방법도 효과적일 것인데도, 이 사건 법률조항은 위와 같은 일정 임원의 배제를 담보하기 위한 방법으로 일정 기간 내에 임원을 개임하지 않을 경우 가장 강력한 수단인 필요적 등록말소라는 제재를 가해 건설업자인 법인 자체를 소멸시키는 방법을 선택하고 있고 또한 이 사건 법률조항은 '금고 이상의 실형을 선고받고 그 집행이 종료되거나 그 집행이 면제된 날부터 3년이 경과되지 아니한 자 또는 그 형의 집행유예를 선고받고 그 유예기간 중에 있는 자'에 해당하기만 하면 그 범죄행위가 건설업을 영위하는데 지장을 줄 수 있는 성질의 것인지, 그 범죄행위가 얼마나 중한 것인지 등을 고려함이 없이 건설업의 등록을 말소하도록 하고 있으므로 최소침해성의 원칙에 위배된다.

나아가 이 사건 법률조항으로 인해 건설업자는 형 집행 종료 또는 면제 후 3년 내지 집행유예기간 동안에는 등록말소처분을 받기 전에 도급계약을 체결하거나 관계법령에 의하여 허가나 인가 등을 받아 착공한 건설공사 외에는 건설업을 할 수 없게 되고, 이 경우에도 건설공사의 발주자는 특별한 사유가 있는 경우를 제외하고는 도급계약을 해지할 수 있으므로, 건설업자는 이로 인해 사실상 폐업에 이르게 될 가능성이 매우 큰 반면, 이 사건 법률조항이 범죄의 종류를 불문하고 준법의식에 문제가 있는 자를 건설업에서 배제함으로써 부실공사를 방지한다는 공익에는 다소 간접적이고 추상적인 면이 있으므로 법익균형성의 원칙에도 반한다.

Ⅲ. 심판대상조문

구 건설산업기본법(2005. 12. 29. **법률 제7796호로 일부 개정되고** 2007. 5. 17. **법률 제8477호로 일부 개정되기 전의 것**) 제83조 단서 제3호 본문 중 제13조 제1항 제4호에 관한 부분

Ⅳ. 참조조문

헌법 제15조

구 건설산업기본법(2005. 12. 29. **법률 제7796호로 일부 개정되고** 2007. 5. 17. **법률 제8477호로 일부 개정되기 전의 것**) 제9조 제1항, 제4항, 제13조 제1항 제4호, 제14조 제1항, 제2항, 제4항

건설산업기본법(2009. 12. 29. **법률 제9875호로 일부 개정된 것**) 제13조 제1항 제4호, 제5호, 제6호, 제83조 단서 제3호

Ⅴ. 참조판례

헌재 2001. 5. 31. 99헌바94, 판례집 13-1, 1150, 1161~1162

헌재 2007. 5. 31. 2007헌바3, 공보 128, 589, 594

헌재 2008. 9. 25. 2007헌마419, 판례집 20-2상, 616, 623~624

헌재 2009. 7. 30. 2007헌마1037, 공보 154, 1561, 1563

Ⅵ. 당사자

제청법원 : 제주지방법원

당해사건 : 제주지방법원 2006구합1108 건설업등록말소처분 취소

Ⅶ. 주 문

구 건설산업기본법(2005. 12. 29. 법률 제7796호로 일부 개정되고, 2007. 5. 17. 법률 제8477호로 일부 개정되기 전의 것) 제83조 단서 제3호 본문 중 제13조 제1항 제4호에 관한 부분은 헌법에 위반되지 아니한다.

Ⅷ. 이 유

1. 사건의 개요와 심판의 대상

가. 사건의 개요

(1) 당해 사건의 원고는 토목공사업 등을 하는 회사로서 토공사업 및 철근콘크리트공사업 등록을 마치고 건설업을 영위하였다. 당해 사건의 피고 서귀포시장은 원고로부터 건설업등록기준에 관한 사항을 신고받은 후, 원고의 임원들에 대하여 범죄경력을 조회한 결과 당시 원고의 대표이사가 2005. 7. 7. 제주지방법원에서 '특정범죄가중처벌 등에 관한 법률위반(도주차량)'죄

등으로 징역 8월, 집행유예 2년을 선고받아 그 판결이 같은 달 15. 확정된 사실을 알게 되었다.

(2) 이에 피고는 2006. 9. 29. 원고에 대하여 '건설산업기본법 제13조 제1항 제4호에 해당하는 건설업 등록 결격사유가 있다.'는 이유로 건설산업기본법 제83조 단서 제3호의 규정에 의하여 원고의 건설업 등록을 말소하는 처분을 하였고, 원고는 같은 해 12. 19. 제주지방법원 2006구합1108호로 위 건설업 등록 말소처분의 취소를 구하는 소를 제기하였다.

(3) 제청법원은 위 사건 계속중인 2008. 2. 18. 건설산업기본법(2005. 12. 29. 법률 제7796호로 개정된 것) 제83조 단서 제3호 중 제13조 제1항 제4호 부분은 과잉금지의 원칙에 반하여 직업의 자유를 침해하여 위헌이라고 인정할 만한 상당한 이유가 있다고 하면서 위 법률조항에 대하여 직권으로 위헌제청결정을 하였다.

나. 심판의 대상

이 사건 심판의 대상은 구 건설산업기본법(2005. 12. 29. 법률 제7796호로 일부 개정되고, 2007. 5. 17. 법률 제8477호로 일부 개정되기 전의 것, 이하 '구 건설산업기본법'이라 한다) 제83조 단서 제3호 본문 중 제13조 제1항 제4호에 관한 부분(이하 '이 사건 법률조항'이라 한다)의 위헌 여부이며 그 내용 및 관련조항의 내용은 다음과 같다.

[심판대상조항]

구 건설산업기본법(2005. 12. 29. **법률 제7796호로 일부 개정되고**, 2007. 5. 17. **법률 제8477호로 일부 개정되기 전의 것**) **제83조**(**건설업의 등록말소 등**) 건설교통부장관 또는 시·도지사는 건설업자가 다음 각 호의 1에 해당하게 된 때에는 당해 건설업자(제9호의 경우 중 하도급한 때에는 그 수급인을 포함한다)의 건설업의 등록을 말소하거나 1년 이내의 기간을 정하여 영업의 정지를 명할 수 있다. 다만, 제1호 · 제1호의2 · 제3호 · 제5호 내지 제7호 또는 제11호에 해당하는 때에는 건설업의 등록을 말소하여야 한다.

3. 제13조 제1항 각 호의 어느 하나의 건설업 등록의 결격사유에 해당하게 된 때. 다만, 건설업으로 등록된 법인의 임원 중 건설업 등록의 결격사유에 해당되는 자가 있는 경우 그 사유를 안 날부터 3월 이내에 그 임원을 바꾸어 선임한 경우에는 그러하지 아니하다.

[관련조항]

구 건설산업기본법(2005. 12. 29. **법률 제7796호로 일부 개정되고**, 2007. 5. 17. **법률 제8477호로 일부 개정되기 전의 것) 제13조(건설업등록의 결격사유)** ① 다음 각 호의 1에 해당하는 자(법인인 경우 다음 각 호의 1에 해당하는 자가 그 임원으로 있는 때를 포함한다)는 제9조 제1항의 규정에 의한 건설업의 등록을 할 수 없다. 외국인 또는 외국법인으로서 당해 국가에서 다음 각 호의 1의 사유와 동일하거나 유사한 사유에 해당하는 자가 있는 때에도 또한 같다.

4. 금고 이상의 실형을 선고받고 그 집행이 종료되거나 그 집행이 면제된 날부터 3년이 경과되지 아니한 자 또는 그 형의 집행유예선고를 받고 그 유예기간 중에 있는 자

제9조(건설업의 등록 등) ① 건설업을 영위하고자 하는 자는 일반건설업은 건설교통부장관에게, 전문건설업은 특별시장 · 광역시장 또는 도지사(이하 '시 · 도지사'라 한다)에게 대통령령이 정하는 업종별로 등록을 하여야 한다. 다만, 대통령령이 정하는 경미한 건설공사를 업으로 하고자 하는 경우에는 그러하지 아니하다.

④ 제1항의 규정에 의하여 일반건설업 또는 전문건설업의 등록을 한 자는 제10조의 규정에 의한 등록기준에 관한 사항별로 3년 이내의 범

위에서 대통령령이 정하는 기간이 경과할 때마다 건설교통부장관 또는 시·도지사에게 대통령령이 정하는 바에 의하여 등록기준에 관한 사항을 신고하여야 한다.

제14조(영업정지처분 등을 받은 후의 계속공사) ① 제82조 또는 제83조의 규정에 의한 영업정지처분 또는 등록말소처분을 받은 일반건설업자 또는 전문건설업의 등록을 한 자(이하 '전문건설업자'라 한다) 및 그 포괄승계인은 그 처분을 받기 전에 도급계약을 체결하였거나 관계법령에 의하여 허가·인가 등을 받아 착공한 건설공사에 대하여는 이를 계속하여 시공할 수 있다. 일반건설업 또는 전문건설업의 등록이 제20조의2의 규정에 따른 폐업신고에 따라 말소된 경우에도 또한 같다.
② 제82조 또는 제83조의 규정에 의한 영업정지처분 또는 등록말소처분을 받은 일반건설업자 또는 전문건설업자 및 그 포괄승계인은 그 처분의 내용을 지체 없이 당해 건설공사의 발주자에게 통지하여야 한다. 일반건설업 또는 전문건설업의 등록이 제20조의2의 규정에 따른 폐업신고에 따라 말소된 경우에도 또한 같다.
④ 건설공사의 발주자는 특별한 사유가 있는 경우를 제외하고는 당해 건설업자로부터 제2항의 규정에 의한 통지를 받거나 그 사실을 안 날부터 30일 이내에 한하여 도급계약을 해지할 수 있다.

건설산업기본법(2009. 12. 29. **법률 제9875호로 일부 개정된 것) 제13조(건설업 등록의 결격사유)** ① 다음 각 호의 어느 하나에 해당하는 자(법인인 경우 다음 각 호의 어느 하나에 해당하는 자가 그 임원으로 있는 때를 포함한다)는 제9조 제1항에 따른 건설업의 등록을 할 수 없다. 외국인 또는 외국법인으로서 해당 국가에서 다음 각 호의 어느 하나의 사유와 동일하거나 유사한 사유에 해당하는 자가 있는 때에도 또한 같다.

4. 이 법 또는 주택법을 위반하여 금고 이상의 실형을 선고받고 그

집행이 종료(집행이 종료된 것으로 보는 경우를 포함한다)되거나 그 집행이 면제된 날부터 3년이 경과되지 아니한 자

5. 형법 제129조부터 제133조까지의 죄 중 어느 하나에 해당하는 죄를 범하여 금고 이상의 실형을 선고받고 그 집행이 종료(집행이 종료된 것으로 보는 경우를 포함한다)되거나 집행이 면제된 날부터 5년이 경과되지 아니한 자
6. 제4호 또는 제5호의 죄를 범하여 형의 집행유예를 선고받고 그 유예기간 중에 있는 자

제83조(건설업의 등록말소 등) 국토해양부장관은 건설업자가 다음 각 호의 어느 하나에 해당하게 된 때에는 그 건설업자(제9호의 경우 중 하도급한 때에는 그 수급인을 포함한다)의 건설업의 등록을 말소하거나 1년 이내의 기간을 정하여 영업의 정지를 명할 수 있다. 다만, 제1호·제1호의2·제3호·제5호부터 제7호까지 또는 제11호에 해당하는 때에는 건설업의 등록을 말소하여야 한다.

3. 제13조 제1항 각 호의 어느 하나의 건설업 등록의 결격사유에 해당하게 된 때. 다만, 건설업으로 등록된 법인의 임원 중 건설업 등록의 결격사유에 해당되는 자가 있는 경우 그 사유를 안 날부터 3월 이내에 그 임원을 바꾸어 선임한 경우에는 그러하지 아니하다.

2. 제청법원의 위헌제청이유 및 이해관계인의 의견

가. 제청법원의 위헌제청이유 요지

이 사건 법률조항의 입법의도는 건설업을 실질적으로 운영하는 사람들로 하여금 사업 영위 과정에서 요구되는 법령 및 각종 규칙들을 준수하도록 간접적으로 유도함으로써 이를 통하여 부실공사를 방지하여 국민의 생명과 재산을 보호하고자 하는 것으로 이해되는바, 입법목적의 정당성 및 수단의

적정성은 인정된다.

그러나 이 사건 법률조항은 건설업자가 저지른 범죄의 종류나 내용을 불문하고 범죄행위로 금고 이상의 형의 집행유예를 선고받고 그 집행유예기간 중에 있게 되면 필요적으로 건설업 등록을 말소하도록 되어 있다는 점에서 침해의 최소성이 인정되지 아니한다. 즉, 같은 금고 이상의 형의 집행유예를 받은 경우라도 범죄의 종류, 죄질, 내용이 지극히 다양한바, 이러한 범죄의 종류 등에 대한 진지한 의미 분석 결과에 따라서는 건설업의 적정한 영위를 유도하려는 입법목적에의 침해 여부에 관한 판단에 차이가 있을 수 있다. 가령, 건설업 관련 의무를 위반하여 위와 같은 형벌을 선고받은 경우와 당해 사건에서처럼 건설업 영위에 필요한 주관적 자질과는 다소 거리가 먼 교통사고 관련 범죄행위로 위와 같은 형벌을 받은 경우와는 이 사건 법률조항의 입법목적의 침해여부라는 관점에서 본질적으로 달리 평가할 필요가 강하다. 입법자로서는 입법목적을 달성함에 반드시 필요한 범죄의 유형, 내용 등으로 그 범위를 가급적 한정하여 규정해야만 직업의 자유를 제한함에 있어 최소침해성의 원칙을 진지하게 반영하였다고 할 수 있을 것이다. 주택법, 여객자동차운수사업법, 화물자동차운수사업법, 전기사업법, 건축사법 등도 건설산업기본법과 유사한 취지의 등록, 면허, 허가, 자격제도를 규정하면서도 이 사건 법률조항과 달리 등록, 면허, 허가, 자격의 말소 내지 취소의 사유가 되는 범죄의 유형을 '당해 법률 위반' 등으로 한정하고 있다.

또한, 건설업자의 자질을 일정 수준으로 유지함으로써 부실공사를 방지하려는 공익을 인정하더라도 금고 이상의 형의 집행유예를 선고받은 건설업자에 대하여 건설업의 영위 자체를 배제하는 조치를 취하여야 할 급박한 필요성이 있다고 보기 어려운 반면에, 건설업의 최초 등록 과정에서 임원의 자질 등에 관하여 엄격한 요건을 요구하는 것과 달리 건설업의 주체로서 사회에서 일정한 긍정적 기능을 수행하여 왔던 자에게 형사처벌을 이유로 일률적으로 건설업 등록을 말소하는 경우 이로 인해 건설업자나 소속 근로자들이 입게 되는 불이익은 매우 직접적이고 심대하다고 할 것이어서 법익의 균형성도 인정되지 아니한다.

나. 국토해양부장관의 의견

건설업은 국민의 생명과 재산에 직결되는 산업으로서 공익적 요소가 매우 크므로 건설업자는 법령을 준수할 의무가 강하게 요구되는바, 범죄의 종류를 떠나 금고 이상의 형은 성질상 중대한 범죄에 해당하는 위반행위로서 이러한 중대범죄 위반자에 대해 건설업 등록 자격을 배제한 것은 공익실현을 위한 최소한의 제한이라고 할 것이다. 과거 건물, 교량의 붕괴사고로 인해 수많은 인명과 막대한 재산 피해가 발생한 예에서도 알 수 있듯이 건설업은 준법정신과 청렴성 및 성실성이 중요하므로 건설업자의 자격요건은 엄격해야 하는바, 이 사건 법률조항은 국민의 생명과 재산보호라는 공익에 비추어 볼 때 기본권을 과도하게 제한하는 것이 아니다.

'부동산개발업의 관리 및 육성에 관한 법률', '전자거래기본법', '결혼중개업의 관리에 관한 법률', '영유아보육법', '공인중개사의 업무 및 부동산 거래신고에 관한 법률', '상호저축은행법' 등에서도 금고 이상의 실형을 결격사유로 하고 있다.

3. 판 단

가. 이 사건 법률조항의 연혁 및 입법취지

(1) 연 혁

1958. 3. 11. 법률 제477호로 제정된 건설업법은 이 사건 법률조항과 유사한 건설업자의 결격사유로 "본법의 규정에 위반하여 벌금 이상의 형의 선고를 받고 집행이 끝난 후 또는 그 집행을 받지 아니하기로 확정된 후 2년을 경과하지 아니한 자"라고 규정하고(제9조 제3호), 여기에 해당되는 경우 "… 업자심사위원회의 의견을 들어 당해 건설업자의 면허를 취소한다"고 규

정하였다(제26조 제2호). 1962. 2. 7. 법률 제1018호로 일부 개정된 건설업법은 위 제9조 제3호는 그대로 둔 채 제26조를 "… 업자심사조정위원회의 의견을 들어 당해 건설업자의 면허를 취소할 수 있다"로 변경하였다(제26조 제1항 제2호).

1971. 1. 19. 법률 제2290호로 전부 개정된 건설업법은 건설업자의 결격사유를 "이 법의 규정에 위반하여 벌금 이상의 형의 선고를 받았거나, 국가보안법·반공법 또는 형법 제87조 내지 제104조의 죄를 범하여 금고 이상의 형의 선고를 받고 그 집행이 종료되거나, 그 집행을 받지 아니하기로 확정된 후 2년을 경과하지 아니한 자"로 규정하고(제8조 제1항 제3호), 제2항에서 "건설업의 면허를 받은 자가 전항의 사유에 해당하게 된 때에는 그 면허는 효력을 상실한다"라고 규정함과 아울러, 위 제8조 제1항 제3호에 해당하게 된 때를 필요적 면허취소사유로 규정하였다(제38조 제1항 제2호). 1981. 4. 13. 법률 제3441호로 일부 개정된 건설업법은 "이 법(제51조 제8호를 제외한다)의 규정에 위반하여 금고 이상의 형의 선고를 받았거나, 국가보안법 또는 형법 제87조 내지 제104조의2의 죄를 범하여 금고 이상의 형의 선고를 받고 그 집행이 종료되거나, 그 집행을 받지 아니하기로 확정된 후 2년을 경과하지 아니한 자"로 규정하여 '벌금'을 '금고'로 하고, '반공법'을 삭제하였다. 1984. 12. 31. 법률 제3765호로 전부 개정된 건설업법은 건설업면허의 결격사유로 "국가보안법 또는 형법 제87조 내지 제104조의2의 죄를 범하여 금고 이상의 형 또는 이 법을 위반하여 징역 이상의 형의 선고를 받고 그 집행이 종료되거나 집행을 받지 아니하기로 확정된 후 2년을 경과하지 아니한 자 또는 그 형의 집행유예의 기간 중에 있는 자"로 규정하였다(제9조 제1항 제4호).

1996. 12. 30. 법률 제5230호로 전부 개정된 건설산업기본법은 건설업면허 또는 등록의 결격사유로 "국가보안법, 형법 제2편 제1장·제2장, '폭력행위 등 처벌에 관한 법률' 또는 부정수표단속법에 규정된 죄를 범하거나 이 법을 위반하여 금고 이상의 실형을 선고받고 그 집행이 종료되거나 그 집행

이 면제된 날부터 5년이 경과되지 아니한 자 또는 그 형의 집행유예선고를 받고 그 유예기간 중에 있는 자"를 규정하고(제13조 제1항 제4호), 건설업 등록 후 이에 해당하는 경우 건설업의 면허 또는 등록은 그 효력을 잃는다고 규정하였다(같은 조 제2항). 2002. 1. 26. 법률 제6640호로 일부 개정된 건설산업기본법은 건설업 등록의 결격사유로 "금고 이상의 실형을 선고받고 그 집행이 종료되거나 그 집행이 면제된 날부터 3년이 경과되지 아니한 자 또는 그 형의 집행유예선고를 받고 그 유예기간 중에 있는 자"라고 규정하여 "국가보안법, 형법 제2편 제1장·제2장, '폭력행위 등 처벌에 관한 법률' 또는 부정수표단속법에 규정된 죄를 범하거나 이 법을 위반하여" 부분을 모두 삭제하였다(제13조 제1항 제4호). 2005. 11. 8. 법률 제7697호로 일부 개정된 건설산업기본법은 건설업 등록 후 건설업 등록의 결격사유에 해당하게 된 경우 당해 건설업 등록의 효력을 상실하도록 한 조항을 삭제하고(제13조 제2항), 이를 건설업 등록의 필요적 말소사유로 규정하여 이 사건 법률조항과 같은 모습을 갖추었다(제83조 단서 제3호).

한편, 2009. 12. 29. 법률 제9875호로 건설산업기본법이 일부 개정되었는데(2010. 6. 30. 시행), 제13조 제1항 제4호 내지 제6호에서 건설업등록의 결격사유가 "이 법 또는 주택법을 위반하여 금고 이상의 실형을 선고받고 그 집행이 종료(집행이 종료된 것으로 보는 경우를 포함한다)되거나 그 집행이 면제된 날부터 3년이 경과되지 아니한 자, 형법 제129조부터 제133조까지의 죄 중 어느 하나에 해당하는 죄를 범하여 금고 이상의 실형을 선고받고 그 집행이 종료(집행이 종료된 것으로 보는 경우를 포함한다)되거나 집행이 면제된 날부터 5년이 경과되지 아니한 자, 제4호 또는 제5호의 죄를 범하여 형의 집행유예를 선고받고 그 유예기간 중에 있는 자"로 개정됨에 따라 건설산업기본법 제83조 단서 제3호 중 본문의 건설업 등록의 말소사유도 위 제13조의 개정에 따라 범죄의 종류를 한정하는 것으로 변경되었다.

(2) 입법취지

이 사건 법률조항은 건설업을 영위할 능력이 없다고 판단되는 자, 특히 준법의식에 문제가 있다고 판단되는 자를 건설업자에서 배제하여 건설업자의 자질을 일정 수준으로 담보함으로써 부실공사를 방지하고 국민의 생명과 재산을 보호하고자 하는 것이다.

나. 이 사건 법률조항의 위헌 여부에 대한 판단

(1) 재판관 이강국, 재판관 이공현, 재판관 김희옥, 재판관 이동흡의 합헌의견

(가) 이 사건의 쟁점 및 심사기준

건설업을 영위하고자 하는 자는 업종별로 등록을 하도록 되어 있다(구 건설산업기본법 제9조 제1항 참조). 그런데 이 사건 법률조항은 '금고 이상의 실형을 선고받고 그 집행이 종료되거나 그 집행이 면제된 날부터 3년이 경과되지 아니한 자 또는 그 형의 집행유예선고를 받고 그 유예기간 중에 있는 자(법인의 경우 임원이 여기에 해당되는 경우 포함)에 대하여' 건설업 등록을 말소하도록 규정함으로써 건설업을 자유롭게 직업으로 삼을 수 있는 자유, 즉 직업선택의 자유를 제한하고 있는바, 과잉금지의 원칙에 반하는지 여부가 문제된다. 한편, 직업선택의 자유 침해여부 심사에 과잉금지의 원칙을 적용함에 있어서도 어떠한 직업분야에 관한 자격제도를 만들면서 그 자격요건을 어떻게 설정할 것인가에 관하여는 국가에게 폭넓은 입법재량권이 부여되어 있는 것이므로 다른 방법으로 직업선택의 자유를 제한하는 경우에 비하여 보다 유연하고 탄력적인 심사가 필요하다 할 것인데(헌재 2009. 7. 30. 2007헌마1037, 공보 154, 1561, 1563; 헌재 2008. 9. 25. 2007헌마419, 공보 144, 1328, 1332), 이러한 논리는 이 사건과 같은 건설업 등 전문업종을 영위하는 자에 대한 자격요건 설정에 있어서도 마찬가지라고 할 것이다.

(나) 과잉금지원칙에 반하여 직업선택의 자유를 침해하는지 여부

1) 입법목적의 정당성 및 방법의 적절성

범죄행위로 인하여 형사처벌을 받아 준법의식에 문제가 있다고 판단되는 자를 건설업자에서 배제하여 건설업자의 자질을 일정 수준으로 담보함으로써 부실공사를 방지하고 국민의 생명과 재산을 보호하고자 하는 이 사건 법률조항의 입법목적은 정당하다고 할 것이다. 한편, 건설업은 일반 공중의 생활과 밀접한 관련을 가지므로 건축물의 안전성에 관련된 법규를 비롯하여 관련 법규범을 준수하는 것이 중요하다고 할 것인데, 이 사건 법률조항과 같이 범죄행위로 인하여 형사처벌을 받은 자를 일정기간 건설업자에서 배제하는 것은 건설업자로 하여금 건설관련 법규범 등을 잘 준수하도록 사전에 경고하는 효과가 있으므로 위와 같은 입법목적을 달성하기 위한 수단으로서 적합한 측면이 있다.

2) 침해의 최소성

구 건설산업기본법 제13조 제1항 제4호는 '금고 이상의 실형을 선고받고 그 집행이 종료되거나 그 집행이 면제된 날부터 3년이 경과되지 아니한 자 또는 그 형의 집행유예선고를 받고 그 유예기간 중에 있는 자'는 건설업의 등록을 할 수 없도록 하고 있다. 위에서 본 바와 같이 건설업은 일반 공중의 생활과 밀접한 관련을 가지므로 건축물의 안전성에 관련된 법규를 비롯하여 관련 법규범을 준수하는 것이 중요하다고 할 것이어서 준법의식이 미흡한 자를 그 분야에서 배제시켜야 할 공익상의 필요가 인정되는바, 위 제13조 제1항 제4호는 일정 형벌 이상을 선고받은 자를 건설업 등록의 결격사유로 규정함으로써 해당 유죄판결에 내포된 사회적 비난가능성을 준법의식의 확보라는 차원에서 고려하고 있는 셈이다(헌재 2001. 5. 31. 99헌바94, 판례집 13-1, 1150, 1161 참조). 우리의 형사소송 체계에 따르면 검사는 범죄의 혐의가 인정되더라도 범인의 성행, 환경, 범행의 동기와 수단 및 결과, 범죄

후의 정황 등을 고려하여 공소를 제기하지 않을 수 있고, 공소가 제기되더라도 법관은 그와 같은 양형의 조건을 고려하여 형의 종류 및 형량을 선택하게 되는데, 범정이 매우 무거운 범죄를 제외한 대부분의 범죄에 대하여는 벌금형이 선택형으로 규정되어 있는 것을 고려할 때, 법원이 범죄의 모든 정황을 고려한 후 금고 이상의 형을 선택하였다면 이는 사회적 비난가능성이 결코 적지 아니함을 뜻한다 할 것이고, 이러한 사정은 당해 범죄행위가 직무와 직접 관련이 없거나 과실에 의한 것이거나 마찬가지라 할 것이다(헌재 2008. 9. 25. 2007헌마419, 판례집 20-2상, 616, 624).

이처럼 입법자가 일정한 자격제도를 마련하면서 그 자격제도를 둔 취지와 양립할 수 없다고 판단한 결격사유를 규정하고 있는 이상, 일단 자격을 취득하여 그 자격제도에 포섭된 자일지라도 결격사유에 해당하게 됨으로써 당해 자격제도의 범주에서 벗어난 경우, 이 사건 법률조항과 같이 필요적으로 그 자격을 취소, 박탈하는 것은 자격취득에 관한 요건으로 결격사유를 설정한 자격제도 자체에서 유래하는 본질적인 한계에 속하고 단지 그 결과만을 두고 최소침해성의 원칙에 위반된다고 볼 수 없다. 또한 이 사건 법률조항은 형사처벌이 등록말소사유로 작용하는 기간을 형 집행 종료 내지 면제 후 3년 또는 집행유예기간으로 한정하고 있어 이 기간이 경과하면 다시 건설업 등록을 할 수 있고, 등록말소처분을 받기 전에 도급계약을 체결하였거나 관계법령에 의하여 허가·인가를 받아 착공한 건설공사에 대하여는 이를 계속 시공할 수 있도록 하였으며(구 건설산업기본법 제14조 제1항), 건설업자가 법인인 경우 법인의 임원이 일정 형벌 이상을 선고받아 이 사건 법률조항을 적용받게 되는 경우에는 그 사유를 안 날부터 3월 이내에 그 임원을 바꾸어 선임하면 건설업 등록이 말소되지 않도록 하고 있는 등(구 건설산업기본법 제83조 단서 제3호 단서) 건설업자의 직업의 자유에 대한 제한을 최소화하는 조치를 마련하고 있다는 점에서도 이 사건 법률조항은 최소침해성의 원칙에 위반되지 않는다(헌재 2007. 5. 31. 2007헌바3, 공보128, 589, 594 참조)

고 할 것이고, 달리 이 사건 법률조항에 입법목적을 달성하는 데 필요한 범위를 넘는 제재로서 최소침해성의 원칙에 반하는 부분이 있다고 판단되지 아니한다.

아울러, 일본의 경우 '금고 이상의 형에 처해지고 그 형의 집행이 종료되거나 그 형의 집행을 받지 아니하게 된 날로부터 5년을 경과하지 아니한 자'뿐만 아니라 '건설업 관련 범죄 및 상해, 폭행, 협박, 배임 등의 범죄로 벌금형에 처해지고 그 형의 집행이 종료되거나 그 형을 받지 않게 된 날로부터 5년을 경과하지 아니한 자'에 대해서도 건설업 허가를 부여하지 아니하고(필요적 결격사유), 이를 사후에는 건설업 허가의 필요적 취소사유로 규정하여 이 사건 법률조항보다 더 엄격하게 규정한 면이 있는 점을 고려하면 이 사건 법률조항이 특별히 과중한 제한이라고 할 수 없다.

3) 법익의 균형성

건설업 등록 전 단계에서 형사재판의 유죄판결이 확정됨으로써 그 등록에서 배제되거나, 등록 이후 단계에서 그 유죄판결이 확정됨으로써 그 등록이 취소되는 경우 사이에 비난가능성이나 건축행정 전반에 대한 국민의 신뢰에 미치는 영향 등이 서로 다를 바 없다. 또한 위에서 살펴본 바와 같이 일반적으로 금고 이상의 형을 선택한 판결에 내포된 사회적 비난가능성까지 감안하면, 이미 건설업자로 등록하여 건설업을 영위하고 있어 건설업 등록 말소로 인한 건설업자 및 소속 근로자의 피해가 우려된다는 것만으로 위 결격사유를 등록의 말소사유에 있어서는 달리 평가해야 된다고 볼 만한 충분한 사정이 있다고 보기 어려우므로 법익균형성의 원칙에 위반된다고 보이지도 아니한다(헌재 2001. 5. 31. 99헌바94, 판례집 13-1, 1150, 1162 참조).

(다) 소결론

그렇다면 이 사건 법률조항은 과잉금지의 원칙에 반하여 직업선택의 자유를 침해하지 아니하므로 헌법에 위반되지 아니한다.

(2) 재판관 조대현, 재판관 김종대, 재판관 민형기, 재판관 목영준, 재판관 송두환의 위헌의견

이 사건 법률조항이 임원의 귀책사유를 법인인 건설업자의 등록말소사유로 삼은 것과 건설업등록의 말소사유가 되는 범죄의 종류를 제한하지 않은 것은 과잉금지원칙에 위배하여 직업선택의 자유를 침해하므로 헌법에 위반된다 할 것이다.

(가) 임원의 귀책사유를 법인인 건설업자의 등록말소사유로 삼은 것

범죄행위로 형사처벌을 받은 자를 건설업에서 배제하여 건설업자의 자질을 담보함으로써 부실공사를 방지하고 국민의 생명과 재산을 보호하고자 하는 이 사건 법률조항의 입법목적은 정당하고, 이 사건 법률조항과 같이 범죄행위로 형사처벌을 받은 자를 일정기간 건설업에서 배제하는 것은 건설업자로 하여금 건설관련 법규범 등을 준수하도록 사전에 경고하는 효과가 있으므로 위와 같은 입법목적을 달성하기 위한 적합한 수단이 됨은 합헌의견이 지적하는 바와 같다.

그런데 이렇듯 어떤 법률의 입법목적이 정당하고 그 목적을 달성하기 위해 선택한 수단이 적합하다 하더라도, 입법자가 그런 수단보다 덜 제한적인 방법으로도 동일한 목적을 실현할 수 있음에도 불구하고 더 제한적인 방법을 선택했다면 이는 과잉금지원칙의 하나인 최소침해성의 원칙에 위배된다 할 것이다.

이 사건 법률조항이 법인인 건설업자의 임원에게 구 건설산업기본법 제13조 제1항 제4호에 해당하는 사유가 발생한 경우 일정기간 내에 당해 임원을 개임하지 않으면 건설업자인 법인의 등록을 말소하도록 한 것은, 법인의 행위는 임원의 의사결정에 따른 행위로 실현되므로 준법의식에 문제가 있다고 판단되는 임원이 법인의 의사결정에 관여하는 것을 배제하여 건설업자가 법인인 경우에도 관련 법률의 준수 등 건설업자의 자질을 담보함으

로써 부실공사를 방지하고 국민의 생명과 재산을 보호하고자 하는 이 사건 법률조항의 입법목적을 관철하기 위함이다.

그런데 건설업자인 법인의 임원에게 그와 같은 사유가 발생한 경우 이 사건 법률조항의 입법목적을 달성하기 위해서는 이러한 임원을 건설업자인 법인으로부터 배제하는 것으로 충분하고, 이를 위해서는 그와 같은 사유가 발생한 임원을 당연 퇴직시키거나 퇴직을 명하고 이에 따르지 않을 경우 당해 임원 및 건설업자에게 형벌 또는 등록말소 이외의 행정상 제재를 가하는 방법도 효과적일 것인데도, 이 사건 법률조항은 위와 같은 일정 임원의 배제를 담보하기 위한 방법으로 일정 기간 내에 임원을 개임하지 않을 경우 가장 강력한 수단인 필요적 등록말소라는 제재를 가해 건설업자인 법인 자체를 소멸시키는 방법을 선택하고 있다.

이와 같이 이 사건 법률조항이 임원의 귀책사유를 법인인 건설업자의 등록말소사유로 삼은 것은, 보다 덜 제한적인 방법을 선택하여도 입법목적을 실현할 수 있음에도 불구하고 더 제한적인 방법을 택한 경우에 해당하므로, 최소침해성의 원칙에 반한다 할 것이다.

(나) 건설업등록의 말소사유가 되는 범죄의 종류를 제한하지 않은 것

어떤 법률의 입법목적이 정당하고 그 목적을 달성하기 위해 선택한 수단이 어느 정도 적합하다 하더라도 입법자가 임의적 규정으로 입법목적을 실현할 수 있음에도 불구하고 구체적 사안의 개별성과 특수성을 고려할 수 있는 가능성을 일체 배제한 채 필요적 규정으로 그 목적을 실현하려 한다면 이는 최소침해성의 원칙에 위배된다 할 것이다(2000. 6. 1. 99헌가11등, 판례집 12-1, 575, 582).

이 사건 법률조항은 '금고 이상의 실형을 선고받고 그 집행이 종료되거나 그 집행이 면제된 날부터 3년이 경과되지 아니한 자 또는 그 형의 집행유예를 선고받고 그 유예기간 중에 있는 자'에 해당하기만 하면 그 범죄행위가 건설업을 영위하는 데 지장을 줄 수 있는 성질의 것인지, 그 범죄행위

가 얼마나 중한 것인지 등을 고려함이 없이 건설업의 등록을 말소하도록 하고 있으므로, 이는 구체적 사안의 개별성과 특수성을 고려할 여지를 모두 배제한 채 위법이나 비난의 정도가 미약한 경우까지도 건설업 등록을 말소할 수밖에 없도록 한 것으로서, 최소침해성의 원칙에 위배된다 할 것이다.

건설산업기본법 등 건설에 관련된 법규를 위반한 경우 건설업자로서의 자질이 의심스럽거나 부실공사가 우려된다는 등의 판단을 하는 것에는 합리적인 이유가 있고, 이런 자에 대해서는 건설업 등록을 말소할 필요가 있으며, 비록 건설에 직접 관련된 법규가 아니더라도 가령 이 사건 법률조항의 입법연혁에서 보듯이 부정수표단속법을 위반한 경우에는 건설업에서 통상 예견되는 원활한 대금지급의 필요성을 고려할 때 이를 건설업 등록의 말소사유로 규정하는 것은 수긍할 수 있으나, 이 사건 법률조항과 같이 범죄의 종류, 죄질을 불문하고 일정한 형벌 이상의 선고를 받았다는 이유로 그 정황에 따라 제재의 정도를 달리할 수 있는 여지없이 모든 경우에 건설업 등록을 말소하도록 한 것은 지나친 제재라 아니할 수 없다.

이는 당해 사건의 경우와 같이 건설업자뿐만 아니라 누구라도 본의 아니게 또는 예상치 못하게 범할 수 있는 교통사고로 인한 형벌의 경우에도 건설업 등록이 말소될 수 있다는 점에서 쉽게 알 수 있을 것이다.

입법자는 이 사건 법률조항에서 범죄의 종류와 죄질, 정황 등을 고려하여 건설업 등록의 말소 여부를 결정할 수 있도록, 이를 임의적 말소사유로 규정하거나, 반드시 건설업 등록의 말소가 필요한 범죄를 한정하여 필요적 말소사유로 규정함으로써 앞서 본 입법목적을 실현하면서도 기본권 제한이 최소화될 수 있는 방안을 강구할 수 있었을 것인데도 이를 다하지 않았으므로, 이 사건 법률조항은 최소침해성의 원칙에 위배된다 할 것이다.

또한 일정한 형벌 이상의 선고를 받는 경우, 이를 사전에 건설업 등록의 결격사유로 규정하는 경우와 달리 건설업을 영위하고 있는 중에 저지른 범죄의 종류 및 죄질을 불문하고 건설업 등록을 필요적으로 말소한다면, 건설업자는 형 집행 종료 또는 면제 후 3년 내지 집행유예기간 동안에는 등록말소처분을 받기 전에 도급계약을 체결하거나 관계법령에 의하여 허가나 인가 등을 받아 착공한 건설공사 외에는 건설업을 할 수 없게 되고, 이 경우에도 건설공사의 발주자는 특별한 사유가 있는 경우를 제외하고는 도급계약을 해지할 수 있으므로(구 건설산업기본법 제14조 제4항), 건설업자는 이로 인해 사실상 폐업에 이르게 될 가능성이 매우 크다 할 것이다.

이로 인해 예상되는 건설업자와 소속 근로자의 피해는, 그 발생 원인이 '모든 범죄'로 광범위하여 피해발생의 가능성이 상존하며, 그 결과로 사실상 건설업체가 소멸되고, 그에 따라 소속 근로자 전부의 생계가 위협받을 수도 있다는 점에서 피해가 직접적이고 현실적인 데 반해, 이 사건 법률조항이 범죄의 종류를 불문하고 준법의식에 문제가 있는 자를 건설업에서 배제함으로써 부실공사를 방지한다는 공익에는 다소 간접적이고 추상적인 면이 있으므로 법익균형성의 원칙에도 반한다 할 것이다.

참고로 헌법재판소는 변호사, 공인중개사, 감정평가사, 세무사 등에 대해 '범죄의 종류를 불문하고 일정한 형벌 이상을 선고받은 때'를 그 결격사유로 규정한 것이 헌법에 위반되지 않는다는 결정을 한 바 있으나(헌재 2006. 4. 27. 2005헌마997, 판례집 18－1상, 586, 595~597; 헌재 2009. 10. 29. 2008헌마432, 공보 157, 2067; 헌재 2008. 9. 25. 2007헌마419, 판례집 20－2상, 616, 623~625; 헌재 2009. 7. 30. 2007헌마1037, 공보 154, 1561, 1563; 헌재 2002. 8. 29. 2002헌마160, 판례집 14－2, 252, 257~258), 이는 모두 그 업무의 성질상 도덕성, 신뢰성이나 윤리성의 확보가 긴요한 직역에 관한 것으로서, 기술적 측면이 강조되고 인적자원의 대체가 가능한 이 사건 건설업의 경우와는 구별되어야 할 것이다.

(다) 소결론

따라서 이 사건 법률조항이 임원의 귀책사유를 법인인 건설업자의 등록말소사유로 삼은 것과 건설업등록의 말소사유가 되는 범죄의 종류를 제한하지 아니한 것은 과잉금지원칙에 위배하여 직업선택의 자유를 침해하므로 헌법에 위반된다 할 것이다.

4. 결 론

이 사건 법률조항에 대하여 재판관 4인이 합헌의견, 재판관 5인이 위헌의견으로 비록 위헌의견이 다수이긴 하나 법률의 위헌선언에 필요한 정족수 6인에 미달하므로 이 사건 법률조항은 헌법에 위반되지 않는다는 선언을 하기로 하여 주문과 같이 결정한다.

재판장 재판관 이강국
재판관 이공현
재판관 조대현
재판관 김희옥
재판관 김종대
재판관 민형기
재판관 이동흡
재판관 목영준
재판관 송두환

판례의 평가

1. 헌법재판소가 건설업자가 '금고 이상의 실형을 선고받고 그 집행이 종료되거나 그 집행이 면제된 날부터 3년이 경과되지 아니한 자 또는 그 형의 집행유예선고를 받고 그 유예기간 중에 있는 자(법인의 경우 임원이 여기에 해당되는 경우 포함)'에 해당하는 경우 건설업 등록을 필요적으로 말소하도록 한 구 건설산업기본법(2005. 12. 29. 법률 제7796호로 일부 개정되고 2007. 5. 17. 법률 제8477호로 일부 개정되기 전의 것) 제83조 단서 제3호 본문 중 제13조 제1항 제4호에 관한 부분이 과잉금지의 원칙에 반하여 건설업자의 직업선택의 자유를 침해하는지 여부에 대하여 재판관 5명 위헌의견과 재판관

4명 합헌의견으로 정족수에 이르지 못하여 합헌결정을 하였다.

2. 법인인 건설업자의 임원에게 구 건설산업기본법 제13조 제1항 제4호에 해당하는 사유가 발생한 경우 이 사건 법률조항의 입법목적을 달성하기 위해서는 이러한 임원을 건설업자인 법인으로부터 배제하는 것으로 충분하고, 이를 위해서는 그 임원을 당연 퇴직시키거나 퇴직을 명하고 이에 따르지 않을 경우 당해 임원 및 건설업자에게 형벌 또는 등록말소 이외의 행정상 제재를 가하는 방법도 효과적일 것인데도, 이 사건 법률조항은 위와 같은 일정 임원의 배제를 담보하기 위한 방법으로 일정 기간 내에 임원을 개임하지 않을 경우 가장 강력한 수단인 필요적 등록말소라는 제재를 가해 건설업자인 법인 자체를 소멸시키는 방법을 선택하고 있고 또한 이 사건 법률조항은 '금고 이상의 실형을 선고받고 그 집행이 종료되거나 그 집행이 면제된 날부터 3년이 경과되지 아니한 자 또는 그 형의 집행유예를 선고받고 그 유예기간 중에 있는 자'에 해당하기만 하면 그 범죄행위가 건설업을 영위하는 데 지장을 줄 수 있는 성질의 것인지, 그 범죄행위가 얼마나 중한 것인지 등을 고려함이 없이 건설업의 등록을 말소하도록 하고 있으므로 최소침해성의 원칙에 위배된다.

나아가 당시 심판대상이었던 법률조항으로 인해 건설업자는 형 집행 종료 또는 면제 후 3년 내지 집행유예기간 동안에는 등록말소처분을 받기 전에 도급계약을 체결하거나 관계법령에 의하여 허가나 인가 등을 받아 착공한 건설공사 외에는 건설업을 할 수 없게 되고, 이 경우에도 건설공사의 발주자는 특별한 사유가 있는 경우를 제외하고는 도급계약을 해지할 수 있으므로, 건설업자는 이로 인해 사실상 폐업에 이르게 될 가능성이 매우 큰 반면, 이 사건 법률조항이 범죄의 종류를 불문하고 준법의식에 문제가 있는 자를 건설업에서 배제함으로써 부실공사를 방지한다는 공익에는 다소 간접적이고 추상적인 면이 있으므로 법익균형성의 원칙에도 반한다고 볼 수 있다.

3. 1958년 3월 11일 제정되어 1958년 5월 11일 시행된 건설업법이 1996년 12월 30일 건설산업기본법으로 변경되면서 전부개정되어 1997년 7월 1일 시행되었다.

4. 현행 건설산업기본법에서도 당시 심판대상이었던 법률조항이 그대로 유지하고 있으며 다음과 같다.

제13조(건설업 등록의 결격사유) ① 다음 각 호의 어느 하나에 해당하는 자(법인인 경우 다음 각 호의 어느 하나에 해당하는 사람이 임원으로 있는 경우를 포함한다)는 제9조제1항에 따른 건설업 등록을 할 수 없다. 외국인이나 외국법인이 해당 국가에서 다음 각 호의 어느 하나에 해당하는 사유와 같거나 유사한 사유에 해당하는 경우

에도 같다. 〈개정 2011. 5. 24, 2012. 6. 1, 2014. 5. 14.〉

1. 파산선고를 받고 복권되지 아니한 자
2. 피성년후견인 또는 피한정후견인
3. 제82조의2 또는 제83조에 따라 건설업의 등록이 말소된 자로서 다음 각 목의 어느 하나에 해당하는 자. 이 경우 건설업 등록이 말소된 자가 법인인 경우에는 말소 당시의 원인이 된 행위를 한 사람과 대표자를 포함한다.
   가. 제82조의2 제3항, 제83조 제1호·제3호의3·제5호·제8호·제10호 및 제13호에 해당하는 사유로 건설업의 등록이 말소된 후 5년이 지나지 아니한 자
   나. 제83조 제2호에 해당하는 사유로 건설업의 등록이 말소된 후 2년 6개월이 지나지 아니한 자
   다. 제82조의2 제3항, 제83조 제1호·제3호의3·제4호·제5호·제8호·제10호 및 제13호 외의 사유로 건설업의 등록이 말소된 후 1년 6개월이 지나지 아니한 자
4. 이 법 또는 「주택법」을 위반하여 금고 이상의 실형을 선고받고 그 집행이 종료(집행이 종료된 것으로 보는 경우를 포함한다)되거나 그 집행이 면제된 날부터 3년이 지나지 아니한 자
5. 「형법」 제129조부터 제133조까지의 죄 중 어느 하나에 해당하는 죄를 범하여 금고 이상의 실형을 선고받고 그 집행이 종료(집행이 종료된 것으로 보는 경우를 포함한다)되거나 집행이 면제된 날부터 5년이 지나지 아니한 자
6. 제4호 또는 제5호의 죄를 범하여 형의 집행유예를 선고받고 그 유예기간 중에 있는 자

② 삭제 〈2005. 11. 8.〉

③ 국토교통부장관은 제9조 제2항에 따라 등록을 신청한 자 중에서 제1항에 따라 건설업 등록을 할 수 없는 자에게 그 사유를 알려야 한다. 〈개정 2011. 5. 24, 2013. 3. 23.〉 [제목개정 1999. 4. 15, 2011. 5. 24.]

제83조(건설업의 등록말소 등) 국토교통부장관은 건설업자가 다음 각 호의 어느 하나에 해당하면 그 건설업자(제10호의 경우 중 하도급인 경우에는 그 건설업자와 수급인을, 다시 하도급한 경우에는 그 건설업자와 다시 하도급한 자를 말한다)의 건설업 등록을 말소하거나 1년 이내의 기간을 정하여 영업정지를 명할 수 있다. 다만, 제1호, 제2호, 제2호의2, 제3호의2, 제3호의3, 제4호부터 제8호까지, 제8호의2, 제12

호 또는 제13호에 해당하는 경우에는 건설업 등록을 말소하여야 한다. 〈개정 2012. 6. 1, 2013. 3. 23, 2014. 5. 14.〉

5. 제13조 제1항 각 호의 어느 하나에 해당하는 건설업 등록의 결격사유에 해당하게 된 경우. 다만, 건설업으로 등록된 법인의 임원 중 건설업 등록의 결격사유에 해당되는 사람이 있는 경우로서 그 사실을 안 날부터 3개월 이내에 그 임원을 교체한 경우는 제외한다.

21 구의료법 제25조 제1항 의료인만 침 등 시술 허용

(2010.7.29. 2008헌가19, 2008헌바108, 2009헌마269·736, 2010헌바38, 2010헌마275(병합))

Ⅰ. 판시 사항

1. 비의료인도 침구술 및 대체의학 시술을 할 수 있도록 그 자격 및 요건을 법률로 정하지 아니한 입법부작위에 대한 심판청구가 적법한지 여부(소극)

2. 의료법 제27조 제1항 본문의 전단 부분 및 제87조 제1항 제2호 중 제27조 제1항 본문의 전단에 관한 부분(각 2007. 4. 11. 법률 제8366호로 전부 개정된 것), 구 의료법 제25조 제1항 본문의 전단 부분(1975. 12. 31. 법률 제2862호로 일부 개정되고 2007. 4. 11. 법률 제8366호로 전부 개정되기 전의 것), '보건범죄단속에 관한 특별조치법' 제5조 중 의료법 제27조 제1항 본문의 전단에 관한 부분(2007. 4. 11. 법률 제8366호로 일부 개정된 것), 구 '보건범죄단속에 관한 특별조치법' 제5조 중 의료법 제25조 제1항 본문의 전단에 관한 부분(1990. 12. 31. 법률 제4293호로 일부 개정되고 2007. 4. 11. 법률 제8366호로 일부 개정되기 전의 것)(이하 '이 사건 조항들'이라 한다) 중 '의료행위' 및 '한방 의료행위' 부분이 죄형법정주의의 명확성원칙에 반하는지 여부(소극)

3. 이 사건 조항들이 비의료인의 직업선택의 자유 내지 일반적 행동의 자유 및 의료소비자의 의료행위 선택권을 침해하는지 여부(소극)

Ⅱ. 결정요지

1. 비의료인도 침구술 및 대체의학 시술을 할 수 있도록 그 자격 및 요건을 법률로 정하지 아니한 입법부작위에 대한 심판청구는 비의료인의 침구술 및 대체의학 시술과 관련하여 헌법의 명시적인 입법위임이 존재하지 아니하고, 헌법해석상 그러한 입법의무가 새롭게 발생하는 것도 아니므로 작위의무를 인정할 수 없어 부적법하다.

2. 의료법의 입법목적, 의료인의 사명에 관한 의료법상의 여러 규정, 의료행위의 개념에 관한 대법원판례, 한방의료행위에 관련된 법령의 변천과정 등을 종합하여 보면, 이 사건 조항들 중 '의료행위' 및 '한방의료행위'의 개념은 건전한 일반상식을 가진 자에 의하여 일의적으로 파악되기 어렵다거나 법관에 의한 적용단계에서 다의적으로 해석될 우려가 있다고 보기 어려우므로, 죄형법정주의의 명확성원칙에 위배되지 아니한다.

3. 이 사건 조항들이 의료인이 아닌 자의 의료행위를 전면적으로 금지한 것은 매우 중대한 헌법적 법익인 국민의 생명권과 건강권을 보호하고 국민의 보건에 관한 국가의 보호의무를 이행하기 위하여 적합한 조치로서, 위와 같은 중대한 공익이 국민의 기본권을 보다 적게 침해하는 다른 방법으로는 효율적으로 실현될 수 없으므로, 이 사건 조항들은 비의료인의 직업선택의 자유 등 기본권을 침해하지 아니한다.

□ 재판관 김희옥의 보충의견

헌법 제36조 제3항이 규정하고 있는 국민의 보건에 관한 권리는 국민이 자신의 건강을 유지하는 데 필요한 국가적 급부와 배려를 요구할 수 있는 권리를 말하는 것으로서, 국가는 국민의 건강을 소극적으로 침해하여서는 아니 될 의무를 부담하는 것에서 한걸음 더 나아가 적극적으로 국민의 보건을 위한 정책을 수립하고 시행하여야 할 의무를 부담한다는 것을 의미하므로, 의료유사행위 또는 보완대체의학에 의한 치료방법을 연구와 검증을 통하여 의료행위에 포함시키거나 별도의 제도를 두어 국민이 이를 이용할 수 있게 하는 것이 헌법 제36조 제3항의 취지에 보다 부합한다.

☐ 재판관 조대현, 재판관 이동흡, 재판관 목영준, 재판관 송두환의 반대의견

국가는 국민의 생명권과 건강권을 보호할 의무를 지므로, 의학적 전문지식이 있는 자가 행하지 아니하면 사람의 생명·신체나 공중위생에 위해가 발생할 우려가 있는 행위에 대하여는 일정한 형태의 자격인증을 하고 그 자격에 반하는 의료행위, 즉 무면허의료행위를 일률적·전면적으로 금지할 필요가 있다. 반면 모든 국민은 의료행위에 관한 자기결정권과 의료행위를 자신의 직업으로 선택할 자유를 가지므로, 국가는 의료면허제도의 운영에 따른 국민의 기본권제한을 꼭 필요한 범위로 최소화시켜야 한다.

그러므로 국가는 의료행위의 태양이나 생명·신체에 대한 위험성에 따라 다양한 의료인의 자격을 설정함으로써, 의료소비자인 국민으로 하여금 적정한 비용이나 접근성에 맞는 의료행위를 선택할 수 있게 해야 한다. 예를 들면, 침구(鍼灸)는, 생명·신체에 대한 위험성이나 부작용에 있어서 통상의 의료행위와 비교가 될 수 없을 만큼 낮음에도 불구하고 이러한 의료행위까지 현행 의료인에게 독점시키는 것은 의료행위에 대한 비용을 부담할 능력이 없는 국민의 건강권을 최대한 보장하는 수단이라고 할 수 없다.

한편 입법목적을 달성하면서도 국민의 의료행위 선택권을 덜 침해하는 수단으로, 독일의 치료사 제도, 미국의 침술사 제도, 일본의 의업유사행위자 제도 등이 있는바, 우리나라의 경우, 현행 의료법 제81조의 의료유사업자에 '침구사 자격시험에 합격한 자'를 포함시켜 침구 등을 행할 수 있는 의료유사업자를 신규로 인정함으로써, 국민으로 하여금 경제성과 접근성을 고려한 최선의 의료행위를 선택할 수 있게 할 수 있다.

그렇다면 이 사건 조항들이, 사람의 생명·신체나 공중위생에 대한 위해발생 가능성이 낮은 의료행위에 대하여 이에 상응한 적절한 자격제도를 마련하지 아니한 채, 비의료인에 의한 의료행위를 일률적으로 금지하는 것은 과잉금지원칙에 위반하여 의료소비자의 의료행위 선택권과 비의료인의 직업선택의 자유를 침해하는 것으로서 헌법에 위반된다고 할 것이다.

□ 재판관 김종대의 반대의견

이 사건 조항들은 제도권 의료인에게만 의료행위를 독점토록 해주고 이를 위해 비의료인에 의한 의료행위를 모두 금지시킨 뒤 이에 위반하면 형사처벌까지 함으로써, 의료소비자인 국민이 i) 의료인에 의해 치료불가 판정을 받았거나, ii) 과다한 비용 때문에 의료인에 의한 의료행위를 선택할 수 없거나, iii) 비의료인에 의한 의료행위를 선택했지만 결과적으로 질병이 치료되었거나, iv) 일부 침, 뜸, 자석요법 등과 같이 부작용의 위험성이 크지 않고 시술을 중단하면 쉽게 시술 전의 상태로 돌아갈 수 있는 시술을 한 경우까지도 비의료인에 의한 의료행위라면 이를 모두 범죄로 몰아 일절 선택할 수 없도록 하는 것은 과잉금지의 원칙에 반하여 의료소비자의 의료행위 선택권을 침해한다.

Ⅲ. 심판대상조문

의료법(2007. 4. 11. **법률 제8366호로 전부 개정된 것**) **제27조(무면허 의료행위 등 금지)** ① 의료인이 아니면 누구든지 의료행위를 할 수 없으며 의료인도 면허된 것 이외의 의료행위를 할 수 없다. 다만, 다음 각 호의 어느 하나에 해당하는 자는 보건복지부령으로 정하는 범위에서 의료행위를 할 수 있다.

1. 외국의 의료인 면허를 가진 자로서 일정 기간 국내에 체류하는 자
2. 의과대학, 치과대학, 한의과대학, 종합병원 또는 외국 의료원조기관의 의료봉사 또는 연구 및 시범사업을 위하여 의료행위를 하는 자
3. 의학·치과의학·한방의학 또는 간호학을 전공하는 학교의 학생

②~③ 생략

의료법(2007. 4. 11. **법률 제8366호로 전부 개정된 것**) **제81조(의료유사업자)** ① 이 법이 시행되기 전의 규정에 따라 자격을 받은 접골사(接骨士), 침사(鍼士), 구사(灸士)(이하 '의료유사업자'라 한다)는 제27조에도 불구하고 각 해당 시술소에서 시술(施術)을 업(業)으로 할 수 있다.

②~③ 생략

의료법(2007. 4. 11. **법률 제8366호로 전부 개정된 것**) **제87조(벌칙)** ① 다음 각 호의 어느 하나에 해당하는 자는 5년 이하의 징역이나 2천만원 이하의 벌금에 처한다.

1. 생략
2. 제12조 제2항, 제18조 제3항, 제23조 제3항, 제27조 제1항, 제33조 제2항(제82조 제3항에서 준용하는 경우를 포함한다)을 위반한 자

② 생략

구 의료법(1975. 12. 31. **법률 제2862호로 일부 개정되고** 2007. 4. 11. **법률 제8366호로 전부 개정되기 전의 것**) **제25조(무면허의료행위등 금지)** ① 의료인이 아니면 누구든지 의료행위를 할 수 없으며 의료인도 면허된 이외의 의료행위를 할 수 없다. 다만, 다음 각호의 1에 해당하는 자는 보건복지부령이 정하는 범위안에서 의료행위를 할 수 있다.

1. 외국의 의료인의 면허를 소지한 자로서 일정한 기간 국내에 체류

하는 자

2. 의과대학, 치과대학, 한의과대학, 종합병원 또는 외국의료원조기관의 의료봉사 또는 연구 및 시범사업을 위한 의료행위를 하는 자
3. 의학·치과의학·한방의학 또는 간호학을 전공하는 학교의 학생

②~③ 생략

구 의료법(1994. 1. 7. **법률 제4732호로 일부 개정되고** 2007. 4. 11. **법률 제8366호로 전부 개정되기 전의 것) 제66조**(벌칙) 다음 각호의 1에 해당하는 자는 5년이하의 징역 또는 2천만원 이하의 벌금에 처한다.

1.~2. 생략

3. 제12조 제2항, 제18조의2 제3항, 제21조의2 제3항, 제25조 제1항, 제30조 제2항(제61조 제3항에서 준용하는 경우를 포함한다)의 규정에 위반한 자

보건범죄단속에 관한 특별조치법(2007. 4. 11. **법률 제8366호로 일부 개정된 것) 제5조**(**부정의료업자의 처벌**) 「의료법」 제27조의 규정을 위반하여 영리를 목적으로 의사가 아닌 자가 의료행위를, 치과의사가 아닌 자가 치과의료행위를, 한의사가 아닌 자가 한방의료행위를 업으로 한 자는 무기 또는 2년 이상의 징역에 처한다. 이 경우에는 100만원 이상 1천만원 이하의 벌금을 병과한다.

구 보건범죄단속에 관한 특별조치법(1990. 12. 31. **법률 제4293호로 일부 개정되고** 2007. 4. 11. **법률 제8366호로 일부 개정되기 전의 것) 제5조**(**부정의료업자의 처벌**) 의료법 제25조의 규정을 위반하여 영리를 목적으로 의사가 아닌 자가 의료행위를, 치과의사가 아닌 자가 치과의료행위를, 한의사가 아닌 자가 한방의료행위를 업으로 한 자는 무기 또는 2년 이상의 징역에 처한다. 이 경우에는 100만원 이상 1천만원 이하의 벌금을 병과한다.

Ⅳ. 참조조문

헌법 제10조, 제12조 제1항, 제13조 제1항, 제15조

의료법(2007. 4. 11. **법률 제8366호로 전부 개정된 것) 제1조**(**목적**) 이 법은 모든 국민이 수준 높은 의료 혜택을 받을 수 있도록 국민의료에 필요한 사항을 규정함으로써 국민의 건강을 보호하고 증진하는 데에 목적이 있다.

의료법(2007. 4. 11. **법률 제8366호로 전부 개정된 것) 제2조**(**의료인**) ① 이 법에서 '의료인'이란 보건복지부장관의 면허를 받은 의사·치과의사·한의사·조산사 및 간호사를 말한다.

② 의료인은 종별에 따라 다음 각 호의 임무를 수행하여 국민보건 향상을 이루고 국민의 건강한 생활 확보에 이바지할 사명을 가진다.

1. 의사는 의료와 보건지도를 임무로 한다.
2. 치과의사는 치과 의료와 구강 보건지도를 임무로 한다.
3. 한의사는 한방 의료와 한방 보건지도를 임무로 한다.
4. 조산사는 조산(助産)과 임부(姙婦)·해산부(解産婦)·산욕부(産褥婦) 및 신생아에 대한 보건과 양호지도를 임무로 한다.
5. 간호사는 상병자(傷病者)나 해산부의 요양을 위한 간호 또는 진료 보조 및 대통령령으로 정하는 보건활동을 임무로 한다.

의료법(2007. 4. 11. **법률 제8366호로 전부 개정된 것) 제12조**(**의료기술 등에 대한 보호**) ① 의료인이 하는 의료·조산·간호 등 의료기술의 시행(이하 '의료행위'라 한다)에 대하여는 이 법이나 다른 법령에 따로 규정된 경우 외에는 누구든지 간섭하지 못한다.

② 생략

의료법(2007. 4. 11. **법률 제8366호로 전부 개정된 것) 제81조(의료유사업자)** ① 생략

② 의료유사업자에 대하여는 이 법 중 의료인과 의료기관에 관한 규정을 준용한다. 이 경우 '의료인'은 '의료유사업자'로, '면허'는 '자격'으로, '면허증'은 '자격증'으로, '의료기관'은 '시술소'로 한다.

③ 의료유사업자의 시술행위, 시술업무의 한계 및 시술소의 기준 등에 관한 사항은 보건복지부령으로 정한다.

의료법(2007. 4. 11. **법률 제8366호로 전부 개정된 것) 제82조(안마사)** ① 안마사는 「장애인복지법」에 따른 시각장애인 중 다음 각 호의 어느 하나에 해당하는 자로서 시·도지사에게 자격인정을 받아야 한다.

1. 「초·중등교육법」 제2조 제5호에 따른 특수학교 중 고등학교에 준한 교육을 하는 학교에서 제4항에 따른 안마사의 업무한계에 따라 물리적 시술에 관한 교육과정을 마친 자
2. 중학교 과정 이상의 교육을 받고 보건복지부장관이 지정하는 안마수련기관에서 2년 이상의 안마수련과정을 마친 자

② 제1항의 안마사는 제27조에도 불구하고 안마업무를 할 수 있다.

③ 안마사에 대하여는 이 법 중 제8조, 제25조, 제28조부터 제32조까지, 제33조 제2항 제1호·제3항·제5항, 제36조, 제40조, 제59조 제1항, 제61조, 제63조(제36조를 위반한 경우만을 말한다), 제64조부터 제66조까지, 제68조, 제83조, 제84조를 준용한다. 이 경우 '의료인'은 '안마사'로, '면허'는 '자격'으로, '면허증'은 '자격증'으로, '의료기관'은 '안마시술소 또는 안마원'으로, '해당 의료관계단체의 장'은 '안마사회장'으로 한다.

④ 안마사의 업무한계, 안마시술소나 안마원의 시설 기준 등에 관한 사항은 보건복지부령으로 정한다.

구 의료법(2007. 4. 11. **법률 제8366호로 전부 개정되기 전의 것) 제1조**(목적) 이 법은 국민의료에 관하여 필요한 사항을 규정함으로써 의료의 적정을 기하여 국민의 건강을 보호증진함을 목적으로 한다.

구 의료법(2007. 4. 11. **법률 제8366호로 전부 개정되기 전의 것) 제2조**(의료인) ① 이 법에서 '의료인'이라 함은 보건복지부장관의 면허를 받은 의사·치과의사·한의사·조산사 및 간호사를 말한다.

② 의료인은 그 종별에 따라 다음 각호의 임무를 수행함으로써 국민보건의 향상을 도모하고 국민의 건강한 생활확보에 기여함을 사명으로 한다. <개정 1981. 12. 31, 1986. 5. 10, 1987. 11. 28>

1. 의사는 의료와 보건지도에 종사함을 임무로 한다.
2. 치과의사는 치과의료 및 구강보건지도에 종사함을 임무로 한다.
3. 한의사는 한방의료와 한방보건지도에 종사함을 임무로 한다.
4. 조산사는 조산과 임부·해산부·산욕부 및 신생아에 대한 보건과 양호지도에 종사함을 임무로 한다.
5. 간호사는 상병자 또는 해산부의 요양상의 간호 또는 진료의 보조 및 대통령령이 정하는 보건활동에 종사함을 임무로 한다.

구 의료법(2007. 4. 11. **법률 제8366호로 전부 개정되기 전의 것) 제12조**(의료기술등에 대한 보호) ① 의료인이 행하는 의료·조산·간호등 의료기술의 시행(이하 '의료행위'라 한다)에 대하여는 이 법 또는 다른 법령에 특히 규정된 경우를 제외하고는 누구든지 이에 간섭하지 못한다.

② 생략

Ⅴ. 참조판례

1. 헌재 1991. 11. 25. 90헌마19, 판례집 3, 599, 603~604
   헌재 1996. 4. 25. 94헌마129, 판례집 8-1, 449, 462
   헌재 2007. 11. 29. 2006헌마876, 판례집 19-2, 656, 662~663
   헌재 2009. 11. 26. 2007헌마734, 판례집 21-2하, 576, 597
2. 헌재 2001. 12. 20. 2001헌가6등, 판례집 13-2, 804, 813
   헌재 2003. 2. 27. 2002헌바23, 판례집 15-1, 218, 221~222
   헌재 2005. 5. 26. 2003헌바86, 판례집 17-1, 630, 639
   헌재 2007. 4. 26. 2003헌바71, 판례집 19-1, 390
3. 헌재 1996. 10. 31. 94헌가7, 판례집 8-2, 408
   헌재 2002. 12. 18. 2001헌마370, 판례집 14-2, 882
   헌재 2005. 3. 31. 2001헌바87, 판례집 17-1, 321
   헌재 2005. 5. 26. 2003헌바86, 판례집 17-1, 630
   헌재 2005. 9. 29. 2005헌바29등, 공보 108, 1042

Ⅵ. 당사자

제청법원 : 부산지방법원

제청신청인 : 김○만

대리인 변호사 황종국

청 구 인 : 1. 구○서(2008헌바108)

2. 최○영(2008헌바108)

청구인 1, 2의 대리인 변호사 김진 외 1인

3. 김○출 외 600인(2009헌마269)
4. 구○근(2009헌마736)
청구인 3, 4의 대리인 변호사 박태원
5. 원○호(2010헌바38)
국선대리인 변호사 김오섭
6. 이○우 외 217인(2010헌마275)
대리인 법무법인 와이비엘
담당변호사 송병주

당해사건 :
1. 부산지방법원 2008고정1344 의료법위반(2008헌가19)
2. 대법원 2007도2194 보건범죄단속에 관한 특별조치법위반(부정의료업자(2008헌바108)
3. 대법원 2009도8592 보건범죄단속에 관한 특별조치법위반(부정의료업자)(2010헌바38)

Ⅶ. 주 문

1. 구 의료법 제66조 제3호 중 제25조 제1항 본문의 전단에 관한 부분(1994. 1. 7. 법률 제4732호로 일부 개정되고 2007. 4. 11. 법률 제8366호로 전부 개정되기 전의 것), 의료법 제81조 제1항(2007. 4. 11. 법률 제8366호로 전부 개정된 것), 비의료인도 침구술 및 대체의학 시술을 할 수 있도록 그 자격 및 요건을 법률로 정하지 아니한 입법부작위에 대한 각 심판청구를 모두 각하한다.

2. 의료법 제27조 제1항 본문의 전단 부분 및 제87조 제1항 제2호 중 제27조 제1항 본문의 전단에 관한 부분(각 2007. 4. 11. 법률 제8366호로 전부 개정된 것), 구 의료법 제25조 제1항 본문의 전단 부분(1975. 12. 31. 법률 제2862호로

일부 개정되고 2007. 4. 11. 법률 제8366호로 전부 개정되기 전의 것), '보건범죄단속에 관한 특별조치법' 제5조 중 의료법 제27조 제1항 본문의 전단에 관한 부분(2007. 4. 11. 법률 제8366호로 일부 개정된 것), 구 '보건범죄단속에 관한 특별조치법' 제5조 중 의료법 제25조 제1항 본문의 전단에 관한 부분(1990. 12. 31. 법률 제4293호로 일부 개정되고 2007. 4. 11. 법률 제8366호로 일부 개정되기 전의 것)은 각 헌법에 위반되지 아니한다.

3. 나머지 심판청구를 모두 기각한다.

Ⅷ. 이 유

1. 사건의 개요와 심판의 대상

가. 사건의 개요

(1) 2008헌가19 사건

제청신청인은 의료인이 아님에도 불구하고, 2005. 7. 중순경부터 2007. 9. 14.경까지 약 1,000여 명의 환자를 대상으로 침, 뜸 시술 등 무면허 의료행위를 하였다는 이유로 기소되어, 재판 계속중 무면허 의료행위를 금지한 의료법 조항에 대하여 위헌법률심판제청을 신청하였고, 제청법원은 2008. 7. 7. 의료법 제27조 제1항 본문의 전단 부분(2007. 4. 11. 법률 제8366호로 전부 개정된 것)은 과잉금지원칙에 반하여 환자의 생명권, 건강권, 치료받을 권리 및 의료제공자의 행복추구권 등을 침해하고 죄형법정주의에도 위반되어 위헌이라고 인정할 만한 상당한 이유가 있다고 하면서 이에 대하여 위헌제청결정을 하였다.

(2) 2008헌바108 사건

청구인들은 의사가 아니면서 영리를 목적으로, 1996.경부터 2005. 8. 24.

까지 ○○자기원에서 혈자리에 자석을 부착하였다가 일정한 시간이 지나면 떼어주는 방법으로 시술행위를 하고 그 대가로 환자 1인당 1개월에 300,000원 상당을 교부받아 의료행위를 업으로 하였다는 이유로 '보건범죄단속에 관한 특별조치법' 위반(부정의료업자)으로 기소되어 유죄판결을 받고, 상고심 계속중 구 의료법(2007. 4. 11. 법률 제8366호로 전부 개정되기 전의 것) 제25조 제1항 본문의 전단 부분, 제66조 제3호 중 제25조 제1항 본문의 전단에 관한 부분, 구 '보건범죄단속에 관한 특별조치법'(2007. 4. 11. 법률 제8366호로 개정되기 전의 것) 제5조 중 구 의료법 제25조 제1항 본문의 전단 부분 및 '의료행위' 부분에 대하여 위헌법률심판제청신청을 하였으나 기각되자, 2008. 9. 18. 위 조항들에 대한 위헌확인을 구하는 이 사건 헌법소원심판을 청구하였다.

(3) 2009헌마269 사건

청구인들은 침구술을 비롯한 대체의학을 시술하고자 하는 자인바, 의료법 제27조 제1항과 제87조 제1항 제2호가 의료인이 아니면 의료행위를 할 수 없도록 하고 이를 위반한 경우 형사처벌하도록 하고 있는 것 및 일정한 영역에서 의료에 관한 지식과 기능을 가지고 있지만 국가가 인정하는 의료인의 자격을 갖추지 못한 자(이하 '비의료인'이라 한다)도 침구술 및 대체의학 시술을 할 수 있도록 제도를 마련하지 않은 것이 청구인들의 직업선택의 자유를 침해한다는 등의 주장을 하면서 2009. 5. 19. 위 조항들 및 입법부작위의 위헌확인을 구하는 이 사건 헌법소원심판을 청구하였다.

(4) 2009헌마736 사건

청구인은 한의사가 아니면서 2009. 12. 10.경 건부항 시술 등의 의료행위를 하였다는 이유로 단속된 자인바, 한의사가 아닌 자의 한방의료행위를 금지하는 '보건범죄단속에 관한 특별조치법' 제5조 및 의료법 제27조 제1항이 직업선택의 자유 등을 침해한다고 주장하면서 2009. 12. 18. 그 위헌확인을 구하는 이 사건 헌법소원심판을 청구하였다.

(5) 2010헌바38 사건

청구인은 한의사가 아니면서 2007. 4.경부터 2008. 4. 17.경까지 영리 목적으로 환자들을 상대로 침을 놓아주고 그 대가로 1~2만원을 받는 방법으로 한방의료행위를 업으로 하였다는 이유로 보건범죄단속에관한특별조치법위반(부정의료업자)으로 기소되어 유죄판결을 받고 상고심 계속중 '보건범죄단속에 관한 특별조치법' 제5조 및 의료법 제27조 제1항 본문의 전단 부분에 대하여 위헌법률심판제청신청을 하였으나 기각되자, 2010. 1. 12. 위 조항들의 위헌확인을 구하는 이 사건 헌법소원심판을 청구하였다.

(6) 2010헌마275 사건

청구인들은 대체의학에 관심을 가지고 특히, 침구학을 배워 일반인들에게 시술하려는 자들로서, 일부 청구인들은 중국 침구사 자격을 취득한 자들이고, 나머지 청구인들은 침구사 자격이 없는 자들이다. 청구인들은 의료법상 의료인이 아닌 자도 침구술을 포함한 대체의학을 업으로 할 수 있도록 그 자격 및 요건을 법률로 정하지 아니한 입법부작위가 인간의 존엄과 가치, 신체의 자유, 국가의 기본권 보장의무, 국민보건보호의무규정에 근거한 국민의 보건권을 침해하여 헌법에 위반된다고 주장하면서 2010. 4. 29. 위 입법부작위의 위헌확인을 구하는 이 사건 헌법소원심판을 청구하였다.

나. 심판의 대상

이 사건 심판의 대상은 의료법 제27조 제1항 본문의 전단 부분, 제81조 제1항 및 제87조 제1항 제2호 중 제27조 제1항 본문의 전단에 관한 부분(각 2007. 4. 11. 법률 제8366호로 전부 개정된 것), 구 의료법 제25조 제1항 본문의 전단 부분(1975. 12. 31. 법률 제2862호로 일부 개정되고 2007. 4. 11. 법률 제8366호로 전부 개정되기 전의 것), 구 의료법 제66조 제3호 중 제25조 제1항 본문의 전단에 관한 부분(1994. 1. 7. 법률 제4732호로 일부 개정되고 2007. 4. 11. 법률 제8366호로 전부 개정되기 전의 것), '보건범죄단속에 관한 특별조치법' 제5조 중 의료법

제27조 제1항 본문의 전단에 관한 부분(2007. 4. 11. 법률 제8366호로 일부 개정된 것), 구 '보건범죄단속에 관한 특별조치법' 제5조 중 의료법

제25조 제1항 본문의 전단에 관한 부분(1990. 12. 31. 법률 제4293호로 일부 개정되고 2007. 4. 11. 법률 제8366호로 일부 개정되기 전의 것), 비의료인도 침구술 및 대체의학 시술을 할 수 있도록 그 자격 및 요건을 법률로 정하지 아니한 입법부작위의 위헌 여부이고, 심판대상조항 및 관련조항의 내용은 다음과 같다.

[심판대상조항]

의료법(2007. 4. 11. **법률 제8366호로 전부 개정된 것**) **제27조**(**무면허 의료행위 등 금지**) ① 의료인이 아니면 누구든지 의료행위를 할 수 없으며 의료인도 면허된 것 이외의 의료행위를 할 수 없다.

제81조(**의료유사업자**) ① 이 법이 시행되기 전의 규정에 따라 자격을 받은 접골사, 침사, 구사(이하 '의료유사업자'라 한다)는 제27조에도 불구하고 각 해당 시술소에서 시술을 업으로 할 수 있다.

제87조(**벌칙**) ① 다음 각 호의 어느 하나에 해당하는 자는 5년 이하의 징역이나 2천만원 이하의 벌금에 처한다.

2. 제12조 제2항, 제18조 제3항, 제23조 제3항, 제27조 제1항, 제33조 제2항(제82조 제3항에서 준용하는 경우를 포함한다)을 위반한 자

구 의료법(1975. 12. 31. **법률 제2862호로 일부 개정되고** 2007. 4. 11. **법률 제8366호로 전부 개정되기 전의 것**) **제25조**(**무면허의료행위 등 금지**) ① 의료인이 아니면 누구든지 의료행위를 할 수 없으며 의료인도 면허된 이외의 의료행위를 할 수 없다.

구 의료법(1994. 1. 7. **법률 제4732호로 일부 개정되고** 2007. 4. 11. **법률 제8366호로 전부 개정되기 전의 것**) **제66조**(**벌칙**) 다음 각 호의 1에 해당하는 자는 5년 이하의 징역 또는 2천만원 이하의 벌금에 처한다.

3. 제12조 제2항, 제18조의2 제3항, 제21조의2 제3항, 제25조 제1항, 제30조 제2항(제61조 제3항에서 준용하는 경우를 포함한다)의 규정에 위반한 자

보건범죄단속에 관한 특별조치법(2007. 4. 11. **법률 제8366호로 일부 개정된 것) 제5조**(**부정의료업자의 처벌**) 의료법 제27조의 규정을 위반하여 영리를 목적으로 의사가 아닌 자가 의료행위를, 치과의사가 아닌 자가 치과의료행위를, 한의사가 아닌 자가 한방의료행위를 업으로 한 자는 무기 또는 2년 이상의 징역에 처한다. 이 경우에는 100만원 이상 1천만원 이하의 벌금을 병과한다.

구 보건범죄단속에 관한 특별조치법(1990. 12. 31. **법률 제4293호로 일부 개정되고** 2007. 4. 11. **법률 제8366호로 일부 개정되기 전의 것) 제5조**(**부정의료업자의 처벌**) 의료법 제25조의 규정을 위반하여 영리를 목적으로 의사가 아닌 자가 의료행위를, 치과의사가 아닌 자가 치과의료행위를, 한의사가 아닌 자가 한방의료행위를 업으로 한 자는 무기 또는 2년 이상의 징역에 처한다. 이 경우에는 100만원 이상 1천만원 이하의 벌금을 병과한다.

[관련조항]

의료법(2007. 4. 11. **법률 제8366호로 전부 개정된 것) 제1조**(**목적**) 이 법은 모든 국민이 수준 높은 의료 혜택을 받을 수 있도록 국민의료에 필요한 사항을 규정함으로써 국민의 건강을 보호하고 증진하는 데에 목적이 있다.

제2조(**의료인**) ① 이 법에서 '의료인'이란 보건복지부장관의 면허를 받은 의사·치과의사·한의사·조산사 및 간호사를 말한다.

② 의료인은 종별에 따라 다음 각 호의 임무를 수행하여 국민보건 향상을 이루고 국민의 건강한 생활 확보에 이바지할 사명을 가진다.

1. 의사는 의료와 보건지도를 임무로 한다.
2. 치과의사는 치과 의료와 구강 보건지도를 임무로 한다.
3. 한의사는 한방 의료와 한방 보건지도를 임무로 한다.
4. 조산사는 조산과 임부·해산부·산욕부 및 신생아에 대한 보건과 양호지도를 임무로 한다.
5. 간호사는 상병자나 해산부의 요양을 위한 간호 또는 진료 보조 및 대통령령으로 정하는 보건활동을 임무로 한다.

제12조(의료기술 등에 대한 보호) ① 의료인이 하는 의료·조산·간호 등 의료기술의 시행(이하 '의료행위'라 한다)에 대하여는 이 법이나 다른 법령에 따로 규정된 경우 외에는 누구든지 간섭하지 못한다.

제81조(의료유사업자) ② 의료유사업자에 대하여는 이 법 중 의료인과 의료기관에 관한 규정을 준용한다. 이 경우 '의료인'은 '의료유사업자'로, '면허'는 '자격'으로, '면허증'은 '자격증'으로, '의료기관'은 '시술소'로 한다.

③ 의료유사업자의 시술행위, 시술업무의 한계 및 시술소의 기준 등에 관한 사항은 보건복지부령으로 정한다.

제82조(안마사) ① 안마사는 장애인복지법에 따른 시각장애인 중 다음 각 호의 어느 하나에 해당하는 자로서 시·도지사에게 자격인정을 받아야 한다.

1. 초·중등교육법 제2조 제5호에 따른 특수학교 중 고등학교에 준한 교육을 하는 학교에서 제4항에 따른 안마사의 업무한계에 따라 물리적 시술에 관한 교육과정을 마친 자
2. 중학교 과정 이상의 교육을 받고 보건복지부장관이 지정하는 안마수련기관에서 2년 이상의 안마수련과정을 마친 자

② 제1항의 안마사는 제27조에도 불구하고 안마업무를 할 수 있다.

③ 안마사에 대하여는 이 법 중 제8조, 제25조, 제28조부터 제32조까지, 제33조 제2항 제1호·제3항·제5항·제8항 본문, 제36조, 제40조, 제59조 제1항, 제61조, 제63조(제36조를 위반한 경우만을 말한다), 제64조부터 제66조까지, 제68조, 제83조, 제84조를 준용한다. 이 경우 '의료인'은 '안마사'로, '면허'는 '자격'으로, '면허증'은 '자격증'으로, '의료기관'은 '안마시술소 또는 안마원'으로, '해당 의료관계단체의 장'은 '안마사회장'으로 한다.

④ 안마사의 업무한계, 안마시술소나 안마원의 시설 기준 등에 관한 사항은 보건복지부령으로 정한다.

구 의료법(2007. 4. 11. **법률 제8366호로 전부 개정되기 전의 것**) **제1조**(목적) 이 법은 국민의료에 관하여 필요한 사항을 규정함으로써 의료의 적정을 기하여 국민의 건강을 보호증진함을 목적으로 한다.

제2조(의료인) ① 이 법에서 '의료인'이라 함은 보건복지부장관의 면허를 받은 의사·치과의사·한의사·조산사 및 간호사를 말한다.

② 의료인은 그 종별에 따라 다음 각 호의 임무를 수행함으로써 국민보건의 향상을 도모하고 국민의 건강한 생활확보에 기여함을 사명으로 한다.

1. 의사는 의료와 보건지도에 종사함을 임무로 한다.
2. 치과의사는 치과의료 및 구강보건지도에 종사함을 임무로 한다.
3. 한의사는 한방의료와 한방보건지도에 종사함을 임무로 한다.
4. 조산사는 조산과 임부·해산부·산욕부 및 신생아에 대한 보건과 양호지도에 종사함을 임무로 한다.
5. 간호사는 상병자 또는 해산부의 요양상의 간호 또는 진료의 보조 및 대통령령이 정하는 보건활동에 종사함을 임무로 한다.

제12조(**의료기술 등에 대한 보호**) ① 의료인이 행하는 의료·조산·간호

등 의료기술의 시행(이하 '의료행위'라 한다)에 대하여는 이 법 또는 다른 법령에 특히 규정된 경우를 제외하고는 누구든지 이에 간섭하지 못한다.

2. 제청법원의 위헌제청이유 및 이해관계인의 의견 등

가. 제청법원의 위헌제청이유

모든 무면허 의료행위를 치료결과에 상관없이 일률적, 전면적으로 금지하는 것은 과잉규제인바, 자신의 질병에 대하여 특별한 치료술을 가진 자로부터 치료를 받을 권리를 박탈하는 것은 환자의 생명권, 치료받을 권리 및 치료수단 선택권을 침해하고, 의료인이 아니면서 의료행위를 하고자 하는 자의 행복추구권을 침해한다. 환자가 사이비 의료인에게 현혹될 우려가 있다는 이유로 비의료인에 대한 접근을 막는 태도는 환자를 의료행위의 객체로만 보는 태도인바, 이는 환자가 질병의 치료라는 목적을 위하여 의료제공자와 협력하는 주체이고 자기결정권을 가진 존재라는 점을 간과한 것이다.

나. 청구인들의 주장

(1) 2008헌바108 사건

'의료행위' 부분은 죄형법정주의의 명확성의 원칙에 반한다. 무면허 의료행위를 금지하는 것은 환자의 건강권, 생명권, 행복추구권을 침해하고, 일반인에 의해 시행되어도 아무런 해가 없는 방법까지 일률적으로 금지하므로 과잉금지의 원칙에 반하여 치료자의 직업선택의 자유, 인격권, 행복추구권을 침해하며, 대안의학 내지 민간요법을 의료인이 행하는 경우는 처벌하지 않으면서 오히려 대안의학 등을 깊이 연구한 전문가가 같은 행위를 한 경우 단지 의료인이 아니라는 이유만으로 처벌하는 것은 합리적인 이유없는 차별로서 평등원칙에 반한다.

(2) 2009헌마269 사건

의료법 제27조 제1항 및 제87조 제1항 제2호는 금지되는 의료행위가 무엇인지를 명확히 정하고 있지 아니하여 죄형법정주의 및 포괄위임입법금지 원칙에 반하고, 직업선택의 자유 및 일반적 행동의 자유를 침해한다. 의료인이 치료불가 판정을 한 경우에는 의료인이 시행하는 의료행위 이외의 방법에 의해서라도 치료를 받을 수 있도록 해야 함에도 이를 막고 있는바, 환자의 생명권 등 인간의 존엄과 가치, 행복추구권을 침해한다. 의료법 제27조 제1항, 제87조 제1항 제2호 및 의료인이 아니더라도 침구술 및 대체의학 시술을 할 수 있도록 제도를 마련하지 않은 것은 헌법 제36조 제3항의 건강권에 대한 국가의 보호의무를 위반한 것이다.

(3) 2009헌마736 사건

'의료행위' 및 '한방의료행위' 부분은 죄형법정주의의 명확성의 원칙에 반하고, 의료인이 아니면 의료행위를 할 수 없도록 한 것은 국민의 생명권과 건강권, 청구인의 직업선택의 자유 및 일반적 행동의 자유를 침해하며, 헌법 제36조 제3항의 국가의 건강권 보호의무에도 위반된다.

(4) 2010헌바38 사건

의료법 제27조 제1항은 침술전문가인 청구인의 직업선택의 자유, 행복추구권 및 환자의 건강권, 생명권, 신체의 자유, 행복추구권 등을 침해한다. 의료법 제81조 제1항은 의료법 시행 전에 자격을 받은 침사에게만 침술을 허용하는바, 의료법 시행 후에 침사자격을 받은 자를 합리적인 이유없이 차별하는 것으로 청구인의 평등권을 침해한다.

(5) 2010헌마275 사건

국민은 스스로의 선택에 의한 치료를 받을 권리, 국가에 대하여 이러한 치료를 받을 제도 및 시책을 요구할 권리가 있고, 실제로 의료인이 다루지 않는 분야나 침구술과 같이 의료인도 제대로 다루지 못하는 영역이 있어,

이러한 경우 국민의 보건권을 보호할 필요성이 있음에도 불구하고 이에 대한 입법이 전혀 없다. 따라서 이러한 입법부작위는 청구인들이 국민으로서 헌법이 보장하고 있는 보건권에 따라 의료인이 아니더라도 침구술 및 대체의학에 정통한 사람들로부터 침구술 및 대체의학에 의한 시술을 선택하여 치료를 받을 권리를 침해한다.

다. 법원의 위헌제청신청 기각이유

(1) 2008헌바108 사건

의료행위의 본질에 비추어 볼 때 의료인이 아닌 자의 의료행위를 금지시키고 이를 위반한 경우 처벌하도록 규정하였다고 하더라도, 그것이 행복추구권, 평등권, 인간다운 생활을 할 권리, 직업선택의 자유, 국민의 보건권, 과잉금지의 원칙 등에 위반된다고 볼 수 없다. 구 의료법의 목적과 의료인의 임무의 내용 등에 관한 규정들을 종합하여 보면 '의료행위'라 함은 '의학적 전문지식을 기초로 하는 경험과 기능으로 진료, 검안, 처방, 투약 또는 외과적 시술을 시행하는 질병의 예방 또는 치료행위 및 그 밖에 의료인이 행하지 아니하면 보건위생상 위해가 생길 우려가 있는 행위'를 의미하는 것으로 해석되는바, 불명확하거나 지나치게 포괄적인 개념을 사용한 것이어서 죄형법정주의의 원칙에 위반된다고 볼 수 없다.

(2) 2010헌바38 사건

의료인이 아닌 자의 의료행위를 전면적으로 금지한 것은 매우 중대한 헌법적 법익인 국민의 생명권과 건강권을 보호하고 국민의 보건에 관한 국가의 보호의무를 이행하기 위하여 적합한 조치로서, 이와 같은 중대한 공익이 국민의 기본권을 보다 적게 침해하는 다른 방법으로는 효율적으로 실현될 수 없으므로 의료법 및 '보건범죄단속에 관한 특별조치법'에서 무면허 의료행위를 금지하는 것은 비례의 원칙에 부합하는 것으로 헌법에 위반되지 아니한다.

라. 이해관계인의 의견

(1) 보건복지부장관의 의견

의료법 제1조, 제2조 제2항, 제12조, '보건범죄단속에 관한 특별조치법' 제1조의 내용과 입법취지 등을 유기적으로 해석하면 의료행위의 개념을 예측할 수 있으므로 '의료행위' 부분은 죄형법정주의의 명확성의 원칙에 위반되지 아니한다.

의료법은 의료면허제도를 취하고 있는데 이는 사람의 생명과 신체에 위해를 발생케 할 우려가 있는 의료행위를 미연에 방지하고자 하는 것으로 면허제도를 운영하고자 하는 목적과 취지 등을 감안한 입법자의 입법정책에 관한 문제이고, 무분별한 의료행위로부터 생명과 건강을 지키기 위한 최소한의 장치에 해당한다. 설령 의사면허는 없지만 특별한 치료술을 가진 자가 있다 하더라도 비의료인의 의료행위를 허용할 것이 아니라 제도권 내에서 검증된 의료인들이 이러한 전통적 치료방법을 수용하여 시행할 수 있도록 하는 것이 바람직하며, 최근 의료계에서는 이러한 시도들이 많이 이루어지고 있다. 아무런 기준없이 비의료인의 의료행위를 허용하는 것은 국민의 생명과 신체의 안전을 보호하여야 할 국가의 책임과 의무를 저버리는 것이 되어 헌법에 위반된다.

부작용의 발생가능성이 적은 방법이라 할지라도 사람의 생명, 신체나 공중위생에 위해를 발생시킬 우려가 있는 행위에 포함될 수 있으므로 원칙적으로 의료행위로 보는 것이 타당하고, 법원도 구체적 상황에 따라 무면허 의료행위의 위법성을 부정하는 판단을 하는 경우도 있는바, 이러한 방법을 통한 합리적 해결의 길이 열려 있다.

의과대학에서 체계적으로 의학을 공부하고 국가의 검증을 거친 의료인과 비의료인을 달리 취급하는 것은 같은 것을 달리 취급하는 경우에 해당하지 아니하므로 평등원칙에 반하지 아니한다.

(2) 대한한의사협회장의 의견

보완대체의료의 범위는 각 나라마다 다른바, 우리나라에서의 보완대체의료는 '한방의료기관 또는 (양방)의료기관에서 널리 시행되지 않고 한의과대학 또는 의과대학 과정에서 관행적으로 가르쳐지지 않는 학문 또는 의료기술'로서 국민건강보험법에 의한 국민건강보험제도의 범주 내에 있지 아니한 치료법이라고 정의해야 하고, 결국 의료법 및 국민건강보험법 체계에서의 보완대체의료란 한방의료·서양(양방)의료에 있어서는 학문상으로 인정되지 않고 안전성·유효성이 평가되지 않은 행위라고 할 것이다. 한편, 침구술은 의료법령에 한방의료기관의 진료과목 및 전문과목으로 규정되어 있고, 한의과대학에서 교육되고 한의사에 의해 시술되고 있을 뿐만 아니라 그 치료가 국민건강보험법에 따라 건강보험급여항목으로 정해져 있으므로 이는 보완대체의료가 아닌 한의사의 정규 의료행위임이 명백하다.

(3) 대한의사협회장의 의견

의료법 제12조, 제1조, 제2조의 종합적 해석을 통해 의료행위의 의미를 예측할 수 있다는 점, 의료행위는 매우 다양하고 의학 및 의료기술 등의 발전에 따라 계속 변화하는 개념이므로 의료법에 의료행위의 개념을 구체적, 일률적으로 정의하기는 어렵다는 점, 법원에서 법관의 보충적 해석에 의해 의료행위에 대하여 일관되게 판단하고 있는 점 등에 비추어 볼 때, '의료행위' 개념은 죄형법정주의의 명확성의 원칙에 반하지 아니한다.

의료면허제도는 보건의료 서비스의 질을 일정 수준으로 확보 및 유지하여 국민의 건강을 보호·증진하는 등 공공복리를 위해 반드시 필요하다. 대체의료의 경우 그 안전성에 대한 연구 및 그 효과에 대한 과학적 근거가 부족하며, 특히 대체의료를 받는 과정에서 최적의 치료기회를 놓칠 우려가 있다.

(4) 서울중앙지방검찰청 검사장의 의견

무면허 의료행위 금지조항은 국민의 건강권과 생명권을 보호하기 위한 것인바, 이러한 입법취지상 무면허 의료행위자를 의료인과 차별하는 데에는 합리적인 이유가 있으므로 평등권침해 주장은 이유없다. 또한 의료인이 아닌 자의 의료행위를 금지하는 것은 위와 같은 중대한 법익을 보호하고 국민의 보건에 대한 국가의 보호의무를 이행하기 위한 것이므로 청구인의 직업선택의 자유를 침해하지 아니한다.

3. 적법요건에 관한 판단

가. 구 의료법 제66조 제3호 중 제25조 제1항 본문의 전단에 관한 부분(1994. 1. 7. 법률 제4732호로 일부 개정되고 2007. 4. 11. 법률 제8366호로 전부 개정되기 전의 것)에 대한 심판청구(2008헌바108 사건)

당해 사건은 구 '보건범죄단속에 관한 특별조치법'을 위반한 사건으로 같은 법 제5조의 벌칙조항("무기 또는 2년 이상의 징역에 처한다. 이 경우에는 100만원 이상 1천만원 이하의 벌금을 병과한다")이 적용되는바, 구 의료법 제25조 제1항 본문의 전단 부분 위반에 대한 벌칙을 규정한 조항인 구 의료법 제66조 제3호 중 제25조 제1항 본문의 전단에 관한 부분은 당해 사건에 적용되는 법률이 아니어서 재판의 전제성이 인정되지 아니한다. 따라서 구 의료법 제66조 제3호 중 제25조 제1항 본문의 전단에 관한 부분에 대한 심판청구는 부적법하다.

나. 의료법 제81조 제1항(2007. 4. 11. 법률 제8366호로 전부 개정된 것)에 대한 심판청구(2010헌바38 사건)

헌법재판소법 제68조 제2항의 헌법소원은 법률의 위헌여부심판의 제청신청을 하여 그 신청이 기각된 때에만 청구할 수 있는 것이므로, 청구인이 당해 법원에 위헌여부심판의 제청신청을 하지 않았고 따라서 법원의 기각

결정도 없었던 부분에 대한 심판청구는 그 심판청구요건을 갖추지 못하여 부적법한데, 의료법 제81조 제1항에 대해서는 위헌제청신청 및 이에 대한 기각결정이 없다. 또한 당해 사건은 무면허 의료행위로 인한 '보건범죄단속에 관한 특별법' 위반사건인바, 의료유사업자에 대한 규정인 의료법 제81조 제1항은 당해 사건에 적용되는 법률이 아니어서 재판의 전제성도 없다. 따라서 의료법 제81조 제1항에 대한 심판청구는 부적법하다.

다. 비의료인도 침구술 및 대체의학 시술을 할 수 있도록 그 자격 및 요건을 법률로 정하지 아니한 입법부작위에 대한 심판청구

(1) 이 부분 청구는 입법자가 비의료인도 침구술 및 대체의학 시술을 할 수 있도록 적극적으로 입법을 해야 하는데 아무런 조치도 취하지 않고 있는 것이 청구인들의 기본권을 침해한다는 주장이므로 진정입법부작위에 해당한다.

어떠한 사항을 법규로 규율할 것인가의 여부는 특단의 사정이 없는 한 입법자의 정치적, 경제적, 사회적 각종 고려하에서 정하여지는 입법정책의 문제이므로, 국민이 국회에 대하여 일정한 입법을 해달라는 청원을 함은 별론으로 하고, 진정입법부작위에 대한 헌법소원은 헌법에서 기본권보장을 위하여 법령에 명시적인 입법위임을 하였음에도 입법자가 이를 이행하지 아니한 경우이거나, 헌법해석상 특정인에게 구체적인 기본권이 생겨 이를 보장하기 위한 국가의 행위의무 내지 보호의무가 발생하였음이 명백함에도 불구하고 입법자가 아무런 입법조치를 취하지 아니한 경우에 한하여 허용된다(헌재 2007. 11. 29. 2006헌마876, 판례집 19-2, 656, 662).

과연 입법자가 비의료인도 침구술 및 대체의학을 시술할 수 있도록 그 자격 및 요건에 관한 법률을 만들어야 할 헌법상 의무가 있는지에 관하여 살펴본다.

(2) 헌법 제15조는 모든 국민은 직업선택의 자유를 가진다고 규정하고

있는데 이는 자신이 원하는 직업 내지 직종을 자유롭게 선택하고, 선택한 직업을 자유롭게 수행할 수 있음을 그 내용으로 하는 것일 뿐, 위 규정만으로는 헌법이 비의료인도 침구술 및 대체의학 시술을 업으로 행할 수 있도록 그 자격 및 요건에 관한 법률을 만들어야 할 명시적인 입법의무를 부여하였다고 볼 수는 없다. 또한, 헌법상 국민의 보건권을 보장하기 위하여 비의료인도 침구술 및 대체의학 시술을 할 수 있도록 입법자가 그 자격 및 요건에 관한 법률을 제정하도록 명시한 규정은 없다. 헌법 제36조 제3항은 "모든 국민은 보건에 관하여 국가의 보호를 받는다"고 규정하고 있는데, 이러한 보건권은 국민이 자신의 건강을 유지하는 데 필요한 국가적 급부와 배려를 요구할 수 있는 권리를 말하는 것으로서, 국가는 국민의 건강을 소극적으로 침해하여서는 아니 될 의무를 부담하는 것에서 한걸음 더 나아가 적극적으로 국민의 보건을 위한 정책을 수립하고 시행하여야 할 의무를 부담한다는 것을 의미하는 것일 뿐(헌재 2009. 11. 26. 2007헌마734, 판례집 21-2하, 576, 597 참조), 위 규정만으로는 헌법이 비의료인도 침구술 및 대체의학 시술을 할 수 있도록 그 자격 및 요건에 관한 법률을 제정해야 할 명시적인 입법의무를 부여하였다고 볼 수는 없다.

(3) 의료행위 중에는 고도의 지식과 기술을 요하여 반드시 의사가 직접 수행하지 않으면 안 되는 영역이 있는가 하면, 일정한 자격을 갖춘 자로 하여금 수행하게 하여도 무방한 영역도 있다. 특정한 의료행위가 어느 쪽에 속하는가는 상대적인 것으로서 오늘날과 같이 의학지식이 널리 보급되어 상식화되어 가는 시대에는 후자의 범위가 점점 넓어지는 경향이 있다. 침구술은 환자의 경혈에 대하여 침, 구(뜸) 시술을 하는 것을 말하는데 그 시술이 잘못될 경우 환자의 생명, 신체 또는 보건위생상의 위해를 가져올 우려가 있다. 그러므로 비의료인에게도 침구술 시술행위를 허용할 것인지 여부, 허용되는 침구술 시술행위의 범위, 침구술 시술행위를 할 수 있는 자격요건 등은 침구술의 목적, 방법, 침구술 시술행위로 인한 부작용 내지 위험발생

가능성 등 여러 가지 사회적·경제적 사정을 참작하여 입법자가 결정할 수 있는 사항이라고 할 것이며, 의료행위 중에서 국민보건위생상 위험성이 적은 일정한 범위의 것을 따로 떼어서 이를 의사에게 맡기지 아니하고, 다른 자격제도를 두어 그 자격자에게 맡길 것인지 여부도 입법부의 입법형성의 자유에 속하는 것이다(헌재 1996. 4. 25. 94헌마129, 판례집 8-1, 449, 462 참조). 한편, 현재 침구술은 한방의료행위로 행해지고 있고, 비의료인에 의한 의료행위가 금지되어 있을 뿐, 예컨대 의료인이 대체의학에 의한 시술을 하는 것이 금지되지는 않으므로 국민의 입장에서 침구술 및 대체의학에 의한 치료를 받을 수 있는 길이 열려 있다.

그렇다면 비의료인도 침구술을 할 수 있도록 그 자격 및 요건에 관한 법률을 만들어야 할 입법의무가 헌법해석상 도출된다고 보기는 어렵고, 대체의학에 의한 시술도 마찬가지이다.

(4) 결국 비의료인의 침구술 및 대체의학 시술과 관련하여 헌법의 명시적인 입법위임도 존재하지 아니하고, 헌법해석상 그러한 입법의무가 새롭게 발생하는 것도 아니라고 할 것이므로 비의료인의 침구술 및 대체의학 시술에 대한 입법부작위의 위헌확인을 구하는 헌법소원심판청구는 작위의무를 인정할 수 없어 허용되지 않는다(헌재 1991. 11. 25. 90헌마19, 판례집 3, 599, 603~604; 헌재 2007. 11. 29. 2006헌마876, 판례집 19-2, 656, 662~663 각 참조).

라. 소결론

따라서 구 의료법 제66조 제3호 중 제25조 제1항 본문의 전단에 관한 부분(1994. 1. 7. 법률 제4732호로 일부 개정되고 2007. 4. 11. 법률 제8366호로 전부 개정되기 전의 것), 의료법 제81조 제1항(2007. 4. 11. 법률 제8366호로 전부 개정된 것), 비의료인도 침구술 및 대체의학 시술을 할 수 있도록 그 자격 및 요건을 법률로 정하지 아니한 입법부작위에 대한 각 심판청구는 부적법하므로 이를 각하한다.

4. 본안에 관한 판단

가. 재판관 이강국, 재판관 이공현, 재판관 김희옥, 재판관 민형기의 합헌의견

(1) 의료법 제27조 제1항 본문의 전단 부분 및 제87조 제1항 제2호 중 제27조 제1항 본문의 전단에 관한 부분(각 2007. 4. 11. 법률 제8366호로 전부 개정된 것), 구 의료법 제25조 제1항 본문의 전단 부분(1975. 12. 31. 법률 제2862호로 일부 개정되고 2007. 4. 11. 법률 제8366호로 전부 개정되기 전의 것)(이하 '이 사건 의료법 조항들'이라 한다)의 위헌 여부

(가) 이 사건 의료법 조항들 중 '의료행위' 부분이 죄형법정주의의 명확성의 원칙에 반하는지 여부

헌법 제12조 제1항 및 제13조 제1항에서 천명하고 있는 죄형법정주의로부터 파생되는 명확성의 원칙은 누구나 법률이 처벌하고자 하는 행위가 무엇이며 그에 대한 형벌이 어떠한 것인지를 예견할 수 있고, 그에 따라 자신의 행위를 결정할 수 있도록 범죄의 구성요건과 형벌은 명확하게 규정되어야 한다는 원칙이다.

여기서 구성요건이 명확하여야 한다는 것은 그 법률을 적용하는 단계에서 가치판단을 전혀 배제한 무색투명한 서술적 개념으로 규정되어져야 한다는 것을 의미하는 것은 아니고 입법자의 입법의도가 건전한 일반상식을 가진 자에 의하여 일의적(一義的)으로 파악될 수 있는 정도의 것을 의미하는 것이라고 할 것이다. 따라서 다소 광범위하고 어느 정도의 범위에서는 법관의 보충적인 해석을 필요로 하는 개념을 사용하여 규정하였다고 하더라도 그 적용단계에서 다의적(多義的)으로 해석될 우려가 없는 이상 그 점만으로 헌법이 요구하는 명확성의 요구에 배치된다고는 보기 어렵다(헌재 2001. 12. 20. 2001헌가6등, 판례집 13-2, 804, 813; 헌재 2005. 5. 26. 2003헌바86, 판례집 17-1, 630, 639).

의료법은 '의료행위'에 관하여 적극적인 정의규정을 두지 않고 있다. 그러나 의료법 제1조는 "이 법은 모든 국민이 수준 높은 의료 혜택을 받을 수 있도록 국민의료에 필요한 사항을 규정함으로써 국민의 건강을 보호하고 증진하는 데에 목적이 있다"고 규정하고 있고, 같은 법 제2조 제2항은 "의료인은 종별에 따라 다음 각 호의 임무를 수행하여 국민보건 향상을 이루고 국민의 건강한 생활 확보에 이바지할 사명을 가진다"고 규정하면서 제1호에 "의사는 의료와 보건지도를 임무로 한다", 제2호에 "치과의사는 치과 의료와 구강 보건지도를 임무로 한다", 제3호에 "한의사는 한방 의료와 한방 보건지도를 임무로 한다"고 규정하고 있다. 또한, 같은 법 제12조는 '의료행위란 의료인이 하는 의료·조산·간호 등 의료기술의 시행'이라고 정의하고 있다.

위와 같은 의료법의 각 규정내용과 입법취지 등을 살펴보면, 무면허 의료행위를 처벌하는 취지는 의사의 의료행위가 고도의 전문적 지식과 경험을 필요로 함과 동시에 사람의 생명, 신체 또는 일반 공중위생에 밀접하고 중대한 관계가 있기 때문에 의료법은 의사가 되는 자격에 대한 엄격한 요건을 규정하는 한편, 의료법 제27조에서 의료행위를 의사에게만 독점 허용하고 일반인이 이를 하지 못하게 금지하여 의사 아닌 사람이 의료행위를 함으로써 생길 수 있는 사람의 생명, 신체나 일반 공중위생상의 위험을 방지하고자 함에 그 목적이 있는 것이다. 따라서 위와 같은 입법취지를 감안할 때, 의료행위에는 반드시 질병의 치료와 예방에 관한 행위에만 한정되지 않고, 그와 관계없는 것이라도 의학상의 기능과 지식을 가진 의료인이 하지 아니하면 보건위생상 위해를 가져올 우려가 있는 일체의 행위가 포함된다 할 것이다.

대법원도 구 의료법 제25조 제1항의 의료행위라 함은 의학적 전문지식을 기초로 하는 경험과 기능으로 진찰, 검안, 처방, 투약 또는 외과적 시술을 시행하여 하는 질병의 예방 또는 치료행위 이외에도 의료인이 행하지 아니하면 보건위생상 위해가 생길 우려가 있는 행위를 의미한다[대법원 2000. 2.

25. 선고 99도4542 판결(공2000상, 903); 대법원 1999. 6. 25. 선고 98도4716 판결(공1999하, 1555) 등 참조]고 해석하고 있다.

한편, 헌법재판소는 2005. 5. 26. 2003헌바86 결정(판례집 17-1, 630) 및 2007. 4. 26. 2003헌바71 결정(판례집 19-1, 390)에서 구 의료법 제25조 제1항 본문의 전단 부분 중 '의료행위' 부분이 죄형법정주의의 명확성원칙에 위배되지 않는다는 결정을 한 바 있다.

앞에서 본 의료법의 입법목적, 의료인의 사명에 관한 의료법상의 여러 규정, 의료행위의 개념에 관한 대법원판례 등을 종합하여 보면, 이 사건 의료법 조항들 중 '의료행위'의 개념은 건전한 일반상식을 가진 자에 의하여 일의적으로 파악되기 어렵다거나 법관에 의한 적용단계에서 다의적으로 해석될 우려가 있다고 보기 어려우므로, 죄형법정주의의 명확성원칙에 위배된다고 할 수 없다.

(나) 이 사건 의료법 조항들이 비의료인의 직업선택의 자유 내지 일반적 행동의 자유 및 의료소비자의 의료행위 선택에 있어서의 자기결정권(이하 '의료행위 선택권'이라 한다)을 침해하는지 여부

헌법재판소는 이 사건 의료법 조항들과 동일한 내용을 규정한 구 의료법 조항들에 대하여 1996. 10. 31. 94헌가7 결정(판례집 8-2, 408)에서 최초로 합헌 결정을 한 이래로 다수 결정에서 위 결정의 요지를 인용하여 합헌 또는 기각 결정을 하였는바(헌재 2002. 12. 18. 2001헌마370, 판례집 14-2, 882; 헌재 2005. 3. 31. 2001헌바87, 판례집 17-1, 321; 헌재 2005. 5. 26. 2003헌바86, 판례집 17-1, 630; 헌재 2005. 9. 29. 2005헌바29등 공보 108, 1042), 그 결정의 요지는 다음과 같다.

이 사건 법률조항의 '의료행위'라 함은 질병의 예방과 치료에 관한 행위로서 의학적 전문지식이 있는 자가 행하지 아니하면 사람의 생명, 신체나 공중위생에 위해가 발생할 우려가 있는 행위를 말한다. 한 나라의 의료제도는 그 나라의 국민건강의 보호증진을 목적으로 하여(의료법 제1조 참조) 합목

적적으로 체계화된 것이므로 국가로부터 의료에 관한 지식과 기술의 검증을 받은 사람으로 하여금 의료행위를 하게 하는 것이 가장 합리적이고 안전하며, 사람의 생명과 신체를 대상으로 하는 의료행위의 특성상 가사 어떤 시술방법에 의하여 어떤 질병을 상당수 고칠 수 있었다고 하더라도 국가에 의하여 확인되고 검증되지 아니한 의료행위는 항상 국민보건에 위해를 발생케 할 우려가 있으므로 전체 국민의 보건을 책임지고 있는 국가로서는 이러한 위험발생을 미리 막기 위하여 이를 법적으로 규제할 수밖에 없는 것이다.

의료행위는 인간의 존엄과 가치의 근본인 사람의 신체와 생명을 대상으로 하는 것이므로 단순한 의료기술 이상의 '인체(人體) 전반에 관한 이론적 뒷받침'과 '인간의 신체 및 생명에 대한 외경심'을 체계적으로 교육받고 이 점에 관한 국가의 검증을 거친 의료인에 의하여 행하여져야 하고, 과학적으로 검증되지 아니한 방법 또는 무면허 의료행위자에 의한 약간의 부작용도 존엄과 가치를 지닌 인간에게는 회복할 수 없는 치명적인 위해를 가할 수 있는 것이다. 또 무면허 의료행위자 중에서 부작용이 없이 의료행위를 할 수 있는 특별한 능력을 갖춘 사람이 있다고 하더라도 이를 구분하는 것은 실제로는 거의 불가능하며, 또 부분적으로 그 구분이 가능하다고 하더라도 일반인들이 이러한 능력이 있는 무면허 의료행위자를 식별할 수 있는 것은 결국 국가에서 일정한 형태의 자격인증을 하는 방법 이외에는 달리 대안이 없고, 외국의 입법례를 보더라도 의료인 면허제도를 채택하고 무면허 의료행위를 사전에 전면금지하는 것 이외의 다른 규제방법을 찾아볼 수 없다.

이와 같은 사정들을 종합해 보면, 무면허 의료행위를 일률적, 전면적으로 금지하고 이를 위반한 경우에는 그 치료결과에 관계없이 형사처벌을 받게 하는 이 법의 규제방법은, '대안이 없는 유일한 선택'으로서 실질적으로도 비례의 원칙에 합치되는 것이다.

법이 인정하는 의료인이 아니면서 어떤 특정분야에 관하여는 우수한 의료능력을 가진 한 부류의 의료인들(넓은 의미)이 있다고 한다면, 국민건강의 보호증진을 위하여 입법자로서는 이들의 지식과 능력을 충분히 검증하고 이들에게 의료인 자격을 부여하는 경우의 순기능과 역기능을 면밀히 검토한 후 긍정적인 평가가 나오면 이들에게도 의료행위를 할 수 있는 길을 열어주는 것이 바람직하겠지만, 이는 어디까지나 입법정책의 문제로서 이러한 입법정책의 문제 때문에 이 사건 법률조항이 헌법에 위반된다고는 할 수 없다.

요컨대, 이 사건 법률조항이 의료인이 아닌 자의 의료행위를 전면적으로 금지한 것은 매우 중대한 헌법적 법익인 국민의 생명권과 건강권을 보호하고 국민의 보건에 관한 국가의 보호의무(헌법 제36조 제3항)를 이행하기 위하여 적합한 조치로서, 위와 같은 중대한 공익이 국민의 기본권을 보다 적게 침해하는 다른 방법으로는 효율적으로 실현될 수 없으므로, 이 사건 법률조항으로 인한 기본권의 제한은 비례의 원칙에 부합하는 것으로서 헌법적으로 정당화되는 것이다. 헌법재판소의 위와 같은 견해는 그 자체로서 타당하고 지금도 달리 판단해야 할 아무런 사정변경이 없으므로, 이 사건 의료법 조항들에 대한 판단에서도 그대로 유지하기로 한다.

(2) '보건범죄단속에 관한 특별조치법' 제5조 중 의료법 제27조 제1항 본문의 전단에 관한 부분(2007. 4. 11. 법률 제8366호로 일부 개정된 것), 구 '보건범죄단속에 관한 특별조치법' 제5조 중 의료법 제25조 제1항 본문의 전단에 관한 부분(1990. 12. 31. 법률 제4293호로 일부 개정되고 2007. 4. 11. 법률 제8366호로 일부 개정되기 전의 것)(이하 '이 사건 보건특조법 조항들'이라 한다)의 위헌 여부

(가) 이 사건 보건특조법 조항들의 위헌 여부에서 문제되는 것은 i) '의료행위' 및 '한방의료행위' 부분이 죄형법정주의의 명확성의 원칙에 반하는지 여부, ii) 비의료인의 직업선택의 자유 내지 일반적 행동의 자유를 침해하는지 여부, iii) 의료소비자의 의료행위 선택권을 침해하는지 여부 등이다.

그런데 이 사건 의료법 조항들이 단순한 무면허 의료행위를 처벌하는

것과 달리 이 사건 보건특조법 조항들은 영리의 목적으로 무면허 의료행위를 업으로 한 경우 이를 가중 처벌하는바, 양자는 모두 '의료인이 아니면 의료행위를 할 수 없으며'라는 규정을 위반한 경우 이를 처벌하는 점에서는 동일하고 단지 의료행위를 영리의 목적으로 업으로 하였느냐 여부에 따라 처벌의 정도를 달리한 것에 불과하므로 이 사건 보건특조법 조항들의 위헌 여부를 판단함에 있어 위에서 살펴본 이 사건 의료법 조항들의 위헌 여부 논의와 달리할 이유가 없다(헌재 2005. 9. 29. 2005헌바29, 공보 108, 1042, 1045 참조). 따라서 이 사건 보건특조법 조항들의 위헌 여부에 대해서는 위 (1)항에서 살펴본 이 사건 의료법 조항들에 대한 판단을 그대로 인용한다.

(나) 다만, 이 사건 보건특조법 조항들 중 '한방의료행위' 부분이 죄형법정주의의 명확성의 원칙에 반하는지 여부에 대해서는 위 (1)항에서 명시적으로 판단하지 않았으므로 이에 대하여 살펴본다.

처벌법규의 구성요건을 일일이 세분하여 명확성의 요건을 모든 경우에 요구하는 것은 입법기술상 불가능하거나 현저히 곤란한 것이므로 어느 정도의 보편적이거나 일반적인 뜻을 지닌 용어를 사용하는 것은 부득이 하다고 할 수밖에 없고, 당해 법률이 제정된 목적과 다른 법률조항과의 연관성을 고려하여 합리적인 해석이 가능한지의 여부에 따라 명확성의 요건을 갖추었는지의 여부를 가릴 수밖에 없다 할 것이다. 이 사건 보건특조법 조항들 중 한방의료행위 부분은 의료행위와 마찬가지로 비록 법령에 아무런 적극적인 개념정의규정을 두고 있지는 아니하다 하더라도 의료법의 입법목적, 의료인의 사명에 관한 의료법상의 여러 규정들과 한방의료행위에 관련된 법령의 변천과정 등에 비추어 보면 '한방의료행위'는 우리의 옛선조들로부터 전통적으로 내려오는 한의학을 기초로 한 질병의 예방이나 치료행위를 하는 것을 의미한다고 볼 수 있다. 따라서 이 사건 보건특조법 조항들 중 '한방의료행위'는 건전한 상식과 통상적인 법감정을 가진 사람으로 하여금 구체적으로 어떠한 행위가 이에 해당하는지 의심을 가질 정도로 불명확한 개념이라고는 볼 수 없으므로 죄형법정주의에서 요구되는 형법법규의 명확성의 원칙에 위배된다고 할 수 없다(헌재 2003. 2. 27. 2002헌바23, 판례집 15-1, 218, 221~222 참조).

(3) 기타 주장 등에 대한 판단

(가) 2008헌가19 사건의 제청법원의 위헌제청이유에 대한 판단

제청법원은 의료법상 무면허 의료행위로 처벌되는지 여부는 면허의 소지 유무 및 각 면허에서 정한 업무 한계에 따라 결정되는데, 침구사 등과 같은 의료유사업자나 안마사 제도에서 보듯이 면허 내지 자격의 유무 등이 법령이 아닌 시행령에 의하여 결정되어지는 경우 이는 구성요건요소를 법률이 아닌 시행령에 위임하는 것과 실질에 있어서는 마찬가지가 되고, 면허 내지 자격의 유무를 법률에서 정한다 하더라도 의료법(2007. 4. 11. 법률 제8366호로 전부 개정된 것) 제81조 제3항, 제82조 제4항에서 보듯이 의료유사업자의 시술행위나 안마사의 업무 한계를 시행령에 위임하는 경우에는 죄형법정주의 위반의 문제는 여전히 남게 되는바, 구성요건요소의 핵심요소를 법률이 아닌 시행령에 위임하고 있거나 위임할 염려가 있는 규정형식을 취하고 있는 의료법(2007. 4. 11. 법률 제8366호로 전부 개정된 것) 제27조 제1항 본문의 전단 부분은 죄형법정주의에 위배된다고 한다.

살피건대, 먼저 위 의료법 제27조 제1항 본문의 전단 부분은 일정한 사항을 하위법규에 위임하는 규정을 두고 있지 아니한바, 포괄위임입법금지원칙 등 위임입법과 관련된 문제가 생기지는 아니한다(헌재 2001. 8. 30. 99헌바90, 판례집 13-2, 158, 167 참조). 다음으로, 의료법(2007. 4. 11. 법률 제8366호로 전부 개정된 것) 제81조 제3항, 제82조 제4항에서 의료유사업자나 안마사의 시술행위 내지 업무의 한계를 하위법규에 위임하고 있다 하더라도 이것이 바로 위 의료법 제27조 제1항 본문의 전단 부분이 위헌인 이유가 될 수는 없다. 다만, 위 위헌제청이유 중 자격의 유무가 분명하지 않다는 부분은 의료법 제27조 제1항 본문의 전단 부분 중 '의료인'의 개념이 불명확하여 죄형법

정주의의 명확성원칙에 반한다는 것으로, 안마사나 의료유사업자의 시술행위 내지 업무의 한계가 하위법규에 위임하고 있어 죄형법정주의 위반의 문제가 남는다는 부분은 안마사나 의료유사업자가 의료법 조항만으로는 자신이 하는 행위가 법상 허용되는 범위 내의 것인지, 법상 금지되는 '의료행위'에 해당되는 것인지 알 수 없어 죄형법정주의의 명확성원칙에 반한다는 것으로 해석된다(헌재 2004. 1. 29. 2002헌가20, 판례집 16-1, 1, 22-23; 헌재 2005. 4. 28. 2002헌가25, 판례집 17-1, 461, 472 참조). 이 중 '의료행위' 부분이 죄형법정주의의 명확성의 원칙에 반하는지 여부에 대해서는 이미 위에서 판단하였으므로 '의료인' 개념이 죄형법정주의의 명확성의 원칙에 반하는지 여부에 대하여 살펴본다.

제청법원은 의료유사업자나 안마사의 자격 유무가 법률이 아닌 시행령에 의하여 결정되어지는 경우를 제시하고 있으나, 의료유사업자에 관한 의료법(2007. 4. 11. 법률 제8366호로 전부 개정된 것) 제81조 제1항에서는 "이 법이 시행되기 전의 규정에 따라 자격을 받은 접골사, 침사, 구사(이하 '의료유사업자'라 한다)는 제27조에도 불구하고 각 해당 시술소에서 시술을 업으로 할 수 있다"라고 규정하고 있고, 위 조항에서 '이 법이 시행되기 전의 규정에 따라 자격을 받은'이란 구 국민의료법(1951. 9. 25. 법률 제221호)이 구 의료법(1962. 3. 20. 법률 제1035호)으로 대체되면서, 한의사에게 침구시술행위까지 맡겨 한방을 일원화하려는 입법적 배려에서 종전의 침구시술업자 등 의료유사업자제도를 폐지하고 다만 경과조치로서 그 부칙 제3항에서 "본법 시행 당시의 의사, … 및 의료유사업자의 면허 및 자격과 기타 의료상의 권리는 본법에 의하여 취득한 것으로 간주한다"라는 규정을 두어 종전에 자격을 취득한 의료유사업자의 기득권을 보호하고자 한바, 의료유사업자는 이 규정에 따라 자격을 취득한 자를 가리킨다. 또한 안마사에 관한 의료법(2007. 4. 11. 법률 제8366호로 전부 개정된 것) 제82조 제1항은 "안마사는 장애인복지법에 따른 시각장애인 중 다음 각 호의 어느 하나에 해당하는 자로서 시·도지사에게 자격인정을 받아야 한다. 1. 초·중등교육법 제2조 제5호에 따른 특수학교 중 고등학교에 준한 교육을 하는 학교에서 제4항에 따른 안마사의 업무한계에 따라 물리적 시술에 관한 교육과정을 마친 자, 2. 중학교 과정 이상의 교육을 받고 보건복지부장관이 지정하는 안마수련기관에서 2년 이상의 안마수련과정을 마친 자"라고 규정하고 있는바, 위 두 조항을 살펴볼 때 의료유사업자나 안마사의 자격유무는 의료법(2007. 4. 11. 법률 제8366호로 전부 개정된 것)이 직접 규정하고 있다고 할 것이다.

한편, 의료법(2007. 4. 11. 법률 제8366호로 전부 개정된 것) 제2조에서는 이 법에서 "의료인"이란 보건복지부장관의 면허를 받은 의사·치과의사·한의사·조산사 및 간호사를 말한다고 정의하고 있고, 같은 법 제5조 내지 제11조에서는 의료인의 면허, 결격사유, 국가시험, 응시자격, 면허의 조건 및 등록에 관한 상세한 규정을 두고 있는바, 이 사건 의료법 조항들의 '의료인' 개념이 불명확하다고 볼 수 없다.

(나) 2008헌바108 사건의 청구인들의 주장에 대한 판단

1) 청구인들은 대안의학 내지 민간요법을 의료인이 행하는 경우는 처벌하지 않으면서 오히려 대안의학 등을 깊이 연구한 전문가가 같은 행위를 한 경우, 단지 비의료인이라는 이유만으로 처벌하는 것은 합리적인 이유없는 차별로서 평등원칙에 반한다고 주장한다.

먼저 의료행위에 해당하는 대안의학 내지 민간요법을 의료인이 행한 경우와 비의료인이 행한 경우 후자만 처벌받게 되는데, 이때 의료인과 비의료인은 동일한 의료행위를 한 집단이라는 점에서 동일성이 존재하고 그럼에도 불구하고 비의료인만 형사처벌한다는 점에서 차별도 존재한다. 그러나 의료인은 의과대학에서 기초의학부터 시작하여 체계적으로 의학을 공부하고 상당기간 임상실습을 한 후 국가의 검증(국가시험)을 거친 사람이라는 점에서 이러한 자격을 갖추지 못한 비의료인과 다르다고 할 것이고, 비의료인에게 의료행위를 맡길 수 없는 이유에 대해서는 이미 위에서 충분히 판단한

바, 위와 같은 차별에는 합리적 이유가 있다고 할 것이다.

따라서 평등원칙 위반 주장은 이유없다.

2) 또한 청구인들은 오랜 기간에 걸쳐 다양한 기관으로부터 그 효과와 방법의 우수성을 검증받고 의사, 한의사 등을 교육시켜 온 청구인들의 한서자기요법 시술행위를 의료행위로 보아 전면적으로 금지시키는 것은 헌법 제36조 제3항에 규정된 국가가 국민의 보건을 보호할 의무를 위반하는 것이라고 주장한다. 그런데 이러한 주장은 한서자기요법을 의료행위로 보는 것이 위헌이라는 것인바, 이는 법률의 해석·적용에 관한 다툼으로 헌법재판소의 심판사항이 될 수 없다(헌재 2007. 4. 26. 2003헌바71, 판례집 19-1, 390, 397~398 참조).

(다) 2009헌마269 사건의 청구인들의 주장에 대한 판단

1) 청구인들은 의료법 제27조 제1항 본문의 전단 부분 및 제87조 제1항 제2호 중 제27조 제1항 본문의 전단에 관한 부분에 대하여 위헌확인을 구하면서 포괄위임입법금지원칙에 위반된다는 주장을 하고 있으나, 위 조항들은 일정한 사항을 하위법규에 위임하는 규정을 두고 있지 아니한바, 포괄위임입법금지원칙 등 위임입법과 관련된 문제는 생기지 아니한다(헌재 2001. 8. 30. 99헌바90, 판례집 13-2, 158, 167 참조).

2) 또한 청구인들은 의료법상 침구술이 한의사가 할 수 있는 의료행위에 속한다는 명문의 규정이 없음에도 의료법 시행규칙에서 한의사의 국가시험과목에 침구학을 규정함으로써 침구술이 한방의료에 포함되는 것처럼 하고 있는바, 이는 법률에 근거를 두지 아니한 것으로서 무효라고 주장한다.

살피건대, 의료법은 한의사는 한방 의료와 한방 보건지도를 임무로 한다(제2조 제2항 제3호)고 규정하고 있을 뿐 더 이상 구체적으로 한의사의 업무범위, 즉 한방 의료 및 한방 보건지도에 대하여 규정하고 있지는 않다. 한편, 의료법은 한의사가 되려는 자는 한의학을 전공하는 대학을 졸업하는 등

의 자격을 가진 자로서 한의사 국가시험에 합격한 후 보건복지부장관의 면허를 받아야 한다(제5조 제1항). 한의사 국가시험 등에 필요한 사항은 대통령령으로 정한다(제9조 제4항)고 규정하고 있고, 의료법 시행령 제5조는 국가시험 등의 시험과목에 관하여 필요한 사항은 보건복지부령으로 정하도록 하고 있는바, 의료법 시행규칙 제2조 별표1은 한의사의 국가시험 과목으로 침구학을 규정하고 있다.

그런데 청구인들은 위헌확인을 구하는 법률조항으로 줄곧 의료법 제27조 제1항을 명시하고 있을 뿐, 위 의료법 시행규칙 조항을 명시적으로 위헌확인을 구하는 대상에 포함시키고 있지는 않은 점, 위 주장은 의료법상 명시적으로 침구술이 한방의료행위에 포함된다는 규정이 없는데도 비의료인이 침구술을 시술하는 것을 금지하는 것은 위헌이라는 주장에서 비롯된 것인 점, 청구인들은 이 부분 주장에서 죄형법정주의 위반을 언급하고 있는 점, 침구술이 위 시행규칙 조항으로 인하여 비로소 (한방)의료행위에 해당되는 것은 아니므로 위 시행규칙 조항이 위헌으로 선언된다 하더라도 청구인들이 침구술을 시행할 수 있는 것은 아닌 점 등을 고려하면, 청구인들의 위 주장은 '의료행위' 개념이 불분명하여 청구인들이 시술하고자 하는 침구술이 여기에 해당되는지 여부가 법상 명확하지 아니함에도 이를 위반한 경우를 형사처벌하도록 규정한 것은 죄형법정주의의 명확성의 원칙에 반한다는 주장으로 봄이 타당하고, 이에 대해서는 이미 위에서 판단하였다.

나. 재판관 김희옥의 보충의견

나는 이 사건 의료법 조항들 및 이 사건 보건특조법 조항들(이하 '이 사건 조항들'이라 한다)이 헌법에 위반되지 아니한다는 법정의견을 취하면서, 국민의 보건권을 보호하고 국민의 보건에 관한 국가의 보호의무를 강조하기 위하여 다음과 같은 보충의견을 밝혀 두고자 한다.

헌법 제36조 제3항이 규정하고 있는 국민의 보건에 관한 권리는 국민이 자신의 건강을 유지하는 데 필요한 국가적 급부와 배려를 요구할 수 있는 권리를 말하는 것으로서, 국가는 국민의 건강을 소극적으로 침해하여서는 아니 될 의무를 부담하는 것에서 한걸음 더 나아가 적극적으로 국민의 보건을 위한 정책을 수립하고 시행하여야 할 의무를 부담한다는 것을 의미한다 (헌재 1995. 4. 20. 91헌바11, 판례집 7-1, 478, 491).

그런데 일반적으로 국민의 건강을 유지하고 회복, 촉진하는 행위인 넓은 의미의 의료(醫療)에는 의료인에 의한 질병의 치료뿐만 아니라 질병의 예방행위도 포함되고, 간호활동이나 약사 내지 한약사의 제약 및 복약지도, 영양사에 의한 영양 지도 등도 포함된다고 할 것이다. 이 사건 조항들이 의료인이 아닌 자의 의료행위를 전면적으로 금지한 것은 매우 중대한 헌법적 요청인 국민의 보건에 관한 국가의 보호의무를 이행하기 위하여 적합한 조치임에 틀림없다. 그렇지만 국가는 보다 적극적으로 국민의 보건을 위한 정책을 수립·시행하여야 할 의무를 부담하는 것이므로 국가는 국민보건을 위해 제도 변경의 필요성이 있으면 이를 적극적으로 실천하여야 한다.

역사적으로 각 국가별로 인간의 건강을 지키고 질병을 치료하는 방법에 관해서는 부단한 연구와 발전이 있어 왔고, 현재도 인간의 건강에 대한 연구는 계속되고 있다. 그런데 각 국가별로 또는 동양과 서양에 따라서 참으로 다양하고 많은 의료방법이 고안·실증되어 시행되고 있지만, 각 국가별로 모두 동일한 의료방법을 채택하고 있는 것은 아니다. 우리나라의 법제가 채택하고 있는 의료행위에는 의료법이 규정한 의료인의 의료행위와 접골사·침사·구사 등 의료유사업자의 의료유사행위, 안마사의 안마행위 등이 있고, 1962년 이후에는 신규 의료유사업자의 자격 및 시술에 관한 법적 근거가 소멸되었다.

그런데 오늘날 우리 사회에서 건강과 의료에 관한 국민의 욕구와 수요는 대폭 증대되어 있고, 의료행위와 경계선상에 있는 의료 서비스의 활용과 그에 대한 관리가 필요한 것이 사실이다. 헌법 제36조 제3항에 의해 국가는 적극적으로 국민의 보건을 위한 정책을 수립하고 시행하여야 할 의무를 부담한다는 측면에서 볼 때, 보건위생상 위해가 생길 우려가 없는 범위 내에서 제도권 의료행위 이외의 치료방법을 적극적으로 연구하여 이를 의료행위에 편입하거나 또는 국민이 쉽게 이용할 수 있도록 하는 제도를 마련할 필요성이 있다. 이는 미국, 유럽 등 각국에서 국민이 이용할 수 있는 의료의 형태를 다양하게 넓혀 나가고 있는 것을 보아도 알 수 있다.

세계보건기구(WHO)의 자료에 의하면 세계 의료형태의 30 내지 40퍼센트 정도만이 현대정통의학(Modern Conventional Medicine)을 따르고 나머지는 소위 보완대체의학(Complementary and Alternative Medicine)에 의하여 치료를 받고 있으며, 우리나라에서도 환자 중 약 3분의 1은 현대정통의학이 아닌 다른 치료방법을 찾고 있다고 한다. 즉, 의료법 등의 금지 규정에도 불구하고 적지 않은 국민이 비의료인에 의한 치료방법을 이용하고 있는 것이 현실이다. 이러한 국민정서 및 사회문화적 행태를 고려할 때, 검증되지 아니한 시술자에 의한 부작용과 피해를 방지하기 위하여 음성적으로 이루어지는 각종 요법과 시술을 양성화하는 것과 더불어 이러한 시술자에 대한 엄격한 관리체계를 갖출 필요성이 크다고 할 것이다.

세계적으로 소위 보완대체의학의 종목은 약 200가지 정도가 알려져 있고 그중 50여 가지가 활발히 연구·활용되고 있으며, 우리나라에서는 이 중 20여 종 정도가 사용되고 있다고 한다. 시술의 안전성에 대한 객관적이고 과학적인 검증체계가 확보되고 시술자의 자격에 대한 엄격한 관리체계가 구비되면 이러한 보완대체의학에 대한 연구와 활용이 높아질 수 있을 것이다. 이렇게 의료유사행위 또는 보완대체의학에 의한 치료방법을 연구와 검증을 통하여 의료행위에 포함시키거나 별도의 제도를 두어 국민이 이를 이용할 수 있게 하는 것이 헌법 제36조 제3항의 취지에 보다 부합한다고 생각한다.

다. 재판관 조대현, 재판관 이동흡, 재판관 목영준, 재판관 송두환의 반대의견

우리는, 이 사건 조항들이 '사람의 생명·신체나 공중위생에 대한 위해 발생 가능성이 낮은 의료행위'까지 일률적으로 금지하는 것은 의료소비자의 의료행위 선택권과 위와 같은 의료행위를 하는 자의 직업선택의 자유를 침해하는 것으로서 헌법에 위반된다고 판단하므로, 다음과 같이 견해를 밝힌다.

(1) 우리나라 의료면허제도

구 국민의료법(1951. 9. 25. 법률 제221호로 제정된 것)은, 의료업자를 의사·치과의사(1종), 한의사(2종) 및 보건원·조산원·간호원(3종)으로 한정하면서도 접골·침술·구술·안마술업자 등 의료유사업자의 의료행위를 허용하였다.

그 후 구 국민의료법을 대체한 구 의료법(1962. 3. 20. 법률 제1035호로 전부 개정된 것)은 침술·구술까지 한의사에게 맡김으로써 한방을 일원화하고자 접골·침술·구술업자 등 의료유사업자제도를 폐지하면서, 다만 종전에 자격을 취득한 의료유사업자의 기득권을 보호하기 위하여 부칙 제3항에서 "본법 시행 당시의 … 의료유사업자의 면허 및 자격과 기타 의료상의 권리는 본법에 의하여 취득한 것으로 간주한다"라는 규정을 두었다.

현행 의료법은 제2조에서, 이 법에서 '의료인'이란 보건복지부장관의 면허를 받은 의사·치과의사·한의사·조산사 및 간호사를 말한다고 정의하면서, 제5조 내지 제11조에서 의료인의 면허, 결격사유, 국가시험, 응시자격, 면허의 조건 및 등록에 관한 상세한 규정을 두는 한편, 제81조 제1항은 앞의 부칙 제3항의 취지에 따라 "이 법이 시행되기 전의 규정에 따라 자격을 받은 접골사, 침사, 구사(이하 '의료유사업자'라 한다)는 제27조에도 불구하고 각 해당 시술소에서 시술을 업으로 할 수 있다"라고 규정하고 있다.

결국 합법적으로 의료유사업을 행하기 위하여는 1962. 3. 20. 전에 접골사 또는 침구사 자격을 취득하였어야 하는데, 이에 관한 신규자격제도가 폐지된 지 48년이 지남으로써 현재 자격이 있는 '의료유사업자'는 극히 소수에 불과하므로, 오늘날 의료행위를 할 수 있는 의료인은 실질적으로 의사, 치과의사, 한의사, 조산사 및 간호사에 한정되어 있는 실정이다.

(2) 의료면허제도와 기본권 제한

국가는 국민의 생명권과 건강권을 보호할 의무를 지므로(헌법 제36조 제3항), 질병의 예방과 치료에 관한 행위로서 의학적 전문지식이 있는 자가 행하지 아니하면 사람의 생명·신체나 공중위생에 위해가 발생할 우려가 있는 행위에 대하여는 일정한 형태의 자격인증을 하고 그 자격에 반하는 의료행위, 즉 무면허 의료행위를 일률적·전면적으로 금지할 필요가 있다.

반면, 모든 국민은 보건에 관하여 국가의 보호를 받을 권리가 있고, 헌법 제10조에 따라 자신의 행위를 스스로 결정할 수 있는 자기결정권이 있으므로, 원칙적으로 국민 스스로가 경제성과 접근성을 고려한 최선의 의료행위를 선택할 권리가 있다.

또한, 이 사건 조항들에 의한 의료면허제도는, 일정한 영역에서 의료에 관한 지식과 기능을 가지고 있지만 국가가 인정하는 의료인의 자격을 갖추지 못한 비의료인이 의료행위를 개인의 경제적 소득활동의 기반이자 자아실현의 근거로 삼으려는 자유, 즉 직업선택의 자유를 제한한다(헌재 2002. 12. 18. 2001헌마370, 판례집 14-2, 882, 886~887 참조). 즉, 의료면허제도는, 의료행위를 의료인의 독점적 활동영역으로 보장함과 동시에 비의료인의 의료행위를 금지하는 것이므로, 의료행위의 범위를 넓게 해석하면 의료인의 독점적 활동영역이 확장되는 대신 비의료인에게 금지되는 행위의 범위가 그만큼 넓어진다. 따라서 의료행위의 범위는 의료행위의 전문성과 위험성을 고려하여 반드시 의료인이 하지 않으면 안 되는 행위로 한정하여 비의료인에 대한 자유제한의 범위를 꼭 필요한 범위로 최소화시켜야 한다.

결국 국가는 의료면허제도를 운영함에 있어서 국민의 의료행위 선택권과 직업선택의 자유를 필요최소한으로 제한함으로써, 국민의 생명과 건강을 최대한 보장하여 주어야 한다.

(3) 과잉금지의 원칙 위반 여부

(가) 목적의 정당성과 수단의 적절성

의료행위는 사람의 생명이나 신체를 다루는 일로서 이를 그르칠 경우 그 피해는 회복할 수 없거나 회복하기 어려운 것이므로, 체계적으로 의학을 공부하고 상당 기간 임상실습을 한 후 국가의 검증(국가시험)을 거친 사람에 한하여 의료행위를 하게 하고 그러한 과정을 거치지 않은 사람은 이를 하지 못하게 함으로써, 사람의 생명, 신체나 공중위생에 위해를 발생하게 할 우려가 있는 의료행위를 미리 막자는 이 사건 조항들의 입법목적은 정당하다고 할 것이다(헌재 1996. 10. 31. 선고 94헌가7, 판례집 8-2, 408, 416 참조).

또한 이 사건 조항들이 비의료인의 의료행위를 전면적·일률적으로 금지한 것은 국민의 생명권과 건강권을 보호한다는 입법목적을 달성하는 데 유효하고 적절한 수단이라고 할 수 있다.

(나) 침해의 최소성

입법자는 공익실현을 위하여 기본권을 제한하는 경우에도 이를 실현하기에 적합한 여러 수단 중에서 되도록 국민의 기본권을 가장 존중하고 이를 최소한도로 제한하는 수단을 선택하여야 하므로, 의료면허제도를 설정함에 있어서도 의료소비자의 의료행위 선택권과 비의료인의 직업선택의 자유를 필요최소한의 범위 내에서 제한하여야 한다.

의료행위라 함은 질병의 예방과 치료에 관한 행위로서 의학적 전문지식이 있는 자가 행하지 아니하면 사람의 생명, 신체나 공중위생에 위해가 발생할 우려가 있는 행위를 말하므로, 의료행위의 태양에 따라 의학적 전문지식이나 생명·신체의 위해성에 차이가 날 수밖에 없다.

따라서 모든 국민이 수준 높은 의료 혜택을 받게 함으로써 국민의 건강을 보호하고 증진하기 위하여는(의료법 제1조), 국가는 의료행위의 태양이나 생명·신체에 대한 위험성에 따라 다양한 의료인의 자격을 설정함으로써, 의료소비자인 국민으로 하여금 적정한 비용이나 접근성에 맞는 의료행위를 선택할 수 있게 해야 한다. 만일 개개 의료행위에 필요한 지식과 기술의 정도나 그 위험성 등을 고려함이 없이 비의료인에 의한 의료행위 전부를 일률적·전면적으로 금지한다면, 의료행위에 대한 비용을 부담할 능력이 없는 국민에 대하여 의료행위의 선택가능성을 좁게 함으로써 오히려 이들의 생명·신체에 대한 위해발생을 방지하고자 하는 입법목적과는 반대의 결과를 가져올 여지도 있다.

예를 들면, 침(鍼)은 경혈에 침을 사용하여 전기적 자극을 주는 것이고, 구(灸)는 쑥을 이용하여 경혈 부위에 열을 가하는 것에 불과하므로, 생명·신체에 대한 위험성이나 부작용에 있어서 통상의 의료행위와 비교가 될 수 없을 만큼 낮다. 그럼에도 불구하고 이러한 의료행위까지 의료인에게 독점시키는 것은 의료행위에 대한 비용을 부담할 능력이 없는 국민에 대하여 그들의 생명·신체에 대한 위해발생을 방지한다거나 건강권을 최대한 보장하는 수단이라고 할 수 없다.

한편, 이 사건 조항들의 입법목적을 달성하면서도 국민의 의료행위 선택권을 덜 침해하는 수단은 얼마든지 상정할 수 있다. 독일은 '면허없이 직업적인 의료행위를 시행하는 것에 관한 법률'(Gesetz über berufsmäßige Ausübung der Heilkunde ohne Bestallung)에 의하여 국가보건관청 소속 의사가 의사 면허없이 의료행위를 하고자 하는 자의 자격요건 및 당해 의료행위가 국민건강에 위험이 있는지를 심사하여 치료사(Heilpraktiker) 허가를 함으로써 의사면허가 없는 자도 일정 의료행위를 할 수 있도록 허용하고 있고, 미국의 일부 주들은 침술사 면허제도를 두고 있으며, 일본은 의업유사행위자로서 안마마사지지압사, 침술사, 구사, 유도정복사 등을 인정하고 있다.

이와 같이 보건위생상 위해가 생길 우려가 있지만 의사면허를 취득할 정도의 전문적인 지식과 기술이 필요하다고 보기 어려운 행위에 대하여 의사의 면허보다 낮은 수준의 의료기능만으로도 자격을 취득하고 그 범위 내에서 의료행위를 시행할 수 있도록 허용함으로써(헌재 2007. 11. 29. 2006헌마876, 판례집 19-2, 656, 664~666 참조), 이 사건 조항들의 입법목적을 달성하면서도 국민의 의료행위 선택권 및 직업선택의 자유를 최대한 보장할 수 있는 것이다.

우리나라의 경우, 현행 의료법 제81조는 "이 법이 시행되기 전의 규정에 따라 자격을 받은 접골사, 침사, 구사(이하 '의료유사업자'라 한다)는 제27조에도 불구하고 각 해당 시술소에서 시술을 업으로 할 수 있다"라고 규정하고 있는바, 위 조항의 의료유사업자에 '보건복지부장관이 실시하는 침구사 내지 접골사 자격시험에 합격한 자'를 포함시켜 침구 또는 접골만을 행할 수 있는 의료유사업자를 신규로 인정함으로써, 국민으로 하여금 경제성과 접근성을 고려한 최선의 의료행위를 선택할 수 있게 할 수 있다.

결국 생명·신체나 공중위생에 대한 위해발생 가능성이 낮은 의료행위까지도 전면적·일률적으로 의사, 치과의사 및 한의사에게 독점시키는 것은 국민의 의료행위 선택권과 비의료인의 직업선택의 자유를 지나치게 제한하는 것으로서, 최소침해성의 원칙에 반한다.

(다) 법익의 균형성

앞에서 본 바와 같이 생명·신체나 공중위생에 대한 위해발생 가능성이 낮은 의료행위까지도 전면적·일률적으로 의사, 치과의사 및 한의사에게 독점시킴으로써 얻을 수 있는 공익은 다소 추상적인 반면, 이 사건 조항들에 의해 제한되는 의료소비자의 의료행위 선택권과 비의료인의 직업선택의 자유는 구체적이고 현실적이므로, 제한되는 사익이 위와 같은 공익에 비하여 결코 작다고 할 수 없다.

따라서 이 사건 조항들은 법익의 균형성도 갖추지 못하였다고 할 것이다.

(4) 소 결

그렇다면 이 사건 조항들이, '사람의 생명·신체나 공중위생에 대한 위해발생 가능성이 낮은 의료행위'에 대하여 이에 상응한 적절한 자격제도를 마련하지 아니한 채, 비의료인에 의한 의료행위를 일률적으로 금지하는 것은 과잉금지원칙에 위반하여 의료소비자의 의료행위 선택권과 비의료인의 직업선택의 자유를 침해하는 것으로서 헌법에 위반된다고 할 것이다.

라. 재판관 김종대의 반대의견

나는 제도권 의료인에게만 의료행위를 독점시키고 이를 위반한 경우 일괄 형사처벌하는 이 사건 조항들은 의료소비자의 의료행위 선택권을 침해하여 헌법에 위반된다고 판단하므로 다음과 같이 반대의견을 밝힌다.

(1) 의료행위의 본질과 의료행위 선택권

의료행위는 본질적으로 질병을 낫게 하려는 행위로서 그 자체가 선(善)을 지향하는 것인바, 이러한 선 지향 행위를 의료인이 아닌 자가 했다고 하여 모두 형사처벌을 가하는 것이 과연 타당한 일인지 대단히 의심스럽다. 이는 이른바 제도권 의료과학 기술이 아직도 인류가 현재 앓고 있는 수많은 질병 중의 일부만을 치료하는 수준에 머무르고 있고, 오히려 비의료인이 현재 제도권 의료과학이 치료가능성이 없다고 본 질병을 치료한 예가 적지 않게 발견되는 현실을 고려할 때 더욱 그러하다.

의료인은 진단과 치료과정에서 그의 고의·과실이 있는 경우가 아니면 치료결과에 대하여 아무런 책임을 지지 않고, 국가 또한 이에 대하여 어떠한 책임도 지지 않는다. 그럼에도 불구하고, 질병의 치료 결과를 그 스스로 모두 감수할 수밖에 없는 환자(국민)에게 그가 선택할 수 있는 의료행위를 국가가 인정한 제도권 의료인에 의한 것만으로 제한하고 비의료인의 의료행위에 대해서는, 설사 그로 인해 환자의 질병이 치료되었다고 하더라도, 그

의료행위를 행한 자를 형사처벌하는 것은 수긍하기 어렵다. 의료행위를 의료인에 의한 것만으로 제한하고 비의료인에 의한 의료행위를 일률적으로 범죄화하여 합법적으로는 이를 선택할 수 없도록 하는 것은 국민을 치료의 객체로만 보는 오만한 태도가 깔려있다고 아니할 수 없다.

본래 자신의 몸에 생긴 질병을 치료할 것인지, 말 것인지 또 치료한다고 하면 어떤 방법으로 할 것인지는 궁극적으로 국민 본인이 선택할 문제이므로 그에 대한 결정권은 국민 본인에게 주어져야 한다. 국가가 완치 여부나 비용부담에 대하여 아무런 책임을 지지 않는 질병치료에 관해 왜 국민은 죄의식을 갖고 몰래 자신의 몸을 치료해야 하는가? 이는 분명 주객이 전도된 것이다.

국가는 의료제도를 잘 갖추어 전체 국민의 보건(保健)에 노력해야 할 추상적인 의무와 책임이 있지만, 그렇다고 해서 개개 국민이 자신의 질병치료를 위해 선택하고자 하는 구체적인 의료행위에 대해 국가의 위와 같은 추상적인 의무와 책임을 이유로 무작정 제한해서는 안 된다. 국민은 자기 몸을 희생하여 국가의 위와 같은 목적에 봉사해야 하는 존재가 아니기 때문이다.

오히려 국가는 치료의 실패에 대하여 국민에게 아무런 책임을 지지 않고 있고, 또 현재의 제도권 의료과학 기술이 질병 중 일부만을 치료하는 수준에 머무르고 있다는 현실을 겸허히 수용하여, 과학적·재정적·문화적 요인 등에 의해 한계지워질 수밖에 없는 국가의 보건정책을 가능한 한 그 한계를 넓혀 최선의 치료방법을 제시해야 하고, 국민이 스스로 제도권 의료를 이용하는 것이 득이 된다고 판단한 끝에 이를 자발적으로 수용할 수 있도록 의료행위 간의 적절한 경쟁을 유도하는 후견적 방향으로 나아가야지 일방만의 수용을 강요할 것은 아니다. 아무리 좋은 것이라 하더라도 국민이 스스로 이를 선택하도록 해야지 그 수용을 강요한다는 것은 그것 자체가 또 다른 기본권 침해의 위험을 갖게 되기 때문이다.

또, 제도권 의료를 이용하는 데에는 과도한 경제적 부담이 뒤따를 수 있고 이러한 경제적 부담은 국민건강보험법상의 건강보험이나 의료급여법상의 의료급여로써 완전히 해결할 수 없으므로, 국민의 의료행위 선택권을 실질적으로 보장하기 위해서는 비용부담의 측면도 반드시 고려되어야 한다. 비록 제도권 의료에 치료가능한 방법이 있다 하더라도 국민이 그 비용을 부담할 능력이 되지 않는다면 위 치료방법은 국민에게 선택가능한 의료행위가 될 수 없기 때문이다. 따라서 제도권 의료에 의한 치료가 가능한 경우라도 국민이 거기에 드는 과다한 비용부담의 문제로 그 치료방법을 선택할 수 없는 경우까지 제도권 의료 외의 다른 의료행위를 선택할 수 있는 길을 막아서는 안 된다.

물론, 의료행위는 의료소비자가 충분한 정보를 가지고 선택하기 어려운 전문영역이라는 점, 사이비 의료행위 및 그로 인한 피해발생이 끊이지 않는 현실을 도외시할 수 없는 점 등을 고려하면 의료행위의 선택을 전적으로 국민에게만 맡겨 둘 수는 없을 것이므로 의료영역에 대하여 현재와 같이 의료인 제도를 두는 등의 방법으로 국가가 일정 부분 개입하는 것이 불가피한 측면이 있다. 그러나 이러한 국가의 개입은 제도권 의료를 더욱 발전시켜 제도권 의료로써 모든 국민이 쉽게 질병을 치료할 수 있도록 밀어주는 간접적이고 후견적 방식으로 이루어져야지, 이 사건 조항들과 같이 국가가 제도권 의료인에게만 합법적인 의료행위를 독점케 하고 이를 위해 비제도권 의료는, 이를 소극적으로 육성해 주지 않는 선에서 그치지 않고, 적극적으로 그 자체를 범죄화하여 형사처벌까지 하는 방식으로 이루어져서는 안 된다고 본다.

위에서 본 이러한 점들은 과잉금지의 원칙에 반하여 국민(의료소비자)의 의료행위 선택권을 침해할 여지가 있으므로 이하 이에 대하여 살펴본다.

(2) 과잉금지원칙에 반하여 의료행위 선택권을 침해하는지 여부

(가) 목적의 정당성

이 사건 조항들이 추구하는 국민의 생명, 신체나 공중위생에 대한 위해

발생의 방지라는 국가의 입법목적은 정당하다.

(나) 방법의 적절성

비의료인에 의한 의료행위를 범죄로 규정하여 형사처벌하는 경우, 국민의 생명, 신체에 부정적인 결과를 초래할 것이 명백한 사이비(似而非) 의료행위를 사전에 금지시킴으로써 전체 국민의 생명, 신체나 공중위생에 대한 위해 발생을 방지하는 데 기여할 수 있음은 사실이다.

그러나 i) 의료인에 의해 치료불가 판정을 받은 경우, ii) 과다한 비용 등의 이유로 의료인에 의한 의료행위를 선택할 수 없는 경우, iii) 비의료인이 현재의 과학수준으로는 용납하기 어려운 치료방법을 썼으나 결과적으로 질병이 치료된 경우, iv) 일부 침, 뜸, 자석요법 등과 같이 부작용의 위험성이 크지 않고 시술을 중단하면 쉽게 시술 전의 상태로 돌아갈 수 있는 경우 등에도 이 사건 조항들과 같이 비의료인에 의한 의료행위를 사전에 일절 금지하고 위반시 이를 형사처벌하는 것은, 위와 같은 경우에 처한 개개 국민의 생명, 신체에 대한 위해 발생을 방지하기 위한 적절한 수단이라고 할 수 없다.

오히려 위와 같은 경우, 국가는 국민이 다른 의료행위도 선택할 수 있는 가능성을 열어 놓고, 행정적 감독 등 간접적 통제만 함으로써, 국민 스스로가 의료인에 의한 의료행위가 비의료인에 의한 의료행위보다 낫다고 판단해 의료인에 의한 의료행위만 수용하도록 유도해 나가거나, 특히 위 iv)의 부작용의 위험성이 크지 않은 일부 의료행위에 대해서는 그 치료를 담당할 수 있는 간이한 치료사자격제도를 만들어 국민이 저렴한 비용으로 손쉽게 치료받을 수 있는 방안을 마련하는 것이 개개 국민의 생명이나 신체를 보호하는 적절한 방법이 된다고 할 것이다.

따라서 이 사건 조항들은, 위에서 살펴본 일정한 경우에 있어서는, 입법목적의 달성에 적절한 수단이 될 수 없다.

(다) 침해의 최소성

의료소비자의 의료행위 선택권은 헌법 제10조의 행복추구권에서 파생된 자기결정권의 한 내용이지만(헌재 2002. 10. 31. 99헌바76, 판례집 14-2, 410, 429 참조), 의료행위의 선택 가부(可否)는 종국적으로 개개 국민의 생명, 건강과 직결되는 것이어서 인간다운 생활을 할 권리의 기본 전제이자 핵심적인 부분이라고 할 것이므로, 구체적 타당성에 대한 면밀한 고려없이 공중(公衆)의 보건위생에 대한 위해 발생의 방지나 다른 추상적인 공익만을 앞세워 쉽게 제한해서는 안 되는 영역이다.

의료소비자의 의료행위 선택권을 최대한 보장하기 위해서 국가는 제도권 의료 외의 다른 치료방법도 선택할 수 있는 가능성을 열어 두고 질병치료의 주체인 국민이 자신에게 유리한 의료행위를 스스로 선택할 수 있는 환경(여기에는 각 의료행위에 대하여 위험성을 포함한 적절한 정보를 제공하는 것도 포함된다)을 조성해야 할 것이고, 국가의 역할은 여기서 그쳐야 한다.

이러한 국가의 역할을 위해서라면 이 사건 조항들과 같이 비의료인에 의한 의료행위를, 그로 인한 결과나 그에 이르게 된 정황을 불문하고, 모두 형사처벌하는 것은 과잉된 수단임에 틀림없다. 즉, 비의료인에 의한 의료행위 모두를 형사처벌의 대상으로 하지 않고 그중에서 환자의 질병을 악화시킨 경우 등 형벌에 의한 비난 가능성이 있는 경우만을 추려내어 형사처벌의 대상으로 하더라도 위와 같은 국가의 역할은 충분히 달성할 수 있는 것이며, 또 의료행위의 본질면에서 보더라도 어떤 방법을 사용하였든 질병이 치유되었다면, 그 어떤 이유로도(제도권 의료인들이 수용할 수 없는 치료방법을 사용했다 해도) 이를 형사처벌해서는 안될 것이기 때문이다.

위와 같이 비의료인에 의한 의료행위 중 형사처벌의 대상이 되는 행위를 형사적 비난가능성이 있는 경우로 제한하는 것이 사이비 의료행위 등에 의한 국민의 보건위생상의 위해 발생을 방지하면서도 의료소비자의 의료행위 선택권의 침해를 최소화하는 적절한 수단이라고 할 것이다.

(라) 법익의 균형성

이 사건 조항들에 의해 제한되는 사익은 직접적으로는 자기결정권의 하나인 의료소비자의 의료행위 선택권이지만 의료행위의 선택 가부(可否) 여하에 따라 결국에는 질병을 가진 개개 국민의 생명, 신체를 보존할 수 없는 결과까지 낳을 수 있다. 따라서 적어도 앞서 본 네 가지 사정이 있는 경우라면, 이 사건 조항들로 인해 제한되는 사익이 전체 국민의 생명, 신체나 공중위생에 대한 위해 발생을 방지한다는 추상적인 공익에 비해 결코 적다고 단정할 수 없다.

(마) 소 결

그럼에도 불구하고 이 사건 조항들은 제도권 의료인에게만 의료행위를 독점토록 해주고 이를 위해 비의료인에 의한 의료행위를 모두 금지시킨 뒤 이에 위반하면 형사처벌까지 함으로써, 의료소비자인 국민이 i) 의료인에 의해 치료불가 판정을 받았거나, ii) 과다한 비용 때문에 의료인에 의한 의료행위를 선택할 수 없거나, iii) 비의료인에 의한 의료행위를 선택했지만 결과적으로 질병이 치료되었거나, iv) 일부 침, 뜸, 자석요법 등과 같이 부작용의 위험성이 크지 않고 시술을 중단하면 쉽게 시술 전의 상태로 돌아갈 수 있는 시술을 한 경우까지도 비의료인에 의한 의료행위라면 이를 모두 범죄로 몰아 형사처벌로까지 나아가는 것은 과잉금지의 원칙에 반하여 의료소비자의 의료행위 선택권을 침해하므로 헌법에 위반된다.

5. 결 론

따라서 구 의료법 제66조 제3호 중 제25조 제1항 본문의 전단에 관한 부분(1994. 1. 7. 법률 제4732호로 일부 개정되고 2007. 4. 11. 법률 제8366호로 전부 개정되기 전의 것), 의료법 제81조 제1항(2007. 4. 11. 법률 제8366호로 전부 개정된 것), 비의료인도 침구술 및 대체의학 시술을 할 수 있도록 그 자격 및 요건을 법률로 정하지 아니한 입법부작위에 대한 각 심판청구는 부적법하므로 이를 각하하고, 의료법 제27조 제1항 본문의 전단 부분 및 제87조 제1항 제2호 중 제27조 제1항 본문의 전단에 관한 부분(각 2007. 4. 11. 법률 제8366호로 전부 개정된 것), 구 의료법 제25조 제1항 본문의 전단 부분(1975. 12. 31. 법률 제2862호로 일부 개정되고 2007. 4. 11. 법률 제8366호로 전부 개정되기 전의 것), '보건범죄단속에 관한 특별조치법' 제5조 중 의료법 제27조 제1항 본문의 전단에 관한 부분(2007. 4. 11. 법률 제8366호로 일부 개정된 것), 구 '보건범죄단속에 관한 특별조치법' 제5조 중 의료법 제25조 제1항 본문의 전단에 관한 부분(1990. 12. 31. 법률 제4293호로 일부 개정되고 2007. 4. 11. 법률 제8366호로 일부 개정되기 전의 것)에 대해서는 재판관 4인이 합헌의견, 재판관 5인이 위헌의견으로 비록 위헌의견이 다수이긴 하나 법률의 위헌선언에 필요한 정족수 6인에 미달하므로 주문과 같이 결정한다.

재판관 이강국(재판장)
이공현
조대현
김희옥
김종대
민형기
이동흡
목영준
송두환

판례의 평가

1. 헌법재판소가 의료법 제27조 제1항 본문의 전단 부분 및 제87조 제1항 제2호 중 제27조 제1항 본문의 전단에 관한 부분(각 2007. 4. 11. 법률 제8366호로 전부 개정된 것), 구 의료법 제25조 제1항 본문의 전단 부분(1975. 12. 31. 법률 제2862호로 일부 개정되고 2007. 4. 11. 법률 제8366호로 전부 개정되기 전의 것), 보건범죄단속에 관한 특별조치법 제5조 중 의료법 제27조 제1항 본문의 전단에 관한 부분(2007. 4. 11. 법률 제8366호로 일부 개정된 것), 구 보건범죄단속에 관한 특별조치법 제5조 중 의료법 제25조 제1항 본문의 전단에 관한 부분(1990. 12. 31. 법률 제4293호로 일부 개정되고 2007. 4. 11. 법률 제8366호로 일부 개정되기 전의 것) 중 의료행위 및 한방 의료행위 부분이 죄형법정주의의 명확성원칙에 반하는지 여부와 비의료인의 직업선택의 자유 내지 일반적 행동의 자유 및 의료소비자의 의료행위 선택권을 침해하는지 여부에 대하여 재판관 5명 위헌의견과 재판관 4명 합헌의견으로 정족수에 이르지 못하여 합헌 결정을 하였다.

2. 국가는 국민의 생명권과 건강권을 보호할 의무를 지므로, 의학적 전문지식이 있는 자가 행하지 아니하면 사람의 생명·신체나 공중위생에 위해가 발생할 우려가 있는 행위에 대하여는 일정한 형태의 자격인증을 하고 그 자격에 반하는 의료행위, 즉 무면허의료행위를 일률적·전면적으로 금지할 필요가 있다. 반면 모든 국민은 의료행위에 관한 자기결정권과 의료행위를 자신의 직업으로 선택할 자유를 가지므로, 국가는 의료면허제도의 운영에 따른 국민의 기본권제한을 꼭 필요한 범위로 최소화시켜야 한다.

그러므로 국가는 의료행위의 태양이나 생명·신체에 대한 위험성에 따라 다양한 의료인의 자격을 설정함으로써, 의료소비자인 국민으로 하여금 적정한 비용이나 접근성에 맞는 의료행위를 선택할 수 있게 해야 한다. 예를 들면, 침구(鍼灸)는, 생명·신체에 대한 위험성이나 부작용에 있어서 통상의 의료행위와 비교가 될 수 없을 만큼 낮음에도 불구하고 이러한 의료행위까지 현행 의료인에게 독점시키는 것은 의료행위에 대한 비용을 부담할 능력이 없는 국민의 건강권을 최대한 보장하는 수단이라고 할 수 없다.

한편 입법목적을 달성하면서도 국민의 의료행위 선택권을 덜 침해하는 수단으로, 독일의 치료사 제도, 미국의 침술사 제도, 일본의 의업유사행위자 제도 등이 있는바, 우리나라의 경우, 현행 의료법 제81조의 의료유사업자에 '침구사 자격시험에 합격한 자'를 포함시켜 침구 등을 행할 수 있는 의료유사업자를 신규로 인정함으로써, 국민으로 하여금 경제성과 접근성을 고려한 최선의 의료행위를 선택할 수 있게 할 수 있다.

그렇다면 이 사건 조항들이, 사람의 생명·신체나 공중위생에 대한 위해발생 가능성이 낮은 의료행위에 대하여 이에 상응한 적절한 자격제도를 마련하지 아니한 채, 비의료인에 의한 의료행위를 일률적으로 금지하는 것은 과잉금지원칙에 위반하여 의료소비자의 의료행위 선택권과 비의료인의 직업선택의 자유를 침해하는 것으로서 헌법에 위반된다고 할 것이다.

심판대상 법률조항들은 제도권 의료인에게만 의료행위를 독점토록 해주고 이를 위해 비의료인에 의한 의료행위를 모두 금지시킨 뒤 이에 위반하면 형사처벌까지 함으로써, 의료소비자인 국민이 i) 의료인에 의해 치료불가 판정을 받았거나, ii) 과다한 비용 때문에 의료인에 의한 의료행위를 선택할 수 없거나, iii) 비의료인에 의한 의료행위를 선택했지만 결과적으로 질병이 치료되었거나, iv) 일부 침, 뜸, 자석요법 등과 같이 부작용의 위험성이 크지 않고 시술을 중단하면 쉽게 시술 전의 상태로 돌아갈 수 있는 시술을 한 경우까지도 비의료인에 의한 의료행위라면 이를 모두 범죄로 몰아 일절 선택할 수 없도록 하는 것은 과잉금지의 원칙에 반하여 의료소비자의 의료행위 선택권을 침해한다고 볼 수 있다.

3. 심판대상인 법률조항은 현행 그대로 유지하고 있다. 1969년 8월 4일 제정되어 1969년 11월 5일 시행된 보건범죄단속에 관한 특별조치법(약칭: 보건범죄단속법)은 규범적 효력을 유지하고 있으며, 1951년 9월 25일 제정되어 1951년 12월 25일 시행된 국민의료법은 제1차 1962년 3월 20일 의료법으로 변경 및 전부개정되었고, 제2차 1973년 2월 16일 전부개정, 제3차 2007년 4월 11일 전부개정되어 현행까지 유지되고 있다.

22 특정 범죄자에 대한 위치추적 전자장치 부착 등에 관한 법률 부칙 제2조 제1항 성범죄자 위치추적 전자장치 부착

(2012. 12. 27. 2010헌가82, 2011헌바393(병합))

Ⅰ. 판시 사항

1. 전자장치 부착을 통한 위치추적 감시제도가 처음 시행될 때 부착명령 대상에서 제외되었던 2008. 9. 1. 이전에 제1심판결을 선고받은 사람들 중 구 '특정 범죄자에 대한 위치추적 전자장치 부착 등에 관한 법률'(2010. 4. 15. 법률 제10257호로 개정되고, 2012. 12. 18. 법률 제11558호로 개정되기 전의 것) 시행 당시 징역형 등의 집행 중이거나 집행이 종료, 가종료·가출소·가석방 또는 면제된 후 3년이 경과하지 아니한 자에 대하여도 위치추적 전자장치를 부착할 수 있도록 규정하고 있는 '특정 범죄자에 대한 위치추적 전자장치 부착 등에 관한 법률'(2008. 6. 13. 법률 제9112호) 부칙 제2조 제1항(2010. 4. 15. 법률 제10257호로 개정된 것, 다음부터 '이 사건 부칙조항'이라 한다)이 형벌불소급의 원칙에 위배되는지 여부(소극)

2. 이 사건 부칙조항이 과잉금지원칙에 위배되는지 여부(소극)

Ⅱ. 결정요지

1. 전자장치 부착명령은 전통적 의미의 형벌이 아닐 뿐 아니라, 성폭력범죄자의 성행교정과 재범방지를 도모하고 국민을 성폭력범죄로부터 보호한다고 하는 공익을 목적으로 하며, 의무적 노동의 부과나 여가시간의 박탈을 내용으로 하지 않고 전자장치의 부착을 통해서 피부착자의 행동 자체를 통제하는 것도 아니라는 점에서 처벌적인 효과를 나타낸다고 보기 어렵다. 또한 부착명령에 따른 피부착자의 기본권 침해를 최소화하기 위하여 피부착자에 관한 수신자료의 이용을 엄격하게 제한하고, 재범의 위험성이 없다고 인정되는 경우에는 부착명령을 가해제할 수 있도록 하고 있다. 그러므로 이 사건 부착명령은 형벌과 구별되는 비형벌적 보안처분으로서 소급효금지 원칙이 적용되지 아니한다.

2. 이 사건 부칙조항은 개정 전 법률로는 전자장치 부착명령의 대상자에 포함되지 아니한 성폭력범죄자의 재범에 효과적으로 대처할 만한 수단이 없다는 우려 아래 대상자의 범위를 확대한 것으로서, 성폭력범죄의 재범을 방지하고 성폭력범죄로부터 국민을 보호하고자 하는 목적의 정당성이 인정되고, 수단의 적절성도 인정된다.

전자장치 부착명령은 장래의 위험성을 방지하기 위한 보안처분이어서, 피부착대상자에 대한 부착 여부는 이를 판단하는 당시를 기준으로 판단하므로, 이 사건 부칙조항이 신설되기 전 형 집행 종료자 등이 부착명령 대상자가 되지 아니할 것이라는 기대를 가졌다고 하더라도, 그 신뢰의 보호가치가 크다고 보기 어렵다. 한편 입법자는 재범의 위험성에 대하여 검사와 법원이 판단하도록 하면서 적용요건 및 부착명령의 청구기간을 비교적 엄격하게 제한하고 있으므로, 이 사건 부칙조항이 전자장치 부착명령의 대상자 범위를 소급하여 확대하였다고 하여 대상자들의 신뢰이익의 침해 정도가 과중하다고 볼 수 없다.

반면 성폭력범죄로부터 국민, 특히 여성과 아동을 보호한다는 공익은 매우 큼에도 불구하고, 개정 전 법률은 형 집행 종료자 등에 대하여는 적용되지 않음으로써 가장 재범률이 높은 사람들에 대한 대책이 전무한 실정이었음을 고려하면, 이 사건 부칙조항의 입법목적은 매우 중대하고 긴요한 공익이라 할 것이므로 법익 균형성원칙에 위배된다고 할 수 없다.

☐ 재판관 이강국, 재판관 박한철, 재판관 김이수, 재판관 이진성의 일부 위헌의견

이 사건 부칙조항 시행 당시 이미 '징역형 등의 집행이 종료(가종료·가출소·가석방 등의 경우는 제외, 다음부터 '형 집행 종료자'라 한다)된 후 3년이 경과되지 아니한 사람'에게까지 전자장치 부착명령을 청구할 수 있도록 한 부분은, 이미 자신의 범죄행위로 인한 형사제재가 종료되었다는 신뢰를 보호하기 위한 어떠한 절차도 마련하지 아니하였다는 점에서 피해의 최소성원칙에 반할 뿐 아니라, 출소 당시 재범의 위험성에 대한 평가 없이 이미 사회로 복귀하여 국가의 관리감독을 벗어난 형 집행 종료자가 사회인으로서 정상적인 생활에 대하여 가졌던 신뢰이익의 침해는 결코 작다고 할 수 없고, 더욱이 입법자의 의사에 따라 과거의 범죄행위에 대하여 언제까지라도 다시 재범의 위험성을 평가 받을 수 있다는 법적 불안정성과 불이익은 재범 방지라는 보안처분의 목적을 충분히 감안한다 하더라도 정당화되기 어렵다. 따라서 이 사건 부칙조항은 형 집행 종료자의 신뢰를 과도하게 침해한 것이므로 과잉금지원칙에 위배된다.

☐ 재판관 송두환의 전부 위헌의견

전자장치 부착의 제재를 부과하는 목적과 의도, 전자장치 부착으로 인하여 그 대상자에게 미치는 실제적 효과 등에 비추어 보면, 전자장치 부착은 형벌에 못지않은, 강한 '형벌적 성격'을 가진 형사상 제재이므로, 전자장치 부착이 형벌적 성격을 갖는 이상, 일정한 범죄를 저지른 자에 대하여 전자장치 부착을 명하기 위해서는 그 범행 당시에 이미 전자장치 부착의 근거가 되는 법률이 제정, 시행되고 있었어야 함에도 불구하고, 이 사건 부칙조항은 전자장치부착법이 제정, 시행되기 이전에 성폭력범죄를 저지른 자에 대해서도 소급하여 전자장치 부착을 명할 수 있도록 함으로써 헌법 제13조 제1항 전단이 금지하고 있는 소급처벌을 규정하고 있다.

Ⅲ. 심판대상조문

특정 범죄자에 대한 위치추적 전자장치 부착 등에 관한 법률 부칙(2008. 6. 13. **법률 제9112호**) **제2조**(**제1심판결 후의 부착명령 청구 등에 관한 경과조치 및 적용 특례**) ① 검사는 성폭력범죄를 저질러 2008년 9월 1일 이전에 제1심판결을 선고받아 이 법(법률 제10257호 특정범죄자에 대한 위치추적 전자장치 부착 등에 관한 법률 일부개정법률을 말한다. 이하 이 조에서 같다) 시행 당시 징역형 이상의 형, 치료감호 또는 보호감호(이하 '징역형등'이라 한다)의 집행 종료일까지 6개월 이상이 남은 사람(이하 '출소예정자'라 한다), 징역형등의 집행 종료일까지 6개월 미만이 남은 사람(이하 '출소임박자'라 한다) 및 징역형등의 집행이 종료, 가종료·가출소·가석방 또는 면제된 후 3년이 경과되지 아니한 사람(이하 '출소자'라 한다)으로서 종전 법(법률 제9112호 특정 성폭력범죄자에 대한 위치추적 전자장치 부착에 관한 법률 일부개정법률을 말한다. 이하 이 조에서 같다) 제5조 제1항 각 호의 어느 하나에 해당하고 성폭력범죄를 다시 저지를 위험성이 있다고 인정되는 사람에 대하여는 종전 법 제5조 제2항, 제

7조 및 제9조 제3항에도 불구하고 제1심판결을 한 법원 또는 출소예정자, 출소임박자, 출소자의 주거지 또는 현재지를 관할하는 지방법원(지원을 포함한다. 이하 같다)에 부착명령을 청구할 수 있다.
②~④ 생략

Ⅳ. 참조조문

헌법 제13조 제1항 전단, 제37조 제2항

구 특정 범죄자에 대한 위치추적 전자장치 부착 등에 관한 법률(2010. 4. 15. **법률 제10257호로 개정되고,** 2012. 12. 18. **법률 제11558호로 개정되기 전의 것) 제1조**(목적) 이 법은 특정 범죄자의 재범 방지와 성행(性行)교정을 통한 재사회화를 위하여 그의 행적을 추적하여 위치를 확인할 수 있는 전자장치를 신체에 부착하게 하는 부가적인 조치를 취함으로써 특정범죄로부터 국민을 보호함을 목적으로 한다.

구 특정 범죄자에 대한 위치추적 전자장치 부착 등에 관한 법률(2010. 4. 15. **법률 제10257호로 개정되고,** 2012. 12. 18. **법률 제11558호로 개정되기 전의 것) 제2조**(정의) 이 법에서 사용하는 용어의 정의는 다음과 같다.

1. '특정범죄'란 성폭력범죄, 미성년자 대상 유괴범죄와 살인범죄를 말한다.
2. '성폭력범죄'란 다음 각 목의 범죄를 말한다.
   가. 「형법」 제2편 제32장 강간과 추행의 죄 중 제297조(강간)·제298조(강제추행)·제299조(준강간, 준강제추행)·제300조(미수범)·제301조(강간등 상해·치상)·제301조의2(강간등 살인·치사)·제302조(미성년자등에 대한 간음)·제303조(업무상위력등에 의한 간음)·제305조(미성년자에 대한 간음, 추행), 제2편 제38장 절도와

강도의 죄 중 제339조(강도강간) 및 제340조(해상강도) 제3항(부녀를 강간한 죄만을 말한다)의 죄

나. 「성폭력범죄의 처벌 등에 관한 특례법」 제3조(특수강도강간 등)부터 제10조(업무상 위력 등에 의한 추행)까지의 죄 및 제14조(미수범)의 죄(제3조부터 제9조까지의 미수범만을 말한다)

다. 「아동·청소년의 성보호에 관한 법률」 제7조(아동·청소년에 대한 강간, 강제추행등)의 죄

라. 가목부터 다목까지의 죄로서 다른 법률에 따라 가중 처벌되는 죄

3. '미성년자 대상 유괴범죄'란 다음 각 목의 범죄를 말한다.

가. 미성년자에 대한 「형법」 제287조(미성년자의 약취, 유인)·제288조(영리 등을 위한 약취, 유인, 매매 등)·제289조(국외이송을 위한 약취, 유인, 매매)·제290조(예비, 음모)·제291조(결혼을 위한 약취, 유인)·제292조(약취, 유인, 매매된 자의 수수 또는 은닉)·제293조(상습범)·제294조(미수범)·제324조의2(인질강요) 및 제336조(인질강도)의 죄

나. 미성년자에 대한 「특정범죄가중처벌 등에 관한 법률」 제5조의2(약취·유인죄의 가중처벌)의 죄

다. 가목과 나목의 죄로서 다른 법률에 따라 가중 처벌되는 죄

3의2. '살인범죄'란 다음 각 목의 범죄를 말한다.

가. 「형법」 제2편 제1장 내란의 죄 중 제88조(내란목적의 살인), 제2편 제24장 살인의 죄 중 제250조(살인, 존속살해)·제251조(영아살해)·제252조(촉탁, 승낙에 의한 살인 등)·제253조(위계 등에 의한 촉탁살인 등)·제254조(미수범)·제255조(예비, 음모), 제2편 제32장 강간과 추행의 죄 중 제301조의2(강간 등 살인·치사) 전단, 제2편 제37장 권리행사를 방해하는 죄 중 제324조의4

(인질살해·치사) 전단, 제2편 제38장 절도와 강도의 죄 중 제338조(강도살인·치사) 전단 및 제340조(해상강도) 제3항(사람을 살해한 죄만을 말한다)의 죄

나. 「성폭력범죄의 처벌 등에 관한 특례법」 제9조(강간 등 살인·치사) 제1항의 죄 및 제14조(미수범)의 죄(제9조 제1항의 미수범만을 말한다)

다. 「특정범죄 가중처벌 등에 관한 법률」 제5조의2(약취·유인죄의 가중처벌) 제2항 제2호의 죄 및 같은 조 제6항의 죄(같은 조 제2항 제2호의 미수범만을 말한다)

라. 가목부터 다목까지의 죄로서 다른 법률에 따라 가중처벌되는 죄

4. "위치추적 전자장치(이하 '전자장치'라 한다)"란 전자파를 발신하고 추적하는 원리를 이용하여 위치를 확인하거나 이동경로를 탐지하는 일련의 기계적 설비로서 대통령령으로 정하는 것을 말한다.

구 특정 범죄자에 대한 위치추적 전자장치 부착 등에 관한 법률(2010. 4. 15. **법률 제10257호로 개정되고,** 2012. 12. 18. **법률 제11558호로 개정되기 전의 것) 제4조(적용 범위)** 만 19세 미만의 자에 대하여 부착명령을 선고한 때에는 19세에 이르기까지 이 법에 따른 전자장치를 부착할 수 없다.

구 특정 범죄자에 대한 위치추적 전자장치 부착 등에 관한 법률(2010. 4. 15. **법률 제10257호로 개정되고,** 2012. 12. 18. **법률 제11558호로 개정되기 전의 것) 제6조(조사)** ① 검사는 부착명령을 청구하기 위하여 필요하다고 인정하는 때에는 피의자의 주거지 또는 소속 검찰청(지청을 포함한다. 이하 같다) 소재지를 관할하는 보호관찰소(지소를 포함한다. 이하 같다)의 장에게 범죄의 동기, 피해자와의 관계, 심리상태, 재범의 위험성 등

피의자에 관하여 필요한 사항의 조사를 요청할 수 있다.

② 제1항의 요청을 받은 보호관찰소의 장은 조사할 보호관찰관을 지명하여야 한다.

③ 제2항에 따라 지명된 보호관찰관은 검사의 지휘를 받아 지체 없이 필요한 사항을 조사한 후 검사에게 조사보고서를 제출하여야 한다.

④ 검사는 부착명령을 청구함에 있어서 필요한 경우에는 피의자에 대한 정신감정이나 그 밖에 전문가의 진단 등의 결과를 참고하여야 한다.

구 특정 범죄자에 대한 위치추적 전자장치 부착 등에 관한 법률(2010. 4. 15. **법률 제10257호로 개정되고,** 2012. 12. 18. **법률 제11558호로 개정되기 전의 것) 제9조(부착명령의 판결 등)** ① 법원은 부착명령 청구가 이유 있다고 인정하는 때에는 다음 각 호에 따른 기간의 범위 내에서 부착기간을 정하여 판결로 부착명령을 선고하여야 한다. 다만, 13세 미만의 사람에 대하여 특정범죄를 저지른 경우에는 부착기간 하한을 다음 각 호에 따른 부착기간 하한의 2배로 한다.

1. 법정형의 상한이 사형 또는 무기징역인 특정범죄: 10년 이상 30년 이하
2. 법정형 중 징역형의 하한이 3년 이상의 유기징역인 특정범죄(제1호에 해당하는 특정범죄는 제외한다): 3년 이상 20년 이하
3. 법정형 중 징역형의 하한이 3년 미만의 유기징역인 특정범죄(제1호 또는 제2호에 해당하는 특정범죄는 제외한다): 1년 이상 10년 이하

② 여러 개의 특정범죄에 대하여 동시에 부착명령을 선고할 때에는 법정형이 가장 중한 죄의 부착기간 상한의 2분의 1까지 가중하되, 각 죄의 부착기간의 상한을 합산한 기간을 초과할 수 없다. 다만, 하나의 행위가 여러 특정범죄에 해당하는 경우에는 가장 중한 죄의 부착기간을 부착기간으로 한다.

③ 부착명령을 선고받은 사람은 부착기간 동안 「보호관찰 등에 관한 법률」에 따른 보호관찰을 받는다.

④ 법원은 다음 각 호의 어느 하나에 해당하는 때에는 판결로 부착명령 청구를 기각하여야 한다.

1. 부착명령 청구가 이유 없다고 인정하는 때
2. 특정범죄사건에 대하여 무죄(심신상실을 이유로 치료감호가 선고된 경우는 제외한다)·면소·공소기각의 판결 또는 결정을 선고하는 때
3. 특정범죄사건에 대하여 벌금형을 선고하는 때
4. 특정범죄사건에 대하여 선고유예 또는 집행유예를 선고하는 때(제28조 제1항에 따라 전자장치 부착을 명하는 때를 제외한다)

⑤ 부착명령 청구사건의 판결은 특정범죄사건의 판결과 동시에 선고하여야 한다.

⑥ 부착명령 선고의 판결이유에는 요건으로 되는 사실, 증거의 요지 및 적용 법조를 명시하여야 한다.

⑦ 부착명령의 선고는 특정범죄사건의 양형에 유리하게 참작되어서는 아니 된다.

⑧ 특정범죄사건의 판결에 대하여 상소 및 상소의 포기·취하가 있는 때에는 부착명령 청구사건의 판결에 대하여도 상소 및 상소의 포기·취하가 있는 것으로 본다. 상소권회복 또는 재심의 청구나 비상상고가 있는 때에도 또한 같다.

⑨ 제8항에도 불구하고 검사 또는 피부착명령청구자 및 「형사소송법」 제340조·제341조에 규정된 자는 부착명령에 대하여 독립하여 상소 및 상소의 포기·취하를 할 수 있다. 상소권회복 또는 재심의 청구나 비상상고의 경우에도 또한 같다.

Ⅴ. 참조판례

1. 헌재 1996. 2. 16. 96헌가2등, 판례집 8－1, 51, 83 등

Ⅵ. 당사자

제청법원 : 청주지방법원 충주지원(2010헌가82)

청 구 인 : 김○민(2011헌바393)

대리인 법무법인 청목

담당변호사 서재란

당해사건 : 청주지방법원 충주지원 2010전초1 1심판결 후의 부착명령(2010헌가82)

서울고등법원 2010로23 1심판결 후의 부착명령결정에 대한 항고(2011헌바393)

Ⅶ. 주 문

'특정 범죄자에 대한 위치추적 전자장치 부착 등에 관한 법률'(2008. 6. 13. 법률 제9112호) 부칙 제2조 제1항(2010. 4. 15. 법률 제10257호로 개정된 것)은 헌법에 위반되지 아니한다.

Ⅷ. 이 유

1. 사건의 개요와 심판의 대상

가. 사건의 개요

(1) 2010헌가82

당해 사건의 피부착명령청구자는 2006. 10. 20. 대전지방법원 천안지원에서 성폭력범죄의 처벌 및 피해자보호 등에 관한 법률 위반(13세 미만 미성년자 강간 등)죄로 징역 4년을 선고받고 그 형이 확정되어 2010. 8. 6. 형의 집행을 종료하였다. 검사는 2010. 7. 26. 당시 징역형의 집행 종료일까지 6개월 미만이 남은 사람(출소임박자)인 피부착명령청구자에 대하여 '특정 범죄자에 대한 위치추적 전자장치 부착 등에 관한 법률'(2008. 6. 13. 법률 제9112호) 부칙 제2조 제1항(2010. 4. 15. 법률 제10257호로 개정된 것, 다음부터 '이 사건 부칙조항'이라 한다)에 따라 전자장치 부착명령을 청구하였고(청주지방법원 충주지원 2010전초1), 그 사건 계속 중 법원은 직권으로 적용법조인 위 조항에 대하여 위헌법률심판을 제청하였다.

(2) 2011헌바393

청구인은 2007. 11. 15. 서울고등법원에서 성폭력범죄의 처벌 및 피해자보호 등에 관한 법률 위반(강간 등 상해)죄 등으로 징역 3년 6월을 선고받고 그 형이 확정되어 2010. 8. 12. 형의 집행을 종료하였다. 청구인이 형 집행을 종료하기 전인 2010. 7. 30. 서울남부지방법원은 청구인에 대하여 구 '특정 범죄자에 대한 위치추적 전자장치 부착 등에 관한 법률'에 따른 10년간 위치추적 전자장치 부착명령을 선고하였다(2010전초1). 이에 청구인은 항고를 제기하고 이 사건 부칙조항에 대하여 위헌법률심판제청신청을 하였다. 그러나 법원이 항고를 기각함과 동시에 위 신청을 기각하자 2011. 12. 23. 이 사건 헌법소원심판을 청구하였다.

나. 심판의 대상

이 사건 심판의 대상은 이 사건 부칙조항이 헌법에 위반되는지 여부이다. 2011헌바393 사건의 청구인은 위 부칙 제2조 전체를 심판대상으로 하여 청구하고 있으나, 당해 사건에 가장 밀접하게 적용되는 조항은 제1항이고, 나머지 제2항 내지 제4항은 부착명령절차, 부착명령의 시효 등에 관련된 것이므로, 심판대상을 이 사건 부칙 제2조 제1항에 한정한다. 이 사건 부칙조항은 다음과 같고 관련조항은 별지와 같다.

[심판대상조항]

특정 범죄자에 대한 위치추적 전자장치 부착 등에 관한 법률(2008. 6. 13. **법률 제9112호**) **부칙 제2조 제1항**(2010. 4. 15. **법률 제10257호로 개정된 것**)

제2조(**제1심판결 후의 부착명령 청구 등에 관한 경과조치 및 적용 특례**) ① 검사는 성폭력범죄를 저질러 2008년 9월 1일 이전에 제1심판결을 선고받아 이 법(법률 제10257호 특정범죄자에 대한 위치추적 전자장치 부착 등에 관한 법률 일부 개정법률을 말한다. 이하 이 조에서 같다) 시행 당시 징역형 이상의 형, 치료감호 또는 보호감호(이하 '징역형 등'이라 한다)의 집행 종료일까지 6개월 이상이 남은 사람(이하 '출소예정자'라 한다), 징역형 등의 집행 종료일까지 6개월 미만이 남은 사람(이하 '출소임박자'라 한다) 및 징역형 등의 집행이 종료, 가종료·가출소·가석방 또는 면제된 후 3년이 경과되지 아니한 사람(이하 '출소자'라 한다)으로서 종전 법(법률 제9112호 특정 성폭력범죄자에 대한 위치추적 전자장치 부착에 관한 법률 일부 개정법률을 말한다. 이하 이 조에서 같다) 제5조 제1항 각 호의 어느 하나에 해당하고 성폭력범죄를 다시 저지를 위험성이 있다고 인정되는 사람에 대하여는 종전 법 제5조 제2항, 제7조 및 제9조 제3항에도 불구하고 제1심 판결을 한 법원 또는 출소예정자, 출소임박자, 출소

자의 주거지 또는 현재지를 관할하는 지방법원(지원을 포함한다. 이하 같다)에 부착명령을 청구할 수 있다.

2. 제청법원의 위헌제청 이유와 청구인의 주장요지

가. 제청법원의 위헌제청 이유 요지(2010헌가82)

위치추적 전자장치 부착명령에 의한 전자감시제도는 성폭력범죄로부터 국민을 보호함을 목적으로 하는 일종의 보안처분이기는 하지만 실질적으로 피부착자의 신체의 자유, 인격권 등 기본권을 제한하는 것이어서 징벌적·규제적 성격이 강한 전자적 형벌과 유사하다. 우리 헌법 제13조 제1항은 모든 국민은 행위시의 법률에 의하여 범죄를 구성하지 아니하는 행위로 소추되지 아니한다는 형벌불소급의 원칙을 규정하고 있고, 이 사건 위치추적 전자장치 부착명령과 같은 보안처분은 형벌과 같은 차원에서의 적법한 절차와 헌법 제13조 제1항에 정한 죄형법정주의의 원칙에 따라 소급입법금지의 원칙이 적용되어야 한다.

그런데 이 사건 부칙조항은 이 사건 부칙조항의 제정·시행 이전에 이미 성폭력범죄를 저질러 처벌을 받은 사람에 대하여 신법에 따라 위치추적 전자장치 부착이라는 보안처분을 소급하여 적용하는 것이어서 헌법 제13조 제1항의 형벌불소급의 원칙에 위배된다. 또한 판결 받을 당시에는 존재하지 않았던 이 사건 부칙조항에 따라 이 사건 부칙조항 시행 이전에 저질렀던 당해 범죄로 인하여 장기간의 위치추적 전자장치 부착명령을 받게 되는 피부착명령청구자의 신뢰이익 및 기본권을 침해한다.

나. 청구인의 주장요지(2011헌바393)

위 제청이유와 대체로 같다.

3. 판 단

가. 전자장치 부착명령 제도 개관

(1) 입법배경 및 입법연혁

(가) 입법배경

최근 몇 년 간 성폭력범죄, 특히 아동을 상대로 한 성폭력범죄가 잇따라 발생하고 충격적인 범행 내용과 피해 상황이 전해지면서 성폭력범죄에 강력하게 대처할 필요가 있다는 여론이 높아지자, 국회는 관련 법률 제·개정을 통해 성폭력범죄에 대한 대책을 마련하였다. 그 대책의 주요 내용은 형법을 개정하여 유기징역형의 상한을 높이는 등 법정형을 상향 조정하고(유기징역형의 상한은 30년, 가중할 경우 50년), 기존에 실시해 오던 신상공개제도를 확대하는 한편, 이른바 '전자발찌'로 불리는 '위치추적 전자장치'(다음부터 '전자장치'라 한다)를 통한 전자감시제도를 도입하는 것이었다.

(나) 입법연혁

전자감시제도는 2007. 4. 27. 법률 제8394호로 제정된 '특정 성폭력범죄자에 대한 위치추적 전자장치 부착에 관한 법률'을 통해 도입되었는데, 주요 내용은 일정한 요건에 해당하는 재범의 위험성이 있는 성폭력범죄자에 대해 검사의 청구와 법원의 판결에 따라 5년 이내의 기간 동안 전자장치를 부착하게 할 수 있도록 하는 것이었다. 위 법률은 공포 후 1년 6개월이 경과한 2008. 10. 28.부터 시행될 예정이었으나, 아동을 상대로 한 성폭력범죄가 연이어 발생하면서 그 대책이 시급하다는 여론이 비등하자, 국회는 2008. 6. 13. 법률 제9112호로 법률을 개정하여 그 시행 시기를 2008. 9. 1.로 앞당겼다. 또 전자장치 부착기간의 상한을 5년에서 10년으로 연장하고, 법원이 전자장치의 부착명령과 함께 야간외출제한·특정장소에의 출입금지·성폭력치료프로그램 이수 등의 준수사항을 부가할 수 있는 제도를 도입하였다(제9조 제1항, 제9조의2, 제39조).

위 법률은 2009. 5. 8. 법률 제9654호로 다시 개정되었는데, 성폭력범죄 이외에 미성년자 대상 유괴범죄를 규율 대상에 추가하고 법률의 명칭도 '특정 범죄자에 대한 위치추적 전자장치 부착 등에 관한 법률'(다음부터 '전자장치부착법'이라 한다)로 변경하여 2009. 8. 9.부터 시행하였다(부칙 제1조). 이어 2010. 4. 15. 법률 제10257호로 다시 개정된 전자장치부착법은 전자장치 부착명령 대상범죄에 살인범죄를 추가하고, 전자장치의 부착기간을 법정형에 따라 '10년 이상 30년 이하', '3년 이상 20년 이하', '1년 이상 10년 이하' 등으로 세분하여 하한을 1년으로, 상한을 최장 30년으로 하였다(제9조 제1항). 또 부착명령의 청구기한을 항소심 변론종결시까지로 연장하고(제5조 제4항), 부착명령에 법원이 부가할 수 있는 준수사항에 '주거지역의 제한'을 추가하였으며(제9조의2 제2호의2), 피부착자의 주거이전 및 7일 이상의 국내여행 또는 출국 시에 허가를 받도록 하였다(제14조 제3항).

한편 2010. 4. 15. 전자장치부착법 개정 시 2008. 6. 13. 법률 제9112호 부칙 제2조를 신설하여 2008. 9. 1. 이전에 1심판결이 선고됨으로써 부착명령의 대상이 아니었던 성폭력범죄자 중 형 집행 중이거나 집행종료·가종료·가출소·가석방·면제된 후 3년이 경과하지 않은 사람들에 대해 주거지 또는 현재지를 관할하는 지방법원에 부착명령을 청구할 수 있도록 하였다.

최근 2012. 12. 18. 법률 제11558호로 개정된 법률은 특정 범죄자에 대한 형 종료 후 보호관찰제도를 신설하여 법률의 명칭을 '특정 범죄자에 대한 보호관찰 및 전자장치 부착에 관한 법률'로 변경하는 한편, 위치추적 전자장치 부착대상 특정범죄에 강도범죄를 추가하고, 미성년자 및 장애인에 대한 성범죄의 경우 전자장치 부착명령의 청구요건을 완화하는 등의 내용을 보완하였다.

(2) 위치추적 전자감시제도의 내용

(가) 전자장치부착법의 개요

전자장치부착법에 의한 전자감시제도는 '특정범죄'(성폭력범죄, 미성년자 대상 유괴범죄 및 살인범죄를 말한다)를 저지른 사람을 대상으로(제2조), 재범 방지와 성행(性行)교정을 통한 재사회화를 위해 그의 행적을 추적하여 위치를 확인할 수 있는 전자장치를 신체에 부착하게 하는 조치다(제1조 참조). 전자장치부착법에 따른 전자장치의 부착은 ① 징역형 종료 이후의 전자장치 부착(제2장), ② 가석방 및 가종료 등과 전자장치 부착(제3장), ③ 형의 집행유예와 부착명령(제4장) 등으로 나누어진다. '징역형 종료 이후의 전자장치 부착'은, 특정범죄를 범한 사람 중 재범의 위험성이 인정되는 경우 검사의 청구에 의해(제5조) 법원이 판결을 통해 일정 기간 전자장치 부착을 명하는 제도다(제9조).

부착명령 판결을 선고받지 아니한 특정범죄자로서 형의 집행 중 가석방되어 보호관찰을 받게 되는 사람에 대해 준수사항 이행 여부 확인 등을 위해 가석방 기간 동안 전자장치를 부착하는 것이 '가석방에 따른 전자장치 부착'이고(제22조), 부착명령 판결을 선고받지 아니한 특정범죄자로서 치료감호 집행 중 가종료 또는 치료위탁되는 피치료감호자나 보호감호의 집행 중 가출소되는 피보호감호자에 대하여 치료감호법 또는 사회보호법(법률 제7656호로 폐지되기 전의 법률을 말한다)에 따른 준수사항 이행 여부 확인 등을 위하여 보호관찰기간의 범위에서 기간을 정하여 전자장치를 부착하게 할 수 있도록 하는 것이 '가종료자 등에 대한 전자장치 부착'이다(제23조).

특정범죄를 범한 사람에 대하여 형의 집행을 유예하면서 보호관찰을 받을 것을 명할 때에도 법원은 보호관찰기간의 범위 안에서 기간을 정하여 준수사항의 이행 여부 확인 등을 위하여 전자장치를 부착할 것을 명할 수 있는데(제28조), 이는 '형의 집행유예에 따른 전자장치 부착'이다. '징역형 종료 이후의 전자장치 부착'과 '형의 집행유예에 따른 전자장치 부착'은 법원의 판결에 의해 이루어지지만, 특정범죄자 가석방 시의 전자장치 부착은 법률의 규정에 따라 의무적으로, 가종료자 등에 대한 전자장치 부착은 치료감호심의위원회의 결정에 의한다.

(나) '징역형 종료 후의 전자장치 부착'의 절차와 내용

부착명령의 대상자는 19세 이상의 재범의 위험성이 인정되는 성폭력범죄자, 미성년자 대상 유괴범죄자, 살인범죄자이다(제2조, 제4조). 검사는 일정한 요건에 해당하는 성폭력범죄자 중 성폭력범죄를 다시 범할 위험성이 있다고 인정되는 사람에 대하여 공소가 제기된 특정범죄사건의 항소심 변론종결시까지 법원에 전자장치를 부착하는 명령을 청구할 수 있다(제5조 제1항, 제4항).

부착명령 청구사건의 관할은 부착명령 청구사건과 동시에 심리하는 특정범죄사건의 관할에 따르며(제7조 제1항), 부착명령 청구사건의 판결은 특정범죄사건의 판결과 동시에 선고하여야 하는데(제9조 제5항), 법원은 부착명령 청구가 이유 있다고 인정하는 때에는 부착기간을 정하여 판결로 부착명령을 선고한다(제9조 제1항). 앞에서 본 것처럼 처음 법률이 제정될 당시에는 5년의 범위 안에서 법원이 부착기간을 정하도록 규정하였으나, 그 법률이 시행되기도 전에 법률을 개정하여 10년의 범위 안에서 법원이 부착기간을 정하도록 하였다. 이후 다시 법률을 개정하여 최단 1년, 최장 30년의 범위 안에서 법정형에 비례하는 부착기간의 범위를 규정하였다. 법원은 "부착명령 청구가 이유 없다고 인정하는 때, 특정범죄사건에 대하여 무죄(심신상실을 이유로 치료감호가 선고된 경우 제외)·면소·공소기각의 판결 또는 결정을 선고하는 때, 특정범죄사건에 대하여 벌금형을 선고하는 때, 특정범죄사건에 대하여 선고유예 또는 집행유예를 선고하는 때(집행유예에 따른 전자장치 부착을 명하는 때를 제외)"에는 판결로 부착명령의 청구를 기각한다(제9조 제4항).

부착명령은 검사의 지휘를 받아 보호관찰관이 집행하는데(제12조 제1항), 특정범죄사건에 대한 형의 집행이 종료되는 날 석방 직전에 피부착명령자의 신체에 전자장치를 부착함으로써 집행한다(제13조 제1항). 피부착자는 전자장치의 부착기간 중 전자장치를 신체에서 임의로 분리·손상, 전파 방해 또는 수신자료의 변조, 그 밖의 방법으로 그 효용을 해하여서는 안 되며(제

14조 제1항), 이에 위반할 경우 7년 이하의 징역 또는 2천만원 이하의 벌금에 처하도록 하고 있다(제38조). 보호관찰소의 장 또는 피부착자 및 그 법정대리인은 해당 보호관찰소를 관할하는 보호관찰심사위원회에 부착명령의 가해제를 신청할 수 있는데, 그 신청은 부착명령의 집행이 개시된 날부터 3개월이 경과한 뒤에 하여야 하며 신청이 기각된 경우에는 기각된 날부터 3개월이 경과한 뒤에 다시 신청할 수 있다(제17조). 보호관찰심사위원회가 가해제를 심사할 때에는 피부착자의 인격, 생활태도, 부착명령 이행상황 및 재범의 위험성에 대한 전문가의 의견을 고려하여야 한다(제18조 제1항). 부착명령은 '부착명령기간이 경과한 때', '부착명령과 함께 선고한 형이 사면되어 그 선고의 효력을 상실하게 된 때' 또는 '부착명령이 가해제된 자가 그 가해제가 취소됨이 없이 잔여 부착명령기간을 경과한 때'에는 그 집행이 종료된다(제20조).

(다) 전자장치 부착에 의한 전자감시의 운영

전자장치는 부착장치와 휴대용 추적장치 및 재택 감독장치로 이루어진다(법시행령 제2조). 법무부장관은 보호관찰소의 장 및 보호관찰관이 피부착자의 위치를 확인하고 이동경로를 탐지하며, 전자장치로부터 발신되는 전자파를 수신한 자료를 보존·사용·폐기하는 업무를 지원하기 위하여 위치추적 중앙관제센터를 설치하여 운영할 수 있다(시행령 제3조). 위치추적 중앙관제센터는 피부착자의 전자장치로부터 위치정보를 이동통신망을 통해 수신하여 성폭력범죄자의 이동경로를 24시간 추적한다.

나. 이 사건 부칙조항의 내용 및 쟁점

(1) 이 사건 부칙조항의 내용

전자장치부착법이 2010. 4. 15. 법률 제10257호로 개정되기 이전에는, 검사는 공소가 제기된 당해 성폭력범죄사건의 제1심 판결 선고 전까지만 부착명령청구를 할 수 있었다(구 '특정 성폭력범죄자에 대한 위치추적 전자장치 부착에 관한 법률' 제5조 제2항). 따라서 구 '특정 성폭력범죄자에 대한 위치추적 전자장치 부착에 관한 법률'이 시행된 2008. 9. 1. 이전에 제1심 판결을 선고받은 사람들은 전자장치부착명령의 대상자에 포함되지 않았다.

그런데 2010. 4. 15. 법률 제10257호로 위 법률이 개정되면서 2008. 9. 1. 당시 이미 성폭력범죄 사건의 제1심 판결 선고가 이루어진 사람에 대해서도 부착명령의 청구를 할 수 있는 특례규정을 두었는바, 그 규정이 바로 이 사건 부칙조항이다. 이 사건 부칙조항에 따라, 성폭력범죄를 저질러 2008년 9월 1일 이전에 제1심 판결을 선고받아 징역형 이상의 형, 치료감호 또는 보호감호(다음부터 '징역형 등'이라 한다) 집행 중인 사람 및 징역형 등의 집행이 종료, 가종료·가출소·가석방 또는 면제된 뒤 3년이 경과되지 아니한 사람도 전자감시 부착명령의 대상자가 된다. 다만 부착명령 청구 요건에 관하여는 2010. 4. 15. 법률 제10257호로 개정된 전자장치부착법이 아니라 2008. 6. 13. 법률 제9112호로 개정된 구 '특정 성폭력범죄자에 대한 위치추적 전자장치 부착에 관한 법률'이 적용되는데, 검사는 ① 성폭력범죄로 2회 이상 징역형의 실형을 선고받아 그 형기의 합계가 3년 이상인 사람이 그 집행을 종료한 뒤 또는 집행이 면제된 뒤 5년 이내에 성폭력범죄를 저지른 때, ② 이 법에 따른 전자장치를 부착받은 전력이 있는 사람이 다시 성폭력범죄를 저지른 때, ③ 성폭력범죄를 2회 이상 범하여 그 습벽이 인정된 때, ④ 13세 미만의 자에 대하여 성폭력범죄를 저지른 때에 해당하는 경우에는 부착명령 청구를 할 수 있다. 검사는 출소예정자 중 부착명령 청구요건에 해당되는 사람에 대하여는 징역형 등의 집행이 종료되기 3개월 전까지, 출소임박자 또는 출소자 중 부착명령 청구요건에 해당되는 사람에 대하여는 2010. 4. 15. 법률 제10257호로 개정된 전자장치부착법의 시행일인 2010. 7. 15.부터 1년 이내에 법원에 부착명령을 청구하여야 한다.

(2) 이 사건의 쟁점

이 사건 부칙조항에 따라 전자장치 부착을 통한 위치추적 감시제도가 처음 도입되어 시행될 때 부착명령의 대상에서 제외되어 있던 사람들이 법 시행 이후 약 1년 7개월이 경과한 시점에 법 개정을 통해 새로이 부착명령 대상에 포함되게 되었다. 적용대상을 소급적으로 확대하는 입법이 제10257호로 개정된 법률에 관련조항이나 부칙을 신설하는 형식이 아니라 2008. 6. 13. 법률 제9112호의 부칙 조항을 개정하는 형식으로 된 것은 법률의 개정 연혁과 내용을 파악하기가 복잡하고 어렵다는 점에서 입법기술상 바람직하지 않지만, 이러한 입법방식이 그 자체로 금지되어 있지 않은 이상, 입법방식의 특이성으로 인한 위헌 문제는 제기되지 않는다.

그런데 전자장치를 성폭력범죄자에 부착하도록 하는 것은 성폭력범죄자의 재범 방지와 성행(性行)교정을 통한 재사회화를 위하여 그의 행적을 추적하여 위치를 확인할 수 있는 전자장치를 신체에 부착하게 하는 부가적인 조치를 취함으로써 특정범죄로부터 국민을 보호함을 목적으로 하는 형사제재이다. 그렇다면 이 사건에서의 쟁점은 ① 행위시에 없었던 전자장치 부착명령의 적용, 즉 법률의 소급적용의 허용 여부 및 ② 소급 적용이 허용된다면 그 허용 범위는 어디까지인지에 대한 판단으로 귀결된다. 첫 번째 쟁점은 이 사건 부칙조항이 헌법상 형벌불소급의 원칙에 위배되는지 여부이고, 두 번째 쟁점은 이 사건 부칙조항이 과도하게 피부착대상자의 범위를 소급적으로 확대시킴으로써 헌법 제37조 제2항에 위반되는지 여부에 관한 것이다.

다. 형벌불소급의 원칙 위배 여부

(1) 쟁 점

헌법 제13조 제1항 전단은 소급적인 범죄구성요건의 제정과 소급적인 형벌의 가중을 엄격히 금하고 있다(헌재 1996. 2. 16. 96헌가2등, 판례집 8-1, 51, 83 등 참조). 그런데 구체적인 사건에서 소급효금지원칙이 적용되는지 여부를 판단하기 위해서는 '범죄'와 '형벌'의 의미에 대한 해석이 필요하게 된다.

따라서 이 사건 부칙 조항이 소급효금지원칙에 위반되는지 여부를 판단하기 위해서는 우선 이 사건 부칙 조항에 따른 전자장치 부착명령의 법적 성격이 문제되고, 전자장치 부착명령의 법적 성격이 보안처분이거나 혹은 형벌적 성격의 형사제재라면 그러한 제재에 소급효금지원칙이 적용되는지 여부가 문제된다.

(2) 전자장치 부착명령의 법적 성격

(가) 형벌과 보안처분

형사제재에 관한 종래의 일반론에 따르면, 형벌은 본질적으로 행위자가 저지른 과거의 불법에 대한 책임을 전제로 부과되는 제재를 뜻함에 반하여, 보안처분은 행위자의 장래 위험성에 근거하여 범죄자의 개선을 통해 범죄를 예방하고 장래의 위험을 방지하여 사회를 보호하기 위해서 형벌에 대신하여 또는 형벌을 보충하여 부과되는 자유의 박탈과 제한 등의 처분을 뜻하는 것으로서 양자는 그 근거와 목적을 달리하는 형사제재이다. 연혁적으로도 보안처분은 형벌이 적용될 수 없거나 형벌의 효과를 기대할 수 없는 행위자를 개선·치료하고, 이러한 행위자의 위험성으로부터 사회를 보호하기 위한 형사정책적인 필요성에 따라 만든 제재이므로 형벌과 본질적인 차이가 있다. 즉, 형벌과 보안처분은 다 같이 형사제재에 해당하지만, 형벌은 책임의 한계 안에서 과거 불법에 대한 응보를 주된 목적으로 하는 제재이고, 보안처분은 장래 재범 위험성을 전제로 범죄를 예방하기 위한 제재이다.

그런데 오늘날에는 형벌과 보안처분의 형태가 다양해지고 형벌 집행에 있어서 범죄자에 대한 특별예방적·형사정책적 관심과 배려를 강조하는 새로운 형사제재수단들, 예를 들어 보호관찰, 사회봉사명령이나 수강명령 등이 등장하면서 형벌과 보안처분의 경계가 모호해지고 있다. 따라서 새로운 형사제재의 법적 성격을 논함에 있어서 종전과 같은 '과거 행위에 대한 응보－재범의 위험성에 따른 사회 예방'이라는 이분법적 논리를 단순히 적용하기에는 타당하지 않은 면이 있다.

그러나 형벌과 보안처분이 본질적으로 다른 점이 있음은 부인할 수 없다. 외국의 입법례나 판례를 보아도 독일의 경우 보안처분은 재판시법에 따른다는 규정(형법 제2조 제6항)을 두고 있고, 미국의 경우 강력한 가석방 조건의 부과가 소급입법금지원칙에 위배되지 않는다고 보는 등 형벌과 보안처분을 구분하고 있으므로, 이 사건에서도 전자장치 부착명령의 법적 성격을 살펴보는 것이 필요하다. 다만 동일한 형태의 형사제재에 있어서도 그 목적, 요건, 운영방식에 따라 법적 성격을 달리할 수 있으므로 관련 제도의 목적, 요건 등을 고려하여 그 법적 성격을 구분해야 한다.

(나) 전자장치 부착명령 제도의 목적 및 요건 등

전자장치부착법에 따른 전자장치 부착명령은 성범죄자의 재범 방지와 성행 교정을 통한 재사회화를 위하여 그의 행적을 추적하여 위치를 확인할 수 있는 전자장치를 신체에 부착하게 하는 부가적인 조치를 취함으로써 성폭력범죄로부터 국민을 보호함을 목적으로 한다(전자장치부착법 제1조). 즉, 전자장치 부착명령의 근본적인 목적은 재범방지와 사회방위이다.

전자장치 부착명령은 검사가 일정한 성폭력범죄자 가운데 성폭력범죄를 다시 범할 위험성이 있다고 인정되는 사람에 대하여 법원에 이를 청구할 수 있다(제5조 제1항). 검사는 부착명령을 청구함에 있어서 필요한 경우에는 재범의 위험성 등 피의자에 관하여 필요한 사항의 조사를 요청할 수 있으며(제6조 제1항), 피의자에 대한 정신감정이나 그 밖에 전문가의 진단 등의 결과를 참고하여야 한다(제6조 제4항). 따라서 전자장치 부착명령의 가장 중요한 요건인 ‘재범의 위험성’에 대해서 관련된 전문가들의 과학적인 사실판단을 참고로 하여 법률가인 검사와 판사가 이를 결정하고 있으며, 나아가 성범죄자의 죄질, 재범 위험성의 경중, 전문가의 의견 등을 종합하여 준수사항 부과 여부 및 부착기간을 차별화하고 있다(제9조 제1항).

또한 부착명령의 선고는 특정범죄사건의 양형에 유리하게 참작되어서는 안 되고(제9조 제7항), 성폭력범죄사건의 양형은 부착명령의 요건에 대한 심사, 그에 따른 부착명령의 선고 여부 및 선고되는 부착기간의 결정 등과는 구별되어야 한다. 이는 전자감시 부착명령이 형벌과 그 목적이나 심사대상 등을 달리하므로 징역형의 대체수단으로 취급하여 함부로 양형을 감경하여서는 안 된다는 점을 명시하고 있는 것이다(대법원 2009. 5. 14. 선고 2009도1947, 2009전도5 판결 참조).

한편 이 사건 부칙조항의 입법 당시에 전자장치 부착명령을 '보호관찰 등에 관한 법률'상의 보호관찰과 유사한 성질 또는 개념의 한 구성 부분으로 파악하여, "형기 만료 또는 가석방을 이유로 출소하는 성범죄자에 대해서 전자장치 부착을 통한 보호관찰을 할 수 있다"는 식으로 입법을 하는 방안이 논의되었다. 2010. 4. 15. 개정된 전자장치부착법에서는 이러한 논의대로 전자장치 부착명령의 성격을 '전자장치 부착을 통한 보호관찰'로 규정하지는 않았으나, 부착명령을 선고받은 사람은 부착기간 동안 '보호관찰 등에 관한 법률'에 따른 보호관찰을 받는다고 규정하고 있다(제9조 제3항). 그런데 이와 같이 전자장치 부착명령을 받은 사람이 받게 되는 보호관찰의 개념에서 찾을 수 있는 두 가지 기본요소는 지도·감독과 원호(또는 보호)로서, '지도·감독'이란 보호관찰관이 대상자에게 부과된 준수사항을 지키도록 하는 일체의 행동을 말하고, '원호'는 대상자의 사회복귀를 지원하는 것이다. 그러므로 전자장치 부착에 의한 위치추적 감시는 이러한 지도·감독과 원호의 수단이 된다.

(다) 소 결

이와 같이 전자장치부착법상 전자장치 부착명령은 제도의 목적, 요건, 보호관찰 부가 등 관련 규정의 내용에 비추어 형벌과 구별되므로, 형벌과는 목적이나 심사대상 등을 달리하는 보안처분에 해당한다고 보아야 한다.

(3) 이 사건 부칙 조항의 소급효금지원칙 위배 여부

보안처분은 형벌과는 달리 행위자의 장래 재범위험성에 근거하는 것으로서, 행위시가 아닌 재판시의 재범위험성 여부에 대한 판단에 따라 보안처분 선고를 결정하므로 원칙적으로 재판 당시 현행법을 소급적용할 수 있다고 보는 것이 타당하고 합리적이다. 그러나 보안처분의 범주가 넓고 그 모습이 다양한 이상, 보안처분에 속한다는 이유만으로 일률적으로 소급효금지원칙이 적용된다거나 그렇지 않다고 단정해서는 안되고, 보안처분이라는 우회적인 방법으로 형벌불소급의 원칙을 유명무실하게 하는 것을 허용해서도 안된다. 따라서 보안처분이라 하더라도 형벌적 성격이 강하여 신체의 자유를 박탈하거나 박탈에 준하는 정도로 신체의 자유를 제한하는 경우에는 소급효금지원칙을 적용하는 것이 법치주의 및 죄형법정주의에 부합한다.

앞에서 본 것처럼 전자장치 부착명령의 입법배경과 입법목적은 특정성폭력범죄자의 성행교정과 재범방지 및 성폭력범죄로부터 국민을 보호하는 것이다. 또한 전자장치의 부착은 자유를 박탈하는 구금 형식과는 구별되고, 의무적 노동의 부과나 여가시간의 박탈을 내용으로 하지도 않는다. 전자장치 부착으로 인하여 일반적 행동의 자유나 인격권이 제한될 수 있으나 피부착자의 위치만이 국가에 노출될 뿐 자신의 행위가 노출되는 것은 아니어서 자신이 원하는 행동을 할 수 있으며, 일정한 장소에 머무르거나 다른 장소로 이동하는 것에도 그것이 주거 이전이나 출국에 해당하지 않는 한 아무런 제한을 받지 않는다.

또한 부착명령에 따른 부착자의 기본권 침해를 최소화하기 위하여 피부착자의 수신자료를 "피부착자의 특정범죄 혐의에 대한 수사 또는 재판자료로 사용하는 경우, 보호관찰관이 지도·원호를 목적으로 사용하는 경우, 보호관찰심사위원회의 부착명령 가해제와 그 취소에 관한 심사를 위하여 사용하는 경우" 외에는 열람·조회 또는 공개할 수 없도록 하고 있다. 검사 또는 사법경찰관이 수신자료를 열람 또는 조회하는 경우에는 법관이 발부한 압수수색영장을 제시하여야 한다(제16조 제2항·제4항). 또 부착명령의 탄력적 집행을 위하여 3개월마다 가해제를 신청할 수 있게 하여(제17조 제1항·제

2항) 재범의 위험성이 없다고 인정되는 경우에는 부착명령을 가해제할 수 있도록 하고 있다(제18조 제4항).

전자장치 부착명령은 전통적 의미의 형벌이 아닐 뿐 아니라, 성폭력범죄자의 성행교정과 재범방지를 도모하고 국민을 성폭력범죄로부터 보호한다고 하는 공익을 목적으로 하며, 전자장치의 부착을 통해서 피부착자의 행동 자체를 통제하는 것도 아니라는 점에서 이 사건 부칙조항이 적용되었을 때 처벌적인 효과를 나타낸다고 보기 어렵다. 그러므로 이 사건 부착명령은 범죄행위를 한 사람에 대한 응보를 주된 목적으로 그 책임을 추궁하는 사후적 처분인 형벌과 구별되는 비형벌적 보안처분으로서 소급효금지원칙이 적용되지 아니한다.

(4) 소 결

따라서 이 사건 부칙조항에 따른 전자장치 부착명령은 비형벌적 보안처분으로서 소급효금지원칙이 적용되지 아니하므로 전자장치부착법 시행 당시 대상자에 포함되지 않았던 사람들까지 부착명령의 대상자로 포함시켰다고 하여 소급효금지원칙에 위배되는 것은 아니다.

라. 과도한 소급적용으로서 위헌인지 여부

(1) 보안처분에 대한 헌법적 한계

이 사건 부칙조항이 소급적으로 적용대상을 확대한 것이 형벌불소급의 원칙에 위배되지는 않는다고 하더라도, 무한정 소급적용을 허용할 경우 해당자의 신뢰보호와 기본권 침해 등 헌법적 문제가 발생한다. 보안처분이 형벌의 한계를 극복 내지는 보완해 줄 수 있는 유용하고 필요한 제도라고 하더라도 국민의 기본권을 제한하는 형사제재인 보안처분이 아무런 원칙 없이 자의적으로 부과될 수는 없고 그 정당성을 확보하기 위해서는 법치국가적 이념에 상응하는 원리의 한계 안에서 부과되어야 하기 때문이다. 그러므로 이 사건 부칙조항이 전자장치부착법 시행 당시 대상자에 포함되지 않았던 사람들에 대하여도 전자장치를 부착하도록 피부착대상자를 확대한 것이 침해받은 신뢰이익의 보호가치, 침해의 중한 정도 및 방법, 위 조항을 통하여 실현하고자 하는 공익적 목적을 종합적으로 비교형량할 때 과도한 것인지 여부가 문제된다.

(2) 제한되는 기본권

이 사건 부칙조항은 피부착자의 위치와 이동경로를 실시간으로 파악하여 피부착자를 24시간 감시할 수 있도록 하고 있으므로 피부착자의 사생활의 비밀과 자유를 제한하며, 피부착자의 위치와 이동경로 등 '위치 정보'를 수집·보관·이용한다는 측면에서 개인정보자기결정권도 제한한다. 한편 전자장치를 강제로 착용하게 함으로써 피부착자는 옷차림이나 신체활동의 자유가 제한될 수밖에 없고, 24시간 전자장치 부착 위치 감시 그 자체로 모욕감과 수치심을 느낄 수 있으므로 헌법 제10조로부터 유래하는 인격권을 제한한다. 그러므로 이 사건 전자감시 부착명령에 의하여 제한받는 피부착자의 기본권은 사생활의 비밀과 자유, 개인정보자기결정권 및 인격권이다.

(3) 판 단

(가) 입법목적의 정당성 및 수단의 적절성

이 사건 부칙조항은 개정 전 법률로는 전자장치 부착명령의 대상자에 포함되지 아니한 성폭력범죄자의 재범에 효과적으로 대처할 만한 수단이 없다는 우려 아래 대상자의 범위를 징역형 등의 집행 중인 사람 내지 징역형 등의 집행이 종료된 뒤 3년이 경과되지 아니한 사람(다음부터 '형 집행 종료자 등'이라 한다)에게까지 확대한 것으로서, 성폭력범죄의 재범을 방지하고 성폭력범죄로부터 국민을 보호하고자 하는 목적의 정당성이 인정된다.

전자감시제도를 시행한 이후 2012. 2. 29.까지 피부착자의 동종 범죄 재범률은 1.97%로, 제도 시행 이전(2005년부터 2009년까지)에 검거된 일반 성폭력범죄자의 동종 재범률 15.1%와 비교할 때 1/16에 불과하다. 또한 전자장치 부착명령의 소급적용 이후인 2010. 7. 16.부터 2012년 2월까지의 소급적용 부착명령 청구가 법원에서 기각된 216명을 대상으로 재범 여부를 조사한 결과, 21.75%인 47명이 재범을 하였고, 이 중 4.16%인 9명이 동종재범을 하였다. 이는 같은 기간 전자장치 피부착자의 재범률 3.17%(동종 재범률 1.97%)에 비하여 상당히 높은 수치이다.

이와 같이 전자장치 부착명령 이후의 동종 재범률이 현저히 낮은 점을 고려할 때, 가장 재범률이 높은 것으로 조사되었으나 개정 전 법률에서는 전자장치 부착 대상이 되지 않았던 형 집행 종료자 등에 대한 전자장치 부착명령의 소급적용은 성폭력범죄의 재범을 방지하고 사회를 보호하고자 하는 입법목적을 달성함에 있어 적절한 수단이다.

(나) 피해의 최소성 및 법익 균형성

이 사건 부칙 조항은 전자장치 부착명령을 위 부칙 조항 시행 당시 형 집행 종료자 등에게도 확대시키고 있는데, 전자장치 부착명령에 따라 피부착자는 자신의 행적이 추적되고 위치에 관한 정보가 보호관찰소장에 의해 수집되는 불이익을 입게 되고, 자신의 의사에 반하여 전자장치를 신체에 부착하여야 한다. 그런데 앞에서 본 것처럼 전자장치 부착명령은 과거의 행위에 대한 응보로서의 형벌이 아닌 장래의 위험성을 방지하기 위한 보안처분이므로, 그 본질상 부착명령의 대상자가 되는지 여부는 부착 여부를 판단하는 당시의 시점을 기준으로 판단하게 된다. 따라서 이 사건 부칙조항이 신설되기 전 형 집행 종료자 등이 자신이 부착명령 대상자가 아니라는 기대를 가졌다고 하더라도, 보안처분인 전자장치 부착에 관한 한 그 신뢰의 보호가치가 크다고 보기 어렵다. 그리고 이 점은 과거 범죄행위에 대한 형사제재가 종료되었다고 신뢰한 출소자와, 역시 과거 범죄행위에 대하여 확정된 형의 집행을 마치면 형사제재가 종료될 것이라고 신뢰한 출소예정자와 출소임박자 사이에 어떠한 차이가 있다고 보기 어렵다.

한편 입법자는 재범의 위험성에 대하여 검사와 법원이 판단하도록 하면서 적용요건에 대하여도 완화된 신법을 적용하는 것이 아니라 비교적 엄격했던 구법의 요건을 적용하도록 하고 있고, 부착명령의 청구기간에 대하여도 출소예정자에 대하여는 형 집행 종료 3개월 전까지, 출소임박자 또는 출소자 중 부착명령 청구요건에 해당되는 사람에 대하여는 2010. 4. 15. 법률 제10257호로 개정된 전자장치부착법의 시행일인 2010. 7. 15.부터 1년 이내에 법원에 부착명령을 청구하도록 제한하고 있다. 그러므로 이 사건 부칙조항이 전자장치 부착명령의 대상자 범위를 소급하여 확대하였다고 하여 대상자들의 신뢰이익의 침해 정도가 과중하다고 볼 수 없다.

반면 성폭력범죄로 인한 피해는 '인격 살인'으로 부를 정도로 구체적인 사정에 따라서는 피해자에게 회복할 수 없는 육체적, 정신적 상처를 남길 수 있다. 특히 어린 나이에 성폭력범죄를 경험할 경우 심리적인 상처와 후유증으로 인해 평생 정상적인 생활을 하지 못하고 불행한 삶을 살아야 하는 경우도 있다. 이런 점에서 성폭력범죄로부터 국민, 특히 여성과 아동을 보호한다는 공익은 매우 크다.

그런데 개정 전 법률은 성폭력범죄자 신상공개제도, 전자장치 부착명령제도의 신설 등 많은 성폭력범죄 대책에도 불구하고 형 집행 종료자 등에 대하여는 적용되지 않음으로써 가장 재범률이 높은 사람들에 대한 대책이 거의 전무한 실정이었다. 따라서 효과적으로 성폭력범죄의 재범을 방지하고 사회를 보호하기 위하여 종전 법률로는 전자장치 부착명령의 대상자가 되지 않았던 사람들에 대하여도 그 대상자가 되도록 요건을 확대하고 있는 이 사건 부칙조항의 입법목적은 매우 중대하고 긴요한 공익이라 할 것이다.

그렇다면 이 사건 부칙조항은 침해받은 신뢰이익의 보호가치, 침해의 중한 정도 및 방법, 위 조항을 통하여 실현하고자 하는 공익적 목적을 종합적으로 비교형량할 때, 법익 균형성원칙에 위배된다고 할 수 없다.

(다) 소 결

따라서 이 사건 부칙조항은 과잉금지원칙에 위배되지 아니한다.

4. 결 론

결국 이 사건 부칙조항은 헌법에 위반되지 아니하므로 아래 5. 재판관 이강국, 재판관 박한철, 재판관 김이수, 재판관 이진성의 일부 위헌의견 및 6. 재판관 송두환의 전부 위헌의견을 제외한 관여 재판관 전원의 일치된 의견으로 주문과 같이 결정한다.

5. 재판관 이강국, 재판관 박한철, 재판관 김이수, 재판관 이진성의 일부 위헌의견

가. 우리는 이 사건 부칙조항에 의한 전자장치 부착명령의 소급적용이 헌법 제13조 제1항 전단에 의한 소급효금지원칙에 위반되지는 않는다는 점에 대해서는 법정의견과 의견을 같이하나, 적어도 형 집행 종료 전에는 보안처분의 근거법률이 마련되어 있어야 하므로, 이 사건 부칙조항 시행 당시 이미 '징역형 등의 집행이 종료(가종료·가출소·가석방 등의 경우는 제외. 이하 같다)된 후 3년이 경과되지 아니한 사람'에게까지 전자장치 부착명령을 청구할 수 있도록 한 이 사건 부칙조항 중 해당부분은 위헌이라고 보므로 다음과 같이 반대의견을 밝힌다.

나. 전자장치 부착명령의 법적 성격을 법정의견과 같이 비형벌적인 보안처분으로 본다 하더라도, 소급적인 범죄구성요건의 제정과 소급적인 형벌의 가중을 엄격히 금하고 있는 헌법규정(제12조 제1항, 제13조 제1항)과 전자장치 부착명령의 제재적 성격 등을 종합해 보면, 적어도 형 집행을 종료한 후 아무런 제한없이 사회에 복귀하여 정상적인 사회생활을 영위하고 있는 사람들을 대상으로 사후에 전자장치 부착을 소급적용할 수 있다고 보는 것은 지나치다고 볼 수밖에 없다.

먼저, 자신이 저지른 성폭력범죄에 대하여 판결로써 그에 상응하는 형사처벌을 받아 그 형의 집행을 마친 사람들은 자신의 범죄행위로 인한 형사

제재가 종료되었다는 신뢰가 형성되었을 것이다. 따라서 그러한 신뢰를 보호하기 위하여 제재적 성격의 부착명령 외에 다른 수단, 즉 적극적인 치료프로그램, 보호관찰제도 및 준수사항의 대체 활용 등을 통하여 보다 덜 침해적인 수단을 선택할 수 있었음에도 이 사건 부칙조항은 그러한 신뢰를 보호하기 위한 어떠한 절차도 마련하지 아니한 채 부착명령 절차를 그대로 적용하고 있다는 점에서 피해의 최소성 원칙에 반한다.

다음으로, 전자장치 부착명령이 신설될 당시 이미 성폭력범죄사건의 제1심 판결이 선고되어 부착명령의 대상자가 아니었던 사람들 가운데 이 사건 부칙조항으로 인하여 소급적으로 부착명령 대상자가 된 것은 이 사건 부칙조항 시행 당시 형 집행 중인 자와 형 집행이 종료된 후 3년이 경과되지 아니한 사람이다.

그런데 보안처분으로서의 전자장치 부착의 성격을 고려할 때, 이 사건 부칙조항 시행 당시 징역형 등의 집행 중인 자에 대해서는 형 집행을 종료하고 출소를 하기 전에 국가가 사회방위의 차원에서 재범의 위험성을 평가하여 전자장치를 부착할 것인지 여부, 즉 국가가 보안처분을 통하여 출소 후에도 관리감독을 계속할지 여부를 결정할 수 있고, 이는 전자장치 부착이 가지고 있는 보안처분의 성질상 정당화될 수 있다고 보인다.

반면에 징역형 등의 집행이 종료된 후 3년이 경과되지 아니한 사람의 경우에는 출소 당시 재범의 위험성에 대한 평가 없이 이미 사회로 복귀하여 국가의 관리감독을 벗어나 사회인으로서 정상적인 생활을 이루어 가고 있었을 것이다. 그런데 전자장치 부착명령 제도가 시행된 지도 1년 7개월이 지나서 종전 법률의 부칙을 개정하여 만든 이 사건 부칙조항이 그대로 적용되는 경우 건전한 시민으로서의 생활에 대하여 형 집행 종료자가 가졌던 신뢰이익의 침해는 결코 작다고 할 수 없다. 뿐만 아니라 전자장치 부착명령의 대상자는 전자장치 부착으로 인하여 개인의 위치정보 등이 24시간 국가에 의하여 수집되고, 자신의 의사에 반하여 전자장치를 부착하여야만 하는 등 개인의 사생활의 비밀과 자유, 자기정보결정권 등에 심각한 제한을 받게 된다는 점을 고려할 때, 형 집행 종료자의 입장에서는 이미 종료된 것으로 신뢰한 과거 범죄행위에 대한 형사적 제재를 다시 받게 되는 것에 다름없다.

더욱이 이 사건 부칙조항은 징역형 등의 집행을 종료하고 3년이 경과되지 아니한 형 집행 종료자를 대상으로 새로이 재범의 위험성을 판단할 수 있도록 규정하고 있는바, 이는 입법자의 의사에 따라서는 과거의 범죄행위에 대하여 3년 후, 5년 후 내지는 언제까지라도 다시 재범의 위험성을 평가받을 수 있고 이로 인한 법적 불안정성과 불이익은 재범 방지라는 보안처분의 목적을 충분히 감안한다 하더라도 정당화되기 어렵다.

따라서 성폭력범죄자의 재범방지와 국민의 보호가 아무리 중대한 공익이라고 하더라도, 전자장치 부착명령 제도가 생기기도 전에 이미 범죄를 저질러 징역형 등을 선고받고 이미 형 집행을 종료한 성폭력범죄자들에 대하여, 제도를 처음 시행할 때 마련한 것도 아니고, 사회적으로 큰 물의를 일으킨 사건이 발생하자 제도가 시행된 지 약 1년 7개월 만에 이 사건 부칙조항을 마련하여 전자장치를 부착할 수 있게끔 한 것은 피부착자가 입게 되는 불이익의 정도와 법적 안정성에 대한 신뢰침해의 정도에 비추어 볼 때, 법익 균형성을 상실하였다고 할 것이다.

그러므로 이 사건 부칙 조항이 추구하는 형 집행 종료자의 재범위험성 방지 및 국민의 보호라는 공익과 형 집행 종료자의 종전 법에 대한 신뢰침해의 정도 및 그들에게 초래되는 불이익 등을 비교형량할 때, 이 사건 부칙조항은 형 집행 종료자의 신뢰를 과도하게 침해하여 법익 균형성원칙에 위배된다.

다. 그렇다면 이 사건 부칙조항 중 '징역형 등의 집행이 종료된 후 3년이 경과되지 아니한 사람'에 대한 부분은 과도한 소급입법으로서 헌법 제37조 제2항에 의한 과잉금지원칙에 위배되어 위헌이다.

6. 재판관 송두환의 전부 위헌의견

나는 전자장치 부착명령 제도가 시행되기 이전의 범행에 대해서도 전자장치 부착명령을 선고할 수 있도록 하는 이 사건 부칙조항은 헌법의 소급처벌금지원칙에 위배되어 위헌이라고 판단하므로, 아래와 같이 반대의견을 밝힌다.

가. 죄형법정주의와 소급처벌금지원칙

"법률이 없으면 범죄도 없고 형벌도 없다"라는 말로 표현되는 죄형법정주의는 "이미 제정된 법률에 의하지 아니하고는 처벌되지 아니한다"는 원칙으로서, 무엇이 처벌될 행위인가를 국민이 예측가능한 형식으로 정하도록 하여 개인의 법적 안정성을 보호하고, 성문의 형벌법규에 의한 실정법질서를 확립하여 국가형벌권의 자의적 행사로부터 개인의 자유와 권리를 보장하려는 법치국가 형법의 기본원칙이다(헌재 1991. 7. 8. 91헌가4, 판례집 3, 336, 340).

죄형법정주의는 어떠한 행위를 처벌하기 위해서는 반드시 성문의 법률에 의하여야 한다는 '성문법률주의'와 행위시에 이미 제정된 법률이 없었다면 사후의 입법으로 소급하여 처벌할 수 없다는 '소급처벌금지'를 핵심 내용으로 한다. 우리 헌법은 제12조 제1항 후단에서 "법률과 적법한 절차에 의하지 아니하고는 처벌·보안처분 또는 강제노역을 받지 아니한다"라고 하여 성문법률주의를 선언하고, 제13조 제1항 전단에서 "모든 국민은 행위시의 법률에 의하여 범죄를 구성하지 아니하는 행위로 소추되지 아니하며"라고 하여 소급처벌금지원칙을 분명히 밝히고 있다.

나. 소급이 금지되는 '처벌'의 의미

(1) 헌법 제13조 제1항 전단의 소급처벌금지원칙은 사후에 만들어진 법률로 과거의 행위를 '처벌'할 수 없음을 의미하는바, 여기서 '처벌'의 의미 범

위가 문제된다.

형법 제41조(형의 종류)가 규정하고 있는 형벌, 즉 사형, 징역, 금고, 자격상실, 자격정지, 벌금, 구류, 과료, 몰수를 부과하는 것이 여기의 처벌에 해당함은 물론이다. 그러나 헌법 제13조 제1항 전단에 의해 소급이 금지되는 처벌이 위와 같은 형식적 의미의 형벌만을 의미한다고 볼 수는 없다.

만약 소급처벌금지원칙이 적용되는 처벌의 범위를 형법이 정한 형벌의 종류에만 한정되는 것으로 보게 되면, 이는 법률(형법)이 헌법 조항(제13조 제1항 전단)의 의미를 결정하는 결과가 되어 부당할 뿐 아니라, 형법이 정한 형벌 외의 형태로 새로이 도입되는 형사상 제재는 그것이 아무리 형벌적 성격을 갖는 경우에도 소급처벌이 허용되는 결과가 되는데, 이는 예측가능성과 법적 안정성을 보장하여 자의적 처벌로부터 국민을 보호하고자 하는 소급처벌금지원칙의 취지를 완전히 몰각시키는 것이기 때문이다.

(2) 다수의견도 인정하고 있듯이, 오늘날 새로운 보안처분의 등장으로 형벌과 보안처분의 경계가 모호해지고 있어, 새로운 종류의 형사상 제재가 형벌적 성격을 갖는 것인지 여부에 대해서는 과거의 이분법적 논리를 그대로 적용하기 어렵다. 보안처분이면서도 형벌적 성격을 갖는 경우가 있을 수 있고, 그러한 보안처분에 대해서는 소급처벌금지의 원칙이 적용되어야 할 것이다.

헌법재판소는, 지금은 폐지된 사회보호법이 과거에 규정하고 있던 '보호감호처분'과 관련하여 「헌법이 제12조 제1항 후문에서 "… 법률과 적법한 절차에 의하지 아니하고는 처벌·보안처분 또는 강제노역을 받지 아니한다"라고 규정하여 처벌과 보안처분을 나란히 열거하고 있는 점을 생각해 보면, 상습범 등에 대한 보안처분의 하나로서 신체에 대한 자유의 박탈을 그 내용으로 하는 보호감호처분은 형벌과 같은 차원에서의 적법한 절차와 헌법 제13조 제1항에 정한 죄형법정주의의 원칙에 따라 비로소 과해질 수 있는 것이라 할 수 있고, 따라서 그 요건이 되는 범죄에 관한 한 소급입법에 의한 보호감호처분은 허용될 수 없다고 할 것이다」고 판시하여(헌재 1989. 7. 14. 88

헌가5 등, 판례집 1-1, 69, 81), '형법이 규정한 형벌' 외의 제재에 대해서도 소급처벌금지원칙이 적용될 수 있음을 밝힌 바 있다.

(3) 따라서 형법이 규정하고 있는 형벌 외의 제재도 그것이 '형벌로서의 성격'을 갖는 경우에는 헌법 제13조 제1항 전단의 소급처벌금지원칙이 적용된다고 할 것이다.

다. 전자장치 부착의 형벌적 성격

(1) 어떠한 제재가 형벌적 성격을 갖는지 여부를 판단하기 위하여는, 첫째, '제재를 부과하고 집행하는 목적 또는 의도가 어떠한지', 둘째, '그 제재를 받는 자에게 미치는 실제적 효과가 어떠한지'를 종합하여 살펴보아야 한다.

형벌은 범죄를 저지른 자에 대해 책임을 묻고 비난을 가하기 위해 법익을 박탈하는 것인 동시에 일반 국민에 대하여 법익 박탈을 경고하여 범죄로 나아가지 못하도록 하려는 것이다. 따라서, 어떤 형사상 제재 부과의 목적과 의도가 범죄를 저지른 자에 대해 책임을 묻고 비난을 가하는 동시에 일반 국민의 범죄를 예방하고자 하는 것이라면 그 제재는 '형벌적 성격'을 갖는 것으로 볼 수 있다. 그리고 그 형벌적 성격을 가지는 제재는 범죄 행위시에 이미 규정되어 있어야만 그 부과와 집행이 정당화된다. 금지되는 행위와 그 위반에 따른 법익 박탈의 내용이 미리 규정되어 있어야만 그 위반에 대해 책임을 물을 수 있고, 일반 국민에 대한 경고로서 기능할 수 있기 때문이다. 한편, 어떤 형사적 제재를 받는 자에 대한 실제적 효과가 형벌에 준할 정도로 심각한 자유의 제한이라면 그 제재는 '형벌적 성격'을 갖는다고 보아야 한다. 예컨대 어떤 제재가 신체에 직접 가해지거나 신체의 자유를 박탈하는 정도가 형벌에 준할 정도에 이른다면, 그 제재의 명목을 무엇이라 하든 간에 형벌로서의 성격을 부인할 수 없다.

(2) 이러한 견지에서 먼저, 전자장치 부착의 제재를 부과하는 목적과

의도의 측면을 살펴보기로 한다.

전자장치 부착명령은 전자장치부착법이 처음 제정될 당시 '성폭력범죄' 만을 대상으로 하였으나, 이후 법률 개정을 통하여 '미성년자 유괴범죄'와 '살인범죄'를 그 대상으로 추가하였고, 최근에는 살인범죄의 미수범과 강도범죄 등에까지 확대하는 내용으로 전자장치부착법이 다시 한 번 개정되었다.

이는 전자장치 부착의 주된 목적이 단순히 '재범의 위험성 있는 범죄자의 재범 방지'에 머무르지 않고, 위와 같은 범죄들로 인한 피해의 심각성, 다시 말해 그 범죄들의 죄질이 매우 나쁘고 책임이 무거워 비난가능성이 크다는 점을 고려하여, 기존의 형벌 외에 전자장치 부착을 통한 위치추적이라는 추가적인 제재를 부가함으로써, 그 범죄를 저지른 자에 대해서는 강하게 책임을 묻고 비난하는 한편, 일반 국민들에 대해서는 강력한 경고를 고지함으로써 그와 같은 범죄를 저지르지 못하도록 하려는 것으로 보인다.

한편 전자장치 부착을 부과하는 목적과 의도가 어떠한지는 전자장치의 '부착기간'에 관한 입법연혁에서도 엿볼 수 있다. 전자장치부착법이 처음 제정될 당시에는 부착기간의 상한이 5년으로 규정되어 있었으나, 전자장치부착법이 아직 시행도 되지 않은 상태에서 아동을 상대로 한 흉악한 성폭력범죄가 사회 문제로 등장하고, 성폭력범죄에 대한 강력한 처벌을 요구하는 여론이 들끓자, 국회는 전자장치부착법을 개정하여 부착기간의 상한을 10년으로 연장하였고, 그로부터 2년도 지나지 않아 다시 법률을 개정하여 해당 범죄행위의 법정형에 비례하여 전자장치의 부착기간을 최장 30년으로 연장하여 규정하였는바, 이는 단순히 개별 범죄자의 재범 위험성의 정도가 아니라, 해당 범죄의 죄질과 책임이 얼마나 무거운지, 다시 말해 그 범죄에 대하여 얼마나 무거운 처벌이 필요한지를 기준으로 하여 전자장치의 부착기간을 정하고 있는 것이다.

이러한 점들에 비추어볼 때, 전자장치 부착의 목적과 의도는 단순히 재범의 방지뿐만 아니라, 중대한 범죄를 저지른 자에 대하여 그 책임에 상응하는 강력한 처벌을 가하고 일반 국민에 대하여 일반예방적 효과를 위한 강력한 경고를 하려는 것이라고 볼 것이고, 따라서 전자장치의 부착은 형벌적 성격을 갖는 제재라고 하지 않을 수 없다.

(3) 다음으로 전자장치 부착으로 인하여 그 대상자에게 가해지는 실제적 효과의 측면을 살펴보기로 한다.

전자장치 부착으로 인한 법익 침해의 내용은 '전자장치의 강제부착'과 '위치의 감시'이다. 피부착자는 하루 24시간, 일 년 365일 전자장치를 신체(발목)에 부착한 채로 생활하면서 국가에 의해 위치를 감시당하게 된다.

자신의 의사에 반하여 전자장치를 신체(발목)에 부착한 채 생활함으로 인한 법익 침해는 단지 옷차림에 제약을 받는다거나 그로 인해 출입 장소가 사실상 제한되는 정도의 문제가 아니다. 사람의 신체에 전자장치를 강제로 부착시키는 것은 신체에 대해 직접적으로 가해지는 물리적 침해이다. 단순히 물건을 휴대하는 정도가 아니라 신체에 강제로 부착하는 것을 두고, 이동의 자유 자체는 제한되지 않는다는 이유를 들어 신체의 자유에 대한 직접적인 제한이 없다고 말할 수는 없다. 이는 신체의 완전성에 대한 직접적이고 물리적인 제한이기 때문이다. 그리고 신체에 부착하는 물건이 어느 정도 작고 가볍다고 할 수 있다거나 다른 사람들의 눈에 띄지 않을 수도 있다고 해서 신체의 완전성에 대한 직접적, 물리적 제한이라는 성질이 결코 달라지지 않는다. 요컨대 전자장치의 부착은 신체의 완전성을 침해받지 않을 개인의 자유를 박탈하는 것으로서, 신체의 자유라는 법익에 대한 중대한 침해임이 분명하다.

한편 전자장치의 부착은 피부착자의 위치를 24시간 실시간으로 추적하고 감시하기 위한 것인바, 자신의 위치를 추적하는 전자장치를 자신의 몸에 부착한 채 자신의 위치를 24시간 감시당하면서 생활하는 사람에게, 인간으로서의 존엄과 가치는 말할 나위도 없고, 과연 사생활의 비밀과 자유 또는 행동의 자유가 침해되지 않고 있다고 말할 수 있을 것인가? 어디를 가더라도 국가에 의해 24시간 위치를 감시당하고 있는 사람에게, '위치만 감시할 뿐 행위 자체는 제한하지 않으므로, 법익 침해의 정도는 그다지 심각하지 않다'고 말할 수 있는 것일까?

위치추적을 위한 전자장치를 신체에 부착하고 하루 24시간 일 년 365일을 생활하여야 하는 자가 실제로 입게 되는 구체적 법익 침해의 효과는 형법이 규정하고 있는 다른 형벌들에 비해 결코 가볍다고 볼 수 없다. 그리고, 현행 전자장치부착법에 의하면 그 법익 침해의 기간은 길게는 30년까지 이어질 수도 있다. 전자장치 부착으로 인한 실제적 효과는 형법에 규정된 형벌들, 특히 자격정지나 벌금, 구류, 과료 등과 같은 형벌들과 비교하여, 그 법익 침해의 정도가 오히려 훨씬 크고 심각한 것이라고 평가할 수 있다.

(4) 이상 살펴본 바와 같이, 전자장치 부착의 제재를 부과하는 목적과 의도, 전자장치 부착으로 인하여 그 대상자에게 미치는 실제적 효과 등에 비추어 보면, 전자장치 부착은 형벌에 결코 못지않은, 강한 '형벌적 성격'을 가진 형사상 제재라고 할 것이다.

라. 이 사건 부칙조항의 위헌성

(1) 이와 같이 전자장치 부착이 형벌적 성격을 갖는 이상, 일정한 범죄를 저지른 자에 대하여 전자장치 부착을 명하기 위해서는 그 범행 당시에 이미 전자장치 부착의 근거가 되는 법률이 제정, 시행되고 있었어야 한다. 그런데 이 사건 부칙조항은 전자장치부착법이 제정, 시행되기 이전에 성폭력범죄를 저지른 자에 대해서도 소급하여 전자장치 부착을 명할 수 있도록 함으로써 헌법 제13조 제1항 전단이 금지하고 있는 소급처벌을 규정하고 있다.

한편 이 사건 부칙조항은 전자장치 부착의 소급 적용 대상을, 법 시행 당시 이미 성폭력범죄에 대하여 형을 선고받고 집행 중에 있는 자로서 '징역형 등(징역형, 치료감호 또는 보호감호)의 종료가 6개월 이상 남은 자(출소예정자)'와 '그 종료가 6개월 미만 남은 자(출소임박자)', '징역형 등의 집행이 종료, 가종료·가출소·가석방 또는 면제된 후 3년이 경과하지 않은 사람'으로 세분하고 있으나, 위와 같은 대상자들은 전자장치부착법 시행 이전에 범죄를 저질렀다는 점에서는 동일한 집단이므로, 소급처벌금지의 원칙에서 보면 그 세부적인 집단 사이에 아무런 차이가 없다고 할 것이다.

따라서 이 사건 부칙조항 전체가 소급처벌금지원칙에 위반된다고 할 것이다.

(2) 세상을 경악하게 하고 인심을 흉흉하게 하는 흉악 범죄에 대하여 강력하게 대처할 필요가 있음은 누구도 부인할 수 없다. 극악무도하고 잔인한 범죄에 희생된 피해자나 그 가족의 고통과 상처를 생각한다면, 그러한 범죄를 저지른 자에 대해서까지 헌법적 보호를 보장해 주는 것에 대해 회의를 느낄 수도 있다.

그러나 헌법은 입법자에게 입법권을 부여하면서도 입법자가 넘어설 수 없는 한계를 설정해 놓고 있다. 소급처벌금지원칙도 그중 하나이다. 아무리 강력한 처벌의 필요성이 인정되더라도 미리 법률로 규정해 놓지 않았다면 처벌할 수 없다. 이는 헌법이 범죄 피해자의 고통과 상처를 가볍게 여기거나 범죄자의 인권만을 보호하고자 하는 것이 아니다. 장래에 어떠한 예기치 못한 법률이 만들어져 지금 나의 행위가 사후적으로 처벌받게 될지 누구도 예측할 수 없는 법적 불안이 초래하는 공포와 혼란을 막기 위한 것이다. 국가 형벌권의 자의적 행사로부터 국민 모두를 보호하려는 것이다.

소급처벌금지원칙은 주권자인 국민이 입법자에게 형벌에 관한 입법권을 부여하면서 설정한 한계이다. 입법자는 헌법이 설정해 놓은 입법권의 한계가 경우에 따라 매우 못마땅하고 불편하게 느껴지더라도, 그 한계를 벗어나 입법할 수 없다. 국민의 법감정이나 그에 대한 입법자의 판단보다 항상 헌법이 우선해야 하기 때문이고, 그것이 바로 법치국가의 원리이다.

마. 결 어

이 사건 부칙조항은 헌법 제13조 제1항 전단이 규정한 소급처벌금지원칙에 위배되어 헌법에 위반된다.

재판관 이강국(재판장)
송두환
박한철
이정미
김이수
이진성
김창종
안창호
강일원

[별지] 관련조항

구 특정 범죄자에 대한 위치추적 전자장치 부착 등에 관한 법률(2010. 4. 15. 법률 제10257호로 개정되고, 2012. 12. 18. 법률 제11558호로 개정되기 전의 것)

제1조(목적) 이 법은 특정 범죄자의 재범 방지와 성행(性行)교정을 통한 재사회화를 위하여 그의 행적을 추적하여 위치를 확인할 수 있는 전자장치를 신체에 부착하게 하는 부가적인 조치를 취함으로써 특정범죄로부터 국민을 보호함을 목적으로 한다.

제2조(정의) 이 법에서 사용하는 용어의 정의는 다음과 같다.

4. "위치추적 전자장치(이하 '전자장치'라 한다)"란 전자파를 발신하고 추적하는 원리를 이용하여 위치를 확인하거나 이동경로를 탐지하는 일련의 기계적 설비로서 대통령령으로 정하는 것을 말한다.

제4조(적용 범위) 만 19세 미만의 자에 대하여 부착명령을 선고한 때에는 19세에 이르기까지 이 법에 따른 전자장치를 부착할 수 없다.

제5조(전자장치 부착명령의 청구) ① 검사는 다음 각 호의 어느 하나에 해당하고, 성폭력범죄를 다시 범할 위험성이 있다고 인정되는 사람에 대하여 전자장치를 부착하도록 하는 명령(이하 '부착명령'이라 한다)을 법원에 청구할 수 있다.

1. 성폭력범죄로 징역형의 실형을 선고받은 사람이 그 집행을 종료한 후 또는 집행이 면제된 후 10년 이내에 성폭력범죄를 저지른 때
2. 성폭력범죄로 이 법에 따른 전자장치를 부착받은 전력이 있는 사람이 다시 성폭력범죄를 저지른 때
3. 성폭력범죄를 2회 이상 범하여(유죄의 확정판결을 받은 경우를 포함한다) 그 습벽이 인정된 때
4. 16세 미만의 사람에 대하여 성폭력범죄를 저지른 때

④ 제1항부터 제3항까지의 규정에 따른 부착명령의 청구는 공소가 제기된 특정범죄사건의 항소심 변론종결 시까지 하여야 한다.

⑤ 법원은 공소가 제기된 특정범죄사건을 심리한 결과 부착명령을 선고할 필요가 있다고 인정하는 때에는 검사에게 부착명령의 청구를 요구할 수 있다.

⑥ 제1항부터 제3항까지의 규정에 따른 특정범죄사건에 대하여 판결의 확정 없이 공소가 제기된 때부터 15년이 경과한 경우에는 부착명령을 청구할 수 없다.

제6조(조사) ① 검사는 부착명령을 청구하기 위하여 필요하다고 인정하는 때에는 피의자의 주거지 또는 소속 검찰청(지청을 포함한다. 이하 같다) 소재지를 관할하는 보호관찰소(지소를 포함한다. 이하 같다)의 장에게 범죄의 동기, 피해자와의 관계, 심리상태, 재범의 위험성 등 피의자에 관하여 필요한 사항의 조사를 요청할 수 있다.

④ 검사는 부착명령을 청구함에 있어서 필요한 경우에는 피의자에 대한 정신감정이나 그 밖에 전문가의 진단 등의 결과를 참고하여야 한다.

제9조(부착명령의 판결 등) ① 법원은 부착명령 청구가 이유 있다고 인정하는 때에는 다음 각 호에 따른 기간의 범위 내에서 부착기간을 정하여 판결로 부착명령을 선고하여야 한다. 다만, 13세 미만의 사람에 대하여 특정범죄를 저지른 경우에는 부착기간 하한을 다음 각 호에 따른 부착기간 하한의 2배로 한다.

1. 법정형의 상한이 사형 또는 무기징역인 특정범죄: 10년 이상 30년 이하
2. 법정형 중 징역형의 하한이 3년 이상의 유기징역인 특정범죄(제1호에 해당하는 특정범죄는 제외한다): 3년 이상 20년 이하

3. 법정형 중 징역형의 하한이 3년 미만의 유기징역인 특정범죄(제1호 또는 제2호에 해당하는 특정범죄는 제외한다): 1년 이상 10년 이하

③ 부착명령을 선고받은 사람은 부착기간 동안 「보호관찰 등에 관한 법률」에 따른 보호관찰을 받는다.

④ 법원은 다음 각 호의 어느 하나에 해당하는 때에는 판결로 부착명령 청구를 기각하여야 한다.

1. 부착명령 청구가 이유 없다고 인정하는 때
2. 특정범죄사건에 대하여 무죄(심신상실을 이유로 치료감호가 선고된 경우는 제외한다)·면소·공소기각의 판결 또는 결정을 선고하는 때
3. 특정범죄사건에 대하여 벌금형을 선고하는 때
4. 특정범죄사건에 대하여 선고유예 또는 집행유예를 선고하는 때(제28조 제1항에 따라 전자장치 부착을 명하는 때를 제외한다)

⑤ 부착명령 청구사건의 판결은 특정범죄사건의 판결과 동시에 선고하여야 한다.

⑥ 부착명령 선고의 판결이유에는 요건으로 되는 사실, 증거의 요지 및 적용법조를 명시하여야 한다.

⑦ 부착명령의 선고는 특정범죄사건의 양형에 유리하게 참작되어서는 아니 된다.

제9조의2(준수사항) ① 법원은 제9조 제1항에 따라 부착명령을 선고하는 경우 부착기간의 범위에서 준수기간을 정하여 다음 각 호의 준수사항 중 하나 이상을 부과할 수 있다. 다만, 제4호의 준수사항은 500시간의 범위에서 그 기간을 정하여야 한다.

1. 야간 등 특정 시간대의 외출제한
2. 특정지역·장소에의 출입금지

2의2. 주거지역의 제한

3. 피해자 등 특정인에의 접근금지

4. 특정범죄 치료 프로그램의 이수
5. 그 밖에 부착명령을 선고받는 사람의 재범방지와 성행교정을 위하여 필요한 사항

제14조의2(부착기간의 연장 등) ① 피부착자가 다음 각 호의 어느 하나에 해당하는 경우에는 법원은 보호관찰소의 장의 신청에 따른 검사의 청구로 1년의 범위에서 부착기간을 연장하거나 제9조의2 제1항의 준수사항을 추가 또는 변경하는 결정을 할 수 있다.

1. 정당한 사유 없이 「보호관찰 등에 관한 법률」 제32조에 따른 준수사항을 위반한 경우
2. 정당한 사유 없이 제14조 제2항을 위반하여 신고하지 아니한 경우
3. 정당한 사유 없이 제14조 제3항을 위반하여 허가를 받지 아니하고 주거 이전·국내여행 또는 출국을 하거나, 거짓으로 허가를 받은 경우

② 제1항 각 호에 규정된 사항 외의 사정변경이 있는 경우에도 법원은 상당한 이유가 있다고 인정되면 보호관찰소의 장의 신청에 따른 검사의 청구로 제9조의2 제1항의 준수사항을 추가, 변경 또는 삭제하는 결정을 할 수 있다.

제16조(수신자료의 보존·사용·폐기 등) ① 보호관찰소의 장은 피부착자의 전자장치로부터 발신되는 전자파를 수신하여 그 자료(이하 '수신자료'라 한다)를 보존하여야 한다.

② 수신자료는 다음 각 호의 경우 외에는 열람·조회 또는 공개할 수 없다.

1. 피부착자의 특정범죄 혐의에 대한 수사 또는 재판자료로 사용하는 경우
2. 보호관찰관이 지도·원호를 목적으로 사용하는 경우

3. 「보호관찰 등에 관한 법률」 제5조에 따른 보호관찰심사위원회(이하 '심사위원회'라 한다)의 부착명령 가해제와 그 취소에 관한 심사를 위하여 사용하는 경우

④ 검사 또는 사법경찰관은 수신자료를 열람 또는 조회하는 경우 법관이 발부한 압수수색영장을 제시하여야 한다.

⑤ 보호관찰소의 장은 다음 각 호의 어느 하나에 해당하는 때에는 수신자료를 폐기하여야 한다.

1. 부착명령과 함께 선고된 형이 「형법」 제81조에 따라 실효된 때
2. 부착명령과 함께 선고된 형이 사면으로 인하여 그 효력을 상실한 때
3. 전자장치 부착이 종료된 자가 자격정지 이상의 형 또는 이 법에 따른 전자징치 부착을 받음이 없이 전자장치 부착을 종료한 날부터 5년이 경과한 때

⑥ 그 밖에 수신자료의 보존·사용·폐기 등에 관하여 필요한 사항은 대통령령으로 정한다.

제17조(부착명령의 가해제 신청 등) ① 보호관찰소의 장 또는 피부착자 및 그 법정대리인은 해당 보호관찰소를 관할하는 심사위원회에 부착명령의 가해제를 신청할 수 있다.

② 제1항의 신청은 부착명령의 집행이 개시된 날부터 3개월이 경과한 후에 하여야 한다. 신청이 기각된 경우에는 기각된 날부터 3개월이 경과한 후에 다시 신청할 수 있다.

제19조(가해제의 취소 등) ① 보호관찰소의 장은 부착명령이 가해제된 자가 특정범죄를 저지르거나 주거이전 상황 등의 보고에 불응하는 등 재범의 위험성이 있다고 판단되는 때에는 심사위원회에 가해제의 취소를 신청할 수 있다. 이 경우 심사위원회는 가해제된 자의 재범의 위험성이 현저하다고 인정될 때에는 가해제를 취소하여야 한다.

② 제1항에 따라 가해제가 취소된 자는 잔여 부착명령기간 동안 전자장치를 부착하여야 한다. 이 경우 가해제기간은 부착명령기간에 산입하지 아니한다.

第36条(벌칙) ① 전자장치 부착 업무를 담당하는 자가 정당한 사유 없이 피부착자의 전자장치를 해제하거나 손상한 때에는 1년 이상의 유기징역에 처한다.

② 전자장치 부착 업무를 담당하는 자가 금품을 수수·요구 또는 약속하고 제1항의 죄를 범한 때에는 2년 이상의 유기징역에 처한다.

③ 수신자료를 관리하는 자가 제16조 제2항을 위반한 때에는 1년 이상의 유기징역에 처한다.

第38条(벌칙) 피부착자가 제14조(제27조 및 제31조에 따라 준용되는 경우를 포함한다)를 위반하여 전자장치의 부착기간 중 전자장치를 신체에서 임의로 분리·손상, 전파 방해 또는 수신자료의 변조, 그 밖의 방법으로 그 효용을 해한 때에는 7년 이하의 징역 또는 2천만원 이하의 벌금에 처한다.

第39条(벌칙) ① 피부착자가 제9조의2 제1항 제3호 또는 제4호의 준수사항을 정당한 사유 없이 위반한 때에는 3년 이하의 징역 또는 1천만원 이하의 벌금에 처한다.

② 피부착자가 제9조의2 제1항 제1호·제2호·제2호의2 또는 제5호의 준수사항을 정당한 사유 없이 위반한 때에는 1천만원 이하의 벌금에 처한다.

특정 범죄자에 대한 위치추적 전자장치 부착 등에 관한 법률(2008. 6. 13. 법률 제9112호) **부칙 제2조**(2010. 4. 15. 법률 제10257호로 개정된 것)

① 생략

② 제1항의 출소예정자에 대한 부착명령 절차는 다음 각 호에 따른다.

1. 교도소·구치소·치료감호시설·보호감호시설(이하 '수용시설'이라 한다)의 장은 출소예정자에 대한 징역형 등의 집행이 종료되기 6개월 전까지 수용시설의 소재지를 관할하는 지방 검찰청의 검사와 보호관찰소의 장에게 인적사항과 교정성적 등 필요한 사항을 통보하여야 한다.
2. 검사는 소속 검찰청 소재지 또는 출소예정자의 주거지를 관할하는 보호관찰소의 장에게 제1항의 출소예정자에 대하여 제6조에 따른 조사를 요청할 수 있다.
3. 보호관찰소의 장은 출소예정자에 대한 징역형 등의 집행이 종료되기 4개월 전까지 제6조 제3항의 조사보고서를 제출하여야 한다.
4. 검사는 출소예정자 중 제1항의 부착명령 청구요건에 해당되는 사람에 대하여 징역형 등의 집행이 종료되기 3개월 전까지 법원에 부착명령을 청구하여야 한다.
5. 법원은 제4호의 부착명령 청구가 이유 있다고 인정하는 때에는 출소예정자의 징역형 등의 집행이 종료되기 1개월 전까지 결정으로 부착명령을 하여야 한다.
6. 제5호의 결정에 대한 항고는 부착명령의 집행을 정지하는 효력이 없다.

③ 제1항의 출소임박자 및 출소자에 대한 부착명령 절차는 다음 각 호에 따른다.

1. 수용시설의 장은 출소임박자 및 출소자에 대하여 이 법 시행일부터 1개월 이내에 수용시설의 소재지를 관할하는 지방 검찰청의 검사와 보호관찰소의 장에게 인적사항과 교정성적 등 필요한 사항을 통보하여야 한다.
2. 검사는 소속 검찰청 소재지 또는 출소임박자 및 출소자의 주거지를 관할하는 보호관찰소의 장에게 출소임박자 및 출소자에 대하

여 제6조에 따른 조사를 요청할 수 있다.

3. 보호관찰소의 장은 출소임박자 및 출소자에 대한 제6조 제3항의 조사보고서를 요청접수일부터 2개월 이내에 제출하여야 한다.
4. 검사는 출소임박자 또는 출소자 중 제1항의 부착명령 청구요건에 해당되는 사람에 대하여 이 법 시행일부터 1년 이내에 법원에 부착명령을 청구하여야 한다. 다만, 출소임박자 또는 출소자가 도피한 때에는 그 기간을 3년으로 한다.
5. 검사 또는 보호관찰소의 장은 제2호의 조사 또는 제4호의 청구를 위하여 필요한 때에는 출소자의 출석을 요구하여 진술을 들을 수 있다.
6. 출소자가 정당한 이유 없이 제5호에 따른 출석요구에 따르지 아니하거나 따르지 아니할 우려가 있는 때에는 검사는 관할 지방법원판사에게 청구하여 구인영장을 발부받아 출소자를 구인할 수 있고, 보호관찰소의 장은 관할 지방검찰청의 검사에게 신청하여 검사의 청구로 관할 지방법원판사의 구인영장을 발부받아 출소자를 구인할 수 있다.
7. 검사 또는 보호관찰소의 장은 제6호에 따라 출소자를 구인한 경우 구인한 때부터 48시간 이내에 필요한 조사를 마쳐야 하고, 조사를 마친 때에는 출소자를 즉시 석방하여야 한다.
8. 법원은 제4호의 부착명령 청구가 이유 있다고 인정하는 때에는 청구일부터 2개월 이내에 결정으로 부착명령을 하여야 한다.
9. 보호관찰소의 장은 제8호의 결정의 집행을 위하여 출소자를 소환할 수 있다.
10. 출소자가 제9호의 소환에 불응한 경우 보호관찰소의 장은 검사에게 신청하여 부착명령 집행장을 발부받아 출소자를 구인할 수 있다.

11. 제8호의 결정에 대한 항고는 부착명령의 집행을 정지하는 효력이 없다.

④ 제2항과 제3항에 따른 부착명령의 시효는 부착명령 확정일부터 5년으로 하며, 시효가 완성되면 집행을 면제한다. 다만, 출소예정자, 출소임박자 또는 출소자가 체포됨으로써 시효가 중단된다.

구 특정 성폭력범죄자에 대한 위치추적 전자장치 부착에 관한 법률 (2008. 6. 13. **법률 제9112호로 개정되고,** 2010. 4. 15. **법률 제10257호로 개정되기 전의 것)**

제5조(전자장치 부착명령의 청구) ① 검사는 다음 각 호의 어느 하나에 해당하고, 성폭력범죄를 다시 범할 위험성이 있다고 인정되는 자에 대하여 전자장치를 부착하도록 하는 명령(이하 '부착명령'이라 한다)을 법원에 청구할 수 있다.

1. 성폭력범죄로 2회 이상 징역형의 실형을 선고받아 그 형기의 합계가 3년 이상인 자가 그 집행을 종료한 후 또는 집행이 면제된 후 5년 이내에 성폭력범죄를 저지른 때
2. 이 법에 따른 전자장치를 부착받은 전력이 있는 자가 다시 성폭력범죄를 저지른 때
3. 성폭력범죄를 2회 이상 범하여 그 습벽이 인정된 때
4. 13세 미만의 자에 대하여 성폭력범죄를 저지른 때

② 제1항의 청구는 공소가 제기된 성폭력범죄사건의 제1심 판결 선고 전까지 하여야 한다.

③ 법원은 공소가 제기된 성폭력범죄사건을 심리한 결과 부착명령을 선고할 필요가 있다고 인정하는 때에는 검사에게 부착명령의 청구를 요구할 수 있다.

④ 제1항 각 호의 성폭력범죄사건에 대하여 판결의 확정 없이 공소가 제기된 때부터 15년이 경과한 경우에는 부착명령을 청구할 수 없다.

제9조(부착명령의 판결 등) ① 법원은 부착명령 청구가 이유 있다고 인정하는 때에는 10년의 범위 내에서 부착기간을 정하여 판결로 부착명령을 선고하여야 한다.

② 법원은 다음 각 호의 어느 하나에 해당하는 때에는 판결로 부착명령 청구를 기각하여야 한다.

1. 부착명령 청구가 이유 없다고 인정하는 때
2. 성폭력범죄사건에 대하여 무죄(심신상실을 이유로 치료감호가 선고된 경우는 제외한다)·면소·공소기각의 판결 또는 결정을 선고하는 때
3. 성폭력범죄사건에 대하여 벌금형을 선고하는 때
4. 성폭력범죄사건에 대하여 선고유예 또는 집행유예를 선고하는 때(제28조 제1항에 따라 전자장치 부착을 명하는 때를 제외한다)

판례의 평가

1. 헌법재판소가 전자장치 부착을 통한 위치추적 감시제도가 처음 시행될 때 부착명령 대상에서 제외되었던 2008. 9. 1. 이전에 제1심 판결을 선고받은 사람들 중 구 '특정 범죄자에 대한 위치추적 전자장치 부착 등에 관한 법률'(2010. 4. 15. 법률 제10257호로 개정되고, 2012. 12. 18. 법률 제11558호로 개정되기 전의 것) 시행 당시 징역형 등의 집행 중이거나 집행이 종료, 가종료·가출소·가석방 또는 면제된 후 3년이 경과하지 아니한 자에 대하여도 위치추적 전자장치를 부착할 수 있도록 규정하고 있는 '특정 범죄자에 대한 위치추적 전자장치 부착 등에 관한 법률'(2008. 6. 13. 법률 제9112호) 부칙 제2조 제1항(2010. 4. 15. 법률 제10257호로 개정된 것)이 형벌불소급의 원칙에 위배되는지 여부에 대하여 재판관 5명 위헌의견과 재판관 4명 합헌의견으로 정족수에 이르지 못하여 합헌결정을 하였다.

2. 전자감시제도는 2007년 4월 27일 법률 제8394호로 제정된 '특정 성폭력범죄자에 대한 위치추적 전자장치 부착에 관한 법률'을 통해 도입되었는데, 주요 내용은 일정한 요건에 해당하는 재범의 위험성이 있는 성폭력범죄자에 대해 검사의 청구와 법원의 판결에 따라 5년 이내의 기간 동안 전자장치를 부착하게 할 수 있도록 하는 것이었다. 위 법률

은 공포 후 1년 6개월이 경과한 2008. 10. 28.부터 시행될 예정이었으나, 아동을 상대로 한 성폭력범죄가 연이어 발생하면서 그 대책이 시급하다는 여론이 비등하자, 국회는 2008. 6. 13. 법률 제9112호로 법률을 개정하여 그 시행 시기를 2008. 9. 1.로 앞당겼다. 또 전자장치 부착기간의 상한을 5년에서 10년으로 연장하고, 법원이 전자장치의 부착명령과 함께 야간외출제한·특정장소에의 출입금지·성폭력 치료프로그램 이수 등의 준수사항을 부가할 수 있는 제도를 도입하였다(제9조 제1항, 제9조의2, 제39조).

위 법률은 2009. 5. 8. 법률 제9654호로 다시 개정되었는데, 성폭력범죄 이외에 미성년자 대상 유괴범죄를 규율 대상에 추가하고 법률의 명칭도 '특정 범죄자에 대한 위치추적 전자장치 부착 등에 관한 법률'(다음부터 '전자장치부착법'이라 한다)로 변경하여 2009. 8. 9.부터 시행하였다(부칙 제1조). 이어 2010. 4. 15. 법률 제10257호로 다시 개정된 전자장치부착법은 전자장치 부착명령 대상범죄에 살인범죄를 추가하고, 전자장치의 부착기간을 법정형에 따라 '10년 이상 30년 이하', '3년 이상 20년 이하', '1년 이상 10년 이하' 등으로 세분하여 하한을 1년으로, 상한을 최상 30년으로 하였다(제9조 제1항). 또 부착명령의 청구기한을 항소심 변론종결시까지로 연장하고(제5조 제4항), 부착명령에 법원이 부가할 수 있는 준수사항에 '주거지역의 제한'을 추가하였으며(제9조의2 제2호의2), 피부착자의 주거이전 및 7일 이상의 국내여행 또는 출국 시에 허가를 받도록 하였다(제14조 제3항).

한편 2010. 4. 15. 전자장치부착법 개정 시 2008. 6. 13. 법률 제9112호 부칙 제2조를 신설하여 2008. 9. 1. 이전에 1심판결이 선고됨으로써 부착명령의 대상이 아니었던 성폭력범죄자 중 형 집행 중이거나 집행종료·가종료·가출소·가석방·면제된 후 3년이 경과하지 않은 사람들에 대해 주거지 또는 현재지를 관할하는 지방법원에 부착명령을 청구할 수 있도록 하였다.

최근 2012. 12. 18. 법률 제11558호로 개정된 법률은 특정 범죄자에 대한 형 종료 후 보호관찰제도를 신설하여 법률의 명칭을 '특정 범죄자에 대한 보호관찰 및 전자장치 부착에 관한 법률'로 변경하는 한편, 위치추적 전자장치 부착대상 특정범죄에 강도범죄를 추가하고, 미성년자 및 장애인에 대한 성범죄의 경우 전자장치 부착명령의 청구요건을 완화하는 등의 내용을 보완하였다.

3. 당시 헌법재판소의 심판대상 법률 부칙조항 시행 당시 이미 '징역형 등의 집행이 종료(가종료·가출소·가석방 등의 경우는 제외, 다음부터 '형 집행 종료자'라 한다)된 후 3년이 경과되지 아니한 사람'에게까지 전자장치 부착명령을 청구할 수 있도록 한 부분은, 이미 자신의 범죄행위로 인한 형사제재가 종료되었다는 신뢰를 보호하기 위한 어떠

한 절차도 마련하지 아니하였다는 점에서 피해의 최소성원칙에 반할 뿐 아니라, 출소 당시 재범의 위험성에 대한 평가 없이 이미 사회로 복귀하여 국가의 관리감독을 벗어난 형 집행 종료자가 사회인으로서 정상적인 생활에 대하여 가졌던 신뢰이익의 침해는 결코 작다고 할 수 없고, 더욱이 입법자의 의사에 따라 과거의 범죄행위에 대하여 언제까지라도 다시 재범의 위험성을 평가 받을 수 있다는 법적 불안정성과 불이익은 재범 방지라는 보안처분의 목적을 충분히 감안한다 하더라도 정당화되기 어렵다. 따라서 당시 심판대상 법률 부칙조항은 형 집행 종료자의 신뢰를 과도하게 침해한 것이므로 과잉금지원칙에 위배된다.

전자장치 부착의 제재를 부과하는 목적과 의도, 전자장치 부착으로 인하여 그 대상자에게 미치는 실제적 효과 등에 비추어 보면, 전자장치 부착은 형벌에 못지않은, 강한 '형벌적 성격'을 가진 형사상 제재이므로, 전자장치 부착이 형벌적 성격을 갖는 이상, 일정한 범죄를 저지른 자에 대하여 전자장치 부착을 명하기 위해서는 그 범행 당시에 이미 전자장치 부착의 근거가 되는 법률이 제정, 시행되고 있었어야 함에도 불구하고, 당시 심판대상 법률 부칙조항은 전자장치부착법이 제정, 시행되기 이전에 성폭력범죄를 저지른 자에 대해서도 소급하여 전자장치 부착을 명할 수 있도록 함으로써 헌법 제13조 제1항 전단이 금지하고 있는 소급처벌을 규정하고 있다고 볼 수 있다.

4. 2007년 4월 27일 법률 제8394호로 '특정 성폭력범죄자에 대한 위치추적 전자장치 부착에 관한 법률'이 제정되어, 2012년 12월 18일 '특정 범죄자에 대한 보호관찰 및 전자장치 부착 등에 관한 법률'로 명칭변경 및 개정되었다.

23 국토의 계획 및 이용에 관한 법률 부칙 제16조 제1항 장기미집행 도시계획시설 실효제도의 경과규정

(2014. 7. 24. 2013헌바387)

Ⅰ. 판시 사항

장기미집행 도시계획시설에 대한 실효제도를 도입하면서 경과규정을 두어 도시계획시설 중 2000. 7. 1. 이전에 결정된 시설에 대해서는 그 기산일을 2000. 7. 1.로 정한 국토의 계획 및 이용에 관한 법률 부칙(2002. 2. 4. 법률 제6655호) 제16조 제1항 제1호(이하 '심판대상조항'이라 한다)가 청구인의 재산권을 침해하고 평등원칙에 위배되는지 여부(소극)

Ⅱ. 결정요지

심판대상조항은 도시계획시설결정을 기초로 형성된 법적 안정성과 신뢰를 보호하고 도시계획의 건전한 시행을 도모하기 위한 것으로서, 달리 완화된 방법으로는 그 입법목적의 달성을 보장할 수 없고, 재산권 제약에 대하여는 적절한 보상적 조치가 마련되어 있다. 따라서 심판대상조항은 재산권을 과도하게 침해하거나 평등원칙에 위반되지 아니한다.

□ 재판관 이정미, 재판관 김이수, 재판관 이진성, 재판관 김창종, 재판관 조용호의 반대의견

입법자가 경과규정을 마련하면서 기존의 도시계획시설결정 중 2000. 7. 1. 당시 이미 20년이 도과한 것과 20년이 도과하지 않은 것을 구분하여 실효기간의 편차를 두는 등의 단계적 규율을 하는 것이 현실적으로 어렵다거나 심판대상조항이 달성하려는 공익에 방해된다고 보기 어렵고, 도시계획시설결정으로 인하여 토지재산권을 장기간 제한받는 불이익이 심판대상조항으로 달성할 공익보다 결코 작다고 할 수 없으므로, 심판대상조항은 토지소유자의 재산권을 과도하게 침해하고 평등원칙에 위반된다.

Ⅲ. 심판대상조문

국토의 계획 및 이용에 관한 법률 부칙(2002. 2. 4. 법률 제6655호) 제16조 제1항 제1호

Ⅳ. 참조조문

헌법 제23조 제1항, 제2항

국토의 계획 및 이용에 관한 법률 부칙(2002. 2. 4. 법률 제6655호) 제15조

구 도시계획법(2000. 1. 28. 법률 제6243호로 전부개정되고, 2002. 2. 4. 법률 제6655호로 폐지되기 전의 것) 제41조

V. 참조판례

헌재 1999. 10. 21. 97헌바26, 판례집 11－2, 383, 406~407, 410~411

헌재 2005. 9. 29. 2002헌바84등, 판례집 17－2, 98, 114~125

헌재 2009. 7. 30. 2007헌바110, 판례집 21－2상, 197, 210~222

Ⅵ. 당사자

청 구 인 : ㅇㅇ주택조합
대표자 조합장 배ㅇ자
대리인 법무법인 온누리
담당변호사 양진영 외 4인

당해사건 : 수원지방법원 2013구합1080 도시계획시설결정폐지신청거부처분취소

Ⅶ. 주 문

국토의 계획 및 이용에 관한 법률 부칙(2002. 2. 4. 법률 제6655호) 제16조 제1항 제1호는 헌법에 위반되지 아니한다.

Ⅷ. 이 유

1. 사건개요

가. 청구인은 1997년경부터 안산시 상록구 ㅇㅇ동 산179에 있는 이 사

건 토지 61,697㎡를 소유하고 있는 주택조합이다. 청구인은 이 사건 토지가 1977. 3. 31. 건설교통부 고시 제53호에 의하여 도시계획시설(도시자연공원)로 결정·고시된 뒤 장기간 공원조성사업이 이루어지지 않자 이 사건 토지에 대하여 매수보상이나 도시계획시설해제를 요구해 오다가 2012. 11. 15. ○○시장으로부터 도시계획시설 해제신청을 거부하는 취지의 회신(다음부터 '이 사건 거부회신'이라 한다)을 받은 뒤, '도시계획시설결정 폐지신청거부처분'의 취소를 구하는 항고소송을 제기하였다(수원지방법원 2013구합1080).

나. 2002. 2. 4. 법률 제6655호로 제정된 '국토의 계획 및 이용에 관한 법률' 제48조 제1항은, 도시계획시설 고시일로부터 20년이 경과할 때까지 당해시설의 설치에 관한 도시계획시설사업이 시행되지 아니하는 경우 도시계획결정의 효력이 상실되도록 규정하면서, 부칙 제16조 제1항 제1호에서 제48조 제1항의 규정에도 불구하고 위 법 시행 당시 종전의 도시계획법에 의한 도시계획시설 중 2000. 7. 1. 이전에 결정·고시된 시설에 관하여는 그 기산일을 2000. 7. 1.로 하도록 규정하였다.

다. 청구인은 위 항고소송 계속 중인 2013. 8. 7. 위와 같은 내용의 부칙조항이 도시계획시설로 지정된 토지소유자의 재산권과 평등권을 침해한다고 주장하며 위헌법률심판제청 신청을 하였으나 2013. 10. 30. 기각되자, 2013. 11. 14. 이 사건 헌법소원심판을 청구하였다.

2. 심판대상

이 사건 심판대상은 국토의 계획 및 이용에 관한 법률 부칙(2002. 2. 4. 법률 제6655호) 제16조 제1항 제1호의 위헌 여부이고, 심판대상조항의 내용은 다음과 같다.

[심판대상조항]

국토의 계획 및 이용에 관한 법률 부칙(2002. 2. 4. 법률 제6655호)

제16조(도시계획시설결정의 매수청구 및 실효기산일에 관한 경과조치) ① 이 법 시행 당시 종전의 도시계획법에 의하여 결정·고시된 도시계획시설로서 부칙 제15조 제1항의 규정에 의하여 도시계획시설로 보는 시설의 결정의 실효에 관한 결정·고시일의 기산일은 제48조의 규정에 불구하고 다음 각 호에 의한다.

1. 2000년 7월 1일 이전에 결정·고시된 도시계획시설의 기산일은 2000년 7월 1일

3. 청구인의 주장 요지

심판대상조항은 이미 장기간 집행되지 않은 채 방치되어 있는 도시계획시설결정으로 인하여 재산권 제한을 받아온 도시계획시설부지의 재산권자로 하여금 무조건 2000. 7. 1.부터 새로이 20년의 기간 동안 도시계획시설결정의 시행 여부를 기다리게 함으로써 실제로 그 부지가 공익사업에 제공되는지 여부에 대한 보장 없이 또다시 장기간 동안 과도한 재산권 제한을 강요하고 있다. 또한 도시계획시설결정이 집행되지 않은 채 경과된 시간의 정도에 따라 재산권 제한의 정도가 상이함에도 불구하고 일률적으로 2000. 7. 1.을 실효기간의 기산점으로 규정하고 있어 청구인의 재산권을 본질적으로 침해하고, 평등원칙에도 위배된다.

4. 판 단

가. 선 례

헌법재판소는 2005. 9. 29. 2002헌바84등 결정 및 2009. 7. 30. 2007헌바110 결정에서 심판대상조항이 도시계획결정의 실효제도를 규정하는 조항이 적용되는 범위를 정하는 경과규정으로서 재산권의 내용과 한계를 일반적·추상적으로 확정하는 규정이자 재산권의 사회적 제약을 구체화하는 규정으

로 헌법에 위반되지 않는다고 결정하였는데, 그 이유의 요지는 다음과 같다.

(1) 과잉금지원칙 위반 여부

구 도시계획법(2000. 1. 28. 법률 제6243호로 전부개정되고 2002. 2. 4. 법률 제6655호로 폐지되기 전의 것, 다음부터 '구 도시계획법'이라 한다)이 도시계획시설결정의 실효제도를 신설하고 구 '국토의 계획 및 이용에 관한 법률'(2002. 2. 4. 법률 제6655호로 제정되고 2007. 1. 26. 법률 제8283호로 개정되기 전의 것, 다음부터 '구 국토계획법'이라 한다)에서 이를 계승하면서, 위 실효제도를 신설하기 전의 모든 도시계획결정에 대하여 일률적으로 실효기산일을 그 고시일로 한다면, 실효제도가 시행되기 전에 이미 20년의 기간이 지난 도시계획시설결정은 법 시행과 동시에 한꺼번에 실효되고, 그 뒤 순차적으로 다수의 도시계획결정이 지속적으로 실효될 수밖에 없었다. 심판대상조항은 이와 같은 결과와 위험을 방지하여 도시계획시설결정을 기초로 형성된 법적 안정성과 신뢰를 보호하고 도시계획의 건전한 시행을 도모하기 위한 조항으로서, 그 입법목적의 정당성을 인정할 수 있다.

다음으로, 심판대상조항에 따라 실효제도가 신설되기 전에 이미 확정된 도시계획결정의 실효기산일을 실효제도가 시행된 날로 한다면, 도시계획시설결정의 동시·대량실효를 막을 수 있고, 사업시행자는 도시계획시설결정의 실효에 대한 대처를 할 여유를 가질 수 있는 효과가 있다. 따라서 심판대상조항에는 입법목적을 달성하기 위한 방법의 적정성이 인정된다.

나아가, 헌법은 입법자에게 재산권의 내용을 형성할 수 있는 상당한 입법재량을 주고 있다. 따라서 재산권의 내용을 형성하는 사회적 제약이 비례원칙에 부합하는지 여부를 판단함에 있어서도, 이미 형성되어 있는 기본권을 제한하는 입법의 경우에 비하여는 완화된 기준에 따라 심사되어야 한다.

그런데 구 도시계획법이 시행되기 전의 도시계획시설결정에 대하여 그 이전에 이미 경과된 기간의 장단에 따라 실효기간에 차등을 두는 단계적 실효의 방법은 전체 도시계획의 구도 아래에서 사업시행의 선후를 결정하기 보다는 도시계획결정의 선후에 따라 사업시행의 선후를 결정하도록 하는 결과를 낳아 바람직한 도시계획의 시행에 저해가 될 우려도 있다. 그리고 달리 완화된 방법으로는 심판대상조항의 입법목적을 달성할 수 있다는 보장을 할 수 없다. 따라서 심판대상조항이 최소침해성 원칙을 위반하였다고 할 수 없다.

마지막으로, 심판대상조항이 추구하는 공익인 도시계획시설결정을 기초로 사회적으로 형성된 법적 안정성 및 신뢰에 대한 보호와 도시계획의 유지와 시행이라는 이익이 심판대상조항으로 인하여 제한을 받는 사익인 도시계획시설부지에 관한 재산권 사이에 법익의 균형성을 갖추고 있는지 여부를 살펴본다. 도시계획시설결정이 있더라도 도시계획시설부지를 종래 용도대로 계속 사용할 수 있거나 법적으로 허용된 이용방법이 아직 남아 있는 경우에는, 도시계획시설결정으로 인하여 이용의 제한이 생기고 그 제한이 장기간에 이르더라도 이는 수인하여야 하는 사회적 제약의 범주 안에 있는 것이다. 하지만 도시계획시설결정으로 인하여 종래 용도대로 사용할 수 없거나 실질적으로 사용수익을 전혀 할 수 없는 경우에 아무런 보상 조치가 없다면 이는 수인하여야 할 사회적 제약의 범주를 벗어나는 것이 된다(헌재 1999. 10. 21. 97헌바26 참조). 따라서 심판대상조항에 따른 제약을 적절하게 보상할 조치가 마련되어 있어야 한다.

구 도시계획법은 도시계획시설결정으로 인하여 종래의 목적대로 사용할 수 없고 실질적 사용·수익이 불가능하게 된 대표적인 경우인 나대지를 포함하여 지목이 대지인 도시계획시설부지에 대한 매수청구제도를 신설하였고(제40조), 구 국토계획법도 이를 계승함으로써 보상적 조치를 마련하였다. 그리고 구 도시계획법 부칙은 매수청구에 관한 위 도시계획법 제40조를 2002. 1. 1.부터 시행하도록 하면서 도시계획시설결정 고시일부터 10년인 매수청구권 발생기간의 기산일에 관한 경과규정을 따로 두지 않고 있다. 그러므로 구 도시계획법 시행 당시 종전의 규정에 따라 도시계획시설결정이 고시된 도시계획시설부지 중 지목이 대지인 토지의 소유자는 그 결정 고시일로부터 10년이 지났다면 2002. 1. 1.부터라도 매수청구를 할 수 있게 되었다. 한편 국토계획법 부칙(2002. 2. 4. 법률 제6655호)은 구 도시계획법 제40조에 따라 도시계획시설부지의 매수를 청구한 경우에는 구 도시계획법에 의한다고 하면서(제11조) 매수청구권 발생기간 10년의 기산일에 관하여 별도의 경과규정을 두지 아니함으로써 구 도시계획법과 동일한 규율을 하고 있어, 이러한 보상적 조치가 2002. 1. 1.부터 현실적으로 작동할 수 있도록 하였다. 그렇다면 심판대상조항으로 인한 재산권 제약에 대하여 적절한 보상적 조치가 마련되어 있으므로, 심판대상조항을 통하여 달성하려고 하는 공익과 그로 인하여 침해되는 사익 사이에 법익균형성이 깨졌다고 할 수 없다.

결국 심판대상조항은 과잉금지원칙에 반하지 아니한다.

(2) 평등원칙 위반 여부

심판대상조항은 도시계획시설결정의 실효제도가 시행되기 전에 경과한 기간을 고려하지 아니하고 일률적으로 실효기간의 기산점을 규정하고 있다. 이에 따라 2000. 7. 1. 이후에 고시된 도시계획시설결정의 실효기간은 고시일로부터 20년인 데 비하여, 그 전에 고시된 도시계획시설결정의 실효기간은 고시일로부터 20년이 초과되는 결과를 가져온다. 이와 같이 심판대상조항은 2000. 7. 1. 이후 고시된 도시계획결정의 경우에는 모든 도시계획시설부지의 재산권자에게 20년이라는 동일한 시효기간을 부여하고 있지만, 그 전에 고시된 도시계획시설결정의 경우에는 20년을 초과하는 서로 다른 시효기간을 부여하는 차별을 하고 있다. 그러나 이러한 차별에는 앞에서 본 것과 같이 합리적인 이유가 있다고 인정된다. 따라서 심판대상조항은 평등원칙에 반하지 아니한다.

나. 선례의 유지

위와 같은 결정 이유는 심판대상조항에 관한 이 사건 헌법소원에도 그대로 타당하고, 이를 변경하여야 할 사정 변경이 있다고 할 수 없다.

5. 결 론

그렇다면 심판대상조항은 헌법에 위반되지 아니하므로 주문과 같이 결정한다. 이 결정은 재판관 이정미, 재판관 김이수, 재판관 이진성, 재판관 김창종, 재판관 조용호의 다음 6.과 같은 반대의견이 있는 외에는 나머지 재판관의 일치된 의견에 의한 것이다.

6. 재판관 이정미, 재판관 김이수, 재판관 이진성, 재판관 김창종, 재판관 조용호의 반대의견

가. 심판대상조항의 성질

도시계획시설결정의 실효제도를 규정한 구 국토계획법 제48조 제1항은 도시계획시설결정이 고시된 후 그 사업시행이 장기간 방치된 경우 그 결정을 실효시킴으로써, 도시계획시설결정으로 인한 토지재산권의 제한을 최소화하기 위한 것이다. 즉, 입법자에게 토지재산권의 사회적 제약에 관한 사항에 관하여 넓은 입법재량이 인정된다고 할지라도, 토지의 사회적 기속성에 따른 제한 역시 다른 기본권에 대한 제한입법과 마찬가지로 비례원칙을 준수하여야 하므로(헌재 1999. 10. 21. 97헌바26), 도시계획시설결정 실효제도는 재산권의 제한에 대한 헌법상 한계를 비례원칙에 따라 구체적으로 확인한 것이다.

따라서 도시계획시설결정이 고시된 후 20년이 도과하도록 그 사업이 시행되지 아니함에 따라 당해 도시계획시설부지의 재산권이 제한상태로부터 회복되는 것은, 도시계획결정의 사후적 통제라는 입법정책에 따라 시혜적으로 부여되는 권리가 아니라 헌법상 보장된 재산권의 내용에 포함되는 권리가 입법적으로 구현된 것이라고 할 것이다. 구 도시계획법은 도시계획시설결정의 실효요건인 '사업이 시행되지 않은 채 20년 경과'의 기산일을 '도시계획시설결정의 고시일'로 규정하고 있는 데 반하여, 심판대상조항은 2000. 7. 1. 이전에 결정·고시된 도시계획시설에 대하여는 그 기산일을 일률적으로 '2000. 7. 1.'로 규정하고 있는데, 이는 도시계획시설부지에 관한 재산권의 내용과 한계를 법률에 의하여 구체화한 것이므로, 토지재산권의 제한에 관한 헌법상 비례의 원칙에 부합하여야 한다.

나. 과잉금지원칙 위반 여부

(1) 입법목적의 정당성과 수단의 적정성은 법정의견과 같다.

(2) 피해최소성과 법익균형성

구 도시계획법의 실효제도는 도시계획시설결정에 의한 재산권 제한에 대한 보상적 조치이지만 그 실효기간 20년은 토지재산권의 제한을 받는 토지소유자에게 결코 짧지 않은 기간이므로 그 재산권의 제한이 결코 작다고 할 수 없다. 그런데 심판대상조항은 이미 장기간 동안 재산권 제한을 수인하여 온 소유자에게 기왕의 제한에 대하여 아무런 보상도 하지 아니한 채 또다시 새로운 기간 동안의 수인을 요구하는 것이므로, 그와 같은 제한은 공익목적을 달성하기 위한 불가피한 범위로 한정되어야 한다.

그런데 도시계획시설결정을 기초로 형성된 법적 안정성과 신뢰를 보호하고 도시계획의 건전한 시행을 도모한다는 목적을 충족시키기 위하여 심판대상조항보다 덜 제한적인 법적 수단이 없다고 단정할 수 없다. 우선 실효기간의 기산일을 실효제도의 시행일인 2000. 7. 1.로 하는 것은 불가피하다고 하더라도, 그 실효기간에 있어서는 2000. 7. 1. 이전에 결정·고시된 모든 도시계획시설결정의 실효기간을 이 사건 부칙조항과 같이 일률적으로 '위 일자로부터 20년'으로 하지 않고, 해당 결정·고시일로부터 2000. 7. 1.까지의 기간에 따라 단계적으로 정하는 방식을 고려할 수 있다. 예컨대, 기존의 도시계획시설결정 중 2000. 7. 1. 당시 이미 20년이 도과한 것에 대하여는 도시계획시설사업의 시행 여부를 재검토하거나 시행준비를 하는 데 필요한 정도의 실효기간을 부여하고, 20년이 도과하지 않은 것에 대하여는 그 미시행 기간을 감안하여 실효기간의 편차를 두는 방법 등이 있다.

나아가 입법자가 경과규정을 마련하면서 기존의 도시계획시설결정으로 재산권의 제한을 받는 소유자를 고려하여 이와 같은 단계적 규율을 하는 것이 현실적으로 어렵다거나 심판대상조항이 달성하려는 공익에 방해가 된다고는 보기 어렵다. 따라서 심판대상조항은 입법목적을 위한 필요한 최소한의 제한이라고 할 수 없으므로 피해최소성 원칙을 충족시키지 못한다.

또한, 기존의 도시계획시설결정으로 인하여 토지재산권을 장기간 제한받다가 2000. 7. 1.부터 20년 동안 그 제한을 새로이 수인하여야 하는 토지소유자의 불이익이 심판대상조항으로 달성할 공익보다 결코 작다고 할 수 없다. 따라서 법익균형성도 갖추지 못하였다.

(3) 그렇다면 심판대상조항은 비례원칙에 위반되어 토지소유자의 재산권을 과도하게 침해하고 있다고 할 것이다.

다. 평등원칙 위반 여부

고시된 도시계획시설결정이 집행되지 아니한 채 시간이 경과함에 따라 해당 토지소유자가 받는 재산권 제한의 정도가 현저히 상이함에도, 심판대상조항은 도시계획시설결정·고시일로부터 2000. 7. 1.까지의 기간이 얼마인지 여부에 상관없이 모든 토지소유자의 재산권 제한기간을 일률적으로 '2000. 7. 1.부터 20년'으로 규정하고 있다. 이에 따라 해당 토지소유자는 기존 제한기간의 장단에 관계없이 실효기간에 관하여 동일한 취급을 받게 되는데, 그와 같은 차별을 합리화할 상당한 이유가 없음은 앞에서 본 바와 같다. 따라서 심판대상조항은 도시계획시설결정에 의한 재산권의 제한에 있어서 본질적으로 다른 집단을 합리적 이유 없이 동등하게 취급함으로써 평등원칙에 위반된다고 할 것이다.

라. 결 론

심판대상조항은 비례의 원칙에 반하여 과도하게 토지소유자의 재산권을 제한할 뿐 아니라 평등의 원칙에도 위배되므로 헌법에 위반된다.

재판관 박한철(재판장)
이정미
김이수
이진성
김창종
안창호
강일원
서기석
조용호

판례의 평가

1. 헌법재판소가 장기미집행 도시계획시설에 대한 실효제도를 도입하면서 경과규정을 두어 도시계획시설 중 2000. 7. 1. 이전에 결정된 시설에 대해서는 그 기산일을 2000. 7. 1.로 정한 국토의 계획 및 이용에 관한 법률 부칙(2002. 2. 4. 법률 제6655호) 제16조 제1항 제1호가 청구인의 재산권을 침해하고 평등원칙에 위배되는지 여부에 대하여 재판관 5명 위헌의견과 재판관 4명 합헌의견으로 정족수에 이르지 못하여 합헌결정을 하였다.

2. 입법자가 경과규정을 마련하면서 기존의 도시계획시설결정 중 2000. 7. 1. 당시 이미 20년이 도과한 것과 20년이 도과하지 않은 것을 구분하여 실효기간의 편차를 두는 등의 단계적 규율을 하는 것이 현실적으로 어렵다거나 심판대상조항이 달성하려는 공익

에 방해된다고 보기 어렵고, 도시계획시설결정으로 인하여 토지재산권을 장기간 제한받는 불이익이 심판대상조항으로 달성할 공익보다 결코 작다고 할 수 없으므로, 심판대상조항은 토지소유자의 재산권을 과도하게 침해하고 평등원칙에 위반된다고 볼 수 있다.

3. 참고로 국토의 계획 및 이용에 관한 법률이 2002년 2월 4일 제정되어 2003년 1월 1일 시행됨으로써, 국토이용관리법 및 도시계획법은 각각 폐지되었다.

24 공직선거법 제18조 제1항 제2호 금고 이상의 형 수형자 선거권제한

(2009. 10. 29. 2007헌마1462)

Ⅰ. 판시 사항

1. 선거일 현재 금고 이상의 형의 선고를 받고 그 집행이 종료되지 아니한 자(이하 '수형자'라 한다)는 선거권이 없다고 규정하고 있는 공직선거법 제18조 제1항 중 제2호 전단 부분(이하 '이 사건 법률조항'이라 한다)이 과잉금지원칙에 위반함으로써 수형자인 청구인의 선거권 등 기본권을 침해하여 위헌인지 여부(소극)

2. 위헌의견에 찬성한 재판관이 5인이어서 다수이나 헌법소원에 관한 위헌결정을 위한 심판정족수에 이르지 못한다는 이유로 청구기각결정을 한 사례

Ⅱ. 결정요지

1. 가. 재판관 김희옥, 재판관 김종대, 재판관 민형기, 재판관 목영준, 재판관 송두환의 위헌의견

(1) 청구기간

이 사건 법률조항은 '금고 이상의 형을 선고받고 선거일 현재 그 집행이 종료되지 아니한 자'에 해당할 때 당해 선거에서의 선거권을 제한하는 규정이므로, 이 사건 법률조항으로 인한 선거권 등 기본권의 침해는 그 시행 후 청구인이 이에 해당되는 사유가 발생하였을 때 비로소 이루어지는 경우라 할 것이고, 구체적인 사유발생일은 선거일이라 할 것이다.

(2) 과잉금지원칙 등의 위반 여부

(심사의 강도)

민주국가에서 국민주권과 대의제 민주주의를 실현하는 핵심적인 수단으로서 선거권이 갖는 중요성에 비추어 볼 때, 형벌의 내용이 선거권 제한이라고 한다면, 그 자체 및 적용범위의 정당성에 관하여도 보통선거의 원칙에 입각한 선거권 보장과 그 제한의 관점에서 헌법 제37조 제2항의 규정에 따라 엄격한 비례심사를 함이 타당하다.

(목적의 정당성 및 수단의 적합성)

이 사건 법률조항에 의한 선거권의 박탈은 범죄자에 대해 가해지는 형사적 제재의 연장으로서 범죄에 대한 응보적 기능을 갖는다 할 것이고, 나아가 이 사건 법률조항이 수형자에 대하여 그가 선고받은 생명형이나 자유형과는 별도로 선거권을 박탈하는 것은 수형자 자신을 포함하여 일반국민으로 하여금 시민으로서의 책임성을 함양하고 법치주의에 대한 존중의식을 제고하는 데도 기여할 수 있다. 이 사건 법률조항이 담고 있는 이러한 목적

은 정당하고, 수형자의 선거권 제한은 이를 달성하기 위한 효과적이고 적절한 방법의 하나라 할 것이다.

(기본권침해의 최소성)

이 사건 법률조항은 '금고 이상의 형을 선고받고 그 집행이 종료되지 아니한 자'에 대하여 전면적·획일적으로 선거권을 제한하여 선거권 제한의 대상에, 국가 공동체의 법질서를 해친다는 인식이나 의도가 없는 과실범, 일정한 형기를 경과한 후 가석방심사위원회로부터 범죄의 동기·재범의 위험성 등 제반사정에 관한 충분한 심사를 받고 형기 만료에 앞서 사회에 복귀함으로써 주된 형벌인 '교정시설에의 수용'을 면한 가석방자 등을 포함하고 있다. 나아가 이 사건 법률조항이 민주주의 등 헌법질서를 부정하는 반국가적 성격의 범죄와 무관한 경미한 범죄로 단기 자유형을 받은 자에게까지 폭넓게 선거권을 제한하는 것은 세계관의 다원주의를 전제로 다양한 사상이나 전력을 갖는 사람들이 자유롭게 선거에 참여하여 공동체의 질서를 형성하고자 하는 자유민주주의 국가의 선거제도에 부합하지 아니한 측면이 있다. 이러한 사정을 종합해 볼 때, 입법자는 선거권의 중요성을 고려하여 그 제한을 엄격히 하여야 함에도, 범죄자의 선거권을 제한함에 있어 '개개 범죄의 종류나 내용, 불법성의 정도 등이 선거권 제한과 어떤 직접적인 연관성을 갖는지'에 관하여 세심히 살피지 아니한 채 이 사건 법률조항으로써 단지 '금고 이상의 형을 선고받은 자로서 그 형의 집행을 마치지 아니한 자'라는 기준을 설정하여 쉽사리 그리고 일률적으로 수형자의 선거권을 제한하였다고 볼 수 있으므로, 이 사건 법률조항은 기본권 침해의 최소성의 원칙에 위반하였다 할 것이다.

(법익의 균형성)

이 사건 법률조항으로 인한 수형자의 선거권 제한은 앞서 본 바와 같이 지나치게 광범위할 뿐만 아니라 범죄의 성격과 선거권 제한과의 직접적 연관성도 찾기 어려운 부분도 포함하고 있으므로, 이로써 달성하고자 하는 '중대한 범죄자에 대한 제재나 일반 시민들의 법치주의에 대한 존중의식 제고' 등의 공익보다 이로 인하여 침해되는 '수형자 개인의 사익 또는 민주적 선거제도의 공익적 가치'가 더 크다 할 것이다. 따라서 이 사건 법률조항은 기본권 제한에 있어 서로 대립하는 법익간의 균형성을 상실하였다 할 것이다.

(3) 결 론

이 사건 법률조항은 헌법 제37조 제2항에 위반하여 수형자의 선거권을 침해하고, 헌법 제41조 제1항 및 제67조 제1항이 규정한 보통선거원칙에도 위반되어 수형자의 평등권을 침해한다 할 것이므로, 이 사건 심판청구를 인용하여 이 사건 법률조항이 헌법에 위반된다고 선언하여야 한다.

나. 재판관 이공현, 재판관 조대현, 재판관 이동흡의 기각의견

(1) 중한 범죄자에 대한 선거권의 제한 여부 및 그 범위와 방법 등은 각국의 역사적 경험, 형사법체계, 국민의 범죄에 대한 법감정 등 구체적 실정에 따라 결정될 성질의 것이라고 볼 수 있다. 또한 형법 규정에 상응하여 수형자에 대하여 선거권을 인정하지 아니하고 있는 이 사건 법률조항은 반사회적 행위를 한 중범죄자에 대한 형사적 제재의 성격을 가지고 있다고 할 것인데, 어떤 범죄를 어떻게 처벌할 것인가 하는 문제, 즉 법정형의 종류와 범위의 선택은 그 범죄의 죄질과 보호법익에 대한 고려뿐만 아니라 우리의 역사와 문화, 입법 당시의 시대적 상황, 국민일반의 가치관 내지 법감정 그리고 범죄예방을 위한 형사정책적 측면 등 여러 가지 요소를 종합적으로 고려하여 입법자가 결정할 사항으로서 광범위한 입법재량 내지 형성의 자유가 인정되어야 할 분야이다. 따라서 이 사건 법률조항에 대한 위헌심사를 함에 있어서도 이러한 점을 고려하여야 할 것이다.

(2) 과잉금지원칙위반 여부

(입법목적의 정당성 및 수단의 적절성)

이 사건 법률조항은 공동체 구성원으로서 반드시 지켜야 할 기본적 의무를 저버린 중한 범죄자에 대하여 형사적 제재를 가하고, 그를 통하여 범죄를 예방하며, 일반 국민으로 하여금 공동체 구성원으로서 책임성과 준법의식을 기르고 갖추도록 하는 데 그 입법목적이 있으며, 이 사건 법률조항에 따른 선거권 제한은 이러한 정당한 입법목적을 달성하기 위한 적절한 수단이라 할 것이다.

(피해의 최소성 및 법익의 균형성)

형법 규정에 의하면, 금고형은 적어도 1월 이상 범죄자를 교도소에 구금함으로써 신체의 자유 등 기본권에 중대한 제한을 가하는 형으로서 선거권 및 피선거권 등의 제한을 내용으로 하는 자격상실형 또는 자격정지형보다 중한 형이다. 그리고 우리 헌법은 법관이 '금고 이상의 형'을 선고받을 경우에는 법관의 신분을 박탈할 수 있도록 규정하고 있고, 국가공무원법 역시 '금고 이상의 형'을 선고받은 일정한 경우 공무원 신분을 박탈할 수 있도록 규정하고 있고, 변호사 등 여러 전문자격의 경우에도 관련 법률에서 '금고 이상의 형'을 선고받은 자에 대한 일정한 결격사유를 규정하고 있다. 따라서 '금고 이상의 선고형'이라는 기준은 이러한 기본권 제한을 정당화할 만큼 중대한 기준이 된다고 할 것이다. 더구나 이 사건 법률조항은 집행유예 판결이 아닌 '금고 이상의 실형'을 선고받아 형집행 중인 수형자에 대하여 적용되는 것인바, 이러한 중한 형을 선고받은 수형자에 대하여 형집행기간 동안 선거권을 제한하는 것이 입법목적의 달성에 필요한 정도를 벗어난 과도한 것이라고 보기 어렵다.

이 사건 법률조항으로 인하여 수형자가 입게 되는 선거권 제한이라는 불이익은 금고형보다 가벼운 형벌인 자격상실이나 자격정지의 한 효과에 불과한 점, 이 사건 법률조항에 따른 선거권 제한의 기간은 모든 수형자에게 일률적인 것이 아니라 각 수형자가 선고받은 형량, 즉 형사책임의 경중에 비례하는 점, 이 사건 법률조항으로써 달성하고자 하는 '중대한 범죄자에 대한 형사적 제재 및 일반 국민들의 법치주의에 대한 존중의식 제고' 등의 공익이 수형자 개인의 형집행기간 동안의 선거권 제한이라는 불이익에 비하여 결코 작다고 할 수 없는 점 등에 비추어 보면, 이 사건 법률조항은 법익균형성을 갖추었다고 할 것이다.

(3) 결 론

이 사건 법률조항은 헌법 제37조 제2항의 과잉금지원칙에 위배되지 아니하므로 청구인의 선거권 및 평등권을 침해하지 아니하므로, 이 사건 심판청구는 이유 없어 이를 기각하여야 할 것이다.

다. 재판관 이강국의 각하의견

이 사건 법률조항은 형법 제43조 제2항(유기징역 또는 유기금고의 판결을 받은 자는 그 형의 집행이 종료하거나 면제될 때까지 공법상의 선거권 등의 자격이 정지된다)의 효과를 반영한 것이므로 이로 인한 선거권 제한 등 기본권침해 사유 역시 형법 제43조 제2항에서와 마찬가지로 판결이 확정된 때 발생한다 할 것인데, 청구인은 이 사건 징역형을 선고받아 그 형이 확정됨으로써 공법상의 선거권 등의 자격이 정지된 때인 2006. 11. 23.로부터 1년이 경과한 2007. 12. 27. 이 사건 헌법소원심판을 청구하였으므로, 이 사건 심판청구는 헌법재판소법 제69조 제1항 소정의 기본권침해 사유가 있은 날부터 1년 이내에 제기하여야 하는 청구기간을 준수하지 못하여 부적법하여 각하되어야 한다.

2. 이 사건 법률조항에 대하여는 재판관 김희옥, 재판관 김종대, 재판관 민형기, 재판관 목영준, 재판관 송두환 등 5인이 위헌의견을, 재판관 이공현, 재판관 조대현, 재판관 이동흡 등 3인이 기각의견을, 재판관 이강국 1인

이 각하의견을 표시하여 헌법에 위반된다는 의견이 다수이기는 하나, 이로써 헌법 제113조 제1항, 헌법재판소법 제23조 제2항 단서 제1호의 재판관의 수에 이르지 못하여 위헌결정을 할 수 없으므로 심판청구를 기각한 사례

Ⅲ. 심판대상조문

공직선거법 제18조(선거권이 없는 자) ① 선거일 현재 다음 각 호의 어느 하나에 해당하는 자는 선거권이 없다.

1. 생략
2. 금고 이상의 형의 선고를 받고 그 집행이 종료되지 아니하거나 그 집행을 받지 아니하기로 확정되지 아니한 자

3.~4. 생략

②~③ 생략

Ⅳ. 참조조문

헌법 제1조, 제11조, 제24조, 제37조 제2항, 제41조 제1항, 제67조 제1항

헌법재판소법 제69조 제1항

공인회계사법 제4조(결격사유) 다음 각 호의 1에 해당하는 자는 공인회계사가 될 수 없다.

1. 생략
2. 금고 이상의 실형의 선고를 받고 그 집행이 종료(집행이 종료된 것으로 보는 경우를 포함한다)되거나 그 집행이 면제된 날부터 5년이 경과되지 아니한 자

3.~6. 생략

국가공무원법 제33조(결격사유) 다음 각 호의 어느 하나에 해당하는 자는 공무원으로 임용될 수 없다.

1.~2. 생략

3. 금고 이상의 실형을 선고받고 그 집행이 종료되거나 집행을 받지 아니하기로 확정된 후 5년이 지나지 아니한 자
4. 금고 이상의 형을 선고받고 그 집행유예 기간이 끝난 날부터 2년이 지나지 아니한 자

5.~8. 생략

국가공무원법 제69조(당연 퇴직) 공무원이 제33조 각 호의 어느 하나에 해당할 때에는 당연히 퇴직한다. 다만, 같은 조 제5호에 해당할 때에는 그러하지 아니하다.

법무사법 제6조(결격사유) 다음 각 호의 어느 하나에 해당하는 자는 법무사가 될 수 없다.

1.~2. 생략

3. 금고 이상의 실형을 선고받고 그 집행이 종료(집행이 종료된 것으로 보는 경우를 포함한다)되거나 집행이 면제된 날부터 5년이 경과되지 아니한 자

4.~7. 생략

변리사법 제4조(결격사유) 다음 각 호의 1에 해당하는 자는 변리사가 되지 못한다.

1. 금고이상의 실형을 선고받고 그 집행이 종료(집행이 종료된 것으로 보는 경우를 포함한다)되거나 집행이 면제된 날부터 3년이 경과되지 아니한 자

1의2.~4. 생략

변호사법 제5조(변호사의 결격사유) 다음 각 호의 어느 하나에 해당하는 자는 변호사가 될 수 없다.

1. 금고 이상의 형을 선고받고 그 집행이 끝나거나 그 집행을 받지 아니하기로 확정된 후 5년이 지나지 아니한 자

2.~7. 생략

부동산 가격공시 및 감정평가에 관한 법률 제24조(결격사유) 다음 각 호의 어느 하나에 해당하는 자는 감정평가사가 될 수 없다.

1.~2. 생략

3. 금고 이상의 실형을 선고받고 그 집행이 종료(집행이 종료된 것으로 보는 경우를 포함한다)되거나 그 집행이 면제된 날부터 3년이 지나지 아니한 자

4.~6. 생략

세무사법 제4조(세무사의 결격사유) 다음 각 호의 어느 하나에 해당하는 자는 제6조에 따른 등록을 할 수 없다.

1.~6. 생략

7. 금고 이상의 실형을 선고받고 그 집행이 끝나거나(집행이 끝난 것으로 보는 경우를 포함한다) 집행이 면제된 날부터 3년이 지나지 아니한 자

8.~10. 생략

형법 제41조(형의 종류) 형의 종류는 다음과 같다.

1.~3. 생략

4. 자격상실

5. 자격정지

6.~9. 생략

형법 제43조(형의 선고와 자격상실, 자격정지) ① 사형, 무기징역 또는 무

기금고의 판결을 받은 자는 다음에 기재한 자격을 상실한다.

1. 공무원이 되는 자격
2. 공법상의 선거권과 피선거권
3. 법률로 요건을 정한 공법상의 업무에 관한 자격
4. 법인의 이사, 감사 또는 지배인 기타 법인의 업무에 관한 검사역이나 재산관리인이 되는 자격

② 유기징역 또는 유기금고의 판결을 받은 자는 그 형의 집행이 종료하거나 면제될 때까지 전항 제1호 내지 제3호에 기재된 자격이 정지된다.

형법 제44조(자격정지) ① 전조에 기재한 자격의 전부 또는 일부에 대한 정지는 1년 이상 15년 이하로 한다.

② 유기징역 또는 유기금고에 자격정지를 병과한 때에는 징역 또는 금고의 집행을 종료하거나 면제된 날로부터 정지기간을 기산한다.

형의 집행 및 수용자의 처우에 관한 법률 제47조(신문 등의 구독) ① 수용자는 자신의 비용으로 신문·잡지 또는 도서(이하 '신문 등'이라 한다)의 구독을 신청할 수 있다.

② 소장은 제1항에 따라 구독을 신청한 신문 등이 「출판문화산업 진흥법」에 따른 유해간행물인 경우를 제외하고는 구독을 허가하여야 한다.

③ 제1항에 따라 구독을 신청할 수 있는 신문 등의 범위 및 수량은 법무부령으로 정한다.

형의 집행 및 수용자의 처우에 관한 법률 제48조(라디오 청취와 텔레비전 시청) ① 수용자는 정서안정 및 교양습득을 위하여 라디오 청취와 텔레비전 시청을 할 수 있다.

② 소장은 다음 각 호의 어느 하나에 해당하는 사유가 있으면 수용자

에 대한 라디오 및 텔레비전의 방송을 일시 중단하거나 개별 수용자에 대하여 라디오 및 텔레비전의 청취 또는 시청을 금지할 수 있다.

1. 수형자의 교화 또는 건전한 사회복귀를 해칠 우려가 있는 때
2. 시설의 안전과 질서유지를 위하여 필요한 때

③ 방송설비·방송프로그램·방송시간 등에 관하여 필요한 사항은 법무부령으로 정한다.

Ⅴ. 참조판례

헌재 1995. 3. 23. 93헌마12, 판례집 7−1, 416, 421~422

헌재 1995. 4. 20. 91헌바11, 판례집 7−1, 478, 487

헌재 2004. 3. 25. 2002헌마411, 판례집 16−1, 468, 478~479

헌재 2007. 6. 28. 2004헌마644등, 판례집 19−1, 859, 873~875

헌재 2007. 7. 26. 2006헌마298, 판례집 19−2, 158, 162~163

헌재 2008. 6. 26. 2007헌마917, 판례집 20−1하, 447, 451~452

Ⅵ. 당사자

청 구 인 : 송○욱

국선대리인 변호사 우양태

Ⅶ. 주 문

청구인의 심판청구를 기각한다.

Ⅷ. 이 유

1. 사건의 개요와 심판의 대상

가. 사건의 개요

(1) 청구인은 1979. 4. 12.생으로서 2006. 4. 3.경 병무청장으로부터 “2006. 5. 9. 306보충대에 입영하라”는 현역입영통지서를 수령하였으나, 평화주의 신념에 따라 집총을 할 수 없다는 ‘양심적 병역거부’를 이유로 소집기일로부터 3일이 경과하도록 입영하지 아니함으로써 병역법 제88조 제1항 제1호 위반으로 기소되어, 2006. 11. 23. 서울서부지방법원으로부터 징역 1년 6월을 선고받고 같은 날 상소를 포기하여 위 형이 확정되었다.

(2) 청구인은 위 형을 복역하던 중 2007. 12. 19. 실시된 제17대 대통령 선거에서 투표하고자 하였으나 공직선거법 제18조 제1항 제2호에 의해 투표를 할 수 없자, 2007. 12. 27. 위 법률조항에 대하여 헌법 제10조의 행복추구권, 헌법 제11조의 평등권, 헌법 제24조의 선거권 침해를 이유로 이 사건 헌법소원심판을 청구하였다.

나. 심판대상

이 사건 심판대상은 공직선거법 제18조 제1항 중 제2호 전단(‘선거일 현재 금고 이상의 형의 선고를 받고 그 집행이 종료되지 아니…한 자’) 부분(이하 ‘이 사건 법률조항’이라 한다)이 청구인의 기본권을 침해하여 위헌인지 여부이다.

이 사건 법률조항 및 관련규정의 내용은 아래와 같다.

공직선거법 제18조(선거권이 없는 자) ① 선거일 현재 다음 각 호의 어느 하나에 해당하는 자는 선거권이 없다.

1. 금치산선고를 받은 자
2. 금고 이상의 형의 선고를 받고 그 집행이 종료되지 아니하거나 그

집행을 받지 아니하기로 확정되지 아니한 자

3. 선거범, 정치자금법 제45조(정치자금부정수수죄) 및 제49조(선거비용관련 위반행위에 관한 벌칙)에 규정된 죄를 범한 자 또는 대통령·국회의원·지방의회의원·지방자치단체의 장으로서 그 재임중의 직무와 관련하여 형법('특정범죄가중처벌 등에 관한 법률' 제2조에 의하여 가중처벌되는 경우를 포함한다) 제129조(수뢰, 사전수뢰) 내지 제132조(알선수뢰)·'특정범죄가중처벌 등에 관한 법률' 제3조(알선수재)에 규정된 죄를 범한 자로서, 100만원 이상의 벌금형의 선고를 받고 그 형이 확정된 후 5년 또는 형의 집행유예의 선고를 받고 그 형이 확정된 후 10년을 경과하지 아니하거나 징역형의 선고를 받고 그 집행을 받지 아니하기로 확정된 후 또는 그 형의 집행이 종료되거나 면제된 후 10년을 경과하지 아니한 자(형이 실효된 자도 포함한다)

4. 법원의 판결 또는 다른 법률에 의하여 선거권이 정지 또는 상실된 자

② 제1항 제3호에서 '선거범'이라 함은 제16장 벌칙에 규정된 죄와 국민투표법 위반의 죄를 범한 자를 말한다.

③ 제1항 제3호에 규정된 죄와 다른 죄의 경합범에 대하여는 형법 제38조(경합범과 처벌례)의 규정에 불구하고 이를 분리 심리하여 따로 선고하여야 한다.

형법 제43조(형의 선고와 자격상실, 자격정지) ① 사형, 무기징역 또는 무기금고의 판결을 받은 자는 다음에 기재한 자격을 상실한다.

1. 공무원이 되는 자격
2. 공법상의 선거권과 피선거권
3. 법률로 요건을 정한 공법상의 업무에 관한 자격
4. 법인의 이사, 감사 또는 지배인 기타 법인의 업무에 관한 검사역

이나 재산관리인이 되는 자격

② 유기징역 또는 유기금고의 판결을 받은 자는 그 형의 집행이 종료하거나 면제될 때까지 전항 제1호 내지 제3호에 기재된 자격이 정지된다.

제44조(자격정지) ① 전조에 기재한 자격의 전부 또는 일부에 대한 정지는 1년 이상 15년 이하로 한다.

② 유기징역 또는 유기금고에 자격정지를 병과한 때에는 징역 또는 금고의 집행을 종료하거나 면제된 날로부터 정지기간을 기산한다.

2. 청구인의 주장 및 이해관계인의 의견

가. 청구인의 주장요지

선거권은 국민주권과 민주주의의 실현수단인 중요한 기본권으로서 보통선거의 원칙에 따라 선거권자의 능력, 재산, 사회적 지위 등의 실질적인 요소를 배제하고 성년자이면 누구에게나 당연히 보장되어야 하므로, 이를 제한하는 법률의 합헌성을 심사하는 경우에는 헌법 제37조 제2항의 과잉금지원칙에 따라 엄격히 하여야 한다.

'금고 이상의 형의 선고를 받고 그 집행이 종료되지 아니한 자'(이하 '수형자(受刑者)'라 한다)에게 자유형에 의한 제재 외에 선거권제한을 제재 수단으로 삼는 것은 이중적 제재로서 정당하지 못하다. 또한 이 사건 법률조항은 선거의 공정성을 도모하기 위한 것으로서도 적합하지 아니하다. 즉, 수형자들이 선거관련 정보를 충분히 접할 수 없거나 교도소·구치소 등(이하 '교정시설'이라 한다)의 관리자에 의하여 선거의사가 왜곡될 수 있는 우려는 국가가 선거의 공정을 위하여 수형자에게 선거관련 정보를 충분히 제공하고, 교정시설 관련자의 선거개입을 방지하기 위해 노력하여야 할 사항일 뿐 수형자의 선거권을 제한할 사유로 삼을 수 없다. 또한 수형자의 반사회적 성향이라는 실체가 분명하지도 아니한 것을 이유로 선거권을 제한하는 것도 정당하지 못하다. 따라서 이 사건 법률조항은 입법목적의 정당성이 없거나, 수형자에 대한 선거권 제한이 '범죄자에 대한 제재나 선거의 공정성' 추구라는 목적 실현을 위한 적합한 수단이라고 할 수 없다.

이 사건 법률조항은 위 입법목적을 수긍한다 하더라도 금고 이상의 형의 선고와 관련하여 구체적인 죄질이나 형기의 장·단, 선거와의 관련성을 전혀 고려하지 않고 모든 수형자에게 일률적으로 선거권을 제한하고 가석방된 자의 선거권까지 제한하고 있으므로 기본권침해의 최소성에 위반되며, 이와 같이 선거권을 과도하게 제한하여 법익의 균형성에도 위반된다.

그렇다면 이 사건 법률조항은 헌법 제37조 제2항의 과잉금지원칙, 보통선거의 원칙에 위반하여 수형자들의 선거권과 평등권을 침해한다 할 것이다.

나. 법무부장관의 의견요지

(1) 청구기간 도과

이 사건 법률조항에 의한 선거권 등 기본권의 침해가 있었다면 이는 청구인에 대한 징역형의 확정과 동시에 발생하였다 할 것이므로 이 사건 법률조항으로 인한 기본권 침해사유의 발생은 이 사건 징역형이 확정된 날인 2006. 11. 23.인데, 이 사건 심판청구는 그때로부터 1년이 경과한 2007. 12. 27. 이루어졌으므로 청구기간이 이미 도과하여 부적법하다.

(2) 과잉금지원칙 위반 여부

이 사건 법률조항은 공동체 구성원으로서 반드시 지켜야 할 기본적 의무를 저버린 자에게 공동체 운용과 조직의 구성에 직·간접적으로 참여토록 하는 것을 제한하는 한편, 반사회적 행위를 한 자에 대한 사회적 제재의 의미를 갖고, 일정한 시설에 격리·수용된 수형자에게 선거권의 공정한 행사를 위해 필요한 선거관련 정보의 충분한 제공이 현실적으로 어려운 점, 교정시설 관리자가 특정 후보자에 대한 지지를 강요하거나 선거관련 정보를 통제하는 등에 의하여 수형자의 선거관련 의사형성이 왜곡될 우려가 있는 점, 반사회적 성향을 갖는 수형자의 정치적 의사 자체가 왜곡된 것일 수 있는데 근소한 표 차로 선거의 당락이 결정되는 경우 수형자들이 결정권을 행사할 수도 있는 문제점 등을 고려하여 수형자의 선거권을 제한함으로써 선거의 공정을 도모하기 위한 것으로 목적의 정당성이 있다.

이 사건 법률조항은 어느 정도 중대한 범죄를 범하여 사회로부터 격리되어 형벌의 집행을 받는 기간에 한정하여 선거권을 제한하고, 그 불이익은 금고보다 가벼운 형벌인 자격상실이나 자격정지의 한 효과에 불과하며, 법원의 결정에 의해 최종적으로 선거권제한이 확정되도록 함으로써 남용의 위험도 최소화한 점 등에 비추어 볼 때, 침해의 최소성원칙에 반하지 아니한다.

수형자에 대한 선거권 제한은 수형자 자신의 범죄행위로 인한 것이므로 수형자에 대한 선거권제한으로 달성하려는 공익(범죄 예방과 범죄자 처벌, 사회질서를 심각하게 해친 자들로부터 발언권을 박탈함으로써 시민으로서의 책임과 법질서 존중을 강화하여 정치공동체의 유대와 질서를 유지함, 선거의 공정성)이 선거권을 행사하지 못함으로써 입게 되는 수형자 개인의 기본권침해의 불이익보다 월등히 크다고 할 것이어서 그 법익 간의 균형성도 갖추었다.

이 사건 법률조항으로 인한 수형자의 선거권 제한은 범죄행위에 대한 책임부과, 형벌집행의 실효성 및 선거의 공정성 확보를 위한 합리적 제한으로 과잉금지의 원칙에 위반되지 아니한다.

3. 판 단

가. 재판관 김희옥, 재판관 김종대, 재판관 민형기, 재판관 목영준, 재판관 송두환의 위헌의견

(1) 적법요건에 대한 판단

(가) 청구기간

헌법재판소법 제69조 제1항에 의하면, 법령에 대한 헌법소원의 청구기간은 그 법령의 시행과 동시에 기본권의 침해를 받게 되는 경우에는 그 법령이 시행된 사실을 안 날로부터 90일 이내에, 법령이 시행된 날로부터 1년 이내에 헌법소원심판을 청구하여야 하고, 법령이 시행된 뒤에 비로소 그 법령에 해당되는 사유가 발생하여 기본권의 침해를 받게 되는 경우에는 그 사유가 발생하였음을 안 날로부터 90일 이내에, 그 사유가 발생한 날로부터 1년 이내에 헌법소원심판을 청구하여야 한다.

이 사건 법률조항은 '금고 이상의 형을 선고받고 선거일 현재 그 집행이 종료되지 아니한 자'에 해당할 때 당해 선거에서의 선거권을 제한하는 규정이므로, 이 사건 법률조항으로 인한 선거권 등 기본권의 침해는 그 시행 후 청구인이 이에 해당되는 사유가 발생하였을 때 비로소 이루어지는 경우라 할 것이고, 구체적인 사유발생일은 선거일이라 할 것이다.

청구인은 2007. 12. 19. 실시된 제17대 대통령선거에서 선거일 현재 이 사건 징역형의 집행이 종료되지 아니하여 이 사건 법률조항으로 인한 선거권제한 사유에 해당하게 되었으므로, 이때 선거권 등 기본권침해 사유가 발생하였고 청구인이 이를 알게 된 것도 그 무렵이라 할 것인데, 그 때로부터 역수상 90일 이내인 2007. 12. 27. 이 사건 헌법소원을 청구하였으므로 청구기간을 준수하였다.

(나) 권리보호이익과 헌법적 해명

헌법소원은 국민의 기본권침해를 구제하는 제도이므로 헌법소원심판청구가 적법하려면 심판청구 당시는 물론 결정 당시에도 권리보호이익이 있어야 함이 원칙이다. 그런데 청구인이 참여하고자 하였던 대통령선거는 이 사건 심판청구 이전인 2007. 12. 19. 이미 종료하였고, 비록 이 사건 심판청구 당시 제18대 국회의원선거가 청구인이 수형중인 2008. 4. 9. 실시 예정이었으나 현재는 위 선거도 이미 종료하였을 뿐만 아니라 청구인이 2008. 5. 22.경 형기 만료로 출소하였다. 따라서 이 사건 심판청구가 인용되더라도 청구인의 주관적 권리구제는 불가능하게 되었으므로, 권리보호의 이익이 없다고 볼 수 있다.

그러나 헌법재판은 객관적 헌법질서의 보장 기능도 겸하고 있으므로 심판 계속중 발생한 사정변경으로 인하여 주관적인 권리보호이익이 소멸된 경우라도 그러한 기본권침해 행위가 장차 반복될 위험이 있거나 당해 분쟁의 해결이 헌법질서의 유지·수호를 위하여 긴요한 사항이어서 헌법적으로 그 해명이 중대한 의미를 지니고 있는 때에는 예외적으로 심판청구의 이익을 인정할 수 있다(헌재 1995. 5. 25. 91헌마44, 판례집 7－1, 687, 693~694).

이 사건 법률조항의 위헌 여부에 관하여는 헌법재판소가 2004. 3. 25. 2002헌마411 결정에서 이미 해명한 바 있으나, 후술하는 바와 같이 위 결정 이후 그 판단의 기초가 된 '수형자의 교정시설 내에서의 지위에 관한 법적 규율'에 변화가 생겼을 뿐만 아니라 이에 따라 수형자에 대한 선거권 제한의 위헌성에 관한 의문이 지속적으로 제기되고 있다. 따라서 이 사건 법률조항의 위헌 여부에 대한 판단은 헌법질서의 수호·유지를 위하여 긴요한 사항으로서 헌법적으로 재차 이를 해명할 필요성이 있다 할 것이므로, 예외적으로 이 사건 심판청구의 이익을 인정함이 상당하다.

(다) 소결론

위에서 살펴본 내용 이외에 다른 적법요건의 흠결도 존재하지 않으므로 이 사건 심판청구는 적법하다.

(2) 본안에 대한 판단

(가) 선거권의 법적 의의와 수형자에 대한 선거권 제한의 한계

1) 우리 헌법재판소는 헌재 2007. 6. 28. 2004헌마644등 결정에서 '선거권의 법적 의의와 선거권 제한의 한계'에 관하여 판시하였는바(판례집 19－1, 859, 873~875), 그 요지는 다음과 같고, 이러한 판시 취지는 이 사건에서도 그대로 유지한다.

헌법 제1조가 천명하고 있는 국민주권의 원리는 국민의 합의로 국가권

력을 조직한다는 것이다. 이를 위해서는 주권자인 국민이 정치과정에 참여하는 기회가 되도록 폭넓게 보장될 것이 요구된다. 대의민주주의를 원칙으로 하는 오늘날의 민주정치 아래에서 국민의 참여는 기본적으로 선거를 통하여 이루어진다. 따라서 선거는 주권자인 국민이 그 주권을 행사하는 통로인 것이다.

그러한 국민주권의 원리와 선거를 통한 국민의 참여를 위하여 헌법 제24조는 모든 국민에게 법률이 정하는 바에 의하여 선거권을 보장하고 있고, 헌법 제11조는 정치적 생활영역에서의 평등권을 규정하고 있으며, 또한 헌법 제41조 제1항 및 제67조 제1항은 국회의원선거와 대통령선거에 있어서 보통·평등·직접·비밀선거의 원칙을 보장하고 있다. 헌법이 선거권과 선거원칙을 이같이 명문으로 보장하고 있는 것은 국민주권주의와 대의민주주의 하에서는 국민의 선거권 행사를 통해서만 국가와 국가권력의 구성과 창설이 비로소 가능해지고 국가와 국가권력의 민주적 정당성이 마련되기 때문이다.

이러한 국민의 선거권 행사는 국민주권의 현실적 행사수단으로서 한편으로는 국민의 의사를 국정에 반영할 수 있는 중요한 통로로서 기능하며, 다른 한편으로는 주기적 선거를 통하여 국가권력을 통제하는 수단으로서의 기능도 수행한다. 선거권 등 국민의 참정권이 국민주권의 원칙을 실현하기 위한 가장 기본적이고 필수적인 권리로서 다른 기본권에 대하여 우월한 지위를 갖는 것으로 평가되는 것도 바로 그러한 이유 때문이다.

헌법 제24조는 모든 국민은 '법률이 정하는 바에 의하여' 선거권을 가진다고 규정함으로써 법률유보의 형식을 취하고 있지만, 이것은 선거권을 실현하고 보장하기 위한 것이지 제한하기 위한 것이 아니므로, 선거권의 내용과 절차를 법률로 규정하는 경우에도 국민주권을 선언하고 있는 헌법 제1조, 평등권에 관한 헌법 제11조, 국회의원선거와 대통령선거에 있어서 보통·평등·직접·비밀선거를 보장하는 헌법 제41조 및 제67조의 취지에 부합하도록 하여야 한다. 그리고 민주주의 국가에서 국민주권과 대의제 민주주의의 실현수단으로서 선거권이 갖는 이 같은 중요성으로 인해 한편으로 입법자는 선거권을 최대한 보장하는 방향으로 입법을 하여야 하며, 또 다른 한편에서 선거권을 제한하는 법률의 합헌성을 심사하는 경우에는 그 심사의 강도도 엄격하여야 하는 것이다.

따라서 선거권을 제한하는 입법은 헌법 제24조에 의해서 곧바로 정당화될 수는 없고, 헌법 제37조 제2항의 규정에 따라 국가안전보장·질서유지 또는 공공복리를 위하여 필요하고 불가피한 예외적인 경우에만 그 제한이 정당화될 수 있으며, 그 경우에도 선거권의 본질적인 내용을 침해할 수 없다.

더욱이 보통선거의 원칙은 선거권자의 능력, 재산, 사회적 지위 등의 실질적인 요소를 배제하고 성년자이면 누구라도 당연히 선거권을 갖는 것을 요구하므로 보통선거의 원칙에 반하는 선거권 제한의 입법을 하기 위해서는 헌법 제37조 제2항의 규정에 따른 한계가 한층 엄격히 지켜져야 한다.』

2) 한편, 형법은 형벌의 일종으로 자격상실·자격정지를 규정하고 있고(제41조 제4호·제5호, 제43조, 제44조), '사형, 무기징역 또는 무기금고의 판결을 받은 자'와 '유기징역 또는 유기금고의 판결을 받고 그 형의 집행이 종료하기 이전의 자', 즉 '금고 이상의 형의 선고를 받고 그 집행이 종료되지 아니한 자'에 대한 '공법상의 선거권'의 상실 또는 정지가 그 내용의 일부를 구성하고 있다(제43조 제1항 제2호 전단). 이에 헌법재판소는 종전 2004. 3. 25. 2002헌마411 결정에서 이 사건 법률조항에 의한 '수형자에 대한 선거권 제한'은 형의 선고로 인한 자격상실·자격정지를 규정한 형법 제43조의 당연한 내용이기도 하고, 입법자가 이미 선거권 제한을 형벌(자격상실 또는 자격정지)의 한 내용으로서 고려하고 있었던 점에 주목하여, 수형자에 대한 선거권 제한을 '어떤 범죄를 어떻게 처벌할 것인가' 하는 문제로 접근한 결과, 이점에 관하여 입법자의 광범위한 입법재량 내지 형성의 자유가 인정되어야 할 것으로 보았다(헌재 2004. 3. 25. 2002헌마411, 판례집 16-1, 468, 478~479 참조).

물론 위 선례의 판시와 같이 '어떤 범죄를 어떻게 처벌할 것인가' 하는 문제는 우리의 역사와 문화, 입법당시의 시대적 상황, 국민일반의 가치관 내지 법감정 그리고 범죄예방을 위한 형사정책적 측면 등 여러 가지 요소를 종합적으로 고려하여 입법자가 결정할 사항으로서 광범위한 입법재량 내지 형성의 자유가 인정되어야 할 분야인 것은 맞다(헌재 1995. 4. 20. 91헌바11, 판례집 7-1, 478, 487).

그러나 앞서 본 바와 같이 민주국가에서 국민주권과 대의제 민주주의를 실현하는 핵심적인 수단으로서 선거권이 갖는 중요성에 비추어 볼 때, 형벌의 내용이 선거권 제한이라고 한다면, 그 자체 및 적용범위의 정당성에 관하여도 보통선거의 원칙에 입각한 선거권 보장과 그 제한의 관점에서 헌법 제37조 제2항의 규정에 따라 엄격한 비례심사를 함이 타당하다.

따라서 이 사건 법률조항으로 인한 수형자의 선거권 제한이 청구인 등 수형자의 기본권을 침해하는지 여부는 엄격한 비례심사를 하여야 하고, 그 결과 이 사건 법률조항이 청구인의 기본권을 과도하게 침해하여 위헌성을 면치 못한다면, 이와 같은 범위 내에서 동일한 내용을 규정한 형법 제43조 중 공법상의 선거권에 관한 자격의 상실 또는 정지를 규정한 부분 역시 위헌성을 면치 못한다고 보아야 한다.

(나) 이 사건 법률조항의 목적의 정당성 및 수단의 적합성

1) 헌법재판소는 종전 2004. 3. 25. 2002헌마411 결정에서 이 사건 법률조항의 '목적의 정당성'에 관하여 여러 가지 논거들을 제시하였다. 그러나 위 결정 이후 수형자의 교정시설 내에서의 처우에 관한 법적 규율에 변화가 있었고, 위 결정에서 제시하고 있는 몇 가지 논거들에 수긍할 수 없는 점이 있기 때문에 먼저 이를 재검토한다.

첫째, "구 행형법하에서 수형자는 타인과의 접견, 서신 왕래, 전화통화, 신문 또는 도서의 구매 및 열람, 라디오 청취 및 텔레비전 시청이 제한된 상황에서 선거와 관련된 정보자료를 충분히 제공받지 못하여 적정한 투표가

가능한지 의문스럽다"는 논거에 관하여 본다.

국가는 선거에 있어서 국민이 후보자와 그의 정견, 정당의 정책과 공약 등에 관한 정보를 충분히 습득하도록 이를 공정하게 제공하여야 할 책무가 있다. 수형자가 교정시설에 구금되어 있음으로 말미암아 선거에 관한 정보 획득에 취약할 수 있다 하더라도 이것은 수형자의 선거권을 제한할 근거가 되어서는 안 되며, 오히려 국가가 수형자에게 합리적인 선거권 행사를 위하여 선거에 관한 정보를 충실하게 제공하여야 할 의무를 진다고 봐야 한다.

한편, 종전 헌재 2002헌마411 결정 이후 2008. 12. 22. 시행된 '형의 집행 및 수용자의 처우에 관한 법률'에 의하면, 수형자는 자비로 신문·잡지 또는 도서의 구독을 신청할 수 있고, 교정시설의 소장은 구독신청 대상 신문 등이 '출판문화산업 진흥법'에 따른 유해간행물이 아닌 한 구독을 허가하여야 하며(제47조), 수형자는 라디오 청취와 텔레비전 시청을 할 수 있고, 이에 대한 소장의 제한은 수형자의 교화 등에 해를 끼칠 우려가 있거나 교정시설의 안전과 질서유지를 위하여 필요한 때에 할 수 있도록 규정하고 있다(제48조). 따라서 수형자는 종전 구 행형법 아래에서의 처우에 비하여 선거 관련 정보 획득의 주요 매체라 할 수 있는 신문이나 텔레비전 등에의 접근이 더욱 자유롭게 되어 선거권 행사에 필요한 정보획득의 기회는 충분히 제공되어 있다 할 것이다.

또한 신문 등의 구독이나 라디오 청취 및 텔레비전의 시청을 통한 정보 획득의 기회에 있어서 수형자와 미결수용자(형사피의자 또는 형사피고인으로서 체포되거나 구속영장의 집행을 받은 자)의 처우는 동일함에도 불구하고, 미결수용자와는 달리 수형자에 대하여 선거권을 제한하면서 선거에 관련한 충분한 정보를 획득하기 어려움을 이유로 드는 것은 옳지 않다.

그렇다면 수형자의 선거권 제한의 정당한 사유로서 '교정시설에 구금된 수형자가 선거 관련 정보를 충분히 제공받지 못하여 선거권을 적정히 행사하지 못할 우려가 있음'을 드는 것은 타당하지 않다.

둘째, “수형자의 선거권 행사는 부재자투표에 의하여야 할 것인데, 교정시설 내에서 부재자투표를 인정하면 교정시설 관리자의 영향력에 의하여 수형자의 정치적 의사형성이 왜곡될 수밖에 없어 선거의 공정성을 해칠 우려가 있다”는 논거에 관하여 본다.

선거의 공정성을 관리·확보하는 것은 일차적으로 국가의 과제이므로 선거의 공정성에 대한 우려를 이유로 수형자의 선거권을 부정한다는 것은 본말이 전도된 논리이다. 국가는 교정시설 관리자가 수형자의 정치적 의사형성에 부당하게 영향력을 행사하는 것을 막기 위한 사전 예방조치를 취하고, 이를 위반한 교정시설 관리자를 징계하거나 처벌하는 등 선거의 공정성을 확보하기 위한 노력을 하여야 할 것이지, 이러한 노력을 뒤로 한 채 그러한 선거부정행위의 피해자라 할 수 있는 수형자에게 그 책임을 전가하여 수형자의 선거권을 부정할 수는 없는 것이다.

그리고 수형자가 부재자 투표를 할 경우 교정시설 관리자가 외부정보를 통제하거나 특정 정당이나 후보자에게 유리한 정보만을 전달하는 등의 방법으로 수형자의 정치적 의사형성을 왜곡할 수 있다는 것이 오늘날 민주화가 상당히 진척된 우리 사회에서 단순한 우려를 넘어 현실적으로 자행되는지도 명백하지 않다.

따라서 교정시설 관리자의 영향력 등에 의한 선거부정의 가능성을 이유로 수형자에 대한 선거권 제한의 정당성을 거론하는 것도 타당하지 않다.

셋째, “수형자가 부재자투표를 기화로 부재자투표 봉투에 개인적 서신을 넣어 발송함으로써 외부에 있는 공범자 등에게 연락을 취할 수 있어 실효적인 형벌집행에 부정적인 영향을 미칠 수 있다”는 논거에 관하여 보건대, 이것은 교정시설 내 부재자투표 관리를 철저히 함으로써 예방하여야 할 문제일 뿐만 아니라, 부재자투표의 봉투는 일반 서신의 봉투와 명백히 구별되고 그 수신지는 선거관리사무소일 터이므로 수형자가 부재자투표 봉투를 이용하여 공범자와 연락을 취할 기술적 가능성이 어느 정도인지도 명백하지 아니하다. 위와 같은 막연하고 추상적 위험만으로 수형자의 선거권을 제한할 수 있다는 논거는 쉽게 수긍할 수 없다.

마지막으로, “수형자는 반사회적 성향을 가지고 있는 경우가 허다하고 처벌을 받는 것에 대한 강한 불만을 품고 있어 그의 정치적 의사가 정당하게 형성되지 않을 개연성이 있는데, 지극히 예외적인 경우이기는 하나 근소한 표 차이로 당락이 결정되는 경우에 수형자들이 결정권(casting vote)을 행사할 수도 있는 것은 납득하기 어렵다”는 논거에 관하여 본다.

보통선거의 원칙은 선거권자의 능력, 재산, 사회적 지위 등의 실질적인 요소를 배제하고 일정 연령에 도달한 국민이면 누구라도 당연히 선거권을 가진다는 원칙으로, 일정 연령에 도달한 국민인 이상 누구든지 선거의 결과에 영향을 미칠 수 있고, 또 영향을 미칠 수 있어야 한다는 것은 보통선거원칙의 이념적 전제인 동시에 필연적 귀결이다. 따라서 선거의 결과에 영향을 미칠 수 있으므로 선거권을 행사할 수 없도록 해야 한다는 주장은 보통선거원칙에 어긋나는 부적절한 주장이라 할 것이다(헌재 2007. 6. 28. 2004헌마644등, 판례집 19-1, 859, 876 참조).

2) 다음, 위 1)항에서 언급된 점을 제외한 이 사건 법률조항의 목적의 정당성 및 수단의 적합성에 관하여 본다.

선거권 행사는 앞서 본 바와 같이 국민주권과 대의제 민주주의를 실현하는 통로로서 국가권력의 조직과 운영에 직·간접적으로 참여하는 중요한 행위라 할 것이다. 국민은 국가 및 사회의 구성원으로서 공동체의 유지와 다른 구성원들의 생명, 신체 등 권익을 존중하기 위하여 특히 국가가 범죄로 규정하여 금지하고 있는 행위를 하지 말아야 할 의무를 부담하고 있다. 그런데 수형자는 범죄를 저지른 대가로 사형, 무기징역, 무기금고, 유기징역 또는 유기금고를 선고 받고 각 형의 집행이 종료되지 아니한 자들로서 국가 및 사회, 그리고 공동체의 다른 구성원에 대하여 현실적으로 작지 아니한 위해를 가하여 사회질서를 파괴하고 공동체의 안전에 해를 끼친 사람들이다.

이 사건 법률조항은 공동체구성원으로서 반드시 지켜야 할 이러한 기본적 의무를 저버린 행위자에게까지 그 공동체의 운용을 주도하는 통치조직의 구성에 직·간접으로 참여토록 하는 것은 바람직하지 않다는 기본적 인식과 이러한 반사회적 행위에 대한 사회적 제재의 의미를 갖고 있다(헌재 2004. 3. 25. 2002헌마411, 판례집 16-1, 468, 479). 더욱이 우리 형법은 공법상의 선거권 등을 제한하는 자격상실 및 자격정지를 형벌의 일종으로 규정하고(제41조), 사형, 무기징역, 무기금고, 유기징역, 유기금고의 판결을 받은 자는 선고받은 형벌 외에 그 부수적 효과로서 선고받은 형벌의 집행이 종료하거나 면제될 때까지 선거권 등의 자격이 상실 또는 정지된다고 규정함으로써, 이 사건 법률조항과 같은 취지를 담고 있다. 따라서 이 사건 법률조항에 의한 선거권의 박탈은 범죄자에 대해 가해지는 형사적 제재의 연장으로서 범죄에 대한 응보적 기능을 갖는다 할 것이다. 이것은 입법자가 중대한 범죄에 대하여 적정한 형벌 또는 제재로서 추구할 수 있는 유효한 목적이 될 수 있다.

나아가 이 사건 법률조항이 수형자에 대하여 그가 선고받은 생명형이나 자유형과는 별도로 선거권을 박탈하는 것은 수형자 자신을 포함하여 일반국민으로 하여금 시민으로서의 책임성을 함양하고 법치주의에 대한 존중의식을 제고하는 데도 기여할 수 있다.

이 사건 법률조항이 담고 있는 이러한 목적은 정당하고, 수형자의 선거권 제한은 이를 달성하기 위한 효과적이고 적절한 방법의 하나라 할 것이므로, 이 사건 법률조항은 입법목적의 정당성과 수단의 적합성원칙을 위반한 것이라 할 수 없다.

(다) 침해의 최소성

1) 선거는 경쟁과 다수결에 의하여 국가기관을 구성하는 제도이다. 선거를 통하여 나타나는 다수자의 의사는 소수자에게도 구속력을 갖게 되는데, 그 구속력의 정당성은 소수자에 속한 개개인도 다수자에 속한 개개인과

동등하게 선거에 참여할 기회가 보장되었다는 것, 즉 보통선거의 원칙이 지켜졌다는 데에 있다. 그러므로 보통선거의 원칙은 다수결의 한계 원리로서 기능하는 동시에 다수결원리에 정당성을 부여하는 기능을 하는 것이다. 우리 헌법이 제41조와 제67조를 통하여 국회의원선거와 대통령선거에서 특별히 보통선거의 원칙을 천명하고 있는 것도 바로 그런 이유 때문이다. 따라서 보통선거원칙 및 그 원칙에 기초한 선거권을 법률로써 제한하는 것은 필요 최소한의 정도에 그쳐야만 한다.

한편, 수형자가 범죄의 대가로 선고받은 사형, 무기징역, 무기금고, 유기징역 또는 유기금고 등의 형벌은 그 본질이 '생명의 박탈' 또는 '교정시설에의 수용'이고, 수형자가 그 밖에 일반 시민으로서 향유하는 자유와 권리 중 어떤 부분이 제한될 수 있는가는 위 각 형벌의 내용으로부터 바로 도출되는 것은 아니다. 따라서 수형자는 원칙적으로 선고받은 형벌에 따라 제한되는 기본권 외의 다른 기본권을 여전히 향유할 지위를 갖는다. 선거권 제한은 수형자가 선고받은 생명형이나 자유형의 본질에서 당연히 도출되는 것이 아니므로, 수형자의 선거권 제한 역시 보통선거의 원칙에 기초하여 필요 최소한의 정도에 그쳐야 한다.

2) 그런데 이 사건 법률조항은 금고 이상의 형을 선고받고 그 집행이 종료되지 아니한 자에 대하여 전면적·획일적으로 선거권을 제한하고 있다. 이 사건 법률조항은 선거권의 제한 대상에 사형확정자, 무기징역·무기금고·1개월부터 25년까지 다양한 형기의 유기징역 또는 유기금고를 선고받고 그 집행을 위하여 교정시설에 구금된 자를 포괄하고 있을 뿐만 아니라, 특히 가석방 요건을 충족하여 가석방된 자까지 포함하고 있다. 따라서 이 사건 법률조항의 적용대상은 상대적으로 경미한 범죄를 저지른 자에서부터 매우 심각한 중범죄를 저지른 자에 이르기까지 아주 다양하고, 과실범과 고의범 등의 범죄의 종류를 불문하며, 범죄가 침해한 법익이 국가적 법익인지, 사회적 법익인지, 개인적 법익인지 그 내용 또한 불문하고 있다.

3) 그러나 과실범으로서 금고형을 선고받은 자는 비록 자신의 과실로 인한 법익침해의 결과가 중하여 구금되는 상황에 이르렀다 하더라도 행위불법의 측면에서는 고의범에 비하여 현저히 그 불법성의 정도가 경미하다. 예컨대, 과실로 교통사고를 일으켜 교통사고처리특례법 위반죄로 금고형을 복역중인 자 등 과실범은 범죄를 인식하거나 의도하지 아니한 자이므로 국가 공동체의 법질서를 해친다는 인식이나 의도가 없는 자이다. 따라서 이러한 과실범에게까지 국민주권의 실현 수단인 선거권을 제한하는 것은 쉽사리 수긍하기 어렵다.

가석방자는 징역 또는 금고의 집행중에 있는 자가 그 행상(行狀)이 양호하여 개전의 정이 현저한 때 무기에 있어서는 10년, 유기에 있어서는 형기의 3분의 1을 경과한 후 가석방심사위원회로부터 나이, 범죄의 동기, 죄명, 형기, 교정성적, 가석방 후의 생활환경이나 재범의 위험성 등 제반사정에 관한 충분한 심사를 받고 형기 만료에 앞서 사회에 복귀한 자이다. 따라서 비록 가석방자가 선거일 현재 형의 집행이 종료되지 않았다 하더라도, 가석방자는 앞서 본 여러 정상이 고려되어 주된 형벌인 '교정시설에의 수용'을 면한 자이므로, 주된 형벌에 부수적으로 따른 선거권 제한의 제재를 그대로 유지하는 것은 타당하지 않다 할 것이다.

나아가 이 사건 법률조항이 민주주의 등 헌법질서를 부정하는 반국가적 성격의 범죄와 무관한 경미한 범죄로 단기 자유형을 받은 자에게까지 폭넓게 선거권을 제한하는 것은 세계관의 다원주의를 전제로 다양한 사상이나 전력을 갖는 사람들이 자유롭게 선거에 참여하여 공동체의 질서를 형성하고자 하는 자유민주주의 국가의 선거제도에 부합하지 아니한 측면이 있다.

이러한 사정을 종합해 볼 때, 입법자는 선거권의 중요성을 고려하여 그 제한을 엄격히 하여야 함에도, 범죄자의 선거권을 제한함에 있어 '개개 범죄의 종류나 내용, 불법성의 정도 등이 선거권 제한과 어떤 직접적인 연관성을 갖는지'에 관하여 세심히 살피지 아니한 채 이 사건 법률조항으로써 단지 '금고 이상의 형을 선고받은 자로서 그 형의 집행을 마치지 아니한 자'라는 기준을 설정하여 쉽사리 그리고 일률적으로 수형자의 선거권을 제한하였다고 볼 수 있다.

그렇다면 이 사건 법률조항은 기본권 침해의 최소성의 원칙에 위반하였다 할 것이다.

(라) 법익의 균형성

선거권은 그 기본권 주체가 정치적 의사를 실현할 수 있는 수단으로서 국민 개개인의 권리라 할 것이다. 나아가 보통선거의 원칙에 따른 선거권의 최대한의 보장은 우리 헌법의 기본질서인 '국민주권에 바탕을 둔 대의제 민주주의'를 실현하기 위한 핵심적 요소로서 선거를 통하여 구성된 국가권력의 민주적 정당성을 최대한 확보하고자 하는 공익적 가치를 갖고 있다. 따라서 선거권의 자의적인 제한은 기본권 주체의 사익뿐만 아니라 위 공익을 함께 침해하는 것이다.

그런데 이 사건 법률조항으로 인한 수형자의 선거권 제한은 앞서 본 바와 같이 지나치게 광범위할 뿐만 아니라 범죄의 성격과 선거권 제한과의 직접적 연관성도 찾기 어려운 부분도 포함하고 있으므로, 이로써 달성하고자 하는 '중대한 범죄자에 대한 제재나 일반 시민들의 법치주의에 대한 존중의식 제고' 등의 공익보다 이로 인하여 침해되는 '수형자 개인의 사익 또는 민주적 선거제도의 공익적 가치'가 더 크다 할 것이다.

따라서 이 사건 법률조항은 기본권 제한에 있어 서로 대립하는 법익 간의 균형성을 상실하였다 할 것이다.

(마) 소결론

이 사건 법률조항은 헌법 제37조 제2항에 위반하여 수형자의 선거권을 침해하고 헌법 제41조 제1항 및 제67조 제1항이 규정한 보통선거원칙에도 위반되어 수형자의 평등권을 침해한다 할 것이다.

(3) 결 론

그렇다면 청구인의 이 사건 심판청구는 이유 있으므로 이를 인용하여 이 사건 법률조항이 헌법에 위반된다고 선언하여야 한다.

나. 재판관 이공현, 재판관 조대현, 재판관 이동흡의 기각의견

(1) 수형자에 대한 선거권 제한의 의미와 입법례

(가) 국민주권주의와 대의민주주의하에서는 국민의 선거권 행사를 통해서 국가와 국가권력의 구성과 창설이 비로소 가능해지고 국가와 국가권력의 민주적 정당성이 마련되기 때문에 그 실현수단으로서의 선거권은 중요한 의미를 가지고 있다고 할 것이다.

그러나 선거권은 헌법 이전에 존재하는 생래적·천부적인 '자연권'이 아니라 특정 공동체 내의 헌법에 의하여 창설되거나 인정된 '실정권'으로서, 어떠한 경우에도 제한이 불가능한 절대적인 권리라고는 할 수 없다.

따라서 선거권 역시 다른 기본권과 마찬가지로 헌법 제37조 제2항의 규정에 따라 국가안전보장·질서유지 또는 공공복리를 위하여 필요한 경우에 한하여 그 본질적인 내용을 침해하지 아니하는 범위 내에서 법률로써 제한할 수 있다고 할 것이고, 역사적으로도 일정한 연령에 이르지 못한 자 및 사회질서를 파괴하고 공동체의 질서에 해를 끼친 중한 범죄자 등에 대하여 선거권의 제한이 있어 왔다.

이 사건 법률조항은 공동체 구성원으로서 반드시 지켜야 할 기본적 의무를 저버린 중한 범죄자에게 공동체 조직과 운영에 직·간접적으로 참여토록 하는 것을 제한하는 한편, 반사회적 행위를 한 자에 대한 사회적 제재의 의미를 갖고 있다. 범죄자에 대한 선거권 제한은 고대 그리스와 로마시대의 소위 '시민으로서의 지위 박탈'(civil death)의 일종으로서 그 역사적 뿌리가 깊고, 지금은 아래에서 보는 바와 같이 각 나라에서 자국의 전통과 실정에 맞게 변모되어 일정한 범위 내에서 제한적으로 운용되고 있다.

(나) 외국의 입법례

미국의 경우 2006년 기준으로 48개 주와 콜롬비아특구에서는 중죄(felony)를 저지른 범죄자가 교도소 등에 구금되어 있는 동안 선거권을 박탈하도록 규정하고 있다. 그중 13개 주는 구금기간 중에만 선거권을 박탈하고, 5개 주는 구금기간과 가석방 기간 선거권을 박탈하며, 18개 주는 구금기간, 가석방 기간은 물론 집행유예 기간도 포함하여 선거권을 박탈하고, 13개 주에서는 형의 집행이 종료된 이후, 예컨대 보호관찰 중인 경우에도 선거권을 박탈하고 있는데, 특히 그중 6개 주에서는 중범죄자의 선거권을 영구히 박탈하고 있기도 하다. 미국 연방대법원은 제14차 수정헌법 제2항을 근거로 각 주에서 수형자의 선거권을 박탈하는 것은 인종차별의 의도가 없다면 정당하다는 취지로 판시한 바 있다.

일본은 이 사건 법률조항과 마찬가지로 '금고 이상의 형을 선고받고 그 집행이 종료되지 아니한 자'의 선거권을 제한하고 있고(공직선거법 제11조), 프랑스는 범죄행위의 은닉죄 및 범죄에 의하여 유죄판결을 받은 자는 판결 확정시로부터 5년간 선거인명부에 등재될 수 없다고 규정하여 이들의 선거권을 제한하고 있으며, 독일은 법률에 특별한 규정이 있는 경우에 법원이 수형자에게 일정기간 선거권 제한을 할 수 있도록 함으로써 일부 수형자에 대하여 선거권을 제한하고 있다.

이 밖에도 대의민주주의가 발달한 다수의 선진 각국 역시 그 요건과 범위, 방법에서는 서로 차이가 있지만, 중한 범죄자에 대하여 여러 형태로 선거권을 제한하고 있는바, 결국, 중한 범죄자에 대한 선거권의 제한 여부 및 그 범위와 방법 등은 각국의 역사적 경험, 형사법체계, 국민의 범죄에 대한 법감정 등 구체적 실정에 따라 결정될 성질의 것이라고 볼 수 있다.

(2) 수형자에 대한 선거권 제한의 법적 성격

우리 형법은 자격상실 또는 자격정지를 형벌의 일종으로 규정하고(형법

제41조), 상실 또는 정지되는 자격으로 공무원이 되는 자격, 공법상의 선거권과 피선거권 등을 규정하고 있다(형법 제43조). 어떤 범죄의 법정형에 자격정지(1년 이상 15년 이하)가 포함된 경우 법관은 그 기간을 특정하여 자격정지를 선고할 수 있으나(형법 제44조 제1항), 법관이 자격정지를 따로 선고하지 않더라도, 사형, 무기징역 또는 무기금고를 선고한 경우에는 해당 피고인은 바로 위 자격이 상실되고(형법 제43조 제1항), 유기징역 또는 유기금고를 선고한 경우에는 해당 피고인은 그 형의 집행이 종료하거나 면제될 때까지 위 자격의 일부가 정지된다(형법 제43조 제2항). 따라서 금고 이상의 형을 선고받은 자로서 그 집행이 종료되거나 면제되지 아니한 자에 대한 공법상의 선거권 등에 관한 자격상실이나 자격정지는 그 자에 대한 형벌의 성격을 가지고 있다고 할 것이다.

이러한 형법 규정에 상응하여 공직선거법은 이 사건 법률조항에서 선거일 현재 '금고 이상의 형의 선고를 받고 그 집행이 종료되지 아니한 자'에 대하여 선거권을 인정하지 아니하고 있는바, 우리 형사법이 취한 위와 같은 형벌체계에 비추어 보면, 이 사건 법률조항에 따른 선거권 제한은 반사회적 행위를 한 중범죄자에 대한 형사적 제재의 성격을 가지고 있다고 할 것이다.

그런데 어떤 범죄를 어떻게 처벌할 것인가 하는 문제, 즉 법정형의 종류와 범위의 선택은 그 범죄의 죄질과 보호법익에 대한 고려뿐만 아니라 우리의 역사와 문화, 입법당시의 시대적 상황, 국민일반의 가치관 내지 법감정 그리고 범죄예방을 위한 형사정책적 측면 등 여러 가지 요소를 종합적으로 고려하여 입법자가 결정할 사항으로서 광범위한 입법재량 내지 형성의 자유가 인정되어야 할 분야이다. 따라서 어느 범죄에 대한 법정형이 그 범죄의 죄질 및 이에 따른 행위자의 책임에 비하여 지나치게 가혹한 것이어서 현저히 형벌체계상의 균형을 잃고 있다거나 그 범죄에 대한 형벌 본래의 목적과 기능을 달성함에 있어 필요한 정도를 일탈하였다는 등 헌법상의 평등의 원칙 및 비례의 원칙 등에 명백히 위배되는 경우가 아닌 한, 쉽사리 헌법에 위반된다고 단정하여서는 안 될 것인바(헌재 1995. 4. 20. 91헌바11, 판례집 7-1, 478, 487; 헌재 2004. 3. 25. 2002헌마411, 판례집 16-1, 468, 479), 형사적 제재의 성격을 가지고 있는 이 사건 법률조항에 대한 위헌심사를 함에 있어서도 이러한 점을 고려하여야 할 것이다.

이와 관련하여 우리 헌법재판소는 이 사건 법률조항과 동일한 내용의 '공직선거 및 선거부정방지법'(1994. 3. 16. 법률 제4739호로 제정된 것) 제18조 제1항 제2호 전단에 대하여 위헌심사를 하면서, 위 조항에 따른 선거권의 제한을 형사적 제재로 파악한 후, 위 조항이 입법자의 재량의 범위를 벗어나 현저하게 불합리하고 불공정한 것이라고 볼 수 없고, 과잉금지원칙에 위배되지 아니하므로 헌법에 위반되지 아니한다고 이미 판시한 바 있다(헌재 2004. 3. 25. 2002헌마411, 판례집 16-1, 468).

(3) 이 사건의 쟁점

이 사건의 쟁점은 중한 범죄자에 대한 형사적 제재의 성격을 가지고 있는 이 사건 법률조항에서 '금고 이상의 선고형'이라는 기준으로 그 형의 집행이 종료되지 아니한 수형자에 대하여 형집행기간 동안 선거권을 제한하는 것이 헌법 제37조 제2항의 과잉금지원칙을 위반하여 청구인의 선거권을 침해하고, 정치적 생활영역에서 금고 이상의 형을 선고받은 수형자와 다른 일반국민을 차별함으로써 청구인의 평등권을 침해하는지의 여부이다.

다만, 금고 이상의 형을 선고받은 수형자에 대한 선거권의 침해 여부와 그에 따른 수형자와 다른 일반국민 사이의 차별로 인한 평등권 침해 문제는 상호 밀접히 관련되어 있으므로 먼저 선거권 침해 여부를 살펴본 후 이를 기초로 하여 평등권의 침해 여부를 판단하기로 한다.

한편, 청구인은 그 밖에 이 사건 법률조항으로 인하여 행복추구권이 침해되었다는 주장도 하고 있으나, 헌법 제10조 전문의 행복추구권은 다른 개별적 기본권이 적용되지 않는 경우에 한하여 보충적으로 적용되는 기본권이므로, 선거권 및 평등권의 침해 여부를 판단하는 이 사건에 있어서는 행복추구권 침해 여부를 별도로 판단하지 않기로 한다(헌재 2008. 6. 26. 2007헌마917, 판례집 20-1하, 447, 451-452 등 참조).

(4) 선거권 침해 여부

(가) 입법목적의 정당성 및 수단의 적절성

무릇 선거권의 행사는 국가공동체의 운명을 규정하고 공동체의 나아갈 방향을 결정짓는 중요한 행위라고 할 수 있다. 그리고 국민은 국가공동체의 구성원으로서 공동체의 유지와 다른 구성원들의 생명, 신체 등 권익을 존중하고 보장하기 위하여 납세, 병역, 준법 기타 필요한 사회적 책무를 부담하고 있다. 그런데 중한 범죄를 저지른 수형자는 국가 및 사회나 다른 공동체 구성원에 대하여 중대한 위해를 가함으로써 사회질서를 파괴하고 공동체의 안전에 해를 끼친 사람들이다.

이 사건 법률조항은 공동체 구성원으로서 반드시 지켜야 할 이러한 기본적 의무를 저버린 중한 범죄자에 대하여 선거권의 제한이라는 형사적 제재를 가하고, 그를 통하여 범죄를 예방하며, 일반 국민으로 하여금 공동체 구성원으로서 책임성과 준법의식을 기르고 갖추도록 하는 데 그 입법목적이 있다 할 것이다.

이것은 우리 헌법질서 아래에서 입법자가 취할 수 있는 정당한 목적 범위 내에 있고, 이 사건 법률조항이 규정한 금고 이상의 형의 선고를 받은 수형자에 대한 선거권 제한은 이러한 목적을 이루기 위한 적합한 수단이라 할 것이다.

(나) 피해의 최소성 및 법익의 균형성

1) 이 사건 법률조항은 모든 범죄자나 모든 수형자에 대하여 일률적으로 선거권을 제한하고 있는 것이 아니라 '금고 이상의 실형'을 선고받은 자

에 대하여 '그 형의 집행이 종료될 때까지', 즉, 선고형량에 비례하는 기간 동안 선거권을 제한하고 있다. 따라서 경미한 범죄로 30일 미만의 구류형을 받은 수형자 및 벌금 또는 과료를 완납하지 아니하여 노역장 유치명령을 받은 수형자에 대하여는 선거권이 제한되지 아니하는바, 결국, 교도소 등 구금시설에 구금되어 있다는 이유로 수형자의 선거권이 제한되는 것이 아니라, 중한 범죄를 범하였다는 수형자 본인의 형사책임 때문에 형사적 제재로서 선거권이 제한되는 것이다. 그러므로 이 사건 법률조항의 위헌성을 판단하기 위하여는 '금고 이상의 실형의 선고'라는 선거권 제한의 요건과 그에 따른 선거권 제한의 기간이 입법목적 달성을 위하여 필요한 범위를 넘어선 과도한 것인지, 이 사건 법률조항에 의해 달성하려는 공익과 수형자 개인의 불이익 사이에 법익균형성이 갖추어졌는지를 살펴보아야 할 것이다.

2) 우리 법체계 내에서의 '금고 이상 선고형'의 중대성

우리 형법은 형의 종류로 사형, 징역, 금고, 자격상실, 자격정지, 벌금, 구류, 과료, 몰수를 규정하고 있으므로(형법 제41조), 선거권 및 피선거권 등의 제한을 내용으로 하는 자격상실형 및 자격정지형 역시 금고형과 같이 형의 한 종류라고 할 것이다. 그리고 형의 경중은 위 순서에 의하고 있으며, 그중 자유형은 징역, 금고, 구류인데, 징역 또는 금고는 무기 또는 유기로 하고, 유기는 1월 이상 15년 이하로 하며, 구류는 1일 이상 30일 미만으로 하고, 유기금고의 장기가 유기징역의 장기를 초과하는 때에는 금고를 중한 것으로 한다고 규정하고 있다(형법 제42조, 제46조, 제50조 제1항·제2항). 따라서 금고형은 적어도 1월 이상 범죄자를 교도소에 구금함으로써 신체의 자유 등 기본권에 중대한 제한을 가하는 형으로서 선거권 및 피선거권 등의 제한을 내용으로 하는 자격상실형 또는 자격정지형보다 중하다 할 것이다.

그리고 우리 헌법은 사법부의 독립을 보장하고자 "법관은 탄핵 또는 '금고 이상의 형'의 선고에 의하지 아니하고는 파면되지 아니한다(헌법 제106조 제1항)"는 조항을 두고 있는바, 이러한 법관의 신분보장 조항에서도 '금고

이상의 형'을 선고받을 경우에는 법관의 신분을 박탈할 수 있도록 함으로써 법관의 공무담임권에 중대한 제한을 가하고 있다. 특히, 위 헌법 규정은 법관이 저지른 범죄가 직무관련범죄인지 과실범죄인지를 구분하지 아니하고 적용되도록 하고 있는바, 이는 형사소송절차를 거쳐 '금고 이상의 형'이 선고되었다면, 죄명이나 범죄의 성격, 직무관련범죄인지, 과실범인지 여부를 불문하고 사회적 비난가능성이 중대하다는 점을 고려한 것이라 할 것이다.

또한, 국가공무원법에서는 '금고 이상의 실형'을 선고받고 그 집행이 종료되거나 집행을 받지 아니하기로 확정된 후 5년이 지나지 아니하거나 '금고 이상의 형'을 선고받고 그 집행유예 기간이 끝난 날부터 2년이 지나지 아니한 경우를 당연퇴직 사유로 하여 공무원 신분을 박탈할 수 있도록 규정하고 있고(국가공무원법 제69조, 제33조 제3호·제4호), 변호사, 공인회계사, 세무사, 변리사, 법무사, 감정평가사의 경우에도 '금고 이상의 형'을 선고받은 자에 대한 일정한 결격사유를 규정한 법률조항들이 있는바(변호사법 제5조 제1호; 공인회계사법 제4조 제2호; 세무사법 제4조 제7호; 변리사법 제4조 제1호; 법무사법 제6조 제3호; 부동산 가격공시 및 감정평가에 관한 법률 제24조 제3호), 위 각 법률조항 역시 금고 이상의 형 선고의 중대성을 감안하여 직무관련성이 없는 범죄나 과실범의 경우도 그 적용대상에서 제외하고 있지 아니하다.

한편, 2008년도 형사사건 통계에 의하면, 1년간 처리된 형사공판사건과 약식사건 1,493,680건 중 1심에서 금고 이상의 실형을 선고받은 사건은 44,861건으로, 전체 형사사건의 불과 3% 정도에 해당하는 중한 범죄에 대하여만 금고 이상의 실형이 선고되고 있다(2009년도 사법연감 참조).

3) 위와 같은 우리 형법체계 및 헌법과 여러 법률조항 등에 비추어 보면, '금고 이상의 선고형'이라는 기준은 법관 또는 공무원의 신분을 박탈하거나 전문자격의 취득을 제한하는 등의 기본권 제한을 정당화할 만큼 중대한 기준이 된다고 할 것이다. 더구나, 이 사건 법률조항은 집행유예 판결이 아닌 '금고 이상의 실형'을 선고받아 형집행 중인 수형자에 대하여 적용되는

것인바, 이러한 중한 형을 선고받은 수형자에 대하여 형집행기간 동안 선거권을 제한하는 것이 위에서 본 입법목적의 달성에 필요한 정도를 벗어난 과도한 것이라고 보기 어렵다.

또한, 형사재판에서 법관은 범인의 성행, 환경, 범행의 동기와 수단 및 결과, 범행 후의 정황 등의 양형조건을 고려하여 형종, 형량을 선택하게 되고, 범정이 매우 무거운 범죄를 제외한 대부분의 범죄에 대하여는 벌금형도 선택형으로 함께 규정되어 있는 것을 감안할 때, 법관이 범죄 전·후의 모든 정황을 고려하여 벌금형을 선고하거나 금고 이상의 형에 대한 선고유예, 집행유예를 선고하지 아니하고 금고 이상의 실형을 선고하였다면, 그 법률적·사회적 비난가능성이 결코 작지 아니함을 의미한다고 할 것인바, 이러한 사정은 당해 범죄자가 저지른 범죄행위가 과실에 의한 것이라거나 국가적, 사회적 법익이 아닌 개인적 법익을 침해하는 것이라도 마찬가지라 할 것이다.

나아가, 죄명별로 그 개별성과 특수성을 일일이 고려하여 선거권을 제한하는 입법방식은 입법 기술적으로 매우 어려울 뿐만 아니라, 반사회적인 중범죄자들에 대한 형사적 제재라는 입법목적에 비추어 볼 때, 이러한 입법방식이 개별 범죄의 경중을 반영한 선고형의 기준보다 반드시 합리적이라고 단정할 수 없는 점에 비추어 보더라도 '금고 이상의 선고형'이라는 엄격한 기준으로 선거권을 제한하고 있는 이 사건 법률조항이 입법재량을 일탈하였다거나 입법목적 달성을 위하여 필요한 범위를 넘어선 과도한 규정이라고 할 수 없다.

4) 선거권 제한 정도의 비례성

이 사건에서 금고형 이상의 형을 선고받은 수형자가 입게 되는 선거권 제한이라는 불이익은 금고형보다 가벼운 형벌인 자격상실이나 자격정지의 한 효과에 불과하다. 그리고 형법 제43조에 따라 금고 이상의 형을 선고받은 중범죄자에 대해 당연히 그 자격을 상실·정지시키는 형이 부가되는 것이 죄질 및 수형자의 형사책임에 비해 지나치게 가혹하여 현저히 형벌체계상의 균형을 잃고 있거나 그 범죄에 대한 형벌 본래의 목적과 기능을 달성함에 있어 필요한 정도를 일탈한 것이라고 단정할 수 없는바, 위 형법 조항의 내용에 상응하여 선거권을 제한하고 있는 이 사건 법률조항 역시 입법자의 재량의 범위를 벗어나 현저하게 불합리하고 불공정한 것이라고 볼 수 없다.

게다가, 이 사건 법률조항에 따른 선거권 제한의 기간은 모든 수형자에게 일률적인 것이 아니라 '수형자가 선고받은 금고 이상 형의 집행이 종료될 때까지'여서 형집행 면제 등의 특별한 사유가 없는 한 각 수형자가 선고받은 형량, 즉, 형사책임의 경중에 비례하여 선거권 제한의 기간이 정하여지는 점, 이 사건 법률조항으로써 달성하고자 하는 '중대한 범죄자에 대한 형사적 제재 및 일반 국민들의 법치주의에 대한 존중의식 제고' 등의 공익이 수형자 개인의 형집행기간 동안의 선거권 제한이라는 불이익에 비하여 결코 작다고 할 수 없는 점 등에 비추어 보면, 이 사건 법률조항은 법익균형성을 갖추었다고 할 것이다.

(다) 이 사건 법률조항이 과실범, 개인적 법익을 침해한 범죄자, 단기자유형을 선고받은 자, 가석방처분을 받은 자를 제외하지 아니하여 위헌인지 여부

재판관 5인의 위헌의견은 이 사건 법률조항이 금고 이상의 실형을 선고받은 자 중 ① 과실범, ② 민주주의 등 헌법질서를 부정하는 반국가적인 성격의 범죄와 무관하고, 선거권의 제한과도 직접적 연관성이 없는 개인적 법익에 대한 범죄를 범한 자, ③ 단기자유형을 선고받은 자, ④ 가석방처분을 받은 자를 그 적용대상에서 제외하고 있지 아니하여 위헌이라고 하고 있으므로 이에 대하여 살펴본다.

1) 이 사건 법률조항이 금고 이상의 실형을 선고받은 과실범을 제외하지 아니하여 위헌인지 여부

형벌에 관한 형사법의 기본원리인 책임원칙은 두 가지 의미를 포함한다. 하나는 형벌의 부과 자체를 정당화하는 것으로, 범죄에 대한 귀책사유,

즉 위법한 행위에 대한 비난가능성을 의미하는 책임이 인정되어야만 형벌을 부과할 수 있다는 것이고('책임 없는 형벌 없다'), 다른 하나는 책임의 정도를 초과하는 형벌을 과할 수 없다는 것이다(책임과 형벌 간의 비례의 원칙).

따라서 일정한 범죄에 대해 형벌을 부과하는 것이 정당화되기 위해서는 범죄자의 책임이 인정되어야 하고, 그 법정형은 책임의 정도에 비례하도록 규정되어야 하며, 법관 역시 그러한 법정형의 범위 내에서 책임에 기초하여 그에 상응한 형량을 선고하여야 할 것이다.

이러한 책임원칙은 비단 고의범의 경우뿐만 아니라 과실범의 경우에도 동일하게 적용된다고 할 것이고, 과실범의 귀책사유로서의 책임은 법적인 주의의무를 게을리 한 데 대한 비난가능성을 의미하는바, 법관이 위와 같은 책임원칙에 따라 개별 범죄에 대하여 책임에 비례하는 적정한 형을 선고하였다면, 그러한 선고형의 경중은 각 개별 범죄가 고의범인지 과실범인지와 상관없이 개별 범죄 사이의 책임의 경중, 즉, 비난가능성의 정도를 판단하는 매우 명확하고 합리적인 기준이 된다고 할 것이다. 바꾸어 말해, 책임에 비례하여 선고형의 형량이 결정된다는 전제하에서는, 만약, 과실범이 금고 1년의 실형을 선고받은 경우, 금고 1년의 실형을 선고받은 고의범과 그 비난가능성의 정도는 동일하거나 유사하고, 금고 1년 미만의 형을 선고받은 고의범보다는 그 비난가능성이 더 크다고 봄이 상당하다. 결국, 특정한 과실범이 금고 이상의 실형을 선고받았음에도 과실범이라는 이유만으로 동일한 형을 선고받았거나 더 가벼운 형을 선고받은 고의범보다 그 비난가능성이 작다고 볼 수는 없는 것이다.

그렇다면, 이 사건 법률조항이 고의범과 과실범을 구분하지 아니하고, 금고 이상의 실형이라는 선고형을 기준으로 선거권을 제한한 것은 책임의 경중에 따른 구분으로서 합리적인 것이라 할 것이고, 오히려, 선고형의 경중을 따지지 아니하고 과실범이라는 이유만으로 이 사건 법률조항의 적용대상에서 제외시킨다면, 특정 고의범보다도 책임이 더 무거워 중형을 선고받은 과실범까지 제외되는 결과를 초래하게 되어 이는 금고 이상의 형을 선고받은 수형자 사이의 형평성에도 반하다고 할 것이다.

따라서 이 사건 법률조항이 금고 이상의 실형을 선고받은 과실범을 적용대상에서 제외하지 아니하였다고 하여 과잉금지원칙에 위배된 위헌인 법률조항이라고 할 수는 없다.

2) 이 사건 법률조항이 선거권의 제한과는 직접적 연관성이 없는 개인적 법익을 침해한 범죄를 범하여 금고 이상의 형을 받은 수형자를 제외하고 있지 아니하여 위헌인지 여부

먼저, 개인적 법익에 대한 범죄 역시 개별 범죄의 죄질, 불법 정도 등에 따라 사회질서를 크게 해칠 수 있고, 개인적 법익에 대한 모든 범죄가 언제나 국가적, 사회적 법익에 대한 범죄보다 국가공동체에 미치는 해악이 작다고 단정할 수 없다. 그럼에도, 개별 범죄의 경중을 따지지 아니하고 개인적 법익에 대한 범죄만을 일률적으로 이 사건 법률조항의 적용에서 제외시킨다면, 국가적, 사회적 법익에 대한 범죄를 범한 수형자와 개인적 법익에 대한 범죄를 범한 수형자 사이에 불합리한 차별이 발생할 수 있는 문제가 있다.

또한, 형법에는 개인적 법익에 대한 범죄에 대하여도 선거권 제한 등을 내용으로 하는 자격정지형을 선택형이나 병과형으로 부과할 수 있도록 규정한 다수의 조문이 있는바, 선택형으로 규정된 범죄에는 상해죄(형법 제257조 제1항) 등이 있고, 병과형으로 규정된 범죄에는 살인죄(형법 제256조), 체포와 감금죄(형법 제282조), 절도죄 및 강도죄(형법 제345조), 사기죄 및 공갈죄(형법 제353조), 횡령죄 및 배임죄(형법 제358조) 등이 있다.

그런데 위 각 범죄는 민주주의질서, 선거권이나 선거제도와는 직접 연관성이 없음에도 선거권 제한 등을 내용으로 하는 자격정지형을 부과할 수 있도록 규정되어 있는바, 이러한 범죄 내용과 형벌 내용의 불일치는 범죄자에 대한 선거권 제한이 범죄에 대한 일반적인 형벌의 성격을 가지고 있다는 점에 비추어 보면, 특별한 문제가 되지 아니한다. 즉, 신체의 자유를 침해하

는 내용의 범죄에 대하여만 신체의 자유를 제한하는 금고형, 징역형을 부과할 수 있다거나 타인의 재산권을 침해하는 내용의 범죄에 대하여만 재산권을 제한하는 벌금형을 부과할 수 있다고는 할 수 없듯이, 민주주의질서, 선거권이나 선거제도와 직접 연관성이 있는 범죄에 대하여만 선거권 제한이라는 자격정지형을 부과할 수 있다고는 할 수 없다.

따라서 형사적 제재의 성격을 가지고 있는 이 사건 법률조항에 따른 선거권 제한 역시 반드시 민주주의 등 헌법질서를 부정하는 반국가적인 성격을 가진 범죄나 선거권 제한과 직접 관련이 있는 범죄에 대하여만 부과되어야 한다고 볼 수는 없으므로, 이 사건 법률조항이 이러한 범죄를 제외한 범죄를 적용범위에서 배제하지 아니하였다고 하여 과잉금지원칙에 위배된 위헌인 법률조항이라고 할 수는 없다.

3) 이 사건 법률조항이 단기자유형을 선고받은 수형자를 제외하고 있지 아니하여 위헌인지 여부

먼저, 단기자유형 중 1일 이상 30일 미만의 구류형을 선고받은 수형자는 이 사건 법률조항의 적용을 받지 아니하므로 선거권이 제한되지 아니한다. 그리고 앞서 살펴본 바와 같이, '금고형 이상의 실형 선고'라는 기준은 우리 법체계 및 형사실무상 매우 엄격한 기준이라 할 것이고, 최소 1개월 이상 교도소 등의 구금시설에 구금되어 신체의 자유 등 중요한 기본권을 제한받는다는 점에서 그 기간이 비록 단기이더라도 결코 경미한 범죄에 선고되는 가벼운 형이라고 볼 수는 없다.

또한, 형사실무상 법관이 6개월 미만의 금고형이나 징역형을 선고하는 경우는 매우 드물고, 설령, 피고인이 6개월 미만의 금고형이나 징역형을 선고받았다 하더라도 이 사건 법률조항에 의하여 선거권이 제한되는 기간은 선고받은 형기와 동일한 6개월 미만의 단기에 그치게 된다. 따라서 이러한 단기자유형을 선고받은 수형자가 이 사건 공직선거법의 적용대상인, 5년 주기로 실시되는 대통령선거, 4년 주기로 실시되는 국회의원선거 및 지방자치

단체장과 그 의원 선거에서 실제로 선거권을 행사할 수 없게 될 가능성은 높지 아니하고, 형 집행기간 중 선거일이 도래하여 선거권 행사가 제한된다고 하더라도 위 세 선거가 일정한 시간적 간격을 두고 실시되는 점에 비추어 보면, 실제 선거권 행사의 제한은 1, 2회 정도를 넘지 아니할 것이다.

이러한 '금고 이상의 실형' 기준의 엄격성 및 실제 선거권 제한의 정도가 크지 아니한 점에 비추어 보면, 이 사건 법률조항이 단기의 금고형이나 징역형을 선고받은 수형자를 적용대상에서 제외하고 있지 아니하였다고 하여 과잉금지원칙에 위배된 위헌인 법률조항이라고 할 수 없다.

4) 이 사건 법률조항이 금고 이상의 실형을 선고받아 형집행 중 가석방처분을 받은 자를 제외하고 있지 아니하여 위헌인지 여부

형법 제72조 제1항 규정에 따른 가석방은 수형자의 개별적인 요청이나 희망에 따라 행하여지는 것이 아니라 행형기관의 교정정책 혹은 형사정책적 판단에 따라 수형자에게 주어지는 시혜적 조치일 뿐이므로, 어떤 수형자가 위 법률조항에 규정된 요건을 갖추었다고 하더라도 그것만으로 행형당국에 대하여 가석방을 요구할 주관적 권리를 취득하거나 행형당국이 그에게 가석방을 하여야 할 법률상의 의무를 부담하게 되는 것이 아니고, 수형자는 위 법률조항에 근거한 행형당국의 가석방이라는 구체적인 행정처분이 있을 때 비로소 형기만료 전 석방이라는 사실상의 이익을 얻게 될 뿐이다(헌재 1995. 3. 23. 93헌마12, 판례집 7-1, 416, 421~422; 헌재 2007. 7. 26. 2006헌마298, 판례집 19-2, 158, 162~163 참조).

또한, 가석방처분을 받았다고 하여 기존의 금고 이상 형 선고의 효력이 상실되거나 그 형이 면제되는 것도 아니고, 가석방 후 무기형에 있어서는 10년, 유기형에 있어서는 남은 형기가 지나야 형 집행이 종료된다(형법 제73조의2, 제76조 제1항).

한편, 징역형 또는 금고형의 집행 중에 있는 자는 무기에 있어서는 10년, 유기에 있어서는 형기의 3분의 1이라는 일정한 수감기간이 경과한 후에

야 가석방처분을 받을 수 있는바(형법 제72조 제1항), 수형자는 금고 이상의 형을 선고받으면서, 자유형의 집행과는 별도로 이 사건 법률조항 및 형법 제43조에 따른 선거권의 제한을 받는 것이지, 일정한 형 집행기간이 경과한 후 가석방처분을 받았다는 사유로 이 사건 법률조항에 의하여 새로이 선거권의 제한을 받는 것은 아니다. 즉, 수형자가 경우에 따라 실효 또는 취소될 수도 있는 가석방처분을 받았다고 하여 형집행이 종료되기 전임에도 곧바로 이 사건 법률조항의 적용을 배제하는 예외조항을 둘 것인지 여부는 기본권 제한의 문제가 아니라 이미 금고 이상의 형 선고시에 그 형의 집행종료시까지 예정되어 있던 선거권 제한이라는 별도의 형사적 제재를 가석방처분을 받았다는 사후적인 사유로 일부 면제할 것인지의 문제라고 할 것인바, 이러한 형사적 제재의 사후적 면제 조항이라는 시혜적 규정을 둘 의무가 입법자에게 있다고 보기 어렵고, 이는 입법정책적으로 결정할 사항이라고 할 것이다.

더구나, 형법 제72조 제2항에 의하면, 벌금 또는 과료의 병과가 있는 때에는 그 금액을 완납하여야 가석방이 될 수 있는데, 이는 가석방 사유가 있다고 하여 병과된 다른 형까지 면제되지는 않는다는 취지의 규정이라 할 것인바, 이러한 형법 규정에 비추어 보더라도, 입법자가 가석방처분을 받은 수형자에 대하여 선거권 제한이라고 하는, 자유형의 집행과는 그 성격을 달리하는 별도의 형사적 제재를 면제하는 규정을 두지 아니하였다고 하여 입법재량의 한계를 일탈하였다고 볼 수는 없을 것이다.

따라서 이 사건 법률조항이 가석방처분을 받은 자에 대하여 적용을 배제하는 예외규정을 두지 아니하여 위헌이라고 할 수는 없다.

(라) 소 결

이 사건 법률조항은 헌법 제37조 제2항의 과잉금지원칙에 위배되지 아니하므로 청구인의 선거권을 침해하지 아니한다.

(5) 평등권 침해 여부

청구인은 금고 이상의 형을 선고받은 수형자로서 이 사건 법률조항으로 인하여 선거권을 제한받음으로써, 다른 일반국민과 정치적인 생활영역에서 차별취급을 받고 있다 할 것이므로 평등권 침해 여부에 관하여 살펴본다.

그런데 위와 같은 차별이 발생하는 것은 중한 범죄자에 대한 형사적 제재 및 그를 통하여 범죄를 예방하고, 준법의식을 제고한다는 입법목적에 따라 이 사건 법률조항이 금고 이상의 형을 선고받은 수형자에게 선거권을 제한하고 있기 때문인바, 앞서 살펴본 바와 같이, 이 사건 법률조항에 따른 선거권 제한은 과잉금지원칙에 위배되지 아니하므로, 이로 인해 발생한 차별 역시 합리적 사유에 따라 발생한 것으로서 입법재량의 한계를 일탈할 정도로 자의적인 것이라고 하기 어렵다.

따라서 이 사건 법률조항은 청구인의 평등권을 침해하지 아니한다.

(6) 결 론

그렇다면 이 사건 심판청구는 이유 없으므로 이를 기각하여야 할 것이다.

다. 재판관 이강국의 각하의견

형법 제43조 제2항에 의하면 유기징역 또는 유기금고의 판결을 받은 자는 그 형의 집행이 종료하거나 면제될 때까지 공법상의 선거권 등의 자격이 정지된다고 규정하고 있다. 이에 따르면 위 자격정지의 효과는 구체적인 선거의 시기와 상관없이 유기징역 또는 유기금고의 판결이 확정된 때 발생한다 할 것이다. 공직선거법 규정인 이 사건 법률조항은 형법 제43조 제2항의 효과를 반영한 것이므로 이로 인한 선거권 제한 등 기본권침해 사유 역시 형법 제43조 제2항에서와 마찬가지로 판결이 확정된 때 발생한다 할 것이다 (헌재 2004. 3. 25. 2002헌마411, 판례집 16-1, 468, 476 참조).

그런데 청구인은 이 사건 징역형을 선고받아 그 형이 확정됨으로써 공법상의 선거권 등의 자격이 정지된 때인 2006. 11. 23.로부터 1년이 경과한 2007. 12. 27. 이 사건 헌법소원심판을 청구하였다.

따라서 이 사건 심판청구는 헌법재판소법 제69조 제1항 소정의 기본권 침해 사유가 있은 날부터 1년 이내에 제기하여야 하는 청구기간을 준수하지 못하여 부적법하므로 각하되어야 한다.

4. 결 론

이 사건 법률조항에 대하여는 재판관 김희옥, 재판관 김종대, 재판관 민형기, 재판관 목영준, 재판관 송두환 등 5인이 위헌의견을, 재판관 이공현, 재판관 조대현, 재판관 이동흡 등 3인이 기각의견을, 재판관 이강국 1인이 각하의견을 표시하여 헌법에 위반된다는 의견이 다수이기는 하나, 이로써 헌법 제113조 제1항, 헌법재판소법 제23조 제2항 단서 제1호의 재판관의 수에 이르지 못하여 위헌결정을 할 수 없으므로, 이에 주문과 같이 결정한다.

재판관 이강국(재판장)
이공현
조대현
김희옥
김종대
민형기
이동흡
목영준
송두환

판례의 평가

종전 헌법재판소는 헌재 2004. 3. 25. 2002헌마411 결정에서 재판관 1인의 위헌의견이 있었으나 8인의 합헌의견에 따라 구 공직선거 및 선거부정방지법(1994. 3. 16. 법률 제4739호로 제정되고, 2005. 8. 4. 법률 제7681호로 개정되기 전의 것) 제18조 제1항 제2호 전단(선거일 현재 금고 이상의 형의 선고를 받고 그 집행이 종료되지 아니한 자) 부분은 헌법에 위반되지 않는다고 결정하였다.

이후 헌재 2009. 10. 29. 2007헌마1462 결정에서 공직선거법(2005. 8. 4. 법률 제7681호로 개정된 것) 제18조 제1항 중 제2호 전단(선거일 현재 금고 이상의 형의 선고를 받고 그 집행이 종료되지 아니한 자) 부분에 대하여 재판관 5인이 위헌의견을, 재판관 3인이 기각의견을, 재판관 1인이 각하의견을 표시하여 헌법에 위반된다는 의견이 다수이기는 하였으나, 위헌정족수에 이르지 못하여 심판청구를 기각하였다.

그러나 위의 판결 이후에 헌법재판소는 2014. 1. 28. 2012헌바409·510, 2013헌마167(병합) 판결에서 판례변경 및 위헌(헌법불합치) 결정하였다.

25 성폭력범죄의 처벌 등에 관한 특례법 제8조 제1항 주거침입강제추행치상죄와 강제추행죄의 비례성

(2015. 11. 26. 2014헌바436)

Ⅰ. 판시 사항

가. 법정형의 내용에 대한 입법형성권의 범위와 한계

나. 성폭력범죄의 처벌 등에 관한 특례법(2012. 12. 18. 법률 제11556호로 전부개정된 것, 이하 '성폭력처벌법'이라 한다) 제8조 제1항 중 '제3조 제1항[형법 제319조 제1항(주거침입)의 죄를 범한 사람이 같은 법 제298조(강제추행)의 죄를 범한 경우]의 죄를 범한 사람이 다른 사람을 상해에 이르게 한 때에는 무기징역 또는 10년 이상의 징역에 처한다'는 부분(이하 '이 사건 법률조항'이라 한다)이 책임과 형벌 간의 비례원칙에 위배되는지 여부(소극)

다. 이 사건 법률조항이 평등원칙에 위배되는지 여부(소극)

Ⅱ. 결정요지

가. 어느 범죄에 대한 법정형이 그 범죄의 죄질 및 이에 따른 행위자의 책임에 비하여 지나치게 가혹한 것이어서 현저히 형벌체계상의 균형을 잃고 있다거나 그 범죄에 대한 형벌 본래의 목적과 기능을 달성함에 있어 필

요한 정도를 일탈하였다는 등 헌법상의 평등원칙 및 비례원칙 등에 명백히 위배되는 경우가 아닌 한, 법정형의 높고 낮음은 입법정책 당부의 문제이어서 쉽사리 헌법에 위배된다고 단정하여서는 아니 된다.

나. 주거침입강제추행치상죄는 성적 자기결정권, 주거의 평온과 안전 및 신체의 안정성을 보호법익으로 한다. 이와 같이 중요한 보호법익을 모두 침해한 사람의 죄질, 책임의 정도 및 일반예방이라는 형사정책의 측면 등을 고려하면, 입법자가 주거침입강제추행치상죄라는 새로운 구성요건을 신설하고 법정형을 무기징역 또는 10년 이상의 징역으로 정하여 법관의 작량감경만으로는 집행유예를 선고하지 못하도록 한 것에는 합리적인 이유가 있으므로, 심판대상조항은 비례원칙에 위배되지 않는다.

다. 형법 제297조의2에 규정된 유사강간에 해당하지 않는 추행행위를 한 경우라 할지라도 그 행위태양이나 불법의 정도 등에 비추어 강간이나 유사강간을 한 경우보다 무겁게 처벌하거나 동일하게 처벌하여야 할 필요가 있고, 입법자가 주거침입과 성적 자기결정권 및 신체의 안정성 침해라는 공통요소에 착안하여 심판대상조항의 법정형을 야간주거침입절도강간치상죄 및 특수절도강간치상죄와 동일하게 정한 것이 형벌체계상 균형성을 상실하였다고 할 수 없으며, 보호법익의 중요성 등을 고려하여 심판대상조항이 정한 불법의 크기가 성폭력처벌법 제4조, 제6조, 제7조의 죄를 범한 자 또는 그 미수범이 다른 사람을 상해하거나 상해에 이르게 한 때와 유사하고, 성폭력처벌법 제8조 제2항의 죄보다 중하다고 본 입법자의 판단이 자의적이라고 하기도 어렵다.

아울러 형법 제301조가 강간치상죄, 유사강간치상죄, 강제추행치상죄의 법정형을 동일하게 규정하고 있듯이 결합범적 구성요건을 규정한 경우 각각의 불법요소는 결합범 전체의 불법 크기에 본질적 차이를 가져온다고 보기 어려운 점, 죄질과 그에 따른 법정형을 수학적·기계적인 정비례 관계로 유지하는 것이 입법기술상 불가능한 점, 법관이 구체적인 양형으로 불합리한 점을 시정할 수 있는 점 등을 종합하면, 심판대상조항이 평등원칙에 위배된다고 할 수 없다.

□ 재판관 박한철, 재판관 김이수, 재판관 이진성, 재판관 안창호, 재판관 강일원의 한정위헌의견

입법자는 형법 제298조 및 제319조 제1항에서 벌금형으로 처하는 것으로 충분한 비교적 경미한 유형의 강제추행행위 및 주거침입행위도 예정하고 있고, 강제추행치상죄의 상해의 결과는 추행행위 그 자체로부터 발생한 경우, 폭행으로부터 발생한 경우는 물론 강제추행에 수반하는 행위에서 발생한 경우도 포함된다. 따라서 주거침입강제추행치상죄도 강제추행죄와 마찬가지로 다양한 행위유형을 포함하는 것이고, 그 죄질을 일률적으로 평가할 수 없다.

그럼에도 불구하고 심판대상조항은 강간에 비하여 성적 자기결정권을 침해하는 정도가 훨씬 경미한 유형의 강제추행행위로 인하여 경미한 상해의 결과가 발생한 경우에도 주거침입의 기회에 행하여졌으면 주거침입강간치상죄와 같이 무거운 법정형으로 처벌하고 있어 책임원칙에 반한다.

심판대상조항은 법정형의 하한을 10년 이상의 징역으로 정하여 작량감경을 하더라도 집행유예를 선고할 수 없도록 법관의 양형선택과 판단권을 극도로 제한하고 있고, 이러한 경우 법집행기관이 범죄의 성립 범위를 자의적으로 해석하여 법적 안정성을 해할 우려도 있다.

따라서 심판대상조항이 항문성교, 구강성교 또는 성기에 도구 등을 삽입하는 행위 등 강간에 못지않은 행위 이외의 강제추행행위에도 적용되는 것은 비례원칙 및 평등원칙에 위배된다.

Ⅲ. 심판대상조문

성폭력범죄의 처벌 등에 관한 특례법(2012. 12. 18. **법률 제11556호로 전부개정된 것**) 제8조 제1항 중 '제3조 제1항[형법 제319조 제1항(주거침입)의 죄를 범한 사람이 같은 법 제298조(강제추행)의 죄를 범한 경우]의 죄를 범한 사람이 다른 사람을 상해에 이르게 한 때에는 무기징역 또는 10년 이상의 징역에 처한다'는 부분

Ⅳ. 참조조문

헌법 제11조 제1항, 제37조 제2항

성폭력범죄의 처벌 등에 관한 특례법(2012. 12. 18. **법률 제11556호로 전부개정된 것**) 제3조 제1항, 제4조, 제6조, 제7조, 제8조 제2항, 제9조 제2항

형법(2012. 12. 18. **법률 제11574호로 개정된 것**) 제297조의2, 제301조, 제301조의2 후문, 제319조 제1항, 제331조 제1항

Ⅴ. 참조판례

가. 헌재 2006. 6. 29. 2006헌가7, 판례집 18-1하, 185, 190
헌재 2006. 12. 28. 2005헌바85, 판례집 18-2, 621, 627
헌재 2010. 3. 25. 2008헌바84, 판례집 22-1상, 421, 427
헌재 2012. 7. 26. 2012헌바144, 공보 190, 1379, 1381
헌재 2013. 7. 25. 2012헌바320, 판례집 25-2상, 212, 219

나. 헌재 2001. 11. 29. 2001헌가16, 판례집 13－1, 570, 579
헌재 2006. 12. 28. 2005헌바85, 판례집 18－2, 621, 628~629
헌재 2010. 3. 25. 2008헌바84, 판례집 22－1상, 421, 429
헌재 2012. 5. 31. 2010헌바401, 판례집 24－1하, 411, 415~416
헌재 2012. 5. 31. 2011헌바10, 판례집 24－1하, 427, 431~432
헌재 2012. 5. 31. 2011헌바381, 판례집 24－1하, 497, 502
헌재 2012. 7. 26. 2012헌바144, 공보 190, 1379, 1381
헌재 2013. 7. 25. 2012헌바320, 판례집 25－2상, 212, 219~220

다. 헌재 2001. 11. 29. 2001헌가16, 판례집 13－2, 570, 579~580
헌재 2004. 6. 24. 2003헌바53, 판례집 16－1, 741, 748~749
헌재 2006. 12. 28. 2005헌바85, 판례집 18－2, 621, 629
헌재 2008. 11. 27. 2007헌가24, 판례집 20－2하, 173, 182~183
헌재 2009. 6. 25. 2007헌바25, 판례집 21－1하, 784, 806
헌재 2010. 2. 25. 2008헌가20, 판례집 22－1상, 11, 31
헌재 2010. 3. 25. 2008헌바84, 판례집 22－1상, 421, 428
헌재 2011. 11. 24. 2010헌가42, 판례집 23－2하, 159, 171
헌재 2012. 5. 31. 2010헌바401, 판례집 24－1하, 411, 416~418
헌재 2012. 5. 31. 2011헌바381, 판례집 24－1하, 497, 502~504
헌재 2012. 7. 26. 2012헌바144, 공보 190, 1379, 1382
헌재 2013. 7. 25. 2012헌바320, 판례집 25－2상, 212, 221~223

Ⅵ. 당사자

청 구 인 : C. C. 웨인(C. C. Wayne)
대리인 법무법인 대동

담당변호사 : 이장한

당 해 사 건 : 대법원 2014도10702 성폭력범죄의 처벌 등에 관한 특례법 위반 (강간등치상)

Ⅶ. 주 문

'성폭력범죄의 처벌 등에 관한 특례법'(2012. 12. 18. 법률 제11556호로 전부 개정된 것) 제8조 제1항 중 '제3조 제1항[형법 제319조 제1항(주거침입)의 죄를 범한 사람이 같은 법 제298조(강제추행)의 죄를 범한 경우]의 죄를 범한 사람이 다른 사람을 상해에 이르게 한 때에는 무기징역 또는 10년 이상의 징역에 처한다'는 부분은 헌법에 위반되지 아니한다.

Ⅷ. 이 유

1. 사건개요

가. 청구인은 미합중국 해군 중사로서 2013. 9. 10. 00:23경 서울 용산구 ○○동 ○○ ○○아파트 후문에서 피해자 길○○(여, 19세)을 추행할 마음을 먹고 뒤따라가 피해자의 주거지인 이태원 ㅁㅁ아파트에 침입하여 피해자가 1층에서 2층으로 올라가는 사이, 갑자기 뒤에서 다가가 양손으로 피해자의 눈을 가리며 등 뒤쪽에서 껴안아 넘어뜨리고, 피해자의 머리를 난간에 여러 차례 부딪히게 하여 피해자에게 약 3주간의 치료를 요하는 경추 및 요추부 염좌상 등을 입게 하였다는 성폭력범죄의 처벌 등에 관한 특례법위반(강간등치상)죄의 범죄사실로 서울중앙지방법원에서 징역 5년, 40시간의 성폭력 치료프로그램 이수명령을 선고받고(서울중앙지방법원 2013고합1325), 항소심에

서 항소기각 판결을 선고받았다(서울고등법원 2014노720).

나. 청구인은 상고심(대법원 2014도10702) 계속 중 '성폭력범죄의 처벌 등에 관한 특례법'(2012. 12. 18. 법률 제11556호로 전부개정된 것) 제8조 제1항 중 '제3조 제1항[형법 제319조 제1항(주거침입)의 죄를 범한 사람이 같은 법 제298조(강제추행)의 죄를 범한 경우]의 죄를 범한 사람이 다른 사람을 상해에 이르게 한 때에는 무기징역 또는 10년 이상의 징역에 처한다'는 부분이 헌법에 위반된다며 위헌법률심판제청신청을 하였다가 기각되자(대법원 2014초기486), 2014. 10. 28. 이 사건 헌법소원심판을 청구하였다.

2. 심판대상

이 사건 심판대상은 '성폭력범죄의 처벌 등에 관한 특례법'(2012. 12. 18. 법률 제11556호로 전부개정된 것, 이하 '성폭력처벌법'이라 한다) 제8조 제1항 중 '제3조 제1항[형법 제319조 제1항(주거침입)의 죄를 범한 사람이 같은 법 제298조(강제추행)의 죄를 범한 경우]의 죄를 범한 사람이 다른 사람을 상해에 이르게 한 때에는 무기징역 또는 10년 이상의 징역에 처한다'는 부분(이하 '이 사건 법률조항'이라 한다)이 헌법에 위반되는지 여부이고, 심판대상조항 및 관련조항은 다음과 같다.

[심판대상조항]

성폭력범죄의 처벌 등에 관한 특례법(2012. 12. 18. **법률 제11556호로 전부개정된 것**)

제8조(**강간 등 상해·치상**) ① 제3조 제1항, 제4조, 제6조, 제7조 또는 제15조(제3조 제1항, 제4조, 제6조 또는 제7조의 미수범으로 한정한다)의 죄를 범한 사람이 다른 사람을 상해하거나 상해에 이르게 한 때에는 무기징역 또는 10년 이상의 징역에 처한다.

[관련조항]

성폭력범죄의 처벌 등에 관한 특례법(2012. 12. 18. **법률 제11556호로 전부개정된 것**)

제3조(특수강도강간 등) ①「형법」 제319조 제1항(주거침입), 제330조(야간주거침입절도), 제331조(특수절도) 또는 제342조(미수범. 다만, 제330조 및 제331조의 미수범으로 한정한다)의 죄를 범한 사람이 같은 법 제297조(강간), 제297조의2(유사강간), 제298조(강제추행) 및 제299조(준강간, 준강제추행)의 죄를 범한 경우에는 무기징역 또는 5년 이상의 징역에 처한다.

3. 청구인의 주장

가. 형법상 주거침입죄, 강제추행죄, 상해죄의 경합범으로 기소하는 경우 최하 벌금형을 선고할 수 있고, 폭행 자체가 추행행위로 인정되는 경우 가벌성이 약함에도 불구하고, 이 사건 법률조항은 일률적으로 최하 10년 이상의 유기징역에 처하도록 규정하고, 법관의 작량감경만으로는 집행유예를 선고할 수 없도록 하고 있으므로, 책임과 형벌 간의 비례원칙에 위반된다.

나. 이 사건 법률조항은 주거침입강제추행치상죄의 법정형을 주거침입강간치상죄, 야간주거침입절도강간치상죄, 특수절도강간치상죄, 성폭력처벌법 제4조, 제6조, 제7조 관련 상해나 치상죄, 형법 제301조의2, 성폭력처벌법 제9조 제2항의 강간치사죄와 동일하게 규정하고, 성폭력처벌법 제8조 제2항의 친족관계에 의한 강간치상죄보다 무겁게 규정하므로, 형벌체계상의 정당성과 균형성을 상실하여 평등원칙에 위반된다.

4. 판 단

가. 재판관 이정미, 재판관 김창종, 재판관 서기석, 재판관 조용호의 합헌의견

(1) 법정형의 내용에 대한 입법형성권의 범위와 한계

(가) 어떤 범죄를 어떻게 처벌할 것인가 하는 문제, 즉 법정형의 종류와 범위의 선택은 그 범죄의 죄질과 보호법익에 대한 고려뿐만 아니라 우리의 역사와 문화, 입법당시의 시대적 상황, 국민 일반의 가치관 내지 법감정 그리고 범죄예방을 위한 형사정책의 측면 등 여러 요소를 종합적으로 고려하여 입법자가 결정할 사항으로서 광범위한 입법재량 내지 형성의 자유가 인정되어야 할 분야이다. 따라서 어느 범죄에 대한 법정형이 그 범죄의 죄질 및 이에 따른 행위자의 책임에 비하여 지나치게 가혹한 것이어서 현저히 형벌체계상의 균형을 잃고 있다거나 그 범죄에 대한 형벌 본래의 목적과 기능을 달성함에 있어 필요한 정도를 일탈하였다는 등 헌법상의 평등원칙 및 비례원칙 등에 명백히 위배되는 경우가 아닌 한, 법정형의 높고 낮음은 입법정책 당부의 문제이고, 쉽사리 헌법에 위반된다고 단정하여서는 아니 된다(헌재 2006. 6. 29. 2006헌가7; 헌재 2006. 12. 28. 2005헌바85; 헌재 2012. 7. 26. 2012헌바144; 헌재 2013. 7. 25. 2012헌바320 참조).

(나) 그리고 형법규정의 법정형만으로는 어떤 범죄행위를 예방하고 척결하기에 미흡하다는 입법정책적 고려에 따라 이를 가중처벌하기 위하여 특별형법법규를 제정한 경우에는 단순히 형법규정의 법정형만을 기준으로 하여 그 특별형법법규의 법정형의 과중 여부를 쉽사리 논단해서도 안 될 것이다(헌재 2010. 3. 25. 2008헌바84; 헌재 2012. 7. 26. 2012헌바144; 헌재 2013. 7. 25. 2012헌바320 참조).

(2) 이 사건 법률조항이 책임과 형벌 간의 비례원칙에 위반되는지 여부

(가) 이 사건 법률조항에 정한 주거침입강제추행치상죄는 사람의 주거

등에 침입한 자가 피해자를 강제추행하여 다른 사람을 상해에 이르게 한 경우에 성립하는 것으로 주거침입죄(형법 제319조 제1항)와 강제추행치상죄(형법 제301조)의 결합범이다. 강제추행죄는 성적 자기결정권을 보호법익으로 하고 있는데, 성적 자기결정권은 개인적 인격과 불가분적으로 연결되어 있어 피해자들은 심각한 정신적·정서적 장애를 경험할 수도 있고, 그 후유증으로 장기간 사회생활에 큰 지장을 받을 수 있다. 한편, 주거침입죄는 주거의 평온과 안전을 보호법익으로 하고 있고, 주거 또한 사생활의 중심으로 개인의 인격과 불가분적으로 연결되어 있으므로 그 불가침이 보장되지 않고서는 개인의 생명, 신체, 재산의 안전은 물론 나아가 인간 행복의 최소한의 조건인 개인의 사적 영역이 지켜질 수 없다. 그런데 이러한 주거에서 성적 자기결정권이 침해당한다면 그로 인한 피해는 보다 심각할 수 있다. 더구나 이러한 범행이 배우자 또는 가족이 목격하는 가운데 행해진 경우에는 단순히 피해자의 성적 자기결정권의 침해를 넘어 생활의 기초단위인 한 가정을 철저하게 파괴하는 결과를 초래할 수도 있다. 주거침입강제추행의 범행을 하는 과정에서 피해자에게 상해까지 입게 한 경우에는 개인적 법익 중 생명권 다음으로 중요한 신체의 안정성을 해쳤다는 점에서 그 죄질과 범정이 매우 무겁고 비난가능성 또한 대단히 높다고 보아야 한다.

(나) 입법자는 이러한 중대한 법익 침해자를 단순히 형법상의 주거침입죄와 강제추행치상죄의 경합범으로 처벌하여서는 이와 같은 범죄를 예방하고 척결하기에 미흡하다고 보고, 결합범으로서 더 무겁게 처벌함으로써 그 범행행위에 상응하는 책임을 묻고 이러한 범죄를 예방하고 근절하겠다는 형사정책적 고려에 따라, 특별형법인 성폭력처벌법에 '주거침입강제추행치상죄'라는 새로운 범죄의 구성요건을 별도로 신설한 것이고, 이는 필요하고도 바람직한 입법조치라 할 것이다.

또한 앞서 본 주거침입강제추행치상죄의 보호법익의 중요성, 죄질, 행위자 책임의 정도 및 일반예방이라는 형사정책의 측면 등 여러 요소를 고려하여 본다면, 입법자가 형법상 강제추행치상죄의 법정형보다 무거운 '무기징역 또는 10년 이상의 징역'이라는 비교적 중한 법정형을 정한 것에는 나름대로 수긍할 만한 합리적인 이유가 있는 것이고, 그것이 범죄의 죄질 및 행위자의 책임에 비하여 지나치게 가혹하다고 할 수 없다(헌재 2001. 11. 29. 2001헌가16; 헌재 2006. 12. 28. 2005헌바85; 헌재 2010. 3. 25. 2008헌바84; 헌재 2012. 5. 31. 2010헌바401; 헌재 2012. 5. 31. 2011헌바10; 헌재 2012. 5. 31. 2011헌바381; 헌재 2012. 7. 26. 2012헌바144; 헌재 2013. 7. 25. 2012헌바320 참조).

(다) 이 사건 법률조항에서 정한 유기징역형의 하한이 10년이므로 별도의 법률상 감경사유가 없는 한 작량감경을 하더라도 집행유예를 선고할 수 없게 되어 있지만, 이는 주거침입강제추행치상죄의 죄질과 비난가능성의 정도 등을 높게 평가하여 법관의 작량감경만으로는 집행유예를 선고하지 못하도록 입법적 결단을 내린 것이고, 이러한 입법자의 결단은 위에서 본 여러 가지 사정에 비추어 수긍할 만한 합리적인 이유가 있다(헌재 2012. 5. 31. 2010헌바401; 헌재 2012. 5. 31. 2011헌바10; 헌재 2012. 5. 31. 2011헌바381 참조).

(라) 따라서 이 사건 법률조항의 법정형이 형벌 본래의 목적과 기능을 달성함에 있어 필요한 정도를 일탈하여 지나치게 과중한 것이라고 보기는 어려우므로, 이 사건 법률조항은 책임과 형벌 간의 비례원칙에 위반되지 않는다.

(3) 이 사건 법률조항이 평등원칙에 위반되는지 여부

(가) 어떤 유형의 범죄에 대하여 특별히 형을 가중할 필요가 있는 경우라 하더라도 그 가중의 정도가 통상의 형사처벌과 비교하여 현저히 형벌체계상의 정당성과 균형을 잃은 것이 명백한 경우에는 인간의 존엄성과 가치를 보장하는 헌법의 기본원리에 위배될 뿐만 아니라 법의 내용에 있어서도 평등원칙에 반하는 위헌적 법률이라는 문제가 제기된다. 그러나 법정형의 종류와 범위를 정함에 있어서 고려해야 할 사항 중 가장 중요한 것은 당해

범죄의 보호법익과 죄질로서, 보호법익이 다르면 법정형의 내용이 다를 수 있고, 보호법익이 같다고 하더라도 죄질이 다르면 또 그에 따라 법정형의 내용이 달라질 수밖에 없다. 그러므로 보호법익과 죄질이 서로 다른 둘 또는 그 이상의 범죄를 동일 선상에 놓고 그중 어느 한 범죄의 법정형을 기준으로 하여 단순한 평면적인 비교로써 다른 범죄의 법정형의 과중 여부를 판정하여서는 아니 된다(헌재 2010. 2. 25. 2008헌가20; 헌재 2012. 5. 31. 2010헌바401; 헌재 2012. 5. 31. 2011헌바381 참조).

(나) 청구인은 주거침입강제추행치상죄를 주거침입강간치상죄와 동일한 법정형으로 처벌하는 것은 형벌체계상의 정당성과 균형성을 상실한 것이라고 주장한다.

강제추행이란 성욕을 만족시키거나 성욕을 자극하기 위하여 상대방의 성적 수치심이나 혐오감을 불러일으키는 성기 삽입 외의 일체의 행위를 말하는 것으로서 그 범위가 매우 넓기 때문에 강간의 경우에 비해 그 피해가 상대적으로 경미하고 불법의 정도도 낮은 경우가 많지만, 형법 제297조의2에 정한 구강성교(口腔性交) 등 유사강간에 해당하지 않는 통상적인 추행행위를 한 경우라 할지라도 구체적인 사안에 따라서는 그 행위태양이나 불법의 정도, 행위자의 죄질에 비추어 강간이나 유사강간을 한 경우보다 무겁게 처벌하거나 적어도 동일하게 처벌하여야 할 필요가 있는 경우도 실무상 얼마든지 있을 수 있다. 이러한 사정을 감안하지 않은 채 주거침입하여 저지른 강간치상죄와 강제추행치상죄를 일률적으로 구분하여 강간치상에 비해 강제추행치상을 항상 가볍게 처벌하도록 법정형을 정하는 것은 구체적인 경우에 있어서 오히려 균형에 맞지 않는 처벌 결과를 가져올 염려가 있다(헌재 2001. 11. 29. 2001헌가16; 헌재 2006. 12. 28. 2005헌바85; 헌재 2013. 7. 25. 2012헌바320 참조).

따라서 주거침입강제추행치상죄의 법정형을 주거침입강간치상죄보다 가볍게 정하지 않은 것이 현저히 형벌체계상의 균형성을 잃은 자의적인 입법이라고 할 수 없다.

(다) 청구인은 주거침입강제추행치상죄를 야간주거침입절도강간치상죄 및 특수절도강간치상죄와 동일한 법정형으로 처벌하는 것은 형벌체계상의 정당성과 균형성을 상실한 것이라고 주장한다.

주거침입죄, 야간주거침입절도죄, 형법 제331조 제1항의 특수절도죄(야간에 문호 등을 손괴하고 주거 등에 침입하여 타인의 재물을 절취한 경우)는 모두 주거침입을 공통으로 하는 범죄들인데, 앞에서 살펴본 바와 같이 사생활의 중심인 주거에서 성적 자기결정권이 침해당하는 경우 그로 인한 피해가 심각한 점, 강간치상에 비해 강제추행치상을 항상 가볍게 처벌하도록 법정형을 정하는 것은 구체적인 경우에 있어서 오히려 균형에 맞지 않는 처벌 결과를 가져올 염려가 있는 점 등을 고려하면, 입법자가 주거침입과 성적 자기결정권 및 신체의 안정성의 침해라는 공통요소에 착안하여 위 각 범죄와 주거침입강제추행치상죄에 대하여 법정형을 같게 규정한 것을 두고 입법자의 판단이 자의적이라고 할 수는 없다.

(라) 청구인은 주거침입강제추행치상죄를 성폭력처벌법 제4조(특수강간 등), 제6조(장애인에 대한 강간·강제추행 등), 제7조(13세 미만의 미성년자에 대한 강간·강제추행 등)의 죄를 범한 자 또는 위 각 죄의 미수범이 다른 사람을 상해하거나 상해에 이르게 한 때와 같이 처벌하고, 친족관계에 의한 강간치상죄(성폭력처벌법 제8조 제2항)보다 무겁게 처벌하는 것은 형벌체계상의 정당성과 균형성을 상실한 것이라고 주장한다.

주거침입강제추행치상죄는 인간 행복의 최소한의 조건인 주거에 침입하여 저지른 성폭력범죄로서 피해자의 일상적인 생활을 파괴하고 경우에 따라서는 가정의 파탄을 초래할 수 있다는 점 및 개인적 법익 중 생명권 다음으로 중요한 신체의 안정성을 해쳤다는 점에서 그 불법의 크기가 성폭력처벌법 제4조(특수강간 등), 제6조(장애인에 대한 강간·강제추행 등), 제7조(13세 미만의 미성년자에 대한 강간·강제추행 등)의 죄를 범한 자 또는 위 각 죄의 미수범이 다른 사람을 상해하거나 상해에 이르게 한 때와 유사하고, 친족관계에 의한 강간치상죄(성폭력처벌법 제8조 제2항)보다 중하다고 본 입법자의 판단이 자의적이라고 하기 어렵다(헌재 2012. 5. 31. 2010헌바401; 헌재 2012. 5. 31. 2011헌바381 참조).

(마) 청구인은 주거침입강제추행치상죄를 사망의 결과가 발생한 형법 제301조의2 후문 및 성폭력처벌법 제9조 제2항의 강간치사죄와 동일한 법정형으로 처벌하는 것은 형벌체계상의 정당성과 균형성을 상실한 것이라고 주장한다.

일반적으로 사망의 결과가 상해의 결과보다 불법의 정도가 중하다고 할 수 있지만, 구체적인 행위태양에 따라서는 사망의 결과를 발생시킨 행위보다도 상해의 결과를 발생시킨 행위의 불법 정도가 전체적으로 더 큰 경우도 얼마든지 있을 수 있다. 따라서 사망의 결과가 발생하기만 하면 그 행위태양에 관계없이 언제나 상해의 결과를 발생시킨 행위에 비해 무거운 법정형으로 처벌하여야 하는 것은 아니므로(헌재 2009. 6. 25. 2007헌바25; 헌재 2012. 5. 31. 2010헌바401; 헌재 2012. 5. 31. 2011헌바381 참조), 주거침입강제추행치상죄의 법정형을 형법 제301조의2 후문 및 성폭력처벌법 제9조 제2항의 강간치사죄와 동일하게 정한 것이 현저히 형벌체계상의 균형성을 잃은 자의적인 입법이라고 할 수 없다.

(바) 주거침입, 절도, 강제추행, 강간, 상해 등과 같은 여러 가지 불법요소가 결합되어 위험성이 극대화된 경우를 가중처벌하기 위하여 결합범적 구성요건을 규정한 경우에는 주거침입을 하였는지, 야간주거침입절도 또는 특수절도를 하였는지, 강제추행을 하였는지, 강간, 유사강간을 하였는지 등은 결합범 전체의 불법 크기에 본질적인 차이를 가져온다고 보기도 어렵다. 이러한 점을 감안하여 형법 제301조도 강간죄, 유사강간죄와 강제추행죄를

구별하지 아니한 채 그러한 죄를 범한 자가 사람을 상해하거나 상해에 이르게 한 때에는 '무기 또는 5년 이상의 징역'이라는 동일한 법정형으로 처벌하도록 규정하고 있는 것이다(헌재 2010. 3. 25. 2008헌바84 참조).

(사) 또한 범죄행위의 죄질과 그에 상응한 법정형을 규정하는 데 있어 죄질과 그에 따른 법정형을 수학적·기계적인 정비례 관계로 유지하는 것은 입법기술상 불가능한 것이기도 하다. 어떤 범죄행위에 대하여 일정한 형벌을 규정하는 것은 그 형벌을 부과함으로써 범죄를 저지른 자에 대한 응보효과 및 위하에 따른 범죄의 일반예방효과 등을 달성하고자 하는 것인데, 죄질의 중한 정도가 어느 수준을 넘어서게 되면 비록 구체적 범죄유형에 따라 죄질에 있어 약간의 차이가 있다고 하더라도 그러한 범죄행위에 대하여 일반인이 느끼는 비난가능성이나 그 범죄의 일반예방효과를 달성하기 위해서 요구되는 법정형의 수준은 별반 차이가 없는 경우도 발생한다. 이러한 현상은 해당 범죄의 죄질이 무거우면 무거울수록 나타나기가 쉬운데, 예컨대 강간죄와 강제추행죄, 주거침입죄와 야간주거침입절도죄, 특수절도죄 또는 상해죄와 살인죄를 단순히 비교하는 경우라면 강간죄가 강제추행죄보다, 야간주거침입절도죄, 특수절도죄가 주거침입죄보다, 그리고 살인죄가 상해죄보다 그 죄질이 더 중하고 이를 예방하기 위해 요구되는 형벌의 강도도 더 높아야 한다는 판단하에 법정형에 현실적으로 반영되어 있지만, 주거침입강제추행치상죄와 주거침입강간치상죄, 야간주거침입절도강간치상죄, 특수절도강간치상죄, 강간치사죄 등을 비교하는 경우라면 그 각각의 범죄 자체가 갖는 매우 높은 불법성 때문에 그들 상호간의 불법성의 차이는 상대적으로 미미한 것이라고 판단할 수 있게 된다. 즉, 비교대상인 각 범죄행위의 죄질이 무거워질수록 그들 범죄 상호간 죄질의 상대적 차이는 줄어든다고 보아야 한다(헌재 2009. 6. 25. 2007헌바25; 헌재 2013. 7. 25. 2012헌바320 참조).

(아) 법관의 양형으로 불법과 책임을 일치시킬 수 있으면 법정형이 내

포하고 있는 약간의 위헌성은 극복될 수 있는 것이므로, 만약 구체적인 사건에서 주거침입강제추행죄치상죄와 앞서 살펴본 범죄들에 대한 법정형이 동일한 결과 형량에 있어 불합리성이 나타난다면, 이는 법관이 구체적인 양형을 통하여 시정하면 된다(헌재 2008. 11. 27. 2007헌가24; 헌재 2011. 11. 24. 2010헌가42; 헌재 2012. 7. 26. 2012헌바144; 헌재 2013. 7. 25. 2012헌바320 참조).

(자) 따라서 이 사건 법률조항이 현저히 형벌체계상의 정당성이나 균형성을 상실하여 평등원칙에 위반된다고 할 수 없다.

(4) 소 결

결국 이 사건 법률조항은 범죄에 대한 형벌 본래의 목적과 기능을 달성함에 있어 필요한 정도를 일탈하여 지나치게 과중하다거나 범죄의 죄질 및 이에 따른 행위자의 책임에 비하여 지나치게 가혹하여 현저히 형벌체계상의 균형을 잃는 등 책임과 형벌 간의 비례원칙 및 평등원칙에 명백히 위반되지 아니하므로, 헌법에 위반되지 아니한다.

나. 재판관 박한철, 재판관 김이수, 재판관 이진성, 재판관 안창호, 재판관 강일원의 한정위헌의견

우리는, 이 사건 법률조항이 구강, 항문 등 신체(성기는 제외한다)의 내부에 성기를 넣거나 성기, 항문에 손가락 등 신체(성기는 제외한다)의 일부 또는 도구를 넣는 행위 이외의 강제추행행위에 대하여도 적용되는 한 헌법에 위반된다고 판단하므로 다음과 같이 의견을 밝힌다.

(1) 형벌 선택에 관한 입법형성권의 한계

형벌에 대한 법정형의 종류와 범위가 입법재량에 속한다고 하더라도 무제한한 것이 될 수 없으며, 기본권의 본질적 내용을 침해할 수는 없다. 즉 법정형의 종류와 범위를 정할 때에는 인간의 존엄과 가치를 존중하고 보호하여야 한다는 헌법 제10조의 요구에 따라야 하고, 헌법 제37조 제2항이 규정하고 있는 과잉입법금지의 정신에 따라 형벌개별화의 원칙이 적용될 수 있는 범위의 법정형을 설정하여 실질적 법치국가의 원리를 구현하도록 하여야 하며, 형벌이 죄질과 책임에 상응하도록 적절한 비례성을 지켜야 한다. 이러한 요구는 특별형법의 경우도 마찬가지여서 중벌(重罰)주의로 대처할 필요성이 인정되는 경우라 하더라도 범죄의 실태와 죄질의 경중, 이에 대한 행위자의 책임, 처벌규정의 보호법익 및 형벌의 범죄예방효과 등에 비추어 전체 형벌체계상 지나치게 가혹한 것이어서, 그러한 유형의 범죄에 대한 형벌 본래의 기능과 목적을 달성함에 있어 필요한 정도를 현저히 일탈함으로써 입법재량권이 헌법규정이나 헌법상의 제 원리에 반하여 자의적으로 행사된 것으로 평가되는 경우에는 이와 같은 법정형을 규정한 법률조항은 헌법에 반한다고 보아야 한다(헌재 2003. 11. 27. 2002헌바24; 헌재 2013. 7. 25. 2012헌바320 참조).

(2) 책임과 형벌 간의 비례원칙에 위반되는지 여부

(가) 형사법상 책임원칙은 형벌은 범행의 경중과 행위자의 책임 사이에 비례성을 갖추어야 하고, 특별한 이유로 형을 가중하는 경우에도 형벌의 양은 행위자의 책임의 정도를 초과해서는 안 된다는 것을 의미한다(헌재 2004. 12. 16. 2003헌가12 참조). 형사법상 범죄행위의 유형이 다양한 경우에는 그 다양한 행위 중에서 특히 죄질이 흉악한 범죄를 무겁게 처벌해야 한다는 것은 책임주의의 원칙상 당연히 요청되지만, 그 다양한 행위 유형을 하나의 구성요건으로 포섭하면서 법정형의 하한을 무겁게 책정하여 죄질이 가벼운 행위까지를 모두 엄히 처벌하는 것은 책임주의에 반한다(헌재 2001. 11. 29. 2001헌가16; 헌재 2013. 7. 25. 2012헌바320 참조).

(나) 이 사건 주거침입강제추행치상죄는 형법 제319조 제1항의 주거침입죄와 형법 제301조의 강제추행치상죄가 결합된 범죄로서, 주거침입죄를 범한 사람이 강제추행죄 내지 강제추행미수죄를 범하여 다른 사람을 상해

에 이르게 한 때 성립한다.

형법상 강제추행행위로 인정되는 행위유형은 그 범위가 매우 넓어서, 뒤에서 갑자기 껴안는 행위(대법원 2015. 9. 10. 선고 2015도6980 판결), 옷 위로 유방을 만지는 행위(대법원 2002. 4. 26. 선고 2001도2417 판결), 목 뒤로 팔을 감아 돌림으로써 얼굴이나 상체가 밀착되어 서로 포옹하는 것과 같은 신체접촉행위, 이른바 러브샷(대법원 2008. 3. 13. 선고 2007도10050 판결) 등 강간에 비하여 성적 자기결정권을 침해하는 정도가 훨씬 경미한 경우도 포함된다. 입법자는 형법 제298조(강제추행)에서 징역형(10년 이하의 징역) 외에 벌금형(1,500만원 이하의 벌금)을 규정하여 벌금형에 처하는 것으로 충분한 비교적 경미한 유형의 강제추행행위도 예정하고 있다.

또한 강제추행치상죄의 상해의 결과는 추행행위 그 자체로부터 발생한 경우나 강제추행의 수단으로 사용한 폭행으로부터 발생한 경우는 물론 강제추행에 수반하는 행위에서 발생한 경우도 포함된다(대법원 2009. 7. 23. 선고 2009도1934 판결). 따라서 피해자가 위와 같이 경미한 유형의 강제추행행위를 피하려다 상해의 결과가 발생한 경우 등에도 강제추행치상죄가 성립한다.

더욱이 입법자는 주거침입과 관련하여 형법 제319조 제1항에서 징역형(3년 이하의 징역) 외에 벌금형(500만원 이하의 벌금)도 규정하고 있고, 주거침입죄의 객체에는 사람의 주거뿐만 아니라 관리하는 건조물, 선박이나 항공기 또는 점유하는 방실도 포함된다. 대법원은 신체의 일부만 들어간 경우에도 사실상 주거의 평온을 해하였다면 주거침입죄는 기수에 이른다는 입장이고, 타인의 집의 창문을 열고 집안으로 얼굴을 들이민 경우(대법원 1995. 9. 15. 선고 94도2561 판결), 피해자가 사용하고 있던 용변 칸에 강간할 의도로 들어간 경우(대법원 2003. 5. 30. 선고 2003도1256 판결), 일반인의 출입이 허용된 음식점에 도청장치를 설치할 목적으로 들어간 경우(대법원 1997. 3. 28. 선고 95도2674 판결), 대학교 강의실에 들어간 경우(대법원 1992. 9. 25. 선고 92도1520 판결) 등에도 주거침입죄를 인정하였다.

그렇다면 강제추행행위가 주거침입죄를 범한 자에 의하여 이루어진 것이고 상해의 결과가 발생하였다고 하더라도 죄질을 일률적으로 평가할 수는 없다. 주거침입강제추행치상죄도 강제추행죄와 마찬가지로 다양한 행위유형을 포함하고 있고, 그 경중의 폭이 넓으므로 형사상의 책임주의 원칙상 그에 대한 법정형의 폭도 넓게 하여 법관이 각 행위의 개별성에 맞추어 형을 선고할 수 있도록 설정되어야 한다(헌재 2006. 12. 28. 2005헌바85; 헌재 2013. 7. 25. 2012헌바320 참조). 그러나 이 사건 주거침입강제추행치상죄는 주거침입강간치상죄와 같이 그 법정형의 하한을 10년 이상의 징역으로 정하고 있어 강간에 비하여 성적 자기결정권을 침해하는 정도가 훨씬 경미한 유형의 강제추행행위로 인하여 경미한 상해의 결과가 발생한 경우에도 주거침입의 기회에 행하여졌으면 주거침입강간치상과 같은 법정형으로 처벌하게 되어 책임원칙에 반하는 결과가 발생한다. 뿐만 아니라 위와 같이 법정형의 하한을 높게 규정함으로써 예컨대 일반인의 출입이 허용된 음식점에 강제추행 목적으로 들어가 피해자를 뒤에서 갑자기 껴안으려 하였으나 피해자가 피하였고, 그 과정에서 피해자가 넘어져 찰과상을 입은 경우 실무상 작량감경을 하더라도 별도의 법률상 감경사유가 없는 한 집행유예를 선고할 수 없도록 법관의 양형선택과 판단권을 극도로 제한하고 있어 매우 부당하다.

물론 강제추행행위 중에서도 강간이나 유사강간을 한 경우보다 죄질이 무거운 경우가 있을 수 있고, 주거의 평온과 안전을 현저히 해하는 유형의 주거침입행위도 있을 수 있으며, 강제추행행위로 인하여 중한 상해의 결과가 발생하는 경우도 있을 수 있으나, 법정형의 상한을 높게 규정하면 위와 같은 경우에도 불법의 정도에 상응하는 형을 선고할 수 있다. 그럼에도 불구하고 위와 같은 경우가 발생할 수 있다는 이유로 법정형의 하한을 무겁게 책정하여 주거의 평온과 안전을 크게 해하지 아니한 자가 상대적으로 경미한 유형의 강제추행행위를 하여 경미한 상해를 입게 한 경우까지 모두 엄히 처벌하는 것은 책임주의에 반한다.

(다) 형사정책적 측면에서도 형벌이 지나치게 가혹·잔인하면 일시적으로는 범죄 억지력을 발휘할지 모르지만 결국에는 중벌에 대해 면역성과 무감각이 생기게 될 뿐이고, 범죄예방과 법질서수호가 아니라 법의 권위를 실추시키고 법질서의 영속성과 안정을 저해하는 요인이 될 뿐이다(헌재 2003. 11. 27. 2002헌바24; 헌재 2004. 12. 16. 2003헌가12 참조). 또한 법정형의 하한이 지나치게 높게 규정된 경우에는 법집행기관이 구체적 타당성을 이유로 범죄의 성립 범위를 자의적으로 해석하여 법적 안정성을 해할 수 있다.

(라) 입법자는 2012. 12. 18. 법률 제11574호로 형법 제297조의2(유사강간)를 신설하여 '구강, 항문 등 신체(성기는 제외한다)의 내부에 성기를 넣거나 성기, 항문에 손가락 등 신체(성기는 제외한다)의 일부 또는 도구를 넣는 행위' 등 강간에 못지않은 강제추행행위를 한 사람을 2년 이상의 징역에 처하도록 규정하여 강간에 못지않은 불법성을 지닌 강제추행행위와 그렇지 않은 강제추행행위를 구별하여 법정형을 규정함으로써 행위의 개별성에 맞추어 형이 선고되도록 하고 있다.

주거침입강제추행치상죄에 있어서도 강간에 못지않은 강제추행행위와 그렇지 않은 강제추행행위를 구별하여 후자의 경우에는 전자보다 법정형의 하한을 낮게 규정하거나 강제추행행위의 유형에 대한 구분 없이 주거침입강제추행치상죄 자체에 대한 법정형의 하한을 주거침입강간치상죄보다 낮게 규정하여 법정형의 범위를 넓게 정함으로써 법관으로 하여금 그 범위 내에서 각 행위에 상응하는 형벌을 선택할 수 있도록 하여 책임원칙에 합당한 형사처벌이 이루어지도록 규율하는 것이 가능하다.

(마) 그렇다면 이 사건 법률조항이 항문성교, 구강성교 또는 성기에 도구 등을 삽입하는 행위 등 강간에 못지않은 행위 이외의 강제추행행위에도 적용되는 것은 각 행위의 개별성에 맞추어 그 책임에 알맞은 형벌을 선고할 수 있어야 하는 책임과 형벌 간의 비례원칙에 위배된다.

(3) 형벌의 체계정당성 및 평등원칙에 위반되는지 여부

(가) 어느 범죄에 대한 법정형이 형벌의 체계정당성에 반하여 과도한지의 여부는 법정형의 상한과 하한에 의하여 정하여지는 양형범위가 그 구성요건에 해당하는 다양한 태양의 범죄를 모두 포용할 수 있는지에 따라 결정되고, 어느 범죄에 대한 법정형이 평등원칙에 반하여 다른 범죄에 대한 그것보다 지나치게 높은지의 여부는 범죄의 일반적인 죄질과 보호법익을 기준으로 판단되어야 한다(헌재 2009. 6. 25. 2007헌바25; 헌재 2013. 7. 25. 2012헌바320 참조).

앞서 본 바와 같이 형법상 강제추행행위로 인정되는 행위유형은 강간에 못지않은 행위에서부터 강간에 비하여 성적 자기결정권을 침해하는 정도가 훨씬 경미한 유형의 강제추행행위까지 그 범위가 매우 넓다. 입법자는 강간과 강제추행의 법정형을 규정함에 있어 그 죄질과 보호법익 등 여러 가지 요소를 종합하여 강간에 대하여 강제추행보다 징역형의 하한은 3년 가까이 높게, 상한은 20년 높게 규정하면서 벌금형은 규정하고 있지 않다. 단순히 피해자의 의사에 반하여 피해자의 신체부위를 만지는 등의 행위를 하였는데 피해자가 이를 피하려다 경미한 상해를 입게 된 경우, 이는 형법상 강제추행치상죄를 구성하고 그것이 주거침입과 결합하면 이 사건 법률조항이 적용되어 주거침입강제추행치상죄가 성립하는데, 이러한 유형의 강제추행을 한 경우를 주거침입의 기회에 행하여졌고 상해의 결과가 발생하였다는 이유만으로 강간을 한 경우와 동일하게 취급할 수는 없는 것이고, 죄질의 차이가 상대화된다고 볼 수도 없다.

(나) 이 사건 법률조항은 주거침입죄를 범한 사람이 강제추행죄 내지 강제추행미수죄를 범하여 다른 사람을 상해에 이르게 한 때 성립하는 범죄인바, 성폭력처벌법 제3조 제1항은 이 사건 법률조항의 기본범죄인 주거침입강제추행죄의 법정형을 주거침입강간죄 및 주거침입유사강간죄와 동일하

게 규정하고 있다.

상해의 결과가 발생하기만 하면 기본범죄가 무엇인지에 관계없이 죄질이 일률적으로 중해지는 것은 아니므로, 주거침입강제추행치상죄의 법정형을 주거침입강간치상죄 및 주거침입유사강간치상죄와 달리 규정하는 것이 형벌 개별화의 원칙상 바람직하며, 성폭력처벌법이 위와 같이 기본범죄의 법정형을 동일하게 규정하고 있다는 이유만으로 주거침입강제추행치상을 주거침입강간치상 및 주거침입유사강간치상과 같이 취급하는 것이 정당화되는 것도 아니다.

다만 주거침입강제추행치상죄의 법정형을 주거침입강간치상죄 및 주거침입유사강간치상죄와 동일하게 규정하더라도 주거침입의 기회에 경미한 유형의 강제추행행위를 하여 경미한 상해를 입게 한 경우 가볍게 처벌할 수 있도록 법정형의 하한을 충분히 낮게 규정하였다면 실질적으로는 주거침입강제추행치상을 주거침입강간치상 및 주거침입유사강간치상과 같이 무겁게 처벌하는 것이 아니라 주거침입강제추행치상과 주거침입강간치상 및 주거침입유사강간치상을 한 조문에서 규정한 것에 불과하여 입법재량의 범위 내라고 볼 여지가 있다.

그런데 이 사건 법률조항은 앞서 본 바와 같이 주거침입강제추행치상죄의 법정형을 주거침입강간치상죄 및 주거침입유사강간죄와 동일하게 규정하면서 법정형의 하한을 지나치게 높게 규정하여, 주거침입의 기회에 경미한 유형의 강제추행행위를 하여 경미한 상해를 입게 한 경우 책임에 상응하는 형벌을 선고할 수 없도록 하고 있으므로, 합리적인 이유 없이 주거침입강제추행치상을 주거침입강간치상 및 주거침입유사강간치상과 동일하게 무겁게 처벌하는 것에 해당한다.

(다) 그렇다면 이 사건 법률조항이 항문성교, 구강성교 또는 성기에 도구 등을 삽입하는 행위 등 강간에 못지않은 행위 이외의 강제추행행위에도 적용되는 것은 법정형을 정함에 있어서 '평등한 것은 평등하게, 불평등한 것

은 불평등하게'라는 실질적 평등원칙에 어긋나고, 형벌체계상 균형을 잃었다고 하지 않을 수 없다.

(4) 소 결

성폭력 범죄를 예방하기 위해 중벌(重罰)이 요구된다는 부분에서는 법정의견에 동의하지만, 입법목적 달성을 위해 아무리 중벌이 요구된다 하더라도 책임주의에 반하고, 본질적으로 다르다고 평가된 것을 같게 취급한다면, 그 입법목적만으로 정당성을 가질 수는 없다. 결국 이 사건 법률조항은 구강, 항문 등 신체(성기는 제외한다)의 내부에 성기를 넣거나 성기, 항문에 손가락 등 신체(성기는 제외한다)의 일부 또는 도구를 넣는 행위 이외의 강제추행행위에 대하여도 적용되는 한 책임과 형벌 간의 비례원칙에 위배되고, 형벌의 체계정당성에 반하여 헌법 제11조의 실질적 평등의 원칙에 부합하지 않으므로, 헌법에 위반된다고 할 것이다.

5. 결 론

이 사건 법률조항에 대하여 재판관 이정미, 재판관 김창종, 재판관 서기석, 재판관 조용호는 합헌의견을, 재판관 박한철, 재판관 김이수, 재판관 이진성, 재판관 안창호, 재판관 강일원은 한정위헌의견을 표시하여 헌법에 위반된다는 의견이 다수이기는 하나, 헌법 제113조 제1항, 헌법재판소법 제23조 제2항 단서 제1호에 정한 위헌결정을 함에 필요한 정족수에는 이르지 못하여 합헌으로 선고할 수밖에 없으므로, 주문과 같이 결정한다.

재판관 박한철(재판장)

이정미

김이수

이진성

김창종

안창호

강일원

서기석

조용호

판례의 평가

1. 헌법재판소가 성폭력범죄의 처벌 등에 관한 특례법(2012. 12. 18. 법률 제11556호로 전부개정된 것) 제8조 제1항 중 '제3조 제1항[형법 제319조 제1항(주거침입)의 죄를 범한 사람이 같은 법 제298조(강제추행)의 죄를 범한 경우]의 죄를 범한 사람이 다른 사람을 상해에 이르게 한 때에는 무기징역 또는 10년 이상의 징역에 처한다'는 부분이 책임과 형벌 간의 비례원칙 및 평등원칙에 위배되는지 여부에 대하여 재판관 5명 위헌의견과 재판관 4명 합헌의견으로 정족수에 이르지 못하여 합헌결정을 하였다.

2. 입법자는 형법 제298조 및 제319조 제1항에서 벌금형으로 처하는 것으로 충분한 비교적 경미한 유형의 강제추행행위 및 주거침입행위도 예정하고 있고, 강제추행치상죄의 상해의 결과는 추행행위 그 자체로부터 발생한 경우, 폭행으로부터 발생한 경우는 물론 강제추행에 수반하는 행위에서 발생한 경우도 포함된다. 따라서 주거침입강제추행치상죄도 강제추행죄와 마찬가지로 다양한 행위유형을 포함하는 것이고, 그 죄질을 일률적으로 평가할 수 없다.

그럼에도 불구하고 심판대상조항은 강간에 비하여 성적 자기결정권을 침해하는 정도가 훨씬 경미한 유형의 강제추행행위로 인하여 경미한 상해의 결과가 발생한 경우에도 주거침입의 기회에 행하여졌으면 주거침입강간치상죄와 같이 무거운 법정형으로 처벌하고 있어 책임원칙에 반한다.

심판대상조항은 법정형의 하한을 10년 이상의 징역으로 정하여 작량감경을 하더라도 집행유예를 선고할 수 없도록 법관의 양형선택과 판단권을 극도로 제한하고 있고, 이러한 경우 법집행기관이 범죄의 성립 범위를 자의적으로 해석하여 법적 안정성을 해할 우려도 있다.

따라서 심판대상조항이 항문성교, 구강성교 또는 성기에 도구 등을 삽입하는 행위 등 강간에 못지않은 행위 이외의 강제추행행위에도 적용되는 것은 비례원칙 및 평등원칙에 위배된다고 본다.

3. 성폭력범죄의 처벌 등에 관한 특례법은 성폭력범죄의 처벌 및 그 절차에 관한 특례를 규정함으로써 성폭력범죄 피해자의 생명과 신체의 안전을 보장하고 건강한 사회질서의 확립에 이바지함을 목적으로 2010년 4월 15일 제정 및 시행되었다.

[저자 약력]

김 종 세 (金鍾世)

계명대학교 법과대학 수석졸업
한양대학교 대학원 법학석사 · 법학박사
독일 콘스탄츠대학교 유학(DAAD지원 장학생)
법무부 법무자문위원회 연구위원
국회사무처 시험 출제위원
중앙소방학교 소방간부시험 출제위원
법무부 변호사시험 출제위원
법무부 사법시험 출제위원
대구광역시 달서구 선거방송토론위원회 위원
계명대학교 법학과 학과장
계명대학교 이민다문화센터장
계명대학교 이민다문화사회학과장
계명대학교 기획부처장
대구지방검찰청 서부지청 검찰시민위원회 위원장
현재 계명대학교 법학과 교수
대구광역시 시설관리공단 이사

학회활동
한국법학회 회원, 부회장
한국헌법학회 회원, 이사
한국공법학회 회원, 이사
한국토지공법학회 회원, 이사
한국비교공법학회 회원, 이사
한국환경법학회 회원, 이사
한국법정책학회 회원, 이사
전국법학교수협의회, 간사

논 문
경찰권 발동의 근거로서 위험의 개념과 양태 외 50여 편

헌법판례 I - 다수 위헌의견 -

초판인쇄 2016년 10월 25일
초판발행 2016년 10월 31일

지은이 김종세
펴낸이 박노일

총괄기획 김중용
편 집 심성보 · 김인숙

펴낸곳 pnc publishing and culture 피앤씨미디어
경기도 고양시 일산동구 강송로 153 310-1501
등록 제396-2012-000203호
전 화 070)7550-3758 팩 스 02)718-8554
홈페이지 www.pncmedia.co.kr 이메일 pnc@pncmedia.co.kr
ISBN 979-11-5730-295-6 94360
979-11-5730-294-9 (세트)

정 가 35,000원